LA PUCELLE

[illegible]

[illegible] qu'aucun [illegible] apprend que [illegible] [illegible] Cauchon ? Il ne songe qu'à [illegible] d'être lynché par les Anglais [illegible] de patron [illegible] et la [illegible] [illegible] Voit-on [illegible] les [illegible] [illegible] la femme elle-même [illegible] n'est plus [illegible]

[illegible] Afin de [illegible] son amour [illegible]

[illegible]

LA PUCELLE

*Né à Paris, en 1928, dans une famille de magistrats, professeur d'histoire, Monteilhet s'est d'abord rendu célèbre avec une série de romans policiers (*Les Mantes religieuses *(1960), Grand Prix de Littérature policière,* Le Retour des cendres *(1961), etc.), tous frappants aussi bien par leur écriture, brillante et incisive, que par l'intelligence et la subtilité de leurs intrigues. Plusieurs d'entre eux ont d'ailleurs été portés à l'écran.*
Monteilhet commence sa carrière de romancier historique en 1982, avec Les Derniers Feux, *un roman sur l'Inquisition. En 1984, il publie son fameux* Neropolis, *ouvrage consacré à la Rome de Néron et aux premiers chrétiens.*
Il vit actuellement à Dax où il s'enorgueillit de tenir la chronique gastronomique du journal Sud-Ouest.

J'ai voulu boucher les trous de l'Histoire. J'ai mis à plat les deux procès de Jeanne, j'ai étudié de très près les actes des Juges de Rouen (aussi étonnant que cela puisse paraître, intégralement disponibles depuis quelques années seulement). *Et j'y ai trouvé des révélations extraordinaires,* dit Monteilhet.
Toutes nos idées reçues vacillent. Cauchon ? Il ne songe qu'à sauver la Pucelle et manque d'être lynché par les Anglais lorsqu'il brandit une sentence de pardon. Pour l'égarer et la perdre, Warwick fait entendre à Jeanne de fausses Voix sous les fenêtres de sa cellule. Quant à Jeanne elle-même... Ce n'est plus une petite bergère. Ce n'est plus une « patriote ». Elle reconnaît avoir été trompée par ses Voix... Seule sa pureté reste intacte : « Pucelage d'acier, pucelage d'une très anormale qualité pour résister ainsi à un millier de lieues à cheval ! » avoue Cauchon.
Monteilhet, romancier diabolique, a choisi pour narrateur un jeune et séduisant Vénitien. Afin de le guérir de son amour fou pour une prostituée, on l'a expédié en France — autant dire, à l'époque, sur une autre planète — en qualité d'observateur. Procédé à la Montesquieu. Pietro Condulmer ouvre, chez nous, de grands yeux étonnés : Comment peut-on être français ? Vu par ce jeune étranger, c'est tout un pan de notre Histoire qui bascule...
J'aime travailler sur des sujets mal connus, dit Monteilhet avec le sourire.

« Inutile de nier que c'est passionnant. »
Michel Cournot
Le Nouvel Observateur

DU MÊME AUTEUR

Aux Éditions Denoël :

SOPHIE OU LES GALANTERIES EXEMPLAIRES, 1976.

Dans la collection Sueurs froides *:*

LES MANTES RELIGIEUSES,
Grand Prix de littérature policière 1960.
LE RETOUR DES CENDRES, 1961.
LES PAVÉS DU DIABLE, 1963.
LE FORÇAT DE L'AMOUR, 1965.
LES BOURREAUX DE CUPIDON, 1966.
DEVOIR DE VACANCES, 1967.
LE CUPIDIABLE, 1967.
ANDROMAC, 1968.
DE QUELQUES CRIMES PARFAITS, 1969.
MEURTRE À LOISIR, 1969.
NON SENS, 1971.
REQUIEM POUR UNE NOCE, 1973.
POUR DEUX SOUS DE VERTU, 1974.
MOURIR À FRANCFORT, 1975.
ESPRIT, ES-TU LÀ ? 1977.
RETOUR À ZÉRO, 1978.
LE PROCÈS FILIPPI, 1980.
LA PERTE DE VUE, 1985.

Chez Jean-Jacques Pauvert :

ROME N'EST PLUS DANS ROME, 1977.

Chez Pauvert/Ramsay :

LES QUEUES DE KALLINAOS, 1981.
Grand Prix de littérature fantastique d'Avoriaz 1982.
Prix de la Société des Gens de Lettres 1982.

Chez Nathan :

UN MÉTIER DE FANTÔME, 1978.
GUS ET LES HINDOUS, 1982.
GUS ET POUSSINARD, 1984.
GUS ET LE CAMBRIOLEUR, 1985.

Chez Julliard/Pauvert :

LES DERNIERS FEUX, 1982.
NEROPOLIS, 1984.

HUBERT MONTEILHET

La Pucelle

ROMAN

ÉDITIONS DE FALLOIS

A ma femme.

REMERCIEMENTS

Le romancier féru d'histoire, dans une tâche documentaire de quelques années, est le modeste élève des éminents spécialistes qui ont, avec des talents si divers, consacré leur vie à ressusciter la période où l'œuvre d'imagination prend racine et s'efforce de vivre.

Ma très vive reconnaissance, que je pourrais exprimer beaucoup plus longuement en hommage à tant de chercheurs, s'adresse tout particulièrement à :

Pierre CHAUNU, qui s'est fait de l'histoire quantitative une qualité qu'on ne lui dispute point;

Robert DELORT, qui est à lui tout seul une somme;

Pierre DUPARC et Pierre TISSET, fervents et exacts érudits des procès de la Pucelle;

Georges et Andrée DUBY, dont la science dédaigneuse des préjugés courants éclaire en profondeur tout ce qu'ils touchent;

Jean FAVIER, chez qui le bas Moyen Age est une seconde nature;

Léon Louis GRATELOUP, à qui aucune philosophie n'est étrangère;

Jacques KRYNEN, dont la thèse sur la littérature politique valoise entre 1380 et 1440 est un modèle de pénétration;

John Julius NORWICH, pour son excellente histoire « événementielle » de Venise;

Régine PERNOUD, qui a si bien fait justice des légendes dénaturant le personnage de la Pucelle, pour leur substituer la première hagiographie historique solide des temps modernes;

Louis SALA-MOLINS, qui a eu le grand mérite de rappeler à la vie les manuels inquisitoriaux de base;

Cristina TADDEO, pour ses passionnantes révélations sur la Venise des années 1410-1430;

et à mon cher Robert FAWTIER, toujours vivant à mes yeux, car il m'a aidé autrefois à aborder les XIVe et XVe siècles en Sorbonne.

AVERTISSEMENT

Le patricien Pietro Condulmer, l'auteur de ces Mémoires, désireux d'en élargir l'audience, avait choisi de s'exprimer en latin, la langue internationale que pratiquaient tous les gens cultivés de son époque, et non pas en vénitien du XVe siècle, son idiome maternel.

Les hommes de la fin du Moyen Age étaient capables de se confier avec naturel dans la langue familière du pays qui leur avait donné le jour. Mais lorsqu'ils sacrifiaient au latin artificiel des Ecoles, la mauvaise rhétorique de leurs études leur remontait à la gorge, et avec d'autant plus d'embarras que la langue latine n'avait évidemment pas été conçue pour refléter les idées et les mœurs d'un temps qu'on aurait déjà pu qualifier de « moderne » par bien des côtés.

Les adaptateurs de Pietro Condulmer ne se sont donc pas contentés d'une traduction littérale du pesant latin en cause. Ils se sont efforcés de retrouver, derrière la prose livresque de l'auteur, cette plaisante et colorée langue vénitienne d'autrefois, qu'il n'aurait tenu qu'à lui d'adopter. Et ils ont enfin recherché, entre cette langue si pratiquée jadis, mais figée aujourd'hui dans quelques textes de référence, et le français actuel, toutes les équivalences possibles et convenables. Leur premier souci a été d'être digestes et vivants.

Autre question épineuse, celle des dates. Les tentatives poursuivies dès le VIe siècle pour indexer le calendrier sur l'Incarnation du Christ n'avaient pas abouti partout au même résultat. Les Espagnols se singularisaient même en faisant débuter l'ère chrétienne en 38 avant J.-C.! Pour ce qui est des autres, l'année commençait par exemple le 1er mars chez les Vénitiens, le 25 mars à Florence et en Angleterre; le pape ouvrait son année romaine le 25 décembre; et la France avait retenu la date variable de Pâques. Plutôt que de recourir à des notes fastidieuses, on s'est permis d'aligner toutes les dates données par Pietro Condulmer sur le calendrier contemporain, précaution qui a eu en tout cas pour effet de rendre plus clair le compte rendu qu'il nous a laissé du procès de Jeanne la Pucelle, à cheval sur les années 1430 et 1431 selon le calendrier français du temps.

Vu l'importance essentielle des affaires de France dans les souvenirs du narrateur, il est vivement recommandé, avant d'entreprendre le récit, de jeter un coup d'œil sur le résumé chronologique et sur les cartes qui figurent en fin de volume. On saisira mieux ainsi la valeur décisive des événements retracés.

PREMIÈRE PARTIE

ADIEUX À VENISE

I

Je m'efforce d'écrire l'indicible pour mon fils unique et bien-aimé, qui lira, je l'espère, ces lignes quand mes cendres seront refroidies. Il a le droit de savoir de quelle étrange et instructive passion il est issu, passion qui a fait ma honte et mon orgueil. Je forme le vœu qu'il lègue à son tour ce texte à son fils aîné, lequel le transmettra de même à ses descendants.

Et dans un siècle ou deux, la brûlante passion qui a commandé ma vie étant étouffée par la poussière du temps, j'aurais pour agréable que mes Mémoires fussent publiés, sinon à Venise, du moins dans une capitale étrangère, à Gand, Londres ou Paris. Car Venise est d'autant plus libre que ses enfants le sont moins, et il s'adressera plutôt de sa tombe à de lointains inconnus, ce Vénitien qui prétend parler enfin sans contrainte.

On ne saurait d'ailleurs se flatter de passionner tout le monde avec une passion. Les hommes sont comme les harengs baltiques : pareils à première vue, ils ont bien du mal à communiquer leurs sentiments à leurs provisoires compagnons de route. L'eau qui les sépare demeure trouble, en attendant que le grand filet règle leur compte. Mes lecteurs à naître trouveront heureusement dans ces souvenirs beaucoup plus qu'une tragédie personnelle. La petite histoire de mes extraordinaires malheurs s'est inscrite sur la trame de la grande histoire, et mon témoignage pourra intéresser quelques-uns. Entraîné bien jeune sur les chemins de France, il m'a été réservé de suivre de près les exploits et le procès en hérésie de Jeanne la Pucelle, que j'ai connue mieux que personne, avec la sympathie, mais aussi l'impartialité d'un voyageur débarquant d'une autre planète.

Et je parle bien de Jeanne la Pucelle! C'est seulement son procès « en nullité de condamnation » qui a révélé l'année dernière, quelque vingt-cinq ans après le bûcher de Rouen, son surnom patronymique de Darc. La Jeanne que j'ai fréquentée était si fière d'être vierge qu'elle en avait oublié de nous donner son patronyme!

Comme les événements que je relate se sont déroulés pour l'essentiel dans les années trente de ce siècle, comme je prends la plume, fin 1457, une génération après les faits, pour ne pas être lu avant longtemps par le public lettré, on me pardonnera de donner au passage quelques aperçus concernant la Venise de ma jeunesse. Assurément, ma ville natale ne connaît point de réplique sur la terre, et ceux qui n'ont pas eu l'avantage d'y séjourner se perdraient dans les brumes de mes lagunes sans un guide du cru.

Et j'espère bien faire un bon guide, pour la Venise d'autrefois comme pour la France des débuts de Charles VII. A quarante-sept ans, je crois avoir le recul, l'apaisement, la philosophie même qui conviennent, et au plus haut point cette distance qui fait du vieux Vénitien un observateur avisé, critique et sans illusions.

Je m'exercerai en outre au plus difficile : se montrer aussi critique envers soi qu'envers les autres. Vous verrez apparaître au fil des pages un adolescent que je ne renie point, mais dont les erreurs enseigneront peut-être la vertu de prudence. Seul l'âge nous apporte la connaissance des femmes, et ces compétences politiques qui permettent aux jeunes loups de survivre et de s'affirmer dans les forêts qui ont vu leurs premiers pas. Je fus jadis fort naïf : enfant dans les affaires du sexe; instruit des grandes affaires juste ce qu'il fallait pour me faire mener en bateau par de mieux instruits.

Je me prénomme Pietro et j'appartiens à la famille Condulmer, élevée au patriciat par le grand commerce.

Je glisserai ici un secret qui court les ruelles et les canaux : en 1414, lors de l'avènement de Tommaso Mocenigo, une vingtaine des principales familles patriciennes se seraient entendues pour que le doge fût sans cesse élu dans leur sein. Il est donc prévu qu'après l'illustre défunt Foscari et le tout récent Malipiero – qui paraît beaucoup plus pâle –, nous serons abonnés à des Loredan, à des Barbarigo, à des Grimani, à des Venier, à des Dona, à des Priuli, à des Gritti... Bien que leurs antiques actions et leurs alliances traditionnelles soutiennent toute comparaison, les Condulmer ne font point partie de la liste.

Mais à quoi bon? Les pouvoirs des doges sont en voie d'érosion perpétuelle, et la charge, aux yeux des plus sages, entraîne moins d'avantages que de dépenses et de tracas. Au lieu de poursuivre une vaine gloriole, maintes familles patriciennes de premier plan ont préféré concentrer leurs ambitions sur l'essentiel : l'argent, qui mène Venise et par où Venise mène le monde.

De ce côté, les Condulmer n'ont pas à se plaindre. Nous comptons depuis longtemps parmi les mieux pourvus, et nous en sommes même arrivés à nous retirer peu à peu des affaires lointaines et hasardeuses pour investir dans des placements plus immédiats, plus sûrs et plus réguliers : palais et maisons, villas, terres et fabriques... Les aventuriers d'autrefois – vers 1320, l'un de mes ancêtres était en poste dans le grand port chinois de Zaitun, et un autre devait pousser jusqu'à Delhi avec la caravane de Giovanni Loredan! – ont cédé la place aux rentiers, et bien d'autres ont suivi cet exemple.

Je suis né à l'aube du dimanche 12 janvier 1410, au premier étage de notre palais du Rialto (l'humidité du rez-de-chaussée y décourage le séjour!), nanti d'un réconfortant horoscope qui m'annonçait une destinée brillante, mais me mettait en garde contre les refroidissements. L'usage d'établir des horoscopes permet aux grands de ce monde de savoir précisément quand ils sont nés. Les gens du peuple n'en sont point à une année près, et ils ne s'en portent pas plus mal.

A cette date de 1410, en dépit d'horoscopes favorables, quatre frères ou sœurs n'avaient pas survécu, et je devais grandir solitaire avec mes pensées, inconvénient qui échauffe l'imagination et prédispose à ne pas mieux comprendre autrui qu'on ne s'en fait comprendre soi-même. Cette position d'unique héritier de l'une des plus belles fortunes de Venise allait peser sur mes jours en prêtant à ma chétive personne une valeur sans rapport évident avec ses mérites.

C'est par le biais des frères et sœurs que nous faisons tout naturellement et en son temps le nécessaire apprentissage de la vie de société. Privé de cet appui pondérateur, l'enfant se replie sur soi et les élans d'une sensibilité excessive le portent à mal placer sa confiance comme sa méfiance.

J'ai peu connu mon père, soldat turbulent et tout d'une pièce, tué à l'automne 1424 en défendant Thessalonique contre les Turcs ottomans, dans les débuts de ce siège mémorable, alors qu'à Venise, une nouvelle peste pulmonaire travaillait à accroître mes perspectives d'héritages, fauchant des grands-parents, des tantes ou des cousins... A l'issue du fléau, qui avait une fois encore encombré les rues et les places de victimes foudroyées, ma proche famille était réduite à quatre personnes : ma mère, mes deux oncles et parrains, Gabriel (celui qui devait être élu pape au début de 1431), et Angelo, que la peste avait laissé veuf avec un fils de mon âge, le cousin Niccolo, pour lequel je n'éprouvais guère de sympathie.

Je me revois à quatorze ans, tout environné de cadavres, dont quelques-uns devaient me faire plus riche...

La mort héroïque de mon père m'a longtemps poursuivi. Ces maudits Turcs avaient franchi les Dardanelles dès 1354, isolant chaque jour davantage l'antique Constantinople et la jetant pour finir dans les plus grands périls. Par chance, Tamerlan le boiteux avait écrasé le redoutable Bajazet sur le plateau d'Angora en 1402, mais la fatale progression ottomane avait repris, à peine retardée par la destruction de la flotte turque devant Gallipoli en 1416, insigne exploit de notre amiral Loredano. On sait que la vaine défense de Thessalonique par les Vénitiens a duré sept ans et que nous avons englouti 700 000 ducats dans cette entreprise dont la malheureuse issue n'était que trop prévisible.

Comme à l'accoutumée, nous étions seuls devant la marée montante. Les peuples chrétiens reprochent hypocritement à Venise de trafiquer avec le Turc, mais quand nous tirons l'épée contre lui, nos diffamateurs ne nous soutiennent guère qu'en paroles. On pourrait croire ainsi que mon père est mort pour rien, sanglante parenthèse entre deux traités de commerce. Mais il est beau de se risquer dans un combat inégal. L'existence de chaque jour doit s'inspirer de cette enseigne. Si nos patriciens gardent l'estime du peuple, c'est bien parce que les plus riches n'ont jamais hésité à tout sacrifier dès que le sort de la patrie était en jeu. Et ce n'est pas une petite affaire que d'affronter la mort sans trembler quand on regorge d'or, de palais et de terres, et que les filles vous sourient encore.

Comme pour bien d'autres enfants de ma condition, mes premières années se sont lentement, mais assez librement, écoulées aux mains de nourrices et de domestiques. Nous passions la mauvaise saison à Venise, dans notre palais du Rialto maintes fois reconstruit et retapé, et l'été dans l'un de nos vastes domaines de Terre Ferme. J'affectionnais en particulier celle de nos villas dont les jardins descendent jusqu'au voisinage de la capricieuse Brenta, cette rivière dont Venise tire parfois son eau potable par bateau lorsque les puits sont à sec en période de forte chaleur. Car nos puits vénitiens, par la force des choses, ne sont que des citernes où s'emmagasine une eau de pluie filtrée par des couches successives de sable.

Je préférais alors, et de loin, la Terre Ferme à Venise. Chaque été, le verdoyant océan des prairies et des bosquets soudain remplaçait pour moi cet océan liquide où la Ville instable avait fini par s'ancrer. Avec soulagement, je tapais le sol de mon petit pied, comme pour éprouver sa permanence et sa solidité à toute épreuve. Les terreurs de l'hiver étaient oubliées.

A Venise, l'eau me faisait peur. D'une rue sans gardefou, du haut de quelque pont, où la bousculade était vive, de l'une de ces gondoles dansantes qui ne cessaient de relier les rives du Grand Canal, de la fenêtre même de ma chambre, je risquais de culbuter et de me noyer. Et lorsque soufflaient les rafales glacées de la « bora », faisant trembler nos cheminées en forme de cloche renversée, lorsqu'une marée furieuse inondait tout d'un coup la ville ensevelie sous la neige, l'ineffaçable impression me pénétrait que mon grandiose palais de marbre, de pierre et de brique allait s'écrouler et s'engloutir, que la tempête venait m'emporter et me jeter au canal, où je n'aurais d'autres bouées de sauvetage que les gros nichons pâles des nourrices. Je courais alors chercher refuge vers le sein ferme de ma mère – dont les absences étaient hélas fréquentes.

Sur Terre Ferme la bien-nommée, je me rassurais, je me détendais, je respirais à longs traits, j'avais enfin la liberté de m'ébattre à mon aise sans risquer de choir dans une eau privée de toute transparence. Et les petits paysans crasseux me semblaient plus francs que nos domestiques habituels, aussi vite engagés que congédiés. La nature comme les hommes m'inspiraient là plus de confiance.

Avec les années, le goût, la passion de Venise me vinrent pour ne plus me lâcher.

Vers cinq ou six ans, j'étais déjà sensible à la prodigieuse animation de notre quartier du Rialto, où les négociants et les changeurs du monde entier s'étaient donné rendez-vous. Grecs, Juifs, Levantins, Arméniens, Lombards, Catalans, gens de Flandre, de Russie ou des Allemagnes s'y côtoyaient, s'y mélangeaient parmi des étalages fascinants.

Les plus beaux produits d'Orient et d'Occident se pressaient à notre porte, et notamment les tissus : « damaschini » de Syrie, « ormesini » d'Ormuz, « stanforti » du Lincolnshire, « mostaroli » de Montreuil, « santomei » de Saint-Omer, « ricelli » de Lille, « doasi » de Douai, « lovagni » de Lovano, « vergati » de Bailleul... Et tous les velours, et tous les brocarts, et toutes les soieries : le « samito », le « zendato », le « zetonino », la « sarza », le « tafeta »... Et toutes les fourrures : le lynx et l'hermine, la zibeline et la martre, la fouine et le russe écureuil petit-gris... Les marchandises exposées, les costumes des hommes de toutes nations formaient une permanente orgie de couleurs chatoyantes, agressives ou délicates : le vermeil, l'indigo, le pourpre, le vert émeraude, le bleu turquin, le noisette, le gris souris, le noir mordoré, le ventre-de-biche, l'orange, le cramoisi ou l'écarlate...

Dans notre quartier du Rialto, à y bien regarder, on trouvait même des Vénitiens!

J'étais non moins sensible à la grand-messe de Saint-Marc, que ma mère préférait souvent à celle de notre église paroissiale car, de chez nous à ladite église, les divers chemins ou détours étaient pavés de prostituées, dont certaines s'enhardissaient jusqu'à me faire des agaceries nostalgiques : une tendre mère sommeille chez la femme la plus décriée. Le Rialto, centre du grand commerce et de la banque, était aussi, par voie de conséquence, le terrain d'une galanterie accrocheuse.

Les cérémonies de Saint-Marc étaient parmi les plus belles et les plus émouvantes de l'Europe. La manécanterie de cette chapelle, réorganisée et développée au début du siècle, illustrée bientôt par Antonio Romano, maîtrisait à ravir, dans un grand déploiement de luminaire et d'encens, de merveilleuses et savantes polyphonies, soutenues par la profonde voix des orgues. (Je parle de « chapelle » à propos de Saint-Marc parce que, contrairement à un préjugé répandu, cette basilique n'est nullement l'église cathédrale de Venise, mais bien la chapelle du palais des doges, libéralement ouverte à tous. Notre patriarche siège près de l'Arsenal, à San Pietro di Castello.) Mon plaisir était encore accru par le fait que, ces dimanches-là, ma mère me tenait par la main, à l'aller comme au retour. J'avais foi en elle comme en Dieu en ce temps béni.

Les jours où l'on ne chômait point, il m'arrivait, accompagné de la nourrice qui me promenait, de regarder les ouvriers qui s'affairaient au grand balcon du palais dogal, travail commencé peu après 1400. Venise restait fidèle à son originale et gracieuse manière, tandis que le reste de l'Italie du nord s'évertuait à retrouver les leçons de l'Antiquité, avec un enthousiasme qui eût été plus beau s'il n'avait été si résolument tourné vers le passé. Quand les Florentins auront épuisé les joies du dorique, du ionique ou du corinthien, ils referont sans doute les pyramides d'Egypte, le comble de l'Antique étant d'édifier des cabanes de branchages ou d'aménager des cavernes.

Parfois, tailleurs de pierre ou de marbre, sculpteurs ou simples manœuvres abandonnaient un instant leur ouvrage pour regarder pendre un patricien frondeur ou brûler un inverti glapissant entre les deux fameuses colonnes de notre « piazzetta », symboles de l'ordre souverain. Perdu dans la foule avec la nourrice, je suppliais alors l'un de ces ouvriers robustes de me prendre sur ses épaules pour que je ne perdisse rien du spectacle. Comme beaucoup d'enfants, j'étais plus sensible à la souffrance des animaux familiers qu'à celle des hommes et, devant ces exécutions, je me sentais comme au théâtre.

Peu avant sept ans, je fus jeté entre les mains d'une troupe de précepteurs qui me dégrossirent avec plus ou moins d'esprit ou de talents, certains étant des hommes remarquables. On m'enseigna la lecture, l'écriture, l'histoire sainte, le calcul élémentaire, des résumés d'histoire et de géographie centrés sur Venise, ses possessions et ses comptoirs, des langues, surtout, car les cerveaux enfantins leur sont particulièrement réceptifs. On m'inculqua des rudiments de latin, et même de grec, en raison de l'importance des intérêts vénitiens en Orient. Je me familiarisai aussi avec le toscan, la langue littéraire italienne la plus répandue, et j'étudiai enfin l'anglais et le français, sous la férule d'un moine breton de Vannes, le père Harouet, que le mal de mer avait dissuadé de poursuivre sa route vers les Lieux Saints. Le français est d'autant plus recommandable pour le fils d'une nation commerçante que cette langue est non seulement pratiquée plus ou moins en France, mais qu'on la parle également en Suisse, dans les Etats de Bourgogne, chez les Anglais de l'aristocratie et les marchands de Londres.

Outre ses qualités pédagogiques de linguiste, Harouet avait une vocation d'historien, et il se révélait volontiers intarissable sur les séculaires querelles franco-anglaises, qu'il faisait quasiment remonter au Déluge, et qui prenaient dans sa bouche l'allure d'un vrai roman. Mais son optique de Breton passionné était très particulière. A l'en croire, une attentive Providence avait brouillé sans cesse les rois d'Angleterre et de France afin de les mieux détourner d'asservir la Bretagne. Chacun voit midi à sa porte.

Ma mère, une maîtresse femme, suivait mes progrès de près, et mon regretté père faisait une brève apparition entre deux campagnes. A sa mort si prématurée, j'avais approfondi bien des connaissances. Je possédais le grec et le latin courants, je lisais sans trop d'effort *L'Enfer* de Dante, *Les Contes de Cantorbéry* de Chaucer ou les *Chroniques* de Froissart et j'avais de solides notions de comptabilité, science patriotique par excellence : le Vénitien rêve de chiffres, fait des cauchemars où il embrouille les soldes débiteurs et créditeurs; c'est un enragé comptable, pour qui le paradis même, produit d'un dernier bilan, a son juste prix.

A l'orée de ce siècle, la « Seigneurie » de Venise, toujours soucieuse du prestige de la ville, s'est montrée favorable à la résurrection des lettres anciennes, envisagées dans leurs multiples rapports avec les civilisations qu'elles avaient jadis illustrées. Certains commencent d'appeler aujourd'hui « humanistes » ces rats de bibliothèque mordus de Cicéron ou de Démosthène, domaine révolutionnaire vu que, dans toutes les poussiéreuses Universités d'Europe fondées par les papes ou avec leur appui pour couvrir d'abord les besoins de l'Eglise, le latin n'est que l'instrument de la théologie et du droit religieux ou civil, voire de la médecine – le grec n'étant pas reçu. La plupart des clercs ignorent encore à peu près tout de la littérature gréco-latine, commentée par des marginaux, en dehors des Facultés proprement dites.

C'est ainsi que notre « Seigneurie » a fondé une première école secondaire publique en 1408, où Paolo della Pergola devait bientôt enseigner la théologie, la philosophie, les mathématiques, l'astronomie, et surtout la dialectique, l'établissement étant destiné en principe à préparer des étudiants pour la proche Université de Padoue. Et Venise a également encouragé la création d'écoles privées plus nettement « humanistes » d'inspiration, comme celle de Guarino Guarini – ancien précepteur de Lionel d'Este à Ferrare – qui affichait l'ambition de former des hommes cultivés et complets.

Je fréquentai d'abord chez Guarini, où j'ingurgitai à haute dose les auteurs grecs et latins les plus célèbres; puis je passai chez della Pergola, qui me mit doctement au meilleur niveau pour le voyage de Padoue.

L'Université de Venise est en effet à Padoue, qui est comme le « quartier Latin » de notre ville. Sensible aux sons et aux couleurs, à la musique ou à la peinture, le Vénitien pur sang n'a guère le goût des spéculations abstraites. Il s'en méfierait presque. Je doute qu'il y ait jamais une Université à Venise : elle risquerait de gâcher le sens concret des élites, qui en oublieraient de compter, ou pis, se mettraient à compter avec distraction; et un beau jour, par suite d'une minime erreur de calcul, une goutte d'eau ayant fait déborder le vase, Venise sombrerait corps et biens.

Mais pour le patricien qui souhaite prendre une teinture d'études supérieures afin de figurer dans le monde à son avantage, le Ciel a prévu l'aimable Padoue, à proche, mais respectueuse distance de nos lagunes dorées.

J'allais avoir dix-sept ans et il était plutôt question de m'inscrire en droit, quand j'engrossai par mégarde une jeune chambrière de ma mère, qui courut se noyer aussitôt que sa maîtresse l'eut chassée. Ce lamentable accident, dont je traîne encore le remords, fut l'occasion, entre ma mère et moi-même, d'un amer échange de reproches, et mes yeux achevèrent de s'ouvrir sur l'amour jaloux qu'on me portait. Est-ce encore aimer que d'aimer un fils à l'excès ? J'eus pour la première fois la révélation que l'attachement possessif de ma mère à ma personne, que j'avais si longtemps trouvé tout naturel, était gros d'orages imprévus.

En attendant, ma mère décida de m'inscrire à la Faculté de théologie, tenue pour la plus élégante et la plus noble, car la plus dénuée d'intérêt pratique immédiat et la plus dispendieuse en raison de la durée exceptionnelle des études. Dans l'esprit de ma mère, le régime réputé sévère de cette Faculté, les matières relevées qu'on y traitait, devaient avoir une vertu morale et préservative. Et comme le mariage était tout spécialement interdit aux gradués en théologie, mon austère exil, en compagnie du mentor et répétiteur Harouet, ne pouvait être que provisoire. Après quelques années d'études distinguées qui m'auraient amené au voisinage du baccalauréat, je reviendrais à Venise, assagi et mûri, pour épouser la jeune fille fortunée que ma mère et mes oncles m'auraient choisie.

Contrairement à ce que j'avais pu craindre, la vie d'étudiant fortuné à Padoue s'organise de manière fort agréable – même en théologie. La chère y est savoureuse, les bonnes compagnies n'y manquent point, et les filles y sont accueillantes.

Bien que le dévoué Harouet, de plus en plus indulgent au fur et à mesure que j'avançais en âge, me fît profiter de ses traditionnelles lumières, la théologie me déçut. J'eus vite fait de me rendre compte que mes professeurs, redoutables coupeurs de cheveux en quatre, prolongeaient dans le verbalisme la décrépitude de la vieille scolastique de Thomas d'Aquin, lequel n'avait pas eu de successeurs dignes de son mérite. Il est vrai que Padoue demeurait l'un des derniers refuges de la philosophie de saint Thomas, que la mode semble avoir condamnée jusqu'à nouvel ordre.

Le sujet traité, celui des « universaux », autrement dit des concepts généraux dans leurs rapports logiques avec Dieu, aurait certes mérité des exposés et des exercices moins rebutants. Après la mise au net d'un bilan financier excédentaire, il s'agit bien là de la question la plus fondamentale et la plus importante que peut se poser, au sein de vertueux loisirs, une cervelle bien faite, assise sur un derrière bien nourri. Je résumerai en quelques lignes les milliers de volumes consacrés au problème depuis dix-sept siècles par d'incorrigibles bavards, car la querelle des « universaux » est plus passionnée que jamais, la mentalité présente des hommes d'Eglise, leurs perpétuelles disputes, y sont étroitement liées, avec les énormes conséquences que l'on a déjà vues et que l'on verra encore.

Pour Platon, les concepts généraux de bon, de beau, de juste ou de vrai par exemple, voire les concepts de cheval ou d'âne, ne peuvent être le produit de notre animale nature, incapable d'abstraction. Ils nous sont donc donnés de naissance, à partir d'un paradis où ils existent en un stock surabondant, comme sur le marché du Rialto. Dans ces conditions, l'expérience ne nous sert de rien pour connaître un Dieu qui nous a déjà dotés d'une intelligence abstraite avant toute expérience sensible.

Je dois dire en faveur de cette théorie que la vie m'a en tout cas appris une chose : plus l'expérience importe, moins elle est possible. Nous naissons et mourons sans aucune expérience de ces phénomènes, et nous n'avons l'expérience du mariage et de la génération qu'après la cérémonie, c'est-à-dire trop tard pour qu'elle nous soit utile.

Aux prises avec Aristote, qu'il se fait fort de digérer, Thomas d'Aquin, un Napolitain anormalement doué pour le travail, se trouva chiffonné par la platonicienne dévalorisation de l'expérience, et il concocta une doctrine plus terre à terre : les concepts généraux, contrairement à ce que soutenait Platon, ne sont pas innés; ce qui est inné – et ce qui distingue l'homme de la bête –, c'est un don divin pour l'abstraction, mais un don que l'expérience seule va nous permettre de faire fructifier. Par conséquent, une raison expérimentée ou des expériences raisonnables nous guideront pas à pas vers une abstraite et juste notion de Dieu, que la Révélation chrétienne couronnera de ses lumières.

L'univers catholique se réjouissait de cette construction chèvre-chou, gloire de l'école dominicaine, lorsque deux franciscains britanniques, Duns Scot et Ockham, se mirent à ratiociner sur une troisième vision de l'affaire, qui a eu un étonnant succès dans maintes Universités depuis le début du siècle dernier : les concepts généraux n'ont aucune réalité, ils se réduisent à des mots, à des « noms » – d'où l'étiquette de « nominaliste » accolée à cette conception. On ne saurait accéder à Dieu en se basant sur du vent, sur un *flatus vocis,* et l'expérience elle-même, prisonnière de ce bas monde, ne nous renseignera que sur l'apparence des choses. La raison démonstrative ayant fait faillite dans notre quête de l'absolu, la foi nous sera inculquée par nos parents et par nos maîtres et, à défaut, nous serons tributaires d'une intuition, d'une illumination quelconque. Illumination toujours possible parce que les nominalistes ont le bon esprit d'admettre que si les concepts généraux n'ont pas plus de consistance qu'un pet de lapin, le concept qui se prononce « Dieu » ferait exception à la règle, on ne sait trop pourquoi ni comment.

Le nominalisme est à mon avis des plus dangereux, car l'illumination, par nature incontrôlable, est trop souvent suspecte, et dès que l'illumination est en panne, le scepticisme ou l'athéisme se portent bien. C'est par suite du nominalisme ambiant qu'une grande partie du clergé formé dans les Ecoles, après avoir perdu toute confiance en la raison, est en train de perdre la foi.

Et les retombées du nominalisme dans le peuple par le canal de franciscains errants et beaux parleurs expliquent la vogue soutenue des voyants et des prophètes (en attendant peut-être celle des matérialistes, ignares héritiers de l'épicurien Lucrèce). Vogue où l'Eglise fait piètre figure. Car si l'illuminé est inspiré par le Diable, il n'aura pas besoin d'Eglise, et s'il est inspiré par Dieu, il en saura plus long que l'Eglise, qui perdra toute raison d'être.

Jeanne la Pucelle, par exemple, fut un pur et innocent produit du nominalisme populaire des franciscains vagabonds. Une Jeanne instruite par saint Thomas serait prudemment demeurée chez elle.

En effet, si c'est l'expérience bien conduite qui nous fait raisonner juste, comme l'affirme Thomas d'Aquin, une expérience ne sera prise en considération que si elle peut être partagée. Une thomiste qui est seule à entendre des Voix se méfie. Mais pour le radical Ockham, apôtre de l'intuition bouleversante, moins l'expérience sera communicable, plus il y aura de chances que Dieu – ou le Diable – y soit pour quelque chose.

Cela dit, j'avoue qu'en chaque Vénitien sommeille un nominaliste sans prétention : la foi du charbonnier nous suffit et nous n'avons jamais acheté un poisson avec des concepts généraux de ducats.

Selon quels critères choisir entre ces trois systèmes? Entre Platon, Thomas et Ockham? J'avais l'impression d'être une abeille retenue prisonnière par un vitrail d'église, séparée des réalités nourrissantes et vivifiantes par la barrière infranchissable d'un verre coloré, déformant et trompeur.

Découragé, il m'arrivait d'accrocher au portemanteau mon froc sinistre de petit étudiant en théologie pour goûter une brève escapade à Venise. Ou alors je passais mes soirées en compagnie du bon Harouet, qui me parlait des forêts de son enfance, pleines de fées, de lutins et de farfadets, ou me narrait les sombres et perpétuelles intrigues des rois de France ou d'Angleterre pour dominer la fière Bretagne et mettre ses contribuables en coupe réglée. Par bonheur, Anglais et Français s'étripaient une fois de plus, et l'indépendance du pays, sous l'excellent gouvernement du duc Jean V, paraissait bien assurée.

Ces vastes régions de l'Ouest, que le préjugé vénitien réputait « barbares », ne m'étaient connues que par les livres ou les bavardages d'Harouet. La truculente Angleterre de Chaucer, le monde courtois de Froissart me demeuraient fort mystérieux. Mes visions étaient vagues, fragmentaires, contradictoires. L'envie me prenait parfois d'aller voir de plus près ce que pouvait être cette féodalité d'Occident, la plus parfaite antithèse, sans doute, de la société vénitienne.

Abandonnant précocement la théologie, j'étais de retour à Venise pour fêter mon dix-huitième anniversaire. La déception de ma mère fut adoucie par la joie de me voir chaque jour, et les reproches furent de pure forme.

Harouet mit enfin à exécution son vœu de visiter Jérusalem, mais sa galère se perdit au large de Candie. La disparition de ce brave homme me fut sensible.

Chose étonnante, ce titre de bachelier que la théologie me refusait, le droit canon – c'est-à-dire le droit ecclésiastique – me l'accorda, et sans que je susse plus de droit canon qu'une pantoufle. Promotion due à l'entregent de mon oncle Gabriel, dont la science du monde égalait celle de Dieu.

Moine augustin d'une fervente piété et d'une belle intransigeance, ne buvant que de l'eau, ne mangeant que quelques fruits et légumes lorsqu'il venait souper au Palais à l'occasion de brefs séjours à Venise, cet excellent oncle était le neveu du regretté pape Grégoire XII (encore un Vénitien, mais de la famille Correr), dont le désistement gracieux, en 1415, avait permis au Colonna Martin V de mettre fin au Grand Schisme deux ans plus tard. Désormais cardinal de Sienne, sur les rangs des « papabile », l'oncle et parrain Gabriel avait le bras de plus en plus long, et sa main s'était abattue discrètement sur Orange pour en tirer le parchemin qui faisait de moi un gradué.

En autorisant Orange, une enclave dans leur Comtat Venaissin, à entretenir une modeste Université à partir de 1365, les papes d'Avignon avaient nourri une vipère dans leur sein : les joyeux coquins de l'endroit s'étaient mis sans vergogne à vendre des diplômes à tout venant; mais devant les protestations indignées des Universités d'Avignon et de Montpellier, ils avaient bientôt jugé plus prudent d'écouler leur camelote auprès de distingués amateurs étrangers.

Me décernant mon parchemin sans solennité, l'oncle Gabriel me tint ce discours en souriant :

« Tu dois être surpris qu'un sévère augustin trempe dans une pareille affaire – même au profit d'un neveu et filleul très affectionné.

» Regardons cependant la triste vérité en face. Tu as dû apprendre à l'Université de Padoue comment fonctionnait la machine, qui est identique à Cologne ou à Cahors, à Angers ou à Genève... Partout le recrutement ne se fait que sur examen, jamais sur concours, et tous les étudiants qui soutiennent un examen sont forcément reçus – à un rang plus ou moins flatteur, sans doute, et leur carrière peut s'en ressentir, mais ils n'en sont pas moins devenus bacheliers en quelques années, docteurs avec dix ou quinze ans de patience supplémentaire.

» Rigoureuse égalité en théorie. Alors qu'en pratique, la durée des études est si longue que, malgré les bourses accordées sur protection aux pensionnaires des collèges des diverses nations dans les Universités, seuls les étudiants riches ou aisés sont en mesure d'obtenir leur diplôme sans trop de peine. Qu'il s'agisse de théologie, de droit canon ou civil, de médecine, ou même de la Faculté de base des Arts libéraux, la plus populaire et la moins spécialisée, sorte de cours préparatoire pour garçons qui n'ont pas eu la chance d'avoir de bons précepteurs, je suis en mesure d'affirmer qu'en moyenne, un étudiant sur quatre ou cinq devient bachelier, un étudiant sur quinze ou vingt devient docteur. Les autres peuplent les bureaux de la curie pontificale, des rois, des princes ou des évêques, dans des positions subalternes...

» A de rares exceptions près, on ne saurait dire que les places aillent vraiment au mérite, comme il serait de la vocation d'une Eglise responsable de l'ambitionner et de le réaliser. Car la grande supériorité de l'Eglise en ce monde est de pouvoir donner au mérite ce qui est ailleurs donné à la naissance. Si l'Eglise néglige cette mission, elle s'en portera mal, et toute la société chrétienne par voie de conséquence.

» Ainsi, vu que tu aurais heureusement achevé des études si tu les avais poursuivies, je ne fais que te remettre un peu plus tôt ce que tu aurais obtenu beaucoup plus tard. Et puisque certains bacheliers – des nobles surtout, hélas! – demeurent d'une ignorance extrême, tu feras partie du lot sans avoir perdu ton temps. Je ne t'ai pas jugé digne d'un baccalauréat en théologie, et j'ai tenu, en toute justice, à ce que tu fusses le dernier de la liste des lauréats de droit canon. »

Cher oncle Gabriel! Un tel parrain méritait cent fois d'être pape et l'Esprit Saint ne s'est pas trompé en lui faisant cette faveur.

L'atmosphère étant ce soir-là fort détendue, je me rappelle que je lui demandai, faisant allusion au célèbre conte de Boccace, s'il était possible que nous eût été conservée une plume relique tombée de l'aile de l'ange Gabriel lors de sa visite à la Vierge.

« Possible, assurément, me répondit-il avec le plus beau sérieux. Une droite raison tient tout pour possible en l'absence de preuves contraires. Mais la raison nous dit aussi de tenir compte des vraisemblances et des probabilités. Créatures immatérielles, les anges ne peuvent perdre de plumes que par un miracle que Dieu aurait accompli pour flatter l'ignorance du vulgaire. Et si Marie avait ramassé cette plume extravagante, saint Jean, à force de s'en servir comme signet, l'aurait égarée. »

Quelques années plus tard, à Rouen, l'évêque Cauchon, avec plus de sérieux encore, devait tenir des propos analogues au sujet de l'ange Gabriel de Jeanne, qui lui semblait affreusement factice. La crédulité des clercs est en baisse, alors que la naïve religiosité des ouailles prend un tour plus personnel et plus original, double évolution en sens contraire qui fait mal augurer de l'avenir : une rupture décisive s'annonce entre les savants et les incultes, qui fera grincer quelques dents.

Je n'ai jamais connu vie plus insouciante qu'au début de cette année 1428. Toutes les grandes carrières m'étaient ouvertes après apprentissage privilégié : guerre, marine, diplomatie, politique intérieure ou commerce au long cours... Et elles me l'étaient même successivement. Par nature et par éducation, le riche patricien de Venise répugne à se spécialiser, s'intéresse à tout ce qui regarde l'Etat, se tient informé de tout, est disponible pour toutes les activités. Rien de plus naturel : cette Ville extraordinaire, il l'a faite; elle est non seulement sa patrie, mais son bien; il doit donc la connaître en profondeur pour mieux s'en occuper que les autres.

Mais si l'avenir m'ouvrait largement ses portes, je n'étais pas pressé de les franchir. Sentant bien que j'aspirais à quelque répit après mon gracieux baccalauréat de droit canon, ma mère me laissait la bride sur le cou et ne me ménageait ni les conseils ni l'argent. Son exclusive affection pour moi brûlait d'un feu contenu dont je n'avais pu apprécier encore toutes les prodigieuses ardeurs.

Pour l'argent, d'ailleurs, ma mère s'adressait à mon oncle Angelo, qui en était d'autant moins avare que ce n'était pas le sien et qu'il y en avait beaucoup. Vu les risques mortels qu'il courait, mon père avait en effet confié par testament la gestion de ses biens à ce frère honnête et expérimenté jusqu'à ce que j'eusse atteint l'âge raisonnable de vingt-cinq ans. Sagesse typiquement vénitienne. Nos Vénitiens d'âge mûr éprouvent une invincible répugnance à laisser d'importantes responsabilités financières à des adolescents évaporés.

Les plus brillants jeunes patriciens de l'époque avaient formé des associations, dont les membres se reconnaissaient à la couleur de leur toque, à leur longue chevelure nouée d'un ruban soyeux, et surtout à une quelconque devise brodée sur le revers du capuchon et sur les chausses – d'où l'expression consacrée de compagnies « della calza ».

Ces « Sempiterni », ces « Fraterni », ces « Cortesi »... s'étaient donné de beaux statuts, et les femmes les plus élégantes étaient admises, lesquelles nous aguichaient du haut de leurs sabots précieux, les « calcagnini », véritables échasses qui préservaient leurs robes somptueuses de la boue des ruelles, non pavées pour la plupart. Mais d'imprudentes femmes enceintes ayant fait de mauvaises chutes, la municipalité s'efforçait d'en réglementer la hauteur, et même d'en décourager l'usage dès 1430. J'aurai encore pu apprécier les « calcagnini » les plus pittoresques. Quels piquants et délicieux souvenirs que toutes ces lèvres vermeilles à hauteur des miennes !

Nos illustres confréries, mobilisées au service de l'éclatante réputation de l'Etat, avaient pour officiel objet d'organiser, à l'occasion des principales fêtes publiques –

et même privées –, des bals, des banquets, des cortèges, des feux d'artifice, des régates, des tournois... ces derniers, aussi rares que coûteux, en Terre Ferme ou sur la place Saint-Marc. (En ce temps-là, le cheval était à Venise plus courant qu'aujourd'hui, où les rues qui lui sont interdites se sont multipliées.) Nous étions ainsi de tous les grands mariages, de toutes les réceptions de princes étrangers... Cérémonies inoubliables, d'autant plus superbes et dispendieuses que notre doge Foscari – en fonction depuis 1423 – était d'un tempérament à ne ménager ni les deniers publics ni même sa propre fortune pour rehausser toutes les réjouissances possibles. Et Dieu sait si les fêtes étaient fréquentes et insensé le faste qui pouvait s'y donner libre cours ! On m'a raconté que pour l'élection du doge Mocenigo, 70 000 spectateurs avaient regardé combattre 460 chevaliers, dont les marquis de Ferrare et de Mantoue ! J'avais alors trois ans...

Lorsque les festivités faisaient relâche, nous nous exercions patriotiquement à l'arbalète dans les solitudes du Lido, ou bien nous chassions entre nous sur le continent. Et les moins sages – d'où ce surnom de « muneghini » – forçaient par les nuits sans lune la clôture d'un couvent de religieuses, pour y faire, il est vrai, plus de peur que de mal. La seule fois que je m'y suis risqué, les rares nonnes présentables s'étaient cachées, tremblantes et gloussantes, dans la sacristie, où nous n'avons pas osé les poursuivre.

Cette douceur d'une existence patricienne au sein de la jeunesse dorée était encore accrue par ce climat de concorde sociale unique en Europe, et qui est peut-être le plus précieux privilège de ma patrie. En France, par exemple, lorsqu'un grand seigneur gaspille effrontément, le peuple murmure et gronde – et l'on ne saurait lui donner tort puisqu'il s'agit d'un argent récolté à ne rien faire par un parasite de profession. Mais le peuple de Venise, simples citoyens ou étrangers domiciliés, recueille les miettes des nobles festins avec une reconnaissance complice et avisée, car il sait bien que ceux qui les ont offerts, et parfois payés de leur sang, ont œuvré avec fièvre et talent à la permanente prospérité de la Ville.

En ce printemps 1428, l'horizon politique lui-même semblait s'éclaircir avec la trêve dite « de Bergame », qui consacrait la création d'un fort Etat vénitien de Terre Ferme. En près de vingt-cinq ans de guerres, sans cesse élargissant nos maigres possessions initiales, nous avions annexé Vicence, Vérone et Padoue, le Frioul, Brescia et Bergame, tout en rétablissant nos positions en Dalmatie, et Thessalonique tenait encore, que l'on ne désespérait pas de sauver.

Etant donné la pression croissante des Turcs, la montée des périls et des ambitions milanaises en Italie du nord, il était devenu nécessaire, militairement et économiquement, d'assurer à Venise un fructueux glacis continental, qui avait en outre la vertu d'assurer nos communications vitales avec les marchés des pays germaniques. La politique si discutée du belliqueux Foscari avait abouti à une incontestable réussite. Gage enfin d'un avenir souriant : bien des villes italiennes, lasses des ruineuses discordes civiles et étrangères, avaient accepté notre domination, sinon avec reconnaissance, du moins avec soulagement. L'habile administration de Venise était si réputée qu'elle devenait un moindre mal pour des hommes incapables de se gouverner.

II

Mon oncle Angelo et mon père étaient jumeaux – la loi ayant considéré mon père comme l'aîné pour des motifs dont on peut discuter indéfiniment le bien-fondé. Et ces jumeaux ne se ressemblaient guère. Mon père était athlétique, taillé à coups de serpe, de premier mouvement, porté à la violence comme au repentir, construit pour l'action; son frère Angelo était plutôt bien en chair, avec des traits fins et réguliers, fait pour la séduction et la diplomatie, de tempérament à contourner les obstacles qu'il redoutait d'aborder de front. L'oncle Gabriel, leur cadet d'un an, était quant à lui d'une maigreur d'ascète, en rapport avec son monacal régime.

Ces jumeaux avaient passé de concert leur jeunesse au Palais, qu'Angelo n'avait quitté qu'à l'occasion de son avantageux mariage avec une beauté du clan des Gradenigo. Très déprimé par son veuvage à la suite de la peste de l'automne 1424, douleur encore accrue par la perte de l'un de ses deux fils et par la disparition de mon père, qu'il avait aimé tendrement, l'oncle Angelo s'était laissé pousser une sinistre barbe noire en signe de deuil, et il avait fait chez nous des apparitions de plus en plus fréquentes, en quête de légitimes consolations.

A mon retour de Padoue, je retrouvai un Angelo installé à demeure, imberbe, apparemment consolé, n'abandonnant les lieux qu'à regret pour aller vaquer à ses affaires à Venise ou sur le continent. L'estime, l'affection de ma mère, femme encore fraîche et qui ne voulait point vieillir, étaient sans doute pour quelque chose dans cette résurrection. Beau-frère et belle-sœur ne se quittaient guère, se considéraient au coin du feu avec une familiale tendresse, couraient la ville à la recherche de nobles et honnêtes plaisirs.

Les miens posaient dans l'immédiat de douloureux problèmes à ma mère, qui ne cessait de s'inquiéter de mes sorties, toujours plus fréquentes, et surtout de mes rentrées, sans cesse plus tardives.

Alors que, dans bien des grandes villes d'Italie, les violences publiques se déchaînaient périodiquement et faisaient rage – ce n'étaient que vengeances féroces, alternances de bannissements massifs et de massacres réglés –, Venise, en raison de l'excellence marmoréenne de son gouvernement, ne connaissait que l'exutoire des violences privées, mais elles y étaient d'autant plus constantes et d'autant plus graves, en dépit de toutes les mesures de sûreté.

Je pense que les hommes ont un certain capital de violence à dilapider, une certaine vapeur contenue qui trouvera toujours un trou pour sortir de la marmite. Espacez les guerres lointaines, supprimez les luttes intestines, et les criminelles brutalités n'épargneront plus personne. Un mal, que ces excès mêmes auraient canalisé, se répandra partout, tel un abcès qui crève.

A Venise, comme dans d'autres cités marchandes adonnées à toutes sortes de jouissances, les agressions et les désordres atteignaient bien entendu leur paroxysme durant les heures nocturnes. Les uns se jetaient sur une bourgeoise attardée et lui faisaient subir les derniers outrages au fond d'une étroite impasse; d'autres montaient à l'assaut d'un balcon pour sodomiser des femmes et filles sans défense; d'autres encore entraînaient un enfant à l'écart pour en abuser cyniquement... Les excès de boisson, les rixes sanglantes défrayaient la chronique.

Mais dans une ville où le ducat était sacré, les agressions aux fins de vol étaient par bonheur assez rares, et c'était un beau réconfort pour l'Etat.

Ma mère craignait nuit et jour que je ne fusse innocente victime ou imprudent complice de tels débordements. Ayant déjà succombé à Padoue à de banales faiblesses, je m'étais consacré au beau sexe, dès mon retour à Venise, avec tout le feu d'une jeunesse impatiente, sautant à l'étourdie sur tout ce qui se présentait de séduisant, d'une mûre amie de ma mère, avide de chair tendre, à la pute de maison, de la fille d'auberge ou d'étuves à la petite esclave tatare ou caucasienne rôdant par le marché, sans parler de l'épouse esseulée et modeste, mais au cœur exigeant, qui attendait le retour d'un marin ou d'un soldat.

Le danger d'être surpris par un ayant droit ajoutait parfois du piment aux expériences, et je me faisais à bon marché l'effet d'un héros allant cueillir des roses parmi les épines.

Autres inquiétudes de ma mère, mais en relation cette fois avec ma présence au Palais : mes assiduités envers telle ou telle fille de service, que je choisissais pourtant – instruit par l'affreux faux pas qui m'avait entraîné en théologie – parmi celles dont on savait bien qu'elles n'avaient plus rien à perdre. Ma mère se demandait si je devais sortir pour les épargner, ou rentrer pour lui épargner de pires ennuis.

De tels rapports relevaient certes d'une immémoriale tradition qui n'avait rien de spécifiquement vénitien. Au cours de mes divers voyages, j'ai pu constater que, dans tous les pays, les filles de condition domestique attirent les hommages des mâles d'une noble maisonnée – les bourgeois ou même les clercs n'étant pas plus vertueux. Combien de marchands retenus hors de leur foyer, combien de curés, de chanoines, d'évêques, de doctes universitaires, n'épongent-ils point leurs ardeurs dans le cadre de discrètes et ancillaires amours? Le personnel féminin peut y trouver quelque intérêt, les rejetons filant d'ordinaire à l'hospice des Enfants trouvés. Et il en sera ainsi tant qu'il y aura des filles de service en état de faire l'amour ou de le subir, et des hommes pour le trouver bon.

Les maîtresses de maison ne sont guère satisfaites de ces coutumiers excès, qui ne détournent pas toujours un mari, un fils, de tentations extérieures plus dangereuses et plus coûteuses, et sont pour beaucoup dans cette instabilité chronique des servantes, dont tout le monde se plaint. Ces va-et-vient capricieux d'un foyer à un autre multiplient les risques d'indiscrétions, de médisances, de calomnies. A Venise, tout ce qu'on sait de la vie privée des autres a été appris tôt ou tard par le canal domestique. Et lorsque les filles, à force de tenter le Diable, se font engrosser, c'est encore sur la maîtresse, en principe responsable de leur bonne garde, que retombent les discussions sordides avec un père, un frère outragé qui, tantôt suppliant, tantôt menaçant, argumente pied à pied pour tirer du déshonneur familial le maximum de vénales compensations.

Chez nous, pour autant qu'il m'en souvienne, les servantes, de gré ou de force, n'étaient pas plus mises à contribution qu'ailleurs, et ma mère, qui menait au Palais comme en ville une existence très mondaine, avait en tout cas l'excuse d'une surveillance malaisée dans une maison de plusieurs étages ouvrant sur la voie d'eau la plus fréquentée d'Europe, avec ses greniers, ses loggias, ses jardins et jardinets, ses dépendances variées, une maison d'ailleurs où les visiteurs avaient toujours été nombreux : parents et parrains, clients et amis, moines et notaires, et la troupe de mes précepteurs, et les musiciens de l'orchestre qui nous suivait l'été en Terre Ferme, et les simples fournisseurs, quémandeurs ou parasites... J'oubliais les domestiques mâles eux-mêmes, qui n'étaient pas les derniers à abuser de leurs compagnes. Seul notre gondolier, un esclave éthiopien dont la noirceur faisait peur, en était réduit aux pauvres prostituées du « Pont des Têtes », ainsi nommé parce qu'aux fenêtres de l'endroit, la densité de têtes de putes était à nulle autre pareille.

Ma mère avait donc des motifs de se plaindre de ma conduite sous son toit, et des motifs aussi de prendre son mal en patience. Mais la patience n'était point sa première vertu; son goût de l'ordre, de l'autorité, l'amenait à me faire de sévères réprimandes, que mon oncle Angelo jugeait excessives. Au fond, ma mère devait estimer qu'elle avait seule le droit de gouverner mes amours et que je lui retirais tout ce que je répandais sans sa permission.

Dernière inquiétude maternelle, et non des moindres : le mortel danger présenté par l'inextinguible sodomie.

Aujourd'hui, fin 1457, un lecteur étranger serait déjà surpris par cette dernière affirmation, et je gage que mes lecteurs de l'avenir ne le seront pas moins et me soupçonneront d'exagérer.

La sodomie est partout, et partout frappée des peines les plus sévères. Mais en fait, que ce soit à Nuremberg ou à Bordeaux, à Copenhague ou à Palerme, si l'on fait un exemple de loin en loin avec un pauvre hère sans protection, les hommes de qualité ne sont poursuivis sur ce chapitre que s'il est question de les perdre politiquement ou financièrement. Et encore, à un certain degré de grandeur, on peut tout se permettre. Si le maréchal de Rais, qui m'a honoré de son amitié en un temps où il était encore un honnête compagnon, avait borné ses crimes à la sodomie, il serait toujours en vie, et fort gaillard.

Oui, partout, le sodomite distingué connaît – sauf imprévu – une existence dénuée d'alarmes, partout en vérité, sauf à Venise, où aucun coupable ne peut se flatter d'être à l'abri, où la détection, la répression du sodomite, qu'il soit mendiant ou richissime, sont devenues pour les autorités une affaire de la plus extrême importance, pour ne pas dire la plus importante. Tout le Grand Conseil, tout le sénat, vivent en somme dans la persuasion que le sodomite a le mauvais œil et que le salut de la nation vénitienne dépend de son écrasement.

On nourrit à ce sujet de tenaces illusions à l'étranger. Venise s'y est astucieusement forgé la réputation d'une cité de fêtes et de plaisirs, où une certaine tolérance intéressée serait de règle, histoire de ne pas décourager les immigrants utiles ou les visiteurs fortunés.

Et une large tolérance saute en effet aux yeux de l'observateur superficiel et l'éblouit. Nous tolérons les juifs. Nous tolérons les musulmans et les orthodoxes schismatiques. Nous tolérons l'esclavage. Nous tolérons la plupart des faiblesses de la chair, et notamment la prostitution – malgré la concurrence déloyale de Rome et des conciles, qui en sont d'assidus consommateurs, nous sommes encore à même de produire la plus grosse troupe de putains d'Europe ! Nous tolérons d'autant plus aisément certaines impiétés abstraites que nous ne sommes guère théologiens et que Venise ne brille ni par sa littérature ni par le nombre de ses intellectuels. Nous tolérons à peu près tout, le sodomite excepté.

Je dissiperai donc l'illusion avec quelques détails, et de manière d'autant plus précise que la situation critique du sodomite vénitien n'a pas été sans avoir une influence déterminante sur mon destin. Accessoirement, certains qui brûlent de venir nous voir afin d'apprécier nos garçons pourront mieux prendre garde à ne pas courir le risque de brûler tout court.

Jusqu'au début de ce siècle, les condamnations furent assez peu fréquentes, sans doute parce que la cote d'alerte du fleuve vicieux n'avait pas été atteinte. Mais à partir de 1406 – date d'un scandale retentissant où une foule de patriciens et de simples citoyens s'étaient trouvés compromis – la répression éclata et ne cessa de se renforcer.

Alors que le méfiant gouvernement vénitien a pour bon principe et constant souci d'émietter les responsabilités administratives, de répartir une même affaire entre plusieurs corps ou de multiplier les successives instances, c'est bientôt, par une entorse unique à ce système, notre « Conseil des Dix » qui concentre entre ses mains tous les pouvoirs afin de lutter contre le fléau et de le vaincre.

Longtemps officieux – il n'est devenu officiel qu'il y a deux ans – ce Conseil a autorité absolue et discrétionnaire en fait de sûreté. Ses informateurs, à Venise comme à l'étranger, sont légion, et il dispose de fonds secrets. Ainsi, une police qui passe à juste titre pour être la plus efficace du monde, une police qui a pour elle la liberté d'action, l'argent et le mystère, qui peut faire étrangler qui elle veut sans autre forme de procès, engage en permanence ses meilleures forces dans cette affaire d'Etat.

Et dès 1407, sont inaugurées en grande pompe des archives spéciales. Toutes les pièces concernant les affaires de Sodome seront enfermées dans un coffre d'infamie, dont le doge et le Conseil se partageront la garde : centralisés et soumis à étroite surveillance, les dossiers ne s'égareront point, leur consultation sera facile et permettra des recoupements.

Dans une cité grouillante et trépidante de plus de cent mille âmes, il s'agit d'abord de prévention : décourager l'unique vice intolérable et intervenir autant que possible avant le flagrant délit. De jour, et de nuit mieux encore, les polices ordinaires ou les sbires des « Seigneurs de la Nuit », notre redoutable police nocturne, inspectent par priorité tous les lieux douteux, les étuves, les tavernes, les jeux clandestins, les auberges ou ces multiples débits de boisson que le dialecte vénitien appelle des « bastie », fouillent coins et recoins, cours et arrière-cours, à la recherche de couples masculins suspects, une notable différence d'âge inspirant aussitôt le soupçon. Mais on contrôle aussi les salles d'armes, les écoles de chant, de danse ou de musique, et même les orfèvres, les fourreurs et les barbiers, qui passent, à tort ou à raison, pour être complaisants aux pires turpitudes.

Les décisions, les règlements s'accumulent. Le sodomite étant réputé opérer dans l'ombre, nos édiles s'intéressent enfin sérieusement à notre éclairage public, et une lumière morale fait chaque année de minces progrès. On interdit le port des masques en temps de carnaval, tout déguisement pouvant inciter l'amateur à confondre un sexe avec un autre jusqu'à ce qu'il soit trop tard pour retirer ses billes. A l'issue de chaque fête, de chaque divertissement théâtral, de chaque tournoi, on se précipite pour démonter les échafaudages, car le serpent sodomite, jouant des bras et des coudes avant de jouer de la croupe, irait ramper sous ses abris de fortune pour y insulter le Ciel à sa façon. Et des moines raisonneurs, apôtres du moindre mal, excitent sous le manteau les plus vaillantes putains à faire parade de leurs nichons afin de mieux garder les fils de Venise dans le droit chemin. (Peut-être le sodomite distrait les prendra-t-il en passant pour des paires de fesses ?) De la sorte, entre la voie étroite du salut et la voie étroite du bougre, la voie large des putes reçoit ses premières et maussades bénédictions.

Un constant appel à la délation double ces ingénieuses mesures préventives. Le moindre condamné rapporte une prime de vingt-cinq ducats, et cinquante le condamné à mort. La progression relativement faible du tarif, sans décourager l'espérance du maximum, invite les chrétiens de bonne volonté à concentrer leur attention et leur flair sur les moindres imprudences. Les Français disent : « Qui vole un œuf vole un bœuf », nous disons à Venise : « Qui enc... une mouche enc... un éléphant. » Les dénonciateurs, dont l'identité est naturellement tenue secrète, reçoivent un fixe sur les biens du coupable – et une somme moitié moindre s'il n'y a rien à saisir ! Là encore, le souci est manifeste de ratisser large et de n'oublier personne.

Alors que le délateur sodomite est absous d'office à titre de première récompense, les médecins, chirurgiens, sages-femmes, sous peine des sanctions les plus sévères, se voient requis de signaler les derrières éprouvés de tout sexe dont ils auraient eu la choquante révélation. Les dames elles-mêmes sont invitées par leur directeur de conscience à montrer du doigt un mari abusif qui se serait égaré à leur encontre ou à celui d'une servante trop généreuse. Et les filles de bordel contraintes à des assauts désobligeants ont l'honnête ressource de vendre à qui de droit la maquerelle ou le proxénète tyrannique.

Lors de la malheureuse tentative de Jeanne la Pucelle contre Paris, bavardant un soir à Saint-Denis avec le maréchal de Rais, j'ai eu du mal à le persuader qu'il était si malsain de sodomiser des Vénitiennes. Ce fidèle chevalier servant de la Pucelle, dont le goût pour les garçons se devinait sans peine, aurait plutôt vu dans cette pratique matière à Indulgences. Mais quand il se fut tardivement enfoncé dans les crimes de sang, ses démons devaient lui marchander les Indulgences de ce type : sur les centaines d'enfants égorgés par le maréchal, les filles ne pesaient pas lourd.

Pour ce qui est de la répression organisée par notre Conseil des Dix, le pilori, le fouet, les confiscations, la prison, le bannissement (terrible peine pour un Vénitien!), le bûcher sont constamment à l'ordre du jour. Seuls les enfants de moins de dix ans sont tenus pour pénalement irresponsables! Les suspects sont torturés le vendredi – jour maigre de pénitence – ou le samedi si le vendredi est férié, et chaque mois apporte son tribut de victimes. Les bonnes années voient brûler une douzaine de bougres, les petites années, encore trois ou quatre. On ne désarme pas. En 1446, il a fallu vaincre une forte opposition au Conseil pour que les sodomites condamnés à mort fussent décapités avant d'être livrés aux flammes.

La Sainte Inquisition vénitienne elle-même, consciente du péril national, a renoncé à disputer ses proies à l'Etat.

Je rappelle qu'en principe la sodomie relève du tribunal civil; l'hérésie, du tribunal ecclésiastique. Le tribunal d'Eglise ne se prive donc pas de réclamer les sodomites hérétiques – et d'autant plus fort qu'il y a des biens à gratter. Solution tout à l'avantage de l'accusé. Car si l'Etat ne se fait pas faute de le brûler, l'Eglise lui inflige au pire une pénitence, pourvu qu'il ait eu la bonne grâce d'afficher un repentir convenable, attitude qui est la première des politesses en pareille affaire. C'est seulement le récidiviste, le « relaps », que l'évêque et l'Inquisiteur, siégeant conjointement, expédient sans phrases au bûcher.

Aussi le sodomite prévoyant prend-il bien soin de blasphémer comme un beau diable en forniquant, de façon à pouvoir sauter dans les bras de sa sainte mère l'Eglise en cas d'ennui. Ailleurs, la combine marche plus ou moins; à Venise, elle ne marche jamais. A l'heure où j'écris, le Conseil des Dix n'a pas livré un seul sodomite à la trop indulgente Inquisition depuis le début du siècle. Un record international de rigueur!

Mais il était encore un dernier point où les mailles du filet pouvaient être resserrées. Un dixième, peut-être, des sodomites vénitiens appartiennent à l'Eglise, qui jouit du privilège difficilement ébranlable de juger au criminel ses propres membres – ce qu'elle fait bien sûr d'ordinaire avec une paternelle et discrète mansuétude. Les clercs se jettent volontiers la pierre, mais se mangent rarement entre eux. Or, à Venise, non seulement le Conseil fait en permanence pression sur l'Eglise pour qu'elle repère ses propres sodomites et les condamne avec la plus grande rigueur, mais les procès sont alors suivis par deux délégués de la « Seigneurie », dont la présence sourcilleuse achève de convaincre.

Pourquoi donc, depuis plus d'un demi-siècle, une telle obsession, une telle hantise de la sodomie par la Ville? Il m'est arrivé de siéger au Conseil des Dix avec mes neuf collègues du moment, le doge Foscari, ses conseillers, l'Avocat général de la cité et les trois chefs de section de la « Quarantia », notre Cour suprême au criminel comme au civil. De longues séances étaient régulièrement consacrées à la lutte contre le mal, et elles débutaient toujours par les mêmes lamentations et objurgations. D'après ce que j'ai compris, il s'agirait au fond d'une affaire de métaphysique dans ses rapports supposés avec la sauvegarde de l'Etat.

Chaque Vénitien est intimement persuadé que la naissance de Venise, sa prospérité croissante et insolente depuis les temps carolingiens relèvent du miracle : ville jadis surgie des mers en catastrophe, dans l'épouvante des barbares, ville perchée sur une forêt branlante de chênes dalmates, privée de terre et d'eau potable, réduite à lamper de la pluie, ville sans la moindre ressource, en proie aux pestes, aux grandes marées, aux tempêtes, aux érosions soudaines comme aux envasements sournois, ville la plus misérable du monde, qui se forge un empire, concentre l'or de la chrétienté, excite enfin tant de haines et de jalousies qu'on se demande si le succès n'est pas plus dangereux encore que l'échec désarmant. Le Vénitien éprouve de façon cruciale ce même sentiment d'insécurité qui me tenaillait enfant lorsque les hautes eaux et les bourrasques semblaient en passe d'effacer notre patrie de la brumeuse surface des flots où elle était apparue comme un mirage. Et chaque Vénitien se dit que si la Ville tient bon, ce ne peut être que par l'opération du Saint-Esprit.

Il convient donc de jouer serré, de ne pas décevoir une providence assidue par des complicités hors de saison avec des excentriques qu'elle a toujours regardés de travers. Le Dieu de la Bible tient Venise à bout de bras, mais il peut se lasser.

Un théologien superficiel, comme il y en a beaucoup dans les Ecoles, pourrait faire cette réflexion que nos Vénitiens jouisseurs, luxueux et rapaces, qui pactisent déjà avec une énorme foule de péchés, sont assez malvenus à ne pas tolérer un péché de plus. Mais la voix du Conseil des Dix lui répondrait, unanime, qu'il y a péché et péché. Les péchés que Venise affectionne, ce sont ceux qui favorisent le continuel élan vital de la cité ou qui en sont la conséquence, des péchés selon sa nature expansive, où un Dieu bienveillant pourrait voir à la rigueur comme un hommage naïf à ses dons. A y bien réfléchir, celui de sodomie, exacerbé depuis longtemps déjà par de délétères influences orientales en rapport avec la marée montante du commerce, est le seul à ne pouvoir entrer dans ce cadre optimiste.

En somme, le sodomite met doublement en péril la sûreté de l'Etat, et du point de vue métaphysique, et du point de vue social : il exagère. On ne saurait s'étonner que notre Conseil des Dix s'en soit occupé avec prédilection, vivement poussé d'ailleurs par le bon patriarche qui, à chaque catastrophe, fulmine contre le sodomite responsable, et le désigne encore à la vindicte quand tout va bien, puisqu'il ne saurait être raisonnablement crédité du beau temps. Nous avons là sous la main un bouc émissaire idéal, dont le sacrifice est susceptible de faire pardonner par le Dieu des Armées, des Escadres et des Echanges quelques péchés mineurs orientés vers des résultats vitaux.

Il est frappant de constater qu'après une peste, un désastre naval, militaire ou financier, les délations de sodomites connaissent leurs heures de pointe. C'est bien le seul domaine où les vertueuses exhortations du patriarche aient le moindre effet !

Un matin que nous agitions une fois de plus le sujet au Conseil, mon voisin me dit :

« Ne te tracasse donc point ! Une bonne politique se reconnaît au fait qu'elle ne présente aucun inconvénient, qu'elle ne fait courir aucun risque, et qu'elle peut cependant, avec quelque chance, rapporter gros. Si nous sommes dans l'erreur, il y aura tout simplement quelques bougres de moins et quelques enfants de plus pour ramer sur nos galères. Si nous sommes dans le vrai, comme les papes et les évêques nous l'affirment depuis l'origine, nous renforçons gratis nos pilotis contre les tempêtes de l'au-delà, celles qui sont le plus à craindre. »

Cette analyse toute simple, logique et satisfaisante,

telle que nous aimions en faire au Conseil, cachait cependant une contradiction digne de remarque, et je m'en expliquai :

« En matière de sodomie, nous avons une législation modèle, la plus harmonieuse, la plus complète, la mieux élaborée d'Europe, et les moyens les plus efficaces pour l'appliquer. Personne ne devrait échapper. Comment se fait-il qu'il y ait toujours des sodomites à Venise, que la mauvaise herbe ne cesse de repousser ? »

Mon voisin sourit et me répliqua en baissant la voix :

« Ne te laisse pas impressionner par la volonté officielle d'extermination, tant de fois affirmée et répétée. En réalité, nous prenons grand soin de ne pas détruire l'espèce. Il nous suffit qu'elle végète dans l'angoisse et dans la honte. Le mieux n'est-il pas l'ennemi du bien ? Si nous avions le malheur de faire place nette, de quoi le patriarche parlerait-il quand le temps se gâte, et qu'aurions-nous d'autre à offrir que ces bûchers propitiatoires pour notre salut ? »

L'homme avait une réputation de pince-sans-rire, et je me demande encore s'il plaisantait ou non.

En tout cas, plus on brûle de sodomites, plus on dirait qu'ils se reproduisent, comme si leur cendre chaude se faisait tout d'un coup féconde par un artifice du Malin. Ces gens-là sont pour moi un incompréhensible mystère. Pourquoi, au sein des risques les plus terribles, s'acharnent-ils à piéger leur queue dans un cercle plutôt que dans le triangle à bon marché habituel, puisque la secousse universelle qui les attire, telle la jouissance paradisiaque, est sans cesse égale à elle-même ? Cette obscure et minime erreur de géométrie doit trouver son origine dans une caverne de leur cerveau plutôt que dans un repli du cœur ou du cul, et il serait bon de pouvoir y pénétrer pour la rectifier. Leur couper la tête par sensiblerie avant de les jeter au feu n'est peut-être qu'une thérapeutique provisoire...

On conçoit les alarmes de ma mère durant mes

absences nocturnes en compagnie d'une jeunesse turbulente où le sodomite qui profitait de son reste n'était pas si rare. Les dangers ordinaires de la rue, mes inconduites domestiques, étaient pour elle, tout compte fait, des soucis mineurs.

Qu'est-ce qui pouvait bien se passer dans l'esprit d'un adolescent ardent et curieux, pas trop mal fait de sa personne, que la facilité même de ses succès féminins auraient pu détourner prématurément du beau sexe? Ma mère devait déjà m'imaginer grillé vif selon la règle de l'époque, expulsant à grands cris le Démon de mes entrailles profanées. Et le risque n'était pas mince non plus que je fusse appréhendé comme suspect et relâché enfin faute de preuves après des tortures sans aveux convaincants. Les bons pères Inquisiteurs et leurs complices évêques faisaient questionner avec des douceurs évangéliques en comparaison des bourreaux de la Ville, monstrueux sagouins qui vous démolissaient une carcasse en véritables équarrisseurs. Cette innocence d'éclopé, répandue par le zèle du Conseil, équivalait à un brevet de diffamation à vie.

Et les lois de Venise étant égales pour tous en matière pénale, il n'y aurait eu aucun ménagement à attendre du fait de mon rang patricien. Au contraire, les nobles, les ouvriers de l'Arsenal et les marins étaient particulièrement visés. N'étaient-ils pas comme le fer de lance de la cité, dont il convenait qu'il fût fourbi du bon côté? Seuls les Turcs gagnent des batailles en forniquant contre nature, mais c'est la meilleure preuve que le Diable les pousse.

Ma mère ne vivait plus, ne dormait plus. Elle maigrissait. L'oncle Angelo, qui avait adopté à mon égard les mines et les responsabilités d'un second père, s'efforçait de la calmer par des considérations de bon sens – comme si la vie nocturne vénitienne et la chasse aux sodomites avaient quelque chose à voir avec le bon sens! –, et il me prodiguait d'autre part force conseils de prudence et de maintien en rapport avec ses aventures et mésaventures de jeunesse, sous le règne du doge Antonio Venier, célèbre Brutus qui avait laissé son fils malade périr en prison par crainte d'être taxé de favoritisme. Mais je ne prenais au sérieux ni les gémissements de ma mère ni les recommandations de l'oncle. Et comme une élémentaire pudeur m'invitait à garder bouche close sur des dissipations somme toute assez banales étant donné ma position et les mœurs, elles prenaient, au regard de ma mère en tout cas, des allures de débauches effrayantes qui devaient sous peu me précipiter à ma perte.

Vu les multiples périls de Venise pour un garçon qui ne voulait en faire qu'à sa fantaisie, qui ne voyait aucune contradiction entre le culte de sa mère et des plaisirs passagers, l'idéal eût été de me retenir au Palais sans que les filles de service pussent s'effaroucher de mes approches. Mais comme j'étais trop jeune encore pour faire un mari vénitien sérieux, en mesure de gérer ses affaires, la solution du casse-tête ne se trouvait point sous le pas d'un âne.

III

UN beau jour d'avril – peu après les effroyables hautes eaux du 11 qui avaient submergé la Ville une fois de plus – Lucretia, nouvelle chambrière de ma mère, nous arriva au Palais sous bonne escorte, juchée sur d'étonnants « calcagnini » que sa maîtresse venait de lui offrir pour mieux marcher sur les eaux. La maison en fut toute transformée, comme par un coup de baguette magique.

Notre Lucretia, qui sans doute n'avait pas vingt ans, était de taille élancée et de formes parfaites. Sa démarche, ses moindres gestes, avaient une grâce tranquille et naturelle. Sa voix bien posée était calme et apaisante, empreinte de ces accents mélodieux qui font songer aux tiédeurs des soirées d'Orient. Mais son visage l'emportait sur tout le reste, et l'on ne pouvait s'en détacher une fois qu'on l'avait aperçu. Représentez-vous ces Vierges des icônes byzantines ou ces anges hiératiques des premières peintures sur bois italiennes. Les grands yeux gris se détachaient avec une clarté lumineuse dans le cadre des cheveux d'un blond cendré. Il n'était pas aisé toutefois de croiser son regard, qu'une naturelle modestie tenait baissé la plupart du temps.

Comble de perfection, Lucretia parlait et lisait le grec mieux encore que le vénitien ou le toscan, de savants et dignes précepteurs lui ayant enseigné tout ce qu'une jeune fille de noble naissance doit savoir – et même davantage ! Et dans la mesure où sa condition humiliée le lui permettait, elle présentait les dehors de la piété orthodoxe schismatique la plus profonde et la plus sincère. Elle vivait manifestement dans la compagnie de Dieu, de la Vierge et de tous les saints, et on la surprenait parfois à se signer selon la mode de son pays, c'est-à-dire à l'inverse de celle d'Occident.

Car Lucretia, à ce qu'elle racontait, avait connu la plus heureuse des enfances à la cour d'un quelconque « despote » grec de Morée, dont elle aurait été la fille privilégiée. Une précoce et enthousiaste vocation pour la virginité, la solitude, la prière, l'avait guidée vers un cloître d'altitude, parmi des nonnes réglées par saint Basile et des chèvres capricieuses au lait bourru. Mais d'affreux et continuels malheurs s'étaient abattus sur elle, ne faisant que renforcer dans son esprit détaché des choses profanes et dans son âme naïve cette propension des pieux orthodoxes à s'abandonner passivement les yeux fermés aux insondables décrets d'une providence qui semble trop souvent réserver les plus douloureuses épreuves à ses enfants d'élection, comme nous l'enseigne déjà la belle histoire de Job sur ce tas de détritus qui lui servait de litière et de mangeoire.

Fait prisonnier par les hordes du sultan, le despote avait été empalé avec tout le soin délicat que les Turcs savent apporter à cette opération de longue haleine. Pénétrant par l'anus, le pieu doit cheminer dans les entrailles du patient sans léser dans l'immédiat aucun organe vital pour ressortir entre les deux épaules. Et si le supplicié pousse son dernier soupir avant l'heure, le couperet tombe sur le bourreau maladroit !

La mère de Lucretia avait été dirigée sur un lointain harem d'Anatolie. Le grand frère avait été aveuglé et jeté dans un cul-de-basse-fosse, où il était mort de faim. Les petits frères avaient été castrés ou versés à l'école des Janissaires. Et tandis que l'invasion frappait la modeste capitale où Lucretia avait vu le jour, une bande d'irréguliers turcs, surgis durant l'office de la Passion selon saint

Jean Chrysostome, saccageaient le couvent montagnard, faisaient subir aux religieuses, par toutes les voies humainement accessibles, des outrages sans précédent, coupaient les plus coriaces en morceaux et réduisaient en esclavage les plus tendres.

Passant de main en main, appréciée tantôt par des militaires brutaux, tantôt par des marchands au cœur sec, tantôt par des proxénètes sans foi ni loi, la jeune Theodora, après bien des tribulations, avait fini par échouer à Venise sous le nom de guerre de Lucretia, et ma mère, vivement émue à la nouvelle de ses infortunes, l'avait achetée à la patronne de son bordel pour la hausser à la dignité de caméristе.

Le soir, devant la haute cheminée de la grande salle où se consumaient les dernières bûches de la mauvaise saison, c'était la chose la plus charmante et la plus merveilleuse du monde que d'ouïr le récit des malheurs de l'esclave, évocation toute simple et tout unie, sans l'ombre d'une complaisance pittoresque. Les atrocités et les hontes, rapportées avec une exquise pudeur d'expression, n'en prenaient que plus d'intensité et de relief. On ne s'en lassait point. Et la récitante avait encore le bon goût de ne pas se faire prier.

Ma mère écoutait avec une compassion rêveuse et un peu distraite. J'avais le sentiment qu'elle avait recueilli Lucretia par piété, poussée par le remords d'avoir chassé, avant mon départ pour Padoue, la petite chambrière enceinte de mes œuvres.

Mon oncle Angelo tendait l'oreille avec des gourmandises attendries de gros chat. Et après que la narratrice avait eu la permission de se retirer sur la paillasse qu'on lui avait disposée dans le réduit jouxtant la chambre de ma mère, il nous disait en souriant : « A beau mentir qui vient de loin! Tout n'est peut-être pas vrai dans cette émouvante histoire. On sait bien que les esclaves sont volontiers fabulatrices. Celle-là présente certes une instruction et un esprit fort au-dessus de sa condition. On ne saurait simuler de telles qualités. Pour le reste... »

Mais ma mère, enchantée pour une fois de son acquisition, se récriait hautement. Il y avait en effet, dans les dires de Lucretia, une cohérence, des précisions, qui inspiraient crédit, et on ne la prenait jamais en défaut. A dix-huit ans, j'aurais d'ailleurs cru n'importe quoi d'une aussi jolie bouche, que les outrages réitérés de ces chiens d'Infidèles – et même de quelques chrétiens – avaient évidemment honorée des stigmates du martyre.

Si l'esclavage demeure une institution fondamentale chez les Turcs, les Arabes ou les noirs, on dirait qu'il est présentement en déclin dans les régions d'Occident où il s'était traditionnellement maintenu, et la prise de Constantinople par Mehmet II a porté, il y a quatre ans, un coup sévère au trafic vénitien dans ce domaine (il est vrai assez marginal), les Ottomans ayant accaparé le marché au-delà des Détroits. D'ici quelques générations, il est possible que l'esclavage ne soit plus qu'une curiosité chez les chrétiens, même dans les pays où on le rencontre encore fréquemment aujourd'hui. Et les gens sont bien oublieux. Je glisserai donc sur la question une incidente nécessaire à l'exacte intelligence de ces souvenirs : la condition servile de Lucretia a joué un rôle capital dans ma vie.

Dans ma jeunesse, l'esclavage était toujours florissant : esclavage rural dans les campagnes proches de Barcelone, de Gênes, de Palerme ou de Candie, esclavage urbain dans bien des grandes villes de la Méditerranée, et tout particulièrement en Italie, en raison du nombre et de la richesse des cités mercantiles. Gênes pouvait compter dans ses murs deux mille esclaves, et Venise, bien davantage sans doute. A l'automne 1427, par exemple, nous en avons encore vu débarquer quatre cents provenant de La Tana, qui était alors le principal comptoir vénitien de la mer Noire, à l'embouchure du Don.

La Tana nous ravitaillait en Mongols, Tatars, Kalmouks, Russes, Mingréliens, Circassiens, Abkhazes ou Zygues, et même en Juifs d'origine khazare, dont l'étrange royaume, issu d'une conversion aussi massive qu'inattendue de Slaves au judaïsme dans le courant du VIIe siècle, n'avait été détruit qu'en 1237, sous les coups des Tatars vomis par les profondeurs de l'Asie. Et la Méditerranée orientale nous gratifiait de Grecs, Bulgares, Levantins, Serbes, Albanais, Bosniaques, Ethiopiens ou Crétois, sans parler de quelques Turcs, honnête revanche du sort. Mais les plus gros contingents transitaient par La Tana. Les serviables sauvages qui vagabondaient entre Don et Volga se faisaient une joie de nous livrer des congénères, alors que d'habitude, en Méditerranée, l'esclave, il fallait lui courir après.

La grande majorité de ces esclaves étaient jeunes et de nature femelle; la minorité de garçons étant plus jeunes encore. La plupart des filles étaient employées dans la domesticité, les gourdes lavant la vaisselle, les plus dégourdies ayant accès à la chambre des dames, où elles aidaient à la toilette et distrayaient la maîtresse par leur bavardage. Il était alors de bon ton, à Venise, à Gênes et dans maintes villes d'Italie, qu'une dame de la haute société eût une soubrette servile.

Mais ces malheureuses qui nous parvenaient ahuries, déboussolées par le voyage à fond de cale, les mauvais traitements et les viols, étaient recherchées pour bien d'autres motifs de convenance ou de finance. Le prix moyen des ventes par-devant notaire n'excédant pas une cinquantaine de ducats (il a doublé depuis la chute de Constantinople), et l'esclave se passant évidemment de gages, l'acquisition était remboursée en six ou sept ans, et l'acheteur conservait en outre la propriété de son capital. Les maîtresses avaient sous la main une corvéable qui promettait, en principe, de se montrer souple et docile, et elles se préservaient de l'ennui d'être plaquées par une domestique indiscrète. Quant aux hommes, leur intérêt était encore plus évident, car la loi tenait les personnes physique et morale de l'esclave à disposition du maître, à charge pour lui de ne pas en abuser.

Par abus, la loi entendait bien sûr les mutilations ou la sodomie, mais aussi la vente ou la location du sujet à des fins de prostitution. Toutefois, si la sodomie comportait les risques que j'ai dits plus haut, la prostitution servile, si profitable pour les tenanciers, rencontrait une scandaleuse indulgence. Le cas n'est que trop connu d'un certain Francesco Forti : ayant loué sa jeune esclave au patron d'un lupanar, sa seule peine, fort peu dissuasive, fut de devoir l'affranchir. Pour un Vénitien, avoir une petite esclave en sa possession, c'était de toute manière s'épargner les moindres complications des amours ancillaires habituelles, et tel vieux dégoûtant, dont les avances auraient rebuté la pire souillon, trouvait ainsi l'avantage de copuler gratis en compagnie d'une jeunesse appétissante.

Fait significatif, étonnante proportion, le tiers des bâtards abandonnés bon an mal an aux Enfants trouvés de Venise sont de mère servile, conçus par négligence et rejetés par réflexion, alors que la capacité de réfléchir nous a été donnée par Dieu pour nous garantir de l'égoïste négligence. On prend avec ces femmes-là encore moins de précautions qu'avec les autres. L'homme, depuis la sortie du Paradis terrestre, répugne à se gêner.

La position de notre sainte mère l'Eglise, qui s'était accommodée de l'esclavage avec tant de bonne grâce au temps des apôtres, était devenue plus rigoureuse : la servitude des chrétiens en était arrivée à lui peser, et elle ne se gênait pas pour le proclamer à l'occasion. Mais cette verbale rigueur ne regardait que les catholiques. Bien que leur baptême fût libéralement reconnu à Rome, les schismatiques grecs ou slaves – peut-être en punition de leur schisme – pouvaient être tenus dans les fers sans le moindre trouble de conscience, et leur conversion même au catholicisme ne les affranchissait point d'office. On leur appliquait la règle rappelée tout dernièrement encore par l'un des maîtres à penser de l'Eglise actuelle, l'éminent archevêque de Florence Antonin[1],

1. Canonisé en 1523. Fête le 10 mai.

protecteur de Fra Angelico et surnommé à juste titre « Antonin du Bon Conseil » :

« Si un juif ou un païen, acheté par un chrétien, veut se faire chrétien, il n'en sera pas libre pour autant. Il peut donc être vendu comme auparavant, bien que ce soit une œuvre pie que de le libérer de préférence aux autres après qu'il a servi pendant un certain temps. »

Cette générosité si nuancée pose bien le problème des conversions à la vraie foi des juifs, païens ou schismatiques en situation de servitude chez des maîtres se réclamant du plus pur catholicisme. Le sujet doit être surabondamment averti que sa conversion ne saurait relever d'un calcul opportuniste, qu'elle ne lui procurera dans l'immédiat que l'essentiel : un inappréciable supplément de spiritualité. Et pourtant, que d'esclaves mécréants n'aspirent à partager notre foi que dans la basse espérance d'y gagner quelques avantages matériels ! La chair est faible...

Ma mère, qui n'oubliait point ma conduite déplorable à l'encontre de l'une de ses chambrières, s'empressa de me faire jurer que je ne toucherais point à Lucretia, et en des termes si nets qu'ils me sont restés gravés en mémoire :

« Bousculant mes suivantes ordinaires, vous portiez atteinte à la propriété de Dieu, premier gardien de leur honneur et de leur innocence. Mais en vous attaquant à Lucretia, c'est d'abord à ma propriété que vous feriez injure, puisque cette fille m'appartient. Ce serait aussi laid que de voler un joyau dans ma cassette. Tenez-vous-le pour dit ! »

Quand une Vénitienne parle de sa propriété, il est évident qu'elle ne plaisante pas.

Et je me rappelle que ma mère ajouta ces phrases en apparence décourageantes, mais qui n'en renfermaient pas moins des images suggestives :

« Si vous avez conservé quelque élégance en dépit de vos juvéniles désordres, vous voudrez bien considérer aussi que vous remporteriez sur ma Lucretia une victoire indigne de vous. Cette fille soumise, qui a dû subir tant d'assauts, est-elle en position de vous refuser? Si vous devez absolument vous dissiper, allez donc chercher ailleurs une conquête plus difficile et plus flatteuse... »

Ainsi mis en garde, je ne pouvais que me taper sur les doigts. J'en étais réduit à suivre Lucretia à la trace, à guetter la moindre occasion de me repaître respectueusement de ses charmes et de respirer son parfum captivant.

Ma mère adorait les parfums, les flacons d'odeurs, et en avait toute une collection. J'ai encore dans les narines les traces indélébiles de son parfum préféré, qu'elle faisait venir de Perse ou des Indes à prix d'or, et que j'allais humer dans son lit, sachant à peine marcher, afin de me consoler de son absence. Non seulement, pour se faire honneur quand elle sortait en ville suivie de l'esclave, elle avait choisi à son intention des toilettes fort élégantes dans leur simplicité, mais encore elle l'avait inondée d'un parfum poivré qui avait de quoi faire tourner la tête. Faute de mieux, avec les ardeurs d'un jeune chien, je respirais donc Lucretia, et quelques paroles banales échangées avec elle entre deux portes ou à la descente d'une gondole étaient pour moi un privilège qui illuminait la journée.

Tous les jeunes gens ont connu pour une beauté de rencontre cette fascination subite et mystérieuse, qui passe le plus souvent comme elle est venue si des circonstances favorables ne se conjuguent pour l'entretenir et l'aggraver. En attendant, les découvertes, les plaisirs des Venises diurne ou nocturne avaient perdu tout intérêt à mes yeux, et je me demandais même sincèrement comment j'avais pu leur prêter attention. Quant aux autres filles de service, elles étaient devenues transparentes. Je vivais désormais ainsi qu'en un cloître, en proie à un extraordinaire enchantement.

Je me rends compte aujourd'hui que l'invincible penchant éprouvé pour cette Lucretia avait des composantes en apparence inconciliables qui, loin de se contrarier ou de s'annuler, s'additionnaient en fait et se renforçaient pour me jeter à ses genoux.

D'une part, j'étais sensible à ce cortège de vertus qui donnent toujours du prix à l'objet aimé. Lucretia était l'esclave modèle, chaste, patiente et sobre, qui eût transporté d'aise un saint Augustin ou un saint Chrysostome, si mal servis en leur temps par des numéros impossibles qui ne voulaient rien comprendre aux Saintes Ecritures. Toutes les qualités évangéliques étaient présentes chez notre camériste, qui servait sa maîtresse avec un zèle aimable et touchant, à l'affût de son regard pour satisfaire promptement ses moindres désirs. Sans doute, la crainte d'être renvoyée au bordel aurait suffi à tirer des prodiges de la première esclave venue, mais Lucretia ne semblait agir que sous l'empire de la reconnaissance et de la piété.

La plupart des esclaves ne songent qu'à échapper à leurs obligations domestiques pour aller goûter en ville des plaisirs du plus bas niveau. Lucretia, son travail achevé, demandait la permission d'emprunter à la bibliothèque des ouvrages édifiants rédigés en grec, sa langue maternelle, voire en toscan ou en vénitien, que quelques années d'épreuves avaient suffi à lui enseigner passablement. (Son « despote » de père avait négligé de lui faire apprendre le latin. Les Grecs haïssent les Latins plus encore que les Turcs. Au fond, la mainmise ottomane sur Constantinople en 1453 les aurait plutôt soulagés : ils en avaient fini avec les pressions pontificales pour leur faire adopter la religion romaine.) Et l'on pouvait voir Lucretia suivre du doigt certains passages difficiles, qu'elle nous priait parfois de lui expliquer. Bien qu'elle eût été réduite en esclavage à seize ans, sa vocation de nonne paraissait à l'épreuve du feu. Il y avait de quoi en rester interdit.

Mais d'autre part, l'idée que cette touchante personne avait dû chrétiennement admettre une foule de viols – car pour une esclave, chaque rapport non désiré est une manière de viol – me plongeait dans une excitation concupiscente, sur fond de mélancolie et de pitié. Tantôt je me disais : « Après tant d'autres, pourquoi pas moi? » Tantôt je rougissais de ces basses pensées et caressais la perspective de me faire courtoisement agréer, en dépit de la stricte défense maternelle et de l'irréprochable réserve de l'esclave.

En un mot, j'étais bouleversé par une dévotion qui avait de tels relents de stupre.

Les semaines passèrent, l'attentive et méfiante surveillance de ma mère se relâcha, et le beau temps du mois de mai l'attira à plusieurs reprises sur Terre Ferme avec mon oncle Angelo pour surveiller les travaux d'embellissement d'une villa.

Mes entretiens avec Lucretia se firent par conséquent plus nombreux, plus longs et plus libres. Mais quels que fussent mes efforts, nous ne parvenions pas à sortir d'une théologie qui m'aurait déjà ennuyé si je n'avais eu tout autre chose en tête. En effet, après mûres réflexions, la jeune femme manifestait le désir de plus en plus accusé de se convertir au catholicisme.

Comme je l'ai déjà signalé, il est rare que les conversions des schismatiques grecs à la vraie foi soient dénuées d'arrière-pensées, et ce qui vaut pour les esclaves vaut pour la foule. On l'a bien vu en 1439, au dramatique concile de Florence, le concile de la dernière chance, où mon oncle Gabriel, devenu pape, fit les efforts les plus désespérés pour obtenir le retour des Grecs à l'Eglise. L'empereur de Constantinople Jean VIII Paléologue et son patriarche Joseph, dans le vain espoir d'obtenir le secours de l'Occident contre les Turcs, avaient accepté du bout des lèvres un Acte d'union, aussitôt rejeté avec horreur par leur clergé et par leur peuple. A plus forte raison, lorsqu'une esclave orthodoxe de Venise se prétend attirée par Rome, il y a gros à parier qu'elle recherche avant tout – en mettant les choses au mieux – un supplément de dignité et de sécurité.

J'avais d'abord été un peu déçu de voir Lucretia

adopter une pareille attitude – empreinte d'ailleurs de beaucoup d'illusions. Mais il ne faut décourager personne, je n'avais aucun titre pour condamner l'expédient, et si l'ardeur de l'esclave à s'instruire pouvait être le signe d'une mauvaise foi désireuse de donner le change, elle pouvait également plaider pour la sincérité. On acquitte facilement au bénéfice du doute les personnes qui ont su trouver le chemin de notre cœur.

Nous nous sommes vite aperçus, comme devaient bientôt le constater les pères du concile de Florence, que toutes les divergences entre les deux Eglises étaient mineures et susceptibles d'être résolues avec un peu de bonne volonté, à l'exception de l'irritant problème de la « procession » du Saint-Esprit, inutilement soulevé par d'imprudents théologiens de la cour de Charlemagne, et d'où avait découlé la modification unilatérale du Credo par les Occidentaux.

Il n'existe en effet aucune possibilité logique de conciliation entre le dogme latin : « L'Esprit Saint est éternellement engendré par le Père et par le Fils », et le dogme grec du vénérable concile de Nicée de 325 : « Le Fils et l'Esprit Saint sont éternellement engendrés par le Père. » Dans le premier cas, la Personne de l'Esprit paraît en position subordonnée; dans le second cas, l'Esprit est à égalité avec le Fils.

On a beau déclarer qu'il n'y a pas de quoi fouetter un chat et que Dieu s'y reconnaîtra aisément, la désinvolture ne résout pas la question. Et d'autant moins que ces différences d'approche, pour abstraites qu'elles puissent sembler, ont abouti à des religiosités elles-mêmes différentes. En Occident, le Saint-Esprit fait figure de parent pauvre, dans la théologie comme dans la liturgie, et l'on se demande à quoi il sert. En Orient, comme je l'ai personnellement vérifié, le Saint-Esprit a conservé une présence beaucoup plus forte dans l'esprit des fidèles.

Lucretia était chagrinée à la perspective d'abandonner le Credo de son enfance, et je ne savais trop quoi lui dire, gêné de ne pouvoir défendre plus brillamment la cause de Rome. Et mon prestige de théologien amateur n'était pas seul en cause : une même religion crée des liens et une esclave catholique eût peut-être été plus inclinée à se rendre à mes désirs.

Accessoirement, Lucretia soupirait d'avoir perdu sa messe grecque et de devoir se faire à des messes latines qui froissaient et déroutaient sa sensibilité. La messe orientale la plus pratiquée, celle de saint Jean Chrysostome – autrement dit « Bouche dorée » – a effectivement coulé d'un seul jet vers l'an 400 de la plume du plus parfait des orateurs de l'Eglise grecque. C'est un morceau d'une ampleur et d'une progression admirables, excellemment adapté à son objet, et qui regorge de beautés. De plus, entre le grec encore classique de Chrysostome et la langue parlée aujourd'hui, les différences ne sont pas si grandes qu'elles puissent gêner la compréhension des auditeurs sans culture. Nos messes latines, en revanche, rédigées dans un bas latin pénible pour les puristes, n'en sont pas moins incompréhensibles pour le populaire, qui ne saurait pas même utiliser une traduction, puisqu'il est incapable de lire. Et au lieu d'avoir pour responsables de grands auteurs, elles ont été constituées, des origines à notre époque, par une lente et confuse stratification anonyme, avec les faiblesses, les répétitions superflues qu'un tel processus implique.

Quand Lucretia me demandait : « De qui est la messe dite à Venise ? », j'étais bien obligé de lui avouer qu'elle n'était de personne, et je voyais qu'il y avait là pour elle une marque d'infériorité barbare – sur le plan de l'esthétique en tout cas.

Comme je m'efforçais de conduire l'esclave sur un terrain plus concret et plus intime, lui faisant valoir quelle admiration et quelle sympathie j'avais éprouvées sur-le-champ pour son aimable personne, je n'obtins d'autre résultat que de la voir soudain fondre en larmes et d'être bientôt fortement ému moi-même par la nature comme par la forme de ses lamentables explications.

« Je n'ai rien d'admirable, me dit-elle, et je ne mérite

pas tant la sympathie que vous le pensez. Il se pourrait même que je fusse une grande pécheresse et je ne cesse de me tourmenter à ce sujet. Dans la maison où je me trouvais recluse... (je ne parle point du couvent où j'étais à la fleur de mon âge, mais de mon bordel de Venise), mes compagnes m'ont assuré qu'elles ne jouissaient point avec les clients. Or, en Orient, tantôt chahutée sur terre, tantôt ballottée sur mer, il m'arrivait déjà de jouir de temps à autre, malgré tous mes efforts pour élever mon esprit à ces malheureux instants. Et en Occident, dans des circonstances moins favorables encore, puisque j'avais été livrée à la prostitution, je n'ai pas toujours été à l'abri d'une telle honte. La sensation était des plus imprévues, sans rapport direct avec la qualité des hommes que je devais recevoir, et je ne pouvais deviner dans les bras de qui ni à quel moment j'allais être inondée par cette grande vague de plaisir, qui vous soulève et vous fait délirer pour vous laisser enfin anéantie. Je ne saurais m'interdire de songer qu'un défaut de piété est à la source de cette disposition qui me crucifie, car je suis bien certaine que les saintes qui ont été jadis enfermées dans les lupanars de Grèce ou de Rome par des païens malicieux ne jouissaient pas si fort. Croyez-vous que je jouirais plus rarement et avec moins d'intensité si j'embrassais les pieds du pape ? »

Mon avis étant directement sollicité, je m'ingéniai à établir un diagnostic rassurant, ce qui m'entraîna à de multiples questions sur la fréquence et la vivacité de ces jouissances tenues pour peccamineuses. Mais j'étais loin d'être spécialiste. Il faut de nombreuses années à un homme, fût-il de tempérament généreux, pour prendre garde à la jouissance d'une femme et trouver son plaisir à en jouer comme d'une harpe. J'ai d'ailleurs le sentiment qu'un naturel égoïsme n'explique pas seul cette indifférence : elle s'est inconsciemment établie. La forte empreinte religieuse que nous subissons tous à quelque degré nous entraîne à associer la notion de plaisir à celle de péché, et si la jouissance de l'homme nous semble un privilège de nature, celle de la femme nous laisse en état de malaise. Du fait que nous croyons la rencontrer chez les putes – où cependant elle relève d'ordinaire d'une comédie mercantile –, nous y distinguons une tare, et nous la refusons d'autant plus fermement aux femmes respectables que l'idée que notre mère aurait pu jouir nous embarrasse et nous scandalise. Il était donc fort compréhensible qu'une nonne tombée prisonnière de la lubricité publique s'inquiétât d'éprouver cette inqualifiable sensation que les honnêtes femmes rougissent d'avouer et que les putains simulent.

Tout échauffé par cette discussion peu commune, par la candeur même de ces propos impudiques où se résumait tout le paradoxe offert par Lucretia, je me suis retenu à grand-peine de sauter sur l'esclave. Mais comment aurais-je eu le front de faire vibrer une innocente qui se lamentait déjà de ne jouir que trop ?

Soucieux de me rafraîchir les esprits, j'ai suggéré à la patiente d'écrire à Sienne pour demander conseil à mon oncle le cardinal, m'offrant de l'assister dans son travail d'écriture et de joindre à sa lettre une brève et cordiale recommandation où je parlerais de ses malheurs, de ses vertus, de son désir de conversion et de progrès moral. L'idée sourit à Lucretia, qui en parut toute réconfortée.

Mon oncle Gabriel, malgré ses multiples occupations, nous fit la faveur de répondre en vénitien presque sur-le-champ, et nous eûmes bientôt la consultation sous les yeux. Les courriers de la haute Eglise sont parmi les plus rapides, et ceux du pape vont comme le vent. Il est vrai que le pape traite par priorité des affaires d'argent et que l'argent n'attend point.

C'est avec un grand respect et une vive émotion que Lucretia prit connaissance de ces lignes après que j'eus fait sauter le sceau qui authentifiait l'expéditeur :

« Mon aimable neveu Pietro me dit, ma chère fille, le plus grand bien de votre personne, et la rare qualité de votre supplique achève de m'en convaincre. Cette consciencieuse inquiétude que vous exprimez avec tant de franchise et de délicatesse est tout à votre honneur, mais je la dissiperai aisément par les ressources du simple bon sens, qui fait si heureux ménage avec la doctrine la plus traditionnelle et la plus assurée. Car votre cas, ma fille, est loin d'être nouveau sous le soleil, et vous ne devez point succomber à l'orgueilleuse tentation de vous en faire une gloire.

» En tant qu'esclave, vous êtes naturellement soumise, et certes dans la plupart des domaines, à cet ordre subalterne que saint Thomas appelait « determinatio ad unum ». En d'autres termes, vous n'avez pas le choix entre une solution et une autre : votre labeur comme votre corps appartiennent au maître dans la limite des usages et des lois qui en sont l'expression, lois qui peuvent sans doute être imparfaites, mais que Dieu tolère pour un plus grand bien. Si donc, dans tout ce qui vous est rigoureusement imposé, il vous arrivait de ressentir – que ce soit au contact d'un manche à balai ou d'un concubin – quelque plaisir profane dont l'acuité vous troublerait, vous n'auriez à vous en faire un problème religieux que s'il avait été volontairement recherché avec une ardeur et une complaisance de nature à vous détourner de votre Créateur. En un mot : là où la liberté a été totalement abolie, il n'y a plus le moindre péché possible.

» Oserai-je déclarer que vous avez dans votre malheur une chance qui n'est pas accordée à toutes et dont je vous invite paternellement à approfondir la très consolatrice portée ? Combien de femmes qui osent se dire libres ne se jettent-elles point, par les capricieux abandons de leurs charmes, dans le seul esclavage que la raison et le cœur invitent à tenir pour honteux, celui du péché ? Alors que ces péchés de la chair, ces lancinantes et permanentes tentations qui entraînent tant d'êtres responsables à la damnation éternelle, votre innocente servitude vous en préserve. J'irai même jusqu'à dire, vu votre douce et confiante piété, que les lubricités sans nombre que vous avez si pieusement souffertes n'ont pu que renforcer en votre âme soumise et abandonnée cette inébranlable vocation de la chasteté, cette virginité spirituelle et quasiment angélique qui seront là-haut pour vous, si vous persévérez, les plus suaves et les plus impérissables des parures. La fleur qui vous a été ravie en un jour de deuil vous sera rendue au centuple, et vous aurez conquis en légitime mariage la couronne des épouses du Christ. O ma fille, comme il est vrai que « tout tourne en faveur du chrétien »! Le lupanar lui-même se fait source paradisiaque, où s'abreuvent à longs traits les plus blanches brebis...

» Mais si la privation de liberté peut déjà vous être profit, demeure en votre personne provisoirement humiliée cette essentielle liberté des enfants de Dieu qui fait de vous en dignité l'égale de tous et de chacun. Du point de vue du salut, l'important n'est pas d'être plus ou moins libre, mais de bien user de la liberté dont on dispose encore, et vous êtes constituée, par sa seule et indéracinable présence, dans l'honorable droit commun du peuple chrétien. Il vous appartient donc d'être vertueuse à votre manière, avec le maigre et suffisant bagage qui vous a été donné, à toute heure dont vous aurez à répondre au jour du Jugement, en tout lieu, bon ou mauvais, où la Providence vous appelle à témoigner en sa faveur. Et les Saintes Ecritures vous offrent là-dessus des éclaircissements et des leçons sans réplique.

» Le bon saint Pierre en personne vous apostrophe dans sa première Epître :

» " Vous, les serviteurs, soyez soumis à vos maîtres avec une crainte profonde, et non seulement aux bons et aux bienveillants, mais aux difficiles! Car c'est une grâce que de supporter par égard pour Dieu les peines que l'on souffre injustement. Quelle gloire, en effet, à supporter les coups si vous avez commis une faute? Mais si, faisant le bien, vous en recueillez de la souffrance, c'est une grâce auprès de Dieu. Or c'est à cela que vous avez été appelés, car le Christ aussi a souffert pour vous, vous laissant un modèle afin que vous suiviez ses traces... "

» Saint Paul, l'apôtre délicat et compatissant, vous dit à son tour dans l'Epître aux Ephésiens :

» " Esclaves, obéissez à vos maîtres d'ici-bas avec crainte et respect, en simplicité de cœur, comme au Christ. Non d'une obéissance tout extérieure qui cherche à plaire aux hommes, mais comme des esclaves du Christ, qui font avec âme la volonté de Dieu. Que votre service empressé s'adresse au Seigneur et non aux hommes, dans l'assurance que chacun sera payé par le Seigneur selon ce qu'il aura fait de bien, qu'il soit esclave ou qu'il soit libre. "

» Vous remarquerez, ma bien chère fille, que ces précieuses objurgations apostoliques ne concernent pas les seuls esclaves chrétiens en possession d'un maître qui aurait adopté leur croyance – de tels maîtres étaient encore bien rares, et point toujours si vertueux d'ailleurs. Et vous conviendrez avec moi que ni Pierre ni Paul ne pouvaient ignorer la nature de certains services exigés par tant de maîtres de leurs esclaves filles ou garçons. Mais avec une pudique sagesse, ils jettent un voile sur ces universels excès et, par une audace en ce temps-là révolutionnaire, où l'on sent passer le souffle de l'Esprit émané du Père et du Fils en un doux frémissement qui nous pénètre encore aujourd'hui, ils s'adressent, pour ce qui dépend de lui, à la liberté incoercible de l'esclave, tenu alors pour une chose sans âme. La honteuse servitude cesse d'être une contrainte, l'esclave chrétien la choisit comme une vocation, s'en forge un mérite et une gloire. Quel divin retournement ! La liberté, absente jusque-là, revient à tire-d'aile. Elle ne disparaîtra plus jamais des gynécées ni des ergastules. Elle poussera même vers les amphithéâtres de longues processions d'esclaves martyrs, naguère couronnés de roses, dociles dans les alcôves aux fantaisies les plus débridées des maîtres, à présent couronnés d'épines et rebelles aux ordres de ce monde, puisqu'ils avaient refusé de sacrifier aux faux dieux de Rome : là enfin, devant l'idole impie et non plus devant de libidineux tyrans de chair, ils avaient compris que leur vraie et unique liberté était en jeu avec leur salut.

» J'appuierai mon propos par une dernière citation de Paul, qui a encore pensé à vous dans sa première Epître aux Corinthiens :

» " Que chacun demeure en l'état où l'a trouvé l'appel de Dieu. Etais-tu esclave lors de ton appel? ne t'en soucie pas. Et même si tu peux devenir libre, mets plutôt à profit ta condition d'esclave. Car celui qui était esclave lors de son appel dans le Seigneur est un affranchi du Seigneur. De même celui qui était libre lors de son appel est un esclave du Christ. Vous avez bel et bien été achetés[1] ! Ne vous rendez pas esclaves des hommes. Que chacun, frère, demeure devant Dieu dans l'état où l'a trouvé son appel ! "

» Il va sans dire, ma fille, que rien ne vous interdit de souhaiter un honorable affranchissement à l'issue de bons et patients services. Mais la chose mérite une prudente réflexion. L'esclave chrétienne fait plus aisément son salut que la chrétienne libre, parce que sa liberté de pécher est réduite de façon draconienne, alors que sa liberté d'amour et de charité demeure grâce à Dieu intacte. Que deviendriez-vous, sur la place de Venise, si votre dévote maîtresse, en vous affranchissant prématurément alors que vos charmes troublent encore les hommes, cessait de vous garantir cette capitale et spirituelle protection qu'est pour vous désormais une douce servitude dans l'une des meilleures maisons de notre cité? Ma généreuse belle-sœur vous a par miracle tirée du bourbier où vous avait condamnée un sort

1. Paul veut dire que nous avons été non seulement rachetés mais achetés par le Sang du Christ, Sang assimilé dans cette comparaison à l'argent que verse un maître pour acquérir une domesticité. Libres ou esclaves, le même service du Christ nous affranchit du péché. De ce fait, liberté ou servitude perdent toute importance.

injuste. Craignez donc de revoir ces lieux que vous ne connaissez que trop! Du lupanar sanctifiant au lupanar infernal, il n'y a qu'un pas, un libre pas, que je prie Dieu de vous épargner.

» Pietro m'assure que la seule et vraie religion, dont je suis l'humble ministre, vous aurait séduite. Elle vous apportera, si vous restez dans la sagesse où je vous vois, un étonnant surcroît de grâces et de vertus. Mes plus paternelles bénédictions ne cesseront de vous accompagner dans le cours général de votre vie chrétienne comme dans l'accomplissement particulier de tous vos devoirs d'état.

» Priez de votre côté sans relâche pour ceux qui vous font du bien comme pour ceux qui vous font du mal, et ne manquez pas, je vous prie, de prier pour moi : j'ai à prendre tant de décisions dont la vie de tant d'âmes peut dépendre que je serais content parfois de vous céder toute la liberté qui vous fait défaut pour aller chercher dans la plus obscure obéissance un soulagement à mes angoisses et à mes peines. »

Ce style ecclésiastique avait un charme pur et touchant. Après avoir tellement souffert, Lucretia était bouleversée qu'un cardinal de l'Eglise romaine se fût penché sur sa misérable personne, et avec une sollicitude si éclairée. L'oncle Gabriel, entre un verre d'eau et une salade cuite, avait dicté à ses secrétaires une mise au point où la théologie la plus solide et la plus relevée se mariait opportunément avec de pertinentes considérations pratiques.

Comme Pierre et Paul l'avaient déjà subodoré, la condition servile était une occasion de salut comme une autre, et qui comportait même de sérieux avantages : une chrétienne avisée que l'appel de Dieu avait trouvée esclave ne gagnait rien à passer étourdiment de copulations irresponsables au douloureux et dangereux apprentissage d'une liberté truffée de pièges. Et de nos jours encore, l'esclavage, pour la femme catholique mal instruite, étroitement dépendante de ses passions et de ses viscères, exposée à toutes les bêtises, à toutes les imprudences, c'est la sécurité physique de l'emploi, et surtout la sécurité morale : subjuguée par le maître, l'esclave femelle peut prendre son plaisir à l'occasion sans offenser Dieu ni avoir de comptes à rendre à personne. On dira que l'esclave ne choisit pas son maître. Mais les jeunes filles prétendues libres choisissent-elles leur mari? L'esclave a au moins la satisfaction de changer de main plus souvent, ce qui accroît ses chances de découvrir quelque temps chaussure à son pied.

Lucretia, qui n'était que trop inclinée à s'abandonner passivement au destin comme une Turque de harem, fut très impressionnée par l'imperturbable logique, puisée aux meilleurs auteurs, du cardinal Condulmer, dont la conception toute paulinienne aurait pu se résumer de la sorte : « Vous serez des esclaves d'autant plus parfaits dans le Christ que vous vous serez mieux entraînés à être de parfaits esclaves chez les hommes. » Mon oncle avait accouché d'un petit bréviaire aussi indiqué pour l'esclave de bordel que pour la jeune mariée, meilleure preuve que ses talents de synthèse égalaient ses talents d'analyse, et sa prose devait éveiller de longs et profonds échos chez une jeune femme prédisposée depuis longtemps à l'accueillir.

Il y avait même, dans cette excellente lettre, un passage plaisant, une allusion inattendue à un manche à balai, dont l'incongruité avait évidemment échappé à l'innocence monacale de l'auteur. Le passage nous fit bien rire. C'était la première fois que j'entendais le rire encore enfantin de ma « blanche brebis », tant de fois abreuvée à des sources impures. Et, chose à peine croyable, je la vis rougir un moment! En dépit de tout ce qu'elle avait vu et enduré, son innocence rejoignait celle du bon oncle Gabriel. L'innocence est dans l'âme, et quand on l'y cultive, en surgissent des fleurs surprenantes.

IV

Malgré les occasions multipliées de converser avec Lucretia, je n'osais hasarder une parole, un geste décisif moins encore. L'interdiction catégorique de ma mère, l'attitude même de l'esclave, me paralysaient. Avec une fraternelle confiance, elle ne cessait de me répéter quelle joie c'était pour elle d'être tombée en possession d'une maîtresse catholique digne d'estime, de connaître de chastes vacances après avoir servi de passe-temps à des Turcs, à des juifs et même à des chrétiens, d'avoir enfin rencontré en ma personne une relation de son âge qui la traitait avec un réconfortant respect. Je séchais donc sur place de désir et je ne distinguais pas le terme de mon tourment.

Un autre motif décourageait mes initiatives : l'amour, puisqu'il faut l'appeler par son nom, s'était vite associé à la concupiscence, et les hautes régions de mon être en étaient toutes pénétrées.

Avec les années et les rhumatismes, j'ai de plus en plus tendance à croire que si le brutal désir est de tous les temps et de tous les pays, force aveugle dont la providence use sans relâche pour accroître le nombre des saints et des damnés, l'amour, avec ses raisons stupides et ses sublimes folies, est un fait de civilisation, une sécrétion de certaines élites dilettantes à l'usage des jeunes gens qui n'ont rien d'autre à faire. Il n'y a qu'une façon de perpétuer l'espèce, il y en a cent d'être amoureux.

L'amour, tel que l'Occident l'a conçu et codifié, semble avoir pris naissance au XIIe siècle dans cette curieuse littérature des troubadours, que nous autres Italiens appelons « provençale », et que les Français nomment plutôt « limousine », langue d'ailleurs composite et artificielle, tantôt hermétique dans le « trobar clus », tantôt précieuse dans le « trobar ric », travaillée et chantée pour l'exclusif usage de l'aristocratie, et bien différente des divers dialectes populaires qui se partagent la France méridionale. Mais l'épidémie, de château en château, de cour d'amour en cour d'amour, a gagné la France du nord où les trouvères ont emboîté le pas, mordu hardiment l'Italie, et l'avalanche des romans de chevalerie, répandus par le papier à bon marché, n'a fait qu'aggraver le mal.

Je rappelle que le prix du papier de chiffon – ou de bois pour l'Espagne du nord – n'a cessé de chuter durant le siècle dernier. Au début de ce présent siècle, il était devenu dix fois moins cher que le parchemin dont les cisterciens demeurent si gros producteurs, et l'écart s'est encore accentué depuis. Il est vrai qu'un mouton ne donne que quatre feuilles !

L'amour a donc beau jeu de s'introduire partout avant de finir déçu aux latrines dans un ultime froissement qui fait écho à tous les froissements des cœurs meurtris. Et cette image qui a par hasard glissé de ma plume me paraît assez judicieuse. Car la première démarche de l'amour est de sublimer l'objet aimé, de le détacher des contingences triviales, jusqu'à ce que l'ange entrevu se matérialise et rentre dans le commun troupeau dont les bouses vont fumer les jardins.

Pendant mon adolescence, j'avais été, comme bien d'autres, sensible à ce déluge manuscrit de grands sentiments, qui ne me paraissaient nullement en contradiction avec mes premières et grossières fredaines. Le thème ressassé était toujours le même, celui du pur chevalier accomplissant prouesse sur prouesse pour mériter enfin la reconnaissance et l'estime d'une dame mariée et d'autant plus frigide, qui lui donnerait distraitement en récompense le bout de ses doigts blancs à baiser faute de mieux. Il est bizarre de constater que ces divagations faisaient et font encore le bonheur de soudards qui ne se gênent pas pour trousser tout ce qui leur tombe sous la main, et de dames qui n'ont besoin d'aucune prouesse pour cocufier leur mari. Peut-être s'agit-il d'un phénomène de compensation? L'idéal est d'autant mieux reçu et glosé que l'on a moins envie de le mettre en pratique. Mais si les adultes ne croyaient plus guère à ces fables et trouvaient souvent satisfaction dans des contes misogynes et cyniques, les jeunes gens nourrissaient leurs fantasmes des rêves élaborés autrefois par des troubadours besogneux sous le soleil échauffant d'Aquitaine ou de Languedoc.

Ce pourquoi, en dehors des instants où la sève de la jeunesse faisait bourgeonner mon plantoir, je n'avais que trop tendance à voir dans une nonnette accidentellement prostituée cette princesse de roman retenue captive dans un donjon lointain par un dragon jaloux qui avait pris les apparences de ma mère. J'avais pour Lucretia les yeux du Dante pour Béatrice Portinari, ceux de Pétrarque pour sa toujours mystérieuse Laure.

Les sonnets de Pétrarque étant sur toutes les lèvres italiennes depuis deux générations au moins, je succombai à la tentation de me déclarer par voie de sonnet, ressource classique du timide qui n'ose point parler.

Si je reproduis ce texte, c'est qu'il porte un précis témoignage du dérèglement d'esprit où j'étais alors en train de sombrer. Le fond en est certes d'une théologie paulinienne rigoureusement orthodoxe, mais la forme présente le plus insensé mélange d'évangélique piété et d'évocations charnelles. Nous sommes ainsi faits qu'une innocence souillée produit sur notre âme des effets contraires, à la fois révoltants et aphrodisiaques. Ainsi que l'ambiguë matière aimantée, le péché nous repousse et nous attire.

Au fond du cloître obscur, ce bougre de païen
N'a point flétri la fleur qui distinguait ta fesse,
Ta rose du cul même, étrangère à l'ivresse,
N'était ouverte alors qu'à ton ange gardien,

Et au sein du pays où l'on baise en chrétien,
Dans le bourdeau sans nom qui t'avait fait prêtresse,
Un outrage sans fin était du vin de messe
Pour ton cœur enivré où ton Dieu était tien.

Bouche close sur la caresse, Inaccessible
Dans ces chaînes dont tu t'es forgé une Bible,
C'est ainsi que je t'aime, ô miroir de vertus!

Sereine sur ta croix, confuse en ta constance
D'avoir souffert des fards qui cernent de licence
Les deux trous alanguis de tes grands yeux battus[1].

Le cœur en déroute, je remis à Lucretia cet essai de circonstance alors qu'elle promenait, par une belle fin d'après-midi, la petite chienne de ma mère, dans notre jardin qui donne sur un canal annexe du Grand Canal indiscret. Elle le lut et le relut posément, sollicita l'explication de certaines allégories trop abstraites pour elle, puis me déclara, me fixant pour une fois de ses grands yeux dont les cernes avaient disparu quelque temps après son arrivée chez nous : « Voilà un bel hommage à la plus assurée de mes modestes vertus! Je suis en effet " inaccessible " puisque, dans ma position, je ne saurais éprouver d'amour que pour Dieu. » Je n'en obtins pas davantage ce soir-là, ce qui était maigre. Apparemment, je m'étais exténué à polir un sonnet pour des prunes.

1. Le texte original de Condulmer donne ce sonnet en toscan, accompagné d'une traduction latine où il perd beaucoup de sa fraîcheur.

Dans les jours qui suivirent, je fis un peu tard des réflexions de bon sens sur cet amour impossible, qui me poussèrent à renouer avec ma compagnie « della calza » à l'occasion d'un superbe mariage patricien où le Bucentaure, luxueux navire officiel du doge, devait être de sortie. Cette distraction en amena quelques autres, et je me demandais parfois si je n'étais pas en voie de guérison du mal imprévu qui m'avait foudroyé. Cependant, ayant levé une fille aux étuves mal famées de Santa Maria dei Miracoli, je ne pris pas avec elle grand plaisir : l'image éthérée de Lucretia s'interposait de façon obsédante entre ma main et les chairs banales qui lui étaient offertes.

Malgré tout, je me serais peut-être rétabli sans trop de complications si le cousin Niccolo, l'enfant survivant de mon oncle Angelo, n'était venu faire des siennes. J'ai déjà dit combien peu de sympathie m'inspirait ce personnage, garçon brutal, jouisseur et fourbe, insensible à tout sentiment élevé, vivant dans la débauche comme un poisson dans l'eau, adapté au vice avec un si beau naturel qu'on avait presque cessé de s'en inquiéter. Mes propres imprudences avaient suscité plus d'alarmes, comme si, pris de vertige subit, j'avais emprunté avec maladresse une voie contraire à ma nature profonde. Plutôt que de s'installer au Palais en même temps que mon oncle, Niccolo avait obtenu de la faiblesse paternelle l'autorisation de louer un appartement en ville, où il avait ses coudées plus franches, et il ne faisait heureusement chez nous que d'assez rares et brèves apparitions – surtout pour réclamer de l'argent, car il avait pris coutume de s'endetter au-delà de sa pension.

Mais depuis l'arrivée de Lucretia, ses visites étaient devenues de plus en plus fréquentes, notamment en coïncidence avec mes dernières sorties. J'étais désormais à peu près sûr de le trouver en rentrant, et il ne me restait plus qu'à lui faire bon visage pour ne pas désobliger un oncle que j'affectionnais et qui avait déjà assez de déceptions avec un fils unique dissipé.

C'était l'époque où ma mère faisait ranger par ses femmes ses affaires d'hiver dans des coffres, après qu'elles en avaient extrait les affaires d'été. A chaque opération de ce genre, on effectuait des pointages sur l'inventaire, que l'on modifiait le cas échéant, ma mère ayant coutume de donner entre deux saisons quelques affaires défraîchies aux pauvresses. Toujours inquiète d'un vol ou d'une perte, elle tenait beaucoup à cette fastidieuse formalité, et comme elle était plutôt impatiente et brouillée avec les chiffres, j'étais alors réquisitionné : elle n'avait confiance qu'en moi pour tenir de tels comptes. Je prenais d'ailleurs mon mal en patience, car les chambrières, le buste enfoui dans les grands coffres de bois précieux et sculpté, montraient souvent des croupes appétissantes.

Malgré l'affreuse surprise que j'ai eue ce matin-là, les chiffres du printemps 1428 me sont à peu près demeurés en mémoire. Il y avait plus de trois cents toilettes, dont une trentaine brodées d'argent, plus de quatre-vingts brodées d'or, et une soixantaine ornées de fourrures de prix. Je ne parle pas du linge, des dentelles, des chaussures ni du reste !

Le gouvernement vénitien, les papes eux-mêmes, en dépit d'une foule d'ordonnances somptuaires restrictives, ne sont jamais parvenus à dissuader les Vénitiennes d'afficher un luxe démentiel qui impressionne et fait jaser toute l'Europe. Sous le pontificat de mon bienveillant oncle Gabriel, qui ne pouvait renier ses origines, les patriciennes de Venise obtiendront même de Rome un plaisant arrangement : la permission de s'habiller à leur guise moyennant versement d'une modeste obole ! Le pape fait de l'argent comme il peut...

Le vendredi 4 juin, je pointais et repointais donc sur cet interminable inventaire, dont les dimensions remplissaient ma mère d'une légitime fierté. Si nos éminentes patriciennes se dorent sur tranche et se couvrent de joyaux jusqu'aux yeux, ce n'est point par vaine coquetterie, mais bien sûr par patriotisme. Elles tiennent à affirmer par là toute l'écrasante puissance financière de Venise, bâtie par des hommes qui les trompent peut-être, mais qui ont le bon goût de leur laisser la meilleure part, celle qui miroite et qui éclabousse.

Lucretia était sortie acheter du poisson avec le gondolier éthiopien comme garde du corps : en cette période de chaleur croissante, certaines ruelles, même en plein jour, n'étaient pas sûres pour les jolies filles.

Peu avant midi, ayant cru discerner une anomalie, ma mère me pria d'aller chercher dans le cabinet d'ébène de ma chambre l'inventaire précédent aux fins de comparaison. Je montai donc au deuxième étage et entrai en coup de vent chez moi...

Insoutenable spectacle : dans mon grand lit de bois doré, sans même avoir pris la précaution de tirer les rideaux de velours bleu ciel, Lucretia, cette créature de rêve pour laquelle j'avais naguère commis un sonnet digne de Pétrarque, ma Lucretia était cul par-dessus tête, et le cousin Niccolo, aiguillettes dénouées, chausses rabattues sur les talons, la besognait tel un porc en folie, soufflant comme un cachalot qui expulse son ambre gris !

Le premier instant de stupeur passé, envahi tout d'un coup d'une rage insane, je me précipitai sur l'épée de mon père qui était au chevet du lit, la sainte épée qui nous était revenue de Thessalonique avec la nouvelle de sa mort. Mais la courroie du baudrier s'étant prise dans la garde, je dégainai avec un retard qui permit à Niccolo de déguerpir clopin-clopant, tirant sur ses chausses.

En proie tous deux à une extrême émotion, Lucretia et moi fîmes assaut de paroles d'autant plus confuses que nous parlions en même temps et étions en plein malentendu. Outré, j'accablais l'esclave de véhéments reproches, criant à la trahison, à l'hypocrisie... Et elle essayait de me mettre au fait : Niccolo avait eu le front de soutenir que ma mère lui avait permis de coucher avec elle et, obtempérant à cette délégation de pouvoirs, elle s'était empressée d'écarter les jambes sans songer à mal, en plein accord avec l'exégèse évangélique du cardinal de Sienne – s'imaginant même que j'étais au courant ou que je me doutais de l'arrangement. Elle ne distinguait pas, d'ailleurs, en quoi l'affaire pouvait me concerner, et elle avait l'impression que je défendais la propriété maternelle avec un zèle indiscret et excessif.

Elle eut enfin ces paroles désarmantes :

« J'avais de bonnes raisons de croire à ce que m'avait assuré Niccolo. C'est un garçon qui est en train de mal tourner, qui se débauche comme vous commenciez vous-même d'en prendre coutume avant qu'un peu de sagesse ne vous vînt – peut-être en vertu de mes prières... J'ai pensé tout naturellement que votre oncle Angelo, tremblant pour la santé de son fils, avait demandé à votre mère de me prêter à lui un moment pour le détourner du pire. N'est-ce point le rôle d'une esclave en bonne santé que de donner à un noble jeune homme qui inspire des inquiétudes les satisfactions les plus rassurantes et les moins coûteuses ? »

Et comme je me plaignais que le malentendu se fût consommé sur mon lit, elle me répliqua simplement :

« Niccolo m'a entraînée dans votre chambre, arguant que vous étiez à l'inventaire et que nous serions plus tranquilles ici qu'ailleurs. Je vois maintenant qu'il s'est bien trompé !

» Mais êtes-vous si certain que ma conduite n'a pas l'approbation de votre mère ? »

Je me faisais de ma mère une autre image.

Ecœuré, exaspéré, levant les bras au ciel, je sortis de la chambre et redescendis quatre à quatre. Niccolo s'était réfugié en hâte dans la pièce de l'inventaire, et je le retrouvai devant ma mère et ses femmes – lesquelles avaient du mal à ne pas pouffer de rire – en train de plaider précipitamment sa cause : c'était Lucretia elle-même qui lui avait fait des avances, il ne lui avait menti que pour la mettre à son aise, et il avait l'excuse d'ignorer que l'esclave eût déjà été remise à ma discrétion.

Avec une indignation glaciale, ma mère lui dit qu'elle n'était pas d'humeur à concéder Lucretia à qui que ce fût, qu'elle doutait fort que l'esclave l'eût aguiché, qu'elle le chassait de la maison jusqu'à ce que son père, informé de son inconduite, de son mépris du droit de propriété, eût pris à son encontre les sanctions qui s'imposaient...

« Tu mens une fois de plus ! m'écriai-je. Comment Lucretia aurait-elle abaissé ses regards sur un satyre de ton espèce ? C'est toi qui l'as lâchement poursuivie et subornée...

– Sur la croix du Christ, sur les reliques de saint Marc, Pietro... »

Ma mère le fit taire, lui montra la porte, congédia ses femmes d'un geste, et me considéra avec curiosité : je ne pouvais cacher mon trouble ni mon agitation.

« Que vous arrive-t-il donc ? me demanda-t-elle. Quel est ce procédé de tirer l'épée contre votre cousin pour une affaire si médiocre ? Niccolo a certes bien mal agi, mais votre réaction fait peur. Auriez-vous perdu la tête ? »

Force me fut de reconnaître que j'aimais Lucretia comme un fou. Et la scène révoltante que j'avais par hasard interrompue venait même de me révéler toute l'étrange ampleur de ma passion.

La confidence rendit ma mère toute perplexe, et elle me sonda plus avant, s'efforçant de me faire avouer quels projets j'avais bien pu concevoir dans ma cervelle de jeune homme à l'égard de la camériste. Le seul projet admissible étant d'établir une liaison, je finis par supplier ma mère de me vendre l'esclave pour une somme symbolique, mais une telle cession ne lui souriait guère.

Elle me confia très franchement son point de vue :

« Vous avez grâce à Dieu, mon cher enfant, nombre de belles qualités. Vous êtes bien fait, plein d'ardeur, instruit très au-dessus du commun, d'une piété plus sincère et plus ferme que ne le laisseraient croire trop souvent vos actes. Le cœur est ouvert et généreux, l'esprit vif est porté aux grandes choses, comme il convient à un garçon de votre illustre naissance. Vous m'avez donné jusqu'ici beaucoup de satisfactions.

» Mais une chaîne n'est jamais plus forte que son maillon le plus faible. Et votre faiblesse, qui pourrait se révéler mortelle si vous n'y prenez garde, se résume en un mot : la jeunesse. Bien sûr, vous êtes à l'âge de profiter de la vie, mais seulement en louvoyant entre les écueils qui guettent les jeunes gens de dix-huit printemps : les vulgaires dissipations d'un côté, un emballement amoureux irréfléchi de l'autre. Ne seriez-vous point en passe de tomber de Charybde en Scylla ?

» Le devoir d'une mère est de préserver son fils de ces deux dangers, dont on se demande quel est le plus inquiétant. Et l'on dirait bien que vous avez beaucoup à apprendre sur l'usage souhaitable d'une petite esclave – dès que l'homme a la faiblesse d'y sacrifier. Elle peut à la rigueur être le réconfort discret de celui qui a longuement accompli tous ses devoirs de patricien, d'époux et de père, et nous avons vu quelques vieux doges rendre leur dernier souffle entre les bras d'odalisques dont les soins avaient prolongé – ou abrégé ? – leurs jours. Mais le temps n'est pas venu pour vous de prendre une fille servile pour vous chauffer les pieds par les soirs d'hiver au fond du lit. Et vous déclarez vous-même qu'une passion déréglée vous possède. Si votre penchant pour Lucretia va vraiment très au-delà du caprice momentané, n'est-ce pas pour moi le meilleur des motifs de conserver cette sirène sous ma garde exclusive ? »

Je me rendais compte qu'à la place de ma mère, je n'aurais pu tenir un plus traditionnel ni plus sage discours. Honteux et morfondu, je la priai et suppliai néanmoins de me prêter l'esclave, tout comme Niccolo avait faussement prétendu qu'elle en avait usé avec lui.

Ma mère, après une longue hésitation, soupira :

« Vous exigez beaucoup d'une mère qui s'était efforcée jusqu'à présent de ne vous donner que de bons exemples, et vous osez me suggérer un rôle que j'aurais, hier encore, refusé sans examen. Mais si votre santé, votre équilibre, sont atteints à ce degré que seul un tel divertissement soit susceptible de vous remettre d'aplomb, je vous accorde cette faveur – en espérant que le Ciel me pardonnera ce que la thérapeutique pourrait avoir d'inhabituel.

» Il n'est d'ailleurs pas exclu que l'expérience vous instruise. Vous vérifierez assez vite, je présume, que toutes les femmes se ressemblent, prêtes à user de leurs charmes et de leurs faiblesses pour abuser de la force et de la bonne foi – et même de la mauvaise foi! – des hommes, dressées qu'elles sont dès le berceau à se montrer plus rusées que leurs futures conquêtes. Méfiez-vous des femmes, Pietro! Méfiez-vous de leurs mensonges transparents qui en voilent de plus profonds, méfiez-vous de leurs manœuvres obliques et de leurs pieuses roueries : ces charmantes tricheuses excellent à insinuer dans leur jeu un Dieu qu'elles gardent dans leur manche pour l'abattre à l'improviste lors d'une partie décisive. L'unique femme qui se distingue des autres, c'est une mère aimante, prête à sacrifier jusqu'à son âme dès que le véritable intérêt de son fils chéri l'exige. Car vous n'êtes pas un homme pour moi : vous serez toujours un enfant. »

Dans un élan affectueux, je me précipitai pour embrasser ma mère, laquelle me repoussa promptement, sous l'empire d'une compréhensible pudeur.

Je courus à la recherche de Lucretia pour lui annoncer la bonne nouvelle. Elle était encore assise sur mon lit, passive et rêveuse.

Embarrassé, j'eus du mal à trouver mes mots, mais je lui dis enfin :

« A quelque chose malheur est bon : la conduite inqualifiable de ce gredin de Niccolo, qui allait abuser de vous si je n'étais survenu...

– Il avait déjà abusé une fois, précisa Lucretia d'une

voix tranquille, comme si elle parlait du prix des coquillages. C'était le second poste. »

Sa mère et les nonnes l'avaient formée dans des habitudes de simple et claire franchise, qui étaient pour beaucoup dans son charme naïf.

Un peu désarçonné cependant, je poursuivis :

« Bref... Je disais que cet accident a incité ma mère à réfléchir. Elle s'est rendu compte que ces faveurs que Niccolo avait volées, vous pourriez peut-être me les accorder de bonne grâce avec sa tolérance : elle lui a naturellement coûté beaucoup, mais je l'ai obtenue. Je n'ai pu hélas obtenir davantage : la propriété de votre personne, qui m'aurait permis de vous affranchir, de me consacrer entièrement à vous et de vous combler comme vous le méritez, étant donné les sentiments que je vous porte. Mais la qualité même de ces sentiments me pousse à ne pas vous imposer des assiduités qui vous seraient à charge. C'est un amour partagé que je souhaite et j'attends avec respect votre agrément pour aller plus loin. »

A ma vive surprise, Lucretia me considérait avec une sorte d'amicale pitié.

« Vous ne savez ce que vous dites, Pietro.

– Et pourquoi donc? Comment pourrais-je vous mieux traiter? Que dois-je faire pour vous plaire?

– Le païen de votre sonnet raisonnait plus juste.

– Dieu du Ciel! Quelle comparaison!

– Votre mère a réfléchi tout à l'heure selon ses tendres lumières, et il en résulte que je suis toute à vous, toute disposée à être prêtée. Mais ne demandez pas l'impossible. Songez plutôt à l'irréfutable démonstration de votre excellent oncle, le cardinal de Sienne. Si je me rends à vous par obéissance servile, le péché est sur vous. Mais si j'avais l'impiété de vous permettre d'user du cadeau de votre mère, le péché serait sur nous deux, et mon ange gardien me retirerait désormais sa chaude protection. Un enfant serait capable d'apprécier la différence! L'amour vous aveugle, mon cher Pietro. Vous n'avez pas même saisi que si vous aviez réussi à m'acquérir, mon affranchissement m'aurait interdit d'être votre concubine.

» Et je dirai mieux encore : si j'avais la faiblesse de répondre volontairement à votre invite, que vaudraient des paroles d'amour dans la bouche souillée d'une esclave ? Il nous arrive d'en prononcer distraitement quelques-unes lorsque la situation le commande, mais aucun homme n'est alors assez crédule pour ajouter foi à nos déclarations. Vous-même auriez des doutes, une fois vos premières flammes évanouies, et vous n'auriez pas tort, puisque l'amour humain se nourrit de liberté. Seul l'amour de Dieu s'accommode de l'esclavage et y brûle même d'un feu particulier. »

Horriblement déçu, j'avais l'impression de m'être jeté la tête la première dans une impasse. Quelle riche idée j'avais eue de faire intervenir l'oncle Gabriel ! Son verbe doux et limpide avait éclairci dans l'âme de Lucretia ce qu'une instinctive piété avait pu y développer de confus. Et il ne m'était pas facile d'ébranler une pareille logique – qui se permettait d'ailleurs les allures d'un certain bon sens.

Dieu nous garde de la logique ! Notre Europe chrétienne crève de logique. Voilà des siècles que les Facultés de théologie, qui tiennent le haut du pavé, la cultivent, la bichonnent avec un intérêt passionné. Les meilleurs esprits en sont gavés et déformés. Elle s'infiltre partout, dessèche tout, exerce partout ses ravages, dresse partout ses barrières, peaufine et fignole ses catégories, ses discriminations, ses exclusives et ses anathèmes. Aucun progrès intellectuel n'est plus possible, car les hargneux défenseurs des doctrines les moins conciliables raisonnent exactement de la même façon, avec des cerveaux qui sortent tous du même moule. C'est avec un identique instrument que les partisans de saint Augustin, de saint Thomas ou d'Ockham bâtissent ou détruisent avec fièvre le château de cartes de leurs idées branlantes.

Comme si l'homme était avant tout un être logique !

Mais on touche le fond lorsqu'une femme se mêle de raisonner, et le fin fond lorsqu'il s'agit d'une esclave. On s'aperçoit alors que le vampire de la logique se moque des intérêts des mâles et des maîtres. C'est un outil de révolution qu'un clergé inconscient caresse avec un sourire idiot. Tel qui se flatte aujourd'hui de dominer la logique crèvera demain sous les coups d'une logique inédite, monstre enfanté par des prémisses différentes. Chassons par exemple Dieu et les dogmes de la perspective, et l'immense édifice de notre logique, échafaudé sur une base nuageuse, s'écroule et parsème le monde entier de ses funestes débris.

Mais le sentiment si trompeur est-il à tout prendre un guide plus sûr ?

J'aurais eu peut-être une chance de faire avancer ma cause si, au lieu de ratiociner sur un terrain où j'avais contre moi Dieu, l'Eglise, la vertu, la logique et le bon sens, je m'étais prosterné aux pieds de Lucretia pour l'émouvoir par ces arguments que la raison oublie ou réprouve. Elle m'avait elle-même avoué sans fard qu'elle était loin d'être toujours insensible, et je valais bien le premier venu ! Incapable d'ébranler le parti pris théologique de l'esclave, j'allais me résoudre à cette humaine extrémité, lorsque Lucretia précipita ma confusion et ma déroute avec ces mêmes armes qui eussent dû m'assurer la victoire si j'avais eu l'épais tempérament d'un Niccolo.

Se dépoitraillant et se massant les seins avec soulagement, elle me dit dans un soupir :

« C'est assez parler. Allons, Monseigneur, nous devons faire plaisir à votre maman et la rassurer... »

Une méchanceté préméditée n'eût pas été plus déprimante pour moi qu'une pareille obligeance. Je demeurai stupide, les yeux brouillés de larmes. Une évidence venait de me frapper, qu'une naturelle infatuation m'avait cachée jusqu'alors : cette fille avait été dégoûtée des hommes par une foule d'expériences odieuses, elle ne jouissait que par accident et en dépit d'elle-même, et faire plaisir à ma mère l'ennuyait sans doute d'autant plus à cet instant qu'elle avait pu concevoir pour ma personne de l'amitié et de l'estime. Il allait me falloir beaucoup de patience, de tact et de douceur pour me faire aimer, et ce n'était pas au lit que j'y parviendrais dans l'immédiat.

Les seins avaient dans leur plénitude ces pointes foncées que j'avais pu noter chez des prostituées qui avaient eu des enfants. Lucretia me raconta d'une voix sans timbre qu'elle s'était fait engrosser à dix-sept ans par un usurier arménien de Famagouste, dont la femme avait accouché d'un garçon trois semaines après qu'elle avait eu elle-même une petite fille. La femme étant à court de lait et Lucretia n'en ayant point pour deux, l'Arménien s'était débarrassé de l'enfant de l'esclave, laquelle avait nourri le fils de la maison.

Cette histoire m'avait achevé. Pleurant pour de bon, je me détournai et m'enfuis.

Le mois de juin s'écoula languissamment. Je broyais du noir, ne sachant plus à quoi me résoudre. J'avais eu l'élégance toute naturelle de solliciter l'agrément de Lucretia pour pousser mon avantage – certain d'avance d'être agréé! Et je m'étais piégé de la manière la plus stupide. Mais la fausse manœuvre était malaisément réparable : que mon élégance eût été méritoire ou absurde, j'aurais eu mauvaise grâce à y renoncer trop vite et ma liaison avec Lucretia eût débuté sous de bien fâcheux auspices.

Autre circonstance contraire à mes vœux : la conversion de Lucretia au catholicisme, menée tambour battant, quoique ma mère la tînt dans une certaine suspicion. Elle était payée pour savoir que l'esclave convertie a tendance à se croire d'une nature supérieure et à faire la difficile. Mais elle avait confiance dans sa suivante, et sa piété patricienne était trop ostensible pour qu'elle pût s'abstenir de jouer le jeu. Elle apportait donc à l'affaire son esprit de décision et son énergie habituels.

Chaque fois que j'espérais pouvoir m'entretenir avec

Lucretia en dehors de ses heures de service – et elles n'étaient que trop nombreuses ! – j'avais dans les jambes le vieux curé de la paroisse, l'un de ses vicaires ou un moine quelconque, qui buvait du vin de Crète et grignotait des friandises en disputant de la procession de l'Esprit Saint avec la postulante. Jamais esclave de luxe plus instruite n'avait été mieux préparée à faire révérence au pape !

Agacé, je mis moi-même un soir mon grain de sel dans la discussion entre Lucretia et un jeune dominicain du couvent de Venise.

« Comment se fait-il, dis-je, que la modification du sacro-saint Credo de Nicée de 325, l'addition du fameux « filioque », ait été condamnée par le grand saint Léon III du vivant même de Charlemagne, et introduite seulement dans la liturgie catholique en 1014, par l'inculte et vicieux Benoît VIII, à l'un des moments les plus troublés et les plus scandaleux de l'histoire de la papauté ? »

Ayant faibli sous le choc, le dominicain me prit bientôt à part pour me susurrer un conseil :

« Votre théologie, Monseigneur, n'est que trop bien informée, mais vous me semblez avoir une faiblesse en droit canon, malgré votre beau baccalauréat d'Orange. N'auriez-vous pas accepté un peu à la légère de servir de parrain à l'aimable Lucretia ? Non seulement le mariage est rigoureusement interdit par l'Eglise entre parrain et filleule, mais tout acte de chair serait une abomination des plus graves. Y avez-vous songé ? Cette jeune esclave est d'une beauté rare, vous êtes bien jeune de votre côté, vous vivez tous deux sous le même toit : un entraînement passager est toujours à craindre. Si – ce qu'à Dieu ne plaise ! – il se produisait par hasard, mieux vaudrait qu'il restât anodin. Mais j'insulte sans doute à une vertu exempte de défaillances ? »

Je me serais battu pour avoir été si étourdi ! Je ne pouvais que remercier le père de sa mise en garde. Ces gens-là ont un tel flair pour prévoir les péchés qu'ils en donneraient l'idée à qui ne l'aurait pas encore.

Lucretia ayant abjuré minutieusement toutes les erreurs de l'orthodoxie grecque – si tant est qu'on puisse parler d'erreurs à propos d'une théologie, d'une liturgie, d'une morale demeurées plus proches des origines chrétiennes que n'avait su le faire un catholicisme évolué –, j'eus enfin le loisir de l'emmener promener par un doux soir de la fin juin le long de la « Merceria », la plus élégante artère de la ville, où s'entassent, entre autres, les meilleures productions de l'actif artisanat vénitien : dentelles, coraux, orfèvrerie, filligranes, verreries...

Elle m'avait suivi comme un agneau, sa politique étant de me faire constamment sentir qu'elle n'était qu'un objet aux mains de sa maîtresse, tombé dans les miennes par provisoire et révocable délégation. Ce délicat raffinement dans l'esclavage, cet ostensible retranchement en Dieu, cette solitude voulue et distante finissaient par me porter sur les nerfs. Et d'autant plus ce jour-là que des amis, des relations, nous abordaient, et que filles et garçons, frappés par la grâce de ma Lucretia, me faisaient compliment de cette compagnie, l'esclave me consultant alors du regard, comme pour chercher à deviner ce que j'eusse aimé qu'elle dît. La timidité d'une personne qui n'avait guère connu le monde que dans des cellules de cloître ou de bordel ne suffisait pas à justifier un tel abandon à une autorité que j'ambitionnais au contraire d'abdiquer.

Désireux de m'entretenir tranquillement avec Lucretia, je finis par la pousser dans l'église de San Salvador, où était exposé, devant nombre de fidèles et de curieux, un énième fragment du voile de mariage de la Vierge, récemment acheté au sultan mamelouk d'Egypte.

Vu les masses humaines que les reliques mobilisent, l'honneur et le profit qu'une cité tire de leur collection, nos Vénitiens sont d'inlassables acquéreurs de reliques et, quand elles se raréfient sur le marché, ils vont les prendre. Nous en avons raflé à Constantinople, l'an

1204, à la faveur du pillage réglé de la ville, un stock énorme, inépuisable, et nos moindres églises en sont bondées afin d'offrir aux pèlerins toutes les satisfactions possibles. Nous avons même à Murano un article rarissime : des cadavres de petits Innocents des deux sexes jadis massacrés par Hérode. Mais nous avons aussi le sens du ridicule, et nous n'exposons jamais sur les autels d'une même église deux prépuces de l'Enfant Jésus à la fois.

Il convient d'ailleurs d'aborder cette affaire de prépuces avec une grande prudence, car se pose le problème de savoir si un Jésus-Christ circoncis a ressuscité ou non avec son prépuce. Si non, les prépuces de l'Enfant Jésus, multipliés par miracle comme des pains pour rassasier la piété des fidèles, peuvent à la rigueur être authentiques. Si oui, il s'agit de reliques suspectes. On voit comme cette discussion théologique, qui a déjà fait couler beaucoup d'encre parce qu'elle est au cœur du passage crucial de l'Ancien Testament au Nouveau, débouche accessoirement sur la défense de bénéfices commerciaux légitimes. L'opinion raisonnable de nos distingués patriarches est que Jésus a en tout cas ressuscité sans son prépuce parce qu'il n'aurait plus été de calibre, et tous les marchands de Venise, même les juifs, sont de cet avis.

Après que Lucretia eut longuement contemplé le minuscule fragment de voile qui attirait tous les regards derrière le verre du reliquaire surchargé d'or et de pierreries, je lui tins ce langage :

« Imaginez un instant, je vous prie, que vous soyez libre de votre personne comme je le suis de la mienne. Vous plairais-je ? »

Après une brève réflexion, elle me répondit :

« Si vous m'aimez vraiment, votre mère, de crainte que vous ne fissiez une folie, ne m'affranchira jamais. Vous voyez que je n'ai pas intérêt à ce que vous m'aimiez trop. Pourquoi n'avez-vous pas pris votre plaisir avec moi comme tant d'autres, au lieu de laisser vagabonder votre imagination en dehors de toutes les règles établies? Péché pour péché, l'expérience vous eût sans doute calmé, et votre mère en aurait été satisfaite. J'ai bien dû lui avouer que vous jouez encore en ma compagnie au chevalier de roman, que vous me regardez comme si j'avais le vase du Saint-Graal entre les jambes, où vous auriez peur de mettre la main. Et cette superstitieuse abstention ne laisse pas de la surprendre et de l'inquiéter. Vous l'aviez habituée à plus de vigueur. »

Elle ajouta, ce qui me toucha plus cruellement si possible :

« D'ailleurs, vous n'êtes pas plus libre que moi. Vous vivez dans l'esclavage de votre Venise, cette bête de proie dans les entrailles de laquelle le cheminement de votre destinée est inscrit, avec les honneurs dérisoires et les sacrifices obscurs qu'une telle captivité implique. La liberté de me chérir honorablement vous est refusée par votre naissance comme celle de vous céder vertueusement m'est refusée par ma condition, et une même chaîne, par un mystérieux décret de la providence, nous réunit et nous sépare. Que la raison, par conséquent, vous inspire, si la piété n'y suffisait pas! »

Piqué au vif, je remâchais amèrement cette intolérable déclaration. Les jeunes gens chérissent d'instinct toutes les libertés et tiennent chaque barrière pour injure personnelle. Ils ignorent que la liberté n'est qu'un mot creux tant qu'elle ne s'est pas traduite en acte, et que ce sont alors nos propres actes qui nous imposent la pesanteur de leur servitude.

La ferveur de l'assistance, le monotone murmure des litanies, les vapeurs de l'encens, les tremblotantes lueurs des cierges, la vision même de ce voile inépuisable qui avait peut-être abrité le doux visage de Marie quand elle avait donné sa main à Joseph pour le meilleur et pour le pire, tout me faisait une impression d'autant plus profonde que l'amour m'avait rendu plus vulnérable. Et un éclair me frappa, que je pris dans l'instant pour une révélation d'en haut : la seule issue qui m'était ouverte était bien le mariage !

Car cette Eglise, qui s'était noblement préoccupée de sanctifier les esclaves plutôt que de condamner l'esclavage, prisonnière de sa pessimiste et sublime doctrine, avait naturellement garanti aux esclaves chrétiens le bénéfice intégral des sacrements et des grâces qui leur faisaient cortège. Prêtrise exceptée.

Sans doute les mariages étaient-ils rares entre esclaves, puisque les propriétaires n'accordaient pas aisément leur autorisation. Mais il arrivait qu'un citoyen de Venise, voire un patricien, généralement des veufs d'âge mûr, épousent une esclave favorite, qui était alors affranchie par le fait. Notre « Seigneurie » avait même dû faire passer une loi excluant du Grand Conseil les fils de patriciens issus de mésalliances avec de simples citoyennes ou des femmes de condition servile.

De plus – et le point était pour moi capital –, la théologie la plus traditionnelle tenait pour valide un mariage contracté par libre et réciproque engagement, aurait-il été célébré au mépris de l'autorité d'un père, d'un tuteur ou d'un maître. L'union de Roméo et de Juliette, pour secrète qu'elle eût été, n'en était pas moins valable. C'est même le côté le plus certain de la célèbre légende !

En proie à une irrésistible impulsion, dans le sentiment d'accomplir une action d'éclat qui toucherait les anges du Ciel et nous les rendrait favorables, je serrai donc avec extase la main aussi experte qu'innocente de ma Juliette et je lui dis :

« Au Diable cette vieille avarice vénitienne ! Je vous épouse ! »

V

CONVAINCRE Lucretia de son bonheur ne devait pas être une mince affaire. Apparemment touchée, mais indécise, méfiante devant ce redoutable saut dans l'inconnu auquel rien ne l'avait préparée, elle accumulait les objections.

D'abord sa vocation de nonne. Je lui fis valoir qu'un engagement pris de si bonne heure dans la discipline orthodoxe schismatique, tellement différente de la catholique, devait être renouvelé à la lumière de la vraie foi. En Orient, dans le clergé séculier, il convient d'être marié pour recevoir les ordres, les évêques sont tous moines, les curés ne se remarient point, mais les fidèles divorcent : c'est le monde renversé, celui des premiers siècles de l'Eglise, un curieux mélange de rigueur et de laxisme. D'ailleurs, en pratique, un nouvel engagement religieux était fonction d'une liberté que le mariage seul – en l'absence de l'affranchissement ordinaire – pouvait offrir à Lucretia. Il serait bien temps pour elle d'entrer au couvent quand elle serait veuve – si tant est qu'elle puisse découvrir une maison bien préservée du viol !

Ensuite sa vocation d'esclave – je ne distingue pas de meilleur terme dans l'instant. Et je ne parle même pas d'une vocation de « statu quo », selon la doctrine du libre citoyen romain Paul de Tarse, à qui elle ne coûtait pas cher, théorie dont le captif exalté se console faute de mieux. Lucretia avait certes la pénible et vague impression que désobéir à saint Paul risquait de porter malheur, mais en fait, saint Paul servait plutôt de prétexte à des craintes plus précises.

« Voilà bien des années, me disait-elle, que j'obéis passivement à des maîtres qui abusent en personne de mes charmes ou me vouent à la prostitution. Jusque dans les affaires ménagères, je n'ai jamais eu à prendre que des initiatives dérisoires. L'unique liberté qu'on me laissait était la liberté coupable du plaisir solitaire, l'ultime ressource de l'esclave esseulée qui se bâtit en elle-même, à la force du poignet, la dérisoire illusion d'un inexpugnable refuge. Etant donné l'empire des mauvaises habitudes, n'aurais-je point, au fond, perdu le goût de la vraie liberté avec son bon usage ? A présent, l'idée seule de prendre une décision m'effraie... »

Je lui répondais que j'étais fort capable, pour lui complaire, de faire un mari parfaitement tyrannique, harmonieux mélange de Janissaire en goguette et de patron de bourdeau.

L'énorme scrupule enfin de tromper ma mère sur le point qui pouvait lui être le plus sensible, de porter un coup de poignard à une femme qui lui avait accordé sa confiance et n'avait eu que des bontés pour elle. Saint Paul aurait-il admis qu'une esclave impulsive et ingrate se mariât contre la volonté du maître, détournât de ses devoirs le fils d'une noble maison ?

Je soutenais que les choses avaient évolué depuis les temps apostoliques, que Paul de Tarse, qui n'était pas toujours – et de son propre aveu ! – parole d'Evangile, avait écrit parfois sur son genou, selon les préjugés de son époque, des passages regrettables et excessifs, au risque de contradictions insolubles. Avec un brin de réflexion, il n'aurait pas manqué de s'apercevoir qu'en vertu même des vérités qu'il professait, aucune autorité terrestre n'avait licence d'entraver l'accès aux sacrements des chrétiens adultes et responsables, qu'ils fussent libres ou esclaves. Prive-t-on avec justice un esclave d'Eucharistie ou de confession ? Par quel divin décret, après l'avoir déjà privé des ordres ecclésiastiques, lui interdirait-on de se marier à sa convenance? Aux prises avec cette évidence qui crevait les yeux, Paul aurait dû choisir entre le christianisme et l'esclavage, ou du moins, condamner l'institution dans ce qu'elle pouvait présenter d'inconciliable avec la foi. Mais si Constantin avait dû admettre de bon cœur ques ses esclaves épousent ses filles, il ne se serait jamais converti et le monde antique fût demeuré païen. Les apôtres eux-mêmes, par esprit politique, ont dû mettre de l'eau dans leur vin. Mais là où l'apôtre trahit sa conscience, le simple particulier est appelé à mieux faire, car l'esclavage en Jésus-Christ réduit à néant toutes les autres contraintes.

Lucretia avait donc le droit sacré d'être ma femme si cela nous faisait plaisir et, placée par hasard devant le fait accompli, ma mère n'aurait qu'à se faire une pieuse raison, trouvant dans les paroles du Christ un enseignement plus large et plus solide que chez saint Paul.

Mais la pieuse raison de ma mère était tellement hypothétique que la foudroyante révélation devait lui être administrée le plus tard possible – avec les derniers sacrements si Dieu bénissait à ce point notre union.

En attendant, un mariage secret aurait l'inappréciable avantage de me permettre d'honorer ma femme au Palais en faisant mine de coucher avec une concubine sans importance. Pour une mère soulagée et tranquille, je serais garé des putes, des bougres, des chevaux et des gondoles.

Peu à peu, les réserves de Lucretia faiblissaient, et il est bien possible qu'elle ait éprouvé pour ma personne une inclination sincère. Ce n'était pas tous les jours qu'un jeune patricien présentable se jetait follement à l'eau de la sorte!

Mettant à profit cette liberté de langage dont on jouit entre hommes, mon oncle Angelo, qui était naturellement au courant du cadeau que ma mère m'avait fait... ou plutôt prêté, me taquinait à l'occasion, sollicitant des nouvelles de l'affaire avec un charitable souci de mon équilibre et de ma santé.

« Alors, me disait-il, où en sommes-nous ce soir? Ta galère serait-elle toujours en panne dans l'espérance d'une brise favorable? Eh bien, il faut ramer un peu, mon garçon! L'exemple de mon fripon de Niccolo ne t'inspire-t-il point? Ah, il n'a pas eu besoin qu'on le pousse, celui-là! J'ai du mal à te comprendre. Moi-même, à ta place, si j'étais plus jeune... C'est que c'est un vrai morceau de doge que cette fille : un corps de statue grecque, une démarche exquise, un corsage aguichant, des yeux de biche où couvent des étincelles de braise. Et cette délicieuse piété! Comme c'est rare, attirant et émouvant, une telle vertu chez une petite esclave dressée à toutes les complaisances!... Tu n'auras pas cette chance deux fois. »

Attaqué en ces termes, je déclarai que cette attente était à la hauteur des sentiments que l'esclave avait su m'inspirer – imprudence qui était de nature à faire naître des soupçons superflus.

Rançon de tant d'éminentes qualités, de ses multiples et frénétiques activités mêmes, ma chère Venise est la patrie du soupçon. Le doge est soupçonné de mépriser ses serments et d'outrepasser ses attributions; les patriciens se soupçonnent de ne pas jouer franchement le jeu compliqué qui règle tant bien que mal la répartition des pouvoirs et des grandes affaires; les simples citoyens sont soupçonnés de vouloir modifier les institutions à leur profit; les « condottieri », les amiraux, sont soupçonnés d'ambitions dangereuses; les banquiers, les marchands, les artisans, se soupçonnent de concurrence déloyale; et tout le monde est soupçonné de sodomie. C'est par cette marée haute de soupçons que se maintient à travers les siècles le bon équilibre de l'Etat et de la société. Le Vénitien suce la méfiance avec le lait de sa nourrice, qui ne lui paraît jamais bien franc, il ne croit qu'à demi ce qu'on lui dit, et le silence est à ses yeux un indice de mauvaise foi. Il aime à écouter des mensonges pour exercer son esprit à les percer à jour.

Je devais donc manœuvrer avec ma chère Lucretia sous les regards attentifs d'une mère et d'un oncle qui n'étaient pas disposés à faire crédit aux apparences, et qui, en cas de besoin, auraient aisément trouvé dans l'appareil du gouvernement des appuis ou des complicités à l'encontre d'un enfant rebelle et de sa femme scandaleuse.

Opérer à Venise eût été un suicide. Les espions, professionnels ou occasionnels, y fourmillent, sans cesse en chasse du moindre détail suspect. Notre ville est, à ma connaissance, la seule au monde à offrir jour et nuit une boîte aux lettres spéciale aux délateurs connus ou anonymes, la fameuse « bouche du lion ». La police secrète y est si efficace que, des origines à nos jours, les rares tentatives de coup d'Etat ont échoué et qu'il en sera sans doute de même à l'avenir[1]. Mais opérer en dehors de Venise posait bien d'autres problèmes...

De loin le plus sûr et le plus facile – car aucune complicité n'était alors nécessaire – eût été de m'enfuir avec Lucretia pour en faire ma femme en dehors des possessions vénitiennes. Mais combien aurait duré cet exil, et l'argent ne m'aurait-il pas bientôt fait cruellement défaut ? Malgré l'ampleur et l'inconfort du déchirement que je me serais alors imposé, Lucretia aurait préféré cet expédient. Elle tremblait à la perspective d'une vengeance de ma mère, jetée dans une épouvantable fureur par une indiscrétion imprévisible.

Je crus pouvoir adopter un moyen terme prudent : emmener Lucretia en promenade à Padoue, sous prétexte de lui faire visiter la ville où j'avais fait mon année de théologie, et profiter de l'occasion pour l'épouser sans tambour ni trompette.

Lucretia étant d'accord avec ce projet, je fis moi-

1. De 726 à 1797, durant plus de mille ans, cent vingt doges se sont succédé sans aucune révolution.

même un saut à Padoue pour reprendre contact avec un franciscain jeune et ardent, mais sensible, qui avait su m'inspirer une grande confiance au temps de mes études. On hésiterait à prêter un ducat sans reçu à la plupart des clercs, et soudain – ô miracle! – on voit passer un vrai prêtre. Cela se sent tout de suite, ineffable et saisissante présence de l'irrésistible grâce dans une Eglise pervertie. Mon oncle Gabriel et ce franciscain étaient de vrais prêtres. Ils en avaient le masque, les paroles et les gestes, et surtout l'impondérable. De plus, allant en personne à Padoue, j'évitai le risque qu'un billet compromettant fût surpris : la police vénitienne est naturellement artiste dans le viol des correspondances et le décryptage des missives codées.

Cet aimable franciscain padouan – dont je tairai le nom – était très réticent à tremper dans une pareille irrégularité et, devant un pot de vin frais, sous une treille qui filtrait de façon charmante la lumière du soleil à son zénith, il m'opposa tout d'abord des arguments de bon sens qui auraient pu me faire hésiter...

« Quelles informations avez-vous au juste sur cette si séduisante jeune personne, en dehors des histoires qu'elle a bien voulu vous raconter? N'est-il pas fréquent que des malheureuses de cette espèce, qui ont été exposées à tant d'horribles tribulations, inventent des fables pour apitoyer et intéresser à leur sort? Il n'est pas question de leur en faire reproche, mais la vérité n'en demeure pas moins sous le boisseau – et d'autant mieux cachée que les trafiquants d'esclaves ou proxénètes, qui sont souvent fort ignorants eux-mêmes des antécédents de leurs marchandises, ne sont pas plus francs que les êtres dont ils font commerce. Pour ce que vous en savez, votre Lucretia pourrait aussi bien être la fille d'une courtisane de Rhodes ou de Nègrepont, avoir assassiné, empoisonné ou volé; elle pourrait être déjà mariée ou bigame, avoir sacrifié aux honteux ébats du tribadisme, comme beaucoup de prostituées défrisées par les hommes, et son ostensible piété, qui me semble trop appuyée pour être honnête, relève peut-être d'une comédie mercantile, comme ces basses jouissances que tant de filles perdues s'exercent à feindre pour grossir leur pourboire à défaut de leur tour de taille... »

Je protestai véhémentement de toute mon intuition, mais il poursuivit sans se troubler :

« Quant au secret que vous sollicitez, je ne vous ferai pas l'objection que vous attendez. Ce n'est pas que vous désiriez épouser une esclave très usagée qui me chiffonne : j'ai fait vœu de pauvreté, et je suis moi-même l'esclave de tous mes frères en Jésus-Christ, à commencer par les plus déshérités. Je trouve simplement regrettable, encore jeune et inexpérimenté comme vous l'êtes, que vous prétendiez contracter un mariage dont l'idée seule mettrait à coup sûr votre mère hors d'elle-même – à tort ou à raison. J'exprimerais une identique réserve si elle s'opposait catégoriquement à une union beaucoup plus brillante. Le cœur d'une tendre mère ne doit-il pas être ménagé ? »

« Cœur » était le mot clef. Ma mère avait un cœur, mais moi aussi, et le franciscain est un spécialiste du cœur. Quand on expédie quelques hérétiques, les franciscains de service leur parlent du cœur d'une voix douce et chevrotante jusqu'à ce que les flammes les fassent tousser, tandis que les dominicains raisonneurs qui les ont livrés au bras séculier s'en vont souper d'une jambe ferme. Il est bien rare de voir un franciscain Inquisiteur : il noierait de ses pleurs l'encre de ses dossiers et finirait par mélanger ses victimes.

A force de viser le bon frère au cœur, de caresser dans le sens du poil le cœur qu'il avait sur la main, je réussis de haute lutte à lui arracher son accord. Je dois dire qu'il avait bu cordialement aussi, que ses pauvres m'ont coûté cher, et qu'une circonstance providentielle a peut-être fait pencher la balance de mon côté : ce brave garçon devait s'embarquer dans l'après-midi du lundi 19 juillet pour aller pleurer à Jérusalem, et ma mère n'irait pas le persécuter là-bas si mon mariage était fixé la veille, au matin du dimanche 18 juillet.

Pour ce qui était des témoins, le franciscain avait par bonheur sous sa direction spirituelle ce qu'il fallait de sourds-muets totalement illettrés, mais qui étaient loin d'être aveugles. Ils feraient des témoins sur mesure.

A l'instant que j'allais remonter à cheval devant l'auberge, le frère me retint par la manche pour revenir sur une question qui lui faisait souci, celle des antécédents de Lucretia :

« Savez-vous qu'une tromperie sur la personne est une cause de nullité ? Vous croyez épouser Faustine, fille du prince de Golconde, et vous épousez Cassandre, fille d'un marchand de poisson (ou inversement !) : cela ne saurait être. Quelle que soit la sympathie qu'éveille votre sincérité, j'éprouve vraiment un grand scrupule à marier une inconnue dont personne, jusqu'à nouvel ordre, ne peut répondre.

– Est-ce sa faute ? Ses impies persécuteurs lui auraient-ils payé des chroniqueurs et des huissiers ? Imaginez un peu qu'elle ait perdu la mémoire sous le coup de l'horreur du premier viol. De quel droit lui refuseriez-vous le mariage ? En tout cas, le risque est pour moi beaucoup plus que pour vous. »

L'argument de l'amnésie porta : il s'adressait au cœur comme à la raison.

Déjà sur le chemin du retour, et plus encore au Palais, sous les regards lointains de Lucretia, les doutes soulevés par le franciscain quant à son passé ne cessèrent de me poursuivre comme des mouches importunes que je ne parvenais pas à chasser.

Le doute, cependant, prit bientôt un tour que je n'attendais point : je ne voulais plus douter de la parole de l'esclave, mais je doutais de ses facultés, de sa bonne volonté même, à me rapporter fidèlement ce qu'elle avait vécu sans moi. J'éprouvais soudain le besoin de tout savoir, dans l'espérance paradoxale de mieux pouvoir tout oublier. C'était peut-être une forme insidieuse de jalousie.

Comme j'ai eu l'occasion de le constater dans mes voyages, les hommes qui respirent l'air de la Méditerranée n'auraient que trop tendance à être jaloux, alors que les cocus complaisants ou indifférents ne sont pas rares plus au nord, et jusque dans la meilleure société. Et je me voyais perturbé par une manière de jalousie dont la dangereuse vanité devrait être évidente pour un être de bon sens : la jalousie rétrospective. Un homme épousant une femme qui a vécu a pourtant le plus grand intérêt à fermer les yeux, à tirer un trait une fois pour toutes sur des aventures ou mésaventures désormais inscrites dans la petite histoire à laquelle on ne peut rien changer. Mais la façon, justement, dont elles s'y sont inscrites vous tenaille, et vous vous laissez aller à voiler une curiosité morbide sous les dehors d'une sympathie éprise de vérité. Un ver hypocrite vous ronge le cœur.

Je ne cessais donc d'interroger Lucretia, que mes folles indiscrétions mettaient en porte à faux. Des réticences, des impatiences, de la mauvaise grâce à répondre m'eussent inspiré le soupçon qu'elle avait quelque chose d'important à me dissimuler, alors qu'une minutieuse franchise allait au-delà de ce qu'un amoureux peut entendre et supporter. Ma perpétuelle insistance la condamna toutefois à cette dernière attitude, et elle me donnait d'une voix morne et lasse des détails sans fin qui m'incendiaient les sens et me faisaient fondre le cœur de pitié. Sous le torride soleil de juillet, nous étions bien loin des confidences de la première heure au coin du feu, dont la crudité avait été voilée par un petit tour élégiaque et littéraire. C'était désormais une plongée dans l'affreux et le sordide.

Tous ces hommes à qui elle avait eu affaire remontaient à sa mémoire en tant qu'hommes, et non sous forme de Turcs, d'Arméniens, de juifs, d'Arabes, de noirs, de schismatiques ou de catholiques. Et cette grande confusion des races, des nations et des croyances, qui aurait eu de quoi choquer un dévot, était normale, puisque tous en avaient agi pareillement avec elle, perdant par là de leur singularité et se ravalant au niveau de bêtes ou d'automates interchangeables, venus accomplir une fonction.

En y réfléchissant bien, elle n'avait ressenti qu'une différence : les circoncis parvenaient plus lentement à satisfaction que les autres, dont le prépuce, source de frictions supplémentaires, devait posséder une vertu accélératrice. Pour les femmes longues à se mettre en train et à jouir, mahométans et juifs sont donc pain bénit. Nouvelle bien agréable pour moi!

Après le récit exhaustif de ses pérégrinations, qui l'avaient conduite de Morée à Chypre, de Chypre à Beyrouth, de Beyrouth à Alexandrie, et d'Alexandrie à Malte, où les Chevaliers du même nom, qui ne cessaient de razzier des esclaves sur les côtes barbaresques, étaient, paraît-il, de chauds lapins, elle avait connu trois mois durant un premier bordel à Palerme, avant de tirer près de sept mois à Venise, où elle eût atteint le fond du désespoir si une ferme piété ne lui avait inspiré une patience salutaire. J'avais vu jusqu'alors les maisons de ce genre sous l'angle étroit et superficiel de l'usager de passage. Il m'était désormais donné de les considérer de l'intérieur.

Je dois m'arrêter un instant sur le sujet : la prostitution vénitienne a failli abréger mes jours après que je m'en fus détourné, et elle n'est d'ailleurs plus tout à fait aujourd'hui ce qu'elle était à la fleur de mon âge.

Après une période de relative anarchie, à la faveur de laquelle les amours tarifés, naturellement centrés sur le Rialto, s'étaient répandus le long des rives du Grand Canal, nos législateurs, se référant implicitement à saint Augustin, ardent amateur de filles dans sa jeunesse et partisan décidé des bordels quand la sainteté lui fut venue[1], déclarent dans leur fameux arrêt du 29 juin 1358 : « Du fait de ces multitudes, qui continuellement entrent dans notre ville ou en sortent, il est nécessaire de trouver à Venise un lieu adapté au renfermement des filles de joie. » Les pécheresses de profession étaient devenues absolument indispensables à un Etat qui vivait du commerce.

On ouvre donc, dans un estimable souci d'ordre et de bienséance, une Maison publique municipale. A une époque où le trafic avait pris une extension décisive, où des préoccupations d'urbanisme se faisaient jour, où les capacités administratives de notre « Seigneurie » ne cessaient de se renforcer, une telle solution était tentante. Et l'on consacre à cette œuvre de salubrité un groupe de maisons sises sur la paroisse San Matteo di Rialto, propriétés des familles Venier et Morosini, dont le dévouement sera récompensé par des loyers plus plantureux. Cette Maison publique au sens large du terme, plutôt une rue spéciale qu'un édifice particulier, prendra le nom populaire de « Castelletto ». En théorie, des officiers de la municipalité assurent la protection des filles et tiennent la caisse où doivent s'entasser leurs gains, l'argent leur étant distribué après règlement des loyers, des frais généraux et des taxes, tandis que des matrones ont une approche encore plus directe du métier. En apparence, rien de mieux calculé.

A partir de cette malencontreuse initiative, l'Etat ayant fourré la main jusqu'au coude dans le bourdonnant guêpier, le désordre ne fait que croître, les expériences, les textes contradictoires s'accumulent, le plus souvent en beau latin, mais parfois aussi en vénitien courant, lorsqu'il s'agit de bien faire pénétrer des considérations pratiques dans des cervelles vulgaires, et cette littérature infiniment désolante témoignerait à elle seule que la vie prostitutionnelle ne connaît que son bon plaisir et se

1. « Supprime les prostituées, les passions bouleverseront le monde. » (Saint Augustin, *De Ordine*, livre II, chapitre IV, § 12.)

refuse énergiquement ou sournoisement à toute mesure durable de coercition.

Tantôt on autorise la prostitution privée ici ou là en sus de la Maison publique, tantôt on s'efforce de décourager, d'écraser tout ce qui pourrait lui faire concurrence. Tantôt on s'ingénie à retenir les filles dans le cadre du « Castelletto », tantôt on leur permet de vagabonder plus ou moins aux alentours de leur quartier réservé, de fréquenter tavernes ou étuves. On s'attache en vain, par brefs accès de zèle, à nettoyer les places, et surtout les abords des églises, pour cantonner la lèpre dans des ruelles discrètes...

Parallèlement, on improvise des mesures pour soustraire les prostituées à la brutale rapacité des proxénètes. On interdit aux commerces de luxe, aux aubergistes mêmes, de leur faire crédit – des dettes inconsidérées étant susceptibles de prolonger leur calvaire. La lutte s'intensifie contre les viols nocturnes, dont les victimes choquées et déshonorées sont trop souvent une proie facile pour les mauvais garçons. Et l'on va jusqu'à condamner les assiduités des maîtres auprès des servantes, car beaucoup de malheureuses ainsi mises à mal finissent sur le pavé ou dans la fange !

Mais ces bonnes intentions sans suite s'accompagnent de tracasseries vexantes : on prétend obliger les filles à porter des manteaux courts, des foulards jaunes, et les maquereaux sont priés de circuler tout de jaune vêtus, tels de grands serins d'infamie ! Autant en emporte le vent...

Quand j'ai rencontré Lucretia, l'inefficacité de toutes ces réglementations sautait aux yeux et la situation n'avait jamais été plus préoccupante. Vers 1420, on avait dû tolérer deux autres foyers de prostitution semi-officiels en supplément de la Maison publique qui faisait eau de toute part : la « Ca'Rampani » (du nom de la famille patricienne propriétaire), sur la paroisse de San Cassiano, plus un certain secteur de la paroisse San Samuele. La prostitution s'étale alors au grand jour dans les quartiers qui bordent le Grand Canal, mais elle pousse aussi des pointes sur des terrains marginaux jusque-là épargnés, et il faut sans cesse refouler les effrontées marchandes de plaisir de la place Saint-Marc et de ses abords immédiats.

En somme, il y avait à Venise, dans les années trente de ce siècle, la prostitution officielle du vieux « Castelletto » délabré, une prostitution tolérée, et une prostitution en principe condamnée, chacune des trois étant d'ailleurs ravagée d'abus.

Un jour, on s'apercevait que le proxénétisme avait fait tache d'huile dans l'administration, que les officiers corrompus de la Commune, protecteurs de la Maison publique modèle, puisaient dans la caisse et abusaient gratis des pensionnaires avec la complicité intéressée des matrones; d'autres jours, on surprenait une maquerelle à livrer des fillettes impubères à la sodomie, on sursautait devant le nombre des maris ou des pères qui prostituaient leur femme ou leur fille aux endroits les plus imprévus, on se scandalisait subitement de voir des maîtres ou des maîtresses jeter au stupre leurs esclaves au mépris des lois... Un tableau digne d'inspirer à saint Augustin lui-même une ombre de malaise entre deux sermons sur la grâce!

Mais la piété demeurait vive. Noël et sa vigile, la Semaine Sainte, les fêtes de la Résurrection, les vigiles et les quatre fêtes de la Vierge, notre prostitution était censée chômer. Elle ne fleurissait dans une grande explosion de joie que pour les quatre fêtes de saint Marc et pour l'Ascension, car nous avions là des festivités de caractère national, avec un énorme concours de peuple dont il fallait bien vider les bourses. Ces jours-là, nos milliers d'hôtesses, dont beaucoup venaient de Terre Ferme, et même de l'étranger, avaient l'occasion de faire des connaissances qui leur rappelaient le pays.

Lucretia, en raison de sa jeunesse et de sa beauté – ma mère l'avait payée 325 ducats! –, avait été affectée à une maison d'un certain rang, sur la paroisse de Santa Maria

Formosa, entre le Rialto et l'Arsenal. Situé à l'écart de la presse, cet établissement toléré visait une clientèle exigeante qui avait les moyens de ses fantaisies et appréciait la discrétion : riches marchands du proche Rialto, bien sûr, mais aussi fonctionnaires de notre énorme arsenal maritime – et même, en supplément de programme, des galériens au coup de rein puissant qui, s'ils ne s'étaient pas fait prendre à bord pour sodomie, débarquaient pleins d'ardeur, un pécule inespéré en poche. Car s'il advient aux Turcs, qui font flèche de tout bois, de mettre à la rame des esclaves ou des prisonniers, nos dévoués rameurs sont fils du peuple vénitien et, sur nos galères de commerce, ils ont droit à un ballot de marchandises personnelles, lequel peut leur procurer un intéressant bénéfice s'ils ont du flair. Lucretia était encore étonnée des forces et des réserves accumulées en mer par ces chastes marins, alors qu'il fallait d'ordinaire maintes agaceries pour mettre les vieux négociants en train.

En ce temps-là, les maisons de qualité étaient rares, l'éventail des tarifs, assez resserré, et les putes, dans l'esprit public, partageaient une même condition qui dissuadait de les accabler de mépris. On n'insulte pas à une augustinienne nécessité qui fait l'objet d'une législation surabondante et attentive, qui rapporte de beaux loyers aux meilleures familles patriciennes, qui ose se faire jour dans le paroxysme de gloire de l'Ascension. Venise, la métropole la plus orientale de l'Occident, la plus occidentale de l'Orient, tout imbue de souvenirs grecs et romains, pays de droit écrit où l'Eglise est remisée à sa juste place, avait sans doute conservé quelque chose de ces antiques traditions qui voulaient que le plus vieux métier du monde fût pratiqué par des prêtresses, avec leurs fêtes et leurs divinités protectrices particulières. Tout le monde sentait bien d'ailleurs que la prostitution ne prospérait que par la volonté du plus grand nombre.

Mais depuis peu, un luxe insolite a commencé de gagner la frange supérieure de la vénale corporation, et certaines filles, pour justifier une considérable augmentation de prix, ne veulent plus coucher que dans la soie, se mettent à faire des manières, à parler de Vénus ou de Cupidon, à gratter quelques cordes pour soutenir une romance, et il leur faut une eau parfumée quand elles baignent le siège de leurs amours en déclamant un poème d'Horace ou d'Ovide à quelque humaniste baveux. L'habitude se prend de les appeler « courtisanes », antique référence qui serait plutôt plaisante si, par contraste, la réputation des filles bon marché n'était en passe de s'effondrer. Désormais, non contentes d'être vouées au mépris, ces dames se méprisent entre elles, et les courtisanes jouent des coudes pour prendre la tête du cortège, avec d'autant plus de persévérance que leur valeur est plus douteuse.

Ma Lucretia, ce premier hiver où on l'avait prostituée à Venise, aurait pu faire une « courtisane » au petit pied si le terme avait déjà été reçu.

Ma mère l'ayant autorisée à me suivre dans mon excursion à Padoue du 18, j'exigeai soudain, le soir du mardi 14 juillet, de l'accompagner à cette maison de Santa Maria Formosa. J'avais la curiosité de vérifier, avant de me marier, si la vision que je pourrais en prendre recouperait l'évocation qu'elle m'en avait brossée. Mais au fond, je devais être poussé par le sentiment malsain de me faire souffrir, tempéré par l'espoir d'exorciser une fois pour toutes, par des retrouvailles avec le réel, les imaginations déréglées qui m'agressaient.

J'étais bien loin de me douter qu'en punition de ma jalousie rétrospective, le Ciel allait bientôt me vouer aux affres de la jalousie la plus ordinaire.

Les maisons ouvraient au son de la première cloche du matin, la « marangona », qui invitait aussi les ouvriers de l'Arsenal et les divers artisans à se rendre au travail. La même « marangona » sonnait à la tombée de la nuit la fermeture des marchés et des maisons qui y trouvaient le gros de leurs clients. Les filles aventurées dans les rues sombres ou sous les portiques devaient alors se hâter de rejoindre leur résidence, leur maquereau, leur père ou mari abusif. Mais on tolérait parfois officieusement des fermetures plus tardives, et le règlement lui-même pouvait changer, le plus souvent pour allonger les heures de travail. Actuellement, nos maisons de toutes catégories sont normalement ouvertes de l'aube au cœur de la nuit, ce qui soumet leurs pensionnaires à des efforts assidus. Pour nous autres Vénitiens, beaucoup plus que pour les ruraux, la notion de temps est étroitement liée à la notion d'argent. Rien ne chôme jamais ici, et les putes doivent tourner comme n'importe quelle marchandise.

Point trop fier de mon expédition, qui avait soulevé chez Lucretia de naturelles et compréhensibles réticences, je l'avais honteusement entraînée vers Santa Maria Formosa à la tombée du jour, au premier son de la « marangona », qui retentissait durant une demi-heure. Elle m'avait assuré que la matrone de l'endroit, jouissant de solides protections chez nos « Seigneurs de la Nuit », faisait travailler ses filles jusqu'à des heures indues.

La maison de débauche, modeste mais de bonne apparence, ne se distinguait en rien des maisons voisines. Disposition courante à Venise, elle ouvrait d'un côté sur une ruelle tranquille, de l'autre, sur un petit canal, par où arrivaient, à des entrées différentes, les achats pondéreux ou les visiteurs qui avaient préféré la voie d'eau. Ladite maison était facile à trouver, car la courte ruelle qui lui donnait accès partait d'une place exiguë ornée d'un puits sculpté caractéristique, le « Puits aux dauphins », encore en activité comme l'indiquaient les pavés bien balayés tout autour (l'eau du ciel parvient aux puits en glissant sur les pavés des places, que l'on balaie avec moins de soin lorsque le puits est en réparation ou irréparable). Au dernier étage de l'édifice, une loggia faiblement éclairée devait correspondre à l'une des pièces principales.

Nous étions venus à pied. S'étant annoncée par le judas, Lucretia se fit ouvrir, descendit quelques marches, et je me faufilai à sa suite. A première vue, comme ne l'indiquait point la façade, nous avions affaire à une simple auberge. Dans une salle basse et rustique, assez sombre, dont les voûtes étaient constellées d'aulx, d'oignons et de jambons, des hommes déjà mûrs pour la plupart soupaient à la lueur des chandelles, en compagnie de filles très jeunes qui se tenaient de manière fort convenable, mangeant du bout des doigts et gloussant avec retenue. Tout avait l'air banal, sinon que la condition des clients et les robes des demoiselles étaient d'une qualité insolite.

Nous nous assîmes discrètement dans un coin. Allant et venant de table en table avec un sourire de commande, une maigre femme entre deux âges, toute vêtue de vert foncé, nous dévisageait par instants à la dérobée de ses yeux noirs inquisiteurs qui reflétaient la chaleur de l'or et la froideur de l'argent.

« C'est la patronne, précisa Lucretia, une Crétoise, veuve d'un gros marchand d'huile. Les clients fortunés, qui aiment à prendre leur temps, préfèrent traiter avec une maquerelle plutôt qu'avec un proxénète : ils se sentent plus à l'aise. Le nombre des maquerelles a tendance à augmenter en rapport avec l'ouverture de maisons coûteuses. Les filles y trouvent leur avantage, car la maquerelle ne leur saute pas dessus à l'œil, comme avait coutume de se le permettre mon Arabe de Palerme. En revanche, la surveillance est plus étroite. Elles ont en particulier un flair infaillible pour repérer et persécuter les lesbiennes, qui s'épuisent au lieu de dormir et font piètre figure à la reprise du travail. »

Comme la femme paraissait hésiter à nous aborder, Lucretia me souffla :

« Elle se demande ce que je viens faire ici. Annoncez votre qualité, je vous prie, et donnez une explication quelconque à notre présence. »

Je fis donc signe à la femme et me nommai. Surprise et ennuyée, elle me dit alors aussitôt, avant que j'aie pu poursuivre :

« Mais il ne fallait pas vous déranger, mon jeune et

beau seigneur ! Ce loyer de retard, foi de Crétoise, je le paierai avant août : votre illustre mère peut être tranquille. Je l'aurais même déjà payé si elle ne m'avait enlevé Lucretia moyennant un prix d'ami. Quelle perte pour l'établissement que cette douce agnelle ! Si complaisante, si docile... Les hommes les plus distingués se l'arrachaient et se bousculaient dans l'escalier !... »

D'une voix blanche, je la pressai de s'acquitter et la renvoyai. Aucune explication n'était plus nécessaire. Et je m'expliquai même par quel canal ma mère avait pu découvrir si aisément une caméristе à sa dévotion. Sa charité à l'égard de l'esclave prenait une allure ambiguë et déconcertante. C'était la première fois qu'elle me décevait dans une affaire de quelque importance, et j'en étais profondément chagrin. La mère idéale que j'avais connue était surprise en flagrant délit de médiocrité. La dorure de la statue commençait à s'écailler du côté du cœur.

Voyant à quel point j'avais été choqué, Lucretia posa la main sur mon avant-bras et me dit :

« Vous ignoriez que la maison fût la propriété de votre mère ?

– Je me demande à présent si je n'étais pas le seul à l'ignorer !

– Elle en possède même bien d'autres, dont vous hériterez vous-même un jour, comme les Morosini, les Venier, Rampani ou Malipieri... Que vous importe ? Il faut bien que ces maisons appartiennent à quelqu'un et vous ne devez pas confondre la possession des murs avec le fonds de commerce. »

Lucretia était trop bonne ! Etant du métier, elle savait de reste que nos patriciens recherchent par priorité ce genre de placements. Les loyers sont déjà chers à Venise, car les circonstances ont imposé des techniques de construction aussi originales que coûteuses et il faut importer, parfois de très loin, la totalité des matériaux, mais les prostituées étant d'un magnifique rapport, et sans le moindre risque de banqueroute ou de naufrage, les loyers des bordels atteignent des sommets[1].

Revenant aimablement à la charge, la tenancière me suggéra :

« L'ancienne chambre de notre Lucretia, la plus belle de cette demeure, vient justement d'être libérée. Je gage que Monseigneur, qui paraît s'intéresser à notre ancienne pensionnaire, serait curieux de voir ce grand lit où elle a si bien exercé son office et trouverait peut-être plaisant de l'essayer... Vous pouvez monter tous deux si le cœur vous en dit. Ce sera bien entendu aux frais de la maison!... »

Cette ignoble femme avait acquis dans l'exercice de ses fonctions une sorte de double vue. Au lieu de la rembarrer, mes démons me tenaillant, je succombai à la tentation de monter voir la chambre.

Avec sa petite loggia agrémentée d'arbustes et de fleurs, la pièce était en effet des plus accueillantes, meublée et décorée avec un luxe dont le rez-de-chaussée trompe-l'œil ne donnait aucun avant-goût. Les tentures du lit, les coussins, les fourrures, les tapis, le mobilier même, tout était d'excellente facture et avait dû coûter chaud.

Lucretia m'avoua qu'elle avait dû consacrer en moyenne plus d'une demi-heure à chaque pratique, parfois plus lorsque l'homme avait des exigences particulières – mais la maquerelle encore plus prudente que rapace, craignant de se faire dénoncer par ses filles, interdisait rigoureusement la sodomie, malgré la fréquence des demandes et des offres alléchantes en rapport. Aux dires de Lucretia, le rythme intensif de son claque palermitain, bien que la sodomie y fût reçue sans vergogne, avait été physiquement plus rude, mais plus

1. *Mutatis mutandis*, on retrouve la même situation à Paris vers la fin de l'Ancien Régime avec le Palais Royal, propriété de la famille d'Orléans et centre de prostitution actif, sans parler de Londres à l'époque victorienne, etc. La haute noblesse mercantile a toujours affectionné le pain de fesse sous la forme hypocrite du loyer.

respectueux du repos de l'esprit et de la vraie dignité de l'hôtesse, réduite à une machinale passivité où le corps était seul concerné; alors que les riches clients de l'endroit s'attendaient à des bavardages flatteurs et excitants, à des prévenances et à des complaisances où il fallait bien qu'un peu de l'âme se livre en dépit de soi.

« A Palerme, me fit observer Lucretia, pénétrée d'une façon ou d'une autre, j'avais encore la ressource de laisser vagabonder mes pensées, d'autant plus libres que j'étais plus contrainte. Ici, le soin de quelque détail me rappelait sans cesse les hontes que j'avais à subir. »

Dans un coin de la chambre, sous un miroir convexe qui déformait bizarrement les visages, était un pot à eau avec une cuvette et du linge. Les filles vont se laver à fond aux étuves, qui ne sont fermées qu'en temps d'épidémie. Et elles y vont même plus souvent qu'à leur tour afin de joindre l'utile à l'agréable !

Tout soupirant, je quittai ces lieux où ma fiancée avait été livrée à tant d'épreuves... pour tomber sur le cousin Niccolo, qui sortait justement tout débraillé de la chambre opposée à la nôtre. Dévisageant Lucretia et moi-même avec une intense surprise, ne sachant s'il devait éclater de rire ou trembler d'effroi, il prit le parti de dévaler soudain l'escalier.

Cet incident fort ennuyeux acheva de me déprimer. Si cet animal de Niccolo bavardait malicieusement et que l'affaire revînt aux oreilles de ma mère, j'aurais du mal à imaginer une version plausible !

Mais en rentrant au Palais, Lucretia manifesta une autre inquiétude : « Si nous allions avoir un enfant, pour remplacer celui qu'on m'a enlevé ? Que deviendrait-il, celui-là ? Y avez-vous songé ? » J'étais en train de chercher un chemin avec ma lanterne parmi des détritus que se disputaient une bande de chiens errants, tandis que deux autres s'affairaient à prolonger l'espèce avec une impudeur tout humaine. Je serrai le bras de Lucretia et lui répondis : « Chaque chose en son temps. Nous conservons toujours l'ultime ressource de nous enfuir pour lui assurer un avenir digne de lui. Mais il me semble que, de Palerme à Venise, on a dû vous apprendre comment éviter une grossesse importune... » Elle sursauta d'horreur et j'eus de la peine à la calmer. Toute précaution évoquait pour elle les infâmes contraintes de l'esclavage.

Au Palais endormi, la forêt des chandelles achevait de se consumer, et le jeune esclave dalmate préposé à leur entretien faisait une dernière ronde avec le plateau d'argent de ses mouchettes avant l'extinction des feux. Je montrai au passage à Lucretia toutes les richesses accumulées durant des siècles de trafics ou de pillages : tapisseries de Flandre, tapis de Perse, tentures soyeuses, majoliques dorées des Baléares, argenterie magnifique alignée sur les dressoirs, médailles et intailles grecques, verreries irisées, mobiliers précieux, sculptures antiques ou productions récentes des écoles italiennes ou bourguignonnes, et surtout ces tableaux dont ma mère s'était entichée par souci de se mettre à la nouvelle mode : ceux des peintres vénitiens ou inspirés par de longs séjours sous la lumière de Venise, Paolo ou Lorenzo Veneziano, Gentile da Fabriano ou Jacobello del Fiore, qui a créé le Lion ailé, emblème de notre vorace République (avec des ailes, un lion peut aller manger plus loin), mais aussi des chefs-d'œuvre étrangers, comme les productions d'Orcagna, Maso di Banco, Bernardo Daddi, Masolino, Taddeo Gaddi ou Masaccio... Une inspiration religieuse y était éclatante. Mais la plupart des peintres n'ont aucune piété. Ils satisfont à des commandes et barbouilleraient pour leurs mécènes des orgies de Sardanapale si l'orgie était de règle.

Avec une puérile fierté, je répétais à Lucretia : « Tout ceci sera un jour à vous avec un peu de chance, et ma mère, tardivement éclairée sur la qualité de notre amour, vous bénira du haut du Ciel, où les tableaux sont encore plus beaux. » Et elle me répondit enfin modestement : « Je n'ai connu jusqu'à présent que la valeur de mon âme et le prix de mon corps, et j'ai du mal à compter les ducats au-dessus du tarif d'une passe. Vous auriez pu m'avoir à meilleur marché, ainsi que votre mère vous y invitait. Qu'ai-je à faire, au fond, de toutes ces apparences qui tomberont un jour en poussière ? Je crois que vos sentiments me toucheraient davantage encore s'ils étaient plus raisonnables. Mais j'essaierai d'être sage pour deux. Mon Dieu, que vous êtes jeune ! »

Ma mère m'avait fait la même remarque.

VI

Le lendemain de bonne heure, Niccolo me fit porter ce billet, qui me troubla beaucoup :

« Le bruit court, mon cher Pietro, que les opérations vont reprendre contre le Visconti de Milan, et je rejoins bientôt le camp de Carmagnola dans la plus gaie des compagnies : notre République, qui ne cesse de le gâter maternellement au-dessus de ses mérites, lui envoie trois cents vaillantes putains en renfort. Dommage que notre " condottiere " soit – ou se prétende ? – si fréquemment malade, passant en tout cas plus de temps dans les stations thermales que sur les champs de bataille : il n'est pas près d'en venir à bout !

» Papa a fini par consentir à mon départ. Il se console en pensant qu'une trêve sur Terre Ferme, même fragile, est moins dangereuse que les labyrinthes de Venise ou ta propre chambre quand tu es fou furieux, et tout le monde sait d'ailleurs que Carmagnola est prodigieusement économe de la vie de ses mercenaires – et même de la vie de ceux d'en face, qu'il a déjà commandés quand il était sous contrat avec Milan ! La guerre entre " condottieri " devient un ballet réglé où de vieux complices prennent bien garde à ne pas se faire trop de mal. Et le mercenaire est si cher ! Il faut donc une malchance insigne pour être tué sous Carmagnola – d'autant plus que je serai naturellement attaché à l'Etat-

Major où, ayant tout à apprendre, je ne pourrai faire de mal à personne.

» Notre vieille Venise finissait par me peser. A la longue, cet îlot isolé du monde plus encore par les étranges particularités de ses habitants que par la muraille des flots trompeurs, prend des allures de prison argentée. J'ai envie de paysages inconnus, de femmes nouvelles... Et j'en ai trois cents d'un coup à disposition, dont quarante de première bourre, plus particulièrement prévues pour les officiers!

» A propos de femmes, je me suis dit cette nuit que ta lucide décision d'honorer Lucretia sur le chantier de son plus récent déshonneur manifestait de ta part une sagesse imprévue. Pour autant que je puisse présumer – car tu n'aimais guère courir en ma compagnie, mon heureux naturel faisant honte à tes vicieuses délicatesses de jeune fille –, tu sacrifiais à l'illusion bien connue de chercher auprès des garces ce qu'elles ne pouvaient te donner, quelque chose comme une mère, une sœur, une amie, louchant vers une éternité de grands sentiments qui se moque bien de la plaisante ronde des sexes. On dirait que tu tiens enfin Lucretia pour ce qu'elle vaut, qu'il s'agisse du prix de la pute ou de celui de l'esclave, et c'est tant mieux pour toi.

» Je n'ai pas été la voir cet hiver plus de cinq ou six fois à cette maison si bien tenue de Santa Maria Formosa, et je puis te garantir qu'elle n'a rien d'extraordinaire, sinon ce signe de croix qu'elle fait à la dérobée sur l'oreiller avant de montrer son cul, dont les deux fossettes jumelles vous interrogent tel un sourire de Chérubin. Ce signe déplacé, le fait-elle toujours avec toi? Mais les putes superstitieuses ne sont pas si rares : il faut des compensations à ce dévoué sacerdoce que les prêtres ont béni parce qu'il protège les honnêtes femmes de la concupiscence publique et sauve des pucelages dont ils espèrent avoir la primeur.

» J'ai motif de croire que j'ai su plaire à Lucretia en dépit de la brièveté de mes visites distraites, car c'est bien elle, je le répète, qui m'a fait comprendre que je pourrais enfin l'avoir pour rien dans ton lit. A l'instant de partir pour un voyage dont je puis quand même ne pas revenir, je te le jure sur les Evangiles. Quel intérêt, à présent, aurais-je à te mentir là-dessus ?

» Pardonne-moi d'avoir marché sur tes brisées sans le savoir. Tu peux me trouver sournois, mais tu es toi-même si discret ! Adieu.

» PS : Par charité, je ne soufflerai mot à personne de tes ébats bordéliques avec la pieuse Lucretia. Tel que je te connais, des vices secrets plus encore qu'une humble sagesse t'ont sans doute attiré chez la maquerelle Kastelis, dont l'œil perçant a dû te jauger sur-le-champ à ta juste valeur. »

Littéralement empoisonné par cette prose diffamatrice où s'étalaient toute la bassesse d'âme et toute la méchanceté du scripteur, je demandai à Lucretia, mine de rien, si mon cousin n'aurait pas figuré par hasard dans sa clientèle hivernale.

Surprise, elle cilla soudain, mais me dit calmement après un court instant de réflexion :

« Je pourrais ne pas vous répondre, car il s'agit là d'un secret professionnel qui peut être de grave conséquence, comme celui des médecins ou des confesseurs... Ne souriez point ! Lorsque vous fréquentiez ces maisons où vous auriez pu me rencontrer pour me faire essuyer vos caprices et me donner à jouir par accident, auriez-vous admis que j'allasse narrer à votre mère alarmée le gros ou le détail de vos débordements ? Non, en principe, je n'ai pas à répondre. Mais puisque vous avez appris le fait par hasard, et que vous me semblez de nature à vous en inquiéter sans raison, j'aurai la bonté de le confirmer. Quelle importance d'ailleurs ? Si ce Niccolo ne m'avait pas menti – comme il l'a lui-même reconnu – pour abuser de moi plus aisément dans ce palais où ma distinguée maîtresse dispose au fond de mes charmes comme une maquerelle, s'il ne m'avait pas retrouvée, suivie et poursuivie, me souviendrais-je seulement de ce garçon vulgaire ? »

Je n'eus pas le courage de revenir sur la question de ses avances controversées au cousin. Avait-elle vraiment fait les premiers pas, le mensonge inutile de Niccolo étant venu à point pour lui fournir une bonne excuse, ou bien le mensonge avait-il tout entraîné ? Si elle avait elle-même menti, elle mentirait de nouveau, et ce serait désormais sa parole contre celle d'un absent qui, de toute façon, ne changerait plus de langage.

Et quand bien même Lucretia aurait succombé à une faiblesse passagère en un temps où elle ne me devait rien encore, la faute n'aurait-elle pas été pardonnable ? Dans le cours de leur métier, soucieuses d'une ultime dignité, les putes se défendent instinctivement de jouir, mais elles n'en sont que plus sensibles à l'attrait de jouissances que l'argent ne viendrait pas refréner.

Tout bien pesé, je décidai de ne plus parler de Niccolo à Lucretia, sujet qui l'avait d'ailleurs mise aussitôt de fort mauvaise humeur. C'était la première fois que son coutumier sang-froid était pris en défaut, qu'elle laissait transparaître une rancœur blessante à l'encontre de ma mère, et même au mien, comme si je l'avais naguère insultée en personne chaque fois que j'avais eu affaire à la cohorte de ses sœurs.

Qu'en sera-t-il du fameux Carmagnola dans quelques générations ? J'en toucherai deux mots pour mes lecteurs épris d'histoire. La grande majorité du peuple vénitien servant sur mer ou étant gardé en réserve pour la défense de la cité, la République avait dû faire appel à des « condottieri » pour mener les grandes opérations de Terre Ferme nécessaires à sa sécurité comme à l'augmentation de ses revenus. Et au cours des interminables guerres contre les Visconti de Milan et leurs alliés, Carmagnola fut un des capitaines les plus réputés jusqu'à ce que, convaincu de haute trahison au profit de son ancien employeur Philippe-Marie, il fût décapité de trois coups de hache (les deux derniers... ou les deux premiers... bien regrettables!) sur notre « piazzetta » en mai 1431, ce même mois où je suivais à Rouen le procès de Jeanne la Pucelle pour des motifs que je dirai en leur temps.

Vue de l'intérieur, la plus belle des patries n'est jamais aussi parfaite qu'on l'aimerait, et mon goût intempérant de la vérité m'oblige à lui reconnaître quelques menus défauts à l'occasion. Je n'en suis que plus heureux de signaler, à propos de l'affaire Carmagnola, un fait extraordinaire et peu connu, tout à l'honneur de Venise. Le coupable (et il l'était bien, j'ai pu lire ses aveux!) une fois sanctionné, notre « Seigneurie » a accordé à sa veuve 10 000 ducats, et 5 000 à chacun de ses deux fils – de quoi acheter deux palais sur le Grand Canal[1]! –, largesse d'autant plus étonnante que la fortune du traître provenait en bonne partie de l'abus des fonds vénitiens. Quel autre Etat eût été capable d'une générosité si éclairée? Nous touchons ici à l'une des plus remarquables vertus de notre République : une intelligente et prévoyante modération dans les succès comme dans les épreuves, et jusque dans la sévérité même, signe d'un gouvernement fort, qui ne craint pas de se montrer clément au sein d'un monde en proie à la violence aveugle et à la vengeance plus aveugle encore, car toute vengeance risque d'en entraîner une autre.

Pour en revenir à Lucretia, je m'inquiétais, bien sûr, des sentiments qu'elle éprouvait à mon égard. Elle ne manquait certes pas de m'assurer de son affection, mais en réponse à mes anxieuses invites plutôt que par une libre initiative. Et je ne pouvais m'interdire de faire à ce sujet des réflexions mitigées.

L'amour frappe parfois les hommes comme la foudre. Il semble que les femmes soient plus disposées à devenir amoureuses par insensibles degrés, le barrage de leur vertu ou de leur prudence cédant tout d'un coup sous la poussée des penchants qu'elles avaient longtemps conte-

1. Au cours intangible du ducat, plus de soixante-dix kilos d'or.

nus. J'aurais été présomptueux de reprocher à Lucretia de ne pas avoir été foudroyée. Les milliers d'hommes, d'ailleurs, qu'elle avait dû subir, sans autre avantage que de rester en vie pour en subir d'autres, ne l'avaient guère préparée à l'éclosion d'un grand sentiment terrestre pour un représentant d'une espèce aussi abusive. Toute sa sensibilité s'était apparemment reportée sur un Dieu qu'elle aurait eu quelques excuses, si sa piété n'avait été si vive, à tenir pour le patron distrait d'une gigantesque maison de tolérance. Y avait-il encore une place pour moi dans cette organisation féminine humiliée et mystique ? Et Lucretia, enfin, n'aurait-elle pas été excusable, quelle que fût la sincérité de son attachement, de son estime, de sa reconnaissance, de prendre en considération décisive tous les énormes avantages que j'étais en position de lui assurer si notre projet tournait à bien ? Il est connu, cependant, qu'un excès de reconnaissance, où le cœur distingue vite comme le poids d'une chaîne, n'incite pas à un amour éclatant. Si mon vertigineux mariage me donnait l'illusion de me libérer des entraves de la naissance et de la société, la sujétion de Lucretia ne faisait à tout prendre que changer de forme.

Je savais tout cela ou je m'en doutais. Mais je me flattais que le temps saurait travailler pour ma cause.

Alors que tant de routes d'Italie, de France ou d'ailleurs, étaient vers 1428 livrées au brigandage – la situation ne s'est guère améliorée depuis ! –, le beau chemin de Venise à Padoue, il est vrai bien court, ne souffrait que d'encombrements : la paix vénitienne, comme une paix romaine, avait fait son œuvre. Mais aux heures creuses, un cheval pouvait faire le trajet en moins d'une matinée, trottant à l'aise sur cet axe tout droit qui traçait dans la plaine parfaite comme un sillage de galère. Le dimanche 18 juillet, partis de bon matin par un temps ensoleillé, Lucretia et moi arrivâmes à Padoue vers la cinquième heure.

Je ne sais comme on comptera les heures en ville au siècle prochain. Il est saisissant de constater que dans un monde où le désordre paraît à son comble – mais Adam, peut-être, a-t-il déjà dit cela en sortant la queue basse du Paradis terrestre ? –, les progrès et les modes qui se font jour se transmettent et s'adoptent beaucoup plus vite que jadis, comme si les guerres, les convulsions sociales, les schismes, les pestes et les famines opéraient par toute l'Europe un brassage sans précédent des morts et des vifs, des sentiments et des idées, des croyances et des préjugés. Tout bouge, tout s'accélère, et la ronde des heures elle-même ne tourne plus à la même vitesse.

Quand je dis que nous étions à Padoue à la « cinquième heure », comment l'expression sera-t-elle comprise de mes futurs lecteurs ? C'est un fait que dans les églises ou sur les beffrois apparaissent peu à peu des horloges mécaniques à poids (celle du campanile de Saint-Eustorge, à Milan, date de 1303 !) qui égrènent, si elles sont bien réglées, vingt-quatre heures égales. Grande révolution à coup sûr que cette égalité-là, particulièrement plaisante pour des Vénitiens parce qu'elle leur permet de donner des rendez-vous d'affaires précis qui leur font gagner du temps. Mais en parlant ici de cinquième heure, je compte comme on compte encore le plus couramment aujourd'hui, où le jour est divisé en douze heures, et la nuit aussi. Jésus-Christ s'étant satisfait de ces heures de durée indéfiniment variable, les moines seront bien les derniers à y renoncer. Mais serai-je lu par des moines ?

Nous étions donc à Padoue vers la cinquième heure du jour, ce qu'une horloge à poids traduirait par dix heures un quart, à peu près.

Mon cher franciscain avait discrètement élu un délicieux petit ermitage en ruine à la sortie sud de la ville, sur le cours verdoyant du Bacchigione, dont les eaux étaient basses, étant donné la saison estivale. Et naturellement, à la vue d'un franciscain entouré d'innocents sourds-muets, les oiseaux chanteurs, les poissons méditatifs étaient accourus, sans parler de confiantes mouches bleues ou vertes, de fourmis dociles, de guêpes familières... Les douces taupes elles-mêmes et les humbles lombrics s'étaient mis à leur fenêtre pour chanter les louanges du Créateur. Plus le frère mineur a de spiritualité, plus ces bêtes d'animaux en profitent.

La confession de Lucretia fut longue. Si elle n'avait joui qu'avec le centième de ses amants, cela lui faisait déjà une belle meute de scrupules à éplucher. A distance respectueuse, je les observais tous deux agenouillés dans la prairie sous un saule pleureur de circonstance, Lucretia toute confite, et le père tout soupirs. Cependant, l'anormale durée de la confession pour une esclave irresponsable avait peut-être un sérieux motif car, l'absolution donnée, notre franciscain ne s'occupa point immédiatement de mon cas : il se mit à marcher de long en large dans l'herbe haute entre les peupliers frémissants, poursuivi par un nuage de papillons, sous le soleil qui faisait briller sa tonsure comme le miroir convexe du bordel de Lucretia, et il ne pouvait se retenir de jeter dans ma direction de temps à autre un regard ennuyé et perplexe.

De plus en plus mal à l'aise, je fus pénétré tout à coup d'un grand froid : je ne connaîtrais jamais la vérité sur les antécédents de Lucretia! Elle venait d'avouer à son confesseur des actes graves, qu'elle s'estimait en droit de me cacher parce qu'elle avait été contrainte de les commettre. Et devant ce cas de conscience imprévu, le franciscain hésitait à poursuivre. Son hésitation ne pouvait avoir d'autre cause. Si Lucretia avait droit au silence, n'avais-je pas le droit aussi d'apprendre des secrets dont la connaissance m'eût donné de sa personne une vision différente et peut-être rédhibitoire? Je me creusais en vain la cervelle pour essayer de deviner, mais Lucretia, qu'on la marie ou non, ne parlerait point, et le père non plus, pour de meilleures raisons encore, prisonnier qu'il était des obligations de son ministère. Je devais épouser la mystérieuse esclave telle quelle ou pas du tout.

J'allai enfin au franciscain, et je lui déclarai :

« Je vois ce qui vous trouble. Le noble animal a un vice caché, par suite des mauvais traitements que lui ont infligés ses maîtres, mais ce n'est pas à une pouliche montée en dépit du bon sens de déposer contre elle-même. Je la prends donc sans autre examen, à mes risques et périls, et peut-être ne m'en appréciera-t-elle que mieux. »

Le père alors appela Lucretia et lui dit en ma présence :

« Monseigneur Condulmer, sous l'empire d'un charitable amour, veut bien admettre, ma fille, qu'il n'a droit de regard sur votre passé servile que pour autant que vous le jugerez bon. Là où la sainte liberté d'aimer et de saintement agir en conséquence a fait défaut, le jugement de Dieu est suspendu comme celui des hommes. Je ne distingue plus d'objections à ce libre mariage. »

N'ayant pas grand-chose à confesser – innocence ou inconscience? –, je fus promptement absous, et comme il n'était pas question de messe, plus vite marié encore. Les sourds-muets saluèrent l'événement, de concert avec les bêtes des champs et des bois, par des cris inarticulés, et je ressentis sur-le-champ un avant-goût d'éternité, un instant de parfait bonheur, où temps et espace s'abolissaient comme en un Paradis pour ne laisser place qu'au ravissement. Il est déjà beau, dans une vie, d'avoir été heureux la durée d'un éclair. Mais il faut être métaphysicien pour voir ainsi plus loin que les épais nuages qui nous environnent. Lucretia, la gorge nouée, pleurait sous le baiser d'usage – mais c'était peut-être d'inquiétude.

Nous déjeunâmes dans une bonne auberge de Padoue, derrière la cathédrale, endroit où les étudiants aisés étaient nombreux, même en cette période de vacances. Lucretia mangeait avec gourmandise, innocente compensation, sans doute, aux déboires que sa sensualité avait pu connaître d'autre part. Quant à moi, je ne savais trop ce que je mangeais, et j'examinais de nouveau notre certificat de mariage, que le prêtre ne m'avait pas d'ailleurs abandonné sans une dernière réticence, laquelle plaidait pour sa validité. Tout paraissait en ordre : un pasteur honorablement connu, capable de célébrer, avait mentionné le lieu et la date sur le morceau de parchemin, palimpseste dont le grattage superficiel laissait encore transparaître un fragment d'une églogue virgilienne : les vrais franciscains ne sont pas riches. Puis chaque témoin, nommément désigné, avait tracé sa croix, et le responsable avait apposé son sceau.

Il est vrai que notre célébrant avait ajouté en post-scriptum :

« Le seigneur Pietro Condulmer, de haute réputation, était libre de tout engagement. L'esclave Theodora, dite Lucretia, née dans la religion grecque schismatique pour ce qu'on m'a dit, et récemment convertie à la foi romaine, a un passé incertain. J'ai donc béni leur union sous réserve d'empêchements dirimants qu'on m'aurait dissimulés ou qui pourraient se révéler à l'avenir. »

Mais il était difficile, vu les circonstances, de reprocher au franciscain, si complaisant d'autre part, une réserve qui allait de soi et achevait même d'inspirer confiance. Qu'aurais-je pu arranger de mieux ?

Lucretia se demandait pourquoi m'avait tenté un moment la théologie. Je lui expliquai comment la grossesse imprévue d'une infortunée soubrette m'avait amené à cette discipline, comment, malgré la brièveté de mes études – mais j'avais auparavant suivi à Venise deux excellentes écoles secondaires qui m'avaient exercé l'esprit –, j'étais devenu le jeune patricien le plus ouvert à la science de Dieu, capable de répondre sur-le-champ à toutes les colles élémentaires, du genre :

Pourquoi y a-t-il quelque chose plutôt que rien ?

Que faisait Dieu avant de créer ?

Les anges ont-ils un sexe ?

Comment les fils et les filles d'Adam et Eve ont-ils échappé à l'inceste ?

Si le péché a introduit la mort dans le monde, d'où

viennent les tremblements de terre, les raz de marée et les pestes?

Faut-il sauver la mère ou l'enfant?

Notre chien favori nous suivra-t-il au Paradis?

Si le bon larron est déjà au Ciel avec Jésus, ne va-t-il pas se tourner les pouces au Jugement dernier?

Le pape peut-il être hérétique si ce n'est pas votre oncle?

Si Jésus ressuscité a mangé du poisson, que mangerons-nous là-haut? etc.

Eblouie, Lucretia, qui s'inquiétait de l'abus qu'on semblait faire des Indulgences, me pria de la rassurer sur ce point. Une pute libre, à moins de s'amender, n'a pas accès aux sacrements, mais une pute esclave peut vivre dans la grâce du Seigneur, et les Indulgences lui sont précieuses. Avant même sa conversion, Lucretia en avait naïvement acheté quelques-unes à tout hasard, avec les pourboires de ses clients.

« La théorie des Indulgences, lui dis-je, est justement combinée pour qu'il soit tout à fait impossible d'en abuser. En vertu de la loi évangélique : « Ce que l'Eglise lie ou délie sur terre est lié ou délié au Ciel », l'Indulgence est une remise de la peine temporelle due – en ce monde ou au purgatoire – à nos péchés pardonnés par les confesseurs, car notre réconciliation avec Dieu n'empêche point que nos fautes nous suivent et doivent être purgées. L'Eglise définit souverainement la valeur de l'Indulgence attachée à telle ou telle œuvre pie, prière, pèlerinage, aumône, etc., ce terme d'Indulgence signifiant qu'une remise équivalente ne pourrait autrement être obtenue que par des jours et des jours des plus sévères pénitences. Et l'amateur n'obtiendra son Indulgence que s'il est en état de grâce. Tout étant ainsi bien précisé, où l'abus pourrait-il se glisser?

» Pour ruiner la théorie des Indulgences, il faudrait d'abord ruiner la croyance au purgatoire, si instinctive dans le peuple. Mais le purgatoire a encore de beaux lendemains devant lui. Il ne souffre que d'une insoluble contradiction pour notre raison balbutiante : être un séjour provisoire dans l'éternité.

» Si vous collectionnez les Indulgences, mon cher amour, je vous en ferai avoir de particulièrement avantageuses par mon oncle, le cardinal de Sienne : une superbe qualité pour un prix dérisoire. Et s'il est élu pape, comme beaucoup le souhaitent, vous vivrez dans l'Indulgence plénière comme un poisson dans l'eau. »

De temps à autre, un ancien camarade d'études, sans oser nous déranger, me faisait un signe de la main, croyant que j'étais en bonne fortune et racontais des histoires grivoises.

Nous sortîmes de table assez tard et je fis visiter à Lucretia la cathédrale aux cinq coupoles byzantines que nous avions sous les yeux. Dans la semi-obscurité du lieu, le froid intérieur, les appréhensions confuses qui m'avaient déjà saisi à l'ermitage du Bacchigione me revinrent et je me demandai de nouveau ce que Lucretia avait bien pu raconter à son confesseur pour le jeter dans une pareille hésitation. Il m'aura fallu vingt-neuf ans pour le découvrir !

Dans une chapelle latérale, une fresque délabrée représentait le bon saint Antoine – un moment missionnaire au Maroc – foulant aux pieds le Coran dans un paysage à prétentions exotiques, ce qui est plus facile que de convertir un musulman. La seule utilité de ces gens-là est d'offrir aux chrétiens de belles occasions de martyre, mais depuis la faillite des lamentables croisades de Saint Louis, on ne se presse plus guère pour saisir l'occasion.

J'ai toutefois entendu soutenir par de savants théologiens de l'Université qu'il y aurait dans ce Coran une faiblesse fondamentale : il se présente comme la parole même de Dieu, qui a appris l'arabe après que les juifs l'eurent dégoûté de l'hébreu. Par conséquent, si Dieu dit en arabe la moindre bêtise, et il s'en trouve toujours quelques-unes dans un texte poétique de cette longueur, tout le bouquin est bon pour envelopper les anchois.

Jésus-Christ, au contraire, né sous une meilleure étoile que le Dieu désertique de Mahomet, ne nous parle que par des témoins qui ont traduit de mémoire, en grec, puis en latin, l'araméen évanoui qu'il avait utilisé. Si donc un passage allait se révéler un peu faible, c'est la réputation du témoin qui en souffrirait, et non pas celle de son Maître. Nos Evangiles, dont il est si bien dit qu'ils ne sont qu'inspirés, peuvent ainsi faire l'objet d'études et de critiques sans cesse plus approfondies et plus pertinentes, qui nous rapprochent du fond divin par le truchement d'une forme tout humaine et faillible sur des points de détail. Si l'Evangile l'emporte jamais sur le Coran, ce ne sera point parce que Dieu s'y montre, mais bien parce qu'il s'y cache afin de s'y mieux révéler à qui veut faire l'effort de le découvrir : certes, il y a peu d'amateurs pour ce travail, mais Dieu a une mentalité aristocratique.

Nous étions rentrés au Palais à la nuit. Ma mère et mon oncle nous accueillirent avec une bonne grâce particulière et, pour la première fois, Lucretia fut retenue à dîner à la table des maîtres, honneur inattendu qui lui causa plus de gêne que de joie.

Mais ma mère la mit à l'aise :

« Puisque Pietro s'intéresse à vous, ma chère enfant, au point de vous promener toute une sainte journée à Padoue, j'aurais mauvaise grâce à être en reste. Ne nous rendez-vous pas, tout compte fait, plus de loyaux services que prévu ? Ne faites-vous pas désormais partie de la famille comme aucune autre chambrière n'avait su le faire avant vous ? »

Ma mère était ostensiblement enchantée. La providence avait gratifié l'héritier d'une esclave préservative destinée à lui faire un certain usage. Les bougres agressifs, les prostituées aguichantes n'étaient plus qu'un mauvais souvenir, les domestiques femelles étaient sauves et les risques d'une passion dévastatrice avaient l'air également conjurés.

Après le repas, qui avait été exceptionnellement soigné, ma mère dit à Lucretia :

« Bien des soucis m'empêchent de trouver le sommeil. Au lieu de vous ennuyer toute seule sur la paillasse de mon antichambre, venez donc dans un moment me faire au lit une pieuse lecture de votre si jolie voix. Vous savez combien votre compagnie m'est agréable. »

Prenant bientôt Lucretia à part, je lui demandai vers quelle heure de la nuit elle pensait pouvoir se libérer pour me rejoindre dans ma chambre...

« Mon pauvre Pietro, je crains que vous ne m'attendiez longtemps !

– Et pourquoi donc, s'il vous plaît ?

– Pour deux raisons dont chacune serait suffisante : les émotions que je vous dois m'ont déréglée, et d'autre part, quand votre mère m'invite à lui faire une lecture plus légère qu'elle ne veut bien l'avouer, c'est toute la nuit qu'elle me retient près d'elle, et elle ne s'endort que si je lui tiens la main.

– Je ne me serais jamais douté d'une intimité si jalouse !

– C'est que vous vivez retranché dans la forteresse de vos pensées, à la poursuite de quelque chimère, et que vous ne remarquez pas grand-chose. Sans doute votre mère s'efforce-t-elle soigneusement de le cacher à son entourage, mais elle ne saurait s'interdire d'éprouver pour ma personne un penchant qui se révélerait vite inavouable si elle avait la faiblesse de s'y laisser aller. Autant que je vous en informe une fois pour toutes : votre mère, qui est loin de dédaigner les hommes, aime en tout cas les femmes. Elle a honte de cette malheureuse disposition, elle la combat de son mieux, ce qui ne l'empêche point de me dévorer du regard dès que nous sommes seules, de boire mes paroles, de me parfumer de la tête aux pieds – autant pour elle que pour vous –, de me faire déshabiller et rhabiller indéfiniment, sous le prétexte de voir l'effet produit par ses nouvelles robes, de hasarder même, de loin en loin, quelques menus baisers de pigeonne ou quelques caresses troublantes qui pourraient à la rigueur passer pour amicaux. Elle rêve et redoute à la fois de me séduire et, plus encore, de ne me voir souffrir ses privautés et ses hésitantes ouvertures que par obéissance. Car elle me voue un sentiment aussi vif que sincère. Vous vous doutez du mérite qu'elle a eu de me remettre à votre discrétion. Mais l'amour qu'elle a pour vous commande toute sa vie et l'emporte sur tout le reste. Elle tremble même à la perspective que je trahisse sa confiance, que je vous laisse entendre quelle est la nature de ses assiduités à mon égard, et que votre imagination sans retenue noircisse encore le tableau et vous retrace les scènes les plus choquantes pour un fils. »

Frappé de stupeur par ces confidences, je demeurai muet un instant, puis je m'informai avec hésitation :

« Auriez-vous déjà connu en Orient quelques dames abusives ?

– Quelques-unes. Cela faisait partie de mes tristes fonctions. J'ai notamment eu pour maîtresse une jeune et jolie dame turque enceinte, que son mari, un gras pacha à plusieurs queues, délaissait au profit de ses autres épouses ou des concubines du harem. Vous devinez comment sont ces créatures-là quand elles s'ennuient derrière leur moucharabieh, entre leurs confitures et leurs pâtisseries. N'ayant aucune religion décente pour les soutenir dans leur solitude, elles sautent sur tout ce qui se présente et, faute de femmes, elles se frottent à de pitoyables eunuques, lorsqu'elles ne prennent pas des courgettes ou des aubergines à leur mesure. Au moins ma Turque aura-t-elle fait grâce à moi des économies de légumes...

– Mais vous ne m'aviez rien dit de cela !

– Eh, me l'aviez-vous seulement demandé ?! »

Haussant les épaules, agacée par mon indiscrète innocence, Lucretia me tourna le dos et lentement gravit, retroussant légèrement sa robe, le somptueux escalier de marbres rares, telle une princesse de légende qui va mettre en lieu sûr, derrière le verre d'un reliquaire doré, son éternel pucelage.

Je passai une nuit de noces affreuse. Qu'aurais-je encore négligé de remarquer, dans ce palais de faux-semblants, où les mères elles-mêmes n'étaient que des femmes comme les autres ?

Je ne m'endormis point sans peine. Le lendemain matin, Lucretia avait disparu.

J'avais cru d'abord à une courte absence. Comme Lucretia tardait à rentrer, j'avais interrogé les domestiques, mais ceux-ci disaient ignorer où elle pouvait être. Vers le milieu de la matinée, mon inquiétude était devenue de l'angoisse. Vers midi, n'osant plus interroger personne, j'allais et venais comme un somnambule par le Palais où chacun me faisait sa mine habituelle, où ma mère et mon oncle affichaient un visage lisse et détendu. J'oubliai de manger, et l'on ne s'en préoccupa point. C'était comme si ma Lucretia n'avait jamais existé. Le coup me laissait d'autant plus stupide que ma mère n'avait pu être informée ni agir dans de si brefs délais.

Je ne sais combien d'heures encore cette attente se serait prolongée si, au début de l'après-midi, un gamin ne m'avait fait dire qu'un moine désirait m'entretenir d'urgence dans la courette du proche fabricant de cercueils.

Sur le coup, je crus Lucretia morte et je faillis perdre connaissance. Mais je me raccrochais à l'espoir que le moine m'avait tout simplement donné rendez-vous à cet endroit parce que le fabricant était de ses relations, chose toute naturelle vu la familiarité des religieux avec les fins dernières.

Notre palais familial borde la rive sud du Grand Canal, à proximité d'un vaste marché aux poissons, mais derrière la maison, les petits commerçants et artisans sont nombreux, et il y avait effectivement là un artisan mortuaire de ce genre, bien qu'à Venise, le cercueil soit peu répandu, la plupart des gens préférant se faire enterrer à la mode orientale, dans des nattes et étamines. Né prudent, le Vénitien se méfie du cercueil : s'il venait à se réveiller, on risquerait de ne point l'entendre; mais s'il tousse à travers ses nattes, le nuage de poussière déçoit ses héritiers.

Tout tremblant, j'eus enfin la force d'aller aux nouvelles.

Dans ladite courette, effondré sur un cercueil tout neuf, la mine décomposée, le franciscain de mon mariage se redressa à mon approche.

« Elle est morte ?

– Comment le saurais-je ?

– Et que savez-vous donc ?

– Ce matin, l'un de mes sourds-muets de l'hospice de Padoue avait décampé, et à l'instant d'embarquer, j'ai été appréhendé et interrogé par l'une de vos polices. Je ne sais pas même laquelle : vous en avez tant qu'on s'y embrouille quand on n'est pas natif de Venise. Par chance, j'étais arrivé bien avant l'heure. Ces messieurs m'auraient fait rater autrement la galère pour Jérusalem... »

Je me fichais bien de Jérusalem !

« Et alors ?

– Mon sourd-muet le plus éveillé, celui qui m'inspirait le plus de confiance, un certain Pasquale, avait couru, dès hier après-midi, prévenir votre mère, qui avait aussitôt prié les autorités de me faire vider mon sac.

– Dieu du Ciel ! Mais que me chantez-vous là ? Vos sourds-muets parlent, à présent ?

– Pasquale parle, lit et écrit couramment. C'est un cénobite camaldule défroqué – un prêtre, hélas ! –, un incurable paresseux, un parasite, qui se faisait passer depuis trois mois pour un laïc infirme afin de vivre aux crochets de l'Eglise. Il attendait sans doute une fructueuse occasion de se démasquer, et même de se faire pardonner quelque honteux délit.

– Ah, on peut dire que vous avez eu la main heureuse !

– Je tenais avant tout à vous prévenir d'un fait très significatif : la police a exigé de moi une déposition concernant votre mariage, et l'on a exercé sur ma personne force pressions pour que je produise un récit qui laisserait planer de grands doutes sur la validité de la cérémonie. Mais mon ordre est puissant et respecté, on n'a pas osé me bousculer trop fort, et Dieu m'est témoin que je n'ai attesté que la stricte et pure vérité. Faites de la nouvelle ce que vous pourrez... »

Il a encore fallu que je le remercie et que je lui souhaite bon voyage !

Qu'avait-il pu advenir de Lucretia ? Malgré la rage qui avait dû la posséder, mais qu'elle avait si bien su dissimuler la veille au soir, il était peu probable que ma mère l'eût fait empoisonner ou jeter à l'eau. Elle se montrait parfois impatiente et violente dans les petites choses; dans les grandes, elle savait cultiver de longues réflexions. Et non seulement un assassinat eût probablement répugné à sa piété, mais il n'aurait guère été prudent de l'improviser en coïncidence avec la disparition de l'esclave traîtresse.

Peut-être ma mère avait-elle revendu Lucretia ?

Il était sans doute urgent de la rechercher, plus urgent encore de mettre à l'abri le certificat de mariage. La déposition du franciscain en mission pouvait disparaître ou me demeurer inaccessible, puisqu'elle n'était pas telle que ma mère l'avait souhaité, et ce bout de parchemin constituait la preuve essentielle de la mésalliance qui interdisait à jamais à mes fils de siéger à notre Grand Conseil de Venise, avec tous les avantages honorifiques, politiques et financiers de la position. Ma mère ferait l'impossible pour le détruire dans les plus brefs délais.

Si je continuais à porter la pièce sur mon cœur, des gredins à gages pouvaient m'agresser au-dehors pour me la soustraire, et au Palais, une discrète intrusion était facile durant mon sommeil, car la porte de ma chambre ne fermait pas au verrou. Confier le certificat à un notaire eût, d'autre part, été tenter le diable, ces gens-là étant d'autant plus corruptibles que les bénéfices à espérer sont plus grands.

Je me hâtai de rentrer au Palais, où je m'appliquai, par un effort surhumain, à montrer un visage tranquille, distribuant au passage d'aimables sourires à la domesticité complice, à ma mère et à mon oncle mêmes, qui jouaient au tarot dans la grande salle avec un capitaine de notre marine marchande. Je m'attardai un moment à suivre la partie, à regarder les hautes et belles cartes brossées au pochoir. Comme mon oncle abattait l'atout appelé « roue de fortune », je fis observer en riant qu'il serait peut-être plus indiqué d'utiliser le jeu pour connaître un avenir qui réserve toujours tant de surprises.

Ce beau sang-froid en pareille circonstance, et chez un si jeune homme, pourra paraître incroyable à beaucoup de lecteurs. Tel était pourtant le résultat d'une bonne éducation patricienne. Mes maîtres m'avaient souvent fait valoir toute l'importance de l'impassibilité et de la dissimulation, que ce soit en politique, en diplomatie, en affaires, sur les galères de combat ou dans les commandements terrestres. Celui qui sait ne pas se livrer manœuvre à son gré les spontanés et les irréfléchis. Et l'entraînement assidu à tous les mensonges profanes trouve enfin sa récompense morale le jour où, par un charitable mensonge distillé à ravir, nous aurons rassuré pour quelque temps un ami malade ou cocu.

Abandonnant la contemplation rêveuse des tarots, je montai à l'appartement maternel. Dans l'antichambre où l'on avait déroulé chaque soir la paillasse de Lucretia, flottait encore la délicieuse odeur de son corps et de son parfum. Dans la chambre, était une lourde table de coiffure incrustée d'écaille, assortie d'un beau miroir attenant au meuble. Ma mère aimait beaucoup cet ensemble, cadeau de mariage de l'oncle Angelo, et elle s'attardait de longs moments à sa toilette, vérifiant si son image avait conservé toutes les apparences d'une séductrice dignité.

J'enfonçai donc profondément mon certificat entre le

miroir et les planchettes qui lui servaient de support. Le parchemin résiste aux ans beaucoup mieux que le papier, et lesdites planchettes m'avaient paru de châtaignier, bois qui éloigne vers et insectes et que l'on choisit de préférence pour les charpentes de qualité.

Je redescendis en souriant pour de bon, échangeai quelques plaisanteries avec le capitaine, qui gagnait contrairement à son habitude. Ma mère et mon oncle ne devaient pas avoir l'esprit au jeu, et mon calme devait les inquiéter plus qu'une colère démente ou un désespoir larmoyant.

Je fis alors cette réflexion que si ma mère avait revendu Lucretia à un trafiquant quelconque, avec mission de l'expédier sur Barcelone ou sur Alexandrie, elle se ferait une joie de me laisser dans l'incertitude. Mais si l'esclave ne devait pas quitter Venise, c'est qu'elle y serait encore, d'une manière ou d'une autre, hors de mes atteintes. Auquel cas, j'aurais vite fait de la découvrir, et ma mère ne perdait rien à sacrifier à une franchise qui était dans sa nature chaque fois que le mensonge ne lui dictait pas ses lois.

La présence du brave capitaine moustachu étant garante d'une conversation courtoise, je dis à ma mère, alors qu'elle battait les cartes :

« Il me semble que votre chambrière Lucretia n'est plus au Palais. Auriez-vous idée de sa nouvelle adresse ? »

Sans cesser de battre les cartes, ma mère me répondit négligemment :

« L'ingrate a dû, je pense, retourner à ses premières amours, du côté de Santa Maria Formosa. Il est bien difficile de tirer ces filles-là du vice. »

Je reçus un coup de poignard, dont je ressens encore la douleur à mon âge. Je me détournai, les yeux aveuglés de larmes, et je gagnai à tâtons le dérisoire refuge de ma chambre.

A cet instant, est montée en moi pour ma mère une haine brûlante et inextinguible, qui ne m'a plus quitté, d'autant plus forte qu'à sa place – on s'aime ou l'on se hait d'autant mieux qu'on se ressemble –, j'aurais eu sans doute la même froide et intelligente cruauté. Une esclave peut revenir de Barcelone ou d'Alexandrie, elle n'échappe point au regard noir de la maquerelle Kastelis. Et ma mère pouvait encore se flatter charitablement de ne pas exposer ainsi Lucretia à tous les dangers imprévus qui guettent les captifs en transit. Après tout, elle n'avait fait que la renvoyer sans façon là où elle l'avait prise, humaine et modérée sanction en apparence à l'encontre d'une fille qui s'était évadée de ses caresses trop confiantes pour aller détourner un fils unique. Chez les personnes morales, les plus grands crimes ont les meilleures excuses.

Pour libérer Lucretia, je caressai un moment le projet de tuer ma mère – à condition qu'elle ait le loisir de se voir mourir de ma main. Mais je pouvais me faire prendre ou damner, un risque n'excluant pas l'autre. La mort dans l'âme, je renonçai à tirer des plans.

Un orage venait d'éclater et une pluie diluvienne inondait Venise. Vers la troisième heure de l'après-midi, je sortis entre deux averses, protégé par ce manteau de pluie que nous appelons « gabbano ». J'avais dissimulé une courte dague sous mon pourpoint, dans l'idée de mieux recevoir les messagers que ma mère pourrait me dépêcher.

Par souci de sûreté, j'arrivai par voie d'eau à la maison de Santa Maria Formosa, et la tenancière en personne, accourue à l'annonce de ma présence, me tint cérémonieusement le coude au sortir de la gondole. Elle semblait beaucoup moins surprise de me voir que la première fois et, comme il était évident que j'avais à lui parler d'une affaire importante, elle me guida jusqu'à une petite pièce où les sons étaient étouffés par des tentures, sorte de bureau où elle devait serrer des documents et de l'argent. Une icône devant laquelle brûlait un cierge indiquait bien que le commerce de l'endroit était patiemment souffert par l'Eglise, comme une plaie du Christ parmi tant d'autres.

VII

Tels des duellistes qui croisent le fer avant de s'engager à fond, nous bavardâmes d'abord tous deux de choses indifférentes devant un délicat rafraîchissement. Ma haine pour ma mère, si neuve, si profonde, si totale, chassait provisoirement de mon cœur toute autre animosité, et par contraste, Mme Kastelis m'aurait presque paru sympathique : ma mère prostituait sa bru au lendemain de ses chastes noces; la maquerelle faisait tout simplement son métier.

La glace rompue, je dis d'une voix unie :

« Ma mère a dû vous parler de mon récent mariage?

– D'autant plus que vous n'auriez pas manqué de m'en avertir! Hors d'elle-même, elle a fait fouetter l'esclave jusqu'au sang avant de me la remettre toute pantelante peu après l'aube, et Lucretia n'a pu accueillir son premier visiteur qu'après un déjeuner sommaire. La pauvre petite n'avait pas faim, et elle ne cessait de répéter lamentablement : « Jésus, lui aussi, a été fouetté, et il n'avait trahi personne. » La foi est un beau réconfort dans de telles épreuves!

– Je présume que ma mère n'est plus propriétaire?

– Cela va de soi. Elle s'est empressée de me revendre Lucretia au prix exact qu'elle l'avait payée, se refusant à l'idée même d'un bénéfice dans l'affaire, et j'ai rendez-vous dès demain chez le notaire pour l'établissement de l'acte. Il serait inconvenant qu'une patricienne de haut rang puisse être soupçonnée de prostituer une petite esclave. Comme vous devez le savoir, la chose – en théorie du moins – est même interdite à des personnes plus modestes.

– Ne craignez-vous point que je ne vous traîne en justice pour avoir livré une fille servile à la débauche, contrairement à nos justes lois, et une fille qui vient d'épouser un garçon de ma qualité ?

– Votre mère m'a rassurée. A son avis, la perspective ne peut vous sourire d'informer tout Venise de votre honteux malheur. Vos enfants vous le reprocheraient plus tard. Et Lucretia, qui avait déjà compris autrefois l'inutilité de se plaindre, a désormais les mêmes bonnes raisons que vous de patienter. De plus, pour bien soutenir votre action et lui donner un éclat qui oblige le tribunal à la prendre au sérieux, il faudrait que le certificat de mariage fût produit. Il risquerait de disparaître dans l'épreuve ou de servir de base à un procès en nullité en cour de Rome. Je vous conseille amicalement de le garder avec le plus grand soin et de ne le sortir qu'à bon escient.

– Cette esclave n'a vraiment de valeur que pour moi. A quel prix me la céderiez-vous ?

– Ah, nous y voilà ! Vous n'aurez, à ce qu'on m'a dit, la libre disposition de votre fortune que dans sept ans. Faute de garanties, personne n'irait vous prêter aujourd'hui une forte somme. Vous devez comprendre, Monseigneur, que je ne puis me brouiller à mort avec votre mère pour un maigre bénéfice qui me laisserait dans sa dépendance – ou même à sa portée. L'évasion de Lucretia serait à ses yeux une catastrophe irréparable. Pour aller me replacer avantageusement à Rome sous la protection du pape, y acquérir quelques maisons de premier ordre qui me mettraient à l'abri du besoin, il me faudrait au bas mot sept mille ducats, et je doute fort que vous puissiez vous les procurer à brève échéance.

– Et si je me les procurais par hasard, ma mère ne vous offrirait-elle point dix mille ?

– L'air de Venise, Monseigneur, m'a appris la prudence. Il ne faut pas se montrer trop gourmand et pousser les gens à bout. Votre mère me garderait une vive rancune de ce chantage, et je serais partout poursuivie par votre vindicte passionnée. Or dans sept ans, vous serez puissamment riche et en mesure de me faire amèrement regretter un calcul à courte vue. Au fond, je ne demande qu'à vous obliger dans toute la mesure de mes moyens, car je commence à connaître un peu l'humanité, et vous m'inspirez plus de crainte que votre mère. Un jeune patricien d'une famille comme la vôtre, s'il est capable d'épouser une esclave de bordel, est évidemment capable de tout.

– Puisqu'une sage prudence vous invite à m'obliger, seriez-vous disposée, moyennant rétribution convenable, à soustraire Lucretia aux assiduités qui la menacent et dont elle retrouve déjà un avant-goût depuis le déjeuner ?

– Votre mère en serait chagrine, car elle doit trouver un certain réconfort moral dans la punition de Lucretia. Pourtant, quitte à encourir ses reproches, je vous accorderais volontiers cette faveur, mais vu les prix pratiqués ici, combien ne vous coûterait-elle pas ? Vous feriez mieux d'économiser vos ducats pour le rachat. Lucretia n'en est plus à un homme près depuis longtemps... Mais, dans la limite du raisonnable, je la mets à votre disposition gratis et vous serez toujours le bienvenu. Les filles sont très sentimentales et travaillent avec d'autant plus de courage que l'amour d'un amant de cœur ou d'un mari prévenant les soutient.

– Vous me remplissez de confusion !

» Dernier point : dans sa fureur de voir le certificat de mariage lui échapper, ma mère poussera peut-être l'inconscience jusqu'à jeter un mauvais sort sur Lucretia. Si un accident imprévu venait à me la ravir, je vous en tiendrais pour responsable du fait qu'elle est sous votre garde, et ce jour-là, elle ne descendrait pas seule dans la tombe.

– Monseigneur ! Une fille de sept mille ducats ! Mais je veillerai sur la santé de ce trésor comme une mère... euh !... je veux dire, une mère qui n'aurait certes pas les rigueurs de la vôtre.

– Votre expression m'avait fait peur. Vous avez raison de vous rattraper ! »

Nous échangeâmes un sourire de bonne compagnie. Nous nous étions tout dit en peu de mots, et très calmement. Le Christ lui-même nous recommande, en cas de différend, d'aller à notre prochain pour tenter de régler à l'amiable tout ce qui peut être ainsi réglé. Cette sagesse évangélique est également vénitienne, car elle laisse plus de profit que des violences irréfléchies. Si le prochain est trop souvent infréquentable, ce n'est la faute ni de l'Evangile ni de Venise.

J'aurais aimé aller présenter mes respects à ma femme, mais elle était en main, et même depuis un sacré bout de temps ! Alors que je patientais en compagnie de la maquerelle, l'explication du fait me fut fournie de bonne grâce, et la femme me dit :

« Lucretia reçoit présentement la visite d'un certain Pasquale, qui a servi de témoin à son mariage, et dont vous devez savoir qu'il vous a vendus tous deux. Il dépense ici l'argent de votre mère. Pour un prétendu infirme convoqué par hasard à une élégante cérémonie, n'est-ce pas une occasion prodigieuse, la revanche d'un sort contraire, que de pouvoir impunément dépuceler la mariée avant le mari ? Il s'en donne à cœur joie là-haut. Sans doute notre sourd-muet a-t-il retrouvé sa langue !... »

Une telle bouffée de colère m'embruma le cerveau que j'allais me précipiter dans l'escalier quand Mme Kastelis me retint par la manche...

« Tout doux ! Tout doux ! L'affaire étant engagée depuis une heure, vous n'en êtes plus à un quart d'heure près. Je distingue le pommeau d'une dague dans l'échancrure bâillante de votre beau pourpoint de brocart, et je m'en vais vous faire plaisir. »

Mon alliée imprévue me conduisit alors dans un débarras, où elle me laissa sur ces bonnes paroles :

« Je vous rabattrai tantôt ce Pasquale sous un prétexte, et je refermerai sur lui la porte, qui est heureusement assez épaisse. Veillez quand même, je vous prie, à ce qu'il ne crie pas trop fort ni trop longtemps. Je ferai jeter le corps au canal quand la nuit sera tombée. »

C'était une occasion à ne pas manquer de dissiper un peu l'exaspération impuissante qui s'était accumulée en moi. La justice immanente est la plus savoureuse, car on se flatte, au moins, qu'elle sera bien rendue.

Le débarras était sombre, éclairé seulement par un étroit soupirail, dont la petite fenêtre ronde était entrouverte. On y distinguait des affaires de rebut, des ustensiles de ménage, de vieux papiers et un siège de latrines. Je m'empressai de fermer la fenêtre, puis je bourrai de chiffons le départ du tuyau de descente. A Venise, en effet, il est de règle que les collecteurs d'égouts débouchent sur les canaux au-dessus de la hauteur moyenne des marées. Si je n'avais pris la précaution d'obturer le tuyau, les hurlements du moribond auraient pu alerter une embarcation de passage. Pasquale, de toute manière, ne méritait pas de rendre son dernier souffle par un conduit que quelques pets honnêtes avaient malgré tout pu emprunter. La mort nous frappe vraiment comme la foudre, aux instants et aux endroits les plus inattendus...

Je m'impatientais, quand la porte se referma enfin sur l'ignoble témoin, que je frappai aussitôt au bas-ventre, d'un coup de pointe exquis et bien horizontal.

Qu'on me pardonne d'intercaler ici pour le meilleur profit de mon grand fils l'une de ces instructions particulières dont les pères attentifs sont si prodigues, car la chose pourra aussi rendre service à mes lecteurs distingués. Les maîtres d'armes ne se préoccupent guère d'enseigner aux honnêtes gens le maniement des poignards, tenu un peu vite pour facile et plébéien, et il est pourtant sur ce chapitre de mortelles erreurs à ne pas commettre. Ne frappe jamais de haut en bas, mon cher enfant! Si ton ennemi s'efface brusquement, tu t'enfonceras ton arme dans la cuisse. C'est de bas en haut ou horizontalement qu'il convient de frapper, et de préférence au ventre si vulnérable, où les blessures ne pardonnent point.

Avec un gémissement sourd, l'homme tomba à genoux, les mains croisées sur ses parties, et une terreur abjecte s'empara de son âme lorsque ses yeux qui clignotaient dans la pénombre m'eurent reconnu.

Pasquale pouvait avoir dans la quarantaine. Avec l'argent de son crime, il avait déjà acheté à la fripe un habit à peu près neuf, que je venais de trouer et qu'il n'aurait pas le loisir d'user davantage.

« Je t'ai fait la grâce, lui dis-je, de te percer le ventre avant de t'achever, afin de te laisser le temps de recommander ton âme à Dieu dans une fervente oraison jaculatoire. N'abuse pourtant pas de tes derniers instants : je suis pressé de revoir ma femme. »

Mais le misérable, au lieu de supplier le Dieu trop compatissant, tout prêt à lui ouvrir son Paradis moyennant une brève contrition parfaite, me suppliait plutôt en termes déplacés, ne cessant de balbutier : « Pardonnez-moi! Votre femme m'a bien pardonné, elle! » Exaspéré, je le frappai trois fois dans la région du cœur.

(Retiens bien, mon cher fils, que le cœur est plus petit qu'on ne croit et qu'il ne se trouve jamais exactement où l'on pense. Il convient donc de redoubler les coups.)

Lucretia avait retrouvé sa chambre ravissante ornée de fleurs nouvelles, son pot à eau et son miroir convexe, et elle y tournait en rond avec une mine pitoyable de chien battu. Après le fouet, le retour au labeur, la visite aussi surprenante que logique du (défunt) témoin de mariage, tous inconvénients qu'elle aurait pu à la rigueur me reprocher, je n'osai pas même la serrer dans mes bras.

Bien que la situation fût au-delà des mots – signe d'une attention spéciale de la Providence, puisque son Verbe dépasse infiniment le nôtre –, je m'empressai de parler d'abondance, dans l'espoir que le son de ma voix distrairait la patiente et ferait baume à son indescriptible douleur. Je narrai donc en détail tout ce que j'avais vu, entendu, dit ou fait depuis le lever du soleil – mon court entretien avec Pasquale excepté, car j'eusse craint de remuer le fer dans une plaie encore entrouverte.

Et peu à peu, étourdie par mes paroles ou touchée par ma sympathie, la victime semblait prendre du revif. Les femmes ont un étonnant ressort. Habituées à souffrir plus que les hommes pour une originelle affaire de pomme suspecte, elles rebondissent sous les coups du destin comme elles rebondissent sous nos coups de rein au creux des lits où leur vocation les retient.

J'avais bien sûr insisté plus que de raison sur toutes les capacités, toutes les chances que je pouvais avoir de déterrer promptement les sept mille ducats que la maquerelle exigeait pour se laisser corrompre : ils étaient là, ou tout comme... Quelques jours, quelques semaines encore, et Lucretia s'évaderait vers un lumineux pays où l'esclavage était passé de mode, où les belles-mères ne faisaient pas fouetter leur bru pour un oui ou pour un non. Elle pouvait absolument compter sur moi, je ne l'abandonnerais jamais!

« Vous avez du sang sur la main, me dit-elle tout à coup. Vous seriez-vous blessé? »

Je lui avouai sans détour quel accident subit venait de terrasser notre témoin et, à ma stupéfaction, elle le prit fort mal :

« Etait-ce à vous, Pietro, de juger, de condamner, de tuer cet homme? Que savez-vous de ce qu'il a connu et enduré avant de succomber à mes charmes?

– Vous allez me faire pleurer!

– La visite s'étant prolongée anormalement, j'ai eu le temps de confesser ce malheureux, et je puis vous assurer qu'il n'était pas méchant. Il m'a raconté que votre mère, perdant un instant son sang-froid sous le choc de la révélation, s'était écriée comme parlant à elle-même : « Ah, la garce reverra la boue dont je l'ai tirée ! » Je l'ai vu sincèrement navré que sa délation m'eût fait rejoindre cette maison, dont l'un de vos domestiques lui avait donné l'adresse, et devant mes fesses blanches zébrées de rouge par le fouet, ses yeux étaient humides. Quand je lui eus enfin tout pardonné, il a quitté mon lit meilleur et plus léger.

– Plus léger, je veux bien le croire; meilleur, j'en doute. Il serait revenu à genoux quérir de nouveaux pardons en caressant vos cicatrices...

– Et vous avez mis à mort un prêtre, Pietro ! Comme j'ai eu maintes occasions de le vérifier à Palerme ou dans cette alcôve, le Diable s'acharne sur les prêtres, les tente plus que les autres, leur inspire des fantaisies, des forfaits spécialement hideux.

– Les tentations sont finies pour celui-là.

– Mais enfin, vous n'allez pas tuer, j'espère, tous les hommes, toutes les femmes qui m'ont approchée !

– Rassurez-vous. Des ruisseaux de sang, hélas, iraient rougir la Méditerranée.

– Vous n'en avez déjà que trop sur la main. Allez-vous-en. Vous me feriez presque horreur aujourd'hui. Comme vous êtes loin de ce que Dieu attend de vous ! »

Le mieux était de la laisser se reposer jusqu'à ce qu'elle eût retrouvé ses esprits. L'épreuve, les ébranlements qu'elle venait de subir avaient évidemment déchaîné en elle, au lieu de la révolte qu'on aurait pu attendre chez une autre, tous les angéliques et ambigus démons de la mortification et de la pénitence. La folie de la Croix est certes une excellente chose, mais il ne faut pas en abuser. Tout est affaire de nuances. On dira que Jésus-Christ ne mettait de nuances nulle part, mais pour le bon motif qu'il était Dieu. En voulant viser si haut, nous risquons de trébucher.

Avant de rejoindre ma gondole, je déclarai à la tenancière que j'essaierais désormais de payer au moins les journées où Lucretia avait ses époques. J'étais surpris et choqué qu'on fît encore travailler les filles à ces moments-là. Selon la patronne, on gazait leur état à l'aide de tampons discrets, et elles ne s'en portaient pas plus mal.

Elle ajouta même :

« Mes pensionnaires s'en plaignent d'autant moins que beaucoup de femmes, contrairement au préjugé courant, sont plus sensibles au plaisir qu'à l'ordinaire durant ces jours critiques où la plupart n'osent pas les entreprendre. Telle fille qui se refuse à jouir, se trouvera aussi honteuse que charmée des folles sensations qui l'auront pénétrée alors. Notre Pasquale sera tombé à propos avec un flair de chien de chasse. »

La fréquentation de Lucretia invitant irrésistiblement à la métaphysique, je me demandai en rentrant si, par le bras d'une mère trop imbue de ses devoirs, le Ciel ne me punissait point d'avoir fréquenté avec insouciance quelques maisons avec de joyeux compagnons « della calza ». Dès qu'on a le bien rare privilège de déchirer le voile, de considérer soudain l'envers du décor, on s'aperçoit que les fugitifs plaisirs des clients ont pour contrepartie de permanentes misères physiques et morales, un sordide purgatoire sans Indulgence. Averti, l'honnête homme préférera se satisfaire tout seul au bord d'un canal désert et confier à l'eau qui passe insensible une semence qui ne sera indigeste que pour les poissons privés d'âme.

Sans doute, entraîné par une mode éternelle, je ne savais pas, en ce temps-là, ce que je faisais. Mais le Christ en croix a tout spécialement prié pour ces ignorants. Ma punition n'était-elle pas un peu raide, rendue plus amère encore par mes responsabilités à l'égard d'une Lucretia qui m'avait fait confiance ?

Dans l'obscurité où le péché originel nous a précipités, nous avons bien du mal à apprécier correctement la gravité de nos fautes, qui en arrive à dépendre de l'idée incertaine que nous nous sommes faite de Dieu : le

Tolérant ou le Vengeur. La mort seule nous renseigne enfin, mais il est trop tard, et nous ne reviendrons pas informer les autres.

J'étais rentré pour le dîner. Il n'y avait, par hasard, aucun invité ce soir-là, et je partageai donc le repas de ma mère et de mon oncle.

Le calme méritoire que j'affectais à grand-peine ne rendait pas l'atmosphère moins lourde. Les dîners étaient toujours longs chez nous, les cuisiniers n'ayant que trop tendance à faire briller toutes les facettes de leur art, même quand l'appétit des maîtres était coupé.

Echaudée par la trahison de Lucretia, ma mère s'était empressée de racheter une chambrière, mais un oiseau rare qu'elle avait payé fort cher parce qu'on le lui avait garanti vierge sur facture. Il s'agissait d'une jeune négresse douce et aimable, svelte et longiligne, que les Arabes étaient allés nous chercher sur les côtes septentrionales des régions éthiopiennes, et comme elle n'entendait pas un mot de vénitien, ma mère pourrait compter non seulement sur son pucelage, mais sur son absolue discrétion.

Cependant, un surprenant et épineux problème se posait. Ma mère ayant fait examiner le sujet par ses femmes, encore choquées de l'opération, il était apparu que la fille avait été excisée et cousue selon la coutume des sauvages de par là-bas. Etait-il ou non opportun de la faire découdre ?

Mon oncle Angelo y était enclin, soupçonnant que la jeune personne avait pu être trompeusement recousue après qu'on en eut abusé. Ma mère avait plutôt tendance à penser que cette couture dont elle n'était pas responsable protégerait mieux qu'elle ne saurait le faire elle-même la vertu si exposée de sa nouvelle camériste.

Je tranchai le débat en m'offrant à épouser la fille, que je découdrais moi-même, plaisanterie qui jeta un froid de plus.

Lorsque les derniers rayons du soleil se marièrent aux flammes dansantes des premières chandelles, je pris sur moi de parler à ma mère sur un ton raisonnable. Ne faut-il pas prendre langue avec ses ennemis pour les mieux étouffer ?

Je m'exprimai donc en ces termes choisis :

« Mon certificat de mariage une fois en sûreté, il était bien naturel, Madame, que je me misse à songer à vous avec une filiale affection. Je sais tout ce qu'ont dû coûter à un cœur sensible et généreux les rigoureuses mesures que vous vous êtes vue contrainte de prendre afin de me garantir le glorieux destin pour lequel vous m'aviez enfanté. Elles sont à mes yeux autant de marques de votre maternel attachement, et leur sévérité même m'inspire une haute idée de l'affection désintéressée qui vous anime. J'irai donc désormais visiter ma femme dans la retraite que vous lui avez assurée, et qui m'est d'autant mieux ouverte qu'elle est publique. Nous y penserons respectueusement à vous. Sachez cependant que si le désespoir – ou toute autre cause – abrégeait les jours de Lucretia, votre sollicitude aurait été vaine, car je n'aurais plus de destin du tout : la vie sans elle n'a aucune saveur pour moi. »

Après avoir soigneusement digéré mes paroles, ma mère me répondit :

« Ainsi que vous l'avez fort bien distingué, mon cher enfant, je n'ai d'autre dessein que de vous protéger contre vous-même à un âge où les jeunes gens sont capables de folies qu'ils n'auront pas assez d'une vie entière pour regretter. Puisque, par chance, votre honteux mariage n'a pas été public, il serait bon, sans doute, de détruire l'acte que vous avez fait dresser par un moine complaisant, de sorte que cette union demeure à jamais aussi inconnue que vous aviez souhaité qu'elle le fût quelque temps. Mais si je libérais Lucretia en échange, vu les dispositions où je vous vois encore, vous prendriez le large avec elle afin de l'épouser au grand jour. Jusqu'à ce que vous soyez guéri de votre folie – et vous avez hélas plus de talent qu'il n'en faut pour faire semblant de l'être ! –, je dois donc mettre cette fille hors d'état de nuire. Et que voulez-vous que j'en fasse? La noblesse n'a pas ici, comme ailleurs, le privilège d'avoir ses prisons particulières, et notre République est attentive au droit des gens. Je n'ai d'autre solution pratique que cette auberge de Santa Maria Formosa, à laquelle, d'ailleurs, Lucretia a déjà eu tout le temps de s'habituer l'hiver dernier. Elle n'en est pas à son coup d'essai, et la déplorable sensualité que j'ai flairée en elle y trouvera plus de satisfactions que vous ne pourriez lui en donner.

» Mais tout ce que je vous dis là, vous le savez bien! Il vous reste à vous persuader de cette évidente vérité que vous êtes le premier et imprudent auteur des ennuis qui se sont abattus sur Lucretia, que vous-même teniez les verges cette nuit quand elle me suppliait de lui pardonner entre deux hurlements. Et je lui pardonne! Quoiqu'elle m'ait indignement trompée, je m'empresserais de l'établir décemment si vous aviez seulement la conscience d'y renoncer pour de bon. »

Cette impudence hautaine et hypocrite était à devenir enragé. Oubliant toutes mes bonnes résolutions, perdant toute retenue, je m'écriai :

« Madame, dût Lucretia souffrir le martyre par vos soins, il n'est ni en mon pouvoir ni au sien de séparer ce que Dieu a uni. Quelle impiété ce serait de faire seulement une rature sur cet indissoluble parchemin dont vous ne verrez jamais la couleur!

» Et pour ce qui est de la conscience, je vous ferai remarquer que la prétendue auberge de Santa Maria Formosa vous rapporte un loyer triple de ce qu'il serait si neuf petites putes ne faisaient marcher la maison à la sueur de leur cul pour vous engraisser à ne rien foutre! Ma femme légitime y étant, grâce à vous, assidue, vous voudrez bien, j'espère, me remettre à l'avenir un neuvième du supplément que la prostitution nous procure. Le bordel n'est-il pas chez nous une affaire de famille?

» Craignez que Dieu n'examine votre conscience de préférence à celle de Lucretia! Votre sensualité vaut bien la sienne, que vous n'avez pu apprécier qu'en cherchant à la flatter. Odieuse et ridicule à votre fils, vous finirez dans la peau d'une lesbienne repentie, entourée de négresses cousues!... »

Incapable d'en entendre davantage, ma mère, rouge de honte et toute tremblante de colère, quitta la table, me laissant en compagnie de mon oncle interdit, lequel était devenu blanc comme linge.

Quand il eut retrouvé l'usage de la parole, il me dit d'une voix douce :

« Quels que soient tes griefs, que cet éclat est fâcheux! Ta mère, qui a tant de fierté, ne l'oubliera jamais, et sa haine pour Lucretia en sera encore avivée au-delà du possible. Un Vénitien doit mieux se maîtriser, mon garçon!

– A moins de faire assassiner Lucretia, qu'est-ce que ma mère peut fabriquer de pire? N'a-t-elle pas jeté tout son venin? Ce n'est qu'une peau de serpent, dont je n'ai pas à m'embarrasser. Je n'ai plus de mère.

– Je crains, malgré tout, qu'elle n'ait encore un fils... »

Sans plus de commentaires sur les violences verbales que ma mère venait d'essuyer, mon oncle entreprit de m'influencer...

Il m'assura tout d'abord qu'il aurait déconseillé à ma mère de faire injure à Lucretia s'il avait été averti à temps du funeste projet. Et il me dit ensuite tout ce qu'il eût préféré me dire en des circonstances moins pénibles, durant le sommeil au Palais de mon aimable et religieuse épouse grecque. Je passe sur ces discours qui traitent, à quelques détails près, des mêmes thèmes à travers les siècles : l'honneur du nom, les perspectives de carrière, de gloire ou de profit, la position des enfants à naître, les mânes du père glorieusement disparu... Et bien sûr, d'émouvantes invocations à la « Terra »! Paradoxalement, les Vénitiens réservent ce mot affectueux de « Terra » à leur patrie marine, les termes d'« Etat » ou de « République » relevant d'une conception beaucoup plus large, qui englobe tous les territoires sujets de Terre Ferme, de Dalmatie ou d'Orient. Mais l'oncle Angelo n'insista point sur l'obéissant respect des désirs maternels. Il sentait bien que mon respect n'était plus tout à fait ce qu'il avait pu être. En conclusion, mon oncle me fit de gracieuses offres de service pour ce qui dépendrait de ses soins.

Bref, ma mère ayant pris le bâton, il me présentait la carotte de son mieux.

Ce n'était pourtant pas lui qui allait m'avancer de sa poche sept mille ducats : il aurait aussitôt saisi à quoi ils étaient destinés. Je me bornai à lui dépeindre, sous des couleurs qu'il n'était que trop aisé de pousser au noir, la geôle où mon épouse était livrée sans relâche à la lubrique fièvre estivale, et ce, jusqu'à ce que son œil en fût tout embué. Et je le pressai enfin de me prêter chaque mois contre intérêts composés, remboursables à ma majorité financière de vingt-cinq ans, une somme suffisante pour préserver Lucretia de toute autre approche que la mienne.

L'œil de l'oncle Angelo s'était subitement asséché et la discussion ne fut pas une partie de plaisir. L'oncle se déclarait tout à fait étonné des tarifs de certaines filles dans cet été 1428, et il avait presque peine à y croire. Dans son jeune temps, la passe, s'il fallait ajouter foi à ses dires, était quasiment pour rien, et l'on trouvait une brochette farcie de putes pour le prix d'un bas quartier de Lucretia. Il était hors de question, à son âge, qu'il remplace à lui seul de ses ducats une pareille foule de luxueux amateurs. Mais enfin, enfin, parce que j'étais moi, parce qu'il était lui, il allait faire un méritoire effort : il prendrait sans intérêt les règles à sa charge. Et c'était aussi de sa part un geste de piété, car sa théologie méfiante condamnait les rapports durant ces jours-là. Il était bien dommage que ce ne fût pas l'inverse !

L'affaire conclue, mon oncle ajouta :

« J'aurais aimé t'obliger sur la fortune de ton père – nettement supérieure à la mienne –, dont il m'avait, comme tu le sais, confié la gestion par testament, mais je ne puis en disposer sans l'accord de ta mère usufruitière... plus improbable encore ce soir qu'il ne l'eût été ce matin ! Et d'ailleurs, tel que j'ai connu ton père, il n'aurait guère aimé avoir Lucretia pour belle-fille. Comprends, je te prie, ce double et honorable scrupule. »

J'ai si bien compris que je suis allé me coucher. Cette journée m'avait mis les nerfs à vif, et la résistance, le courage de Lucretia, me semblaient admirables.

Ma mère était dans un tel état qu'elle en avait oublié sa dernière acquisition. J'aperçus en passant la négresse abandonnée, qui s'était peureusement tapie sous l'escalier, comme une souris cherche un trou. C'était une gracieuse fille de quatorze ou quinze ans, qui faisait un peu songer à une gazelle. Une impulsion me poussa à m'accroupir près d'elle, à lui prendre la main, à lui chuchoter un moment des mots tendres et hermétiques pour essayer de la rassurer, et j'eus plaisir à voir qu'elle s'apprivoisait. Mais je fondis en larmes soudain, et elle se mit à pleurer à son tour sur son giron couturé. Nous en étions au même point, innocentes victimes d'amours contrariés.

Dès le lendemain, le Palais fit ses bagages en vue du séjour d'été à la campagne, qui n'avait été que trop retardé. Ma mère ne me voyait plus, ne me parlait plus. C'était une autre femme, sans doute, qui m'avait mené autrefois par la main à la grand-messe de Saint-Marc, sans pouvoir imaginer alors que je prendrais un jour au sérieux les lumières des cierges et le chant des orgues, annonciateurs de l'Amour parfait. Bientôt, par une chaleur du diable, je demeurais seul dans une Venise malodorante, retenu par Lucretia, allant et venant, au cours d'interminables nuits, dans cette grande maison désertée du Rialto, où les quelques domestiques paresseux qu'on avait laissés à mon intention paraissaient me reprocher de les priver de vacances.

Horrible été, dont les jours s'embrouillent dans ma

mémoire, car ils étaient, pour la plupart, marqués au coin d'une fastidieuse répétition.

Je me démenais pour trouver de l'argent, et d'abord pour soulager le sort infâme de Lucretia. Mais je ne parvins même pas à réaliser ce programme minimal autant que je l'eusse souhaité.

Les amis ou relations de mon âge restés à Venise par les chaleurs ne comptaient point parmi les plus riches et dépendaient de leur famille aussi étroitement que moi-même. Mais emprunter à des professionnels n'était pas moins ardu. Faute de gage ou de caution présentable, étaient tenus en suspicion tous les engagements que j'aurais pu prendre : si je mourais avant sept ans, qui rembourserait? Pour les prêteurs, 1435 était une date trop lointaine, qui n'incitait pas à prendre de risques.

Je ne découvris quelques ressources que chez les juifs, accourus à Venise depuis le milieu du siècle précédent pour s'occuper du prêt à intérêt, théoriquement interdit aux chrétiens, bien que Jésus-Christ – sans doute en raison de son origine juive – n'y fasse pas la moindre allusion critique. Ces juifs, toujours désireux de vivre entre eux pour mieux respecter leurs coutumes, s'étaient concentrés autour du « gietto[1] », notre fonderie de canons, et dans l'île de la Giudecca, qui sépare le sud de Venise du Lido. Les médecins de cette confession jouissaient d'un droit de résidence permanent, mais les manieurs d'argent, à qui la propriété de biens immeubles était interdite, n'étaient admis en ville que par roulement, pour les brèves périodes indispensables à leurs activités, quinze jours tous les quatre mois, selon la formule la plus couramment retenue.

Le juif devait se signaler par le port d'une petite roue jaune, qui le préservait du risque d'aborder des chrétien-

1. Origine du mot « ghetto », en usage à Venise à partir du début du XVIe siècle. L'institution sera cristallisée par l'encyclique *Cum nimis absurdum* du pape Paul IV (1556). De volontaire, le ghetto était devenu obligatoire.

nes à l'étourdie : la loi de juillet 1424 punissait de prison et d'amende les rapports sexuels entre les fidèles des deux religions. Comme les rabbins eux-mêmes voyaient du plus mauvais œil ces mélanges impies, tout le monde était satisfait. Mais on fermait libéralement les yeux quand l'enfant d'Israël déposait sa roue au vestiaire du bordel.

La magistrature « del Piovego » réglementait strictement les licences d'exercice et les conditions de prêt : 10 % au maximum pour les prêts sur gage, 12 % – taux peu intéressant étant donné les risques – pour les prêts sans garantie (alors que dans d'autres villes d'Italie, les intérêts allaient jusqu'à 20 % et 30 %!), et les intérêts ne devaient pas eux-mêmes porter intérêt.

Les gouvernements aux abois de certains pays à l'administration archaïque ne cessaient de tracasser ou de rançonner les juifs, tandis que la populace les massacrait par crises frénétiques, avec la complicité des emprunteurs qui espéraient voir disparaître les titres de créance dans les flammes. Les juifs de Venise, dont la spécialité financière était indispensable à la prospérité de la patrie, menaient une vie tranquille, garantis de tout arbitraire par la protection de lois bien définies.

Mon petit succès chez les juifs était en rapport avec leur don de prévision. En obligeant un garçon qui devait un jour entrer au « Grand Conseil » et peut-être au sénat, ils posaient à peu de frais un jalon de sympathie qui pouvait leur rapporter un jour de précieux dividendes. Je n'ai jamais oublié cette preuve d'intelligence et, devenu effectivement sénateur bien des années plus tard, j'ai favorisé nos juifs chaque fois que l'intérêt de l'Etat l'autorisait.

Mes décevantes corvées financières expédiées, je tuais mes journées à marcher comme une âme en peine à travers la ville, de place en place, de ruelle en ruelle, de pont en pont... Je comptais les ponts pour tromper mon ennui comme d'autres comptent des moutons pour s'endormir. (Nous avons, il est vrai, un bon millier de ponts, plus animés en hiver qu'en été : de septembre à la Noël, le populaire s'y affronte en combats de boxe, à l'issue desquels il y a plus de monde à l'eau que sur le pavé!) Et quand par hasard j'étais en fonds, j'allais rendre de longues visites à Lucretia. Si l'argent d'une passe me faisait défaut, elle n'avait guère le temps de me voir, tributaire des clients et des heures de sommeil réparatrices, toujours trop courtes. Mais Mme Kastelis, fidèle à sa promesse, m'offrait gratis aux heures ouvrables trois demi-heures par semaine, rythme qu'elle estimait, dans sa sagesse, conjugalement décent et dont je devais bien me satisfaire.

L'idée m'était venue, bien sûr, d'organiser la fuite de la captive sans avoir à débourser sept mille ducats : le prix d'un bel hôtel à Venise! Mais les chances d'évasion étaient nulles.

Beaucoup de nos putains ne se privent pas de promenades. Il arrive même qu'elles en vivent! Celles qui ne s'affichent point à la fenêtre de leur logis pour héler le chaland vont poursuivre le client dans la rue ou dans tous les lieux publics favorables. On accorde aussi à la plupart des filles de maison quelques heures de liberté de temps à autre pour faire des emplettes, voir un enfant en nourrice ou se baigner aux étuves mixtes, endroit où elles ont le succès qu'elles méritent. Mais les putes fugueuses restent bouclées aussi longtemps qu'elles n'inspirent pas confiance, et les autorités tolèrent cet abus sous le bon prétexte que les filles seraient retenues pour dettes accumulées chez les tenanciers – situation fréquente en effet. La traditionnelle clôture des bordels rend alors la surveillance aussi aisée qu'efficace : on ne peut sortir de ces établissements que par une porte sans cesse verrouillée et condamnée par un gardien. Même la loggia de la chambre de Lucretia était défendue par les épais barreaux d'une grille!

En théorie, des hommes de main s'étant présentés comme clients auraient pu enlever Lucretia, mais je n'avais d'argent ni pour les payer, ni pour voyager, ni pour mener par la suite une existence décente. Réservant le peu que j'avais pour soulager Lucretia, j'étais même toujours à court, et d'autant plus qu'en partant pour la Terre Ferme, ma mère avait naturellement pris soin de me couper le plus clair de mes vivres.

Une élémentaire honnêteté m'avait fait informer ma femme de la proposition maternelle : si le certificat de mariage était détruit, si notre séparation était effective, elle serait libérée, établie – rien ne m'interdisant de l'épouser de nouveau lorsque les années m'auraient rendu maître de ma fortune et de mes actes.

Mais il était plus facile de brûler le parchemin que de persuader ma mère de notre bonne foi, quelles que fussent nos promesses de ne point nous remarier avant ma majorité. Que valent des serments extorqués par chantage ? En fait, que nous soyons de bonne foi ou non, le risque était immense de sacrifier notre certificat pour rien et de voir la punition de Lucretia s'éterniser.

L'esclave était d'ailleurs d'autant plus réticente que le seul honneur de sa vie était dans ce parchemin, et que, sans oser me l'avouer, elle devait craindre que sa destruction sacrilège ne me mît sur la voie de l'oubli et de l'inconstance. Une proche libération par mes soins lui semblait sans doute moins improbable qu'un lointain remariage.

En attendant, retrouver ma Lucretia les yeux cernés et la démarche lasse dans cet antre de débauche barricadé comme un couvent de moniales me déprimait à ce point que je ne pouvais me résoudre à cueillir entre ses bras la fleur mystique que ses vertus lui avaient conservée. Elle-même, gavée d'hommes comme une volaille à l'engrais, ne manifestait aucun désir que j'ajoute dans un pareil cadre un vulgaire trait de plume à une addition déjà trop longue. Nous prîmes d'un commun accord la sage décision de patienter. Tout acte important doit laisser un souvenir digne de lui.

Mme Kastelis ne manquait pas de toujours manifester pour ma personne la plus déférente considération, et je crois même que je la faisais rêver, car il lui arrivait de répéter en soupirant : « Mon Dieu, quelle position est la vôtre ! Mais vous êtes un vrai personnage de roman ! On ne voit pas plus étrange dans les contes de Boccace. » Je me serais bien passé de ces commentaires, mais j'étais contraint de ménager cette vieille peau dont mon bonheur dépendait et, dans l'attente que Lucretia fût en état de me recevoir, j'avais pris l'habitude de supporter aimablement sa conversation, voire de faire une partie de cartes avec elle. Mme Kastelis se révélait d'ailleurs intéressante chaque fois qu'elle parlait de ce qu'elle connaissait le mieux, la bonne marche des bordels, confidences de métier dans lesquelles je m'efforçais vainement de distinguer une faille par où Lucretia aurait pu s'échapper.

Ma présence dans l'établissement faisant jaser, la maquerelle avait dû confirmer le bruit que j'étais l'amant passionné de Lucretia, anxieux de la tirer du bordel pour lui faire une place au soleil. Mais comme le patricien de Venise va du richissime au décavé, certains macs de passage mal informés me soupçonnaient d'être des leurs et me traitaient avec une familiarité complice. Réputé amant ou protecteur d'une épouse à laquelle j'étais le seul à ne pas toucher, j'aurai vraiment bu cet été-là le calice jusqu'à la lie !

Un soir, Mme Kastelis me dit avec une maternelle et familière inquiétude :

« Je vous trouve bien mauvaise mine, mon petit. Vous êtes évidemment poursuivi par des imaginations douloureuses. Les hommes se font un monde de ces rapports, qui sont pourtant si peu de chose pour nous autres femmes aussi distraites qu'expertes dès que le cœur n'y est pas. Ceux qui n'ont pas su nous toucher glissent sur nous comme la marée sur la grève, et le soleil de l'amour est encore là pour nous réchauffer dès que la vague réfrigérante et bouillonnante s'est retirée de notre sein. Les jeunes maquereaux de ces ruelles le savent bien, dont vous auriez beaucoup à apprendre, car ils aiment leurs filles plus sagement que vous n'aimez votre femme. Chaque fois qu'une jalousie maladive et stérile vous ronge les entrailles, vous devriez suivre les ébats de notre publique Lucretia par un petit judas ménagé à cet effet dans la cloison de sa chambre – que l'on ferme soigneusement, cela va de soi, quand vous l'honorez de votre compagnie ! Vous ne seriez pas le premier, et l'expérience vous calmerait. Il n'y a point de meilleur procédé pour s'assurer de l'inébranlable fidélité d'une épouse, indifférente, au fond, à tout ce qu'elle reçoit par un autre canal que le vôtre, telle ma chienne de garde Pénélope, qui ne veut saliver et manger que de ma propre main. »

Cette insinuante couleuvre avait l'art de sonder les reins et les cœurs. Je résolus de consulter un vieux dominicain chenu qui avait la réputation d'être un bon casuiste. Les prêtres séculiers manquent d'instruction, le bénédictin n'a pas l'expérience du monde, le franciscain, comme une cloche fêlée, met plus de passion que de discernement dans ses analyses, mais le dominicain raisonne à merveille, sans se laisser troubler par aucune réalité sensible.

Après avoir entendu en confession le triste récit de mes épreuves et quelle affaire m'amenait à lui, le père me dit :

« Le cas est des plus simples. L'obligation où est votre femme esclave de copuler avec le premier venu enlève évidemment tout caractère peccamineux à ses actes. Et comme il n'y a point péché à considérer un acte moralement indifférent, la thèse me paraît claire et solide, en coïncidence avec la plus constante doctrine des pères, que vous pouvez alors regarder votre épouse sans aucun trouble de conscience, comme s'il s'agissait d'une lune à la pointe d'un clocher.

» Mais votre femme seulement, et du fait qu'elle est bien à vous ! Il y aurait péché à observer une autre esclave ou une quelconque pécheresse venue lui prêter main forte. Et la même antithèse nous dit que vous ne sauriez même songer à effleurer du coin de l'œil dans ces instants les pécheurs accourus pour assouvir leurs instincts.

» En somme, la théorie vous est on ne peut plus favorable, mais un miracle serait nécessaire pour que les circonstances vous permissent de l'appliquer. Telle est la synthèse qui s'impose à notre humaine logique. Vous devrez attendre, mon cher fils, la Résurrection de la chair et le Paradis pour voir résolues de telles contradictions. »

Toute la finesse de la bonne scolastique dominicaine, cette voie moyenne entre les nuages de l'augustinisme et l'hypercritique du nominalisme, se reflétait tranquillement dans cette analyse. Comme je me fichais bien de laisser traîner par accident un regard dégoûté sur les abominables pécheurs venus insulter à la vertu de Lucretia – ils n'avaient qu'à être ailleurs ! –, je pouvais en conscience m'appliquer à apaiser mon tourment.

Et je ne me féliciterai jamais assez de l'avoir fait, car la plus édifiante évidence parlait enfin par le biais des images et des sons ainsi surpris : j'avais épousé une véritable sainte !

La contempler au travail eût été de nature à élever l'esprit le plus terre à terre. Alors que ses fastidieux exercices d'esclave n'étaient pas rétribués, Lucretia avait pour le visiteur le plus disgracieux ou le plus disgracié un mot aimable, un compliment bien trouvé, un honnête et pertinent conseil. Et l'on voyait des sourires inattendus relâcher les lèvres de ces marchands, de ces patriciens entre deux âges, fatigués par les affaires et les intrigues; les bossus se redressaient, les ventres mous reprenaient du tonus, les verges trop courtes s'allongeaient enfin de façon décente; les inquiétudes se dissipaient à la faveur de quelque confidence écoutée avec une compréhensive sympathie... Lucretia était toute patience et chrétienne ouverture. Ce petit cadeau même, qui était son seul gain et que sa courtoisie pouvait moralement justifier, elle ne le réclamait ni avant ni après le coucher ou le suçon, et ne changeait point de visage si l'on négligeait par hasard de le lui offrir. Paradoxal triomphe de la vertu, Lucretia était la plus courue parce que la plus humaine et la plus charitable, parce que, dans cette prison, la « Theotokos » de Byzance ou la Sainte Vierge d'Occident lui tenait la main sans défaillance.

Mais dès que le prochain ne se faisait que trop proche, qu'il l'avait pénétrée avec une brutalité indifférente ou une libidineuse douceur, l'aimable figure de la patiente se fermait et prenait de la distance, ses gestes devenaient mécaniques, tels ceux d'une poupée sans sexe et sans âme. Et quand, malgré le signe de croix furtif sur l'oreiller, un soupçon de plaisir ou un orage de jouissance venait décevoir la prière préservative, une confusion de pucelle rougissait les traits délicats.

Chaque séance me renforçait dans la connaissance de cette essentielle et salutaire vérité que la lettre paulinienne de l'oncle Gabriel à ma future femme avait si clairement dégagée : dès qu'il lui reste un brin d'étroite liberté, une grande âme peut s'en tresser une échelle pour atteindre le Paradis, alors que les libertés les plus larges font trop souvent les échelles les moins solides. Car l'étendue de la liberté importe peu, c'est la qualité de ses plus humbles et journalières manifestations qui nous sauve.

Bien plus tard, dans un Etat où le renseignement est roi, j'ai eu la réputation d'un sénateur diaboliquement informé, qui avait glissé des espions sous tous les lits de Venise. Etant donné le nombre d'hommes connus que Lucretia recevait, j'eusse été bien négligent de ne pas mettre en réserve quelque détail utilisable. Mais c'était alors une bien faible et hypothétique consolation.

Consolation, d'ailleurs, qui tourna court dès septembre, le bruit calomnieux s'étant répandu par toute la maison que j'allais vicieusement me réjouir la vue des prestations de mon amante ou surveiller avec avarice le labeur de ma protégée. Il ne suffit point en ce bas monde d'avoir sa conscience pour soi. Encore faut-il donner au prochain une image qui soit conforme au préjugé moral le plus courant. Je renonçai donc à m'instruire et à admirer.

VIII

Cet été suffocant se traînait. Les jours décrurent, mais la sensation de chaleur demeurait forte. Il règne une atmosphère d'étuves au début de nos automnes.

Je recevais de mon oncle Angelo des lettres rares et brèves qui me souhaitaient bon courage, car ma mère, en dépit de ses indulgents conseils, demeurait inflexible : blessée jusques au fond de l'âme plus encore par mes sanglantes insultes que par la conduite dissimulée de Lucretia, elle voulait me voir à deux genoux bouffer mon parchemin avec le sceau !

Ils ne rentrèrent tous deux que dans la deuxième quinzaine d'octobre et ne purent cacher leur inquiétude : affreusement maigri, j'avais depuis des semaines négligé de faire raser ma barbe naissante, et je déambulais, l'œil luisant de fièvre, sans plus guère porter attention à ce qu'on me pouvait dire. Lucretia elle-même était fort alarmée de mon soudain et rapide dépérissement. Le désespoir d'être incapable de la libérer, le déchirement que m'avait causé une mère que j'avais tendrement aimée et respectée, tout s'était conjugué pour m'abattre et ma tête commençait à se perdre. Des visions, des hallucinations extravagantes me poursuivaient, où des filles de joie aux lambeaux[1] de lèvres étroitement cousus

1. Condulmer emploie ici le très précis terme chirurgical latin de *habenula*, plus clair pour le Vénitien du XVe que pour le lecteur

livraient leurs derniers appas disponibles à des nègres énormes sous la rancunière bénédiction de ma mère.

Mais on ne me vit pas longtemps debout : ma répulsion de revoir – fût-ce de dos ! – cette mère indigne était si profonde que je dus m'en aliter, et l'on crut à bon droit que mes jours étaient en danger. Dans mes instants de relative lucidité, j'écrivais à Lucretia des phrases sans suite, et je menaçais de me jeter au canal si le courrier ne lui était pas remis sur l'heure. Bref, j'étais amoureux. Toutes les persécutions subies dans mon ménage et toutes les sublimes vertus de ma femme n'avaient fait que m'endurcir dans ma passion.

De temps en temps, la petite négresse de ma mère m'apportait un bouillon et me regardait boire d'un œil triste. Elle commençait de gazouiller suffisamment le vénitien pour me dire que le gondolier éthiopien lui faisait la cour, et il m'était difficile de lui faire comprendre les dangers qu'elle courait. Les femmes cousues sont très recherchées en Afrique par de vicieux sodomites, heureux de pouvoir se livrer à des débordements qui ne laissent pas de traces perceptibles.

Fin novembre, deux médecins, dont le maître tenait de l'âne, et l'assistant, du perroquet, déclarèrent que les humeurs les plus perfides semblaient dissipées et qu'il y avait des chances que je survécusse. L'esprit plus clair, je réclamai un médecin juif – ce sont les meilleurs, car ils ont moins de préjugés et tiennent un plus grand compte de l'observation –, lequel me dit en toute simplicité que, mon mal venant d'une femme, seule une femme le pouvait guérir. Et il ajouta doctement : « Regardez-moi

d'aujourd'hui. Il veut dire qu'après excision des nymphes, du clitoris et de son capuchon, les grandes lèvres étaient en effet incisées sur toute leur longueur, du mont de Vénus au périnée, et que c'étaient bien les deux « lambeaux » internes qui faisaient l'objet d'une solide couture, un trou postérieur étant laissé pour le passage de l'urine et des règles, d'un calibre juste suffisant pour remplir leur office, mais insuffisant pour permettre à la jeune fille le moindre attouchement à prétentions voluptueuses.

bien, avec ma grande barbe noire, ai-je l'air d'une pucelle ? » Il avait réussi à me faire sourire, signe que j'étais sauvé.

Ma convalescence fut longue. Début décembre, ma faiblesse demeurait telle que je n'étais pas encore sur pied, mais j'avais recommencé de m'alimenter normalement et les forces me revenaient peu à peu.

Le matin, alors que ma mère était à sa toilette, cherchant partout en esprit un document qu'elle avait sous le nez, mon oncle Angelo venait me tenir compagnie quelques instants. Il ne se faisait pas faute de m'accabler de réflexions morales ou philosophiques, me reprochant de vouloir corriger l'ordre des choses et d'être plus exigeant pour autrui que pour moi-même. Heureusement, il se souciait aussi d'améliorer mon état par de bonnes nouvelles. Il avait obtenu que ma mère, mortellement inquiète de ma santé chancelante malgré les cruelles déceptions que je lui avais infligées, entrebâillât son escarcelle à défaut de son cœur et, mon oncle demeurant tributaire pour la courte période qu'il avait accepté de couvrir en soupirant, Lucretia n'était plus astreinte qu'à une douzaine de visites par jour, avec la précieuse latitude de pouvoir choisir les pratiques les moins déplaisantes.

J'avais la preuve d'autre part que mes lettres enfiévrées lui étaient bien parvenues, pour la bonne raison qu'on me faisait tenir d'elle de courts billets, écrits dans un vénitien hésitant. Mais elle s'appliquait à polir avec soin la pensée et la forme, soucieuse de montrer à ma mère, qui la lirait sans doute au passage, quelle éducation elle avait reçue avant ses malheurs, et toute la délicatesse de son âme s'exprimait dignement avec une préciosité charmante.

J'ai conservé l'un de ces billets :

« Mon très cher Pietro, Madame Kastelis m'a fait part des bontés que votre mère vient d'avoir pour moi, d'autant plus grandes que mon accueil reste plus apprécié, et qui s'ajoutent à celles de votre oncle Angelo. J'en suis sincèrement confuse, après les avoir tant déçus dans leurs légitimes espérances à votre égard.

» Quant à choisir mes visiteurs, la chose ne saurait se concevoir. Cet injuste privilège, dont l'idée ne sourit guère à la patronne, soulèverait contre moi l'animosité de mes compagnes, d'autant plus enclines à être jalouses qu'elles sont plus malheureuses. D'autre part, si je choisissais les hommes les plus déplaisants, il y aurait mortification déplacée; et si je choisissais les plus beaux, j'aurais le sentiment de manquer à Dieu comme à vous. Seule une vertueuse inexpérience a pu inspirer à votre mère le projet d'une pareille faveur.

» Et je suis au regret de refuser autre chose. Dans les mots décousus que j'ai reçus de vous alors que vous étiez si malade et que je croyais moi-même périr d'inquiétude, vous me demandiez de noter les particularités les plus saillantes des visiteurs de marque. C'était assurément un effet de votre délire. Ne vous avais-je pas déjà expliqué que nous avions l'obligation morale et commerciale de garder le silence sur les péchés particuliers de nos pratiques – à moins certes qu'elles ne désirent expressément être vues en train de les commettre ? Que pourriez-vous fabriquer, d'ailleurs, de tels détails ? Par bonheur, la maladie ne vous a pas poussé à écrire d'autres sottises.

» Prenez bien soin de votre santé en progrès ! Et ne manquez point de rendre à votre mère tous les respects qui lui sont dus. Un amour aveugle, sans doute, l'a contrainte à vous frapper en ma personne, mais un amour aveugle est encore de l'amour, et elle doit souffrir autant que vous. Le soir, après que je lui avais fait lecture, avec quelle affection passionnée ne me parlait-elle point des qualités de son fils jusqu'à ce qu'un chaste sommeil nous eût toutes deux réunies comme des sœurs au creux de ce grand lit où vous êtes né ! J'aurai appris à vous mieux connaître, peut-être même à vous aimer, sur le propre sein de votre mère, qui était alors loin d'être de marbre. Songez un peu à cela quand une ire démente risque de vous emporter.

» Je ne désespère pas d'améliorer mon vénitien en bavardant avec tous ces hommes instruits que votre mère m'envoie en punition de ma faute, faisceau nouveau de verges sévères après celles que mon dos a essuyées au Palais tandis que vous dormiez sur votre couche douillette. Puisque je suis appelée à succéder un jour à une éminente patricienne, ce serait la moindre des choses que je possédasse à fond la langue d'ici, et pas seulement pour discourir d'obscénités. Hélas, mes visiteurs n'agitent pas leur langue que pour parler et je dois trop souvent les rappeler à l'ordre !

» Ma fidélité vous est plus que jamais acquise et votre Theodora vous embrasse avec toute sa tendresse. »

Je m'étais bien gardé d'avouer à Lucretia qu'à l'occasion d'une crise de fureur, j'avais accablé ma mère d'injures faisant lourde allusion à son intimité suspecte avec sa camériste. Il y avait sur la fin de cette correspondance quelques phrases qui ont dû faire grincer des dents l'indiscrète lectrice !

Le dimanche 12 décembre, je fis l'effort d'aller à petits pas à la grand-messe de notre immense chapelle des doges remercier le Ciel de m'avoir donné une femme aussi accomplie en tous points et lui demander d'accomplir un miracle pour que la plus révoltante injustice ne triomphe pas une fois encore sur cette terre que la folie et la méchanceté des hommes ont rendue inhabitable pour les êtres sensibles.

L'air vif, le pâle soleil d'hiver me firent du bien, et la messe également. Je marchais d'un pas mieux assuré vers la sortie de l'édifice, veillant cependant à ne pas trébucher sur les dalles qui avaient pris du jeu, lorsque, aux environs d'un bénitier, le miracle espéré se présenta sous la forme du sénateur Tradenico (je préfère lui prêter ce nom).

Homme brillant, aimable, encore assez jeune, mais

porté aux intrigues et de fortune douteuse, ce Tradenico avait réussi à se pousser au sénat plus tôt qu'on ne s'y serait attendu, et il s'y était fait une certaine réputation en matière de politique extérieure : c'était un spécialiste du monde féodal d'Occident et le Conseil restreint du doge passait pour apprécier ses lumières à l'occasion. Je le connaissais seulement pour avoir un jour chassé à courre avec lui et quelques autres dans la plaine de Trévise.

J'avais depuis tristement mûri et la souffrance m'avait changé. Tradenico ne m'en reconnut pas moins sur-le-champ, se félicita de me voir debout au sortir d'une maladie dont il avait eu des échos, et nous fîmes tout naturellement un petit tour sur la place que des mouettes criardes survolaient. Ma compagnie paraissant lui agréer, il me guida vers chez lui, où je me laissai passivement conduire parce que sa maison se trouvait par hasard sur le chemin de Santa Maria Formosa, église qui n'est pas bien loin elle-même du palais des Doges.

Il était assez grandement logé, mais le mobilier avait plus de prétention que de valeur, et aucun domestique n'était en vue. Il est vrai qu'on ne trouvait, en ce temps-là, de nombreuse domesticité que chez les Princes ou les gens très riches. De nos jours, le moindre bourgeois tente d'étonner son monde en faisant paraître plus de valets et de servantes qu'il ne peut décemment en nourrir.

Après m'avoir fait les honneurs de son logis en désordre où traînaient nombre de livres poussiéreux, Tradenico me pria de m'asseoir devant une large fenêtre qui ouvrait sur le « rio Formosa », et il me dit avec une sympathie ostensible :

« L'automne est chez nous la période des fièvres. Nous aurions dû bâtir notre Venise dans les Alpes ! Après une telle alerte, un changement d'air vous ferait du bien...

» Et j'y songe tout à coup !... Le sénat recherche un homme pour une mission des plus intéressantes – et sans doute fructueuse –, laquelle importe beaucoup à notre République. Pourquoi pas vous? »

Je ne perdais rien à l'entendre et je pouvais y gagner. J'écoutais donc docilement le sénateur m'exposer son affaire...

« Comme vous le savez, mon jeune ami, Venise ne consent de frais d'ambassades de longue durée qu'en ce qui regarde les puissances dont dépendent au plus haut point son commerce ou sa sécurité. Dans les simples comptoirs qui ont fait l'objet d'une convention d'établissement avec la nation étrangère concernée, c'est notre consul qui nous tient au courant de tout. Dans les moindres colonies sans statut juridique particulier, nous avons encore un correspondant de qualité pour nous renseigner. Et à tout cela s'ajoutent les informations que nous sollicitons occasionnellement de nos marchands ou qu'ils nous livrent de leur propre initiative. En un mot, chaque citoyen vénitien est tenu d'informer sa patrie en cas de besoin, et il ne s'y refuse jamais, sachant qu'il sert l'intérêt général. Venise dispose ainsi en permanence d'une manne de renseignements de valeurs diverses, qui sont triés et appréciés en haut lieu, première condition de l'efficacité commerciale hors pair de la République. Etre les premiers à tout savoir pour tout prévoir et agir au mieux avant les autres, telle est notre devise, telle est notre force.

» Eh bien, en Occident, tout notre système prévisionnel risque actuellement d'être pris en défaut par suite d'une faille, d'un irritant trou noir, qu'il conviendrait d'éclaircir au plus vite : la France, et plus particulièrement ces provinces du sud de la Loire auxquelles se cramponne depuis des années déjà le " roi de Bourges " Charles VII. »

Je me déclarai surpris par cet échec de nos services, et Tradenico m'en exposa clairement les raisons :

« L'éternelle rivalité franco-anglaise, née, à y bien regarder, de la conquête de l'Angleterre par le duc de Normandie Guillaume en 1066, conflit qui a d'abord fait heur et malheur des Capétiens, se poursuit depuis près de cent ans entre les Valois d'un côté, les Plantagenêts, puis les Lancastres de l'autre, à l'état aigu ou endémique, mais toujours sur le territoire relevant du roi de France. Après le foudroyant désastre valois d'Azincourt en 1415 – il y a de cela quinze ans par conséquent –, la débâcle des affaires et des échanges a pris des proportions catastrophiques. Les ruines accumulées, l'insécurité des chemins, les continuels affaiblissements ou renforcements de monnaies, le découragement général ont réduit le commerce à presque rien sur de vastes étendues. Et là où le commerce s'arrête, il n'y a plus de place pour le Vénitien.

» Mais la guerre n'est pas seule en cause. Les prestigieuses foires de Champagne ne sont plus qu'un souvenir, le grand axe de trafic terrestre Italie-Flandre passe aujourd'hui à l'est des frontières du royaume français, et pour gagner Bruges par mer, les Italiens n'ont pas besoin de la France. Même au temps de la relative prospérité valoise, les Vénitiens n'étaient guère nombreux dans ce pays. Nous nous contentions de commercer prudemment avec cet Etat par le biais de places périphériques, conformes au génie marin et enveloppant de notre nation.

» Je viens de parler de prudence, et les faits nous ont donné raison. La plupart des Italiens qui se sont jusqu'ici hasardés en France s'en sont très mal trouvés. Dès la fin du règne de Saint Louis, et plus encore sous Philippe le Bel, ils avaient été nombreux ces " Lombards " – terme générique sous lequel les Français désignent communément tous les argentiers italiens – à apporter aux rois de France des techniques plus modernes de comptabilité fiscale, et trop souvent, pris dans l'engrenage, ils avançaient de fortes sommes au Trésor. Mais les rois français, comme tant d'autres Princes, mais sur une échelle digne de leur réputation, ont pris coutume de caresser un moment leurs créanciers, de ne pas les rembourser ensuite, de les rançonner, de les pendre ou de les chasser enfin, espérant toujours avec une sottise accrue que de nouvelles bêtes viendront se jeter dans leurs filets.

» Les " Lombards " ont eu ainsi les pires difficultés en 1268, 1274, 1277, 1291, les tracasseries ont été fréquentes au siècle dernier, et quand les troubles civils, ultimes fruits de la guerre étrangère, sont venus endeuiller Paris, soumis à d'alternatifs massacres de factieux " armagnacs " ou " bourguignons ", nos " Lombards ", victimes de la xénophobie inhérente au peuple grossier, n'ont pas été oubliés. En juin 1418, par exemple, lors d'une nouvelle purge qui visait, cette fois-là, les brigands " armagnacs ", les Parisiens ont fait bonne mesure en égorgeant plus de quatre mille étrangers : des Bretons, des Gascons, des Castillans, des Catalans... les Génois, Lucquois, Siennois ou Lombards proprement dits étant naturellement en première ligne – sans parler des juifs, qui sont de toutes les fêtes dans ce pays de stupides sauvages, sans cesse à la poursuite d'une poule aux œufs d'or pour la faire frire. (Des juifs avaient en effet eu le malheur de revenir discrètement, en dépit de l'expulsion générale de 1394.) La coupe étant pleine, les Italiens – ou ce qui en restait – ont alors évacué la France : après 1420, en dehors d'Avignon qui est au pape, il n'y a plus grand monde, et à ce jour, un maigre résidu de " Lombards " sont surtout occupés à faire passer de Londres à l'Echiquier de Rouen les soldes des troupes du Régent anglais Bedford.

» Par conséquent, ce n'est point par des concurrents italiens dans le secret des affaires que nous pourrions avoir aujourd'hui des échos des réalités françaises – et encore moins par des Vénitiens, traditionnellement absents. Nous autres connaissons trop la valeur de l'argent pour en prêter à des rois malhonnêtes et incapables. Les banques florentines Bardi et Peruzzi ont jadis fait faillite pour avoir ouvert des crédits énormes à Edouard III, que sa victoire de Crécy n'a pas sauvé des embarras de finances : même les rois vainqueurs ne paient pas leurs dettes ! Et nous sommes trop avisés aussi pour louer nos talents comptables à des fiscs étrangers, le populaire voyant toujours la chose d'un mauvais œil. Nous nous bornons à vendre autant que possible comptant, avec un risque des plus réduits. Mais pour l'heure, nous recueillons en fait de renseignements l'amer salaire de notre prudence éclairée. »

J'ai prié Tradenico de me dire quelle urgence il pouvait y avoir à se renseigner sur la France, sanglant foutoir d'où il n'y avait pas à tirer un ducat...

« Mais, mon cher Pietro (souffrez que je vous appelle par votre prénom), cette vaste France aux populations si nombreuses et si diverses est de loin – potentiellement en tout cas – le territoire le plus riche de la chrétienté. (Quel dommage qu'elle ne soit pas peuplée d'Italiens débrouillards!) C'est bien simple, dans les années qui ont précédé Azincourt, et malgré un système fiscal aberrant, si nous représentons les revenus du roi de France par le chiffre quinze, ceux du duc de Bourgogne étaient de cinq, ceux du roi d'Angleterre, de quatre seulement, ceux du pape ou du royaume de Naples, de deux.

» Etant entendu que les plus forts revenus n'assurent pas forcément les meilleures disponibilités financières. Alors que l'Etat français vit depuis des générations au-dessus de ses moyens, c'est de nos jours le pape qui, après Venise, a le plus d'argent liquide à disposition. Avec ce qu'il arrache – de plus en plus difficilement, il est vrai – à tous les pays d'Europe, à quoi s'ajoute le produit de ses Etats italiens, il n'a que son administration, sa cour et ses maigres troupes à entretenir, et de plus il jouit de l'énorme avantage occulte de pouvoir payer en évêchés ou en abbayes des services que les Etats laïcs sont bien forcés de rémunérer en espèces. Comme tout le monde, le pape emprunte, mais son crédit vaut le nôtre!

» Tout cela est exact. Il n'en reste pas moins que les ressources de la France ont toujours été dignes de son désordre. Dès que la paix autorise la machine à se remettre en marche pour de bon, un nouveau partenaire commercial à ne pas négliger revient sur les rangs.

» Or, de nombreux signes nous disent que la séculaire épreuve touche à son terme. Six fois moins nombreux, trois fois moins riches, mais avec l'aide de la Bourgogne, de l'Université et des habitants de Paris, du clergé et des bourgeoisies du nord de la Loire, pouvant compter de surcroît sur les sympathies du pape, les Anglais sont apparemment en train de gagner la partie, et pour la principale raison qu'une bonne moitié de la France, la plus peuplée et la plus travailleuse, les tolère ou les soutient. La solution du traité de Troyes de 1420, qui réunit, au détriment de Charles VII, les deux couronnes d'Angleterre et de France sur la tête du seul roi anglais, satisfait beaucoup d'hommes d'Eglise, d'hommes de loi ou de négociants épris d'ordre et de tranquillité. Orléans est assiégé depuis le 12 octobre dernier, et la chute de la ville peut entraîner la débandade des derniers partisans du roi Charles.

» Mais le probable n'est pas toujours certain. En dernière analyse, ce sont bien sûr les finances qui imposeront leur loi. Et contrairement à ce que d'aucuns imaginent, les ressources financières du roi de Bourges – bien qu'administrées avec une scandaleuse gabegie – demeurent plutôt supérieures à celles que l'économe Bedford, qui assure la régence pour le compte du petit roi lancastre Henri IV, peut consacrer à la guerre. Car le Parlement anglais, qui respire un air d'indépendance depuis la chute des Plantagenêts, mesure les crédits pour des opérations interminables qui ne sont d'aucun profit immédiat. Bedford doit trouver sur place, dans un pays épuisé, le plus gros de ses ressources. Le roi Charles et le Régent faisant ainsi assaut lamentable d'impécuniosité, un compromis ne serait pas impossible en désespoir de cause, une solution de partage, par exemple, qui laisserait à Charles et à ses " Armagnacs " quelques provinces méridionales. Français du nord et du midi ne se sont jamais bien entendus. Vivre séparés ne leur ferait pas de mal.

» On a observé depuis longtemps que les régions du nord de la Loire ont plus de traits communs avec la vallée du Rhin ou la Flandre qu'avec la France du sud, qui regarde naturellement vers l'Italie ou l'Espagne, et la division en langue d'oui et langue d'oc illustre bien cette irréconciliable différence.

» Quoi qu'il en soit, je le répète, pour tous les observateurs compétents, la fin est en vue, qu'il s'agisse d'un partage engendré par de réciproques lassitudes ou d'une victoire anglaise à la Pyrrhus. (L'hypothèse d'un sursaut salvateur de Charles VII n'est évidemment pas à retenir; son moral est au plus bas au sein d'une étonnante pagaille!) Il nous importe donc au plus haut point de savoir à temps de quel côté le vent va tourner, s'il y aura, en bref, une France ou deux, afin d'être présents sur le marché dans les meilleures conditions dès que les routes seront largement rouvertes. Et j'aimerais vous envoyer au royaume de Bourges, qui nous reste le plus mystérieux : par nos correspondants de Londres ou de Bruges, nous avons quand même un minimum de lumières sur ce qui se passe chez Bedford. »

Après avoir sacrifié, avec une haute compétence, à de politiques prévisions que l'avenir devait tourner en ridicule, Tradenico, entraîné à la faconde par la fréquentation des assemblées et des commissions, reprit son souffle, et moi-même, un peu étourdi, je hochai silencieusement la tête en signe de courtoise approbation.

Une vieille servante borgne en profita pour nous apporter sur un plateau essuyé de travers un en-cas assez triste de poulet froid coriace et de poisson bouilli plus réfrigérant encore, le tout arrosé d'un vin médiocre, et le sénateur m'invita joyeusement à partager ce festin, la servante joignant son invite à la sienne d'une voix éraillée et avec des familiarités superflues.

Cette horrible femme – malgré les séductions de son œil de cyclope – m'avait tout l'air d'une pute hors d'usage, engagée pour une bouchée de pain. Mme Kastelis m'avait révélé que bien des infirmités, une croulante décrépitude même, attiraient curieusement certains amateurs, et qu'elle avait fait un moment ses choux gras d'une unijambiste sur le retour. Par un étrange paradoxe, telle femme qui ne trouverait point à se donner dans un cadre décent, parvient encore à se vendre sur la voie publique. Et ce paradoxe est bien réconfortant pour le moraliste. Il nous enseigne que toutes les femmes seraient perpétuellement désirables si elles avaient la liberté de passer en revue tous les amateurs disponibles. Oui, il n'est point de femmes laides, il n'y a que des femmes seules.

Tradenico semblait avoir un vice secret qui le faisait dépenser plus que son revenu. Tout en déjeunant du bout des lèvres avec cet hôte assez peu engageant, je lui demandai pourquoi il avait pensé à moi plutôt qu'à un autre.

« Oh, me dit-il, ce n'est certes pas pour obliger votre oncle Angelo : son caractère fuyant ne m'inspire guère et nous serions plutôt en froid depuis quelque temps... Mais, voyez-vous, une mission de cette importance ne peut être menée à bien que par une personne hors du commun. Il y faut de la hauteur de vue, de la pénétration, de la prudence, mais aussi du désintéressement et de la force d'âme, et par-dessus tout, un patriotisme intransigeant et éclairé, harmonieuses qualités qui sont l'apanage de nos plus illustres familles patriciennes. Précocement mûri, ayant déjà répudié – à en croire votre oncle – les habituelles dissipations de l'adolescence, vous êtes jeune enfin, apte, une fois rétabli, à supporter quelques fatigues pour la gloire de notre éternelle Venise. Et cette jeunesse même, en détournant de vous prendre trop au sérieux, mettrait en confiance les interlocuteurs; votre nom, votre charme personnel et votre mondaine aisance étant susceptibles de vous ouvrir toutes les portes. Les jeunes patriciens instruits, sérieux et dévoués auxquels le sénat peut faire confiance ne sont pas si nombreux, et nous devons découvrir aussi un garçon libre de tout engagement. Mais répondrez-vous à l'appel de la patrie ? »

Les chatouilles à la vanité endorment toute méfiance et j'avais l'excuse que la maladie m'avait provisoirement affaibli l'esprit. J'aurais dû me rappeler avec quelle instinctive habileté Lucretia avait parfois flatté ma mère pour en obtenir une menue faveur.

Tradenico ajouta négligemment :

« J'envisage une enquête d'un an, peut-être, qui pourrait beaucoup pour votre réputation – et, cela va de soi, pour vos finances. On m'a rapporté que vous n'aviez pas encore la libre disposition de votre fortune et il est bien naturel qu'un jeune homme de valeur puisse espérer mieux que de l'argent de poche. Non seulement le sénat couvrira largement tous vos frais, mais il saura reconnaître la valeur de vos éminents services. Nous n'en sommes pas à quelques milliers de ducats près dans une affaire de cette envergure. Un vrai Vénitien, d'ailleurs, ferait des affaires sur une île déserte en procurant des Indulgences à de grands singes inquiets ! Et à la cour du roi Charles, au milieu d'une misère épouvantable, l'argent mal acquis coule à flots. Il ne tiendrait qu'à vous d'en avoir honnêtement votre part. »

Je dressai l'oreille pour de bon. L'argent de la rançon de Lucretia serait-il en France plutôt qu'à Venise ? Et avec le plus important de l'avance qu'on me consentirait sans doute avant mon départ, ne serais-je pas en mesure de soustraire pour longtemps ma femme aux injurieuses approches qui me désespéraient ? Mais, par suite de mes écrasantes responsabilités à son égard, l'idée de me faire prématurément étriper par un bandit « armagnac » ou « bourguignon » ne me souriait guère. Je révélai à Tradenico qu'une certaine jeune personne, cloîtrée par un tuteur impitoyable et jaloux, ne pouvait compter que sur moi, et que je m'inquiétais dès lors à bon droit de ma sûreté.

Il s'empressa de me rassurer à sa manière :

« Jusqu'à Aigues-Mortes, aux portes de la Provence – qui, ne relevant pas directement du royaume de France, n'est pas en guerre –, vous naviguerez par l'un de nos convois réguliers, dont les rapides galères peuvent se porter secours en cas de péril. Et vous ferez la route de terre avec une caravane marchande bien armée, dont je ne puis certes garantir qu'elle échappera à toute agression, mais il vous suffirait alors de dire : « je suis citoyen de Venise ! » – *civis venetianus sum !* –, pour que le plus profond respect vous entoure sur-le-champ. Les soldats en rupture de ban – ou même sous contrat ! – qui ravagent la France entière sont devenus de vrais professionnels à la longue, éventuellement un peu vifs, mais connaissant bien leur monde. Ils crèvent pour se distraire des culs-terreux sans valeur, violent ignoblement des mères et des filles sans défense, chapardent avec insouciance tout ce qui leur tombe sous la main... Ils sont même allés autrefois rançonner le Seigneur pape en son Avignon ! Mais le Vénitien serait bien le dernier qu'ils auraient l'imprudence d'insulter. Car Venise a le bras long, une mémoire d'éléphant pour la moindre offense, et veille partout sur le plus modeste de ses enfants, qui sont tous égaux à ses yeux. Tôt ou tard, l'injure est lavée, d'une façon ou d'une autre.

» Non seulement vous ne risquerez rien, mais vous serez en France l'objet d'une sympathique et vive curiosité : la présence d'un Vénitien distingué, homme qui ne perd jamais son temps et ne court pas les routes pour son plaisir, donnera à penser que le conflit se termine et que les grandes affaires vont reprendre. »

Cet idyllique tableau était loin de dissiper toute inquiétude. Assurément, ce Tradenico nourrissait à l'encontre des Français les plus classiques préjugés vénitiens et n'avait pas eu comme moi un précepteur breton capable – en dépit de son patriotisme péninsulaire – de gommer quelques clichés superflus, mais il devait quand même savoir de quoi il parlait, et sa tentative de dorer la pilule laissait rêveur.

Un brin de réflexion m'engagea à lui dire :

« J'entends bien que ma mission serait tout à fait officieuse, mais je partirais beaucoup plus tranquille si j'avais sur moi un accréditif quelconque de nature à faire réfléchir un soudard de grand chemin que ma qualité de citoyen de Venise n'impressionnerait pas suffisamment. Il va de soi que je ne produirais ce document qu'en cas d'absolue nécessité. Je vous ferai remarquer, mon cher sénateur, que pour transmettre des informations, il est préférable d'être en vie. »

Cette demande bien naturelle en pareille circonstance parut beaucoup ennuyer Tradenico, qui tergiversa un long moment, accumulant raisons et prétextes : ce n'était pas l'usage, en aucun cas la République ne devait être compromise, etc. Mais devant mon inébranlable obstination, il se résolut enfin de fort mauvaise grâce à rédiger lui-même l'accréditif, sous forme latine avec traduction française, pesant avec soin chaque mot, à savoir :

« *Ce 12 décembre de l'an de l'Incarnation 1428, Marcantonio Tradenico, sénateur et membre de la commission des Affaires étrangères du sénat de Venise, prie par la présente baillis et sénéchaux du royaume de France de porter aide et assistance en cas de besoin à l'envoyé Pietro Condulmer et de lui faciliter son voyage vers la cour du roi, où il est impatiemment attendu.* »

Puis Tradenico, tout soupirant, apposa sous mes yeux son sceau de sénateur, avec de nouvelles et instantes objurgations de ne pas laisser traîner le papier et de ne le sortir qu'à la dernière extrémité, ma vie ne tenant plus qu'à un fil. Le texte était un peu vague, mais pouvait néanmoins rendre service.

Me remettant cette sorte d'accréditif mâtiné de passeport, mon hésitant protecteur me fit ce commentaire :

« Il y a des baillis au nord et au centre, des sénéchaux dans le midi, et le roi qui est censé vous attendre n'est pas précisé. Vous pourrez ainsi utiliser ce document – ce que je ne vous souhaite guère ! – au nord comme au sud de la Loire, pour aller voir l'un des deux rois au choix, Henri VI ou Charles VII !... »

L'imprécision du texte quant à l'essentiel était compensée par son ambiguïté politique et géographique!

Tout en me raccompagnant, Tradenico me confia :

« Dans l'ensemble, je suis satisfait de ce premier entretien. Bien sûr, j'avais pris des renseignements détaillés sur votre personne et je ne vous ai pas rencontré par hasard à Saint-Marc. Vous montrez une louable prudence, mais aussi une bien remarquable fermeté : je n'avais nullement l'intention, vous savez, de commettre cet accréditif où vous êtes qualifié d' « envoyé », et je me ferais taper sur les doigts si le bruit s'en répandait. La faveur est tellement rare et irrégulière! N'en soufflez mot à votre oncle, je vous prie. »

Si je maintenais ma décision de m'expatrier pour quelque temps, il n'y aurait point d'obstacle à mon départ. Je n'avais plus aucune relation avec ma mère et me faisais monter mes repas dans ma chambre. L'attitude de mon oncle m'avait déçu. Ils ne seraient peut-être pas fâchés tous deux de me voir partir, et j'étais en âge de leur fausser compagnie si l'argent de l'indépendance m'était procuré.

A force de me raccompagner, Tradenico me colla plus loin que je ne l'avais prévu. Bientôt, nous fîmes halte à l'entrée de la ruelle où était la maison de Lucretia. Et dansant d'un pied sur l'autre devant le « Puits aux dauphins », nous nous dîmes cérémonieusement au revoir... pour nous rendre compte enfin que nous allions au même endroit. A cet instant, un jeune maquereau discrètement moucheté de jaune me fit un aimable geste de reconnaissance en passant.

Tradenico s'esclaffa et me dit sur un ton canaille :

« Ah, ah, nous étions décidément destinés à nous rencontrer! Je vois que vous connaissez les bonnes adresses et que vous ne vous êtes pas rangé tout à fait. Les jeunes hôtesses de ce lupanar sont superbes. J'y ai découvert récemment une certaine Lucretia, à qui l'on aurait donné le bon Dieu sans confession, mais qui n'en a pas moins encore poussé ses prix, alors que ses heures de visite se faisaient plus rares. Résultat de cette habile tactique : on se presse à sa porte, et ses plus fidèles soupirants en sont à s'inscrire sur une liste d'attente !...

– Je suis moi-même assez assidu chez cette Lucretia.

– Alors voulez-vous que, pour une fois, nous plumions ensemble cette caille qui a si peu de temps à perdre ? Je vous l'offre aux frais de la République, qui en a vu d'autres ! »

S'il m'était resté l'ombre d'une hésitation à partir pour trouver coûte que coûte sept mille ducats, la providentielle coïncidence l'eût dissipée. Le Dieu implacable de l'Ancien Testament, qui jetait son peuple d'élection comme une pluie de feu contre les idolâtres, me désignait Bourges – ou une bourgade analogue – de son index fulgurant pour une veillée d'armes. Et avec l'argent français, j'allais faire plus et mieux que libérer Lucretia, je me mettrais avant l'heure sur le pied de tirer une juste et sainte vengeance de tous ceux qui lui avaient manqué de respect... de beaucoup sans doute... de quelques-uns, en tout cas.

Je les avais repérés à loisir de derrière mon judas !... Certains se livrent à la débauche avec une douce et honteuse humilité, presque confus d'acquérir à prix d'argent une valeur unique et inestimable. Mais d'autres fréquentent les bordels pour goûter l'humiliation d'autrui et s'en repaître. Ils ont de ces regards, de ces gestes, de ces intonations qui font froid au cœur. Et si des verrous, des portiers, des barreaux empêchent de sortir des maisons sans permission, ce n'est pas seulement pour assurer la bonne garde des débitrices insolvables qui ne peuvent rembourser qu'en travaillant sur le dos : il s'agit aussi de retenir et de livrer à la police les pervers qui auraient pris plaisir à maltraiter l'objet de leurs attentions. Je flairais que Tradenico était de cette sombre espèce, retenu par la seule prudence sur la voie des pires méchancetés. Il aurait tôt ou tard une place de choix sur ma liste noire ! Mais en attendant, je devais composer, ruser à la vénitienne, serrer cette main molle qui s'apprêtait à ramper sur mon bien.

« Je vous laisse la caille, dis-je gracieusement au sénateur, et je baise le roi de Bourges.

– Alors, vous êtes bien décidé ?

– Absolument !

– Sinon, il faut me rendre mon papier... »

L'endroit m'était devenu insupportable. Plutôt que de patienter jusqu'à ce que la place fût libre, je préférai rentrer au Palais pour faire part de ma résolution à mon oncle, quitte à voir Lucretia plus tard avec un supplément de nouvelles fraîches.

Mon oncle Angelo, ses lunettes sur son nez, relisait dans la bibliothèque une traduction latine du parallèle de Plutarque entre Cicéron et Démosthène, ces deux bavards qui avaient creusé leur tombe avec leur langue au lieu de mourir comme mon père. Il devait y chercher des leçons de souplesse.

Je lui annonçai avec une parfaite fausse modestie que le sénat m'avait distingué après enquête, qu'il attendait de moi de grandes choses, et qu'il se pourrait que je partisse prochainement en mission secrète pour un pays dont dépendait le sort de l'Europe et de Venise. Mon oncle paraissant sceptique, je lui rapportai mon entretien avec Tradenico, révélation qui le plongea dans un étonnement très convenable : plus vif, il eût été moins flatteur.

Comme je l'avais prévu, les objections de principe qu'il souleva étaient assez faibles et ne semblaient pas destinées à convaincre.

Il me dit pourtant :

« Ainsi tu abandonnes ta Lucretia aux joies et aux peines de son petit métier... »

Mais il ajouta aussitôt :

« Bah, après tout, on dit que les voyages forment la jeunesse, et ils changent sûrement les idées. Il paraît qu'à la cour du roitelet de Bourges, qui n'ose se risquer sur les champs de bataille, crainte de se faire capturer comme son arrière-grand-père Jean le Bon, une cohorte de Messalines prennent d'assaut les beaux étrangers de passage – surtout quand leur bourse est bien garnie.

Mais d'autres dames ne se font pas faute d'ouvrir largement la leur pour obtenir le même résultat. Tu vas enfin changer de bordel, Pietro! Et il était temps : fréquenter une douzaine de maisons n'a jamais nui à la réputation d'un honnête homme; se consacrer à une seule fait la plus fâcheuse impression. Il est des barrières qu'il faut bien se garder de franchir.

» Le sénat est parfois un peu pingre pour ses jeunes serviteurs. Je me fais fort de tirer de ta mère pour toi un viatique, et j'y ajouterai de ma poche. »

Je remerciai comme il convenait. L'oncle Angelo multipliant les conseils de prudence pour la route, je lui montrai, dans l'intention de le rassurer, le document que j'avais obtenu à grand-peine de mon mentor. Malgré le talent inné de mon oncle pour la dissimulation, je vis bien qu'il avait du mal à cacher sa surprise et sa contrariété, mais je ne m'en inquiétai guère, ayant en tête une proposition qui était pour moi capitale :

« Je comprends à merveille, dis-je, que ma mère ne peut faire élargir ma femme après mon départ : elle s'empresserait de me suivre. Mais ma mère a offert de libérer et d'établir honorablement Lucretia si je renonçais à ce mariage, et ce serait tout à fait le cas s'il m'arrivait par hasard de périr sur mer ou en France. Et aussi bien puis-je rendre mon âme à Dieu n'importe où avant mes vingt-cinq ans. L'occasion serait excellente pour ma mère de se faire une bonne conscience, s'il lui en reste. Montez donc lui demander, je vous prie, de m'établir un acte où elle s'engagerait à racheter, à affranchir l'esclave, et à lui verser cinq mille ducats si je venais à disparaître avant sept ans. Avec le revenu d'une telle somme, une femme est à l'abri du besoin. »

Sans commentaire, mon oncle monta faire la demande et redescendit peu de temps après, l'acte en main, qui était de quinze mille ducats, authentifié par l'élégant sceau maternel « en navette », vert foncé sur lacs de soie rouge.

Alors que je considérais le parchemin avec étonnement, l'oncle Angelo me dit :

« Ta mère me charge de te déclarer que tu es un ingrat, un fol, un fourbe, un menteur, un insolent, un inconscient, un gibier de bordel, un monstre dont le Ciel l'a affligée pour ses péchés, mais qu'elle t'aime avec autant de tendresse que par le passé et que l'argent n'aurait plus pour elle aucune importance si la mort t'enlevait à son affection et à ses soins. Elle te supplie de bien veiller sur ta santé, espérant, tout compte fait, que l'atmosphère de France te sera plus favorable que celle de Venise. Quand comprendras-tu que tu es tout pour elle ? Que ses innocentes coquetteries à l'égard d'une camériste ou de quelques hommes distingués que tu n'as pas à connaître n'enlèvent rien à l'amour qu'elle te porte !

– Taisez-vous, mon bon oncle ! Vous allez accroître jusqu'au délice mon plaisir de la désespérer ! »

La phrase choqua l'oncle au point qu'il se signa !

« D'après ce que je comprends, Pietro, tes sentiments impossibles pour cette Lucretia sont toujours aussi absolus ? Tu ne pars que dans le dessein de la revoir libre plus vite ?

– Pourquoi diable vous ferais-je part de mes desseins ? Mais puisque je vous vois en pieuses dispositions, seriez-vous assez charitable pour vous substituer à ma mère en cas de défaillance de sa part ?

– Je suis flatté de t'inspirer plus de confiance qu'une mère... »

Après avoir balancé, mon oncle finit par m'accorder cette faveur, et eut même la bonté de s'engager par serment sur les Evangiles.

Le soleil se couchait lorsque je fus introduit chez Lucretia, qui en avait fini avec les visites. Un grand brasero rougeoyait, dont les émanations nocives s'enfuyaient par la fenêtre entrouverte, et la pièce était tout embuée, car ma femme était dans la baignoire qu'on lui avait consentie du fait que sa claustration la privait d'étuves.

Ce fut un doux moment d'intimité. Elle était heureuse de me revoir après avoir tant redouté de me perdre et, pour la première fois depuis le matin de notre radieux mariage, j'osai l'embrasser et la serrer contre moi, jusqu'aux yeux aspergé d'eau savonneuse et parfumée.

Ma santé l'inquiétait beaucoup, et je pus la rassurer deux fois : vif, j'allais mettre pour elle la France au pillage; mort, je lui rapportais encore la liberté et la fortune. Et en attendant, avec tous les viatiques qu'on m'avait laissé espérer, je lui rendrais cet état d'innocence que ses charmes n'auraient jamais dû perdre. Son émotion fut grande que j'eusse songé à la préserver de la sorte, et elle n'eut pas de mal à me persuader qu'elle me préférait vif que mort.

« Vous voyez, me dit-elle, que votre mère n'est pas si méchante. C'est son amour pour vous qui la rend intraitable. »

Ce vieux merlan de Tamerlan aussi ne faisait jamais d'hécatombes sans songer, la larme à l'œil, à l'avenir de ses trois cents fils. Il n'y a rien de tel que les bonnes intentions, le plus satisfaisant des alibis, pour encourager à mal faire.

Pleine d'appréhensions à la perspective de mon départ pour un pays dont elle ignorait à peu près tout, mais dont elle avait entendu dire qu'il était en guerre depuis longtemps, Lucretia me posa maintes questions sur la France.

Selon le préjugé vénitien de 1428 – je doute qu'il ait beaucoup évolué depuis –, la France, entre autres régions de l'Ouest froides et pluvieuses, était un pays arriéré, peuplé de brutes trop épaisses pour avoir même une juste notion de leur intérêt. Contrairement à notre doge élu et surveillé de près, le roi, persuadé qu'il avait Dieu dans sa manche, se donnait de grands airs devant une populace crédule, avec la complicité d'un clergé fourbe et jouisseur, qui passait son temps à se mêler de ce qui ne le regardait pas. La noblesse ignare et paresseuse lézardait sur ses terres en friche, vivotait de mendicité courtisane chez les grands, ou jetait par les fenêtres l'argent des hypothèques qui condamnaient ses châteaux à la ruine. Les visions économiques de la bourgeoisie étaient étroites et surannées, et la vocation bien assise de scribe détournait des métiers aventureux. Seul le bas peuple, peut-être, était bon, mais vivant dans une crasse profonde, il n'avait pas l'intelligence de s'en rendre compte. Des incapables, en somme, qui avaient besoin des Italiens pour apprendre à s'y reconnaître dans leurs livres tournois ou parisis et à manœuvrer en rase campagne, car chaque fois qu'un roi de France livrait la bataille de sa vie contre une poignée de paysans anglais, il se retrouvait en caleçon. Ces quelques défauts – sans parler d'un goût prononcé pour les plus hideux et inutiles massacres – n'empêchaient point le Français de considérer tout le monde de haut et de se prendre pour le sel de la terre : lorsqu'il se promenait par accident à l'étranger, il ne regardait encore que son nombril.

Inversement, le Vénitien était tenu par les Français pour un mercanti sans foi ni loi, étranger à toute idée de noblesse et d'élégante oisiveté, un chacal qui aurait tondu sur un œuf et vendu sa mère pour faire un livre de compte avec sa peau.

Nous cultivons les préjugés xénophobes afin de nous donner de nous-mêmes, par contraste, une image plaisante et favorable. Ils sont la plus naturelle et la plus spontanée expression de la bonne conscience des peuples. A ce titre, ils méritent d'être entretenus avec modération.

Je déclarai à Lucretia que le roi de France était d'autant plus majestueux et accueillant qu'il y en avait deux, que la noblesse française, toute nourrie de romans courtois, avait une belle réputation de vaillance et de largesse, qu'un peuple aimable et naïf n'avait cessé d'élever des cathédrales qui ressemblaient aux forêts profondes où il gardait ses porcs au son des angélus, que la guerre elle-même n'était là-bas qu'un distingué passe-temps pour expurger des débordements de sève printanière, et que les Vénitiens en promenade ne seraient jamais que les spectateurs charmés de ces jeux turbulents. Et les inquiétudes de ma femme s'atténuèrent.

IX

La « marangona » vespérale s'était tue depuis quelque temps. J'aidai Lucretia à sortir du bain où elle avait prolongé paresseusement son séjour et je l'essuyai sans m'attarder, et pour ne point l'exposer à un soupçon de volupté indigne des lieux, et parce que la température était assez basse malgré le brasero. Les seules cheminées de la maison étaient celles de la cuisine et des chambres qui donnaient sur le conduit, réquisitionnées par la maquerelle et son service d'ordre.

J'avais un peu l'impression d'épousseter l'une des statues antiques de la galerie d'art de ma mère, d'autant plus que le pubis était soigneusement rasé, orientale coutume dont Mme Kastelis avait imposé le maintien après une première inspection du sujet, dans l'idée qu'elle pourrait plaire aux vieux messieurs amateurs de fillettes.

Eclaircissant ce point, Lucretia me dit en souriant : « Comme vous pouvez le constater, vous avez plus de barbe que moi ! » Il était bien rare qu'elle se laissât aller à une plaisanterie grivoise en ma présence.

Je présentai à ma femme une jolie robe d'intérieur mordorée, et nous descendîmes dîner à la salle commune, où la chère était fort savoureuse, due à un cuisinier nubien expert en découpages, lequel faisait aussi fonction de barbier intime pour Lucretia. Mon père, qui avait beaucoup couru, soutenait que les noirs ont un don naturel pour la cuisine, et ils savent également retrousser leurs manches pour exciser et coudre. Ils sont plus industrieux qu'on le dit.

Tout en regardant une Lucretia fraîche et détendue faire honneur à la table après une journée de travail – assez modéré par suite des trop tardives bontés de mon oncle Angelo et de ma mère –, j'étais pénétré pour la première fois de douloureux soupçons. Lucretia avait beau prétendre qu'elle regrettait sa maison d'abattage de Palerme en raison de la simplicité distraite des efforts qu'elle avait dû y consentir, elle ne semblait pas aussi malheureuse qu'on aurait pu craindre aux mains qualifiées de Mme Kastelis. Une sorte d'équilibre avait l'air de s'être établi, et je croyais en discerner les motifs.

La claustration que Lucretia avait déjà recherchée adolescente dans un élan de piété s'accordait à son tempérament passif et contemplatif. Et elle avait trouvé à Venise un cloître où elle pouvait innocemment se livrer à la gourmandise, s'habiller avec coquetterie, se baigner à la tiédeur d'un brasero, expier enfin ses péchés et ceux des autres non plus par de volontaires et monacales macérations, mais bien plutôt par des humiliations réitérées, où elle découvrait encore l'avantage de jouir parfois à son corps défendant et le bonheur d'exercer quelques discrètes charités.

Sans doute poussais-je au rose le tableau, un peu déçu, malgré nos résolutions, qu'elle n'eût pas, au sortir de sa baignoire, manifesté quelque signe d'amoureux désir. Mais étais-je au fond si aimable, trop porté moi-même à aimer avec ma tête ?

De temps en temps – ma présence ayant été naguère trop courante pour être ce soir-là dissuasive –, un habitué venait solliciter Lucretia, qu'elle remettait au lendemain avec une pointe d'impatience.

Comme je lui avais parlé à plusieurs reprises du sénat, vu l'honneur et la confiance insignes qu'il me faisait, je dus expliquer à ma femme ce qu'était ce corps particulier, mise au point qui nécessita un bref aperçu de l'originale organisation politique de Venise. J'ai eu tout loisir, à mon âge, de me rendre compte que l'ignorance à ce sujet restait sidérale en Europe, et je ne crois pas inutile de répéter ici ce petit discours.

La noblesse vénitienne de notre étroite « Terra » marine se confond avec le patriciat, et seuls les patriciens peuvent être élus au « Grand Conseil », l'assemblée politique fondamentale. Pour être patricien, il est nécessaire et suffisant d'avoir eu des ancêtres patriciens, et la liste des éligibles au Grand Conseil a été dressée pour la première fois en 1315. Elle n'a été élargie depuis qu'avec une grande circonspection, car le Grand Conseil étant une manière de vivier où se recrute l'essentiel de la haute administration, personne n'a intérêt à ce que les poissons soient trop nombreux pour la pitance disponible. Il y a actuellement plus de quinze cents membres au Grand Conseil, les conseillers effectivement présents étant bien sûr en nombre variable par suite des déplacements, des maladies, etc. On est déchu du patriciat pour raison criminelle ou pour cause de mésalliance, mais une digne pauvreté ne vous en exclut point.

C'est à partir du Grand Conseil que le doge est élu à vie selon une procédure infiniment compliquée, avec les membres renouvelables de son Conseil restreint ou « Petit Conseil », qui sont là pour le contrôler autant que pour le conseiller. L'influence du doge – très variable selon la qualité et le tempérament des individus – tient d'abord au fait qu'il a le droit de se mêler de tout et le privilège de donner partout son avis le premier. Doge et Petit Conseil, qui forment ce qu'on appelle couramment la « Seigneurie », dirigent en fait les affaires de Venise, le « Conseil des Dix », toujours issu du Grand Conseil, étant le principal organisme de sûreté, ainsi que je l'ai dit plus haut à propos de la lutte constante et titanesque contre la sodomie ambiante.

Dans le Grand Conseil, on choisit également cent vingt sénateurs d'un certain âge, qui se répartissent le suivi permanent des affaires économiques, des guerres ou de la diplomatie. C'est notamment le sénat qui a pour capitale fonction de contrôler les ambassadeurs, et il est très jaloux de ce privilège.

A peu près tout émane par conséquent de ce Grand Conseil exclusivement réservé aux patriciens, où l'on puise en outre pour constituer des commissions nouvelles ou étoffer des commissions existantes, que lesdites commissions soient de longue durée ou provisoires, destinées alors à régler une difficulté particulière.

Fondamentale particularité de ce système, qui met en fait le pouvoir aux mains d'un riche patriciat très minoritaire, le doge installé à vie n'a jamais seul – et dans la moindre affaire – pouvoir de décision, alors que tous les collèges habilités à décider souverainement ne sont en place que pour une faible durée. Par exemple, un siège au Conseil des Dix est annuel, et encore deux membres de la même famille n'ont-ils pas le droit d'y siéger ensemble !

Mais par égard pour le peuple, dont l'assemblée houleuse et incompétente, – l'*arengo* – n'est plus convoquée depuis longtemps, le Grand Chancelier est obligatoirement choisi parmi les simples citoyens qui constituent, avec les étrangers domiciliés ou de passage et avec les esclaves, l'immense majorité de la population. Dérisoire et symbolique revanche, les grands sceaux de la Sérénissime République aristocratique et ploutocratique, aussi noble que goulue, sont aux mains d'un citoyen ordinaire, qui a dû faire son deuil du Grand Conseil. Et les foules bigarrées de notre Empire n'ont pas même l'espoir d'accéder au statut si envié de citoyen de Venise. Miracle d'intelligence et de raison, par un séculaire effort, une poignée de patriciens sont parvenus à contrôler sans heurt la plus forte place commerciale et financière de l'Occident !

Je dus avouer à Lucretia que, étant donné son origine non patricienne, le Grand Conseil serait fermé à nos fils, condamnés à n'être que de riches citoyens de Venise, et que l'implacable opposition de ma mère à notre mariage trouvait là sa source la plus profonde. Etre esclave était moins grave à ses yeux que de ne pas être patricienne. Mais la jeunesse est-elle sensible à de tels détails? A dix-huit ans, je préférais de loin ma Lucretia à une bande d'obsédés poursuivis par la maladie de la politique et du lucre. Et pour ce que la politique m'a amusé depuis, je pense que je n'avais pas tort. J'ai conduit de glorieuses ambassades, j'ai commandé des escadres sous le vent du large, j'ai animé de dérisoires intrigues pour gratter quelques ducats de plus... et j'ai toujours regretté de ne pas être obscurément resté à ma fenêtre à suivre les amours des mouettes ou des pigeons.

Au Palais, mon oncle, homme de précautions, était déjà en train de caresser une fine cotte de mailles de Brescia en acier bleui, montée sur peau bien souple, qu'il venait de se faire livrer pour que je la porte sous mon vêtement durant le voyage – prompte et touchante attention en apparence, mais qui avait encore quelque rapport avec l'affaire de l'accréditif...

« Tu auras ainsi, je l'espère, un meilleur sentiment de sécurité, une plus belle assurance, qui te dissuaderont peut-être de sortir à tout bout de champ ce document si compromettant pour notre République, que Tradenico a eu la faiblesse coupable de te remettre. La très précise frontière entre les ambassadeurs officiels et les observateurs de tout poil ne doit jamais être transgressée. Que des bandits de grand chemin se rincent donc l'œil sur ce papier à l'extrême rigueur si ta vie est en jeu, mais surtout, que les officiers du roi n'en aient jamais connaissance! Le sénat se verrait contraint de te désavouer, et ce serait un très mauvais point non seulement pour ce Tradenico – qui n'aurait que le salaire de son imprudence –, mais aussi pour moi, soupçonné à bon droit d'avoir été complice après que tu m'aurais mis au courant. »

Agacé par cette étonnante insistance, je dis et répétai que j'avais parfaitement saisi et qu'il n'avait aucune inquiétude à se faire : je ne succomberais point à la juvénile et plaisante tentation de jouer à l'ambassadeur et de contracter des emprunts à fonds perdus en agitant mon papier.

L'idée même fit pâlir mon oncle, qui changea de sujet précipitamment :

« Tu dois savoir que notre République est propriétaire des galères de commerce qu'elle fait construire à l'Arsenal et qui forment l'épine dorsale des convois marchands de nos diverses lignes maritimes vers l'Orient ou vers l'Occident...

– Et alors ?

– C'est un intéressant privilège du patriciat que de pouvoir se porter adjudicataire des précieuses cargaisons de ces navires pour telle ou telle traversée...

– Et alors ?

– Et alors, si tes enfants ne sont pas éligibles au Grand Conseil...

– Ils seront Grand Chancelier ! »

Je lui avais clos le bec. Les Condulmer, d'ailleurs, ne prenaient plus grand intérêt à l'armement maritime. Nos convois ont beau être d'une sûreté exemplaire, une galère a vite fait de sombrer avec les luxueuses marchandises des nobles adjudicataires, et ça fait un gros trou – pas seulement dans l'eau ! D'autant plus qu'en raison même de la sûreté de nos convois, les assurances maritimes ont tardé à se développer à Venise. Nos armateurs patriciens, au lieu de payer des primes prohibitives, préfèrent répartir les risques sur le plus grand nombre de bâtiments possible, chacun ne recevant qu'une faible fraction des marchandises en cause.

Un peu vexé de ma désinvolture, qu'il prenait pour une coupable inconscience, l'oncle Angelo poursuivit :

« Nos " Seigneurs de la Nuit ", au mois de juillet dernier, se sont demandé pourquoi un certain faux sourd-muet truffé de coups de poignard flottait le ventre en l'air dans un certain canal...

– Parce que c'était un mâle et un exhibitionniste. Ce sont les femmes qui flottent le derrière au vent, par pudeur, croyant par là mieux dissimuler le plus fascinant de leurs appas. Tout le monde sait cela.

– L'affaire est remontée jusqu'au Conseil des Dix.

– Qu'elle y reste!

– Tu peux croire qu'avec quelques amis je n'ai pas manqué de travailler en ce sens! Si l'enquête s'était poursuivie, ton incomparable Lucretia, suspecte de complicité, aurait été jetée dans les tortures, ses jolies jambes éclatées par les coins, son joli corps distendu par les cordes, son joli ventre gonflé comme un tonneau. Et tu n'aurais pas été ménagé non plus car, au pénal, la loi est égale pour tous à Venise, et notre " Seigneurie " tient le moindre délateur pour sacré – surtout quand il s'agit d'un prêtre!... »

Je n'écoutais plus, effondré sur un tabouret, le cœur serré. Ma chaste, ma pure Lucretia, géhennée par ma faute en compagnie des sodomites malchanceux du vendredi maigre!

Mon oncle me tapota paternellement l'épaule...

« Allons, allons, j'ai quelques raisons de croire que l'affaire restera dans les dossiers. Tu as quand même été d'une imprudence!...

– Mais il n'y avait pas la moindre preuve contre moi, et moins encore contre Lucretia.

– Enfant que tu es! Qui te parle de preuves? Et la coïncidence? Que fais-tu de la relation immédiate entre la délation et le meurtre? Une bonne police ne croit jamais aux coïncidences, et dès que la suspicion est éveillée, la torture est en marche, au besoin, pour les tirer au clair. Tu aurais pu attendre un peu, il me semble. Pour me venger autrefois du petit Contarini, qui avait fait injure à ma femme, n'ai-je point patienté treize ans? J'ai eu toutes les peines du monde à cacher la vilaine affaire de ce Pasquale à ta mère, que les angoisses auraient achevée. »

J'avais en effet oublié un peu vite toute l'efficacité judiciaire de la torture. Dans une affaire criminelle, il importe moins d'être coupable que de ne pas être suspect. Dès que le suspect a le petit doigt dans l'engrenage, il y passe tout entier. De question en question, il vide son sac, et comme on vérifie à mesure ce qu'il raconte en comparant son témoignage à ceux de ses complices, il n'a pas même la ressource de dire n'importe quoi. Si nombre d'affaires criminelles ne sont pas éclaircies à Venise, c'est tout simplement qu'une police négligente ou débordée ne s'en donne pas la peine. Dès que la police veut vraiment, elle peut aussi.

Et j'avais échappé avec Lucretia à un danger d'autant plus mortel que lorsqu'un patricien fortuné est en jeu, la police a coutume de traiter l'affaire à fond, tantôt freinée, tantôt poussée par de grandes familles rivales. Les loups patriciens ne se font pas de cadeaux, car la déchéance de l'un des leurs élimine une concurrence et libère un siège au Grand Conseil.

Mon oncle me considérait d'un air peiné et inquiet, et il me dit soudain avec une sévérité inhabituelle, comme si une bonde avait sauté sous une pression trop forte :

« Ta mère et moi n'avons vraiment pas de chance avec nos enfants ! Niccolo tarde à s'assagir et le bruit de ses nouvelles fredaines m'est revenu de Terre Ferme. Et toi, tu ne sais qu'inventer pour emmerder le monde ! Mais si !! Ta mère était inquiète de te savoir au bordel plus souvent qu'à ton tour, et tu y traînes à présent pour honorer ta femme ou pour trucider de faux sourds-muets défroqués ! Mais c'est une vraie vocation chez toi que le bordel ! Et quand tu as enfin la bonne idée d'aller exercer tes talents en France – idée d'autant plus opportune que l'enquête sur le meurtre de Pasquale peut toujours rebondir de façon imprévue – il faut que tu emportes dans tes bagages un accréditif des plus dangereux, qui ne te rendra sans doute aucun service, mais qui menace d'attirer les pires ennuis si tu en uses à l'étourdie. Or pour ce qui est d'être étourdi, tu as brillamment fait tes preuves ! Il y a quand même des neveux moins insupportables, non ? »

Il y aurait eu trop à répondre, et mon pauvre oncle,

pris entre ma mère et moi comme entre l'arbre et l'écorce, avait quelque motif d'être de mauvaise humeur. Je préférai prendre ma cotte de Brescia sous mon bras et monter me coucher.

Mon départ fut fixé au lundi 4 janvier 1429, lendemain du dimanche de l'Epiphanie. Un convoi pour Aigues-Mortes devait partir ce jour-là. Les arrivées de nos convois, soumises à imprévus, sont évidemment capricieuses, mais les départs, qui mobilisent tant de capitaux, tant d'activités diverses, sont réglés avec une grande précision. A moins de force majeure, les dates fixées ne manquent pas d'être respectées. Venise vit à ce point au rythme de ses convois que, dans les jours qui précèdent l'embarquement, l'argent devient rare et cher, tout le monde se précipitant pour acheter.

A cette époque, hiver comme été, les convois de galères de nos lignes maritimes reliaient sans cesse Venise vers l'Est à Alexandrie, Beyrouth, Constantinople et La Tana au fin fond de la mer Noire, et vers l'Ouest, depuis 1317, une ligne permettait de gagner Londres, Bruges et les villes hanséatiques par Lisbonne et une escale française – cette dernière étant susceptible de varier au gré des circonstances politiques et militaires –, tandis qu'une autre ligne, inaugurée seulement en 1402, desservait Naples, Gênes, Aigues-Mortes, Barcelone, Valence et Carthagène. C'était celle que j'allais emprunter. En 1436 enfin, devait s'ouvrir une ligne dite « de Barbarie », pour assurer le trafic par Malte avec Tripoli, Tunis, Alger et le royaume musulman de Grenade. Et il est question aujourd'hui d'en ouvrir une dite « du Trafego », qui prolongerait par Tobrouk la ligne de Barbarie sur Alexandrie, carrefour des échanges en Méditerranée orientale.

Venise se trouve ainsi au centre d'une vaste toile d'araignée d'une grande souplesse, perpétuellement tissée et retissée. Les rotations de produits, d'espèces monnayées même lorsqu'une balance déficitaire perdure ou que les compensations de change demeurent en enfance, sont aussi rapides que possible entre la mer Noire et Bruges ou entre Barcelone et Beyrouth. Toutes les combinaisons deviennent aisées sur ce vaste échiquier est-ouest et nord-sud. Les experts rompus aux affaires du Grand Conseil, assistés de leurs comptables virtuoses, peuvent prévoir, apprécier, ventiler, répartir, stocker ou libérer les échanges. En moins de deux ans, de la façon la plus normale, marchandises et capitaux accomplissent par exemple le circuit Venise-Londres-Venise-Alexandrie-Venise. Il n'y a pas un instant de perdu.

On dira que Venise est au fond du cul-de-sac de l'Adriatique et que, pour ce qui est des échanges maritimes est-ouest, elle serait mieux située à Malte. Cependant, notre position nordique nous place à l'orée de routes continentales qui sont à l'origine d'un énorme chiffre d'affaires. Venise, sans doute, est d'abord une organisation portuaire, mais un port aménagé au croisement de routes terrestres et maritimes essentielles.

Au début de ce siècle, les galères marchandes qui sortaient régulièrement de notre Arsenal réalisaient le meilleur compromis entre le navire militaire et le navire de commerce. Leur charge utile pouvait aller jusqu'à six cents tonneaux. (Ces souvenirs étant destinés, s'il plaît à Dieu, à être lus en Occident plutôt qu'en Orient, je fais allusion au déjà bien connu tonneau de jauge anglais, dont on sait qu'il tire son nom des tonneaux de vin « claret » de Bordeaux acheminés en masse chaque année vers Londres, meilleur motif de l'attachement sincère que les Anglais vouaient à la Guyenne.) Nos plus belles galères marchandes portaient un grand mât central, avec une longue vergue dont la voile latine était capable de bien serrer le vent, et deux autres mâts plus petits, dont la voilure légère, d'une orientation facile, donnait un supplément de maniabilité.

Ardents à la voile par bon vent par suite de leurs lignes élancées et de leur faible tirant d'eau, ces bâtiments mettaient les rameurs à contribution en cas de nécessité : saute de vent, lutte contre un courant de dérive dangereux, précautionneuse et précise navigation dans une région de hauts fonds ou d'écueils, virevoltes des combats navals, manœuvres dans les ports, rendues encore plus aisées par la présence de deux gouvernails latéraux, larges pagaies actionnées de concert par la barre du poste de pilotage.

Les rameurs étaient disposés selon un ordre que nous appelons « en zenzile », les bancs de nage étant en arêtes de poisson inversées par rapport à la proue, chaque banc étant destiné à trois rameurs assis en dégradé, chaque rameur maniant donc une seule rame, lesdites rames étant par conséquent de longueur et de poids différents. Etaient assis vers l'intérieur les rameurs les plus athlétiques.

On dit que cet arrangement traditionnel découlerait de celui des trières athéniennes de l'Antiquité. Mais si le tonnage continue de s'accroître, il faudra bien mettre à chaque rame un certain nombre de rameurs, et diminuer de ce fait le nombre des rames. La rapidité, la nervosité des évolutions y perdront, avec cependant le bénéfice d'une manœuvre plus simple, car la disposition « en zenzile » oblige à une discipline, à un entraînement draconiens[1].

Les capitaines vénitiens utilisaient comme les autres des sabliers pour les quarts et s'orientaient à l'aide des compas de navigation d'origine chinoise, avec rose légère sur l'aiguille en losange, mais ils voguaient le plus souvent possible à l'estime, bien que les cartographes de notre cité fussent déjà réputés.

Des spécialistes de l'arbalète et des bouches à feu de petit calibre complétaient le nombreux équipage. Nous autres Vénitiens sommes connus – comme les Génois – pour notre adresse à l'arbalète, arme navale par excellence en vertu de sa longue portée, de sa précision et de

1. L'évolution prévue ne triomphera point avant 1530 environ.

la force de pénétration de son « carreau » à quatre faces ou de son « vireton » à fer pyramidal, auquel les lames obliques de l'empennage infligent un efficace mouvement tournoyant. Sur terre, l'arbalète est d'un intérêt moins évident : la flèche de l'arc suffit à transpercer un fantassin mal protégé, et le trait de l'arbalète, en deçà d'une certaine distance, risque de trouer l'armure d'un seigneur qui aurait plus de valeur vif que mort. Je reviendrai sur cette importante question lors du récit de mes aventures et mésaventures françaises.

Les galères marchandes de nos convois d'Etat, étant donné leur tonnage utile relativement faible, la coûteuse prolifération de l'équipage et la sûreté exceptionnelle de la navigation, étaient statutairement réservées aux cargaisons les plus précieuses, exclusivité de notre patriciat ainsi que me l'avait rappelé mon oncle Angelo (on n'est bien servi que par soi-même!) : épices, armes de prix, substances aromatiques, colorants, soieries, etc. Les marchandises encombrantes, pondéreuses et de moindre valeur, balles de coton, laines en vrac ou tissus bon marché, bois, cire, sel, céréales, éponges, bestiaux, huiles ou vins... étaient le domaine de notre flotte de commerce privée, elle-même l'objet d'une foule de réglementations, et dont le chiffre d'affaires global l'emportait finalement de beaucoup sur celui des galères de luxe. On trouvait là des voiliers ronds de tout tonnage d'un modèle adapté à chaque type de cargaison, les plus gros étant renforcés par des châteaux de proue et de poupe.

Dans les zones d'insécurité, les bateaux de notre flotte privée ne manquaient pas de rechercher la protection offerte par les convois d'Etat, et les rapides galères de la République naviguaient alors de conserve, quitte à ralentir l'allure, avec les lourdes et hautes coques pansues. Les désastres – dus surtout aux tempêtes – étaient rares : depuis qu'en 828, deux marchands vénitiens avaient chipé les prétendues reliques de saint Marc à Alexandrie, une chance perpétuelle – à condition de traquer sérieusement le phénix sodomite[1] – était avec nous.

Bien sûr, ces précieux et réguliers convois étaient accompagnés par des galères de notre flotte de guerre dès que la situation l'exigeait, ce qui n'était pas si fréquent : pour mettre à mal un convoi vénitien en bon ordre de marche, des forces considérables, que de vulgaires pirates ne pouvaient aligner, eussent été nécessaires, et Venise, par intérêt bien compris, s'ingéniait patiemment à éviter tout conflit inutile, non seulement avec les nations chrétiennes, mais aussi avec les Infidèles.

Durant les trois semaines qui précédèrent mon départ, je ne rencontrai que trop souvent l'affreux Tradenico, qui ne me ménageait pas ses instructions.

Parmi les affaires épisodiques que nous tramions encore avec les territoires se réclamant de l'obédience du roi de Bourges, les armes occupaient naturellement la première place, débarquées à La Rochelle ou acheminées par voie de terre. Des armes courantes pour la piétaille, et des armes de grand prix, destinées à une haute noblesse qui serait sans doute plus encline à en faire parade qu'à les abîmer dans des rencontres incertaines. Non pas des harnois complets de plates, dont les pièces ne pouvaient être forgées à froid qu'à partir des mesures du riche amateur, mais des protections légères comme ces brigandines qui avaient de plus en plus de succès, même chez les capitaines, dans les guerres de partisans et d'embuscades où l'agilité prévalait. Et encore toutes sortes d'armes de poing et d'accessoires pour chevaux de combat. L'Allemagne du Sud et l'Italie du Nord, déjà, produisaient ce qui se faisait de mieux. Il fut donc entendu avec Tradenico que je me présenterais comme marchand d'armes de qualité.

Par son intermédiaire, je fus mis en cheville avec la

1. Condulmer fait plus que probablement allusion à la faculté du fabuleux oiseau de renaître de ses cendres.

faune étrange de ces trafiquants vénitiens qui avaient assis leur fortune sur des tueries dont ils suivaient attentivement le cours de leur bureau. Ils n'étaient pas fâchés de se faire représenter par un jeune patricien capable de parler français à des amateurs de la bonne société : ils ne risquaient que leur mise, leur peau étant à l'abri. Et j'étais bien aise de me faire de la sorte une intéressante commission. Le patriciat de Venise n'a pas le moindre préjugé contre le petit commerce, et beaucoup d'entre nous ont intelligemment commencé par là.

Pour ce qui était des rapports que j'aurais à adresser à la commission des Affaires étrangères du sénat par le canal de Tradenico, j'aurais principalement à traiter de la situation politique et militaire, la situation économique évoquant le chaos, et notre propre politique commerciale étant à régler sur l'issue du conflit.

Tradenico, entre autres conseils, me dit à ce sujet :

« N'oubliez pas que c'est l'homme qui compte avant tout. L'Anglais l'emporte parce qu'il est sérieux, patriote, bon organisateur, économe, tenace, honnête et pieux, sans imagination, mais discipliné : une sorte de Vénitien dans une île un peu plus grande. L'isolement marin crée des âmes fortes. Le Français, sous de plus aimables dehors, est d'une légèreté incurable, prompt à l'enthousiasme comme au découragement, fait pour le désordre ou la tyrannie, capable du meilleur et surtout du pire. Il aime en chantant allumer des feux de paille qui éclairent quelque temps sa nuit profonde et paresseuse. Mais il y a beaucoup de paille en France, et l'Anglais pourrait s'y brûler les doigts s'il ne manœuvre pas au plus près. Prenez donc bien garde à scruter les mentalités, à deviner les ressorts imprévus qu'elles peuvent dissimuler. Nos experts traduiront tout cela en argent comptant. »

Magnifique formule !

Quant au bon acheminement de la correspondance confidentielle, et même pour les échanges courants, le plus indiqué était d'utiliser la ligne Aigues-Mortes-Venise. Les liaisons y étaient assez fréquentes, des bateaux marchands ordinaires opérant en sus des convois. C'est à notre flotte privée que revient l'honneur de découvrir et d'exploiter à ses risques et périls de nouveaux courants commerciaux, et les convois d'Etat suivent lorsque le trafic dépasse un certain point.

Entre la cour ambulante du roi Charles et notre colonie d'Aigues-Mortes, un certain Trivulzio, qui devait me servir de garde du corps et de secrétaire, ferait la navette. En France, le roi lui-même ne disposait pas d'une poste équipée de relais réguliers. Les messagers royaux partaient en campagne et se débrouillaient comme ils pouvaient. Le haut clergé, les monastères, les Universités, les corporations marchandes, les Princes ou riches particuliers se débrouillaient de façon analogue, plutôt mal que bien, chacun opérant pour son propre compte. Une juxtaposition de postes aléatoires ne faisait pas une poste, et d'autant moins que des indiscrétions étaient à craindre.

Chose qui m'était des plus pénibles, Tradenico, sous prétexte qu'il était voisin, avait pris ses habitudes chez la maquerelle Kastelis, et il m'arrivait de tomber sur lui lorsque j'allais rendre visite à Lucretia, qui faisait partie de ses préférées. Les hommes sans moralité sont attirés par des traces de virginale fraîcheur. L'argent et l'énergie que cet homme sans fortune solide dépensait en filles étaient étonnants! Et puisque mes entrées chez Lucretia lui étaient connues, il avait le prodigieux mauvais goût de voir dans cette apparente coïncidence d'inclination un lien de plus entre nous, et il n'était pas avare de confidences d'oreiller qui me révulsaient.

Un soir qu'il m'avait invité à dîner et qu'il me proposait encore de monter chez Lucretia en ma compagnie, je prétendis, pour m'en débarrasser, que cette double approche manquerait de sel, la sodomie étant interdite à Venise.

Se penchant alors vers moi, il me dit à voix très basse :

« Elle ne l'est pas pour tout le monde. Lucretia jouit d'une dispense de votre oncle le cardinal de Sienne. J'en sais quelque chose : c'est moi-même, sur ses instances, qui ai transmis le plus discrètement du monde demande et réponse... »

C'était si énorme que je m'en accrochai à la table. Mais je songeai à l'une de ces déplorables plaisanteries dont Tradenico était coutumier, et je détournai la conversation.

Un peu plus tard, comme j'évoquais devant Lucretia l'incroyable sortie de Tradenico, elle me tendit sans un mot ce billet de l'oncle Gabriel :

« Vous me dites, ma chère fille, que votre maîtresse, déçue par vos services, vous a malheureusement renvoyée là où elle vous avait prise. Cette rigueur m'étonne de sa part et ne peut trouver sa justification que dans une faute particulièrement grave puisque Pietro lui-même, qui avait de la sympathie pour vous, n'a pas su plaider votre cause.

» Quant au point particulier que vous me faites la touchante confiance de soulever, et dont je comprends qu'il vous tienne à cœur dans la triste situation où vous êtes, une pieuse logique doit nous éclairer.

» Aux yeux d'une théologie supérieure qui dépasse les trompeuses apparences, les rapports " in ore " que vous imposent déjà les usages immémoriaux de votre activité sont exactement de même nature que les rapports " in ano ", de ce simple fait qu'ils ont tous pour résultat de gaspiller malicieusement la semence humaine destinée à une autre voie. Si les lois de Venise et d'ailleurs tolèrent les premiers et condamnent les seconds, c'est en vertu de considérations sociales et non point théologiques. Ainsi, les honteux abus dont vous me dites n'avoir que trop souffert dans votre maison de Palerme n'étaient ni plus ni moins peccamineux en soi que les fantaisies buccales qui vous sont de nouveau d'obligation aujourd'hui.

» La différence serait-elle dans la liberté que vous prendriez d'autoriser désormais, à l'insu de votre maquerelle, ces fondamentales approches ? Mais n'est-il pas licite, si l'on se voit absolument contraint de manger à l'excès, de choisir les plats les moins indigestes dès qu'ils sont tous moralement indifférents ? Or telle est bien votre situation. Ce n'est certes point le vicieux plaisir éprouvé par certaines pécheresses endurcies qui vous invite au dernier des abandons, mais la légitime espérance de réunir beaucoup plus vite par ce canal imprévu l'argent nécessaire à votre libération. Quel homme de charité et de bon sens vous pourrait condamner ? »

Avec une confusion qui aurait pu être charmante en d'autres circonstances, Lucretia tira de sous son matelas une bourse de soixante-douze ducats, qu'elle me remit gracieusement à titre de modeste contribution à mes efforts. Je crus même distinguer comme une étincelle de fierté dans son tendre et dévoué regard.

Soudain, comme le soir où j'avais manqué de respect à ma mère, tout sang-froid m'abandonna. Un voile rouge passa sur mes yeux, me cachant tout ce que la prose de l'oncle Gabriel pouvait avoir d'intelligent et d'évident, de logique, de fin, d'humain, de chrétien, en un mot, me cachant surtout, et c'était plus grave, que non seulement Lucretia avait agi selon son droit, mais que ses intentions avaient été irréprochables.

Jetant à la volée les ducats à travers la pièce, je me précipitai sur Lucretia et la rossai comme un maquereau qui corrige une fille paresseuse, criant avec inconscience des choses de ce genre :

« Ah, tu n'es que trop heureuse, salope, des malheurs dont tu te plains ! Il t'en faut toujours davantage, et tu veux jouir de partout avant de faire carême avec moi!... »

Un instant plus tard, je rampais aux genoux de Lucretia, sanglotant et demandant pardon. Et pour me mieux faire pardonner, toute honte bue, je ramassais à quatre pattes les ducats sans odeur qui parsemaient les tapis précieux.

Telle est la conduite des amoureux.

C'est chez Mme Kastelis que Tradenico me fit rencontrer une nuit mon futur compagnon de voyage, un homme noiraud de quarante ans pour le moins, apparemment assez instruit, mais de basse mine et volontiers vulgaire. Il avait un remarquable talent pour parler de lui d'abondance sans jamais rien en dire de précis, et Tradenico lui-même était aussi évasif à son sujet, bien qu'il me l'eût présenté comme un garçon de confiance qui s'était maintes fois tiré à son honneur de missions difficiles. Son vénitien était en tout cas celui d'un natif de notre cité, et il parlait couramment le français, ayant déjà parcouru les royaumes valois ou lancastre à plusieurs reprises pour des motifs mystérieux. J'eusse préféré un secrétaire plus distingué et aux antécédents plus clairs. Sa tête m'inspirait d'autant moins de sympathie qu'elle avait par hasard une certaine ressemblance – en un peu plus vieux, peut-être – avec celle de l'abominable Pasquale. Qualité qui pourtant rachetait tout le reste : Lucretia était trop chère pour lui, et Tradenico, trop pingre pour l'inviter.

Ce dénommé Trivulzio et son compère sénateur étaient une mine d'anecdotes graveleuses, et comme Tradenico comprenait le français, c'est en français que le secrétaire nous raconta sur la fin d'un souper cette historiette transalpine, que je rapporte pour donner un aperçu de son détestable tour d'esprit :

« A minuit, l'archange saint Michel, descendu en chemise, un bougeoir à la main, des sommets de l'abbaye qu'il protège, apparaît en rêve à un bourgeois, lui remet un anneau qu'il lui présente à baiser, et prophétise : " Tant que tu auras cet anneau serré autour de ton doigt, le Ciel te sauvera du cocuage. " Le bourgeois ébloui se réveille alors, le doigt dans le cul de sa femme ! »

Tradenico et Trivulzio se tordant, j'ai fait semblant de rire. Peut-être aurais-je ri plus fort si Lucretia n'avait été si proche.

Notre Boccace, lu dans toute l'Europe, mobilise l'ange Gabriel dans ses gaudrioles. En France, c'est saint Michel qui est mis à toutes les sauces. La Pucelle, à Rouen, a mentionné, avec ces deux anges, des apparitions qui prêtaient à sourire, vu l'usage que le peuple en faisait ici ou là. Elle aurait dû citer aussi saint Georges, cet imperturbable patron de l'Angleterre. Si le roi anglais avait tort d'aspirer à la couronne de France, saint Georges n'aurait-il pas été le premier à l'en avertir[1] ? La communauté des saints n'est-elle pas, comme Dieu lui-même, au-dessus des nations et de leurs aveugles querelles ?

La vigile de Noël, jour où les maisons se devaient de chômer – et d'autant plus qu'il tombait cette année-là un vendredi, jour de pénitence –, j'obtins à titre gracieux de Mme Kastelis, attendrie par mon proche départ, la faveur extraordinaire d'emmener Lucretia en promenade dans l'île de Torcello, étant entendu que trois mauvais garçons incorruptibles nous tiendraient à l'œil.

Nous étions en vue du débarcadère, quand je pris l'initiative de me rapprocher d'eux pour leur offrir

1. Si Gabriel et Michel sont présents dans la Bible, saint Georges s'enveloppe de brouillards londoniens. Vers la fin du IIIe siècle, il aurait été martyrisé à Diospolis, l'ancienne Lydda devenue aujourd'hui Lod, aérodrome de Tel-Aviv. Mais dès 496, le pape Gélase déclare sa Passion apocryphe. Il restera néanmoins populaire comme patron des soldats et des cavaliers. Ce n'est pas surprenant qu'un personnage aussi évanescent ait négligé de donner son avis sur une querelle de succession moyenâgeuse.

tout ce dont je pouvais disposer s'ils laissaient filer Lucretia.

Mais au sortir d'un bref conciliabule avec ses camarades, le plus âgé des trois me déclara :

« Après une pareille forfaiture, Monseigneur, nous devrions quitter cette ville où nous avons grandi, où sont tous nos souvenirs, tous nos amis. Il n'y a qu'une Venise au monde. Mettez-vous à notre place. Nous regrettons de ne pouvoir vous obliger. »

A Venise, même les maquereaux sont patriotes!

Torcello avait déjà cet aspect mélancolique qui n'a fait que s'accentuer depuis.

L'endroit illustre bien toute l'étrangeté des destinées vénitiennes. Les habitants de la côte se réfugient sur les îles de la lagune à la suite de la barbare invasion lombarde du VIe siècle. L'archevêque d'Aquilée se replie à Grado, et le « duc » byzantin, sur un îlot désert, qu'il baptise « Héraclée », en l'honneur de l'empereur d'Orient Héraclius. Quand Byzance perd Ravenne, capitale de son exarchat, en 751, ses flottes font de Torcello leur principal point d'appui en Adriatique, et le « duc » s'installe à Malamocco, moins exposé qu'Héraclée, qui sort de l'histoire. Torcello devient alors une place de commerce de première importance, qui exporte jusqu'en Allemagne les produits de tout l'Orient. Mais après que Charlemagne se fut par deux fois, en 803 et 810, cassé les dents contre notre cité, le « duc », passé « doge » avec les années, quitte Malamocco, trop vulnérable à des attaques venant du sud, et établit enfin sa résidence à Rivo Alto, futur cœur de Venise, que l'on appellera « Rialto » par contraction. Charlemagne n'a gagné à l'affaire que la reconnaissance intéressée de son titre impérial tout neuf. Désormais, Torcello décline lentement et le Rialto prend son essor, indépendant de fait entre deux empereurs rivaux qui n'ont pas de forces navales suffisantes pour constituer une menace. Venise aura erré d'île en île deux siècles et demi avant de se mettre dans ses meubles patriciens!

Le temps de cet après-midi-là était légèrement brumeux et prêtait à un Torcello endormi par le froid un charme particulier. Tout étourdie par le grand air après de longs mois de confinement, Lucretia s'appuyait à mon bras en suivant d'une oreille un peu distraite l'histoire de Torcello dont je lui racontais les grandes lignes. Derrière nous, à distance respectueuse, les trois macs bavardaient.

Nous avons visité la délicieuse petite église de Saint-Fosca, puis la basilique, nous attardant devant les célèbres mosaïques de facture byzantine des XIIe et XIIIe siècles, ultimes témoignages de la grandeur défunte de Torcello, et tout particulièrement, devant le Jugement dernier.

Alors que le Jugement particulier, que notre âme doit subir aussitôt après notre mort, n'a pas inspiré grand monde, le Jugement dernier, à cause de ses trompettes, de son tintamarre et de ses mouvements de foules aux chairs fraîchement sorties du tombeau, resplendissantes ou repoussantes, est un des thèmes favoris de l'iconographie. Il est vrai qu'un peintre aurait quelque peine à rendre le jugement d'une âme, même si elle est très sale.

Je m'efforçai d'expliquer à Lucretia – notion un peu abstraite pour elle – que les deux Jugements n'en faisaient qu'un pour un Dieu qui siège dans l'éternité, maître du temps et de l'espace, qu'il sort de son chapeau, comme un jongleur le ferait d'un lapin, pour les y faire disparaître quand il lui plaît. Ces deux Jugements ne sont contradictoires que pour notre infirme optique terrestre.

Cette évidence avait échappé au pape d'Avignon Jean XXII, qui avait eu l'idée bizarre, prisonnier sans doute de la logique formelle des Ecoles, de prêcher en 1331 que les âmes n'entreraient en Paradis qu'avec le

Jugement dernier et la Résurrection de la chair. (Mais que devaient-elles faire de beau en attendant?) D'où un retentissant scandale, resté sujet de discussion dans les Facultés de théologie. Devant cette négation du Jugement particulier dont l'imminence avait pourtant été affirmée *in extremis* par le Christ lui-même au bon larron, les théologiens de l'Université de Paris, de loin la plus réputée d'Europe, avaient décrété le pape d'hérésie, et l'inconséquent pontife s'était piteusement rétracté trois ans plus tard sur son lit de mort : il devait être pressé, à la réflexion, de gagner le Paradis avant le Jugement dernier.

Pour bien comprendre la parfaite assurance des juges de Jeanne la Pucelle à Rouen, il convient de ne pas oublier que les plus influents d'entre eux émanaient d'un corps universitaire prestigieux qui se piquait d'être l'intransigeant gardien de la foi et qui avait convaincu un pape d'hérésie un siècle auparavant.

Mon ange de Lucretia, qui m'avait pardonné sur-le-champ mon instant de folie, n'avait jamais été plus adorable. Dans la chapelle latérale de droite décorée de mosaïques représentant l'agneau mystique, le Christ en gloire sur son trône, les saints Grégoire, Martin, Ambroise et Augustin, elle me fit cadeau d'une fort belle intaille antique montée en bague, où l'on voyait comme une déesse assise et triomphante. Et sur chacun des trois anneaux d'or symboliques de la monture, malgré la lumière qui déclinait, se distinguait gravée la même devise latine : *Tripliciter virgo tibi* (vierge des trois façons pour toi). A force de débauches, elle était en effet parvenue à être plus vierge que ne le sont sans effort les jeunes filles ordinaires que la grâce n'a pas touchées! Violemment ému, je ne pus cacher mes larmes.

C'était trop beau pour durer. A l'arrière-garde, dans la basilique devenue peu à peu déserte, les macs semblaient s'impatienter, et Lucretia me confia en soupirant :

« Ces trois garnements, qui détestent la campagne, n'étaient guère heureux à la perspective de perdre leur après-midi avec nous. Pour les décider, la Kastelis, dont vous connaissez la pingrerie, leur a promis qu'ils pourraient user de moi à leur guise. Vous n'avez pas à leur en vouloir : la maquerelle seule sait que je suis votre femme, et l'intérêt que vous me portez ne saurait dissuader personne de me prendre pour ce que je parais être. Allez donc, je vous prie, veiller un petit moment à l'entrée. Vous tousserez si, hasard improbable à cette heure, il vient du monde. La nuit tombe, et vêpres et complies sont passées. »

Habitué à tout depuis que j'avais le bonheur de connaître Lucretia, j'eus cependant un sursaut.

« Seigneur ! m'écriai-je, l'endroit est peut-être propice à vues humaines dans cette ville désolée où le chrétien se fait rare, mais le sacrilège n'en serait pas moins éclatant !

– J'ai justement l'impression que le sacrilège amuse ces garçons, et pour moi, esclave, tout est égal. Allez, mon amour, ce sera vite fait : n'ayant rien payé, ils en auront pour leur argent. »

Du haut de sa mosaïque, le saint Augustin qui avait voué les prostituées à étancher les passions du monde profane fixait Lucretia de son œil torve de vieux maquereau. En application de sa doctrine, les deux mille putes de Venise faisaient bien au bas mot trente mille clients par jour, ce qui signifiait que le bordel était partout, dans tous les corps de l'Etat, dans toutes les professions, dans toutes les familles. N'était-il pas temps qu'il entre à l'église pour que la fête soit complète ? Haussant les épaules, je laissai Lucretia s'expliquer avec saint Augustin.

Mais à la porte de l'édifice, saint Augustin n'étant plus là pour bénir mes trois anneaux de mariage, je sentis tout d'un coup se déchaîner en moi une nouvelle poussée de rage impuissante. L'épreuve était trop forte. Si je n'étais pas parti bientôt, d'autres Pasquale auraient suivi.

Et mon départ était d'autant plus nécessaire que ma rage aurait dû être plus forte encore, que les incessantes humiliations de Lucretia n'étaient pas loin, parfois, de m'infliger comme un trouble plaisir qui avait de quoi m'épouvanter. On ne supporte point sans dommage de voir le monde entier faire l'amour à sa place.

Début janvier, Tradenico me remit une avance confortable pour mes frais de route et m'annonça que, pour mes frais de séjour, il avait découvert une compensation de change avec La Trémouille, le favori le plus influent du roi Charles jusqu'à nouvel ordre. Ainsi, je n'aurais pas à circuler imprudemment avec de trop fortes sommes.

Mon pécule enfin poussé au maximum, ne gardant par-devers moi que le strict nécessaire, je courus négocier avec Mme Kastelis la future tranquillité de ma femme pour le plus long temps possible. Calcul sordide et délicat, où entraient en compte mon apport aussi bien que les versements de ma mère et de mon oncle, qu'il était préférable de ne pas mettre au courant des vacances de Lucretia. La maquerelle, avec sa connaissance des femmes, doutait que l'expérience lui fût profitable. « Elle va s'ennuyer, me disait-elle, et la reprise du travail sera bien dure si nous devons en arriver là. » Mais pouvais-je m'embarquer en laissant ma Lucretia exposée à tous les assauts? Pour la distraire, je lui fis porter une pile d'ouvrages pieux, et même quelques petits romans mondains où l'amour était traité selon des règles décentes, et elle y fut sensible.

L'avant-veille du départ, je ne m'arrachai à Lucretia qu'au milieu de la nuit, à l'heure où la féroce chienne Pénélope, sortie de son réduit, veillait dans la salle commune à côté du portier sommeillant sur sa paillasse, et je faillis me faire dévorer avant que l'infernal cerbère n'ait eu la présence d'esprit de la rappeler à ses pieds.

Mais la veille de l'embarquement, j'écrivis ce mot à Lucretia :

« Je n'ai pas le courage d'aller vous voir une dernière fois en ce lieu où l'on ne vous voit que trop et où une chienne sans entrailles monte une garde jalouse autour de vos charmes enchantés : le cœur me ferait défaut de m'exiler un moment pour votre service.

» J'ai le sentiment d'avoir changé, d'être devenu meilleur, en dépit de bien des insuffisances, de bien des aveuglements, depuis que je vous connais. La pensée, la parole et l'acte sont unis chez vous comme chez les anges, vous êtes une vraie trinité de droiture et de justice, que la charité couronne, et je ne pense pas rencontrer un jour un être humain qui me donne meilleure garantie que Dieu nous fait entendre sa voix et nous distribue équitablement ses lumières, d'autant plus vives que le chemin est plus étroit et plus sombre, à cette unique condition que nous ayons fait le vide en nous pour les accueillir de toutes parts.

» Quand je vous reverrai, vous serez libre. Si je ne vous revois point, vous le serez aussi. Mais vous l'êtes déjà plus que moi, qui n'ai point votre équilibre ni votre maîtrise, votre dignité toujours si parfaite en toutes circonstances, ce calme en un mot d'un Olympe chrétien. C'est peut-être que vous avez beaucoup vécu et ressenti, alors que j'ai gaspillé mon temps avant d'avoir l'honneur de vous connaître.

» J'espère d'autant plus fermement vous retrouver que j'ai besoin de vous. J'ai tant à apprendre !

» En attendant, je ne manquerai pas une occasion de vous écrire, et je compte bien aussi que mon oncle Angelo me fera suivre vos lettres ainsi qu'il me l'a promis.

» Dieu nous garde en ce monde et en l'autre! Notre amour ne passera point : il est gravé dans le bronze de l'éternité comme dans l'or incorruptible de nos passagères infortunes! »

Telle était la haute et merveilleuse idée que je me faisais de Lucretia à cette époque lointaine.

Dans l'après-midi du lendemain, avec mon bagage, mes ballots d'armes et mon Trivulzio, je montai pour la première fois à bord de l'une de nos galères. Mon oncle m'avait accompagné, à qui j'avais fait jurer six fois de protéger ma femme de son mieux et de me donner sur son état un supplément de nouvelles, car je craignais qu'elle n'osât point tout me dire de ce qui pourrait lui survenir de fâcheux. Ma mère ne s'était pas manifestée à l'occasion de mon départ, mais sa petite négresse m'avait baisé la main en balbutiant : je l'avais respectueusement conquise.

Au dernier instant, alors qu'on commençait de détacher les embrassantes amarres des grosses bites de pierre moussue, où l'argot des gens de mer voyait partout des symboles phalliques, une mortelle inquiétude me prit. Je serrai à faire mal le bras de mon oncle, et je lui dis tout bas :

« Vous savez mieux que moi ce dont ma mère est capable, vu l'intimité constante que vous partagez avec elle... Ne craignez-vous pas qu'elle profite de mon absence pour faire périr ma femme d'une manière qui semblerait naturelle? Le péché serait moins grand que de la prostituer, et une mère peut faire des progrès en vertu!

– Elle m'a dit justement pas plus tard que ce matin : " Faisons brûler des cierges pour que cette sainte nitouche, avec si peu de dévots en visite, se porte comme un charme. S'il lui arrivait malheur par hasard, Pietro nous l'imputerait sans autre examen, et il accourrait nous égorger tous deux ainsi que les domestiques, avant de mettre le feu au Palais et de se noyer dans le Grand Canal. Seule ma négresse serait épargnée : Pietro a l'âme noire. " Tu vois, mon garçon, c'est ta propre folie qui protège Lucretia. Prie donc le Ciel qu'elle te protège aussi bien ! »

On avait saisi à quel point j'aimais Lucretia.

Enfin, les longues rames cadencées, puis la brise du soir, nous poussèrent hors de vue de Saint-Marc.

DEUXIÈME PARTIE

DERRIÈRE LA PUCELLE

I

NOTRE convoi était de quatre galères marchandes, aucun vaisseau rond n'ayant éprouvé le besoin de recourir à notre protection. Les galères ont bien des qualités mais, par suite d'un entassement indescriptible, l'inconfort y est extrême. Non seulement les soutes, mais le pont, sont encombrés de marchandises et, comme l'équipage dépasse deux cents hommes, le petit groupe de passagers n'a pas plus de place que les marins. Coincé dans un entrepont sans air en compagnie de cages à poules, je n'étais pas plus heureux que ces volatiles destinés au sacrifice. Comme j'étais loin des régates patriciennes sur le bassin de Saint-Marc !

Un fort vent du nord nous poussa en une douzaine de jours à la hauteur de Corfou (nos galères de combat peuvent couvrir cette distance en une semaine !), avec une courte escale à Raguse – que les naturels du pays appellent Dubrovnik. Cette active cité marchande aux énormes remparts, mais au port exigu, avait été possession vénitienne à partir de 1205 – c'est même Venise qui lui avait donné ses institutions municipales ! –, puis elle avait subi le protectorat du roi de Hongrie, dont elle s'était débarrassée en 1403. Heureux d'avoir retrouvé leur indépendance, les Ragusains se méfiaient terriblement des Vénitiens, et nous ne fûmes pas fâchés de poursuivre notre route.

Nous eûmes encore beau temps jusqu'à Naples, malgré des vents d'ouest contraires. Jeanne II d'Anjou régnait alors péniblement sur Naples et son Vésuve, en attendant qu'Alphonse V d'Aragon aux dents longues mît la main sur la succession. De Naples à Gênes, la mer fut de plus en plus houleuse, et nous dûmes prolonger de deux jours notre escale dans ce port, espérant une accalmie.

Gênes, à cette date sous la domination de Milan, avait déjà connu l'autorité de la France de 1396 à 1409. La décadence accélérée de cette redoutable concurrente ravissait tous les cœurs vénitiens, car les Génois avaient failli enlever et détruire Venise lors de l'épuisante guerre dite « de Chioggia », 1378-1381. Ce sont de mortelles alarmes qu'on n'oublie pas. Gênes était désormais à prendre, et des vendettas sans fins ravageaient la cité, faisant couler des flots de sang impur.

En raison de mon rang, le capitaine mettait sa cabine à ma disposition quand les circonstances l'autorisaient – il était bien le seul à être logé décemment ! –, et plutôt que de courir une ville peuplée d'assassins et de prostituées agressives, je profitai du mouillage de Gênes pour étudier de plus près un aide-mémoire que Tradenico m'avait confié, et où je pourrais puiser pour donner à d'éventuels curieux des notions précises et chiffrées de l'incomparable puissance vénitienne :

« Notre seul commerce maritime représente un mouvement annuel de dix millions de ducats, qui assure, entre l'importation et l'exportation, un profit égal à 40 % du capital investi par l'Etat ou les particuliers.

» Revenu annuel de l'Etat : 1 600 000 ducats environ.

» Valeur des immeubles de la ville de Venise : sept millions de ducats.

» Valeur des loyers : 500 000 ducats.

» Dette publique : six millions de ducats, sur lesquels l'Etat paie régulièrement des intérêts semestriels.

» Frappe annuelle de la monnaie : 1 200 000 ducats

d'or d'aloi constant[1], plus la valeur de 800 000 ducats au moins en monnaie d'argent – " piccoli " ou " grossi " – destinée aux dépenses de Terre Ferme, aux menues transactions à Venise même, et surtout à combler le déficit de la balance des paiements, sans cesse déficitaire avec l'Egypte et le Levant. L'or affecté au monnayage vient notamment en lingots des mines de Hongrie, ou du Soudan, sous forme de poudre.

» Notre flotte marchande privée compte trois mille unités de petit tonnage, montées par 17 000 marins, et trois cents gros navires, avec 8 000 hommes d'équipage. Nos galères marchandes d'Etat sont au nombre de quarante-cinq, servies par 11 000 hommes.

» Trois mille charpentiers, et autant de calfats, travaillent à notre Arsenal.

» Nos tisserands sont au nombre de 16 000[2]. »

Quoique ayant grandi dans un milieu de connaisseurs, j'étais moi-même surpris de ces chiffres. A vue de nez, j'aurais dit beaucoup moins. On saisissait pourquoi l'argent ruisselait à Venise comme nulle part au monde, quelles miettes apaisantes, en travaux honnêtement payés et en moins honnêtes distractions, le bas peuple pouvait gratter au cul du gâteau, pourquoi notre ducat avait supplanté le florin de Florence en bien des régions névralgiques. Etaient absentes de l'aide-mémoire, par une discrétion compréhensible, les précisions d'ordre militaire, mais elles découlaient clairement du texte. L'or ne manquerait jamais pour solder ces mercenaires qui faisaient la queue par toute l'Europe dans l'attente d'un employeur solvable, pour enrôler même, en cas de besoin, des matelots de renfort en Grèce ou en Dalmatie, et plus le Turc nous détruirait de galères, plus notre Arsenal en lancerait. Venise semblait immortelle et l'on

1. Le ducat, en service à partir de 1284, était une pièce de 3,560 grammes à 0,9997 d'or fin, soit vingt-quatre carats.
2. Extrait des statistiques officielles de la République, an 1423.

ne distinguait point ce qui pourrait l'abattre – sinon la punition de ses impiétés.

Nos impiétés demeuraient toutefois très personnelles et très banales, car le Vénitien, appliquant à la lettre le divin précepte de ne pas confondre Dieu et César, avait pieusement exclu Dieu de l'Etat et des affaires. Dans beaucoup d'autres nations chrétiennes, pressions et interventions de l'Eglise étaient si graves et si fréquentes que le politique se séparait malaisément du religieux. A Venise, vieille tradition gréco-romaine, le clergé avait toujours été soigneusement cantonné dans son ordre. C'est la « Seigneurie » qui choisissait les évêques, et non seulement les clercs n'avaient aucun privilège financier, mais ils étaient encore exclus de certaines professions et de certains avantages! Tableau surprenant, qui faisait dire à beaucoup que le Vénitien était vénitien avant d'être chrétien. Nous étions en fait vénitiens d'un côté et chrétiens de l'autre, ne supportant l'indiscrète intrusion de Dieu que dans nos vies privées, et le tenant à l'écart de la politique, parce qu'elle sentait encore plus mauvais. Mais justement, le grand péché n'était-il point là, par où Venise pourrait sombrer un jour? Ne peut-on soupçonner Dieu d'accorder aux puantes affaires de César plus d'intérêt qu'il ne le prétend?

Comme si ces maudits Génois nous avaient jeté un sort, ce fut entre Gênes et Aigues-Mortes que nous essuyâmes une tempête épouvantable, qui dispersa pour un temps nos navires et faillit même nous envoyer par le fond : de ligne basse, les galères embarquent beaucoup d'eau par gros temps. Quant au martyre que nous endurâmes tout au long de ces heures affreuses, et jusque dans l'accomplissement des plus humbles fonctions naturelles, je renonce à le décrire et préfère céder la plume à un vénérable dominicain souabe[1] que les

1. Soupçonnant Condulmer qui, sous prétexte de vérité, n'est que trop porté à la licence, d'être lui-même ce vénérable dominicain, on avait hésité à imprimer intégralement ce texte vigoureux de scatologie marine.

galères emmenèrent par deux fois à Jérusalem. Le lamentable extrait qui suit donne de pertinents conseils à ceux qui ambitionnent de prendre le large, et ils ne serviront, hélas, que trop longtemps, car on ne voit guère comment la situation pourrait s'améliorer.

« Comme dit le poète : merde bien mûre est une lourde peine ! Voici quelques mots sur la manière d'uriner et de chier à bord d'une galère...

» Chacun des pèlerins a devant lui sur sa couchette un urinal – flacon de verre ou de terre cuite – pour uriner ou vomir. Mais comme la foule se presse en ces lieux étroits et obscurs, et qu'il y a maintes allées et venues, il est rare que ces récipients ne soient pas renversés avant l'aube. Régulièrement, poussé par une nécessité pressante qui l'oblige à se lever, un maladroit renverse au passage cinq ou six flacons, ce qui répand une intolérable odeur.

» Au matin, quand les pèlerins se lèvent et que leurs entrailles demandent grâce, ils montent sur le pont et se dirigent vers la proue. Là, de part et d'autre de l'éperon, sont aménagés les lieux d'aisances. Il se forme parfois à cet endroit une queue de treize personnes ou plus, qui attendent leur tour de s'asseoir sur le siège, et c'est plus que de la contrariété, c'est de l'énervement qui s'exprime si quelqu'un s'attarde. Je comparais volontiers cette attente à celle des gens qui se confessent en carême, lorsque, debout, ils s'irritent des confessions interminables et patientent dans la mauvaise humeur pour s'agenouiller.

» De nuit, c'est une rude entreprise que d'approcher

Il s'est avéré cependant que ledit texte avait bien été extrait par l'auteur des souvenirs de voyage en latin de Julius Faber, des frères prêcheurs de la ville d'Ulm. Il est rarissime que les moines du XVe siècle abandonnent un instant les joies de la logique formelle pour se pencher sur les réalités journalières de la navigation au long cours. Par là, le passage prend un intérêt historique accru, qui fera peut-être pardonner sa forme abrupte.

des lieux d'aisances en raison de la foule qui dort d'un bout à l'autre de la galère. Celui qui veut s'y rendre doit passer par-dessus plus de quarante personnes et, à chaque pas, enjamber quelqu'un. D'une marche à l'autre, il risque de donner des coups de pied à un passager, ou bien, ratant une marche, de tomber en contrebas sur un dormeur. S'il effleure un gisant au passage, les injures fusent. Ceux qui n'ont pas peur du vertige peuvent se diriger vers la proue en grimpant sur les bastingages, et se propulser de cordage en cordage, ce que j'ai fait souvent en dépit du danger. On peut aussi, sortant par les écoutilles des rames, passer à califourchon d'une rame à l'autre[1], ce qui n'est pas pour les peureux, car enfourcher une rame est risqué, et les marins eux-mêmes n'y tiennent guère.

» Mais c'est par mauvais temps que les difficultés deviennent énormes, quand les lieux d'aisances sont continuellement noyés par les paquets de mer, et que les rames sont rangées par-dessus les bancs. Aller à la selle en pleine tempête, c'est s'exposer à être complètement trempé : aussi nombre de passagers quittent-ils leurs vêtements et se rendent-ils aux lieux tout nus. Lors d'une telle démarche, la pudeur a beaucoup à souffrir, et les parties honteuses sont en émoi. Ceux qui répugnent à se faire voir en cet état de trouble vont s'accroupir en d'autres endroits, qu'ils souillent, ce qui entraîne des éclats, des bagarres, et déconsidère des gens honorables. Il en est enfin qui osent emmerder les récipients destinés à l'urine ou au vomi qui sont à disposition près de leur couchette, ce qui est infect, empoisonne les voisins, et ne saurait être toléré que de malades, à qui on ne saurait en

1. Par mer calme et vent suffisant, les rames étaient relevées et bloquées, immédiatement prêtes à un nouvel emploi, disposition qui permettait en effet cette acrobatie car, dans la nage « en zenzile », la distance entre les rames alignées de biais par rapport à la coque n'excédait pas trente à quarante centimètres. Pour éviter la casse, les rames étaient rentrées par mauvais temps, ainsi que le précise un peu plus bas l'excellent Julius Faber.

vouloir. Quelques phrases ne suffiraient pas à narrer ce que j'ai pu endurer d'un voisin de lit souffrant!

» Le pèlerin doit veiller avec soin à ne pas se retenir, poussé par une fausse pudeur, et à ne pas non plus se relâcher le ventre : les deux erreurs sont nuisibles au voyageur embarqué. A la mer, on est facilement constipé. Je donnerai donc au pèlerin le bon conseil d'hygiène de se rendre chaque jour trois ou quatre fois aux lieux, même si aucun besoin naturel ne l'exige, afin de contribuer par des efforts discrets à enclencher l'évacuation : et qu'il ne désespère pas si elle ne se produit point à la troisième ou quatrième fois! Qu'il y aille très souvent, qu'il délie tous les nœuds de ses vêtements sur la poitrine et le ventre, et il obtiendra le résultat souhaité, même si ses boyaux renfermaient des cailloux! Ce conseil m'a été donné par un vieux loup de mer, alors que j'avais été terriblement constipé plusieurs jours durant. Mais ce n'est pas un moyen recommandable que de prendre en mer des pilules laxatives ou des suppositoires, parce qu'à se purger trop, on risque des inconvénients plus graves que la simple constipation. »

Dès notre arrivée à Aigues-Mortes, emmerdés jusqu'aux yeux, mais tout étonnés d'être en vie, nous nous précipitâmes aux étuves, où les filles ressemblaient d'autant plus à celles de Venise qu'elles étaient moins vêtues : l'infatigable saint Augustin était encore passé par là!

Alors que je barbotais dans l'eau tiède, mon cœur se serra à la pensée des affreuses pérégrinations marines que ma Lucretia avait souffertes au cours de ses captivités : plus durement traitée que du bétail, nourrie comme ne l'eût pas été un porc, condamnée à une promiscuité, à une ordure innommables, et violée jusqu'au creux de sa fange par ces animaux à deux pattes et sans plumes où le sophiste grec prétendait voir des hommes. Alors que ma blanche hermine de Morée aimait tant les petits plats, une baignoire bien remplie, et ces profondes jouissances, avec ou sans dispense, d'autant plus savoureuses qu'elles n'avaient pas été espérées !

Lucretia avait contracté la phobie de la mer, et je l'avais vue trembler sur l'esquif de Torcello. Raison pour laquelle, avait-elle fini par m'avouer, elle avait préféré la basilique vespérale à la barque discrète pour donner leur dû aux goujats de Mme Kastelis.

Le souvenir de Saint Louis, célèbre pour sa sourcilleuse législation sur les bordels, planait toujours sur Aigues-Mortes, dont l'affligeant quadrillage urbain était exposé de plein fouet à un vent du nord glacial : les Vénitiens préfèrent naturellement les ruelles qui serpentent comme des ruisseaux et réservent toujours quelque surprise. Le saint roi avait fondé cette cité au milieu des marais salants afin d'avoir un port à lui sur la Méditerranée, aux confins de la Provence étrangère. Et c'est de là qu'il s'était embarqué, en 1248 et en 1270, pour ses deux croisades catastrophiques.

On reproche sans cesse aux Vénitiens, partis pour délivrer Jérusalem, d'avoir manigancé l'assaut et le pillage de Constantinople en 1204, après s'être fait la main sur Zara, alors qu'ils avaient d'ailleurs pour complice l'Europe entière, et que le pape Innocent III, le premier coup de sang passé, a pris la chose avec une aimable indulgence. Mais personne ne songe à reprocher à Saint Louis d'avoir prétendu gagner la Palestine d'abord par Le Caire, puis par Tunis, ce qui était encore plus loufoque.

La raison de cette injustice est claire : organisée à la vénitienne, la croisade de 1204, heureusement déviée, a permis de superbes profits – surtout pour Venise, bien sûr –, alors que les croisades de Saint Louis, désorganisées à la française et privées du contingent indispensable de putains, n'ont abouti qu'au ruineux emprisonnement du roi en Egypte, et à sa mort vingt-deux ans plus tard sur la colline de Carthage, où Scipion Emilien n'était plus là pour lui enseigner la stratégie.

Sans doute, lorsqu'on n'est pas capable de faire des affaires, le mieux est-il encore d'échouer avec martyre à la clef : on fait le bonheur de ses successeurs, qui tripotent l'auréole jusqu'à ce qu'ils en aient épuisé les vertus.

Au fond, pour les Vénitiens amateurs de concret, le tombeau du Christ n'est pas intéressant parce qu'il est vide : pas la moindre chance, évidemment, d'y découvrir des reliques commercialisables ! Mais nous avons refilé au naïf Saint Louis maintes reliques pharamineuses.

Au début de 1429, le canal creusé par ce roi commençait de s'ensabler, les murailles élevées par son fils, de se lézarder, mais la place était devenue fort pratique pour Venise : d'Aigues-Mortes, on pouvait gagner la Provence, le Piémont et la Suisse, ou bien Avignon, Lyon et les Etats de Bourgogne, ou encore le Languedoc et Toulouse par Montpellier. Et en prime, nous avions encore chaque été la foire de Beaucaire, la dernière foire française à caractère international.

Tradenico et mon oncle, comme il est d'usage, m'avaient nanti d'une foule de lettres de recommandation. Dès que je fus un peu reposé et en état de paraître, je m'empressai d'aller présenter mes devoirs au consul de la petite colonie vénitienne du lieu, le cadet d'une famille patricienne connue, qui m'accueillit très gracieusement.

Nos consuls assurent la direction des affaires maritimes et commerciales, exercent entre citoyens vénitiens les diverses juridictions que la convention d'établissement leur permet. Ils sont assistés d'un conseil périodiquement renouvelé de marchands, élus par les résidents. Le consul et son conseil délibèrent sur toutes les questions qui importent : vérification des certificats de navigabilité ou des compétences des officiers de marine, opportunité de corrompre à frais communs des fonctionnaires ou des douaniers gênants, adhésion à un groupement provisoire d'intérêts dans le dessein de mieux discipliner le jeu de la concurrence, décret de boycott[1] à l'encontre de mauvais clients...

Informé de ma destination, le consul me dit :

« Puisque vous allez sur la Touraine et Chinon, où séjournerait le roi Charles aux dernières nouvelles – il ne cesse de se promener –, vous éviterez de traverser les monts d'Auvergne couverts de neige : le froid est si vif par là-haut que j'y ai vu des paysans faire du patin à glace sur des étangs !

» Pour contourner ces montagnes inhospitalières, vous n'avez que deux solutions :

» Ou bien, longeant d'abord la Provence et les Etats du pape, vous remontez ensuite le Rhône entre la région ardéchoise à l'ouest et le Dauphiné à l'est – cette terre du Saint-Empire romain germanique que son dernier possesseur, Humbert II de la Tour du Pin, a vendu 200 000 florins au roi de France en 1349, sans se soucier des droits de l'empereur. Vous savez peut-être que ce Dauphiné est devenu l'apanage traditionnel du fils aîné des rois français, ce pourquoi on traite encore Charles VII de Dauphin – et d'autant plus pertinemment que cette province lui est jusqu'à présent restée acquise. Après Lyon – encore un morceau de Saint-Empire que le roi de France a confisqué, mais dès 1307 –, vous obliquez vers le nord-ouest à travers les monts du Lyonnais et, pour gagner Bourges et Chinon, vous devez traverser une zone frontière entre le duché de Bourgogne et les Etats du roi Charles.

» Ou bien vous suivez la route du sud par Béziers, Narbonne et Carcassonne jusqu'à Agen, et de là, remontant vers le nord par Bergerac, Périgueux, Angoulême ou Limoges, vous traversez Poitiers pour joindre la Touraine. Ladite route passe au cœur des Etats demeurant pour l'instant à Charles VII.

1. Faute de mot français, on s'est permis de traduire ainsi la périphrase latine de Condulmer correspondant au terme technique vénitien très précis de « batellazione ».

» Les deux variantes sont dangereuses.

» Bien que le duc de Bourgogne Philippe le Bon, qui dépense des sommes énormes pour sa cour, mais ménage d'autant plus ses deniers d'autre part, ne mène contre le roi de Bourges qu'une guerre assez molle et pleine d'arrière-pensées, la région frontière franco-bourguignonne est évidemment livrée à la soldatesque ducale ou royale, l'une ne valant pas plus cher que l'autre. Et au cœur de l'hiver, vous n'aurez pas la ressource de vous incorporer à l'une de ces longues caravanes de trafiquants d'armes qui descendent l'été du Grand-Saint-Bernard.

» L'itinéraire méridional, cependant, vous mettrait en rapport avec des Languedociens et des Gascons qui ont un penchant instinctif pour l'anarchie et la rapine, à ce point que le nom d'« Armagnac » est devenu synonyme de pillard.

» Mais les mercenaires en rupture de contrat, " routiers ", " compagnies " ou " écorcheurs "... – les étiquettes ne manquent point –, sont encore pires si possible, et ceux-là, vous risquez de les rencontrer partout. Perpétuellement à court d'argent, le roi Charles n'arrête pas d'embaucher et de débaucher des hommes qui se conduisent déjà en brigands lorsqu'ils sont soldés, et rivalisent d'atrocités quand ils sont sans solde.

» Je n'ose vraiment vous conseiller une direction plutôt qu'une autre : la France actuelle est par excellence le terrain de l'insécurité et de l'imprévisible. »

Mon secrétaire Trivulzio, qui assistait à l'entretien, était lui-même très hésitant. Mais il avait eu autrefois maille à partir avec des Gascons qui prenaient Venise pour un village de Biscaye, dramatique malentendu qui avait failli lui coûter la vie, et il inclinait donc à prendre le chemin du nord.

Tout compte fait, la compagnie de ce Trivulzio, si elle n'avait rien de sympathique, ne manquait pas d'intérêt. Sans rien livrer de lui-même, cet homme d'ordinaire lugubre, volontiers caustique et grinçant, avait beaucoup vu et beaucoup retenu, et il constituait une source d'informations, voire de réflexions, qui pouvait se révéler des plus utiles.

Une caravane d'importance assez rassurante étant sur le départ pour Lyon et Dijon, nous décidâmes de nous y associer.

Avant de quitter Aigues-Mortes, je confiai à notre consul pour Lucretia un mot rassurant, qui emprunterait le premier bateau, et que mon oncle Angelo lui ferait tenir. Une telle correspondance devant de toute manière être contrôlée par la méfiante maquerelle, il n'y avait aucun inconvénient à ce que mon oncle en profitât le premier, et ma légitime vanité n'eût pas été flattée d'écrire à l'adresse d'une maison de passe. Le canal de l'oncle était, d'autre part, d'autant plus indiqué pour les lettres de Lucretia que les compétences et la réputation de ce parent promettaient un acheminement moins aléatoire.

Nous nous ébranlâmes par un petit matin frisquet de début février. Nous étions trente-trois marchands de nationalités diverses, armés jusqu'aux dents, pour la plupart d'Italie du nord ou du centre, Trivulzio et moi étant les seuls Vénitiens. Et nous avions engagé pour renforcer notre protection jusqu'à Lyon cinq routiers catalans dont il était à espérer qu'ils rempliraient leur office : le plus fort des gages ne devait être payé qu'en fin de contrat, et ils n'étaient pas assez nombreux pour nous égorger.

De plus, nous pouvions compter sur une véritable curiosité : un énorme lutteur turc, piloté par un vieil eunuque asthmatique qui ne dormait qu'assis, c'est-à-dire que d'un œil. Le duc de Bourgogne possédait une superbe écurie de lutteurs professionnels qu'il recrutait partout à prix d'or, ce brutal divertissement soulevant des paris passionnés chez les gentilshommes et dames de sa cour.

Avec nos chevaux de selle et nos mulets ou bardots de charge, nous progressions lentement tant qu'il faisait jour sur des routes dans le dernier état de la décrépitude : des seigneurs escrocs responsables de l'entretien préféraient jouer aux dés avec le produit des péages et tonlieux théoriquement levés pour leur entretien. Et au crépuscule, moment où la majorité des voleurs se mettaient en campagne, nous faisions halte dans un château, un monastère, voire une grosse ferme fortifiée, plus rarement dans une auberge, car elles étaient d'ordinaire très médiocres, et les écuries, plus accueillantes et plus chaudes que les pouilleuses chambrées.

Dans les débuts de notre marche, nous rencontrâmes des nobles ou des bourgeois qui baragouinaient plus ou moins le français de Paris, les humbles ne s'exprimant qu'en provençal ou en languedocien, dialectes avec lesquels les Italiens ont une naturelle affinité.

C'est Dante qui a été l'un des premiers à parler de langue d'oc, par opposition aux langues d'oui du nord et aux langues italiennes du « si ». A croire que les peuples complaisants se distinguent mieux dans l'affirmation que dans la négation! Vers 1430, ces langues d'oc étaient nombreuses. Notre châtelain d'un soir, dont les terres s'étendaient dans les environs d'Arles, me dit qu'en plus du provençal et du languedocien, il fallait compter avec l'auvergnat, le limousin, le gascon et le catalan, chacun de ces idiomes présentant d'ailleurs de notables différences selon les lieux – sans parler du basque, dont personne ne savait à quoi le rattacher. J'ai constaté moi-même que nos soudoyers catalans étaient incapables de converser couramment avec les gens du pays. « Il est temps » se dit par exemple « ey ten » en provençal, « ez uro » en languedocien, et « ja z ore » en catalan... On ne prend pas facilement rendez-vous dans ces conditions!

Ledit hôte n'en était que plus triste du déclin de la langue d'oc littéraire, composée par des troubadours itinérants, non point pour être parlée, mais pour être écrite, chantée, déclamée, écoutée et à peu près comprise dans les châteaux hospitaliers égrenés d'Agen à Marseille ou du Puy à Barcelone, puisqu'on y trouvait en proportions variées un mélange des dialectes alors en vigueur. La haute société d'avant la croisade pontificale contre les manichéistes albigeois avait apprécié cette langue recherchée, ampoulée et sonore, dont le peuple inculte avait parfois des échos. Mais les chantres courtisans avaient fini par se taire, les goûts ayant changé sur cette terre lumineuse où le vent du nord avait soufflé en tempête.

Ce qui n'empêchait point Languedociens et Gascons d'être plutôt partisans du roi de Bourges, qui leur apparaissait peut-être comme un Prince du midi et du soleil en dépit de sa triste mine. Par un étrange paradoxe, dans la plupart des régions restées fidèles à Charles VII, le français faisait figure de langue étrangère.

Toujours selon notre hôte, le français administratif du roi ne cessait pourtant de gagner du terrain dans les actes publics rédigés en pays d'oc. La royauté valoise avait beau aller de déconfiture en déconfiture, le mouvement se poursuivait comme la marche d'un glacier. C'est que ce « francien », argot de l'île de la Cité au départ, était la langue maternelle du roi, celle de sa machine judiciaire et fiscale, que des raisons pratiques invitaient donc beaucoup de gens à connaître. Il est préférable de bien saisir le langage de ceux qui vous jugent et vous pompent des sous.

Mais la France septentrionale demeurait elle-même une tour de Babel où le français avait du mal à s'imposer devant le picard, le wallon, le champenois, le berrichon, le saintongeais, l'angevin, le poitevin, le bourguignon ou le franc-comtois[1].

Nous admirâmes au passage la formidable forteresse qu'est le palais pontifical d'Avignon, dont le pape Colonna Martin V aurait bien aimé avoir l'équivalent à Rome, où son château Saint-Ange n'était pas de même sûreté contre les injures de la populace hystérique. C'est calfeutrés derrière ces murs que les sept papes français

1. Le terme « Franche-Comté » apparaît vers 1360.

de la prétendue « captivité de Babylone » avaient perfectionné, de 1309 à 1378, la dévorante fiscalité qui avait été pour beaucoup, avec le « Grand Schisme » consécutif, dans l'irrémédiable discrédit de l'Eglise établie.

Je dis alors à Trivulzio :

« Comprenez-vous cette rage de s'isoler, de s'enfermer, de se défendre, comme si la vérité avait besoin de riches et secrètes murailles, au lieu d'offrir librement et pauvrement sa parole, son cœur, son exemple, aux bons et aux méchants, acceptant par avance la récompense du martyre ? Le Christ et les apôtres n'avaient que le ciel pour toiture, et c'est pour cela qu'ils nous ont séduits et convaincus. »

Et Trivulzio me répondit avec un petit sourire :

« Le Seigneur pape est depuis longtemps en plein cercle vicieux, du fait qu'il s'est laissé aller, de génération en génération, à entretenir la plus importante et la plus coûteuse administration d'Europe, sans parler d'un train somptueux. Il a quelque 5 000 fonctionnaires, 20 000 courtisans, patronne des milliers d'étudiants, distribue 1 500 manteaux pour Noël, expédie 60 000 bulles chaque année par une poste superbement montée, solde des troupes exigeantes, accumule les constructions religieuses ou profanes... Il lui faut donc beaucoup d'argent pour faire tourner cette même machine qui lui en rapporte et entretenir ces pléthoriques bureaux de finances qui sont le premier de ses soucis. Son revenu annuel de trois à quatre cent mille ducats est complété par des emprunts à des banques italiennes. Le pape ne doit-il pas mettre à l'abri sa précieuse machine, de crainte qu'on ne la lui casse ? Jésus en personne avait une administration, qu'il avait eu le flair de confier à Judas. »

Je fus très choqué de cette dernière phrase, et je le serais encore aujourd'hui. Depuis un siècle, beaucoup de chrétiens traînent l'Eglise dans la boue, mais par réflexe d'amoureux déçus : ils en voudraient une meilleure, qui ne fît plus écran et obstacle entre leur foi, qui n'a jamais été plus vive, et le Christ déshonoré par ses mauvais prêtres. Je me signai précipitamment pour que cette rare impiété ne nous portât point malheur, et Trivulzio haussa les épaules.

« Eh, fit-il, vous êtes bien chatouilleux ! Judas n'est-il pas sur le trône de Pierre ?... qui n'avait d'ailleurs qu'un escabeau ! Ne voyez-vous pas le scandale de cette organisation ruineuse, qui ne sert strictement à rien ? Que fait le pape que ne pourraient faire les évêques, individuellement ou en bande ? Et ces luxueux évêques coûtent encore trop cher, car ce sont les misérables curés qui font le travail à leur place. J'en parle savamment : étudiant pour être prêtre, je me suis fait chasser d'une première école. J'avais commis une plaisanterie un peu lourde au discrédit de Sa Sainteté, que j'avais qualifiée de " paparassita[1] ". »

Je demandai à Trivulzio s'il avait perdu la foi, le pire malheur qui pût arriver à un homme. Il précisa qu'il l'avait perdue en nourrice, parce que le fils de la femme tétait sans cesse le plus gros nichon, et que cette expérience cruelle l'avait fait vieillir avant l'âge et éclairé sur la vie.

Telle fut la première et dernière confidence désespérée de mon secrétaire. Cet envieux congénital m'inspirait plus de répulsion que de pitié.

Nous remontâmes le Rhône par un vent à décorner les bœufs, regardant avec envie les bateaux chargés de passagers et de marchandises qui filaient vers Beaucaire et Tarascon au gré du courant tumultueux. A la crête des monts escarpés qui bordaient étroitement le fleuve, se dressaient de nombreux châteaux en nids d'aigle, qui avaient perdu de leur intérêt militaire depuis que le grand fleuve avait cessé de faire frontière entre la France et le Saint-Empire. Certains, qui menaçaient ruine, pas-

1. En toscan dans le texte. Jeu de mots sur « papa » et « parassita », « pape » et « parasite ». « Paparasite », si l'on veut.

saient pour être le refuge de chevaliers pillards, mais nous n'en vîmes point la trace.

A Lyon, ville de confluent où il est d'usage de bifurquer, la majeure partie de la troupe poursuivit sur Dijon avec le lutteur turc, et notre caravane fut réduite à sept personnes : deux Siennois, deux Lucquois, un Génois, Trivulzio et moi-même. Ce Génois, trop poli pour être honnête, avait l'allure insinuante et fourbe de l'espèce, et j'aurais préféré le voir ailleurs.

Nous marchâmes désormais sur Bourges, par Roanne et Moulins, nous efforçant de rester à bonne distance du duché de Bourgogne, dans le dessein de gagner enfin Chinon par Romorantin et Loches.

Au-delà des montagnes moyennes séparant Lyon de Roanne, je fus frappé par d'étonnantes alternances de régions apparemment paisibles et de terres abominablement ravagées, où toutes les bourgeoisies en état de se fortifier avaient rétabli ou renforcé leurs murailles, alors que le pays environnant n'était plus que ruines noircies.

Une nuit que nous étions barricadés dans un monastère de moines tremblants à quelque distance de Dun-sur-Auron, Trivulzio me fit remarquer :

« Vous saisissez pourquoi cette guerre séculaire ne veut point finir. Dans les commencements, après Crécy, l'Anglais a pu piller sans coup férir des villes dont les enceintes avaient été négligées à la suite de l'une de ces paix provisoires que l'on veut toujours espérer éternelles. Mais les bourgeois, copieusement instruits par un premier malheur ou par celui de leurs voisins, ont partout consenti des frais de fortifications susceptibles de décourager un assaut de fortune – et d'autant plus volontiers que ces frais étaient d'ordinaire déduits de leurs impôts. Un siège en règle est à présent nécessaire pour enlever la moindre bourgade, dépense qui est rarement couverte par la prise. On attaque de préférence – comme nous le montre ce qui se passe aujourd'hui devant Orléans – des places qui présentent aussi un intérêt stratégique et symbolique. Les campagnes sont donc archipillées, il n'y a plus rien à y gratter, mais les villes qui ont fait provision de vivres résistent. Dans ces conditions, une victoire en plein champ ne résout rien et ne change pas grand-chose. Les Français valois, qui combattent en dépit du bon sens, ont perdu presque toutes leurs batailles rangées, et ils ne s'en porteraient guère plus mal si les Anglais n'avaient marqué des points sur le plan politique par la signature du traité de Troyes. Il n'y a pas de solution militaire rapide au conflit, ce qui laisse des chances à la négociation – à moins d'un effondrement du moral, toujours possible avec des Français méridionaux qui ont plus de jactance que de fond. »

Trivulzio parlait sagement, mais sa connaissance du terrain ne l'empêchait pas de se tromper comme un Tradenico qui n'avait jamais vu la France.

A Bourges, capitale provisoire d'un roi en fuite, nous allâmes faire nos dévotions à la cathédrale, toute blanche à donner le vertige, si différente de Saint-Marc et de nos autres églises à coupoles.

Les Français ont inventé une architecture religieuse techniquement absurde et dangereusement fragile. Soit une charpente classique, dite « ferme triangulée », qui pèse à la verticale sur les murs de l'édifice. Le Français est ainsi fait qu'ayant mis les pieds dans une église, il ne peut supporter la vue des entraits, arbalétriers, poinçons, chevrons et voliges, tels qu'on les voit, par exemple, à la basilique de Torcello : cette charpente le blesse. Il va camoufler par conséquent ladite charpente, mais au lieu de monter un plafond, solution trop simple pour son esprit compliqué, c'est une voûte qu'il édifie par-dessous, voûte qui n'a d'autre utilité que de lui donner du vague à l'âme. Or cette voûte, quelle que soit la légèreté de sa construction, exerce une forte poussée latérale sur les murs. De ce fait, le problème majeur de l'architecte sera de faire tenir les murs debout par diverses astuces comme le contrefort ou la croisée d'ogive, qui répartit le poids entre de gros piliers. Toutefois, le maître d'œuvre étant incapable de calculer la résistance des matériaux, les artifices rendus obligatoires par la présence de la voûte décorative seront trop largement conçus, et par là disgracieux, ou trop faibles, avec risques d'effondrement. Le principal risque étant le feu, que ce type arbitraire de réalisation rend catastrophique : l'énorme charpente en flammes s'écroule avec sa couverture sur la voûte sous-jacente, qui s'écroule à son tour, entraînant la destruction d'une grande partie des murs : il ne reste plus guère que les contreforts ! Les Français passent leur temps à rebâtir des églises incendiées par la foudre divine ou le routier de passage.

Un gardien nous dit que le 30 octobre 1422, à la nouvelle que son père Charles VI était mort et que le Conseil royal l'avait déshérité, le Dauphin Charles avait pour la première fois siégé en majesté dans cette cathédrale, acclamé au titre de « Charles VII, par la grâce de Dieu, roi de France ». Cela ne valait ni Notre-Dame de Paris ni la cathédrale de Reims, mais c'était une fiche de consolation.

Le lendemain soir, égarés à la nuit tombante dans une profonde forêt des environs de Vierzon, nous fûmes d'abord tout heureux d'apercevoir dans une clairière le noir profil d'un bâtiment où brillait de la lumière, tandis qu'une épaisse fumée noire montait vers le neigeux ciel gris par une haute cheminée.

A force de frapper, nous fûmes introduits dans la grande salle de ce qui avait dû être un petit manoir seigneurial en des temps meilleurs. Il y avait là une douzaine d'hommes d'armes avec trois filles efflanquées qui devaient leur être communes, et tout ce joli monde profitait après dîner des énormes bûches rougeoyantes de l'âtre monumental avant d'aller se vautrer sur des paillasses éparses. Le désordre de la pièce était extrême et des débris de mangeaille traînaient par endroits : les garces, trop occupées à satisfaire l'escouade, ne devaient frotter les dalles qu'avec leur dos.

Le capitaine de la bande nous accueillit fort poliment, fit remiser chevaux et mules dans une dépendance à moitié en ruine, nous offrit en s'excusant du pain sec avec de la piquette, et nous posa en bon français, devant le feu qu'il tisonnait de temps à autre, toutes ces questions qu'on a coutume de poser en tous pays aux voyageurs de passage.

Trivulzio gardant le silence, j'avais jugé bon de suivre son exemple, et tandis que les autres Italiens s'efforçaient de satisfaire la curiosité de notre hôte dans un français plus ou moins correct, Trivulzio me souffla à l'oreille en vénitien :

« Vous avez vu ces brigandines entassées par terre dans le coin, sous les peaux de loup fraîches en train de sécher au mur?

– Elles crèvent les yeux, et les peaux sentent aussi fort que le capitaine!

– Que distinguez-vous sur les garnitures des plastrons?

– Des taches plus claires, il me semble...

– Nous sommes tombés chez des brigands.

– Quel rapport?

– Autrefois, le commun des soldats ne portaient pas d'emblème distinctif. Ils pouvaient ainsi, dès que l'engagement tournait mal, tenter de tirer leur épingle du jeu en poussant à pleins poumons le cri de guerre de l'ennemi : d'où de magnifiques pagailles à la fin de mémorables combats. Mais depuis que la guerre de France a tourné à la guerre civile, les risques de confusion s'étant encore aggravés, un signe de reconnaissance est devenu indispensable : croix blanche pour les Armagnacs, croix rouge pour les Anglais, et pour les Bourguignons, croix de saint André – qui est aussi d'ailleurs le patron de l'Ecosse. Mais quand les mercenaires sont en rupture de ban, ils ôtent naturellement, jusqu'à la prochaine embauche, des insignes qui n'auraient plus aucun sens. Vous saisissez la signification de ces taches claires?

Puisque vous croyez en Dieu, c'est le moment d'en avoir pour vos prières. »

L'inquiétant diagnostic de Trivulzio fut confirmé plus tôt que prévu. Soit qu'il s'estimât suffisamment informé, soit que l'eût agacé le murmure insistant de mon secrétaire, le capitaine se leva soudain tout d'une pièce et éructa des ordres à l'adresse de ses congénères. Sans autre forme de procès, nous fûmes appréhendés, fouillés à fond par ces brutes puantes, et poussés pour la nuit, avec quelques couvertures crasseuses et une grossière chandelle de suif, vers une resserre glaciale, où gémissait déjà sur une paillasse, les pieds nus enveloppés de linges, un paysan d'âge incertain. Le malheureux semblait dans le dernier abattement.

Commença pour moi la nuit la plus longue, la plus angoissante, la plus réfrigérante de mon existence. Je n'étais soutenu que par la perspective de faire le bonheur de Lucretia au prix de ma vie. La chance me paraissait très réduite que l'accréditif de Tradenico, confisqué par le capitaine avec le reste, opérât des miracles : le titre d'« envoyé » était maigre. Je n'avais point parlé à Trivulzio de cette ultime ressource, et je continuai à me taire. Il n'est pas mauvais qu'un athée ait une peur panique de la mort et de la corruption, car un retour à Dieu peut en découler *in extremis*. Trivulzio voyait son néant de tout près, et il en avait des sueurs ignobles, malgré le froid qui faisait des glaçons dans l'eau de la cruche. Mais les autres n'étaient guère plus flambards, marmottaient des invocations ou pelotaient des médailles bénites. Le Génois, tremblant et claquant des dents, mettait ces manifestations sur le compte de la température.

Alors que j'allais peut-être m'assoupir, il me tira par la manche pour me demander timidement :

« Comment pouvez-vous être si calme ?

– Je suis amoureux et ma mort serait une bénédiction pour la femme de ma vie.

– Hélas, je suis marié, endetté, et ma mort jetterait mon épouse et mes enfants à la rue ! »

Il claqua des dents de plus belle, m'empêchant de trouver le sommeil.

A l'aube, le paysan sortit de sa prostration pour me prêter un intérêt particulier, sans doute en raison de mon courage sans mérite. Il avait une bonne tête ronde et naïve, avec cet air un rien finaud qu'ont souvent les gens de la terre, habitués à opposer la ruse à la force.

Apitoyé, je m'enquis de ses malheurs, et il me dit :

« Ah, Messire, pendant longtemps, j'ai eu plus de chance que bien d'autres. Des soldats venaient, avec des croix de toutes les couleurs, et ils commençaient toujours par me fourrer dans la grande huche à pain, pour violer ensuite ma femme et mes deux filles par-dessus. Puis ils repartaient contents avec un quartier de jambon ou quelques poules. On s'habitue à cela. Dieu est encore bien bon de nous donner du pain qui sent le foutre. Mais cet après-midi, ils n'avaient plus de croix, et ils étaient ivres. Quand je suis sorti de ma huche, ma femme et mes filles étaient mortes, et ils m'ont emmené pour me chauffer les pieds : un mauvais voisin leur avait juré que j'avais caché un trésor. »

Il n'était pas facile de trouver des mots pour réconforter cet éclopé. Le chroniqueur Froissart, qui est de Valenciennes, s'amuse franchement de cette coutume militaire de violer les femmes et filles de vilains sur les huches où se morfondent pères et maris, mais c'est parce qu'il exprime la délicate sensibilité aristocratique de France et de Bourgogne : lorsque ce sont de nobles dames qui se font éventrer à coups de serpe ou sodomiser à coups de manche de fourche par des paysans fous furieux, il se fâche tout rouge et crie comme un putois. Il est très frappant de constater que dans la plus traditionnelle iconographie française, le vilain est d'ordinaire représenté avec un faciès de brute épaisse et dégénérée. Dans tout cela, il n'y a pas de quoi faire rire un Vénitien.

Par le trou de la serrure, le rai de lumière filtrait de plus en plus clair. Trivulzio et moi, à peu près gelés, fûmes extraits de notre geôle et confrontés au capitaine en « gippon[1] ». Ce grand homme sec avait les traits tirés et, au chauffage près, il n'avait guère dû passer une meilleure nuit que nous autres, en proie à de douloureux débats de conscience, sans même songer à se déshabiller : tels sont les privilèges et les responsabilités d'un chef.

Mon accréditif en main, il louchait avec concupiscence sur mes armes brillantes étalées dans la salle, lesquelles avaient cessé de retenir l'attention de ses hommes. Le petit matin portant à l'amour, les filles étaient en train de gâter leurs brigands, allant d'une paillasse à la suivante, et c'était un beau remue-ménage sous les couvertures. Rustique impudeur qui ne visait à provoquer personne : le feu encore vif attirait toute vie à lui.

Après une dernière hésitation, un ultime soupir de regret, le capitaine me déclara :

« Je m'en vais vous rendre vos papiers et votre argent, et vous partirez tous deux quand vous voudrez avec vos chevaux, vos mules, vos bagages et ballots. Ces armes sont en effet dignes d'un roi, et je ne puis me permettre de désobliger du même coup Venise et le roi Charles : je ne trouverais plus jamais d'engagement à son service. Mes hommes sont d'ailleurs unanimes à me conseiller la prudence.

» Enfin, Messire Condulmer, vous êtes chevalier comme moi, ce qui n'est pas le cas des autres marchands, et entre chevaliers de rencontre, il est d'usage de se montrer courtois. »

Ce n'était pas le moment d'expliquer à ce sauvage que

1. En français dans le texte. Justaucorps rembourré et lacé, alors porté sur la chemise et le caleçon court à braguette ou « braies ». Les chausses, bas collants à sous-pieds, étaient attachées par des aiguillettes au gippon à la hauteur du bas-ventre, solution des moins pratiques. La brigandine militaire s'adaptait étroitement au gippon.

le patriciat de Venise, recruté en son temps à force de ducats sans autre programme que d'en faire davantage, n'avait pas grand-chose à voir avec la chevalerie de France ou d'ailleurs, remarquable collection de bons à rien. J'adoptai donc sur-le-champ le vocabulaire que ce bourreau à la sauvette souhaitait entendre, parlant d'honneur, de vaillance, de libéralité, de largesse, et il y fut sensible.

La noblesse française se pique en effet d'une courtoisie qui fonctionne en circuit fermé. Le code, parfois pointilleux, ne regarde ni les bourgeois ni le peuple, et quand un chevalier défend intrépidement la veuve et l'orphelin, il va de soi qu'ils appartiennent à son ordre. Un homme tel que le maréchal de Rais, qui avait du savoir-vivre, a pris grand soin de n'assassiner que des enfants pauvres.

Autour d'un casse-croûte et d'un reliquat de piquette, une conversation aimable et franche s'engagea. Depuis mon débarquement, j'avais fait de rapides progrès en français parlé – langue qui évolue très vite –, et je fus donc pour le capitaine un interlocuteur aimable et compréhensif.

La piquette aidant, ce preux en vint à me narrer ses déceptions :

« Mon regretté père, l'image de la sévérité et de la noblesse, m'avait transmis un médiocre fief du côté de Châteauroux et, tel que vous me voyez, je suis d'abord une victime de la peste, qui frappe à répétition depuis plus de quatre-vingts ans, et n'est pas du tout ce que l'on croit.

» Vers le milieu du siècle dernier, la population avait si fort augmenté – vous savez comme le vilain copule entre sa vache et son âne pendant les interminables soirées d'hiver où il n'a pas d'autre divertissement – que les gens des campagnes n'arrivaient plus à se nourrir et montraient par conséquent peu de prétentions. C'était la belle époque ! En liquidant peut-être un tiers des vilains (parfois beaucoup plus, et jusqu'à la quasi-totalité à certains endroits), la peste a été une bénédiction pour l'espèce. De même fait-on des coupes sombres dans les forêts bien tenues ou sacrifie-t-on les chevreuils en surnombre dans un parc de chasse convenablement géré. Les paysans morts se gardaient de protester, puisque le Ciel, dans sa bonté, leur avait fait enfin une situation enviable, et les survivants pouvaient négocier leur travail au plus haut prix, vu le tragique manque de bras. Depuis les pestes, là où la guerre ne vient pas le rappeler à la modestie de sa condition, le vilain s'engraisse, mange de la viande deux fois par semaine, met de pleines poignées de lard dans ses fèves, du vin dans son eau, paie des rubans à ses filles et se moque du monde.

» J'ai dû accorder sur ma terre, prenant la suite de mon père dans cette ruineuse faiblesse, toutes les faveurs possibles à la poignée de paysans qui me restaient, et pour un revenu d'autant plus bas que les affaiblissements de monnaie réduisaient à presque rien les rentes en argent qui couraient encore.

» Ah, Messire, les petite et moyenne noblesses de France sont bien à plaindre! Les Princes s'en sortent en pillant de main de maître les finances publiques. Le clergé lui-même, à force de patenôtres, a encaissé avant l'heure, de peste en peste, un prodigieux pactole de legs pieux. Vous vous rendez compte! Chacun, dans l'espoir de s'y retrouver là-haut, couche plus ou moins l'Eglise sur son testament. Quand les deux tiers d'une ville sont anéantis, quelle aubaine pour les curés et les moines, que l'on entend chanter soudain des chœurs funèbres aux allures d'actions de grâces! Mais nous autres, honnêtes gentilshommes, n'avons plus soixante livres pour nous faire fabriquer un harnois de plates très ordinaire, et nous portons de misérables brigandines à trois ou quatre livres. Notre épée seule nous reste, mais ce n'est pas une sinécure, je vous prie de le croire, que de faire de l'argent à la pointe de l'épée!

» J'ai d'abord servi le duc de Bourgogne – qui payait

assez régulièrement – avec une petite compagnie, puis le roi Charles – qui payait quand il pouvait –, et je me suis fait prendre par les Anglais lors du désastre de Cravant, près d'Auxerre, en 1423. Selon la coutume entre bons chevaliers, j'ai dû verser une année entière de revenus de fief pour être libéré, ce qui a achevé ma déconfiture et m'a réduit à l'état que vous pouvez constater.

» Qu'y a-t-il de plus déprimant que de devoir pour survivre chauffer des pieds puants de rustre au cœur de l'hiver? Ma sainte mère – que Dieu ait son âme immaculée! – m'avait appelé Tristan, et les villageois de par ici, qui n'ont plus aucun respect pour personne, m'ont surnommé " Chauffe qui peut "... »

C'était à verser des larmes! J'ai offert une petite rançon pour la libération du vilain en cause, et nous sommes repartis tous trois vers Chinon, le vilain sur une mule du Génois que le capitaine m'avait cédée à prix d'ami.

Avant de prendre le large, j'avais insinué dans l'esprit du capitaine « Chauffe qui peut » tout ce qu'il fallait pour qu'il fît à ce Génois tremblant le plus mauvais sort possible, bien certain qu'il en aurait agi de même à mon égard s'il l'avait pu.

Le capitaine n'ayant fait que des allusions très implicites à l'accréditif, Trivulzio, dans un état de soulagement inexprimable, s'imaginait que notre seule qualité de Vénitiens nous avait tirés d'affaire, et ce n'était pas pour lui un petit sujet de fierté!

Quelques jours plus tard, dans l'après-midi du dimanche 21 février, nous apercevions à un détour de route le grand château de Chinon : il couronnait toute une longue colline de sa masse et dominait de haut la petite ville du même nom et la rivière appelée Vienne. On avait travaillé des siècles à cette orgueilleuse construction, la partie la plus ancienne, le château Saint-Georges, ayant été édifiée par les Anglais au XIIe siècle. C'est là qu'était mort le roi d'Angleterre Henri II en 1189.

J'avais lavé et frotté d'huile les pieds de notre vilain,

qui était désormais en mesure de faire quelques pas, et je n'avais pas été fâché de l'engager comme domestique, car je ne pouvais demander certaines prestations à un secrétaire lettré. Ce nouveau serviteur se nommait Laurent et, déjà tout ragaillardi, il me jetait les regards d'un fidèle chien de berger qui a retrouvé sa soupe après avoir perdu ses moutons. L'homme a parfois autant de ressort que la femme.

II

Replié depuis près de deux lustres au Val de Loire, région dont il affectionnait les châteaux, le roi Charles ne cessait de pérégriner d'une forteresse à une autre pour d'inéluctables motifs économiques. Il avait élu résidence dans la partie nord de son débris de royaume parce que c'était la plus productive, et du point de vue agricole, et du point de vue fiscal : les bourgeois payaient avec d'autant moins de mauvaise grâce que le roi était présent pour leur faire les gros yeux, en personne au besoin, et il était tout indiqué que Charles ne fût pas trop loin des zones de combat où ses intrigants capitaines dépensaient son argent. Mais la cour équivalant à un vol de sauterelles en Egypte, il fallait bien décamper quand le poulet se faisait rare, quand les fournisseurs locaux étaient las de ravitailler à crédit, et la désorganisation des échanges accélérait encore la nécessité d'une rotation. En revanche, le duc de Bourgogne pouvait séjourner longtemps dans ses deux capitales de Dijon et de Gand : son crédit était solide dans ces régions riches et paisibles au commerce actif.

Le roi Charles se promenait ainsi, de-ci de-là, avec une nette préférence pour Mehun-sur-Yèvre, résidence d'un luxe inouï, aménagée par son grand-oncle Jean de

Berry[1], mécène, collectionneur et prévaricateur fastueux, qui était mort en 1416 sous les malédictions du peuple abominablement foulé par ses soins. Les dernières années du duc avaient été endeuillées : les Parisiens, en 1411, étaient sortis en masse par la porte Saint-Jacques pour bouter le feu à son magnifique château de Bicêtre. Sur dix-sept palais, le pauvre Jean n'en possédait plus que seize! Comme les « paparasites » d'Avignon en leur temps, Charles septième du nom ne se sentait à son aise que derrière des murs solides : non seulement les Anglais étaient proches, mais il fallait encore se prémunir contre les violences imprévues de routiers sans aveu ou de favoris disgraciés, prompts à exercer des pressions contre le pouvoir vacillant. Venise est la seule cité d'Europe où les palais ne sont pas fortifiés, car c'est la seule où le peuple ne songe point à les piller. Quand on voit de combien peu le peuple se contente, il est vraiment maladroit de l'énerver.

A la porte de Chinon, surpeuplé en raison de la présence du roi et des siens, nous fûmes abordés, à notre vive surprise, par des écuyers de Messire La Trémouille qui nous guettaient avec impatience et nous conduisirent, avec toutes sortes de politesses, à la meilleure auberge de la ville. Là, un logement plus que décent, d'où le locataire venait d'être expulsé, nous avait été gracieusement réservé aux frais du favori de l'heure. L'écuyer en chef, s'excusant du peu, nous fit apprécier l'élégant et confortable supplément de mobilier qui agrémentait les deux chambres communicantes, les verdures et fruits d'hiver sur les tables, les bûches qui crépitaient dans l'âtre, et nous déclara que son maître serait heureux de me recevoir au château dès le lendemain matin,

1. C'est ce personnage qui avait commandé les « Très Riches Heures » – aujourd'hui au musée Condé de Chantilly. Près de la moitié de la bibliothèque du duc était composée de livres religieux enluminés à sa gloire, avec leurs dames gracieuses et leurs vilains à tête d'abrutis.

après qu'une nuit de sommeil et des étuves réconfortantes m'auraient remis des fatigues de la route.

Trivulzio était dans l'admiration que la police du roi fût si bien faite et que la qualité de patricien de Venise eût de si rapides et si merveilleux résultats. Je jugeai préférable de ne pas le décevoir, mais une autre explication s'imposait : désireux de rentrer en grâce avec sa troupe et de reprendre un service honorable au sortir d'un passage sans éclat, « Chauffe qui peut » avait dû dépêcher dare-dare au ministre un courrier destiné à l'avertir qu'un ambassadeur vénitien officieux était en marche. Et pour bien faire valoir le service, notre capitaine industrieux avait sans doute forcé la note avec intempérance.

Un tel malentendu, à condition que les échos n'en parvinssent pas au sénat avant longtemps – j'aurais alors de bonnes excuses à présenter –, ne pouvait qu'arranger mes modestes affaires. Mais une grande prudence s'imposait. L'idéal eût été de démentir pour ne pas être cru, exercice par bonheur d'autant plus aisé que même les vrais démentis d'ambassadeurs trouvent rarement crédit. Je comprenais mieux enfin les inquiétudes de Tradenico, puis de mon oncle, à l'idée de voir courir un accréditif de complaisance que notre sévère « Seigneurie » aurait pu tenir pour lèse-majesté.

Le lendemain lundi dans la matinée, passant devant une foule de quémandeurs, je fus introduit chez La Trémouille, qui s'empressa de me prendre à part et de me traiter avec la plus chaude amabilité.

C'était un bel homme dans la quarantaine, plein de prestance et beau parleur, aux manières enveloppantes et caressantes, mais dont mon aubergiste m'avait déjà dit qu'il se montrait impatient et brutal avec les subalternes, qu'il mangeait pour trois et forniquait comme quatre. Une force de la nature au tempérament entraînant, un être optimiste, mais calculateur et volontiers cruel, qui avait balayé tous les obstacles pour s'asseoir sur la première marche du trône, aux pieds d'un monarque dolent, subjugué par son énergie et sa faconde. On savait à Venise que le roi pouvait toujours compter sur la bourse de La Trémouille, qui lui prêtait à intérêt amical les fonds qu'il détournait sans désemparer du Trésor. Pour un jeune Prince aux abois, l'essentiel n'est-il pas de disposer d'argent liquide – et quel qu'en soit le prix – chaque fois qu'il est acculé ?

« Le gros Georges », ainsi qu'on l'appelait à Chinon et ailleurs, était drapé dans une somptueuse robe à ramages, qui avait du mal à dissimuler son obésité envahissante, premier fruit de ses incontestables talents de diplomate et de financier. L'obésité du Grand Chambellan, parvenue à sa plus belle amplitude, devait d'ailleurs lui sauver la vie : en 1433, lors d'une byzantine conjuration de palais, un coup de poignard alla se perdre dans la graisse surabondante de ce rhinocéros à la corne aphrodisiaque. Il n'est pas courant qu'un prévaricateur se protège en goinfrant le produit de ses rapines !

En réponse aux lourds sous-entendus dont j'étais flatteusement accablé, j'affirmai au ministre que je venais vendre des armes, qu'il n'était pas exclu que je fisse rapport à ma République de ce que j'aurais pu voir, mais à titre privé, ainsi que bien d'autres marchands vénitiens désireux de saisir toutes les occasions d'éclairer leur patrie. Comment d'ailleurs Venise pourrait-elle confier des responsabilités à un garçon de dix-huit ans ?

La Trémouille m'interrogea longuement sur ma famille, sa position et ses alliances, toutes choses beaucoup plus significatives à ses yeux que mon âge, et mon étroite parenté avec le cardinal Condulmer parut l'impressionner particulièrement. Il était évident pour lui que Venise avait l'œil sur Chinon par le truchement de ma personne.

Que La Trémouille se soit de beaucoup exagéré mon importance n'a rien d'étonnant. J'allais maintes fois m'apercevoir durant mon séjour que l'Occident féodal accorde à la naissance ce que Venise ne confie qu'à l'âge et à l'expérience. Chez Charles VII, un Prince du Sang pouvait commander une armée à vingt ans – et la perdre comme il eût joué aux billes !

Fasciné comme tant d'autres par Venise, mon hôte ne manqua point de me poser sur la cité toutes les questions habituelles, qui dénotaient de sa part la plus répandue des ignorances, celle de celui qui croit savoir. Une telle lacune était caractéristique chez un homme d'autre part si bien informé : l'esprit occidental demeurait imperméable aux réalités vénitiennes fondamentales, comme si elles se fussent situées dans un pays de légende. Détail plaisant : La Trémouille se demandait comment de simples pilotis de bois étaient capables de supporter des palais, et sans pourrir. Je lui répondis qu'il suffisait d'en mettre beaucoup et que l'eau de mer accroissait encore avec le temps leur qualité originelle.

Le grand reproche de La Trémouille contre Venise était – de son point de vue – parfaitement fondé : les banques vénitiennes ne prêtaient à découvert que sur des opérations commerciales vénitiennes, et encore avec une prudence serpentine. Avancer des fonds sans garantie solide à l'instable favori d'un roi branlant eût fait frissonner d'horreur le plus naïf des Vénitiens. C'est ce que je dus confirmer avec les circonlocutions les plus aimables.

« Ah, soupira le ministre, vous nous apportez quelques armes de parade, vous eussiez mieux fait de nous apporter du crédit pour acheter des armes ordinaires ! Cette guerre qui n'en finit pas est un gouffre que je ne cesse d'enrichir de mes deniers. Mais notre vaillante noblesse raffole d'armes de prix, et je vous introduirai chez quelques personnes de haut rang, où vous les vendrez sans mal.

» En attendant, vous allez me suivre chez le roi, qui aura plaisir à vous entretenir un moment. Le Vénitien de qualité ne se fait que trop rare, et Sa Majesté est curieuse de tout. »

Dans le glorieux sillage de La Trémouille, je passai plusieurs barrages de gardes écossais établis dans le

« Château du Milieu », et nous trouvâmes le roi en train de lire en robe fourrée dans un petit appartement du « Grand Logis », où flambait un bon feu.

Soumis à un dur apprentissage, le souverain avait une figure maussade, apathique et méfiante, qui s'éveillait et s'éclairait parfois lorsqu'il se forçait à être aimable ou que tel point excitait son intérêt. La Trémouille m'ayant présenté d'un air entendu, le roi se mit bientôt pour moi en frais de conversation et n'eut pas trop de peine à me donner une idée favorable de sa personne.

Il avait la réputation d'être anormalement cultivé pour un roi. La plupart de ses congénères recevaient une certaine éducation religieuse, morale et militaire, mais leurs précepteurs se souciaient assez peu du développement intellectuel de l'élève. « Bête comme un roi » était passé en proverbe chez les ambassadeurs de Venise, condamnés le plus souvent à traiter les affaires avec un ministre moins obtus. Mais la nature avait doué Charles d'une intelligence qui avait résisté à toutes les épreuves. Je distinguai vite, par exemple, qu'il avait de Venise une vision beaucoup plus juste que celle de La Trémouille, due sans doute à des conversations avec des voyageurs ou à de pertinentes lectures. Ses questions dépassaient l'anecdote pour viser l'essentiel.

C'est ainsi que je dus lui exposer dans le détail comment nos doges sont élus, procédure tout à fait extraordinaire qui pourra intéresser quelques lecteurs curieux d'histoire, car elle n'est connue que des Vénitiens – et encore beaucoup d'entre eux s'en font-ils une conception fausse ou approximative.

« Au jour dit, sire, le plus jeune membre du Petit Conseil va se recueillir à Saint-Marc, arrête en sortant le premier gamin qu'il rencontre, et l'emmène au palais des Doges, où le Grand Conseil – exception faite des membres de moins de trente ans – est réuni en assemblée plénière, les conseillers siégeant de profil par rapport au trône dogal, pour bien manifester leur esprit d'indépendance.

» Le gamin – auquel on a donné le nom de " ballotino " – est chargé de sortir innocemment les bulletins de l'urne lors des tirages au sort successifs, qui ne peuvent porter que sur des patriciens du Grand Conseil.

» Un premier tirage au sort permet de désigner trente membres, qu'un deuxième tirage réduit à neuf. Ces neuf en choisissent quarante, à condition que chacun des quarante ait eu au moins pour lui sept voix sur neuf. Un troisième tirage réduit ces quarante à douze, qui en choisissent vingt-cinq, à condition que chacun des vingt-cinq ait eu au moins pour lui neuf voix sur douze. Un quatrième tirage réduit ces vingt-cinq à neuf, qui en choisissent quarante-cinq, à condition que chacun des quarante-cinq ait eu au moins pour lui sept voix sur neuf. Un cinquième tirage réduit ces quarante-cinq à onze, qui choisissent quarante et un grands électeurs, à condition que chacun des quarante et un ait eu au moins pour lui sept voix sur onze.

» Ces quarante et un assistent à la messe, jurent un par un d'agir pour le bien de la République, puis s'enferment en conclave secret, gardé jour et nuit par des marins, jusqu'à ce que leur tâche soit accomplie.

» Les préliminaires sont alors terminés et commencent les choses sérieuses. Chaque grand électeur écrit le nom de son candidat sur un bulletin qu'il dépose dans une urne. On établit ensuite une liste de toutes les propositions, mais en réduisant à un seul nom les propositions multiples, et pour chacun de ces noms, il est mis un seul bulletin dans une autre urne.

» L'un de ces bulletins est tiré, et l'on discute librement des mérites du candidat – qui doit évidemment prendre la porte si par hasard il est présent. Le tirage se poursuit jusqu'à ce qu'un candidat ait obtenu au moins vingt-cinq voix, majorité qui le fait déclarer doge. Mais ce doge n'entre en fonctions qu'après avoir juré de montrer patte blanche sur une foule de points dont la liste s'allonge de génération en génération. »

Le roi était effaré de la complication du système, où

l'incurable méfiance vénitienne semblait atteindre de prodigieux sommets.

« Eh bien, me dit-il, en voilà des affaires et des précautions pour élire un doge que l'on surveille de si près, et qui n'est pas même oint et sacré ! Le bruit court que de grandes familles patriciennes comme la vôtre, Messire Condulmer, se seraient entendues pour mettre la main à tour de rôle sur le dogat. Mais comment tricher avec un pareil mélange de tirages au sort et de votes ? »

Ce n'était pas à moi de le dire, mais La Trémouille intervint :

« Toutes ces précautions, sire, ne sont que poudre aux yeux pour tromper ceux qui veulent bien l'être. Votre Majesté aura tout de suite remarqué l'essentiel : les tirages au sort ne jouent aucun rôle déterminant, mais les votes, qui intéressent un total de 151 conseillers, ne sont pris en considération que si sept voix sur neuf, neuf voix sur douze, sept ou neuf voix sur onze se sont portées en faveur de chaque élu. Par conséquent, la multiplication des tours de votes concentre forcément les choix sur les familles les plus en vue de Venise, qui formeront enfin la majorité des quarante et un grands électeurs. Si une vingtaine de familles se sont concertées pour se partager alternativement le dogat, il y aura bien douze ou quinze de leurs représentants au conclave pour faire passer le candidat du moment avec l'aide de complices occasionnels ou de vertueux innocents. Mais j'ai du mal à croire à l'innocence des Vénitiens ! »

Je dus avouer avec une admiration non feinte que le ministre avait sur-le-champ pénétré l'esprit du système avec une finesse toute vénitienne : Venise est aux mains d'une poignée de patriciens pleins d'artifices.

« Intriguerez-vous, me demanda le roi, pour devenir doge ?

– Dieu m'en garde, sire ! Je préfère de loin être roi.

– Les rois ont pourtant moins d'argent que les doges.

– Mais les rois dépensent sans contrôle le peu qu'ils ont ! »

Le roi sourit et se montra curieux du système fiscal de chez nous.

Je lui dis que les ressources régulières de l'Etat provenaient surtout de taxes commerciales et douanières modérées, car tout excès décourage le trafic. Mais Venise levait aussi des tributs raisonnables sur toutes les villes et nations sujettes. Et s'il fallait recourir à l'emprunt, le patriciat, les simples citoyens mêmes, ne faisaient pas la sourde oreille, et par patriotisme, et parce que les intérêts étaient régulièrement payés, et parce que les sommes en cause étaient gérées avec rigueur. Les citoyens de Venise étaient exempts d'impôts personnels sur le capital ou le revenu, contributions qui eussent vexé les riches et écrasé les pauvres.

« Vous avez bien de la chance ! soupira le roi. Le commerce est ici à vau-l'eau, je ne puis guère trouver d'argent liquide que chez mes bourgeois, et pour leur tirer le moindre sou, c'est la croix et la bannière. Ils ont la promesse facile, mais la bourse resserrée. Et quand des fonds arrivent par hasard jusqu'ici, ils s'égarent dans les couloirs de ce château, malgré toute la scrupuleuse attention de mon excellent La Trémouille. »

Ainsi taquiné, l'intéressé eut un franc rire de bonne compagnie. Comme nous étions loin de Venise !

Ma présence avait distrait le roi, qui semblait plus détendu qu'à mon arrivée.

Et il me dit avec une simplicité peu courante chez les Princes :

« Peut-être parce que je suis moi-même fort timide, toujours mal à l'aise dans une foule, il m'arrive trop souvent d'intimider mes visiteurs. D'où vient donc votre naturelle aisance, qui n'a rien à envier à celle de La Trémouille ? Serait-ce un privilège des Vénitiens ?

– Plutôt du patriciat, sire. Nous gouvernons notre République comme Votre Majesté gouverne la France, et il y a de quoi être fier partout. »

Le roi m'assura gracieusement qu'il y avait à prendre à Venise de grandes leçons de finances et de concorde publique, et que, vu que j'étais comme un petit roi de ce pays-là, il espérait que je ne lui ménagerais pas mon conseil, sa cour m'étant libéralement ouverte.

Il ajouta enfin :

« J'ai depuis quelque temps un envoyé à Venise, Maître Simon Charles, le Président de ma Chambre des Comptes de Bourges, qui devrait revenir ce printemps. Puisque votre oncle Angelo est sénateur, pourriez-vous lui écrire pour lui rappeler tout le cas que je fais de l'amitié des Vénitiens, pour le prier aussi de favoriser de son mieux la mission de Maître Simon? Il ne faut négliger, dans les grandes affaires, aucun petit coup de pouce, et ma gratitude vous serait acquise. Ma poste se chargerait naturellement de l'envoi... »

Hasard extraordinaire, la mission de Maître Simon avait coïncidé avec la mienne[1], et cette coïncidence avait achevé de persuader La Trémouille et le roi que j'étais un garçon d'importance!

En me proposant sa poste sous prétexte qu'il s'agissait – du moins quant à la forme – d'une lettre privée, le roi me signifiait implicitement qu'elle serait étudiée au passage par ses services et qu'il me serait personnellement reconnaissant d'y donner, dans les limites de la vraisemblance, un aperçu plutôt favorable de la situation. Il est d'usage que les rois et les ambassadeurs échangent des cadeaux. Ma position plus qu'officieuse me permettait de recevoir sans donner grand-chose.

Tout en me raccompagnant vers le pont-levis, La Trémouille me confia sans détour :

« Comme vous venez de nous arriver, sans avoir eu le loisir encore de faire enquête, permettez-moi de vous dire une bonne vérité, qui vous aidera à rédiger ce pensum que le roi vient de vous suggérer : en un mot

1. Ce n'est pas avant le XVIe siècle que l'habitude se prendra peu à peu des ambassades permanentes.

comme en mille, nous sommes militairement impuissants, mais diplomatiquement gagnants, et la présence anglaise est condamnée à moyen terme. Nous avons dû renoncer à affronter les Anglais en rase campagne, terrain où ils sont irrésistibles. Qu'importe ! La décision se fera ailleurs.

» Et elle ne se fera point à Bourges, à Paris ou à Londres, elle se fera tôt ou tard à Gand, dans la cervelle tortueuse du duc de Bourgogne, Philippe. La Bourgogne est en effet la clef de tout.

» Seule l'alliance de la Bourgogne permet à l'Angleterre de compenser son défaut de finances et d'effectifs. Non point que l'appui ducal au Régent Bedford soit très ardent, mais la complicité anglo-bourguignonne entretient les Français du nord dans la conviction que la partie est jouée en faveur du petit roi de France et d'Angleterre Henri VI, et cette conviction est renforcée par la perspective économique : le commerce de la France du nord est traditionnellement orienté vers Bruges ou Dijon beaucoup plus que vers les régions endormies de la France méridionale. Si le duc de Bourgogne se réconciliait avec Charles VII, les Français du nord de la Loire, rassurés quant à la liberté de leurs échanges, ne verraient plus d'objection à basculer dans le camp valois. Exception faite des plus engagés, la plupart de ces Français-là n'ont aucune sympathie particulière pour le régime de Bedford, dont ils attendaient un ordre et une paix qui tardent à se montrer. Le Régent, malgré ses tentatives pour s'attacher les populations, est souffert faute de mieux.

» Or la réconciliation entre le roi Charles et le duc – sans cesse retardée par les intrigues de la faction « armagnacque », qui craint d'être sacrifiée dans l'affaire – cette réconciliation est fatale, et pour la meilleure des raisons : le duc de Bourgogne n'a rien à gagner à l'alliance anglaise.

» Bedford, quels que soient ses incontestables talents, se trouve effectivement en porte à faux, prisonnier d'une contradiction qu'il ne pourra jamais résoudre et qui réduira un jour ses efforts à néant : d'un côté, il doit conserver à tout prix l'alliance bourguignonne – ultime conseil d'Henri V, le vainqueur d'Azincourt, sur son lit de mort –, d'un autre côté, afin de rallier les Français dont la fidélité ostensible ou la passivité désabusée conditionnent sa domination en dernière analyse, il doit être plus français que tout le monde, défendre avec une hargneuse intransigeance la totalité de l'héritage et des droits que Charles VI de France a légués à Henri VI par le biais d'Henri V en vertu du traité de Troyes.

» Si Bedford et le duc Philippe s'entendaient comme larrons en foire pour dépecer et partager la France du nord, les indispensables appuis français du Régent s'effondreraient, et ses difficultés, déjà grandes, deviendraient insurmontables. Ainsi, la Bourgogne n'ayant à espérer que des broutilles de l'alliance anglaise, Philippe renoncera à des hostilités coûteuses dès que Charles aura fait amende honorable pour le meurtre de Jean sans Peur sur le pont de Montereau en 1419, et il ne tient qu'au roi de s'y résoudre dès que la situation le permettra. Le duc avait un culte pour son père, et il fait d'abord de ce conflit une affaire personnelle.

» Je travaille sans trêve avec les plus clairvoyants à cette décisive réconciliation, que nous ne paierons jamais trop cher, car une France réunie, reconstituée et rénovée, est de taille à se moquer de tous les traités conclus le couteau sur la gorge en des temps désastreux.

» Voilà, Messire Condulmer, ce que vous devez écrire à Venise si vous voulez passer pour bon prophète. C'est avec un Charles VII régnant à Paris que les Vénitiens devront compter. Tout le reste n'est que du vent, et il serait d'un esprit superficiel de se fier à certaines apparences fâcheuses... »

Je demandai à La Trémouille où en était le siège d'Orléans. Il haussa les épaules...

« En dépit de notre détermination, Orléans tombera

sans doute, mais il ne faut pas s'exagérer la valeur de cette place. Nous avons bien d'autres Orléans derrière. Notre stratégie est de contraindre les Anglais à des sièges ruineux et interminables. Ils se lasseront avant nous. »

Je fis observer que plus les Anglais prendraient de places, moins le roi Charles serait en mesure de traiter avantageusement avec la Bourgogne : on ne négocie point sur une position de faiblesse.

La Trémouille tiqua au rappel de cette pénible évidence...

« Bien sûr, une petite victoire en passant ne nous ferait pas de mal. Mais les risques d'une bataille rangée sont si grands... Un nouvel Azincourt sonnerait le glas de tous nos espoirs. »

Je m'étonnai de cette constante domination anglaise en rase campagne, et le ministre me dit :

« Notre refus de combattre de la sorte n'est point lâcheté, mais sagesse. Et le roi Charles V, d'heureuse mémoire et de bon conseil, en était vite arrivé aux mêmes conclusions. Ce pourquoi, à force de prudence, il était parvenu à déchirer par petits morceaux le traité de Brétigny qui abandonnait la grande Aquitaine aux Anglais, et à en débarrasser la France : il les avait grignotés !

» Mais le temps me manque de vous expliquer les motifs de cette écrasante supériorité anglaise. Le Piémontais Barretta doit être présentement dans les bureaux du trésorier payeur, en train de le convaincre de lui verser un arriéré de solde. Je vais vous conduire à lui, et il vous résumera ce problème qu'il connaît bien. Barretta a fait ses premières armes sous votre Carmagnola, du temps où ce « condottiere » était au service des Milanais, et il est avec nous depuis plusieurs années. Il a de l'expérience, et vous croirez plus aisément un Italien que moi. »

Barretta m'accueillit aimablement. Les Italiens vivent séparés par bien des barrières, haines ou défiances, mais lorsqu'ils se retrouvent par hasard à l'étranger, il advient souvent qu'un petit air d'Italie les rapproche, et d'autant mieux qu'ils ont alors l'impression d'être de vieux Romains en promenade chez de jeunes barbares balbutiants.

Pour l'heure, les balbutiements étaient italiens : j'ignorais le piémontais comme Barretta ignorait le vénitien, son français était hésitant malgré des années de séjour, et notre toscan parlé n'était pas des meilleurs.

Moitié en français, moitié en toscan, le capitaine me dit, pendant qu'il faisait le poireau :

« Le gros Georges n'a pas tort. Et la supériorité anglaise en pleine campagne est établie pour longtemps encore, car elle a un profond et permanent motif : elle est d'ordre social.

» Le cinquième, peut-être, de la population anglaise est composée de « yeomen », c'est-à-dire de paysans francs-tenanciers qui ne doivent rien à personne et ont fréquemment du foin dans leurs bottes. En France, l'équivalent, c'est le propriétaire d'un « alleu », terre libre et indépendante par rapport au fief consenti par le suzerain à un vassal ou par rapport à la tenure remise par son seigneur à un vilain ou à un serf. Mais les « alleutiers » français n'ont aucune importance militaire : ils sont trop peu nombreux et trop dispersés. Alors que les yeomen sont légion et forment une classe cohérente où les rois d'Angleterre, depuis un siècle, ne se font pas faute de puiser, sans autre limite que l'argent. Et encore la plupart des yeomen sont-ils capables de s'équiper plus ou moins à leurs frais.

» Ces yeomen – et non pas une chevalerie qui n'est guère moins fantaisiste que la chevalerie française – sont le fer de lance de l'armée anglaise et disposent d'un instrument terrible quand il est entre de bonnes mains : l'arc.

» Le plus souvent de bois d'if, le grand arc anglais ou gallois, à corde de chanvre ou de lin filée de soie et renforcée de boucles de boyau aux extrémités, tire six ou sept flèches tandis que la légère arbalète à pied-de-biche n'expédie péniblement durant ce temps-là qu'un seul carreau ou vireton. Au contraire de celle de l'arbalète, la corde se démonte aisément en cas de pluie. En tir parabolique, la longue flèche de frêne atteint des distances incroyables, et le fer barbelé, qui inflige d'affreuses blessures, perce encore une planche à l'arrivée. En tir tendu, la portée avoisine cinq cents pieds et, pour repousser un assaut, les archers anglais sont capables d'envoyer trente ou quarante mille flèches.

» Leur tactique est immuable. Ils n'attaquent jamais, utilisent judicieusement toutes les ressources du terrain, se retranchent derrière des pieux bien aiguisés, et attendent de pied ferme. Aucune charge de cavalerie ne peut venir à bout de ces hérissons. Les chevaux, forcément moins bien protégés que les hommes, sont balayés, et la chevalerie anglaise, gardée en réserve, achève le désastre. Et si notre chevalerie se résigne à combattre à pied avec ses harnois pesants, elle perd évidemment le plus clair de sa force et de sa mobilité.

» Ajoutez à cela que ces yeomen, déjà étroitement solidaires par l'origine sociale et par le langage, le sont d'autant mieux encore qu'ils combattent en se serrant les coudes dans un pays étranger. Sous un chef compétent, ils se montreront ainsi parfaitement disciplinés. Nous n'avons à leur opposer qu'une chevalerie où chacun ne veut en faire qu'à sa tête, et des mercenaires de toutes provenances : il ne saurait être question, en France, d'armer en masse de pauvres paysans méprisés qui n'ont aucun intérêt au conflit et ne sont pas sûrs. Si les « Jacques » prennent les armes – ce qui est d'ailleurs assez rare –, c'est pour aller brûler le château. Le paysan français – l'immense majorité de la population – se fiche éperdument d'Henri VI comme de Charles VII : tout ce qu'il souhaite, c'est que la guerre finisse pour que sa personne et ses biens soient enfin à l'abri. Les armées du roi Charles, entre autres faiblesses, sont donc fort disparates. L'unité de commandement et de manœuvres y est difficilement réalisable.

» Les Français ont essayé, bien entendu, de constituer des compagnies d'archers homogènes, mais cela ne s'improvise pas. Le « yeoman » a l'arc dans le sang depuis le berceau. Il ne cesse de caresser son arme de mort.

– Mais l'arc perd le meilleur de son efficacité dans une guerre de siège, où l'arbalète reprend de son intérêt.

– Evidemment! C'est bien pour cela que les Français aiment tant à se faire assiéger! »

Ces déclarations de Barretta éclairaient bien des choses.

J'étais de retour chez La Trémouille pour régler l'affaire des avances qu'il pourrait me consentir en rapport avec les compensations de change ménagées par Tradenico, lorsqu'un courrier tout poussiéreux arriva hors d'haleine : la reine en personne était bloquée à Bourges par une grosse bande de routiers, qui exigeaient rançon pour ne pas mettre la capitale à sac. Il s'agissait sans doute de l'une de ces « apparences fâcheuses » auxquelles le ministre venait de faire une négligente allusion. Devant cet inopportun coup du sort, je m'efforçai de regarder ailleurs de l'air le plus neutre.

Très contrarié, La Trémouille soupira : « Par les cornes du Diable, je vais encore y être de ma poche! », puis, soucieux d'atténuer l'effet de la nouvelle, il ajouta à mon intention : « Bedford a parfois les mêmes ennuis de son côté, d'autant plus graves qu'il emploie beaucoup moins de mercenaires étrangers que nous et que les " débauchés " sont plus nombreux à battre la campagne chez lui. Ne nous laissons pas impressionner par cet accident sans lendemain! Avec les routiers, on finit toujours par s'entendre, et la gentille reine sera bientôt sauve... Venez donc souper ce soir au château. Mes journées sont consacrées aux affaires, mais le soir, on s'amuse ferme et ma femme vous fera fête. » Ces misérables routiers semblaient un ennemi aussi irrésistible que le mythologique Anglais. Peut-être avaient-ils quelques arcs derrière leur dos?

Je m'empressai de laisser le gros Georges à son problème urgent.

Dans l'après-midi, je dictai à mon secrétaire pour l'oncle Angelo la lettre désirée par le roi, où je développai docilement les fraîches leçons de La Trémouille, et même de Barretta, sans oublier un encens plus que convenable pour le Prince – mais je passai pudiquement sur les routiers.

Trivulzio et moi étions à première vue très sceptiques sur les chances du roi de Bourges, mais en fait, c'est le gros favori du moment qui avait raison. La paix entre Charles VII et le duc de Bourgogne, Philippe le Bon, ne fut signée à Arras qu'en 1435, mais tel fut bien le début de la fin pour les prétentions anglaises à la couronne de France. D'aucuns ont reproché à Jeanne la Pucelle d'avoir repoussé à des jours meilleurs cette paix libératrice par des victoires impolitiques et sans grandes conséquences militaires dans l'immédiat. Mais le grief est très injuste. La Pucelle est au contraire survenue à point pour redresser une situation militaire qui ne cessait de se dégrader dangereusement, et ses succès imprévus ont certes permis à son roi d'entamer aussitôt avec le duc Philippe le processus de négociations qui devait aboutir, après bien des aléas, à cette paix d'Arras. Sans la Pucelle, à la suite d'une paix très différente, la Loire eût peut-être à jamais séparé Français du nord et du midi – ce qui eût été d'ailleurs tout à l'avantage des premiers, la pauvre France du sud, avec ses montagnes incultes et ses plaines desséchées, n'étant un cadeau pour personne.

Trivulzio alla confier au maître de poste une lettre dont le cachet négligent faciliterait l'inspection. Mon oncle serait assez fin pour saisir qu'il s'agissait d'un geste de politesse, que suivraient par une autre voie des rapports plus sérieux. Ceux qui font profession de politique savent comme il est facile de se tromper. Les plus pertinentes analyses sont loin d'épuiser toute la complexe richesse du réel, toute la floraison des infinies possibilités qui en découlent. Qui aurait pu prévoir une Pucelle et le vent d'efficace folie soulevé par sa miraculeuse apparition ?

Le dîner tout simple où j'avais été prié ce lundi avait été prévu dans cette salle principale du « Grand Logis » que j'avais déjà traversée deux fois lors de ma visite au roi, dont les petits appartements communiquaient avec ladite salle par une galerie de bois surélevée. C'était une pièce d'heureuses et vastes proportions, mais le défunt Jean de Berry ne l'avait point marquée de sa griffe dorée. Les tapisseries de Flandre étaient mitées par endroits et le mobilier semblait avoir été réuni par hasard. Vivant d'emprunts, sans cesse menacé de cessation de paiement malgré l'ampleur de ses revenus, le roi Charles ne pouvait briller partout. Mais il avait tenu à reproduire selon ses moyens dans ses résidences du sud de la Loire la cour époustouflante qu'il avait connue à Paris dans sa prime jeunesse – sans autres résultats qu'une alternance de fêtes ruineuses et d'économies de bouts de chandelles. En tout cas, la magnifique cheminée dévorait des troncs d'arbre avec un infernal entrain, rôtissait les frileux qui osaient l'affronter, tandis qu'il faisait assez frisquet par ailleurs.

Selon la coutume, trois longues tables avaient été dressées en fer à cheval, la table centrale, un peu plus haute que les deux autres, étant réservée au roi et aux invités d'honneur parmi lesquels je me trouvais confus de figurer.

La noblesse française est enragée de paraître et dépense pour la montre un argent qu'elle n'a point. Certains gentilshommes portent le plus beau de leur fortune sur eux, ce qui est, il est vrai, une bonne précaution contre les saisies menaçantes des huissiers. L'assemblée était donc d'une élégance qui pouvait paraître surprenante en ces temps de troubles et de misère noire. Ce n'était pas encore la mode des hennins, mais les dames rivalisaient d'extravagantes coiffures « à cornes », de robes très ajustées à traîne, et de décolletés vertigineux. Il fallait prendre garde à ne point marcher sur ces traînes interminables, sous peine de déshabiller sa victime de la pointe du pied. La plupart des seigneurs étaient en houppelande, parfois déchiquetée aux franges à la mode de Bavière et de Bourgogne, mais les plus jeunes et les plus audacieux étaient court vêtus, moulés dans leurs chausses collantes et leur pourpoint à épaules rembourrées – mode assez désinvolte pour une cour royale. Les poulaines avaient cependant disparu, pour ne reparaître qu'une dizaine d'années plus tard. Des robes longues assorties de chaperons drapés étaient le lot des vieillards tremblotants, des universitaires compassés, des barbons de finances, et naturellement du roi – majesté oblige. Toutes les têtes mâles découvertes offraient aux regards cette coiffure « au bol », bizarrerie qui avait gagné la noblesse après le peuple et, à ma longue chevelure de compagnon « della calza », on voyait tout de suite que j'étais étranger.

Quelles que fussent ces élégances, elles étaient sans comparaison avec les continuels raffinements de la cour de Bourgogne, dont Venise avait écho par des voyageurs éblouis, et qui donnait le ton désormais – alors que la cour des puritains Lancastres avait quelque chose de spartiate. En mettant la main sur la Flandre par un fructueux mariage dès 1384, le duc de Bourgogne, Philippe le Hardi, avait considérablement augmenté ses rentrées, et la cour de Gand était devenue la plus brillante d'Europe.

On se demande bien pourquoi, depuis le milieu du siècle dernier, ces mêmes costumes flottants qui étaient de rigueur pour les deux sexes à la longueur près ont fait place aux costumes ajustés dont le succès révolutionnaire semble définitivement établi, alors que les variations de modes quant au superflu, longtemps en sommeil, se précipitaient et dictaient leurs lois comme pour faire plaisir aux tailleurs...

A la lumière des multiples torches et chandelles, le souper se traîna jusqu'à une heure avancée de la nuit.

Malgré quelques récents progrès dans les sauces, la cuisine française demeure assez grossière et n'a pas la variété, la saveur et la délicatesse de la bonne cuisine italienne. Après les habituelles entrées de fruits, nous eûmes droit à sept services où se pressaient, accompagnés de rares et pauvres légumes, œufs sous diverses présentations, soupes et brouets de poisson, pâtés de poisson, tourtes de poisson, ragoûts de poisson, poissons entiers, gibiers d'eau bouillis puis rôtis selon la coutume française, le tout arrosé d'épices de qualité douteuse qui avaient dû s'éventer entre deux livraisons. Cette avalanche de poissons était en rapport avec le carême. Et pour finir, des fouaces, massepains, et une foule de gâteaux lourdement sucrés. Les vins de bourgogne et de bordeaux se trouvant hélas en zone ennemie, on s'était rabattu sur des crus secondaires, que ne rachetaient pas quelques médiocres vins d'Orient. Un repas, en somme, dont l'abondance faisait injure à la disette ambiante sans être pour autant digne d'un roi.

Du moins les aiguières et rince-doigts étaient-ils ponctuellement présentés, et la tradition qui voulait que chaque chevalier mangeât en compagnie d'une dame en partageant sa coupe, était-elle assez plaisante.

J'avais été apparié à une plantureuse blonde d'environ trente-cinq ans, qui avait ces grands yeux troublants, agrémentés de ces petites étoiles scintillantes qui signalent à l'attention publique les grandes amoureuses toujours insatisfaites, et une gorge si rebondie que je ne cessais de craindre qu'elle ne jaillît voluptueusement de ses écrins pour chuter sur les tranches de pain qui servaient de présentoir aux mets. Elle me dit s'appeler Catherine de l'Isle-Bouchard, être comtesse de Tonnerre, veuve entre autres du défunt Pierre de Giac, Chambellan du roi, et femme de La Trémouille en attendant mieux. Comme Venise, ses gondoles et ses tournois, ses canaux et ses fêtes, la passionnaient, elle avait fait changer au dernier moment la disposition des convives pour être assise à mon côté. Mais l'intérêt brûlant de la charmeuse comtesse me paraissait plutôt concerner les Vénitiens. Au fur et à mesure que les plats passaient et que les vins coulaient, la dame multipliait les agaceries, ses propos devenaient de plus en plus immodestes, elle cherchait à lire de communes et équivoques pensées au fond de la coupe et elle me pressait la cuisse sous la nappe d'une manière de plus en plus précise, tout en m'expliquant le sens de ces quelques mots que mon précepteur Harouet avait négligé de m'apprendre et que mes sérieuses lectures n'avaient jamais mentionnés. Les femmes se font un grand plaisir de renseigner les étrangers là-dessus le plus tôt possible.

La tête en feu, j'étais au supplice. Le gros Georges m'impressionnait, et la vengeance d'une beauté dédaignée avait de quoi inquiéter aussi.

« Mon mari n'est pas jaloux, me dit-elle. C'est un homme d'affaires. »

A cet instant, comme par l'une de ces transmissions de pensée courantes dans les meilleurs ménages, La Trémouille me décocha de l'autre bout de la table un clin d'œil canaille, appuyé d'un geste encourageant dont l'obscénité était heureusement voilée par l'ample serviette qui protégeait sa panse des projections de mangeaille. Mon ennui était à son comble. Décevoir à la fois une pareille femme et un pareil mari était une mauvaise lettre de crédit pour un apprenti diplomate.

Après dîner, tables et tréteaux ayant été prestement enlevés, un excellent orchestre juché sur la galerie nous fit baller jusqu'à l'aube. Les Français adorent les bals et danser se dit « caroler » dans leur langue. Leurs danses sont pleines de cérémonies et l'on s'y regarde plus encore qu'on y carole. Les dames virevoltent en tenant gracieusement leur traîne à la main, à moins qu'elles ne l'aient fixée à la taille par une agrafe appelée « troussoir », terme suggestif qui fait naturellement l'objet des plaisanteries que l'on devine.

Pour échapper à la comtesse, je prétextai mon inexpérience des danses françaises. Elle renonça à danser pour me tenir compagnie, mais sans même dégrafer sa traîne, distraction qui en disait long sur ses visées. Je lui dis alors que j'avais attrapé une légère infection[1] aux étuves d'Aigues-Mortes, et elle me répliqua en riant qu'elle était, comme les salamandres, à l'épreuve du feu. En désespoir de cause, je lui laissai entendre que je n'aimais pas les femmes...

« Par exemple! Et vous ne pouviez pas le dire plus tôt? Voilà des heures que vous me lanternez... Est-ce là toute la civilité qu'on apprend à Venise?... »

De déception, elle en songea à rabattre sa traîne. Après quoi, elle se radoucit et eut même la bonté de me présenter à un cousin de son mari, le jeune seigneur de Rais, garçon de superbe fortune et de grand mérite, non sans m'avoir signalé en baissant la voix qu'il n'aimait pas les femmes non plus.

Ce Rais, qui se promenait d'un air sombre en cherchant une âme sœur, fut d'autant plus charmé de faire ma connaissance qu'il avait cru saisir, à la mine de la comtesse, qu'il avait quelque chance de la trouver en moi et, comme il avait déjà passablement bu, il m'honora sur-le-champ d'une affectueuse confiance...

« Vous faites bien de ne pas danser. Ces femelles de cour sentent le fauve quand elles ont bien agité leurs appas. Les mères elles-mêmes déçoivent. La mienne s'est remariée alors que j'étais tout enfant, l'année même où mon père avait été tué par un sanglier. Quand une mère se conduit de la sorte, que peut-on attendre des autres femmes?... Mais vous avez peut-être une mère à peu près décente?

– Ne m'en parlez pas! Ma mère a fait le malheur de ma vie, et c'est pour la fuir que je suis ici.

– Nous sommes deux orphelins, faits pour nous enten-

1. La grande vérole terrifiante n'avait pas encore franchi l'Atlantique avec les conquistadors infectés par leurs conquêtes trop faciles, et les risques de l'inconduite étaient alors assez anodins.

dre ! Et vous avez eu le goût exquis, mon ami, de ne pas vous laisser coiffer avec votre écuelle, comme cette bande d'abrutis aux mœurs moutonnières qui se sont dessiné des têtes de vilains en goguette... Moi-même, j'ai dû y passer. Comment s'opposer à la tyrannie de la mode ?... »

Rendu bavard par le vin, Rais me brossa quelques portraits frappants :

« Comme vous avez pu le constater, Catherine, une bonne fille malgré tout, est une redoutable allumeuse, et il faut courir vite pour s'en garer. (Si je ne vous avais pris sous ma protection, à quelle extrémité en seriez-vous réduit à présent ?) Au sortir d'une jeunesse pleine d'orages, Catherine de l'Isle-Bouchard est tombée dans les filets de Giac, l'un des favoris les plus séduisants de Charles, qui venait d'assassiner sa femme pour l'épouser enceinte, car c'était un fort beau parti. Mais il y a quelques années, La Trémouille a fait tirer Giac du lit un petit matin, tandis que Catherine toute nue se débattait furieusement pour défendre son argenterie. Giac a été cousu dans un sac et jeté à l'eau, et avant les dernières bulles, La Trémouille avait épousé sa veuve. Pittoresque détail qui ne s'invente pas : avant d'être fourré la tête la première dans son sac, Giac avait supplié qu'on lui tranchât la main, parce qu'il avait signé avec cet organe un pacte avec le Diable et espérait naïvement entrer manchot au Paradis. Et depuis, mon beau cousin complaisant garde en souvenir la main droite de Giac dans un pot à cornichons.

» Déjà noblement nanti au départ, La Trémouille – un tempérament exceptionnel ! – a décuplé sa fortune par les femmes. Ancien Maître de l'hôtel de Jean sans Peur, il a été un moment le compagnon de débauche du deuxième et feu Dauphin, Louis de Guyenne. Puis amant avec bien d'autres de la mère du garçon et de notre roi, la grosse reine Isabeau – détail qui ne semble pas chagriner Charles outre mesure...

» Mais son coup d'éclat a été d'épouser une vieille peau richissime, la veuve du duc Jean de Berry, comtesse de Boulogne entre autres. On prétend qu'il l'aurait vite étouffée – mais on ne prête qu'aux riches. C'est à propos de la liquidation de l'héritage de Boulogne, un gros morceau, que La Trémouille s'est brouillé à mort avec la Bourgogne, qui a finalement confisqué la ville, et il est venu par ici afin de porter sa fortune à son comble. Faisant flèche de tout bois, il est toujours heureux que Catherine plaise à quelqu'un de distingué : cela consolide ou élargit ses alliances. Comme le prouvent ses bontés pour moi, il a un large esprit de famille.

» Je ne fais que vous raconter ce que tout le monde sait. Cette cour, mon cher, est un sanglant foutoir, dont Dieu s'est retiré, et c'est bien pour cela que les affaires des Valois vont si mal alors que celles des pieux Lancastres prospèrent. Notre dernière ressource est peut-être de signer comme Giac un pacte avec le Diable... à condition de ne rien nous faire couper dans l'histoire !... Mais je gage qu'en dehors de Venise, où tout glisse comme d'habitude sur une pente dorée, les cours italiennes ont aussi leurs menus scandales... »

Après avoir versé quelques larmes sur l'absence de Dieu, le sire de Rais me fit des propositions à faire rougir un singe, que je déclinai avec un grand air de regret, affirmant que je n'aimais que les femmes...

« Par exemple ! fit-il tout surpris et un peu ennuyé de ses transparentes ouvertures. Et vous ne pouviez pas me le dire plus tôt ? Voilà bien une demi-heure que... »

J'eus l'impression qu'il allait me tourner le dos, mais il avait trop haute opinion de lui-même pour se formaliser de ma juvénile inexpérience, et il appartenait à cette espèce tolérante de bougres qui n'en veulent pas trop à leur prochain de cultiver des penchants ordinaires. Je devais même m'apercevoir par la suite que le malentendu avait créé entre nous un lien particulier, comme une délicate et amicale nostalgie de ce qui aurait pu être si j'avais été différent.

La Trémouille lui avait déjà signalé que j'avais de belles armes à vendre, ce qui nous procura un honnête sujet de conversation.

Le roi s'était retiré d'assez bonne heure avec son influente belle-mère Yolande d'Aragon, duchesse d'Anjou, comtesse de Provence et – théoriquement – reine de Naples. Charles avait d'autant plus de mérite à vivre dans une ambiance de fêtes qu'il les supportait malaisément. Il menait une vie rangée à cette époque. C'est beaucoup plus tard, après la mort d'Agnès Sorel, qu'il a sombré dans la débauche sans frein caractéristique des Valois.

A l'aube, la comtesse de Tonnerre et le sire de Rais, sans plus de rancune l'un que l'autre, m'entraînèrent avec de plaisantes mines de conspirateurs vers une basse cour du château où une nombreuse assistance des deux sexes s'apprêtait à jouir d'un divertissement dont on voulait me faire la surprise.

En attendant, Rais et Catherine, à force de bavarder librement entre parents par alliance, s'aperçurent soudain que j'aimais les hommes avec Catherine, et les femmes avec ledit seigneur. En proie à des regards inquisiteurs et méfiants, je dus avouer piteusement que j'étais fidèle à ma femme...

« Mais, s'écria la comtesse, vous auriez dû le dire plus tôt ! Est-ce un crime que de ne pas être à la mode ?

– Pourquoi avoir honte ? dit Rais. Est-ce que j'ai honte, moi ? Des gentilshommes n'ont-ils pas le droit de ne pas être conformistes ? »

Cette pénible conversation fut interrompue par l'arrivée d'un gros pourceau, que l'on fit entrer en lice avec quatre aveugles affamés, nantis de gourdins : la bête devait appartenir à celui des quatre qui aurait réussi à l'assommer. Prétextant la fatigue, je me retirai de ce noble divertissement et je regagnai mon auberge.

Ce jeu m'avait d'autant plus choqué que nous étions en carême et que le gagnant ne pouvait manger son cochon sans impiété s'il n'avait pas été trop assommé lui-même.

Le Ciel était vraiment patient de supporter une société pareille !

III

Ayant pris quelques heures de sommeil, je me rendis dans l'après-midi avec Laurent, baigné, rasé, habillé de neuf, coupe au bol bien rafraîchie, au rendez-vous que le sire de Rais, désireux de jeter un coup d'œil sur mes armes, m'avait fixé au cours de la nuit.

Je le découvris, avec sa garde personnelle de mercenaires bretons et une chapelle restreinte de petits chanteurs, en train de camper entre la lisière d'un bois et un cours d'eau, spectacle pour le moins insolite en cette saison réfrigérante où neiges et pluies étaient de rigueur. Rais m'expliqua qu'il ne trouvait jamais, lors de ses campagnes, de logis à sa convenance, et que lui et les siens étaient au mieux sous la tente. Effectivement, on se serait cru au quartier général du Grand Turc. La maison de toile du jeune capitaine, de très vastes dimensions, était intérieurement tapissée de riches étoffes, le sol avait été empierré et recouvert d'un plancher de bois démontable, le mobilier était précieux et de grands braseros entretenaient une chaleur convenable.

Toutefois, ce parti pris d'isolement n'avait pas que d'honnêtes motifs. Rais devait être bien aise, par temps favorable, de faire discrètement des rondes au clair de lune avec ses robustes Bretons et ses enfants choisis aux organes mélodieux, tout en invoquant les mânes de Socrate ou de Richard Cœur de Lion, lequel ne manquait point de se faire fouetter publiquement le derrière devant des foules médusées chaque fois qu'il avait succombé à l'attrait de la sodomie. Mais Rais, en ce temps-là, avait encore plus de cul que de cœur, et sa pénitence allait se faire attendre.

Je montrai à ce prodigue seigneur de longues épées milanaises d'estoc à porter à l'arçon de la selle, des épées de Nuremberg plus courtes, à porter à la ceinture, un choix de ces larges et beaux braquemarts qui sont une des spécialités de Venise, mais Rais regorgeait déjà d'armes luxueuses, et il me fit admirer un harnois complet de plates, enrichi de bandes gravées à l'eau forte et dorées, que la célèbre maison Datini de Toscane lui avait fait forger après qu'un envoyé spécial eut pris ses mesures. Les harnois ordinaires d'acier poli, dit « harnois blancs », ne lui suffisaient point.

« Savez-vous, me dit-il, quel est le plus grand ennemi du chevalier ? C'est la pneumonie ! Vous êtes enfermé au mois d'août depuis l'aube, comme un homard de Cancale, dans un harnois qui pèse plus de cinquante livres, suant à grosses gouttes et observant les archers anglais qui boivent à votre santé derrière leurs pieux. Quand le soleil darde ses plus forts rayons, vous n'en pouvez plus, et vous abandonnez prudemment votre cheval pour aller les débusquer à pied, avec une lance bien raccourcie, respirant un enfer sous votre carapace surchauffée. Si vous êtes encore de ce monde à la fraîche tombée de la nuit, criblé de flèches comme une pelote d'épingles, le temps de vous faire débarrasser de votre harnois par les servants d'armes, et vous avez attrapé la crève ! »

Il avait d'ailleurs un autre grief d'expérience contre les lourds harnois :

« Vu les délais nécessaires pour revêtir les multiples pièces articulées de telles cuirasses, qu'il n'est pas question d'endosser pour une longue route, vous êtes perdu si vous êtes surpris désarmé. Ce pourquoi nos ancêtres se fixaient par leurs hérauts des cartels précis pour livrer bataille à tel ou tel endroit : on s'armait au même moment dans chaque camp et l'on combattait à égalité.

On s'est moqué de ces cartels pompeux, mais ils avaient bien leur raison d'être. Hélas! la guerre courtoise est devenue un coupe-gorge. On se bat de moins en moins pour s'amuser... »

Je proposai donc à ce connaisseur de riches brigandines, mais il se méfiait, ayant déjà été échaudé par des faisans.

Une brigandine se compose en effet de lames d'acier disposées en écailles de poisson et maintenues par quelque deux mille rivets à deux doublures plus ou moins séduisantes, la doublure intérieure étant ordinairement de buffleterie, et la doublure externe, d'étoffe décorative. De ce fait, il est tentant de tricher sur la qualité de l'armature qui échappe aux regards. A ce point que les fabricants de brigandines sont partout astreints à des serments par lesquels ils s'engagent à présenter une marchandise loyale! Les prix sont extrêmement variables : pour éviter l'oxydation, les lames d'acier peuvent être simplement étamées et doublées de peau, ou bien vernies, argentées, dorées... Je réussis à convaincre Rais d'acquérir deux jolies brigandines à lames garanties argentées, avec rivets de bronze doré et plastron de velours pourpre brodé d'or. Il aimait le rouge, car le sang s'y faisait moins remarquer.

Rais était très surpris qu'un patricien de Venise se livrât à un tel commerce, alors que la noblesse d'Occident avait un préjugé indéracinable contre toute activité mercantile. Je lui dis que le patriciat de Venise avait seulement un préjugé contre la pauvreté, et il voulut bien se contenter de l'explication.

Un page gracieux rôdait autour de nous, dont Rais précisa qu'il s'appelait Etienne Corillaut, un garçon de sa terre vendéenne de Pouzauges. Rais et ce Corillaut, surnommé Poitou, devaient être exécutés ensemble onze ans plus tard. Le moins qu'on puisse dire est qu'ils avaient l'air au mieux.

« Comment se fait-il, demandai-je à Rais, que vous ayez eu la bonté de me jeter votre gant cette nuit, alors que vous êtes déjà si bien pourvu dans ce camp champêtre ?

– Il y a coup de sang et coup de cœur, me répondit-il en riant. N'aurions-nous pas le droit d'aimer, nous aussi ? »

Il me révéla que sa femme Catherine de Thouars, qu'il avait gaillardement enlevée pour contraindre son père à souffrir le mariage, attendait un bébé pour fin août, et l'événement semblait l'émouvoir.

Avant de me laisser à mes occupations, le sire de Rais tint à me faire assister à la pendaison de trois de ses hommes, coupables de viols et de pillages sur les terres du roi. Il était fier d'une discipline si peu courante.

Comme je m'en revenais avec Laurent, ce dernier me dit :

« Vous avez vu, Messire ? Ces trois misérables n'ont pas été précipités, de sorte que leurs vertèbres se brisent et qu'ils meurent sur le coup. Ils ont péri tout doucement étouffés et bandant comme des ânes. Ce n'est pas la justice qui anime le seigneur de Rais : il aime à tuer. »

La destinée de ce Gilles de Rais n'a cessé de me dérouter. Au début de 1429, c'était un mince et nerveux jeune homme dans sa vingt-cinquième année, ni beau ni laid, de caractère impulsif et capricieux. Il se dégageait de sa personne une impression de vive sensibilité, de franchise et de droiture. Abandonné dans son enfance à des servantes et à des valets d'écurie, il avait fait l'effort de se cultiver, savait le latin et un peu de grec, appréciait la bonne chère, tous les raffinements de ce monde, et se passionnait pour la musique et le chant. Il devait bientôt librement disposer, à la mort de son terrible tuteur Jean de Craon, de l'une des plus grosses fortunes de France, qu'il dilapiderait avec inconscience, comme si l'argent lui brûlait les doigts. A vingt ans, il avait pris d'assaut le château du Lude sur le Loir, tué de sa main le capitaine anglais Blackburn, et sa réputation de chevalier intrépide était faite. On le disait cruel à l'occasion, et son mariage plus ou moins romanesque ne l'avait pas réconcilié avec les femmes, mais il était loin d'être le seul dans ce cas.

J'aimerais pouvoir affirmer que j'avais sur-le-champ flairé en lui tout ce dont il serait capable, mais pas du tout. Il n'a d'ailleurs commencé d'égorger et de souiller systématiquement des centaines d'enfants qu'à partir de 1432 au plus tôt, et j'ai bien le sentiment que c'est sa rencontre ineffaçable avec Jeanne la Pucelle qui a donné le branle à ses pires instincts, qui a achevé de détraquer un esprit impressionnable, une âme faible et médiocre dans un corps de loup aux abois. L'influence de cette Pucelle était extraordinaire, et il fallait être vénitien pour ne pas perdre tout sens commun en sa compagnie. Je reviendrai là-dessus.

Le lendemain matin, j'allai rendre visite au duc Jean II d'Alençon, grand amateur de chevaux et harnachements, à qui La Trémouille m'avait également recommandé. Le duc séjournait alors dans une dépendance de l'abbaye de Saint-Florent, près de Saumur, pour profiter des terrains de chasse des environs.

Je le saisis au débotté alors qu'il rentrait justement de la chasse avec des cailles. C'était un grand et beau garçon à la voix chaude et sonore – il devait porter plus tard une amulette dans l'espérance insane d'adoucir le son d'un organe qui faisait peur aux dames ! –, mais l'intelligence ne semblait pas sa première vertu.

Ce Prince du sang, cousin du roi, neveu du duc de Bretagne, parrain du petit Dauphin Louis appelé à succéder à Charles VII, n'avait pas plus de vingt-deux ans. Son père avait succombé à Azincourt après un combat honorable, en dépit de tous ses efforts pour se rendre à rançon, et la mort de son frère aîné l'avait fait héritier d'un duché passé aux Anglais. Le jeune duc avait épousé la fille du duc Charles d'Orléans, prisonnier en Angleterre depuis ce même Azincourt.

Je présentai à d'Alençon des chanfreins, éperons, bardes, caparaçons, selles et couvertures de selle... Il était intéressé par un magnifique chanfrein orfévré en deux parties, qui assurait une excellente protection du front et du museau – mais il souhaitait un long crédit.

Le duc m'expliqua avec une parfaite bonne grâce qu'il avait été blessé et fait prisonnier à Verneuil en 1424, et libéré trois ans plus tard contre une énorme rançon de 80 000 saluts d'or – près de dix fois la somme payée par les Anglais fin 1430 pour entrer en possession de Jeanne la Pucelle ! La dette venait tout juste d'être soldée et il attendait la quittance de Bedford pour reprendre les armes. (Elle ne devait être signée que le 15 mai !) Le duc était par conséquent à peu près ruiné, et d'autant plus que la majeure partie de ses fiefs étaient au pouvoir des Anglais.

La noblesse de France et d'Angleterre règle ses rançons avec beaucoup de sérieux, comme une dette de jeu, et l'on se discréditerait en trichant. C'est que tout l'art de la guerre dans ces pays consiste à capturer une proie bien nantie pour la saigner financièrement à blanc, et la chance peut tourner : tel est pris aujourd'hui qui prendra demain. De toute manière, au fond, c'est cette incurable andouille de vilain qui paie sans se lasser ces passionnantes distractions...

Mais la réalisation de ce noble idéal est sujette à fâcheux accidents. Le bon usage veut en effet qu'un prisonnier fait par un subalterne soit remis au capitaine qui lui verse ses gages, lequel empoche la rançon et donne un pourboire à l'homme complaisant. Si donc le capitaine n'a pas la cote d'amour dans la troupe, les soldats se feront un vicieux plaisir d'égorger les plus riches victimes pour faire rater à leur chef l'affaire de sa vie. A la fin d'un combat malheureux, tous les barons en détresse crient à pleins poumons : « Je suis untel, je me rends et je vaux tant ! » Le capitaine des « yeomen » qui avaient expédié sans façon le père du duc à Azincourt avait dû leur refuser une permission.

Les rançons étant toujours versées, il est fréquent que le prisonnier soit libéré sur parole, à moins qu'il n'ait une valeur politique ou militaire évidente. Le duc Charles d'Orléans n'était pas près de revoir la France, mais Jean d'Alençon avait été relâché gracieusement, meilleure preuve que le perspicace Bedford n'accordait à ce grand imbécile qu'une valeur strictement financière. Le Régent devait être impatient de voir d'Alençon reprendre du service, brouiller les cartes dans les conseils, et mener au massacre des mercenaires sceptiques sur ses talents.

Toutefois, si une rançon est pour un gentilhomme une dette d'honneur, une dette à l'égard d'un marchand n'a aucune importance. Mes commanditaires avaient bien insisté là-dessus à mon départ de Venise.

Je déclarai par conséquent à d'Alençon que les Vénitiens avaient juré solennellement à saint Marc de ne jamais faire crédit, et il en fut tout marri. Ma monture ayant souffert du voyage, j'échangeai finalement une paire d'éperons hongrois finement travaillés au burin contre deux bons chevaux de route, et nous nous séparâmes sans trop d'acrimonie.

En cet hiver 1457 où j'écris, ce personnage pour lequel Jeanne la Pucelle devait éprouver tant de sympathie – l'amitié, comme l'amour, n'est-elle pas aveugle? – se morfond dans la tour de Constance d'Aigues-Mortes : il avait stupidement essayé de livrer la Normandie aux Anglais, et notamment Granville, pour vingt mille écus – ce qui était vraiment un prix d'ami! Sa tête creuse devrait tomber bientôt[1].

Dans la dizaine de jours qui suivirent, de recommandation en recommandation, je parvins à vendre au mieux, malgré la difficulté de se faire payer comptant, la majeure partie de mes armes à la haute noblesse fortu-

1. Condamné à mort pour haute trahison par la Cour des Pairs le 10 octobre 1458. Gracié par Charles VII et interné au donjon de Loches. Libéré par son filleul Louis XI en 1461. Condamné à mort par Louis XI le 18 juillet 1474. Gracié de nouveau, meurt au Louvre en 1476.

N'étant jamais pris au sérieux, d'Alençon était aussi aisément condamné à mort que gracié.

née de la cour ou à des capitaines de mercenaires qui étaient par hasard en fonds.

Ces ventes s'accompagnaient d'instructifs entretiens qui me permettaient de mieux pénétrer les réalités françaises, assez simples d'ailleurs pour un esprit formé de naissance à la savante complication de la politique italienne, où l'ennemi d'aujourd'hui est traité comme l'ami de demain – et inversement. La plupart de mes interlocuteurs facilitaient mon enquête par la spontanéité de leurs réactions. Au contraire des Vénitiens, les Français sont portés à dire la vérité sans réfléchir. Leurs mensonges sont transparents, et leurs silences mêmes, éloquents. Mais cette sorte d'innocence ne facilitait pas les prévisions, car elle s'accompagnait d'une irrésistible tendance à agir de manière intuitive et passionnelle. C'est un grand repos pour l'esprit que de fréquenter des gens pondérés, guidés et gouvernés par une nette et claire vision de leurs propres intérêts. On peut deviner ce qu'ils feront en toutes circonstances. Le Français était un être à surprises.

L'avenir du roi de Bourges paraissait vraiment très sombre. Il avait peut-être des atouts, mais ses partisans les plus fidèles distinguaient mal comment il aurait pu les jouer. La traditionnelle supériorité militaire anglaise, l'extrême difficulté d'amadouer le duc de Bourgogne, superbement ancré dans son courroux depuis le meurtre de son père par la suite du Dauphin Charles, inspiraient à tous un profond découragement. Le bruit courait même que le roi envisageait de déguerpir en Ecosse, en Dauphiné, voire chez ses alliés d'Espagne ou d'Italie. Bruit à coup sûr prématuré, mais la guerre étant d'abord affaire de moral, la perte d'Orléans pouvait bien marquer le début de la débâcle.

Le soir, je montais au « Grand Logis », où l'on tenait, assez médiocrement, table ouverte pour un cercle de privilégiés entre des fêtes petites ou grandes. Le plus gros effort fut accompli pour le vingt-sixième anniversaire du roi, fêté le 3 mars avec un peu de retard, car le ravitaillement, bloqué par des routiers, n'était pas arrivé à temps. La volonté souveraine de maintenir un pareil train de gaspillages avec des finances déplorables exprimait peut-être, en mettant les choses au mieux, une arrière-pensée hautement politique : faire croire que tout n'allait pas si mal. C'était payer bien cher une illusion de maigre valeur.

Cette malheureuse cour était un panier de crabes où les machinations faisaient rage pour se disputer les débris d'un royaume expirant. Dans un océan de bassesses, de cupidité, de futilité, l'imposant Georges La Trémouille semblait consacrer autant de talent à conserver sa place qu'à s'occuper des affaires publiques – qu'il confondait d'ailleurs allégrement avec les siennes. Et sur ce lamentable théâtre, une nuée d'intrigantes jouaient de la prunelle et de la croupe pour ratisser quelques miettes, étrennant des robes fendues sur le côté jusqu'à l'obscure naissance de leur cuisse facile ! Ce n'étaient pas les fameuses débauches des Valois d'avant Azincourt, mais on faisait tout ce qu'on pouvait avec les moyens du bord.

Remarquable caractéristique des différences de mentalité et de mœurs entre les Lancastres et les Valois, le fanatique Henri V d'Angleterre, partant en guerre contre le dément Charles VI, avait tenu à donner à son débarquement un fort parfum de puritanisme, presque de croisade : Dieu l'appelait sans doute à punir les Valois de leur légèreté sans remède, de leurs scandaleuses dilapidations, de leur lubricité impie. Le massacre à Azincourt en fin de journée – malgré les véhémentes protestations de la troupe spoliée – des milliers de prisonniers français incapables de payer rançon intéressante avait manifesté, chez le roi lancastre, un pieux désir de salubrité : ces misérables n'étaient-ils pas au service du Diable ? Il ne fallait pas dès lors s'étonner qu'ils ne valussent pas la corde pour les pendre.

J'effleure ici un point capital pour une meilleure compréhension de la tragédie de la Pucelle : habitués à se considérer comme le noble bras séculier d'une Providence attentive aux qualités morales, les Lancastres ne pouvaient admettre un seul instant que Dieu ait eu l'inconséquence d'envoyer une obscure paysanne au secours d'une dynastie sataniquement corrompue.

La comtesse de Tonnerre me posait cependant un épineux problème. Je l'aurais satisfaite sans la faire languir qu'elle fût sans doute bientôt passée à un autre caprice. Mais comme il arrive fréquemment, ma réserve n'avait fait que surexciter son appétit et donner à ma personne une séduction imprévue. Dès que je me risquais au Château, Catherine ne cessait de me coller avec une extraordinaire impudeur. Elle faisait parade de ses charmes en « carolant », s'efforçait de m'entraîner à l'écart sous prétexte de trictrac, d'échecs ou de cartes. Elle m'invitait à des chasses, à des pêches, à des tournois... Ses assiduités avaient en tout cas pour effet d'éloigner de moi les autres louves sensibles à mes cheveux flous à la vénitienne, mais j'étais exposé en revanche aux allusions peinées du voluptueux La Trémouille, peu habitué à ce qu'on méprisât son bien.

Devant ma mauvaise grâce, Catherine avait joué à l'amie exclusive, tactique bien connue qui ne trompe que les naïfs. Mais j'eus ainsi l'occasion de découvrir que ce nouveau jour lui apportait un surcroît d'intérêt. Elle était plus instruite que la plupart des femmes de son rang, avait du jugement et de l'esprit, se révélait une mine d'informations sur la cour et sur le pays. Et son amoralité foncière lui prêtait comme une manière de naturelle innocence. Les expériences qu'elle avait connues avec des Giac ou des La Trémouille ne l'avaient pas aidée à distinguer le bien du mal. Il est possible aussi que son âge m'ait attendri. Elle aurait pu être ma mère, et je n'avais plus de mère.

Trivulzio encourageait ces relations naissantes avec sa pertinence coutumière :

« La comtesse, me dit-il, va de conquête en conquête, pressée de jouir avant qu'il ne soit trop tard, ce qui ne laisse pas d'inquiéter son mari, qui craint évidemment qu'une liaison avec un grand seigneur ne tourne mal pour ses intérêts. Il n'oublie pas qu'il a lui-même étouffé Giac dans un sac pour éliminer un concurrent et faire un heureux sort à sa veuve bien dotée. Le jeune patricien de Venise est pour lui une aubaine de tout repos. Ce n'est pas vous qui coucheriez avec sa femme pour prendre sa place ! Et accessoirement, mettre dans son jeu par d'intimes et honteuses complaisances un envoyé vénitien, même officieux, fait toujours plaisir à un homme qui s'est constamment servi des femmes pour se pousser au plus haut degré, en passant par la grosse reine Isabeau ou la vieille duchesse de Berry... Tous les pions comptent dans le jeu d'un La Trémouille. Succombant à la tentation – et il y en a de pires ! – vous auriez droit à la faveur du ministre, et cette Catherine elle-même, qui a le bras long, pourrait beaucoup pour vous. Ah, j'ai du mal à comprendre les garçons d'aujourd'hui !... »

C'était la saison où les saumons grouillaient dans la Loire. Il me souvient d'une pêche miraculeuse au filet plombé et au trident, à l'issue de laquelle je faillis me faire prendre dans les rets de la comtesse. Je réussis également à lui échapper lors d'une chasse à courre au renard, « desport » tenu en France et en Angleterre pour le plus noble.

Il me souvient surtout d'un tournoi où j'eus la faiblesse de combattre pour Catherine. La passion des Français pour ce divertissement est à peine croyable. Les tournois sont régulièrement interdits, et il y en a tout le temps !

Dans le tournoi proprement dit, renonçant à la lance en raison de l'étroitesse de la lice et du nombre des participants, deux équipes de cavaliers s'assomment avec des masses de bois dur ou de larges épées sans pointe ni tranchant. Il est interdit de frapper d'estoc ou au-dessous de la ceinture, et les hommes à terre doivent être épargnés.

Cette mêlée, de plus en plus réglementée et de moins

en moins dangereuse, est la forme la plus ancienne du tournoi. Les rencontres de ce genre tournaient autrefois au massacre. Le prodigieux record est d'une soixantaine de morts ! De nos jours, la petite et moyenne chevalerie française affectionne la formule parce que la légèreté des équipements et des chevaux entraîne des frais abordables.

Dans la joute, deux cavaliers s'affrontent avec des lances à pointe émoussée de chaque côté d'une barrière. Les harnois spéciaux et les lourds chevaux de joute valant une fortune, c'est un passe-temps pour la fine fleur de la noblesse. On m'a raconté qu'en 1389, à Saint-Inglevert, Français et Anglais avaient jouté trente jours de suite !

Une barrière peut aussi séparer deux chevaliers à pied, qui se mesurent à l'épée ou à la hache, et il existe enfin des « pas d'armes », simulacres de l'assaut d'un pont ou d'une porte de château.

Les tournois, au sens général du terme, sont constamment courus par des cadets de famille désireux de s'illustrer, par des aventuriers curieux de voir du pays, par de véritables spécialistes qui en font une profession, car l'équipement du vaincu revient au vainqueur. Les dames ont en l'occurrence un rôle capital. Elles offrent à leur élu du jour une manche, un chapeau, un ruban, qu'il accroche à son épaule ou au bout de sa lance, et ce sont encore les dames qui remettent les prix aux plus valeureux. Bien sûr, en fin de journée, il y a banquet et bal.

Catherine réussit à me convaincre d'arborer ses couleurs à un petit tournoi des plus classiques qui devait opposer les chevaliers de Montbazon à ceux de Langeais. Elle savait bien qu'il m'était difficile de refuser : j'aurais eu l'air d'un lâche. D'ailleurs, elle consentait les frais de mon armement et se faisait fort de me procurer un cheval vif et maniable, qualités essentielles pour un animal de tournoi. « Le cheval combattra pour vous, me dit-elle, il a l'habitude, il saura comment se placer. » Ma totale inexpérience (les tournois sont exceptionnels à Venise) ne lui faisait pas peur.

Je passai la matinée du 2 mars à maîtriser ledit cheval, qui était en effet excellent et, dans l'après-midi, j'entrai en lice avec les chevaliers de Montbazon, qui partaient favoris. La modeste noblesse de France se désintéresse généralement de la guerre et attend patiemment qu'elle veuille bien finir, tout en se consacrant à des tournois qui auraient, paraît-il, la vertu d'y préparer les amateurs ! La France, à première vue, est pleine de paradoxes.

L'enclos rectangulaire était entouré d'une double balustrade à claire-voie et, dans l'espace délimité par les balustrades, circulaient des serviteurs avec des rafraîchissements sous un petit soleil déjà printanier. Les tribunes étaient combles, et un troupeau de vilains étaient même accourus goûter le spectacle, dans l'espoir, sans doute, que le cavalier qui avait troussé leur fille dans le bois où elle gardait les cochons, voire leur femme quand elle astiquait, le derrière en l'air, les carrelages du manoir, quitterait l'arène sur une civière, la cervelle bien saignante éclaboussant la grille du heaume. Nous portions des brigandines spécialement rembourrées et renforcées de plates aux épaules, des heaumes quadrillés pour dissiper la chaleur, et les chevaux étaient protégés par des couvertures matelassées. J'avais en main une massue herculéenne, dotée d'une solide dragonne, et je me demandais par quelle aberration j'avais pu me fourrer dans cette mésaventure.

Après avoir juré sur notre honneur d'observer les règles, nous nous rangeâmes derrière deux cordes. Les trompettes sonnèrent, le commandement traditionnel retentit : « Coupez les cordes et heurtez les batailles ! » Et les deux équipes se jetèrent l'une contre l'autre. Nous étions une vingtaine de chaque côté.

En pareille affaire, la peur le cède vite à l'excitation et j'étais heureusement aussi souple que mon cheval, qui n'aimait pas plus les coups que moi. Je fus un des derniers à rester en selle, mais une grande brute donna enfin sur mon heaume un coup à étourdir un bœuf et je vidai mes étriers.

Je repris connaissance dans une petite chambre attenante à la salle de bal et de banquet. Mais j'avais toujours mon heaume! Laurent m'expliqua qu'il avait été faussé et qu'on désespérait de le retirer.

Quand je fus en état de marcher, on me guida chez le forgeron, qui me mit la tête sur son enclume et commença à taper comme un sourd. Je le soupçonne d'avoir eu des comptes à régler avec la noblesse. Peut-être aurais-je dû l'avertir que j'étais vénitien? On me rapporta à ma chambre sans heaume, mais de nouveau évanoui.

Les esprits me revinrent peu à peu. Laurent me donna à boire. J'avais la tête comme une cloche, et des éblouissements qui multipliaient la flamme de la chandelle. Bientôt, les bruyants échos du banquet, puis du bal, montèrent me marteler les tempes.

Laurent ouvrit la porte à Catherine et se retira discrètement. Elle n'avait jamais été plus ravissante : ses grands yeux brillaient et elle avait encore à ses joues le rose du plaisir qu'elle avait éprouvé à regarder quarante hommes s'assommer. Les Françaises sont comme ça. Elles aiment trembler pour leurs amants, les voir triomphants ou traînés dans la poussière. Tout leur est bon.

Catherine, retroussant haut sa traîne sans aucune nécessité, s'assit au bord de mon lit, se pencha sur moi pour me faire apprécier son décolleté dont le sillon descendait jusqu'à la ceinture, me complimenta sur ma bravoure : elle n'aurait jamais cru que je resterais en selle aussi longtemps! Et elle m'offrit le prix qu'elle m'avait personnellement réservé : une parure de perles fines à porter à mon chapeau, qui valait, à son humble avis, neuf cents ducats comme rien. Elle était bien aimable de taxer mes charmes dans la monnaie de mon pays!

Une atroce migraine ne m'interdisait pas toute

réflexion. La comtesse m'avait attiré dans un guet-apens à l'issue duquel elle pouvait se flatter de me trouver au lit, abruti de coups et hors d'état de résister à une souris. Les tournois de France ne visent qu'à ce résultat et l'on comprend pourquoi les dames y sont assidues : après avoir joui du spectacle, elles en ramassent les morceaux et s'en régalent. La chevalerie a bon dos!

Les neuf cents ducats valaient aussi qu'on y songeât. Et d'autant plus qu'ils présageaient sans doute davantage. Pour abréger le martyre de Lucretia, si courageuse, n'aurais-je pas été excusable de donner un peu de ma personne? Qu'aurait dit du cas mon bon oncle Gabriel? M'aurait-il donné dispense? Eh non! Pour le clair motif que j'étais libre de mes actes, alors que Lucretia ne l'était point, n'ayant à choisir qu'entre des modalités, comme un esclave cuisinier doit choisir des épices.

Epuisé par les émotions, par le forgeron, par le cas de conscience, je me surpris à pleurer bêtement, et la pudeur me poussa à remettre mon heaume.

Catherine promena doucement sa main sur ma poitrine nue...

« Qu'avez-vous donc, mon ami?

– Ah, Madame, j'ai laissé dans un palais de Venise une femme que j'aime à la folie et j'ai terriblement besoin d'argent. Mais vous êtes beaucoup trop plaisante! Si je couchais avec vous, j'aurais le sentiment de tromper ma Lucretia.

– Alors, faites l'amour à une laide! Ce sont celles qui paient le plus cher, et il n'en manque point.

– Mais avec une laide, je ne pourrais pas! »

A travers mes pleurs et la grille du heaume, le doux visage de la comtesse me semblait perplexe.

« Je crois, dit-elle enfin, que vous n'êtes plus en état de raisonner droit ce soir. Ce doit être le choc. Nous en reparlerons... »

Elle reprit ses perles – ce qui me fut un crève-cœur –, mais pour les déposer en souriant sur mon sexe qui pointait franchement vers elle à travers le drap, et elle s'en fut d'un pas léger.

Laurent revint et sursauta :

« Pourquoi diantre avez-vous remis votre heaume?

– Pour échapper aux baisers de la comtesse. J'ai une tendre amie au loin...

– Alors, il serait prudent de mettre le heaume à la place des perles!... »

Ce brave homme avait de la finesse dans sa simplicité.

Au cours de la nuit du lendemain, fête anniversaire du roi ainsi que je l'ai dit, le gros Georges eut un sourire épanoui en voyant à mon chapeau de loutre des perles qui ne lui étaient pas étrangères : les amours rassurantes de sa femme étaient en bonne voie.

Ce même soir, la comtesse, qui paraissait avoir renoncé à me brusquer, me présenta à Yolande d'Aragon, qui se chauffait devant la cheminée de la grande salle, et la duchesse me gratifia de quelques phrases aimables. Elle s'intéressait trop au royaume de Naples et à la politique italienne pour ne pas avoir ses idées sur Venise.

La belle-mère du roi portait sans doute la seule tête vraiment avisée du gouvernement et elle conseillait son gendre au mieux, sans oublier ses intérêts particuliers, qui embrassaient l'Europe. Outre son Anjou menacé par Bedford, sa Provence paisible, mais épuisée par les expéditions napolitaines et siciliennes des insatiables et aventureux Angevins, elle avait encore des préoccupations avec la Lorraine, ayant marié l'un de ses fils à l'héritière de ce duché. La réconciliation avec la Bourgogne demeurait son principal souci, afin d'expulser les Anglais impatients de prendre Angers pour donner la main à leurs compatriotes de Bordeaux et contrôler La Rochelle, le dernier port de quelque importance qui restât au roi Charles sur l'Atlantique.

Et lorsque les « Armagnacs » ultras ou un favori inquiétant faisaient barrage à cette indispensable politique, Yolande donnait discrètement un coup de pouce. Catherine m'avait révélé, par exemple, que c'était la duchesse d'Anjou qui avait inspiré le complot où l'insupportable Giac avait perdu la main et le souffle.

« Alors, me demanda la dame, que dit-on de beau à Venise quant à la situation du royaume ? »

Cette question polie appelait une réponse banale, mais les vins anniversaires m'avaient plongé dans un état d'intempérante légèreté, et je me laissai aller à répondre :

« On dit que la situation s'améliore de jour en jour. Plus le roi Charles perdra de villes, plus la Bourgogne se fera neutre. Le duc Philippe sait bien que si Bedford était le maître de Calais à Toulouse, les Etats bourguignons seraient sa prochaine victime. La Flandre et Dijon, en principe, ne relèvent-ils point du roi de France ? »

La duchesse leva les sourcils et me répliqua avec un semblant de gaieté :

« Il serait quand même préférable de signer la paix avec la Bourgogne avant d'avoir perdu Orléans et le reste de nos villes ! Que feraient à notre place les si réputés diplomates de Venise ?

– Toutes les promesses possibles à la Bourgogne, Madame ! Et les Anglais partis, le roi marche sur Dijon et ramène le duc dans une cage de fer ou un tonneau de vin de Beaune.

– Je crains, dit la duchesse en souriant, que ce ne soit justement cette perspective qui rende Philippe si hésitant ! »

Le problème capital de Philippe le Bon, toute vengeance mise à part, était évidemment de deviner qui des Français ou des Anglais étaient à long terme les plus dangereux pour sa sûreté. Il y avait de quoi passer des nuits blanches. Mais le duc de Bretagne n'était-il pas dans la même situation ?

Fatigué de la presse et du bruit, la tête encore sensible du coup d'assommoir reçu la veille, je me retirai d'assez bonne heure avec un pot de blanc-manger que j'avais obtenu des cuisines, à une telle distance de la salle que les plats chauds faisaient le chemin couverts, ainsi préservés d'un trop rapide refroidissement. Ce blanc-manger, délicieuse gourmandise, avait été le triomphe de Maître Taillevent, le chef de feu Charles VI, et la recette – je donne la grasse et non la maigre de carême – en est des plus simples : on broie des blancs de chapon avec des amandes et du bouillon de poule, on passe à l'étamine, on fait, pour assurer la liaison, rebouillir le tout, qui est servi froid en gelée avec des amandes frites, des graines de grenade et du sucre pilé. C'est ce que j'ai dégusté de meilleur en France.

Le pot de blanc-manger sur mon cœur, je traversais la salle enfumée de l'auberge, lorsque je tombai en arrêt devant « Chauffe qui peut » et mon valet Laurent, fraternellement attablés devant une cruche de vin à peu près vide. La lueur des chandelles mourantes prêtait à cette suffocante apparition des allures fantomatiques, et j'eus du mal à en croire mes yeux.

« Je compte reprendre – grâce à La Trémouille, qui me veut du bien – du service chez le roi, me dit le capitaine Tristan; j'ai rencontré Laurent par hasard, et nous nous sommes tout pardonné. »

L'expression avait une noble délicatesse : un pardon à sens unique est trop lourd et il est bon que le martyr y mette du sien.

« Oui, approuva Laurent. Cette affaire m'étouffait, et je me sens plus léger. Le capitaine n'est pas un mauvais homme, au fond. Il était pris de vin et ne savait ce qu'il faisait. N'a-t-il pas eu son lot de malheurs, lui aussi?

– Le vin et quelque diable m'avaient en effet égaré, reconnut gaiement le capitaine, et ce même vin nous réunit ce soir. Ainsi va la vie... »

Interdit, je leur fis cadeau de mon blanc-manger et gagnai ma chambre. Ce que je venais de surprendre était typique d'un peuple désaxé par les guerres, les pestes et les famines. A force, certains malheureux en arrivaient même à pratiquer l'Evangile, ce qui est beaucoup plus difficile que d'y croire. Combien de catastrophes devraient-elles s'abattre sur un Vénitien pour qu'il pardonnât la moindre injure? Mon Laurent était une nouvelle Lucretia. Il était hélas peu probable que « Chauffe qui peut » s'assagît beaucoup.

Le sommeil me fuyait, le calme nocturne de l'auberge avait rendu de la netteté à mon esprit, et il y avait un rai de lumière sous la porte de Trivulzio. Je le tirai de sa lecture pour lui dicter une partie de mon premier rapport au sénat, rappel de quelques lieux communs concernant le roi Charles et ses favoris successifs. Si la France était mal informée sur Venise, il n'était pas mauvais de rafraîchir la mémoire de nos augures quant à des événements aussi étranges que complexes, que j'allais m'appliquer à résumer clairement.

La conversation de Catherine m'avait été précieuse, et Trivulzio lui-même avait pu me fournir un supplément de lumières intéressantes, notamment sur le fameux traité de Troyes. Les qualités et compétences de cet homme mystérieux me fondaient dans le soupçon que le sénat me l'avait sans doute adjoint pour me tenir à l'œil. C'est une prudente coutume vénitienne que d'appeler les espions à se surveiller mutuellement.

Transcrivant aujourd'hui cet élément de rapport du vénitien en latin, je ne puis m'interdire de me poser une fois encore cette question qui restera éternellement sans réponse ici-bas : qu'est venue faire Jeanne la Pucelle dans les affaires plus que douteuses de Charles VII? Si la Providence distribuait ses envoyés selon le mérite, la cour austère des Lancastres, protectrice d'un pieux petit roi de huit ans, n'aurait-elle pas été plus indiquée?

Le jeune Henri VI était déjà saint à l'époque, et ses merveilleuses vertus n'ont fait que se confirmer depuis. Jusqu'à ce que la folie, héritage de son grand-père Charles VI, le terrasse vers 1453, ce roi a été l'image de la douceur, de la patience, de la plus enfantine naïveté. Ses grands bonheurs étaient d'ouïr la messe et d'étudier la théologie. Il portait cilice, vivait avec la plus monacale simplicité, avait toujours devant lui à table une image des cinq plaies du Christ. Même avec sa femme Marguerite d'Anjou, une véritable furie, il parvenait encore à se montrer affectueux! N'aurait-il pas mérité une bonne douzaine de Pucelles?

Enfin, sans me douter le moins du monde que Jeanne était en marche vers son Prince, je dictai ce qui suit, m'efforçant d'adopter un ton sérieux et relevé, digne de la mission de confiance dont j'avais été par extraordinaire honoré :

« La France, comme bien d'autres pays, étant aux mains de rois qui se succèdent de père en fils, il est inévitable que le hasard pousse au trône bon nombre de dégénérés, d'insuffisants ou de malades. La plus haute fonction de l'Etat n'est pas ainsi confiée au plus digne, mais au fruit de l'accident imprévisible. C'est déjà payer cher une permanence qui pourrait être obtenue à moindres frais comme à Venise, mais cette permanence n'est même pas garantie : la succession au trône est susceptible d'entraîner d'inextricables et sanglantes querelles. Le roi Charles VII, pour le moment, illustre bien tous les désavantages d'un système qui a pris naissance chez les royautés barbares au déclin de l'Empire d'Occident.

» Charles VI et Isabeau de Bavière ont eu douze enfants – dont cinq avant la première crise de folie du roi. Les deux premiers Dauphins étant morts, ainsi que Michelle, épouse du duc de Bourgogne Philippe le Bon, languissante après l'affreuse nouvelle de l'attentat de Montereau qui lui avait coûté son beau-père, il ne reste présentement au roi Charles que trois sœurs : Marie, religieuse chez les dominicaines de Poissy – sous la protection des Anglais par conséquent –, Jeanne, mariée au versatile duc de Bretagne, qui a fait enregistrer le traité de Troyes dans ses Etats, et Catherine, qui lui a joué le mauvais tour d'épouser après Azincourt le triomphant Henri V d'Angleterre et de mettre au monde Henri VI. Entre 1392 et 1422, date de sa mort, Charles VI avait eu quarante-cinq accès de folie, et Charles, le troisième Dauphin, a donc été conçu par un roi fou depuis onze ans.

» D'abord choyé par une mère attentive et constamment enceinte, le futur Charles VII n'a que dix ans lorsque, en 1413, les atrocités concurrentes du boucher « bourguignon » Caboche, dévoué au duc de Bourgogne Jean sans Peur, et des bandes " armagnacques " qui en tiennent pour les Princes de la famille d'Orléans, désolent soudain Paris. (A Paris, les bouchers jouent un grand rôle dans les émeutes : ils ont de longs couteaux, savent saigner, et sont habitués à patauger dans le sang.) Yolande d'Aragon, une maîtresse femme prévoyante, fiance alors le jeune Charles à sa fille Marie, déjà laide à faire peur, et met les deux enfants à l'abri au château d'Angers, où Charles recevra une bonne éducation. Le précoce fiancé est par malheur de retour à Paris quand, dans la nuit du 28 au 29 mai 1418, les " Bourguignons " rentrent par surprise dans la ville et égorgent une fois de plus les " Armagnacs ". Mais le prévôt Tanguy du Châtel sauve d'extrême justesse l'adolescent menacé. Le roi Charles ne déteste point Paris sans motifs !

» On sait qu'en 1419, sur le pont de Montereau, Jean sans Peur, venu négocier, est tué sous les yeux de Charles dans des circonstances peu claires, réplique tardive de l'assassinat du duc Louis d'Orléans en 1407 par les soins du même Jean sans Peur. La rumeur publique incrimine particulièrement Tanguy du Châtel, l'homme de confiance de Charles.

» Le traité de Troyes du 21 mai 1420 découle directement de la désastreuse échauffourée de Montereau. Je rappelle que, par ce traité, conclu avec la bénédiction vengeresse de la Bourgogne, qui prend dès lors officiellement le parti anglais, le Dauphin Charles est par avance déshérité, avec l'approbation de sa propre mère, pour le motif du meurtre de Jean sans Peur, et que le mariage d'Henri V est prévu avec Catherine de France, fille du roi régnant Charles VI et de la reine Isabeau. Le roi étant incapable de gouverner par suite de son état mental, le glorieux Henri V devient immédiatement Régent. Il est prévu que lui et ses héritiers succéderont à Charles VI comme rois de France et d'Angleterre.

» Ce traité capital suscite trois remarques.

» Premièrement, le roi d'Angleterre abandonne cette traditionnelle prétention à la couronne de France qui était basée, depuis 1328, sur le droit des femmes – partout reconnu sauf en France – à transmettre un royaume à leurs enfants dès qu'elles sont l'héritière la plus directe : à savoir le fait qu'Edouard III était petit-fils de Philippe le Bel par sa mère. Mais on retrouve encore la femme dans l'affaire, puisque Catherine de France, tenue pour héritière du royaume en conséquence du discrédit de Charles, ouvre droit à son mari et aux enfants à naître. Edouard III se présentait comme petit-fils, Henri V se contente d'être mari, mais le résultat est le même. Les Anglais sont d'inconditionnels partisans du droit des femmes – surtout quand ça les arrange ! – et méprisent " a priori " la " loi salique ", sur laquelle s'appuie faute de mieux la propagande des Valois.

» Deuxièmement, le traité de Troyes ne destine pas le roi d'Angleterre à devenir roi de France : il sera roi d'Angleterre en Angleterre et roi de France en France, les deux couronnes demeurant séparées. Le traité prévoit longuement et expressément que tous les droits et coutumes de France seront sauvegardés, et l'article XVIII déclare même que la Normandie devra revenir sous juridiction française !

» Troisièmement, la France étant infiniment plus riche et plus peuplée que l'Angleterre, on voit mal ce que les Français auraient à craindre d'une double monarchie, et il se trouve même nombre d'Anglais pour redouter qu'une si écrasante disproportion, malgré toutes les précautions prises, ne joue peu à peu en leur défaveur. Si le traité de Troyes – on ne l'a pas suffisamment remarqué – sépare avec soin les deux royaumes, ce n'est pas tant pour ménager la France que pour préserver l'Angleterre d'une influence française excessive qui lui ferait perdre son originale personnalité.

» Le roi Charles, orphelin de ses frères débauchés, abandonné ou trahi par ses sœurs, est ainsi politiquement renié par sa mère et qualifié de " soi-disant " Dauphin par le traité. Mais à ce reniement explicite s'ajoute un reniement implicite. Les partisans des Anglais laissent courir le bruit que Charles pourrait être le fils du duc Louis d'Orléans, qui fréquentait de près Isabeau lors de la conception de l'enfant, rumeur que la reine se garde bien de démentir. C'est en sortant de chez la mère de Charles que son oncle Louis s'est fait trucider à coups de hache par les hommes de Jean sans Peur.

» Ce double reniement trouve sans doute son origine dans une horrible mésaventure d'Isabeau. Après de longues années exemplaires, la reine avait accumulé les imprudences, était devenue énorme et, à moitié braque, avait fini par s'ensevelir dans une orgie chronique, lors des derniers temps de la domination " armagnacque " sur Paris, Charles ayant alors dans les treize ans. C'est le moment que choisit le comte Bernard VII d'Armagnac pour chasser honteusement Isabeau, tuer ou disperser ses amants, rafler bijoux et biens disponibles : Bernard VII (assassiné à Paris par les " Bourguignons " en 1418) était toujours à la recherche d'un mauvais coup fructueux. La reine avait quelque motif de tenir son fils pour responsable, ou à tout le moins complice, du coup de force. Furieuse et blessée, Isabeau est désormais rejetée vers la Bourgogne.

» En 1422, le Dauphin Charles, replié à Bourges avec ses partisans, apprend la mort de son père, peu après celle d'Henri V, qui s'était héroïquement obstiné à chevaucher avec des hémorroïdes rebelles. Le bébé Henri VI est proclamé roi de France et d'Angleterre. Bedford, frère du défunt Henri V, est Régent. Charles se déclare roi de France.

» Il est difficile d'imaginer hérédité plus fâcheuse, assortie de malheurs plus insondables. Fils d'un père fou et d'une mère nymphomane, Charles a passé sa jeunesse et son adolescence dans une atmosphère de violence et de terreur, qui se matérialisait parfois en d'atroces visions. Incriminé et doublement renié enfin par sa mère, il doit aujourd'hui compter avec un traité de Troyes qui fait les délices de l'Université de Paris quand il ne sourit pas au pape, et qui recueille l'adhésion de beaucoup de Français inclinés à y voir une espérance de paix pour l'immédiat et pour les générations à venir. La lassitude générale travaille d'abord contre lui parce qu'il est le plus faible, celui dont la mauvaise volonté paraît perpétuer le conflit.

» Depuis son avènement et son mariage avec une femme qui n'a que de la vertu et de la fécondité pour tout potage, une malchance sans remède semble d'ailleurs s'acharner sur le roi Charles, anxieusement tapi dans l'un de ses châteaux de Loire avec ses gardes écossais. Les lourdes défaites, Cravant ou Verneuil, se suivent, l'argent fuit, les fidélités, toujours onéreuses, se comptent, et lorsque Charles met le nez dehors pour aller pressurer en personne l'escarcelle de ses bourgeois rétifs, la malchance est encore au rendez-vous : courant 1422, alors qu'il préside une assemblée dans la salle haute de l'évêché de La Rochelle, le plancher s'effondre d'un coup, et il reste accroché au mur devant un monceau de cadavres.

» Dans ces conditions, il n'est pas étonnant que le roi ait du mal à acquérir de l'équilibre et des qualités de gouvernement. Depuis La Rochelle, les planchers lui font peur – et même les plafonds ou les voûtes, qui ne sont jamais que des dessous de plancher. Depuis Montereau, il a la phobie de passer à cheval sur un pont. Depuis qu'il a vu des foules s'étriper, la foule l'oppresse. Mais sa pire crainte, et la plus lancinante, doit être encore de chavirer dans la folie comme son père. En attendant, il est bon latiniste, féru d'histoire et d'artillerie, joue de la harpe mais ne chasse guère : des vertus d'homme de cabinet. Il faudrait le plus improbable des miracles pour qu'un sursaut salvateur le tire un jour de ses appréhensions, de ses doutes, de sa léthargie. Un dépressif, en somme, dont l'intelligence paraît tourner à vide, l'homme le moins fait pour le trône en des circonstances difficiles où seule une action vigoureuse peut redresser la barre à la dérive. Toute l'absurdité de la monarchie héréditaire se concentre en sa personne.

» Se méfiant fort justement de la grande noblesse traîtreuse et prévaricatrice, le roi Charles s'est résigné à pousser aux premières places des hommes de rien qui lui devaient tout, dans l'espoir qu'ils seraient plus fidèles et plus dociles, et ce régime des favoris dure depuis son avènement. Mais quelle que soit la crise des compétences au sud de la Loire, le roi aurait pu les mieux choisir et dû les mieux surveiller. Voilà de trop longues années que la galerie des favoris royaux présente la plus stupéfiante collection de fripouilles qu'on puisse rêver.

» Ce fut d'abord un " triumvirat " de sinistre mémoire : Pierre Frottier, valet d'écurie, puis écuyer, puis capitaine des gardes, enrichi par mariage en attendant mieux, individu cupide et d'une ambition sans bornes; Jean Louvet, dit " Le Président " (beau-père du Bâtard d'Orléans, le demi-frère du duc Charles prisonnier), qui pratique les abus de blanc-seing et les tripatouillages de monnaie, allant même jusqu'à trafiquer des joyaux de la Couronne; Tanguy du Châtel enfin, l'assassin de Montereau, un Breton violent et maladroit qui, n'ayant plus rien à perdre, multiplie les provocations les plus inopportunes à l'égard de la Bourgogne.

» Puis Richemont entre en scène, le plus parfait exemple du grand seigneur français, c'est-à-dire international : frère du duc de Bretagne, beau-fils d'un défunt roi d'Angleterre, oncle du duc d'Alençon, beau-frère du duc de Bourgogne, ce Richemont avait servi un peu tout le monde, mais en mercenaire intransigeant, dans le respect de ses fidélités provisoires. Il avait même réussi en passant à se faire défigurer à Azincourt!

» Son apparition est due aux manœuvres de Yolande

d'Aragon, inquiète pour son Anjou. Afin de contrer les Anglais à l'ouest, la duchesse a machiné un rapprochement avec le duc Jean V de Bretagne. (Je précise que le duc de Bretagne ne doit pas l'hommage lige prioritaire au roi de France – encore moins quand il y en a deux! – et qu'il passe son temps à basculer d'un camp à l'autre, n'ayant en vue que les intérêts bretons.) La fille du duc de Bretagne Isabelle épousera Louis III d'Anjou, l'un des fils de Yolande, et Charles VII paiera les 100 000 francs du douaire, dont il n'a pas le premier sou. La duchesse avance donc la somme, et Charles lui remet la Touraine en gage. Arrangement qui en dit long sur ses tristes finances et sur l'intelligente rigueur de sa belle-mère!

» Et dans la foulée, Charles offre à Richemont l'épée de connétable, vacante depuis la mort au combat de l'Ecossais Buchan. On attend de lui qu'il donne un coup de balai, le " triumvirat " armagnac commençant à exagérer. Pour passer au service du roi Charles, Richemont exige des gages : quatre places fortes, et même des otages. La confiance règne! De plus, il estime courtoisement nécessaire l'autorisation de son beau-frère le duc de Bourgogne. Ce dernier, bon prince, veut bien fermer les yeux, mais à l'expresse condition que les assassins de Montereau soient éloignés. La faveur dont ils n'avaient cessé de jouir rendait toute réconciliation impossible avec le duc Philippe et faisait bien inutilement à Charles une fâcheuse réputation de complice après le fait.

» Brutal et cassant, Richemont réussit non sans mal à liquider le " triumvirat ", mais son tempérament dominateur déplaît souverainement à Charles, qui se méfie aussi, à tort ou à raison, de ses accointances avec la haute noblesse anglaise et bourguignonne. Durant les campagnes de Richemont, Giac, un sinistre gredin, prend un extraordinaire ascendant sur le roi. Richemont et son homme de confiance La Trémouille, avec la bénédiction de Yolande d'Aragon, jettent le dénommé Giac à l'eau.

» Très chagriné d'une pareille perte, Charles veut

ensuite faire confiance à un certain Jean Vernet – dit plus noblement Le Camus de Beaulieu. Cet obscur écuyer d'Auvergne devient commandant d'une compagnie de gardes, capitaine de la ville de Poitiers, Grand Maître des Ecuries. Mais il a le malheur de se moquer de Richemont, qui le fait tuer comme un chien. Pour une fois, Charles se fâche, ordonne de poursuivre les meurtriers : personne ne se soucie de lui obéir.

» Pour assurer ses arrières quand il est en campagne, Richemont recommande au roi le sire de La Trémouille, de bonne noblesse poitevine, trop connu à Venise en raison de ses activités financières pour que je m'y attarde. Et ce protégé de Richemont va faire tous ses efforts pour le perdre.

» Lorsque, en septembre 1427, le duc de Bretagne penche de nouveau du côté anglais, Richemont est tenu responsable de la volte-face de son frère. Malgré sa réputation militaire, il n'avait pas d'ailleurs remporté grand succès, n'ayant eu à sa disposition – en dehors de ses forces personnelles – que des troupes médiocres et mal payées. Avec une audace incroyable, La Trémouille ose tout à coup faire chasser de Chinon la femme du connétable et, chose plus incroyable encore, Richemont exaspéré donne assaut à Bourges avec ses Bretons, mais échoue devant le château. Le roi amnistie les complices de cette agression inouïe de son propre connétable contre sa propre capitale, exception faite de Richemont, qui rejoint ses terres en remâchant sa rancœur. Charles se prive ainsi de son collaborateur le plus énergique et le moins fripon, le mieux placé pour influencer favorablement le duc de Bretagne et rallier à la cause royale une notable fraction de la noblesse hésitante.

» La Trémouille triomphe et peut piller le Trésor sans être autrement inquiété. Son entregent a séduit le roi, qui lui a remis Chinon en gage contre un prêt ridicule de 27 000 livres !

» Nous en sommes là, et il semble évident à tout observateur informé et avisé qu'un pareil roi ne saurait aller bien loin. La honteuse carence du monarque est d'autant plus grave que nous avons en face un Bedford encore jeune, tenace et probe, qui sait inspirer confiance et ne laisse rien au hasard. Il a même pris la précaution d'épouser la sœur du duc de Bourgogne pour donner plus de force à l'alliance ! Ainsi que le pense le sénateur Tradenico, le roi Charles déguerpira tôt ou tard ou sera définitivement réduit par traité à quelques provinces ensoleillées. Je ne manquerai pas de prévenir le sénat dès que l'une des deux hypothèses paraîtra devoir se confirmer. »

IV

Ce vendredi 4 mars, vers la cinquième heure du jour, le roi me fit mander au château, où l'on voyait encore les traces du désordre de la nuit. Il me reçut dans le même petit appartement douillet que la première fois, mais il était en compagnie de l'archevêque de Reims, Regnault de Chartres – très théoriquement titulaire, car Bedford et Philippe le Bon se partageaient la protection de la ville, où les partisans du roi Charles n'étaient d'ailleurs pas nombreux. Regnault était un grand gaillard aussi à l'aise à la cour que sur les champs de bataille, où il faisait tournoyer son fléau d'armes, pieuse précaution des évêques soucieux de ne pas verser le sang chrétien.

Le roi avait eu tout le loisir de goûter ma lettre à l'oncle Angelo, et il avait motif d'être reconnaissant des arguments et des flatteries que j'y avais développés, ainsi que de l'effet qu'ils étaient susceptibles de produire à Venise, où Maître Simon Charles devait s'agiter pour trouver du crédit. Ma promptitude même à donner satisfaction était un bon point pour moi, car le rapport moins élogieux qu'on pouvait me soupçonner d'envoyer par une autre poste après enquête plus approfondie ne parviendrait au sénat qu'après le départ de Venise de l'envoyé royal.

Dans ma lettre à mon oncle, je m'exprimais ainsi sur le compte de Charles VII :

« Le roi affronte avec un admirable sang-froid toutes les difficultés qui l'assaillent et fait montre des plus solides qualités de gouvernement, lesquelles sont souvent les plus discrètes : une inébranlable patience dans l'adversité, l'exercice de la méditation solitaire, l'intelligence, qui donne aux événements leur juste portée, la hauteur de vue, qui fait négliger les provisoires détails et distinguer l'essentiel à longue échéance, un sens aigu du droit et de la durée, une connaissance sans illusion des hommes, dont la plupart ne méritent que l'ingratitude, un courage tranquille, une foi intrépide et cette piété profonde et sans éclat qui portent l'individu à dominer ses propres faiblesses pour mieux dominer chaque situation. Charles, mon cher oncle, me fait songer à ces humbles rochers à fleur d'eau, dont on n'apprécie pas sans mal les contours et la nature, mais où les fières et présomptueuses galères aux entrailles bourrées d'immondices viennent se briser par les temps brumeux. Avec un rien de chance – et elle viendra tôt ou tard – tout est en place pour un grand règne dont la postérité entendra parler. »

Le roi avait l'air content de ce sirop de cour, dont j'étais loin de me douter qu'il était prémonitoire, et il me dit, me faisant remettre un manteau en témoignage d'amitié :

« C'est un vieil usage chez nous que d'offrir des vêtements à l'occasion des fêtes, et la célébration de mon anniversaire, quoique retardée par l'insécurité des chemins, m'invite à vous gratifier. J'espère que ce loup-cervier vous tiendra chaud, à vous et à vos belles amies... »

Il s'agissait en effet d'une magnifique houppelande de lynx doublée de satin cramoisi et orné d'or battu, qui pouvait bien valoir dans les sept cents ducats ! Charles avait dû les emprunter à La Trémouille...

Mais ma diplomatique lettre à mon oncle n'était pas

pour le souverain le seul sujet de contentement ce matin-là. Il avait un pli en main, arrivé depuis peu, et avec la négligence feinte d'une personne qui attache plus d'importance à ce qu'elle dit qu'elle ne veut le laisser paraître, il me déclara :

« Le Bâtard d'Orléans, qui défend présentement la place, a appris qu'une soi-disant inspirée du Ciel se faisant appeler « Jeanne la Pucelle », partie de Vaucouleurs, une place isolée que j'ai encore en Barrois, a passé la Loire à Gien pour gagner Chinon, et proclame qu'elle fera lever le siège d'Orléans et me mènera sacrer à Reims : à partir de Gien, traversant des terres où mes soldats tiennent garnison, elle pouvait crier ce qu'elle avait sur le cœur. Le Bâtard m'a donc envoyé deux messagers pour savoir ce qu'il devait penser de l'affaire, mes fidèles Orléanais s'étant fort émus de ces échos. On croit aisément au miracle lorsque de grands dangers menacent !

» Baudricourt, qui tient Vaucouleurs pour moi, a donné à cette Pucelle une petite escorte, dont le courrier Colet de Vienne, qui assure ordinairement les liaisons entre la cour et Vaucouleurs et connaît bien toutes les chausse-trappes de la route. Colet a pris les devants pour m'apporter ce mot de Jeanne, laquelle devrait arriver incessamment. Elle m'écrit de l'aumônerie que le maréchal de Boucicaut fit bâtir à Sainte-Catherine-de-Fierbois, un sanctuaire où les hommes d'armes prisonniers qui ont recouvré leur liberté vont remercier la sainte de son intercession et déposent en ex-voto des harnois ou des armes. Et le message est net : cette Jeanne, mue, à ce qu'elle soutient, par des Voix angéliques, confirme ses prétentions et déclare même qu'elle se fait fort de me reconnaître parmi tous les gens de ma cour !

» Selon Colet, je devrais recevoir d'un jour à l'autre, par courrier séparé, au sujet de cette jeune paysanne de Lorraine, un rapport de Baudricourt qui serait encourageant. Chose déjà fort étonnante ! Mon Baudricourt a le sens bien rassis et, la plupart du temps, les prétendus envoyés du Ciel ne valent pas les envoyés de Venise : une brève enquête suffit à les refouler ou à leur faire leur procès.

» En pareille histoire, étant donné les risques de désillusion et de ridicule, on ne saurait être trop prudent, mais d'ores et déjà, une troublante coïncidence me frappe : Jeanne – elle n'a pu le faire exprès – a justement quitté Vaucouleurs le 22 février, jour de mon anniversaire. Ne serait-ce pas, après tout, un signe favorable ? »

Il aurait été désobligeant de ne point trouver la coïncidence providentielle, et Regnault lui-même eut un murmure indistinct qui pouvait passer pour approbateur.

Encouragé par ces réactions compréhensives, le roi ajouta :

« Vous avez une finesse au-dessus de votre âge, Messire Condulmer, et l'œil neuf d'un étranger raisonnable qui découvre un monde en désordre où la raison tient peu de place. Puisque je vous tiens par hasard, que pensez-vous de tout cela à première vue ? »

La question était embarrassante. Le roi, comme les Orléanais en péril, avait bien sûr envie de croire au miracle, mais je ne devais pas pour si peu me montrer exagérément crédule. A première vue, d'ailleurs, l'affaire me paraissait des plus suspectes, ne fût-ce que par ce mélange indigeste de Voix célestes et d'opérations politico-militaires, qui répugnait instinctivement à ma nature vénitienne. Je fis attendre ma réponse, promenant distraitement mes regards sur les toits frileusement serrés l'un contre l'autre tout en contrebas du « Grand Logis » et sur le pont de pierre qui traversait la Vienne, le tout noyé de pluie.

En dehors de l'îlot de sûreté et de plaisir que constituait, grâce à Dieu, Venise, les malheurs sans précédent de l'époque, l'affreuse trilogie peste-guerre-famine, les affres de l'interminable « Grand Schisme » où la papauté avait paru vaciller sur ses bases, les excès mêmes du nominalisme rêveur et destructeur des franciscains les plus avancés, tout avait déréglé et exalté les esprits, encouragé dans l'Europe entière une extravagante floraison de magiciens, de sorciers, d'astrologues, de visionnaires, de voyants et de prophètes. Les charismes les plus farfelus devenaient monnaie courante.

Et comme les femmes souffrent d'un énervement particulier dans leurs relations réelles ou imaginaires avec le Ciel, comme elles sont en outre de tempérament indiscret, on ne comptait plus les personnes du sexe faible qui, sous prétexte qu'elles avaient avec Dieu des accointances privilégiées, s'acharnaient à donner des leçons de métaphysique, voire de politique, avec une intarissable intempérance, forçant parfois les portes qui eussent dû être les mieux gardées.

Catherine de Sienne[1], sainte Brigitte de Suède, ne cessent de tanner les papes pour qu'ils abandonnent leur sûr refuge d'Avignon et se replongent dans le sanglant guêpier des aristocratiques factions romaines. En 1376, Grégoire XI se laisse convaincre, et c'est aussitôt la catastrophe infernale du « Grand Schisme », qui durera de 1378 à 1417 et verra jusqu'à trois papes à la fois tant il y avait d'argent à partager! Catherine avait beau porter, comme quelques autres, les stigmates de la Passion, ses conseils de haute politique ne valaient pas un radis. Et sainte Brigitte faisait s'esclaffer tous les diplomates lorsque, pour mettre fin aux guerres franco-anglaises, elle soumettait à Clément VII l'idée baroque d'une adoption d'Edouard III par Philippe VI de Valois! Les saints, comme en témoignent les exploits de Saint Louis en Egypte ou à Tunis, ne sont pas doués pour la politique – et d'ailleurs, vu l'estime du Christ pour cette passion profane où les meilleures âmes risquent de se salir, une sainte incompétence politique est tout à l'hon-

1. Elle ne sera canonisée qu'en 1461, quatre ans après le récit de Condulmer.

neur d'un gâche-métier inspiré, l'éclatante preuve que ses vertus se sont trompées de terrain.

Registre moins relevé, celui de la fameuse Gasque d'Avignon, que révérait le sage Charles V de France, sans parler de toutes ces « Pucelles » de Lyon, de Rome ou de Schiedam, qui finissent bien ou mal et plus mal que bien, Catherine Sauve, elle, ayant été brûlée à Montpellier en 1417. J'en passe, et des moins bonnes...

Ce titre de « Pucelle » avait la bizarre prétention d'inspirer confiance, comme si un pucelage obscur pouvait bien éclairer sur les grandes affaires de ce monde. Un jeune puceau qui mettrait cette étiquette en avant pour distribuer de doctes conseils se ferait plutôt mal voir et exciterait des rires graveleux, mais les vraies « Pucelles » trouvaient parfois crédit, et les fausses elles-mêmes faisaient impression jusqu'à l'examen confondant...

Le roi répéta doucement sa question. Je sursautai et, pour gagner du temps, je me permis une observation de bons sens :

« Si notre " Pucelle " a couché trois semaines dans la paille avec son escorte de gens de guerre, elle est grosse à présent d'un prophétique puceau, et il n'y a plus à se faire de soucis pour elle. »

L'archevêque m'assura que son premier soin avait été naturellement d'interroger Colet là-dessus. En dépit des charmes appréciables du sujet et d'une promiscuité engageante, les gardes du corps seraient demeurés de glace et Colet en était encore tout saisi. Une telle étrangeté pouvait s'expliquer par le froid et la pluie, par une vertu hautement dissuasive, ou par des artifices magiques. Pour Regnault, cette dernière hypothèse ne devait pas être rejetée sans examen : dans tout événement anormal, le doigt de Dieu ou du Diable se dessine.

Mais le roi était heureux et fier de cet humble pucelage de campagne, comme si le Ciel l'avait fabriqué pour son service.

Réflexions faites, je dis enfin :

« Votre Majesté parlait de " l'œil neuf d'un étranger raisonnable ", et je crains, en effet, d'être trop étranger et trop raisonnable pour donner un avis quelconque. Malgré notre merveilleux capital de reliques, nous n'avons jamais vu la queue d'un envoyé céleste à Venise. Quelque chose doit les dégoûter de s'y bousculer... Peut-être le fait que l'Eglise et la République mènent traditionnellement des existences séparées. Le patriarche, content de son catéchisme, ne se mêle d'aucune affaire sérieuse, et le doge, satisfait de ses conseillers, n'aurait pas l'idée de prêcher. Une Pucelle aventurée chez nous ne pourrait que compter des ducats et finirait comme Danaé, dépucelée par une féconde pluie d'or. Je me vois donc obligé, à mon grand regret, d'avouer ma totale incompétence. »

Au bout d'un instant, le roi me répliqua :

« Comme vous le dites si bien, Messire Condulmer, l'Eglise et la République mènent chez vous, où le doge est l'élu de l'intrigue, des existences séparées. Mais en France, le roi est l'élu de Dieu, qui est à l'origine de tous ses pouvoirs. L'Eglise et l'Etat se confondent en ma personne comme ils se confondent dans l'âme de chacun de mes sujets. Il n'est donc pas contraire à notre théologie qu'une Pucelle soit inspirée du Ciel pour le religieux comme pour le profane : les barrières que vous posez à Venise entre ces deux mondes nous semblent artificielles, et même de nature à décourager Dieu de protéger une cité. Si l'on ne voit pas Dieu partout, on risque bientôt de ne plus le voir nulle part. La seule question que se posent aujourd'hui les Français, Messire, n'est pas de savoir si Dieu est avec le roi, mais avec quel roi il peut bien être. L'avenir nous le dira. »

Tout en me rappelant si clairement la différence entre Chinon et Venise, entre une ville de traditions mérovingiennes, engagée pour 27 000 livres à un favori, et une ville de traditions gréco-romaines qui remuait bon an mal an de par le monde dix millions de ducats, le roi avait rêveusement regardé par la fenêtre, ainsi que je l'avais fait un moment plus tôt, et il s'exclama tout à coup :

« Voyez un peu ces sept cavaliers qui traversent le pont avec leurs montures de rechange! Bien qu'ils paraissent tous montés à califourchon, ne serait-ce point notre Pucelle qui nous arrive enfin? »

L'un des cavaliers désignait justement de la main à un autre, plus petit, le « Grand Logis » où nous étions. L'aiguille unique de la grande horloge de la chambre marquait midi de son index doré[1].

Je surpris l'archevêque en train de se signer furtivement, comme si ces sept cavaliers étaient ceux de l'Apocalypse. Qu'il s'agisse de saints, de démons ou de n'importe qui, le geste est toujours d'actualité.

La petite caravane passa lentement. Nous nous détournâmes à regret de notre observatoire, et Regnault de Chartres dit en souriant :

« Vous rappelez-vous, sire, qu'en 1413 – les choses allaient déjà si mal! –, les théologiens de l'Université de Paris avait officiellement lancé un appel aux personnes douées du don de prophétie pour qu'elles aident à mettre un terme aux troubles du royaume? Une Université " bourguignonne " de cœur accoucherait-elle enfin d'une Pucelle " armagnacque "? »

Le roi répondit que des prédictions avaient annoncé qu'une Pucelle sauverait son royaume et que toutes les prophéties contemporaines n'étaient pas à prendre à la légère – surtout quand elles étaient favorables, car le

1. Personne n'en sera surpris, les souvenirs de Condulmer ne cessent de confirmer, et jusque dans le détail, les travaux des érudits médiévistes modernes qui se sont attachés à fouiller l'épopée de Jeanne Darc, et tout spécialement l'exacte chronologie établie avec tant de science et de scrupule par l'école de Mme Régine Pernoud. Le compliment valait d'être fait. Nous savons à présent que nos distingués historiens et chartistes n'avaient pas commis la moindre erreur.

peuple pouvait alors en être heureusement impressionné. Un bon gouvernement ne sait-il pas s'entourer des prédictions qu'il faut ?

Mais ce ton sceptique cachait mal que l'âme royale était toute prête à se laisser impressionner comme celle du vulgaire.

Je demandai quelle avait été l'origine du sanglant différend entre « Armagnacs » et « Bourguignons », et le roi m'expliqua avec une belle simplicité :

« Une affaire de gros sous, bien sûr. Pour quel autre motif s'égorgerait-on sans discontinuer ?

» Au temps du duc de Bourgogne Philippe le Hardi, fils du roi Jean II le Bon, le Trésor royal couvrait en moyenne la moitié des dépenses de l'apanage bourguignon : non seulement cet apanage détaché de l'autorité immédiate de la Couronne ne rapportait plus un écu, mais il coûtait fort cher ! L'année de la mort de Philippe le Hardi, en 1404, 200 000 livres, une somme énorme, le huitième, peut-être, des revenus annuels de l'Etat vénitien, prenaient le chemin de la Bourgogne. Mais mon oncle Louis d'Orléans, frère de mon père Charles VI souffrant, domine alors le Conseil royal et réduit l'habituel prélèvement bourguignon à une somme négligeable : 37 000 livres seulement en 1406, si ma mémoire est bonne. Jean sans Peur, fils et successeur de Philippe le Hardi, avait quelque motif de voir rouge, car la différence était passée dans les coffres du duc d'Orléans, qui tirait superbement du Trésor les neuf dixièmes de ses ressources et de ses dépenses, les unes équivalant aux autres pour ce prodigue. Ah, un fameux lapin que ce légendaire oncle Louis ! Quelle libéralité ! Quelle largesse ! Toujours prêt à obliger... Sa bonté lui donnait plus d'excuses qu'à bien d'autres, qui traversent la vie les lèvres serrées et le cœur sec.

» Dès 1407, dans l'espoir de reprendre pied au Conseil et de remettre la pompe en marche, Jean sans Peur fait donc assassiner Louis d'Orléans. Attentat qui soulève l'allégresse générale des Parisiens, que le luxe insensé de la victime avait scandalisés, et il s'est même trouvé des hommes d'Eglise pour faire publiquement l'apologie du tyrannicide ! Alors que l'argent disparu naguère vers la Bourgogne n'avait attiré l'attention de personne. Le peuple réagit à ce qu'il voit, et non pas à ce qu'il sait, puisqu'il ne sait jamais rien.

» On a donné le nom d'" Armagnacs " aux partisans de la famille d'Orléans parce que l'un de ses chefs fut le comte Bernard VII d'Armagnac, feu beau-père du duc Charles d'Orléans, notre poète prisonnier, lui-même fils de mon oncle Louis. Les vendettas les plus horribles n'ont pas cessé depuis 1407 et, malgré le lamentable accident de Montereau – pour une fois, je n'ai été que trop bien servi ! –, ma grande ambition est d'y mettre fin. »

Cette guerre inexpiable pour savoir qui dilapiderait le Trésor traduisait à merveille l'immoralité cynique des prétendues élites du pays, et le degré d'incurie, de passivité, d'ignorance, de la masse des habitants. Si la Pucelle annoncée venait vraiment de Dieu, elle s'occuperait par priorité du Trésor !

On accuse les Vénitiens de ne songer qu'à l'argent, mais enfin, la première différence entre une nation digne de ce nom et un ramassis d'irresponsables ne réside-t-elle point dans le contrôle des finances ? A Venise, l'Etat doit rendre compte de la gestion du moindre ducat. A Londres, le Parlement a le privilège de voter tout impôt extraordinaire. Mais en France, en Bourgogne, en Allemagne, en Espagne, et même au royaume de Naples et dans bien des principautés italiennes, rois et princes tripatouillent à qui mieux mieux dans les contributions publiques sans que personne ose élever la voix. Des peuples de veaux bons pour l'abattoir ! Aux yeux d'un homme de Venise, une pareille démission, une pareille indifférence sont extrêmement choquantes.

Descendant du château, j'avais encore dans l'oreille la voix tranquille du roi me résumant les démêlés et les peignées entre ces misérables « Armagnacs » et « Bourguignons », le ton amusé et presque admiratif qu'il avait pris pour faire allusion à ce vampire d'oncle Louis. Sans doute pensait-il que l'argent de ses sujets appartenait de plein droit à sa famille, que Dieu avait en France colonisé l'Etat pour faire un pont d'or à ses élus valois. Je l'aurais traité de voleur, qu'il eût été surpris !

Ayant à faire des visites pour liquider mes dernières armes, je ne regagnai l'auberge qu'en fin d'après-midi, accompagné de Laurent, distrait et comme illuminé depuis qu'il s'était jeté dans les bras de « Chauffe qui peut ». Je ne sais quel théologien peu orthodoxe a dit que le christianisme était l'art d'imaginer en soi des batailles. Laurent, grâce au pardon, avait gagné la sienne, et sa mine le faisait savoir.

On dira que le pardon est bien souvent un exercice théorique, car les circonstances ne nous permettent pas toujours d'obliger ceux à qui nous avons pardonné. Un sens intime nous avertit cependant des nouvelles dispositions de notre âme, comme une gorge nouée qui se dénoue. Je sais qu'il m'a été impossible de pardonner à ma mère, dont la mort m'a inondé d'une joie amère et ardente que j'étais incapable de refréner, et j'ignore si le roi Charles a pardonné à la sienne.

L'auberge était en révolution par suite de la récente arrivée de la Pucelle et de ses gens. Mais l'aubergiste, bien que le logement eût été réquisitionné aux frais du roi, était passablement inquiet de cette clientèle, car Jeanne, descendue de cheval dans une mise de garçon qui lui avait permis de voyager plus à l'aise et de moins se faire remarquer, avait remis ce vêtement au sortir des étuves au lieu de se rhabiller en femme ainsi que tout le monde s'y serait attendu.

Avec cet esprit d'observation propre à ceux de son métier, le gros aubergiste me confia :

« ... et si vous voulez mon avis, Messire, nous n'avons pas fini de la voir en habit d'homme, car elle s'est fait coiffer “ au bol ” ou “ à l'écuelle ”, comme on dit. Une fille, même pour une chevauchée de Vaucouleurs à

Chinon, ne sacrifie pas à la légère une chevelure si facile à dissimuler sous un chaperon. »

Il était en effet permis de distinguer là une vocation d'une certaine durée.

L'aubergiste, qui m'avait pris en sympathie parce que je ne dédaignais pas – et pour cause ! – ses instructifs bavardages, poursuivit sans se faire prier :

« Depuis que je tiens la meilleure et la plus grande auberge de la région, avec ces belles écuries que vous savez, *Les Trois Canards* ont vu passer beaucoup de numéros étranges, mais je crois que cette Pucelle, en fait d'étrangeté, est le dessus du panier.

» Quoiqu'elle soit habillée en homme, ce qui ne doit point se faire sans bonnes raisons, il se pourrait qu'elle fût encore pucelle, comme son surnom le prétend, du moins si l'on en juge par toutes ses précautions. Avant de se risquer aux étuves, elle s'est longuement assurée qu'elles n'étaient pas mal famées. Et Dieu sait si elle avait besoin de se laver ! De crainte que ses gardes du corps ne la gardent de trop près la nuit, elle ne s'était pas déshabillée de tout son voyage et sentait comme un sanglier dans sa bauge. Et le nombre d'aiguillettes – vingt au lieu de la dizaine habituelle ! – qui attachent ses chausses à son gippon montrent bien sa hantise de se faire forcer, car il lui faut un travail de Romain pour le moindre pipi. D'ailleurs, alors que ses six compagnons s'étaient empressés de se donner de l'aisance en dénouant leurs aiguillettes postérieures[1], notre Pucelle s'en est bien gardée, et quand elle se penche pour rajuster un soulier, on a l'impression que le derrière va

1. Au travail, en famille, dans des endroits sans prétention, les hommes dénouaient fréquemment les aiguillettes arrière afin de pouvoir se baisser plus commodément, la mode étant depuis trois générations aux costumes très ajustés. C'est sur ce vêtement moulant de rigueur que l'on passait des manteaux plus ou moins vagues, des « houppelandes » etc., soit pour se protéger du froid, soit pour figurer dans une cérémonie.

craquer. Mais un ange doit veiller sur elle, car nous n'avons encore vu ni son pan de chemise ni ses braies.

» Et ce n'est pas tout! Elle m'a demandé avec insistance des femmes pour la nuit...

– Par exemple! C'est une Pucelle qui s'habille en homme parce qu'elle aime les femmes?

– Vous n'y êtes point du tout. Je la croirais plutôt innocente comme l'agneau qui tète encore sa mère – et je m'y connais! J'ai fini par saisir qu'elle désirait se déshabiller pour dormir, mais qu'elle aurait peur, toute seule et toute nue dans une chambre d'auberge étrangère, et qu'elle se faisait surtout du souci pour sa réputation. Son idée est que si elle dort avec des femmes, il y aura toujours des témoins pour affirmer qu'elle n'a pas dormi avec des hommes. A l'extrême rigueur, une femme lui suffirait, mais à condition que ce soit un dragon de vertu. Autrement, on pourrait la soupçonner de tribadisme.

– Et vous lui avez trouvé des femmes convenables?

– Des femmes, j'en ai à revendre, avec toutes ces servantes qui courent, mais elles ont le diable au corps et ce ne sont pas des femmes pour garantir la bonne réputation d'une Pucelle ombrageuse.

– Une femme, alors?

– La seule honnête femme de la maison, c'est la mienne, et vous savez bien que je suis cocu. Non, pour cette nuit, la jeune personne devra se faire une raison. »

L'aubergiste me montra un plateau avec un quignon de pain, un minuscule hareng fumé et un pichet d'eau. « C'est le menu de carême de ma Pucelle, me dit-il. La pauvrette mange comme un oiseau et ne fait aucune attention à ce qu'elle mange : on dirait qu'elle poursuit une idée fixe. Je me demande bien pourquoi le roi paie sa pension... » Une telle sobriété plaidait en tout cas pour la sincérité. C'est d'abord à la gourmandise que l'on décèle les imposteurs.

Jeanne était dans sa chambre, se reposant de sa

chevauchée. Une vive et compréhensible curiosité me poussa à lui monter son dîner moi-même.

J'avais la main sur le plateau, quand l'aubergiste se frappa le front et me dit à voix basse d'un air mystérieux :

« J'oubliais, avec tout ce tintouin... Une belle dame, que j'ai fait semblant de ne pas reconnaître, vous espère à la petite chapelle Saint-Christophe que ma femme a fait aménager au premier étage pour les voyageurs prudents... »

Je n'en montai pas moins avec le plateau, mais passai d'abord par la chapelle, où Catherine faisait ostensiblement ses dévotions. Sortie des désordres complices de la cour, elle avait un certain respect du qu'en-dira-t-on. Mais peut-être priait-elle tout simplement le Ciel de m'incliner à la satisfaire ? Il y a des femmes comme ça, qui s'imaginent que Dieu pourrait être attendri par leurs amours coupables, et le gros cierge qu'elles se paient en reconnaissance d'une divine faveur les fait encore rêver à la trique brûlante de leur amant.

A mon entrée, la comtesse se montra surprise que j'aie eu la prévenance de lui apporter un en-cas en pareil lieu, puis encore plus surprise d'une collation de carême aussi misérable. Je dissipai le malentendu. Catherine étant également fort curieuse de voir cette Pucelle dont son mari lui avait touché un mot, nous allâmes en visite de concert.

Jeanne était agenouillée en prières sur le plancher – ce qui n'avait rien d'étonnant vu son programme ambitieux. C'était une fille pas bien grande, mais qui semblait râblée et musclée. Son visage, qui portait les traces du hâle des étés au grand air, respirait l'énergie et l'assurance, qualités encore mises en valeur par la coupe « au bol » récente qui accusait nettement les traits, mais dégageait aux tempes et sur la nuque une surface de peau très blanche que le soleil n'avait jamais brunie, d'où un contraste étrange entre les côtés face et pile de cette tête paysanne. Suspendue à un portemanteau, une grande épée de valeur médiocre avait une allure insolite. Que voulait-elle donc en faire ?

« Je suis Pierre Condulmer, lui dis-je, chevalier d'une bonne maison de Venise... en Italie du nord-est... du côté du soleil levant. Et la comtesse que voici est l'épouse de Georges La Trémouille, le principal ministre du roi. J'ai trouvé Madame à la chapelle des voyageurs, où elle priait pour la cause valoise et la réussite de votre mission.

» J'étais par hasard en compagnie du roi et de l'archevêque de Reims peu après l'arrivée de Colet avec votre message de Sainte-Catherine-de-Fierbois, mais Charles avait déjà entendu parler de vous par le Bâtard d'Orléans. J'aurais plutôt l'impression qu'il s'apprête à vous réserver bon accueil...

– En nom Dé, Messire, cheu crois bien qu' lé roué séra choyeux d' mé voir : cheu li apporte Orléans et Reims[1] ! »

La déclaration était aussi forte que l'accent. La minorité de sujets du roi qui pratiquent plus ou moins le français le maîtrisent ou l'écorchent avec leur accent régional. Les Lorrains de langue d'oui émaillent leur français de locutions particulières, de « é », de « i », de « ch » inattendus. Le roi seul n'a pas d'accent, puisqu'il travaille, par la force des choses, à imposer administrativement le sien dans une région qui est sa France.

Nous interrogeâmes la Pucelle sur son odyssée. La petite troupe avait abattu Vaucouleurs-Chinon en onze jours, marchant parfois de nuit, par des contrées peu sûres infestées de soldats débandés, et sous des pluies diluviennes qui avaient fait déborder rivières et cours d'eau. C'était la vitesse des bons courriers. Même avec des montures de rechange et un guide connaissant bien le trajet, la performance était remarquable – et plus encore pour une jeune fille qui ne s'était jamais hasardée bien loin de son village.

1. Tel quel dans le texte.

« Qu'est-ce qui vous pressait tant ? lui demandai-je. Dieu ne vous a-t-il pas promis victoire à Orléans ?

– A condition que je me presse, Messire ! »

Analogue mélange de métaphysique et de bon sens, elle attendait pour voir le roi – lui-même suspendu à l'événement – qu'il fût en possession du rapport de Baudricourt à son sujet, qui aurait déjà dû être là. Voyante peut-être, mais prévoyante à coup sûr, elle avait tenu à mettre Baudricourt dans son jeu – ce qui n'avait pas dû être facile ! Le commandant de la place de Vaucouleurs avait, il est vrai, quelque loisir : la ville avait été neutralisée à la suite d'une convention avec les Anglais.

Je ne pouvais m'empêcher de trouver puéril ou suspect ce pari de reconnaître le roi parmi tous les gens de sa cour. Colet entre autres, messager royal, savait bien à quoi le roi ressemblait.

Avec l'arrière-pensée de piéger la Pucelle, je lui dis :

« Vous devez être impatiente de savoir comment le roi est fait ?

– Je ne l'ai jamais vu, mais je le connais mieux que vous : c'est le plus noble et le plus beau Prince de la terre ! »

Catherine pouffa et toussa avec affectation pour camoufler l'accident : le roi, de physionomie assez ingrate, n'était guère plus beau que sa femme, et Jeanne cherchait vraiment la difficulté. Elle l'imaginait avec les yeux du cœur et risquait d'être déçue.

Il me souvient de l'avoir interrogée aussi sur ses origines :

« Venant de Lorraine, qui relève du Saint-Empire romain germanique et dont le duc serait en ce moment plutôt favorable aux Anglais, pourquoi donc vous passionnez-vous à ce point pour la cause du roi Charles ?

– C'est la cause que mes Voix ont choisie.

– Et si elles avaient choisi la cause du gentil petit Henri VI ?

– Je serais déjà entrée dans Paris, Messire, et sans

tirer l'épée ! Mais à Dieu ne plaise... D'ailleurs, je ne suis point sujette du duc Charles de Lorraine. Le vrai roi de France est mon roi, puisque je suis née à Domrémy-Nord.

– Car il y a un Domrémy-Sud ?!

– Suivez-moi bien ! Voilà un demi-siècle, une partie du Barrois d'Empire – dit depuis « Barrois mouvant » – a été rattachée à la Couronne de France avec le nord du village de Domrémy, le sud demeurant fief d'Empire : de ce côté, le château, dans une île de la rivière Meuse, et une trentaine de maisons relèvent des Bourlémont, seigneurie vassale de celle de Gondrecourt, elle-même vassale de l'impérial duché de Bar. Cependant, le curé du tout Domrémy dépend de Greux, qui dépend de l'évêché de Toul, ville d'Empire.

– Ainsi, votre Domrémy natal est au roi depuis quelque temps, mais son clergé séculier est d'Empire ?

– Vous avez compris. Toutefois, les frères mendiants qui nous visitent à l'occasion malgré les méfiantes réserves du curé sont d'origines et de tendances diverses. Les uns sont au duc de Lorraine, d'autres en tiennent pour les Anglais ou pour le roi Charles. »

Il y avait chez cette fille une simplicité, une netteté extraordinaires, qui impressionnaient en dépit de toutes les raisonnables préventions que l'on pouvait nourrir.

Je m'ouvris franchement d'une chose qui me surprenait :

« A ce que disait le roi, vous seriez d'une famille paysanne. Ces gens-là, d'ordinaire, s'occupent de leur lopin de terre plutôt que du bon droit des Princes, leur première ambition étant de se garer des soldats, à quelque paroisse qu'ils appartiennent, et quand ils se saisissent d'une faux ou d'une fourche pour faire un mauvais parti à leur prochain, c'est d'abord à leur seigneur ou à un routier égaré dans un sous-bois pour poser culotte qu'ils s'en prennent... »

Je l'avais vexée en la confondant avec cette tourbe de vilains qui ne voyaient pas plus loin que leur champ de navets ou le cul de leur chèvre, et elle me répliqua aussitôt :

« C'est que, justement, je ne suis pas d'une famille de serfs, ni même de pauvres tenanciers! Mon père a une vingtaine d'hectares[1], dont une douzaine de terres labourables, de grands bœufs blancs, et même de gros chevaux, sur lesquels je m'amusais à monter à cru en les conduisant à l'abreuvoir quand j'étais jeunette – ce qui est bien plus difficile que de tenir en selle sur un mince trotteur. Notable du village, mon père perçoit des taxes, vérifie les poids et mesures, assure même la garde des prisonniers s'il s'en trouve. Une mission de confiance : il connaît toutes les ruses et n'en a pas laissé échapper un seul! A l'automne de 1423, quand la population de Domrémy s'est résignée à louer les services d'un mercenaire allemand, Robert de Saarbrück, pour mieux assurer sa sécurité, c'est encore mon père qui a signé le contrat après le maire et le chef de la police locale. Ma mère passe son temps en pèlerinages lointains, et ma sœur Catherine, rappelée à Dieu de bonne heure, avait épousé le fils du maire de Greux, pas moins! Vous voyez que, sans être bien riches, nous sommes à notre aise et faisons plutôt bonne figure. »

Catherine me fit remarquer :

« Exactement ces familles de " yeomen ", qui sont la force des armées anglaises. Charles a enfin une " yeowoman " à sa dévotion. Quelle chance! »

La réflexion, judicieuse quant au fond, mais d'une forme ironiquement déplacée, se passait de commentaires.

Je m'adressai à Jeanne de nouveau :

« J'entends bien que vous êtes déjà d'une naissance, d'une condition, à vous intéresser aux affaires publiques, et d'autant plus que vous êtes née dans un îlot de fidélité au roi Charles, pressé par les Anglais et les Bourguignons. Mais de là à vous jeter sur les grands chemins en

1. Condulmer parle d'« arpents » en son latin.

habit de garçon pour délivrer Orléans et faire sacrer le roi...

– Mes Voix me l'avaient commandé. Cela fait des années que je les entends, et je n'ai que trop tardé à leur obéir.

– Ces Voix, qui vous ont arrachée à votre village, n'auriez-vous pas cru, en toute bonne foi, les entendre ?

– Est-ce que je crois vous entendre, Messire ? Mes Voix ont encore plus de bonne foi que vous !

– Attrape donc ! me fit Catherine amusée. Vous n'êtes pas de taille, mon ami, à discuter avec une voyante. »

Sans me laisser troubler, je poursuivis à l'intention de Jeanne :

« Admettons que vos Voix soient une réalité. Cela s'est vu. Quel signe certain vous garantit qu'elles viennent bien du Ciel et non d'ailleurs ?

– Elles ne me donnent que de bons conseils; car j'ai un Conseil, moi aussi, meilleur que celui du roi !

– Elles vous ont donné le conseil de secourir Charles VII. Et si une Pucelle anglaise entendait des Voix lui ordonnant de secourir Henri VI ? Ne seriez-vous point toutes deux à égalité devant la religion comme devant le bon sens ?

– Montrez-moi cette Pucelle, et je vous répondrai !

– Ce n'est pourtant pas la coutume du Ciel que d'envoyer des anges se mêler de guerres fratricides entre rois chrétiens à propos d'obscures affaires de succession. Les anges, dans leur sagesse, inviteraient plutôt à massacrer des Turcs ou des sarrasins, à fonder un ordre pieux ou un monastère, et leurs prophéties regardent plus souvent l'Eglise et la foi que les vicissitudes des royaumes de ce monde.

– Dieu ne sait-il pas ce qu'il fait ?

– C'est même sa première qualité ! Vous avez dû être terriblement surprise, n'est-ce pas, d'entendre soudain ces Voix et leurs pressantes injonctions ?

– Beaucoup plus surprise que vous auriez pu l'être !

Depuis quand Dieu demande-t-il à une fille ignorante de faire la guerre, de diriger des armées?

– Vous lui aurez fait changer ses habitudes – ce qui, d'ailleurs, pour Dieu, est la moindre des choses. Avez-vous parlé de ces Voix à vos parents?

– Plus souvent! Ils se seraient moqués de moi et m'auraient empêchée de partir. Mon père a eu un rêve où il me voyait courir avec des soldats – tous les pères ont cette crainte –, et il n'en dormait plus. Des parents peuvent-ils admettre que leur jeune fille batte la campagne avec des soudards brutaux, voleurs et sans mœurs? C'est mon oncle Durand Laxart qui m'a aidée.

– Le fait est que les filles qui suivent les soldats ont peu de vertu. Vous serez la première Pucelle à prendre le risque.

– Je ne suivrai pas les soldats, je serai à leur tête!

– En tête ou en queue, vous serez menacée de viol, et plus encore si vous tombez prisonnière. Vos Voix vous auraient-elles promis de vous protéger?

– Je n'aurais pas eu le courage de quitter Domrémy autrement. J'aurais peur tout le temps, si mes Voix ne veillaient sur moi.

– Après tout, si vous vous faites forcer sans qu'il y ait de votre faute par une compagnie de maraudeurs pris de boisson, le péché n'est pas pour vous. Ce serait moins grave que d'encaisser un coup d'épée.

– Dieu m'épargnera ce que je ne pourrais supporter. »

Jeanne avait exprimé cet espoir d'une voix faible, un éclair de panique au fond des yeux. Sa belle assurance venait de l'abandonner. La vierge guerrière avait sa faiblesse, qui était justement d'être vierge et, comme on le verra, l'obsession du viol devait jouer un rôle capital dans sa destinée – à ce point qu'elle fut en partie cause de sa mort! Elle se serait fait violer à douze ans au rebord d'un talus par un « Bourguignon » ou un « Armagnac » de rencontre, que tout le cours de sa vie en eût été changé. Car la virginale vocation de la Pucelle avait quelque chose d'étroitement physique et elle se faisait un monde de cet attribut qui n'a de valeur en soi que pour une société superstitieuse. Alors que des femmes pleines de vertu et de bon sens ont le pucelage métaphysique : ce sont ceux qui s'usent le moins et donnent satisfaction au plus grand nombre.

Désireuse de réconforter Jeanne, Catherine lui dit aimablement :

« Le viol n'est que l'idée qu'on s'en fait et il n'y a pas de quoi se rendre malade. Allant en pèlerinage à Saint-Jacques-de-Compostelle, je me suis moi-même fait violer par une troupe de bergers basques qui en avaient assez de copuler avec leurs brebis, et la Vierge m'a donné la force de m'en remettre dans la soirée... »

Doutant que ce valeureux exemple fût de quelque profit pour la Pucelle, je revins en hâte sur le sujet plus rassurant des Voix :

« Vous n'avez point parlé de ces Voix à vos parents. Mais en auriez-vous touché un mot à votre curé, à un chanoine, à un évêque, à un moine itinérant, qui aurait pu juger du cas et vous assister de ses conseils ?

– Je vous ai dit tout à l'heure que le clergé de Domrémy relève du Saint-Empire, qui est en paix de ce côté. Le « Roi des Romains » Sigismond a suffisamment à faire en Bohême avec les hérétiques hussites. De toute manière, mes Voix venant directement du Ciel, elles en savent plus long que l'Eglise et le pape.

– Il est bien certain que les papes ne sont pas gâtés par les Voix depuis quelque temps. Et quand nous avions trois pontifes, durant le Schisme, cela ne pouvait jamais faire, en mettant les choses au mieux, qu'une Voix sur trois...

– Oui !! Quand j'ai commencé d'entendre mes Voix, nous sortions à peine du Schisme. Les papes, les évêques, les curés, les moines, étaient sans cesse l'objet de grasses plaisanteries de la part des nombreux voyageurs et marchands qui traversaient notre village. Cela n'incitait guère à se confier, et j'avais l'impression que l'Eglise du Ciel devait être tout autre chose que l'Eglise déchirée que nous pouvions voir. Et qu'est-ce que cette Eglise aurait compris à un cas aussi prodigieux que le mien, à une histoire comme on n'en avait encore jamais vu? Elle aurait eu la même réaction que mes parents, que le sire de Baudricourt, la première fois que je l'ai rencontré. »

Au grand étonnement de Jeanne, Catherine intervint :

« Pour l'amour de Dieu, Pierre, cessez de faire dire à cette innocente des horreurs où il y aurait de quoi la brûler six fois! Elle en dira bien assez sans qu'on la pousse. »

Comme Jeanne s'inquiétait, je la rassurai brièvement :

« A force de fréquenter Dieu de si près, vous avez un peu oublié qu'il existait une Eglise d'ici-bas qui pourrait avoir son mot à dire dans votre histoire. Je n'entends pas de Voix (ce n'est pas la mode à Venise), mais je ne vous en donnerai pas moins un bon conseil – que tout le monde vous donnerait d'ailleurs à ma place : si vous voulez échapper au pire, fiez-vous le plus tôt possible à l'Eglise pour savoir ce que vous devez précisément raconter à propos de ces Voix. C'est l'Eglise qui tient le manche en la matière, elle n'a nullement l'intention de le laisser tomber et, quels que soient ses défauts, elle reste beaucoup plus instruite que vous des vérités de la foi. »

Mais le conseil n'eut pas l'heur de plaire. Il est évident que soumettre la parole de ses anges au jugement de l'Eglise ne peut que paraître absurde – et presque sacrilège – à une inspirée.

Je reproduis ce curieux entretien de mémoire, aussi fidèlement qu'il m'en souvienne. Il montre bien la difficulté, pour un être ordinaire, de communiquer avec une envoyée du Ciel. Deux logiques s'opposent, aussi rigoureuses l'une que l'autre : une logique de bon sens qui découle de l'expérience commune, et qu'il serait permis de rattacher aux conceptions de saint Thomas; et une logique qui se prétend supérieure parce qu'elle se fonde sur une expérience unique et incommunicable où le sujet s'est enfermé, logique qu'affectionnent les nominalistes pour qui l'intuition l'emporte sur la raison dévaluée. Tout est donc en place pour un dialogue de sourds, dont je devais entendre la dernière et la plus poignante version au procès de Rouen.

Toutefois, cette logique intuitive et prétendue supérieure, si discutable en théorie, est à coup sûr un instrument supérieur pour l'action, et Jeanne allait bientôt en administrer les preuves. On se demande pourquoi la foi ne soulève pas plus souvent des montagnes. C'est que la foi est rarissime. La plupart font semblant. Mais la foi de Jeanne était totale, sans questions superflues, sans compromissions prudentes. Tout entière, elle n'était que foi. Et quand les instruits, les réfléchis, les habiles, les timorés, sentaient passer ce souffle, ils suivaient ou laissaient faire, aux prises avec une force qui les dépassait. C'était la foi de Saint Louis ou de Mahomet, de Tamerlan ou de César, de Gengis Khan ou d'Alexandre, celle de tous les entraîneurs d'hommes qui couraient toujours plus loin derrière leur étoile et inspiraient une confiance éperdue parce qu'ils avaient d'abord confiance en eux-mêmes.

On comprend que les théologiens de profession, qui ont tant de mal à croire à ce qu'ils disent, voient d'un mauvais œil une foi de ce genre, expression première d'une qualité qui leur fait défaut. Mais ils ont la bonne excuse que l'intensité contagieuse d'une foi extraordinaire ne donne aucune indication sur l'orthodoxie de son contenu. Les hérésiarques ont aussi leurs fervents fidèles qui se jettent au feu derrière leur éloquent patron. Tout compte fait, une foi brûlante serait plutôt un embarras suspect pour l'Eglise, qui doit bien s'accommoder de ses tièdes clientèles. La foi de Jésus-Christ lui suffit, lequel n'a pas eu d'héritiers, comme chacun le sait.

Deux des compagnons de route de la Pucelle, des écuyers qui s'appelaient Jean de Metz et Bertrand de Poulengy, vinrent lui souhaiter le bonsoir alors qu'elle grignotait distraitement son hareng après s'être signée avec dévotion. Ils ne manifestaient à son égard aucune de ces familiarités, même innocentes, qu'on aurait pu attendre d'hommes qui avaient dormi onze jours au bord des chemins avec une fille de village, et cette respectueuse réserve donnait à songer. La Pucelle ne portait décidément pas à la bagatelle.

Les écuyers partis, désireux de couper court aux assiduités de la comtesse, je lui suggérai :

« Jeanne a peur de se déshabiller si une honnête femme ne lui tient pas compagnie, et les honnêtes femmes ne sont pas nombreuses à Chinon en dehors de la cour de notre pieux monarque. Elle vous serait assurément très reconnaissante de bien vouloir coucher avec elle ce soir. On lui aura trouvé demain une autre personne qui n'aura sans doute pas votre rang, mais qui vous approchera peut-être en vertu. Si vous pouvez lui rendre cet immense service, je m'empresserai de faire avertir votre mari du charitable motif de votre absence. »

Jeanne joignit ses instances aux miennes, et Catherine se laissa fléchir plus facilement que je n'aurais cru.

Après m'avoir beaucoup remercié, Jeanne ajouta : « Revenez quand vous voudrez. Plus il y aura d'étrangers avec nous, mieux cela vaudra! » Ce n'était pas le moment de lui faire un cours sur la neutralité vénitienne. Les étrangers, d'ailleurs, peuplaient déjà les armées du roi Charles.

Je descendis afin de charger l'aubergiste de la commission pour La Trémouille, et l'homme eut là une surprise de plus :

« Une dame vient vous voir, et vous l'envoyez coucher avec une Pucelle? Est-ce ainsi qu'on fait à Venise?

– Sachez que les patriciens de notre République sont réputés pour leur continence.

– Mais la comtesse ne l'est point... Que va devenir la Pucelle entre ses bras ?

– N'ayez aucune inquiétude : quand on délivre Orléans, on est de taille à se délivrer d'une Catherine ! Il y a, mon bon ami, des pucelages inaltérables.

– La Pucelle doit délivrer Orléans ?!

– Chut ! C'est un secret d'Etat que tout lc monde saura demain. »

Je mangeai légèrement et montai me coucher.

V

L'INSOMNIE me tint longtemps éveillé. Un peu tard, je soupçonnais Catherine de s'être dit que Jeanne était un excellent prétexte pour passer la nuit avec moi, et je m'attendais à la voir paraître d'un instant à l'autre. Peut-être même avait-elle eu la coquetterie de me créditer de cette ruse? Je risquais d'être bientôt au pied du mur. Et le Diable n'étant jamais à court d'arguments, une idée séduisante me poussait à satisfaire enfin la comtesse. Observant Lucretia en compagnie de ses visiteurs, j'avais été émerveillé de son mépris souverain des plus pénibles contingences. Si je pensais moi-même à autre chose, à la reine de France, par exemple, dont j'avais vu un portrait à faire débander un cerf, y aurait-il grand péché? Les perles qui luisaient à mon chapeau dans la pénombre ne valaient-elles pas cet effort de détachement, si recommandé par les directeurs spirituels, toujours inquiets à l'idée qu'on pourrait jouir de trop?

Quand Catherine me réveilla, l'aube pointait. Elle était à peu près nue, ayant furtivement traversé le couloir avec ses vêtements sur le bras. Mais au lieu de se glisser dans le lit, elle s'assit sur un escabeau et me considéra d'un air dubitatif. Le Ciel m'accordait encore un répit.

« Je me sens, dit-elle, toute retournée et toute refroidie.

– Pas étonnant : les braises se meurent dans les cheminées et vous êtes quasiment en tenue d'Eve.

– Oh, j'ai assez de feu en moi pour ne point me soucier des braises ! Non, c'est plus grave : il s'agit d'un froid intérieur. Savez-vous que cette Jeanne donne la terrible impression que Dieu existe vraiment, qu'il nous voit, qu'il va soudain venir prendre notre âme comme un brigand pour la juger sans appel, et que nous pouvons mourir privés de confession ? Elle ne sait ni A ni B, elle est d'une naïveté extraordinaire, mais elle en connaît plus long sur les choses du Ciel que vous et moi... »

La comtesse poursuivit longtemps sur ce sujet et sur ce ton. Jeanne l'avait conquise et fascinée, lui avait donné à saisir d'un coup le néant des choses d'ici-bas – leçon d'autant plus étrange que la Pucelle était justement venue à Chinon pour s'occuper avec fièvre de questions politiques ! Jeanne lui avait même raconté qu'elle n'avait pas ses règles, providentielle faveur destinée à faciliter une existence militaire, et ce détail de physiologie intime achevait de lui prêter, aux yeux de Catherine, une dimension romanesque et prodigieuse, d'en faire une bête mythologique, moitié mâle, moitié femelle, un centaure doublé d'une licorne.

Le jour se levait, il me sembla que Catherine avait un œil au beurre noir, et je lui demandai où elle s'était cognée.

« C'est Jeanne, me répondit-elle avec un respectueux attendrissement. Je ne sais comment font les Vénitiennes, mais en France, les femmes dorment toutes nues. Nous dormions donc côte à côte, lorsque, en rêve, sans songer à mal le moins du monde, je lui ai empoigné un sein. (Elle les a fort beaux !) En fait, je croyais être avec vous et empoigner autre chose. Le temps que je m'aperçoive de ma méprise, j'avais l'œil poché. Aucune méchanceté là-dedans. Un simple mouvement réflexe. J'ai expliqué à Jeanne que je l'avais prise pour La Trémouille qui, à force de tout dévorer, s'est vu pousser des nichons de nourrice. Elle était très confuse de son geste, et j'ai eu du mal à la consoler. Quelle superbe vertu, n'est-ce pas? »

La Pucelle avait le sein chatouilleux et le réflexe rapide. Prisonnière des Bourguignons, puis des Anglais, elle devait encore gifler de pauvres tailleurs qui avaient pris ses mesures de trop près. On pourrait parler d'un pucelage agressif.

La conclusion de ces discours était prévisible : la comtesse commença de se rhabiller tristement.

Ce faisant, elle me dit encore :

« Désolée, c'est plus fort que moi, je ne peux pas ce matin. Cette Pucelle m'a ensorcelée. Première fois que ça m'arrive. Elle a dans son jargon des mots à elle qui font rêver. Comme je lui faisais observer qu'elle avait dû se trouver bien seule, dans son jardin de Domrémy, avec ces Voix pour toute compagnie, savez-vous ce qu'elle m'a répondu? " Mais Dieu et ses anges sont foule, madame! " Comment forniquer à deux pas d'une fille qui parle comme ça et voit des anges partout?! Il me semble qu'il va sortir des anges de sous le lit... »

Jeanne avait tellement impressionné la comtesse qu'elle se retira en raflant mes perles, avec un petit sourire d'excuse. Je demeurai, plein d'amertume, à écouter les bruits familiers de Chinon qui s'éveillait. Il est très désagréable d'avoir succombé à la tentation sans le moindre profit.

Ce samedi 5 mars en fin de matinée, je montai au château pour remettre au secrétaire financier de La Trémouille ce que je devais sur mes ventes d'armes à mes commanditaires de Venise, et qui leur serait payé par compensation de change à la première occasion. J'avais dans mon sac une grande variété de monnaies d'or, et surtout d'argent.

Le désordre monétaire était à l'image du désordre général : il défiait l'imagination!

En France, le roi s'est arrogé le privilège de fixer à son gré le cours des métaux précieux qui prendront le chemin des ateliers de monnayage, ce qui pose déjà un difficile problème, car l'or et l'argent bruts sont constamment en quantité très insuffisante pour les besoins des transactions – et en temps ordinaire, et même en période de marasme économique. Et il fixe aussi, à plus forte raison, le cours des espèces monnayées, cours exprimé en monnaie de compte théorique, la livre, effort de simplification dû à la grande variété des émissions françaises et étrangères. Mais pour compliquer les choses, deux monnaies de compte sont en usage, dont le rapport demeure heureusement fixe : la livre parisis et la livre tournois, quatre livres parisis valant cinq livres tournois. Chacune de ces deux livres fait vingt sous, et chaque sou vaut douze deniers.

Pour commercer avec des Français, on détermine donc le prix de la marchandise en monnaie de compte et, à l'instant du paiement, au dernier cours précisé par les ordonnances, on règle en monnaie réelle. Gymnastique ennuyeuse, mais qui le devient davantage encore par suite des fréquentes variations de cours, politique inaugurée dès Philippe le Bel et dont le malheur des temps a fait une habitude indéracinable.

Effectivement, si le roi doit payer ses dettes, il mettra en circulation des pièces « décriées », où la proportion du métal précieux étalon est plus ou moins affaiblie, et tous les débiteurs du royaume béniront le Prince de cette mesure opportune. Si le roi doit en revanche emprunter, il renforcera sa monnaie, acclamé par tous les possédants. Et en désespoir de cause, il ordonnera même des émissions inutiles ou nuisibles, sans autre dessein que de gratter le bénéfice de l'atelier monétaire, lequel est au minimum de un vingt-quatrième du marc de Troyes d'argent pur. En somme, la même canaillerie chronique qui règne dans l'administration du Trésor inspire aussi les mouvements monétaires : les mêmes voleurs de la même caverne trafiquent impudemment des monnaies qu'ils gaspilleront ensuite sur le dos des contribuables. Les Voix de la Pucelle – mais les anges savent-ils compter? – ont gardé un scandaleux silence sur ces questions, mais pour un Vénitien qui a le respect de l'argent, il y a de quoi rester saisi.

On distingue les déplorables conséquences que peut avoir sur le commerce ce jeu perpétuel de balançoire monétaire, orienté en général vers la dévaluation. Les Français en arrivent à stipuler illégalement dans leurs contrats que les variations de cours à venir seront sans effet sur l'exécution!

La Trémouille traînait dans ses bureaux de finances. Dès qu'il m'aperçut, il me poussa dans un coin et me fit les gros yeux :

« Qu'est-ce que c'est que cette sombre histoire! Vous avez eu le culot de battre ma femme?

– Par tous les saints du Paradis, je vous jure bien que non! Elle ne vous a pas expliqué?

– Pas la moindre explication. Elle se tait avec un grand air douloureux. Mais comme vous lui aviez rendu ses perles, j'avais pensé à une dispute. Il est certes bon de gouverner les femmes avec autorité. Elles ne demandent que ça! Mais le mieux est l'ennemi du bien. »

Le dos au mur, la poitrine comprimée par la panse du gros Georges, je n'en menais pas large. L'œil du ministre me rappelait celui de mon père, quand j'avais commis une bêtise. Il était préférable de donner toutes les précisions nécessaires.

La Trémouille m'écouta avec un intérêt croissant, la pression se relâcha, et il finit par me dire :

« Passionnant tout cela! Voyez l'influence de cette Pucelle et ce que nous pouvons en tirer. Si elle a été capable de refroidir ma femme en dormant, qui ne réchauffera-t-elle pas, qui ne convaincra-t-elle pas de n'importe quoi dès qu'elle voudra vraiment s'en donner la peine? C'est une force fulgurante que cette fille-là! »

Cet aspect des choses m'avait échappé, mais l'analyse ne manquait pas de finesse. Les hommes politiques ont le don inné de tout rapporter aux grandes affaires qui les occupent. En tout cas, Georges était outré de la conduite de sa femme...

« Venir se rhabiller sous votre nez et vous reprendre les perles en fin de compte, c'est d'une inélégance! J'en suis honteux pour elle. Je ne la reconnais plus. Mais soyez tranquille! Elle ne passera pas toutes ses nuits avec cette sacrée Pucelle et elle vous reviendra vite l'oreille basse. Bon chien chasse de race, et ce que femme veut, Dieu le veut! »

Les Français ont la manie des proverbes. Ils en ont une inépuisable collection pour tous les jours de l'année et pour toutes les circonstances; ils y puisent des encouragements à leurs vertus, et surtout à leurs vices.

Le secrétaire financier me conduisit à l'échiquier ambulant qui suivait la cour dans ses déplacements, et j'assistai avec intérêt aux nombreux décomptes et à l'addition finale. Mes monnaies d'or, saluts, moutons, francs, écus, agnels, ducats, florins... mes monnaies d'argent, deniers, doubles deniers, etc., de poids et d'alois divers, furent prestement convertis, catégorie par catégorie, en une seule monnaie de compte, et la masse correspondante de jetons prit le chemin de l'échiquier pour l'addition et la vérification finale. C'était la première fois que j'avais l'occasion de voir un tel spectacle, et j'étais étonné par la machinale dextérité des comptables, fruit d'un long entraînement. En rapport avec les besoins, les échiquiers sont de dimensions très variables, ceux de Londres[1] et de Rouen étant parmi les plus importants. Certains lecteurs seront peut-être curieux d'avoir quelques détails sur le fonctionnement des échiquiers, sans lesquels aucune comptabilité ambitieuse ne saurait être tenue.

Le tapis de la table à haut rebord est divisé en six colonnes, réservées en France, de droite à gauche, aux

1. Ce pourquoi le ministre des Finances de Grande-Bretagne porte le titre de « Chancelier de l'Echiquier ».

deniers, aux sous, aux livres, aux vingtaines, aux centaines et aux milliers de livres. (Je rappelle qu'il y a vingt sous dans une livre tournois ou parisis, et douze deniers dans un sou.) Et les colonnes sont coupées par des lignes horizontales délimitant des cases d'environ un pied de côté.

Pour additionner, le comptable commence par la case de l'extrême droite, celle des deniers, où il jette jusqu'à onze jetons. Arrivé à douze, il enlève les onze jetons – on dit en français qu'il « déjiste » – et les remplace par un seul dans la colonne immédiatement à gauche, celle des sous. Mais dix-neuf jetons semblables et interchangeables brouilleraient la vue. Il est donc entendu conventionnellement qu'un jeton dans le coin supérieur gauche de la case des sous vaut dix unités, cinq dans le coin supérieur droit et une au milieu. A partir de la case des sous, la figuration est ainsi réduite à six jetons, les deux jetons de coin de cinq et de dix, et les quatre jetons centraux de un, pour une valeur globale de dix-neuf. A dix-neuf sous, le comptable « déjiste » et remplace les six jetons par un seul dans la case des livres. Puis il « déjiste » à dix-neuf livres pour passer au jeton de vingt livres dans la case des dix-neuf vingts, à dix-neuf vingts pour poser quatre jetons de cent livres au centre de la case des dix-neuf cents. Cependant, comme il se trouve très rarement vingt mille livres d'un coup sur un échiquier, le système progressif s'arrête à dix-neuf mille livres.

Les multiplications sont traitées comme une suite d'additions, et les divisions, comme une suite de soustractions. Un calme parfait est nécessaire pour que le comptable puisse suivre sans se troubler les instructions du commis qui énonce les sommes. Les jetons que j'ai pu voir « jeter » et « déjister » si rapidement portaient la mention : « Pour bien jeter et déjister, faut bien entendre et point parler ! » C'est pour ce motif que les comptables sont appelés « auditeurs », ceux de la Cour des Comptes étant l'aristocratie de la profession[1]. De cette façon de compter sur échiquier découle aussi en français l'usage des expressions « quinze vingts » ou « dix-neuf cents », et l'on saisit pourquoi on ne dit pas dans cette langue vingt ou vingt-deux cents.

En plus de la célérité, l'échiquier présente l'avantage de la clarté : il fait plus appel au coup d'œil qu'au cerveau. Des comptables travaillant à la plume sous la lumière d'une chandelle iraient moins vite, s'épuiseraient prématurément et feraient sans doute beaucoup plus d'erreurs, dont ils ne s'apercevraient pas sur-le-champ[2].

Je venais de glisser le reçu dans ma bourse, lorsqu'un page m'avertit que le roi me priait de le rejoindre à son oratoire du « Grand Logis ».

« On m'a rapporté, me dit-il sans autre préambule, que vous avez rendu hier soir, avec la comtesse de Tonnerre qui vous veut tant de bien, une assez longue visite à la Pucelle, laquelle me pose décidément de grands problèmes que je n'étais guère préparé à aborder. Il en va des envoyés du Ciel comme de la naissance ou de la mort : on n'a pas affaire à eux deux fois et notre expérience paraît bien courte pour en juger. Vous avez le même âge que Jeanne, vous plaisez aux femmes – même aux femmes pieuses, je présume... –, et elle a dû vous parler assez librement. Pourriez-vous me dire en toute franchise, sans protocole ni cérémonie, quelle impression elle vous a faite ? Je me suis souvent aperçu que la première impression était la bonne. Naturellement, je suis à l'affût de tout élément d'appréciation nouveau, ayant à prendre dans les heures qui viennent des décisions d'extrême importance. »

1. Tels furent les ancêtres de nos actuels « auditeurs » à la Cour des Comptes.

2. Les comptables publics ont travaillé sur échiquier jusqu'à la Révolution française : le budget de l'Ancien Régime s'exprimait en centaines de millions. Les milliards d'assignats émis par la suite dépassaient les possibilités des échiquiers.

Les étrangers inspirent toujours plus de confiance aux Princes que leurs propres sujets. La garde du roi Charles était bourrée d'Ecossais. De même, bien des villes d'Italie du nord, épuisées par des querelles intestines, avaient appelé au pouvoir des « podestats » sans attache avec la cité, dans l'espoir que leur gouvernement serait plus impartial.

Devant ma perplexité, Charles m'avoua qu'il venait de recevoir le rapport de Baudricourt, sorte de recommandation assez embarrassée...

« Selon mon capitaine de Vaucouleurs, Jeanne est née dans une honorable famille de paysans aisés, traditionnellement fidèle à la Couronne, et elle a très pieuse réputation. Il ne sait au juste quelle mouche l'a piquée, mais il n'exclut point que ce soit un ange : la fille l'a frappé par une sorte d'autorité naturelle, qui en a frappé bien d'autres, et qui semble venir de haut.

» Avant d'oser me l'envoyer, Baudricourt, longtemps sceptique malgré tout, l'a mise à l'épreuve.

» Le duc Charles II de Lorraine, très souffrant, ayant demandé à voir cette Pucelle dans l'espérance qu'elle le soulagerait, Baudricourt, curieux de savoir comment Jeanne se conduirait à une cour princière, n'a pas découragé le duc de lui accorder un sauf-conduit. Et le résultat a été pour le moins étonnant.

» Il faut vous dire que le duc de Lorraine a éloigné sa femme Marguerite de Bavière pour faire cinq bâtards à une certaine Alison Dumay. Jeanne lui a donc déclaré froidement que son âme était plus malade que son corps et qu'il ne pourrait que se mieux porter s'il reprenait sa femme légitime pour mener une vie décente. Le pauvre duc en est resté tout soufflé et tout déconfit dans son grand château de Nancy, et il a eu quelque mérite à donner à la Pucelle une pièce pour son dérangement. Ce toupet n'est pas d'une intrigante ordinaire.

» Après quoi, pour plus de sûreté, Baudricourt a fait exorciser Jeanne par un curé appelé Jean Fournier qui l'avait entendue en confession, et elle a bien supporté l'épreuve.

» Ce Baudricourt est un vieux sanglier mâtiné de renard, mais bon cœur au demeurant. Il n'est bruit dans la région que de ce passage de son testament : " Je lègue cent livres tournois et mes éperons dorés pour doter femmes pauvres, et spécialement celles que j'ai dépucelées si on les retrouve. " Que notre Pucelle ait subjugué un homme si prévoyant et si généreux en gardant sa vertu est un premier miracle qui en laisse peut-être présager d'autres...

» Mais puisque vous l'avez vue hier soir, Messire Condulmer, qu'avez-vous à m'en raconter, je le redis, qui viendrait s'ajouter au dossier en cours ? »

Je déclarai que cette Pucelle était, selon toutes probabilités, une vraie pucelle, pleine de courage, et même de sens commun dans le cours des choses ordinaires de la vie, profondément attachée à la cause de son roi, toutes qualités qu'elle partageait sans doute avec maintes filles de France. Sa bonne foi évidente, sa piété des plus vives entraînaient respect et adhésion. Il y avait en Jeanne une qualité de certitude, une foi communicative, capables d'ébranler des rochers. La comtesse de Tonnerre elle-même était revenue de sa visite à la Pucelle, qu'elle avait prolongée plus que moi, le visage tout mortifié, parlant de faire pénitence et de se retirer dans un cloître...

Le roi me fit répéter : il était tout ébahi !

« Oui, sire ! La Trémouille était le premier à en être sidéré.

» On peut donc soutenir à bon droit que les Voix entendues par Jeanne ne viennent pas du Démon. Mais viennent-elles pour si peu du Ciel ? Ne seraient-elles point le produit d'une sensibilité, d'une imagination exceptionnelles ? Et quand bien même le Ciel y serait pour quelque chose, la frontière n'est-elle pas confuse et floue entre ce qu'une inspirée tient vraiment de Dieu et ce qu'elle pourrait rajouter de son cru sans garantie, sous l'empire de l'illusion ou de la passion du moment ?

» A mon humble avis, sire, l'intervention de Dieu dans cette affaire me paraît certes possible, mais fort peu probable.

– Et pourquoi donc ?

– Votre Majesté souffrira que j'envisage la question selon la théologie la plus traditionnelle et la plus solide, celle qu'on apprend dans les Ecoles et dont j'ai eu quelques échos à la Faculté de Padoue.

» Le Christ nous enjoint de rendre à Dieu ce qui est à Dieu, à César ce qui est à César – et cela dans une affaire d'impôt ! –, il s'est refusé jusqu'au Calvaire à tirer l'épée, et l'esprit de l'Evangile nous enseigne qu'une victoire n'a jamais démontré l'excellence d'une cause.

» Or la grande nouveauté annoncée par cette Pucelle est que Dieu aurait enfin, pour la première fois depuis l'Ancien Testament, pris les armes et choisi son camp dans une guerre, et qui plus est une guerre entre bons chrétiens, que le parti du roi valois est sacré, celui des Lancastres, par conséquent, impie, et qu'elle le fera bien voir par le succès de ses mercenaires. Jusqu'à présent, personne n'avait eu le front de transformer en croisade un regrettable conflit entre rois catholiques. Henri V lui-même, à Azincourt, pensait assurément qu'il avait Dieu pour lui, mais il n'aurait pas osé le crier à la face de l'Europe, à plus forte raison sceller cette prétention de son sceau.

» Votre Majesté ne manquera point de me faire valoir qu'il est un droit évident, à l'appui duquel il est permis de mobiliser sans scrupule le Dieu de justice : le droit imprescriptible de légitime défense. Me permettrais-je d'avouer, sire, que pour un observateur neutre et étranger – mais il est possible que je sois mal informé... –, ces éternelles affaires de droit qui opposent la France et l'Angleterre semblent terriblement embrouillées et d'une nature toute profane qui devrait dissuader d'engager Dieu à la légère ?

» En attendant que le bon droit soit mieux défini en dehors des propagandes intéressées, n'est-il pas rationnellement hasardeux et chrétiennement blasphématoire de décréter contre l'Anglais une croisade qu'aucun pape ne pourrait appuyer ni prêcher? N'est-il pas d'une impiété sans exemple d'invoquer le saint nom de Dieu par abus et d'en faire une injure contre le prochain, sans la moindre certitude que Dieu soit de cet avis? La Pucelle force la sympathie, mais elle inspirera un certain malaise à ceux qui ont quelque lumière de vraie religion.

» Je ne la crois à première vue ni de Dieu ni du Diable. C'est un être de passion qui verrait inscrit dans les nuages ce qu'il souhaite y voir si seulement il savait lire. »

Après avoir poussé force soupirs, le roi me répondit :

« Qui peut se flatter d'avoir en son entier – même dans les affaires les plus privées – le bon droit pour soi seul? Exposé à tant de douloureux tracas, j'ai éprouvé un vif penchant pour l'histoire, où je me suis efforcé de discerner, après tant d'autres, les sinueux desseins de Dieu dans ses œuvres comme dans ses tolérances. Voilà des années que je me pose à moi-même bien des questions quant à la justice de ma cause, à ce point que j'en suis parfois tout découragé. Et encore, Messire, vous ne savez pas tout... Mais ma cause fût-elle encore moins bonne que je ne le pense, les Valois plus vicieux, et ces hypocrites de Lancastres sur la voie du septième Ciel, le Dieu de justice n'est-il pas aussi un Dieu de miséricorde et ne secourt-il point, s'il lui plaît, les pécheurs comme les vertueux? »

Le roi posait là une question humainement insoluble.

« En tout cas, je mets en garde Votre Majesté contre un risque qu'elle doit apprécier à sa juste valeur : si la Pucelle, marchant sous l'étendard de Dieu et des prophètes, remporte par accident une victoire, on dira peut-être que la cause de Votre Majesté est bonne; mais si elle subit une défaite, on dira sûrement que la Providence a condamné les Valois. Tel est l'inconvénient de prier l'épée à la main : elle vous soutient tant qu'elle tranche, elle vous transperce dès qu'elle s'émousse.

– Ah, je ne le sais que trop! Quel ennui est le mien! »

Je tentai de réconforter le roi par quelques perspectives engageantes :

« Si la Pucelle – et elle en paraît bien capable! – parvient à insuffler aux soldats une foi sans bornes et sans nuances dans la cause de Votre Majesté, ils se battront comme Godefroi de Bouillon en Terre Sainte, confondant Jérusalem et Paris comme Saint Louis avait confondu Jérusalem et Tunis, et ces pauvres Anglais, mal persuadés de la sainteté de leur droit, seront pénétrés de superstitieuses terreurs. La foi des soldats de Jeanne se dissipera au premier revers, mais si les victoires s'appellent Orléans et Reims, ce sera déjà beaucoup de gagné, et la voie sera ouverte à la négociation avec cette Bourgogne dont la bonne grâce tient tout en suspens.

» Vérité d'expérience très rassurante pour Votre Majesté, les Turcs, dont l'esprit de croisade est encore tout neuf, l'emportent d'ordinaire aisément contre les chrétiens, dont l'esprit de croisade s'affaiblit de génération en génération. L'efficacité militaire d'une foi est évidemment indépendante des dogmes : l'essentiel est qu'elle soit vive. Qu'importe, après tout, que la théologie soit enfantine et aventurée si les contradicteurs pourrissent mangés de vers sur les champs de bataille, victimes de la tiédeur de leur conviction?

» Jeanne, en toute innocence, a peut-être découvert une nouvelle arme, plus meurtrière que l'arbalète ou la poudre à canon : mettre dans une guerre française toute l'assurance et toute la passion réservées autrefois aux guerres sarrasines. Si tel est bien le cas, que Votre Majesté soit la première à profiter du mouvement, car de telles aberrations doivent être aussi contagieuses que la peste, et les croisades imaginaires entraîneront sans doute des chocs en retour qui, eux, seront bien réels ! »

Le roi reconnut de bonne grâce qu'une foi ardente, hasardée même sur un terrain juridiquement et théologiquement discutable, offrait plus de ressources militaires que les doutes qui le tenaillaient trop souvent.

« Je retrouve bien là, me dit-il, votre esprit sceptique et pratique de Vénitien ! On sait toutefois que les citoyens de chez vous combattent comme des lions sans qu'aucun esprit de croisade les étouffe jamais. Comment la chose est-elle possible ?

– Votre Majesté vient de laisser échapper le mot : nous sommes des « citoyens », et nous nous partageons tous plus ou moins les bénéfices d'une gigantesque affaire commerciale qui s'appelle Venise. Le doge a des sujets comme le roi de France, mais ils sont extérieurs à notre Cité, répartis de la Terre Ferme à la Grèce, et nous ne leur demandons point de combattre pour ce qui ne les regarde pas.

» En revanche – Votre Majesté m'a invité à la franchise ! –, quelle différence cela ferait-il pour l'immense majorité des sujets de Charles VII qu'un roi valois ou lancastre règne sur la France ? La religion, la législation, les coutumes, les langues, l'économie, en seraient-elles changées ? Seuls, au fond, les hautes noblesses prévaricatrices de France ou d'Angleterre, les partisans les plus engagés d'Armagnac ou de Bourgogne, ont intérêt à telle ou telle issue du conflit. On ne se bat bien, sire, que par foi ou par intérêt – l'un n'excluant pas l'autre. Si Jeanne apporte la foi là où l'intérêt de la plupart n'est pas évident, elle aura comblé un vide de façon à peser lourd. »

Le roi prit mon irrespectueuse remarque du bon côté et reconnut volontiers son faible mérite et son caractère interchangeable.

Mais il me dit aussi :

« Nous ne sommes pas à Venise, où une poignée de patriciens ont réussi à dominer une ville riche et complaisante. Dans un pays aussi vaste et aussi turbulent que la France, un roi est absolument nécessaire pour garantir un minimum d'ordre et de justice. Et comme il en faut un, il faut que ce soit moi ou le Lancastre. Pour mon droit, qui vaut bien le sien, et pour tous ceux qui m'ont fait confiance par ces temps difficiles, je me dois de poursuivre ma tâche jusqu'à ce que Dieu ait tranché. »

Avec la franchise intempérante de la jeunesse, je ne pus me retenir de faire alors observer :

« Je révélerai à Votre Majesté un grand secret : si la majorité de ses sujets avaient été éduqués à réfléchir comme des Vénitiens obsédés par l'argent, ils auraient fait depuis Clovis cette réflexion très simple qu'un roi n'est nullement nécessaire... »

Pour le coup, le roi eut un petit sursaut. L'idée ne lui était jamais venue.

Je pris grand soin de m'expliquer :

« Les ducs de Bretagne ou de Bourgogne, par exemple, ont-ils besoin du roi pour faire régner sur leurs terres un certain ordre et une certaine justice qui valent bien ceux que Votre Majesté assure dans les domaines qui sont aujourd'hui en sa possession directe ? Si donc le roi entrait à Dijon ou à Nantes pour y faire triompher son droit éminent, quelles en seraient les seules conséquences pour les populations ? Aux impôts féodaux déjà lourds, se superposerait l'impôt du roi, plus lourd et plus vexatoire que l'impôt ducal, parce qu'il serait levé pour un maître plus puissant et plus lointain. Les gens paieraient probablement davantage, sans aucune contrepartie appréciable. »

Charles fit la grimace et son nez déjà long s'allongea encore. J'étais allé trop loin. Mais il prit bientôt le parti d'en sourire...

« Ainsi, aux yeux calculateurs d'un jeune Vénitien, le roi de France ne serait jamais qu'un percepteur surnuméraire ! Mais je vous autorise à révéler ce secret, Messire Condulmer : personne ne vous croira. Mes sujets ont une conception plus relevée de leur Prince.

– En effet, l'amour qu'ils lui portent les découragent du moindre calcul, ce qui est tout à l'honneur de Votre Majesté ! »

Sur la fin de l'entretien, pour détendre l'atmosphère, le roi me raconta une bonne histoire...

« Vous disiez tout à l'heure, Messire Condulmer, qu'une croisade contre des chrétiens sur un point de droit successoral serait une nouveauté, mais nous avons le glorieux précédent de la croisade des Flandres de 1383. Il s'agissait, il est vrai, de succession pontificale... »

Devant mon ignorance, le roi poursuivit :

« En ce temps-là, nous étions en plein Schisme. Urbain VI, reconnu entre autres par l'Angleterre, régnait à Rome, et Clément VII, reconnu entre autres par la France, à Avignon. La Flandre avait choisi le camp " clémentiste " et s'était fermée à l'Angleterre. Les Anglais étaient donc très inquiets quant au débouché habituel de leurs laines, et d'autre part Urbain VI souhaitait vivement retrouver l'usage de Bruges, place financière par où transitait vers Rome le produit de la fiscalité " urbaniste " perçu en Grande-Bretagne et dans les pays scandinaves.

» Urbain VI fait donc prêcher en Angleterre une croisade contre la Flandre " clémentiste " – sans même prendre garde que les Flamands de son propre parti n'étaient pas en quantité négligeable. Le Parlement de Westminster approuve la croisade et vote les crédits; un Despenser, de la lignée du célèbre giton d'Edouard II, prend la croix à Saint-Paul et, en mai 1383, les croisés débarquent, mettent la Flandre à feu et à sang, massacrent d'un cœur égal " urbanistes " et " clémentistes ", et saccagent honteusement Gand. Mais la contre-croisade franco-bourguignonne chasse les Anglais, et finalement, pour avoir la paix, le duc de Bourgogne accorde à la Flandre un original compromis : chacun pourra faire obédience au pape qu'il voudra.

» Mais cette scandaleuse affaire a défrayé longtemps

la chronique! Qu'apprend-on, Messire, aux petits patriciens de Venise?

– On néglige sans doute, sire, de leur enseigner ce qui leur ferait perdre la foi en l'Eglise.

– Et l'on a bien tort! Les chrétiens s'étaient endormis dans une confiance béate. Le Grand Schisme les a réveillés, leur a fait prendre une plus juste mesure de cette Eglise faillible en beaucoup de points : un peu comme des enfants devenus adolescents et qui commencent de juger leurs parents sans les aimer moins pour autant. En fin de compte, les rois et leurs sujets se sont aperçus que Dieu importait plus que les papes. Quand deux rois – peut-être superflus selon vous! – se disputent un royaume, la terre tremble. Mais on a bien vu que deux ou trois papes plutôt qu'un ou une douzaine n'empêchaient pas la terre de tourner avec la même indifférence qu'auparavant. »

L'amertume du roi s'expliquait. Durant le Schisme, les Valois avaient joué le mauvais cheval, les papes d'Avignon contre les papes romains protégés des Anglais. En 1429, le pape Martin V, un Colonna, fils de la plus turbulente noblesse romaine, avait avec les Lancastres d'excellentes relations – qui devaient d'ailleurs peser sur le procès de la Pucelle à Rouen –, et ses contacts avec le roi Charles étaient plutôt frais.

Mais sous l'amertume royale perçait une pointe de satisfaction. La mourante faiblesse de la papauté donnait à tous les Princes l'espoir de réduire à presque rien l'autorité et la fiscalité pontificales dont avaient souffert impatiemment leurs Eglises particulières. Les désordres du Schisme et le Concile qui y avait mis fin avaient coupé les tentacules de la pieuvre, qui ne repousseraient plus. Et dès 1438, par la « Pragmatique Sanction » de Bourges[1], Charles VII serait assez fort pour régler unilatéralement les rapports de la France avec Rome.

1. Cette « Pragmatique Sanction », qui mettait financièrement l'Eglise de France aux mains du roi, reconduite par le concordat de Bologne de

Au sortir du château, je demandai le chemin de la plus proche abbaye, avec des arrière-pensées postales. J'aurais aimé écrire plus souvent à Lucretia – et accessoirement à mon oncle Angelo – que les départs de Trivulzio ne devaient le permettre. Or des moines ne cessaient de circuler entre abbayes et prieurés à travers toute l'Europe, surchargés de rouleaux de correspondance qui grossissaient au fur et à mesure de leurs zigzags, solution assez lente, mais discrète et sûre. Moyennant finances, un laïc pouvait profiter du circuit s'il ne lui apportait pas une surcharge prohibitive.

Un naturel de l'endroit me dit que l'abbaye était à Chinon même, avec une abbesse particulièrement aimable et accueillante. Les couvents de femmes, bien sùr, avaient aussi leur poste, confiée à des itinérants masculins.

Je dus redemander plusieurs fois mon chemin et, à force de tourner en rond dans un lacis de ruelles, je finis par entrer étourdiment dans une maison d'assez bonne apparence... où je découvris Trivulzio en train de boire avec des filles.

En s'étranglant de rire par accès, il m'expliqua que le terme pudique d'« abbaye » était courant dans bien des régions de langue d'oui pour désigner le bourdeau. La méprise de mes informateurs avait dû tenir à mon manque évident de piété et à mon accent étranger : arrivé à bon port, le voyageur s'inquiète plus fréquemment des « abbayes » de putes avec leurs maquerelles d'« abbesses » que des abbayes dignes de ce nom.

Les filles faisaient chorus avec mon secrétaire et louchaient avec intérêt sur mes habits, qui dénotaient plus d'argent que je n'en avais. Je me laissai aller à rire avec elles, et même à passer un moment dans la salle où

1516, restera en vigueur jusqu'à la Révolution. Pour impressionner la papauté en donnant un précédent à sa « Pragmatique Sanction », Charles VII fit fabriquer un faux ingénieux, une « Pragmatique Sanction » de Saint Louis, datée de 1269. En 1438 encore, la sainteté du roi Louis IX était exploitable par ses successeurs.

elles étaient en montre. Conséquence des fréquents séjours de la cour à Chinon, l'établissement était d'un bon niveau, et les pensionnaires, assez fraîches.

Je ne pouvais me défendre d'une émotion troublante en retrouvant par hasard l'une de ces maisons où ma femme avait été soumise, et pouvait l'être de nouveau, à d'injurieux caprices. Le bordel exerce d'ailleurs sur l'homme une étrange fascination, due moins encore à ce qu'il y fait qu'à ce qu'on y fait autour de lui et, dans leur vieillesse, nombre de clients viennent y humer avec nostalgie le parfum de leurs ardeurs passées.

Comme il était l'heure de déjeuner, je repris sous une averse nouvelle le chemin de mon auberge, qui se révéla finalement beaucoup plus proche du bourdeau que je n'aurais cru. L'italien ou provençal « bordello », le français « bordel », « bourdeau » ou « bordeau » signifient proprement « petite cabane de planches », et ce terme a sans doute été affecté aux maisons de débauche par suite du caractère provisoire et sommaire de beaucoup d'entre elles. D'autres prétendent que le « bordeau » se nommerait ainsi parce qu'il s'installe souvent au bord de l'eau et que la ville de Bordeaux elle-même tirerait son nom des bordels de tout poil qui font sur les rives du fleuve la joie des soldats et des marchands de vin. Mais j'estime que cette dernière explication est plus que douteuse. Bordeaux ne s'appelait-il point « Burdigala » en latin ?

Malgré la pluie, je ne me mouillais guère : dans les villes françaises où le colombage prédomine, la construction, pour gagner de la place à l'abri de remparts toujours trop étroits, est d'ordinaire en surplomb à partir du premier étage, et d'un bon coup de rein, l'amant volage peut franchir la rue d'une chambre à l'autre pour aller honorer son amie tandis que le cocu travaille au rez-de-chaussée. Une belle maison de ce genre se bâtit pour quelque soixante-dix livres tournois, nettement moins cher qu'un bon harnois blanc de plates. Le bâtiment est beaucoup plus onéreux à Venise.

Devant l'auberge, abrités par des surplombs, des grappes de pauvres gens faisaient le guet, en dépit d'une température peu clémente, alors que dans la salle commune, les chalands étaient encore plus nombreux et plus bruyants que d'habitude.

L'aubergiste surmené me souffla en passant que des envoyés du roi étaient en visite chez la Pucelle. La mine réjouie du commerçant se comprenait : le pouvoir semblait cautionner de plus en plus clairement un habit d'homme qui aurait autrement risqué de déconsidérer les lieux, et la vive curiosité soulevée faisait marcher les affaires : les anges de Jeanne avaient le sens des réalités pratiques.

Vu la presse, j'allais prier qu'on me montât mon repas dans ma chambre, lorsque le capitaine Tristan se leva d'une table où il était en train de boire avec mon domestique Laurent pour se précipiter vers moi : il désirait me parler très privément et m'entraîna aux écuries, où la présence animale entretenait une douce chaleur.

« Vous avez déjà deviné, me dit " Chauffe qui peut ", que je m'étais empressé d'annoncer votre arrivée à La Trémouille, et dans les termes les plus flatteurs, afin qu'il pût vous accueillir selon vos mérites... (Ne me remerciez pas! Entre vrais chevaliers, cette prévenance est toute naturelle.) Cependant, malgré la bienveillance du ministre, qui m'a aussitôt obtenu des lettres de rémission pour quelques peccadilles que j'aurais commises, j'ai du mal, faute d'argent frais, à trouver un engagement digne de moi, et je m'en vais vous proposer une association des plus intéressantes. Mais laissez-moi d'abord vous expliquer brièvement comment les choses se passent par ici...

» La guerre de mercenaires ne saurait être d'un bon rapport que si on la fait dans un certain rang, que si l'on est soi-même entrepreneur à un certain niveau, ce qui signifie que l'on obtient directement du roi une " lettre de retenue ", qui précise les conditions du contrat d'engagement. (Chez les Anglais, qui sont sans cesse en avance sur nous autres en fait d'administration, cette " lettre ", plus détaillée qu'en France ou en Bourgogne, s'appelle " endenture ", parce qu'elle est déchirée selon une ligne dentelée, chacun des deux fragments étant remis à une partie contractante.) Il va de soi que le roi est assez avare de ces " lettres de retenue ", dont chacune l'engage personnellement et ouvre droit, en principe, au versement d'une solde. Pour mériter une telle " lettre ", l'homme de guerre doit avoir belle réputation et présenter avec sa troupe une surface et une allure qui impressionnent. Et ce d'autant plus qu'un capitaine capable d'équiper et de ravitailler quelque temps sa compagnie de ses propres deniers prendra avec une hautaine indifférence ces retards qui sont chez le roi Charles monnaie courante (si je puis dire!) dans le paiement des soldes. Un homme de quelque envergure ne fait pas la guerre pour une solde incertaine, mais bien pour le pillage et les rançons. Les populations foulées, l'ennemi vaincu, entretiennent ainsi les armées en épargnant l'argent du roi : le Prince et ses nobles capitaines s'y retrouvent.

» J'ai toute la réputation qu'il faut, j'ai gardé assez de relations dans le métier pour constituer rapidement une compagnie bien étoffée, et l'on m'accorde le don précieux des contacts humains. Vous avez vu, par exemple, comme j'ai réussi en un clin d'œil à faire la conquête de votre Laurent après que mes garçons et moi-même eûmes troussé sur la huche et étranglé par mégarde sa femme et ses deux filles – ce dont je suis loin de me vanter d'ailleurs, quoique nous les eussions inhumées chrétiennement avec des pleurs sincères, une fois dégrisés. Mais ainsi que le dit si justement Notre Seigneur Jésus-Christ, qui nous connaît bien, " la chair est faible... " Laurent est si heureux de m'avoir pardonné qu'il ne jure plus que par moi et va jusqu'à me trouver des qualités qui embarrassent ma modestie naturelle. Nous sommes à la vie, à la mort!

» De plus, je suis bon et loyal chevalier. La chose était autrefois plus importante qu'aujourd'hui : selon que vous vous présentiez comme chevalier banneret, simple chevalier, écuyer, arbalétrier ou archer, les soldes prévues variaient dans de grandes proportions. A présent, tout ce qu'on vous demande, c'est d'être efficace, et un homme de rien doué pour la guerre peut faire une aussi belle carrière qu'un noble. Les " lettres de retenue " ne font pas de différence entre le chevalier et le routier du commun, et les capitaines eux-mêmes versent à leurs mercenaires des soldes qui ont tendance à devenir assez uniformes. Mais être chevalier reste quand même un atout. J'ai été fait chevalier de la façon la plus honorable, alors que j'étais sous contrat bourguignon, par Jean de Luxembourg lui-même, le comte de Saint-Pol et de Ligny, au soir d'une bataille où nous avions battu à plate couture une grosse troupe du Dauphin Charles.

» Que me manque-t-il pour percer, déployer toute ma valeur, brasser enfin des affaires fructueuses ? La misérable somme nécessaire pour compléter l'équipement d'une forte bande et constituer quelques " lances "... »

Je flattais distraitement la croupe d'un cheval, dont le capitaine me dit :

« C'est l'un des deux chevaux de la Pucelle. J'ai vérifié : il n'a pas de croix sur le dos.

– Et pourquoi donc en aurait-il une ?!

– Parce que, depuis la Fuite en Egypte... ou l'entrée de Notre Seigneur à Jérusalem – je ne sais plus au juste, mon catéchisme est si loin... –, les ânes ont une croix sur le dos. Si la Pucelle est vraiment une envoyée du Ciel, comme le bruit en court, qu'y aurait-il d'étonnant à ce qu'une croix eût poussé à son cheval ? »

Tristan avait l'air on ne peut plus sérieux. En fait de pieux prodiges, les Français ont une imagination débordante et on les ferait marcher sur la tête. Je crois que le commerce en gros des reliques a rendu nos Vénitiens moins crédules.

Refusant de m'engager sur ce terrain douteux, je

demandai à mon spécialiste la signification précise du terme « lance ».

« Une “ lance ”, chez nous, c'est une unité tactique élémentaire, c'est-à-dire un cavalier protégé par un harnois complet, lance en main, sur un puissant cheval de bataille protégé comme son maître, plus quelques hommes d'armes légèrement équipés et montés, plus quelques valets d'armes, avec des chevaux de route pour le tout – car on doit garder en état de fraîcheur les chevaux de combat – soit cinq ou six personnes au minimum. Bien que l'arc anglais décourage les charges de cavalerie, bien que le chevalier en soit réduit, la plupart du temps, à s'escrimer à pied sous son harnois ou sa brigandine, la vieille “ lance ” traditionnelle de la belle époque de la chevalerie a conservé tout son prestige, et un créateur de compagnie n'est pris en considération que s'il est en mesure d'en aligner quelques-unes. Or un harnois blanc de qualité fait cent livres comme rien, et un destrier à la croupe robuste va chercher dans les cent cinquante livres – douze fois plus cher qu'un bon trotteur. Un monde pour moi, une paille pour un Vénitien !

» J'ai deux affaires, Messire, à votre intention, une bonne, et une excellente.

» Vous en feriez déjà une bonne si vous me mettiez en selle sur un destrier solide. Avec l'aide de Dieu, je vous rembourserais vite, et avec une honnête usure. Mais les plus beaux bénéfices, ceux qu'on peut attendre des juteuses rançons – le pays est ruiné à ce point que les pillages sont devenus, hélas, de plus en plus aléatoires et décevants – nous passeraient sous le nez. L'obscur capitaine d'une maigre compagnie ne peut espérer son indépendance dans ce domaine : s'il capture une bonne prise, il doit s'en défaire au profit d'un capitaine général ou la négocier avec lui au rabais en mettant les choses au mieux.

» Et vous en feriez sûrement une excellente si vous obteniez la “ lettre de retenue ” pour vous-même.

Comme vous êtes étranger et bien en cour, le droit ne ferait plus question de palper l'intégralité des rançons. Il n'y en a que pour les étrangers, que le roi se soucie d'attirer et de retenir par toutes les faveurs possibles : les Français inconstants l'ont par trop déçu. Dès que vous patronnez l'entreprise en personne, je me fais fort d'attraper bientôt quelques gras pigeons pour notre soupe. Etant entendu que le roi a le privilège, moyennant versement de 10 000 livres, de s'assurer des prises qui dépassent cette valeur. Mais de pareils coups sont rares...

» J'entends bien que votre République vous a chargé d'une mission quelconque... Mais vous en aurez fini tôt ou tard, et nous n'irions pas crier notre arrangement sur les toits. Rien ne vous empêche, d'ailleurs, la " lettre de retenue " octroyée, de vous déclarer souffrant et de rester au chaud avec de belles garces. C'est d'abord de votre nom et de vos ducats que j'ai absolument besoin. »

J'avais écouté cet homme d'expérience avec le plus grand intérêt. En admettant que les gras pigeons fussent au rendez-vous, le capitaine Tristan ouvrait de tentantes perspectives. J'avais moi-même une rançon à payer pour Lucretia, j'étais encore loin des sept mille ducats requis, et il fallait aussi songer à vivre décemment après notre réunion dans un pays étranger paisible...

La Suisse, peut-être, où des montagnards d'humeur indépendante, réputés pour leurs talents de mercenaires, montaient une garde avisée autour de leurs cols, contrôlant un mouvement de commerce considérable et recevant avec honneur tous les visiteurs fortunés. Je me voyais déjà avec Lucretia dans un petit château du Valais ou de la montagne bernoise, nos garçons jouant avec mes ducats sur une pelouse fleurie avant d'aller les claquer, quelques années plus tard, avec des putains qui feraient honte à leur « despotique » mère de Morée. Et ma Princesse de rêve donnait à nos filles des conseils d'orfèvre pour gouverner leur pucelage à bon escient...

Je revins sur terre, au cul du cheval de la Pucelle. Oui, à la réflexion, la guerre de France, pour un investissement modéré, était susceptible de rapporter gros et vite avec un peu de chance et de savoir-faire. Quant à mes obligations verbales à l'égard du sénat, je pouvais à tout moment y mettre un terme pour raison de santé, après un premier rapport qui aurait donné de mon dévouement et de ma perspicacité une impression favorable.

Voyant que j'étais séduit, mon Tristan donna libre cours à son imagination :

« Et qui sait ?... Nous irons peut-être plus loin... Pour l'homme de guerre ambitieux, l'idéal, c'est une fière solitude : déchirer " endentures " ou " lettres de retenue " et devenir son seul maître après Dieu, tel un commandant de galère. Regardez le fameux Perrinet Gressart ! Sorti d'on ne sait où, il tient aujourd'hui avec ses routiers La Charité-sur-Loire et Saint-Pierre-le-Moûtier, les châteaux de Rosemont, Dompierre-sur-Nièvre, Passy et La Motte-Josserand, et il traite d'égal à égal, caressé par tous les partis, avec Bedford ou Philippe le Bon, en attendant de passer au roi Charles s'il reprend du poil de la bête. Il y a deux ans, à La Charité, avec un superbe mépris de la trêve qu'il venait de signer, il a enlevé La Trémouille en personne, qu'il a relâché contre six mille écus d'or, plus six mille écus de cadeaux ! Quel homme, quel style ! »

Je dis au capitaine que je lui donnerais promptement réponse et, désireux d'approfondir sa connaissance, je le priai à déjeuner.

Les envoyés du roi se retiraient lentement, avec la mine grave de gens qui tiennent entre leurs mains le sort de l'Europe, mais ils se regardaient à la dérobée et avaient du mal à dissimuler un étonnement perplexe. Une notable partie de la clientèle, dont Laurent, toujours curieux, évacua la salle à leur suite, et je pus manger tranquillement avec mon hôte.

Je lui découvris des qualités que je n'aurais pas subodorées après un premier contact si pénible. Il est beaucoup plus difficile d'imposer son autorité à une petite troupe de bandits que d'exercer un commandement régulier avec la machine de l'Etat derrière soi. C'est là une excellente formation humaine, et qui donne de l'espoir pour une carrière militaire. On discernait au fond de « Chauffe qui peut » cette même assurance imperturbable que chez Jeanne, mais avec un mérite plus évident : quelle que fût sa piété, il aurait rougi de chercher sa force au Ciel pour trucider son prochain et il fallait bien qu'il la trouvât modestement en lui.

Il fut entendu avec Tristan que nous pourrions partager les profits à égalité. Ses arguments, pour exiger une part si importante, avaient du poids...

« Je ne puis certes rien sans vous, Messire. Mais que feriez-vous sans moi ? C'est moi qui ai l'expérience du recrutement, du commandement et de la guerre. Et j'ai de plus une bonne connaissance de l'Anglais ou du Bourguignon de valeur. Ce sont toujours les mêmes qui reviennent se faire prendre sur les champs de bataille. Il faut cependant des années, et des informations puisées à bonne source, pour se mettre en mémoire le prix de chaque baron, sans parler de ses armoiries distinctives, dont l'exacte appréciation, dans la chaleur du combat, évite de désastreuses méprises : les plus prétentieux et les plus connus ne sont pas forcément les plus riches, et je pourrais vous citer tel petit chevalier de Flandre qui regorge de terres et de maisons, et tel grand seigneur anglais qui en est à vendre ses derniers moutons. Chaque capitaine dresse soigneusement et conserve jalousement sa liste. A Cravant, avant que l'action ne tourne mal, j'ai failli me faire un gros châtelain de Cornouailles de six à sept mille livres, sur lesquelles le capitaine dont je dépendais m'aurait bien laissé quatre ou cinq cents ou une rente en rapport. Abandonné à vos propres lumières, Messire Condulmer, vous feriez des prodiges de valeur pour capturer un insolvable, que vous n'auriez plus qu'à égorger tristement en recommandant son âme à Dieu.

» Quant à l'exécution de notre contrat particulier, vous avez ma parole et, en matière de rançon, la parole d'un chevalier est sacrée. N'est-ce point la rançon qui nous fait vivre, l'espoir de la palper enfin qui nous soutient aux heures de doute et de découragement ? Je préférerais trahir ma mère – paix à ses cendres bienheureuses ! – que de faillir honteusement sur ce point et d'être montré du doigt par mes pairs. »

Oui, toute une société militaire, les Etats eux-mêmes, vivaient de rançons.

Record d'Europe, celle du roi Jean II le Bon après Poitiers avait été fixée à trois millions d'écus ! C'est même pour les réunir qu'une nouvelle monnaie, le franc or, avait été inaugurée, et les vilains faméliques avaient marné d'arrache-pied des années durant pour payer à leur Prince malchanceux des vacances dorées à la cour du roi d'Angleterre et lui permettre un jour de revoir sa douce France généreuse. (Autres lieux, autres mœurs, si notre doge se faisait appréhender par les Turcs, la République en offrirait peut-être trois ducats... Il est si facile d'élire un doge !) Instruit par la mésaventure du roi Jean, Charles VII n'était pas pressé de fréquenter les champs de bataille, et d'autant moins que sa position de rebelle aux yeux de Bedford aurait pu lui valoir un mauvais procès...

Rassasié et copieusement abreuvé, « Chauffe qui peut » se retira plein d'espoir.

VI

Plutôt que de finir la cruche de vin, je fis demander à la Pucelle si je pouvais monter la voir. Naturellement, je m'interrogeais sur la marche de ses affaires.

On me descendit bientôt un billet, où je pus lire, de la main, sans doute, de l'un de ses compagnons :

« *Vous passez trop de temps au bourdeau pour que j'aie plaisir à vous voir maintenant.* »

Sous le choc, les idées se bousculaient dans ma tête. J'étais ulcéré d'être traité – et avec quelle injustice ! – comme un vulgaire duc de Lorraine, et le phénomène de voyance, authentifié par l'informe signature de Jeanne, était des plus troublant. A ses rares moments perdus, la Pucelle fera de touchants efforts pour apprendre à lire et à écrire, ses signatures deviendront de plus en plus claires et fermes, mais la voyance lui était comme innée.

Je me réfugiai honteusement dans ma chambre.

Catherine était allongée sur le lit, à moitié recouverte par ma pelisse de loup-cervier, tripotant nos perles d'un air lamentable. Son œil blessé était de plus en plus sombre et, de l'autre côté, sa joue était enflée.

« Ah, vous voilà enfin ! dit-elle. Je viens d'avoir une explication orageuse avec Georges. En y réfléchissant bien, il s'est dit que Jeanne devait être incapable d'un geste aussi brutal sur la personne d'une comtesse et, malgré vos dénégations, il persiste à croire que c'est vous qui m'avez battue parce que j'avais eu le malheur de reprendre mes perles, geste qui l'a jeté dans une colère bleue. Selon lui, une femme de ministre doit avoir un meilleur sens des responsabilités et ne pas agir de la sorte avec un diplomate étranger... surtout pas un Vénitien : l'or de Venise le poursuit jusque dans son sommeil ! Il m'a déclaré que vous aviez eu mille fois raison de me battre, et il en a rajouté pour faire bonne mesure. Georges a l'air comme ça d'un bon gros jovial, mais tout à coup, son œil tourne comme celui d'un mâtin qui va mordre et les plus odieuses violences ne lui font pas peur. C'est un homme à femmes, n'est-ce pas ? Il a réussi en grande partie par les femmes, ce sont elles qui lui ont mis le pied à l'étrier, et il faut toujours qu'une femme lui serve à quelque chose. Je n'ai vraiment pas eu de chance avec mes récents maris ! Giac signait avec le Diable des pactes à faire frémir : j'en avais la chair de poule quand je couchais avec lui, et nous n'avons plus que sa main recroquevillée dans un bocal ! Et si je trompe Georges, je ne sais jamais à quel point mon amant va lui plaire, et je tremble... Bref, je vous rapporte vos perles. »

Je ne pouvais que compatir à ces tristes confidences. L'amoureuse courtoisie inventée par les troubadours demeure très superficielle en Occident. On fait des ronds de jambe devant les femmes, puis on les traite comme des chiennes dès que le rideau est tiré. Et la littérature reflète bien ce déséquilibre : il n'y a pas de milieu entre les romans courtois et les fabliaux grossiers. J'ai le sentiment, au fond, que les Français ont peur des femmes, peut-être parce que leur influence et leurs libertés se sont accrues sensiblement au cours des dernières générations. Ils ne savent plus par quel bout les prendre : les saintes les refroidissent et l'usage des pécheresses leur fiche des remords. Le malaise est là, et il n'est pas près de disparaître.

En tout cas, le gros Georges était pour moi un étonnant bienfaiteur : il payait mon auberge, finançait ma houppelande de lynx, me donnait sa femme avec des perles en supplément. C'était un maquereau d'élite comme Venise en comptait peu.

« Venez me consoler, poursuivit Catherine d'une voix douce, en essuyant ses larmes. Je n'étais plus moi-même ce matin, mais je me suis vite retrouvée et ressaisie. Je crois que je commence à vous aimer pour de bon, avec cet air triste que vous avez, qui donne envie de faire beaucoup pour vous. »

Je lui montrai le mot de la Pucelle, lui résumai l'histoire en quelques phrases, et elle en fut toute retournée.

« Ce matin, ajoutai-je, vous ne pouviez pas parce que Jeanne vous avait donné l'impression que Dieu nous voyait. Et cet après-midi, c'est elle qui nous voit, ce qui est encore plus paralysant. Dieu est loin, et il ne cesse d'en voir... Mais Jeanne est tout près. Personne n'a pu lui dire que j'étais allé par hasard à ce bourdeau tout à l'heure, et si elle m'y a vu, à plus forte raison nous voit-elle à travers un couloir et deux portes. Qu'est-ce qu'une porte pour une voyante qui se voit déjà à Reims? Non, vrai, je ne peux pas... »

La comtesse avait conservé malgré tout suffisamment de piété et de pudeur pour partager mon malaise.

Elle eut cependant quelques paroles de bon sens :

« Une vierge qui entend des Voix célestes ne saurait se complaire à de telles visions. Si elle voyait tout ce qui se passe dans tous les bourdeaux et à la cour, elle n'en dormirait plus. Ses anges doivent forcément ne lui en offrir qu'une version, une notion très abstraite, très expurgée...

– Ma chère, ce serait déjà trop pour ma sensibilité d'aujourd'hui! Pardonnez cette défaillance, et allez vite annoncer à Georges que son honneur de diplomate est sauf, que vous m'avez rendu les perles, que je vous ai donné une fessée de plus, et que nous nous sommes réconciliés sur la doublure de satin de ma fourrure de lynx – encore une bête qui n'a pas les yeux dans sa poche ! Cet homme irascible a besoin de consolations, lui aussi, et nous devons le ménager. »

J'embrassai Catherine sur sa joue valide, et elle s'en fut courageusement rejoindre son ogre.

A la fin du billet de Jeanne, il y avait un petit « maintenant » qui laissait présager le prompt pardon du pécheur. Jugeant mon purgatoire suffisant, je fis nerveusement une boulette de l'insolent message et décidai d'aller me justifier.

Je regrette de n'avoir pas conservé cette signature, le seul souvenir matériel qui me serait resté de la Pucelle, et un souvenir assez émouvant : les premiers pas appliqués d'une paysanne sur le long chemin de l'instruction.

Jeanne – son humeur était très variable, car elle était de premier mouvement – était pour lors d'excellente humeur, mais non pas surprise du tout : comme ses Voix l'avaient prévu, son roi daignait la voir, et elle devait être publiquement reçue dans la grande salle du « Grand Logis » le lendemain dimanche en fin de journée.

En riant, elle me montra aussitôt par la fenêtre la porte du bourdeau, que l'on distinguait à quelque distance, par une trouée entre des maisons en ruine.

« Jean de Metz, me dit-elle, m'a signalé cette maison. Elle a meilleure apparence que notre pauvre bourdeau de Vaucouleurs, que j'ai vainement engagé Baudricourt à condamner : il a prétendu que ses soldats en feraient une maladie et qu'il ne pourrait plus les tenir !

» Au moins n'êtes-vous pas hypocrite comme tant d'autres, et allez-vous tranquillement au bourdeau avec un beau pourpoint qui se voit de loin ! »

Je me hâtai de lui expliquer sa méprise, et elle rit de plus belle. Mais quand je lui avouai avoir cru un instant à un phénomène de voyance, elle s'écria, furieuse :

« Pensez-vous que mes Voix me font visiter des bourdeaux ? Vous manquez de piété, mais aussi de bon sens : si mes Voix m'avaient parlé de votre présence dans cette maison, ne m'auraient-elles pas avertie aussi du malentendu qui vous y avait amené ?

» Et je n'ai pas eu besoin de mes Voix pour constater que vous étiez resté avec ces filles une bonne demi-heure. Le malentendu a dû se prolonger...

– Vous passez votre temps comme une pie à votre fenêtre !

– Par ma fenêtre, Messire, je vois le ciel et le clocher de l'église, d'où tombe la voix des cloches. Ce n'est pas ma faute si le bourdeau est trop près de l'église.

– Si je suis resté là-bas une demi-heure, dis-je impulsivement, c'est que... l'endroit me rappelait ma femme.

– Vous avez pris votre femme dans un bourdeau ? Mais c'est très bien cela ! Il devrait se trouver des hommes généreux pour épouser toutes ces filles perdues qui font tant de mal.

– Je n'ai pas pris ma femme dans un bourdeau – sans doute ne suis-je pas assez généreux ! La question serait plutôt de l'en faire sortir... »

Ma mère, mon oncle et moi-même avions observé les plus extrêmes précautions pour que mon mariage avec Lucretia demeurât inconnu, et l'oncle Angelo m'avait déclaré que la déposition du franciscain devait en principe rester dans un dossier que personne n'avait intérêt à ouvrir. Mais Jeanne était étrangère, elle inspirait confiance, et j'en avais trop dit ou pas assez. Sous le sceau du secret, je lui narrai donc les grandes lignes de mon affreuse histoire, par quel hasard diabolique, ma si vertueuse Lucretia, réduite en esclavage par les Infidèles, était encore retenue prisonnière dans une infâme maison de Venise, et je lui tirai enfin des larmes. Jeanne avait la main leste, mais le cœur sur la main.

« Si vous étiez née en Morée sous une mauvaise étoile, lui affirmai-je, la même injure aurait très bien pu vous arriver. N'est pas pucelle qui veut, de nos jours. Combien de filles ne sont-elles pas mariées de force avec la lâche complicité de l'Eglise ? Combien d'autres ne se font-elles pas violer, semaine et dimanche, par les soldats ou les routiers ? Et ces dernières ont encore de la chance par rapport aux filles abusivement mariées, car on ne les viole qu'une fois ! »

Ses larmes redoublèrent, elle me demanda pardon de son billet, qui n'avait pu que remuer le fer dans la plaie. Je lui pardonnai et nous nous embrassâmes. Ses cheveux courts dégageaient toujours une discrète odeur de paille et de cheval.

La glace étant rompue, je me hasardai à lui demander des précisions sur les Voix qu'elle disait entendre. Dieu le Père, assis sur son trône, daignait-il lui adresser la parole, comme à Moïse sur le mont Sinaï ? Voire Jésus ressuscité, ou l'Esprit Saint sous sa forme classique de colombe ? Les anges ou archanges, les saints et les saintes susceptibles de délivrer des messages de stratégie, de tactique, de politique ou de finance – et pourquoi pas, de religion ? –, sous quels noms se présentaient-ils ? Les phénomènes auditifs, révélations, objurgations, musique, trompettes, s'accompagnaient-ils de phénomènes visuels, lumières, apparitions ?...

Mais Jeanne se ferma comme une huître. C'étaient là des secrets qu'elle n'était pas disposée à partager de sitôt. Pendant bien longtemps, elle ne fera effectivement allusion qu'à sa « Voix », à ses « Voix », ou à son « Conseil », sans plus, ces termes étant pour elle synonymes.

En revanche, elle me dit qu'elle recourait souvent à la confession – moins on est pécheur, plus on se confesse ! –, elle me pressa de me confesser en vue des prochaines Pâques, et même de communier fréquemment à son exemple.

La plupart des Français se bornaient à la communion annuelle prescrite depuis plus de deux siècles par Innocent III, mais, dans leur quête à la mode d'une relation directe avec Dieu, ils faisaient un grand usage de la confession : le prêtre pouvait décevoir, Dieu écoutait, comprenait et pardonnait.

Chaque personnage d'un certain rang, d'une certaine importance, chaque noble dame, avait son confesseur attitré. Une compagnie d'« écorcheurs » même n'était pas au complet sans confesseur. Celui qui avait assisté « Chauffe qui peut » avait fini par se faire pendre, et le capitaine m'avait assuré qu'il conviendrait de le remplacer : le confesseur était excellent pour le moral.

J'imagine que cette étonnante vogue de la confession était à mettre en relation avec les dangers de mort subite accrus par les pestes foudroyantes et les hasards des guerres ravageuses. Riches et pauvres ambitionnaient surtout d'avoir un confesseur sous la main en cas d'accident, et l'idéal du soudard était de mourir bien absous entre les bras d'un homme de Dieu intrépide, toujours sur les traces de ses ouailles à travers les massacres, les pillages, les viols et les bourdeaux. Un coup d'épée, un coup de sang, sont vite arrivés. Prêtres et putains complémentaires suivaient ainsi les armées, travaillant à genoux ou couchés pour quelques bribes de butin.

Jeanne me fit promettre en outre de ne pas blasphémer, promesse qui me coûtait peu : si Dieu n'existe pas, le blasphème n'a aucun objet; et s'il existe – comme la raison démonstrative et le sentiment intime nous l'affirment –, le blasphème est dangereusement ingrat, car l'homme n'est pas le plus fort. Mais depuis que la Pucelle avait quitté les jupes de sa sainte mère pour fréquenter des êtres sommaires qui n'avaient aucune notion de logique, des blasphèmes aussi horribles que stupides la faisaient sursauter et effarouchaient les anges pudiques qui lui tenaient compagnie.

Un démoniaque orgueil pousse certains illuminés à bouder ou à mépriser les pratiques religieuses. On voit, nouvelle preuve de bon sens, que ce n'était nullement le cas de Jeanne. L'état désastreux où croupissait l'Eglise romaine, collection de papes financiers, de cardinaux affairistes, d'évêques luxueux et luxurieux, de gras chanoines hypocrites, d'universitaires bouffis de vanité, de curés ignorants et concubinaires, de moines gourmands et ivrognes, ne la détournait point des sacrements. Elle savait bien que Jésus-Christ se cache au fond de chaque prêtre, que sa présence y est même d'autant plus admirable que l'individu est plus ignoble. Dieu fait des miracles avec de la boue. Pour Jeanne, il n'y avait aucune contradiction entre ses Voix et l'Eglise, puisque les Voix avaient de Dieu une science infuse, que l'Eglise n'avait reçue qu'à l'état diffus.

Jeanne a été accusée d'orgueil, mais l'accusation doit être nuancée. De même qu'il y a dans le Christ une nature divine et une humaine nature, dont il arrive que le difficile mariage semble grincer un peu – « Avant qu'Abraham fût, Je Suis ! », dit Jésus aux pharisiens, l'Homme parlant au passé, et le Dieu, au présent, dans un télescopage grammatical révélateur –, il y avait de même, chez notre héroïne, la Pucelle des Voix qui parlait haut et fort sans ménager personne, et la Jeannette d'ici-bas, qui était la fille la plus simple et la plus modeste du monde : ce n'était pas sa faute si Dieu l'avait habitée pour une mission invraisemblable.

Hélas ! Jeanne n'avait point les talents du Christ pour dominer harmonieusement deux natures aussi complémentaires qu'antagonistes. Lancée sur une pente fatale, la Pucelle des Voix finira par crier si fort que Jeannette en aura le souffle coupé.

J'allais prendre congé, quand Jeanne, avec une estimable sagesse, me retint pour me prier de lui faire un petit résumé d'histoire et de géographie politique centré sur la France. Elle avait des idées assez précises sur sa région d'origine : pour le reste, sa vision était pleine d'ombres ou de fausses lumières. Ses connaissances historiques demeuraient enfantines, et les dimensions, les frontières de la France valoise lui échappaient. Assurément, elle n'était ni curieuse ni inquiète de ce qui l'attendait le lendemain soir au « Grand Logis » (tout n'était-il pas déjà souverainement réglé dans son esprit?), mais sur des points de détail, elle craignait naturellement de lâcher devant son roi de ridicules énormités.

« Les anges qui vous ont visitée, lui demandai-je, ne vous ont-ils pas instruite de ces questions?

– Oh, ce n'était pas leur affaire! »

En effet, l'histoire et la géographie ne sont pas le fort de tous les anges. L'ignorance de Jeanne rejoignait sans effort la science des théologiens thomistes les plus réfléchis, qui soutiennent, en plein accord avec leur doctrine de base, que les anges seraient extrêmement spécialisés, avec des intelligences et des compétences infiniment diverses, un peu comme les domestiques de grande maison. L'un sera incollable sur les dates, un autre saura sur le bout de l'aile les généalogies princières des Grandes Indes ou les noms que les Hyperboréens ont donnés aux cours d'eau des Antipodes... Il n'y avait rien d'étonnant à ce que les anges des hautes sphères politiques et militaires qui avaient pris Jeanne sous leur gouverne eussent négligé d'entrer dans des affaires d'anges subalternes. Et la Pucelle sentait bien, vu sa miraculeuse vocation de chef d'armée, qu'il était préférable de poser ce genre de questions à un étranger amical et discret.

Négligeant de remonter jusqu'à ce sombre assassin de Clovis, je partis du traité de Verdun de 843, par lequel l'empire carolingien avait été divisé en une Germanie, une France et une Lotharingie intermédiaire et impériale, qui prenait l'Europe en écharpe de la mer du Nord à Rome. C'est en effet ce traité qui a, dans l'ensemble, déterminé les limites des Frances carolingienne, capétienne et valoise. Après Verdun, l'histoire de France sera celle des rectifications de frontières.

Mon élève me demanda en vertu de quelles considérations ce partage décisif avait été effectué, et je lui répondis :

« L'argent. Les trois fils de l'empereur carolingien Louis le Pieux, signataires du traité de Verdun, ne se sont nullement préoccupés des populations, qui n'avaient d'ailleurs pas besoin d'eux pour couler d'heureux jours avec le clocher du village pour horizon. Leur seul souci fut d'aboutir à un exact équilibre entre les revenus des domaines et des abbayes de chacun des trois royaumes, car on n'a jamais que l'armée de ses finances. Il s'agissait, au fond d'un arrangement de sécurité mutuelle entre trois frères méfiants. »

Le cadre de la France étant ainsi tracé à coups de sous et de deniers, je survolai les siècles pour apprendre à Jeanne de quels territoires se composait exactement l'héritage revendiqué par son Dauphin, et par quels hasards, intrigues, usurpations, assassinats, mariages contraints, répudiations iniques, achats, déshérences, prévarications, tromperies, impiétés, falsifications, abus de droit ou violences, des rois qui n'étaient ni meilleurs ni pires que bien d'autres avaient pu y retrouver, y maintenir, y accroître une autorité sans cesse contestée.

« Et à Venise, s'inquiéta Jeanne, le gouvernement est-il si vertueux ?

– Mais à Venise, ma pauvre Jeanne, nous ne nous posons même pas la question ! Chaque fois que le doge a une décision à prendre, sa seule préoccupation est de savoir combien l'affaire va rapporter. »

Jeanne fut surprise d'apprendre que Perpignan relevait du roi d'Aragon, mais que la Flandre – par Bourgogne interposée, il est vrai –, avait pour suzerain théorique le roi de France, Henri VI ou Charles VII selon les opinions. Quant à la Bretagne, Jeanne était indignée que son duc ne dût au roi que l'hommage simple, qui lui assurait une indépendance de fait. Un vassal, en France, pouvait avoir plusieurs suzerains en conflit, l'hommage simple, qui lui permet de rester neutre ou de s'engager à son gré, lui laisse la plus appréciée des libertés de manœuvres.

Les épineux problèmes de droit féodal, puis de généalogie successorale, officiellement au cœur du conflit franco-anglais depuis l'origine, et qui avaient fait couler tant d'encre, n'intéressaient à aucun degré la Pucelle, et j'abrégeai d'autant plus volontiers ma leçon sur ce point que mes propres idées étaient vagues. Le dédain de Jeanne pour ces vulgaires histoires de droit se comprenait : Dieu avait fait étudier le cas par des angelots érudits et, après des siècles de réflexion dus à l'infernale complexité de l'affaire, il venait de trancher sans appel à Domrémy-Nord. A quoi bon désormais perdre son temps sur des grimoires?

Mon dédain rejoignait d'ailleurs celui de Jeanne, quoique pour des motifs diamétralement opposés. La constante préoccupation française ou anglaise de mélanger le droit à la politique découlait évidemment du fait qu'à Londres, Paris ou Bourges, les domaines religieux et profane, comme le roi Charles me l'avait lui-même rappelé, étaient inextricablement confondus. Les hommes d'Etat étaient donc sans cesse à la recherche de considérations morales pour justifier leur appétit de puissance et de lucre, et non seulement l'industrie des faussaires, à l'appui de telle ou telle prétention douteuse, était florissante, mais les techniques du faux avaient fait de grands progrès. (Ce n'est pas un hasard non plus que le plus fieffé faussaire d'Italie, le pape[1], soit aussi celui qui affiche le plus d'exigences vertueuses.) Et de même que certains deviennent pieux à force de faire semblant, on voyait parfois ce spectacle touchant et idiot d'un Français ou d'un Anglais, sincèrement persuadé que la force doit s'inspirer du droit.

Une telle hypocrisie ou une telle naïveté n'était pas le lot des Républiques marchandes et banquières italiennes, qui avaient pris des leçons de politique chez Ulysse plutôt que chez Saint Louis. Venise n'avait jamais donné de ses conquêtes qu'une seule justification : le besoin

1. Condulmer fait sans doute allusion au fait que la primauté pontificale s'appuie en grande partie sur un arsenal de faux – notamment de fausses décrétales – depuis le haut Moyen Age.

qu'elle en avait. Car pour marier le droit et la force sans que la patrie en périsse, encore faudrait-il que les rois si amoureux du droit commencent d'appliquer leurs propres principes.

Et Jeanne était aussi incurieuse de Venise que du droit formel. Elle n'aurait pas tourné la tête pour regarder passer une gondole et notre or ne l'impressionnait pas plus que ne l'eussent fait des cailloux. Ses yeux avaient des œillères pour tout ce qui n'était point Orléans et Reims.

Elle me remercia tant et plus de mes enseignements, et je lui répétai que j'étais tout à son service, sans aucun parti pris, et qu'elle aurait intérêt, tant que ses Voix ne me contrediraient pas trop, à me faire confiance, parce que j'étais le citoyen d'une puissance neutre indifférente à la victoire des Valois ou des Lancastres pourvu que les échanges reprennent pour de bon. On allait sans doute beaucoup lui mentir à la cour, mais pourquoi lui aurais-je déguisé la vérité ?

Sur le pas de la porte, je demandai à Jeanne ce qu'elle comptait faire de sa grande épée...

« C'est un cadeau de Baudricourt. Il voulait me trousser dans les débuts de nos relations. Je lui ai donné un bon coup de poing sur le nez qui l'a fait saigner comme un veau, et quand je suis partie, il m'a offert en riant cette arme afin qu'elle me protège des hommes. C'est qu'il n'était pas trop sûr de l'escorte qu'il m'avait choisie !

» Mais je ne me servirai pas de mon épée pour tuer qui que ce soit... plutôt pour chasser les filles des camps... et encore en frappant du plat ! »

J'étais suffoqué et personnellement blessé d'une pareille prétention. Je fis valoir que le geste serait peu chrétien à l'encontre de malheureuses plus à plaindre qu'à blâmer, que les putes venaient parfumer les pieds de Jésus, que l'on n'avait jamais vu en train de les poursuivre avec une épée.

« Est-ce que Jésus avait seulement une armée à commander ?

– Je ne vous le fais pas dire, et l'évidence pourrait vous inspirer de salutaires réflexions !

» De toute manière, les soldats se sont toujours fait suivre de troupes compactes de putes dans le cours de leurs actions les plus héroïques et, quoi que vous fassiez, vous ne viendrez jamais à bout d'une pareille tâche. La pute est indispensable au soldat. Un militaire qui ne bande point se débande...

– Vous parlez bien comme un soldat !

– Parce que vous m'avez énervé !

» Mieux vaudrait taper du tranchant sur des Anglais que du plat sur des putes. Ce serait plus franc : car si vous faites tuer des Anglais par vos hommes, vous aurez leur sang sur les mains comme si vous les aviez tués vous-même... »

A force de crier tous deux, l'essoufflement nous fit baisser le ton et nous en vînmes à converser avec plus de retenue, comme un ambassadeur de Venise avec un éminent chef de « condottieri ».

Mais Jeanne demeurait inflexible : la victoire ne serait obtenue que si les putes étaient chassées.

Un peu honteuse, elle eut pourtant la bonté de me dire :

« Votre malheureuse femme est esclave. Mais les putains de France apportent volontairement le péché partout où elles passent. Ne l'oubliez pas !

– Elles sont volontaires comme ces vilains qui mangent du blé noir parce qu'ils n'ont pas de pain blanc !

– Nous sommes toujours libres de bien ou mal faire.

– Plus ou moins, et il arrive que le moins l'emporte sur le plus.

» Je vais vous faire une loyale proposition. Les soldats sont aussi coupables que les putes, et même davantage... N'est-ce pas ?

– Bien sûr !

– Alors, chassez plutôt les soldats, et gardez les putes,

que votre exemple remettra sur le droit chemin. Si Dieu est vraiment avec vous, une armée de putes vous suffira largement pour délivrer Orléans... »

Cette morale exigeante faisant fi de l'efficacité militaire habituelle, elle n'eut point son agrément. Jeanne avait déjà quitté la voie de la perfection pour celle du moindre mal, avec tous les accommodements qui lui font cortège. Une armée de putes converties, noble ambition de tous les saints, ne lui disait rien qui vaille.

Je quittai la chambre, ulcéré. La Pucelle avait sur le sujet des putes la vision bornée d'une paysanne aisée et vertueuse, et sa propension à pourfendre le péché à coups de plat d'épée était encore surexcitée par la conviction métaphysique que la chasteté de la troupe est sa meilleure arme. Après l'expulsion des putes, elle devait caresser le programme d'exterminer le vice solitaire du tranchant de son glaive! Sa seule excuse était qu'elle ignorait tout de la vie des putes et que ses Voix n'en savaient apparemment pas plus long.

La pensée de Lucretia m'était plus que jamais présente, et j'avais hâte que mon premier rapport au sénat fût au complet pour qu'une lettre à ma femme puisse être jointe à l'envoi. Dans la soirée, je dictai à Trivulzio, m'inspirant une fois de plus de ses conseils, la fin de ce travail d'une bonne centaine de pages, auquel nous avions déjà collaboré cinq ou six fois. Il concernait le régal des Vénitiens : ces affaires fiscales et financières qui faisaient si peu vibrer la Pucelle, insouciante du nerf de la guerre.

« On ignore généralement à Venise à quel point le système fiscal français est archaïque, inadapté, inefficace et générateur de ruines sans nombre. En France – comme dans d'autres pays d'Occident d'ailleurs –, au fur et à mesure que l'administration s'étoffe, que l'on renonce d'autre part aux levées féodales désordonnées et provisoires pour recourir, en paix comme en guerre, à des armées permanentes de soldats de métier, les dépenses montent en flèche, et comme elles sont constantes, les rentrées devraient l'être aussi. Mais les ressources du domaine royal, les taxes sur le commerce, les tripatouillages monétaires, les exactions à l'encontre des « Lombards » ou des juifs, sont loin de suffire. Il y a donc nécessité de faire appel à l'impôt personnel direct.

» Un ancestral principe veut pourtant que le roi de France vive essentiellement sur les revenus de ses domaines particuliers. Et quelle qu'ait été l'extension des domaines royaux depuis Philippe Auguste, ils ne suffisent même plus à faire fonctionner l'administration en temps de paix. La création d'apanages au profit de Princes cadets qui ont raté la couronne coûte en outre fort cher, et parce qu'ils ne rapportent plus rien, et parce qu'ils émargent plus ou moins au Trésor selon les va-et-vient des intrigues de cour pour dominer le Conseil du roi. Cette politique aveugle et suicidaire – l'exemple de la Bourgogne, cette vipère nourrie au sein valois, est caractéristique – tient à une conception barbare du pouvoir dont les esprits ont du mal à se défaire : les terres du roi seraient sa propriété personnelle, et il pourrait en disposer à sa guise.

» Pris à la gorge, les rois de France se sont acharnés à trouver un nécessaire complément dans un impôt général et régulier. Mais les contribuables tiennent pour abusif de consentir un tel impôt si des circonstances tout à fait extraordinaires ne les y invitent. En pratique, ils ne le paieront, et encore de mauvaise grâce, que pour raison – ou sous prétexte – de guerre. Afin de faire face aux besoins courants, le pouvoir sera ainsi entraîné à rechercher la guerre, à la préparer, à s'en accommoder, à la prolonger, excité d'ailleurs par des financiers et des Princes du Sang qui ne peuvent découvrir que là une occasion de filouteries de grande envergure. La paix, c'est la gêne, et pour les gens des bureaux, et pour les Princes entraînés à vivre au-dessus de leurs moyens. L'idéal est la croisade : avec l'inépuisable complicité du pape, on lève de l'argent pour reconquérir Jérusalem, mais on se garde bien de partir, et les fonds sont affectés à une autre destination. L'astuce, hélas, a trop souvent servi, et la croisade elle-même n'est plus d'un bon rapport. Il est évidemment plus difficile de préparer la guerre en Europe sans jamais la voir venir. Et quand elle vient et qu'on la perd, revenus du Domaine et fruits des impôts exceptionnels tombent dans le gouffre. Les finances françaises sont inscrites depuis longtemps dans un cercle vicieux.

» Vers la fin de son règne, le roi Charles V le Sage, qui avait été aidé en cela par de nombreuses années d'une guerre victorieuse, commençait d'habituer ses sujets à l'idée d'un impôt permanent. Mais sur son lit de mort, en 1380, pris d'un scrupule imbécile, il a détruit d'un trait de plume le meilleur de son œuvre, laissant à ses successeurs un chaos de problèmes financiers insolubles, aggravés d'abord par une longue paix, puis par la guerre civile entre " Armagnacs " et " Bourguignons " à partir de 1407, et enfin par le désastre d'Azincourt.

» Réduit à une demi-France, le roi Charles hérite de cette situation sans issue. Bon an mal an, malgré la ruine générale, il exige 500 000 livres tournois de ses pays de langue d'oui, et plus de 200 000 de ses pauvres pays de langue d'oc, ce qui ne fait pas la moitié du budget de Venise. Mais il y a loin de la coupe aux lèvres. Les bourgeoisies suppliées, tracassées, menacées, s'occupent par priorité d'entretenir leurs murailles, de fortifier leurs faubourgs, obtiennent des réductions en graissant la patte à qui de droit, accordent quelques maigres avances, font traîner les paiements... Pendant ce temps-là, pour ramasser quelques sous de plus, les percepteurs du roi s'abattent comme grêle sur les villages désarmés où une aisance suspecte se serait fait jour imprudemment. Et ce qui arrive au Trésor passe d'abord en fêtes ou se retrouve dans les coffres des favoris. L'argent manque toujours cruellement pour la guerre.

» Les bourgeois des bonnes villes royales, accoutumés, il est vrai, à ne jamais en avoir pour leur argent, sont d'ailleurs d'un égoïsme et d'un cynisme remarquables. Un détail en donnera une idée : dans les villes de France, le barème des impôts municipaux est d'ordinaire dégressif. Par exemple, un bourgeois aisé paiera 1 %, un riche, 0,4 %! Tirer des fonds de gens pareils, rendus sceptiques par tant de déconvenues, n'est pas une petite affaire.

» Les ennuis du Régent Bedford sont un peu différents. Héritier, lui aussi, pour sa part de France, de l'absurde système fiscal traditionnel, il éprouve les mêmes difficultés que son adversaire à obtenir des subsides de ses bourgeoisies, et les régions qu'il contrôle à grand-peine ont encore plus souffert des hostilités que les Etats résiduels du roi de Bourges. Mais il a sous la main, à Paris et à l'Echiquier de Rouen, une administration exercée – alors que le roi Charles a dû en partie improviser la sienne en zone sud avec des réfugiés –, et l'argent prélevé est l'objet d'une gestion assez rigoureuse. De plus, bien que, dans l'esprit du traité de Troyes, chacun des deux royaumes soit appelé à se suffire financièrement, Bedford a toujours la possibilité, malgré les répugnances et les impatiences croissantes de ses compatriotes, de puiser dans le Trésor anglais pour régler ses " yeomen " ou financer une opération offensive particulière, comme le siège d'Orléans aujourd'hui. Il a ainsi ses arrières assurés par un pays paisible, tandis que Charles VII, le dos au mur, ne peut s'appuyer que sur lui-même, c'est-à-dire sur pas grand-chose. »

Trivulzio me dissuada de faire allusion à la Pucelle :

« Même si elle est engagée, comme probable – on ne l'aurait pas accueillie, avec toutes les espérances que sa venue éveille, pour décevoir ensuite l'opinion sans raison grave –, il sera bien temps d'en parler lorsque l'aventure aura porté ses fruits, délectables ou véreux.

» Car pour l'instant, il serait téméraire d'avancer la moindre prévision : tout dépendra de la manière dont elle sera utilisée. Si on en fait un porte-bonheur bien tenu en main, les résultats peuvent être surprenants, mais les porte-bonheur s'usent vite. Si on lui laisse la bride sur le cou – les Français sont capables de toutes les imprudences ! –, le hasard peut entraîner aussi bien un triomphe qu'un désastre, car on ne mène point par ici la guerre scientifique et raisonnée de nos meilleurs " condottieri " italiens. La seule chose certaine est que les carrières de Pucelles sont brèves : ou elles brûlent ou elles se marient, ce qui n'est guère plus drôle. »

En dépit de ses incontestables qualités, Trivulzio ne parvenait pas à m'inspirer confiance, et je doute d'ailleurs qu'il s'y soit vraiment efforcé. Sa plus grande marque de franchise avait été de se taire sur son passé alors qu'il aurait pu me raconter des mensonges, et j'avais parfois le sentiment qu'il me haïssait d'instinct, de cette haine définitive et sans remède qui dépasse la personne de l'objet exécré pour viser une société imparfaite où l'envieux n'aurait pas eu la place qu'il méritait. Ils étaient nombreux, par toute l'Europe, ces déclassés ou ces hors-classe à traîner des pensées amères et agressives, d'autant plus nettes et dangereuses qu'ils avaient été mieux instruits. Au fond, Trivulzio ne pouvait me sentir parce que j'étais né avec une cuillère en or dans la bouche, parce que j'appartenais à ce cercle étroit d'hommes fortunés qui s'étaient chargés des destinées de Venise et se faisaient payer leur mission au prix fort. Les haines sociales sont certes atténuées dans notre République par l'excellence du gouvernement, mais le feu qui couve peut toujours embraser un être sans caractère et sans sagesse.

Je jugeai cependant préférable de m'ouvrir à Trivulzio du projet de compagnie que je caressais en association avec le capitaine Tristan. Ses connaissances du milieu avaient des chances de m'être utiles, et ses réactions, de m'éclairer sur le véritable rôle qu'il tenait à mes côtés.

L'idée le révulsa :

« Avez-vous perdu l'esprit ? Décevoir ainsi notre sénat après la confiance qu'il vous a faite !

– Ma mission est très officieuse, et je puis me dégager sans forfaiture dès qu'il me plaît.

– Par le biais de Tradenico, vous aviez pris un engagement moral ! Et le rompre si vite pour vous signaler dans un conflit où Venise n'a rien à faire aggraverait votre cas. Où avez-vous vu des Vénitiens, patriciens ou même modestes citoyens, courir les routes comme mercenaires chez des étrangers ? Nous laissons cette honte aux Piémontais, aux Milanais, aux Génois... Et quels bénéfices iriez-vous retirer de cette aventure déplorable, en dehors de quelques émotions guerrières que les Français qualifieraient de « desportives », et dont vous vous dégoûterez promptement si vous êtes encore en vie pour être déçu ?

» Vous me parlez de rançons, mais quel besoin en auriez-vous avec la vie rangée que vous menez et cette énorme fortune qui vous attend d'ici quelques années ? D'où vient cette soudaine et bizarre cupidité ? Et pourrez-vous seulement la satisfaire, au risque des pires dangers en France et d'un durable discrédit à Venise, où il est de règle que le sang patricien ne coule que pour la patrie ? Mais la rançon, c'est le miroir aux alouettes ! Vous aurez autant de chances de prendre que d'être pris vous-même et les gros coups seront pour plus puissants que vous... »

Comme j'avais prévu de vivre à l'étranger avec Lucretia jusqu'à ce que je fusse maître de ma fortune, un quelconque discrédit à Venise ne m'inquiétait guère dans l'immédiat.

Je fis néanmoins remarquer à Trivulzio :

« Si vous tenez votre langue, le sénat ne sera pas averti avant longtemps de ma subite vocation guerrière s'il l'est jamais. Seriez-vous chargé, par hasard, de rendre compte de mes actes ? »

Trivulzio s'en défendit avec cette aimable chaleur, ce regard franc et assuré que prennent les fripons pour abuser leur monde.

Il y avait dans les réactions de l'individu en cette

affaire comme des fausses notes qui renforçaient ma méfiance, et j'entrepris de le surveiller de plus près.

Au milieu de la nuit, le sommeil me fuyant, j'étais en train d'écrire à Lucretia, lorsque je notai de la lumière sous la porte de Trivulzio, laquelle s'éteignit bientôt. Le soupçon me vint que mon secrétaire venait de rédiger, en supplément au rapport adressé à Tradenico, une note indiscrète me concernant.

Un long moment plus tard, je pénétrai dans la chambre du suspect à pas de loup, une veilleuse à la main. Trivulzio dormait profondément, son âme noire s'échappant de ses narines poilues en un ronflement régulier.

Sur la table, après la dernière page du rapport, je pus lire ce rajout :

« Monseigneur Pietro a conçu le projet déplacé de laisser tomber sa glorieuse mission pour monter une compagnie de soldats, en malséante cheville avec un chevalier de fortune expert en honteux brigandages : le roi embauche présentement l'habituel ramassis de mercenaires afin de dégager Orléans, que le comte de Suffolk serre de près avec ses " yeomen " d'élite. Je ne sais que dire pour détourner notre jeune étourneau d'une expérience aussi scandaleuse et aussi dangereuse car, à ce que j'ai fini par comprendre, il aurait le plus urgent besoin d'une forte somme, qu'il espère se procurer grâce aux hasards de la guerre. Ce point me semble important, et de nature à intéresser, à toutes fins utiles, une famille inquiète. »

Si j'avais pu savoir tout ce qui était en jeu, j'aurais étudié de plus près les moindres nuances de ce texte bizarre, et j'aurais fait tuer Trivulzio avant qu'il ait regagné Venise. A quoi bon cependant détruire ce mot du moment que je laissais l'espion en vie ? Si ma mère et mon oncle en avaient des échos, il ne leur apprendrait que ce qu'ils avaient déjà deviné. Je laissai donc courir.

Mais l'indignation me poussa à prendre sur-le-champ la décision que j'avais laissée pendante jusqu'alors, et je me fis le malin plaisir d'écrire de ma main à la suite de la prose de Trivulzio :

« Je mets fin à ma mission parce qu'un Condulmer n'est point d'humeur à être espionné par un personnage douteux qui passe plus de temps chez les filles qu'à son écritoire et laisse traîner ses papiers même quand il est à jeun. Le sénat, mon cher Tradenico, pourra faire désormais l'économie de ce maladroit serviteur. »

Le négligent Trivulzio – un espion chevronné ne se méfie pas suffisamment des « étourneaux » – dormait avec la satisfaction du devoir accompli, et je m'en retournai dormir moi-même, aveuglément satisfait de ma mortelle erreur. Mais comment aurais-je pu deviner les vrais motifs de la présence d'un Trivulzio à mes côtés? Il les ignorait lui-même!...

Le lendemain dimanche, lorsque je me réveillai de bonne heure, troublé par de sinistres pressentiments, Trivulzio, pressé de se soustraire à une discussion mortifiante, avait déjà décampé avec le rapport et son maigre bagage. J'écrirais à Lucretia une autre fois... Mais je conservais naturellement l'accréditif, qui pouvait toujours resservir en cas de malheur.

J'allai à la première messe avec Laurent, qui avait tenu à m'y suivre par attachement à ma personne, voire par piété : une femme, des filles violées à la petite semaine puis étranglées par des ivrognes dans l'indifférence générale ou pour l'amusement des nobles chroniqueurs, cela porte les humbles à maudire Dieu ou à le remercier d'avoir été jugés dignes de telles épreuves, que Jésus lui-même n'avait point connues, attitude plus réconfortante, donc plus intelligente, et Laurent n'était pas sot.

Chemin faisant, dans le petit jour gris, j'annonçai à mon domestique ma détermination de me joindre au capitaine Tristan pour accomplir quelques vaillants exploits qui nous feraient bien voir des dames, et il en fut heureux.

« Vous pouvez certes lui pardonner une nuit d'angoisse, me dit-il, puisque je lui ai pardonné bien pire les yeux fermés. " Tel valet, tel maître! ", sauf votre respect. Et comme je n'aurai peut-être pas toujours l'avantage de vous servir, je ferai dans cette bande l'apprentissage d'un état qui me donnera, avec moins d'efforts, plus de satisfactions que la terre. Qui a saigné des cochons apprend vite à saigner des hommes, qui sont plus méchants sur pied et qui valent beaucoup moins quand ils sont morts. D'où croyez-vous que sortent, Messire, la plupart des routiers? Longtemps, ils avaient peiné pour faire pousser le blé et élever quelques bêtes, et le passage des armées, en ruinant leur bien, les a engagés à les suivre. Ce n'est pas par méchanceté qu'ils ont changé de camp, mais par désespoir. Il faut bien vivre, et parfois aux dépens d'autrui. Ah, je ne voudrais pas être à la place de Dieu qui nous jugera! Que de victimes parmi les bourreaux!... »

Après avoir pardonné à un « Chauffe qui peut », Laurent avait acquis un immense trésor de mérites, qui lui donnait de la marge en fait de menues atrocités : il est plus facile d'être le héros d'une journée que d'une vie. Les Français de ce temps-là vivaient dans un état de déséquilibre affectif, qui était une belle excuse à leurs dérèglements. Les froids calculateurs vénitiens n'avaient pas cette chance!

L'église n'était qu'à moitié remplie, en majorité d'humbles personnes. Ce n'était pas encore l'heure de ces messes tardives qui sont pour les amoureux élégants le terrain le plus pratique où manœuvrer au plus près de l'objet aimé, et pour les beautés mûrissantes, l'occasion d'accrocher le regard d'un godelureau aux aguets à l'instant propice de l'élévation, alors que toutes les têtes s'inclinent. L'amour est partout, et les maquereaux de Venise ne sont pas les seuls à profaner les saints lieux.

Cependant, du côté des hommes, une troupe de distingués chasseurs matinaux attiraient le regard, avec les chasseresses en rapport du côté des femmes. Et de chaque côté, on avait faucon[1] encapuchonné au poing.

Je n'avais chassé au faucon sur Terre Ferme qu'en amateur. Beaucoup de Français ont une passion exclusive pour cet art, pratiqué même par les bourgeois et par les femmes, et qui fait l'objet d'une foule de manuels. Les nobles s'adonnent de préférence à la chasse de « haute volée », avec gerfauts, laniers ou sacres, les plus durs à dresser, mais capables de maîtriser un gros lièvre au sortir d'un taillis. Alors que les oiseaux de « bas vol », éperviers, autours ou hobereaux, ne prennent que menus gibiers, cailles ou perdrix. Il faut une infinie patience pour éduquer un petit « béjaune », dont le bec n'a pas encore pris sa livrée adulte, ou un jeune « hagard » affolé, ainsi nommé parce qu'on l'a capturé dans les haies. L'amateur en arrive à coucher l'hiver avec son épervier frileux, à le « poivrer » d'eau additionnée de poivre pour le débarrasser de sa vermine, et l'on voit des faucons dans les endroits publics les plus bruyants, sous le prétexte qu'il est nécessaire d'habituer le précieux animal à la foule et au tumulte. Mais la gloriole est certes pour beaucoup dans cette mode.

Nous venions de prendre place du côté des hommes, à droite de la nef, les enfants des deux sexes étant confondus dans les premiers rangs, lorsque la Pucelle fit son entrée avec ses deux écuyers, Jean de Metz et Bernard de Poulengy, leurs quatre pages, et même le courrier royal Colet de Vienne et son adjoint, appelé Richard l'Archer – ou « Larcher » –, sans doute parce que son père ou lui-même était habile à l'arc, exercice qui n'est pas le fort des Français en général.

Les Vénitiens ont un nom de famille et un prénom. En France, c'est le prénom, sacralisé par le baptême, qui fait fonction de nom, et pour mieux distinguer les gens,

1. Terme générique, qui recouvre diverses espèces.

on y ajoute un surnom en relation avec une particularité physique ou morale, un métier, une ville ou un lieu de naissance, un fief, une terre, une propriété quelconque, etc. Et si le surnom réussit à s'imposer, le père le transmet à ses fils. Nobles, bourgeois et vilains portent ainsi des surnoms du même genre, qui finissent par jouer le rôle de nos noms de famille vénitiens, et ne permettent pas à eux seuls de préciser les conditions. Un d'Alençon peut être duc ou vilain.

La Pucelle et sa troupe faisaient donc neuf personnes. Si le roi, Regnault et moi-même n'en avions vu arriver que sept par le pont de la Vienne, c'était évidemment parce que Colet et Larcher s'étaient déjà détachés pour porter au « Grand Logis » le message dicté par Jeanne à Sainte-Catherine-de-Fierbois.

Il était remarquable que l'ascendant de la Pucelle eût réussi à traîner une pareille suite à une messe dominicale de si bonne heure. Les exercices de piété sont plutôt mal portés chez les soldats, qui ne vont à la messe que si un capitaine énergique et anormalement dévot les y expédie à coups de pied au derrière. Ce qui intéresse le soldat, comme je l'ai déjà dit, c'est une mort rassurante, une absolution opportune après une vie de violences, de rapines et de débauches. L'idée que le Paradis serait à préparer ne lui vient guère.

La Pucelle et les siens s'avancèrent au milieu de la curiosité générale, et c'est alors que se déroula une scène inoubliable, d'un haut et merveilleux comique. Reliant à brides abattues Vaucouleurs à Chinon, Jeanne ne devait pas avoir eu beaucoup de temps pour suivre la messe et faire apprécier son habit. En zone ennemie anglo-bourguignonne, jusqu'à Gien, elle avait dû étrenner prudemment son gippon, ses chausses et sa forêt d'aiguillettes dans les plus sombres recoins des églises ou chapelles de rencontre et, à l'ermitage de Sainte-Catherine-de-Fierbois, sa première halte de quelque durée, les messes avaient dû se dire en petit comité. C'était la première fois, sans doute, qu'elle venait en toute quiétude à une messe ordinaire, et après qu'un début de réputation eut fixé les yeux sur son étrange personne. Etant donné son habit d'homme, elle prit place tout d'abord avec son escorte du côté des hommes, d'où un malaise général, qui attira bientôt sur elle le regard inquisiteur et scandalisé du vicaire. Bonne fille et pas contrariante, Jeanne se hâta alors de rejoindre les femmes, qui refluèrent en désordre avec des gloussements horrifiés. Elle revint par conséquent vers le groupe masculin pour tenter de s'y fondre, d'où un brouhaha croissant. Excédé, le vicaire lui montra la porte...

Je pris le parti d'aller glisser au prêtre :

« Cette fille est en habit d'homme parce qu'elle vient d'arriver à cheval du Barrois pour rencontrer le roi dès ce soir. Elle est sous sa protection, et vous devriez en tenir compte. Faute de quoi, vous risquez de vous faire frotter les oreilles ! »

Le desservant ne se le fit pas dire deux fois, et Jeanne resta du côté des hommes, l'incident étant clos. Au fond, sa place n'aurait-elle pas été plutôt parmi les enfants ?

Durant la messe, j'avais eu le temps de réfléchir à cette affaire d'habit d'homme qui devait jouer un si grand rôle dans la destinée de la Pucelle.

Jeanne avait assurément des raisons pratiques de se vêtir de la sorte pour mener la vie des camps. Mais si les raisons pratiques avaient été les seules, elle aurait eu à sa disposition deux garde-robes, une masculine pour l'action, une féminine pour le reste du temps. Quel intérêt pratique de circuler en homme dans cette province de Chinon, où elle n'avait à envisager aucune opération militaire dans l'immédiat ?

L'habit d'homme avait de toute évidence pour Jeanne une signification supérieure, que l'on pouvait à bon droit trouver ambiguë. Il était, bien sûr, à ses yeux, le symbole de sa mission guerrière, mais aussi, de son volontaire renoncement, sans doute, aux ordinaires appétits sexuels de la femme. Si la protection offerte par cet habit contre le viol était illusoire, s'il ne préservait, à tout prendre, que d'un geste goujat en passant, il n'en annonçait pas moins clairement aux amateurs que la Pucelle n'avait que le sexe des anges dévoués à son service. Et l'on était enclin à penser que les anges eux-mêmes en avaient prescrit le port tant que le roi Charles, si peu angélique, serait en péril.

La permanence provocatrice du port de cet habit ne me plaisait pas beaucoup. Il ne fallait pas être grand clerc pour prévoir quels ennuis ce gippon, qui comprimait une alerte poitrine, risquait d'attirer à Jeanne, et premièrement devant les théologiens – même complaisants – que le roi Charles devrait commettre à son examen si elle était embauchée comme probable. On sait les éternelles préventions de l'Eglise et les préjugés répandus en conséquence dans le peuple contre tout travesti. Les prélats examinateurs auraient beau jeu de déclarer à l'imprudente : « Que le Ciel vous recommande à notre attention pour conduire des armées est chose déjà bien nouvelle. Qu'il vous impose chaque jour un habit d'homme parfaitement inutile la plupart du temps est encore plus difficile à croire ! » Pour ébranler la force de l'argument, atténuer ces critiques de bon sens, il aurait suffi que Jeanne eût un geste raisonnable. Par exemple, justement, accepter au moins de paraître en habit de femme à l'église pour s'y approcher des sacrements. Qu'y aurait-elle perdu ? J'entends bien que des changements d'habit trop fréquents, le gippon et la brigandine quand sonne la trompette du matin, la robe décolletée et la coiffure à cornes pour le souper, auraient pu prêter à rire chez les soldats. Mais qui se fût moqué de la soumission aux usages dans un saint lieu ?

Là encore, malgré tout, la logique inspirée de Jeanne n'avait que faire du bon sens courant. Si un ange vous a habillée en homme, on honore une cathédrale en y traînant ses chausses.

A la porte de l'église, une dame, faucon sur le poing gauche, dit au milieu des rires, passant près de la Pucelle : « Voilà bien la tenue qu'il me faut à la chasse !

Mais que d'aiguillettes à défaire pour recevoir mon ami ! », avant d'aller monter en amazone sa douce jument qui marchait à l'amble.

Jeanne prit fort mal cette sortie, puisque la décision vestimentaire du Ciel se trouvait méprisée dans son humble personne.

J'en profitai pour lui suggérer discrètement :

« Vous gagneriez à porter des vêtements de femme à la messe. Pourquoi choquer et énerver les gens sans aucune nécessité. Je ne serai pas toujours là pour apaiser les prêtres. »

Sans songer à me remercier de ma récente intervention, elle me rétorqua sèchement qu'elle savait mieux que moi ce qu'elle avait à faire.

Dans l'église, pénitente au même titre que les autres à l'habit près, elle avait filé doux comme devant le curé de Domrémy, mais sur la place publique de son Dauphin, piquée au vif par la contestation, elle était devenue intraitable.

Alors que je m'en revenais songeur avec Laurent, ce dernier me dit : « Cette Pucelle est une entêtée. Elle est mal partie. » Mais c'était plutôt l'arrivée qui m'inquiétait pour elle.

VII

Le ciel s'était éclairci et un gai petit soleil brillait. Dans l'après-midi, j'allai à la réception champêtre donnée par Messire Gilles de Rais en son camp breton, musical, et discrètement pédérastique des environs pour fêter un événement dont j'avoue avoir tout à fait oublié la nature. Rais n'avait d'ailleurs besoin d'aucun prétexte pour faire la fête.

La fortune terrienne de cette famille était énorme, telle une mosaïque fort stratégiquement répartie pour l'heure entre la Vendée et l'Anjou qui en tenaient pour le roi Charles, la Bretagne – Nantes et le pays de Rais étaient au duc – et le comté d'Alençon, plus au nord, que Bedford avait peuplé de ses amis après confiscation. Les Laval, Craon et Rais, dont les fiefs et châteaux les plus importants étaient situés du côté de Charles VII, étaient brouillés avec les Anglais, auxquels ils avaient abandonné, faisant la part du feu, leurs terres de Saint-Aubin et d'Ambrières, dans la région de la Mayenne. Mais ils ne faisaient point partie de la rancunière coterie « armagnacque » qui s'efforçait de maintenir son influence à la cour après le coup de torchon du terrible Richemont.

Le jeune Rais étant non seulement richissime – déjà, et plus encore en espérances –, mais sybarite et gourmet, les spécialités de carême les plus délicieuses avaient été accumulées sur les tables ornées de feuillages et de fleurs nouvelles, et les vins les plus rares et les plus lointains coulaient à flot : de quoi faire honte au cuisinier de la cour, auquel on mesurait, il est vrai, les crédits. Chez Rais, on sentait passer le vent de l'argent et l'on se serait cru à Venise.

L'assistance était brillante, rehaussée par la présence de La Trémouille, avec une majorité d'hommes. Le ministre poussait activement son cousin Rais, qui lui-même avançait des fonds au gouvernement en détresse et faisait de gros frais de soldats, tirés surtout de Bretagne, comme l'étaient aussi les hommes de l'armée personnelle du connétable Richemont.

Cette Bretagne était un réservoir de premier ordre. Le Breton avait la tête dure, le poing carré, la fidèle obéissance des simples et, après avoir servi Français ou Anglais d'un cœur égal, il mettait en sûreté le produit de ses mercenaires déprédations dans un pays que son duc attentiste parvenait à maintenir dans une paix relative.

Les petits chanteurs de notre hôte nous permirent de goûter un moment original et captivant. Ce n'était que la chapelle restreinte de Rais, sa chapelle de campagne, pour ainsi dire, mais les meilleurs éléments étaient présents de tous ces enfants que le sire mélomane avait amoureusement réunis au cours de patientes recherches. Lorsque Rais aura hérité du vieux Craon, sa chapelle prendra de nouvelles dimensions et deviendra célèbre à plus d'un titre. Ce jour-là, le spectacle était déjà magnifique : les voix, les robes, tout nageait dans la dentelle et dans la soie.

La divine chorale nous interpréta d'abord un vieux classique, extrait de la « Messe-Notre-Dame » de Guillaume de Machaut, puis le récent motet à quatre voix « Veni Sancte Spiritus » de John Dunstable, le musicien attitré du duc de Bedford – la musique ne connaît pas de frontières !

Au cours du siècle précédent, l'« Ars nova », d'un raffinement intellectuel de plus en plus desséché, avait tout envahi, au fur et à mesure que la musique d'Eglise déclinait : il fallait être du métier pour saisir quoi que ce fût à ces exercices de pure virtuosité contre lesquels le pape Jean XXII avait déjà protesté dans sa décrétale si connue des spécialistes et si controversée de 1322. Mais depuis quelque temps, on assistait à un renouveau de la musique d'Eglise sous l'influence des grands maîtres de Rome, de Bourgogne et d'Angleterre, et à un heureux retour en force de lignes mélodiques plus accessibles au profane. Le motet de Dunstable, virtuose du faux bourdon, donnait droit de cité aux tierces et aux sixtes réputées jusqu'alors consonances de transition, et la suavité harmonique du morceau, qui tranchait sur les sonorités dures de l'« Ars nova », était ineffable.

J'en avais les larmes aux yeux, car il me souvenait de la musique sacrée qui berçait mes oreilles à Saint-Marc dans ma prime jeunesse et des explications toujours pertinentes que m'en donnait ma mère, si passionnée elle-même de musique qu'elle avait engagé un petit orchestre pour les besoins du Palais et l'agrément des vacances, ainsi que j'y ai déjà fait allusion en passant.

Rais avait aussi les yeux mouillés de larmes, tandis que La Trémouille mastiquait distraitement un quartier de saumon dégoulinant de sauce. Le procès du maréchal de Rais, en 1440, devait nous révéler un fait tout à l'honneur de sa sensibilité musicale : il sodomisait à tour de bras ses gracieux petits chantres, mais prenait bien garde de ne pas les tuer.

On voit, par les exemples si démonstratifs de ma mère et du maréchal, à quel point la musique adoucit les mœurs. Quels crimes, quels excès n'auraient-ils pas commis tous deux si leurs âmes n'avaient été attendries par les délices du chant et des plus délicats arrangements instrumentaux? Mais en fait de musique, Jeanne ne vibrait qu'au son des cloches.

Au procès du maréchal, un incident plaisant devait défrayer la chronique. Comme Rais, pris d'un chrétien vertige de confession et d'aveux, s'empressait de donner les noms de tous les petits chanteurs qu'il avait honorés... ou déshonorés, on eut beaucoup de mal à le faire taire : il y avait en effet maints garçons de noble famille dans la bande ! Raison supplémentaire, peut-être, pour laquelle le maréchal a si bien su résister à la tentation de leur faire un plus mauvais parti encore.

Avec quelque peine, je parvins à arracher La Trémouille du buffet et à le prendre à part pour lui dire :

« On ne peut rien vous cacher, Messire : le sénat m'avait en effet chargé de mission. Mais j'en ai fini dès aujourd'hui. Il ne m'a pas fallu longtemps pour apprécier toute la justesse de vos leçons. L'alliance avec la Bourgogne est en effet la clef de la suprématie anglaise, et cette alliance, forcément décevante pour le duc Philippe, est de nature provisoire. Mon secrétaire est donc en route pour Venise avec un long rapport où je ne fais que développer ce que j'avais déjà soutenu dans ma brève communication à mon oncle : la cause du roi Charles est en bonne voie.

» Mais que vaut une parole de diplomate ? Aussi ferai-je mieux que de parler. Après ma plume, c'est mon épée que je mets à votre service : je lève une compagnie avec le capitaine Tristan, que j'ai en estime d'autant plus belle que vous l'honorez déjà de votre éminente protection. Et j'irai moi-même vous demander prochainement une " lettre de retenue ", dont je veux croire que les termes avantageux seront à la hauteur du respect et du dévouement que vous m'inspirez. »

La Trémouille en était abasourdi. C'était trop beau pour être vrai ! Comment avais-je pu ajouter foi à des discours auxquels il n'avait cru lui-même qu'à moitié ? Mais un fait était en tout cas certain, et il suffisait à donner le sourire : un patricien de premier rang, contrairement aux plus solides traditions vénitiennes, ne rougissait pas de louer son épée à un Prince étranger – et à un Prince en détresse par-dessus le marché ! On était en plein roman de chevalerie, et ma jeunesse devait expliquer cette foucade. En attendant, un engagement aussi extraordinaire pouvait rendre confiance à quelques-uns dans l'avenir du régime.

Je n'en priai pas moins le ministre de se montrer aussi discret que possible sur l'affaire : c'était à titre purement personnel que j'allais servir la cause valoise, la neutralité vénitienne ne devait pas en souffrir, et il n'était nullement nécessaire que la « Seigneurie » fût avertie du fait prématurément.

Très compréhensif, La Trémouille me cajola jusqu'à mon départ, m'offrit sur sa cassette personnelle un crédit de trois cents livres pour couvrir une partie de mes frais et mieux m'attacher à sa fortune, appela son cousin Rais, le mit au courant, et Rais eut la bonté de me faire compter sur-le-champ trois cents livres supplémentaires.

Le sire de Rais, lui, ne semblait pas étonné de ma décision. Il n'avait point la tête politique – c'était un bon côté de son caractère –, il combattait par fidélité, par amitié, surtout par plaisir de verser le sang, et il trouvait tout naturel qu'on fût dans les mêmes dispositions. La Trémouille ne parviendra jamais à faire jouer à Rais le rôle qu'il avait ambitionné pour lui. Après la fin lamentable de Jeanne, extrêmement choqué, le sensible Rais se retirera sur ses terres pour mener une vie de sanglantes dissipations et il ne faudra plus guère compter sur ses services.

Aux anges, le gros Georges répétait : « Comme le roi va être content de votre soutien! Sa Majesté a tant besoin de nouvelles encourageantes! Laissez-moi lui annoncer celle-là moi-même... » Quelle que fût la réputation de Venise et de son patriciat, je ne me serais pas attendu à pareille fête, et j'en étais presque gêné.

Appuyé par Rais, vivement intéressé par l'événement, je tentai de détourner la conversation vers le sujet de la Pucelle, qui était attendue chez le roi ce même soir, mais La Trémouille faisait le mystérieux :

« Tout ce que je puis vous dire, c'est qu'il y aura du spectacle. Même ma femme sera là, qui pourtant n'est pas sortable, s'étant cognée dans une porte alors qu'elle fuyait un galant! Cette Jeanne a le don de concentrer tous les regards, et la rusée fait tout pour ça. Nous n'avons pas fini d'en entendre parler. Mais si elle échoue, il nous restera une ressource, à Rais et à moi, pour sauver le roi et le royaume : comme la Pucelle se déguise en homme pour séduire, sans doute, des pucelles sans méfiance, nous nous déguiserons en femmes et irons séduire le sombre Bedford dans son repaire tapissé de reliques. Ces puritains sont comme les chênes prétentieux : il est aisé de les faire chuter de leur haut d'un bon coup de cognée au cul ! »

L'humour de La Trémouille était volontiers abrupt.

La nuit tombait lorsque je montai au « Grand Logis », enveloppé de ma houppelande de loup-cervier pour honorer Charles dans ses œuvres, et La Trémouille, dans ses bontés.

A mon entrée, la vaste salle qui servait, comme un peu partout, non seulement aux banquets, mais à toutes sortes de réceptions plus ou moins officielles, était presque vide. J'avais beaucoup d'avance. Les Valois aimaient la nuit complice et tenaient du hibou plus que de l'aigle. Des valets commençaient d'allumer les torches murales et les chandelles des suspensions, tandis que le roi, vêtu fort simplement, répétait ses dernières recommandations devant un groupe de familiers. Bien que la discrétion m'imposât de me tenir à distance respectueuse, les échos que je pouvais percevoir étaient clairs : prenant la Pucelle au mot, le roi avait résolu de se perdre dans la foule pour voir si elle parviendrait à le reconnaître ou non.

Ce jeu de cache-cache puéril, dont on semblait admettre que le sort d'un grand Etat allait dépendre, avait de quoi déconcerter un Vénitien. Si notre doge avait jamais prétendu suspendre le destin de Venise à une telle amusette, le Conseil des Dix l'aurait aussitôt fait interner comme malade irresponsable.

On était en tout cas aux antipodes de la seule interprétation qu'un esprit vénitien aurait pu admettre sans mal ni surprise : un coup monté pour faire partir la miraculeuse Pucelle d'un bon pied aux yeux d'un peuple crédule. L'excessive franchise de Jeanne, les soucis évidemment métaphysiques du roi, tout excluait cette hypothèse. C'est avec le plus grand sérieux que la Pucelle et son roi allaient jouer, comme des enfants concentrés sur le château de sable issu de leur rêve.

Et la nature du jeu en disait long sur la mentalité du roi Charles, persuadé *a priori* de trois choses :

Premièrement, Jeanne n'était pas tricheuse : elle n'aurait demandé à personne quelle tête il pouvait avoir.

Deuxièmement, le Ciel aurait veillé à ce qu'elle ne fût pas informée par accident, quoique la mine lugubre ou – bien rarement ! – réjouie que faisait le roi soit pourtant l'un des sujets de conversation favoris des gens de Chinon, et que les domestiques du château, heureux de se donner de l'importance, ne fussent pas là-dessus avares de détails.

Troisièmement, parvenue jusqu'à lui l'esprit prodigieusement vide de toute représentation, la Pucelle, guidée par ses Voix infaillibles, le reconnaîtrait sans mal.

Bref, le siège du Prince, convaincu d'avance, était fait. Cet homme réputé méfiant et désabusé avant l'âge voulait croire en Jeanne, il avait besoin d'y croire, il ne se cachait que pour être trouvé, tout prêt à distinguer dans l'immanquable réussite de l'épreuve un signe d'en-haut. On pataugeait en plein irrationnel.

Le regard de Charles croisa le mien, et le roi, en dépit de ma retenue courtoise, dut surprendre dans mon œil un éclair de scepticisme amusé, car il se décontenança soudain et sa voix déjà confidentielle tourna au murmure. Les observateurs issus de cités policées produisent facilement cet effet aux hôtes superstitieux des forêts profondes, qui, piqués, n'ont d'autre ressource que de durcir leur position. Mais en réalité, ils ne font que descendre la pente où leur éducation, leurs préjugés, leur inquiétude les poussent.

J'avais en tout cas rompu le charme sans le faire

exprès. Tout à coup, le roi me fit discrètement signe de le suivre, et il m'entraîna jusqu'à son petit oratoire privé – nettement plus intime que celui où je l'avais pu voir précédemment –, lequel dominait, au-delà de la ville prête à s'endormir, une campagne toute noyée de nuit, que de faibles lumières tremblotantes ponctuaient de loin en loin.

Le Prince, malgré l'effort qu'il faisait pour se maîtriser, semblait d'une nervosité, d'une anxiété extrêmes et, pour un témoin non concerné, il y avait apparente disproportion entre ce pénible état et l'épreuve qui s'annonçait.

A mon immense étonnement, le roi me tint alors ce langage :

« Je vois bien que la petite comédie qui se prépare vous surprend et vous amuse. Vous avez le sentiment qu'on traite par ici les grandes affaires comme une partie de dés. Mais les heures qui viennent revêtent pour moi une cruciale importance. Il se pourrait en effet que, grâce à cette Pucelle, une vieille malédiction fût levée. Vous ouvrez des yeux ronds et je vous surprends plus encore, n'est-ce pas ? Dieu ne maudira jamais Venise : les Vénitiens s'en moqueraient comme d'un quelconque interdit pontifical[1] ! »

Je laissai glisser cette pique, représentative des absur-

1. Sans que ça les trouble beaucoup, les Vénitiens avaient été excommuniés une première fois en 1284 par Martin IV. Puis en 1309, le pape d'Avignon Clément V les avait excommuniés derechef dans le dessein de les empêcher d'annexer Ferrare, interdit levé en 1313 contre le versement de 90 000 florins. De nouveaux interdits devaient être fulminés contre la population vénitienne en 1484 et 1606. Peuple et clergé vénitiens s'étant moqués particulièrement haut de cette dernière excommunication globale, la papauté renoncera désormais à l'arme de l'interdit et aux bénéfices politiques ou financiers qu'elle avait pris la mauvaise habitude d'y rechercher. L'interdit ne peut effectivement être efficace que si le clergé intéressé applique docilement l'ordre de grève des sacrements décrété par le pape, qui ne rougit pas de prendre en otage un peuple innocent pour la faute supposée de quelques-uns. Seules les excommunications à titre personnel respectent le droit et la justice.

des calomnies qui courent sur ma patrie, et priai le roi d'éclairer son sibyllin propos. Il me répondit, évidemment désireux de convertir un étranger raisonneur à ses bizarres fantasmes, ou, à tout le moins, de s'en faire bien comprendre, efficace technique pour achever de se convaincre soi-même :

« Déjà passionné pour l'histoire, il était naturel, dans la position discutée où j'étais, que je fisse entreprendre des recherches sur quelques points de droit en rapport avec mes prétentions... Jeanne n'arrivera pas avant une bonne demi-heure, conduite par le jeune duc de Vendôme, un ami cher de ma belle-mère Yolande, qui s'intéresse d'autant plus à Jeanne qu'elle vient du pays lorrain : je vous rappelle que l'héritière du duché de Lorraine a épousé mon beau-frère René d'Anjou, adopté lui-même par le cardinal-duc Louis de Bar, oncle de ladite Yolande... Bref, nous avons tout notre temps. »

Nouveau témoignage de la confiance éperdue de notre Prince dans le providentiel arrangement des choses, l'idée ne lui était même pas venue que Vendôme, manipulé par l'astucieuse duchesse Yolande, aurait pu pousser Jeanne du coude lors de la royale apparition.

« Vous vous attendez assurément, poursuivit le roi, à ce que je vous entretienne du fameux traité de Troyes. Eh bien, pas du tout ! Ce traité m'ennuie fort par l'utilisation éhontée qu'en font les Anglais et les Bourguignons, mais il ne me trouble aucunement, car c'est en France une règle fondamentale reconnue par tous depuis les origines, et qui n'avait jamais connu d'exception, que l'héritier du trône ne se déshérite point. Quelles intrigues, quelles convulsions perpétuelles, si chaque roi s'arrogeait le droit de déshériter à sa fantaisie le Dauphin – ou même l'un de ses frères cadets ! Le traité de Troyes n'est pas illégal parce qu'il crée une double monarchie, solution en théorie séduisante pour mettre fin à un conflit séculaire. Je serais moi-même heureux d'en être le souverain en des temps meilleurs ! Il est illégal de ce simple fait qu'en méprisant mon droit le plus assuré, il introduit un facteur de ruine, un ver rongeur, dans notre monarchie déjà si éprouvée d'autre part.

» Il serait moins odieux de me pendre pour le meurtre de Jean sans Peur à Montereau que de me disputer ainsi la couronne qui m'est due!... »

Nous fûmes interrompus par les nourrices qui venaient présenter au roi le Dauphin Louis et la toute jeune Radegonde. Le premier – un garçon chafouin – pouvait avoir dans les six ans, et l'autre, à peu près quatre. Le roi avait la tendre coutume de les embrasser avant leur sommeil. Un Jean était né et mort en 1426, et Catherine, âgée d'un an, était restée avec sa mère à Bourges, d'où La Trémouille avait su éloigner les routiers en proposant aux plus hargneux des « lettres de retenue » suffisamment séduisantes. Admirable combinaison : pour sauver la reine et la petite princesse, on étoffait l'armée de chenapans nouveaux!

Devaient naître par la suite Jeanne, Jacques, Yolande, Philippe, Marguerite, les deux jumelles Marie et Jeanne, Madeleine et Charles. Charles VII fut encore plus prolifique que son père fou, qu'il battit d'une courte tête. À cette date de 1457 où j'écris, le roi et la reine ont perdu huit enfants sur treize.

Le principe de la succession au trône par ordre de primogéniture mâle, entre autres inconvénients, oblige les malheureux rois à engrosser les malheureuses reines chaque fois qu'ils ont un quart d'heure de libre. Quand on reproche à Charles VII d'avoir tardivement sacrifié à une débauche sénile en compagnie de donzelles qui auraient pu être ses petites-filles, il ne faut pas oublier qu'il s'était, avec beaucoup de mérite, acharné longtemps à combler d'enfants une femme que Yolande d'Aragon lui avait choisie laide à souhait.

Avec une émotion toute particulière, le roi serra sur son cœur l'ingrat et traîtreux Dauphin Louis – qui devait plus tard lui apporter tant de déceptions et d'odieux tracas : le type du morveux à déshériter d'office si de grands principes ne s'y opposaient. Là encore, les rois de

France ne sont pas gâtés par la contraignante coutume : nantis d'un Dauphin catastrophique, ils n'ont que les solutions de le confirmer dans ses droits ou de le faire exécuter. Il n'y a pas de milieu entre ces déplorables extrêmes. Comme nos doges sont heureux avec leurs esclaves turques !

Nourrices et enfants partis, je fis au roi Charles les plus vifs compliments sur la mine éveillée du Dauphin Louis, qui n'était pas encore en âge, il est vrai, de tenter de l'empoisonner, et il revint à son affaire :

« Je vais vous entretenir à présent, Messire Condulmer, de ce qui me trouble, et qui a rapport étroit avec Jeanne – bien que son ignorance égale sans doute la vôtre quant à l'essentiel. Et vous allez voir qu'il y a de quoi être troublé, que vous-même, malgré vos conceptions païennes de l'Etat, le seriez peut-être à ma place.

» Nous devons remonter au mois de mai 1314, dernière année du règne de Philippe IV le Bel – celui qui avait envoyé Nogaret à Anagni pour houspiller à mort le rapace et cacochyme pape Boniface VIII de concert avec un Colonna.

» En ce temps-là, le roi Philippe avait quatre enfants :

» Isabelle, reine d'Angleterre, avait déjà donné le jour au futur Edouard III, en attendant que son mari Edouard II, sodomite convaincu, périsse – à ce qu'on raconte – empalé par un fer rouge coulissant à travers une corne de bœuf, de manière que le royal anus demeure frais et dispos à l'intention des médecins complaisants qui devraient examiner le cadavre...

– On reconnaît bien là, sire, le rigide souci anglais des convenances. Vous n'auriez pas pris autant de peine à Paris !

– Les Anglais sont en effet des hypocrites, qui ne songent qu'à ce qui se voit. Ils ne s'inquiètent point de l'envers du décor. Un anus plaisant cachant des entrailles pourries et ravagées, voilà l'Angleterre !

» Cette Isabelle, qui devait s'enfuir vers la France en

1325 avec son amant Roger Mortimer pour y fomenter outre-Manche le soulèvement qui allait coûter la vie deux ans plus tard à Edouard II, avait trois frères.

» Le Prince Louis, déjà roi de Navarre par héritage maternel, avait épousé Marguerite de Bourgogne, qu'il avait rendue mère d'une petite Jeanne : retenez bien ce fait !

» Le Prince Philippe, comte de Poitiers, avait épousé Jeanne d'Artois.

» Et le Prince Charles, comte de la Marche, avait épousé Blanche d'Artois, sœur de Jeanne d'Artois.

» Marguerite de Bourgogne et Blanche d'Artois trompaient leur mari avec les frères Gautier et Philippe d'Aunay, la complicité de Jeanne d'Artois étant tacite.

» En mai 1314, donc, le roi ordonne l'arrestation des cinq coupables. Les deux frères d'Aunay sont écorchés vifs, et leurs sexes, jetés aux chiens... qui n'ont dû en faire que deux bouchées ! Marguerite et Blanche sont enfermées à Château-Gaillard. Marguerite y meurt de froid dans l'hiver. Blanche n'en sort que dix ans plus tard pour être internée dans un couvent, son mariage étant canoniquement cassé sous des prétextes par le cahorsin Jean XXII, un pape d'Avignon qui n'avait pas grand-chose à refuser au roi de France.

» La seule excuse à ces déplorables rigueurs et abus de droit est que, dans tous les Etats d'Occident où la Couronne se transmet de père en fils ou, à défaut, de père en fille, la vertu des reines ou héritières présomptives a pris une importance sacrée : si le roi, si ses fils sont cocus, la transmission de lit en lit du précieux Sang royal est sujette à caution, et des troubles graves risquent de s'en ensuivre. Rois et Princes du Sang sont ainsi les seuls dont le cocuage est vraiment pris au sérieux.

» Il n'en reste pas moins, Messire, que les Capétiens directs ne sont pas morts de leur belle mort : ils ont eux-mêmes commencé de se stériliser avec une aveugle et imbécile sauvagerie, et la Providence a fait le reste.

» A la mort de Louis X, qui disparaît dès 1316 après

seulement deux ans de règne, la reine Clémence de Hongrie – la deuxième femme du roi, veuf de l'infortunée Marguerite de Bourgogne – est enceinte, et elle accouche d'un fils, Jean Ier, qui meurt au bout de cinq jours – peut-être assassiné.

» Devait alors normalement être déclarée reine de France la petite Jeanne de quatre ou cinq ans, fille du roi défunt et de la défunte Marguerite. Aucun droit écrit, aucune coutume n'autorisait à la déshériter – pas plus que le traité de Troyes ne peut me déshériter ! Le Prince Philippe de Poitiers avait une carrière de Régent devant lui jusqu'à la majorité de la jeune reine, ni plus ni moins. Vous savez comme moi que, partout en Europe, les femmes, en l'absence de mâles, sont habilitées à être reines ou duchesses régnantes, à gérer un fief, à recevoir l'hommage correspondant, à en hériter, à le transmettre... Rien n'empêche une femme de régner à Naples, en Castille, en Angleterre ou ailleurs[1]... Les frontières des Etats européens d'aujourd'hui sont en grande partie définies suivant les hasards des unions princières et des droits féminins qu'elles avaient transmis.

» Mais Philippe de Poitiers ayant intrigué avec cautèle, la Couronne lui fut enfin consentie après marchandages avec les grands barons, qui n'étaient pas fâchés que le nouveau roi Philippe V leur dût son usurpation. Il y avait là – le point est important ! – une régression très grave, un retour à Hugues Capet, lui aussi élu par les barons, mais avec l'appui des Carolingiens d'Allemagne au détriment des droits des Carolingiens de France. L'œuvre de tant de Capétiens, qui avaient fait triompher le principe de primogéniture sur l'élection, était en péril, et l'autorité royale commença de souffrir.

» Philippe V, qui ne règne que six ans, meurt en 1322,

1. On peut également citer l'Ecosse avec Marie Stuart; les reines de Hollande ou les impératrices de Russie; Marie Thérèse, qui fut reine de Hongrie et de Bohême au XVIIIe... Faisait exception le Saint-Empire, parce qu'il était électif.

laissant quatre filles. Il était impossible d'accorder à l'aînée ce qu'on avait refusé naguère à la petite Jeanne. Charles de la Marche, le dernier fils de Philippe le Bel, devient donc Charles IV, qui meurt six ans plus tard, en 1328, cette même année où la Jeanne évincée en 1316 devient reine de Navarre, maigre indemnité pour un si grand dol. La reine de France est alors enceinte de sept mois, mais l'enfant est encore une fille.

» N'est-il pas des plus étrange, Messire Condulmer, que les trois fils de Philippe le Bel, foudroyés si prématurément, n'aient pas laissé un héritier mâle pour leur succéder ? Un règne de deux ans, deux règnes de six ans seulement, et pas un garçon ! Alors que chez les Plantagenêts rivaux, la reine Isabelle engendre Edouard III, qui fera notre malheur après avoir réglé son compte à l'amant de sa mère, Mortimer. Ne peut-on voir là une divine punition des cruautés de 1314 et de l'éviction inique de la future reine de Navarre, si peu de temps après ? »

La question dictait la réponse, et je déclarai naturellement que ces multiples coïncidences donnaient à réfléchir.

Satisfait de ma réaction, le roi reprit :

« A la mort de Charles IV, Philippe de Valois, neveu de Philippe le Bel, se fit attribuer la Couronne, non sans délicates négociations avec les barons, nouveau coup à l'autorité.

» Le mépris des droits de Jeanne, en 1316, n'avait pas fait grand bruit dans le pays : après tout, le pouvoir demeurait aux mains d'un fils de Philippe le Bel. L'avènement de Philippe VI, malicieusement surnommé « roi trouvé », qui n'était plus fils, mais neveu, amena beaucoup de monde à s'interroger sur ces questions de droit successoral – d'autant plus qu'Edouard III d'Angleterre, sautant sur l'occasion, réclamait la Couronne de France au titre de petit-fils de Philippe le Bel par sa mère. De nouvelles guerres sans merci, qui ont ravagé toute la France, sont sorties de ces prétentions, fruits empoisonnés de la cynique usurpation de 1316, dont les Valois avaient été si heureux de s'accommoder.

– De plus en plus étrange, sire ! Tout se passe en effet comme si Dieu avait élu l'Angleterre comme bras séculier pour corriger et mortifier les Valois, complices après le fait de cette peu glorieuse usurpation. Le Ciel avait prévu un long et paisible règne pour Jeanne Ire de France, qui aurait transmis son sceptre sans encombre à une foule de descendants des deux sexes; Philippe V et Philippe VI auront faussé le plan divin, le cours même de l'histoire, et il n'est pas surprenant que la foudre ait éclaté. On saisit enfin pourquoi, à un contre six ou sept et avec de si maigres finances, l'Anglais triomphe depuis un siècle sur tous les champs de bataille. Ses qualités n'y sont pas pour grand-chose : il est poursuivi par une chance métaphysique, il triche avec des cartes que saint Georges a biseautées !

» Mais à la réflexion, l'hypothèse serait plutôt réconfortante. Lorsqu'une vengeresse Providence s'estimera suffisamment gorgée de sang français, elle ira punir d'autres dynasties défaillantes et, Dieu merci, il n'en manque pas ! »

Cette analyse absurde rejoignait les pensées les plus familières du roi, qui me fut reconnaissant de l'avoir si bien compris, et même deviné.

« Oui, Messire, me dit-il rêveusement, il m'est arrivé de songer ainsi... Mais je vois que vous commencez à raisonner à la française, et cela fait plaisir !

» Venons-en pourtant au plus honteux et au moins connu.

» En 1358, deux ans après le désastre de Poitiers, un certain Richard Lescot, historiographe médiocre et panégyriste émérite du roi Jean II le Bon alors prisonnier en Angleterre, découvre par hasard dans la bibliothèque de l'abbaye de Saint-Denis un recueil juridique carolingien datant de 803, intitulé " Lex salica carolina ", loi qui ne fait d'ailleurs que reproduire de plus anciennes dispositions. Et à propos des héritages, au titre " De allode ", notre Lescot note le texte suivant : “ Mulier vero in regno nullam habeat portionem ”, autrement dit : “ Les femmes n'héritent point du royaume. ”

» Naturellement, Lescot s'empresse de divulguer sa trouvaille : il y a là de quoi justifier après coup, et par une loi vénérable, indiscutable, datant pour le moins de saint Charlemagne, non seulement l'usurpation de 1316, mais surtout, souci beaucoup plus actuel vu la guerre qui fait rage contre les Anglais, les prétentions de feu Philippe VI de Valois, léguées à Jean le Bon, contre les appétits du toujours vivant Edouard III : si les femmes n'héritent point, elles ne peuvent à plus forte raison transmettre, et les prétendus droits d'Isabelle d'Angleterre, mère d'Edouard, tombent en quenouille sans rémission.

» Je précise en passant que saint Charlemagne, canonisé en 1165, est avec Saint Louis le saint français le plus populaire – bien qu'à y regarder de plus près, cet empereur germanique à la vertu plus que douteuse, canonisé par l'anti-pape Pascal III pour obliger l'empereur Frédéric Barberousse, ne soit ni français ni saint : sa canonisation n'a pas été confirmée par un pape légitime. Le sceptre de Charles V le Sage n'en était pas moins surmonté d'une statuette de Charlemagne avec l'inscription “ SANCTUS KAROLUS MAGNUS ”. En politique, on prend ses saints où on peut. Saint Louis et saint Charlemagne composent un brillant mariage qui émeut le peuple et lui inspire confiance dans la dynastie qu'ils protègent. »

Des échos montaient de la grande salle proche qui commençait à se remplir. Le roi tendit l'oreille et sa main se crispa sur le chapelet qu'il caressait machinalement.

« Pour en revenir, Messire, à la loi salique, Lescot rédige sur cette base un beau traité qui aura un grand succès, thèse reprise par bien d'autres, et dernièrement encore par le distingué Jean de Montreuil. Il était saisissant de penser qu'à l'heure la plus sombre de notre histoire, nos forces défaites et le roi captif, saint Charlemagne avait par miracle dicté le bon droit à un historiographe du roi martyr de sa bravoure : il n'y avait plus qu'à recopier indéfiniment cette salutaire vérité.

» Après l'installation à Paris du gouvernement du duc de Bedford, les affreux moines de Saint-Denis, qui soutiennent la politique anglo-bourguignonne et me privent ainsi de ma miraculeuse oriflamme, font part au Régent d'un secret qu'ils avaient pieusement gardé en des temps où ils étaient encore fidèles aux Valois : Richard Lescot a truqué le manuscrit de la loi salique. Bedford s'empresse de faire vérifier et a le front de me traiter partout de faussaire.

» D'abord incrédule, puis impressionné par la persistance de la déshonorante rumeur, je fais pousser des investigations dans les bibliothèques de ce qui me reste de terres et, après de longues et patientes recherches, Geoffroy Vassal me rapporte de Savigny en Poitou un deuxième exemplaire de la loi salique carolingienne, dont je connais hélas, trois fois hélas, le texte par cœur sur le point qui nous intéresse : " De terra salica nulla portio hereditatis mulieri veniat sed ad virilem sexum tota terra perveniat. " Ce coquin de Lescot avait rajouté " in regno " à son résumé pour transformer un paragraphe de droit civil ordinaire en une éternelle et fondamentale constitution du royaume ! Là où Charlemagne avait légiféré sur l'avenir d'un champ de raves, Lescot avait intercalé deux mots par où tout le royaume de France était en jeu !

– Mais c'est énorme !

– Les adjectifs manquent... J'ai reçu Geoffroy Vassal peu de temps avant d'entendre parler de Jeanne pour la première fois. Vous jugez du choc que j'ai ressenti à la nouvelle de cette félonie. Je crois que j'ai alors touché le fond et que j'aurais peut-être déguerpi, étouffé de honte, si le premier écho de la mission de la Pucelle n'était venu réveiller mon espérance. Adultérer un texte de saint Charlemagne, protecteur de la dynastie, quarante-deux ans après l'événement, pour justifier une usurpation cauteleuse au détriment d'une infortunée orpheline dont on vient de faire périr la mère de froid dans les brouillards de Normandie, peut-on imaginer, après un crime plus noir, une fraude plus impie et plus inexpiable? Comment un Dieu de justice aurait-il pu soutenir les Valois[1]?

» Je puis vous sembler naïf, Messire, de tant m'inquiéter à propos de droit, mais nous ne sommes pas ici à Venise ou à Milan, cités qui ne veulent connaître que la force, avec cette faiblesse que cette doctrine implique lorsqu'on n'a point de lagunes pour assurer sa protection. En France, toute la pérennité des rois repose sur leur légitimité aux yeux du peuple, et d'abord à leurs propres yeux. Malgré bien des entorses à notre idéal, nous persistons à vouloir être et paraître des politiciens moraux, et nous pensons qu'il y a moins de ridicule dans cette croyance que d'impiété dans le scepticisme!

» Vous saisissez mieux, à présent, quel choc inverse m'a bouleversé à l'annonce que Jeanne s'était ébranlée pour défendre ma cause. Une foule de coïncidences me frappent, où il serait d'un esprit borné de ne pas voir des signes propices. J'ai déjà fait observer que la Pucelle

1. Les érudits situaient vers 1429-1430 le retour de Geoffroy Vassal avec le texte authentique. La précision fournie par Condulmer clôt le débat. A noter l'innocence du roi dans cette ignoble affaire : au courant de l'imposture, il n'aurait pas ordonné d'enquête.

Par la suite, les propagandistes valois, tout en admettant que « in regno » n'est pas dans le texte, soutiendront de plus en plus mollement qu'il y est sous-entendu! Le serpent de mer de la loi salique, à moitié écrasé sous le talon de Bedford, se traînera péniblement jusqu'à la mort d'Henri III. A cette date, comme une princesse espagnole eût été héritière de la Couronne si les femmes avaient pu régner, un plumitif du Parlement de Paris redonnera une nouvelle vie au grossier mensonge, qui fera peu à peu figure de vérité historique pour écoliers primaires.

Il va de soi que les légitimistes français bien informés estiment que les rois de France sont usurpateurs à partir de 1316 et que les disputes entre « légitimistes » et « orléanistes » contemporains relèvent de l'ignorance ou du parti pris. Le vrai souverain de France serait alors à découvrir dans la descendance, masculine ou féminine, de la petite Jeanne sacrifiée...

avait quitté Vaucouleurs le jour de mon anniversaire. Elle porte le même nom que la petite fille bafouée de 1316. C'est en mai 1328 que Philippe de Valois s'est fait indûment sacrer à Reims, c'est en mai 1428, juste un siècle plus tard, que Jeanne a rencontré Baudricourt pour la première fois. Mais surtout, surtout!... n'est-ce pas une femme, contre toute attente raisonnable, que le Ciel a paradoxalement choisie pour me mieux signifier que la frauduleuse exclusion des femmes de la succession au trône, sanctionnée par un siècle de désastres, est enfin pardonnée, oubliée, admise? N'est-ce point dans le style étonnant d'un Dieu dont la raison déroute la nôtre que de charger une femme de sauver une dynastie qui est la seule en Europe à les exclure? Mes perpétuels malheurs ne sont-ils pas à la veille de finir? Toutes ces coïncidences ont beaucoup impressionné mes astrologues – et d'autant plus qu'ils avaient négligé de les relever! »

J'aurais eu mauvaise grâce à ne pas être aussi impressionné que des astrologues auxquels le roi lui-même avait fait la leçon, et il fallait bien avouer qu'une telle accumulation de coïncidences des plus improbable était de nature à laisser rêveur même un Vénitien peu habitué à raisonner métaphysiquement dans les affaires profanes. En gardant tout mon sérieux, je dis au roi que son interprétation de l'histoire était aussi ingénieuse que profonde et méritait d'être confirmée par de proches et heureux événements. L'espérance est sur cette terre chose si belle et si fragile qu'il ne faut pas l'abîmer sans bons motifs. D'ailleurs, le roi s'était élevé jusqu'à un domaine où la notion même de preuve – pour ou contre – était par définition évanescente. Mais en dehors de Venise et de quelques villes italiennes, ce sont les croyances plus que les faits qui font avancer la politique : il convient donc, au cours d'une analyse politique, de voir dans la croyance un fait comme un autre. Le fait était que l'influence de Jeanne, avant même qu'il l'ait vue, avait déjà commencé de transformer le roi contre toutes humaines prévisions.

J'estimai cependant opportun de renforcer encore le moral du monarque par quelques considérations de bon sens indépendantes d'une métaphysique passagère.

« Votre Majesté, et c'est tout à son honneur, considère dévotement par priorité ses propres fautes ou les crimes de ses devanciers.

» Mais il ressort clairement de l'exposé de Votre Majesté que les vieilles revendications d'Edouard III à la Couronne de France étaient absurdes, et en vertu même de l'argument qui prétendait les appuyer : le droit universel des femmes dans les sociétés féodales d'Occident. Car à ce compte-là, la petite Jeanne d'abord, puis les filles de Philippe V et de Charles IV, nées des trois fils de Philippe le Bel, passent avant Edouard, né d'une fille de ce roi. Edouard III aura manifestement soulevé ce lièvre de la légitimité pour justifier un vulgaire conflit féodal, aigu ou latent depuis que le duc Guillaume de Normandie a conquis l'Angleterre en 1066, depuis qu'Aliénor a apporté aux Anglais l'Aquitaine et ses vins vers le milieu du XIIe siècle après bien d'autres rois d'Angleterre, il lui était devenu insupportable de se déclarer vassal du roi de France pour son important fief de Guyenne, et il ambitionnait de briser ce lien à jamais.

» Avec les progrès de l'administration, les grands vassaux de la Couronne ne sont-ils pas exposés à de dangereuses tracasseries par le biais des appels que leurs administrés mécontents adressent à la justice royale ? Et un roi vassal n'est-il pas plus exposé qu'un autre ? Combien de fois, Capétiens ou Valois n'ont-ils pas exploité leur suzeraineté pour inciter à la révolte les nobles de Guyenne qui pensaient avoir quelque chose à y gagner ?

– Oui, reconnut le roi, de nos jours, un souverain ne peut plus être vassal tranquillement. La fatalité veut que ça casse tôt ou tard. Le prétexte avancé par Edouard III n'en était pas moins aussi faible que vous l'avez dit. Malheureusement, notre propagande demeure désarmée sur ce point, car la mauvaise foi d'Edouard ne peut être démontrée qu'en mettant en évidence l'abus de droit de 1316. D'où la trouvaille tardive de la prétendue loi salique... »

J'avançai de nouveaux arguments réconfortants...

« L'arrogance d'Edouard III était d'autant plus insoutenable que la renonciation de la petite Jeanne au trône de France avait été de toute évidence extorquée. Mais Henri IV de Lancastre, père d'Henri V, roi par usurpation assassine sur la personne du Plantagenêt Richard II en 1399, avait encore moins de droits à la Couronne d'Angleterre que n'en avait eu Philippe de Valois à celle de France. Ce pour quoi Henri V, subjuguant la propre sœur de Votre Majesté après Azincourt, a imaginé la solution inédite du traité de Troyes, dont votre Majesté a bien démontré tout à l'heure à quel point il est contraire aux traditions françaises les mieux ancrées.

» Les Lancastres goûtent d'ailleurs, tout comme les Valois à l'autorité défaillante, les fruits amers de l'usurpation, malgré leurs brillantes tentatives de la faire oublier par des succès extérieurs : leur autorité est moins discutée à Paris qu'à Londres, où le Parlement parle haut et mesure les crédits, où l'Eglise, qu'il convient également de ménager, impose une chasse constante aux derniers partisans de l'hérétique Wyclif.

» En un mot, sire, si les Valois sont des usurpateurs et des faussaires, les usurpateurs lancastres, malgré leurs grands airs de vertu, sont d'une épaisse et odieuse hypocrisie. Vous pouvez tous vous renvoyer la balle, et Dieu, s'il n'est pas trop dégoûté pour se mêler de politique, n'a aucun motif de faire des jaloux. Tôt ou tard, l'Anglais abusif sera corrigé à son tour, et peut-être plus tôt que prévu.

– C'est ce que Jeanne a promis.

– Et elle a l'air de bien savoir ce qu'elle dit. Ne chevauche-t-elle pas avec un ange en croupe, dont le glaive flamboyant chassera les putains des camps et éclairera l'horizon? »

Un bruit de fond croissant nous parvenait de la grande salle. Le roi s'agenouilla tout d'un coup et, sans plus se préoccuper apparemment de ma présence, lança d'une voix émue vers les cieux une brève et fervente oraison.

Puis, s'étant relevé l'œil humide, il me dit :

« Vous avez bien entendu les termes que je viens d'employer? Je croirai encore plus volontiers en Jeanne si elle parvient à me les répéter dans un instant. Vous seriez alors toujours là pour me les rappeler, de sorte que je ne m'imagine point avoir rêvé par la suite. Que la teneur de cette banale prière reste entre vous et moi, s'il vous plaît. »

C'est ce que je promis, promesse que j'emporterai dans la tombe. En matière de politique ou de finance, les promesses ne valent pas plus longtemps que les circonstances qui les ont produites. Mais dans notre vie privée, où tout dépend de nous, notre parole doit valoir de l'or.

Tout ce que je puis révéler, c'est que ladite prière était en effet très banale, centrée sur des soucis poignants que l'on savait partout être ceux du roi depuis des années. Avec un soupçon de chance, il était possible d'en deviner l'essentiel, et Jeanne était très intuitive dès qu'une angélique idée fixe ne faisait point barrière entre sa finesse native et le réel. Charles voulait bien compliquer le jeu, mais répugnait instinctivement à le rendre trop difficile. Au fond, c'était lui-même plus que la Pucelle qui avait à triompher de l'épreuve.

A pas de sénateur, nous nous dirigeâmes vers la grande salle bruyante, pressés de connaître l'arrêt du destin, freinés plus encore par l'appréhension d'un échec mortifiant.

Chemin faisant, j'achevai de remonter le moral du roi...

« Ultime consolation, Votre Majesté se doute bien que tous les grands Etats ont pour fondement moral ou juridique une légende incontrôlable, une tromperie quelconque, un mythe privilégié, une prodigieuse turlutaine, à côté de laquelle la sainteté de Charlemagne fait figure de canaillerie anodine. Ma chère Venise elle-même est fièrement campée sur la dépouille de saint Marc chapardée à Alexandrie en des temps brumeux, mais il ne faudrait pas y regarder de trop près : ces ossements vénérables ne sont peut-être que du poulet ou du faisan.

» Et l'exemple vient de très haut, car le pape n'est pas blanc !

» Ses jubilés attirent à Rome des foules considérables, anxieuses d'obtenir Indulgence plénière après avoir écumé les bordels et prié sur la tombe de Pierre. Le pape sait pourtant bien que les sarrasins ont pillé de fond en comble la basilique en 846, et que les restes de Pierre ont été jetés au Tibre, à moins que, plus probablement, ils n'aient été emportés en vue d'une négociation fructueuse – auquel cas, ils auraient sombré au retour avec la flotte dévastatrice. De toute manière, le pape n'est pas près d'autoriser une vérification[1] : l'abus de confiance est d'un trop fructueux rapport !

» Mais il y a plus scandaleux encore si possible : la domination temporelle du pape sur Rome et sur toute l'Italie centrale, d'une mer à l'autre, ne repose que sur un faux ridicule, la " donation de Constantin ", fabriqué sans doute vers la fin du VIIIe siècle, et glissé au milieu du XIIe dans la collection de décrets canoniques du moine Gratien, qui fait autorité depuis dans les Ecoles... »

Le roi était tombé en arrêt, l'oreille dressée.

« Vous êtes sûr ?! La preuve en serait enfin faite ?

– Rigoureusement, sire.

– Ce serait quand même un peu gros !

– Guère plus que la loi salique... La vérité historique, sire, est toujours « un peu grosse » : elle est si rarement découverte...

1. Autorisation accordée seulement par Pie XII en 1939 : saint Pierre avait disparu !

– Une étude démonstrative du lettré romain Lorenzo Valla commence de circuler sous le manteau en Italie, en attendant une publication officielle[1]. Lorsque j'ai quitté Venise, mon oncle " papabile ", le cardinal de Sienne, en était fort inquiet et chagriné.

» Je pense que la méfiance avait été éveillée en Italie par les récents progrès des études historiques, notamment en ce qui concerne l'Antiquité. Il était devenu de plus en plus évident que même si Constantin, pris de boisson, avait pu caresser l'idée extravagante de donner Rome au pape, personne ne l'aurait laissé faire. Constantin n'a jamais renoncé à son titre de " Grand Pontife " païen et ne s'est fait baptiser que sur son lit de mort.

» Il est possible que des papes ignares aient cru longtemps de bonne foi à ce faux affligeant. A présent que le pape est bien informé, croyez-vous, sire, qu'il va rendre Rome et les Etats de l'Eglise, sur lesquels il n'a aucun droit, à l'empereur, son propriétaire légitime? Non, bien sûr! Il va se cramponner plus que jamais à la Ville et aux territoires usurpés, fulminant des excommunications dérisoires contre tous ceux qui voudraient y toucher. Car les diverses nations dernièrement réunies au concile de Constance se sont acharnées à démolir, à rogner, le pesant et irritant édifice fiscal échafaudé autrefois par les papes d'Avignon pour gruger l'Europe entière. De plus en plus, le pape devra tirer le gros de ses revenus de ses Etats italiens. Qu'importe le droit devant une pareille nécessité! Mon saint oncle Gabriel lui-même, s'il devient pape, devra composer avec Mammon, et même chausser les bottes du Prince italien

1. Le travail de Valla fut enfin publié vers 1440 et lui attira force ennuis. Faisant preuve de son habituelle indépendance, l'Inquisition l'acquitta cependant, ses assertions ne touchant pas à la doctrine. La question demeurait posée, et elle le demeure encore aujourd'hui : quel peut être, en dernière analyse, le fondement juridique d'un quelconque Etat pontifical? Dans l'Evangile, non seulement aucune autorité temporelle n'est prévue pour Pierre, mais on lui enjoint de ne pas se préoccuper des affaires du siècle.

temporel, plus souvent attentif à ses frontières fluctuantes qu'à la théologie abstruse.

» En menaçant de faire du bruit autour de cette fausse donation inqualifiable, Votre Majesté aura en main de quoi rendre le pape souple comme un gant au cours d'une négociation difficile. Le nouveau Nogaret français lui glisse à l'oreille : " Alors, vieux coquin, toujours au mieux avec Constantin? A quand une enquête sérieuse? ". Et Votre Majesté libère l'Eglise de France pour s'en réserver les bénéfices! »

La douce perspective était bien faite pour enthousiasmer le roi Charles.

Les papes s'étaient d'abord rendus insupportables aux souverains temporels par leurs prétentions à les dominer, à les mécaniser, à les juger, à les contrôler, à les contraindre à des vassalités onéreuses. Ces ambitions théocratiques s'étant effondrées sous Philippe le Bel, des ambitions financières universelles leur avaient succédé au beau temps d'Avignon, plus désagréables encore si possible. Le rêve de chaque roi d'Occident, à cette époque, était d'avoir son Eglise à lui, de disposer librement des évêchés et abbayes pour récompenser des fidélités sans bourse délier, de mettre en tutelle les Universités frondeuses retranchées derrière leurs privilèges pontificaux, de garder dans leurs Etats le maximum d'argent.

Mais il y avait encore beaucoup à faire pour aboutir à ces Eglises nationales qui n'entretiendraient plus avec le pape que des rapports distants, méfiants et polis, qui, afin d'échapper à l'autorité gênante, mais lointaine, de la papauté, se seraient aveuglément jetées sous l'autorité plus lourde et plus immédiate des Princes de ce monde. La fausse donation constantinienne donnait aux rois une arme de plus dans ce combat de première importance, où leur autorité et leurs deniers étaient en cause.

Le roi Charles esquissa un pas de danse et s'exclama en riant :

« Ainsi, à vous entendre, le pape serait encore plus

usurpateur, plus trompeur que les Valois ou les Lancastres. Quelle délicieuse et sainte nouvelle ! Et je l'apprends ce soir, alors que l'honnête Jeanne est en marche vers mon trône ! Vous voyez bien, Messire Condulmer, que cette fille vient de Dieu.

– Tout comme moi, sire !

– Croyez que je vous suis bien reconnaissant. Et je suis même impatient de lire ce Lorenzo Valla. Je crains que Maître Simon Charles n'ait quitté Venise avant que ma demande puisse le joindre...

– J'écrirai dès demain à mon oncle Angelo, sire, qui se fera un plaisir de vous obliger d'urgence. Le fait que son frère ait une bonne chance d'être pape ne le rend pas plus fanatique du Saint-Siège, et il se souvient, comme tous les Vénitiens, de l'interdit de 1309, qui nous a coûté 90 000 florins. Nos patriciens dépenseraient trois ducats pour en faire perdre deux au pape !

– Ah, la bonne heure !

– En plus de la lettre pour mon oncle, la poste de Votre Majesté pourrait-elle se charger d'une autre lettre familiale, à faire parvenir à la même adresse ?

– Cela va de soi. Ma poste vous est ouverte, non seulement pour cet envoi, mais pour tous ceux que vous voudrez.

– Je n'en abuserai point. Votre Majesté aurait-elle la bonté de me donner l'assurance que mon courrier privé ne fera l'objet d'aucune indiscrétion ?

– Vous avez ma parole. J'interviendrai personnellement en ce sens. »

Ravi, le roi devait déjà songer au projet de sa « Pragmatique Sanction » et à tous les profits en rapport... Et j'étais moi-même ravi de pouvoir écrire à Lucretia sans avoir à craindre les curiosités françaises. Les rois ne manquent à leur parole que dans les affaires les plus importantes.

VIII

Le roi Charles entrouvrit une tenture et jeta un coup d'œil. Une bouffée de chaleur nous parvint de la salle bondée et illuminée. Sûr de son affaire, Charles avait fait lancer des invitations à plus de trois cents personnes. Il était par avance persuadé que la petite paysanne de Domrémy, sans se démonter pour si peu, allait se tirer triomphalement de l'entrevue. Etant donné la publicité faite, un fiasco serait désastreux. Le roi prenait allégrement un gros risque.

« Par saint Charlemagne, soupira-t-il, quelle presse! La séance va être aussi éprouvante pour Jeanne que pour moi. Je ne me plais que dans la compagnie de quelques intimes comme vous, avec lesquels je puis m'entretenir sur un ton de familiarité bien franche. Et je me sens forcément plus libre avec les étrangers, qui n'ont pas les mêmes motifs d'intriguer que les Français... »

Afin de mettre un comble à la satisfaction du roi et lui tranquilliser les esprits, j'abordai un dernier point :

« Que Votre Majesté – j'ose suggérer ce simple conseil respectueusement – ne se mette pas trop martel en tête pour ces histoires de légitimité, qui sont bien relatives. Hugues Capet – Votre Majesté l'a elle-même rappelé tout à l'heure – était usurpateur par rapport aux Carolingiens de France, les Carolingiens par rapport aux Mérovingiens, qui avaient usurpé les droits de l'Empire d'Occident, et Charlemagne était usurpateur à l'encontre de l'Empire d'Orient. Ce pour quoi il a attendu, pour se proclamer empereur, le règne de l'impératrice Irène – canonisée par l'Eglise orthodoxe pour avoir eu le pieux courage de faire crever les yeux à son fils iconoclaste Constantin VI.

» La plus solide définition de la légitimité, sire, se trouve chez saint Paul, qui parlait souvent de façon raisonnable, définition d'autant plus forte et plus pratique qu'elle n'est point *de jure,* mais *de facto* : est légitime tout pouvoir de fait, païen ou chrétien, qui respecte les droits et intérêts de l'Eglise chrétienne. Constantin et ses successeurs ont eu beau s'entre-tuer à n'en plus finir onze siècles durant – combien d'empereurs sont morts dans leur lit? – ils étaient sans cesse plus légitimes les uns que les autres, car la première déclaration de l'empereur qui venait de faire assassiner son prédécesseur était de rassurer l'Eglise quant à la sauvegarde de sa doctrine et de ses biens. Que votre Majesté favorise donc la vie chrétienne de ses sujets, et elle sera aussi légitime qu'on le peut souhaiter. »

Charles fit la moue : j'en avais fait trop. Il préférait naturellement une légitimité de droit, argument favorable à la conservation du pouvoir, à une légitimité de fait qui le laisse exposé à tous les assauts une fois qu'on l'a conquis. « J'aimerais bien, me dit-il avec humour, mourir dans mon lit, et votre légitimité *de facto* n'y prédispose guère! » Je ne pouvais que rire avec lui de cette saillie.

Etant bien jeune encore, je cédai au malin plaisir de chatouiller une des angoisses maladives du roi, et je dis sur un ton pénétré, après avoir moi-même observé la salle un instant :

« Le plancher paraît bien faible pour une pareille foule. A-t-on seulement songé à le renforcer? Regardez-moi un peu ce La Trémouille là-bas, près de la cheminée... Son poids fait déjà fléchir une planche, et même une solive, peut-être...!

– La légèreté de Jeanne compensera. »

Avec le poids de la Pucelle en supplément, une catastrophe comme celle de La Rochelle était impensable. La logique du roi Charles avait rejoint avant l'heure l'admirable logique de Jeanne : ils étaient faits pour se comprendre et pour s'entendre jusqu'à ce que la logique royale retombe dans les ornières du prudent sens commun.

Je n'avais pu prononcer le nom de La Trémouille sans une nuance de dédain, qui n'avait pas échappé au roi.

« Je sais bien, me dit-il tristement, ce que vous pensez, et ce que certains doivent penser à Venise. Mettez-vous cependant à ma place. Il me faut impérativement durer jusqu'à ce qu'une réconciliation avec le duc Philippe de Bourgogne soit possible et dégage toute la perspective. Je dois faire avec ce que j'ai, et je manque cruellement d'hommes sûrs et compétents. Le doge de Venise peut compter sur quinze cents patriciens rompus aux affaires, qui envisagent les problèmes du haut d'un patriotisme éclairé. Mais sur qui pouvais-je compter à mon avènement? Si j'avais fait confiance à la haute noblesse, à des Richemont, par exemple, j'aurais été bientôt mis en tutelle, trahi et dépouillé. Les humbles favoris qu'on m'a tant reprochés, dans le désert où j'étais, n'ont pas été plus coûteux que des Princes du Sang aux dents longues, ils ont quand même fait tourner tant bien que mal la roue du moulin, et ils présentaient pour moi la plus rassurante des qualités : n'être dangereux que pour eux-mêmes. Ils sont passés, tombés, fondus comme grêle, un La Trémouille passera aussi lorsque son ventre aura pris trop d'ampleur, et je serai toujours là si Dieu me prête vie. Que les circonstances s'améliorent, et vous verrez que je m'entourerai mieux. Je commence à connaître les hommes. »

Je reconnus sincèrement que le jeune roi n'avait pas eu la tâche facile.

Les assourdissants caquetages qui faisaient résonner la grande salle s'arrêtèrent soudain et, par la fente de notre rideau, nous vîmes toutes les têtes se tourner vers l'entrée : le comte de Vendôme et Jeanne avaient monté le raidillon, franchi la porte de la forteresse, et la rumeur de la proche présence de la Pucelle, comme une brise dans un champ de blé, avait parcouru d'un coup seigneurs et dames serrés, délicieusement excités à la perspective de ce divertissement exceptionnel. La cour ne s'était jamais mise en frais pour une si prodigieuse visite.

Jeanne parut, et l'on ne vit plus qu'elle : gippon noir, chausses noires, chaperon noir. La sévérité pénitentielle de la mise, le travesti masculin dont le caractère était à l'évidence chastement guerrier et non pas équivoque, faisaient un très étrange contraste avec les habits éclatants des courtisans.

Etonnée un bref instant par l'ampleur du cadre, les vives lumières, la chaleur, l'importance de l'assemblée, Jeanne marqua un temps d'arrêt, mais elle se reprit et alla de l'avant avec une tranquille détermination. C'était pourtant la première fois qu'elle se trouvait confrontée tout d'un coup avec une foule luxueuse et futile dans une résidence royale d'écrasante apparence, dont Anglais, puis Français n'avaient cessé de perfectionner les défenses. Le duc de Lorraine avait dû la recevoir assez privément et ce n'était pas au château de Nancy qu'elle avait eu le loisir d'étudier une contenance en prévision des fastes de Chinon. La seule leçon – mais déjà instructive – qu'elle avait pu retenir de sa visite au duc égrotant, c'est qu'un Prince est en état d'infériorité devant une voyante dont il a sollicité les services, et qu'il convient d'y aller carrément.

Cherchant son roi des yeux, Jeanne avançait toujours. Vendôme lui présentait un roi après un autre, qu'elle saluait poliment au passage. La majesté naturelle de La Trémouille, qui dominait les autres d'une tête, était si grande que Jeanne eut une légère hésitation à son égard, qui coupa un instant le souffle du roi Charles à mon côté, mais Dieu merci, elle poussa plus loin! Devant l'insuccès des ruses renouvelées, les sourires complices de l'assistance s'étaient figés, et un certain flottement se manifestait. Le jeu ne serait-il pas plus sérieux que prévu ?

Je dis familièrement à Charles :

« Il est temps d'y aller, ou elle va finir par reconnaître une descendante de Jeanne de Navarre, et ce sera la fin de la loi salique ! »

Le roi, qui était fasciné par la représentation, revint à lui, et nous gagnâmes discrètement la salle.

Parvenue à quelque distance du roi Charles, la Pucelle le distingua sans hésitation et son visage refléta une sorte d'extase : elle avait reconnu dans ce pauvre sire inquiet l'image idéale du Prince charmant qui avait nourri ses rêves d'enfance. Pour une amante convaincue, l'amant est toujours beau.

S'étant rapprochée, elle fit une révérence fort convenable : Vendôme avait dû lui donner des leçons particulières à l'auberge.

Et elle dit :

« Dieu vous donne vie, gentil roi ! »

Le roi protesta modestement, désigna le sire de Rais, dont la robe courte rehaussée de petit-gris sur un pourpoint rutilant était particulièrement somptueuse, sans parler de la toque rase d'agneau turcoman mort-né gansée de soie et surmontée d'une grande plume frémissante que l'on pouvait trouver élégante ou ridicule. Il me manquait quelques années pour faire un roi présentable, mais la promotion eût été d'un intérêt douteux : j'aurais connu l'enfer des dettes !

Jeanne, cependant, persista dans son choix, d'autant plus que la figure charmée du roi était devenue presque séduisante et que l'émotion l'avait fait bafouiller.

« Au nom de Dieu, dit-elle, gentil Prince, c'est vous et non un autre ! »

Elle ajouta aussitôt :

« Gentil Dauphin, le roi des Cieux vous fait dire par Jeanne la Pucelle que vous serez sacré et couronné en la ville de Reims, comme lieutenant du roi des Cieux, qui est roi de France. »

Et elle précisa peu après :

« Je vous le dis de la part de Dieu que vous êtes vrai héritier de France et fils de roi. »

Une ombre fugitive effleura la physionomie du Prince, qui s'empressa d'entraîner la Pucelle un peu à l'écart, sans doute pour lui faire répéter les paroles de l'oraison dont j'avais eu le privilège d'être témoin. Avant de disparaître en coulisse avec son nouveau capitaine pour un échange de vues plus approfondi, le roi ravi, et même rayonnant, me lança un coup d'œil significatif : Jeanne avait surmonté l'ultime épreuve comme en se jouant, et mon mauvais esprit vénitien était invité à voir dans cette divination la preuve que Dieu ne craint pas de se salir les mains en volant au secours des Princes les moins méritants.

Le roi et Jeanne disparus, un grand brouhaha s'éleva, entrecoupé de commentaires contradictoires et variés. La Trémouille, l'allure plus avantageuse que jamais, recevait maints compliments sur la réussite de la soirée, comme s'il avait sorti Jeanne de son chaperon enturbanné. Regnault de Chartres affichait un air pénétré et mystérieux, en vieil habitué des phénomènes métaphysiques insolites. Archevêque de Reims, il était spécialement concerné par le programme de la Pucelle. Le sire de Rais avait reçu un coup sévère et se promenait le regard fixe en marmonnant. De nature impressionnable, il était facilement bouleversé par toute apparence d'invasion surnaturelle dans notre monde prosaïque. Gaucourt, capitaine de Chinon et gouverneur d'Orléans, avait une mine ahurie et inquiète. Il devait craindre que cette fille dont le roi s'était si vite entiché n'allât jeter un irrémédiable désordre dans la défense d'Orléans. Avait-on jamais vu une Pucelle sur un rempart ? Les deux écuyers[1] que le Bâtard avait envoyés aux nouvelles

1. Il s'agissait en fait de personnages plus considérables.

étaient assiégés de questions. Le jeune et élégant Vendôme jurait par tous les saints à qui voulait l'entendre qu'il n'avait nullement désigné le roi à la Pucelle par un geste convenu : s'il s'était gratté le bout du nez, c'est que son nez l'avait chatouillé ! Et Yolande d'Aragon, assise toute droite près du feu avec quelques suivantes, était évidemment satisfaite : sa protégée avait répondu à son attente, et le roi, soumis à un traitement énergique, allait peut-être sortir de sa léthargie.

La comtesse de Tonnerre me prit amicalement par le bras pour me tirer de la foule et nous allâmes nous asseoir devant la cheminée de la salle des gardes. La joue de Catherine était mieux, et l'œil aurait pu être pire. De toute façon, la curiosité avait été plus forte que la coquetterie. La comtesse affectionnait l'atmosphère virile et sans façon de cette salle et elle y avait à son usage une haute chaise sculptée garnie de coussins moelleux où ses appas postérieurs pouvaient goûter un instant de repos.

« Alors, ma tendre amie, Jeanne vous donne-t-elle toujours ce même sentiment de la présence de Dieu, si profond qu'il dure chez vous quelques heures ?

– C'est à Charles qu'il faut demander cela ce soir !

– Le roi était visiblement charmé.

– Cette Pucelle est une ensorceleuse qui convaincrait le Diable de se faire ermite. Charles, repéré par miracle comme une aiguille dans une botte de foin, a été transporté. Mais dès qu'il sera en état de réfléchir, le charme se dissipera.

– Et pour quelles raisons ?

– Jeanne n'a guère dit que deux phrases, mais elle y a accumulé comme à plaisir tout ce qu'il ne fallait pas dire.

– Expliquez cela bien clairement à un Vénitien. Beaucoup de finesses de cet accueillant pays me restent encore étrangères. »

Sur un signe de la comtesse, l'un des beaux Ecossais du corps de garde aux aguets vint rajouter une grosse bûche dans l'âtre, et Catherine mit les points sur les « i »...

« Vous avez entendu comme moi ? " Gentil Dauphin, le roi des Cieux vous fait dire par Jeanne la Pucelle que vous serez sacré et couronné en la ville de Reims, comme lieutenant du roi des Cieux, qui est roi de France. "

– Et alors ? Cela ne sonne-t-il pas à merveille ?

– Le roi ne peut souffrir qu'on le traite de Dauphin. Il est devenu roi à part entière dès l'enterrement de son père Charles VI... (c'est l'enterrement et non pas la mort qui fait chez nous le roi nouveau). Un préjugé populaire, dont Jeanne se fait innocemment l'écho, veut cependant que ce soit le sacre de Reims qui fasse du Dauphin un vrai roi. Mais la propagande des Valois s'évertue à le dissiper, et pour de bons motifs, qui sont encore meilleurs quand il s'agit de Charles VII. Admettons la validité du préjugé : si Henri VI – et Bedford aurait déjà dû s'y résoudre ! – se fait sacrer à Reims avant Charles, ou bien si la marche sur Reims sous la bannière de la Pucelle échoue piteusement, notre Dauphin demeure Dauphin et la royauté lui échappe. Charles voudrait bien sûr recueillir le bénéfice moral du sacre sans courir le risque d'être discrédité en cas d'échec. En rappelant publiquement et maladroitement toute la force de ce préjugé plus que jamais inopportun, Jeanne place le roi sur une corde raide. Il s'en serait bien passé.

– Aucune importance si Charles gagne la course de Reims !

– Mais y arrivera-t-il ? »

Je dus reconnaître que le sacre de Charles VII était des plus hypothétique.

« Deuxième incongruité, poursuivit Catherine, et qui aggrave la première : dans la vision de Jeanne, non seulement c'est le sacre qui ferait un roi du Dauphin, mais encore, par cette cérémonie, le roi des Cieux, véritable roi de France et glorieux suzerain éminent, constituerait le pauvre roi valois subalterne comme son lieutenant et vassal. Un tel enfantillage est déplorable.

» D'abord, si l'opération sur Reims tourne mal, le discrédit pour Charles serait double : Dauphin perpétuel, la gracieuse investiture du Ciel lui ferait évidemment défaut et l'on en déduirait que la grâce de Dieu lui a été refusée.

» Ensuite, au cas improbable où l'opération réussirait, le roi n'aurait aucune envie de tenir son royaume d'un autre roi que son père défunt. Là encore, nous sommes en plein préjugé, mais un préjugé qui rappelle fâcheusement les heures les plus exaspérantes de la théocratie pontificale d'Innocent III et de ses émules. Pour un souverain temporel, l'ennui de se reconnaître vassal du roi du Ciel, est que le contrat est difficile à mettre en forme sans intermédiaires. C'est le pape et son Eglise qui servent de notaires dans l'occasion, et ces notaires-là sont aussi indiscrets que coûteux.

» Je ne suis pas versée en théologie, mais ne peut-on faire une objection de bon sens à cette histoire de roi des Cieux qui serait roi de France dans l'imagination de la Pucelle ? Le roi des Cieux ne va point borner sa royauté à la France. Si donc deux vassaux du roi des Cieux se prennent à la gorge pour une affaire bien embrouillée, le suzerain tout-puissant des Cieux ne saura plus à quel saint se vouer ! Dieu n'a-t-il pas assez d'ennuis avec les péchés des hommes pour qu'on ne le charge pas de responsabilités qui ne sont pas de son domaine ?

– Mais vous avez la tête politique, ma chère Catherine !

– Je pourrais vous dire que c'est à force de coucher avec mon gros Georges, mais je me flatterais. Tout ce que je viens de vous raconter n'est-il pas évident ? »

Les gardes s'étaient précipités vers le pont-levis de notre « Château-du-Milieu », et nous vîmes bientôt rentrer dans la salle bon nombre d'Ecossais, quatre d'entre eux portant le corps ruisselant de l'un des leurs, qui fut étendu sur des manteaux tout près du feu.

Devant un chapelain accouru, qui guettait un dernier signe de vie pour administrer le malheureux, on s'évertua longtemps, mais en vain, à le ranimer.

Catherine, qui s'était élancée en criant au secours du noyé, revint s'asseoir près de moi, toute dolente.

« C'est Peter, me souffla-t-elle en larmes. Je le connaissais bien. J'avais même perfectionné son français.

– Vous semblez en effet très choquée.

– Je me sens si seule, parfois, qu'il m'arrive de jeter mon gant à un bel Ecossais. Georges m'y encourage : il pense que le roi n'en sera que mieux gardé. Et hier encore, après que vous m'eûtes si cavalièrement renvoyée, Peter avait su me consoler de vos dédains avec ses grâces un peu rustiques. Mais il buvait comme un trou, et il vient de tomber à l'eau alors qu'il était de service sur le pont. Le plus terrible est qu'il est mort sous nos yeux sans confession. Que va-t-il devenir, à présent ? Et il s'appelait Pierre, tout comme vous ! »

Ses larmes redoublèrent. Un Pierre la dédaignait, et l'autre se noyait à force de boire !

On emporta le cadavre, suivi du chapelain et de la plupart des gardes. Ceux qui étaient demeurés se mirent à parler de la Pucelle avec une animation passionnée, comme si la mort subite de leur camarade ne lui était pas étrangère. Mon correct anglais scolaire ne me permettant ni de bien suivre leurs propos ni de les questionner clairement, je les interrogeai en français, mais sans parvenir à me faire comprendre : ils avaient dû débarquer à La Rochelle depuis peu.

« Vous n'en tirerez rien, me dit tristement Catherine. Les Anglais du peuple ne savent pas l'anglais et se refusent énergiquement à parler français. L'anglais n'existe pas. Ce n'est qu'une vue de l'esprit.

– Mais que parlent-ils donc, alors, ces gens qui croient de bonne foi parler anglais ?!

– Le vieil et bel anglais policé de saint Edouard le Confesseur est tombé dans une trappe à l'arrivée de

Guillaume le Conquérant. Après quoi, la bonne société a parlé une sorte de jargon franco-normand, et le peuple inculte, une foule de patois saxons que personne ne se souciait d'écrire. Peu à peu, le franco-normand de la noblesse s'est émaillé d'emprunts saxons, et le parler de Londres a eu tendance à l'emporter dans le peuple sur les autres dialectes pour ces mêmes raisons militaires et administratives qui ont fait chez nous le succès de la langue de Paris. De nos jours, l'anglais commun est un mélange inextricable d'un tiers de français et de deux tiers de saxon[1], avec une grammaire désagrégée, informe et incertaine. Une chatte n'y retrouverait pas ses petits. Seuls des Anglais peuvent s'y reconnaître, et encore, les plus doués... Mais apprendre l'anglais sur le continent permet de converser avec des étudiants d'autres nations. C'est déjà quelque chose...

– Il y a pourtant Chaucer!

– Un précurseur. On dit qu'il avait souvent du mal à se relire...

» Ah, tout ça ne me rendra pas mon Peter! Je lui avais appris sur l'oreiller quelques petits mots tendres, qu'il répétait entre deux chatouilles avec tant de bonne grâce! »

Et la comtesse de chanter nostalgiquement à mi-voix un couplet d'une vieille complainte française qu'elle avait dû faire ânonner à son Ecossais :

1. Ci-après, extrait d'une lettre de Bedford à Henri VI au sujet de la Pucelle :

« And Alle thing there prospered for you, til the tyme of the siege of Orleans taken in hand, God Knoweth by what advis. At the whiche tyme, after the adventure fallen to the persone of my cousin of Salisbury, whom God assoille, there felle, by the hand of God, as it seemeth, a greet strook upon your peuple that was assembled there in grete nombre, caused in grete partie, as y trowe, of lakke of sadde beleve, and of unlevefulle doubte that thei hadde of a disciple and lyme of the Feende, called the Pucelle, that used fals enchauntements and sorcerie. The which strooke and discomfiture nought oonly lessed in grete partie the nombre of youre people... »

Conin si joli,
Mon doux mistigri,
Qui ronronne et bâille,
Le poil en bataille,
Quand pleureras-tu
Sur feu ta vertu ?

L'évocation était trop poignante : la voix de Catherine se brisa et mourut dans un sanglot.

Entre deux sanglots de la comtesse, apparut un blond sergent bavarois qui parlait assez bien français et put nous mettre au courant :

« J'ai assisté à l'entrée de la Pucelle, qui était avec le comte de Vendôme. Au passage, par manière de simple plaisanterie, ce Peter a dit à Jeanne, prenant Dieu à témoin, que s'il la tenait une nuit, elle ne repartirait point pucelle. Le soldat était gris, il devait y voir plutôt un compliment, et il avait fièrement réuni pour sortir ça le peu de français que les putains lui avaient enseigné. Mais la Pucelle a pris la chose au plus mal – à ce point que Vendôme a eu de la peine à la calmer ! –, et elle a rétorqué à l'insolent : « Ah, tu renies Dieu, et tu es si près de ta mort ! » Et dans l'heure, Peter a basculé avec un grand cri dans la douve glacée, où il s'est promptement noyé sous les yeux de ses camarades impuissants. Je n'en sais pas plus, sinon que les Ecossais ne sont pas contents et parlent de sorcellerie. »

Vexée et horrifiée, Catherine gémit :

« Ah, ce n'est pas possible ! Cette fille me poche un œil hier parce que je lui effleure un nichon, et aujourd'hui, elle me noie mon Peter comme un rat pour une petite plaisanterie de trois fois rien ! Mais c'est un danger public ! Qui l'arrêtera ? »

Je suppliai la comtesse de reprendre ses esprits. Après avoir raisonné avec tant de pertinence sur les déclarations de la Pucelle devant son roi, elle se mettait à divaguer.

« Jeanne n'y est pour rien, lui affirmai-je. Vous vous

exprimez comme si elle avait poussé votre pauvre Peter dans la douve, alors qu'elle était encore, je pense, dans les appartements du roi quand il est tombé à l'eau tout à l'heure. Ce n'est pas sa faute si cet Ecossais était instable certains soirs.

– N'avez-vous pas entendu le Bavarois? Jeanne a prédit à Peter sa mort prochaine. Une voyance comme lorsqu'elle vous a vu au bourdeau. Elle aura jeté un sort à cet homme. »

J'expliquai à Catherine la ridicule méprise du bourdeau, et j'ajoutai :

« Jeanne n'a absolument rien d'une sorcière et il n'est pas concevable qu'elle ait jeté un mauvais sort. Ou bien il s'agit d'une vulgaire coïncidence...

– Un peu forte!

– Je l'admets. Aussi inclinerais-je à croire qu'il s'agit bien, pour cette fois, d'un véritable phénomène de voyance, mais où la responsabilité de la Pucelle n'est nullement engagée. Dieu, qui vit dans le présent de l'éternité et aux yeux de qui tous les événements de l'histoire se présentent en bloc – Dieu ne prévoit rien et n'a aucun souvenir, il sait! – Dieu donc était au courant de la mort sans confession de Peter pour cette heure-là et, dans son infinie bonté, il en a informé Jeanne, qui s'est empressée charitablement d'en avertir l'intéressé en dépit du propos grivois qui lui avait échappé. Grâce à cette mise en garde, à l'instant du cri fatal, Peter, au lieu de fredonner des chansons obscènes où l'on fait bâiller des minets pleurards, a pu élever ses pensées vers le Ciel et, dans un ultime éclair de lucidité, faire un acte de contrition dont il lui sera tenu compte. Je gagerais que Jeanne aura sauvé son âme en péril.

» Et permettez-moi de vous faire observer que vous avez eu votre part dans ce péril. Si vous n'aviez pas donné de trop bonnes leçons de français à ce garçon, il serait encore à balbutier une sorte d'anglais primitif entre vos bras accueillants.

– Vous avez vraiment un art pour arranger et retourner les choses !

– Je ne les arrange ni ne les retourne : j'en fais une exégèse probable. »

Malgré la virtuosité – peut-être excessive ? – de mon commentaire, l'atmosphère demeurait lourde et funèbre. Je tentai de créer une diversion en remettant Catherine sur une autre exégèse, celle des paroles de Jeanne au roi. Nous avions épluché une phrase, restait l'autre : « Je vous le dis de la part de Dieu que vous êtes vrai héritier de France et fils de roi. » J'en avais moi-même été froissé, et j'étais curieux de savoir ce qu'en pensait la comtesse, dont l'opinion devait refléter celle de beaucoup de personnes de la cour.

« Alors là, fit-elle, c'est la catastrophe ! Avez-vous vu comme Charles a changé de visage sous le coup, et comme il a vite pris la Pucelle à part pour qu'elle ne risque pas de s'étendre davantage sur le sujet ?

» Les doutes qui courent, à tort ou à raison, sur la conception du roi, à une époque où Isabeau avait déjà une attitude frivole et imprudente, sont un très mauvais point pour lui dans l'opinion et ne peuvent manquer de le crucifier personnellement. Il n'y fait jamais allusion, et mon Georges lui-même, bien que la délicatesse ne soit pas son fort, n'oserait lui en parler.

» Mais il est aisé de deviner ce qu'il pense, car chacun en penserait autant à sa place. Son rêve serait naturellement d'être fils de Charles VI pour le peuple, et fils du beau duc Louis d'Orléans dans la réalité. La sympathie qu'il éprouve pour ce brigand bien-aimé est caractéristique. Croyez-vous qu'il soit agréable de guetter en soi des symptômes de folie ? Charles a encore en mémoire les crises de son père, qui ont ponctué son enfance et son adolescence. Tantôt le roi était aimable et souriant, tantôt il bavait, il écumait, il ressemblait à une bête furieuse qui risquait de mettre en pièces les femmes qu'on lui jetait en pâture pour le calmer. Eh bien, par les bons soins de Jeanne, le roi Charles ne doit plus avoir le moindre doute : il est bien le fils de ce dément.

» Elle aurait pu toutefois avoir la prévenance élémentaire d'annoncer à sa victime la sinistre nouvelle dans son privé. En claironnant de par Dieu que Charles est bien le fils d'un tel père, elle prend le monde à témoin d'une lamentable vérité : non seulement son prince est menacé de perdre la tête d'un moment à l'autre, mais sa conception est si douteuse que le point ne saurait être éclairci que par une révélation toute spéciale du Ciel! N'en sait-il pas plus long là-dessus qu'Isabeau elle-même ? Un ange expert en constats s'est glissé sous le lit du roi fou et a fait ses confidences à la Pucelle de Domrémy. Si donc la Pucelle tourne mal, comme elle est la seule garante d'une légitimité tellement discutable, la légitimité du roi sera plus douteuse que jamais. Voilà un beau cadeau pour les Anglais, qui feront des gorges chaudes de cette scène ridicule dès que leurs espions l'auront rapportée à Bedford. Henri VI, lui, n'a pas besoin de révélations d'alcôve pour savoir qu'il est le fils de son père Henri V! »

La comtesse, avec sa connaissance du milieu, avait bien explicité ce que j'avais moi-même assez confusément ressenti. Si Jeanne parlait de par Dieu, ce dieu manquait singulièrement de jugement. Mais peut-être s'agissait-il d'un « Dieu » valois, comme il était des dieux lancastres, bourguignons, bretons ou basques ?

« Pour ce que je puis en savoir, dis-je à Catherine, il me semble que l'étonnant aveuglement de Jeanne s'explique par une illusion populaire qui fait bon ménage avec celle du sacre : le mythe du Sang royal. Les Français, à ce que j'ai cru comprendre, s'imaginent qu'un même Sang royal aux surhumaines vertus coule dans les veines de leurs rois depuis l'origine. Et les droits des Valois étant discutés, leur propagande a dû pousser ce mythe à la perfection, n'est-ce pas ?

– L'idée est en effet très courante, et les adulateurs de

la dynastie n'ont pas manqué de l'alimenter par toutes sortes de trouvailles.

– Chaque peuple raconte son histoire de travers afin de mieux y reconnaître l'image de ses rêves. Comment raconte-t-on actuellement l'histoire de France, par ici?

– On part du Troyen Francion[1], petit-fils de Priam, qui a fondé Lutèce. Puis la Gaule est devenue France, et Lutèce est devenue Paris, en l'honneur du ravisseur d'Hélène de Troyes – la ville du traité de 1420, à la suite duquel le jeune Henri VI est devenu roi de France et d'Angleterre[2]... »

Je renonçai à dissiper la confusion entre la Troie d'Asie Mineure, baignée par le Scamandre, et la Troyes de Champagne, baignée par la Seine. Nous y aurions passé la nuit!

« ... Le duc de Paris Pharamond ayant été élu roi des Francs par les douze pères de France, qu'on appelle « pères de France » parce que la France est leur fille...

– Il s'agirait plutôt de " pairs " au sens d'égaux. Peu importe, je vous suis...

– Ces personnages sont importants, car on les retrouve au sacre de Reims, auquel ils donnent un parfum d'élection qui déplaît souverainement à nos rois.

– Cela se comprend. Quand on est de bon Sang, pas besoin d'électeurs!

– Bref, Pharamond ouvre la voie au vertueux Clovis, premier Franc chrétien. Et désormais, tous les rois de France auront du Sang de Francion, de Pharamond et de Clovis.

» Vous souriez. Je ne fais que vous rapporter la théorie officielle. Aurais-je dit beaucoup de bêtises?

1. Ne pas confondre, malgré une première apparence, avec « La vraie histoire comique de Francion », roman picaresque publié par Charles Sorel à partir de 1623.

2. Admirable exemple de ténacité, le roi d'Angleterre ne renoncera au titre de roi de France qu'au traité d'Amiens de 1802. Telle fut l'œuvre la plus durable de Bonaparte.

– J'avoue que l'histoire est mieux faite à Venise. Mais nous n'avons aucun mérite à être objectifs : notre doge élu préside aux destinées d'une patrie grande comme un mouchoir, le monde entier nous est étranger, et comme nous vivons de commerce, nous avons plutôt intérêt à voir nos clients comme ils sont.

» Les Gaulois et Vercingétorix, dont nous parle si bien César, ne sont pas au programme ?

– On les ignore résolument. A côté du Sang des Francs, le sang gaulois n'est que du pipi de chat.

– Un épais brouillard couvrant la période, on peut toujours admettre d'office que le précieux Sang mérovingien s'est régulièrement transmis aux Carolingiens, mais la transmission du précieux Sang carolingien aux Capétiens ne pose-t-elle pas un problème plus ardu ?

– Pour le coup, je suis au courant. Gilles de Rais, qui sait toujours beaucoup de choses, m'a bien expliqué un certain petit matin... Il faut vous dire que, dans le dessein de le détourner des mauvais garçons, j'ai eu quelques bontés pour lui.

– Ce bel effort à moitié contre nature vous sera compté à tous deux au Paradis.

– Je n'en demande pas tant !

» Où en étais-je ? Ah oui, au Sang capétien ! La prophétie de saint Valéry annonçait la chute des Carolingiens et leur retour sept générations plus tard. Vous avez remarqué comme on aime le chiffre sept dans les prophéties ?

– Il fait sérieux, sans décourager les possibilités de calcul des simples. Même un manchot unijambiste peut encore suivre la question après s'être déchaussé d'une main.

– Eh bien, Louis VII et Philippe Auguste, qui croyaient dur comme fer à cette prophétie, ont pris grand soin d'épouser des princesses réputées[1] d'origine carolin-

1. Réputées à tort. Le principe de la légitimité par le Sang ne peut trouver de justification au-delà d'Hugues Capet.

gienne, afin d'accomplir la prophétie tout en assurant la transmission du Sang que Charlemagne avait lui-même puisé, par quelques détours, chez Clovis, Pharamond et Francion. Tout paraissait en ordre.

» Mais le tout était basé sur l'hérédité en ligne féminine. Quand les droits des femmes n'ont plus rien valu à cause de la loi salique, il a fallu trouver autre chose. Les généalogistes valois ont alors soutenu qu'Hugues Capet était bien d'ascendance carolingienne, mais par les hommes !

– Donc, à travers la foule bigarrée de la grande salle, c'est le Sang de Francion, de saint Charlemagne et de Saint Louis que Jeanne a flairé tantôt et reconnu avec l'instinct du chien de chasse ou du faucon.

– Pour ce qui est du sang de Saint Louis, elle a pu flairer juste !

– En effet. On comprend la miraculeuse sûreté de sa démarche et l'importance primordiale qu'elle attache à cette histoire de Sang. Si Charles n'est pas le fils d'un roi fou à lier, le merveilleux Sang ne passe plus et tout s'effondre. Jeanne apportait joyeusement une si grande nouvelle qu'un maximum de publicité lui semblait indispensable.

– Vous avez certainement mis le doigt sur le malentendu. Raconter des mensonges au peuple présente deux inconvénients : ou il n'y croit pas, ou il y croit trop. Et ce dernier cas est bien le pire ! »

« " Quand on parle du loup... " », dit un proverbe français. Notre conversation fut interrompue soudain par la Pucelle, qui m'adressa la parole tout naturellement...

« On m'avait bien dit que vous étiez encore là, Messire. Le roi m'a donné un logement. En rentrant vous coucher, demandez, s'il vous plaît, à l'aubergiste de me faire monter mon bagage.

– Je n'y manquerai point. La comtesse et moi-même sommes heureux de votre réussite.

– Le roi en est plus heureux encore !

– Nous n'en doutons pas. Hélas, le soldat que vous aviez vu déjà mort en entrant tout à l'heure avec Vendôme s'est bel et bien noyé dans la douve.

– Dieu ne peut souffrir qu'on manque de respect à sa Pucelle. Je ferai dire quelques messes pour ce malheureux. »

Après cette oraison funèbre un peu brève, elle nous souhaita le bonsoir et s'en retourna.

« Vous voyez, dis-je à Catherine en me forçant un peu, que Jeanne n'est pas méchante pour deux sous : elle va faire célébrer des messes pour Peter. Il aurait pu connaître un sort plus impie.

– Si elle n'est pas méchante, c'est Dieu qui l'est à sa place ! Et cela fait peur. »

J'éprouvai moi-même un malaise.

« Me ferez-vous l'honneur, me demanda Catherine, de venir passer la nuit avec moi ? J'ai tant besoin d'être rassurée ! Georges doit s'absenter jusqu'à demain matin. »

Je me sentais fatigué et excédé, après avoir assisté, dans cette grande salle du château de Chinon, à une séance dont je ne parvenais pas à démêler quelle part de tragédie ou de comédie elle pouvait renfermer. Pour le malchanceux Peter, en tout cas, la comédie avait été courte.

Je me levai et dis à la comtesse :

« Madame, ce n'est certes pas le courage qui me manque de vous faire la cour. Pour vous, j'ai pêché le saumon dans les sables mouvants d'un grand fleuve traîtreux; j'ai couru le renard sur des étendues où il gelait à pierre fendre; je me suis fait assommer à coups de massue par un Hercule de province, puis à coups de marteau par un Vulcain de village. Pour vous, bien que les complaisances de pareils potentats soient toujours révocables, j'étais prêt à affronter un ministre colérique et tout-puissant qui bat les femmes quand il n'a pas d'hommes sous la main.

» Mais ce soir, comme dit votre proverbe, " c'est une

autre paire de manches ". Peter a peut-être été noyé parce qu'il avait manqué de respect à la Pucelle. Cependant, pour ce que nous en savons, il aurait pu aussi bien être noyé parce qu'il vous avait manqué de respect, à vous ! Giac, déjà, avait fini à l'eau. On se noie vraiment beaucoup en descendant de votre lit, et vous connaissez le proverbe : " Jamais deux sans trois ! " J'ai du courage en champ clos, un heaume sur la tête, mais il s'agit là de bien autre chose et j'ai tout lieu de craindre qu'une malédiction ne soit en marche... »

Catherine se récria, commença de m'énumérer tous ses amants qui ne s'étaient pas noyés... Je l'interrompis galamment : « Non, vraiment, tant que Peter ne sera pas porté en terre chrétienne et réconforté par des messes au purgatoire où il nous a précédés, j'aurais les aiguillettes nouées. Sans doute la Pucelle m'a-t-elle jeté un sort à moi aussi ? Je me sens tout chose... » La comtesse arracha alors sa manche gauche d'un geste gracieux et me la confia pour m'aider à penser à elle affectueusement.

Les Français élégants passaient leur temps à changer de paires de manches – ce pour quoi elles ne tenaient jamais que par faufilage.

Je rentrai doucement à mon auberge, songeant encore à la première prestation officielle de Jeanne.

Catherine m'en avait dit ce que pouvaient en penser des Français au courant des affaires. Il résultait de cette analyse qu'un roi hésitant et casanier, passé les délices des premières émotions métaphysiques, aurait du mal à supporter longtemps toutes les inspirations de sa Pucelle, qui l'avait déjà embarqué dans la douteuse aventure de Reims avec le fantôme de son père dément à ses trousses.

Mais pour un Vénitien, la grande scène à laquelle je venais d'assister portait témoignage d'une sorte de patriotisme inconséquent, propre à un Etat archaïque.

En pareille circonstance, une Pucelle vénitienne, au lieu de s'intéresser au doge le moins du monde, aurait parlé de sauver Venise, son commerce, sa monnaie, ses possessions lointaines ou de Terre Ferme, ses galères, son arsenal, ses palais, et de brûler quelques sodomites de plus pour forcer la chance. Le très vif patriotisme vénitien est un patriotisme réel, qui porte sur les choses et sur tous les souvenirs qui leur sont liés.

C'est que, chez nous, du campanile d'une église, la patrie tout entière se découvre d'un coup d'œil : le port bruissant de galères et de coques rondes, l'Arsenal trépidant, les entrepôts et les boutiques, le palais de papa, l'église de la première communion, le Saint-Marc des somptueuses messes du dimanche, les ponts des combats de boxe d'hiver ou des amoureux rendez-vous d'été, le mauvais lieu des premières dissipations... La patrie se fait tangible, à l'échelle humaine, taillée sur mesure pour tous ses enfants dans la masse houleuse des mers et dans l'étoffe impalpable des nuages. Chaque Vénitien, riche ou pauvre, connaît tout de sa Ville et s'intéresse de près aux affaires publiques. Son cœur est prisonnier de Venise et, hors Venise, il n'y a que champs divers d'exploitation, qui ne le touchent que pour autant qu'ils lui rapportent.

Mais ce patriotisme raisonnable, horizontal et terre à terre, qu'on pourrait qualifier de « foncier et mobilier », était très différent de celui des Français, éduqués à voir les choses à la verticale. Pour eux, la grande affaire était que le roi fût à coup sûr l'élu du Ciel, de sorte que le flot des incessantes grâces divines ruisselât sans trêve de son chapeau jusqu'aux plus humbles chaumières, cascadant joyeusement sur toutes les faces de l'inébranlable pyramide féodale. Si le roi était un imposteur, Dieu se détournait du pays aveugle et ingrat qui l'avait soutenu. Telle était la clef de la mentalité d'une Pucelle.

L'immense personne physique de la France, avec ses châteaux frileux, ses cités secrètes tapies derrière leurs murailles, ses villages aux toits de tuile, de chaume, d'ardoise ou de lauze, abritant des pièces enfumées où cohabitaient bêtes et gens, ses grands fleuves et rivières innombrables, ses forêts et ses champs à perte de vue qu'émaillaient lacs et étangs, tout cela, telles les immensités de l'Asie ou de l'Afrique, dépassait l'imagination, n'avait qu'une réalité des plus vague, et pour ainsi dire abstraite, dans les esprits, qui eussent été bien empêchés, pour la plupart, d'énumérer les diverses provinces du royaume, d'en inventorier les richesses, d'en circonscrire les limites. Et alors que le Vénitien connaissait les grandes lignes de l'histoire de sa Cité, l'ignorance des Français, déconcertés par tant de séculaires complications, était énorme.

La France concrète, c'était donc la personne du roi, seule capable, aux yeux du peuple, de réunir prodigieusement en sa main tous les fils de la toile d'araignée française, toutes les mottes d'une terre autrement dispersée et sans vigueur. Et l'histoire de France se confondait alors avec celle de la famille royale. Un roi prévaricateur et superflu, qui ne connaissait guère ses provinces que par le montant des impôts produits, avait été investi d'une mission d'autant plus auguste qu'elle était plus imprécise et plus sentimentale.

Une mystique royale extraordinaire, surexcitée par les malheurs de l'époque, s'était ainsi développée dans beaucoup d'âmes simples, anxieuses de comprendre le monde et de se dévouer au-delà de l'horizon journalier de la ville en état de siège ou du village menacé par les pillards. La France n'avait d'existence et de sens que par ou pour le roi, autour du roi ou derrière lui, et la propagande des écrivains à gages et de quelques idéalistes incurables avait achevé de faire du monarque un être à part en lui prêtant, sans aucune justification théologique solide, une dimension religieuse. Le grand Gerson lui-même, le plus éminent théologien et prédicateur du pays, s'adressant à l'infortuné Charles VI, écrivait : « Roi Très Chrétien, roi, par miracle consacré, roi spirituel et sacerdotal... » Quand une haute intelligence bêtifie à ce degré, l'honnête Pucelle d'un village perdu est excusable de se méprendre.

Etonnant résultat de cette intoxication permanente, plus le roi était insuffisant, dépassé, frivole, maladroit, irresponsable, malchanceux, idiot, plus il devenait sympathique et pitoyable. Tout Paris avait pleuré à chaudes larmes à la mort du roi fou Charles VI, le plus calamiteux des Princes. Nous étions, là encore, en pleine logique métaphysique de pacotille : le roi incarnant la France comme le Christ incarnait l'Eglise, sa souffrance, sa déchéance, son abjection, sa Passion, son martyre étaient ceux de tous et suscitaient de l'émotion en chacun. On oubliait un peu vite que les rapports entre le roi et le Christ étaient plus que douteux.

Les Français les mieux informés en arrivaient à critiquer la pitié des Vénitiens parce que notre doge n'a aucun caractère religieux !

Mais paradoxalement, sans qu'on l'eût fait exprès, l'aberration générale devenait une force politique. Le roi était aimé dans ses rares réussites, aimé plus encore dans ces lamentables échecs dont il avait la prévoyante bonté de combler un peuple si sensible à ses malheurs. Il pouvait tout se permettre ! Charles VII avait même cette chance, au sein de ses ennuis sans nombre, que la mystique royale avait pris son plus bel essor avec les Valois et à leur profit, du fait même que leurs droits à la Couronne étaient plus discutables. Henri VI et Bedford avaient du mal à en bénéficier en France. La Pucelle ne s'était pas trompée de camp en portant son hommage au Prince le plus piteux et, à première vue, le plus incapable.

En somme, comme il n'était pas possible de découvrir la France du haut d'une cathédrale, la tentation facile s'était imposée de confondre la patrie avec un homme et, les hommes étant peu de chose quand de rares talents ne les élèvent pas au-dessus du vulgaire, on avait pris instinctivement la précaution, pour ne jamais être déçu, de faire du roi un être surnaturel. D'où il découle que les Français n'ont pas de patrie au sens où l'entendent les Italiens des cités marchandes et banquières : les dimensions de leur patrie réelle leur échappent, et leur patrie royale est assise sur l'imaginaire. Les rois dureront ici tant qu'ils parviendront à jeter de la poudre aux yeux avec l'aide de leurs prêtres. Mais le jour – s'il vient jamais – où le bon sens reprendra ses droits, Eglise et Etat seront en crise.

Faisant toutes ces réflexions, je savais déjà que la Pucelle ne pourrait garder ses illusions que si elle avait la chance de mourir jeune. Il est impossible de fréquenter un roi longtemps sans le prendre pour un doge, c'est-à-dire pour n'importe qui.

Je m'étais attardé à ma promenade : il y avait comme un souffle de printemps dans l'air du soir.

L'aubergiste était surpris que la Pucelle fût en passe de découcher. Lui trouverait-on seulement des femmes convenables à la cour pour garantir la chasteté de ses nuits ? Je lui appris que la réception au château avait eu son plein succès, que Jeanne avait reconnu par miracle un roi qu'elle n'avait jamais vu, que le Prince charmé lui avait offert un petit appartement dans le dessein d'en faire sa favorite et d'aller couler avec elle d'heureux jours à Venise avec les débris du Trésor public.

Mais sur ce dernier point, l'homme refusa de me croire.

« Le roi déguerpira peut-être avec la caisse ou ce qu'il en reste, me dit-il, mais la Pucelle demeurera pucelle : j'en mettrais mon doigt au feu ! »

Je le félicitai pour la sûreté de son jugement. La France gagnerait infiniment à être gouvernée par ses aubergistes.

IX

Ayant regagné ma chambre, je m'empressai, tout heureux de l'autorisation royale, de prendre la plume pour écrire à Lucretia et, accessoirement, à l'oncle Angelo, afin de lui demander de dénicher et d'expédier au plus vite le texte si plaisant de Lorenzo Valla sur la fausse donation de Constantin.

Les relations postales des Valois avec Venise ne devaient pas être si fréquentes, mais les courriers étaient soutenus avec Milan et Gênes – sans parler de Florence et de Naples – et à partir d'une cité de l'Italie du nord, un relais sûr pouvait être aisément établi.

L'Italie exerçait depuis longtemps sur la famille royale de France une remarquable fascination. Charles d'Anjou, frère de Saint Louis, puis Charles de Valois, frère de Philippe le Bel, s'étaient évertués à prendre pied en Sicile et à Naples; le maréchal de Boucicaut, avant d'être capturé à Azincourt, avait été quelque temps gouverneur de Gênes; Valentine Visconti, fille du duc de Milan Galeas, avait épousé le duc Louis d'Orléans assassiné en 1407 et, tandis que le roi Charles suait sang et eau pour reconquérir son royaume, Louis III d'Anjou, l'un des fils de Yolande d'Aragon, marchant sur les traces de son défunt père, intriguait à feu d'argent pour reconquérir le royaume de Naples.

Des échecs continuels ne décourageaient pas les inconscients Princes du Sang français, qui avaient les yeux plus grands que le ventre et engloutissaient stupidement en Italie des fortunes qui eussent été mieux consacrées à la défense du royaume. Une réalité humaine de la plus extrême importance leur échappait totalement : le préjugé italien le plus ancré tenait le Français pour un grossier et indiscret barbare. On pouvait s'en servir un instant, mais dès que l'occasion le permettait, tout le monde faisait bloc contre l'intrus.

Le sens du ridicule retenait cependant les Valois d'émettre des prétentions sur Venise et, de toute façon, les prétextes leur eussent fait défaut : c'était toujours par le biais d'un mariage plein d'arrière-pensées agressives et spoliatrices que tel ou tel Prince français, excité par un roi qui n'était pas fâché de s'en débarrasser, revendiquait une ville ou un royaume italien – sans le moindre égard pour une quelconque loi salique! –, et les amours si discrètes de notre doge ne présentaient aucun danger pour la Cité.

Avec une émotion qui faisait trembler ma plume, je m'exprimai en ces termes à l'adresse de Lucretia :

« La première et dernière fois que je vous ai écrit, mon incomparable chérie, c'était d'Aigues-Mortes, et par un canal vénitien, pour vous dire brièvement que j'étais arrivé à bon port après une navigation hivernale seulement troublée par un soupçon de mauvais temps sur la fin. Je vous écris ce jour de Chinon, dans la nuit du 6 au 7 mars, résidant depuis le 21 février dans cette petite ville où se trouvent provisoirement le roi Charles VII et sa cour, lequel préfère séjourner d'ordinaire au splendide château de Mehun-sur-Yèvre[1], arrangé autrefois par l'un de ses richissimes parents avec un luxe plus digne de sa majesté. On m'a fort aimablement reçu, et la

1. C'est là que le roi Charles, toujours dédaigneux de Paris, devait mourir en 1461 – quatre ans après la rédaction des mémoires de Condulmer –, dans la hantise d'être empoisonné par les soins du dauphin Louis.

poste royale se chargera désormais de mon courrier. Le roi lui-même m'a promis qu'aucune indiscrétion n'était à craindre. Je dis d'autre part à l'oncle Angelo qu'il peut désormais emprunter aussi cette voie pour sa correspondance ou pour la vôtre, et d'autant plus que j'ai congédié brutalement mon secrétaire Trivulzio, qui s'était révélé peu sûr. Ce congé met fin à mes obligations à l'égard de la République, qui ne s'en portera pas plus mal, et j'aurai désormais tout mon temps pour me consacrer à des affaires personnelles.

» La grande affaire qui défraye aujourd'hui la chronique de Chinon, c'est l'arrivée d'une certaine Jeanne la Pucelle, qui a été présentée très officiellement au roi tout à l'heure dans une atmosphère de magie blanche tout à fait saisissante. Il s'agit d'une jeune paysanne pleine de vertus qui, après bien d'autres, a entendu des Voix célestes lui enjoignant de se mêler des affaires du siècle, mais avec cette particularité originale que cette Jeanne – accoutrée d'un habit d'homme ! – prétend avoir mission de conduire des armées. L'expérience se terminera sans doute au plus mal, sinon pour son Prince, du moins pour elle-même.

» En attendant, la nécessité de coudoyer des hommes d'armes pour défendre la cause si compromise du roi Charles lui a naturellement inspiré une peur bleue de se faire violer tôt ou tard, rendue plus profonde et plus poignante par la vocation de virginité dont elle se fait gloire. Elle attache ainsi à son pucelage une importance qui peut paraître déplacée et je crains que la sauvegarde forcenée de cette qualité native ne l'entraîne à des conduites malheureuses.

» La France que j'ai parcourue sans trop d'alarmes, protégé au-delà de mes mérites par mon éminente dignité vénitienne, est ravagée par la guerre au dernier point et la misère ne se peut décrire. Même dans les régions épargnées jusqu'à présent, la vie s'est ralentie, car l'affreuse menace que font peser les soldats – embauchés ou débandés – sévit presque partout. (La Guyenne seule fait exception, car ses habitants sont extrêmement fidèles à l'Angletere, qui y achète tant de vins.) Dans ces conditions, à quoi bon semer et tenter de commercer ? Chacun végète, fait le gros dos, et c'est le négoce des armes – heureusement pour moi ! – qui est de loin le plus fructueux.

» Et le pire, pour un observateur vénitien, c'est que cette horrible situation découle directement de la sombre ignorance, de l'épais préjugé, du dérèglement des esprits et des sensibilités. Autant dire que personne ne saurait en prévoir la fin à court terme.

» Lorsque Venise est en guerre, c'est pour défendre ou accroître les bénéfices de l'Etat et des patriciens les plus riches – vous en êtes désormais, ma chère ! –, dont les simples citoyens auront encore une part qui leur semblera appréciable. Nous savons tous pourquoi nous nous battons d'un même cœur, et les Vénitiens en âge de porter les armes composent avec ardeur et fidélité les effectifs de nos flottes. Il peut y avoir erreur humaine sur l'opportunité, jamais sur le but, qui est l'intérêt général subtilement dosé.

» Mais pourquoi se battent donc les Français ou les Anglais ? On peut retourner indéfiniment la question dans tous les sens, la même et seule réponse revient toujours : il s'agit de savoir si le produit des contributions levées en France tant bien que mal sera livré sans contrôle à un roi ou à un autre et aux clientèles antagonistes qui se déchirent pour en profiter. L'immonde rapacité valoise est des plus traditionnelle, et Bedford aime d'autant mieux la France qu'au contraire de ce qui se passe à Londres, aucun Parlement ne siège à Paris qui aurait droit de regard sur la levée et l'utilisation des fonds. Le Parlement français n'est qu'une haute cour de justice qui n'ose sortir de sa spécialité. Ces parties prenantes abusives ne font que quelques milliers de personnes sur – peut-être ? – quatorze millions de Français et deux millions et demi d'Anglais. Les deux peuples dans leur ensemble n'ont aucun intérêt au conflit.

» Ces chiffres sont plus que confirmés par la dérisoire importance et par la nature des armées qui s'affrontent. Si l'argent ne lui manquait, le Régent Bedford, qui peut armer sans crainte l'élite de ses paysans, alignerait des contingents plus considérables. Mais le roi Charles ne saurait compter que sur de purs mercenaires, dont une moitié d'étrangers et un quart de Bretons, qui sont bretons avant d'être français. Et chaque belligérant a le plus grand mal à réunir sept à huit mille hommes en bataille rangée. Lorsqu'un peuple de quatorze millions d'âmes accouche péniblement de deux mille mercenaires qui ont eu l'honneur de naître en son sein, il est bien permis de soutenir que la guerre n'a rien de populaire et que cette abstention massive juge le régime. Si l'on estime à deux millions les Français en âge de faire la guerre, on s'aperçoit qu'un million d'hommes en met un millier au service du roi Charles, qui n'est mathématiquement parlant qu'un millième de roi. Donnez-moi deux millions de marins vénitiens, et je colonise la Chine !

» Vous saisissez pourquoi j'aurais tendance à être plus que sceptique sur l'origine et sur la qualité des Voix que la Vierge guerrière susdite aurait fréquentées de si près. Je n'ai rien, en principe, contre les Voix et les apparitions, surtout lorsqu'elles concernent l'Ancien Testament. Tant qu'il était question de hâter la venue du Sauveur, de tels coups de pouce se comprenaient. Depuis que Jésus-Christ a clos la Révélation, on se demande ce que des voyants auraient à nous révéler d'intéressant et de qualifié que leur Maître n'aurait déjà dit mieux qu'ils ne le pourraient dire. Et même en admettant la validité de tel ou tel balbutiement tardif de tel pâtre ou de telle bergère, ne serait-ce pas un défi à la raison que Dieu mobilise présentement ses escadrons célestes pour assurer le pillage du Trésor public français à une faction plutôt qu'à une autre ? N'a-t-il pas autre chose à faire de plus conforme à sa propre définition ?

» Et pourtant, l'infirme raison humaine est susceptible

d'errer en pareille affaire. Il n'est pas inconcevable que Dieu mette directement la main à une pâte nauséabonde pour des motifs qui nous sont cachés, puisque le présent nous est mal connu et que l'avenir nous échappe. Tout ce que la raison pourrait alors nous souffler ne serait que faux-semblants par rapport à un plan divin destiné à être révélé en d'autres temps s'il l'est jamais. Que savons-nous, au fond, des desseins de Dieu, de ses priorités, de son ordre des valeurs lorsqu'il daigne descendre jusqu'à nous par des voies extraordinaires ? On s'imagine, par exemple, que la paysanne inspirée dont je vous parle serait venue défendre l'héritage et les droits de son Dauphin. Mais en fait, par ce moyen détourné, Dieu vise peut-être plus haut. La conversion d'un La Trémouille, par exemple ? Pour le Christ, un saint vaut beaucoup plus qu'un royaume de ce monde, et il nous l'a dit en Personne. Oui, tout paraît possible dès que Dieu s'en mêle !

» Jusqu'à preuve aveuglante du contraire, j'estime toutefois que Dieu ne nous tiendra pas rigueur de juger des événements selon l'intelligence dont il nous a gratifiés pour nous distinguer de la bête. De ce point de vue, les anges politiques et patriotiques adonnés au moindre mal semblent des hochets pour enfants.

» Mais je m'aperçois que je me laisse aller à vous entretenir d'une affaire qui vous concerne bien peu. Vos anges vous suffisent, les anges de tout le monde, dont on reconnaît la sainte origine à des signes qui ne trompent jamais : ils se manifestent à la raison et au cœur plutôt qu'à l'oreille et à la vue, et leur ineffable murmure ne parle que du royaume du Ciel. Les anges les plus discrets sont les plus sûrs.

» Veillez bien sur votre pucelage : une piété comme la vôtre lui a conféré une réalité spirituelle si tenace et si souple que vous pourrez vous en faire un jour une couronne qui vous sera enviée par beaucoup de vierges étroites, poursuivies par l'obsession de se sceller l'âme au cul.

» Votre douce et claire image ne me quitte point. Je vous vois à m'attendre dans votre chambrette au balcon plein de feuillages, rêvant de moi sur un livre qui vous tombe des mains; et je pense avec une ardente reconnaissance à tous les bons exemples que vous m'avez déjà offerts, à tous les pieux tableaux dont vous avez comblé mes regards aimants – parfois sans même le savoir, tant votre pudeur et votre modestie étaient grandes ! Vos qualités me touchent d'autant plus qu'elles se sont donné libre cours au sein des plus douloureuses contraintes, que les bénédictions et dispenses de mon oncle Gabriel lui-même ne rendaient pas moins rudes. Vous aurez mis en valeur l'itinéraire spirituel le plus difficile et le plus exigeant pour une femme, démontrant par là qu'il n'y a pas d'épreuves qui ne puissent nous rapprocher de Dieu dès que notre âme reste confiante et forte.

» L'espérance de vous revoir me soutient à toute heure. Prenez patience. Un pigeon viendra un jour à la grille de votre fenêtre vous roucouler des secrets décisifs que je n'ose confier au hasard des mers et des routes. Je vous embrasse passionnément en attendant. »

J'appris dans la journée que le roi avait assigné un logement à Jeanne dans la grosse tour ronde du Coudray, qu'un pont mobile faisait communiquer avec le « Grand Logis ». La forteresse de Chinon ne comprend pas moins de trois châteaux distincts : à l'est, le vieux château anglais Saint-Georges auquel j'ai déjà fait allusion, le « Château du Milieu » et son « Grand Logis » où résidaient le roi et ses familiers, et le château du Coudray, le plus occidental, avec les tours de Boisy, du Moulin et du Coudray.

C'est seulement en 1205, après un siège d'une année, que Philippe Auguste avait arraché la place de Chinon à Jean sans Terre, déclaré déchu de ses fiefs français sous prétexte qu'il avait enlevé Isabelle d'Angoulême – admirable souci de moralité pour un roi naguère excommunié pour bigamie par le sévère Innocent III !

Jeanne avait été aussitôt confiée à la femme du majordome royal, et l'on avait estimé conforme à sa réputation naissante de la doter d'un jeune page détaché de la maison de Gaucourt, un certain Louis de Coutes, chargé d'introduire et de reconduire les grands personnages curieux qui ne cessaient de venir en visite. La Pucelle était la principale attraction du moment. Ledit page se retirait bien sûr à la tombée de la nuit, et Jeanne pouvait se dénuder sans crainte pour dormir avec des femmes irréprochables, qui n'avaient pas trompé leur mari depuis longtemps.

Le mardi 8 mars – si sa mémoire est bonne –, le roi me fit quérir en fin d'après-midi pour m'entretenir très privément dans un joli petit verger du château où se promenaient quelques paons. Il tenait à me remercier de prendre les armes à son service, ce qu'il fit de la manière la plus gracieuse – sans pouvoir cacher cependant une pointe de surprise intriguée.

Mais il tenait surtout à exprimer un début d'inquiétude...

« Les conversations que j'ai pu avoir avec cette Pucelle n'ont fait que me confirmer dans mon intuition première : elle inspire confiance comme elle respire ! Je ne puis lui parler un moment sans me sentir tout revigoré, comme si je venais de prendre médecine. Si elle n'est pas envoyée du Ciel, qui le sera jamais ?

» Cette pieuse médaille a toutefois son revers un peu préoccupant : non seulement, comme la plupart des inspirés, la fille est d'une grande ignorance – il fallait s'y attendre ! – mais aussi d'un incroyable entêtement.

» C'est ainsi que je n'ai pas eu l'autorité suffisante – mais non ! – pour la convaincre de quitter de temps à autre cet habit d'homme, dont le port constant et abusif ne peut nous attirer que des ennuis.

» L'habit reste malgré tout un détail. Hier, par exemple, Jean d'Alençon est accouru des environs de Saumur, curieux de rencontrer cette Pucelle dont la renommée était déjà parvenue jusqu'à lui, et Jeanne, à qui je l'avais présenté, l'a accueilli tout émue par ces paroles : " Vous, soyez le très bienvenu, plus ils seront du Sang royal, mieux ce sera. " D'Alençon, qui est assez fat, a été charmé du compliment, moi, un peu moins, car je ne pouvais manquer d'y voir l'annonce d'une pente dangereuse. Je pense que vous devinez laquelle?

– Votre Majesté veut dire sans doute qu'une Pucelle avertie doit révérer à genoux chez son roi le Sang païen et troyen de l'incomparable Francion, auquel le baptême du chaste Clovis a apporté une touche d'eau bénite, mais que ce même Sang royal, elle doit s'en méfier comme de la peste chez les Princes du Sang, qui sont bien capables, spéculant sur sa naïveté, de la compromettre dans des complots à la première occasion. Quelle chance salutaire pour le royaume des lys que les Anglais aient pris à Azincourt un bataillon de Princes de Sang, qui ne sortent de captivité que pour se retrouver ruinés par le paiement de leur rançon, et par-là même, à la discrétion de Votre Majesté! Henri V a sauvé la France en mettant tout ce joli monde à l'ombre! Mais la ruine elle-même peut pousser à de mortelles intrigues... Jeanne aurait dû par conséquent déclarer à d'Alençon : " Moins ils seront du Sang royal, mieux ça vaudra. Un bon roi et un charmant Dauphin suffisent au bonheur des Français. " »

Un moment interdit, le roi finit par me dire en souriant :

« Vous faisiez déjà, Messire, un trop franc diplomate. Depuis que vous avez pris les armes, aucune vérité ne vous résiste! J'aurais présenté la chose autrement, mais vous n'avez pas tort quant au fond. D'Alençon n'est pas méchant, mais il est bien jeune, rendu pressé de vivre par des années de captivité, et c'est malgré tout le neveu du rebelle Richemont qui, lui, est l'image de l'insolence, de l'insubordination, de la plus sanglante brutalité. Que notre Jean soit beau garçon n'est pas un motif pour distinguer en lui un Sang miraculeux. Le bon sens doit tempérer les plus belles théories.

» Mais le culte de la Pucelle pour le Sang royal ne se borne pas à d'Alençon. Elle ne rêve que de débarquer en Angleterre sur un cheval blanc pour délivrer mon cousin Charles d'Orléans, lequel – tout à fait entre nous – est si bien là où il est, courtoisement occupé à polir de jolis petits vers nostalgiques. S'il était libéré prématurément, sa veine se tarirait du coup et ce serait une perte pour notre littérature. Les vrais poètes sont comme les femmes : ils enfantent dans une solitaire douleur qu'ils ne partagent avec personne.

» Vous voyez où je veux en venir ? Gouverner, c'est se méfier à temps, prévenir plutôt que guérir. Si je mets moi-même la Pucelle en garde contre la fatale menace des intrigues de cour, ou si je lui fais prêcher la prudence par un homme à moi, la leçon lui sortira vite de l'esprit. Mais si c'est un aimable et habile Vénitien qui aborde la question comme par hasard, il y a des chances que l'instruction soit mieux reçue. Et nous devons agir alors que Jeanne est encore toute neuve parmi nous, impressionnée par tant de nouveautés. Elle a déjà plus d'assurance que le terrible La Hire ! D'ici peu, elle ne voudra plus rien entendre de personne. Ce serait grand dommage qu'elle se laissât circonvenir faute de conseils. Elle montre tant de dévouement et de bonne volonté ! »

Les désirs d'un monarque étant des ordres, je me déclarai prêt à cette difficultueuse corvée.

« Je ne suis pas trop rassuré non plus, poursuivit le roi, à l'idée de ce que Jeanne va pouvoir raconter aux hommes d'Eglise que je dois commettre à son examen, pourtant indispensable. Je ne veux pas être soupçonné d'employer une sorcière. Surtout si nous parvenons, contre toute attente, jusqu'à Reims !

– Pour complaire à Votre Majesté, les juges seront aussi précautionneux qu'indulgents, louvoyant entre les récifs comme de vieux capitaines. Ils s'abstiendront de poser certaines questions glissantes, laisseront passer quelques innocentes maladresses, ne se formaliseront pas trop de tel ou tel entêtement suspect où des malintentionnés pourraient flairer de l'hérésie. Et j'imagine que, pour plus de sûreté, l'unique minute de cet amical procès sera ensevelie dans des oubliettes profondes, de façon qu'aucun passage ne puisse jamais être utilisé par des méchants au discrédit présent ou futur de Votre Majesté[1].

– Cela va de soi. Mais il y a des bornes. Vous savez l'irrésistible propension des inspirés à ne pas souffrir le contrôle de l'Eglise sur leurs Voix ou apparitions. C'est toujours par là qu'ils se font prendre et brûler quand on décide d'en finir avec eux. Je soupçonne Jeanne de n'être guère accommodante sur ce point capital. »

Je m'offris à reculer les bornes par des recommandations de bon sens, et le roi soulagé m'en remercia chaleureusement.

« En tout cas, précisa Charles, Jeanne s'est tirée à son honneur d'un autre examen préliminaire, aussi obligatoire que celui des théologiens. Comme elle se présentait en tant que pucelle, il eût été rédhibitoire qu'elle ne le fût point. Deux personnes de la suite de ma belle-mère Yolande, la femme de Gaucourt et celle de Robert Le Maçon, se sont donc chargées de vérifier. Pour une affaire de cette importance, de nobles dames étaient plus indiquées que de vulgaires matrones. Aucune inquiétude ne m'effleurait, mais j'ai quand même un poids en moins. »

La confiance dont j'étais honoré me commandait de troubler cette belle satisfaction :

1. Les minutes du procès de condamnation de Jeanne à Rouen de 1431 et du procès « en nullité de condamnation », bouclé en juillet 1456, nous sont bien parvenues, alors que les minutes des examens de Poitiers de 1429 ont totalement disparu, fait d'autant plus anormal qu'il était coutume de dresser de multiples copies des actes de ce genre. Ce passage de Condulmer suggère une destruction intentionnelle, peut-être contemporaine du procès de condamnation.

» Avec l'angélique pucelage qui nous arrive à l'improviste pour déconcerter l'expérience des plus sages, Votre Majesté n'est pas sortie de l'auberge, car ces choses-là sont bien fragiles et les temps sont moins que jamais favorables à leur maintien. La vertu, les draconiennes précautions de Jeanne étant des faits acquis, reste l'hypothèse d'accidents dont elle ne serait nullement responsable. Les surprises de la guerre peuvent entraîner un viol – avec ou sans témoins. De longues chevauchées à califourchon sont également bien capables de flétrir sans remède cette fleur d'innocence pastorale à laquelle la réputation des Valois se trouve désormais bon gré mal gré attachée – et de manière d'autant plus paradoxale qu'une virginité sans défaillance n'avait guère été l'emblème de la dynastie ! Si Jeanne était, par malheur, faite prisonnière après qu'un cheval l'eut sournoisement dépucelée, la propagande anglaise s'en donnerait à cœur joie et la meute des espions de Bedford répandraient partout la désastreuse nouvelle. Il n'est point rassurant de voir un pucelage prendre soudain une pareille importance politique. »

Le roi n'avait pas eu le loisir de penser jusque-là. Sa mine se rembrunit...

« Par Dieu, vous avez mille fois raison, Messire ! Nous nous serions bien passés de ce pucelage inquiétant. A-t-on idée, aussi, de faire la guerre avec un pucelage ! Hélas, le vin est déjà tiré, il faut le boire.

– Mais tant va la cruche à l'eau qu'elle se casse !

– Prudence est mère de sûreté. Pour ce qui est du cheval, nous ne pouvons que prier Dieu et le bon saint François. Les animaux les plus doux sont encore bien rudes au derrière de vraie jeune fille qui s'obstine à ne pas vouloir monter en amazone. Pour le reste, tout ce que je puis faire est de donner à la Pucelle une maison militaire bien fournie et d'excellente réputation, capable de la défendre des mauvaises rencontres et de veiller à ce qu'elle ne s'expose pas inutilement. Et un bon harnois bien clos de toutes parts ne serait pas de trop. Un viol est vite arrivé, et violer un chevalier en armure ne se fait pas à la sauvette.

– Ces mesures sont la sagesse même, sire. Advienne que pourra !

– Aide-toi, le Ciel t'aidera.

– Qui s'y frotte s'y pique ! »

Tout en me raccompagnant jusqu'à la porte du jardin, le roi Charles me gratifia d'une époustouflante confidence :

« Les gens se demandent pourquoi j'ai remisé la Pucelle dans la sinistre et inconfortable tour des Templiers au lieu de lui donner un appartement au " Grand Logis "... »

Comme j'ignorais ce que les Templiers avaient pu fabriquer dans la tour du Coudray, le roi me dit :

« C'est une des curiosités de Chinon. Dans cette tour, en 1308, ont été enfermés les principaux dignitaires de l'ordre du Temple, après leur arrestation sur l'ordre du roi Philippe le Bel, dont ils avaient été les banquiers attitrés. Ils y ont laissé d'émouvants graffiti, une croix entourée des instruments de la Passion, un cerf poursuivi par des chiens, ce dernier dessin étant signé du Grand-Maître Jacques de Molay, avec cette légende : " Que Dieu me pardonne ! " Le concierge vous montrera tout ça comme il l'a montré à bien d'autres...

» Vous savez peut-être que Molay, brûlé en 1314 pour hérésie, sorcellerie et sodomie, a lancé de son bûcher une malédiction contre le roi Philippe le Bel et sa descendance, mais aussi contre le pape d'Avignon Clément V, qui avait accepté la liquidation de l'ordre et la condamnation de beaucoup de ses membres. Le roi Philippe et le pape sont effectivement morts cette même année 1314, année où ont été en outre martyrisées Marguerite de Bourgogne et Blanche d'Artois, début de bien des malheurs, ainsi que je vous l'ai raconté l'autre jour.

» Voilà déjà bien des coïncidences troublantes, qu'une dernière, et non des moindres, couronne à présent :

notre Pucelle, chargée d'effacer la malédiction en rapport avec le procès des brus du roi et l'éviction de la petite Jeanne en 1316, vient justement à moi en ce château de Chinon, où Jacques de Molay, auteur de ladite malédiction, a été retenu prisonnier!

– Et avec une parfaite logique, Votre Majesté a pensé que la présence de Jeanne dans cette sombre tour du Coudray pourrait achever d'effacer la malédiction du Grand-Maître. Quel art consommé de faire d'une pierre deux coups! »

Le roi se rengorgea modestement. Il faut autant d'ingéniosité pour escamoter des malédictions réelles que des malédictions imaginaires s'il s'en trouve. L'essentiel est de se refaire le moral.

A la barrière qui clôturait les lieux, Charles me prit amicalement par le bras et me dit :

« Vous n'avez pas notre tournure d'esprit, ce pour quoi, sans doute, j'apprécie particulièrement votre conseil, sur lequel j'aimerais pouvoir compter longtemps. Veillez bien sur vous aux armées, et ne vous faites surtout pas prendre! Je ne suis guère en fonds ces temps-ci, avec ce siège d'Orléans qui s'éternise, et j'aurais du mal à contribuer au versement de votre rançon.

– Que Votre Majesté ne s'inquiète pas pour si peu! Le code pointilleux qui régit les affaires de rançon est inconnu à Venise. Nous avons d'autres sources de profits et de dépenses. Si je suis pris, je me ferai libérer sur parole et oublierai de payer le plus clair de ma rançon. Si je mets la main sur un duc anglais, je lui enfilerai un anneau dans le nez et l'emmènerai comme esclave jusqu'à mon palais du Rialto, où je lui ferai astiquer les gondoles. »

Le roi, ce qui n'était pas fréquent, rit à gorge déployée de la déclaration. Mais je ne plaisantais qu'à moitié.

Le lendemain matin, d'assez bonne heure, je montai au château afin de discuter avec La Trémouille de ma « lettre de retenue », que je désirais, selon le bon usage anglais, la plus précise possible, particulièrement en ce qui concernait les rançons. On me dit d'abord que le ministre, qui s'était couché tard, était encore dans ses appartements, puis on me fit prévenir qu'il était disposé à m'y recevoir sur-le-champ et en toute simplicité.

Je trouvai La Trémouille et sa femme à moitié étendus tout nus dans un immense lit à baldaquin où l'on aurait pu jouer à la paume, les deux têtes amicalement dressées, et les quatre nichons blancs répandus côte à côte sur le moelleux édredon argenté, tels des œufs d'autruche sur un plat de cérémonie. La chambre ensoleillée était meublée et décorée de la manière la plus riche et la plus élégante : ce n'étaient que miroirs et coffres précieux, tapisseries et tentures qui étouffaient les voix, et des fleurs nouvelles s'épanouissaient dans la douce chaleur de l'âtre aux braises encore vives. Pour flatter mon hôte, j'avais mis les perles de Catherine à un chapeau de soie passementé de castor et je n'étais pas déplacé dans ce cadre.

Me ménageant une place entre Catherine et lui, le gros Georges me dit avec la plus accueillante jovialité :

« Posez donc chapeau et souliers, dénouez vos aiguillettes, mettez vous à votre aise et venez nous rejoindre. On parlera ainsi plus commodément. Ne sommes-nous pas en famille? »

Dans les modestes ménages de France, le grand lit, principal élément de la dot, est le meuble essentiel de la maisonnée, et il est coutume que l'ami de passage soit invité à y dormir avec le couple, situation qui est un thème inépuisable d'anecdotes plaisantes, mais qui hérisserait un Vénitien jaloux. La haute noblesse, qui n'en est pas à un lit près, a d'autres mœurs. C'est pourtant une insigne marque de faveur de la part des rois et des Princes que d'ouvrir leur lit à un courtisan – reine ou princesse étant évidemment absente! Avec le sang-gêne qui était dans sa nature, La Trémouille, mélangeait impudemment les habitudes bourgeoise et princière.

Il eût été discourtois de faire la fine gueule. J'allai

donc m'étendre pour discuter de ma « lettre » avec Georges. De temps à autre, toujours à mon avantage, la comtesse mettait son grain de sel en ma faveur, assorti d'une chatouille taquine qui semblait faire jouir son mari plus que moi.

Une procession de femmes dépoitraillées – dont quelques beautés surprenantes qui lançaient des coups d'œil coquins à leur maître – vinrent longuement remplir d'eau chaude un grand cuvier de bois, puis baignèrent Catherine, tandis que la discussion se poursuivait tant bien que mal.

Il fut entendu que ma « lettre » serait valable pour quatre-vingts hommes, dont deux « lances » – celle du capitaine en second Tristan et la mienne –, et le reste, en cavalerie légère, hommes d'armes, arbalétriers ou archers. La plupart des compagnies au service du roi Charles étaient plutôt moins importantes, avec des « lances » en nombre très variable. Tristan m'avait expliqué que nous n'avions aucun intérêt à multiplier ces « lances » : non seulement elles revenaient très cher, mais les chevaliers en harnois complet étaient beaucoup plus gourmands de butin et de rançons que les sergents ou les simples soldats.

Offrir quand on le pouvait un bain à un voyageur de marque était une marque normale d'hospitalité française et, dans la plupart des étuves, comme un peu partout en Europe de l'Ouest, les deux sexes étaient mêlés. Travaillant toujours dans la plus honteuse confusion, La Trémouille me pressa de me déshabiller et de rejoindre sa femme au bain. Il est vrai qu'on aurait pu mettre une vendange dans ce cuvier!

Je me déshabillai donc et allai barboter avec Catherine. Les femmes se retirèrent en gloussant, et le gros Georges gagna sa garde-robe après avoir tracé dans l'espace, de sa main lourdement baguée, un geste large qui ressemblait à une bénédiction. Le piège s'était refermé sur moi. De démission polie en démission polie, j'en étais parvenu à ce point où l'on se fait des ennemis mortels de la femme et du mari obligeant si l'on a la vertueuse inconscience de jouer les Joseph... lequel a d'ailleurs été précipité en prison pour avoir négligé les charmes de la capiteuse Mme Putiphar! Ne fût-ce que dans l'intérêt bien compris de Lucretia, je devais pousser la politesse à l'extrême.

Le temps n'était plus aux discours ni aux faux-fuyants. A force de baisers mouillés et d'indécentes privautés sous-marines, la comtesse me mit bientôt dans un état qui conseillait un mobilier plus commode. Nous émergeâmes ruisselants du bain pour nous diriger en hâte vers la couche conjugale...

Nous sommes portés à prier dans les situations désespérées, mais dès qu'elles le sont tout à fait, nos prières faiblissent, comme s'il n'était pas plus aisé à Dieu d'accomplir un miracle en claquant du doigt que d'arranger les choses péniblement en recourant aux moyens de tout le monde. Saint Jean nous rapporte que Marthe et Marie n'ont pas songé à demander à Jésus la résurrection de leur frère Lazare, le futur premier évêque de Marseille[1]. Mieux instruit que ces deux saintes femmes, tout en courant vers le lit, j'eus encore l'inspiration de supplier saint Marc d'intercéder pour moi et, au passage, je tirai machinalement la tenture de fenêtre pour obscurcir les lieux où la licence des Valois allait avoir raison de ma fidélité. Mais je n'achevai point mon geste...

« Qu'avez-vous donc? me demanda Catherine. Pourquoi, si bien parti, mollissez-vous tout soudain? »

Par la fente du rideau, je désignai sans un mot à la comtesse en joie une fenêtre de la tour du Coudray qui nous faisait face à peu de distance, entre les courtines du XIe siècle de Thibaut le Tricheur, surélevées par le bigame Philippe Auguste. Dans l'encadrement de cette

1. La bonne foi de Condulmer, d'ordinaire si méfiant, paraît avoir été surprise. En dépit d'une légende tenace, Lazare ressuscité n'a pas laissé à Marseille de traces indiscutables.

fenêtre, éclairé par le soleil déjà haut qui laissait nos turpitudes dans l'ombre, se détachait le buste de la Pucelle. Sortant du sommeil, son premier geste avait été d'émietter du pain pour les petits oiseaux qui voletaient autour d'elle. La scène, d'une idyllique pureté, faisait songer à Assise, et d'autant mieux que les virginales pointes roses des seins nus semblaient nous interroger : le premier acte de l'apostolat de saint François n'avait-il pas été, dans un scandaleux vertige de dépouillement, de se mettre en tenue d'Adam sur une place publique ?

Je n'avais plus qu'à me rhabiller avec de nouvelles excuses, et la comtesse déprimée n'essaya même pas de me retenir. Une angélique persécution planait visiblement sur nos amours coupables.

Pensif, je me promenai un bon moment sur les remparts du château, d'où la vue était belle et, voyant les choses de haut, je me dis que Dieu les voyait de beaucoup plus haut encore et que si Jeanne avait été appelée d'urgence à Chinon, c'était peut-être pour me maintenir, malgré mes faiblesses, dans une vertu digne de celle de ma femme, la sauvegarde du Valois n'ayant été qu'un prétexte dans l'affaire. Dieu s'occupe en effet de vertu, et l'on distinguait mal quelles vertus pourraient accompagner un éventuel triomphe de Charles VII – ou de Bedford, d'ailleurs...

J'étais encouragé à cette interprétation de théologie classique par ce sentiment bien vénitien que Venise est le centre de l'univers et que Dieu a tant de peine à l'empêcher de sombrer et à protéger tous ses enfants de par le monde qu'il n'a plus guère le temps de faire autre chose. Je suis revenu depuis à une vision plus modeste et je préfère déclarer que la vocation de la Pucelle n'est compréhensible que pour les Français.

Vers le milieu de la matinée, je me dirigeai vers la tour du Coudray afin de m'acquitter de la promesse faite au roi la veille. Le sire de Rais en sortait, dans un état d'excitation étrange, et sa déclaration me frappa :

« Savez-vous qu'on peut vraiment avoir des contacts

personnels et directs avec l'au-delà? Beaucoup en doutent, mais la preuve est faite. Cette Jeanne entend des Voix comme je vous entends, leur parle comme je vous parle. Elle interroge, et on lui répond. Que de fantastiques perspectives! Si la Pucelle voulait s'en donner la peine, avec les talents qu'elle a, elle pourrait tout aussi bien évoquer le Diable. Un vrai Diable, avec une queue fourchue. Qui peut le plus ne peut-il pas le moins? Mais Dieu nous en garde! Il y a déjà assez de diables par ici... »

Un peu agacé, je lui rétorquai froidement :

« J'entretiens moi-même avec le Ciel des contacts plus directs et plus suivis que ceux dont Jeanne est capable, et justement parce que je n'entends pas de Voix qui me dérangeraient et me brouilleraient les idées. Le procédé est facile, et c'est Jésus-Christ lui-même qui nous l'a enseigné : pour établir le contact, il suffit de réciter un " pater ".

– Mais vous n'avez pas la réponse!

– Jésus a dit que nos prières sont toujours exaucées, que lorsque nous demandons du pain à Dieu, il ne nous donne jamais une pierre. Que voulez-vous de plus? »

Mais cette technique de communication, trop banale, sans doute, était loin de satisfaire ce jeune homme crédule et tourmenté. L'intelligence de Rais présentait une faille, qui devait s'élargir jusqu'à devenir béante. Finalement, Jeanne allait être brûlée parce qu'elle avait parlé avec des anges, et Rais devait connaître onze ans plus tard le même sort pour avoir parlé avec des démons. Une fin identique pour une démarche identique, à Dieu près.

Introduit chez Jeanne, je dis au jeune page Louis de Coutes, qui avait l'air assez futé : « Si par malheur je te prends à écouter à la porte, je te fais enfermer dans le souterrain avec les ossements grinçants de ces bougres de Templiers. » Il me répliqua en riant : « J'en sors, Messire! On ne m'y reprendra pas de si tôt! » Il n'y a plus d'enfants.

Malgré nos légers froissements, Jeanne n'était pas mécontente de me retrouver, car elle était lasse de jouer un rôle de bête curieuse, après des entretiens dont la vanité ne lui avait pas échappé.

« C'est toujours la même chose, me dit-elle. Les gens me demandent d'où vient mon autorité, et je leur réponds : " du roi des Cieux qui est roi de France, et qui m'assiste de son Conseil par des Voix ". On me demande ensuite ce que m'ont promis ces Voix, et je réponds : " la levée du siège d'Orléans, et le sacre du Dauphin à Reims comme lieutenant du roi des Cieux. " Je n'ai rien d'autre d'important à dire et je ne puis que me répéter. Certains me demandent encore : " Quel signe donnez-vous que vos Voix ne nous trompent point? ", et je réponds enfin : " les signes seront Orléans et Reims ". »

Je n'étais pas là pour expliquer à la Pucelle que d'eventuelles victoires ne prouveraient qu'à des incompétents la sainteté de son inspiration. Elle m'aurait fort justement déclaré que ce ne serait pas les victoires qui seraient probantes, mais le fait que le roi du Ciel les avait voulues, et la discussion eût été dans l'impasse.

Après quelques propos anodins, j'orientai tout doucement la conversation vers les sujets que le roi avait à cœur, et je manœuvrai tout d'abord pour faire saisir à Jeanne la radicale différence entre le bon Sang du roi et le mauvais Sang des Princes, ce qui impliquait que je me servisse comme pivot du préjugé populaire qu'elle entretenait obstinément à l'égard du sacre. Concession de peu d'importance à côté de ce qui inquiétait le roi.

« Ma chère Jeanne, déclarai-je avec beaucoup d'autorité, dans bien des pays – la France ne fait pas exception à la règle –, le sang des familles princières est tout spécialement corrompu, et ce, pour des motifs qui ne sont que trop évidents.

» D'abord, durant des siècles, des mariages entre proches parents, entre cousins, ont été consommés avec les dispenses complaisantes de l'Eglise, procédure qui présentait l'avantage de fournir un jour des prétextes à une annulation en cour de Rome lorsque d'hypocrites scrupules seraient venus. Et tout le monde sait pourtant que de tels mariages font dégénérer les familles. Seule Venise a été préservée de ce fléau, car là-bas, nous sommes plus de quinze cents à nous partager la Ville et à nous marier entre nous, ce qui nous assure une marge convenable.

» Ensuite, les enfants issus de ces unions plus ou moins incestueuses ont été fort mal élevés, exposés sans frein à toutes ces tentations énervantes et débilitantes où le sang achève de se perdre. La plupart des jeunes Princes sont des gibiers de bourdeau.

» Et enfin, alors que c'est le libre consentement qui fonde la réalité du mariage, les unions princières sont sans cesse commandées par l'intérêt matériel, le vrai consentement des filles – et même des garçons ! – faisant défaut. Nuls devant Dieu, ces rapprochements contre nature où l'amour n'est point requis pourraient être annulés à Rome si les victimes avaient la conscience et le courage de se plaindre après avoir succombé à des pressions que l'Eglise a malheureusement tolérées. Nos Princes ne sont pas seulement des dégénérés et des débauchés, ce sont des bâtards spirituels.

» Il n'est donc pas étonnant que les Princes d'Occident offrent à nos regards attristés une étonnante collection d'abrutis congénitaux.

» Le roi du Ciel pouvait-il abandonner le pays du preux et noble Clovis, de saint Charlemagne et de Saint Louis dans une situation aussi désespérée ? Oh, que non ! Dieu aime trop la France, fille aînée de l'Eglise, et ses rois Très Chrétiens ! Certains avancent même qu'il pourrait préférer la France à l'Angleterre, et même à Venise ! Aussi le sacre de Reims a-t-il été justement et divinement institué. Que se passe-t-il dans les mystérieuses profondeurs de cette sublime cathédrale ? Rien de moins qu'un véritable miracle, qui ne se produit qu'une fois par règne. En un clin d'œil, plus vite qu'on ne fait cuire un boudin, le sang du Dauphin est purifié. Grâce à Dieu, le Prince de mauvais Sang est devenu roi de bon Sang! Mais il n'y a qu'un roi, image visible et tangible de la France éternelle! »

Développant ce postulat d'une logique bien française, il m'était aisé d'expliquer ce fait : depuis des générations, les Princes du Sang n'avaient cessé de donner les pires exemples de tripatouillages, dissipations, trahisons, assassinats et complots, sous le signe d'une totale irresponsabilité. Si Jeanne aimait son Dauphin, elle devait se méfier autant que lui des Princes du Sang qui ne valaient pas la corde pour les pendre. Le roi des Cieux tolérait leur existence uniquement parce qu'il fallait des Princes du Sang afin de fabriquer des Dauphins et des rois.

De là, il m'était plus aisé encore de mettre Jeanne en défiance contre les intrigues de cour en général, où elle avait tout à perdre et rien à gagner. Et je lui peignis un tableau des successifs favoris du roi Charles à faire dresser les cheveux sur la tête, précisant bien toutefois qu'il s'entourerait à ravir dès que le sacre l'aurait éclairé.

La Pucelle était à la fois horrifiée par mes dires et confortée dans sa mission par l'importance nouvelle et décisive que ma démonstration rigoureuse accordait à la magie du sacre. J'avais su me placer dans la droite ligne de ses pensées et mettre en forme ses plus nets pressentiments. Il était temps qu'elle arrivât!

Comme je le craignais, j'eus moins de succès sur le point de la prudente et nécessaire soumission à l'Eglise, et je me le reproche encore vingt-huit ans après, car la vie de Jeanne était de toute évidence en jeu. Mais qu'aurais-je pu dire de mieux et de plus sensé? J'en prends Dieu à témoin, et tous les lecteurs de bonne foi.

« Dans l'intérêt du roi et de votre cause, Jeanne, vous allez être examinée par des docteurs en théologie et en droit canon. Vous ne devez pas redouter ce tribunal, qui vous accueillera certes avec sympathie. Mais si vous voulez avoir la moindre chance de voir un jour le sacre de Reims, vous aurez à lui faciliter la tâche et à ne pas commettre d'erreurs qui placeraient les juges dans une position trop désagréable – car ils ont une conscience comme la vôtre !

» Comprenez une fois pour toutes que l'audition des Voix, la fréquentation des anges – notamment s'ils sont lorrains et sonnent de la trompette guerrière – sont par définition sous le contrôle attentif de l'Eglise, qui ne saurait renoncer à ce droit et à ce devoir sans faillir à sa permanente mission. Sur cent Pucelles qui prétendent ouïr des Voix, il y a quatre-vingt-dix-neuf cinglées ou aventurières. L'Eglise se trouve donc par la force des choses dans l'obligation absolue de faire le tri, de séparer le bon grain de l'ivraie afin de protéger le peuple chrétien des jouvencelles douteuses[1].

» Etes-vous bien de mon avis là-dessus ?

– Assurément.

– Les Pucelles, vraies ou fausses, sont toujours infaillibles, mais les tribunaux d'Eglise, comme toute chose humaine, ne le sont point – et ils l'admettent d'ailleurs bien volontiers. Les juges ont une certaine éducation, formation et instruction, ils peuvent souffrir de passions ou de préjugés... Mais ils ont droit au respect car ils représentent selon leurs lumières l'Eglise de ce Christ qui leur a délégué par le canal de l'apôtre Pierre son autorité discrétionnaire et souveraine. Le justiciable chrétien doit par conséquent reconnaître la compétence du tribunal et se montrer soumis à ses décisions, qu'elles lui plaisent ou non. Par là, il ne fait rien que sa conscience pourrait lui reprocher, mais se conduit tout simplement en catholique discipliné.

» J'espère que vous êtes toujours d'accord ?

1. Encore aujourd'hui, une Eglise qui a perdu depuis longtemps sa juridiction criminelle ne se prive pas de porter diagnostic sur telle ou telle prétendue apparition.

– Cela va de soi. Où voulez-vous en venir?

– A ceci : il y a une phrase orgueilleuse, impudente, satanique, que vous ne devez jamais prononcer. Cette phrase, mortelle pour votre corps et peut-être pour votre âme, serait l'expression d'une idée que le tribunal ne doit pas même soupçonner chez vous...

– Quelle idée? Quelle phrase?

– " Nom de Dieu, vous n'avez pas à juger de mes Voix parce que vous n'êtes pas foutus d'en entendre! "

– Ne jurez pas!

– Autrement dit : " Vous êtes incompétents quant à mes Voix parce qu'elles tombent directement du Ciel, alors que vos relations avec Dieu sont loin d'avoir cette éminente qualité. "

– Je n'oserais jamais dire cela!

– Mais pourriez-vous dire, si par malheur on vous y accule : " Ce tribunal a le droit de juger que mes Voix sont douteuses, et s'il le fait, je les tiendrai pour telles. "?

– Je ne dirai pas cela non plus, car ce serait mentir, faire injure à Dieu, au roi et à moi-même. »

Je me tuai à persuader Jeanne que, si elle était poussée dans ses derniers retranchements, ladite déclaration – toute de principe et sans autre conséquence que de libérer la conscience des examinateurs – était indispensable. Mais j'y perdis mon latin.

« De toute manière, me dit-elle naïvement, l'Eglise du roi dira bien que mes Voix viennent du Ciel puisqu'elles sont du parti du roi!

– Vous n'aurez en aucun cas cette satisfaction. Les théologiens du roi Charles ne sont pas fous. On juge les arbres à leurs fruits, et les inspirés, à leurs œuvres. Détruire la double monarchie du jeune roi Henri VI n'est pas une œuvre pie comme une croisade contre les Turcs. Mais ce n'est pas en soi un péché non plus.

– Vous qui êtes si savant, vous n'êtes même pas capable de me dire si c'est bien ou si c'est mal?

– Il est bien pour les Français comme pour les Anglais

de défendre le roi qu'ils estiment sincèrement être le roi légitime. Même problème pour les Bretons ou Bourguignons avec leur duc. Mais ils ont tous à prendre cette décision à leurs risques et périls, et sans la moindre garantie du Ciel.

– Dieu est justice. La cause de mon Dauphin n'est-elle pas juste ?

– Pour un Vénitien, elle n'est ni meilleure ni pire que celle d'Henri VI. Et le roi Charles lui-même, qui est instruit et scrupuleux, a des doutes lancinants. S'il espère un secours du ciel en votre personne, c'est parce que Dieu est un être déconcertant, qui a jadis choisi de pauvres nomades juifs pour apporter la vérité au monde.

– Ah, vous voyez bien ! Les Valois ne valent-ils pas les juifs ?

– Ils seraient plutôt moins honnêtes et moins utiles, mais il ne faut décourager personne... Je vois aussi, je vous le répète, que si vos Voix ne faisaient pas bon marché de votre peau, elles vous auraient commandé quelques œuvres pies indiscutables en sus de cette marche sur Reims qui se discute, du fait qu'il se trouverait une Eglise pour sacrer Henri VI comme il s'en trouve une de ce côté pour sacrer votre gentil Dauphin, le pape étant officiellement neutre. Que ne fondez-vous une jolie chapelle pour lépreux ?

– Je n'ai pas été appelée pour ça et je n'ai pas le temps de tout faire, Messire ! Ma tâche est déjà assez rude.

– La commission ecclésiastique préposée par le roi à votre examen se bornera donc à déclarer qu'il n'y a apparemment ni hérésie ni schisme en vous. Mais vous distinguez le danger d'entendre des Voix sans présenter à l'appui des œuvres pies probatoires : pour des motifs politiques, l'Eglise du roi vous acquittera au bénéfice du doute; l'Eglise d'Henri VI, si elle avait, par un mauvais hasard, à vous juger, pourrait s'étonner à bon droit que des anges de Dieu n'aient d'autre souci que de faire massacrer des Anglais. Et elle en déduirait fort logiquement que vos Voix sont suspectes.

– Qu'ai-je à faire de l'Eglise d'Angleterre pour juger de Voix françaises ?

– Cette Eglise se demanderait alors non pas si vos Voix sont françaises, mais si elles sont catholiques !

– Mes Voix étant de Dieu, qu'importe le tribunal ! »

Oui, qu'aurais-je pu dire de plus pour ramener à la sagesse d'ici-bas cette fille qui allait s'exposer tous les jours à tomber au pouvoir des Anglais ?

Jeanne me fit alors ce reproche que le roi, la duchesse Yolande, d'Alençon ou Rais faisaient confiance à ses Voix, alors que j'étais sceptique.

Je lui répondis :

« Vous oubliez que je suis vénitien ! Vues de Venise, vos Voix sont celles d'un " Dieu " valois que l'Eglise universelle ne connaît pas et ne voudra jamais connaître. Admettez un instant que le pape ait l'aveugle inconséquence de déclarer vos Voix divines, les catholiques anglais, qui sont aussi chers à son cœur que les français, sortiraient aussitôt de cette Eglise-là, et ils n'auraient pas tort. Vous venez de m'avouer : " Mes voix étant de Dieu, qu'importe le tribunal ! ", n'ai-je pas le droit de vous avouer à mon tour : " Vos Voix étant françaises, en quoi intéressent-elles un chrétien de Venise ? " »

Jeanne eut la bonté d'admettre qu'elle n'avait pas songé à ce qu'un Vénitien pourrait faire de ses Voix – lacune qui laissait d'ailleurs la question intacte.

Accessoirement, je ne crus pas inutile de donner à Jeanne quelques menus conseils sur le bon usage des Voix en société.

« Puisque vous avez le rare privilège d'entendre des Voix, il convient d'en tirer le meilleur parti. Les Voix sont comme les fromages : si on ne les épargne pas, on en vient vite à bout. Conformez donc votre conduite à ce que les Voix vous auront dit de plus sûr et de plus clair, et ne succombez pas à l'illusion que vous pourriez encore être inspirée en dehors de ces moments bénis où elles viennent vous visiter. Si vous multipliez les prétendues inspirations sur des points de détail, vous multipliez aussi les risques d'être démentie par les faits. En un mot comme en cent : économisez-vous!

» Devant les théologiens que vous allez affronter, il suffira bien de parler vaguement de Voix angéliques, que votre expérience se soit bornée là ou qu'elle ait été plus riche et plus complexe. Pour la critique universitaire pinailleuse, des Voix anonymes et toutes lisses n'offrent aucune prise favorable. Mais si des noms, mais si la vue, le toucher, le parfum venaient s'ajouter au son, vous n'en finiriez pas de répondre à des questions captieuses et, à la longue, vous vous feriez posséder. »

J'avais conscience d'avoir fait mon possible pour faciliter l'examen que la Pucelle allait subir.

Je me retirais sans trop d'illusions, lorsque Jeanne m'annonça tout à coup :

« Mon Conseil vous fait dire que vous devez regagner Venise.

– Je monte justement une compagnie pour combattre à vos côtés. Serai-je tué ou blessé si je persiste dans cette voie?

– Vous serez blessé en France d'un coup d'épée – ni par les Français, ni par les Anglais, ni par les Bourguignons, ni par les routiers.

– Et par qui, alors?!

– Passez outre!

– Pourquoi me parlez-vous de Venise si je dois demeurer en France?

– Parce que, n'ayant point confiance en moi, vous ne suivrez point mon conseil.

– Dans ces conditions, pourquoi me le donner?

– Parce que le regret de ne pas l'avoir suivi vous donnera meilleure opinion de mes inspirations.

– Pourquoi devrais-je rentrer à Venise? »

Jeanne hésita, finit par reconnaître que sa vision n'était pas nette. Venise était trop loin, ou peut-être y avait-il des brouillards sur la Suisse...

La communication eût été plus claire, que je me fusse précipité, mais pouvais-je savoir ? Si vous suivez tous les conseils des devins, vous devenez chèvre, et si vous en négligez un seul, les plus grands malheurs fondent sur vous.

Après avoir prétendu donner des leçons, je rentrai à mon auberge profondément troublé. Un pressentiment me disait de partir pour veiller sur Lucretia. Mais partir sans argent suffisant pour retomber dans l'affreuse situation initiale était au-dessus de mes forces. Je restai donc, plus que jamais résolu à réaliser l'impossible pour me procurer les fonds nécessaires dans les plus brefs délais.

Ce qu'il y a d'exaspérant, avec les prophètes, c'est leur imprécision, involontaire ou préméditée : dans le premier cas, leur compétence est en cause; dans le second, ils se moquent du monde. Les prophètes de l'Ancien Testament, par exemple, annoncent tantôt un Messie triomphant, tantôt – plus rarement – un Messie souffrant, et ils ne sont même pas fichus de prévoir l'essentiel : un Messie Dieu incarné.

Jeanne elle-même a vaguement prédit – après La Trémouille ! – que Paris échapperait un jour aux Anglais. Mais qui l'empêchait de fournir la date et l'instant, soit le vendredi 13 avril 1436 au petit matin. Un tel vendredi 13 aurait pu inciter la Pucelle à un léger effort, qui aurait économisé du sang : dûment avertis de l'inévitable, les Anglais auraient évacué la ville le 12 au soir, ne fût-ce que pour ridiculiser la prédiction !

En revanche, j'ai personnellement entendu Jeanne raconter, bien avant son arrivée devant Orléans, qu'elle serait blessée devant la cité par un vireton d'arbalète au-dessus du sein. Elle l'avait dit également au roi et à quelques autres. Et c'est bien ainsi qu'elle a été atteinte, précision très exceptionnelle de sa part – au jour et à l'heure près, toutefois[1].

En somme, si la prédiction est précise, elle est fausse puisqu'on peut y couper; et si elle est floue, elle ne sert de rien. L'avenir est à Dieu, et il est bien gardé.

1. Cette petite prophétie est mentionnée dans une lettre d'un certain seigneur de Postelaër, datée de Lyon le 22 avril 1429, soit une quinzaine de jours avant l'engagement où Jeanne fut blessée comme prévu. Il est rarissime qu'un cas précis de voyance puisse être attesté sur pièce avant le fait.

X

Je déjeunai avec le capitaine Tristan, qui se montra très satisfait de ma « lettre de retenue », quoiqu'il ne fût pas coutume chez le roi Charles – au contraire du libellé des « endentures » anglaises – de préciser le temps de service. Les « lettres » portaient seulement la mention « tant qu'il plaira au roi ». Vautré sur sa couche opulente, La Trémouille m'avait expliqué que cette expression consacrée traduisait les embarras de finances chroniques de Charles VII, qui pouvait ainsi débaucher à son gré quand les caisses étaient vides une fois de plus.

Mais pour nous, le recrutement s'annonçait au mieux : il y avait plus de routiers désireux de rengager que d'argent pour les entretenir, et ma réputation de patricien de Venise donnait l'espoir d'un crédit inépuisable. En principe, le roi aurait dû régler trimestriellement les gages de ses mercenaires, participer à leur équipement, assurer leur logement et leur nourriture. En pratique, on était très loin du compte, et il était implicitement entendu que la guerre devait nourrir la guerre aux dépens des gras ennemis et des maigres populations.

Si déplorable était la réputation des soldats que non seulement les paysans ne cherchaient qu'à les fuir, se réfugiaient dans les bois dès que le passage d'une troupe quelconque était annoncé, mais encore les bourgeois eux-mêmes n'acceptaient avec terreur d'ouvrir leurs portes à une troupe royale que pendant la période où elle était absolument indispensable à leur défense. Il suffisait de quelques milliers d'hommes pour faire régner l'insécurité sur des millions d'êtres tenus soigneusement désarmés. Assurément, si tous les vilains du royaume s'étaient le même jour levés en masse, chacun avec son épieu, sa fourche ou sa faux, pour exterminer l'armée du roi valois, les mercenaires eussent vite été écrasés sous le nombre. Mais une telle entente était hors de question. Chacun souffrait dans son coin avec l'espoir d'être épargné; les révoltes paysannes étaient plutôt rares, et l'on s'accordait à reconnaître, chose assez curieuse, que ce n'étaient point les serfs les plus malheureux qui perdaient patience, mais bien les agriculteurs les plus aisés dont les événements avaient réduit les efforts et les progrès à néant. Ces déçus de la conjoncture devenaient alors enragés et il fallait de grands massacres pour en venir à bout. Laissez un homme mourir de faim, il se fera une raison. Donnez-lui un jambon, et essayez de le lui reprendre, il montrera les dents. Un certain enrichissement public peut ainsi devenir facteur de désordre dès que le vent tourne mal.

Il semble qu'il soit permis de distinguer là une loi générale à laquelle les gouvernants devraient prêter attention. Ou bien, comme à Venise, on assure à tous des revenus décents, ou bien c'est la misère endémique des sociétés agraires féodales, toujours menacées de famine par le surpeuplement, les ravages des intempéries, des maladies ou des guerres, voire l'incurie des dirigeants, et dans ce cas, de provisoires poches d'aisance sont autant d'abcès inquiétants dont la crevaison subite accroît encore les troubles. Le prévoyant gouvernement du roi Charles et de ses devanciers ayant poussé la moindre aisance campagnarde aux environs de zéro, la situation sociale de la France valoise était aussi stable que possible.

Je demandai par hasard à « Chauffe qui peut » ce qu'il

était advenu du déplaisant Génois que j'avais recommandé à ses soins...

« Dans l'idée de rentrer en grâce plus aisément, j'ai relâché les autres marchands avec leurs biens. Quant au Génois dont vous m'aviez dit du mal – il avait en effet une mine de fourbe –, j'avais besoin de son bagage pour offrir des cadeaux à La Trémouille. Je l'ai donc pillé et écorché...

– Ecorché?! »

Le capitaine rit aux éclats de ma méprise.

« Le terme signifie chez nous « mettre à poil ». D'où le nom d'« écorcheurs » donné à ces routiers qui ne veulent rien laisser perdre : ils raflent jusqu'aux habits des bourgeois ou des vilains pour les revendre à la brocante, et y trouvent souvent une circonstance favorable à des découvertes d'une certaine valeur, car hommes et femmes, dès que le soldat est en vue, cachent volontiers sur eux précipitamment des bijoux ou des pièces d'or. Ces sournois ou sournoises les enfournent même dans leurs cavités naturelles, ce qui donne lieu à des pêches au trésor qui distraient la troupe. Si vous guerroyez avec moi et que tarde la solde, cela vous distraira de voir toute nue, à l'occasion, la tremblante population d'un gros village de rencontre – curés et moines exceptés, bien sûr, car il faut garder une juste mesure de religion.

– Revenons au Génois. Vous l'avez innocemment « écorché », mais il neigeait!

– Croyant vous faire plaisir – on sait bien que Vénitiens et Génois ne se peuvent sentir –, j'ai ordonné de le jeter dehors.

» Chaque fois que la guerre se prolonge, n'est-ce pas, des hordes de loups accourent du fond des Russies. Du temps que je servais la Bourgogne, j'ai failli me faire manger un soir devant la Bastille de Paris! Ces bêtes féroces ont toutes les audaces et toutes les ruses. Elles entrent de nuit dans la capitale en se laissant porter par le cours de la Seine, et en sortent de la même façon après avoir voracé leur content. Bref, il ne leur était que trop facile de flairer un Génois « écorché » dans un buisson...

– Vous voulez dire que... ?

– Oui, les loups l'ont promptement dévoré. On a retrouvé au matin quelques débris, que j'ai fait inhumer avec une prière. Ne vous inquiétez pas, tout est en ordre. »

Il va sans dire que je n'avais jamais souhaité au Génois un sort pareil et que j'étais dépassé par la criminelle inconscience du capitaine. Mais qu'aurais-je pu lui reprocher ? La guerre l'avait construit comme ça et il n'y voyait pas malice. Je me bornai à des recommandations d'ordre général sur la nécessité de respecter le droit des gens, mais je n'y croyais guère, et Tristan, moins encore.

Ce Génois m'a poursuivi longtemps comme un remords, que les années, qui apportent d'ordinaire l'oubli, auraient plutôt aggravé. Après bien des recherches, huit ans plus tard, j'ai réussi à retrouver la veuve, à un moment où je pouvais enfin disposer de mes biens. Ses trois enfants étant morts de faim, la misère l'avait conduite dans un bordel bien achalandé de Rome, où les jubilés, pourtant, ne l'engraissaient guère, et elle m'a un peu déçu en me persuadant de lui acheter la maison. Je lui avais demandé pardon de mes torts, mais sans oser lui dire exactement de quelle manière avait fini son mari.

Le jeudi 10 mars, sous la courtoise présidence du jeune duc d'Alençon, la Pucelle fut interrogée par une brochette de personnages qui inspiraient au roi une confiance particulière : son confesseur Gérard Machet, évêque de Castres; Hugues de Cambarel, évêque de Poitiers; l'évêque de Maguelonne; des prélats qui devaient devenir un jour évêque de Senlis ou de Meaux... La présence amicale du duc d'Alençon, que les talents d'écuyère de Jeanne avaient impressionné au point qu'il lui avait offert un cheval, celle, entre autres, du confesseur qui avait l'oreille du Prince, montraient bien qu'il n'était pas question d'être sévère. On peut même supposer que le comité restreint fît à la Pucelle quelques prudentes recommandations en vue de l'examen élargi de Poitiers, cité où elle allait bientôt retrouver ce noyau d'ecclésiastiques favorables.

Dès le lendemain, Jeanne partit pour Poitiers, où les interrogatoires se poursuivirent jusqu'au 24 mars, les évêques précédemment réunis à Chinon ayant reçu en renfort de nombreux théologiens, dont un carme et des frères prêcheurs de saint Dominique. Le temps consacré à cette formalité commandée par le souci de la réputation du roi Charles dénotait à l'évidence un grand désir de faire sérieux. Les examinateurs eurent ainsi une bonne douzaine de jours pour bavarder avec une fille dont le bouleversant programme tenait en une phrase, et surtout pour éviter de lui poser la colle qui les aurait moralement obligés à taxer la Pucelle d'hérésie du chef gravissime d'insoumission à l'Eglise : « Si nous estimions (pure hypothèse d'Ecole!) vos Voix suspectes, nous feriez-vous confiance? » Cette question essentielle est cependant la première que des juges ecclésiastiques adressent à une inspirée qu'on leur défère, et ces messieurs de Poitiers connaissent le test[1] par cœur. A quoi bon faire traîner un procès quand l'accusé se met hors la loi en niant d'entrée les compétences du tribunal dans son affaire? La négligence voulue de ces docteurs était une forfaiture des plus grave, dont Jeanne est morte à vingt ans : les juges de Rouen, eux – et pour cause! –, n'auraient pas les mêmes motifs pour bâcler leur travail, qui viserait à une condamnation exemplaire.

L'implacable malédiction de la politique planait déjà sur la Pucelle en ces aimables heures apparemment si propices. Politique, que cet examen de Poitiers qui était pourtant l'occasion de ramener Jeanne à l'orthodoxie!

1. Le « test » était un pot de terre qui servait en alchimie à l'épreuve de l'or.

Politique, que le procès de Rouen ! Et politique encore que le procès réparateur « en nullité de condamnation » clos sous les pressions de Charles VII l'été 1456 – c'est-à-dire l'année dernière. Paradoxe tragique : Jeanne, que la politique n'intéressait à aucun degré, avait mis le pied dans cette fosse aux serpents. Mais comment échapper à la politique quand on prétend remanier la carte de l'Europe en passant sur le ventre d'un Bedford ami du pape ?

Pendant que la Pucelle se mesurait à Poitiers avec des juges d'une mortelle bienveillance, je poussai avec Tristan la constitution de notre compagnie.

La question de la nationalité était importante. Des hommes ne se battent bien que s'ils sont natifs de la même région et parlent le même idiome; ce pour quoi, les compagnies qui composaient les armées d'alors étaient toujours homogènes. Les vieux fidèles de « Chauffe qui peut » étant du Berry comme lui, nous recrutâmes un choix de robustes routiers originaires de cette province, heureusement toute proche, et nous eûmes bientôt réuni l'effectif convenable : cavaliers équipés à la légère; coutiliers avec lance courte et large dague; fantassins munis de vouges pour couper les jarrets des chevaux, de fléaux ou marteaux d'armes pour fracasser les armures, voire de fauchards allemands munis de crochets à ressort, appelés « désarçonneurs »; archers avec leur provision de flèches à fer barbelé, leur longue épée à deux mains tranchante comme un rasoir et leur terrible dague à rouelle, si effilée et si roide qu'elle se glissait entre les jointures des harnois de plates pour dissocier les mailles annulaires des haubergeons sous-jacents et saigner le chevalier abattu; arbalétriers dotés de l'arbalète à pied-de-biche, la plus simple, la plus légère et celle dont la cadence de tir est la plus élevée; et même quelques arbalétriers succombant sous le poids de leur puissante arbalète de siège à cric ou à tour et du grand pavois derrière lequel ils s'abritaient afin de recharger leur engin, si utile pour tirer avec précision à grande distance.

Y compris les hommes des deux lances, placés sous l'autorité directe du capitaine Tristan et sous la mienne, mon valet d'armes Laurent, tout fier de ne plus avoir à courber l'échine sur la glèbe pour se faire voler son pain, les valets ordinaires, les putes non moins ordinaires, et un grand moine galicien barbu, aux antécédents obscurs et au français hésitant, qui mangeait comme quatre et faisait fonction de confesseur et de chapelain de campagne, nous étions bien cent vingt personnes. Si la guerre ne se révélait pas fructueuse à bref délai, j'étais menacé de faillite.

Vers le 20 mars, Tristan et moi fîmes un saut à Tours, ville importante sur le fleuve de Loire, afin de faire prendre nos mesures pour la confection de nos harnois. Les armuriers experts en ce délicat travail ne sont pas nombreux et l'homme de l'art le plus proche de Chinon était tourangeau.

On avait annoncé la Pucelle à ce spécialiste pour début avril, et il n'en dormait plus, car c'était la première fois de sa vie – et sans doute la dernière – qu'il avait à s'occuper d'un harnois blanc complet de plates avec cotte de mailles de dessous pour une jeune personne, et qui plus était, protégée du roi. Les grands artisans ont certes un souci de perfection qui les porte facilement à l'anxiété, mais les motifs d'inquiétude étaient réels.

C'est ainsi que le bonhomme, heureux d'apprendre que j'avais fréquenté sa future cliente, m'interrogea longuement sur son anatomie, dont il espérait qu'elle avait une allure virile : une surabondance de hanches et de poitrine l'eût obligé à donner aux tassettes et au plastron une ampleur ridicule, tout au discrédit de sa maison. J'eus du mal à le rassurer.

Mais les craintes n'étaient pas seulement d'ordre esthétique. Jeanne aurait-elle la force de supporter longtemps un ensemble dont il ne pouvait faire descendre le poids au-dessous de quarante à quarante-cinq livres, sous peine d'affaiblir dangereusement l'efficacité de la protection? Les aciers à haute résistance de ces harnois, longuement battus à froid, recevaient diverses épaisseurs selon les parties du corps à préserver. S'il était admissible d'amincir un peu en deçà des normes quelques pièces secondaires, les pièces vitales devaient garder une épaisseur suffisante. Sans doute, le poids d'un harnois étant parfaitement réparti sur tout le corps, rien n'empêchait de marcher, ni même de courir, ainsi armé. La surcharge, cependant, épuisait alors très vite les organisations délicates.

J'affirmai que Jeanne, habituée à donner un coup de main en saison aux travaux des champs, à s'agiter chaque jour dans la maison de son père, présentait toute garantie d'endurance. Ce n'était point une demoiselle de château évaporée. Je m'aperçus que l'artiste était scandalisé de mettre un harnois de cette valeur sur le dos d'une paysanne. « C'est, me dit-il, le monde renversé! » Le côté superficiel de ce jugement me frappa. En réalité, Jeanne ne renversait rien du tout. En se glissant dans un harnois, elle rendait seulement hommage à une noblesse dont le roi allait un jour la juger digne.

Quand nous fûmes de retour à Chinon après Pâques, Jeanne y était revenue de Poitiers, et elle avait même déjà fait une escapade à Saint-Florent pour réconforter la mère et la femme du duc d'Alençon. Le temps approchait où le duc aurait le droit, rançon payée, de reprendre du service actif, et l'on redoutait qu'il ne retombât prisonnier : les derniers débris de sa fortune y auraient passé. Il pouvait même attraper un mauvais coup ou se faire vilainement achever par des « yeomen » irrespectueux des lois de la finance.

Lors d'une soirée au « Grand Logis », d'Alençon radieux me révéla que la Pucelle s'était engagée de par Dieu à le ramener sain et sauf.

« Quelle chance! lui dis-je. Elle aurait pu faire cette promesse à chaque soldat de l'armée, et elle vous a choisi. A moi, elle n'a promis qu'un coup d'épée, et à

Rais, rien du tout. Il est vrai que votre Sang est particulièrement précieux. Que deviendrait la France sans ses Princes ? »

Il protesta pour la forme, mais au demeurant, bien convaincu de mon compliment. Quand la vanité le chatouillait, il était bête à bouffer du foin.

Ces relations amicales, privilégiées et confiantes, entre la Pucelle et Jean d'Alençon, et ce malgré toutes les mises en garde, furent pour quelque chose dans la progressive détérioration des rapports entre Jeanne et le roi. Ce Prince disgracié, mais intelligent et prévoyant, avait flairé toute la dangereuse inconsistance du personnage. Et la cécité de Jeanne donne à penser : elle avait ambitionné de ramener indemne un homme aux talents militaires nuls, qui finirait sa vie dans les plus impardonnables trahisons, et au profit de ces mêmes Anglais qu'elle croyait avoir reçu mission de chasser ! Une voyante efficace eût au contraire souhaité que le duc retournât en prison le plus tôt possible pour n'en plus sortir.

Il n'était bruit à la cour et dans Chinon que de la manière crâne et désinvolte dont la Pucelle avait triomphé de ses examinateurs de Poitiers, doctement réunis en l'hôtel dit « de la Rose », maison de Maître Jean Rabateau, conseiller et avocat du roi devant le Parlement sis en cette ville. Et ces bruits étaient colportés avec d'autant plus de malin plaisir que la noblesse d'épée faisait peu de cas des chats fourrés parlementaires ou ecclésiastiques. Avaient figuré pourtant chez Rabateau, par-devant l'archevêque de Reims et Chancelier de France Regnault de Chartres, des hommes distingués par leur savoir. Le royal confesseur Gérard Machet avait été, en des temps plus cléments, recteur et vice-chancelier de l'Université de Paris. Maître Seguin, théologien dominicain de premier plan, devait être bientôt doyen de la nouvelle Université de Poitiers, ouverte en 1432...

Mais Jeanne, sûre de son fait et de l'appui du roi, soutenue par ses Voix célestes, ne s'était laissé démonter ni par la qualité intellectuelle des prélats ni par la présence des notaires qui relevaient ses moindres propos, spectacle impressionnant cependant pour une fille qui savait à peine signer. Et elle avait mouché tous ces gens de robe avec la hauteur et l'esprit d'un jeune Prince du Sang envoyant promener un évêque importun.

On racontait, par exemple, que Maître Seguin lui ayant demandé quel langage parlaient ses Voix, elle aurait rétorqué : « Meilleur que le vôtre ! », insolence d'autant plus blessante et savoureuse qu'elle était faite en jargon franco-lorrain à un homme qui émaillait son français de tournures et d'expressions empruntées à la langue d'oc limousine ! Réplique plus audacieuse encore : comme le même Seguin s'inquiétait de savoir si Jeanne croyait en Dieu – après tout, il était là pour ça... –, elle aurait tout simplement répondu : « Mieux que vous ! », exprimant par là toute la supériorité d'une analphabète qui entend des Voix sur un pauvre érudit bigleux qui ne verra jamais la plume d'un ange dans ses grimoires.

Sur le moment, je n'ai pas voulu ajouter foi à de tels racontars, d'autant plus invraisemblables que je venais de seriner à Jeanne, pour complaire au roi Charles, des conseils de bonne conduite. Et même des théologiens qui ont reçu l'ordre de se montrer coulants, ne fût-ce que par respect pour leur habit, ne couchent pas les oreilles de la sorte devant une pucelle de village.

Aussi ai-je été très surpris de trouver bien tardivement confirmation de la chose dans le propre témoignage de Seguin, recueilli pour les besoins du procès « en nullité de condamnation » auquel j'ai fait allusion plus haut, procès dont mes relations à la curie romaine m'avaient permis de me procurer une copie.

Entamé trois ans après la reprise de Rouen grâce à la bonne volonté de Nicolas V, terminé sous le présent pontificat de Calixte III – les deux successeurs de mon oncle Gabriel mort en 1447 –, et mené par un Grand Inquisiteur de France enfin compréhensif, ce procès en cassation, œuvre de circonstance, apporte maints témoignages de valeur. Mais le constant désir de blanchir Jeanne du moindre reproche pour le plus grand bien de la réputation mise à mal de Charles VII a trop souvent entraîné des excès de zèle préjudiciables à la vérité. Ceux qui s'intéresseraient à ce texte devront le consulter avec prudence, parfois avec méfiance, et le passer au crible d'une critique impartiale.

Si l'on pouvait encore douter de la complaisance éperdue de la commission, la déposition du vieux Maître Seguin, qui rapporte aux enquêteurs les incartades de Jeanne avec une apparente indulgence – il ne pouvait les oublier ! –, dissiperait les dernières hésitations. Dès l'examen de Poitiers, enivrée du succès rencontré par ses Voix, Jeanne commençait à perdre la notion des convenances. Il suffisait d'une excitation passagère pour que ses expressions dépassent sa pensée – ou pis, l'expriment trop clairement. A ce régime, elle ne devait pas se faire que des amis.

Un matin de début avril, fort curieux de ce procès de Poitiers, j'allai voir Jeanne de nouveau dans cette cour du Coudray qu'on lui avait fait réintégrer afin qu'elle achevât inconsciemment d'y exorciser la séculaire malédiction des Templiers, et je la trouvai même toute songeuse dans le cachot aux graffiti que le roi lui avait suggéré de visiter.

Elle me reçut aimablement, encore charmée de la manière cordiale et courtoise avec laquelle on avait bu et noté ses paroles chez Maître Rabateau, précieux réconfort au cours d'une expérience fastidieuse, où elle n'avait fait que répéter le peu qu'elle avait à dire.

« J'espère, lui demandai-je, que vous n'avez point donné de noms ni d'apparence à vos Voix ? »

Catégoriquement, elle me rassura. Quels qu'en fussent alors les motifs, cette réserve était instinctive chez elle, et elle en avait suivi d'autant plus volontiers ma pressante recommandation. C'est seulement devant les juges de Rouen, comme on le verra, qu'elle se départira d'une si salutaire discrétion, et avec les plus fâcheuses conséquences.

« Et quant à l'épineuse affaire, ajoutai-je, de la soumission à l'Eglise... ?

– Oh, je l'ai réglée d'une phrase, et ils n'y sont pas revenus ! Je leur ai dit en riant : « Je vous permets de juger de mes Voix pourvu que vous en jugiez comme le roi ! » Ce qui les a fait bien rire aussi.

– Le trait est en effet admirable ! Mais si vous êtes un jour prisonnière des Anglais et que le tribunal juge de vos Voix comme le roi d'Angleterre, vous ne serez pas près de revoir le soleil...

– Je ne suis pas encore prise ! »

Les examinateurs de Poitiers avaient fait bien pis que de ne pas poser la question : ils avaient incité Jeanne à la traiter à la légère alors que sa liberté, son existence même en dépendaient ! Tout autre commentaire de ma part, hélas, eût été inutile.

Je m'efforçai accessoirement de savoir ce qu'il en avait été de son algarade avec Seguin, mais le détail lui était sorti de l'esprit : elle avait tant parlé...

Nous montâmes à la chambre, où Jeanne me montra avec joie une belle épée ornée de croix. Une révélation lui avait signalé que cette arme aux miraculeuses vertus était enterrée à peu de profondeur derrière l'autel de Sainte-Catherine-de-Fierbois, et elle l'avait aussitôt envoyé chercher. L'épée n'avait pas dû séjourner longtemps en terre, car la rouille en était facilement tombée.

« Mais c'est mon épée ! m'écriai-je aussitôt. La sainte épée de mon père mort en héros contre le Turc à Thessalonique, et que j'avais déposée en ex-voto à cette chapelle lors de mon arrivée à Chinon. Vous avez commis un vol doublé d'un sacrilège ! »

D'abord prodigieusement saisie, elle s'aperçut que je plaisantais, entra dans une fureur noire, mais se calma aussi vite qu'elle y était entrée, car ma déclaration, inspirée par un sens tout vénitien de la propriété, lui posait un problème imprévu, qu'elle se devait de résoudre à son honneur. Il n'est pas d'usage, même en France et sous quelque prétexte que ce soit, de barboter les ex-voto d'autrui. Où irait-on ?

Après un brin de réflexion, Jeanne me déclara d'un air finaud :

« Je ne le dis point – je suis loin de dire tout ce que je sais ! –, mais si je vous disais... Imaginez un instant, par exemple, que ce soit sainte Catherine elle-même qui m'ait commandé de faire quérir cette épée. Que répondriez-vous ?

– Que tout est pour le mieux. N'en parlons plus. »

Jeanne était déçue de cette trop facile victoire, et elle subodorait une embrouille.

Elle me poussa dans mes derniers retranchements, et je dus lui démontrer ma bonne foi.

« Je vous assure que vous aviez le droit pour vous, et le meilleur ! C'est l'Evangile même qui nous le dit clairement. Rappelez-vous ce passage, que vous avez peut-être entendu à la messe, où Jésus-Christ, près de Gadara, expédie dans un troupeau de porcs les Démons qui hantaient deux malheureux. Le troupeau affolé – de stupides cochons le seraient à moins ! – s'étant jeté dans la mer, les gens de l'endroit, accablés de bêtes crevées, ont supplié Jésus de décamper au plus vite. Mais cette réaction terre à terre s'adressait au Christ Homme, toujours si respectueux du bien d'autrui, et non pas au Christ Dieu, qui pouvait en disposer à sa guise sans indemnité. Vos Voix ont parlé de par Dieu une fois de plus : tout est dit. Si elles vous ordonnent de prendre Venise d'assaut pour y établir un régime féodal dont les finances seraient confiées à Jean d'Alençon, je m'inclinerai.

– On ne sait jamais, avec vous, si vous parlez sérieusement. »

J'affirmai à la Pucelle que l'affaire était trop malencontreuse et trop grave pour qu'on se permît de la traiter à la légère, et j'ajoutai :

« Vos Voix ne pouvaient-elles vous indiquer une épée ailleurs, si celle de Baudricourt ne vous suffisait pas ?

– Et pourquoi, s'il vous plaît ?

– Vous avez bien séjourné à Fierbois avant de gagner Chinon ?

– J'y ai même entendu trois messes !

– Je ne vous le fais pas dire !

» Par conséquent, à qui ferez-vous croire que des Voix vous seraient aujourd'hui nécessaires pour découvrir une épée que vous aviez eue sous le nez trois messes durant il y a un mois ? Savez-vous ce que les méchants prétendront ? Que vous aviez repéré – ou déposé ? – l'épée début mars pour vous l'approprier début avril en invoquant une révélation frauduleuse. »

Jeanne en suffoqua d'indignation.

« Et vous, et vous, s'exclama-t-elle, vous pensez vraiment que je suis coupable d'un tel mensonge ?

– Je penserais que vous l'êtes peut-être si je ne vous connaissais pas. Mais puisque vous êtes innocente, vous me permettrez de m'interroger sur la qualité de vos Voix... à cette occasion du moins. Si elles récidivent, elles finiront par vous faire pendre !

» Et autre chose me froisse. Vous n'avez pas l'intention, paraît-il, de verser le sang avec vos épées, mais de vous en servir pour fesser des putes. Dans ces conditions, une épée miraculeuse est-elle bien utile ? Cette épée, du train où vous allez, va s'environner de légendes. Votre cause ne souffrira-t-elle pas si vous vous en servez à tort et à travers, si elle est brisée, perdue, si elle tombe au pouvoir de l'ennemi ? N'est-ce pas le cas de parler d'une arme à double tranchant ? »

Mais Jeanne avait une totale confiance dans ses Voix. L'avenir devait pourtant justifier mes craintes de la façon la plus éclatante.

Depuis un instant, de sa fenêtre du « Grand Logis », la comtesse de Tonnerre nous faisait de grands signes d'amitié, et nous répondîmes de la main à ses avances. Je lui criai enfin de descendre me rejoindre à la salle des gardes. L'humidité de saison y était toujours combattue par un bon feu.

Depuis le 9 mars, j'avais réussi à ne pas revoir Catherine – saint Marc aurait pu se lasser de me secourir –, et j'avais laissé sans réponse quelques billets douloureux. Elle avait motif d'estimer que je faisais bon marché de ses perles et des faveurs de son mari.

Jeanne, pour sa part, avait retrouvé à l'occasion la comtesse, le plus souvent en présence du gros Georges, qui s'agitait ferme pour financer les opérations en cours – et surtout les opérations futures – dans la région d'Orléans. Elle se déclarait surprise qu'un arriviste de cette réputation pût se montrer à son égard si simple et si aimable, et elle éprouvait pour Catherine une sympathie d'autant plus naturelle qu'elle avait à se reprocher un geste un peu vif. C'était le début d'une amitié que rien ne laissait prévoir entre un couple mondain et une vierge farouche. J'en donnerai chemin faisant quelques échos qui furent de notoriété publique. Et après la capture de Jeanne à Compiègne par les Bourguignons, ce sera encore La Trémouille qui paiera généreusement les rançons de quelques amis et parents pris à ses côtés.

J'eus avec Catherine, au coin du feu, dans un grand va-et-vient d'Ecossais consolateurs, une fraternelle conversation sur le thème : « Un mauvais sort s'acharne sur nos amours, mais si nous savons patienter, une bonne fée le dissipera peut-être... » La fréquentation de la Pucelle, qui ne laissait personne indifférent, avait heureusement prédisposé la comtesse à admettre une telle contrariété.

« Jeanne, me dit-elle, répand assurément un nuage de froid sur les amours terrestres. A son approche, les braguettes se mettent en berne et les fesses se serrent. Georges lui-même, qui ne la prenait pas au sérieux, en arrive à lui faire de longues conversations sous mon nez au lieu d'aller courir la gueuse. Il est très intéressé par le phénomène. Comme je lui faisais observer qu'il ressemblait à un âne qui a trouvé une relique, il m'a répondu que c'était le propre des reliques que de faire marcher les ânes, et que la Pucelle irait loin si le loup ne la mangeait pas au coin du bois. Mais elle a besoin d'être guidée, car elle ne rêve que plaies et bosses, sans vouloir comprendre qu'on se bat pour mieux négocier, et qu'on négocie pour mieux se battre. La nécessité d'un compromis avec la Bourgogne lui échappe totalement. »

Cette confidence ne m'étonnait point. La Pucelle était militaire dans l'âme puisque ses Voix lui donnaient la certitude que son bras était invincible. Quand les victoires vont de soi aussi loin qu'on puisse voir, à quoi bon négocier ?

J'offris à Catherine de rendre les perles. On me pria de les conserver à tout hasard, et je n'insistai guère.

Une quinzaine de jours plus tard, notre compagnie berrichonne étant sur pied de guerre, Tristan et moi-même retournâmes à Tours pour prendre possession de nos harnois et acheter des destriers de qualité. Jeanne y était depuis le 6 avril, dernière étape avant la concentration des forces à Blois et la marche de l'armée de secours sur Orléans.

C'est pendant le séjour de la Pucelle dans cette cité que fut constituée sa maison militaire, qui le cédait de peu à celle d'un Prince du Sang : un intendant, Jean d'Aulon, honnête homme qui lui restera très dévoué et sera fait prisonnier avec elle; des écuyers, des valets d'armes, des pages dont Louis de Coutes; deux hérauts, Ambleville et Guyenne; et naturellement, un confesseur, frère Jean Pasquerel, ermite de saint Augustin.

Le 25 mars précédent, comme le Vendredi Saint coïncidait avec l'Annonciation, il y avait eu grand pèlerinage au Puy-en-Velay, auquel Jeanne avait expédié à sa place Colet de Vienne et Richard Larcher. Sa très pieuse mère en avait également fait partie, de même que ce Pasquerel. La mère s'était toquée de l'ermite au point de le recommander à sa fille, et il avait abandonné, pour suivre la Pucelle, une charge de lecteur dans un couvent de Tours. J'eus l'occasion de m'apercevoir par la suite que Pasquerel servait souvent de secrétaire à Jeanne, ce qui n'était pas très heureux, car il avait plus d'enthousiasme que d'esprit. En tout cas, la Pucelle lui a fait maintes confidences, et notamment sur cette pénible affaire de noyade à la porte du « Grand Logis », le soir même de son entrée solennelle au château de Chinon.

La guerre n'avait que peu ralenti le perpétuel mouvement des pèlerins à travers la France vers le Puy, Vézelay, Lorette, Saint-Jacques-de-Compostelle ou bien d'autres lieux encore... Il n'y avait pas de frontières pour ces modestes caravanes auxquelles la protection de l'Eglise, l'intérêt bien compris de tout le monde, un reste de piété même chez les brigands les plus endurcis, assuraient une relative sécurité. Seuls se faisaient détrousser et violenter les pèlerins luxueux qui exposaient leur prochain – telle une comtesse de Tonnerre – à de trop fortes tentations. Rois et princes profitaient de ces déplacements pour faire circuler leurs espions, et c'est sous l'apparence de pèlerins que des moines avaient enquêté sur l'ordre du roi Charles dans la région de Domrémy.

Jeanne avait en outre été rejointe par ses deux frères Pierre et Jean, tout excités du fantastique succès de leur sœur. Pierre devait accompagner Jeanne jusqu'au bout et partager son sort sous les murs de Compiègne. Jean fut moins ardent au combat et se singularisera, en 1436, par une répugnante filouterie, avec la bien possible complicité de son frère Pierre : la présentation aux bourgeois d'Orléans ébahis de l'aventurière Jeanne des Armoises comme Jeanne la Pucelle échappée par miracle au bûcher. Un bon frère n'est-il pas de taille à reconnaître sa sœur ?

Dans l'après-midi du 20 avril, je me présentai aux nouvelles chez Jeanne, qui avait été logée en l'hôtel de Jean Dupuy, l'un des conseillers les plus écoutés de Yolande d'Aragon. On me fit attendre un bon moment dans l'élégant vestibule, et j'en profitai pour bavarder avec les deux hérauts qui, en dépit de leurs superbes livrées neuves aux couleurs assez fantaisistes, étaient à moitié morts de peur. Comme j'avais mes amicales entrées chez Jeanne, ils m'avouèrent franchement toute l'acuité de leur ennui, dans l'espérance que je pourrais intervenir en leur faveur...

« Vous comprenez, me dit Guyenne, le plus âgé des deux, la personne des hérauts est respectée parce qu'ils apportent un message signé ou scellé[1] par un chevalier ayant autorité à un autre chevalier exerçant un commandement analogue. On est entre gens du même monde, souvent entre cousins ou amis qui ont naguère dîné ou tournoyé ensemble avant que le hasard de nobles rencontres ne les mette provisoirement dans des camps opposés. Mais la Pucelle a beau parler haut, elle n'est qu'une simple paysanne, à qui son sexe interdit tout espoir de chevalerie, et l'on sait bien d'ailleurs, vu sa totale inexpérience, qu'il n'est pas question de lui confier une véritable responsabilité militaire – raison de plus pour ne pas reconnaître en elle un soldat. Elle n'est là que pour la montre, à titre de mascotte. Et pour couronner le tout, les Anglais vont l'imaginer comme une épouvantable sorcière dès qu'ils l'auront aperçue. Si donc nous nous présentons, Ambleville et moi, au nom de la Pucelle, ils risquent de nous faire un mauvais parti...

– Ne saviez-vous point tout cela avant de vous engager à son service ?

– C'est que nous avions espéré une charge plutôt honorifique. Or non seulement Jeanne ne nous laisse pas en repos, mais au lieu de nous charger de sommations ou de cartels ordinaires, elle veut nous passer la corde au cou !

– Oui, renchérit Ambleville, au lieu de nous charger d'une sommation courtoise ou d'un cartel invitant à un

1. La signature commençait de concurrencer le sceau pour tout ce qui n'était point acte public.

rendez-vous en terrain favorable, elle nous a ordonné d'aller remettre cet insolent et blessant factum aux capitaines anglais qui assiègent Orléans. Ah, nous sommes loin de la guerre d'autrefois, que l'on faisait pour se distraire, et avec tant de politesse! Lisez, lisez, vous verrez que c'est un coup à faire pendre ou brûler deux hérauts six fois!...

« *Jésus Marie!*

Roi d'Angleterre, et vous, duc de Bedford, qui vous dites Régent du royaume de France, faites raison au roi du Ciel, rendez à la Pucelle qui est ici envoyée de par Dieu, le roi du Ciel, les clefs de toutes les bonnes villes que vous avez prises et violées en France. Elle est ici venue de par Dieu pour rétablir les droits du Sang royal. Elle est toute prête à faire la paix si vous voulez lui faire raison en quittant la France et en payant indemnité pour ce que vous y avez pris. Et vous tous, archers, compagnons de guerre, gentilshommes et autres qui êtes devant la ville d'Orléans, retournez en votre pays de par Dieu; et si vous demeurez, attendez-vous à des nouvelles de la Pucelle, qui ira vous voir sous peu, à vos bien grands dommages. Roi d'Angleterre, si vous persistez, vous saurez que je suis chef de guerre, et en quelque lieu que j'atteindrai vos gens en France, je les en ferai déguerpir, qu'ils le veuillent ou non. Et s'ils ne veulent pas m'obéir, je les ferai tous tuer; je suis envoyée de par Dieu, le roi du Ciel, corps pour corps[1]*, pour vous chasser de toute la France. Et s'ils consentent à obéir, je les prendrai en miséricorde. Et n'ayez point d'autre opinion, car vous ne tiendrez pas le royaume de France de Dieu, roi du Ciel, fils de sainte Marie, mais le tiendra le roi Charles, vrai héritier; car Dieu, le roi du Ciel, le veut, et cela a été révélé par la Pucelle à son roi, qui entrera à Paris en bonne*

1. Expression incompréhensible, peut-être une erreur de copiste, dont personne n'a pu donner le sens exact.

compagnie. Si vous ne voulez croire ces nouvelles de par Dieu et la Pucelle, en quelque lieu que nous vous trouverons, nous frapperons dans vos rangs et y ferons si grand carnage qu'il y a bien mille ans qu'en France il n'y en eut un si grand – si vous ne nous faites raison. Et croyez fermement que le roi du Ciel enverra plus de forces à la Pucelle que vous ne sauriez en aligner dans tous vos assauts contre sa personne et ses bonnes gens d'armes; et aux horions, on verra qui aura meilleur droit du Dieu du Ciel. Vous, duc de Bedford, la Pucelle vous prie et vous requiert de ne pas faire ravager le pays. Si vous lui faites raison, vous pourrez encore venir en sa compagnie là où les Français feront le plus beau fait d'armes qui jamais fut fait pour la chrétienté. Et dites en réponse si vous voulez laisser en paix la cité d'Orléans; et si vous vous y refusez, attendez-vous sous peu à de bien grands dommages. »

» *Ecrit ce mardi de la semaine sainte*[1]. »

1. Condulmer ayant heureusement eu accès aux textes fondamentaux qui nous retracent l'histoire de Jeanne Darc – appelée encore Day, Darx, Tarc, Dai, Dars, Dare, Tard ou Dart (mais jamais d'Arc, graphie moderne) dans les écrits postérieurs au procès « en nullité de condamnation » –, il n'y a pas à s'étonner de la parfaite fidélité de ses citations, qu'il est notamment aisé de contrôler sur le magistral et récent travail de Tisset et Duparc aux éditions Klincksieck, 11 rue de Lille, Paris (VIIe). Nous y renvoyons l'amateur lettré soucieux de connaître la version intégrale des deux procès de Jeanne Darc.

Mais le français de la première moitié du XVe siècle n'est aujourd'hui lisible que pour des chartistes. Tisset et Duparc eux-mêmes, qui s'adressent pourtant en principe à des spécialistes, ont présenté une traduction moderne, mais teintée de nombreux archaïsmes qui risquent de dérouter le grand public. La première des politesses, pour un ouvrage sans prétention érudite, étant la clarté, nous avons jugé préférable, dans la plus scrupuleuse conformité possible à la forme et à l'esprit des originaux, de rétablir en français courant les documents d'époque, prenant d'ailleurs exemple sur Condulmer, dont la traduction latine se garde de toute coquetterie surannée. Ce n'est pas en écrivant « moult » au lieu de « beaucoup » que l'on fait « moult » avancer la connaissance d'une affaire.

La lettre suivante de Jeanne aux gens de Reims donnera une idée du français de l'époque.

Nonobstant les répétitions, fréquentes chez les illettrés désireux de défendre fortement un point de vue, cette sommation, magnifique ou insoutenable selon les goûts, était tout à fait claire, et l'on y retrouvait les quelques idées essentielles de Jeanne : le roi du Ciel – pour des motifs dont il n'avait évidemment pas à rendre compte ! – ayant pris fait et cause pour le Dauphin contre Henri VI et son Régent Bedford, avait chargé la Pucelle, s'exprimant à la troisième personne, de le représenter sur terre, et tout devait donc céder devant sa fille d'élection, apôtre d'un Sang royal à nul autre pareil. (Le Sang royal du jeune Henri VI, pourtant petit-fils de Charles VI et neveu du roi Charles, n'était que de la vulgaire piquette.) Et si Bedford et les siens, illuminés et convaincus à première lecture, s'empressaient de décamper avec des excuses et des indemnités, on leur donnait généreusement rendez-vous pour une vague croisade, où les Français, comme d'habitude, entraîneraient tout le monde au désastre. Sur sept croisades, la première seule n'avait pas trop mal tourné – peut-être parce que le roi de France Philippe Ier s'en était prudemment absenté !

Je notai un passage « aux horions on verra qui aura meilleur droit », qui trahissait, dans ce document prétendument inspiré, une théologie d'avant-garde plus que discutable. Mais un autre passage était presque touchant : après avoir annoncé à Bedford que Dieu avait

« *Très chiers et bien aimés et bien désirés a veoir, Jehenne la Pucelle, ey receu vous letres faisent mancion que vous doptiés d'avoir le siecge. Vulhés savoir que vous n'arés point si je les puis rencontreys bien bref, et si ainsi fut que je ne les recontrasse ne eux venissent devant vous, si fermés vous pourtes car je serey bien brief vers vous et ci eux y sont, je leur ferey chousier leurs esperons si a aste qu'il ne saront par ho les prandre, et lever c'il y et si brief que ce sera bien tost. Autre chouse ne vous escri pour le present, mes que soyez toujours bons et loyals. Je pri a Dieu que vous ait en sa guarde. Escrit a Sulli le XVIe jour de mars. Je vous mandesse anquores auqunes nouvelles de quoy vous seriés bien joyeux, mes je doubte que les letres ne feussent prises en chemin et que l'on ne vit les dites nouvelles.* »

JEHANNE

décrété sa fuite honteuse ou sa mort sans phrase, la Pucelle au cœur d'or le suppliait de ménager le pays – que les troupes du roi Charles ménageaient d'ailleurs plutôt moins que les siennes, car le Régent avisé s'inquiétait de se concilier les populations. Si, au sortir d'une telle lecture, les Anglais n'étaient pas d'humeur à tout brûler sur leur chemin, c'est qu'il y aurait de grands chrétiens parmi eux!

Dépassé par cet étonnant morceau qui avait tout pour ahurir un Vénitien, je m'assis pour relire. Fruit possible des leçons de tactique de La Trémouille, lorsque Jeanne avait dicté le texte, les redoutables archers étaient venus d'abord à son esprit, et ils figuraient en tête, devant les gentilshommes et leurs compagnons, dans l'énumération des maudits à exclure. Mais le détail allait plus loin que la tactique. A y regarder attentivement, la sommation de la Pucelle consacrait l'apparition d'une guerre d'un nouveau genre où il ne s'agissait plus de s'amuser entre gens bien nés ni de faire des affaires plaisantes. Un relent de conflit populaire et de sanglante extermination se dégageait de cette prose furieuse qu'un Dieu vengeur avait sécrétée. Les deux hérauts, serviteurs estimés d'un cercle restreint, en avaient été scandalisés, et les capitaines de Bedford y trouveraient sans doute un motif d'exaspération supplémentaire.

Ambleville me dit :

« C'est bien la première fois que je vois invoquer Dieu de cette façon en pareille affaire, ce qui est encore plus vexant pour les Anglais que la forme. Qu'est-ce Dieu vient faire dans un différend entre gentilshommes?

– Vous oubliez, mon cher Ambleville, que la guerre actuelle dépasse les intérêts et les plaisirs de la noblesse. Les rois, et même – tant bien que mal! – les peuples, sont par la force des choses concernés.

– Mais c'est encore la noblesse qui dirige les opérations, et elle se fait malheureusement du héraut une idée très précise. Si vous étiez Suffolk, que feriez-vous d'imprudents qui auraient le front de vous remettre cela?

– La condamnation divine révélée par la Pucelle de Domrémy touche Suffolk comme le dernier de ses “ yeomen ”. La chose est assurément intolérable pour un Anglais. A la place de Suffolk, je vous ferais tous deux jeter aux chiens... ou peut-être brûler à petit feu pour vous apprendre à représenter une paysanne qui n'a d'autre raison de figurer dans une armée que de lancer de mauvais sorts.

– Seigneur Dieu ! C'est bien là notre crainte. La provocation est tellement déplacée, tellement inutile...

– En l'occurrence, Jeanne ne vise nullement l'utilité. Elle souhaite, par scrupule, se mettre dans son droit. Et accessoirement, elle sacrifie à la mode distinguée des sommations, dont elle aura entendu dire qu'elles étaient d'usage entre bons chevaliers. Il faut bien que ses héroïques hérauts lui servent à quelque chose.

– Mais de scrupule en mode distinguée, nous allons y laisser notre peau ! »

Si leur vie n'avait pas été en péril, la situation de ces deux tristes hérauts pris au piège d'une guerre qu'ils ne reconnaissaient point m'aurait plutôt fait rire.

Guyenne intervint :

« Depuis ce fatal mardi de Pâques, nous accumulons les prétextes pour ne pas prendre la route d'Orléans. Et je suis tout spécialement exposé : Jeanne m'a appelé “ Guyenne ”, pour bien montrer qu'elle a l'intention de prendre Bordeaux après Paris. Vous savez comme les Anglais tiennent à Bordeaux, où ils sont chez eux depuis près de trois cents ans à boire du meilleur ! Ne pourriez-vous plaider notre cause auprès de la Pucelle ? Elle doit absolument entendre raison ! »

Louis de Coutes, qui prenait de plus en plus d'assurance, vint me prévenir que Jeanne était visible, et je le suivis, non sans avoir promis à Guyenne et à Ambleville de glisser un mot à leur intention.

Je trouvai la Pucelle dans une salle ravissante qui ouvrait sur un petit jardin ensoleillé. L'architecture religieuse française, à la décoration de plus en plus bizarre, touffue, exubérante, d'autant moins dépouillée que le peuple l'était davantage, choquait à l'époque les esprits italiens. On estimait à plus de 80 000 le nombre des églises françaises, dont les pierres auraient pu servir à bâtir des maisons confortables à l'usage de quatre ou cinq millions d'habitants. Mais l'architecture civile, plus sobre, connaissait d'exquises réussites d'équilibre et de grâce où il faisait bon vivre pour les riches.

Jeanne avait abandonné le pauvre habit noir qui avait fait tant d'impression à la cour le soir de sa présentation au roi pour adopter ce jour-là un coquet gippon de soie gris tourterelle, avec chausses bicolores bleu ciel et blanc cassé, et les lacets des aiguillettes, plus nombreuses que jamais, avaient des bouts argentés qui agrémentaient ses hanches de doux reflets. Un sodomite sans principes bien fermes se fût enflammé à cette vue, et je me demandai à bon droit quelle impression elle pourrait produire sur un sire de Rais à l'imagination perverse et déréglée. L'élégance du travesti était en tout cas troublante, et d'autant plus que le nouveau capitaine du roi, qui avait pudiquement comprimé ses seins, ne s'en rendait nullement compte.

Tout à ses affaires, la Pucelle manipulait amoureusement les pièces éparses du beau harnois de plates qu'elle venait de recevoir après un dernier essayage, et mon entrée ne la tira qu'à moitié de cette fascinante occupation. Tantôt elle caressait la moelleuse doublure de satin du bassinet à visière mobile, tantôt elle appréciait la finesse et la souplesse de la cotte de mailles de dessous, admirait le jeu précis des articulations d'une cubitière, d'une genouillère ou d'un gantelet, vérifiait une fois de plus le beau poli d'une épaulière ou d'un soleret... Mais les extravagants solerets à poulaine, qu'il fallait retirer pour marcher, avaient heureusement disparu – en attendant de revenir.

La satisfaction de Jeanne était bien compréhensible. Quelque temps auparavant, elle montait encore à cru des chevaux de labour, et elle allait pouvoir parader sur un destrier de haut prix, nantie d'un harnois qui valait beaucoup plus cher que sa maison familiale. Cette armure sans faille où devaient s'abriter ses charmes l'assimilait à la noblesse, qu'elle avait tendance à idéaliser, et avec d'autant plus d'excuses que Domrémy-Nord – au contraire de Domrémy-Sud tenu par les Bourlémont – avait exceptionnellement échappé au joug féodal et que les gros paysans comme son père s'efforçaient d'entretenir d'excellentes relations avec une classe où certains d'entre eux, à force d'arrondir leurs propriétés, parvenaient à se faufiler, alors qu'on voyait inversement de petits nobles déchus – affreux retour des choses ! – mettre lugubrement la main aux mancherons de la charrue.

Dans la vision éthérée de la Pucelle, le chevalier en harnois n'était pas un être paresseux, méprisant, brutal, pillard, jouisseur, parasite, inculte et superficiel, une erreur de la nature : c'était l'homme charmant des romans courtois dont tout paysan aisé avait au moins entendu parler. Jeanne ayant adopté – le plus sobrement du monde ! – une superbe façon de vivre et fréquenté la société la plus huppée, sa noblesse naturelle s'enrichira d'une noblesse acquise : ses idées et ses sentiments s'en ressentiront, son vocabulaire même évoluera de manière frappante et, sortie de ses champs boueux, elle offrira enfin, comme un terrible reproche à une société décadente, la parfaite image de ce que la noblesse de France aurait pu être si elle avait pris son programme moral au sérieux.

Le harnois était complété par une panoplie légère, qui n'exprimait pas la même promotion sociale, mais qui serait sans doute plus utile : une belle brigandine qui avait pu coûter quinze à vingt livres, un jaseran de qualité, protection du même genre que la brigandine, une robuste salade d'un seul bloc à visière fixe, une chapeline, sorte de chapeau d'acier à larges bords et long couvre-nuque, destiné à garantir les troupes d'assaut des projectiles jetés à la verticale du haut des murailles...

Il y avait même un pot de peinture dorée : certains capitaines avaient coutume de faire peindre en or tout ou partie de leur harnois afin de mieux se signaler à leurs hommes. Et le roi avait également veillé à ce que sa Pucelle eût son content de jolies hucques multicolores à longues franges, ces robes largement fendues à passer sur le harnois pour atténuer les ardeurs du soleil et arborer des signes de reconnaissance. Jeanne avait vraiment été traitée comme un prince!

Je déballai une petite hache de parade d'un délicat travail véronais, que je lui offris, ce dont elle parut très satisfaite, et elle déploya sous mes yeux avec une ostensible piété l'étoffe de boucassin blanc d'un grand étendard, peint par un Ecossais selon les indications précises de ses Voix. D'un côté, on voyait inscrit « Jhesu Maria », et le Christ Jésus, montrant ses blessures, était assis dans une attitude de Jugement dernier, assisté d'un ange tenant une fleur de lys. De l'autre côté, deux anges soutenaient un écu d'azur où figurait une colombe, avec la devise : « De par le Roy du Ciel ». En somme, une face dudit étendard jugeait et condamnait les Anglais de par le Christ, dont ils avaient accru les souffrances en osant s'attaquer aux Valois, alors que son revers rappelait que la Pucelle avait directement reçu mandat divin de les châtier.

Jeanne me dit qu'elle allait aussi faire peindre une bannière représentant l'Annonciation de la Vierge, qui servirait aux processions, les soldats en état de grâce défilant derrière avec les prêtres.

La Pucelle se rendait bien compte que son étendard me choquait.

« Que lui reprochez-vous? me demanda-t-elle. Sa couleur blanche, qui est celle des chefs d'armée? »

J'aurais, en effet, déjà pu lui faire observer qu'elle s'attribuait, et dans sa sommation à Suffolk, et par la nature de son étendard, un commandement général de par le roi du Ciel que le roi terrestre ne lui avait pas encore octroyé – si tant est qu'il le fît un jour !

Mais je craignis de la vexer et je préférai en venir aux angoisses justifiées des deux hérauts.

« Mettez-vous, je vous en supplie, dans la peau de Suffolk, de Talbot ou de Scales. Comment voulez-vous qu'ils se figurent, ne fût-ce qu'un instant, que Dieu aurait condamné les entreprises du vainqueur d'Azincourt et de son fils ? Les Lancastres sont apparemment aussi bons chrétiens que les Valois – ce qui d'ailleurs n'est pas difficile ! – et ils n'ont pas à recevoir de leçons du Ciel sur les champs de bataille de France. Votre malencontreuse sommation n'aura d'autre effet que d'exciter le mépris des Anglais ou de les jeter dans une rage aveugle. Et s'ils passent leur rage sur vos hérauts, faute de vous avoir sous la main, vous serez responsable de leur supplice.

» J'attire en outre votre attention sur un point qui me semble de la plus extrême importance.

» Vous êtes persuadée, contre toute tradition dans un conflit entre puissances catholiques, que vos faits de guerre auront la caution de Jésus et de Marie. Jusqu'à vous, on se bornait à invoquer la protection de Dieu ou d'un saint quelconque. Mais vous ne priez pas Jésus de vous donner la victoire, ce qui serait légitime, vous déclarez qu'il vous la donnera parce que tel est son bon plaisir, démarche que tout théologien sans parti pris déclarerait présomptueuse, orgueilleuse et hérétique. Jésus n'est pas à votre service comme un cheval et vous ne sauriez avoir raisonnablement aucune idée de sa véritable volonté dans votre affaire. Vous pouvez chasser les Anglais de France ou vous faire tuer bientôt : c'est au Paradis, si vous y parvenez, que Jésus vous éclairera s'il le juge bon.

» Que vous mobilisiez Jésus et Marie dans l'armée du roi Charles avec la complicité de théologiens sans scrupule, que vous fassiez partager cette croyance aberrante à des capitaines ou à des soldats grossiers, passe encore, quoique cette dégradation de la vérité fasse de la peine. Mais est-il bien nécessaire d'afficher une telle nouveauté par voie de sommation et d'étendard ? Si les Anglais venaient à vous prendre, risque que vous allez bientôt courir tous les jours, ces pièces déposeraient gravement contre vous, car vous auriez bien du mal à démontrer ce jour-là que le Christ et sa Mère ont signé une " lettre de retenue " chez le Dauphin plutôt qu'une " endenture " chez Henri VI.

» Je vous parle durement, mais ma conscience me le commande, car il s'agit de votre bien et de celui de l'Eglise. »

Visage fermé, Jeanne réfléchit un moment et me répondit :

« Je ne vous en veux pas car je sais que vous m'avez en effet parlé en conscience et que vos intentions sont bonnes. Mais si vous aviez cru que mes Voix étaient de Dieu, ne m'auriez-vous point parlé tout autrement ?

– Parbleu ! Si Dieu vous parle comme à Moïse sur le Sinaï, toutes les Terres Promises sont à vous sans discussion.

– Dieu ne m'a promis que la France !

– C'est ce que vous croyez et ce que d'autres croiront. Mais attention ! Faute de preuves, si l'on admet que votre sincère croyance vous donne des droits, une sincère incroyance donne des droits égaux. Une même croyance vous absout et vous condamne selon les juges. Prise par les Anglais, vous êtes morte. Comprenez-vous bien cela ?

– Oui. Les Anglais condamneraient Dieu en ma personne.

– Ils ne s'en porteraient pas plus mal ! C'est un Vénitien neutre qui vous le dit.

– Et moi je vous dis que j'obéis à mes Voix et non pas à Venise !

» Je ne savais pas Guyenne et Ambleville si inquiets. Ils avaient honte, sans doute, de laisser paraître leur peur devant une simple pucelle. Dites-leur donc de ma part que Suffolk ne touchera pas à un cheveu de leur tête. Ils peuvent me précéder sans crainte à Orléans, où je meurs d'impatience d'arriver. »

Comment discuter avec Moïse ?

En me retirant, j'avisai les deux hommes, et je leur dis, affectant une tranquille assurance :

« Ne tremblez plus : Suffolk vous épargnera. Les Voix de Jeanne ont parlé. »

Et coupant court à leurs protestations, je m'enfuis sans demander mon reste.

Pourtant, pourtant, rentrant dîner tout songeur par les pittoresques petites rues de Tours, je me sentais de plus en plus pénétré par la certitude que les hérauts ne risquaient rien et que Jeanne saurait les persuader de courir au suicide. Passant devant Saint-Martin, j'en étais absolument sûr ! Ce phénomène inexplicable donne un aperçu de l'extraordinaire capacité de conviction de la Pucelle, si forte qu'elle s'imposait encore au-delà de l'instant aux réflexions les plus raisonnables.

XI

Le 21 avril, la Pucelle et sa maison richement montée partirent pour Blois, où le capitaine Tristan et moi-même étions trois jours plus tard avec nos harnois, nos chevaux de guerre et notre compagnie. De nouveaux frais, et fort importants, avaient dû être consentis pour la protection de nos deux destriers : carapace d'acier et gros tissu de mailles très solide, composé de maillons rivés et d'anneaux découpés à l'emporte-pièce. Nos éperons à vaste molette et rayons déliés, aux longues tiges relevées vers le mollet, semblaient aussi dangereux pour les montures que les coupe-jarrets spécialisés auxquels les soldats de nos « lances » auraient à faire.

Devant la ville, mais sur la rive gauche méridionale de la Loire, le roi Charles, rendu pour une fois optimiste par l'extraordinaire assurance de la Pucelle, avait fait réunir dans de vastes prairies toutes les troupes disponibles pour dégager Orléans. On a depuis cité le chiffre de dix à douze mille hommes, que j'estime très exagéré. Les Français sont brouillés avec les chiffres, et notamment en matière militaire. Les chefs eux-mêmes, dès que les effectifs se gonflent, sont incapables de savoir de combien d'hommes ils disposent, avec la bonne excuse que les armées sont fluctuantes : tel capitaine, qui en a assez, s'en va, un autre revient comme par caprice, les maraudeurs, qui doivent bien manger aux frais des vilains, se confondent avec les déserteurs, et quand on engage une bataille, on s'aperçoit que l'armée a fondu. L'indiscipline et la pagaille règnent à tous les échelons et ces incurables défauts sont pour beaucoup dans les désastreux résultats essuyés. A vue de nez, et en m'appuyant aussi sur des recoupements que j'ai pu faire par la suite, je pense qu'il devait y avoir dans ce camp de six à sept mille combattants, avec tout un ravitaillement destiné à la ville assiégée. Pour le roi Charles, c'était un effort énorme. Le duc d'Alençon, en attendant de retrouver le droit de tirer l'épée, avait été chargé d'organiser – ou de désorganiser ? – l'expédition, et sa réussite la plus certaine avait été d'obtenir, à force d'insistance, un supplément de fonds chez Yolande d'Aragon.

La belle-mère du roi avait de grands motifs de s'intéresser au siège d'Orléans, et donc à la Pucelle. Outre son espérance de quelques succès militaires qui permettraient de négocier honorablement avec la Bourgogne, il s'agissait pour elle de détourner Bedford de son précieux Anjou.

Dans leur volonté de donner le coup de grâce au « soi-disant Dauphin », les Anglais avaient longuement hésité entre Angers et Orléans. L'occupation d'Angers et de La Rochelle leur aurait permis de couper les relations entre le royaume de Bourges et la Bretagne, et d'assurer leur propre liaison avec la Guyenne, interdisant ainsi le recours à ces mercenaires écossais et bretons qui étaient la force principale des armées du roi Charles, réduit désormais à des fragments de royaume continentaux. C'était la solution stratégique, qui avait les préférences de Bedford.

Mais la balance avait penché vers Orléans. La relative proximité de Paris autorisait un acheminement assez facile des renforts et des vivres et, de ce côté, on frappait le roi Charles au cœur de ces provinces de langue d'oui où il levait ses plus fortes contributions et où se dressaient ses châteaux favoris. Bénéfice moral enfin : Orléans était la ville du duc Charles, le chef de la branche du même nom, une manière de petite capitale pour le sentiment « armagnac ». La Pucelle se serait-elle dérangée, quels anges l'auraient séduite si le péril avait regardé l'Anjou ?

Ainsi, plus longtemps les Anglais seraient empêtrés sur la Loire, plus longtemps l'Anjou de Yolande serait sauf. La politique n'est que l'art de gagner des délais.

Et tandis que Charles, avec l'aide de la duchesse, peinait pour solder quelques milliers de mercenaires, la petite noblesse de France, désabusée et à moitié ruinée, se désintéressait de l'issue du conflit. Avec une indifférence qui rejoignait celle de leurs serfs et vilains, des dizaines de milliers d'hommes rompus aux armes attendaient patiemment dans leurs gentilhommières que la situation s'éclaircisse. Pour ce qu'ils en avaient à faire, ils n'en étaient pas à un roi près.

Parcourant le camp, je fus frappé par le nombre des archers écossais. Mus par une haine viscérale des Anglais, les Ecossais préféraient venir régler leurs comptes avec eux en France, où ils espéraient une solde et un butin que les confins anglo-écossais dévastés ne pouvaient leur procurer. Les Stuart s'étaient particulièrement distingués au service du roi Charles, qui avait nommé, en désespoir de cause, un Stuart connétable à un moment où le Français de confiance se faisait encore plus rare que d'habitude, et les déceptions infligées depuis par Richemont avaient dû lui donner des regrets.

J'eus la surprise de voir, en conversation avec le capitaine O'Gilby, l'évêque d'Orléans Kirk-Michaël, qui était lui aussi écossais ! Je lui sautai dessus pour en obtenir un logement à l'évêché de sa ville si nous réussissions à y pénétrer. Avoir un oncle cardinal, cela sert toujours.

Mais dans cette armée de Blois, on trouvait aussi beaucoup de Lombards, de Piémontais, de Génois, de Castillans ou d'Aragonais : il y avait une dizaine de capitaines écossais, cinq espagnols, et des Italiens comme Théaude de Valpergue ou Barretta...

Déduction faite des étrangers, qui faisaient près de la moitié de la troupe, et des Bretons – sous les ordres de Rais, entre autres –, qui en faisaient un bon quart, les Français du roi n'étaient pas deux mille et se composaient surtout de renforts manceaux et angevins envoyés par la duchesse Yolande, de Berrichons, de bandes auvergnates ou gasconnes vomies par des régions déshéritées où le mercenariat apportait aux cadets aventureux un surcroît de ressources. Boussac ou Culan étaient du Berry; les bâtards de Bourbon – d'abominables bandits qui devaient mal finir – étaient d'Auvergne; La Hire et son compère en pillages Xaintrailles, le bâtard de Mascaran ou le sire de Quittry étaient gascons. L'armée grouillait de bâtards, qui voyaient dans le métier des armes une compensation à leur tache originelle, et le hasard avait voulu qu'Orléans elle-même fût défendue par son Bâtard. La bâtardise était d'ailleurs d'autant plus glorieuse en France que l'ascendant légitime était plus illustre, et il valait mieux être bâtard de grande maison que d'être né le plus régulièrement du monde chez des traîne-savates.

Les circonstances n'avaient pas permis de réaliser l'unité de commandement. Comme je l'ai déjà dit, d'Alençon demeurait en coulisse jusqu'à l'arrivée de la quittance de Bedford et le Bâtard d'Orléans était retenu par la défense de la cité. Quant à Jeanne, elle posait un problème insoluble. Le roi lui avait accordé les insignes de l'autorité que Dieu lui avait conférée, mais sans lui remettre le moindre mandat officiel : un effectif commandement en chef eût donné de graves inquiétudes, et un commandement subalterne eût été une injure pour l'inspirée et pour le Dieu qui l'avait promue. La Pucelle s'intitulait donc vaguement « chef de guerre », ce qui sonnait glorieusement et satisfaisait la plupart. En fait, l'armée allait être commandée par des conciliabules de capitaines timorés ou gueulards, ce qui était bien la pire solution imaginable.

Dans les derniers jours d'avril, cette mirifique armée

de composition hétéroclite et de commandement collégial était enfin prête. Malgré la confiance que Jeanne m'inspirait à l'encontre de toutes raisons claires, je redoutais que les « yeomen » ne fissent qu'une bouchée de cette cohue – à moins d'un miracle... Mais j'étais trop optimiste : on verra qu'il faudra pour sauver Orléans toute une série de « miracles ». Dans le doute, j'emploie l'expression en son sens profane, c'est-à-dire une étonnante succession d'événements tout à fait improbables, que Dieu avait favorisée ou tolérée.

Je passai ma compagnie en revue avec Jeanne, le sire de Rais et d'Alençon, qui était venu faire un saut en tenue civile. Mes garçons offraient le plus martial spectacle, je n'en eus que des compliments, et je fis bénir l'ermite Pasquerel – au grand dépit de notre confesseur galicien – la bannière du bataillon sur laquelle, dans le dessein de faire plaisir à Jeanne, j'avais fait peindre un ange en harnois avec de grandes ailes, lequel tenait une banderole où l'on pouvait lire cette fière devise : « Pro patria saepe, pro rege semper! » Rais expliqua à la Pucelle que la phrase signifiait « Pour la patrie souvent, pour le roi toujours! », et elle me dit : « Votre devise est idiote : le roi, c'est la patrie. » J'avais voulu trop bien faire.

Mais j'avais pris la bonne précaution de cacher les putes de la compagnie durant la revue.

Impatiente de pousser à la perfection cette belle armée dont le Ciel lui avait confié le destin, Jeanne passait son temps à presser les soldats de se confesser, de communier, de renoncer aux jurons impies, et elle courait comme un rat sans queue d'un bout à l'autre du camp afin de faire aux putes une chasse sans merci de tous les instants. A l'idée qu'on pouvait forniquer derrière son dos, elle ne dormait plus! Mais les putes discrètes et acharnées à survivre sortaient par une porte et rentraient par l'autre. C'était le rocher de Sisyphe, le tonneau des Danaïdes, le foie sans cesse renaissant de Prométhée sous le bec crochu de l'aigle!

Cependant, pour obliger la Pucelle, de nombreux soldats acceptaient de renouer prématurément avec les sacrements, s'abstenaient de jurer en sa présence, et l'on avait la pudeur de lui dissimuler les putes autant que faire se pouvait.

Cette réussite tout extérieure et due à la seule persuasion était déjà un signe prodigieux, qui invitait à réfléchir.

Qu'est-ce que la sainteté? Sinon donner au prochain d'un regard, d'un mot, d'un silence, l'immédiate et évidente impression de la présence de Dieu. On inspire alors une confiance débordante et l'on est suivi sur-le-champ dans les choses du Ciel. On l'est aussi dans les choses profanes lorsqu'aucun péché ne semble y être attaché. Et on l'est même lorsqu'on parle et agit inconsidérément – d'où le danger de fréquenter des saints qui seraient sans instruction ni méditation suffisantes.

Le grand secret de l'efficacité de Jeanne était là : elle était sainte à la messe, elle était sainte quand elle prêchait la bonne parole aux soldats dévoyés, elle demeurait sainte quand elle s'occupait innocemment de batailles où la présence de Jésus-Christ était des plus problématique, elle était sainte encore lorsqu'elle se montrait odieuse avec de pauvres filles sans défense.

Car la sainteté ne se divise pas. Un saint est saint avec ses qualités, ses défauts et ses erreurs. Dès que l'on débarrasse la vie d'un saint de toute une hagiographie ridicule, qui lui va comme un surplis de dentelle à un aigle, on s'aperçoit que l'homme a pu commettre bien des fautes, et d'abord des fautes de jugement, et même qu'il ne s'est pas privé, vivant en dehors des normes courantes, d'être hérétique à sa façon. Jeanne aussi, bien sûr, fut hérétique selon le catalogue des prêtres. Mais qu'importe! L'amour de Dieu entraîne et recouvre tout.

Envisagée sous cet angle, la Pucelle, qui commençait de m'exaspérer avec son entêtement et ses manies, me paraissait tout d'un coup plus sympathique et presque touchante.

Sa carrière était toute tracée. Cette guerre qu'elle croyait divine et qu'elle ambitionnait de mener si pieusement allait la briser, la désespérer, la dévorer. Sa conviction était cependant si forte qu'elle persévérerait dans sa grande illusion. C'est au Paradis que le voile se déchirerait. Elle arriverait là-haut avec son étendard en criant : « J'ai gagné des batailles et sauvé mon Dauphin ! » Et le bon saint Pierre lui répondrait : « Nous ne vous avions commandé rien de tel. Jésus a-t-il sauvé Rome ou Jérusalem ? La France ne figure point dans le recensement du Ciel, qui ne veut connaître que les âmes des Français. Mais puisque vous avez fait le plus souvent ce que nous vous avions commandé d'autre part, vous avez une place de choix parmi nous. Vous êtes sainte, malgré vos Voix valoises et le temps perdu, et même l'une des plus grandes, car vous aurez réussi à le devenir en vous occupant bien peu du royaume de Dieu. » Quelle scène charmante !

J'étais encore tout attendri par cette vision céleste lorsque Jeanne vint enfin me commander de congédier les putes que certains de mes hommes – y compris mon valet d'armes Laurent – s'étaient récemment attachées, et le sentiment de la mieux comprendre me donna, pour la prier de me foutre la paix, une chrétienne patience dont je n'aurais pas été capable auparavant.

Avec beaucoup de diplomatie, je lui rappelai que le roi Charles, jusqu'à nouvel ordre, ne lui avait confié qu'une autorité morale, et qu'en fait de morale, un patricien de Venise n'avait pas de leçons à recevoir d'une paysanne de Domrémy. Je lui rappelai aussi, avec le sourire, que Saint Louis avait eu avant elle l'obsession des putes durant ses deux croisades. En Egypte, nous rapporte Joinville, le saint roi faisait promener les croisés incontinents une corde serrée autour des génitoires – excellent traitement aussi contre l'incontinence d'urine des ivrognes. Et malgré ces ingénieuses précautions, le roi était tombé aux mains de mahométans libidineux, et ses sujets avaient dû payer une énorme rançon pour avoir le plaisir de revoir un Prince aussi vertueux. Je déclarai en outre, sur le ton de la plus cordiale plaisanterie, que si on touchait à une seule de mes putes, je quitterais aussitôt l'armée avec ma compagnie et ma bannière pour aller me plaindre au roi Charles de cette tyrannie.

Et je lui dis enfin :

« Vous me permettrez cependant d'être étonné que votre brûlant apostolat se borne aux putes. Pourquoi diable ne vous attaquez-vous point aux gitons ? »

Mais je m'aperçus vite que les relations sodomiques ne correspondaient pour elle à aucune réalité particulière, n'éveillaient dans son esprit aucune image bien précise. Sans doute, n'y avait-il plus de sodomites à Domrémy : des anges guerriers avaient dû les noyer dans la Meuse durant le sommeil de Jeanne. Je pris grand soin de ne pas troubler cette rare innocence. Si la Pucelle, sous le coup d'une honteuse révélation, s'était précipitée, l'épée de Fierbois à la main, contre les familiers du sire de Rais, la campagne était mort-née !

Sans se décourager devant ma résistance inattendue, Jeanne fit un mouvement tournant et parvint en une demi-heure, Pasquerel sur les talons, à marier quatre de mes hommes, dont Laurent, avec leur pute – ce qui me coûta une beuverie générale et des cadeaux en rapport ! La Pucelle était comme ça : peu d'idées et des idées courtes, mais une suite implacable dans les idées. Il n'en faut pas plus pour faire bouger le monde.

Pendant que Jeanne s'acharnait à catéchiser la troupe avec une bande de prêtres et de moines rameutés de partout – ils en arrivaient, chose jamais vue, à être plus nombreux que les putes ! –, la bande des capitaines, qui avaient pris soin de ne pas l'inviter, tenaient conseil de l'autre côté du fleuve dans la grande salle des Etats du vieux château de Blois. Il paraît que Charles d'Orléans, revenu d'Angleterre en 1440 après un quart de siècle de captivité, a entrepris de grands travaux pour compléter ces bâtiments du XIIIe siècle, car c'est à Blois qu'il a fixé une cour où l'on s'occupe surtout – avec la bénédiction du roi Charles ! – de littérature et de poésie. Mais au printemps 1429, il s'agissait de savoir par quel chemin on irait à Orléans.

Les données du problème étaient fort simples. Orléans, sis comme Blois sur la rive nord de La Loire, était à quelques journées de marche en amont, les bastilles anglaises cernaient la place – il y en avait aussi quelques-unes en face sur la rive sud –, et il ne se trouvait aucun pont entre Blois et Orléans.

Suivre la rive vers le nord-est pour forcer le passage entre les bastilles avec un important ravitaillement semblait à la plupart une tâche surhumaine, et le Bâtard en personne avait fait recommander la rive sud. Mais les Anglais, en s'appuyant sur une île, barraient le fleuve en aval de la cité. Pour faire traverser le large fleuve au ravitaillement et l'introduire en ville, on ne disposait que de lourdes barges à voiles – et encore en nombre assez restreint – amarrées dans le port d'Orléans. Le projet sud consistait donc à cheminer vers l'est à travers la Sologne pour amener le ravitaillement en amont d'Orléans à un endroit vierge d'Anglais où les barges, remontant la Loire, viendraient le prendre pour le redescendre à bon port en profitant du courant favorable.

Et l'armée, dans tout cela ? Eh bien, comme il n'y avait pas assez de barges pour faire passer armée et ravitaillement, l'armée resterait bloquée sur la rive sud où, de l'avis général, il n'y avait rien à faire. Par conséquent, le ravitaillement une fois livré, les troupes s'en reviendraient tranquillement prendre leurs quartiers à Blois.

Mobiliser 7000 hommes pour convoyer du ravitaillement sans combattre était tellement absurde que je pris la parole pour suggérer :

« Si tel est votre plan, pourquoi ne pas profiter de l'occasion pour détruire les bastilles anglaises qui regardent Orléans de la rive sud? Ou alors, le ravitaillement étant livré selon l'itinéraire prévu, mais sous escorte réduite, le gros de l'armée pourrait, par la rive nord, forcer la ceinture des bastilles sans être encombré... »

Ces propositions de vulgaire bon sens soulevèrent une tempête d'objections, et je n'insistai pas. Mais je comprenais mieux pourquoi ce conseil se tenait hors de la présence de la Pucelle dans cette grande salle sonore. Jeanne désirait rencontrer les Anglais pour les battre, alors que la trentaine de capitaines français ou bretons n'avaient qu'une idée en tête, que maints capitaines étrangers partageaient : les éviter, ou ne les affronter que sous le couvert de murs solides, derrière un nuage dissuasif de viretons et de carreaux. Il n'était plus question de les combattre en rase campagne, et encore moins lorsqu'ils étaient bien retranchés. Et ce n'était même pas de la frousse, c'était pire : le dogme de l'invincibilité anglaise avait pénétré toutes les cervelles.

En matière militaire, étant donné la complexité des choses, rien de plus courant que d'induire une loi fausse d'expériences mal interprétées. Le soldat, qui a l'esprit paresseux, nourrit le culte du précédent et il aime à faire la guerre de la veille. Mais Jeanne, étant sans aucune expérience, ignorait que les Anglais fussent invincibles, et sa volonté offensive était d'autant plus ardente et naturelle que le Christ, la Vierge et les anges guidaient ses pas. Quand elle allait s'apercevoir, au sortir d'une inoffensive promenade en Sologne, que tout avait été combiné à son insu pour ne pas lui permettre de voir un Anglais de près, il y aurait du poil d'arraché!

Enfin, après les ultimes confessions et communions, l'armée de la dernière chance s'ébranla, laissant derrière elle une cohorte de putes qui faisaient de grands gestes d'adieux, et nous fîmes route durant deux journées à travers les solitudes boisées et marécageuses de la Sologne avec une soixantaine de chariots, près de cinq cents bêtes de somme bien chargées et des troupeaux divers. Nous nous gardions de suivre la Loire, car les mauvais chemins qui longeaient, à des distances variables, la rive sud, pouvaient être infestés d'Anglais, et nous désirions, autant que possible, bénéficier d'un effet de surprise.

Je pense qu'on ne reverra jamais une armée pareille. Ouvrait la marche, étendard et bannière en tête, une longue procession de religieux de toutes les couleurs qui chantaient des cantiques à effrayer toutes les biches des environs. Puis chevauchaient les capitaines grands et petits, qui préféraient rester groupés pour aviser en chœur aux imprévus : l'archevêque guerrier Regnault de Chartres avec sa masse d'armes, Gaucourt, le gouverneur d'Orléans, qui s'apprêtait à revoir sa ville de loin, Culan, vieil amiral sans flotte (Espagnols ou Malouins servaient de marins au roi Charles), Ambroise de Loré, qui passait pour courageux et judicieux, le maréchal de Boussac, Rais et sa chapelle de campagne, qui n'avait jamais été mieux venue, le boiteux La Hire (une cheminée lui était tombée dessus dans une auberge), bien d'autres encore, et Jeanne, tout à la nouveauté de son harnois, qui n'avait pas voulu le quitter et le gardait même durant la nuit, ayant seulement remplacé pour la route le bassinet par un large chapeau de paille comme en mettent les vilains pour faire les foins. Mais les autres harnois suivaient dans les bagages, avec les destriers tenus par la bride. Celui de La Hire était bourré de grelots tintinnabulants !

Puis venaient les Ecossais, les chariots et les mules, les Espagnols et quelques bœufs gras, les Italiens, les vaches maigres, les Bretons, les cochons noirs et nerveux sortis des bois et qui couraient comme des sangliers, les Angevins, les moutons et les chèvres, les Manceaux, les Berrichons et les Gascons... Le « Veni Creator » retentissait, entrecoupé de hennissements, de mugissements, de bêlements, de chevrotements, de grognements. De temps à autre, Jeanne se tournait avec un sourire vers le sire de Rais, qui faisait un signe, et s'élevaient alors vers le Ciel des Valois les voix délicieuses des gitons.

On ne s'était point préoccupé de donner à cette

marche une ordonnance militaire puisque les Anglais n'avaient que faire en Sologne, et les rares habitants se montraient aussi absents que les Anglais. A notre approche, les villages se vidaient précipitamment et les quelques bourgades fortifiées fermaient peureusement leurs portes.

Je chevauchais moi-même en légère brigandine à la hauteur de Jeanne et de La Hire, et la Pucelle travaillait à convertir son compagnon de croisade, ce qui n'allait pas sans mal. Ce Gascon d'une quarantaine d'années, brutal et rusé, qui faisait régner avec les siens la terreur dans les campagnes, adoucissait son organe pour plaider benoîtement sa cause...

« Comment faire la guerre sans pécher? Il faut bien vivre, boire, manger et le reste. Le péché, s'il y en a un, c'est la guerre! Vous verrez, ma petite... Aujourd'hui, vous jouez sur le velours : vous entendez des Voix et c'est votre premier jour de guerre. Tout nouveau, tout beau! Mais d'ici un an, qu'entendrez-vous encore? Des voix de mourants, de vilains aux abois, de filles mises à mal... Comme tant d'autres qui vous ont précédée, vous n'aurez pu faire la guerre sans vous salir les mains. Et en attendant, quittez donc ce harnois : il surcharge votre trotteur et va vous briser les reins! »

A la fin de la seconde journée, nous campâmes encore en plein champ près d'un village en ruine. Nous devions retrouver la Loire le lendemain pour organiser le passage du ravitaillement à l'aide des barges venues d'Orléans. Le vent d'ouest, dominant en cette saison, avait subitement viré à l'est, une aigre bise soufflait, et les soldats avaient allumé de grands feux avec des broussailles et des débris de chaumières.

Barretta me dit :

« Ce vent d'est est une catastrophe, car les barges des Orléanais ne sont capables de remonter le courant jusqu'à nous qu'en hissant leur grande voile carrée, et si le vent est contraire, elles devront rester au port. »

De toute manière, Barretta était pessimiste, non pas

tant parce que le roi Charles manquait de moyens, relativement parlant, mais parce que ses capitaines, ainsi que j'avais pu le constater au Conseil du château de Blois, avaient perdu toute velléité agressive. Notre stupide expédition en était bien la meilleure preuve.

Le roi, conscient de l'enjeu matériel et moral de l'affaire, avait pourtant déployé pour soutenir Orléans – et avant même l'apparition de Jeanne – une activité assez exceptionnelle de sa part. Dès le 1er octobre précédent, il avait réuni des Etats Généraux à Chinon pour solliciter une aide spéciale de 400 000 livres (dans ces cas-là, on met la barre très haut !). Et il n'avait cessé d'envoyer des renforts, des vivres, des canonniers, des chirurgiens à une cité que ses habitants exposés avaient d'ailleurs maintenue en bon état de défense. Mais que faire lorsque le goût de se battre hardiment est passé ?

A proximité du village incendié, un parc avait été rafistolé pour abriter les chevaux de bataille, que les gardes avaient du mal à rassurer, car des hurlements de loups cherchant à débusquer des proies déchiraient la nuit. La lune était pleine, et l'on distinguait clairement les deux beaux destriers, un noir et un blanc, que Charles avait offerts à Jeanne.

Avec le harnois complet, le ruineux destrier bardé d'acier et de maille achevait de différencier le combattant de valeur, protégé par sa cuirasse aussi bien que par le montant de sa rançon, de la piétaille impécunieuse, bonne à être crevée et achevée. La plupart des capitaines mouraient tranquillement dans leur lit, et Jeanne aurait pu connaître leur heureux sort si le roi du Ciel ne l'eût mise en selle.

Barretta entra dans le parc afin de parler piémontais à son cheval et, l'animal un peu calmé par ces sonorités étranges, il en sortit pour me dire :

« Quand on fait la guerre avec ces Français, il faudrait un destrier pour charger à contretemps, et un coursier lors du sauve-qui-peut qui s'en ensuit. Ce 12 février dernier, Falstaff[1] et quinze cents Anglais, Picards et Normands convoyaient vers Orléans trois cents chariots de matériel et de harengs de carême, lorsqu'ils ont été agressés par le Bâtard, La Hire, Xaintrailles, Jacques de Chabannes, Jean Stuart et ses Ecossais, qui n'avaient pas eu la patience d'attendre le comte de Clermont, annoncé pourtant avec trois mille hommes. Toujours l'indiscipline ! Les hommes du roi Charles ont subi de lourdes pertes, Stuart a été tué, et le Bâtard, qui n'a que vingt-six ans et manque de pondération, blessé à un pied. Les Anglais ne font guère quartier aux Ecossais, et lorsqu'un chevalier combat à pied, dans le désir d'être plus agile, il se désarme les pieds, qui deviennent alors très vulnérables. Les goujats le savent bien, qui visent les pieds, comme les coupe-jarrets, les jambes des chevaux. Ne découvrez jamais vos pieds, mon cher : c'est là qu'est notre talon d'Achille ! Cette journée dite " des harengs ", qui jonchaient le terrain, a porté le dernier coup au moral des Français, moins d'attaque que jamais.

– Orléans n'aurait pu nourrir longtemps un renfort aussi important.

– C'est en effet un cercle vicieux. A quoi bon étoffer la garnison si l'on se refuse énergiquement à combattre ?

» Enfin, grâce à cette " journée des harengs ", le duc Philippe a rappelé le millier de Bourguignons qui participaient à l'investissement de la place.

– Quel rapport ?

– L'échec de cette triste journée avait dégoûté Clermont, qui était rentré à Chinon, entraînant dans son sillage Culan, Gaucourt, Boussac, Regnault, La Hire et de nombreux chevaliers. Se sentant abandonnés, les Orléanais ont dépêché Xaintrailles – un Landais qui a plus de classe et d'usages que La Hire – au duc de Bourgogne, pour lui offrir de prendre la cité en dépôt jusqu'à la délivrance de leur seigneur le duc Charles. Les

1. Il s'agit bien du Falstaff historique que Shakespeare mettra en scène, histrion qui aura peu de rapports avec le vrai Falstaff.

gens d'Orléans aiment bien Charles VII, mais leur première préoccupation est naturellement d'assurer la sécurité de leurs personnes et de leurs foyers. Ravi de l'aubaine, Philippe le Bon se précipite à Paris pour conférer à ce sujet avec son beau-frère Bedford, que la proposition n'arrangeait guère : il avait bon espoir de prendre Orléans et ne comptait pas relâcher le duc Charles de sitôt. Le Régent déclare donc fièrement à Philippe qu'il n'a pas battu les buissons pour qu'un autre prenne les oisillons à sa place et qu'il ne laissera point une terre de la Couronne de France tomber en d'autres mains que celles d'Henri VI. Au sortir d'une attrapade malsonnante – Bedford a le défaut de s'emporter facilement – le duc de Bourgogne, horriblement déçu et vexé, rentre dans ses Etats, et ses troupes ont décampé d'Orléans le 17 avril.

– Cette « journée des harengs » vaut une victoire.

– On ne l'a pas fait exprès ! Nous attendons cependant à La Rochelle de nouveaux Ecossais. Le roi Charles vient de conclure les fiançailles du jeune Dauphin Louis avec Marguerite, fille du roi d'Ecosse Jacques Ier, qui a promis un gros supplément d'archers contre la cession du Berry à charge d'hommage lige. »

Ces curieuses révélations étaient très significatives. A l'inverse de Bedford, jaloux de la souveraineté française pour s'attacher des partisans dans le pays, Charles, peu désireux d'armer ses propres sujets, bradait le Berry au roi d'Ecosse pour se procurer des mercenaires étrangers à tout prix. Le fait que la famille de la Pucelle ne soit française que depuis peu devait lui inspirer confiance !

Profitant du sommeil de Jeanne, des filles, qui avaient dû suivre à distance respectueuse, avaient réinvesti le camp en tapinois. L'une d'elles, qui semblait affamée et transie, vint nous faire des propositions avantageuses devant un grand feu qui se mourait. Je lui répondis en riant que la Pucelle m'avait contraint de me confesser l'épée sur la gorge et que je ne pouvais décemment me confesser tous les jours. Mais je lui donnai un double denier pour qu'elle aille coucher avec son ange gardien.

« Il est possible, me dit Barretta, que toute cette bondieuserie ait provisoirement un effet favorable sur le moral. Mais saurons-nous en profiter avant que la nature déchue ait repris ses droits ? »

Il me dit aussi que, si les Anglais lâchaient prise, ce serait faute d'argent. Le siège leur coûtait bien 40 000 livres tournois par mois et, dans la première semaine de mars, Bedford, acculé, avait demandé à ses fonctionnaires de lui prêter un quart de leur traitement annuel pour soutenir Suffolk ! Charles et le Régent raclaient leurs fonds de tiroir dans l'idée que l'épreuve avait des chances d'être décisive.

Mais cette misérable bataille d'usure financière, si loin de la guerre à la vénitienne, ne pouvait tourner au profit du Valois que si la famine n'incitait par les Orléanais à composer avec Bedford. Nous étions en chemin pour battre les Anglais avec des moutons.

Dans la matinée du vendredi 29 avril, peu avant que l'armée et le convoi ne touchent la Loire à l'endroit prévu, mais sous un vent d'est tenace, il fallut bien se résoudre à mettre piteusement Jeanne au courant : jusqu'à nouvel ordre, la cité d'Orléans était hors d'atteinte non seulement pour l'armée, mais aussi pour le ravitaillement, dont la ville avait pourtant un urgent besoin; et si le vent se maintenait à l'est, il serait prudent de s'en retourner à Blois, car si l'on s'attardait, les archers anglais pourraient bien faire leur apparition et cribler de flèches cette colonne empêtrée de chariots, de bêtes de bât et de troupeaux.

La Pucelle se trouvait dans une situation du plus cruel ridicule. Son expédition sacrée semblait finie avant d'avoir commencé, les capitaines, en dépit de toutes ses prétentions, l'avaient tenue pour quantité militairement négligeable, et ses dons extraordinaires de voyance ne l'avaient pas empêchée de se faire rouler dans la farine par une bande d'incapables. Une prophétesse gouvernée par des Voix de seconde zone se serait effondrée en pleurant.

Mais la qualité de conviction de Jeanne l'emportait fort au-dessus de pareilles contingences. Elle savait de source sûre qu'Orléans serait bientôt dégagée, tout le reste n'était que péripéties subalternes. Ainsi, nous l'avons vue vexée comme la renarde trompée par le coq, exaspérée par cette orgie d'incompétence, d'humeur insolente et massacrante, mais nullement abattue ni inquiète. Magnifique leçon de confiance en soi ! Quand vous entendez des Voix, écoutez toujours les meilleures, ça ne coûte pas plus cher et cela mène plus loin.

Sur la rive gauche du fleuve, le Bâtard, qui venait de le franchir avec une suite de cavaliers, trotta à notre rencontre.

Le Bâtard Jean d'Orléans, fils du duc Louis assassiné et de Mariette d'Enghien, n'étant qu'à demi Prince du Sang, était à moitié plus intelligent, plus honnête et moins vicieux que les Princes du Sang ordinaires. C'était d'ailleurs un ami d'enfance du roi Charles, qu'il ne trahira jamais qu'à moitié, sans y perdre ni sa tête ni ses biens. On pouvait lui faire à moitié confiance.

Pour l'heure, malgré la superbe de son harnois milanais et du harnachement de sa monture, il avait toute l'intelligence qu'il fallait pour être profondément embarrassé. Il avait été dans les premiers à entendre parler de la Pucelle, c'était la première fois qu'il la voyait, et il aurait bien aimé que ce fût en d'autres circonstances. Ses vertus de jeune stratège avaient sombré devant une brise imprévue.

Comble d'ennui, et à sa vive surprise, il se fit immédiatement engueuler par la Pucelle, qui lui dit sur le ton courroucé d'une princesse s'adressant à un page maladroit :

« Est-ce vous, qui avez donné ce conseil que je vienne par ici, de ce côté du fleuve, et que je n'aille pas tout droit de l'autre côté, où sont Talbot et les Anglais ? »

(On notera l'extraordinaire « je » de majesté. Exclue

des discussions entre capitaines, Jeanne n'en est pas moins toute l'armée à elle seule. En fait d'avancement, Dieu n'est-il pas le plus court chemin?)

Le Bâtard bredouilla qu'il avait cru agir prudemment et sur de bons conseils, pour s'attirer cette réplique cinglante :

« Par Dieu, le conseil du Seigneur notre Dieu est plus sage et plus sûr que le vôtre! Vous avez cru me tromper, et c'est vous surtout qui vous trompez. Je vous apporte meilleur secours qu'il ne vous en est venu d'aucun soldat ni d'aucune cité : c'est le secours du roi des Cieux. Il ne vient pas par amour pour moi, mais de Dieu lui-même qui, à la requête de Saint Louis et de saint Charlemagne, a eu pitié de la ville d'Orléans et n'a pas voulu souffrir que les ennemis eussent à la fois le corps captif du Seigneur d'Orléans et sa ville. »

Quand une villageoise parle de la sorte à un assimilé Prince du Sang, ou bien elle est folle, ou bien elle croit être inspirée, ou bien elle l'est pour de bon. Interloqué, le Bâtard était en passe de réfléchir au problème afin de se composer une attitude, lorsque survint l'événement qui sauva le royaume du roi Charles.

Jeanne ayant invoqué le Ciel, le vent se mit tout à coup à souffler de l'ouest, ce qui laissa tout le monde pantois. Et j'en fus moi-même très impressionné.

Je n'ai pas caché au lecteur l'opinion que j'avais pu nourrir jusqu'alors sur la vocation de la Pucelle, qui m'avait semblé douteuse du simple point de vue de la théologie la plus classique. Les voyances elles-mêmes n'avaient rien de probatoire : la voyance, don accordé aux sages comme aux fous, aux pécheurs comme aux vertueux, n'est-elle pas la chose du monde la mieux partagée? Là, pourtant, il ne s'agissait plus de prophéties. Le vent avait subitement tourné. Et attribuer le phénomène au hasard n'était guère satisfaisant. Selon toutes probabilités, quoique pour des motifs qui devaient demeurer obscurs, Dieu avait décrété que le ravitaillement passerait la Loire ce jour-là. Peut-être y avait-il à

Orléans un enfant malingre qui avait besoin du lait de nos vaches pour survivre et devenir le trisaïeul d'un saint missionnaire qui évangéliserait des contrées encore inconnues ?

Le Bâtard fit aussitôt porter ordre aux barges de hisser la voile et nous dit qu'il avait prévu une diversion du côté de la bastille anglaise Saint-Loup, la plus orientale sur la rive nord, pour faciliter le va-et-vient des bâtiments. Jeanne radoucie daigna le féliciter de cette élémentaire précaution, et le visage troublé du Bâtard s'illumina : il commençait de croire en elle.

Puis on discuta dur pour savoir ce qu'on allait faire de beau. L'armée ayant rempli sans coup férir son humble mission alimentaire, tout le Conseil fut d'accord pour qu'elle s'en retournât à Blois par la même paisible route de Sologne. Mais, comme une audace nouvelle soufflait depuis que le vent avait tourné, ce qui avait paru naguère impraticable paraissait désormais facile. Il fut entendu que ladite armée, ayant repassé la Loire par le pont de Blois, s'en reviendrait vers Orléans par la rive nord avec un supplément de ravitaillement, même si elle risquait de combattre pour franchir le barrage des bastilles anglaises. Et de cette manière, les assiégés disposeraient d'une belle armée de plus, ce qui pouvait toujours être utile.

Personne n'osa toutefois proposer de faire sauter plutôt les bastilles anglaises isolées sur la rive sud, qui étaient à notre portée, victoire qui aurait sur-le-champ mis fin au siège en libérant l'accès d'Orléans du côté du royaume de Bourges. Se faufiler entre les bastilles de la rive nord, à la rigueur... Mais attaquer les bastilles sud, impossible ! Une aussi folle audace ne pouvait venir que de Dieu, et Dieu distrait se taisait ce jour-là.

Insoucieuse, faute d'informations, de ces capitales bastilles sud, Jeanne aurait bien suivi l'armée dans son périple, et d'autant plus volontiers que sa présence était absolument nécessaire pour empêcher le soldat de forniquer avec inconscience. D'ailleurs, si elle laissait l'armée partir sans elle, la reverrait-elle seulement? Elle avait déjà pu apprécier la conduite intuitive, désordonnée, contradictoire, des capitaines de son Dauphin. D'une heure à l'autre, découragement et présomption alternaient de façon imprévisible.

Mais le Bâtard fit valoir que les Orléanais se montaient l'imagination depuis de longues semaines, qu'ils étaient à présent dans un état d'excitation fébrile à la perspective de voir, de toucher enfin leur Pucelle, et que l'on risquait des émeutes, des comportements imprévisibles à retarder leur jouissance après l'avoir mise à portée. Jeanne se résigna donc à laisser partir vers Blois la majeure partie de l'armée derrière Pasquerel et sa bannière et, en fin d'après-midi, elle s'embarqua pour Orléans avec son étendard, sa maison militaire et une troupe restreinte, répartie sur quelques barques.

J'avais dû me séparer de Tristan et de ma compagnie, et je passai moi aussi la Loire, ayant trouvé place sur la même embarcation que Jeanne, le Bâtard et La Hire, et accompagné de Laurent, qui se demandait si le patronage de la Pucelle l'empêcherait d'être cocu.

En amont d'Orléans, le cours de la Loire est parsemé d'îles et, à force de nous laisser glisser d'île en île, nous arrivâmes sans encombre en vue des murailles de la ville et du grand pont de pierre qui la reliait à la rive méridionale. La Hire donnait à Jeanne des indications topographiques, qu'elle suivait avec une attention flatteuse. Ce chevalier de fortune avait combattu en Champagne et en Lorraine alors que Jeanne était encore enfant, et il s'était rendu célèbre en ce temps-là par la reprise de l'énorme château de Coucy – qu'il avait d'ailleurs reperdu par distraction... C'était un héros pour les partisans du roi Charles dans l'est de la France.

L'étrange affaire de la saute de vent ne cessait de me tracasser et je demandai à Jeanne si elle pourrait reproduire le tour à volonté. Dans ce cas, après avoir vaincu les Anglais, elle aurait un avenir doré dans la marine vénitienne. Mais le Bâtard répondit noblement à sa place que c'était là une idée de Vénitien, et qu'en France, les miracles n'étaient pas à vendre. La mauvaise réputation des Vénitiens les suit partout.

A notre débarquement vers l'est de la cité, à quelque distance de la porte de Bourgogne, l'excitation des habitants était devenue du délire, et le Bâtard nous retint hors les murs jusqu'à la tombée de la nuit, dans l'espérance que les esprits se calmeraient un peu. Il est vrai que le temps orageux pouvait agir sur les nerfs.

Enfin, à la lumière des torches, nous fîmes une entrée triomphale et, nouveau miracle, la Pucelle put traverser la ville jusqu'à la cathédrale sans être étouffée.

Je n'avais jamais vu un enthousiasme aussi frénétique et, aux yeux d'un observateur qui ne s'intéressait guère au conflit que pour réunir 7000 ducats, le phénomène était d'autant plus renversant qu'il reposait encore entièrement, à ce stade, sur l'imaginaire. Jeanne n'avait encore rien fait du tout, mais elle était déjà célèbre et inspirait une confiance éperdue. Au pays de l'irrationnel, la foule s'emballe avant de savoir, au gré de ses craintes et de ses passions, et une force se crée, dont on attribuera le crédit au héros insignifiant qui n'aura été que prétexte. On verra ainsi le rôle décisif joué par les Orléanais dans la libération de leur ville. Mais pour ce qui est de Jeanne, il y avait une coïncidence très rare entre un engouement prématuré et les exceptionnelles qualités de son objet. Efficace avant même d'avoir agi, la Pucelle le sera encore plus ou moins quand elle fera ses preuves.

Ses dévotions accomplies, Jeanne gagna l'hôtel de Jacques Boucher, trésorier du duc d'Orléans, près d'une sortie ouest de la ville, se fit retirer son harnois, prit un bain, et assista à un banquet organisé par ses hôtes pour fêter sa venue et celle des autres capitaines qui l'avaient suivie. Je la vis manger en tout et pour tout un peu de pain trempé dans de l'eau – mais la coupe était d'argent.

On peut lire cette étonnante attestation dans le témoignage de Maître Simon Charles au procès « en nullité de condamnation » : « ... tant qu'elle était armée et à cheval, jamais elle ne descendait de cheval pour des besoins naturels; et tous les hommes d'armes admiraient comment elle pouvait rester aussi longtemps à cheval. » Je doute qu'à son retour de Venise Maître Simon ait fréquenté Jeanne de très près, et il doit parler par ouï-dire, mais ce qu'il dit, je l'ai constaté personnellement, et bien d'autres avec moi. La Hire lui-même, qui arrosait tous les buissons en cours de route, s'interrogeait et voyait dans cette continence comme un petit miracle. L'explication me paraît claire : une sobriété de chameau.

Jeanne affectionnait le port du harnois, qui devait lui donner un sentiment de sécurité à tous points de vue, et elle s'armait de la sorte – surtout dans les débuts – plus souvent qu'il n'eût été nécessaire. Je la soupçonne, déjà peu portée aux excès de table, d'avoir volontairement réduit sa nourriture et sa boisson au strict minimum pour espacer les haltes que les besoins rendaient obligatoires. On revêtait ou quittait le harnois complet en commençant par les pièces du haut, et ce n'était pas une petite affaire que de sacrifier à la nature dans ces conditions.

Rais était à mon côté durant ce banquet. Il ne cessa de m'entretenir de l'opportune arrivée du vent d'ouest. Ce qu'il retenait de l'expérience, c'est qu'il y avait un truc pour obliger les puissances célestes ou infernales à obéir à notre volonté. Son approche de la question était résolument magique et Jeanne commençait visiblement d'exercer des ravages sur son esprit échauffé.

Je me laissai aller à lui dire :

« Comme vous avez pu en juger, un bon contact avec le Ciel et ses vents exige de la vertu et de la tempérance. Vous n'en prenez pas le chemin. »

J'aurais mieux fait de me taire, car si Rais voulait à tout prix établir le contact dans un climat de bougrerie et de beuverie, les mauvais anges lui seraient sans doute plus propices que les bons.

Jeanne nous quitta bientôt pour dormir avec de chastes Orléanaises, et je me retirai avec Laurent dans mon appartement de l'évêché écossais, qui jouxtait la cathédrale.

Le lendemain matin, je fus tiré de ma grasse matinée par le héraut Ambleville, qui avait encore les pattes molles et l'œil hagard des épouvantables moments qu'il venait de vivre. Guyenne et lui-même étant allés remettre l'originale sommation au quartier général anglais de Saint-Laurent, Suffolk et Talbot sidérés en avaient discuté dans un anglo-franco-normand incompréhensible, puis Suffolk, possédé d'une rage froide, s'était répandu en menaces dans un bon et clair français.

Je demandai à Ambleville s'il se rappelait les termes exacts. La première qualité d'un héraut est d'avoir une mémoire fidèle, et l'homme me cita d'une voix tremblante la déclaration mot à mot :

« J'ignore si Dieu a condamné le royaume de France et d'Angleterre et la paix éternelle qui doit en découler entre les deux nations – nous saurons tout ça là-haut ! –, mais seule une sorcière peut avoir l'outrecuidance de le soutenir, et cette sommation condamne d'abord celle qui l'a dictée. Or des sorcières, même déguisées en chevalier pour mieux abuser leur monde, n'ont pas droit aux hérauts. Je vais faire brûler Guyenne; et vous, Ambleville, je vous charge d'aller répondre à votre enculée de Pucelle que nous la ferons brûler dès que nous la tiendrons. On sait bien, d'ailleurs, que le roi Charles aime à s'entourer de sorciers, à commencer par son petit ami Giac, qui avait signé un pacte avec le Diable avant que La Trémouille ne saute sur sa veuve, pour avoir une moitié de Diable dans son lit. Je vais envoyer, à toutes fins utiles, ce papier délirant à l'Université de Paris. Il se trouve encore des théologiens là-bas pour s'occuper des malédictions de vachères ! »

Ambleville avait pris les jambes à son cou sur ce

malentendu pénible, qu'il n'était que trop aisé de prévoir.

La furieuse déclaration de Suffolk exprimait à merveille toute l'insoluble ambiguïté du problème posé inconsidérément par la Pucelle. Cette même activité politique et militaire qui la faisait tenir *a priori* comme envoyée du Ciel par les partisans du roi Charles en faisait *a priori* une sorcière pour les partisans d'Henri VI. Dans le climat passionnel de l'époque, l'idée ne venait à personne que ces jugements pouvaient être excessifs.

Suffolk n'avait pas tort de juger outrecuidante la sommation de la Pucelle, mais il n'en résultait pas pour autant qu'elle émanât d'une sorcière. Son siège pourtant était fait avant tout examen plus poussé, et le préjugé anglais s'exprimait de façon très caractéristique par le qualificatif soldatesque d' « enculée », qui avait dans la bouche du noble capitaine une résonance théologique profonde. Suffolk admettait fort bien que Jeanne pût être vierge, mais c'était pour lui un vice de plus. Des incubes avaient dû la pénétrer de partout, se faufilant par les discrets orifices d'un pucelage trompeur et s'attardant à des jouissances sodomites. Il était évident que Suffolk était au-delà de tout raisonnement – les Orléanais aussi. Jeanne aurait beau faire, fournir des certificats, ce pucelage si précieux à ses yeux déposerait plutôt contre elle dans l'esprit des Anglais méfiants et de leurs nombreux amis français.

Je demandai à Ambleville en quoi je pouvais lui être favorable...

« Mais Messire, la Pucelle est incorrigible! Elle m'a ordonné de porter à Saint-Laurent un autre défi de la même espèce, me garantissant une fois de plus que Guyenne et moi n'avions rien à craindre. Je vous supplie encore d'essayer de la faire changer d'avis, car elle parle parfois de vous comme si vous étiez capable de la faire réfléchir, et je crois bien que vous êtes le seul sur la place avec cet imbécile de Pasquerel. »

Dans son émotion, Ambleville s'oubliait, et ces histoires de hérauts commençaient à m'ennuyer.

« Jeanne, répondis-je, est au tout début de sa mission. Croyez-vous qu'elle ferait aujourd'hui une prédiction dont elle ne serait pas tout à fait sûre ? Le supplice de Guyenne – et je ne parle pas du vôtre ! – ruinerait sans remède la confiance qu'elle a suscitée. »

Cette logique idiote eut le mérite de rassurer un peu mon suppliant, qui me signala que deux hérauts anglais étaient justement à Orléans pour traiter d'un échange de prisonniers.

« Ah, vous voyez, Ambleville ! A Tours, déjà, la Pucelle avait prévu cette heureuse coïncidence. Craignant pour la vie de leurs propres hérauts, les Anglais se garderont de tout irréparable. Guyenne montera sur le bûcher en chemise de soufre et la corde au cou, on mettra le feu à un fagot, mais Suffolk écrasera les braises sous son pied avant qu'il ne soit trop tard. Si Guyenne a en Jeanne la confiance qui s'impose, il se rira bien de ces simagrées !... »

Ambleville courut chez le Bâtard pour le prier de menacer Suffolk de représailles, et j'allai moi-même lui rendre en fin de matinée une visite de courtoisie. Je le trouvai en compagnie du capitaine Florent d'Illiers, arrivé la veille de Châteaudun avec quatre cents hommes. On en venait à dégarnir les places les plus exposées pour renforcer l'armée d'Orléans.

Le Bâtard me reçut avec politesse. On le sentait pourtant agacé et passablement inquiet. Jeanne avait voulu attaquer à tout va dès l'aube, et il avait eu le plus grand mal à lui faire admettre qu'il était préférable d'attendre le retour de l'armée de Blois. Ne risquait-on pas autrement une nouvelle « journée des harengs ? » D'autre part, le texte de la sommation que venait de lui montrer Ambleville l'avait choqué. Au procès « en nullité », le Bâtard n'élève bien sûr aucune critique là-dessus, mais le temps avait alors fait son œuvre et, dans un procès de ce genre, la moindre réserve eût été superflue.

Du samedi 30 avril au mercredi 4 mai, date du retour de l'armée de Blois, la Pucelle, piaffant d'impatience, fit deux parties de son temps. Tantôt, ulcérée par le mépris où l'ennemi tenait ses hérauts, elle ne cessait d'expédier de nouvelles sommations, écrites ou verbales au risque d'attraper une flèche ou un vireton; tantôt elle prenait en pleurant les populations à témoin de l'aveugle incrédulité des Anglais et de leurs alliés.

Jusqu'à ces journées révélatrices, je n'avais pas saisi toute l'importance que Jeanne attachait à ces sommations, dont les termes se répétaient indéfiniment.

Ainsi que je l'avais déjà pensé, elle souhaitait certes se mettre dans son droit et se conformer aux bons usages d'un cercle nobiliaire très fermé. Mais son acharnement à convaincre était dicté par une considération beaucoup plus haute : étant voyante, elle savait quelle hécatombe d'Anglais allait bientôt découler de ses talents et, avec un sentimental illogisme, elle aurait voulu soustraire tant de malheureux – non confessés, hélas ! – à l'inévitable.

Car Jeanne aimait ardemment les chrétiens anglais à l'égal des chrétiens français ou bourguignons. Elle n'avait aucune haine, aucune animosité contre l'ennemi : ce n'était pas elle qui l'avait décrété tel, mais le rigoureux roi du Ciel, dont les arrêts se discutaient d'autant moins qu'il ne daignait pas les commenter.

Il est de bon ton, chez les féodaux d'Occident, d'estimer ses adversaires et de ne se battre qu'entre égaux, dans le respect de toutes sortes de règles. L'esprit « desportif » est passé par là. Pour un Vénitien, tuer par amusement un homme à qui on serait heureux de donner sa fille en mariage est un péché sans excuse. Le Vénitien aimerait plutôt à piétiner les gibiers de droit commun qui osent mettre en péril ses biens et ses institutions originales, et le péché me paraît moindre. Si Jeanne avait été capable non seulement d'action, mais de quelque réflexion, elle aurait vite découvert qu'il n'y avait qu'un ennemi en France : une noblesse et un haut clergé prédateurs, qui ne rendaient pas le moindre service en contrepartie de leurs exigences – l'antithèse de l'efficace patriciat de Venise! –, et le roi lui eût fait horreur.

Jour après jour, à pied ou à cheval, j'ai suivi la Pucelle dans ses efforts désespérés pour sauver tant de vies qui touchaient si prématurément à leur terme. Quand elle avait dicté sa première sommation, ces morts étaient encore abstraits et mal sentis. Mais soudain, ils prenaient une vie éphémère, la regardaient du haut de leurs bastilles comme la danse macabre du grand cimetière des Innocents. Et ils portaient sur Jeanne un jugement accusateur dont elle aurait eu à répondre si le roi du Ciel n'avait gouverné ses moindres pensées. Sans son intervention, ils seraient peut-être revenus sains et saufs dans leurs villages de Dordogne ou du Charolais, du pays de Galles ou de Cornouailles. Partant, c'était toujours le même dialogue insensé, Jeanne avertissait sans relâche que Dieu avait enfin fait son choix, qu'il fallait s'en aller de gré ou de force, que les journées, les heures bientôt, étaient comptées... Et en récompense du consciencieux et charitable avertissement, les Picards, les Anglais, les Normands, les Flamands, les gens de Bordeaux ou des Landes juraient de la brûler à la première occasion et la couvraient d'injures grossières où le qualificatif de « pute » revenait comme un refrain. Pour une pieuse Pucelle braquée contre les putes, c'était le comble de la dérision!

Abreuvée d'injures, Jeanne rentrait gémissante dans la ville, accompagnée des bourgeois émus qui l'avaient assistée comme un chœur antique. Elle cherchait alors refuge dans une église où personne ne lui reprochait plus d'être en habit d'homme, puis elle quêtait d'autres consolations au contact de la foule qu'elle s'était attachée sans retour et qui ne voyait aucune objection à ce que Dieu fût français ou orléanais plutôt qu'anglais ou vénitien. Et Jeanne de caresser des enfants, de distribuer des bonnes paroles, de répéter que le siège serait bientôt levé.

Plusieurs fois, je dis à Jeanne :

« Vous en avez assez fait ! Vous voyez bien que les Anglais ne comprendront jamais que Dieu a biffé le traité de Troyes. C'est que vous souffrez d'un " handicap " tout à fait insurmontable : n'êtes-vous pas la première à le leur apprendre ? »

Mais elle retournait comme le canard à la mare se faire traiter de pute et d'enculée par des mercenaires dont beaucoup auraient pu être sous ses ordres. De telles scènes m'ont laissé un souvenir très vif, car elles illustraient bien l'inconvénient de mêler Dieu de trop près à une guerre de siège.

Dès le samedi 30, la Pucelle alla sur le pont d'Orléans sommer verbalement Glasdale et ses hommes qui en tenaient l'extrémité méridionale. Les injures de ce capitaine furent particulièrement sévères, et il était déjà permis de penser que, tel un vulgaire Peter, il n'y survivrait pas longtemps.

XII

Le dimanche 1er mai, le Bâtard tint un conseil de guerre où il avait prié Jeanne d'assister, vu qu'elle était concernée. Il fut décidé que le Bâtard partirait à la rencontre des troupes de Blois, tandis que la Pucelle resterait à Orléans : la population la réclamait à cor et à cri et elle avait encore beaucoup de sommations à adresser et d'injures à essuyer – programme qu'elle accomplit dès le lendemain en faisant à cheval la tournée des principales bastilles anglaises.

Le mardi 3, le gros des garnisons de diverses places vinrent encore compléter les défenses d'Orléans tandis que l'on fêtait et processionnait en l'honneur de l'Invention de la sainte Croix. Ce terme d' Invention » est délicatement choisi. L'idée que les premiers chrétiens auraient pu mettre la croix du Christ de côté pour ravitailler en reliques les générations futures me semblait déjà bizarre quand j'avais sept ans. Le transport par les anges à Lorette, en 1294, de la maison de la Vierge Marie à Nazareth était plus vraisemblable. Jeanne fut émue par la fête, occasion d'un nouveau bain de foule. Elle croyait à l' « Invention » de la Croix comme elle croyait à la sainteté de ce vieux satyre de Charlemagne. Ses anges avaient dû, bien sûr, la mettre en garde contre ces balivernes, mais en vain : sa foi en remontrait à celle des Cieux !

A l'aube du 4 mai, l'armée de Blois s'annonça à

l'horizon avec le Bâtard. Jeanne, La Hire, Florent d'Illiers, Chabannes et quelque cinq cents hommes sortirent pour lui donner la main, et le tout rentra bientôt dans la place avec des vivres et du matériel. Les Anglais n'avaient pas bougé de leurs bastilles.

Avec les sept mille hommes de l'armée de Blois, les renforts reçus les jours précédents et la garnison de la ville, qui tournait autour de deux mille hommes depuis le début du siège, Orléans pouvait aligner plus de dix mille combattants, masse qui conseillait une action décisive, car on ne pouvait espérer la solder et la nourrir longtemps – sans parler du fourrage et de l'avoine pour les chevaux.

Le capitaine Tristan était satisfait de ses Berrichons, futurs hommes – en principe – du roi d'Ecosse. Aucun ne manquait à l'appel. Mais, se moquant de Pasquerel, ils avaient fait à Blois, avec bien d'autres, une bringue à tout casser. Dès que Jeanne n'était plus là, le péché relevait la tête.

Tandis que la Pucelle se faisait héroïquement traîner dans la boue par ses prochaines victimes inconscientes de la menace, j'avais observé le dispositif anglais autour de la cité avec une incompréhension et un malaise croissants. Suffolk me semblait avoir été frappé de folie.

Le jour même de l'arrivée de l'armée de Blois, je m'ouvris de ma perplexité à Barretta alors que nous nous promenions après déjeuner rue de Bourgogne, la principale artère est-ouest d'Orléans, qui aboutit à l'est à la porte du même nom.

« En octobre dernier, me dit le capitaine piémontais, Salisbury, qui n'avait que quatre mille hommes, a tenté de prendre la place d'assaut, ce qui était la meilleure chose à faire avec des effectifs insuffisants pour un siège en règle. Il venait de s'emparer du fort des Tourelles, dont vous avez pu voir qu'il commande l'entrée du pont à partir de la rive sud, quand il a eu la tête emportée par un boulet de canon. C'était, malheureusement pour

Bedford, la meilleure tête possible. Le roi Charles consacre beaucoup de soins et de dépenses à son artillerie à poudre. Et ce n'est pas de l'argent perdu : s'il vient à bout des Anglais, il pourra toujours s'en servir pour démolir les châteaux de sujets rebelles.

» Le successeur du regretté Salisbury, Suffolk, doutant de pouvoir enlever Orléans de haute lutte, s'est heurté à la quadrature du cercle : investir une ville d'une cinquantaine d'hectares[1] avec des soldats qui auraient eu de la peine à l'encercler en se tenant par la main. Ses effectifs n'ont guère dépassé six mille hommes – et encore en comptant le millier de Bourguignons qui se sont retirés. L'option du siège étant prise, il n'y avait que de mauvaises solutions. Si Suffolk gardait son monde sous la main, il conservait sa capacité de manœuvre, mais la place n'était pas investie du tout. S'il fractionnait ses troupes autour d'Orléans, le blocus restait aléatoire, et sa capacité de manœuvre était des plus réduite, faute de réserves suffisantes. C'est pourtant la solution qu'il a choisie, pour avoir l'air de faire quelque chose.

» Toujours par manque d'effectifs, Suffolk a d'ailleurs dû adopter un dispositif irrégulier. Il s'est bien sûr préoccupé en priorité de contrôler aussi solidement que possible, sur la rive nord, les accès ouest et nord d'Orléans, soit les routes de Blois, de Patay et de Paris : c'est de Paris que vient surtout le ravitaillement, et c'est par l'ouest que les forces du roi Charles peuvent se présenter le plus directement si elles empruntent la rive nord. Toujours sur cette rive nord, mais au nord-est, vers Fleury, et à l'est, vers Chécy et la Bourgogne, Suffolk s'est contenté d'une implantation restreinte. Pour attaquer à l'est, les Français venus de Blois par la rive nord devraient faire, en effet, un grand mouvement tournant bien au-delà d'Orléans, ou bien franchir la

1. Pour plus de clarté, ici et plus loin, les mesures anciennes de superficie ou de longueur ont été converties en mesures modernes.

Loire à partir de la rive sud, avec des bateaux en nombre insuffisant.

» Autre souci de Suffolk, et non des moindres : tenir l'entrée du pont au sud, point de départ de la route de Bourges, qui traverse à Olivet le Loiret naissant. Car si ce verrou sautait, le siège n'aurait plus aucun sens.

» En somme, Suffolk n'a pas la prétention d'exercer un blocus total. Son dispositif vise seulement à interdire l'entrée de grandes quantités d'approvisionnement dans la ville assiégée – à moins que le roi de Bourges ne consente, pour les faire passer, à un effort militaire ruineux, qui pourrait aussi être l'occasion d'une bataille décisive. A l'est, le blocus a toujours été aléatoire, et il est plus lâche que jamais depuis le retrait des Bourguignons qui s'étaient installés de ce côté. »

Je demandai à Barretta combien de bastilles les Anglais avaient établies pour mettre leurs faibles effectifs à l'abri...

« Un peu en aval d'Orléans, Suffolk barre le fleuve en s'appuyant sur l'île Charlemagne, où il a fait construire une bastille du même nom. En face de l'île, sur la rive sud, se trouve le petit fort Saint-Privé, qui commande la route sud la plus directe pour Blois, et en face de l'île, sur la rive nord, au bord de la Loire, les Anglais ont dressé leur camp principal de Saint-Laurent, à peu de distance de la route nord de Blois, coupée par la bastille de la Croix-Boisée. L'étroitesse des passes entre l'île Charlemagne et les rives permet à Suffolk d'interdire aux bateaux français de remonter la Loire, et c'est bien pourquoi les Orléanais ont dû aller chercher avec leurs barges le ravitaillement que nous avions apporté en amont par le sud. La route de Patay est surveillée par le fort Londres, celle de Paris, par le fort Paris et, entre les forts Londres et Paris, en pleine campagne, a été bâti le fort Rouen. De ce côté ouest, du fort Saint-Privé de la rive sud au fort Paris, sur un arc de cercle d'environ deux mille mètres, nous n'avons pas moins de six ouvrages fortifiés, sans parler du camp de Saint-Laurent, où Suffolk garde sous son commandement direct quelques maigres réserves. Sur la rive nord, camp et bastilles occidentales peuvent donc se soutenir assez aisément. Mais l'île Charlemagne n'étant pas reliée aux rives par des ponts, les liaisons anglaises doivent se faire par bateaux, et Suffolk a encore moins de bateaux que les Orléanais.

» Vous avez dû constater qu'à l'ouest, les positions anglaises ne sont qu'à sept à huit cents mètres de nos murs. Mais au nord-est, la bastille de Fleury est à près de deux mille mètres; à l'est, celle de Saint-Loup, sur la Loire, entre l'île du Loup et la route de Chécy, est encore plus éloignée; et il faut une bonne demi-heure de marche pour aller de Fleury à Saint-Loup. Ces deux dernières bastilles sont isolées, mais à une telle distance d'Orléans que la garnison ne peut les attaquer par surprise.

» Sur la rive sud, Suffolk a consacré de grands efforts à fortifier l'entrée du pont, clef absolument essentielle, je le répète, de l'investissement. Les deux tours du fort des Tourelles, à cheval sur la dix-huitième arche en sortant de la ville, ont été réparées après la conquête de Salisbury. Un court pont de bois sépare ce fort de la rive sud; et si vous êtes allé vous promener par là, empruntant le pont de pierre au-delà du Châtelet qui défend l'entrée proprement dite d'Orléans, vous avez pu voir que les assiégés ont fait sauter une arche de leur côté pour s'isoler des Tourelles. Et sur la rive, lesdites Tourelles sont protégées par un boulevard, devant lequel les Anglais ont encore aménagé un fort avancé, la bastille des Augustins.

» Dernière bastille, celle de Saint-Jean-le-Blanc. De médiocre importance, elle se situe, toujours sur la rive sud, à un millier de mètres à l'est des Augustins, et surveille le passage du fleuve à un endroit où deux îles, l'île aux Toiles et l'île aux Bœufs, pourraient le faciliter à partir de l'extrémité sud-est de la cité.

» La majeure partie des troupes de Suffolk – moins de

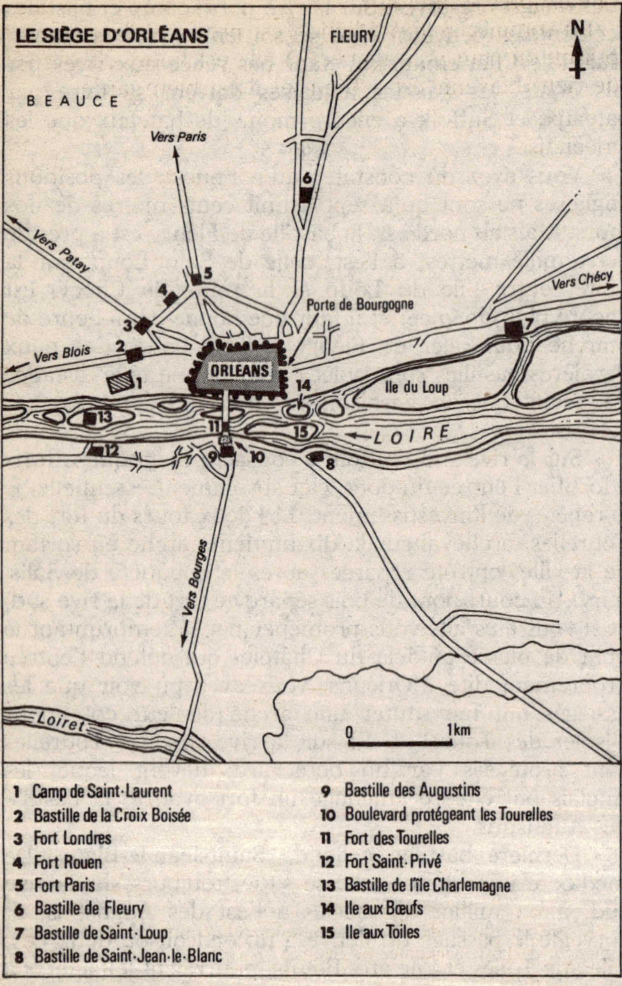

LE SIÈGE D'ORLÉANS
FLEURY
N
BEAUCE
Vers Paris
Vers Patay
Vers Chécy
Porte de Bourgogne
Vers Blois
ORLEANS
Ile du Loup
LOIRE
Vers Bourges
Loiret
0
1km
1 Camp de Saint-Laurent
2 Bastille de la Croix Boisée
3 Fort Londres
4 Fort Rouen
5 Fort Paris
6 Bastille de Fleury
7 Bastille de Saint-Loup
8 Bastille de Saint-Jean-le-Blanc
9 Bastille des Augustins
10 Boulevard protégeant les Tourelles
11 Fort des Tourelles
12 Fort Saint-Privé
13 Bastille de l'île Charlemagne
14 Ile aux Bœufs
15 Ile aux Toiles

six mille hommes à présent – sont concentrées sur la rive nord, dans le camp et dans les ouvrages qui se font suite à l'ouest de la cité, et dans l'ensemble Tourelles-Augustins.

– Combien d'hommes pour défendre les Tourelles ?

– Dans les six cents.

– Et à Saint-Loup ?

– Cent vingt à cent cinquante... »

Toutes ces précisions renforçaient mes impressions premières.

« Si j'ai bien compris, fis-je remarquer à Barretta, nous sommes presque deux fois plus nombreux que les Anglais, qui sont dispersés, alors que nous sommes concentrés. Sans dégarnir la place, nous avons toute latitude d'attaquer où et quand nous voulons avec une énorme supériorité numérique, qu'il s'agisse de Saint-Loup, objectif secondaire, ou des Tourelles, dont la chute, en ouvrant librement la route aux approvisionnements venant du sud, marquerait, comme chacun le sait, la fin du siège. Or le dispositif de Suffolk – les Anglais auraient-ils les réserves nécessaires pour intervenir, ce qu'ils n'ont point – ne lui permet pas de soutenir efficacement la bastille Saint-Loup, aux antipodes du quartier général de Saint-Laurent. Et si les Orléanais franchissent en force la Loire à la hauteur de l'île aux Bœufs et de l'île aux Toiles afin d'enlever Saint-Jean-le-Blanc et d'assaillir ensuite les Tourelles, les Anglais de Saint-Laurent sont eux-mêmes obligés de franchir les deux bras du fleuve par bateau et de traverser l'île Charlemagne pour secourir Glasdale, en position d'autant plus critique qu'il peut être pris à revers par des Orléanais débouchant sur le pont au sortir du Châtelet. Suffolk ayant négligé de relier l'île Charlemagne aux rives nord et sud par des ponts, les Tourelles sont encore plus isolées que Saint-Loup. Pour dégager la ville, il suffit d'attaquer. On gagne à tous les coups ! »

Barretta se mit à rire.

« Si Suffolk, mon cher Condulmer, a dispersé ses

forces de cette façon, c'est bien parce qu'il est certain que les Français du roi Charles n'oseront jamais attaquer ses bastilles, quelle que soit leur supériorité en effectifs. Et la preuve en est déjà faite : le 29 avril dernier, avec des forces douze fois supérieures à celles de Glasdale, ne sommes-nous point passés prudemment au large des Tourelles ? Qui nous empêchait, au lieu de retourner à Blois, d'enlever cette bastille et de délivrer Orléans en quelques heures ? Quand vous avez fait cette suggestion de bon sens au Conseil du vieux château de Blois, vous rappelez-vous le concert de protestations effrayées ?

– Si donc nous prenons l'offensive, Suffolk, se rendant subitement compte de l'absurdité de ses dispositions, recevra un choc moral paralysant.

– Il en tomberait de son haut ! Mais ce n'est pas pour demain.

– Jeanne est là pour combattre.

– Les capitaines l'en empêcheront, soyez tranquille ! »

Je croyais que Barretta exagérait, mais j'ai eu depuis maintes confirmations de ses dires surprenants, et même, tout dernièrement, la plus intéressante et la plus autorisée, celle du Bâtard lui-même, qui s'exprime en ces termes au procès « en nullité », en un curieux mélange de vérité et de fabulation :

« Cette sommation fut envoyée au sire Talbot; et alors qu'auparavant, des Anglais au nombre de deux cents faisaient fuir huit cents ou mille hommes de l'armée royale, à partir de ce moment, quatre ou cinq cents hommes du roi, livrant combat à presque toutes les forces anglaises, pressaient les Anglais du siège au point que ceux-ci n'osaient pas sortir de leurs abris et bastilles. »

On distingue sur le vif comme il faut se méfier de ces témoignages qui font l'histoire, sujets à erreurs, à mensonges, à oublis, à sottises. Les uns distinguent mal parce qu'ils sont trop près ou trop loin, d'autres déguisent la vérité par intérêt, par peur, par respect du préjugé, parce que leur mémoire est défaillante ou par simple paresse d'esprit...

La sommation de la Pucelle n'a joué aucun rôle dans le renversement de situation. Les Anglais, outragés et exaspérés, se sont battus sous Orléans avec une exceptionnelle ardeur, malgré un commandement pour une fois déplorable, et les Français n'avaient pas besoin de cet écrit pour être sensibles à l'atmosphère nouvelle qui s'était créée autour de Jeanne. Quant aux cinq cents hommes qui affrontent toute une armée anglaise dont le déposant avoue aussitôt qu'elle n'est pas sortie de ses abris dispersés, le contresens saute aux yeux. N'y aurait-il eu, par hasard, que cinq cents hommes disponibles pour une sortie à Orléans? J'ai dit qu'ils étaient à peu près dix mille contre six mille. La délivrance de la ville est due au contraire à l'écrasante supériorité des assaillants français sur les points d'attaque, et il ne pouvait en être autrement étant donné les présomptueuses et suicidaires imprudences de Suffolk.

Cela précisé, il est tout à fait exact que les Français d'avant la Pucelle hésitaient à affronter les Anglais à cinq contre un, et si le Bâtard ne craint pas de le rappeler au procès à la louange de Jeanne, c'est que des évidences aussi humiliantes ne s'effacent pas en une génération. A force de raclées, d'autant plus éprouvantes pour le moral qu'ils en analysaient mal les motifs profonds et constants, les militaires français avaient fini par se faire de l'Anglais une idée mythique. Il était temps que Jeanne apportât un autre mythe, celui de l'intervention directe et privilégiée du roi du Ciel sur les champs de bataille. Désespérant de battre les Anglais par leur propre mérite, les Français leur ont jeté Dieu dans les jambes. La prière est l'ultime ressource de l'impuissant.

Notre promenade de digestion nous avait conduits jusqu'à la porte de Bourgogne. La majeure partie de l'armée de Blois arrivée impunément le matin en chevauchant entre des bastilles muettes était campée sous les remparts de la ville aux alentours de cette porte, et l'inquiétude régnait, car le bruit s'était répandu que Falstaff, capitaine de grosse réputation, approchait d'Orléans avec quinze cents hommes de renfort et un convoi dont Suffolk avait le plus urgent besoin. Si Falstaff avait la fantaisie de se jeter à un contre quatre sur le campement improvisé, la porte de Bourgogne ne serait-elle pas trop étroite pour laisser passer tous les fuyards anxieux de se réfugier derrière les murs ?

Devant cette brise prématurée de panique, Barretta me dit :

« Beaucoup de capitaines étrangers, et jusqu'à des Ecossais, qui sont habitués pourtant à voir les Anglais de près, se sont laissé impressionner par la mentalité pusillanime des Français. Au service d'une autre nation, ils combattraient avec plus de mordant. Donnez-moi quelques milliers de Piémontais (ou de Vénitiens, s'empressa-t-il de rectifier poliment) et je vous dégage la place en trois heures ! »

Mais Barretta avait été influencé malgré lui par la présence de la Pucelle et, en dépit de son scepticisme expérimenté quant à la volonté offensive du Bâtard et de ses capitaines, il avait en sa possession, à tout hasard, les noms et les prix des Anglais les plus notables de la garnison des Tourelles et des Augustins, objectif tout indiqué si l'on se décidait à faire quelque chose.

« Je doute fort, lui dis-je, que Glasdale soit pris vivant.

– Et pourquoi, s'il vous plaît ?!

– Eh bien, mon cher, tandis que vous alliez récemment avec votre compagnie d'Orléans à Orléans en passant par Blois – que faire d'autre en l'absence de pont et de flotte ? –, la Pucelle est allée se frotter à quelque bastille pour informer les Anglais que Dieu avait décidé qu'ils avaient perdu la guerre et pour les prier de se retirer avant qu'il ne soit trop tard. Mais ces mécréants se sont moqués du verdict et ont agoni Jeanne d'injures discourtoises qui laissaient planer un doute sur sa virginité. Et notre Glasdale s'est distingué dans l'insolence.

– Bon. Rien d'étonnant à cette réaction. Et alors? »

Et alors, je narrai à Barretta l'exemplaire histoire de l'infortuné Peter, noyé sans rémission pour une innocente plaisanterie, et j'ajoutai :

« Jeanne, persuadée que le Ciel attache le plus grand prix à son pucelage, a eu l'air de trouver la sordide exécution tout à fait dans l'ordre divin. Vous pouvez donc imaginer ce qui attend Glasdale et quelques autres : le pucelage les étouffera, auquel ils n'ont pas voulu croire.

– Vous blaguez? Vous me racontez une histoire de fou?

– Nous vivons depuis peu dans un monde étrange. Après tout, que savons-nous de Dieu, de ce dont il est capable? Des Israélites n'ont-ils pas été foudroyés jadis pour avoir touché par mégarde l'Arche d'Alliance? Et entre l'arche des cuisses de Jeanne, un pucelage est le signe de l'alliance entre la Pucelle et son roi élu. Il va entraîner des massacres. Mais Dieu, comme Regnault et son casse-tête, ne peut souffrir le sang. Glasdale, dans ses Tourelles, est entouré d'eau de tous côtés. Sa vocation de noyé est évidente! Je vous parie vingt livres qu'il se noie sous peu, sans même comprendre pourquoi!

– Tenu! Bien qu'à vous entendre, si la Pucelle a le mauvais œil à ce point, nous ne sommes pas près de toucher beaucoup de rançons.

– Je le crains. Nous prendrons juste les Anglais les plus polis, ce qui ne fera pas lourd. »

Naturellement, je plaisantais. Nous allions nous séparer pour inspecter nos compagnies, quand une grande rumeur s'éleva par la ville. C'était pourtant le moment de la sieste, l'heure du déjeuner étant passée.

Et tout à coup, spectacle le plus inattendu, le plus extraordinaire, mais au fond le plus logique, une horde de bourgeois terribles, dont beaucoup s'étaient attardés à boire après le repas pour se donner du courage, se ruèrent hors de la ville pour aller régler leur compte à la poignée d'Anglais de Saint-Loup !

On distinguait là au passage des miliciens d'Orléans depuis longtemps sous les armes, mais aussi de nouveaux venus qui s'étaient enfin décidés à entrer en guerre et qui avaient raflé dans les réserves de l'hôtel de ville tout ce qu'ils avaient pu trouver de salades, de brigandines, de piques, d'épées ou d'échelles...

Après sept mois de siège et d'angoisses, ces gens-là voulaient en finir. Leurs maisons et jardinets, leurs poules et lapins, leur cochon gras, leurs petits commerces et artisanats traditionnellement nourris par le trafic des bateaux sur la Loire, les marchandises patiemment accumulées dans l'espoir d'une reprise, la vertu de leurs femmes et filles – même des plus laides ! –, leur existence et celle de leurs proches et amis, tout eût été en péril si le roi et ses capitaines, comme après la « journée des harengs », les avaient laissés tomber une fois encore, si Suffolk et ses soudards affamés avaient enfin pillé leur patrie après une si longue et gourmande attente. Ils s'étaient donc résolus, surexcités par la présence de la Pucelle, encouragés par le retour de la belle armée de Blois, à prendre les affaires en main. Le duc de Bourgogne n'ayant pu leur assurer sa protection, à qui pouvaient-ils se fier désormais, sinon à eux-mêmes ?

L'événement était à noter. De mémoire d'homme, le noble passe-temps de la guerre n'avait jamais concerné en France que le roi, les princes et leurs vassaux et, depuis quelques générations, les mercenaires de toutes origines que le progrès des échanges avait permis de solder. Les bourgeoisies craintives et opportunistes ne songeaient qu'à éviter les coups et le peuple restait passif. A quoi bon se compromettre, risquer sa vie plus que de raison pour échanger les pillards d'un Prince contre les pillards d'un autre ?

Ce jour-là, pourtant, jour mémorable, les bourgeois étaient sortis en trombe parce qu'ils savaient pourquoi ils se battaient. Et alors que les capitaines et leurs mercenaires s'amusaient prudemment à une guerre qu'ils faisaient durer à plaisir, les savetiers d'Orléans leur donnaient d'instinct une leçon de détermination et de sérieux. Les savetiers seulement : la tourbe des mendiants aurait volontiers mis la cité à sac, de concert avec les Anglais, et c'était aussi pour conjurer la menace latente de ces misérables que les bourgeois s'étaient émus.

Pour un Vénitien, le mouvement était sympathique. Avec six siècles de retard sur Venise, à la faveur d'une Pucelle de hasard, des Français commençaient à saisir que la guerre était la chose de tous et que les militaires de profession étaient les moins qualifiés pour la mener dans l'intérêt général. En dehors de Venise et de son bon gouvernement, les peuples ne sont pas gâtés : ou ils sont martyrs de la guerre des autres, ou ils tombent victimes de leurs passions. Il n'y a pas de milieu.

Détail remarquable, et qui montrait bien le prestige dont elle jouissait, les bourgeois en transe d'Orléans n'avaient pas même dérangé la Pucelle : il leur suffisait qu'elle respirât virginalement l'air printanier de leur petite patrie, porte-bonheur d'autant plus efficace qu'il était à portée de voix. Au moment de la ruée vers Saint-Loup, fatiguée de son expédition matinale, Jeanne désarmée se reposait avec les femmes de la maison de son hôte, ne songeant qu'au terrible Falstaff, qu'elle brûlait de corriger. Elle avait menacé le Bâtard de lui faire couper la tête – aimable plaisanterie, assurément – si Falstaff se présentait sans qu'elle en fût avertie ! Ce sont les hurlements des bourgeois qui la réveillèrent, la poussèrent à se faire réarmer en hâte et à suivre le mouvement avec son étendard qu'on lui tendit par une fenêtre. Elle était pour cette fois à l'arrière-garde du mouvement qu'elle avait elle-même suscité. Ses Voix endormies avec elle n'avaient pas prévu la sortie vers Saint-Loup !

Tandis que s'en revenaient les premiers blessés, nous vîmes bientôt passer Jeanne au galop, étendard déployé, avec Jean d'Aulon et une partie de sa maison militaire. Et peu à peu, sous l'empire de la honte ou de la contagion, la grande armée de Blois s'ébranla à son tour, compagnie par compagnie – malgré la mauvaise grâce de quelques capitaines vexés de n'avoir pas été consultés –, pour appuyer le mouvement des miliciens et tenir à distance les Anglais de Fleury, que l'événement devait remplir d'une stupéfaction inquiète : des milliers de Français osaient agresser cent vingt Anglais bien retranchés. Ce ne pouvait être qu'un tour du Diable!

Je m'étais moi aussi fait armer à la hâte – prenant soigneusement garde à la protection de mes pieds! –, et avec Laurent, Tristan et nos Berrichons, nous allâmes encourager ces valeureux bourgeois de la parole et du geste. Il y avait bien peu d'Anglais de valeur dans ce poste sacrifié de Saint-Loup, et comme j'avais pris la décision, pour mieux veiller au grain, de faire la guerre en personne, je devais ménager le sang de mes garçons : le soldat professionnel aime d'autant moins courir des risques inutiles qu'il soupçonne aisément son capitaine de spéculer sur sa mort pour réaliser une économie appréciable. Le mercenaire est si facile à remplacer!

Les Anglais avaient fortifié les ruines d'une église, où ils tinrent tête à la meute tout l'après-midi, fait d'armes qui donnait la plus haute opinion de leur vaillance. A les voir se battre avec un tel sang-froid, une telle ténacité, jusqu'à épuisement de leurs flèches, contre ces bourgeois enthousiastes soutenus par toute une armée, je saisissais mieux la crainte que le « yeoman » inspirait.

La bravoure de la Pucelle n'était pas moins étonnante. Elle avait mis pied à terre, et à chaque assaut, elle était au premier rang, agitant son lourd étendard qui était le point de mire général, pour le remettre entre-temps, tout essoufflée, à un homme de confiance.

Sans doute Jeanne savait-elle que sa vie n'était pas en danger, puisqu'elle devait conduire son Dauphin jusqu'à Reims. Elle était même la seule à ne rien risquer – sinon la blessure prévue par ses Voix, dont elle guérirait vite.

Pour une fille très jeune qui n'avait pas encore vu le sang couler, ce n'en était pas moins une épreuve redoutable. Quoique je suivisse en curieux le déroulement de l'opération, j'étais moi-même très impressionné. On a beau se dire que les hommes aiment s'entr'égorger sous le moindre prétexte, le spectacle ne laisse personne indifférent, l'horreur et le plaisir étant diversement dosés selon les individus.

Dans le procès « en nullité », Marguerite la Touroulde, qui hébergea la Pucelle à Bourges et nous donne un témoignage de moralité très vivant, nous dit :

« ... parfois on racontait des fables sur Jeanne, et on lui faisait remarquer qu'elle allait sans crainte à l'assaut car elle savait bien qu'elle ne serait pas blessée; mais elle répondait alors qu'elle n'avait pas plus de garantie que les autres hommes d'armes. »

Oui. Cependant, le séjour à Bourges est postérieur au sacre de Reims, ce qui explique que la garantie des Voix, qui avait joué pleinement à Orléans, avait en effet cessé d'être valable.

A la nuit, Jeanne ayant planté son étendard au bord du fossé, les Anglais demandèrent à se rendre à rançon, ce que les bourgeois énervés refusèrent, contrairement aux habitudes les plus communes d'intérêt bien compris qui réglaient les affrontements entre gens de métier. Le signe était inquiétant pour tous ceux qui faisaient de la guerre une profession rémunératrice.

Ce qui restait d'Anglais s'enfermèrent dans le clocher, et bientôt, à la stupéfaction générale, trente à quarante moines sortirent du bâtiment en chantant, le capuchon de leur froc rabattu sur le visage. Rais, qui n'avait pas quitté la Pucelle depuis des heures, s'écria : « Ils chantent faux ! », comme quoi, la compétence musicale sert à tout. A ce mortel signal, les Anglais déguisés des monacales dépouilles se sauvèrent à toutes jambes dans la grisaille vers Fleury, et ce fut à qui les rattraperait pour les tuer. Jeanne réussit à en sauver quelques-uns. Elle était si pieuse que même le faux moine l'attendrissait.

C'était la vigile de l'Ascension. Jeanne s'en revint à pied vers la porte de Bourgogne, le visage baigné de larmes amères. Elle songeait à tous ces soldats morts sans confession qui ne verraient pas la fête du lendemain. Ce premier massacre d'Anglais l'avait profondément choquée. Elle haïssait le sang et la violence. Le mérite est insigne de patauger dans les boyaux de son prochain lorsqu'on a une sensibilité de jeune fille. Rais éprouvait à répandre le sang un plaisir encore plus vif que celui de la sodomie ou de la boisson. Il m'est arrivé d'égorger du monde sans trop d'ennui. La Pucelle ne s'y habituera jamais et sa vie publique sera tout arrosée de pleurs funèbres.

Le lendemain 5 mai, le carnage chôma pour motif de fête. Après la messe, un grand conseil se tint chez le trésorier du duc d'Orléans, dans une salle où une fresque engageante représentait la Justice, la Paix et la Concorde sous les apparences de trois dames vertueuses. Le Bâtard avait réuni non seulement ses capitaines, mais aussi les plus notables de la ville, et Jeanne n'avait pas été invitée. L'idée était assez malencontreuse d'organiser sans elle un Conseil dans la maison même où elle logeait. Avec une aussi mauvaise coucheuse, c'était vraiment chercher la difficulté !

La plupart des capitaines, scandalisés par le rôle tapageur que la Pucelle avait joué la veille au coude à coude avec l'élément populaire, estimaient qu'elle ne devait pas se mêler des plans d'opérations et qu'elle n'avait pas non plus à s'afficher sur le terrain. Leur ostracisme avait divers motifs. Certains déclaraient avec quelque bon sens qu'une inspiration divine – fût-elle hors de discussion – ne donnait aucune compétence dans le domaine militaire. D'autres exprimaient des réserves en rapport avec le sexe et la vulgaire extraction de la prétendante. La guerre était affaire de gentilshommes, et une villageoise, même embarrassée d'un harnois, n'était pas qualifiée.

Après bien des palabres, dans une crise d'optimisme, il

fut résolu d'attaquer Tourelles et Augustins dès le lendemain – l'objectif s'imposait ainsi que je l'ai déjà expliqué –, avec une diversion sur la rive nord du côté de la Beauce. Le Bâtard et les notables étaient d'avis de mettre Jeanne au courant, mais la majorité protesta sous le prétexte cocasse que les femmes étaient incapables de garder un secret. Ne suffisait-il pas de parler à la Pucelle de la diversion, terrain où elle pourrait agiter son étendard, tandis que les hommes s'occuperaient des choses sérieuses vers le sud ?

J'appuyai moi-même ce point de vue avec des arguments plus solides :

« Vous avez vu hier après-midi comme Jeanne, avec une folle imprudence, n'a cessé de s'exposer au danger durant des heures devant Saint-Loup. Dieu a envoyé une Pucelle au roi Charles, et nous devons en prendre grand soin, la défendre contre elle-même, car que se passerait-il si elle était gravement blessée, tuée ou faite prisonnière ? La chute serait d'autant plus rude que l'espoir avait été plus grand, et le roi pourrait nous le reprocher à bon droit. Les êtres providentiels sont certes précieux, mais ils ont le grand défaut d'être fragiles : un mauvais rhume suffit à les abattre. Par conséquent, ne tentons point le Diable ! Jeanne sera au mieux à l'arrière-plan d'une petite diversion et les troupes d'assaut du secteur des Tourelles n'en profiteront pas moins de l'ardeur qu'elle a su répandre bien au-delà de sa personne. »

Le propos fut goûté, mais le Bâtard me fit observer :

« Vous parlez à merveille des êtres providentiels, si précieux qu'on devrait, comme les bijoux, les garder dans une chambre forte, mais je n'ai pas ouï dire qu'on en ait jamais vu un à Venise...

– A Venise, Monseigneur, chaque Vénitien est hautement providentiel. C'est la seule solution pour faire bénéficier l'Etat d'une politique régulière et suivie. Quand un citoyen se présente pour déclarer qu'il est plus providentiel qu'un autre, on lui fait un croc-en-jambe, et il n'en est plus question. Autre pays, autres mœurs... »

Ambroise de Loré alla donc chercher la Pucelle, à qui le Bâtard Jean parla d'une offensive de dégagement vers la Beauce... Mais les hommes ne savent pas garder un secret. Jeanne s'aperçut tout de suite que Jean d'Orléans, pour la seconde fois, essayait de la mener en bateau, et elle quitta rageusement la salle après avoir dit au Bâtard de par Dieu tout le bien qu'elle pensait de sa perpétuelle fourberie. Mouché d'importance, le Prince contrit lui courut après, la ramena avec de douces paroles et la mit enfin au courant, lui faisant valoir que l'on avait eu souci de la ménager, sur les instances du Seigneur Condulmer, en lui affectant une mission moins périlleuse que l'attaque de la plus forte des bastilles anglaises...

« Ce n'est pas à vous de me protéger, dit Jeanne en me glissant un regard noir, mais à Dieu, et il le fera mieux que vous ! »

Sa bile attiédie, elle déclara très raisonnablement que la diversion nord n'avait aucun intérêt du fait que nous avions besoin de toutes nos forces pour réduire Augustins et Tourelles et empêcher Suffolk de secourir Glasdale en faisant passer des réserves par l'île Charlemagne. Il n'y avait rien à répliquer – sinon peut-être que la loi salique était grand dommage pour le trône, mais personne n'y songea.

La Pucelle n'oubliait pas pour si peu son héraut qui se morfondait toujours aux griffes de Suffolk. Dans l'après-midi, elle fit expédier aux Anglais au bout d'une flèche une énième sommation, et elle avait dicté à Pasquerel ce post-scriptum :

« Moi, je vous ai envoyé mes sommations honnêtement, mais vous, vous détenez un de mes messagers, car vous avez retenu mon héraut Guyenne. Veuillez me le renvoyer et je vous enverrai quelques-uns de vos gens pris dans le fortin de Saint-Loup, car ils ne sont pas tous morts. »

Avec La Hire, le sire de Rais, Jean d'Aulon, une bande de bourgeois en armes, et Barretta très intrigué, nous avions accompagné Jeanne dans cette dernière tentative, et nous redoutions tous qu'à force de correspondre de la sorte avec des insolents, elle ne finisse par recevoir un trait en réponse.

Devant nous se dressait la grosse bastille de la Croix-Boisée, à peu de distance du quartier général de Saint-Laurent où se minait Guyenne, dont l'existence avait été prolongée par l'arrestation des deux hérauts anglais sur les ordres du Bâtard. Il y avait derrière les retranchements un fort parti de Normands, qui se mirent à hurler en chœur : « Ce sont nouvelles de la putain des " Armagnacs "! », refrain bientôt repris par les Anglais du lieu.

Jeanne fondit en larmes et nous eûmes du mal à la consoler. Elle avait fait, à son point de vue, l'impossible pour épargner des vies valoises et anglaises. La parole était plus que jamais aux armes, qui allaient s'entrechoquer dans des batailles décisives. En rentrant, elle gémissait : « Pourquoi n'ont-ils pas voulu comprendre? Mes sommations étaient pourtant bien claires! Qui peut les sauver, à présent? » Ces efforts désespérés pour maintenir l'ennemi en vie déconcertaient Barretta, mais ils semblaient beaucoup moins heurter la logique française.

Je dînai à l'évêché ce soir-là, invité par l'évêque Kirk-Michaël, qui avait courageusement rejoint son poste après quelques va-et-vient circonspects. Avoir quitté l'Ecosse pour tomber aux mains des Anglais à Orléans eût été une pénible gageure! Etaient également invités des capitaines écossais. L'évêque et ses compatriotes parlant passablement français, ils eurent l'amabilité de converser en cette langue après s'être rendu compte que mon anglais concordait mal avec le leur.

L'évêque nous raconta de façon plaisante les difficultés qu'il avait à se faire admettre par les Orléanais. Mais on lui pardonnait son origine étrangère parce qu'on savait bien que, sans les Ecossais, le roi Charles eût perdu la partie depuis longtemps.

Les capitaines se régalaient d'avance de la prise des Augustins et des Tourelles, qui semblait fatale si le Bâtard et ses gens ne retombaient point dans leur découragement habituel. Chez le roi Charles, les Ecossais étaient bien les seuls à détester les Anglais d'instinct et à poursuivre avec acharnement une guerre qu'on pourrait qualifier de nationale au sens vénitien du terme. Les autres mercenaires ne faisaient que leur métier. Le Bâtard et les Princes du Sang menaient une guerre où des masses énormes de fiefs et d'argent étaient en jeu. Les bourgeois d'Orléans ne s'intéressaient qu'à la sauvegarde d'Orléans. Et la Pucelle exécutait fidèlement les ordres du Ciel sans se poser de questions superflues, heureuse quand même que Dieu l'ait envoyée à Chinon, à la cour du Dauphin de son cœur, plutôt qu'à Londres ou à Constantinople. Cette conformité entre le décret divin et son sentiment profond était une grande chance pour elle. Au service d'Henri VI, Jeanne eût parfois poussé de discrets soupirs.

Les capitaines écossais avaient beau haïr les Anglais, ils n'en oubliaient pas les questions d'argent pour si peu. On discuta longuement du montant des rançons que l'on pouvait espérer, l'évêque lui-même, qui connaissait bien la noblesse anglaise, apportant un supplément d'informations. Etant donné l'importance des Tourelles, Suffolk et Talbot y avaient cantonné un corps d'élite, dont les officiers avaient du prix. Glasdale était estimé pour le moins à six mille livres tournois, et une trentaine d'autres promettaient d'être d'un bon rapport. Mais O'Gilby craignait, non sans raison, que les bourgeois déchaînés d'Orléans ne gâchent la journée en tuant aveuglément n'importe qui : leur ignorance était grande quant à la valeur des prises éventuelles et aux armoiries caractéristiques qui permettaient de les distinguer.

Toute cette eau autour des Tourelles, dernier réduit de

la défense, ne laissait pas de l'inquiéter. Nombre d'Anglais précieux risquaient de tomber dans la Loire, et la perspective de voir sombrer la rançon de Lucretia m'était un crève-cœur.

Afin d'être frais pour la bataille du lendemain, nous allâmes nous coucher tôt, remerciant l'évêque de la chère exquise dont il nous avait comblés. Les Ecossais ont un don pour transformer les meilleurs produits en hachis innommables. Mourant de faim dans leurs montagnes, ils n'ont aucune notion de cuisine.

A l'aube du vendredi 6 mai, la nuit portant conseil, les capitaines français s'étaient déjà ravisés : attaquer les six cents Anglais de Glasdale, tragiquement isolés, avec cinq ou six mille hommes, leur était apparu comme une dangereuse folie.

La moitié de la matinée se passa en discussions stériles et, comme l'avant-veille, ce furent les bourgeois, appuyés cette fois par une Jeanne véhémente, qui firent la décision : las de ces sottises, les miliciens d'Orléans s'ébranlèrent sans plus attendre, Pucelle en tête, entraînant La Hire et sa bande, Rais et ses Bretons, des compagnies écossaises, moi-même et mes Berrichons : j'entendais la Voix de Lucretia. Bientôt le Bâtard, convaincu par l'exemple de Jeanne, se rallia au mouvement.

Avant midi, des ponts de bateaux avaient été établis pour franchir la Loire en s'appuyant sur l'île aux Bœufs et sur l'île aux Toiles, et les Anglais ne nous disputèrent point le passage, car la garnison de Saint-Jean-le-Blanc, instruite par le sort de Saint-Loup, avait évacué la petite bastille pour rejoindre Glasdale dans son repaire des Tourelles. Faute d'effectifs, Suffolk avait dû renoncer à dresser un barrage à l'endroit le plus favorable. Le fleuve n'était plus un obstacle pour nous.

Il aurait été imprudent de pousser plus loin avant que le gros de l'armée eût passé la Loire, et des désordres, des bousculades, tout le monde voulant avancer de front sur des passerelles instables, retardaient l'opération. Ce que voyant, une forte troupe d'Anglais sortis des Augustins fonça tout à coup sur nous au pas de charge. L'avant-garde dont je faisais partie se trouvait alors à quelque distance à l'ouest de Saint-Jean-le-Blanc.

Lorsque les Anglais ne furent plus qu'à une portée de flèches, une panique insensée se mit dans nos rangs et les compagnies aventurées refluèrent en pagaille vers le pont de bateaux, sans même songer à se réfugier dans la bastille que l'ennemi avait évacuée !

Jeanne fut à deux doigts de se faire prendre, illustrant ainsi le bien-fondé de mes raisonnables craintes, mais la cohue finit par l'entraîner. Je n'eus pas cette chance. Traînant les pieds, car je m'étais prudemment refusé à désarmer ces organes si utiles, je m'empêtrai dans des buissons et me retrouvai tout entouré d'archers à croix rouges, qui marquèrent intelligemment un temps d'hésitation devant la qualité de mon harnois et les couleurs chatoyantes de ma casaque. Je relevai la visière de mon bassinet, tendis mon épée sans vergogne à qui voulait s'en charger et, dans la grande tradition de la chevalerie d'Occident, je me mis à hurler à pleins poumons, tantôt en anglais, tantôt en français pour plus de sûreté : « Je suis Pietro Condulmer, patricien de Venise, et je vaux cent mille saluts d'or ! » Pour mieux sauver ma peau, je fixai une somme inutilement forte, mais le Vénitien sait nager, et il me serait sans doute facile de m'échapper des Tourelles par un plongeon.

Un grand chevalier vint à moi, se présenta comme Michael Stanley, des environs de Leicester, et prit possession de mon épée. Tandis que les « yeomen » réoccupaient Saint-Jean-le-Blanc et taillaient en pièces sur la rive les derniers fuyards, ce Stanley me conduisit en personne vers les Augustins. Comme chez tant d'autres nobles de son pays, si l'anglais était discutable, le français était excellent, à peine teinté par le traînant accent normand et, en cours de route, méfiant, d'une voix assourdie par le casque, il me fit répéter plusieurs fois combien je valais.

« Mais, dit-il, cent mille saluts d'or, c'est plus que la rançon d'un duc d'Alençon! Sans vouloir vous froisser, j'ai peine à y croire.

– A côté des meilleurs patriciens de Venise, des ducs de cette espèce ne sont que des peigne-zizi, toujours à la recherche de quelques sous pour payer leur tailleur. »

Devant un scepticisme persistant, je donnai sur la fortune de ma famille et sur mes alliances toutes les précisions possibles. Mon gardien, qui avait ralenti sa marche, finit par s'arrêter, et il leva sa visière à son tour afin de me considérer plus librement. Il avait le visage sympathique et rose du jeune Anglais faussement naïf et bien nourri.

Un sifflement ravi lui échappa...

« Le neveu d'un cardinal qui sera peut-être bientôt pape! Le Ciel vous envoie! Et c'est une chance pour nous deux que votre anglais soit absolument incompréhensible et que mes hommes ignorent le français. Ils n'ont rien saisi à votre valeur.

– J'ai appris le bon anglais dans les règles!... (Je n'insistai pas. Ce n'était pas le moment de le vexer. Chaque Anglais est sûr de parler anglais.) Mais qu'avez-vous donc en tête?

– Parlons peu, parlons bien, le temps nous presse. Par ici, le Vénitien est pratiquement inconnu, si rare qu'il n'est pas coté. Je doute qu'on en ait jamais attrapé un. Or c'est Glasdale qui touche les rançons, puisqu'il a signé l'endenture, et sur une aussi grosse affaire, il ne pourrait d'ailleurs espérer que dix mille francs, le principal allant à Bedford, selon la léonine coutume. Nous pouvons par conséquent raconter à Glasdale ce que nous voulons. Il me fait confiance, nous sommes cousins. Et il n'ira pas vérifier de trop près. Venise est si loin. Vous me suivez?

– Mon cher Michael...

– Appelez-moi John : c'est le nom de mon parrain préféré.

– Mon bien cher John, non seulement je vous suis,

mais je vous précède ! Nous déclarons trois mille saluts d'or à votre trop confiant cousin, qui vous en refile une cinquantaine pour faire le jeune homme, et vous me consentez un amical rabais de quatre-vingt-dix mille saluts, qui vous laisse un bénéfice net de sept mille, sans compter le pourboire de Glasdale.

– Vous y allez fort !... »

Nous discutâmes un moment comme sur le Rialto. L'argent est la plus universelle des langues, celle que tous les hommes comprennent en naissant et qui les réunit autant qu'elle les divise. Au loin, derrière l'étendard de la Pucelle, les Français s'étaient ressaisis, et les Anglais refluaient, accablés sous de nouveaux renforts. Nous courûmes nous abriter aux Augustins, poursuivant le marchandage d'une voix de plus en plus essoufflée. Mais je tenais le bon bout. Sept mille saluts valaient mieux que cinquante, ma complicité était nécessaire, et j'aurais même pu avoir John à moins si un reste irréfléchi de peur ne m'avait entraîné à proposer un rabais insuffisant. A la porte de la grande bastille, mon hôte se faisait une raison en maugréant.

La chambrette toute nue de Stanley était au dernier étage de la tour ouest des Tourelles, dont les deux hautes tours jumelles, à cheval sur le pont, dominaient toute la région. Les valets d'armes m'aidèrent à enlever mon harnois, qui appartenait de droit au bénéficiaire de la rançon. Ma capacité de méditer, atténuée par les émotions, me revenait peu à peu.

Les servants s'étant retirés, je fis un pas capital sur la voie d'une négociation plus fructueuse...

« Après tout, en effet, pourquoi borner vos ambitions à sept mille saluts ? Ma mère, une horrible mégère qui a fait le malheur de mes jours, peut aussi bien payer trente mille saluts que dix mille pour avoir le plaisir de me retrouver sain et sauf : elle a pour moi une passion sauvage. Moitié-moitié ! Quinze mille pour chacun, ce qui vous en fait douze au lieu de sept après que Glasdale aura eu son content. »

Extrêmement alléché, John s'efforça de me persuader que nous pouvions plumer ma mère bien davantage, mais je demeurai inflexible. Avec quinze mille saluts d'or, qui devaient faire à peu près autant de ducats, j'avais de quoi libérer Lucretia et vivre confortablement avec elle en attendant de disposer de mon héritage. Il était préférable de laisser à Venise un argent bien placé qui n'eût pas connu la même sûreté ailleurs.

Je promis à John d'écrire dès que possible pour demander de faire virer trois mille saluts à Glasdale, et vingt-sept mille à son adresse, avec toutes les explications nécessaires pour que le capitaine fût berné comme dans un bois. Et nous jurâmes sur l'Evangile, avec toute la componction requise, de respecter le contrat. Hommes politiques et marchands savent bien que, plus une affaire est douteuse, plus il y a intérêt à prendre le Ciel à témoin.

« Vous me simplifieriez les choses, me suggéra John, si vous acceptiez de vous reconnaître prisonnier sur parole. Cela se fait beaucoup. Le roi Jean le Bon lui-même, libéré contre remise d'otages, est retourné noblement se constituer prisonnier en Angleterre parce que les otages avaient vilainement fait défaut.

– Le peuple, qui avait trois millions à payer, a dû être charmé d'une pareille noblesse !

– Où peut-on prendre de l'argent, sinon chez ceux qui travaillent ?

– Je vous donne ma parole d'autant plus volontiers que je perdrais quinze mille saluts à m'enfuir ou même à être libéré ! »

John éclata d'un rire bien franc et appela ses valets pour les informer de ma situation. Cette candide canaille m'était de plus en plus sympathique. Moi, j'avais de bonnes raisons morales de tirer de l'argent à ma mère. Le Seigneur Stanley n'en avait aucune pour carotter Glasdale et Bedford d'une fortune qui eût payé deux mois du siège d'Orléans. Mais à tout péché miséricorde.

Combien de jeunes Vénitiens ardents à vivre eussent résisté à une aussi forte tentation?

John rabaissa la visière de son bassinet pour retourner au combat : les Français attaquaient en force les Augustins. Je lui souhaitai bonne chance avec une sincérité qui n'était pas feinte.

La fenêtre de la chambre regardait vers le sud. Au pied de mon observatoire était le pont de bois qui enjambait un bras de Loire pour relier le fort des Tourelles au boulevard avancé, au-delà duquel s'érigeait la bastille des Augustins, aménagée dans les ruines de bâtiments religieux divers. Vu l'exiguïté des Tourelles relativement à l'importance de la garnison, les Augustins, et le boulevard plus encore, étaient nécessaires à la défense. Si le boulevard était emporté après les Augustins, les Tourelles, sorte de donjon isolé de ce système improvisé, ne pourraient tenir longtemps.

Je me trouvais dans une souricière. Si les gens du roi Charles attaquaient avec vigueur, mes chances de rejoindre un jour avec cet excellent Stanley le quartier général de Saint-Laurent sur l'autre rive étaient minces.

Hélas, les Français ne ménageaient pas leurs efforts et il en arrivait sans cesse de nouveaux. L'ardeur des miliciens d'Orléans était contagieuse. Les mercenaires italiens eux-mêmes, qui combattaient d'ordinaire avec une sage prudence, plus préoccupés d'éviter les coups que d'en distribuer, s'agitaient de façon inhabituelle. De mon perchoir, je pouvais distinguer Barretta et Théaude de Valpergue, l'Espagnol Alfonso de Pasada, les Ecossais et bien d'autres étrangers, rivalisant avec les bourgeois, les hommes de la duchesse d'Anjou, La Hire ou les Bretons de Rais, qui faisaient un rempart à la Pucelle et à son étendard insolent. Jusqu'à mes Berrichons qui se distinguaient, impatients de venger les pertes subies un instant plus tôt en débouchant du pont de bateaux devant Saint-Jean-le-Blanc! A l'instant où arrivait enfin l'arrière-garde de Gaucourt, Jeanne fut blessée au pied et se retira en boitant, soutenue par Jean d'Aulon et le sire de Rais, à une extrême portée d'arbalète. L'attaque fit trêve, la fumée des légères bouches à feu anglaises, qui avait obscurci ma vision, se dissipa, et une arène parsemée de cadavres m'apparut devant les Augustins.

Je tremblais d'énervement et d'angoisse. Mon vital problème financier venait en principe d'être résolu, et au-delà, par une brève et aimable conversation avec un jeune homme qui avait un sens surprenant des affaires en dépit de son air innocent. Et comme je touchais au port, tout était remis en question par la tempête que la Pucelle avait déchaînée en sortant de son trou, alors que personne ne lui demandait rien. Depuis un siècle, ces incapables Valois se faisaient battre partout, et ils reprenaient juste du poil de la bête pour mettre en péril mes quinze mille saluts d'or!

L'idée me vint que, si les Tourelles tombaient, je pourrais peut-être gagner l'île Charlemagne, à un millier de mètres en aval, me laissant porter par le courant. Mais à quoi bon être prisonnier de Suffolk si mon cher John n'était pas là pour prendre soin de mes intérêts? Notre collaboration à tous deux était indispensable. Or ce n'est pas à Leicester qu'on apprend à nager, et eût-il su, que son harnois de plates l'aurait entraîné au fond de l'eau comme une pierre.

Jeanne, qui boitait moins bas, et son nouveau porte-étendard – un Basque fort comme un taureau, ainsi que je l'appris par la suite – faisaient de nouveau mouvement vers les Augustins. L'assaut allait reprendre. Encore tout étourdi par la rapide succession des événements, je murmurai de ferventes prières en faveur du sire Stanley et de ses compagnons. Le sort de Lucretia ne dépendait-il pas de leur héroïsme? Mais j'avais senti souffler le vent de la défaite. Jeanne valait une armée.

XIII

La décision se fit plus vite que je ne m'y serais attendu. Un moment, le combat avait semblé incertain, mais tout à coup, vers la fin de l'après-midi, ce qui restait d'Anglais, accablés sous le nombre, lâchèrent pied et se replièrent à l'abri du boulevard qui défendait les Tourelles, d'où j'avais suivi l'action. Les Augustins, livrés au pillage, furent incendiés au soleil couchant, tandis que la Pucelle et son étendard magique regagnaient la cité assiégée.

Vers l'ouest, un deuxième incendie attira bientôt mes regards : au lieu de faire passer des réserves pour porter secours aux Tourelles en péril, les Anglais avaient mis le feu à Saint-Privé, et la garnison du fort, redoutant d'être attaquée par les vainqueurs des Augustins, se retirait en hâte vers la rive nord et le camp Saint-Laurent : affreusement à court d'effectifs – il n'y avait aucune autre explication – Suffolk et Talbot abandonnaient Glasdale à son sort. De mon observatoire, je vis une grosse barque surchargée d'hommes et de bagages se retourner entre la rive sud et l'île Charlemagne. Charriés par le fleuve, les cadavres allaient annoncer en aval que le siège prenait mauvaise tournure pour Bedford...

Les deux incendies éclairaient la nuit, quand John me rejoignit pour se faire désarmer. Exténué et déprimé, il me dit : « Demain sera rude. » C'était l'évidence, mais non point pour les capitaines qui tenaient alors conseil, durant le sommeil de Jeanne blessée, dans la maison de Jean Boucher.

Le fait paraîtra incroyable – mais je devais en avoir confirmation très vite par Barretta et O'Gilby –, alors que la victoire était à portée, alors que l'abandon de Saint-Privé manifestait bien toute l'impuissance de Suffolk à effectuer la moindre manœuvre pour venir en aide à Glasdale et à sa troupe épuisée, le Bâtard et ses lieutenants, attribuant la chute des Augustins à un accident imprévisible, à un miracle sans lendemain, s'étaient résignés à borner là leur effort et à voir venir. Les Anglais auraient ainsi la possibilité de se reprendre et de voir arriver les quinze cents hommes de Falstaff, qui leur redonneraient une certaine liberté de mouvement. Une pareille inconséquence, un pareil défaitisme étaient un défi au bon sens.

Comme on informait la Pucelle que le Conseil venait d'interdire, sans même la consulter, la poursuite des assauts contre Glasdale, elle dit tranquillement :

« *Vous avez été à votre Conseil et moi au mien; mais croyez que le Conseil de mon Seigneur sera accompli et tiendra, et que le vôtre périra.* »

Puis elle se rendormit.

Se moquant de même du Conseil royal, de nombreux bourgeois campèrent toute la nuit dans les ruines fumantes des Augustins, ravitaillés par la population de la ville, bien déterminés à en finir avec le verrou des Tourelles quand le soleil reviendrait.

Plus incroyable encore, à l'aube du samedi 7 mai, lorsque Jeanne, suivie d'une foule de bourgeois en armes, se présenta à la porte de Bourgogne pour rejoindre les Augustins par le pont de bateaux, ladite porte était close, gardée par Gaucourt en personne. Non seulement le Conseil avait interdit de combattre, mais le gouverneur de la ville en personne s'était levé à potron-minet pour boucler dans les murs les désobéissants qui en auraient eu la velléité! Le ton monta vite de part et d'autre, la discussion entre la Pucelle et Gaucourt en arriva aux injures, et ce dernier, houspillé par les bourgeois, en passe d'être écharpé, se résigna enfin à faire ouvrir la porte.

On comprend la froideur du vieux Gaucourt de quatre-vingt-cinq ans, traité jadis de « mauvais homme » par la Pucelle, dans sa brève déposition du procès « en nullité » clos l'année dernière. Les compliments requis par la cause avaient du mal à passer. Et l'on comprend mieux encore à quel point la délivrance d'Orléans a été due à Jeanne toute seule, uniquement à Jeanne, qu'il s'agisse de sa réputation ou de ses actions. Sans la confiance métaphysique qu'elle suscitait, les bourgeois d'Orléans n'auraient jamais osé attaquer Saint-Loup le mercredi et passer sur le ventre de leur gouverneur le samedi, se moquant des militaires imbéciles qui prétendaient les empêcher de faire leurs preuves. Cette scène extravagante de la porte de Bourgogne m'a été narrée en détail par le sire de Rais, pris ce matin-là entre le marteau et l'enclume.

Je passai une très mauvaise nuit. John m'avait offert libéralement la moitié d'un lit dur et étroit, il avait perdu conscience sitôt couché, mais pour tomber dans un sommeil agité et entrecoupé de vagissements lugubres. Chaque fois que j'allais m'endormir, il me serrait passionnément contre lui en émettant des borborygmes où revenait un mot que je finis par identifier : « mother ». Etant donné les relations que j'entretenais avec ma mère, cette manifestation de piété filiale était inopportune.

Au petit jour, alors que je ne dormais que d'un œil, John tira des couvertures sa grande carcasse blanche qui faisait songer, dans la grisaille de la chambre, à un fantôme dans son suaire, et il s'agenouilla au pied du lit, couilles pendantes, pour faire sa prière, baisant et rebaisant une grande médaille suspendue autour de son cou par un cordonnet. Puis ses servants encore ensommeillés vinrent ajuster cotte de mailles et harnois sur les dessous collants qu'il avait enfilés.

Je demandai au Seigneur Stanley quel était le saint sur

lequel il comptait pour assurer sa sauvegarde au cours d'une aussi dangereuse journée...

« Saint Michel, me répondit-il. Ma mère a été en pèlerinage au Mont-Saint-Michel pour obtenir un fils après une série de filles, elle a été exaucée et, en reconnaissance, m'a appelé Michael. Je suis allé moi-même prier à ce mont avant cette campagne de France. Imaginez un rocher dressé devant la côte, haut comme trois cathédrales, auquel on accède à pied à marée basse, mais seulement en bateau à marée haute. On dit qu'au Ve siècle, saint Keyne chercha refuge sur ce roc privilégié, qui serait ainsi le plus ancien site chrétien d'Angleterre, et vers le milieu du XIe, Edouard le Confesseur lui-même a fondé la chapelle bénédictine, plus tard bien fortifiée, où beaucoup d'Anglais vont faire leurs dévotions. Le site est superbe. On est au bout du monde, près de Penzance, à l'extrême pointe sud-ouest de la Grande-Bretagne. De tout là-haut, on distingue très bien par beau temps les caps de " Land's End " et du " Lizard "... Saint Michel est avec saint Georges le plus efficace protecteur des chevaliers en péril. »

J'ignorais totalement qu'il y eût un autre Mont-Saint-Michel en Angleterre, curieusement analogue à celui de Normandie[1]. Après tout, la première vocation des saints n'est-elle pas d'être à la disposition de tous les peuples? Ils ont établi là-haut une association internationale de concorde dont les hommes feraient bien de s'inspirer.

Glasdale envoya dire qu'il désirait me parler. Michael John me prêta une robe, et nous descendîmes l'étroit escalier.

Le commandant de la place était dans une salle basse et humide des Tourelles, en train de prendre avec l'élite

1. En 709, l'évêque d'Avranches consacra le Mont normand à saint Michel, et le duc de Normandie fonda l'abbaye en 965. Saint Edouard le Confesseur confia en 1047 la garde du Mont-Saint-Michel anglais aux moines du Mont-Saint-Michel normand. Le séjour de saint Keyne étant légendaire, il y a sans doute antériorité de l'établissement religieux normand.

de ses chevaliers un petit déjeuner de pain blanc, d'œufs durs, de poulet froid et de jambon, arrosé de bon bordeaux, qu'il nous invita à partager. L'intendance – pour les officiers du moins – avait bien fait son office.

Mais si la table était copieuse, l'atmosphère était oppressante. Ces braves Anglais savaient que la plupart de leurs camarades de Saint-Loup avaient été massacrés sans merci, ils avaient subi la veille aux Augustins de lourdes pertes, Falstaff tardait à arriver, Suffolk était impuissant à réagir, et leur sacrifice risquait fort d'être inutile : si les Tourelles et son boulevard tombaient, si la route de Bourges était par-là même dégagée, le siège n'aurait plus de raison d'être et Bedford aurait perdu trois ou quatre cent mille livres qu'il ne retrouverait pas de sitôt pour un effort de cette envergure. De plus, un malaise insidieux avait gagné les esprits depuis l'arrivée de la Pucelle. Des soldats qui avaient longtemps fait la guerre sans se poser de questions se trouvaient brusquement aux prises avec une métaphysique aussi inquiétante qu'imprévue.

Glasdale, qui avait des préoccupations beaucoup plus immédiates que ma rançon, m'interrogea longuement au sujet de Jeanne. Les nations d'Occident n'avaient point de services d'espionnage organisés comme les nations italiennes les plus actives. On faisait du renseignement de façon improvisée. Mon point de vue intéressait d'autant plus les Anglais présents que ma qualité de capitaine de compagnie m'avait fait participer à des Conseils et que, ainsi que bien d'autres officiers, j'avais pu fréquenter Jeanne d'assez près. L'idée de Glasdale était, naturellement, que le roi Charles, désespérant de gagner la partie par des moyens honnêtes, avait remis ses intérêts à une sorcière.

« Cette Jeanne n'a en rien l'allure d'une sorcière, affirmai-je. C'est au fond une grande naïve, qui s'est mis en tête que Dieu combattait avec elle du côté valois, et comme elle a fait partager cette illusion à des gens qui n'avaient aucune notion des vérités religieuses élémentaires, il en est résulté, chez beaucoup de partisans du roi de Bourges, un regain de confiance et d'agressivité, qui n'aura qu'un temps. Rien ne s'use plus vite que l'enthousiasme religieux et l'on ne peut bâtir là-dessus une stratégie à long terme.

– Mais enfin, me dit Glasdale, cette proposition que Dieu soutiendrait la cause du prétendu Dauphin est évidemment diabolique. Il est déjà abusif de compromettre des saints dans ce genre d'histoires. A quoi bon monter plus haut?

– L'erreur de Jeanne n'est ni plus ni moins diabolique que toutes les erreurs. Ignorance et présomption découlent certes du péché originel, dont Jeanne a reçu une dose remarquable. Mais préjugé de bonne foi n'est pas faute, et il convient de distinguer soigneusement entre l'erreur qui porte au péché, et celle qui ne concerne que des choses moralement douteuses. Défendre le Dauphin – vous le savez aussi bien que moi, en dépit de quelques apparences défavorables – n'est pas plus démoniaque ni sanctifiant que de défendre Henri VI : c'est affaire de goûts et de couleurs et nous sommes ici dans un domaine où personne ne peut prétendre avoir raison à coup sûr. »

Glasdale et son petit état-major de crise n'étaient guère convaincus. Pour des militaires qui se sont fourrés dans un piège, le Diable est une excuse tentante, mais dangereuse...

« Vous devez absolument, Glasdale, avec l'âge, l'expérience, les responsabilités que vous avez, vous sortir de l'esprit ces fables de sorcières qui font le jeu de la Pucelle et de ceux qu'elle a enflammés. Jeanne a imaginé de toutes pièces une croisade, poussée par l'air malsain du temps. Si vous imaginez, par voie de conséquence, qu'une sorcière vous a jeté un mauvais sort, le moral des vôtres s'en ressentira tôt ou tard de façon désastreuse. Des découragements subits, des paniques, sont alors prévisibles. A Venise, permettez-moi de vous le dire sans forfanterie, il faudrait une armée de sorcières accourues à cheval sur leur balai pour faire la moindre impression au peuple ! Je ne vois pas plus de Dieu que de Diable à ferrailler devant Orléans ce matin. Dieu et Diable sont au cœur de chacun d'entre nous. Valois, Lancastres et Vénitiens sont à égalité devant Celui qui les jugera, qui les jugera même deux fois et d'autant mieux, et à l'heure de leur mort, et quand sonnera, à l'instant de la Résurrection générale, la trompette épouvantable du Jugement dernier, qui mettra tous les militaires d'accord. »

Ces évidences avaient du mal à passer. L'instruction, même dans la noblesse traditionnellement inculte – sauf brillantes exceptions –, était nettement plus répandue en Angleterre qu'en France, et ces chevaliers, malgré le caractère un peu abstrait de mes dires, me comprenaient fort bien. Le barrage qui les empêchait de me suivre n'était pas de nature intellectuelle. Il résidait dans cette même confusion du sacré et du profane que les Français cultivaient assidûment de leur côté – mais que la Providence avait épargnée à Venise. L'Angleterre avait beau être en avance sur la France par bien des aspects, la mentalité religieuse y demeurait pleine de brouillard. Français et Anglais étaient faits pour se comprendre à merveille au sujet de la Pucelle, c'est-à-dire pour s'en faire des images aussi fausses que diamétralement contraires.

Un vieux chevalier, qui avait fait dans sa jeunesse le pèlerinage du Saint-Sépulcre, me dit alors :

« Tout cela est bien joli, mais si j'annonce à mes soldats : “ La Pucelle n'est pas une sorcière, plutôt une théologienne de village dont les Valois exploitent l'ignorance ”, la chose les laissera froids. En revanche, des hommes peuvent ressentir plus d'excitation que de crainte à combattre une sorcière et les suppôts qu'elle a envoûtés. »

C'est justement ce qu'il restait à démontrer !

« On dirait, constata Glasdale, que vous avez la bonté de nous assister de vos conseils. Pourtant n'avez-vous point signé une “ lettre ” chez le Dauphin ?

– Mon cher Seigneur, si vous saviez comme la guerre est ennuyeuse à Venise! Toujours se battre pour de l'argent... C'est pour la gloire que j'étais venu en France, afin de rivaliser de vaillance avec d'autres gentilshommes en oubliant un moment les ducats. Comme chaque bon Vénitien dans une affaire où Venise n'est pas directement en cause, je reste neutre du fond du cœur. Que le meilleur gagne, et que Dieu vous bénisse tous!

– Si vous vouliez guerroyer par plaisir, vous avez plutôt mal choisi le mois et l'endroit.

– A qui le dites-vous! La Pucelle vient de détraquer le système. La guerre a cessé d'être un jeu et j'en arrive à me demander ce que je fais ici... »

Cette conversation délicate, que John suivait avec un sourire rentré, fut interrompue par les trompettes françaises qui sonnaient l'assaut. Le chapelain bénit ses ouailles d'un geste embrassant, et je regagnai ma chambre, donnant au passage une tape encourageante et fraternelle sur l'épaule d'acier du sire Stanley.

Glasdale, qui guerroyait depuis des lustres, avait fait tout le nécessaire pour renforcer son boulevard. La levée de terre, en retrait d'un fossé profond, offrait une bonne protection contre l'artillerie à poudre, dont les batteries étaient trop éloignées pour atteindre de plein fouet la maçonnerie assez mince des Tourelles. De part et d'autre, d'ailleurs, le calibre des pièces était faible, les grosses bombardes anglaises ou orléanaises n'ayant pu franchir la Loire. C'est le corps à corps qui ferait la décision.

Toute la matinée, jusqu'à la pause de midi, les assauts se succédèrent, guidés par l'étendard que Jeanne venait périodiquement planter dans le remblai, et la fureur de la défense égalait celle de l'attaque. Non seulement l'enjeu tactique, stratégique, dynastique était de taille et clairement perçu par tout le monde, non seulement les Anglais avaient compris qu'ils n'avaient plus de quartier à attendre dans une lutte où des bourgeois inspirés commençaient de manifester une activité indiscrète, mais la présence de la Pucelle donnait à l'affrontement une allure nouvelle, dont les effets étaient perceptibles.

Jusqu'alors, de génération en génération, exception faite de quelques rares turbulences, le conflit s'était traîné assez paresseusement. Les uns s'étaient fait tuer par « desport », croyant aller à une partie de chasse entre amis, d'autres, pour remplir scrupuleusement un contrat vassalique ou pour toucher une solde. Il n'y avait pas de quoi susciter de grandes ardeurs la plupart du temps. Mais en ce 7 mai, par-dessus toute autre considération, la guerre avait pris un sens très clair pour les intelligences les plus frustes : les Français, bourgeois et mercenaires, si souvent antagonistes, mais pour une fois confondus, couraient derrière un étendard tombé du Ciel, et les Anglais s'évertuaient à écraser une sorcière. C'est avec de pareilles notions que l'on met le maximum de cœur à l'ouvrage. Risquer sa peau pour permettre à des Princes valois ou lancastres de barboter impunément dans les finances de la France n'eût pas été un programme aussi excitant.

A midi, John monta pour se faire retirer son harnois et s'équiper plus légèrement. Il était rouge comme une langouste au sortir de l'eau bouillante et il suffoquait.

« Nous commençons à manquer de munitions, me dit-il. Ah, que fait donc Falstaff avec ses quinze cents " yeomen " et son convoi ! Glasdale a donné ordre de tuer cette enculée de Pucelle à tout prix, mais elle a un bon harnois, ce brigand de La Hire la couvre par-devant, et le sire de Rais est sans cesse derrière elle avec sa bande de pédés. Si Jeanne n'était pas une sorcière, quels gardes du corps choisirait-elle ?

– Votre esprit faiblit, John. La Pucelle – j'en parle savamment ! – est trop innocente pour reconnaître un bougre à vue de nez. Où aurait-elle appris à connaître l'espèce ? A Domrémy, le village perdu où les anges lui tenaient compagnie, même les chiens copulaient de façon exemplaire dès qu'ils la voyaient arriver ! Et de toute manière, elle n'est pas responsable des mœurs de ses capitaines, qu'elle est bien obligée de prendre comme ils sont. Trêve de grossièretés faciles, s'il vous plaît ! Elles ne mènent nulle part. »

Cet attachement assidu que le sire de Rais, fasciné par les communications avec l'au-delà, avait voué à Jeanne en tout bien tout honneur, était désastreux pour sa virginale réputation dans le camp anglais, où « valois » était synonyme de vice, et il dévalorisait d'autant le pucelage qui faisait l'objet de tous ses soins. Rais avait le bon goût de ne pas afficher ses penchants, mais il avait trop de hauteur pour les dissimuler avec des précautions bourgeoises.

Plus que sceptique, en dépit de mon témoignage, sur la vertu de Jeanne, John avança un nouvel argument :

« Un prisonnier nous a raconté que la Pucelle aurait prédit la mort de Glasdale sans confession...

– Quand on attaque à dix contre un avec un troupeau de bourgeois qui ont mangé du tigre, ce genre de prédictions est à la portée de tout le monde. Jeanne se serait plutôt distinguée en prévoyant que Glasdale s'en tirerait vivant ! Qu'il ne se trouble pas et fasse son devoir. S'il meurt sans confession, faute de temps, il aura tout le loisir de se confesser là-haut...

– Ce même prisonnier prétend que la Pucelle aurait prévu sa blessure d'hier.

– Il se trompe. Jeanne n'a pas prévu une blessure au pied, mais à la poitrine, qui est encore à venir, et qui devrait être pour aujourd'hui si la prise des Tourelles met fin au siège. Elle n'est fichue de prédire qu'une blessure sur deux. C'est une voyante à éclipse. Qu'importe !...

– Il nous importe beaucoup ! Si la Pucelle est blessée à la poitrine cet après-midi, ne sera-ce point la preuve de ses accointances avec le Démon ?

– Vous lui faites trop d'honneur ! La voyance est un don, comme la peinture ou la musique – quoique sans la moindre utilité. Les saints, les crapules, les individus les plus ordinaires peuvent avoir d'étonnantes prémonitions qui nourrissent d'interminables bavardages. Autant en emporte le vent!... »

Il n'était pas facile de contrarier la sinistre influence que les prédictions de Jeanne pouvaient avoir sur le moral des Anglais. A ce niveau, la voyance devenait une arme à l'encontre d'esprits superstitieux. Rien de plus animé que le bouche à oreille touchant la moindre prophétie. Par une voie ou par une autre, l'inquiétante parole s'insinue partout.

Au premier assaut de l'après-midi, archers et arbalétriers anglais ayant concentré leur tir sur la Pucelle, qui s'affairait autour d'échelles et de fascines, un carreau transperça Jeanne au-dessus du sein, lui traversa l'épaule et la mit hors de combat. En parfait accord avec le dogme moutonnier de l'homme providentiel, sans même s'être donné le mot, les Français refluèrent. Ils ne se sentaient d'attaque qu'en compagnie d'une faible femme armée d'un étendard, qui réservait son épée pour les putes. Sensibles au dogme de leur côté, les Anglais saluèrent l'accident par un débordement d'injures enthousiastes et je crus que mes quinze mille saluts d'or étaient saufs.

C'était mal connaître la Pucelle. Une jeune fille normale, ainsi embrochée, se retire trois semaines sous sa tente et fiche la paix à son prochain. Mais Jeanne était increvable. Et du fait qu'elle l'avait prévue, la blessure ne faisait sans doute qu'affirmer sa confiance.

Vers le soir, alors que les Français découragés commençaient de plier bagages, je vis Jeanne monter à cheval et se retirer dans une vigne en friche à quelque distance. Un court instant plus tard, elle ralliait de nouveau son monde pour monter à l'assaut du boulevard, dans le fossé duquel son porte-étendard basque l'avait précédée.

J'eus le sentiment immédiat que les choses tournaient mal. La marche intrépide de la Pucelle et des siens, qui poussaient déjà des cris de victoire, avait pris le caractère des certitudes métaphysiques. Et à force de lutter bêtement contre le diable, les Anglais s'étaient préparés à en avoir peur pour de bon. Le rempart du boulevard fut emporté dans la foulée et une mêlée confuse se déroula sur le terre-plein.

La partie n'était pas encore perdue pour les défenseurs, mais deux faits précipitèrent le désastre. Plus concernés que la troupe par l'enjeu et moins sensibles à la présence physique de Jeanne sur les lieux du combat, les bourgeois n'avaient pas faibli autant que les autres durant l'indisposition de la Pucelle. Au nord, prenant les Tourelles à revers, ils avaient réussi à lancer une passerelle pour remplacer l'arche qu'ils avaient eux-mêmes prudemment rompue au début du siège, et ils ébranlaient déjà de ce côté la porte du fort. Et les plus vicieux, à la faveur du désordre, avaient amené une barque pleine de matières combustibles sous le pont de bois qui reliait au sud les Tourelles au boulevard. Bientôt, le feu commença de lécher les poutres et planches de l'ouvrage.

Leur retraite étant en passe d'être coupée, les Anglais du boulevard se précipitèrent vers les Tourelles, Glasdale, Stanley et une vingtaine de chevaliers couvrant exemplairement la manœuvre, et le capitaine et sa valeureuse arrière-garde s'attardèrent à défendre l'entrée du pont de bois jusqu'à ce que tous les fuyards aient pu trouver refuge dans le bâtiment.

C'est alors que Jeanne se mit à hurler :

« Glasdale, Glasdale! rends-toi, rends-toi au roi des Cieux! Tu m'as appelée putain, et moi, j'ai grand-pitié de ton âme et de celle des tiens! »

Phrases éternellement malheureuses et déplacées.

Jusqu'à cet instant, la Pucelle avait sommé les Anglais au nom de Dieu comme au sien, ce qui était déjà beaucoup. A présent, Glasdale était invité à se rendre directement au roi des Cieux, sans intermédiaire. Si même on laisse de côté l'extravagance théologique de la prétention, le capitaine anglais était de la sorte condamné à ne pouvoir se rendre, en aurait-il eu envie. Car ce faisant, il eût honteusement désavoué sa cause, son roi et ses hommes, il aurait paru admettre que le pâle Charles VII était le bras de la Providence contre des Anglais que le divin Tribunal avait condamnés.

De plus, Jeanne établissait une étroite liaison entre les injures dont Glasdale l'avait couverte et le péril de mort où il se trouvait, au risque d'accréditer chez ses ennemis ou chez des juges éventuels l'opinion que le Ciel se chargeait d'expédier promptement ceux qui manquaient de respect à son pucelage. Liaison insane et dangereuse. Quand Dieu semble agir comme un justicier pris de boisson, le soupçon naît que le Diable s'en mêle.

Il était pourtant peu probable que le Ciel mobilisât ses foudres pour faire un aussi périlleux honneur à une paysanne laïque dont les œuvres pies n'étaient pas évidentes. Si nous relisons les Evangiles, nous constatons que Jésus ne foudroie personne sur cette terre : des cochons et un figuier sont ses seules victimes. Il faut attendre les « Actes des Apôtres », d'une inspiration plus faible par endroits, pour que soient frappés de mort subite Ananie et Saphire, ou aveuglé provisoirement le magicien Elymas. Ce n'est déjà plus le style de notre Sauveur, en dépit de la présence de Pierre ou de Paul. Et Jeanne ne valait pas un apôtre.

Mais la Pucelle n'avait pu approfondir les Ecritures, dont elle n'avait qu'une connaissance verbale et superficielle, en rapport avec la messe ou les élémentaires instructions de sa mère. Depuis le règne de Charles V, la Bible avait enfin été traduite en français et quatre-vingts éditions, peut-être, s'étaient succédé, encouragées par l'abaissement constant du prix du papier. Le copiste, cependant, demeurait cher, et la diffusion n'avait pas atteint le peuple, où ceux qui savaient lire étaient de toute façon peu nombreux. Défaut d'argent et d'instruction faisait barrage à une meilleure appréciation des textes, même dans la moyenne bourgeoisie et chez les paysans aisés[1].

Egarée par des études sommaires, la Pucelle ne cessait donc de crier en son lorrain :« Rends-ti, rends-ti au roué des Chieux, Classidas! » Mais le brave capitaine, avec une théologie parfaite – n'avait-il pas pour lui, en sus des Evangiles, toute l'inébranlable tradition de l'Eglise universelle? –, se foutait bien de ce putain de « roué des Chieux » valois, et il persistait à faire tout son devoir en héros.

Cependant, un excès en amenant un autre, malgré les conseils de bon sens vénitien que j'avais pu dispenser au petit déjeuner, Glasdale hurlait de son côté, pour encourager ses hommes et s'encourager lui-même : « Sorcière, triple pute, que le Diable te crève! », ce en quoi il avait tort, car, derrière lui, le pont était déjà en proie à un feu d'enfer. Au lieu d'injurier une Pucelle qui avait la bonté de prendre en pitié les âmes de ses victimes, il aurait mieux fait de s'occuper de la sienne.

Enfin, la dévouée arrière-garde s'étant surpassée, Glasdale et ses nobles compagnons entrèrent à reculons, l'épée haute, dans les flammes et les fumées, pressés entre autres par La Hire, Rais, Florent d'Illiers et mon brave Tristan. Il y avait sur ce maudit pont ardent, avec de beaux harnois ou brigandines de haut luxe, la fine fleur des Tourelles, une troupe qui pouvait totaliser au bas mot soixante mille ducats de rançons. C'est dire mon désespoir lorsque le pont s'effondra dans une immense gerbe d'étincelles. Une partie des chevaliers tombèrent dans la Loire, d'autres chutèrent dans la barque incan-

1. Contrairement à un préjugé courant, la traduction de la Bible en français n'est nullement due à la Réforme. Mais la Réforme a été grandement favorisée par les tirages importants que l'imprimerie permettait à bien meilleur marché. Dès avant l'époque de Jeanne Darc, ainsi que le démontrent les théories et l'action d'un Wyclif en Angleterre et ailleurs, tous les ingrédients étaient déjà en place pour que se déchaîne la tempête de la Réforme. Faute d'imprimerie, la sauce n'a pas pris.

descente, où ils brûlèrent en poussant des cris horribles. Le « roué des Chieux » ne les avait pas ratés !

A ce spectacle, les miliciens d'Orléans trépignaient d'une joie patriotique et pieuse, et jetaient des pierres sur la tête des Anglais les plus légèrement armés, qui s'efforçaient lamentablement de surnager. Il n'y a pas plus bête ni plus cruel que le bourgeois qui a eu peur : aucune élégance nobiliaire, aucune religion ne le retient de se livrer à ses bas instincts. Mais la catastrophe frappait les capitaines de mercenaires au même titre que moi-même, d'autant plus décevante qu'ils ne disposaient d'aucun moyen de sauvetage : ou bien les Anglais, alourdis par leur équipement, étaient au fond de l'eau, ou bien ils étaient en train de griller avant de sombrer à leur tour.

Tout en contrebas, mais sur l'arrière de l'édifice, un énorme craquement et des hurlements de triomphe retentirent : la porte nord venait de céder, et les bourgeois s'évertuaient à massacrer ce qui restait d'Anglais, entassés comme des maquereaux et démoralisés par la foudroyante disparition de leurs chefs.

Je croyais tout perdu, lorsque j'eus la bonne surprise de voir un Stanley haletant et couvert de sang faire irruption.

« Je me rends, me fit John en me présentant son épée. Je me rends, je vaux trois mille livres tournois, et je me place sous votre protection. Mais, " God damn me ! ", ne restez pas en braies ! Si on vous surprenait dans cet état, personne ne voudrait croire que je suis votre prisonnier. Nous ne faisons pas sérieux... »

Mon « godon » parlait d'or. Avec l'aide empressée de John, je me hâtai de revêtir une tenue militaire susceptible de faire bonne impression, et je lui dis à quel point j'étais heureux qu'il eût survécu...

« Oh, si j'ai échappé d'extrême justesse à l'effondrement du pont, c'est que je m'étais méfié. Je n'ai pas traité Jeanne en face de putain, moi... tout juste d'andouille, peut-être... Il n'y avait vraiment pas de quoi me faire brûler et noyer. »

Je renonçai à lui faire entendre raison. Quand une légende est en marche, Dieu seul peut l'arrêter.

Des cris affreux résonnaient, supplications des Anglais demandant à se rendre à merci, cris des bourgeois qui continuaient à les assommer et à les percer de coups. Peu à peu, les malheureux pressés au rez-de-chaussée étaient refoulés dans les escaliers. La rupture du pont interdisait aux capitaines responsables, retenus sur le boulevard, de les recevoir à rançon.

Dès que je fus en tenue, l'épée au poing, John me suggéra :

« Parlons peu, parlons bien...

– Encore une proposition ?!

– La Loire vient de noyer les plus belles rançons, mais je dois encore avoir dans cet escalier quelques amis d'une certaine valeur, que ces brutes de miliciens sont en train de massacrer jusqu'au dernier sans aucun discernement. Je sors un instant pour leur signaler discrètement que c'est par ici qu'il faut se rendre, et nous partageons les rançons moitié-moitié. D'accord ? »

Charmé, j'embrassai John et le poussai vivement dehors. Ce garçon aurait dû naître à Venise !

Quand les bourgeois parvinrent à la porte de la chambre, j'avais fait douze prisonniers en comptant Stanley, je ne savais plus où les mettre, et je reçus ces boutiquiers sanguinaires avec toute la hauteur convenable. Depuis un moment, d'ailleurs, s'élevaient du boulevard les voix de Jeanne et des capitaines, pour enjoindre aux bourgeois victorieux de faire quartier. Une passerelle de fortune remplaça le pont incendié, et les soldats de métier prirent possession de la place, épargnant les prisonniers les moins démunis et égorgeant les autres afin d'économiser des rations. Sur six cents Anglais, plus de quatre cents avaient péri au combat.

Malgré sa blessure, Jeanne s'attarda sur les lieux alors que la nuit venait et que l'on creusait de vastes fosses en arrière de la rive pour y jeter les monceaux de cadavres dont la troupe s'était ardemment disputé les misérables dépouilles. La Pucelle redoutait une attaque de Suffolk par l'île Charlemagne, mais le risque était nul. Talbot, Scales et Suffolk auraient réagi plus tôt s'ils l'avaient pu, surtout Talbot, dont l'aventureuse bravoure était bien connue.

Le Bâtard, qui n'en était plus à quelques milliers de livres près depuis son brillant mariage avec la fille de ce fripon de « Président » Louvet, affichait une joie sans mélange. La plupart des capitaines étaient au contraire d'humeur maussade : non seulement les Anglais les plus chers étaient morts, mais la chute prématurée du pont avait permis aux miliciens de piller à leur place les Tourelles, où la garnison avait entreposé le plus précieux de ses bagages et de son butin. Les bourgeois étaient même soupçonnés d'avoir incendié le pont afin de s'assurer l'exclusivité de ce pillage ! Et un certain Jean de Gamaches ne se privait pas de dire que la Pucelle avait le mauvais œil, que depuis qu'elle faisait des siennes, on nageait dans le sang « gratis pro Deo ».

La surprise et le plaisir de Tristan furent vifs de me revoir en bonne santé, et avec une douzaine de prisonniers qui n'étaient pas sans valeur. Il n'avait fait lui-même que des prises dérisoires, et le sac des Augustins, interrompu brutalement par la mise à feu sur ordre de la Pucelle, n'avait guère été fructueux. Je lui fournis à voix basse sur mon exploit le minimum indispensable d'explications, qui lui donnèrent une haute idée de ma chance.

A la lueur des torches, on s'acharnait encore à draguer le fleuve, dans l'espoir de récupérer les harnois de Glasdale et d'autres noyés avant qu'une crue n'entraînât les corps, et c'était l'occasion de nouvelles disputes entre charognards concurrents.

Jeanne épuisée, mais radieuse, rentra sur ces entrefaites à Orléans par le pont enfin libéré, et nous la raccompagnâmes jusqu'à son hôtel à travers les rues en liesse. Il était évident pour tous que le siège touchait à sa fin.

Malgré la panique devant Saint-Jean-le-Blanc, je n'avais perdu que quatre Berrichons, et Tristan m'assura que les gens du roi Charles n'avaient pas cent hommes hors de combat, dont beaucoup se rétabliraient.

Cette disproportion entre les pertes des deux parties était caractéristique de la guerre de France. En Italie du nord, mercenaires italiens ou germaniques se connaissaient plus ou moins et avaient tendance à se ménager. On n'était pas fâché de faire traîner les opérations au détriment des employeurs qui n'en pouvaient mais, et, la plupart du temps, par intérêt bien compris, on traitait les prisonniers comme on aurait aimé être traité soi-même : l'intelligence venait au secours de la morale évangélique. Mais en France, le régime ordinaire des « lettres de retenue » ou des « endentures » s'appliquait à des contingents extrêmement variés, du Breton au Piémontais, du Castillan au Picard, de l'Allemand au Gallois, en passant par les bandes personnelles des grands seigneurs féodaux. La solidarité entre soldats de camps opposés laissait ainsi à désirer, et l'habitude était courante d'exterminer les vaincus dont il n'y avait pas de rançons à espérer, que ce fût dans la chaleur de l'action ou à la suite d'un tri opéré de sang-froid. Autant les pertes au cours du combat entre hommes bien protégés et habitués aux armées étaient réduites, autant elles étaient lourdes après qu'un roi du Ciel valois ou lancastre eut désigné le vainqueur de son index sanglant. Et la passion nouvelle que Jeanne apportait sur le terrain avait rendu les massacres plus consciencieux que jamais, puisque Dieu ou le Diable étaient désormais censés y mettre du leur. Je devais d'ailleurs voir beaucoup mieux à brève échéance.

Alors que Jeanne se faisait panser de frais et dînait de quelques morceaux de pain trempés dans de l'eau rougie (elle n'avait rien pris depuis l'aube !), je recevais à souper dans la grande salle de l'évêché, et avec la bénédiction de Monseigneur Kirk-Michaël, ma douzaine de prisonniers.

C'était une noble coutume que de régaler – mais à leurs frais – les prisonniers d'un certain rang, après avoir expédié les pauvres types. Les paysans des vaincus travaillaient alors doublement : et pour contribuer aux frais de rançon, et pour assurer aux prisonniers la vie aimable et sans souci à laquelle ils étaient habitués. Il va sans dire que l'avantage d'être prisonnier dans ces conditions courtoises dissuadait d'ordinaire de combattre jusqu'à la dernière extrémité, lot des minables dont l'existence même était en jeu.

Les vins aidant – et le cuisinier de ma compagnie s'étant chargé du repas –, la soirée fut cordiale. Mes hôtes étaient si heureux d'être en vie, et chez un patricien de Venise des plus inattendu, sans aucune animosité à leur encontre, que la défaite leur semblait presque douce. La plupart des convives possédant le français, la conversation fut aisée, et d'autant plus intéressante qu'aucun Français n'était à l'écoute. Ces gentilshommes campagnards de moyenne fortune – il y avait même un gros « yeoman » du Wiltshire – eurent ainsi toute latitude d'exprimer très franchement sur le conflit en cours des points de vue différents, parfois opposés, mais toujours plus ou moins pessimistes – la pénible journée y étant peut-être pour quelque chose.

Les uns redoutaient que l'Angleterre ne perdît en fin de compte cette guerre d'usure, avec cette conséquence probable que les mercenaires sans emploi, incapables de se réadapter à la vie civile, auraient alors mis le pays à feu et à sang, au service des factions aristocratiques. Etant donné les ravages des routiers en France, le danger donnait à réfléchir, et la « guerre des Deux Roses », qui fait rage depuis 1450 entre Lancastre et York, est venue confirmer en partie cette crainte.

Je dis bien « en partie » : l'Angleterre a échappé au pire du fait que les soldats au service des lancastriens ou des yorkistes sont de purs Anglais, issus justement en majorité de ces compagnies de « yeomen » qui avaient fait les campagnes de France. Pillards sans scrupules sur le continent, ils ont le respect de leur propre terre qu'ils connaissent bien, et ménagent par conséquent les populations autant que possible, ayant partout, et dans les deux camps, des parents et des amis. Le sans-gêne du mercenaire est grandement aggravé lorsqu'il est étranger au pays, solution que le roi Charles a pourtant adoptée de préférence dans les débuts de son règne, ne s'inquiétant que de sa couronne. (Etant entendu que le roi ne se méfiait pas de la troupe, mais des chefs : ce qui le rassurait, dans le recrutement étranger, c'était qu'une bande avait toujours un chef de sa nation, moins porté aux intrigues qu'un Français de souche.) En mission à Londres il y a trois ans, je m'attendais à trouver une Angleterre exsangue, et j'ai été surpris de découvrir un peuple assez tranquille, qui attendait en vaquant à ses affaires que les « deux roses » aient fini de s'effeuiller férocement. Une rare leçon de sagesse que ce respect des partisans les plus passionnés pour les biens, que cette indifférence de tout un pays au fameux Sang royal. Pour le bourgeois anglais, pour le « yeoman » et ses moutons, tous les Sangs se valent pourvu qu'il puisse travailler en paix. Sans doute les Anglais sont-ils attachés à la royauté, mais dans la stricte mesure où elle est l'expression de leurs intérêts insulaires, et la royauté dépasse alors infiniment à leurs yeux la personne et la famille du roi, tenues en quelque sorte pour un mal nécessaire. Combien de temps faudra-t-il pour que les Français s'élèvent à cette conception en quelque sorte vénitienne ?

D'autres gentilshommes appréhendaient paradoxalement les lendemains d'une éventuelle victoire, car le traité de Troyes, s'il préservait dans l'immédiat les Anglais des risques d'une prépondérance française, interdisait en revanche de faire bénéficier la France des progrès accomplis depuis longtemps en Angleterre, où une royauté toute-puissante à la suite du débarquement de Guillaume de Normandie en 1066 avait dû trouver un compromis, peu après 1200, avec une noblesse d'humeur particulièrement indépendante, sans parler de la bourgeoisie de Londres, hostile à toute autorité discrétionnaire du roi.

Il me souvient notamment des craintes exprimées par Stanley :

« Ce traité de Troyes, en maintenant des administrations radicalement séparées et en confirmant expressément toutes les coutumes de France, empêche le roi d'Angleterre, au titre de roi de France, d'introduire dans ce pays notre « Grande Charte » de 1215, qui soustrait la noblesse à la tyrannie royale. Pas question non plus d'un Parlement ou d'un Grand Echiquier comme les nôtres, afin d'assainir et de contrôler des finances déplorables. Comment faire vivre côte à côte en harmonie un Etat en ordre et un Etat au désordre contagieux ?

» Et il y a pire. Si Bedford – ou l'un de ses successeurs ? – avait jamais le pouvoir d'imposer en France des réformes fondamentales, il ne s'agirait certes point de la Grande Charte ni d'un Parlement qui limiteraient son autorité, mais d'une réorganisation financière qui, même à moitié réussie, la renforcerait considérablement.

» Ainsi, ou bien la France arriérée demeure une cause de trouble, ou bien on l'administre à l'anglaise, mais sans aucune de nos traditionnelles entraves à la toute-puissance du souverain, et le roi anglais de Paris, pouvant puiser librement dans le Trésor français et dans le réservoir européen de mercenaires, devient un mortel danger pour les libertés de la noblesse d'Angleterre et pour l'indépendance du Parlement de Londres. Telles sont à mon avis les arrière-pensées qui ont entraîné Henri V contre les Valois, et dont Bedford a dû être le confident : par un mouvement tournant, dominer l'Angleterre sans discussion grâce aux ressources de la France. Et la tyrannie est si profondément ancrée au cœur de l'homme que Bedford poursuivra la guerre de

France jusqu'au dernier " yeoman ". Voilà, il me semble, ce qui est en jeu aujourd'hui! »

Ce discours souleva des discussions passionnées.

D'autres encore se demandaient si le traité de Troyes n'allait point faire régresser l'anglais de Londres au profit du français de Paris, langue des héraldistes et de beaucoup de diplomates. Depuis un siècle, les progrès de l'anglais étaient constants chez tous ceux qui comptaient socialement en Angleterre. En 1363, pour la première fois, l'anglais avait remplacé le français au Parlement de Westminster; vers 1420, la plupart des commerçants de Londres en étaient venus à utiliser l'anglais pour leurs écritures et, à l'inverse des Plantagenêts, les Lancastres parlaient plutôt mieux l'anglais que le français. Les chevaliers anglais que j'avais à ma table s'étaient attachés à cette langue que leurs aïeux avaient méprisée, et ils n'étaient pas loin de voir dans son caractère incompréhensible une garantie de l'indépendance de leur nation.

Mes prisonniers, en somme, se sentaient étrangers en France et songeaient surtout aux intérêts anglais. Ils avaient le sentiment que leur petit pays était engagé dans une entreprise démesurée, susceptible de ne lui attirer que des ennuis, quelle qu'en fût la fin. Ils avaient cessé de penser français comme leurs ancêtres.

Peut-être était-il trop tard pour unir la France et l'Angleterre? A la fin du XIIe siècle, les Plantagenêts issus du comté d'Anjou possédaient l'Angleterre, la Normandie, la Touraine, l'Anjou, le Maine, la Saintonge, le Poitou, l'Aquitaine et la Gascogne. Mais au début du XIIIe, les Capétiens les dépouillaient, ne leur laissant que la Guyenne. Quand Edouard III avait débarqué pour vaincre à Crécy, les Français avaient eu plus d'un siècle pour digérer leurs conquêtes, et les Anglais, pour faire l'apprentissage d'une relative solitude. Un siècle de perdu ne se rattrape pas aisément.

La soirée s'acheva dans la gaieté, sur de vieilles ballades anglaises, où les miaulements habituels de la langue prenaient de surprenantes douceurs, et je chantai même quelques couplets vénitiens, qui eurent beaucoup de succès. Nous étions jeunes, nous avions bien combattu et avions mérité un bon sommeil.

Je retins le sire Stanley pour lui dire :

« Avec tous mes regrets, je ne puis admettre que vous soyez prisonnier sur parole.

– Par exemple ?! Douteriez-vous de ma parole ?

– Au contraire ! Prisonnier sur parole, vous auriez la loyauté de la respecter.

– Je saisis mal.

– Allons donc ! Un homme d'affaires tel que vous !... »

Le front de John était tout plissé par la réflexion...

« Vous voulez dire... qu'il ne serait pas mauvais que je m'échappe ?

– Bien sûr !

– Mais où serait votre profit ?

– Vous vous échappez, je vous rattrape, vous me faites prisonnier après un combat courtois, et nous reprenons l'affaire que ma libération a fait rater. N'oubliez pas qu'il y a quelque trente mille ducats en jeu.

– Dieu du Ciel ! Quel merveilleux projet ! Je commence à comprendre pourquoi les Vénitiens ont tant d'argent.

– Le grand commerce, mon cher, enseigne à exploiter à fond une situation, à presser le fruit jusqu'à la dernière goutte. »

Il ne restait plus qu'à attendre des circonstances favorables. Nous devions nous trouver à proximité des troupes anglaises, car si John avait eu un long parcours à effectuer sur les terres du roi Charles, n'importe qui – horrible accident ! – aurait pu l'arrêter dès qu'il aurait demandé un œuf avec son accent d'en face. Et ces troupes, autant que possible, devaient être victorieuses, pour couper court au risque que je fusse libéré une deuxième fois.

« Oui, soupira John, mais avec cette Pucelle, il va falloir patienter.

– Tôt ou tard, le vent soufflera du bon côté. Nous devons prier saint Michel... de préférence, celui de Cornouailles ! »

De retour dans ma chambre, j'écrivis ce mot à la comtesse de Tonnerre :

« Ce 7 mai au soir, ma chère amie, Augustins et Tourelles ont été enlevés : les chaînes sont rompues qui encerclaient Orléans. D'autres courriers en avertiront ventre à terre votre mari et le roi. Mais je tenais à ce que vous eussiez aussi la nouvelle d'une plume et d'un cœur qui ne cesseront de vous apprécier. J'ai fait prisonnier de ma main douze Anglais comme en me jouant et j'en enverrai demain onze à Georges, bien mieux placé que moi pour négocier les rançons moyennant un amical courtage. Jeanne a été admirable : elle a eu l'idée originale d'attaquer les Anglais et le talent de se faire suivre. Le roi Charles peut reprendre confiance. L'espoir a changé de camp. Le moral des « godons » est au plus bas. Je caresse vos perles qui ont tout l'éclat de vos yeux et vous embrasse fidèlement. »

Avant de me coucher, j'allai souhaiter le bonsoir à Laurent, qui souffrait d'une épaule meurtrie par un coup de masse. Le moral de mon domestique n'était guère meilleur que celui des Anglais. Il avait l'impression, hypnotisé par la Pucelle, de s'être remarié un peu vite, et il se demandait en outre si sa blessure n'était pas une punition divine : en farfouillant dans les ruines des Augustins, il s'était approprié un modeste calice d'argent doré, fruit du pillage sacrilège des soudards de Suffolk.

Je lui rappelai que, dans la haute noblesse, les jeunes gens se mariaient sans se connaître, et que Jeanne lui avait ainsi fait consommer une union des plus distinguée.

Quant à la punition, je m'efforçai de lui ouvrir l'esprit

le plus simplement du monde. Il est bien rare qu'un grand problème de théologie ne puisse être expliqué en quelques phrases à un enfant.

« Voyons, Laurent, tu sais ce que c'est que la liberté ?

– Oui Messire : dire et faire ce qu'on veut. Car pour ce qui est de penser, qui pourrait m'empêcher de penser de vous ce qu'il me plaît ?

– En effet ! C'est seulement ta liberté de dire et de faire qui est limitée, dans une certaine mesure, par ta condition de domestique, encore que la liberté te reste d'être domestique bon ou mauvais. Quand Dieu a créé l'homme, il a cherché le plus beau cadeau qu'il pouvait lui donner, et il lui a garanti la liberté de bien ou mal penser, de bien ou mal dire et faire. Un cadeau irrévocable, sur lequel il n'est pas question qu'il revienne. Dieu ne reprend pas d'une main ce qu'il a accordé de l'autre. Et c'est parce que nous sommes libres que le Paradis ou l'Enfer nous attend. Tu me suis toujours ?

– Assurément.

– Pour agir sur ces hommes libres, Dieu dispose de deux moyens, dont chacun respecte néanmoins leur liberté. La théologie n'en connaît pas un troisième.

» Le premier, c'est la grâce. C'est-à-dire une aide permanente ou occasionnelle qui incite à la vertu. L'homme est libre de demander ou de refuser la grâce. Une grâce demandée est toujours obtenue, mais Dieu n'impose jamais sa grâce à personne.

» Le second, c'est le miracle. Dieu bouleverse pour notre pieuse instruction les lois naturelles qu'il a établies dans sa sagesse. Le miracle est extrêmement rare, et les seuls miracles auxquels la foi nous fasse obligation de croire sont ceux de Notre Seigneur Jésus-Christ, et d'abord celui de sa Résurrection. Mais, là encore, nous avons la liberté d'accepter ou de rejeter l'enseignement que le miracle propose.

» C'est bien clair ?

– Tout à fait, Messire !

– Tu étais libre de te battre ou non devant Orléans, et l'Anglais qui t'a blessé l'était également. Alors, je te pose la question : si Dieu avait voulu te punir en ce monde par ce coup de masse de l'appropriation de ce calice, comment aurait-il pu s'y prendre ? Ta blessure est-elle le résultat d'une grâce ou d'un miracle ?

– A ce compte-là, Dieu n'aurait pas prévu de nous punir en ce monde ?

– Non, et pour la bonne raison que l'homme s'en charge à sa place, et plus cruellement qu'il ne le pourrait faire. C'est ce qu'on appelle la justice immanente qui, à y bien regarder, est entièrement humaine. »

Laurent réfléchit un moment et me dit :

« Dans ces conditions, le roi du Ciel et la Vierge ne sont pas près de combattre pour le roi de Bourges ainsi que l'affirme la Pucelle. Il y a bien autant de grâces du côté des Anglais que du nôtre et on voit mal où des miracles pourraient se nicher dans l'affaire...

– Dieu ne fait pas la guerre avec les hommes, Laurent. C'est aux hommes à faire la guerre pour lui quand la vraie religion est attaquée, ou pour eux-mêmes, quand ils sont agressés injustement. Et chacun est libre de juger en conscience du bien-fondé d'une guerre. Nous avons même le droit de faire de la guerre un métier, à condition de le pratiquer avec honnêteté, chasteté, charité et douceur. »

Je laissai Laurent avec son calice, dont le sort n'était pas résolu.

XIV

Le dimanche 8 mai à l'aube, je fus réveillé par les cloches. Toutes les cloches de la ville sonnaient. Celles de la cathédrale Sainte-Croix[1], celles de Notre-Dame des Miracles, proche de l'hôtel de Jacques Boucher, même celles de Saint-Euverte et de Saint-Aignan hors les murs, de part et d'autre de la route de Chécy. Suffolk, Talbot, Scales et les autres capitaines n'avaient pas perdu de temps pour tirer les conséquences de la perte irréparable des Tourelles : emportant tout ce qu'ils pouvaient, et notamment leurs prisonniers de marque, mais abandonnant leurs malades, faute de chariots et de chevaux en nombre suffisant, les Anglais levaient le siège. Cependant, le grand jour nous découvrit toute leur armée – moins de cinq mille hommes – rangée en bataille sous les murs ouest d'Orléans, à cheval sur la route qui bifurquait bientôt vers Blois et vers Patay. Leur aveugle dispersion les ayant perdus, ils s'étaient réunis pour offrir le combat.

Après des journées d'indécision et de démission, les capitaines français, tout excités par la victoire de la veille

1. Sainte-Croix n'est plus celle que Jeanne Darc a connue. A peu près anéantie par les calvinistes en 1568, la cathédrale a été reconstruite de 1601 au XIXe siècle. Les façades du transept sont du XVIIe, la façade principale et les deux tours, du XVIIIe, la flèche centrale date de 1858. Subsistent seulement, de la fin du XIIIe siècle, les chapelles du chevet, et du XIVe, les murs extérieurs du second bas-côté du choeur.

et par le départ des assiégeants, étaient devenus follement aventureux, et ils firent sortir en hâte par la porte Renard, afin de les aligner face aux Anglais, les troupes qu'ils avaient sous la main. Beaucoup de soldats s'étant attardés sur l'autre rive pour piller en pleine lumière ce qui aurait pu leur échapper durant la nuit, la majorité des bourgeois, pleinement satisfaits, se refusant au risque d'une bataille en rase campagne contre les redoutables « godons », les effectifs semblaient à peu près égaux de chaque côté.

Mais les Anglais avaient adopté, dans un ordre parfait, leurs dispositions habituelles : archers derrière leurs pieux, cavalerie en réserve. Alors que les compagnies du roi Charles s'étaient réparties au petit bonheur la chance.

Suffolk, de toute évidence, n'avait pas l'intention d'attaquer : la supériorité de ses archers ne pouvait s'affirmer que dans la défense, et les Français, en cas de besoin, avaient derrière eux une cité bien fortifiée pour se replier. Le capitaine anglais espérait au contraire une attaque française. Accablés de traits, en proie à la panique, contre-attaqués à l'épée par les « yeomen » en rangs serrés, et en fin de compte par la cavalerie, les mercenaires dépareillés du roi valois se seraient pressés vers la porte Renard par où ils venaient de se répandre dans la campagne, et il y aurait eu un beau massacre au pied des murailles.

Le Bâtard, les capitaines français et espagnols brûlaient d'en découdre, ainsi que les Ecossais, emportés par leur animosité naturelle. Ne défendaient-ils pas à Orléans l'indépendance de l'Ecosse, menacée du sort des Gallois ou des Irlandais? Les Italiens se méfiaient, et le sire de Rais attendait le verdict de la Pucelle pour se prononcer. L'éclatant succès des Tourelles avait grandement renforcé son crédit, et l'idée faisait son chemin qu'il ne serait pas mauvais de la consulter au lieu de lui communiquer les décisions d'un Conseil dont elle ne tenait d'ailleurs aucun compte.

Jeanne hésitait. Elle sentait bien qu'une attaque risquait d'aboutir à une catastrophe. Il faudra encore des années de patiente réorganisation pour que les Français – sauf accident heureux – puissent affronter les Anglais sur leur terrain avec quelque chance de succès. Et de plus, c'était dimanche, jour de légitime défense et non point d'agression. Si les Anglais, contre toute prévision, avaient l'imprudence d'attaquer, ils aggraveraient leurs torts aux yeux du roi du Ciel, qui les châtierait.

Peu soucieuse de contredire la majorité de ce Conseil improvisé, Jeanne rusa avec beaucoup d'à-propos. Soupirant à la vue de l'armée anglaise dont le soleil levant faisait briller les armes, elle fit chercher à la maison toute proche de Jacques Boucher un autel portatif, qu'elle fit dresser devant le front des troupes, et les oraisons allèrent leur train. Après des heures de patience, les Anglais complètement dégoûtés nous montrèrent leur derrière.

« Laissez-les aller, dit Jeanne. Il ne plaît pas à Dieu que vous combattiez aujourd'hui. Vous les aurez une autre fois. »

Pour cette fois-là, Dieu faisait preuve de compétences militaires surprenantes ! Je poussai un soupir de soulagement.

Mais La Hire, qui était de taille à en prendre à son aise avec les décisions tactiques du Ciel, s'élança avec un fort parti de cavalerie légère à la poursuite des Anglais en retraite sur le chemin de Meung-sur-Loire et, les talonnant des lieues durant, il parvint à arracher à l'arrière-garde un important butin, dont l'artillerie que Suffolk avait espéré sauver.

Tandis que La Hire harcelait Suffolk, Orléans était parcouru de processions d'actions de grâces où Jeanne était à son affaire. Elle tenait à rappeler à tous que sa victoire était celle de Dieu et du droit, idée si plaisante que l'on n'avait aucun mal à s'en convaincre.

Le soir, il y eut grand banquet chez le trésorier Jacques Boucher, avec l'évêque écossais, le Bâtard et ses capitaines, et les principaux des bourgeois. Manquaient cependant quelques commandants de compagnie qui avaient quitté la ville dès l'après-midi pour rejoindre à marches forcées les places qu'ils avaient dégarnies en faveur d'Orléans. La Pucelle vint nous rendre visite sur la fin du repas. En dépit de son épaule souffrante, elle était d'une élégance singulière.

Nous allions nous séparer, lorsqu'un La Hire tout poussiéreux fit son entrée et nous informa avec sa jactance habituelle des heureux résultats de son expédition. Cependant ayant combattu un dimanche au mépris des divines instructions de la Pucelle, on le sentait un peu gêné, et son regard évitait celui de Jeanne, qui se taisait.

La Hire s'était un peu institué le mentor et le professeur de Jeanne dans tous ces détails guerriers où elle avait encore beaucoup à apprendre, quoiqu'elle possédât de nature les qualités essentielles qui ne s'enseignent point : le bon sens et le coup d'œil. Il avait du respect et de la sympathie pour son élève, s'abstenait de jurer trop haut en sa présence, mais je doute qu'il l'ait prise vraiment au sérieux : guerroyant depuis des années, il avait de la peine à se convaincre que la Vierge le tenait par la main, et ce n'est pas dans sa Gascogne originelle qu'il avait pu concevoir une grande considération pour les prêtres et tout ce qui leur ressemblait.

Comme nous sortions de table, je glissai à la Pucelle :

« Comment expliquez-vous que La Hire, faisant campagne un dimanche en se moquant de vos Voix, ait vu ses armes bénies par le roi du Ciel ? Votre silence était-il du reproche ou de l'approbation ? »

Jeanne rougit et chercha une bonne réplique, qui ne venait point sur-le-champ.

Je suggérai :

« N'auriez-vous pas ce matin mis en avant Dieu et dimanche, à seule fin de persuader le Conseil de ne pas attaquer dans de désastreuses conditions ?

– Oui, reconnut-elle franchement. J'ai invoqué le Ciel ce matin, et il a donné ce soir réponse à La Hire. Etes-vous satisfait ? »

Là-dessus, elle tourna les talons. Jeanne – je devais le constater lors de son procès – avait le don de repartie. Il n'était pas facile de l'embarrasser, même avec Dieu !

Dans les semaines qui suivirent, de pénibles cafouillages s'accumulèrent. Au fond, exception faite de la Pucelle, tout le monde était plongé dans la stupeur devant le sanglant échec des Anglais. Par conséquent, personne ne s'était soucié de dresser un plan de bataille pour la suite. Vainqueur, on était pris au dépourvu. L'audace manquait pour suivre Suffolk avec toute une armée ou pour n'importe quelle autre opération d'importance. Les miracles ont-ils coutume de se produire deux fois ?

En tout cas, la grande armée de Blois devait quitter Orléans afin de ne pas épuiser inutilement les réserves de vivres de la ville. Dès le surlendemain 9 mai, le gros de l'armée victorieuse battit en retraite vers la Touraine, tandis que les bourgeois retournaient vaquer à leurs affaires. La décision retombait sur un roi naturellement indécis.

Je me promenai ainsi avec John, Tristan et mes Berrichons pillards, d'Orléans à Tours, de Tours à Loches, de Loches à Selles-en-Berry ou Romorantin, partageant les raisonnables impatiences de la Pucelle. Ne fallait-il point battre le fer pendant qu'il était chaud ? Ces marches et contremarches étaient en attendant commandées par des soucis de ravitaillement. De même que la cour s'était faite ambulante pour renouveler ses ressources, il fallait bien, faute d'intendance efficace, balader les armées, si l'on voulait les nourrir sur le pays. Mes durs à cuir berrichons avaient du génie pour découvrir les cachettes où les paysans avaient mis à l'abri leurs dernières réserves, et mon valet d'armes Laurent, qui avait été lui-même à dure école, connaissait de reste toutes les ruses. Je me consolais de ces chapardages en veillant autant que possible à ce qu'ils ne fussent pas accompagnés de violences trop criantes, et c'était autant d'économisé pour la rançon de Lucretia. Cependant, j'étais parti depuis quatre mois, mon inquiétude tournait à l'angoisse de ne pas recevoir de nouvelles de ma femme, et je retardais sans cesse le moment de lui récrire, dans l'espérance d'un courrier.

La Pucelle revit d'abord son roi à Tours – un moment de bien douce émotion! –, puis à Loches, alors que l'inertie générale commençait de l'exaspérer. Nous avons par bonheur sur l'entrevue de Loches le témoignage oculaire du Bâtard d'Orléans, d'une précision très satisfaisante, et d'un grand intérêt, en ceci qu'il nous apporte de vives lumières sur le mécanisme mental de Jeanne. Aussi je crois bon de le reproduire *in extenso* :

« Tandis que le roi était dans sa chambre avec le Seigneur Christophe d'Harcourt, l'évêque de Castres et confesseur Gérard Machet, et le Seigneur de Trêves Robert le Maçon, qui fut autrefois Chancelier de France, la Pucelle frappa à la porte et, sitôt entrée, se mit à genoux et embrassa les genoux du roi, disant ces paroles ou autres du même genre : " Noble Dauphin, ne tenez plus si longtemps Conseil, mais allez le plus tôt possible à Reims pour y recevoir une digne couronne. "

» Le sire d'Harcourt lui demanda alors si c'était son Conseil qui lui disait cela, et Jeanne répondit " oui ", et qu'elle en recevait de pressants avis à ce sujet. Alors Christophe dit à Jeanne : " Ne voulez-vous pas dire ici en présence du roi comment fait votre Conseil quand il vous parle? " Elle répondit en rougissant : " Je vois assez ce que vous voulez savoir, et vous le dirai volontiers. " Le roi dit à Jeanne : " Jeanne, dites bien, s'il vous plaît, en présence de ces personnes, ce que le sire d'Harcourt vous demande! " Et elle acquiesça, et dit ces paroles ou autres semblables, à savoir que " quand quelque chose n'allait point parce qu'on refusait de s'en remettre facilement à elle de ce qui lui était révélé de par Dieu, elle se retirait à part et priait Dieu, se plaignant à lui que ceux à qui elle parlait ne la croyaient pas facilement; et, sa prière faite, elle entendait une Voix qui lui disait : ' Fille-Dé, va, va, je serai à ton aide, va! ', et quand elle entendait cette Voix, elle ressentait une grande joie et désirait être toujours en cet état. " Et, ce qui est encore plus fort, en répétant ainsi les paroles de ses Voix, elle-même exultait de merveilleuse façon, levant les yeux vers le Ciel. »

Telle était la façon toute simple dont Jeanne se suggestionnait – ou prenait contact intime avec le Ciel, hypothèse qui, pour être des plus improbable, ne peut être rejetée *a priori,* vu l'obscurité profonde où Dieu dissimule ses desseins. Le problème majeur de la Pucelle, ainsi qu'elle l'avoue si nettement et si naïvement à son roi, était de convaincre, et même de convaincre sans le moindre délai, comme par un coup de baguette magique, des gens peu disposés à lui faire confiance. Afin de renforcer sa capacité de conviction et de la rendre irrésistible, elle s'isole pour prier et prendre Dieu à témoin de l'incrédulité que rencontre la vérité qu'elle détient. Dieu la console, l'encourage, et elle reparaît devant les incroyants, possédée d'une foi si forte qu'elle emporte tous les obstacles. C'est ce que je l'avais vue faire dans sa vigne avant l'assaut final des Tourelles. Divin ou humain, le phénomène était tout à fait extraordinaire.

Malgré l'efficience des Voix de Jeanne, le roi redoutait fort qu'un échec sur la route de Reims ne lui fît perdre le bénéfice de sa victoire d'Orléans. D'Alençon, désormais libre de ses mouvements, prêchait pour une campagne en Normandie, où il avait de grands fiefs à récupérer, alors que Yolande d'Aragon voulait faire toute confiance à Jeanne pour mener sacrer son gendre dans une région si proche de cette Lorraine où elle avait casé un fils à toutes fins utiles.

On s'arrêta prudemment à un moyen terme. Il fut

enfin résolu qu'avant de partir pour Reims, on s'efforcerait de déblayer la route et de nettoyer les arrières en chassant les Anglais de Jargeau et de Beaugency, qu'ils tenaient sur la Loire de part et d'autre d'Orléans. Le roi pourrait ainsi vérifier si la chance était toujours avec la Pucelle, et la légion des pusillanimes se rassurait à l'idée que cette campagne de Loire traînerait bien jusqu'à l'hiver, ce qui reporterait à l'été suivant le moment des options difficiles.

Le 9 juin, un mois après la fin du siège, une armée de quelque sept mille hommes était de nouveau concentrée à Orléans sous l'autorité du duc d'Alençon, que le roi avait formellement invité à tenir compte des avis inspirés de la Pucelle. C'était encore une chance que le duc, séduit dès le départ, fût tout disposé à en faire cas ! Il y aurait de la sorte, pour une fois, unité de commandement, un jeune général sans expérience d'une telle responsabilité ayant à son service des Voix qui, elles, avaient déjà l'expérience de la guerre, et même du succès.

Après des semaines de dispersion et d'humiliantes quêtes alimentaires, la résurrection de l'armée remplissait Jeanne d'ardeur et d'assurance et ses Voix persistaient à lui donner toute satisfaction. Ainsi, comme elle l'avait prévu, Suffolk n'avait pas touché à Guyenne, que les miliciens, en pillant ce qui pouvait rester dans les bastilles après un départ si précipité, avaient retrouvé errant au hasard dans le camp de Saint-Laurent. Le héraut présentait seulement les symptômes de la dépression nerveuse qui avait puni son manque de foi dans les talents divinatoires de sa maîtresse : œil fou, tremblements convulsifs, cheveux prématurément blanchis. Chaque jour, il avait cru monter sur le bûcher. C'était là un bon exemple des malheurs qui devaient frapper les incroyants, et l'on avait tenu pour admirables les efforts que Jeanne avait déployés pour se faire rendre son cher Guyenne.

Si ce pauvre héraut avait eu de la Pucelle une plus

longue expérience, il aurait cependant pu faire valoir quelques excuses : les prédictions de Jeanne étaient certes à effet proche ou lointain, avec ou sans la garantie du Ciel, et l'on pouvait s'y embrouiller. Je l'ai entendue dire faussement au jeune Guy de Laval, un parent de Rais, qu'elle lui ferait bientôt boire du vin à Paris, et la libération annoncée du duc d'Orléans devait se faire attendre, ainsi que je l'ai déjà signalé, jusqu'en 1440. Et encore, le captif n'a-t-il été arraché à son château de Wingfield que grâce à la générosité du duc de Bourgogne !

En attendant, Philippe le Bon, intérieurement ravi de la défaite anglaise devant une cité dont le Régent lui avait refusé l'entrée, avait envoyé en récompense à la Pucelle une dague de prix dans un fourreau de velours, avec un mot gracieux. Le retentissement de ses exploits avait été considérable.

Cette ouverture du duc était évidemment d'une haute importance politique. Comme je pressais Jeanne de dicter en réponse, avec l'approbation du roi, une lettre de remerciement courtoise où elle exprimerait tout son désir de travailler à la réconciliation entre la France valoise et la Bourgogne, elle poussa de hauts cris : elle n'avait besoin d'aucune censure pour écrire sous l'inspiration de ses Voix, et c'est à la pointe de l'épée que le félon duc de Bourgogne serait ramené au sentiment de ses devoirs. La Pucelle n'aimait point les « Bourguignons ». A Domrémy, à la sortie de la messe, les garnements du village se précipitaient pour se bagarrer avec les petits « Bourguignons » du village voisin. Jeanne en était demeurée là, et c'était bien dommage. Ses préjugés, sa méconnaissance des réalités politiques et militaires fondamentales, allaient peser d'un poids très lourd dans son destin. Il me fut impossible de lui faire entendre raison. La place de l'Empire bourguignon en Europe, sa puissance financière, guerrière et diplomatique, étaient pour elle des abstractions sans importance à côté de ses invincibles certitudes. Quand Dieu bénit une armée, jusqu'où n'irait-elle point? Composer avec l'ennemi devient alors une insulte à la Providence.

De retour à Orléans avec ma compagnie médiocrement engraissée de pillages, je reçus quelques lignes de la comtesse de Tonnerre, me priant de passer prendre à Sully du courrier de Venise. Elle aurait pu le remettre au messager et l'invitation ne devait pas être exempte d'arrière-pensées amoureuses. Je demandai aussitôt à John de me suivre, sautai à cheval, et galopai sur la route de Sully-sur-Loire, escorté de quelques cavaliers.

Cette petite ville n'était qu'à quelques heures à l'est d'Orléans, au-delà de Jargeau et de Saint-Benoît, mais bien avant Gien. La Trémouille était là dans l'un de ses fiefs préférés, et il y faisait de fréquents séjours.

En cours de route, tandis que soufflaient les chevaux, je brossai pour le sire Stanley le tableau le plus enchanteur de Catherine : yeux langoureux, gorge en corne d'abondance, croupe rebondie, tempérament de feu, nature généreuse, mari indulgent, du goût, peut-être, pour ces rustres d'Ecossais – mais, à défaut, de bel Anglais distingué...

C'était une solide tradition que d'offrir des femmes complaisantes à ses prisonniers esseulés, pendant que leurs serves, penchées sur la glèbe, travaillaient à leur rançon et se faisaient trousser par le premier chevalier de rencontre.

Nous étions bien avant la nuit au château de Sully, tout neuf et tout blanc, dont la comtesse nous fit interminablement les honneurs, alors que je bouillais d'impatience de lire mon courrier! L'édifice, en bordure de Loire, formait comme un îlot entouré de douves larges et profondes. Le grand architecte Raymond du Temple en avait tracé les plans pour les La Trémouille en 1396, adoptant la formule la plus simple et la plus moderne : quatre grosses tours circulaires de même hauteur que les courtines qui les reliaient. Ainsi, le chemin de ronde était continu et l'on pouvait rapidement faire le tour des remparts au pas de course. Cette disposition était à la mode, car elle permettait de tenir une forteresse avec un minimum de soldats à une époque où l'argent manquait pour entretenir beaucoup de mercenaires. On était loin du temps où les châteaux étaient défendus par les gros effectifs des levées féodales, selon un système où chaque tour avait la prétention de constituer un ouvrage défensif indépendant. Les menus vassaux montraient de moins en moins d'empressement à courir au secours de leur seigneur, et s'ils voulaient bien se déranger, ils avaient hâte de rentrer chez eux. Mais Sully était ce jour-là truffé de gardes : le roi et La Trémouille étaient à demeure.

J'avais l'impression que Catherine, en nous faisant visiter à loisir cette propriété de famille, était désireuse de donner le sentiment que son mari n'était pas un aventurier vulgaire, mais un preux de vieille roche tenté par des démons insatiables. Mobilier et décoration étaient en tout cas magnifiques.

Enfin, enfin, la comtesse nous offrit un choix de rafraîchissements dans une charmante petite salle d'où l'on voyait couler la Loire paresseuse et, tandis que John, d'un air penché, donnait à son hôtesse une leçon d'anglais vite entrecoupée de grivoiseries, j'eus la permission de prendre connaissance de mon courrier.

Il y avait deux lettres de Lucretia, dont la plus mince était rédigée en ces termes :

« J'ai bien reçu, mon très cher Pietro, votre mot rassurant d'Aigues-Mortes et votre correspondance du 7 mars. Peu après réception de cette correspondance, votre oncle Angelo est venu me rendre visite dans la salle commune de la maison. Tradenico, informé par Trivulzio de retour, avait cru devoir l'avertir de ce que vous m'aviez tu, crainte de m'inquiéter : le projet de demander à la guerre l'argent que le service de Venise ou le commerce ne pouvait vous procurer assez vite. Votre mère et votre oncle ont ainsi été plongés dans de mortelles alarmes. Ils ne savent que dire ni que faire pour vous détourner d'une aventure aussi funeste. En désespoir de cause, l'oncle Angelo m'a fait promettre d'user de mon influence afin de vous rendre plus raisonnable.

» Songez en effet que la perte de la vie serait peu de chose à côté de celle de votre âme, et que vous semblez avoir trouvé le plus court chemin pour y parvenir. Le genre de guerre que vous envisagez de faire – votre oncle m'en a donné une affreuse description ! – vous entraînerait fatalement à des crimes. Pis encore, vous seriez chaque jour exposé à couvrir les crimes des autres ou à les pousser à en commettre. Ne savez-vous point quel est l'éternel salaire du scandale et du mauvais exemple ?

» Je vous le dis et redirai sans cesse et toujours, et puisse ce testament vous tenir compagnie si nous ne devions plus nous revoir : notre premier souci doit être d'obéir à Dieu en chaque chose, d'heure en heure jusqu'à la dernière, qui est trop souvent imprévue, de nous acheminer modestement et patiemment vers toutes les perfections qu'il exige, et ce par un bon usage de nos libertés, quelles que soient les circonstances et les épreuves. Dieu n'a pas prévu de grâces salutaires pour les égarés qui cherchent fortune dans le sang de leur prochain.

» Ce 26 avril, votre femme aimante et fidèle. »

Violemment ému, je ne me retins pas de lire les deux derniers paragraphes à Catherine et à John qui, tirés en sursaut de leurs concupiscentes approches, furent également impressionnés par la chrétienne hauteur du morceau. Dans le cours d'une vie de péchés, on est heureux de se voir confirmer à l'occasion que la vertu n'est pas un vain mot, que dans un monde livré à tous les excès, à tous les aveuglements, des modèles, des références demeurent, qui vont d'autant plus droit au cœur qu'ils sont plus discrets. De la sorte, on ne perd pas de vue ce que l'on devrait faire, et c'est déjà beaucoup.

« Mais votre femme est une véritable sainte ! » s'exclama la comtesse, qui ajouta avec moins de conviction : « Quelle chance rare pour un homme! La plupart des saintes refusent de se marier afin de faire le bonheur du plus grand nombre.

– Certaines, Madame, lorsqu'elles sont jolies, s'y efforcent déjà dans le mariage, et cette sainteté-là, qui vous a visiblement séduite, est d'ordinaire encore plus appréciée que l'autre! »

Laissant John et Catherine à leur piquante conversation, j'ouvris la deuxième lettre, dont le poids était inquiétant. Les mauvaises nouvelles sont toujours plus lourdes que la tendresse...

« Je vous ai brièvement écrit ce 26 avril dernier, par les soins de votre oncle Angelo, qui a dû remettre le mot à la poste de France selon vos indications. Il s'agissait d'un geste de commande, destiné à obliger votre mère et votre oncle. Mais j'aurais exprimé avec les mêmes mots la même vérité si aucune indiscrétion n'avait été à craindre. Dès que l'amour que vous me portez ne fait pas bon ménage avec l'amour de Dieu, il est sans valeur et ne me touche pas. Ne vous en vexez point comme un enfant. Veillez plutôt à éviter toute compromission, toute transaction, toute faiblesse. Je rougirais d'être libérée au prix d'un seul péché véniel.

» Aujourd'hui 29 avril, je vous écris avec une totale liberté : un honnête homme fortuné de ma connaissance – ils vont parfois au bordel... – se chargera de faire partir cette lettre à l'insu de la patronne, et vous m'avez assuré que la poste du roi de France respecterait scrupuleusement votre courrier. Mme Kastelis ne m'aurait d'ailleurs point trahie, car elle est plus inquiète que moi, qui n'ai à perdre que la vie, du pourrissement de la situation.

» En effet, votre rage malheureuse – et malheureusement dévoilée! – de trouver beaucoup d'argent à n'importe quel prix, et le plus tôt possible, a forcément inspiré à votre mère et à votre oncle l'idée que la maquerelle de l'endroit s'apprêtait à me négocier à leur insu. Et l'oncle Angelo, stylé par votre mère, s'est ouvert d'un air chagrin de ce soupçon à Mme Kastelis, qui en a été prodigieusement ennuyée. Elle a bien sûr fait valoir que le Vénitien est possédé en tout temps et en tout lieu d'une effrénée passion de l'or, qui suffisait à expliquer votre attitude. Mais l'oncle a rétorqué que vous n'étiez pas un Vénitien ordinaire puisque vous préfériez une belle esclave à vos ducats. Faites donc votre profit de cette information : vous aurez à m'arracher, le moment venu, à des gens qui se méfient doublement par votre faute. Je n'avais pas besoin de cette contrariété.

» Ce n'est pas tout. Bien que le petit capital que vous aviez remis à la patronne avant votre départ pour me soustraire aux importuns ne soit pas tout à fait épuisé, Mme Kastelis, à la réflexion, m'a soutenu qu'elle perdrait trop à cet arrangement si je ne donnais pas de ma personne au moins durant ces grandes fêtes où les filles, malgré leurs efforts, n'arrivent plus à fournir. J'ai ainsi dû consentir à me dévouer pour Pâques. Cependant, j'ai obtenu que le tiers des gains serait pour moi, et j'ai connu des Pâques assez fructueuses.

» Ce n'est pas tout. A force de me fréquenter sous des prétextes à la salle commune, lors de ces fêtes de Pâques, l'oncle Angelo est tombé en état de folie concupiscente, et je l'ai vu entrer un soir dans ma chambre avec le désir d'en avoir pour son argent : il avait couvert d'or la maquerelle pour acheter son silence. Comme il avait la loi terrestre pour lui, je n'étais pas en position de le refuser, mais il était dans un tel énervement qu'il a dû se borner à des simulacres, me visitant, me baisant, me caressant, me serrant contre lui en pleurant, sans pouvoir aller plus loin.

» J'estime de mon devoir de vous mettre au courant, du fait qu'il s'agit d'un proche parent à vous, dont vous avez intérêt à savoir ce qu'il vaut et ce qu'il a en tête.

» Mais je serais fâchée que vous vous fissiez, avec votre imagination habituelle qui n'est que trop vive, un tableau exagéré de l'accident. Les hommes de cet âge, en passe de perdre leurs moyens, sont sujets à de tels échauffements subits, qui les laissent plus malheureux que satisfaits. Angelo a par bonheur terriblement peur des diables qui le poussent, il est si honteux de cette faiblesse passagère qu'il n'y est pas revenu, et il tremble que vous n'appreniez sa conduite : il vous voit déjà de retour, braquemart au point, pour le traiter comme vous l'avez fait de Pasquale.

» La charité, mais aussi la sagesse, vous conseillent de pardonner, et même de feindre l'ignorance. Vous retrouverez votre oncle et parrain tel que vous l'avez connu. Il ne cesse malgré tout de vous aimer et de chercher votre bien selon ses pauvres lumières. Les hommes sont meilleurs qu'on le pourrait penser à les voir au lit. Si vous n'êtes pas d'humeur à pardonner pour moi, pardonnez pour le Christ : il est mort aussi pour les péchés d'un Angelo !

» Ce n'est pas tout. Autre terreur d'Angelo : que votre mère en vienne à se douter des assiduités dont il me poursuit encore, fasciné par ma candeur ou par les vices qui l'outragent. Il venait dans l'espoir de coucher, il vient à présent pour s'en excuser, mais il vient, et ce sont autant d'heures qu'il ne passe point au Palais. Comment n'avez-vous pas encore compris ce qui est à Venise de notoriété publique : votre oncle a remplacé votre père, de jour comme de nuit, et depuis longtemps. Autre occasion pour vous de fermer les yeux. Vous n'avez pas droit de regard sur la couche de votre mère. Mais je doute, avec le tempérament qu'elle a, qu'elle puisse jamais me pardonner d'avoir séduit son amant après son fils.

» Ce n'est pas tout. Je ne pourrai plus cacher bientôt que j'attends un enfant, peut-être de l'un de ces beaux mercenaires autrichiens qui viennent en permission à Venise quand la guerre fait trêve. J'en serais plutôt heureuse, frappée autrefois par le deuil cruel que vous savez. Et combien en serais-je plus heureuse encore s'il avait pu être de vous !

» Nous ne savons pas grand-chose de saint Joseph, sinon qu'il a épousé une fille enceinte, dont il a élevé le divin bâtard. Mais la toujours Vierge avait accepté la visite de l'Esprit Saint. Vous suivrez d'autant mieux le bon exemple de Joseph que je ne suis pas responsable de cette grossesse, où la main de la Providence est donc particulièrement évidente. Tout enfant est à l'image de Dieu. C'est Dieu que l'on accueille en lui. C'est Dieu que l'on maltraite en le maltraitant. Mais je ne pense pas que la nouvelle fasse le bonheur de votre mère, ledit enfant ayant été conçu – et par ses soins ! – en légitime mariage.

» J'ai le pressentiment que notre union a déchaîné tant de haines et de dangers que mes jours sont comptés. Si la mort ne devait pas me séparer de vous quelque temps, je la verrais arriver avec une parfaite tranquillité.

» Que vous dirai-je encore qui ait de l'importance ! Tradenico s'est jeté sur moi pour Pâques, suivi de votre sinistre Trivulzio, qui est en fonds depuis son retour de France. Je les reverrai sans doute à la Pentecôte, si mon état n'est pas trop avancé... Je brûle de faire parler ce Trivulzio de vous, mais ne le pourrais sans risquer de trahir la nature de l'intérêt que je vous porte si affectueusement. Cette discrétion est le moins que je vous doive.

» On profite du beau temps pour réparer l'immense toiture de votre palais, où des cheminées menaçaient ruine; la Ca'd'Oro est à moitié terminée, et les fêtes suivent leur train. On a récemment brûlé quelques sodomites, mais il reste beaucoup de diables en circulation, et Tradenico n'est pas l'un des moindres !

» Méfiez-vous des petits diables français, moins rusés que les vénitiens, mais la ruse – et je vous aime ainsi ! – n'est pas non plus votre point fort. Veillez bien sur vous et sur votre jeune âme. Avant de penser et d'agir, relisez les Evangiles, source de tout courage et de toute prudence. Faute de quoi, vous ferez votre malheur et celui de ceux qui vous sont chers.

» Je ne manquerai pas de vous récrire s'il se passe un événement digne d'être noté. Ma vie de tous les jours, vous devinez ce qu'elle est, et elle dissuade d'en parler.

» Je vous embrasse de tout cœur, dans la vive espérance que mes sentiments et mes prières vous inciteront à de bonnes actions longtemps après que j'aurai trouvé, non pas, comme on le dit si mal, l'éternel repos, mais bien l'éternelle activité de l'amour.

» En tout cas, quoi qu'il puisse m'arriver, ne vous vengez point de ceux qui auraient pu me faire du mal. Vous me feriez pleurer dans ma tombe. Dieu se chargera mieux que vous d'administrer toute justice. »

J'avais laissé échapper des gémissements étouffés durant cette maudite lecture. Pressé de questions par Catherine et par John, je balbutiai, à bout de nerfs et de solitude, un obscur résumé de mes peines...

« Mon oncle et parrain, l'amant de ma mère, a tenté de violer ma femme, enceinte d'une troupe de mercenaires autrichiens, dans le bordel où elle attend mon retour. Et encore, je ne dis pas tout... N'y a-t-il pas de quoi gémir ? »

Le contraste était tel avec le vertueux passage lu un moment plus tôt, que l'on crut que j'avais perdu l'esprit. Ce que je racontais ne faisait pas vrai.

Près de trente ans se sont écoulés depuis, et j'ai eu maintes occasions de constater que la vérité est des plus banale ou difficilement croyable. Ce pour quoi les faiseurs de romans prennent soin de présenter une vérité qui sonne vrai pour la bonne raison qu'elle est fausse, fabriquée dans cet espace rassurant et conventionnel qui se situe entre les réalités journalières et les réalités extravagantes. Quel auteur romanesque aurait osé imaginer l'histoire de Lucretia ou celle de la Pucelle ?

J'en avais trop dit ou pas assez. De fil en aiguille,

d'abord avec réticence, puis entraîné dans un torrent de mots, je narrai toute l'affaire – exception faite, bien sûr, de l'accréditif de complaisance. Ce que je n'aurais jamais avoué à des Vénitiens, j'éprouvais du réconfort à en faire profiter des étrangers qui m'inspiraient confiance.

Mon récit plongea l'auditoire dans la plus sympathique stupeur, nous étudiâmes la situation sous tous les angles et, quel que fût leur amical désir de me rassurer, John et Catherine durent bien reconnaître que ma mère avait de plus en plus de motifs de faire assassiner ma femme, soupçonnée de vouloir s'évader par mon entremise en portant un héritier qui lui ferait horreur dès qu'elle apprendrait son existence – sans parler du risque que lui reviennent aux oreilles les libidineuses approches de l'oncle !

Un seul argument me laissait bon espoir : il n'était pas facile de faire assassiner Lucretia sans éveiller le moindre soupçon, et ma mère savait que je la tuerais de ma main si la mort était seulement suspecte.

« Hélas, dit Catherine, l'ingéniosité des assassins est extraordinaire. Savez-vous comme Giac s'y est pris pour tuer sa première femme après qu'il eut jeté son dévolu sur moi ? Un hiver, il est parti chasser en sa compagnie alors qu'elle venait de boire du poison. Puis il est allé quérir du secours, le temps que la malade fût dévorée toute crue par les bêtes sauvages. N'est-ce pas une trouvaille ? »

La comtesse se leva pour prendre sur l'étagère d'un dressoir un grand plat d'argent délicatement ciselé, qu'elle me remit avec ces chaleureuses paroles :

« Vous m'avez émue, mon ami ! Acceptez ceci pour contribuer à la rançon de votre malheureuse Lucretia. Il s'agit de l'une de ces pièces que j'ai dû défendre du bec et des ongles contre les gens de La Trémouille et de Richemont, le matin où ils ont surgi avec fracas pour arracher Giac de mon lit. Il n'avait pas que de mauvais côtés, ce Giac... »

J'embrassai Catherine avec reconnaissance.

« J'avais songé, me souffla-t-elle, à un tout intime petit dîner à trois. Je plais beaucoup à Stanley, qui m'a déjà enseigné la prononciation de quelques mots d'anglais : non pas celle des professeurs, mais la vraie, que les Anglais sont seuls à connaître. Cependant, après les inquiétantes nouvelles que vous avez reçues, nous dînerons avec le roi et mon mari. Ce sera moins drôle, mais plus convenable. »

Le geste avait de la délicatesse.

Nous bavardâmes un moment à bâtons rompus avant de passer à table. John me fit observer que mes malheurs venaient de l'esclavage, cette tare honteuse que le pays de la Grande Charte ne connaissait point, et Catherine renchérit en disant qu'à m'entendre, les Vénitiens, grands amateurs de bordels, semblaient moins vertueux encore que les Valois.

Le patriotisme vénitien est extrêmement chatouilleux, puisque Venise est la ville la plus belle, la plus riche et la plus sagement gouvernée de la terre.

Pour les besoins de la cause, je rappelai donc qu'en conséquence de la doctrine augustinienne sur les mœurs, Venise était au contraire d'une vertu presque excessive : les moindres mauvaises pensées qui auraient pu troubler la société établie y trouvaient promptement l'exutoire de tous les bordels possibles. Les bordels de Rome, la grande concurrente de Venise en vertu, étant moins exemplaires, vu qu'ils visaient par priorité au soulagement des pèlerins et des prêtres de la curie pontificale.

« Quant à l'esclavage, ajoutai-je, si c'était un mal en soi, le Christ et l'Eglise s'en seraient aperçus. La plupart des gens aspirent au fond d'eux-mêmes à être dégagés de toute responsabilité, la liberté, dont pourtant ils parlent sans cesse, leur fait peur, et leurs vraies aspirations seraient comblées par la paternelle autorité d'un bon maître. Mais tant vaut le maître, tant vaut l'esclavage. Les premiers chrétiens ne se bousculaient-ils pas pour être esclaves des apôtres ?...

» En somme, je ne suis victime ni des mœurs ni des

institutions de Venise. Je suis victime d'abus, et les abus se glissent partout. J'en ai même vu quelques-uns en France ! »

Je garde un souvenir assez confus de ce dîner sans appareil, car je demeurais troublé et très préoccupé. Nous n'étions que cinq, le roi au centre, flanqué de La Trémouille et de sa femme, Stanley à côté de Catherine, et moi, près du gros Georges.

Il me souvient que la conversation traîna quelque temps sur mes douze prisonniers et sur l'étonnant mérite que j'avais eu de les capturer à moi tout seul au sein des Tourelles assiégées. La modestie me réduisant au silence, John – témoin oculaire et pour cause ! – fit l'éloge de ma valeur en proférant d'énormes mensonges, qui tenaient de l'épopée antique et du roman de chevalerie, et montraient bien que les Anglais pouvaient montrer une belle imagination – pourvu qu'on les ait fait boire.

Ainsi se constitue peu à peu la vérité historique. Je me demande ce que les générations futures pourront savoir de cette guerre de France...

La seule histoire digne d'inspirer confiance, c'est celle que nous rapportent les Evangiles synoptiques : les témoignages, qui se recoupent – et mieux encore, se contredisent parfois sur des points de détail ! –, y ont la fraîcheur des choses vues par des simples dépassés par l'événement. Saint Jean est également digne de crédit dans le fond, mais il a écrit dans sa vieillesse, après avoir beaucoup réfléchi, et l'éloquence supérieure qu'il prête à Jésus est très différente de celle, fort simple, des synoptiques. Une intéressante question se pose, dont je doute qu'elle soit jamais résolue : Matthieu, Marc et Luc ont-ils résumé les propos du Christ, qui se serait vraiment exprimé dans cette prose johannique peu adaptée, le plus souvent, à des auditoires populaires, ou bien Jean aurait-il développé dans son propre style les paroles de son Maître qui l'avaient frappé, lui faisant dire ce qu'il aurait pu dire si la foule avait été capable de comprendre ? Il n'est d'ailleurs pas exclu que Jean ait bénéficié de confidences particulières, où Jésus aurait naturellement adopté un autre ton.

La Trémouille m'assura qu'il s'occupait activement de mes rançons, mais qu'il me faudrait une longue patience pour en voir la couleur. Et il hésitait à avancer une somme quelconque, car il était courant qu'à l'instant de se rendre, un chevalier de fortune médiocre se crédite d'une valeur très exagérée, dans l'espoir d'accroître ses chances d'être épargné. John lui-même ne pouvait se porter tout à fait garant de la plupart de ses amis.

Je me rappelle aussi que le roi m'interrogea longuement sur les faits, gestes et dits de la Pucelle. La proche campagne de Loire lui inspirait déjà des craintes, et l'expédition de Reims, plus encore. Appréhensions très sensées, car le risque était grand, sur la Loire ou ailleurs, de rencontrer les Anglais en bataille rangée : ils feraient l'impossible pour barrer la route du sacre. Et si l'on se refusait à les combattre dans ces conditions défavorables, le sacre serait remis aux calendes grecques. Il fallait certes profiter de l'élan donné par Jeanne avant que l'enthousiasme ne retombe, mais comment concilier l'efficacité et la prudence ?

« Jeanne elle-même, dis-je au roi Charles, malgré le secours de ses Voix, n'a pas osé attaquer les Anglais qui offraient la bataille devant Orléans, au matin de leur départ.

– Et elle a eu raison, sire, souligna fièrement John. Rien ne peut briser le mur de flèches de nos " yeomen " bien retranchés ! »

L'accord étant général là-dessus, je précisai toutefois :

« Encore faut-il qu'il y ait mur de flèches et retranchement ! A Verneuil, Bedford a certes attendu l'attaque française de l'aube jusqu'au milieu de l'après-midi, et son triomphe a été écrasant. Mais les Français conservent toutes leurs chances si les deux armées se rencontrent par hasard dans le plus parfait désordre, sans que personne ait eu le loisir de prendre ses dispositions. Et avec Jeanne, cet improbable accident est à envisager, car son tempérament la pousse à marcher toujours de l'avant et à rechercher le contact. Admettons un tel accident, la défaite anglaise pourrait être lourde : le génie des Français les a accoutumés à combattre en désordre, alors que l'ordre est pour l'Anglais une seconde nature. Privé de son ordre habituel de combat, livré à lui-même, le " yeoman " doit perdre la tête.

– Oui, dit John en riant, notre stratège vénitien n'a pas tort : la seule chance des Français est de rencontrer les Anglais dans les brouillards de la Tamise ! »

Le roi hésitait à risquer sa couronne dans la brume. Je déclarai que la solution du problème était d'ordre métaphysique : faire ou non confiance à la Pucelle pour entrer dans le brouillard par la bonne porte et en sortir à son avantage. N'avait-elle pas fait virer les vents en amont d'Orléans, tour de passe-passe prometteur, qui n'était pas à la portée de tout le monde ?

Après une nuit d'insomnie, je regagnai Orléans, laissant le sire Stanley, officiellement prisonnier sur parole, aux bons soins de la comtesse, hospitalité qui avait tout l'agrément de La Trémouille : un amant anglais n'était pas plus dangereux pour ses intérêts qu'un amant vénitien. Au lit comme sous les armes, le rassurant étranger faisait prime chez les Valois. Il était entendu que je tirerais John de ces délices de Capoue dès qu'une bonne perspective se présenterait de passer chez Bedford. D'Alençon et Jeanne s'apprêtaient à assiéger Jargeau, et ce n'était pas là une occasion favorable.

Le 11 juin, l'armée était aux environs de la place, où Suffolk, décidément toujours surpris par la nouvelle agressivité des Français, s'était jeté avec un millier d'hommes. Mais d'Alençon et ses capitaines parlaient déjà de se retirer, car le bruit s'était répandu que Falstaff accourait avec d'importants renforts. Falstaff, sans cesse annoncé et jamais présent, dont le fantôme avait déjà plané sur les derniers jours du siège d'Orléans, était un prétexte tout trouvé pour prendre la fuite. Les Français souffraient d'ailleurs d'une remarquable infirmité mathématique : ils avaient coutume, en toute bonne foi, de voir six Anglais là où il n'y en avait qu'un. Les plans d'opérations s'en ressentaient fâcheusement.

Mais la Pucelle n'avait pas peur de Falstaff, et elle comptait les Anglais sans se troubler, comme elle avait compté les moutons de son père avant de les mener à l'abattoir.

« *Ne craignez aucune multitude, dit-elle au Conseil de ce jour, et ne faites aucune difficulté pour donner l'assaut, car Dieu conduit notre affaire. Si je n'étais pas sûre que Dieu conduise notre affaire, je préférerais garder les brebis que de m'exposer à de tels périls.* »

Beau courage sans doute, mais qui donne plus haute opinion encore du courage des incrédules, qui ne sont sûrs de rien!

Réconforté, d'Alençon décida de persévérer, et Jeanne somma Suffolk de livrer Jargeau au roi des Cieux et au Dauphin, lui promettant le massacre au cas où il s'obstinerait dans sa coupable incroyance. Suffolk avait entendu, et même lu, quelque chose de ce genre devant Orléans, et mal lui était advenu de prendre cette théorie à la légère. Etant donné la disproportion des forces, Suffolk, dans l'attente de Falstaff, au lieu de se répandre en injures obscènes, fit répondre poliment qu'il se rendrait s'il n'était secouru sous quinzaine. On eût fait son jeu en traitant à ces conditions.

Dans la matinée du dimanche 12 juin, la Pucelle ayant dissipé les dernières hésitations du Conseil, l'assaut général fut donné à la ville, dont le rempart avait été ébranlé par l'artillerie à poudre la veille.

Les Anglais résistaient énergiquement depuis trois heures, lorsque Jeanne, frappée à la tête par une pierre, fut précipitée en bas d'une échelle. Mais sa chapeline de soldat d'élite l'avait protégée, et elle se releva en criant de toutes ses forces :

« *Amis, amis, sus! Notre Sire a condamné les*

Anglais! A cette heure, ils sont nôtres, ayez bon cœur! »

Dans la bouche de la Pucelle, l'expression « notre Sire » équivalait à « roi du Ciel » ou à « Dieu ». L'esprit concret de Jeanne la portait à utiliser volontiers les deux premiers synonymes. Naturellement influencée par l'ordre social de son pays, elle se faisait du Paradis une image toute féodale, en conformité, d'ailleurs, avec un préjugé populaire bien établi. Et le roi, l'Eglise complice, étaient heureux de cette grossière confusion : si Dieu ressemblait tant au roi, le Prince en prenait un petit air divin qui pouvait toujours être utile. On dira que je ne rate pas une occasion de faire l'éloge de ma patrie, mais enfin, le Vénitien le moins instruit ne s'imagine pas Dieu sous les apparences d'un doge! Les peuples ont les pauvres idoles qu'ils méritent.

Archicondamnés par l'archisuzerain de l'humanité souffrante, les Anglais abandonnèrent leur rempart pour détaler vers le pont qui reliait Jargeau aux faubourgs de la rive droite. Mais le pont était bien étroit pour une telle cohue. La plupart des Anglais furent ainsi tués ou pris.

C'est dans la bousculade, à l'entrée de ce pont, que Suffolk dut se rendre à un simple écuyer d'Auvergne, non sans l'avoir préalablement armé chevalier : un chevalier ne remet pas son épée à n'importe qui! Mais je doute que le nouveau chevalier, un certain Guillaume Regnault, ait fait une brillante affaire : il appartenait au Bâtard, qui revendique sans façon pour lui la prise de Suffolk dans le procès « en nullité ».

Jargeau fut abominablement pillé, et la belle église du XIᵉ siècle, où s'étaient réfugiées des paroissiennes qui craignaient pour leur vertu, saccagée et brûlée de fond en comble. L'exaltation des vainqueurs était telle que d'Alençon décida d'expédier de nuit par voie fluviale sur Orléans les prisonniers de valeur pour protéger autant que possible leur existence, les autres devant être vulgairement acheminés à pied.

Tristan et moi, par suite de la sévère concurrence pour

s'adjuger les plus belles prises, n'avions pu ramasser qu'une trentaine de prisonniers qui ne valaient pas cher, et nous les vîmes partir le lendemain de bon matin dans une caravane d'environ six cents hommes, sous une escorte d'hommes d'armes, mais aussi de miliciens d'Orléans, désireux de regagner leurs foyers. Vu la proximité de Jargeau, de nombreux bourgeois de cette cité s'étaient laissé tenter par l'opération, dans l'espoir de faire quelque butin. Les Orléanais avaient enfin pris goût à la guerre et à ses menus profits. Les habitants de la ville martyre de Jargeau n'étaient pour eux que des étrangers.

L'armée du roi Charles comptait une vingtaine de tués, et j'ai bien vu enterrer trois cents Anglais de plus.

Le lundi 13 mai, peu avant midi, on était en train de recouvrir les dernières fosses, lorsqu'une quarantaine de malheureux Anglais ou Normands vinrent se jeter aux pieds d'Alençon et du Bâtard, qui s'empressa de passer à son confrère cette histoire désagréable : ladite troupe était tout ce qui restait des six cents prisonniers partis à l'aube, et les survivants n'avaient échappé au massacre que par la vitesse de leur course.

Un rescapé normand expliqua dans son patois que les hommes d'armes et les miliciens – ces derniers plus nombreux – s'étaient disputés tout au long de la route quant à l'attribution de certains prisonniers. Insatisfaits de leur part, les bourgeois furieux avaient enfin passé au fil de l'épée les captifs qui leur tombaient sous la main, tels des enfants gâtés qui cassent un jouet pour que personne n'en profite.

D'Alençon reçut de très haut cette racaille fugitive, sans noblesse ni valeur marchande, et rassura vaguement les plaignants, non sans rappeler qu'au soir d'Azincourt, Henri V avait également fait tuer des milliers de prisonniers français ou bourguignons du commun.

L'argument en valait un autre. Le passé offrait un

riche répertoire d'atrocités et de félonies réciproques à exploiter. En cherchant bien, le conflit franco-anglais n'avait-il pas débuté dès 1068, deux ans après la descente de Guillaume de Normandie en Angleterre, lorsque le Capétien Philippe Ier s'était jeté sur le Gâtinais, en attendant de s'en prendre au Vermandois et au Vexin? Et quand on reprochait aux Anglais le siège d'Orléans, entorse aux nobles usages parce que le duc était prisonnier chez eux, ils avaient plaisir à répondre que Philippe Auguste avait attaqué autrefois les fiefs français de Richard Cœur de Lion pendant que le roi était retenu prisonnier traîtreusement en Autriche, au sortir de la croisade de 1190...

On aurait pu quand même espérer mieux de soldats confessés, communiés, combattant sous l'étendard du Ciel dans une armée où les putains étaient persécutées. Mais comme il était à craindre, le tour passionnel donné au conflit par une théologie primaire n'avait fait qu'exacerber les cruautés.

Sur mes trente prisonniers, il m'en demeurait deux. J'ordonnai de les conduire à Sully, où ils feraient fonction de servants au sire Stanley.

Puis j'allai trouver d'Alençon sous sa tente, où il s'apprêtait à déjeuner de bon appétit en compagnie de la Pucelle, qui faisait plus triste mine. Il eut la bonté de m'inviter...

« J'ai perdu, lui dis-je, vingt-huit prisonniers dans le massacre, accident qui m'a coupé l'appétit. Vous n'êtes pas directement responsable de cette atteinte au droit des gens – qui risque hélas d'entraîner des représailles –, mais ces cadavres, qui va m'en verser le prix? »

D'Alençon me déclara que rien n'avait été prévu à cet effet et que je devrais passer ces maigres rançons par profits et pertes. Tels étaient les hasards de la guerre. Un riche Vénitien lui semblait d'ailleurs mal venu à s'inquiéter de si peu d'argent. La noblesse française regardait plus haut.

Blessé de cette insolente désinvolture, je me permis d'ajouter :

« Dans la mesure où le sort de votre amie Jeanne vous intéresse, je vous recommande vivement de faire pendre ces bourgeois assassins d'Orléans. Car les Anglais et Normands tués de si vilaine façon étaient des laboureurs, de même extraction que la Pucelle. Avez-vous songé un instant que si Jeanne se fait prendre par les Anglais, elle ne sera point, en dépit de son beau harnois ou de ses chausses bicolores, considérée comme chevalier, mais comme fille des champs ? Du moment que vous laissez massacrer impunément des “ yeomen ” ou des paysans de Normandie désarmés, Jeanne prisonnière n'aura pas à se plaindre si les Anglais l'égorgent, sans même se donner la peine de faire son procès. »

D'Alençon en resta la bouche ouverte comme une gargouille de cathédrale. Jeanne, déjà émue par tous les excès commis, fondit en larmes, et me dit que mes prisonniers seraient encore en vie si les sommations du roi du Ciel avaient été prises au sérieux. Elle était bien fâchée que les gens d'Orléans se fussent mal conduits mais, de toute manière, elle n'était auprès d'Alençon, sur l'ordre du roi Charles, que pour le faire bénéficier du Conseil de ses Voix. Et les Voix n'étaient évidemment pour rien dans cette horrible affaire, ni dans le honteux pillage de Jargeau, ni dans les viols, ni dans le saccage de l'église...

« En effet, ricanai-je ! Vous avez en partage l'inspiration, et d'autres, moins chanceux, le commandement effectif. De la sorte, les victoires sont à votre crédit et à celui du Ciel, mais ce qui se fait pour les obtenir ne vous regarde pas. La distinction est astucieuse, et vous pourrez toujours en faire profiter vos avocats au Jugement dernier... »

Les pleurs de Jeanne redoublèrent. Elle pleurait facilement, les bonnes raisons de pleurer ne lui manquaient point, et lui manqueraient moins encore par la suite.

Je me retirai là-dessus, pensant avec amertume aux avertissements éclairés de Lucretia. Mais n'étais-je pas pris moi-même, quoique pour des motifs bien différents, dans cette même souricière où la Pucelle s'était jetée?

XV

A ORLÉANS, la Pucelle s'était soigneusement abstenue de combattre le dimanche 1er mai, le jeudi de l'Ascension et le dimanche 8 mai. Or sur ses incitations pressantes, Jargeau avait été pris un dimanche : le temps pressait, puisqu'on redoutait l'apparition de Falstaff.

Pour les Vénitiens, la guerre est d'abord une chose coûteuse, donc sérieuse. Ils la font le moins souvent possible, mais tous les jours quand ils la font, car les frais courent tous les jours. Au contraire, des siècles durant, la noblesse de France avait fait la guerre pour motifs de convenances personnelles, le plaisir en étant rarement absent. Pour limiter les dégâts dont souffraient les cultures et les populations – notamment sur les terres ecclésiastiques! – l'Eglise avait interdit ce jeu certains jours ou à l'encontre de certaines catégories de personnes. Il en résultait que ces vieux interdits persistaient à s'appliquer à la guerre entre Charles VII et Bedford, qui n'était pas seulement commandée par l'esprit « desportif », et la trêve du dimanche demeurait spécialement sacrée.

Après avoir entendu Jeanne déclarer qu'elle ne craignait aucune multitude, il était inquiétant de la voir transiger avec sa conscience sous prétexte d'efficacité. Mais elle était aux prises avec l'éternel problème de la fin et des moyens, et d'une manière d'autant plus douloureuse que sa piété était plus vive et plus sincère. C'est assurément pour épargner ce problème aux chrétiens épris de perfection que la doctrine leur conseille de ne pas se frotter au monde de César, à ses pompes et à ses œuvres, mais de se retirer plutôt dans une cellule de cloître. Et parmi toutes les dangereuses occasions d'accommodements que le monde fait miroiter, la conduite d'une guerre à la fois étrangère et civile est bien la pire : comment s'en tirer les mains nettes ? La Pucelle mettra du temps à fuir le monde et, malheureusement pour elle, sa cellule sera anglaise.

Après avoir ainsi réglé dans le sang le sort de Jargeau, l'armée marcha sur Beaugency, passant de l'est à l'ouest d'Orléans. A notre approche, Talbot s'enfuit de la ville avec quelques centaines d'archers d'élite pour rejoindre Falstaff, ne laissant derrière lui qu'une faible garnison, qui abandonna le mur d'enceinte pour se retrancher dans le château, sur une butte dominant la Loire. Les fortifications du XIe siècle n'ayant pas été modernisées, il était probable que ledit château ne pourrait tenir longtemps.

C'est alors que survint, comme la foudre dans un ciel sans nuages, le connétable Arthur de Richemont avec huit cents archers et quatre cents lances, soit plus de trois mille Bretons de ses troupes personnelles, afin de participer dans le camp valois à la campagne sur la Loire. On se demande encore aujourd'hui quel ange ou quel démon avait poussé ce féodal de stature internationale à engager de tels frais et à courir de tels risques pour rentrer en grâce auprès du roi Charles, qui l'avait fort maltraité, et dont il savait parfaitement qu'il était toujours sous la coupe de son ennemi intime La Trémouille. Bien sûr, Richemont adorait guerroyer et il en avait les moyens, mais il aurait pu aller s'amuser ailleurs. Son équipée était d'autant plus étrange que le roi, averti de son départ, lui avait fait dire de rebrousser chemin, sous peine d'être attaqué ! A première vue, le parti de Bedford semblait lui offrir des possibilités plus aimables et mieux en accord avec un scrupuleux souci de l'indépendance bretonne, car il est toujours préférable d'être séparé de son suzerain par un bon bras de mer. Peut-être, las de l'inaction, le connétable en disgrâce avait-il joué aux dés son nouvel engagement ?

Mais si l'irresponsabilité de Richemont était probable, celle du roi Charles et de La Trémouille était certaine, et même monumentale. A un moment où le Prince jouait son trône dans des opérations décisives, refuser un énorme renfort de troupes fraîches était absurde. Rien n'empêchait d'utiliser Richemont pour le congédier ensuite. C'est d'ailleurs ce qu'on devait réaliser bientôt sans le faire exprès !

Lorsque les bannières de la brillante armée bretonne s'en vinrent flotter à l'horizon, d'Alençon se frotta les yeux et son premier réflexe fut de fuir pour esquiver la difficulté. L'idée que Richemont passerait outre aux ordres du roi n'était venue à personne.

Il est vrai que la position du jeune général était des plus inconfortable. Parent de Richemont, il serait accusé de complot s'il accueillait le connétable. D'autre part, attaquer les Bretons sous le nez des Anglais pour faire plaisir à La Trémouille et au roi Charles eût été un suicide, et le secours imprévu qui se présentait pouvait être d'une importance capitale.

Après de longues discussions, le Conseil, sous l'influence de Jeanne, se rallia à une solution boiteuse, mais hautement diplomatique : Richemont aurait ses quartiers séparés !

Comme Richemont descendait de son coursier, la Pucelle lui dit :

« *Ah, beau connétable, vous n'êtes pas venu de par moi, mais puisque vous êtes venu, vous serez le bienvenu !* »

Propos de bon sens, mais qui, rapporté au roi, ne pourrait qu'exciter sa méfiance.

Le premier effet de l'arrivée de Richemont fut que la maigre garnison anglaise du château branlant de Beaugency se déclara prête à se retirer, offrant des otages et s'engageant à ne pas combattre avant une dizaine de jours, et le Conseil, persuadé que la bataille aurait lieu avant l'expiration du délai, autorisa le retrait à ces conditions.

La réputation militaire de Richemont demeurait, à tort ou à raison, considérable, alors que celle d'Alençon était nulle, et celle de la Pucelle, tributaire de considérations célestes. La prétention du roi de faire repousser son connétable par les armes était d'autant plus irréaliste que Richemont avait conservé de nombreuses amitiés dans l'armée, à laquelle il inspirait une grande confiance.

Le 17 juin, le circonspect Falstaff et le bouillant Talbot, qui s'étaient longuement disputés sur l'opportunité de livrer bataille, furent en vue avec des forces réunies qui dépassaient de peu celles du seul Richemont. Les Anglais étaient environ trois mille cinq cents, il restait à d'Alençon, après les désertions et vadrouilles d'usage, dans les six mille hommes, ce qui lui en faisait bien neuf mille avec les Bretons. La présence extravagante du connétable, qui paraissait indiquer une réconciliation entre le roi et son plus grand « condottiere », et la reddition prématurée de Beaugency étaient deux coups durs pour Falstaff, qui n'en disposa pas moins, faisant contre mauvaise fortune bon cœur, ses archers et sa cavalerie selon les règles.

Durant toute la journée, les Anglais agacèrent et provoquèrent les Franco Bretons pour les inciter à attaquer, mais trois contre un n'était pas une proportion rassurante, et Richemont, d'Alençon, le Bâtard, la Pucelle même, en plein accord pour cette fois, surent retenir leurs troupes de commettre une imprudence fatale.

Le lendemain matin 18, les Anglais avaient décampé vers la Beauce, sur la route de Patay et Janville. Impuissants à attaquer comme à se faire attaquer, ils n'avaient d'autre solution que de prendre le large.

C'est alors que le Conseil décida de les poursuivre, dans l'espérance de les affronter par hasard dans des conditions plus favorables. Pour des Français, une telle résolution était d'une témérité folle. Le regain d'optimisme dû à la présence de la Pucelle, qui tombait du Ciel, et de Richemont, qui était tombé sans crier gare, n'était pas étranger à la chose. Jeanne était naturellement persuadée du succès.

La fertile Beauce était en ce temps-là retournée à la friche, des bosquets et des broussailles avaient poussé, qui gênaient la vue. Marchaient en tête dans ce maquis La Hire et Xaintrailles, sur ces excellents chevaux qui sont le propre des éclaireurs habitués aux coups de main. Venaient ensuite les corps de bataille d'Alençon, de Richemont et de Vendôme. Pour obliger Richemont, qui se méfiait de la Pucelle, ne sachant trop si elle était de Dieu ou du Diable, on l'avait reléguée à l'arrière-garde, où elle se morfondait. Ma compagnie ainsi que de nombreux Ecossais et les Bretons de Rais, pour une fois indifèles à Jeanne, étaient avec d'Alençon. Les deux armées, anglaise et française, quoique par des chemins un peu différents, remontaient vers Patay.

Chez les Anglais, Falstaff chevauchait au centre avec ses hommes derrière une forte avant-garde, chariots et bagages suivaient, et Talbot fermait la marche avec ses archers.

La nouvelle que les Français étaient proches parvint tout à coup à Talbot alors qu'il franchissait avec son arrière-garde un long fossé agrémenté de haies. Les Anglais aimaient attendre l'ennemi sur des positions de ce genre, qui convenaient à leur tempérament défensif, alors que les impétueux Français affectionnaient les grands espaces libres où ils pouvaient galoper à l'aise, dans l'assaut désordonné comme dans la déroute consécutive. Talbot, 1er comte de Shrewsbury, avec la solide expérience que donne la quarantaine, disposa donc ses archers dans ce fossé, commanda que les chariots fissent demi-tour pour venir renforcer la défense dudit fossé, et fit prévenir Falstaff de rebrousser chemin avec tout son monde pour lui prêter main-forte. Ces sages dispositions auraient mérité un meilleur résultat.

Cependant, les Français que Talbot imaginait sur ses talons suivaient en fait à l'aveuglette une route convergente et, alors que les chariots amorçaient leur mouvement tournant, La Hire et Xaintrailles surgirent le nez en l'air, non pas de face, mais de flanc, et de façon à prendre le fossé en enfilade. Un coup d'œil leur suffit pour juger de leur chance, qu'ils eurent le mérite d'exploiter aussitôt, et l'élite française des chevaliers en harnois se jeta furieusement sur les archers anglais entassés au creux du fossé comme des harengs en cageot et dans l'incapacité de se servir de leurs arcs. Ce fut le début d'une grande et mémorable boucherie, d'Alençon et Richemont venant donner de tout cœur après l'avant-garde et massacrant les Anglais qui tentaient de s'échapper du trou.

Averti de la catastrophe menaçante, Falstaff piqua des deux en personne pour rallier sa propre avant-garde, qui se composait de cavaliers. Mais les gens de l'avant-garde, voyant leur général courir à perdre haleine en tournant le dos au combat, crurent qu'il s'enfuyait, furent pris de panique, et se mirent à courir plus vite que lui. Pendant cette malheureuse expédition, d'une durée imprévue, les soldats du corps d'armée de Falstaff, livrés à eux-mêmes, ne sachant s'ils devaient avancer vers Patay ou reculer vers les chariots en laborieuse évolution, tiraient à hue et à dia. Quand Falstaff s'en revint, ayant définitivement égaré son avant-garde, le vaillant Talbot était pris, le désastre, sans remède, et il ne lui restait plus qu'à partager le sort des fuyards, exposés aux coups de la cavalerie française.

Depuis que j'avais pris connaissance des lettres de Lucretia, j'étais assailli des plus noirs pressentiments, aggravés encore par l'ignoble sac de Jargeau, et la peur me tenaillait de lui porter malheur en recherchant désespérément de l'argent par des moyens qu'elle jugeait indignes. Lorsque, à la suite de notre avant-garde, ce fut à ma compagnie de marcher, un grand vertige, un grand désir d'en finir, de me faire tuer pour bien assurer l'avenir de ma femme, me posséda soudain, et je me jetai à corps perdu dans la mêlée. Je tuai d'abord des Anglais affolés qui se défendaient mal, et bientôt des Anglais résignés qui se laissaient égorger comme des moutons. Après en avoir expédié une longue brochette, l'épée me tomba des mains, et je me retirai écœuré du carnage. Pour me faire tuer, j'avais mal choisi mon jour : les pertes françaises et bretonnes furent de trois hommes à Patay, les pertes anglaises, de deux mille environ – une centaine de prisonniers de quelque valeur ayant été laissés en vie, dont Tristan avait pris quatre, destinés aux bons soins de La Trémouille.

Si l'on tient pour miracle l'accumulation des coïncidences les plus improbables, Patay fut un miracle parmi les plus sanglants, et qui ne devait pas se reproduire de longtemps. Il n'y avait pas une chance sur des milliers que des Français excités par un Richemont et une Pucelle se lancent aux trousses de deux capitaines anglais réputés, que le contact se fasse de flanc entre avant-garde et arrière-garde juste au moment où les archers de Talbot venaient de s'entasser dans leur mortel fossé, que Falstaff enfin, voulant rameuter sa cavalerie, porte la pagaille à son comble.

Tout fut si vite consommé que le massacre touchait à son terme lorsque la Pucelle arriva sur les lieux avec l'arrière-garde. Dans le fossé, on avait du sang jusqu'aux genoux, et Rais, jusqu'aux yeux : il n'avait jamais été à pareille fête et je ne devais plus revoir une telle accumulation de cadavres sur un espace aussi réduit !

Une scène de savoureux contraste m'eût alors fait bien rire si Lucretia n'avait occupé toutes mes pensées. On tuait à quelque distance les derniers archers derrière les haies, quand Jeanne descendit de cheval pour porter secours à un Anglais en fuite qu'on venait d'assommer sous son regard. Elle appela un prêtre, qui confessa le mourant, puis elle prit la tête de l'homme sur ses genoux et lui parla doucement, jusqu'à ce que son âme fût prête à s'envoler vers le Paradis. Car si « notre Sire » du Ciel avait condamné les Anglais en bloc, il ne les avait pas condamnés en détail, et il avait la charité de leur ouvrir le Paradis des Français. Avant de passer, bercé par une voix de femme inattendue qui devait lui rappeler celle de sa mère ou de sa femme à l'accent près, le soldat ouvrit les yeux, fixa le visage de la Pucelle... et eut un sursaut d'horreur qui précipita sa fin ! « Vous aviez oublié que vous étiez une sorcière, dis-je tristement à Jeanne. Le malentendu sera dur à dissiper... » Très choquée, elle pleura de nouveau, et ses larmes lui voilèrent miséricordieusement le charnier.

Je recommandai discrètement à Jean d'Aulon d'entraîner Jeanne à l'écart sous prétexte d'actions de grâces. Elle pleurait déjà sur le sort d'un Anglais : deux mille de plus, et sa provision de larmes eût été épuisée pour la semaine.

Poursuivant et taillant en pièces les restes de l'armée en déroute, on occupa Janville qui, volant au secours de la victoire, avait fermé ses portes aux fuyards, et dont le capitaine anglais livra le château sans difficulté, jurant de se comporter à l'avenir en « bon et loyal Français ». Janville était la base d'opérations de Falstaff et l'on y fit main basse sur son trésor de guerre et sur un matériel considérable.

Depuis que la Pucelle était sortie de Domrémy, les Anglais avaient perdu dans les 3 500 tués, sans parler de quelque quatre cents prisonniers de valeur, et ils avaient gaspillé des sommes énormes pour des résultats lamentables. Patay les mettait hors de combat pour des mois, facilitait la marche sur Reims, et ne favorisait pas le recrutement des « yeomen ». La déroute si totale et si surprenante de Falstaff en rase campagne confirmait les Français dans le sentiment que le Ciel avait embrassé la cause du roi Charles, et accablait les Anglais d'une crainte superstitieuse : ils avaient cessé d'être invincibles, et la seule explication de leurs malheurs réitérés ne pouvait être que magique.

Restait à régler la très épineuse affaire Richemont. C'était quand même grâce à l'appui bénévole du connétable que les Anglais avaient été accablés sous le nombre dans l'échauffourée imprévue de Patay, qui apparaissait comme un lieu prédestiné[1]. Et tandis que Richemont se morfondait à Beaugency et que l'armée fêtait sa victoire à Orléans, les amis du Breton, d'Alençon en tête, faisaient à Sully le siège du roi et La Trémouille pour obtenir son pardon. Mais le roi demeura inflexible et, dédaignant de venir se faire acclamer à Orléans, il fit enjoindre à Richemont de regagner ses domaines.

Une telle ingratitude jeta le connétable dans une rage folle, et il lui vint alors une idée de vengeance tout à fait baroque : faire enlever le porte-bonheur du roi Charles par un homme de main appelé Andrieu de Beaumont, et remiser Jeanne en lieu sûr dans l'une de ses forteresses. Il aurait eu alors, pour rentrer en grâce, une monnaie d'échange intéressante. Mais le projet échoua et Richemont dut partir sans la gracieuse compagnie espérée. La confrontation entre cette brute fantasque et cette entêtée de Pucelle n'eût pas manqué de piquant !

Jeanne rencontra bientôt son Dauphin à Saint-Benoît-sur-Loire, d'où elle rentra toute déconfite : le roi, moins aimable qu'à l'ordinaire, hésitait encore à partir pour Reims, et il lui avait conseillé, mi-figue mi-raisin, de prendre un peu de repos !

De toute manière, les opérations devaient se poursuivre et, désireux de ne pas rater la moindre occasion de me constituer prisonnier, j'allai récupérer John à Sully, où il avait ardemment fait le bonheur conjugué, sinon conjugal, de la comtesse et du gros Georges.

Après dîner, le roi Charles m'invita à un entretien particulier, dans le dessein de me sonder sur ce qu'il

1. L'armée française de la Loire fut défaite deux fois de suite à Patay, les 2 et 4 décembre 1870.

appelait le « complot Richemont ». L'apparition du connétable avait donné à Charles un choc dont il avait du mal à se remettre et qui l'avait plus touché que la victoire de Patay. Selon lui, il était exclu que Richemont eût agi seul et il n'avait quitté son repaire que parce qu'il savait pouvoir compter sur des complicités nombreuses et influentes. La manière scandaleuse dont Alençon et Jeanne l'avaient accueilli, la qualité des gens qui avaient intercédé en sa faveur – jusqu'à Yolande d'Aragon! –, renforçaient le soupçon.

Je ne cachai pas au roi que mon analyse était inverse : le plan du connétable avait été de mettre par surprise tout le monde devant le fait accompli, et il n'avait pas eu besoin pour ça de complicités, qui eussent au contraire risqué d'éventer l'affaire.

Et je me permis même de déclarer :

« J'ai l'impression que, pour une fois, Votre Majesté raisonne en Vénitien! C'est-à-dire de façon trop raisonnable et trop logique, alors que Richemont, comme beaucoup de ses confrères, est un impulsif, à la conduite déroutante. Il n'y a point de clefs pour ouvrir de telles serrures. Et, voulant à toute force en trouver une, on envisage des complots imaginaires, l'une des spécialités de la police de Venise! »

Le roi parut tout requinqué par mon diagnostic.

« Oui, c'est après tout possible, me dit-il. A vouloir être méfiant, on devient crédule. »

J'essayai de savoir si la marche sur Reims était ou non décidée, mais Charles hésitait toujours.

« Il faut pourtant se résoudre à quelque chose, soupira-t-il. Depuis la nouvelle de Patay, des hommes affluent pour s'enrôler, qu'il serait malséant de décourager, et la difficulté est grande de les payer et de les nourrir. Nous devons partir en campagne pour que cette foule puisse vivre sur les pays traversés. D'Alençon pencherait plutôt pour une action en Normandie. Mais vous pensez bien que je ne tiens guère à le voir retrouver son duché avant d'avoir reconstitué mes forces. Tôt ou tard, il intriguera[1]... D'autres voudraient assiéger La Charité-sur-Loire avant de prendre la route de Reims. Paris est hors de question : après extermination des " Armagnacs ", toute la ville, derrière sa fameuse Université, en tient pour la Bourgogne, et les dépenses d'un long siège seraient insupportables. Reste Reims, bien sûr...

» La Pucelle, ma belle-mère Yolande, Vendôme, poussent de ce côté. La partie, cependant, n'est pas jouée d'avance. Certes, après le coup heureux de Patay, il n'y a plus de fortes réactions anglaises à craindre dans l'immédiat. Mais sur un aussi long parcours, l'armée risque de mourir de faim et de se débander si les villes bourguignonnes ou françaises qui jalonnent l'itinéraire refusent d'ouvrir leurs portes, et même de la ravitailler, ce qui est probable. Faute de vivres et de matériel, on ne pourrait les assiéger, il est douteux qu'on parvienne à les prendre d'assaut et, dans les deux cas, l'effet produit serait déplorable.

» En somme, j'aurais beaucoup à perdre dans cette aventure, pour un bénéfice qu'il faut se garder d'exagérer. C'est le populaire, qui est fasciné par le sacre, et ces gens-là ont peu de poids dans la guerre. Les capitaines étrangers, ceux qui, comme vous, m'inspirent une confiance particulière, se moquent bien du sacre; les Princes, le haut clergé, font tout au plus semblant de prendre la cérémonie au sérieux; et quand l'archevêque de Reims lui-même raconte l'histoire de la sainte huile apportée par la colombe pour le sacre de Clovis, produit miraculeux dont le niveau ne baisserait jamais dans la sainte Ampoule, il a du mal à ne pas sourire. »

Je demandai au roi Charles quelques éclaircissements supplémentaires sur cette ténébreuse histoire, qu'un esprit vénitien avait peine à assimiler.

1. Avant même le retour de la Normandie à Charles VII, vers 1449-1450, d'Alençon, comme pour se préparer à sa trahison finale, trahira deux fois son roi, de connivence avec les Anglais et avec bien d'autres Princes du Sang : lors de la « Praguerie » en 1440, puis à Nevers, en 1442.

« On nage, hélas, en pleine confusion. La légende a prévalu que les rois de France avaient été sacrés sans interruption depuis Clovis, lequel a seulement été baptisé. En fait, le premier sacre concerne Pépin le Bref, au milieu du VIIIe siècle : son usurpation au détriment des Mérovingiens avait besoin de la caution de l'Eglise. C'est à partir de Charlemagne que le couronnement est associé au sacre, et c'est à partir de 869 que sacre et couronnement ont lieu, en principe, à Reims.

– Par conséquent, sire, l'huile de la sainte Ampoule n'a pu servir à sacrer Clovis à la fin du Ve siècle. Mais quelle serait donc, selon les théologiens, la définition exacte du sacre des rois de France ?

– Ah, Messire, personne ne le sait, et j'aimerais bien le savoir moi-même !

– Votre Majesté plaisante ?!

– Pas le moins du monde ! Jugez-en plutôt...

» L'onction royale du sacre s'effectue avec un mélange de deux produits : l'huile de la sainte Ampoule, dont personne ne peut dire d'où elle sort, mais qui ne remonte sûrement pas au-delà du XIIe siècle; et un saint chrême, analogue à celui qui sert à l'onction des évêques.

» Au début du XIIIe, lorsque le grand Innocent III précise la théorie des sept sacrements chrétiens, il en exclut catégoriquement le sacre, et rappelle que le saint chrême doit être réservé à l'onction épiscopale. Le sacre royal était la bête noire du pape Innocent, qui a travaillé à le chasser d'un peu partout, mais il a échoué en France et en Angleterre, où les clergés locaux ont opposé une résistance passive, et ses successeurs ont eu d'autres chats à fouetter que d'en venir à bout.

» Comme vous le voyez, non seulement la papauté n'a donné aucune définition théologique du sacre royal français ou anglais, mais elle s'est efforcée de l'anéantir, le jugeant ambigu, superflu et trompeur. Que l'huile de colombe mythique fasse double emploi avec un chrême condamné ne rend pas la formule plus recevable en théologie élémentaire. Le sacre, religieusement parlant, n'est qu'une tolérance maussade et sceptique de Rome.

» Toutefois, si les fondements théologiques de l'affaire sont insoutenables, les conséquences politiques n'en sont que trop claires. Pour le peuple, c'est le sacre qui fait vraiment le roi, et que cet être en marge, moitié laïc moitié prêtre, n'ait pas sa place en théologie ne le gêne aucunement. Depuis le XIIIe siècle, époque où l'on a cessé de compter les années de règne à partir du jour du sacre, les rois de France ont travaillé à répandre l'idée que le roi est roi dès la mise en terre de son père, que la cérémonie du sacre n'accroît en rien son autorité ni ses droits, ne marque aucune subordination du roi à l'Eglise, à plus forte raison aux douze pairs de France qui y font traditionnellement de la figuration. Peine perdue! J'ai renoncé à chapitrer Jeanne là-dessus, j'y aurais gâché mon temps. Les rois, mon cher Condulmer, doivent composer avec les préjugés, en conserver le meilleur, et en atténuer les inconvénients. Il faudra que j'en passe un jour par ce sacre dont je me passerais bien, et je ne serai pas le dernier. »

Le manque d'enthousiasme du roi pour sacrifier au préjugé populaire était compréhensible. Orléans et Patay avaient été tout bénéfice, mais Charles allait devoir à présent donner de sa personne.

Nous étions sortis, par une nuit très claire après une journée radieuse, faire un tour de jardin au bord de la Loire, dont l'eau semblait couler comme du plomb fondu sous la lune. Reims était diablement loin de cette région restée malgré tout souriante où ce roi casanier avait pris ses habitudes...

« Votre Majesté, dis-je à la réflexion, me paraît avoir un motif déterminant de partir pour la Champagne : arriver bon premier dans la course au sacre. Faute d'avoir clairement saisi les sentiments du peuple, Bedford a négligé jusqu'à présent de faire sacrer le petit Henri VI – son neveu et le vôtre, sire! –, mais il peut à tout moment réparer sa grossière erreur, et ce serait un mauvais point pour la cause valoise. Ce peuple ignorant compte quand même un peu.

– Oui, s'il n'y avait cet argument, je ne serais pas pressé de prendre la route. Le dilemme est clair : si j'échoue, l'impression sera désastreuse, et si je réussis, on parlera encore de miracle... »

L'aveu était étrange, mais très révélateur. On sentait chez le roi un certain désenchantement à l'égard de la Pucelle, dont le prétendu « complot Richemont » ou d'autres innocentes maladresses n'étaient que des causes accessoires. Le mal était plus général et plus profond. Charles avait souhaité désespérément qu'un miracle le tire d'embarras, et puis il était en train de se rendre compte des graves inconvénients du miracle à répétition pour le prestige et l'autorité d'un jeune souverain.

Après avoir reconnu le roi par miracle, lui avoir clamé aux oreilles qu'il était par miracle le fils de son père fou, Jeanne s'était débrouillée pour donner aux victoires d'Orléans et de Patay des allures de miracles, et si le « Dauphin » parvenait à Reims, on dirait encore que c'était par miracle! Abreuvé de miracles, le roi aurait souhaité que ses qualités de gouvernement fussent enfin prises en considération. Il lisait déjà dans une chronique à venir cette phrase terrible : « Charles VII fut un Prince si falot qu'il ne parvint à sauver son trône que par une succession ininterrompue de miracles. » Jeanne en faisait trop, et il était temps, en effet, qu'elle se reposât. Même le sacre, elle risquait d'en faire sa chose! L'ennui serait pour Charles, et la gloire, pour elle.

Je tentai de réconforter le roi...

« La Pucelle a raconté partout que ses Voix lui avaient ordonné de débloquer Orléans et de mener le « Dauphin » à Reims, mais elles n'en ont pas ordonné davantage et Jeanne serait malvenue d'annoncer à retardement un gros supplément au programme : la garantie du Ciel ne serait plus aussi évidente. Dans l'intérêt de l'inspirée comme dans celui du trône, il serait opportun, je pense, de lui accorder une retraite honorifique après le sacre – si tant est que Reims nous accueille jamais...

– Oh oui ! approuva le roi. Si le sacre me sourit un jour, je ne manquerai pas de rappeler à Jeanne que, de son propre aveu, sa mission est terminée et qu'il ne faut pas abuser des dons du Ciel. Je ne vais quand même pas être poursuivi durant vingt ans par des miracles : je n'aurais plus rien à faire ! Après Reims, de toute manière, c'est la voie royale de la négociation avec la Bourgogne qui serait ouverte, et je n'ai guère besoin de la Pucelle pour m'aider à négocier avec mon beau cousin de Gand : elle en veut aux Bourguignons plus encore qu'aux Anglais.

– La retraite de cette Pucelle au sortir du sacre serait d'autant plus souhaitable, sire, qu'elle se bat toujours au premier rang avec une incroyable audace. Personne n'est capable de la retenir, et elle a déjà été blessée trois fois ! Or n'oublions pas qu'après Reims, la garantie du Ciel cesse de jouer, puisqu'il n'a plus rien ordonné de précis. Jeanne peut donc être tuée, ce qui serait déjà mauvais pour le moral des troupes, ou pis, faite prisonnière, comme Xaintrailles vient de prendre Talbot. La plupart des hommes de guerre tombent prisonniers tôt ou tard. Et si Jeanne est prisonnière, les Anglais s'efforceront de la faire brûler comme sorcière...

– Le Ciel m'épargne cette épreuve ! Songez un peu à tout ce que la Pucelle pourrait dire de déplacé durant un procès d'Inquisition... Quelle publicité pour moi !... »

Mais ces sages propos ne tenaient pas suffisamment compte d'un petit problème : qui serait jamais capable de persuader Jeanne de se tenir tranquille ?

Le lendemain matin, j'eus du mal à arracher John des bras de la comtesse, et à m'arracher moi-même de ceux de La Trémouille, qui paraissait me porter une estime et une affection croissantes.

Comme je montais en selle, le gros Georges me dit d'un air sinistre :

« Le roi, malgré toutes mes objections de bon sens, est

à peu près décidé à entraîner vers Reims sa bande de sauterelles. Je ne puis que vous donner un bon conseil : faites le plein de provisions pour votre compagnie, ou bien vous devrez manger vos chevaux. Je crains moi-même de maigrir... »

Après d'ultimes hésitations du roi Charles, la grande armée réunie à Gien s'ébranla le 29 juin. La réputation de la Pucelle avait attiré tant de monde qu'elle comptait plus de dix mille hommes, qu'une intendance dérisoire était dans l'absolue incapacité de prendre en charge. Les Romains avaient ravitaillé des armées de cinquante mille hommes, mais nous n'étions plus au temps de ces administrateurs émérites. De jour en jour, la traînée de dévastations se faisait plus large et plus odieuse. Les populations s'enfuyaient de toutes parts et les villes se barricadaient en tremblant. Les gens d'Auxerre, qui étaient au duc de Bourgogne, ne voulurent point ouvrir leurs portes, mais consentirent à vendre quelques vivres pour avoir la paix.

Je chevauchais avec Tristan, le sire Stanley et mes Berrichons, de plus en plus ennuyé de cette expédition qui ne pouvait rien me rapporter à première vue. Une telle perte de temps en un pareil moment était pour moi une exaspérante épreuve, dont John essayait de me distraire en me parlant avec nostalgie de son pays venteux et mouillé. Il était sceptique sur les vertus du sacre, et même sur la guérison des écrouelles, corvée subséquente imposée au Prince. Mais le capitaine Tristan partageait les sentiments populaires et, s'en revenant de mettre à sac quelques fermes, il nous tenait de pieux et surprenants propos.

Le sacre, le Sang royal et le trucage de la loi salique formaient une harmonieuse trilogie, tout en trompe l'œil, le fromage privilégié de la propagande valoise, dont la mauvaise odeur ne pouvait frapper que des étrangers. Mais Charles VII n'avait point levé l'oriflamme vermeille de Saint-Denis, bannière des rois de France à propos de laquelle saint Denis et saint Charlemagne avaient été légendairement mis à contribution, puisque les moines de cette abbaye – ainsi que Charles me l'avait amèrement rappelé lui-même – soutenaient la politique bourguignonne. Lorsque Jeanne disait joliment que Saint-Denis était « le cri de la France », il s'agissait d'un cri provisoirement enroué.

Devant Troyes, il n'y avait plus à manger que pour la cour et les capitaines, et nous fûmes reçus à coups de canon.

Les négociations se perdaient dans les sables, quand un certain frère Richard, franciscain de son état, sortit de la place pour voir la Pucelle de plus près. A notre arrivée, cet exalté bavard prêchait justement à Troyes la venue de l'Antéchrist, cheval de bataille des orateurs à court d'idées, et la Pucelle lui avait d'abord paru faire l'affaire. Puis le scrupuleux souci de vérifier lui était venu, et c'est ainsi que nous eûmes l'avantage d'assister à une émouvante confrontation. Frère Richard et la Pucelle sympathisèrent aussitôt, et le frère rentra à Troyes afin d'expliquer aux habitants qu'on s'était trompé d'Antéchrist.

Lorsqu'une inspirée faisait son apparition, il ne manquait jamais de moines parasites pour lui faire la cour, s'efforcer de la chambrer, de la diriger, et surtout pour tenir la caisse. Jeanne, protégée de ces importuns par Pasquerel, leur avait jusqu'alors échappé. Désormais, frère Richard allait être en compétition avec le confesseur, en attendant de se brouiller avec la Pucelle – fort peu maniable, il est vrai – au sujet d'une autre visionnaire, franchement suspecte celle-là, qu'il ambitionnait de pousser et de joindre à son écurie. Ce farfelu fera bien inutilement une mauvaise réputation à Jeanne.

Au matin du samedi 9 juillet, le roi tint un grand Conseil. On piétinait sous les murs de Troyes depuis le 5, et la plupart des soldats en étaient réduits à manger des épis de blé sur pied. La Trémouille, et même Regnault de Chartres, étaient d'avis d'abandonner cette entreprise mal engagée. Que l'archevêque de Reims fût si pessimiste impressionna les capitaines : en fait de sacre, n'était-il pas orfèvre ?

Le Conseil allait se résoudre à ce qu'on revînt piteusement sur Gien, lorsque Robert le Maçon insista pour que la Pucelle fût convoquée et entendue, ce que le roi accepta après une légère hésitation. Jeanne déclara aussitôt que Troyes se rendrait avant trois jours.

Elle passa fort intelligemment sa journée à effrayer les bourgeois par les préparatifs ostensibles d'un assaut et, dans la matinée du dimanche 10, les nerfs des boutiquiers lâchèrent au son des trompettes. L'évêque, des notables, des capitaines anglais et bourguignons, poussés par une population craintive, sortirent de la ville pour négocier.

Le roi accorda à la garnison de se retirer avec armes et bagages, et inaugura à l'égard des habitants cette heureuse politique de réconciliation qu'il devait suivre par la suite dans toutes les régions revenues de gré ou de force sous son gouvernement : aucune vengeance ne serait exercée, les clercs et agents d'Henri VI resteraient en fonction, mais tiendraient désormais leurs pouvoirs de Charles VII. La modération du Prince était d'autant plus remarquable que c'est à Troyes qu'avait été signé le traité qui le déshéritait. J'eus pour la première fois l'impression que Charles avait peut-être l'étoffe d'un grand roi, capable de s'élever au-dessus des haines et disputes partisanes.

La Pucelle était boudeuse. Grâce à sa ruse, on avait eu Troyes à discrétion, et le « Dauphin » faisait un sort trop doux à cette collection de traîtres et de lâches que le roi du Ciel avait stigmatisés. Quand les soldats anglais et bourguignons prétendirent évacuer la ville avec leurs prisonniers français, Jeanne n'y tint plus, se campa devant la porte, et cria qu'on lui passerait sur le corps plutôt que d'emmener un seul prisonnier. Ces captifs faisaient pourtant partie des bagages puisqu'ils avaient valeur de rançon. Le roi en personne dut dénouer cette crise insoluble en payant, non sans grimace, les rançons de sa poche. Et la grimace n'était que trop justifiée, car l'initiative indiscrète de la Pucelle était un reproche implicite à Charles, et des plus grave : il faisait figure par ses soins d'irresponsable et de pingre.

Enfin, dans une atmosphère de soulagement général, le roi fit son entrée à Troyes pour en dévorer les réserves. Entraîné par l'exemple, Châlons fit encore moins de difficultés et accueillit l'armée après que Charles VII eut garanti à la population les mêmes conditions généreuses qui avaient rallié celle de Troyes. Puis le roi établit ses quartiers au gros donjon de Sepsault, résidence des archevêques de Reims, pour y attendre la soumission des Rémois.

Vu la faiblesse de la garnison anglo-bourguignonne, la cité de Reims, où le parti de Bedford était pourtant assez actif, ne pouvait que s'incliner. Mais les bourgeois réclamant aussi des garanties, ils ne remirent les clefs au roi qu'au matin du samedi 16 juillet. Cette cérémonie était un symbole rassurant qui signifiait que la cité s'était livrée de bon gré et s'attendait à un traitement de faveur.

La bourgeoisie rémoise, après quelques discussions formelles, avait capitulé d'autant plus aisément qu'elle n'avait aucun secours à attendre d'un Bedford exténué, ni même d'un duc de Bourgogne très frappé par la remontée imprévue du roi Charles. Au lieu d'expédier des troupes, Philippe le Bon avait même envoyé des ambassadeurs, geste qui avait rempli le roi d'une joie et d'un espoir immenses. Et durant le sacre, apogée de gloire et de malentendu, la Pucelle allait rêver de nouvelles batailles, tandis que son Prince serait perdu dans des projets diplomatiques.

Nous étions donc samedi. Le sacre devant se dérouler traditionnellement un dimanche, il n'y avait pas un instant à perdre pour mettre à profit le lendemain 17. Dès que le roi eut les clefs, l'archevêque Regnault se précipita pour faire d'urgence tous les préparatifs nécessaires. Et tandis qu'il entrait par la grande porte dans cette ville qu'il avait bien failli ne jamais voir, les Anglo-Bourguignons, sans tambour ni trompette, s'éclipsaient par une petite.

Vers la fin de l'après-midi, arrivèrent René d'Anjou, beau-frère du roi et gendre du duc de Lorraine, avec une petite troupe de renfort, puis le Seigneur de Saarbrück et sa bande, ce même aventurier allemand qui avait autrefois passé contrat avec les gens de Domrémy. Alors le roi, la Pucelle et l'armée firent leur entrée solennelle au milieu d'une foule de curieux dont certains étaient même accourus des villes et villages voisins. Jeanne était l'objet d'un intérêt passionné, qui reléguait le roi dans un rôle accessoire. On savait bien qu'il ne serait pas venu avant longtemps si une fille n'était allée le chercher par la main. Charles arborait un sourire de commande, impatient d'en avoir fini.

Dans la nuit, le roi commença au sein de la cathédrale muette la longue veillée de prières qui précède l'accession à la chevalerie en Occident : cet ordre allait lui être conféré à l'occasion du sacre. Durant ladite veillée, les futurs chevaliers sont généralement distraits par la tentation de fracturer le tronc des pauvres, mais ils n'y succombent point, sûrs de se rattraper plus tard.

Au début de la matinée, les portes de la cathédrale s'ouvrirent au chant des psaumes devant la procession, et la cérémonie débuta, qui devait se prolonger jusqu'au début de l'après-midi, cette durée étant calculée pour donner l'impression qu'il n'y a pas que du vent dans l'affaire. Plus les mystères se prolongent, plus ils sont épais et saisissants. J'avais été placé dans les premiers avec les autres capitaines. Un Vénitien ne voit pas ça tous les jours, et je pense que mes lecteurs eux-mêmes seront intéressés par quelques détails.

Gilles de Rais, tout récemment promu maréchal en récompense de ses services militaires et financiers, le maréchal de Boussac, l'amiral de Culan et le sire de Graville pénétrèrent tout à coup à cheval sous la nef, escortant l'abbé de Saint-Rémy, qui portait la sainte

Ampoule. Arrivés dans le chœur, les cavaliers mirent pied à terre, et l'archevêque de Reims exposa l'Ampoule sur l'autel.

Pour le peuple, cette Ampoule réputée céleste et « mérovingienne », que le cérémonial met en valeur dès le départ, est absolument essentielle, et l'on avait frisé la catastrophe, car il s'en était fallu de très peu que les Anglo-Bourguignons ne l'emportassent. Mais ils avaient renoncé à leurs projets devant les réactions inquiétantes des Rémois. Ainsi, quand le jeune Henri VI se fera sacrer à son tour, mais à Notre-Dame de Paris, l'huile apportée à tire-d'aile par la colombe à Clovis lui fera défaut et il devra se contenter de chrême ordinaire, au plus grand détriment de son prestige. En fait de sacre, tout peut se remplacer, fors la sainte Ampoule, qui en est pourtant la composante la plus suspecte! Bedford aura gaspillé un temps précieux à comprendre l'importance du sacre en France et, grâce à la Pucelle, le roi Charles a mis ces délais à profit.

La miraculeuse Ampoule dressée sur l'autel, le roi prononça le triple serment de maintenir l'Eglise en paix et de lui conserver ses privilèges, de protéger le peuple contre les abus et injustices, de gouverner avec équité et clémence. Cela dit, d'Alençon eut l'honneur d'armer Charles chevalier.

Puis, au chant du *Te Deum*, la bénédiction se fit des insignes royaux : couronne, éperons, sceptre et main de justice, qui n'étaient malheureusement qu'une pacotille, les pièces authentiques étant restées au Trésor de Paris.

Arrive le grand moment. Après s'être tenu prosterné devant l'autel tandis que résonnaient les litanies des saints, le roi se déshabille, ne conservant que ses chausses et une chemise fendue devant et derrière, et l'archevêque le marque du fameux mélange d'huile et de chrême sur la tête, sur la poitrine, sur les épaules et aux jointures des bras, onction sans aucune valeur, puisque les papes ont prétendu réserver ce chrême aux évêques. Mais après tout, les papes sont-ils si compétents?

Le roi ayant revêtu une tunique et une chape de soie, on lui oignit les mains avec lesquelles il allait caresser une foule de maîtresses, et on lui passa au doigt l'anneau qui symbolisait l'union quasi conjugale de la Couronne et du peuple. Forts de cet anneau, les rois de France couchaient avec toutes les femmes qu'ils voulaient, et les renvoyaient avec un château ou un pourboire selon leur condition.

Enfin la couronne est tenue par les douze pairs de France au-dessus de la tête du roi pendant qu'il marche de l'autel à son trône, où il est couronné dans un tonnerre d'acclamations et dans un déchaînement de trompettes stridentes.

Absents, les six pairs laïcs avaient été remplacés par des figurants. Il est vrai que le duc de Bourgogne était doublement pair, pour la Bourgogne et pour la Flandre, alors que le roi d'Angleterre était pair pour le duché d'Aquitaine. Cela en faisait déjà trois qui avaient eu de bons motifs de bouder la cérémonie. Sur les six pairs ecclésiastiques, trois étaient absents, dont l'évêque comte de Beauvais Pierre Cauchon, que Jeanne devait retrouver à Rouen. Et du fait que Richemont était également absent – il ne devait rentrer en grâce qu'après l'éviction de La Trémouille –, c'était Charles d'Albret, demi-frère du ministre, qui tenait l'épée de connétable, fausse du fait que Richemont avait naturellement gardé la sienne.

En bref, hommes et accessoires, à peu près tout était factice dans ce sacre, à l'exception de la sainte Ampoule, dont l'authenticité, pour les ignorants ou pour ceux qui exploitaient leur crédulité, avait la fermeté du dogme. Mais comme on travaillait dans l'illusion, tout ce factice n'avait pas la moindre importance.

Mon latin sera peut-être lu en France, et un lecteur français pourrait me faire cette observation que je me montre bien chatouilleux sur la comédie du sacre de

Reims, tandis que Venise tire un si grand profit du douteux commerce des reliques. Mais c'est l'Eglise elle-même qui encourage le culte des reliques, dont une sur mille, peut-être, a une chance d'être vraie. Et quand la relique serait fausse, le saint ne s'en porterait pas plus mal et accueillerait là-haut l'hommage avec la même faveur. Au contraire, le sacre anglais ou français met une imposture sans justification théologique avouable au service d'un homme de chair bien vivant qui en fera une profitable spéculation. La différence me paraît bien nette.

Durant la cérémonie, mes regards allaient de la physionomie contractée du roi au visage rayonnant de Jeanne, laquelle vivait là les plus belles heures de sa vie, celles qui justifiaient ses Voix, les victoires qu'elles avaient engendrées comme les souffrances qui les avaient accompagnées. On concevra que mon respect pour la Pucelle était plus grand que pour son Prince. Une foi éclatante gaspillée dans le faux-semblant est encore une foi. Mais le triste souverain, parfaitement instruit, savait bien qu'il se moquait de Dieu et de la foule par intérêt dynastique.

Le roi couronné, les trompettes éteintes et les acclamations fatiguées, Jeanne se jeta aux pieds de Charles en pleurant à chaudes larmes et réussit enfin à lui dire :

« Gentil roi, à présent est exécuté le plaisir de Dieu, qui voulait que je lève le siège d'Orléans et que je vous amène en cette cité de Reims recevoir votre saint sacre en montrant que vous êtes le vrai roi et celui auquel le royaume de Dieu doit appartenir. »

Dans son émotion, la Pucelle venait d'employer une formule étrange. Voulait-elle dire que la France était tout spécialement le royaume de Dieu, ou bien que Charles, une fois sacré, n'aurait aucun mal à rejoindre au Ciel Saint Louis et saint Charlemagne ? Ou bien encore, faisait-elle confusion entre les royaumes du Ciel et de la terre ? Ce n'aurait pas été la première fois.

Après le banquet offert par l'archevêque, dont la

famille était de la région, le roi couronné en toc et Jeanne radieuse sortirent se faire acclamer en ville. La popularité de la Pucelle touchait au délire, et le Prince en était tout éclaboussé.

Le père de Jeanne, son oncle Durand Laxart, des gens de Domrémy s'étaient précipités à Reims pour revoir, triomphant en habit d'homme, la petite paysanne qu'ils avaient naguère connue aux champs en robe rouge, et l'affaire devait sembler à beaucoup un conte de fées.

Jeanne avait réussi à caser son père à l'*Ane Rayé*, une bonne auberge devant la cathédrale, où j'avais également trouvé place. Et sur le soir, j'avisai par hasard le bonhomme en train de boire solitaire dans un coin une cruche du vin aigre de la région avec une mine à décourager les curieux, qui le montraient du doigt, comme s'ils se fussent étonnés qu'un géniteur d'apparence si banale ait pu produire le phénomène du jour. Je me présentai néanmoins, lui dis aimablement que j'avais combattu aux côtés de sa fille, et il me fut aisé de lier connaissance avec ce « yeoman » lorrain que l'argent et la noblesse impressionnaient, mais sans lui faire perdre son bon sens. Et pour l'heure, comme il avait le vin triste, le bon sens lui inspirait des pensées plutôt moroses et inquiètes.

A ses yeux de père éprouvé, le grand miracle – et c'était bien normal! – était celui de la mort et de la résurrection du pucelage. Une fille sage, mais secrète, qui n'avait donné que des satisfactions, s'était tout à coup échappée, comme prise de folie, pour chevaucher, déguisée en homme, avec des soudards, plongeant sa famille dans le déshonneur, l'exposant aux commentaires gaillards ou faussement apitoyés du tout Domrémy. La mère de Jeanne, la pieuse Isabelle « Romée », dont le surnom signifiait que l'une de ses ancêtres avait fait le pèlerinage de Rome, avait encore voulu espérer contre toute espérance. Mais le père Jacques avait été d'autant plus choqué de cet ingrat et sournois départ que son affection, sa confiance avaient été plus grandes. Et voilà que cette fille perdue était retrouvée vierge, et vierge certifiée ! Les plus grandes dames du royaume s'étaient même penchées sur cet humble pucelage de campagne, l'avaient examiné avec respect, en avaient pris bonne note, en avaient fait une réalité officielle et historique. Jacques avait pu redresser la tête, demander narquois aux médisants de produire des certificats analogues. Orléans, Patay et Reims étaient certes des satisfactions appréciables, mais qui n'auraient pas eu de quoi toucher un père si le pucelage s'était évanoui en chemin.

Cependant, cette divine surprise gardait un caractère assez négatif. Après tout, si Jeanne était vierge, elle n'était pas seule à l'être. Son pucelage avait eu tout simplement plus de chance que bien d'autres. Cette distinction n'empêchait point l'avenir d'être chargé de nuages sombres.

« Ma fille, me dit Jacques, veut continuer à guerroyer, comme si elle n'en avait pas fait suffisamment ! Et elle donne un bien mauvais et dangereux exemple à mes deux fils, qui manquent à la maison. Si elle ne se fait pas tuer, blesser, défigurer ou prendre, quel sera son destin ? Elle ne peut rentrer à Domrémy, trop exposé aux incursions des Anglais et des Bourguignons. Et quel homme raisonnable voudrait épouser une fille si autoritaire, qui a pris l'habitude de se promener en homme, de commander, et d'entendre des Voix ? Est-ce si rassurant pour un mari que sa femme entende des Voix qu'il n'entend pas ? »

Jacques demeurait tracassé par ces Voix. Il avait vécu dans une maison pleine de Voix sans se douter de rien.

Le vin aidant, il me livra le fond de sa pensée :

« Est-ce un procédé honnête, pour des Voix, que de s'en prendre à une fille à l'insu de son père et au détriment de ses droits ? D'où peuvent sortir de pareilles Voix ? Et pourquoi ne se sont-elles pas adressées à moi de préférence ? N'aurais-je pas été plus apte à faire la guerre qu'une pucelle ? »

La réflexion était judicieuse. Venant de si loin, les Voix ne s'étaient-elles pas trompées d'adresse ?

Vidant sa cruche, le père Jacques se leva pour aller souhaiter le bonsoir à sa fille, et il m'invita à l'accompagner. La fuite de Jeanne lui avait infligé une blessure qui ne serait pas cicatrisée de sitôt, mais il avait pardonné. Qu'aurait-il pu faire d'autre, d'ailleurs ?

XVI

En dépit de l'heure tardive, il restait encore pas mal de monde à l'hôtel de Jeanne, qui recevait en pourpoint cossu jaune canari et chausses vert amande, mais tête nue.

A mon entrée dans la salle, le sire de Rais prenait congé, très ému, car la Pucelle lui avait offert la dague du duc de Bourgogne pour fêter son élévation au maréchalat. On avait rarement vu un maréchal si jeune!

Tandis que les amis, les flatteurs, les importuns se retiraient peu à peu, je bavardais avec frère Richard, qui essayait de se donner de l'importance. Il me raconta que Bedford l'avait fait expulser de Paris parce que ses sermons passionnaient le peuple et faisaient tomber les femmes en pâmoison. Il avait une dent contre le Régent, catholique très entier et plein d'intransigeance, aussi fanatique dans son genre que son défunt frère Henri V. Bedford, imbu de son droit, n'avait que mépris pour les agitations et superstitions populaires; les moines mendiants – que la papauté, sans doute, avait eu tant de mal à maintenir dans l'orthodoxie et à discipliner jadis – lui étaient suspects; et l'on murmurait qu'il traitait en privé le sacre de « turlutaine ». A entendre frère Richard parler de Bedford, le Régent devenait presque sympathique!

Richard me demanda d'un air gourmand ce que les Vénitiens pensaient de l'Antéchrist, qui trouvait un si grand crédit par le truchement de son verbe. Je lui demandai à mon tour s'il pensait que l'Antéchrist ferait prendre ou gagner de l'argent aux banquiers de Venise, et cet ignorant fut incapable de me répondre.

Déçu par mon impiété, frère Richard se détourna, à la recherche d'un auditeur plus complaisant, mais les auditeurs se faisaient rares. Je m'aperçus bientôt que je demeurais seul avec le père Jacques, l'oncle Durand Laxart, le fidèle de la première heure, et une Pucelle parvenue au sommet de sa destinée. Ces messieurs embrassèrent leur fille ou parente et allèrent se coucher. J'allais en faire autant après quelques mots de félicitation, quand Jeanne me tira timidement par la manche. Puisqu'elle me tenait, elle sautait sur l'occasion de solliciter mon conseil à propos d'une lettre qui avait fini par la rejoindre : les capitouls du conseil municipal de Toulouse la priaient de remédier aux continuels affaiblissements de monnaies qui gênaient leur commerce. En tant que Vénitien habitué aux affaires d'argent, ne pouvais-je suggérer les grandes lignes d'une mise au point compétente ?

Que les bourgeois rassis et prudents de Toulouse, rompus aux affaires, aient été capables de faire confiance à la Pucelle pour résoudre le problème monétaire était renversant. La légende se portait bien !

Il est vrai que la bourgeoisie toulousaine avait motif de s'inquiéter. Si l'on prend pour référence, avec une valeur de 17,97 pour la livre tournois, la stabilisation de la monnaie de compte opérée par Saint Louis en 1266, la livre de Charles VII était tombée à 0,145 [1] au début du règne, en 1422, alors que le gouvernement anglais de Paris émettait une monnaie relativement forte à 6,95. En 1423, le Dauphin avait tenté de s'aligner sur Paris en remontant à 6,51. Mais cette année 1429, vu les frais causés par la contre-offensive de la Pucelle, la livre

1. Selon le même critère de calcul, cette livre de 1422 avait une valeur intermédiaire entre le franc Poincaré de juin 1928 (0,183) et le franc Auriol d'octobre 1936 (0,124).

tournois valoise était retombée à la valeur dérisoire de 1,86. Il faudra attendre Jacques Cœur et l'institution des impôts permanents, à partir de 1436, pour que la livre du roi Charles remonte à 6,50 et s'y tienne. Sans ce rétablissement financier, la victoire définitive sur l'Angleterre n'eût pas été possible. Mais de telles réalités étaient bien loin de l'esprit de Jeanne. Ses Voix persistaient à ne jamais lui parler d'argent, comme si les anges experts eussent vraiment fait défaut.

Je m'efforçai de familiariser brièvement la Pucelle avec les affaires de monnaies, mais j'avais du mal à mettre mes médiocres connaissances à sa portée, notamment pour ce qui était du rapport souhaitable entre le volume des échanges et le stock monétaire disponible. Comme beaucoup de Français, Jeanne rêvait à la « bonne monnaie de Saint Louis », qui avait été l'une des lourdes erreurs de ce monarque : cette monnaie rare et chère, d'aloi trop élevé, avait finalement été aussi préjudiciable au commerce qu'une monnaie trop « décriée ». A moins de regorger de métaux précieux comme Venise, le mieux, dans des Etats où les finances sont à la dérive, est de s'en tenir prudemment à une valeur moyenne.

De guerre lasse, je dis à Jeanne :

« Faites donc écrire à ces bourgeois que les anges que vous avez vus n'avaient pas d'argent sur eux ! »

En riant, elle me répondit qu'elle allait suivre cet avis.

Pendant que nous parlions finances, le confesseur Pasquerel, attablé dans un réduit annexe, s'était mis en devoir de polir une lettre à partir d'un brouillon, et il s'appliquait à ce point qu'il en tirait la langue. La Pucelle me révéla fièrement qu'il s'agissait d'une lettre adressée au duc de Bourgogne. Le roi ne lui avait pas caché qu'une négociation allait s'ouvrir, et elle avait jugé bon d'y contribuer. Le pensum terminé, Jeanne me le donna à lire, et je reproduis ce texte mot à mot, car il est d'une importance énorme.

« Jésus Maria!

» Haut et redouté Prince, duc de Bourgogne, Jeanne la Pucelle vous requiert de par le roi du Ciel, son droiturier et souverain Seigneur, que le roi de France et vous fassiez bonne paix ferme qui dure longtemps, pardonniez l'un à l'autre de bon cœur, sans réserve, ainsi que doivent faire loyaux chrétiens; et s'il vous plaît de guerroyer, allez donc vous en prendre aux sarrasins! Prince de Bourgogne, je vous prie, supplie et requiers, aussi humblement que requérir vous puis, de ne plus guerroyer au saint royaume de France, et de faire retirer incontinent et rapidement vos gens qui occupent des places et forteresses dudit saint royaume; quant au gentil roi de France, il est prêt à faire la paix avec vous, son honneur étant sauf, et il ne tient qu'à vous. Et je vous fais savoir de par le roi du Ciel, mon droiturier et souverain Seigneur, pour votre bien et pour votre honneur et sur vos vies, que vous ne gagnerez point bataille à l'encontre des loyaux Français, et que tous ceux qui guerroient contre le saint royaume de France guerroient contre le roi Jésus, roi du Ciel et du monde entier, mon droiturier et souverain Seigneur. Et vous prie et requiers à jointes mains que vous ne fassiez nulle bataille ni ne guerroyiez contre nous, vous, vos gens ou sujets; et croyez sûrement que, quel que soit le nombre de gens que vous ameniez contre nous, ils n'y gagneront rien, et que ce sera grande pitié de la grande bataille et du sang qui y sera répandu de ceux qui viendront contre nous.

» Il y a trois semaines, je vous avais écrit et envoyé bonnes lettres par un héraut, pour que vous fussiez au sacre du roi qui, aujourd'hui dimanche XVIIe jour de ce présent mois de juillet, s'est fait dans la cité de Reims : ce dont je n'ai pas eu de réponse, ni entendu depuis nouvelles dudit héraut. Je vous recommande à la garde de Dieu s'il lui plaît; et prie Dieu qu'il mette bonne paix. Ecrit audit lieu de Reims, ledit XVIIe jour de juillet. »

Je fus encore plus effaré par cette lecture que par les sommations aux Anglais et j'eus peine à garder mon sang-froid. Non seulement le hautain duc de Bourgogne était pris à rebrousse-poil de la façon la plus désinvolte et la plus blessante, mais en faisant écrire noir sur blanc par l'inconscient Pasquerel que « tous ceux qui guerroient contre le saint royaume de France guerroient contre le roi Jésus », Jeanne signait une hérésie outrancière qui pourrait être retenue contre elle le jour où des théologiens qualifiés auraient à s'occuper méchamment de son cas.

La Pucelle était hélas dans l'exaltation du sacre. Elle n'avait jamais été plus sûre d'elle-même ni de ses Voix. La faire renoncer à cette lettre ou la persuader d'y apporter des modifications allait exiger beaucoup de diplomatie. Pasquerel parti, je m'y essayai pourtant.

« Voilà, dis-je, un envoi bien frappé, dont le roi a dû approuver à la réflexion les moindres termes...

– Le roi a bien autre chose à faire !

– Malgré tout, il pense peut-être – pure affaire de forme ! – que les contacts, les négociations avec une Bourgogne encore ennemie doivent relever de son autorité personnelle et exclusive. Que se passerait-il si tous ses capitaines se mêlaient d'écrire sans mandat au duc Philippe ce qui leur passe par la tête ?

– Mais je ne suis pas un capitaine comme les autres ! A quoi bon déranger le roi avec une telle lettre puisque c'est moi qui entends des Voix et non pas lui ? »

L'argument avait le poids des coups de fléau d'armes de l'archevêque Regnault. Je devais opérer un mouvement tournant.

« Je présume que si le roi avait l'occasion de prendre connaissance de ce projet, il conseillerait quelques minimes retouches.

– Et lesquelles, s'il vous plaît ?

– Vous déclarez par exemple, dans votre première phrase, que le roi du Ciel qui s'exprime par votre bouche est votre Seigneur direct, dont le roi de France et le duc de Bourgogne ne sont que les subordonnés...

– Rois et princes ne sont-ils pas soumis à Dieu ?

– Assurément ! Et comme la parole de Dieu est en vous, il est bien naturel que vous placiez roi et duc sur le même plan inférieur et que vous requériez au nom de votre Suzerain du Ciel ces deux garnements de faire la paix sans tarder. Mais toute vérité n'est pas bonne à dire, et le duc – le roi lui-même, peut-être ? – pourrait se vexer de recevoir des ordres par votre intermédiaire.

– Charles n'est pas si bête ! »

La Pucelle étant butée sur l'essentiel, à savoir l'authenticité d'une mission qui lui donnait autorité sur n'importe qui; il me fallait convaincre par un biais.

« Puis-je me permettre une question dont la réponse doit changer beaucoup de choses ?

– Allez toujours, mais je n'ai pas le droit de dire tout ce que je sais.

– Vos Voix vous ont-elles commandé de poursuivre le combat après le sacre ?

– Je suis libre ! Ma tâche, cependant, est loin d'être terminée.

– Alors, lorsque vous écrivez au duc : " Jeanne la Pucelle vous requiert de par le roi du Ciel ", ce n'est plus en vertu d'un ordre précis ? »

Jeanne demeura embarrassée un instant et finit par m'assurer qu'elle bénéficiait encore d'une inspiration générale qui suffisait à la garantir de l'erreur. Le roi du Ciel aidant, elle punirait les Bourguignons s'ils ne rendaient pas au roi Charles l'hommage qu'ils lui devaient, et elle libérerait Paris.

« Récupérer Paris, affirmai-je, n'est pas la première préoccupation du roi. Il ne saurait souffrir cette cité qui lui est aujourd'hui hostile et lui a laissé le souvenir d'épouvantables carnages – sans parler des débauches de sa mère mûrissante. Si Paris était enlevé d'assaut par une armée indisciplinée, il y aurait un nouveau bain de sang. Et comme la garnison anglaise est symbolique, prendre la ville de haute lutte ferait en outre une impression déplorable de guerre civile. Charles souhaite que la place tombe à l'amiable, comme un fruit mûr, après que le terrain aurait été bien préparé. C'est là une bonne idée de roi, et non point de partisan. Ses meilleurs conseillers sont d'ailleurs de cet avis.

» D'où l'importance décisive des négociations avec la Bourgogne. Si elles aboutissent, les Parisiens, privés de l'appui bourguignon, rejoindront à contrecœur le camp valois, et les Anglais, incapables de tenir la capitale sans la complicité active des habitants, devront lâcher prise. Le plus dur sera de les chasser de Normandie et de Guyenne – surtout de Guyenne, où les populations leur sont fidèles ! Il y faudra du temps. Mais si les négociations échouent, la guerre s'enlisera à perte de vue, et une défaite du roi Charles reste possible. Tout passe par Gand !

» Votre rôle capital, Jeanne, aura été en tout cas de mettre votre " Dauphin " en position de négocier avec le duc Philippe, lequel l'a si bien compris qu'il a fait lui-même des ouvertures à l'occasion du sacre. Vous ne devez rien faire qui puisse retarder ou gêner un accord. Le roi Charles ne vous pardonnerait jamais cet attentat contre la paix.

– Mais ma lettre offre la paix.

– Allons donc ! Vous invitez de par le roi du Ciel le duc à décamper sans compensation, le menaçant d'un massacre au cas où il s'obstinerait, et vous l'expédiez chez les sarrasins avec une insolence particulièrement déplacée, car vous semblez ignorer que Jean sans Peur, assassiné à Montereau par la suite du roi Charles, était justement allé voir les sarrasins de plus près que le roi de France ou que vous-même : ne fut-il pas le héros malheureux de la croisade de Nicopolis contre les Turcs ? Nous autres Vénitiens ne l'avons pas oublié.

» Comprenez une fois pour toutes, Jeanne, que Philippe le Bon est en position de plaignant et qu'il serait bien bête de ne pas en profiter. Il n'est pas responsable de l'assassinat de Louis d'Orléans par Jean sans Peur, mais c'est son père qui est mort à Montereau, où on l'avait attiré sous couleur de pourparlers, et Charles a maladroitement aggravé son cas en choyant les meurtriers durant des années, jusqu'à ce que Richemont les chasse. Pour obtenir son pardon, Charles VII devra officiellement exprimer des regrets, offrir des réparations et concessions. Le roi donnerait sa chemise afin d'avoir la paix!

» Philippe de Bourgogne est un personnage somptueux, orgueilleux, richissime, imbu de ses droits. Derrière lui, les théologiens de l'Université de Paris font autorité en Europe. Le duc avait vingt-trois ans quand la nouvelle de Montereau le frappa, et il en a donc dix de plus aujourd'hui. La jeunesse et l'expérience se combinent en son être pour en faire l'arbitre de l'Europe, et il le sait. Si jamais le roi Charles apprenait que vous l'avez traité comme un galopin, avec le conseil d'aller se faire voir par les Turcs, il s'en aliterait avec la fièvre. Et si vous envoyez cette lettre, Philippe la montrera à Charles comme un nouveau sujet de plainte, et le sire infortuné devra encore s'excuser. Je doute qu'il vous en sache gré.

» Telle est la vérité, Jeanne, qu'elle vous plaise ou non. Si vous continuez ce train, vous finirez par lasser vos Voix!

» Il est temps de vous retirer des combats. La parole est maintenant aux diplomates, et vous n'êtes pas de cette race. La meilleure preuve en est que, chaque fois que vous expédiez un héraut, il a du mal à en revenir! Et votre retraite ferait au roi d'autant plus de plaisir qu'il tremble à l'idée que vous pourriez vous faire prendre... »

Le visage de Jeanne, que mes propos avaient crispé, s'éclaira :

« Le roi m'aime à ce point? »

Malgré moi, je fus ému d'une telle naïveté. La Pucelle n'était pas faite pour ce monde.

Je la pressai, pour l'amour du roi, de renoncer à cette correspondance, et elle me dit qu'elle réfléchirait à mes avis. Je ne sais si elle a envoyé cette maudite lettre[1], mais sa décision de poursuivre la lutte était inébranlable. Sans doute voulait-elle aller jusqu'au bout de ce qu'elle estimait être sa mission. A ce noble entraînement devaient s'ajouter cependant des motifs plus troubles, dont elle n'était pas entièrement consciente. Non point certes une quelconque ambition, un quelconque souci de gloire personnelle ou d'intérêt particulier. Je parlerais plutôt d'une fuite en avant, d'un goût morbide, quasi suicidaire, pour le sacrifice et la catastrophe. Arrivant à Chinon, la Pucelle annonçait déjà – aveu très caractéristique – qu'elle ne durerait pas plus d'un an, et elle n'aura duré que quatorze mois. Se sentant marquée par un grand destin, elle avait le sentiment qu'elle ne pouvait s'accomplir que dans la tragédie. Mais elle avait assez de santé pour que la tragédie lui fît peur, et elle n'a pas couru au gouffre sans sursauts.

Désireux de la soustraire à de pareilles visions, je lui citai l'exemple du vieux Romain Cincinnatus, deux fois dictateur, qui était modestement retourné à sa charrue. Elle me répondit que ce Cincinnatus était païen et n'avait pas entendu des Voix comme les siennes.

Non, la partie n'était pas égale entre des conseils humains et des Voix. La vanité de mes efforts m'apparut et je renonçai à plaider. La brouille entre Jeanne et le roi était fatale et, comme par un étonnant symbole, c'est à Reims, au sortir du sacre, que la Pucelle avait commis une imprudence de nature irréparable. Mais elle allait faire bien pis, et cette fois, le roi en serait aussitôt averti.

Las de jouer les Cassandre, je battis tristement en retraite. Jeanne était perdue, et personne ne pouvait la sauver. Elle me demanda, sur le pas de la porte, des

1. Original conservé aux archives du Nord à Lille. Le duc a donc fait son profit de l'ultimatum.

nouvelles de Lucretia. Je lui répondis que ses clients, exemplaires sur ce point, s'abstenaient de lui taper dessus. De nouveau, à Gien, la Pucelle s'était déchaînée pour épurer l'armée. Une cérémonie aussi édifiante ne pouvait être préparée avec trop de soins.

Reims ayant été précipitamment évacué au lendemain du sacre – on craignait en effet de s'attarder si loin des bases et les vivres faisaient toujours problème –, l'armée ne devait arriver devant Paris qu'à la fin du mois d'août, après des marches et contremarches embrouillées, qui permirent toutefois d'occuper aisément Soissons, Laon, vieille cité carolingienne, Château-Thierry, Provins, Senlis et Beauvais. Partout, après avoir obtenu les garanties d'usage au profit des Français que la Pucelle qualifiait de « reniés », les bourgeoisies, impressionnées par la force de l'armée et par la nouvelle du sacre, se soumettaient sans grandes difficultés, prêtes à arguer qu'elles ne s'étaient inclinées que devant la force brutale si Bedford connaissait un retour de fortune.

Dans la reconquête des villes, l'attitude des bourgeoisies était le plus souvent déterminante : ces bourgeois avaient retapé leurs murailles à leurs frais, et les miliciens formaient une garnison permanente sans laquelle les faibles garnisons anglo-bourguignonnes ne pouvaient tenir.

Ce furent les gens de Compiègne qui marchandèrent le plus âprement leur capitulation. Après quoi, pour se faire bien voir, ils se jetèrent sur leur petite garnison bourguignonne, qui fut expulsée avec perte et fracas, à la grande irritation du duc Philippe. L'affaire devait avoir des prolongements aussi empoisonnés qu'imprévus.

Entre Reims et Paris, durant toute cette période aussi confuse que cruciale, le roi Charles, tandis que son armée faisait campagne, ne cessa de négocier avec le duc de Bourgogne, lui offrant un rameau d'olivier d'une main, agitant son épée de l'autre.

Le 15 août 1429, Bedford en personne offrit la bataille à Charles près du château de Montépilloy, aux environs de Senlis. Les Anglais, nettement moins nombreux malgré un renfort de chevaliers bourguignons et de Picards, s'étaient retranchés comme à l'habitude derrière leurs chariots et leurs pieux. L'armée du roi, en dépit des désertions et des garnisons que l'on avait dû laisser ici ou là, comptait encore six ou sept mille hommes. Bedford était en présence du roi, de sa garde personnelle et de ses capitaines les plus connus : Clermont et le maréchal de Rais, d'Alençon, le Bâtard, La Hire, d'Albret... et une Pucelle qui ne savait à quoi se résoudre. La journée se passa en vaines escarmouches, dont on espérait qu'elles inciteraient les Anglo-Bourguignons à sortir de leurs retranchements. D'Alençon offrit même aimablement au Régent de faire refluer l'armée française à quelque distance, pour qu'il puisse aligner ses « yeomen » en avant de leur position fortifiée ! Sur le soir, Bedford n'avait pas bougé, et La Trémouille avait vidé ses étriers en se battant dans la poussière contre des Picards qui faillirent le prendre...

Une belle occasion avait raté de mettre à l'épreuve les Voix de la Pucelle, d'écraser l'élite des Anglais et de capturer le Régent. Mais Jeanne elle-même avait renoncé à la perspective d'attaquer en force. Tout le monde a compris, ce 15 août, qu'il ne suffisait pas de coller un harnois sur une Pucelle pour passer entre les flèches des « godons », les troupes fussent-elles confessées, communiées et privées de putes. Les Anglais restaient invincibles pour une vingtaine d'années !

Je rappelle, en effet, que le traité d'Arras, qui scelle enfin la réconciliation entre la France et la Bourgogne, est de 1435, quatre ans après le supplice de la Pucelle. Paris, dès 1436, bascule dans le camp valois presque sans effusion de sang. Or c'est seulement en 1450 que les Français parviendront à battre les Anglais en rase campagne, victoire qui prive l'Angleterre de sa Normandie.

C'est seulement en 1451 que Charles VII entre à Bordeaux, d'où une révolte de la population le chasse l'année suivante. C'est seulement en 1453 que la victoire de Castillon, journée où est tué le vieux Talbot, livre au roi Charles une Guyenne qui aurait préféré demeurer anglaise.

Comme quoi, même le retour de Paris à la Couronne n'a rien résolu dans l'immédiat. Mais il a accru le prestige du roi, lui a donné les moyens administratifs de mettre en œuvre les réformes financières, économiques, militaires, qui devaient porter leurs fruits une quinzaine d'années plus tard. Oui, il a fallu tout ce temps-là pour mettre sur pied une armée capable de battre à coup sûr ces admirables Anglais ! Et Charles a encore eu cette chance que, dans les années 1450, le gouvernement de l'Angleterre aille à vau-l'eau. Patay n'avait été qu'un accident sans lendemain. Il ne pouvait d'ailleurs en être autrement. Seule une armée permanente payée grâce à des contributions permanentes était susceptible de dicter sa loi. Faute d'argent et d'armée disciplinée, le sentiment populaire, dans la mesure où il était favorable aux Valois, était privé de tout moyen d'action.

Anecdote plaisante, les Anglais de Montépilloy comptaient une bonne part de croisés, destinés en principe à la croisade contre les hérétiques hussites de Bohême (dont la Pucelle se préoccupera bizarrement !). Le Régent, à court d'effectifs par suite des exploits de Jeanne, avait effectivement demandé à Martin V – et obtenu ! – l'autorisation de lever des décimes en vue de ladite croisade sur les ecclésiastiques qui dépendaient de son autorité : il fallait bien payer les troupes et le Trésor de guerre était une fois de plus à sec. Mais à qui fera-t-on croire que le pape était assez naïf pour imaginer un instant que Bedford, vu l'alarmante dégradation des affaires de France, irait perdre son temps en Bohême ? Le pape, favorable aux Anglais, était évidemment complice d'un abus de confiance qui n'était d'ailleurs devenu que trop fréquent. Jeanne, qui prêchait la croisade au duc de Bourgogne, devait ainsi rencontrer du côté de Senlis des « croisés » réunis grâce à la complaisance de Rome !

Au sortir de la poussière de Montépilloy, il ne restait plus qu'à pousser les négociations avec la Bourgogne. Le roi n'avait rien de mieux à faire, et il n'avait aucune raison de tenir au courant une Jeanne hostile à toute trêve, persuadée, malgré l'évidence, qu'elle allait bouter les Anglais hors du territoire valois en moins de temps qu'il ne faut pour l'écrire.

Philippe le Bon fut-il vraiment de mauvaise foi ? – si tant est que la bonne foi soit la qualité première du négociateur !

Les va-et-vient en Valois de l'armée du roi Charles lui étaient extrêmement sensibles, car ils menaçaient les villes de la Somme, bourguignonnes depuis le mariage du duc avec Michelle de France – l'année de Montereau ! –, à la sûreté desquelles il était fort attaché.

Le 28 août – justement à Compiègne –, Charles et les négociateurs bourguignons parvinrent laborieusement à un projet d'accord, dont les grandes lignes sont prémonitoires : ce sont ces mêmes conditions qui prévaudront à Arras six ans plus tard, et la sagesse du roi sera encensée alors par tous les observateurs ! Dans le présent, une trêve préliminaire entre le roi et le duc est prolongée pour quatre mois (elle sera prolongée une nouvelle fois jusqu'en mars 1430). Ladite trêve intéresse la rive droite de la Seine entre Nogent-sur-Seine et Honfleur – à l'exclusion de Paris, que le roi a le droit d'attaquer et que le duc a le droit de défendre. Et pour preuve de sa bonne foi, le roi Charles doit remettre en gage à Philippe le Bon certaines villes de l'Oise : Pont-Sainte-Maxence, Creil, Senlis et Compiègne, qui forment comme une barrière protégeant la Picardie. On peut discuter à perte de vue pour savoir si cet arrangement était ou non avantageux pour Charles. Il est en tout cas certain que si le roi avait persisté à mettre en danger les villes picardes[1], aucune entente n'eût été possible.

Hélas, les bourgeois de Compiègne, qui craignaient à bon droit de terribles représailles bourguignonnes, ne voulurent à aucun prix remettre leur cité au duc, et on les comprend. Pour obliger le roi, ils avaient consciencieusement assommé leurs Bourguignons, et c'est alors qu'ils lui offraient l'hospitalité que Charles les avait confiés négligemment aux bons soins d'un Philippe le Bon ivre de vengeance. La manœuvre était d'un goût douteux. Le roi eut beau leur envoyer le comte de Clermont afin de les sommer de respecter le traité, le capitaine de la garnison française, Guillaume de Flavy, mit la place en état de défense pour toute réponse.

Il en résulta entre le roi et le duc de Bourgogne une méfiance croissante, qui devait aboutir à une rupture de la trêve et à un retour offensif des Bourguignons sous Compiègne en mai 1430. Pour le roi, le problème posé par l'embrouille de Compiègne était sans doute secondaire; pour le duc, ou bien le roi jouait la comédie de connivence avec Flavy, ou bien il était incapable de se faire obéir d'une bande de bourgeois apeurés, et aucune des hypothèses n'était bien engageante. Aux yeux de Philippe, Compiègne finit par constituer le test de la bonne foi royale. Désespérant de se faire livrer la ville comme convenu, le duc de Bourgogne prit ses dispositions en vue d'une reprise des hostilités. Par la faute d'un roi maladroit ou trop habile et de bourgeois peu portés au martyre, la paix tant espérée était remise à des temps meilleurs.

Le 22 août, l'armée s'ébranlait de Compiègne pour Saint-Denis, au nord de Paris, quand le roi, qui était alors en pleine négociation avec les envoyés de Bourgogne conduits par Jean de Luxembourg – le futur geôlier

1. C'est seulement après la mort de Charles le Téméraire, en 1477, que Louis XI pourra occuper la Picardie.

de Jeanne! – me fit mander au château de Venette, à quelque distance de la ville, sur la rive droite de l'Oise.

Le Prince paraissait d'humeur sombre, et il me dit aussitôt :

« Vous avez vu Jeanne à Reims. Quelle impression vous a-t-elle laissée? »

Le ton inquiet, la forme abrupte de la question impliquaient que Charles devait être sous le coup d'une déception pénible.

Pesant mes mots, je répondis :

« Une impression contradictoire. Assurance d'un côté, confusion de l'autre. La Pucelle a accompli les commandements de ses Voix. Sa mission divine est terminée. Et elle n'en persiste pas moins à agir comme une inspirée qui jouirait encore de la garantie céleste. Quand on a pris le pli d'être prophète, il est difficile de s'en défaire d'un jour à l'autre. L'histoire nous apprend d'ailleurs que les prophètes ne veulent jamais prendre leur retraite. Il faut les tuer pour les réduire au silence. Jeanne me fait peur. Elle me semble sur une mauvaise pente.

– Votre sentiment, Messire, rejoint à peu près le mien. Mes conseillers pensent toutefois que la Pucelle pourrait encore être utile, que sa réputation est loin d'être épuisée, et qu'il y aurait intérêt à la laisser aller jusqu'au bout de sa gloire et de ses peines.

– A condition, sire, de lui imposer un contrôle, de surveiller, par exemple, sa correspondance... »

Le roi tiqua.

« Pourquoi me parlez-vous de correspondance?

– Mais... pour rien.

– Vous serez tombé juste sans le faire exprès. Le 5 août, d'une maison du bord de route, près de Provins, Jeanne a eu l'inspiration d'écrire une courte lettre aux bourgeois de Reims, dont un " Bourguignon " anonyme de la ville s'est empressé de m'expédier copie pour se moquer de moi. »

Et le roi de me lire ladite lettre, qui était assez banale,

hormis ce passage, dont il me fit deuxième, et même troisième lecture, avec une évidente irritation :

« *il est vrai que le roi a fait trêve avec le duc de Bourgogne... des trêves qui sont ainsi faites, je ne suis point contente, et ne sais si je les observerai; mais si je les observe, ce sera seulement pour garder l'honneur du roi*[1]... »

J'en demeurai sans voix.

« Après le sacre, ajouta le roi, j'ai cédé aux instances de Jeanne, très désireuse de poursuivre le combat, et voilà comme j'en suis remercié, comme elle s'occupe de mon honneur! Elle écrit froidement aux gens de Reims qu'elle observera mes trêves si tel est son bon plaisir. Quelle leçon d'indiscipline pour des bourgeois qui n'ont déjà que trop tendance à en prendre à leur aise! Quelle figure inquiétante et ridicule je fais, à l'instant que j'essaie de mettre le duc Philippe en confiance! Sacré Dieu, que puis-je faire de cette fille? Qu'arrive-t-il, Messire, à un " condottiere " vénitien qui se moque d'une trêve signée par le doge?

– On l'empoisonne ou on lui coupe la tête. Mais nos " condottieri ", sire, n'entendent point de voix et remportent rarement des victoires comme Orléans ou Patay. Ils auraient plutôt tendance à se refuser au combat. Jeanne, au contraire, s'est laissé emporter par sa passion de servir Votre Majesté.

– Oh, elle ne sert pas que moi! Ce matin même, elle allait monter à cheval, quand elle a dicté rapidement ce mot pour un courrier du comte d'Armagnac, venu solliciter de ses lumières la plus étrange des consultations. On dira que la chose a été improvisée, mais c'est bien dans l'improvisation que l'âme se trahit le mieux. Lisez vous-même, lisez donc... Le morceau est étonnant!... »

1. Original conservé aux Archives municipales de Reims.

« *Jésus Maria!*

« *Comte d'Armagnac, mon très cher et bon ami, Jeanne la Pucelle vous fait savoir que votre message lui est parvenu, lequel m'a appris que vous me l'aviez envoyé pour savoir de moi auquel des trois papes que vous mentionnez vous deviez croire. De cette affaire, je ne puis bonnement vous faire savoir la vérité pour le présent, jusqu'à ce que je sois à Paris ou ailleurs; car je suis présentement trop empêchée au fait de la guerre; mais quand vous saurez que je suis à Paris, envoyez-moi un message, et je vous ferai savoir vraiment auquel pape vous devez croire, car j'en aurai été informée par le Conseil de mon droiturier et souverain Seigneur, le roi du monde entier... Je vous recommande à Dieu; Dieu vous garde! Ecrit à Compiègne, le XXII*e *jour d'août*[1]. »

Je rappelle que si l'élection du Colonna Martin V au concile de Constance, en 1417, avait rallié l'ensemble de la chrétienté et mis fin au Grand Schisme qui durait depuis 1378, deux papes résiduels n'avaient point voulu s'effacer. En 1429, Clément VIII, de la lignée des papes d'Avignon, et le fantomatique Benoît XIV portaient encore ombrage à Martin V, qui avait, le 4 mars précédent, excommunié le comte d'Armagnac comme schismatique, hérétique et relaps pour sa belle fidélité clémentine – excommunication toute théorique, car ce comte, il fallait encore l'aller prendre et, pour l'instant, il restait un des piliers du système féodal du roi Charles. En ce mois d'août 1429, le personnage se posait peut-être des problèmes de conscience. Plus probablement, devait-il souhaiter que Jeanne lui désigne comme authentique le pape de Rome, ce qui aurait pu faciliter, de son naïf point de vue, sa réconciliation avec Martin V. Quand le comte Jean IV d'Armagnac apprendrait que la

1. Texte présent aux archives du procès de Rouen.

Pucelle, douze ans après la fin du Schisme, ne savait encore à quel pape se vouer, il allait recevoir un choc.

En attendant, le choc était pour le roi et pour moi. Quel argument faire valoir en faveur de Jeanne ?

« Vous voyez, Messire, me dit le roi sur un ton de sarcastique amertume, avec quelle grâce cavalière notre Pucelle résout un problème qui a divisé les chrétiens pendant plus de quarante ans et que le concile de Constance croyait avoir résolu à la satisfaction générale. Aujourd'hui, montant à cheval, elle n'en est pas à un pape près, mais à Paris, bientôt, elle désignera sans faute l'élu du roi du Ciel !

– Quand Jeanne désignait Votre Majesté comme vrai roi, la démarche était émouvante et conforme à la sensibilité publique. Quand elle se mêle de désigner le pape, il est évident que l'on passe du sublime au ridicule. Les esprits ne sont pas préparés à de telles audaces. Et le choix que la Pucelle compte faire du pape rend moins crédible celui qu'elle a fait à Chinon de Votre Majesté.

– Hélas ! Quel ennui ! Et je suis déjà en froid avec Martin V. Lorsqu'il aura vent de l'affaire, il mettra le camouflet à mon discrédit. Ce crétin de Pasquerel a remis fièrement à ma police le double que je viens de vous montrer, et votre discrétion m'est acquise, mais Jean d'Armagnac bavardera... »

Déçu, il devait même envoyer la lettre à Bedford !

« Ah, poursuivit le roi, je n'ose plus vous demander de donner des conseils de bon sens à cette Pucelle. Le succès lui a fait tourner la tête et l'a confirmée dans la certitude de son infaillibilité. Une minorité de théologiens, en dépit des hérésies affichées par quelques pontifes, soutiennent que le pape pourrait être infaillible dans son domaine de gardien officiel de la foi. Mais Jeanne parle et agit comme si elle était infaillible dans tous les domaines : à force de tendre la corde, elle finira par casser.

– Je m'efforcerai encore, Sire, de la pondérer si l'occasion se présente. Mais Votre Majesté a dû s'apercevoir qu'elle n'accepte que les conseils qui lui plaisent.

– Oui. Nous devons pourtant veiller à ce que la Pucelle ne fasse rien qui puisse amener à douter de ses Voix, puisque ces fameuses Voix ont pris publiquement mon parti. La tâche est difficile... »

Pour distraire le Prince, je lui parlai de la consultation des capitouls de Toulouse sur le fait des monnaies, mais je n'osai, bien sûr, faire allusion à la lettre du 17 juillet au duc Philippe, qui l'aurait achevé. Le roi en serait toujours informé assez tôt s'il devait l'être.

J'ai rencontré en France – et même à Venise ! – des partisans de la faction « armagnacque » qui n'ont pas craint de me soutenir que l'élan irrésistible de Jeanne aurait été brisé par des intrigues de cour, avec la bénédiction d'un roi ingrat et pusillanime. Mais le Prince a au contraire déployé une belle patience avec une inspirée pleine d'imprévus. Quant aux intrigants les plus souvent mentionnés, La Trémouille et Regnault de Chartres, leur innocence égale en l'affaire celle du roi.

Se piquant à ses heures de théologie, l'archevêque de Reims voyait certes d'un œil critique les prétentions de la Pucelle à se faire le porte-parole du roi du Ciel au sujet de tout et de rien, et il est certain que son caractère entier et entêté l'agaçait. Mais Regnault était un prélat guerrier et courageux, fidèle à son Prince, toujours prêt à trucider pieusement de l'Anglais, et pour le fond, son tempérament rejoignait celui de Jeanne. Il était encore à son côté – le détail vaut d'être noté – lors de son ultime campagne du printemps 1430 et, de toute façon, on distingue mal en quoi elle aurait pu lui porter ombrage.

Les accusations contre La Trémouille sont encore plus ridicules, et une évidence suffit à en faire justice : ce ministre faisait la pluie et le beau temps à la cour, ne reculait devant aucun moyen pour parvenir à ses fins, et le lecteur a vu comme il avait triomphé de la dernière tentative d'un Richemont, appuyé pourtant par une coterie considérable; s'il avait jugé la Pucelle dangereuse pour ses intérêts, il aurait vite convaincu le roi de s'en débarrasser, et la manœuvre lui aurait été d'autant plus facile après Reims que, plus les jours passaient, plus Charles était impatient de mettre Jeanne à la retraite. Mais La Trémouille, je l'ai laissé entendre plus haut, avait de la sympathie, de l'estime, de l'amitié même pour la Pucelle. Se prenant pour un personnage d'exception, il en avait rencontré un autre, et s'il n'a pas toujours défendu le programme aventureux de Jeanne auprès du roi, il n'en a pas moins plaidé pour sa personne. Parlerais-je à la légère?

Au risque d'anticiper, je dirai donc qu'avant de s'échapper pour courir à sa perte, la Pucelle, d'ordinaire assez instable, a séjourné les mois de février et mars 1430 à Sully – un séjour entrecoupé d'ailleurs par quelques visites du roi. Qui pourrait soutenir que Jeanne, avec son caractère intuitif, franc et spontané, aurait volontiers passé deux mois chez un ennemi intime acharné à sa perte? En réalité, elle avait été séduite, après bien d'autres femmes, par la faconde et la prestance de La Trémouille, de même que ce bellâtre d'Alençon l'avait impressionnée – alors que Rais, parce qu'il n'aimait pas les femmes, ne l'avait jamais attirée. Tout cela est très normal et très humain.

On s'était vite aperçu, ce qui était tout à l'honneur de la Pucelle, qu'elle n'était nullement portée aux intrigues, et que, de basse extraction, dépourvue d'argent et d'alliances, elle ne menaçait la position de personne. Sa seule activité était la guerre, encore la guerre, toujours la guerre. C'était bien là le seul problème qu'elle posait, mais il était de taille. Comment utiliser au mieux, en chaque circonstance, un instrument du Ciel particulièrement indocile?

Mais il serait abusif de prétendre que la Pucelle et le parti résiduel des Armagnacs « ultras » auraient fait échouer le rapprochement qui se dessinait entre le roi Charles et le duc Philippe. Jeanne, certes, aurait bien voulu, mais sa volonté ne suffisait pas. Compiègne, je le répète, a été la cause principale de l'échec des négociations.

Le 26 août, l'armée était à Saint-Denis. L'imminence de l'assaut contre Paris invitait à reprendre les troupes en main, à restaurer tant bien que mal la discipline.

Le maréchal de Rais, flatté d'avoir été choisi à Reims pour convoyer une fiole de pommade, organisa avec une autorité accrue un conseil de guerre pour régler exemplairement le sort de quelques Bretons fautifs. L'un d'eux – farceur ou inspiré ? – déclara qu'il avait déserté parce qu'il avait entendu des Voix, et je parvins heureusement à arracher sa grâce. N'était-il pas impossible de démontrer le contraire ?

Les Voix de Jeanne lui disaient en revanche que Paris ne serait mérité que par une chasse aux putes d'une vigueur exceptionnelle. Ce pieux « desport », on le sait, la prenait par crises, avant chaque épreuve décisive. La battue de Saint-Denis, à l'ombre de la célèbre basilique qui abritait, depuis l'époque du roi Dagobert, le corps du saint de légende et de ses compagnons de martyre Rustique et Eleuthère, fut mémorable et dura des jours. Alors que son intempérante littérature lui aliénait les sympathies du roi, la Pucelle ne voyait rien de mieux à faire.

Le 5 septembre, d'Alençon, sur les instructions précises du souverain, fit tenir secrètement au Prévôt des marchands de la capitale une lettre des plus gracieuse et des plus rassurante, où il promettait au nom du Prince amnistie et pardon, maintien des clercs et fonctionnaires dans leur état, reconduction des privilèges corporatifs et commerciaux, respect des biens et des personnes... Il se faisait fort d'empêcher massacre des partisans « bourguignons », viols et pillages, si la bourgeoisie de Paris avait la sagesse de se désolidariser de Bedford et de son compère le duc de Bourgogne. Mais les Parisiens avaient gardé le plus sinistre souvenir de la terreur et des exactions « armagnacques », et la discipline des troupes royales était plus que douteuse, malgré les récentes et ostensibles tentatives de l'améliorer. Paris, même très déchu, était une proie à ne pas laisser passer, et les soldats cultivent volontiers le fait accompli. Si sept mille mercenaires violaient autant de Parisiennes – quatorze mille en reprenant leur souffle ? –, qui se chargerait de les pendre ? Les viols qui suivaient la prise d'une ville étaient d'autant plus éprouvants que, par la force des choses, ils étaient perpétrés dans la plus affreuse promiscuité, mères, filles, sœurs, étant mises à mal de concert, sans qu'aucune pudeur ne soit ménagée. Certains soldats, cela est dans la nature humaine, éprouvaient même un malin plaisir à des débordements collectifs.

De plus – j'y insiste car aucun chroniqueur ne signale le fait – Prévôt et échevins étaient payés pour savoir que les neuf dixièmes du commerce de Paris se faisaient avec la Normandie et les pays du Nord, et non point avec le languissant royaume de Bourges. A défaut d'une réconciliation préalable avec la Bourgogne, qui aurait laissé présager une paix solide avec l'Angleterre, la reconquête valoise ne pouvait apporter que ruines. Mais il faut être chroniqueur vénitien pour attacher de l'intérêt à de tels détails.

Le gouverneur de la ville, Louis de Luxembourg, un féal du duc de Bourgogne, et son capitaine général, Villiers de l'Isle-Adam, disposaient de quelque trois mille soldats, miliciens et Bourguignons compris. Estimant ces forces suffisantes, Bedford n'avait que faiblement étoffé la garnison anglaise cantonnée à la Bastille, force toute symbolique, qui tournait d'ordinaire autour d'une vingtaine d'hommes. Le Régent considérait comme exemplaire que Paris fût défendu par des Français. Je crois aussi qu'il n'était guère enclin à se faire enfermer, même dans une vaste prison, et qu'il préférait garder sa liberté de mouvement à toutes fins utiles.

J'étais très inquiet. Le sort de Lucretia se jouait. Seul un échec du roi de Bourges pouvait me permettre, à la faveur du désordre de la retraite, de franchir comme

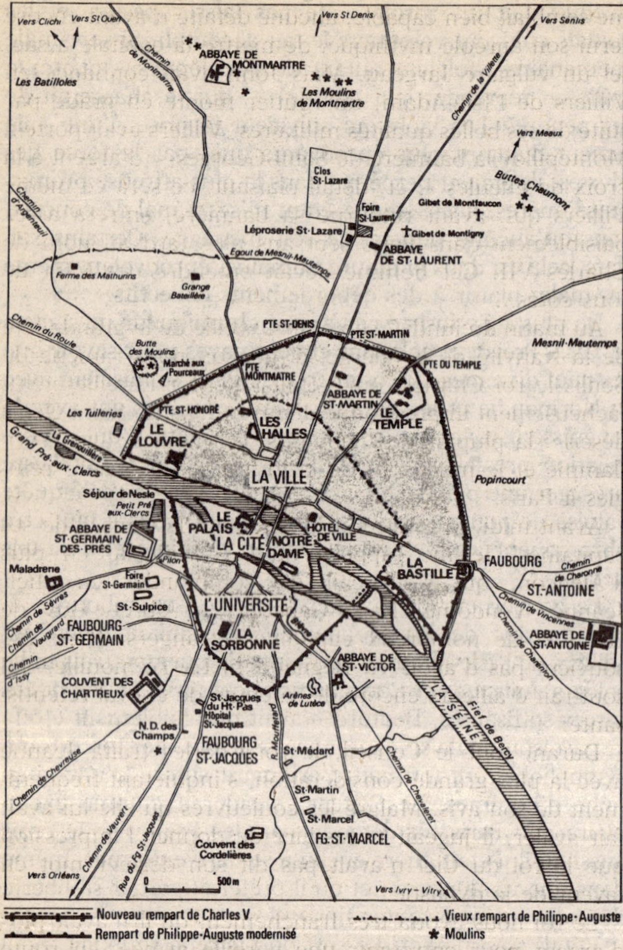
Vers Clichi
Vers St Ouen
Vers St Denis
Vers Senlis
Chemin de Montmartre
ABBAYE DE MONTMARTRE
Les Batilloles
Les Moulins de Montmartre
Chemin de la Villette
Vers Meaux
Clos St-Lazare
Buttes Chaumont
Chemin d'Argenteuil
Foire St-Laurent
Gibet de Montfaucon
Léproserie St-Lazare
Gibet de Montigny
ABBAYE DE ST-LAURENT
Égout de Mesnil-Mautemps
Ferme des Mathurins
Grange Bateillère
PTE ST-DENIS
PTE ST-MARTIN
Chemin du Roule
Mesnil-Mautemps
Butte des Moulins
Marché aux Pourceaux
PTE MONTMATRE
PTE DU TEMPLE
ABBAYE DE ST-MARTIN
Les Tuileries
PTE ST-HONORÉ
LES HALLES
LE TEMPLE
LE LOUVRE
La Grenouillère
Grand Pré aux Clercs
LA VILLE
Popincourt
Séjour de Nesle
Petit Pré aux Clercs
LE PALAIS
HOTEL DE VILLE
ABBAYE DE ST-GERMAIN-DES-PRÉS
LA CITÉ
NOTRE DAME
Pilon
LA BASTILLE
FAUBOURG
Chemin de Charonne
Maladrerie
Foire St-Germain
ST-ANTOINE
St-Sulpice
L'UNIVERSITÉ
Chemin de Sèvres
Chemin de Vincennes
FAUBOURG ST-GERMAIN
Chemin de Vaugirard
Bièvre
ABBAYE DE ST-ANTOINE
LA SORBONNE
Chemin de Charenton
Chemin d'Issy
ABBAYE DE ST-VICTOR
COUVENT DES CHARTREUX
LA SEINE
Arènes de Lutèce
St-Jacques du Ht-Pas
Hôpital St-Jacques
Fief de Bercy
N.D. des Champs
FAUBOURG ST-JACQUES
R. Mouffetard
St-Médard
Chemin de Chevaleret
Chemin de Chevreuse
St-Martin
St-Marcel
FG. ST-MARCEL
Couvent des Cordelières
Chemin de Vauvert
Rue du Fg St-Jacques
Vers Orléans
0
500m
Vers Ivry – Vitry
Nouveau rempart de Charles V
Vieux rempart de Philippe-Auguste
Rempart de Philippe-Auguste modernisé
Moulins

précieux prisonnier, en compagnie de mon cher John, l'une des portes du Paris anglo-bourguignon. Et Jeanne me semblait bien capable, aucune défaite n'ayant encore terni son auréole mythique, de mettre la capitale à sac, tel un vulgaire Jargeau. Mais John avait confiance en Villiers de l'Isle-Adam, un routier monté en grade par suite de ses belles qualités militaires. Villiers avait porté à Montépilloy la bannière de Saint-Georges, « d'argent à la croix de gueules », et, détail plaisant, ce sera ce même Villiers qui, ayant retourné sa bannière, entrera assez paisiblement dans Paris sept ans plus tard au nom de Charles VII. Cet homme devait entendre des Voix de tous côtés...

Au matin du lundi 7 septembre, veille de la grande fête de la Nativité de la Vierge, d'Alençon nous ramena de Senlis le roi Charles, qui s'était fait tirer l'oreille et fut fâcheusement impressionné d'entrer dans un Saint-Denis désert : la plupart des habitants, les moines, avec l'oriflamme et le manuscrit de la loi salique, s'étaient réfugiés à Paris.

Avant midi, le roi réunit longuement le Conseil de ses capitaines. Je me rappelle qu'il y avait là, en plus d'Alençon, qui s'efforçait de commander en chef, Jeanne, Vendôme, Rais, Gaucourt, d'Albret, Guy de Laval et de nombreux capitaines étrangers. Il ne me souvient pas d'avoir vu Regnault ni La Trémouille, qui souffrait d'ailleurs encore de sa chute de cheval retentissante.

Durant tout le Conseil, le roi Charles traita Jeanne avec la plus grande considération, s'inquiétant fréquemment de son avis. Malgré les couleuvres qu'elle lui avait fait avaler, il jugeait nécessaire de donner l'impression que le roi du Ciel n'avait pas dit son dernier mot en faveur de la dynastie.

Le roi nous avoua très franchement qu'il n'avait plus d'argent pour entretenir une pareille armée, en route depuis le 29 juin, qu'un siège – ne fût-ce que pour ce motif – était hors de question, et que si l'on se décidait pour un assaut, il y avait urgence à le faire, avec le vague espoir qu'une insurrection affaiblirait la défense d'une porte. Très ennuyé par le faible nombre des défenseurs anglais, Charles aurait bien aimé que quelques Parisiens fissent au moins mine de lui donner un coup de main. C'était naturellement pour lui une importante affaire de prestige.

D'Alençon, d'accord avec la Pucelle, ayant fait jeter un pont sur la Seine près de Saint-Denis, nous avions le choix entre la rive droite et la rive gauche.

En attaquant sur la rive droite, l'armée se heurtait au rempart moderne édifié sous Charles V et renforcé à plusieurs reprises. Ce rempart passait à l'ouest entre les Tuileries et le Louvre, et rejoignait la Seine à l'est par les portes Saint-Honoré, Montmartre, Saint-Denis, Saint-Martin, du Temple et de la Bastille. Les Halles et l'Hôtel de Ville se trouvaient, il est vrai, derrière un second rempart, celui de Philippe Auguste; mais sur la rive droite, ledit rempart, abandonné à son sort depuis des générations, n'offrait aucune possibilité de repli efficace. Si les fortifications de Charles V étaient emportées, le cœur de la ville était conquis sur-le-champ.

En attaquant sur la rive gauche – il fallait pour cela que l'armée et son matériel franchissent la Seine sur le pont improvisé –, nous n'avions affaire qu'au vieux rempart de Philippe Auguste, bien entretenu dans l'ensemble, modernisé par endroits et doublé de profonds fossés, mais qui n'avait pas cependant la même efficacité que le rempart nord de Charles V. Ce rempart sud laissait sans défense les faubourgs Saint-Germain, Saint-Jacques et Saint-Marcel avec leurs nombreuses abbayes, et englobait seulement le fouillis de bâtiments scolaires et ecclésiastiques du « Quartier latin ». On accédait à ce petit Paris, beaucoup moins peuplé et étendu que l'autre, par les portes de Buci, Saint-Germain, Saint-Michel, Saint-Jacques, Sainte-Geneviève, Bordelle et Saint-Victor. Si le Quartier latin tombait, il fallait encore forcer les quatre ponts de l'île de la Cité pour toucher au grand Paris de la rive nord.

Assaillir le rempart sud, c'était déjà exposer aux déprédations les célèbres abbayes des faubourgs. Si le rempart cédait, c'était la ruine du Paris universitaire, d'autant plus consommée que les ponts de la Cité auraient fait barrage plus longtemps. Et si ces ponts, faciles à défendre, tenaient, si Bedford profitait de la circonstance pour opérer un retour offensif et qu'il fallût se retirer, le Quartier latin aurait été ruiné pour rien.

Désireux de ménager autant que possible sa capitale, inquiet des ennuis avec l'Eglise et de la mauvaise réputation que lui attirerait le saccage des édifices scolaires et religieux de la rive gauche par des troupes qui n'étaient pas sûres, le roi insista pour que l'assaut fût donné par le nord, et le Conseil se rangea à ce raisonnable point de vue. On décida d'attaquer dès le lendemain – en dépit de la Nativité – entre les Tuileries et la porte Saint-Martin.

Sortant du Conseil, Jeanne était pleine de confiance, d'autant plus heureuse que le roi avait été plus aimable et qu'il avait sur sa demande exempté d'impôts après le sacre les habitants de Domrémy et de Greux.

Tout à coup, nous vîmes la Pucelle dégainer la grande épée qui lui battait les jambes, et s'élancer, tel un chien de chasse après un renard, sur une pute récidiviste – on pourrait presque dire « relapse »! – qu'elle avait déjà surprise la veille en train de racoler aux alentours de la basilique. Mais la fille avait le derrière dur et, au premier coup du plat de la lame, l'épée se brisa, laissant Jeanne toute penaude.

D'Alençon narre la scène dans le procès « en nullité », où deux autres témoins font aussi allusion à des voies de fait analogues en des lieux différents. J'ai dit que la Pucelle en était coutumière. Et si d'Alençon mentionne ce souvenir, c'est pour rendre hommage avec complaisance à l'ardente piété de son amie. Aux yeux de ce grand personnage, c'était un geste méritoire, pour une guerrière armée de pied en cap, que de rosser une putain qui n'avait que ses pauvres charmes pour défense. Mais ce qu'il se garde d'avouer, c'est qu'il s'agissait de la miraculeuse épée de Fierbois – ce que Jeanne confirme implicitement au procès de Rouen. Interrogée sur ses diverses épées, elle laisse alors dans une brume intemporelle le sort de celle de Fierbois, et pour cause.

Ce spectacle, providentielle revanche de toutes les humiliations de Lucretia, me plongea dans une intense jubilation, que j'eus peine à dissimuler. Au cours de ma vie déjà bien longue, j'ai eu très rarement de ces intuitions fulgurantes qui nous pénètrent d'une certitude absolue, au-delà de toute expérience sensible. Eh bien, dès que l'épée de Fierbois se brisa sur le dos de la pute, je sus que la Pucelle ne prendrait point Paris ! Me signant avec une ostensible horreur, je gémis à voix haute et sonore : « L'épée miraculeuse a vécu ! Le roi du Ciel nous abandonne ! », et je constatai que les superstitieux qui m'entouraient n'en pensaient pas moins. Le charme conquérant s'était évanoui avec l'épée sainte, et ce n'était pas un hasard que le Ciel eût permis l'accident à la veille de l'assaut. Mais j'étais le seul à connaître les vrais motifs du décret divin : pour Jésus miséricordieux que les filles repenties encensaient, une pute était plus précieuse que Paris.

Jeanne en larmes demanda si l'on pourrait réparer son épée et l'on s'efforça de le lui faire croire. Mais une lame ainsi reconstituée reste fragile. L'épée de Fierbois ne serait jamais plus la même. Jamais plus elle ne servirait à taper sur des putes !

Le roi lui-même, fort troublé, reprocha vivement à Jeanne d'avoir profané une telle arme au lieu d'utiliser un bâton lors de ses accès de chaste fureur.

XVII

CE même 7 septembre après dîner, j'eus l'occasion de bavarder un moment avec le maréchal de Rais, par une belle nuit tiède, lors d'une promenade dans les rues désertes de Saint-Denis, tandis que des maraudeurs pillaient ici ou là une maison abandonnée.

Rais avait été très impressionné par l'étrange destin de l'épée de Fierbois, mais d'une façon bien différente de la mienne. L'accident était pour lui la preuve que les relations privilégiées avec le Ciel, même les mieux établies, pouvaient connaître des hauts et des bas. Dieu vous soutenait, puis vous lâchait, comme par caprice incompréhensible. Sans doute était-il bien difficile de se maintenir au degré de vertu qui attirait de constantes faveurs, et d'autant plus que le Ciel devait être particulièrement exigeant avec ses favoris. Un faux pas, et c'était la culbute. Autre considération inquiétante, la vertu n'attirait pas que des faveurs. Le Christ nous avait déjà enseigné que plus la piété est grande, plus le risque de se faire crucifier est élevé. Bref, des accointances directes avec Dieu du style de celles de la Pucelle n'étaient pas de tout repos.

Je fis observer à Rais que des relations privilégiées avec le Démon étaient sujettes aux mêmes inconvénients. L'au-delà n'était un terrain rassurant que si on l'abordait avec modestie, sans espoir de privilèges.

« Il y a cependant une différence, me dit-il. Le Diable,

sodomite convaincu, n'exige pas de ses fidèles des qualités morales au-dessus de leurs humbles forces. Il est très accommodant. Et d'autre part, du fait qu'il s'agit d'un ange déchu, d'une créature, il doit être possible de le contraindre par des artifices magiques...

– C'est ce qu'on prétend. Mais le Diable a coutume de réclamer une âme en échange.

– Oh, il n'est pas près d'avoir la mienne ! »

Dès cette époque, tout était en place dans l'esprit fiévreux du maréchal pour le conduire au bûcher. Les échecs, la condamnation de la Pucelle par les instances judiciaires les plus réputées, sa mort atroce démontreront à Rais que la fréquentation de certaines Voix n'est pas rentable.

Jeanne brûlée, le sire de Rais se laissera donc aller à tous ses penchants, sombrera dans un extraordinaire mélange de pédérastie sanglante et de démonologie puérile.

Ce qui est surprenant, dans le cas du maréchal, ce n'est pas qu'il ait sodomisé et égorgé des années durant des enfants des deux sexes – avec une nette préférence toutefois pour les garçons. Le passe-temps s'est toujours bien porté depuis la sortie du Paradis terrestre. Et il n'est pas surprenant non plus que Rais ait fait tant de victimes – des centaines, selon ses aveux – qu'il ne savait plus quoi faire des cadavres. Avec ses complices, ses rabatteurs et ses énormes moyens, il devait obtenir de meilleurs résultats qu'un petit dilettante populaire adonné tout tremblant à quelques timides fantaisies. Ce qui est saisissant, dans le cas du maréchal, c'est le caractère rituel des crimes. Rais épuisé en rajoutait frénétiquement, en arrivait à tuer sans grand plaisir après des simulacres sodomiques morbides dans l'idée de fléchir le Démon, prié sans relâche de lui révéler le grand secret alchimique de la transmutation d'un vil métal en or pur.

Mais l'apprenti a échoué parce qu'en homme prudent, il s'était toujours refusé, dans les pactes qu'il signait, à vendre son âme au Diable. Et Dieu, attendri par cette réserve, a permis que le maréchal fît à Nantes, le 26 octobre 1440, la plus chrétienne des fins. Naturellement intéressé par ce procès qui concernait un homme que j'avais assez bien connu, j'ai pu interroger des témoins oculaires. Condamné, Rais a donné les plus pertinents conseils de sévère éducation aux parents de ses victimes, qui en pleuraient d'émotion et priaient pour son âme. Scène prodigieuse et bien française par son caractère excessif ! Le maréchal aura été brûlé comme la Pucelle, mais dans un climat de parfaite orthodoxie. Et comme il y a plus de joie là-haut pour un pécheur repenti que pour un juste, Gilles bien mortifié est allé sans doute retrouver Jeanne en son Paradis.

La plupart ignorent – étant donné une véritable conspiration du silence – que le maréchal a définitivement compromis sa situation financière, déjà fort ébranlée par de ruineuses prodigalités, en faisant jouer à Orléans – dont une fois devant le roi lui-même –, en 1434-1435, un interminable « mistère[1] » en vers de mirliton, à la gloire de la Pucelle... sans oublier la sienne. Le sire de Rais, tenant table ouverte, régalant et abreuvant la foule nuit et jour, est demeuré six mois dans la cité à cette occasion, claquant près de cent mille écus pour des représentations d'un luxe fou sur la place de la cathédrale !

Ce mistère de 20 529 vers (!) a été rejoué en 1439. Mais après l'exécution de Rais, le texte a été précipitamment remanié : non seulement le maréchal, ce qui se

1. Le manuscrit de ce « mistère », que Renan a eu le mauvais esprit de découvrir, est conservé à la bibliothèque vaticane sous le n° 1022. Il n'en existe au monde qu'un unique exemplaire. Le texte a été publié en France par MM. F. Guessard et E. de Certain en 1862. Un tel mistère mériterait d'intéresser les médiévistes, car il est un bon exemple d'une évolution en cours à l'époque : le genre se fait de plus en plus profane.

Pendant la guerre de 1914, un certain Jean Fabre a écrit une pièce patriotique en s'inspirant avec une pudeur opportune du texte remanié postérieur à 1440. Mais la Comédie Française l'a néanmoins refusée.

conçoit aisément, n'a plus le beau rôle, mais il devient le lâche et le cruel de l'affaire. On le voit par exemple achever vilainement un Anglais désargenté qui lui demande grâce, et lui voler de surcroît sa médaille porte-bonheur ! Le tripatouillage manque d'élégance, car Rais avait vaillamment combattu pour la libération de la ville. L'infortuné mécène n'en a pas eu pour ses cent mille écus !

Le lendemain 8 septembre de bonne heure, jour de la Nativité, il y eut grand-messe à Saint-Denis avant l'assaut, en présence des poussiéreux tombeaux des ancêtres royaux. Au Conseil, la Pucelle n'avait pas protesté contre le projet de verser le sang lors d'une pareille fête. Pente fatale, les nécessités de la guerre l'emportaient de plus en plus dans son esprit sur des considérations religieuses formelles. Mais je ne me privai point, durant la cérémonie, de murmurer hautement que la tuerie aurait dû être reportée à un autre jour. Aucune hypocrisie dans ces murmures ! Encore au service du roi Charles, j'étais tenu en conscience de donner de bons avis. Or on ne gagne une croisade qu'en respectant les superstitions locales. Attaqués par une Pucelle impie le jour de la Vierge, les bourgeois de Paris, catéchisés par une Université « bourguignonne », ne s'en défendraient que mieux. En outre, le Ciel m'ayant intimement averti qu'on allait au-devant d'un échec, n'était-il pas de mon devoir de faire passer le message ? Pour être plus rares, mes Voix valaient bien celles de Jeanne !

En sortant de la basilique, je répétai à d'Alençon ce que je venais de murmurer dans l'église au profit de mes voisins : ce n'était pas le jour de combattre avec une épée de Fierbois brisée. Mais le duc me répondit qu'il n'y avait pas à revenir sur une décision que les Voix de la Pucelle avaient dû approuver, et qu'au surplus, nous étions un 8, jour anniversaire de la délivrance d'Orléans. Il sentait bien lui-même que l'argument était faible, mais on s'encourage comme on peut.

Au procès de Rouen, Jeanne a assuré qu'elle n'avait

bénéficié, en ce qui concernait cette bataille, d'aucune révélation particulière, mais qu'elle avait naturellement l'intention de prendre Paris, quoiqu'elle ne fût sous ses murs qu'« à la requête des nobles gens d'armes qui voulaient faire une escarmouche ou une vaillance d'armes », déclaration assez contradictoire. Quant à l'absence de révélation, il est permis de la croire sur parole. Pour le reste, on sait bien que, depuis Reims, elle ne rêvait que de Paris, et que la prétendue escarmouche fut menée avec la totalité de l'armée. En ce 8 septembre, le roi jouait franchement son jeu avec tous les moyens disponibles.

Après la messe, l'armée descendit donc vers Paris, avec son artillerie et de nombreux chariots remplis de fagots et de fascines destinés à combler les fossés. Nous passâmes bientôt devant la colline Montmartre, au sommet de laquelle se détachaient de nombreux moulins, nous longeâmes la léproserie Saint-Lazare – qui n'incita personne au pillage! –, laissant sur notre gauche l'abbaye de Saint-Laurent, les gibets de Montigny, de Montfaucon et les Buttes-Chaumont, puis nous obliquâmes vers l'ouest pour prendre position entre la muraille de Charles V et le grand égout de Mesnil-Mautemps, qui allait vers la Grange Bateillères et les Mathurins. L'aile gauche de l'armée fit alors face aux portes Saint-Martin et Saint-Denis. L'aile droite, à cheval sur le chemin du Roule, se déploya par le vaste champ de foire aux pourceaux de la porte Saint-Honoré, en contrebas de la Butte des Moulins.

C'est là que je me trouvais avec ma compagnie. Par-dessus les fortifications de la porte Saint-Honoré, vers le sud, on distinguait à faible distance les grosses tours du Louvre, adossé à l'antique rempart dit « de Philippe Auguste ».

Le capitaine Tristan et mon valet d'armes Laurent, sensibles comme bien d'autres au scandale de l'épée brisée, avaient mauvais moral et doutaient qu'une journée rentable fût en vue. Pour les rassurer, ainsi que les hommes de nos deux lances, j'expliquai que l'épée de Fierbois ne pouvait être sainte puisqu'elle avait été empruntée parmi des ex-voto récents, et sans l'agrément du donateur, sous prétexte d'une révélation absolument incontrôlable; mais je vis bien que l'argument avait peu de poids : la Pucelle s'était délibérément placée au-dessus des lois courantes, avec les avantages et les inconvénients d'une position si ambitieuse.

Avant midi, un premier assaut emporta sans peine le boulevard qui protégeait la porte Saint-Honoré. Aux Tourelles, on s'était également battu pour un boulevard de ce genre. Je rappelle que le rôle de ces ouvrages avancés était d'interdire à l'ennemi de disposer son artillerie à bonne distance de tir des murailles. La force des boulets faiblissait vite. La porte proprement dite était encore défendue par deux fossés, l'un à sec, que l'on s'efforça de combler, et l'autre rempli d'eau.

De proche en proche, l'assaut se fit général, de la porte Saint-Honoré à la porte Saint-Denis, la vigueur de la défense égalant celle de l'attaque. Tout l'après-midi, assaut après assaut, on s'acharna en vain à emporter le rempart.

Le soleil déclinait, quand Jeanne s'approcha derechef de la porte Saint-Honoré, accompagnée du sire de Rais qui ne l'avait pas quittée de la journée – ils ne devaient plus jamais combattre côte à côte. Et, sondant le deuxième fossé de sa lance, elle adressa aux défenseurs une sommation verbale dont la teneur est controversée. Aurait-elle dit : « Rendez-vous de par Jésus à nous sur-le-champ, car si vous ne vous rendez pas avant la nuit, nous entrerons par force, que vous le vouliez ou non, et vous serez mis à mort sans merci »? Ou bien : « Rendez-vous au roi de France, etc. »

Trop en retrait, je n'ai eu personnellement qu'un faible écho de la déclaration et je ne puis porter témoignage. Mais au procès de Rouen, interrogée sur ce point, Jeanne, gênée, a rectifié l'assertion produite et affirmé qu'elle aurait parlé du roi de France et non pas du roi Jésus.

Rectification intéressante. Avec le temps – mais beaucoup trop tard –, la Pucelle s'était aperçue qu'il y avait peut-être un Dieu aussi pour les Anglais, et même pour ces traîtres de Bourguignons ou de Bretons, et que ce Dieu valait bien le sien.

Toujours est-il que la sommation eut son effet habituel : Parisiens et Bourguignons, quelques Anglais mêmes, s'empressèrent de traiter Jeanne de putain en chœur, ce qui, après la rossée administrée à la pute d'une main d'acier, était bien injuste. Que devait-elle faire pour égarer les soupçons? Un arbalétrier parisien qui criait plus fort que les autres blessa alors la Pucelle au gras de la jambe, et son porte-étendard fut atteint au pied. Et, comme il levait sa visière, il reçut un trait en plein front.

Rais entraîna Jeanne un peu en arrière. Sa blessure n'était pas dangereuse, et elle ne cessait d'encourager les assaillants de la voix et du geste. Mais déjà, malgré les objurgations de la Pucelle, des compagnies entières se retiraient. Fait plus grave, et qui montrait bien que beaucoup avaient renoncé à l'entreprise, des soldats mettaient le feu à du matériel de siège alors que la nuit tombait.

Il fallut presque arracher Jeanne de force à ce spectacle de désolation. Elle sentait bien que l'armée avait perdu sa belle confiance d'autrefois et que le mal était irréparable. Le vent fougueux de la croisade, comme il arrive souvent, n'était plus qu'une brise incertaine.

Le lendemain dès l'aube, Jeanne pressa d'Alençon d'ordonner d'autres assauts, et d'attaquer de préférence par le sud, puisque le rempart de Charles V avait tenu bon. Mais survinrent René d'Anjou et le duc de Clermont pour commander de par le roi d'arrêter les frais et de regagner Saint-Denis. Que l'un des deux messagers fût le fils de Yolande d'Aragon, qui avait constamment soutenu Jeanne jusqu'alors, était significatif. Doutant d'être obéi par la Pucelle et par son chevalier servant d'Alençon, le roi avait d'ailleurs fait rompre durant la nuit le pont que le duc avait naguère jeté sur la Seine, ce qui manifestait bien sa résolution préméditée de protéger Paris d'un assaut sur la rive gauche.

Des partisans de Jeanne ont interprété la rupture de ce pont comme un coup bas d'un parti défaitiste, interprétation qui ne résiste pas à l'examen. Aucune insurrection n'avait éclaté à Paris, les bourgeois avaient fait bloc derrière Bedford et le duc de Bourgogne : assaillir les portes du Quartier latin avec une armée démoralisée eût été courir au-devant d'une déception supplémentaire. Et si par hasard le rempart sud avait cédé, le roi, comme je l'ai déjà dit, aurait encouru le reproche d'avoir fait saccager le quartier des Ecoles d'une ville qui ne voulait pas de lui – sans parler de l'île de la Cité et du reste.

C'est seulement bien des années plus tard, quand Charles VII aura mis sur pied l'armée de ses ressources fiscales permanentes, qu'un minimum de discipline sera instauré. En septembre 1429, le roi n'avait pu réunir qu'un ramassis de brigands, que j'ai suffisamment vus à l'œuvre... et d'autant mieux que j'en faisais partie !

Si un doute subsistait à ce sujet, je préciserai que le roi Charles, lorsqu'il aura enfin les moyens de réformer son armée, en exclura les capitaines les plus criminels, comme le chef d'« écorcheurs » Jacques de Chabannes, pourtant sire de La Palisse et sénéchal de Bourbon, Villandrando ou le bandit Forte-Espice, dont le nom était déjà tout un programme. D'autres seront exécutés, tel Alexandre de Bourbon, cousu dans un sac et jeté à l'eau à Bar-sur-Aube. D'autres seront épargnés et gardés sous les armes en vertu de la glorieuse réputation qu'ils avaient su se faire et des services rendus. Ce qui n'a pas empêché La Hire de piller abominablement le Beauvaisis en 1433, l'Alsace en 1439, et Poton de Xaintrailles – l'un des meilleurs ! – de ravager la Lorraine avec bien d'autres compagnons de la défunte Pucelle de 1435 à 1439, et une fois encore en 1444 ! Mais Domrémy, déjà exempt d'impôts, se tira indemne de l'épreuve. Xaintrailles avait du savoir-vivre.

Livrer un Paris dégarni d'Anglais à des gens de cette trempe donnait à réfléchir à un souverain qui avait pris peu à peu un sens accru de ses responsabilités. Jeanne, qui en était à apprendre à lire, d'Alençon qui s'intéressait surtout à la chasse et aux chevaux, des soldats avides de butin auraient vu sans sourciller la Sorbonne disparaître dans les flammes. Charles y a renoncé, et c'est tout à son honneur. Quelles contributions aurait-il d'ailleurs tirées d'une capitale en ruine ?

Il ne faudrait pas pour autant taxer la Pucelle d'indifférence au malheur public. Elle y était au contraire des plus sensible. Mais ses Voix ne voulaient connaître que des impératifs militaires et, à force de faire la guerre avec des chenapans, elle en était venue à considérer l'atroce comme normal. Elle protestait certes, et parfois véhémentement, contre les plus affreux excès, s'efforçait naïvement de les exorciser par l'administration de sacrements efficaces, les arrosait abondamment de ses larmes faciles, mais n'en poursuivait pas moins sa route embrasée, ainsi que le lui avait prédit le bon papa La Hire le premier jour de son aventure. L'étonnant est que Jeanne, soumise si jeune à de pareilles expériences, ait conservé une robuste santé morale. Sa piété l'aidait certes à mettre au pillage des régions entières avec une grâce ingénue et touchante.

Le roi discuta quelques journées avec un Conseil restreint, faisant appeler de temps à autre tel ou tel capitaine en privé pour un supplément d'informations et d'avis.

Quand mon tour fut venu, je répétai à Charles avec insistance que la Pucelle avait fait son temps, et qu'il convenait de la retirer des combats avant que de nouveaux mécomptes n'eussent totalement ruiné sa réputation. Après l'échec devant Paris, tout devait être plus que jamais subordonné à la réussite des négociations avec le duc Philippe. Mais le roi – c'était chez lui une habitude – était très hésitant.

Je lui dis alors :

« En Prince avisé, Votre Majesté pense peut-être que plus Jeanne se discréditera, plus il sera évident pour tous que les succès qu'elle a remportés n'ont pas été dus à des miracles, mais à la sagesse du gouvernement. Une dynastie qui ambitionne de durer ne peut certes faire fond sur des prodiges, et je comprends qu'il soit judicieux de s'en méfier, ainsi que le font instinctivement les Vénitiens depuis tant de siècles. Mais le jeu est à nuancer. Le capital de confiance accumulé par la Pucelle ne saurait être entièrement dissipé sans inconvénients.

« Oh, fit le roi, le peuple est si stupide qu'il n'est pas près d'être dégrisé! »

La déclaration sonnait un peu comme une oraison funèbre.

Charles envisageait un moyen terme : confiner Jeanne dans des opérations secondaires où son prestige pourrait encore être efficace. Et l'expédient aurait aussi pour effet bénéfique de la séparer d'amis comme d'Alençon, Rais ou même le Bâtard, dont l'influence risquait de ne pas toujours être heureuse. Le Prince – c'était sa seule qualité vraiment vénitienne! – avait l'obsession du complot et se faisait gloire de les étouffer avant qu'ils ne fussent nés.

« Il n'est pas facile du tout, poursuivit le roi Charles, de retirer la Pucelle des combats ainsi que vous me le conseillez. A moins que je ne la fasse fourrer en prison – et un vain peuple m'accuserait une fois de plus d'ingratitude! – rien ne peut l'empêcher, si je lui retire mon appui, de se livrer avec quelques partisans à une petite guerre de coups de main et d'embuscades où le danger de se faire prendre serait fort accru, avec le risque du bûcher pour elle, et des ennuis bien désagréables pour moi. Devant un tribunal d'Inquisition, ou bien Jeanne désavoue ses Voix et je passe pour idiot, ou bien elle se répand en insolences, et je passe pour impie. Le seul moyen que j'ai de la tenir à l'écart et de négocier tranquille avec mon cousin de Bourgogne, et ce en la préservant autant que possible de ses démons, n'est-ce point de la remiser sur un terrain annexe avec des forces suffisamment importantes ? Que faire de mieux pour me sortir avec elle de cette impasse ? Car au fond, je l'aime bien, cette fille, vous savez. Elle a beau me faire enrager, je ne parviens jamais à lui en vouloir longtemps. Et j'ai plus de mérite à l'aimer un peu qu'elle n'en a à m'aimer davantage. C'est la véritable Jeanne que j'aime. Une jeune personne qui a plus de bonne volonté que de pondération, et qui a pris depuis Reims un chemin bien inquiétant. Alors que la Pucelle aime un roi idéal qui a peu de rapport avec moi. J'ai parfois le sentiment qu'elle adore mon double. Je suis plus beau pour elle que pour la reine ! »

La solution caressée par le roi semblait raisonnable : pousser Jeanne tout doucement vers la porte de sortie, dans le vague espoir qu'elle s'assagirait.

Après une hésitation, Charles me dit encore :

« La crainte que la Pucelle ne se fasse capturer par les Anglais me donne de l'insomnie. J'ai eu par Jeanne des échos de vos aimables interventions auprès d'elle, et il n'est pas exclu qu'elles aient eu quelque influence... Mais si, je vous assure ! Par exemple, votre ingénieuse mise en garde contre les Princes du Sang paraît l'avoir impressionnée. Elle n'en fait qu'à sa tête, mais vous écoute toujours avec attention. Si j'osais...

– Osez, sire ! Osez !

– A l'occasion, essayez de lui glisser quelques conseils très élémentaires de bonne conduite si, par malheur, le Grand Inquisiteur de Paris avait à s'occuper de son affaire. Il ne faudrait pas – vous me comprenez à demi-mot ? – qu'elle se croie encore à Poitiers. Le résultat serait, ce coup-là, effroyable.

– Assurément ! Les amicales licences de Poitiers ont pu lui fausser l'esprit. Votre Majesté – je reprends très respectueusement ses propres paroles – désire-t-elle passer pour « idiote » ou pour « impie »?

– Je crois que pour un roi, dit le monarque en souriant, l'idiotie est légèrement préférable. Mais ce n'est pas à moi de le dire. »

La noble pudeur du roi comme mon amitié pour Jeanne me dictaient mon devoir.

Le 10 septembre, Charles VII donna officiellement ordre d'abandonner l'attaque contre Paris et, tandis que John, ravi, se voyait déjà dans la capitale avec une prise de trente mille ducats, j'allai rendre à Jeanne une visite que je croyais devoir être la dernière.

Je la trouvai très abattue. Non seulement sainte Catherine-de-Fierbois lui avait joué un mauvais tour inexplicable, non seulement les soldats n'avaient pas eu devant Paris cet irrésistible sursaut qui remplit l'ennemi de panique, mais le roi cher à son cœur, qui lui faisait désormais grise mine, avait fait rompre son pont, et l'ami La Trémouille, pour la consoler, n'avait rien trouvé de mieux que de lui suggérer d'aller se mesurer à Perrinet Gressart, un vulgaire routier, du côté de la Charité-sur-Loire. Après la tête princière du dogue Bedford, on osait proposer à son appétit la queue d'un roquet apatride!

Mais sa détermination de combattre jusqu'au bout était inextinguible, quoique ce bout fût peu clair. Le « Dauphin » étant à présent sacré, couronné, armé chevalier et tiré d'ennui, devrait-elle faire campagne jusqu'à ce que le dernier Anglais eût quitté le sol de France? Les Voix ayant été brillamment obéies à la stupeur générale, quand finirait donc cette prétendue mission qu'elle s'était librement découverte après les fastes de Reims?

L'abattement de Jeanne était encore aggravé par l'appréhension – de sens commun ou prémonitoire? – de tomber captive des Anglais. Tant de ses compagnons de combat avaient été pris un jour, elle avait fait elle-même tant de prisonniers de marque, qu'une telle éventualité devait lui donner à réfléchir, et d'autant plus qu'elle sentait bien que sa carrière serait brève, ne ménageant rien pour qu'il en fût ainsi.

Cette angoisse latente facilitait l'accomplissement de la pénible mission dont le roi m'avait honteusement chargé.

Comme la Pucelle me demandait ce qu'il adviendrait d'elle si elle était faite prisonnière, je lui répondis :

« Vous avez de bonnes chances d'échapper à la captivité par une mort sur le champ de bataille. Vous avez soulevé des haines si vives, vos soldats ont massacré sans scrupule, sous votre étendard, un si grand nombre de prisonniers anglais ou français d'humble condition paysanne, analogue à la vôtre, qu'on peut vous rendre la pareille, selon la loi du talion. Vous avez parlé, n'est-ce pas, beaucoup plus souvent d'extermination que de droit des gens ? On récolte ce qu'on sème.

» Mais le gouvernement de Bedford et son allié bourguignon auraient le plus grand intérêt à vous capturer bien vivante pour des motifs de propagande, et ils feront tout pour ça. Vous risquez par conséquent de survivre à votre capture et de connaître la destinée d'une bête curieuse dont on se demande à quelle sauce on va la manger.

» Il est rigoureusement exclu que les Anglais vous relâchent contre rançon, ne fût-ce que pour le bon motif que vous n'avez pas de prix, et personne n'aurait le ridicule de leur en offrir une pour venir au secours de votre impécuniosité. Vous avez fait perdre à Bedford un argent énorme, dix fois peut-être la rançon d'un Jean d'Alençon ! Et surtout, vous lui avez posé un problème qui ne saurait s'exprimer en livres tournois ou en " esterlins ". En mettant Dieu et la Vierge dans votre camp, avec une superbe ardeur théologique, vous avez persuadé les Anglais, comme on pouvait s'y attendre, que vous étiez une pute vomie par les enfers. Et tant que vous serez en vie, pénible conséquence d'une théologie hasardeuse, les " yeomen " demeureront convaincus qu'un mauvais sort reste attaché à la corde de leur arc. A Patay, ils n'ont pas même eu l'occasion de le bander, et vous n'étiez qu'à l'arrière-garde durant ce massacre où je me suis si abondamment rougi les mains à votre service ! Votre efficacité semble bien dépasser de loin votre personne physique pour être liée à votre souffle vital et aux maléfices qu'il répand partout.

» La question sera donc de vous faire mourir de la façon la plus exemplaire et la plus profitable au royaume de France et d'Angleterre du jeune roi Henri VI – un dévot garçonnet qui priera sûrement de tout cœur pour votre âme en péril.

» Du fait que vous n'avez jamais été au service des Lancastres, que vous êtes même originaire d'un village qu'ils n'ont jamais contrôlé, on ne vous fera point un procès en haute trahison, qui d'ailleurs ne porterait guère préjudice à la réputation du roi Charles. On s'efforcera sans aucun doute de vous brûler à titre d'hérétique et de sorcière, ce qui est en tout cas beaucoup plus facile à dire qu'à faire.

– En quoi serait-il si difficile de me faire brûler ?

– Les Anglais ne peuvent se permettre de vous brûler à la sauvette comme Suffolk a failli le faire de votre Guyenne. Vous méritez mieux que ça ! Vous devez vous attendre à un beau procès, où toutes les formes légales seraient en apparence respectées.

» Diffamée d'hérésie, vous seriez forcément jugée par un tribunal d'Eglise, sous l'autorité conjointe d'un évêque et d'un Inquisiteur, le premier représentant la justice locale et territoriale, le second, la justice pontificale et internationale. Mais l'Eglise ne veut pas la mort du pécheur. En d'autres termes, le chrétien accusé d'un premier délit contre la foi sauve immanquablement sa tête pour peu qu'il reconnaisse ce qu'on lui reproche à tort ou à raison et qu'il déclare se repentir de ses fautes en réclamant une pénitence salutaire à la discrétion des juges. C'est seulement une quelconque récidive, qui entraîne automatiquement la livraison du “ relaps ” au bras séculier civil et exterminateur, car notre sainte mère l'Eglise, si elle veut bien se contenter la première fois d'un repentir douteux, ne peut quand même pas faire confiance deux fois.

» Et vous avez ainsi deux chemins pour perdre la vie à la fleur de l'âge. Ou bien vous contestez sans défaillance les conclusions du tribunal, et vous êtes livrée au bras séculier pour impénitence opiniâtre. Ou bien, après vous être montrée complaisante et pénitente, vous revenez sur vos aveux, et vous êtes livrée au bras séculier à titre de " relapse ". Comme quoi, il faut vraiment y mettre du sien pour se faire brûler!

» Vous avez saisi? La règle d'or est de ne jamais contrarier en rien le tribunal. Les juges sont très chatouilleux là-dessus. Vous plaidez donc coupable en pleurant – vous pleurez à merveille, et ce sera le moment de déployer tous vos talents! –, et vous vous en tirez au pire, en fait de pénitence, avec la prison perpétuelle au pain sec et à l'eau, une pure fiction toutefois : ladite prison ne dure d'ordinaire que quelques années, et avec un peu de fromage. Je dis " d'ordinaire ", car votre cas serait évidemment compliqué par des considérations de haute politique. Mais l'Eglise n'en serait point responsable.

– A ce compte-là, je suis morte d'avance. Jamais je ne désavouerai mes Voix! Je préfère mourir que mentir.

– Ma chère amie, je ne sais des tribunaux d'Eglise que ce que tout le monde en sait, mais je puis vous garantir qu'une parfaite soumission de l'accusé n'est pas de nature à lui poser le moindre problème de conscience.

– Je ne vous comprends pas.

– Suivez-moi avec attention. Il ne s'agit pas de crimes de droit commun, comme le vol ou l'assassinat, où l'aveu est par définition infamant. Le rôle de l'évêque et de l'Inquisiteur est de porter une appréciation compétente quant à la foi de l'accusé en se basant, après enquête attentive, sur ses paroles, ses écrits, ses actions, car on ne peut se faire une idée de la foi de quelqu'un, judiciairement parlant, que d'après des signes extérieurs bien manifestes. Le tribunal est un peu comme un médecin des âmes, qui porterait un diagnostic d'expérience.

» Vous me suivez toujours ?

– Jusque-là, c'est clair.

– Vous n'auriez pas la folie de mettre en doute le jugement d'un bon médecin – tout en admettant qu'il puisse faire erreur, puisque l'erreur est humaine. S'il y a doute, vous l'acquitterez prudemment au bénéfice du doute. A plus forte raison, vous n'avez pas à discuter le jugement de Pères et de Frères infiniment plus instruits que vous, même si vous avez l'intime certitude qu'il est erroné sur tel ou tel point. Le tribunal prend la pleine et entière responsabilité de ses diagnostics, auxquels l'accusé reste totalement étranger. Son devoir de chrétien confiant et discipliné est de dire " amen " à tout, de manière qu'il puisse être réconcilié avec l'Eglise moyennant pénitence adéquate, qu'il accomplira d'un cœur contrit. A l'inverse de ce qui se passe devant un tribunal de droit commun, les aveux de l'accusé le soulagent et le grandissent. Si vous en croyez votre médecin ou votre confesseur, vous devez aussi en croire les docteurs de l'Eglise paternellement réunis pour se pencher sur votre affaire. Ils se trompent ? Qu'importe ! Votre honneur est sauf, qui est dans une obéissante fidélité à la foi de vos ancêtres, définie bien avant qu'il y ait une France et des Valois. »

Jeanne réfléchit un moment et me dit :

« Et l'honneur du roi ? Les aveux qu'on exigerait de moi ne seraient-ils pas calculés pour lui nuire ?

– Le roi n'ignore pas comment fonctionnent les tribunaux d'Eglise ! Les aveux n'y ont aucune importance puisque presque tout le monde avoue. De notoriété publique, n'est-ce point le tribunal qui les dicte ? Il s'agit d'une formalité. Le roi vous pardonnerait aisément de vous y plier de bonne grâce. Mais il serait très ennuyé que vous fussiez brûlée comme impénitente ou relapse.

Quoi que vous puissiez dire et faire, vous serez déclarée coupable. Pourquoi ajouter l'impénitence au dossier? Dites-vous que tous les chrétiens sont plus ou moins hérétiques, la plupart du temps par ignorance. Aucun ne pourrait sortir à son avantage d'un tribunal décidé à chercher la petite bête. Les juges d'Inquisition eux-mêmes trébucheraient. L'hérésie est secondaire; ce qui est grave, c'est l'orgueilleuse impénitence qui prétend en remontrer aux docteurs de la foi.

– Si le roi, mal conseillé, n'a pas suffisant souci de son honneur, c'est à moi de le garder pour lui. Et si je mentais pour sauver ma vie, je trahirais mes Voix!

– Mais le tribunal est justement là pour juger de vos Voix! A quoi servirait-il autrement?

– Vous en parlez à votre aise. On voit bien que vous n'avez jamais entendu de Voix! Je ne ferai jamais rien qui puisse déplaire à mes Voix. »

Il n'est pas facile de sauver les gens malgré eux.

Refrénant un soupir, je poursuivis :

« Comprenez donc, ma chère Jeanne, que si vous résistez avec votre entêtement habituel à toutes les pressions verbales ou physiques de façon à vous faire brûler, ce spectacle mettra les " yeomen " en joie, leur remontera le moral pour des années, et que vous aurez fait un beau cadeau à Bedford. »

J'étais parvenu, sinon à convaincre la Pucelle, du moins à lui donner à réfléchir.

« Prions Dieu, dit-elle, que je ne me fasse pas prendre!

– Vous pourriez l'aider en renonçant à une activité militaire qui vous ferait courir des risques mortels pour des résultats dérisoires, et en retournant à vos moutons... ou du moins au troupeau que le roi se ferait un honneur de vous offrir en Berry avec une houlette dorée et une jolie dot. Vous n'avez fait vœu de virginité que pour rétablir les affaires du roi Charles. A présent qu'il est remonté grâce à vous sur sa bête et que l'on n'a plus besoin de vos services, pourquoi ne pas prendre du bon temps? Il ne manquerait pas d'aimables capitaines pour vous épouser...

– Je ne pourrais pas supporter qu'un homme me touche. Je ne suis pas faite pour le mariage. »

Sans grand espoir, je fis un dernier effort :

« Avez-vous songé que si les Anglais vous mettent la main dessus, vous serez violée tôt ou tard? Tous les soudards de Bedford en rêvent nuit et jour.

– Je sais que je mourrai vierge.

– Vous mourrez vierge si vous mourez vite, et votre vie vaut mieux qu'un pucelage. »

Mais Jeanne secouait la tête. Elle était décidée à boire son calice jusqu'à la lie. Ainsi va le monde.

Je renonçai à discuter, l'embrassai tristement et lui souhaitai bonne chance, car elle allait en avoir sacrément besoin du train où elle allait. Si elle s'est fait brûler, ce n'est vraiment pas ma faute!

Le 12 septembre, l'armée commença de prendre en désordre la route vers Provins et Montargis afin d'aller se faire débaucher à Gien, d'où elle était partie fin juin pour Reims, et c'est aussi à Gien que la Pucelle était apparue pour la première fois sur les terres de son « Dauphin » dans les derniers jours de février. La boucle était bouclée. En un peu plus de cinq mois seulement, Jeanne était passée tel un météore. Les soldats liquidés à Gien faute d'argent – un argument qu'elle avait toujours eu du mal à saisir – allaient se disperser pour terroriser les campagnes avant une nouvelle embauche qui leur permettrait de les terroriser de nouveau, mais en masse.

En dépit de l'échec devant Paris, le bilan de l'expédition de Reims demeurait très positif. Charles avait été sacré le plus sérieusement du monde avec l'huile qu'il fallait, nombre de villes assez importantes avaient échangé de bonne ou mauvaise grâce une petite garnison anglaise ou bourguignonne contre une petite garnison valoise. Et surtout, les étonnants succès dus à l'action de la Pucelle avaient amené le duc Philippe à ouvrir un dialogue prometteur. Les négociations seraient peut-être plus longues que prévu, mais on aboutirait tôt ou tard, parce que c'était dans la nature des choses à partir du moment où le dangereux élan de Bedford avait été brisé.

Le roi et la Pucelle quittèrent Saint-Denis le dimanche 13 septembre après la messe et je ne les vis pas disparaître sans émotion. Charles devait beaucoup à Jeanne, et il est très mauvais pour la santé d'obliger un monarque au-delà de l'ordinaire. Contrairement à ce qu'on pourrait croire, le roi n'a pas condamné Jeanne à mort faute de soutien, mais en tolérant qu'elle allât jusqu'au bout de ses forces dans une guerre où sa présence – les enthousiasmes miraculeux une fois dissipés – était de moins en moins nécessaire. Et tous les motifs de cette tolérance désabusée n'étaient peut-être pas avouables. Les Princes ne sont pas fâchés de voir décliner les astres qui les ont par trop éblouis. Nous verrons cependant que le roi Charles a fait ce qu'il a pu pour mettre Jeanne en disponibilité après sa décevante campagne contre l'affreux Perrinet Gressart. Mais cette intervention fut trop timide pour porter ses fruits. D'un naturel patient, le souverain répugnait à déployer toute son autorité.

Le jour même, en fin de matinée, alors que nous cheminions par la sinistre forêt de Bondy, mon prisonnier, qui avait poussé son cheval dans des buissons sous prétexte de satisfaire un besoin, s'échappa soudain vers Paris, et je me lançai à ses trousses avec Laurent. Pendant la messe, j'avais prévenu mon domestique qu'il devait se tenir prêt à chevaucher à mon côté pour entrer dans la capitale par diplomatie plutôt que par ruse – tout ainsi qu'autrefois l'empereur croisé (et excommunié !) Frédéric II était entré à Jérusalem pour y faire ses dévotions. Et j'avais justifié la combinaison par la nécessité de réunir une forte somme pour délivrer une lointaine princesse, captive d'un tuteur atrabilaire dans un donjon de Pologne. Les simples adorent ce genre d'histoires. C'est dire avec quel cœur Laurent galopait. Il montait sans grâce, accroché à son cheval comme un singe, mais tenait fort bien en selle.

Poursuite épique, haletante, telle qu'on en voit dans les romans de chevalerie. Nous avons traversé à fond de train des villages ravagés par la guerre, comme Mesnil-Mautemps ou Popincourt. La porte de la Bastille était en vue, lorsque le cheval du sire Stanley parut faiblir. Bientôt, nous fûmes face à face, nous mesurant fièrement du regard. J'avais la main sur la poignée de mon épée, John l'avait sur sa bourse. Mais après Crécy, Poitiers, Azincourt, Verneuil, quelle chance avais-je de vaincre en rase campagne, avec l'aide d'un seul servant, un Anglais désarmé? Le Bâtard ne devait-il pas avouer plus tard que, dans des conditions normales – et nous y étions revenus depuis Reims –, un seul Anglais pouvait tenir tête à plus de cinq Français? J'avais présumé de mes forces, et je baissai les yeux, tandis que Laurent détournait les siens, pensant au gros pourboire que je lui avais promis si tout se passait bien.

« J'espère, murmurai-je, que vous êtes chevalier? Je ne puis me rendre qu'à un chevalier.

– Et l'un des meilleurs! me répondit John. C'est Glasdale lui-même – paix à son âme! – qui m'a adoubé. Puisque je suis anglais, la partie n'est pas égale. Vous pouvez vous rendre sans déchoir. »

Je lui remis alors mon épée, et nous entrâmes dans Paris, à la recherche d'une bonne table. J'étais prisonnier sur parole.

Mais bien entendu, cette honorable captivité était un secret que seuls John, Laurent et moi-même devions partager dans l'immédiat. Si Bedford, dans sa résidence des Tourelles, si Falstaff, le capitaine de la Bastille, apprenait par malheur qu'un subordonné de l'héroïque feu Glasdale avait fait miraculeusement une prise de trente mille saluts d'or en s'échappant de la forêt de Bondy, John serait vite dépossédé de son pactole, et on ne lui laisserait pas même les dix mille francs de consolation.

A Paris, je devais donc passer pour un modeste marchand vénitien venu tâter le terrain après une décevante traversée du mourant royaume de Bourges. Situation qui me donnerait heureusement plus de liberté.

A première vue – et mon séjour ne fit que confirmer cette impression –, Paris était dans un état de détresse lamentable. Les guerres étrangères et civiles (qui faisaient rage depuis 1413!) avaient dépeuplé cette ville qui, vingt ans auparavant, était encore l'une des plus grandes et des plus belles d'Occident. Les maisons, les boutiques abandonnées ne se comptaient plus. Mais si le prix des loyers s'était effondré, les vivres et le vin demeuraient chers en raison de leur rareté. Même les vignes de Suresnes et de Chaillot étaient tombées en friche, par suite des ravages des bandes « armagnacques », qui ne pouvaient que s'accentuer depuis que l'armée du roi Charles avait renforcé ses positions aux alentours de la cité. Les trafics portuaire ou terrestre avaient terriblement souffert des événements, le chômage, la mendicité, la criminalité étaient à l'ordre du jour. Toute une population famélique grouillait dans une ombre inquiétante, tandis que les riches étaient chagrins de voir leur superflu parfois remis en question.

La victorieuse résistance contre les bandes ensorcelées de Charles VII, que l'on persistait à considérer – en dépit des efforts du roi pour se faire une réputation conciliante – comme le chef d'un parti « armagnac » assoiffé de sang et avide de brigandages, n'avait pas même remonté, ainsi qu'on aurait pu s'y attendre, le moral des habitants. Les bourgeois de Paris n'aspiraient légitimement qu'à la paix, n'importe laquelle, pourvu que les affaires puissent reprendre. L'alliance anglo-bourguignonne et le traité de Troyes leur avaient donné l'espoir que l'ordre serait bientôt rétabli et que les réformes indispensables, sans cesse retardées, pourraient suivre. Et une diabolique Pucelle était sortie de son trou terreux pour brouiller les cartes. On sentait bien que Bedford risquait d'échouer dans son ambitieuse et grandiose tentative de réconcilier et d'unifier deux nations rivales. La guerre était là plus que jamais, et l'on n'en voyait pas la fin.

Non seulement le désenchantement était grave, mais le voisinage de l'ennemi avait encore appesanti la lourde atmosphère de suspicion qui régnait depuis si longtemps déjà. Beaucoup de Parisiens avaient naturellement conservé des parentés ou des amitiés chez le roi de Bourges, et même, ils ne s'étaient jamais fait faute de passer d'une zone à l'autre, en rapport avec les fluctuations de crédit des rois rivaux. La police de Bedford avait fort à faire pour décourager les complots sans cesse renaissants : les événements, s'ils avaient rendus sceptiques la plupart, avaient durci les positions des extrémistes « armagnacs » et « bourguignons », capables de toutes les audaces, mais aussi des revirements les plus imprévus et les plus désespérés. On ne pouvait plus se fier à personne. Pour franchir avec Laurent et moi-même la porte de la Bastille, John avait dû fournir avec impatience de longues et fastidieuses explications.

Les Anglais avaient réquisitionné pour eux ou pour leurs amis les grands hôtels nobles de la rive droite, désertés par les Princes du parti de Charles VII, comme les hôtels de Bourbon ou d'Alençon au pied du Louvre. Mais il y avait encore des hôtels de ce genre dans la commerçante Cité, et même sur la rive gauche, notamment dans la partie ouest du Quartier latin, où se dressait le bel hôtel de Nesle. C'est de la tour de Nesle que l'on pouvait barrer la Seine par une chaîne qui allait rejoindre la « tour du coin » de l'enceinte extérieure du Louvre, d'autres chaînes barrant le fleuve à l'est en s'appuyant sur l'île Notre-Dame, qui faisait suite à celle de la Cité.

Nous trouvâmes aisément un gîte dans un hôtel délabré sis derrière les vieux thermes romains du Quartier latin, lequel hôtel avait été en partie colonisé par des étudiants britanniques dont les parents avaient quelque fortune. Les toitures fuyaient et les rats grouillaient, mais du moins la place n'était-elle pas mesurée, et les cheminées étaient en état. J'étais bien aise de la position de notre logement, car j'envisageais, dans l'attente de la rançon, un supplément d'études pour tuer le temps, qui allait se dérouler pour moi avec une angoissante lenteur.

Dès que nous fûmes installés, je rédigeai un mot, adressé à Gien, pour le capitaine Tristan, où je le mettais au courant de ma capture; et un autre analogue, adressé à Sully, pour la comtesse de Tonnerre, où je déclinais élégamment d'avance toute participation de La Trémouille ou du roi quant au règlement d'une rançon dont je me gardais même de préciser le montant. Une amicale intervention de leur part eût découvert le pot aux roses d'une manière catastrophique.

Les Parisiens avaient mis au point depuis longtemps une poste occulte afin de mettre en communication les zones lancastre et valoise, et Bedford fermait les yeux. D'ailleurs, les moyens lui eussent manqué de l'interdire et il se fût rendu impopulaire en s'y efforçant. Il préférait profiter du fait pour glaner des renseignements et favoriser son propre espionnage.

Débauché à Gien avec bien d'autres, Tristan devait passer en Nivernais au service de Perrinet Gressart, dont il admirait, on le sait, l'énergie, l'intelligence et l'indépendance. C'est sous ses ordres qu'il défendra victorieusement la Charité-sur-Loire contre la Pucelle. Fin 1435, sentant le vent tourner, notre Gressart traitera avantageusement avec Charles VII et le duc de Bourgogne réconciliés, qui le couvriront d'or pour l'occasion. Et le roi le nommera à vie capitaine de La Charité, avec solde de quatre cents livres par an, à prendre sur les greniers de La Charité et de Cosne. Il consumera le reste de ses jours à faire la chasse aux routiers qui désolaient la région. Aux dernières nouvelles que j'ai reçues de Tristan, il était capitaine de l'un de ces beaux châteaux que le roi avait libéralement laissés à Gressart. Il faut d'abord combattre avec sa tête.

Ma correspondance urgente une fois expédiée, j'écrivis posément à l'oncle Angelo ce qui suit :

« Ainsi que vous le savez, mon cher oncle, le désespoir où les cruels et honteux procédés d'une mère dénaturée m'avaient réduit, m'a poussé à guerroyer en France, dans l'espoir qu'une mort compatissante pourrait assurer un sort décent à ma femme. Malgré des prodiges de vaillance – j'ai égorgé à Patay une bonne dizaine d'archers anglais de ma main ! –, les Parques n'ont pas voulu trancher le fil de mes jours, et je viens en revanche d'être fait prisonnier devant Paris par un certain John Michael Stanley, de bonne noblesse lancastrienne.

» Les Anglais sont par bonheur assez mal renseignés sur le haut patriciat de Venise, et j'ai obtenu que ma rançon fût fixée à trente mille ducats, somme considérable certes, mais qui l'eût été bien davantage si des informations précises avaient pu être obtenues à bonne source. Un supplément d'enquête étant toutefois possible, il y a grande urgence à payer – une banque d'Avignon ou de Bruges étant sans doute en mesure de se charger de l'affaire.

» Autre motif d'urgence, la chevalerie anglaise se méfie naturellement des Vénitiens. On ne les voit jamais sur les champs de bataille d'Occident et l'on se doute que les nobles et réciproques usages en fait de rançon leur sont étrangers. Par conséquent, il n'est pas question pour votre infortuné neveu d'être prisonnier sur parole ni d'être relâché avant total règlement. Bien au contraire, vu la valeur qu'on m'attribue, je suis gardé le plus étroitement qu'il est possible, et je gémis enchaîné dans un sombre réduit de la Bastille, affreuse forteresse qui défend l'une des entrées orientales de Paris. Si vous ne venez point promptement à mon secours, ce rigoureux traitement abrégera mon existence et, déjà, des idées de suicide me hantent.

» Le sire Stanley, très fier de la poste anglaise, se chargera de ce courrier par les voies les plus rapides.

Mais pour couper court à tout risque de censure à l'avenir, il serait préférable que vous informiez l'oncle Gabriel de mon malheur. Il donnera des instructions pour que la négociation passe par la poste d'Eglise : vous trouverez ci-après l'adresse parisienne de John Stanley. Mon geôlier redoute fort des indiscrétions, car si l'importance de la rançon était connue de ses supérieurs, il y en aurait beaucoup pour lui disputer ce beau profit.

» Vous voudrez bien considérer que la triste situation où je suis est entièrement de la faute de ma mère. Puisse mon épreuve la faire revenir à des sentiments humains ! Je sais que vous y contribuerez. Lucretia m'a écrit pour me dire que vous lui aviez rendu dans la salle commune une courtoise visite afin de la prier de me faire renoncer à l'état militaire. D'une certaine façon, elle a été exaucée. Mais vous la laisserez, bien sûr, dans l'ignorance de la nouvelle, qui ne pourrait qu'accroître encore ses peines. Rassurez-la plutôt sur mon compte. Elle doit saisir que la surveillance dont son courrier est fatalement l'objet me retient de lui écrire plus souvent, mais elle est toujours au centre de mes pensées.

« Je veux vous faire, comme d'habitude, toute confiance et vous embrasse affectueusement. »

Lettre maladroite, trop sèche, bien faite pour inspirer de dangereux soupçons à un Vénitien méfiant de nature. Un prisonnier aux fers trouve d'autres accents.

XVIII

IL ne me restait plus qu'à attendre la réponse. Jusqu'alors, des préoccupations commerciales ou guerrières avaient pu me distraire par instants de l'obsession de Lucretia. Mais je n'avais plus rien à faire, et les menaces qui s'étaient accumulées sur la tête de ma femme, les nouveaux efforts que lui imposait la maquerelle à l'occasion des fêtes, et qui ne feraient bientôt relâche que sous le poids d'une grossesse avancée, tout cela me privait d'appétit et de sommeil.

Comble d'ennui, si Lucretia, grâce à la complicité intéressée de Mme Kastelis, était à la rigueur en mesure de m'écrire assez librement, je n'avais aucun moyen pratique – à moins d'envoyer un messager – de correspondre sans contrôle avec une esclave enfermée dans un bordel.

J'aurais aimé qu'un bon génie me plongeât dans un sommeil de plusieurs mois. Quant à l'immédiat, je n'avais pour me soutenir que ma confiance en Dieu et les bons soins de John.

Mais la confiance en Dieu est d'une efficacité limitée, en ce sens que Dieu autorisant sans cesse les méchants à commettre les pires abominations, le seul réconfort terrestre, qui ne va pas loin, est justement de se dire qu'il ne les a pas souffertes sans excellents motifs.

Heureusement, le sire Stanley se révélait plus sentimental que prévu. Dès que ses affaires sont en ordre, l'Anglais ne rougit pas de laisser parler son cœur, à condition que ça ne se remarque pas trop. Sa petite compagnie ayant été massacrée aux Tourelles, John n'était pas pressé de reprendre du service, veillait sur ma santé comme sur un trésor, me gratifiait sans cesse de bons procédés et d'encouragements amicaux, essayait même de me distraire en me faisant fréquenter les quelques chevaliers anglais de la place ou de luxueux capitaines bourguignons qui regrettaient les délices de Bruges ou de Gand. Ces contacts avaient en outre l'avantage d'accréditer l'idée que j'étais à Paris en voyage d'affaires.

Au cours d'un dîner où figuraient Bedford et Falstaff, j'entendis beaucoup parler des mystérieuses défaites d'Orléans et de Patay, et j'eus l'occasion de constater à quel degré le préjugé était fort en haut lieu chez les Anglais que les enchantements de la Pucelle étaient cause de leurs ennuis. Bedford ne voulait pas comprendre que le dispositif de Suffolk autour d'Orléans était condamné à partir de l'instant où les assiégés décidaient d'assaillir en force Augustins et Tourelles, les maillons les plus importants et les plus isolés de la chaîne. « De toute façon, disait-il, les Français n'auraient jamais eu le toupet d'attaquer de la sorte si cette sorcière n'avait pas été là pour les affoler ! » Sur ce point, il n'avait pas tout à fait tort. Et Falstaff avait lui-même du mal à admettre que la catastrophe de Patay avait tout simplement été due, au départ, à une carence des éclaireurs de l'arrière-garde de Talbot. Si ce dernier avait appris que les Français étaient si proches et arrivaient au grand trot par le flanc, il n'eût jamais entassé ses malheureux archers dans un fossé qui devait prendre si vite des allures de fosse commune.

A la suite de Patay, dans un de ses accès de fureur, Bedford avait arraché à Falstaff son Ordre de la Jarretière, puis, mieux informé, il le lui avait rendu, et les deux hommes étaient apparemment réconciliés.

Les capitaines anglais demeuraient également persuadés que Jeanne était une putain de la pire espèce. Comment pouvait-il en être autrement d'une fille qui ne quittait ses habits d'homme que pour s'ébattre avec des femmes et qui vivait avec des soldats ? Si elle était par miracle arrivée pucelle à Chinon, le miracle n'avait pu durer.

Un peu gêné par ces sottises, John était d'avis malgré tout qu'une fille vraiment pieuse ne verse pas le sang et ne tape pas sur des putes. « Aucune des saintes du calendrier, nous fit-il remarquer ce soir-là, n'est taillée sur un pareil modèle, et je doute qu'on en voie jamais deux comme ça ! La constatation ne suffit-elle pas à la condamner ? » Jeanne n'était certes pas d'un modèle classique. Et elle souffrait de l'idée conventionnelle et étriquée que nous nous faisons des saints par la faute d'une hagiographie malfaisante, qui les diminue au lieu de les grandir. On devient saint en surmontant des défauts dont il reste toujours quelque chose, et l'on est saint aussi avec ses ignorances invincibles, que la bonne foi excuse si elle est parfaite.

Je faisais de fréquentes promenades à travers le Quartier latin pour flairer le vent et prendre langue en vue d'une reprise d'études, seul palliatif de mes tourments qui fût à ma disposition. Ce quartier était découpé par quelques artères qui canalisaient le flux des passants. De la porte de Buci, la rue Saint-Germain, puis la rue Saint-André-des-Arts, menaient au Petit Pont Neuf et à ses boutiques, fermées pour la plupart. De la porte Saint-Michel, la rue de la Harpe et la rue Vieille-Boucherie menaient au même endroit. De la porte Saint-Jacques, la grande rue Saint-Jacques conduisait tout droit au Petit Pont Vieux et à son Petit Châtelet. De la porte Bordelle ou de la porte Saint-Victor, on allait aussi à ce Petit Pont par la place Maubert et la rue de Garlande. Entre cette dernière rue et la Seine, la rue du Fouarre, désaffectée et barrée aux deux bouts, ne servait qu'aux examens.

En dehors de ces artères vitales, c'était un fouillis de

rues étroites, aussi sales que pittoresques, où des tavernes louches, asiles de faux étudiants ivrognes et de voleurs à la tire, étaient tapies. Je faillis m'y faire assommer un jour : une discussion entre trois aveugles trop clairvoyants qui se disputaient le produit d'une quête avait subitement dégénéré en un tourbillon de violences. La « Cour des Miracles » de Paris n'avait jamais été plus active et formait comme un Etat au sein de la cité.

Mais si l'on sortait de la ville par la porte de Buci, on pouvait se dégourdir les jambes au petit ou au grand Pré-aux-Clercs, entre la vaste abbaye de Saint-Germain-des-Près, défendue par ses douves, et le fleuve qui les alimentait en eau par la Noue. J'aimais aussi à rêver, au-delà de la porte Bordelle, parmi les vestiges des arènes romaines. Des lions, croyant bien faire, avaient dû autrefois y dévorer des chrétiens, dont la plupart seraient aujourd'hui tenus pour hérétiques si un tribunal exercé s'occupait de leur cas.

Je passais parfois un pont pour flâner dans l'île de la Cité. A droite, c'était l'Hôtel-Dieu, Notre-Dame et son cloître. A gauche, le Palais où le Parlement rendait justice, le Grand-Châtelet du Prévôt Simon Morhier se trouvant en face sur la rive droite. Les Anglais avaient laissé à des Français toute l'administration de Paris, qu'il s'agisse des Prévôtés criminelle ou marchande, des lieutenances criminelle ou civile, du Parlement ou de l'Université. Au cours de l'hiver 1429-1430, la garnison de la Bastille fut de huit hommes d'armes et de dix-sept archers. Sur peut-être soixante-dix mille habitants, il n'y avait que quelques centaines d'Anglais.

Je m'aventurais rarement sur la rive droite. Les dimensions de ce Paris-là me déroutaient. Je préférais m'attarder dans la Sainte-Chapelle du roi Saint Louis, une réussite d'une harmonie exceptionnelle : l'absence de plafond ou de coupole ne s'y faisait pas sentir.

Je glisserai ici quelques mots de l'Université de Paris, car les juges de la Pucelle seront sortis de son sein et ses spécialistes seront eux-mêmes consultés lors du procès de Rouen. On ne peut rien saisir à l'histoire de Jeanne, si l'on néglige de la replacer dans son contexte militaire, financier, politique, diplomatique, religieux, français ou international, mais aussi universitaire. Qui étaient ces gens qui allaient bientôt lui régler son compte?

La célèbre Université de Paris, qui avait peuplé le concile de Constance de ses créatures, mis fin au Grand Schisme et fait prévaloir pour quelque temps le révolutionnaire principe de la supériorité du concile sur le pape, source de nouveaux désordres, était encore pour l'heure dans toute sa gloire, mais il ne fallait pas être prophète pour juger cette gloire bien trompeuse et bien fragile. Les papes allaient travailler sans relâche – et ils avaient la durée pour eux – à se débarrasser de la tutelle conciliaire, et ils se feraient un malin plaisir d'abandonner à son sort une Université qu'ils avaient fondée, chérie et toujours soutenue dans le passé. Un sort bien prévisible : quel que fût le roi, il ferait tôt ou tard rentrer l'Université dans le rang, rognerait ou abolirait les énormes privilèges fiscaux et juridictionnels dont elle jouissait depuis l'origine, et casserait avec les archers du prévôt l'agitation endémique des étudiants vrais ou faux, sobres ou pris de boisson. Et si le roi s'appelait Charles VII, il le ferait avec une satisfaction nuancée de rancune. Des apprentis sorciers orgueilleux et imprévoyants se seraient donné beaucoup de mal pour scier la branche où ils étaient confortablement assis.

Mais on n'en était pas encore là. Les chefs de l'Université, tête dans les nuages, jouissaient de leur reste dans une ville exsangue, tout gonflés de leur réussite de Constance, tout fiers d'avoir mouché le pape et cautionné la magnifique élucubration du traité de Troyes, que les vers avaient déjà à moitié mangé. Ils donnaient l'impression d'être la lumière de l'Eglise, la conscience de la royauté et de l'Europe. Et ils n'étaient que des bavards, à la recherche d'un glaive prêt à les éventrer.

L'erreur de ces universitaires n'était pas seulement

religieuse ou politique. Fait encore plus lourd de conséquences pour l'avenir, elle touchait à l'enseignement lui-même, première justification cependant de leur existence.

C'est la théologie qui avait assuré la gloire européenne de l'Université de Paris. Mais à force de ratiociner, on s'était aperçu que, si Dieu était inaccessible à la raison, une foi sans raison était une mine de mauvaises surprises. Ballottés entre thomisme et nominalisme, la plupart des maîtres étaient tombés, sans espoir d'en jamais sortir, dans une scolastique sclérosée et répétitive, et leur agilité d'esprit cachait mal un scepticisme désabusé. La théologie était dans une impasse, et seuls les ennemis de la foi étaient capables d'inaugurer des chemins nouveaux. Ces messieurs de Sorbonne, pour dérouiller la logique de leurs élèves, agitaient par exemple la question de savoir si Jésus-Christ aurait sauvé le monde au cas où il se serait incarné dans un âne. Question susceptible d'ntéressants développements, mais qui ne pouvait surgir que dans des cerveaux échauffés tournant en vase clos.

Les étudiants s'étaient donc détournés de la théologie – dont les études, il est vrai, étaient les plus longues et les plus chères – trahison qui touchait bien d'autres Universités de France ou d'ailleurs, mais qui était à Paris plus grave que partout, car l'image internationale que les Maîtres du lieu avaient su offrir de leurs personnes était celle de théologiens prudents et profonds, qui jouissaient même de cette réputation d'infaillibilité que la théorie conciliaire accordait à la réunion des Pères de l'Eglise au détriment d'un pape dévalué. La Faculté des Arts libéraux[1], qui avait longtemps dispensé un enseignement général de bon niveau, préparation aux futures spécialités, avait chu peu à peu dans le même discrédit. Pressés de faire œuvre utile, les étudiants qui n'avaient pas une

1. Il apparaît que la rue Saint-André-des-Arts n'avait rien à voir avec les artistes.

vocation de médecin s'étaient rués sur le droit pour répondre à la demande sans cesse croissante de fonctionnaires dont avaient besoin les papes, les rois et les Princes. Et c'est ainsi que, par toute l'Europe, les Universités, abandonnant leurs ambitions de haute culture générale théologique et philosophique, étaient devenues des pépinières de juristes, experts en droit canon ou civil, voire dans les deux droits à la fois. Fait révélateur : depuis un siècle, presque tous les papes ont eu une formation juridique et non pas théologique – formation tout indiquée pour des pontifes dont le premier souci est de faire rentrer de l'argent. Le pouvoir royal allait être d'autant plus désireux de contrôler de près l'Université de Paris qu'elle travaillait à peupler tous les étages de son administration. La décadence intellectuelle ne pouvait manquer d'être sanctionnée un jour par un relatif et bien mérité asservissement.

La décadence touchait aussi à la discipline. Beaucoup de Maîtres absents faisaient faire leur cours par un étudiant de bonne volonté, on admettait aux examens des ignares qui avaient des protections, les frais pour se présenter au baccalauréat, et surtout à la licence, avaient atteint un niveau prohibitif, et le plus beau privilège de l'Université était de laisser grouiller des cortèges d'éternels étudiants avinés et coupeurs de bourses, qui spéculaient sur leur état de clerc pour échapper à la justice du prévôt.

Ultime décadence : les guerres, les troubles, la fondation d'Universités concurrentes avaient découragé maints étrangers de fréquenter la Sorbonne ou d'autres collèges. Les « nations », autrefois nombreuses et fournies, s'étaient réduites à quelques Anglais ou Bourguignons, notamment des Picards.

A Rouen, la Pucelle, avec les qualités et les défauts que nous lui avons vus, a par conséquent été confrontée à cette élite de docteurs qui pensaient être le sel de la terre. Le sel avait beau s'être affadi, l'idée qu'ils pouvaient errer en quoi que ce fût leur était tout à fait étrangère.

Le meilleur de l'Université s'était concentré dans les collèges, et non point dans les Ecoles épiscopales et monastiques, ou dans les Facultés proprement dites, dont les cours étaient d'ailleurs assurés au petit bonheur, en plein vent quand il faisait beau, dans tel ou tel bâtiment accueillant quand il faisait froid ou pluvieux. Une quarantaine de collèges avaient été créés depuis le début du siècle précédent. Fondés par de généreux donateurs, ces institutions offraient le gîte et le couvert à un nombre restreint de boursiers, mais aussi à des étudiants capables de contribuer aux dépenses. Fin 1429, sur quelque trois mille étudiants – mais combien de sérieux dans le tas? –, six ou sept cents étaient internes dans des collèges, soumis le plus souvent à une discipline exigeante. Malheureusement, les rentes ayant perdu de leur valeur, beaucoup de ces maisons avaient du mal à survivre.

L'un des collèges les plus célèbres et les plus intéressants pour moi était celui de Navarre, près de Saint-Etienne-du-Mont. Séparé du collège de Boncourt et de Tournai par la rue Clopin, il avait été créé dès 1304 par la reine Jeanne de Navarre, femme de Philippe le Bel, qui avait entre autres apporté en dot la Navarre à la France. La vocation de cette maison était de former des prêtres séculiers de qualité, et elle abritait des étudiants en grammaire, en Arts et en théologie, chaque cycle possédant son dortoir, son réfectoire et sa chapelle.

Au départ de l'expérience, les collèges n'assuraient guère que des répétitions, mais ils étaient devenus à la longue des centres d'enseignement. La remarquable particularité du collège de Navarre est qu'à partir de la fin du règne de Charles V, une place grandissante avait été réservée à la rhétorique et aux belles-lettres latines, études qui avaient totalement disparu des Universités dès la première moitié du XIIIe siècle devant le triomphe intempérant des logiciens. Et à l'automne de 1429, l'établissement était dirigé par un éminent philologue, fervent amateur de manuscrits antiques et de patristique grecque, Nicolas de Clamanges. On parlait chez lui un latin correct, et non point le charabia des dialecticiens ordinaires.

Il régnait à cette époque au collège de Navarre une atmosphère très favorable à Charles VII, dont Clamanges était partisan. Le grand prédicateur et théologien Gerson avait dû s'enfuir de Paris au retour en force des « Bourguignons » en 1418, mais son ami Clamanges avait repris le flambeau, avec la dédaigneuse tolérance de Bedford.

Le Maître me reçut très aimablement, et d'autant mieux que je serais en mesure, de retour à Venise, de lui procurer des manuscrits grecs – lesquels se sont d'ailleurs répandus sur le marché vénitien après la prise de Constantinople par les Turcs en 1453, nombre de réfugiés en ayant fait commerce.

Moyennant honnête rétribution, l'humaniste me permit de suivre en auditeur libre les cours qui me plaisaient. Au collège de Sorbonne, les cours étaient assez solennels : haute chaire professorale et bedeau à masse. Ils étaient plus simples et plus détendus chez Clamanges, et un bon feu vint réchauffer la classe quand le temps fraîchit. Je me rappelle de fins commentaires sur des plaidoiries de Cicéron. Mais j'eus également l'occasion de faire des progrès en théologie, et même de me frotter à la philologie – science italienne jusqu'alors. Je ne sais ce que je serais devenu sans les bontés de Clamanges, qui finit par me prendre en amitié.

Son penchant déclaré pour Charles VII m'intriguait beaucoup et ses convictions me semblaient d'autant plus bizarres que la plupart des intellectuels français avaient pris le parti du roi de France et d'Angleterre pour des raisons bien compréhensibles. Au contraire de la France, si vaste et si diverse, l'Angleterre était déjà un Etat cohérent par bien des côtés. Les Français ralliés à Henri VI avaient pu espérer non seulement une paix garantie par l'éventuel soutien de la plus efficace armée d'Europe, mais une meilleure gestion, un meilleur contrôle des finances, une participation accrue de la bourgeoisie aux affaires publiques. En matière de réformes fondamentales, le roi valois et les Princes du Sang étaient résolument rétrogrades, car toute réforme sérieuse eût entravé leurs habituelles malversations.

Quant aux Bourguignons, traditionnellement chéris des Parisiens, ils avaient cessé d'être un danger pour le Trésor français puisque Bedford tenait désormais en avare les cordons de la bourse.

Clamanges savait tout cela, et il n'en était pas moins un fidèle du roi Charles. Un soir d'octobre, causant avec lui dans sa bibliothèque, après avoir rappelé ce qu'était l'exemplaire patriotisme vénitien, attachement forcené au cadre merveilleux d'une entreprise commerciale hors pair, je m'enhardis à poser les questions qui étaient sur mes lèvres depuis des semaines, et elles le troublèrent.

Afin de mieux voir sans doute en sa tête, il ôta ses lunettes, et finit par me répondre :

« Les Valois coûtent au peuple sûrement plus qu'ils ne lui rapportent, mais je mourrais pour eux, car nous n'avons que ces voleurs sous la main pour nous défendre d'une intrusion étrangère. »

Le grand mot était lâché. Clamanges voyait d'abord des étrangers dans les Anglais, et peut-être ses compétences de philologue et de linguiste étaient-elles pour quelque chose dans cette conception. Assurément, je l'ai déjà dit, la noblesse d'Angleterre, en majeure partie française depuis Guillaume le Conquérant, s'était peu à peu anglicisée, et le mouvement s'était encore accentué sous les Lancastres.

Mais l'argument était-il recevable? Je fis valoir à Clamanges que la plupart des habitants de la France étaient incapables de parler français, que le hasard aurait pu instaurer une dynastie gasconne, provençale ou bretonne, que le français était parlé ailleurs qu'en France, et que si, par extraordinaire, tous les habitants du pays se jetaient aux pieds d'Henri VI, Bedford s'empresserait de rapatrier ses ruineux « yeomen », de sorte qu'on ne verrait plus d'autres Anglais en France que le roi et son confesseur – et encore quand ils ne seraient pas à Londres! J'ajoutai que partout, en Europe occidentale, des territoires de langues différentes – comme l'Empire bourguignon – avaient été réunis en ensembles politiques solides, et que personne ne s'y disputait parce que le souverain ne parlait pas la langue de tout le monde. Quelle importance, par conséquent, que le roi de France fût anglais, français ou chinois si la masse des gens n'avait rien à y perdre ni à y gagner?

Clamanges n'était pas convaincu.

« Les Anglais ne sont pas seulement étrangers par la langue, me dit-il. Tout nous est étranger en eux! Ce sont des poissons au sang froid qui mangent des choses dénuées de saveur, ne parlent que pour ne rien révéler d'eux-mêmes et n'en pensent pas moins...

– Mais l'Anglais n'est-il pas plus proche d'un Normand ou d'un Breton que d'un homme de Toulouse? Les Bordelais voient-ils en eux des étrangers? Si le roi de France ne voulait pas d'étrangers chez lui, ne devrait-il point, par exemple, renoncer au Dauphiné, qui n'avait jamais fait partie du royaume avant son achat si irrégulier au siècle dernier?... »

Clamanges secouait la tête, comme pour la débarrasser d'idées importunes. Il y avait à ses yeux les bons étrangers que l'on achète, que l'on conquiert, que l'on foule, et les mauvais, qui parlent anglais, et vous apportent – du moins en principe – des améliorations politiques et administratives. Chez lui, l'idéalisme valois ne faisait que traduire des réactions épidermiques. Ce qui ne l'empêchait point d'être un homme de premier ordre.

Courant octobre, la femme de Laurent nous rejoignit. C'était une personne plaisante, douce et effacée, qui avait fait des passes parisiennes à Glatigny et au bordel de Tiron avant de chercher fortune derrière les armées du roi Charles. Elle avait un don manifeste pour la cuisine, et une bonne volonté presque excessive : on eut du mal à la retenir de se prostituer de nouveau pour augmenter les gages de son mari ! Le dévouement est l'honneur de la pute.

En novembre, j'inscrivis Laurent à l'école paroissiale de Saint-Séverin, où il fit, grâce à mes répétitions, de rapides progrès. Un garçon moyennement doué apprend à lire en quelques semaines. On dirait que tout l'art des maîtres primaires consiste à empêcher les enfants d'apprendre afin de mieux s'assurer une rente de situation.

Décembre s'écoula avec une lenteur désespérante. Depuis plus de six mois, je n'avais aucune nouvelle de Lucretia et mon oncle tardait à répondre. Je me minais.

Enfin, le 20 décembre, John me remit une lettre de ma femme :

« J'ai accouché sans difficulté, mon très cher Pietro, le 10 novembre dernier, d'un petit garçon tout blond, qui a aussitôt été ondoyé sous votre prénom, avant d'être porté au palais Condulmer, où deux dévouées nourrices en prendront soin. Votre oncle m'a promis de veiller sur lui comme sur son propre fils – avec de meilleurs résultats, j'espère ! – et il viendra me le montrer de temps à autre, attention touchante de sa part, qui rachètera le faux pas dont je vous ai parlé dans ma dernière correspondance.

» Vous avez déjà saisi que cette lettre, avec l'approbation de Mme Kastelis qui n'en a pas pris connaissance, a été directement confiée à la poste d'Eglise – et à Sienne pour plus de sûreté –, facilité que nous devons à votre excellent oncle Gabriel.

» Je vous avais déjà laissé entendre que le père de l'enfant pourrait être autrichien, mais je n'avais aucune certitude, et vous devinez mon soulagement lorsque la naissance a semblé confirmer cette prévision. C'est une lourde épreuve, infligée à tant de prostituées, que d'attendre un bébé dont il est difficile de savoir à qui il ressemblera. Je redoutais en particulier d'être tombée sur un commerçant soudanais – ce qui eût été bien désobligeant pour vous –, et je n'avais que l'exemple de la Vierge pour me réconforter. Elle aussi, dans l'ignorance de toutes les qualités de l'Esprit Saint, qui aurait pu être jaune ou noir, a dû connaître une attente pénible. Enfin, par égard, peut-être, pour saint Joseph, elle aura tiré le bon numéro !

» J'ai dû contribuer au succès des fêtes jusqu'au cinquième mois, et plus souvent même qu'il n'eût été normal, puisque les protections dont jouit Mme Kastelis lui permettent de ne pas toujours respecter les fermetures légalement imposées. Par la suite, je n'ai plus reçu que quelques rares visites d'hommes qui avaient la fantaisie de vouloir coucher avec une femme en état de grossesse avancée. L'un d'eux en pleurait d'émotion, disant que je lui rappelais son épouse morte en couches. Une confidence bien agréable dans mon état !

» Je serai bientôt debout, prête à fêter Noël. Mon magot, qui avait encore grossi avec mon tour de taille, est à votre disposition, et la liberté que je prends d'accorder parfois ces faveurs interdites qui sont de très loin les plus coûteuses fait rentrer un argent surprenant. Je sais que le point vous froisse, mais je suis ainsi faite que les complaisances de bouche me répugnent davantage.

» Depuis longtemps, je n'ai pas de lettre de vous, et j'en suis peinée. Auriez-vous été si chagriné par l'annonce de ma grossesse ? Votre oncle m'a dit qu'il avait reçu de vos nouvelles dans les derniers jours d'octobre, que vous me demeuriez attaché, et que vous aviez quitté l'armée du roi après une campagne glorieuse où vous vous étiez distingué. Je suis doublement contente de vous savoir en vie et à l'abri.

» Votre femme affectionnée vous recommande fidèlement à Dieu, qui ira toujours au-delà de vos prières, comme l'heureuse naissance de notre petit Pietro l'a prouvé une fois de plus. »

Sans trop d'enthousiasme, je lus quelques passages à John, qui me dit :

« Vous avez vraiment une femme peu ordinaire. Bien sûr, triste nécessité fait loi, mais il y a encore la manière, une sorte de courageux humour... Tenez, je suis persuadé que si la Pucelle se faisait engrosser par un mauvais hasard, elle n'accueillerait pas l'enfant comme un don du Ciel, rougirait de le montrer à ses parents et n'oserait leur faire la leçon. On verrait clairement alors que son prétendu angélisme ne vaut que pour égorger le monde.

– Vous êtes trop exigeant, mon cher John ! La sensibilité d'une vierge inspirée ne saurait se comparer à celle d'une fille de bordel. Enceinte, Jeanne serait d'autant plus dépassée que ses Voix ne l'auraient pas prévu. »

J'écrivis sur-le-champ un mot à Lucretia, que l'oncle Angelo lui ferait tenir par le canal de la poste d'Eglise :

« Je reçois seulement ce 20 décembre, ma très chère, votre faire-part de novembre. L'annonce de votre grossesse n'aurait pu me chagriner que pour vous. Il est merveilleux que l'Autriche nous ait souri plutôt que le Soudan. Je chérirai cet enfant comme vous-même, et si je devais ne plus vous revoir, il serait encore là pour me rappeler vos vertus. Un fils vaut plus cher que toutes les reliques.

» Je n'ai qu'une crainte : que ma mère, à force de l'embrasser, ne l'étouffe par mégarde. En France, les pauvres femmes qui n'ont pas de quoi se payer un berceau étouffent beaucoup d'enfants en dormant, et il arrive que le malheur soit accidentel. Pratique si fréquente que les lois religieuses et civiles interdisent aux mères et nourrices de coucher avec leur bébé ! Mais au Palais, la mort de notre fils ne serait pas un accident. Dites bien à l'oncle Angelo que je l'institue comptable de la vie du petit Pietro sur la sienne. Si l'enfant venait à succomber, il aurait à démontrer qu'il a fait bonne garde.

» Pour l'instant, je suis charmé de toutes les attentions qu'il a pour vous. Le Ciel les lui rendra avec usure.

» Nous serons sans doute réunis l'année prochaine. Je ne conçois plus la vie sans vous ni sans Pietro. »

Deux jours plus tard, le 22 décembre, John m'apporta, alors que j'assistais aux vêpres de Saint-Nicolas-du-Chardonnet, église proche du collège de Navarre, la réponse de l'oncle attendue avec tant d'impatience :

« La nouvelle de ta capture, mon bien cher neveu, a plongé ta mère dans une sorte de délectation morose où, par bonheur pour elle, un grand soulagement domine. A te savoir en péril sur de lointains champs de bataille, entouré de gens qui combattaient comme des sauvages, elle se dévorait d'angoisse, comme autrefois, quand tu courais les mauvais lieux avec tes dissipés compagnons " della calza ". Que n'y as-tu alors rencontré Lucretia? Ses dociles faveurs t'auraient sans doute dégrisé alors qu'il en était temps encore! Aujourd'hui, rassurée sur ta vie, ta mère veut voir dans cette captivité une juste punition du Ciel pour les graves offenses dont tu te serais rendu coupable à son encontre. Et une punition du Ciel ne se discute pas. Nous devons la prendre en patience et la faire tourner à notre profit moral. Ta mère ne cesse de répéter : " Enfin mon bien-aimé Pietro ne peut plus faire de bêtises! Il a trouvé juste ce qu'il lui fallait : une résidence stable et solide, des habitudes chastes et régulières, la compagnie de gentilshommes distingués. Avec le temps, protégé de toute tentation malsaine, il fera un retour sur lui-même et nous reviendra parfaitement raisonnable. Sa retraite doit être beaucoup moins dure qu'il ne le prétend pour nous émouvoir mais, le serait-elle davantage, que la leçon n'en serait que meilleure pour lui. "

» Tu penses bien, mon cher neveu, que je n'ai pas eu

le courage de t'annoncer aussitôt la triste nouvelle. J'ai préféré faire le siège de ta mère pour l'attendrir, insistant sur le fait que ta santé physique et même mentale pourrait succomber dans l'épreuve. Cette femme exaspérée par ta conduite et tes injures – traiter sa propre mère de lesbienne! Je m'en voile encore la face... – avait d'abord décrété que séjourner en prison jusqu'à tes vingt-cinq ans te serait d'un grand profit. Mais ce premier cri d'un cœur profondément et injustement blessé avait quelque chose d'excessif. Chaque jour, chaque nuit, je lui ai arraché une réduction de peine sans ménager la mienne, et jusqu'à en être sur les genoux. Elle vient de me déclarer que trois ans te seront nécessaires pour oublier un amour indigne, et j'ai le devoir de t'en avertir. La rigueur maternelle aurait pu être plus grande, et je ne désespère pas de l'atténuer encore, mais je doute fort d'obtenir moins de deux ans. Ta mère a été frappée du fait que de nombreux chevaliers faits prisonniers à Azincourt, il y a bientôt quinze ans, attendent toujours leur libération, et elle se dit naturellement que ce noble exemple, chez des barbares où le temps n'a guère d'importance, t'inspirera une salutaire résignation.

» Lucretia t'a informé d'une naissance qui a porté l'humeur de ta mère au noir... et d'autant plus qu'à la suite d'une confidence de ma part, elle avait pu espérer un nègre, qu'elle voyait déjà remplacer notre gondolier, lequel a été brûlé vers la Pentecôte. Sous prétexte d'amour, il s'était vilainement jeté sur la petite esclave cousue. Du coup, ta mère l'a fait découdre, priant le Ciel que son initiative n'aggrave pas la situation. Que de problèmes nous causent les femmes!

» Je te confirme que le fils de Lucretia est fort beau, que je veille sur ses jours de mon mieux, et que les deux nourrices du Frioul ont du lait à revendre. Les nouveau-nés meurent hélas facilement, et l'on en perd beaucoup. Mais je te jure bien que s'il arrivait malheur à celui-là, les insondables décrets divins en seraient seuls la cause!

» Lucretia t'a également révélé quelles étaient les nouvelles exigences de Mme Kastelis. Après le versement que tu avais pu faire à la maquerelle en partant, il y a là une inélégance certaine, et l'esclave en est d'autant plus touchée que cette coïncidence entre la fesse profane et la fête religieuse a quelque chose de satanique. Mais elle prétend y discerner un instrument supplémentaire de mortification. Ne te chagrine pas trop pourtant. Les filles ont une telle habitude du métier que les plus honteuses soumissions leur deviennent une seconde nature, et tu sais bien qu'elles caressent au fond leurs pratiques avec autant de distraction que si elles peignaient un caniche. L'homme, ce grand sentimental, s'épuise à faire jouir des putes qui se moquent de lui. Quand pourrons-nous acheter un véritable amour, dont les gémissements ne seraient pas feints, avec nos ducats? Tu distingues que ces abandons négligents et épisodiques de ta Lucretia ne te retirent rien qui importe. On la réserve de loin en loin pour des amateurs riches et difficiles, et quand bien même l'un d'entre eux, à force de s'appliquer et de s'ingénier, parviendrait à faire vibrer en elle une corde négligée, son cri de surprise irait encore vers toi à travers les mers et les monts.

» J'ai rapporté dès hier à sa mère un enfant de trois jours, que j'avais bien couvert à cause du froid. Elle l'a longuement embrassé, m'a déclaré qu'il te ressemblait de façon étonnante; les filles, les clients l'ont admiré, et je ne l'ai pas arraché sans peine à cette maison trop accueillante pour le rendre aux nourrices. En mettant les choses au pis, ce Pietro-là aura toujours un bordel pour famille! C'était la première fois que je voyais la belle chambre de Lucretia, où l'enfant avait poussé, soumis à bien des heurts, de sa conception à sa naissance.

» On m'a dit que la commission des Affaires Etrangères du sénat avait été déçue de ta défection si prématurée, mais un peu consolée par la qualité de ton unique rapport, tout à l'honneur de l'esprit de pénétration vénitien. Ce n'est pas ta faute si tes prévisions intelligemment pessimistes quant à l'avenir du roitelet de Bourges ont été bouleversées par une paysanne inconnue. Le bruit des exploits de la Pucelle est naturellement parvenu jusqu'à Venise, notamment par les commentaires d'un Morosini de Bruges et par quelques communications en provenance de la colonie italienne d'Avignon. Mais il s'agit de rapports de seconde main. Ton témoignage sera quelque jour plus intéressant. Ta mère avait espéré un instant que tu aurais pu tomber amoureux de cette attrayante Pucelle, mais on dit qu'elle ne quitte pas son harnois, se refusant même à relever la visière de son bassinet, de crainte qu'un satyre n'en profite. Le Ciel ne t'aura vraiment proposé que des amours impossibles.

» On ignore à Venise ta subite vocation de mercenaire et ses suites malheureuses. Ce n'est certes pas moi qui en répandrai le bruit, et mon frère Gabriel, à qui tu dois cette discrète correspondance, est muet comme la tombe. Fais-nous en tout cas le plaisir de détruire l'accréditif, qui a moins de raisons d'être que jamais.

» Je compatis personnellement à ton ennui, travaille de tout cœur à l'abréger, et t'assure de mon avunculaire et fidèle affection. Venise, ce 13 novembre 1429. »

Anxieux de prendre sur-le-champ connaissance de la lettre, je m'étais retiré avec John dans une chapelle latérale déserte, et cette lecture, à la sinistre lumière de décembre filtrée par les vitraux, me donna un tel choc que je me laissai glisser, à moitié privé de sentiment, le long du mur où je m'étais adossé, pour me retrouver assis dans la merde. Les bas-côtés des églises de France sont en effet pleins de merde car, par suite de la dureté des temps, ces édifices sont pris d'assaut, en particulier l'hiver, par de vrais mendiants et mendiantes pressés de s'abriter, qui y copulent et y chient aux heures creuses. On en chasse dix, il en rentre douze, et le nettoyage a sans cesse du retard. Pendant ce temps-là, les faux mendiants mènent la bonne vie, copulent et chient au chaud.

Je rentrai avec Stanley à notre hôtel pour me nettoyer. Ce coup inattendu m'avait privé de toute réflexion, mais mon ami était heureusement là pour penser à ma place.

Tandis que je me changeais, John, qui avait lu et relu pensivement l'affreuse lettre, me dit soudain :

« Vous m'avez assuré, n'est-ce pas, que les Vénitiens sont spécialement doués pour la dissimulation et la ruse ?

– Nous ne sommes certes pas les seuls, répondis-je distraitement, et c'est la conséquence du commerce. On ne peut réussir dans cette activité que si l'on s'exerce en permanence à tromper son monde par pensée, par action, et surtout par omission. En matière commerciale, la franchise même n'est là que pour mieux égarer, car la vérité est rarement bonne à dire. Un commerçant honnête avouera, le cas échéant, à son client :" L'étoffe de mon voisin est meilleure et moins chère. " Il mourra chrétien, mais il mourra de faim. L'Hermès grec était protecteur des commerçants comme des voleurs.

– Admettons que cette lettre soit destinée à nous tromper...

– Et où serait la ruse ?

– Vous ne l'avez pas sentie et discernée parce que le ressentiment contre votre mère vous aveuglait. Vous me l'avez pourtant vous-même dépeinte comme une femme passionnément attachée à son fils, capable de tout pour lui assurer un mariage et un avenir dignes de sa naissance. Une criminelle, peut-être, mais par amour. S'il n'y avait qu'un risque sur cent que vous fussiez vraiment aux fers dans une sombre forteresse, croyez-vous qu'une mère pareille s'en accommoderait avec cette tranquillité ?

– Et toutefois l'oncle Angelo prétend...

– Il est évidemment de mèche avec votre mère. La demande de rançon les aura tous deux fait songer aussitôt à un coup fourré et l'idée leur sera venue de dépêcher un émissaire afin de vérifier. Ils n'allaient pas lâcher trente mille ducats sur votre parole ! Et d'autant moins que l'on peut corrompre bien des maquerelles avec une telle somme. La lettre que nous avons en main n'a été conçue que pour nous endormir, nous faire abandonner toutes précautions si tant est que nous en eussions pris. C'est l'émissaire de Venise lui-même qui a dû la poster en France il y a peu, et il va nous tomber sur le dos d'un moment à l'autre. Votre mère vous aime à la folie, mais elle n'est pas folle, et son amant est sans doute de bon conseil. »

La capacité de réfléchir me revenant peu à peu, l'hypothèse de John me paraissait de plus en plus vraisemblable, et elle donnait le frisson. Mais que pouvions-nous faire pour parer le coup ?

Le mot fut donné par Laurent ou sa femme au portier de l'hôtel, aux commerçants, aux taverniers, aux étudiants de tout poil, aux vrais et faux mendiants et aux putes du quartier de garantir à chaque curieux, en particulier italien, que le sire Stanley n'avait au grand jamais eu d'hôte vénitien chez lui. Le prétexte fut aisément trouvé : préserver un débiteur insolvable contre les injures de créanciers sans entrailles. Ce sont les créanciers qui mènent le monde, le peuple est content de leur jouer un mauvais tour, et plus encore quand un pourboire se dessine. La faune du Quartier latin avait d'ailleurs contre tout créancier un préjugé remarquablement vif. Si l'envoyé de ma mère commençait son enquête par l'hôtel, il trouverait à qui parler.

Restait à me faire prendre pension à la Bastille jusqu'à ce que tout danger fût écarté. John expliqua au capitaine en second qu'il s'était fait flouer sur la qualité d'une brigandine de grand luxe par un mercanti vénitien, et que seul un séjour entre quatre murs pourrait me persuader de rembourser. L'émissaire attendu serait alors censé m'apporter de l'argent. Un militaire d'Occident étant toujours ravi d'avoir un motif de fourrer un Italien à l'ombre, l'officier accepta avec enthousiasme de rendre ce service. Il ne fallait en aucun cas éveiller les soupçons de Falstaff.

Pour plus de sûreté, le portier de la forteresse fut mis dans nos intérêts moyennant finance. Sans parler bien entendu de rançon, John le persuada de refuser d'abord l'entrée au visiteur indiscret, de se laisser corrompre ensuite, et d'assurer en tout cas que j'étais en prison depuis début septembre. Alléché par la perspective d'un double bénéfice, l'homme ne chercha point à en savoir davantage.

Tout paraissant réglé au mieux, John m'accompagna à la Bastille, Laurent portant mon bagage que le capitaine Tristan avait réussi à me faire suivre tardivement par le chemin des écoliers.

Cette Bastille se présentait comme un château rectangulaire, avec fossés, pont-levis et tours rondes, bâti sur l'ordre de Charles V au départ de la route de Vincennes, qui traverse le Faubourg Saint-Antoine. De la même époque que Sully-sur-Loire, la Bastille lui ressemblait.

Le sire Stanley me fit installer dans un cachot d'assez vaste dimension, faiblement éclairé par une lucarne qui ouvrait sur les toits de Paris. Le mobilier était assez convenable et un petit brasero tentait de réchauffer l'air glacial.

« Vous comprenez, me dit John, une mise en scène convaincante doit inspirer les plus vives alarmes tout en demeurant vraisemblable. On ne traite pas trop durement un prisonnier aussi précieux que vous, et un gentilhomme de surcroît. Vous recevrez donc l'homme de Venise mollement allongé sur le lit, enveloppé dans votre superbe pelisse de lynx, mais vous aurez une grosse bosse au front, et vos poignets seront étroitement enchaînés aux montants du meuble. Avant de se retirer, le portier dira que vous avez tenté de vous casser la tête contre les murs et qu'on a dû prendre ces précautions pour vous défendre contre vous-même jusqu'à ce que vous ayez retrouvé la raison. Quelle mère sensible résisterait à un pareil rapport ? »

On ne pouvait imaginer plus fin ni plus efficace. Ce Stanley était vraiment un garçon de ressource.

Installé dès le 23 au soir, je me morfondis deux jours et trois nuits interminables, me demandant sans cesse si John n'avait pas eu des visions. Mais, au matin du 26 décembre, le portier monta me dire qu'il avait refoulé, malgré son insistance, un Italien adressé par le sire Stanley.

Dans l'après-midi, John vint me faire une bosse que je jugeai inutilement grosse – mais c'était une bosse à trente mille ducats. « Le poisson est bien ferré, me dit-il, le visiteur tient absolument à vous voir et à vous parler, et le portier se laissera fléchir dès demain. Notre Vénitien est venu se plaindre à moi qu'il avait été mal reçu malgré ma recommandation. Je lui ai promis de l'accompagner désormais et, en attendant, je l'ai pris en charge et ne le quitte guère. Il s'agit d'un certain Trivulzio... » Je sursautai, et mis John au courant de mes décevantes relations avec l'individu, qui serait sans doute plus difficile à tromper qu'un autre.

Le lendemain vers midi, j'étais avec Laurent devant un repas que je m'étais refusé à entamer, lorsque le portier introduisit le sire Stanley et Trivulzio. En soupirant, notre geôlier changea la compresse d'eau fraîche qui ornait ma bosse, me mit en garde contre toute nouvelle tentative de suicide, et s'en fut après avoir produit un excellent effet. Laurent pleurait, John avait l'air sombre et inquiet, et je faisais moi-même l'œil égaré qui convenait à mon état.

Reconnaissant enfin Trivulzio, je m'écriai soudain :

« Quelle est cette tête sortie des enfers ?! Où suis-je ?

– Remettez-vous ! Nous ne sommes pas aux enfers. Le monde d'ici-bas suffit à nos peines. Et je vous apporte les meilleures nouvelles. Emus de votre détresse, votre mère et votre oncle feront le nécessaire pour dégager ces trente mille ducats. Mais il faudra vendre des maisons à Venise, des villas et des terres en Terre Ferme. Et sous peine de faire une grave injure à votre beau patrimoine, on ne saurait les brader. De longs mois seront nécessaires, sans parler du temps exigé par le transfert, qui se fera par Bruges. Prenez votre mal en patience. Un an est vite passé lorsque la lumière est au bout de la caverne. »

Je n'eus pas à jouer la comédie pour prendre du revif.

« Mais que faites-vous là ? demandai-je à Trivulzio. Par quel hasard !...

– Qui vous parle de hasard ? Je connaissais bien la France, j'y avais voyagé avec vous et, en récompense de mes services, vous m'aviez congédié de la façon la plus insultante. N'étais-je pas tout indiqué pour me dévouer une fois de plus auprès de votre chère personne, courir vous tâter le pouls et rapporter à votre sujet des informations d'autant plus véridiques que vous n'avez pas assez d'argent pour m'acheter ? C'est ce qu'a pensé votre oncle Angelo, auquel Tradenico m'avait recommandé pour cette mission de confiance. Auraient-ils eu tort ? »

Ce n'était pas le moment de le contrarier.

John dit alors à Trivulzio :

« Je vous rappelle tout l'intérêt qu'il y a à se hâter. Si Bedford faisait jamais le rapprochement entre notre Pietro et le neveu du cardinal de Sienne, vous ne vous en tireriez plus avec trente mille ducats et je me ferais moi-même fendre l'oreille.

– Soyez tranquille : nous avons parfaitement saisi la situation. »

La présence de cet homme qui avait osé toucher à Lucretia après son maître Tradenico m'était insupportable. Je congédiai Trivulzio une fois de plus.

Dès le 29, non sans avoir fait la tournée des mauvais lieux, Trivulzio reprenait le chemin de Venise, et notre soulagement fut immense. Mais l'alerte avait été chaude. Faire le mort, se mettre au vert, disparaître jusqu'à la conclusion de l'affaire, était plus que souhaitable. Nous étions à la merci d'un nouveau Trivulzio inattendu, voire d'une curiosité malencontreuse d'un Falstaff ou de ses émules.

Le 30 au matin, laissant à notre adresse de Paris Laurent et sa femme pour nous faire suivre le courrier, John et moi nous embarquions pour Rouen, d'où nous gagnâmes Bruges par Dieppe et la route côtière la plus directe. C'est à Bruges que l'argent devait arriver et, de ce port, j'avais les galères de nos convois réguliers pour rentrer à Venise.

XIX

Dans la soirée du 9 janvier, nous étions à Bruges, et nous ne pouvions y arriver dans de plus réjouissantes circonstances. Veuf de Michelle de France, puis de Bonne d'Artois, Philippe le Bon devait convoler le lendemain en troisièmes noces avec Isabelle de Portugal, fille des plus lettrées du roi de ce pays, Jean Ier le Grand, et d'une princesse anglaise.

Par crainte d'éveiller l'attention des nombreux Anglais ou Vénitiens de la si importante place de Bruges, je me résignai à suivre les fêtes avec les Brugeois du commun, alors que John, qui s'était fait inviter sans mal, pouvait y participer de plus près. Durant des jours, la population de la ville festoya aux frais du Prince, et je pris ainsi d'agréables contacts avec le menu peuple de cette ville si bien tenue, si active et si charmante, parcourue de canaux qui la font ressembler à une petite Venise. Sous l'excellent gouvernement ducal, tout respirait l'ordre et la prospérité, et je priai le Ciel que les Valois ne parviennent plus jamais à foutre la pagaille dans cette Flandre généreuse qui leur appartenait en théorie et n'avait jamais cessé d'exciter leur convoitise.

Sorti en titubant de ces fêtes inoubliables, John me raconta que les Bourguignons avaient poussé à un raffinement prodigieux non seulement l'art de la cuisine proprement dite, mais surtout celui de la présentation des mets. Des chariots drapés d'or et d'azur offraient des scènes champêtres où des cygnes, des faisans, toutes sortes de volatiles des plus rares, s'ébattaient dans des campagnes d'œufs et légumes, de charcuteries, d'abats et viandes diverses sous une pluie d'épices. D'autres pièces montées avaient recours à une foule de poissons, de crustacés, de coquillages, qui composaient des tableaux marins. Des pâtés géants s'ouvraient pour découvrir des joueurs de trompette. On éventrait une jeune baleine pour en tirer des avalanches de sucreries. Et des vins extraordinaires coulaient en fontaines multicolores... Les convives allaient d'étonnement en étonnement. C'était d'un luxe, d'une fantaisie échevelés!

Encore plus étonnants si possible étaient les costumes de la cour ducale, auxquels Philippe III le Bon, autant par goût que par souci de prestige, consacrait des sommes énormes. Non content de se procurer les plus riches étoffes de ses propres Etats, qui en étaient gros producteurs, le duc faisait aussi venir d'Italie ou d'Allemagne tout ce que ces pays fabriquaient de plus beau et de plus fin. Puis les maîtres tailleurs de la cour innovaient, inventaient constamment des lignes et influences étrangères. La Flandre n'était-elle pas un carrefour? Enfin, cet incroyable faste vestimentaire se déployait dans l'abondance. Jusqu'aux pages, aux écuyers, aux dames d'honneur, qui avaient des garde-robes magnifiquement fournies. Philippe lui-même affectionnait les tons violets ou bleu foncé, ne cessait de changer de robes, qu'il surchargeait de bijoux, et ses collections de chapeaux s'ornaient des plumes les plus paradisiaques.

A l'occasion de ce mariage, le duc institua l'Ordre de la Toison d'or, noble réunion de trente et un chevaliers recrutés de la Hollande au Jura. Les ordres de chevalerie étaient à la mode en Occident. Rois et Princes y voyaient un bon moyen de s'assurer ou de renforcer des fidélités. Et Philippe le Bon devait attacher d'autant plus d'importance à cette création que les hasards des apanages, des mariages et des héritages l'avaient doté de deux groupes d'Etats à cheval sur la France et sur le Saint-Empire, et séparés par la Lorraine. Un surcroît de liens personnels n'étaient pas de trop pour maintenir la cohésion d'un tel ensemble.

A longue échéance, la survie de l'empire bourguignon me paraissait liée au problème lorrain, et je n'ai pas changé d'avis aujourd'hui, alors que Philippe le Bon et Charles VII vieillissent en poursuivant des relations courtoises. Selon que la Lorraine, territoire marginal d'un Saint-Empire en pleine décadence, sera finalement absorbée par le duc de Bourgogne ou par le roi de France, l'Etat bourguignon sera viable ou ne le sera point. L'origine lorraine de la Pucelle, en prêtant à cette région comme un parfum français prématuré, a dû être une épine désagréable au cœur prévoyant du duc Philippe.

A ce même mariage – je doute que ce fût une réponse à l'ultimatum rémois de Jeanne! –, on agita encore la question d'aller en découdre avec les Turcs, mais ce n'était plus qu'une figure de rhétorique. Et pourtant, avec ce que le duc dépensait pour sa table et ses costumes, on aurait pu équiper bien des galères pour secourir Constantinople!

Bientôt, le risque d'être reconnu dans cette cité que sa banque et son commerce avaient rendue internationale, alors que j'étais théoriquement en prison, me poussa à m'enterrer dans une grosse ferme des environs, à mi-chemin entre Bruges et la mer. Resté en ville pour y profiter des plaisirs de son âge, John me rendait visite de temps à autre, et je jouissais ainsi par procuration d'une vie urbaine à laquelle je n'osais plus guère me frotter.

Les mois s'écoulèrent dans un calme complet jusqu'au printemps. J'avais pris pension chez des paysans aisés fort bien nourris, nippés et meublés. La mère plantureuse et les filles joufflues astiquaient coffres et carrelages, tandis que père et garçons, aidés d'une nombreuse domesticité, pratiquaient avec bœufs et chevaux une agriculture assez savante et entretenaient un beau troupeau de vaches laitières qui broutaient dans une tranquille campagne aux horizons vaporeux. Me baladant parmi les moulins, je songeais à ce qu'un La Hire aurait fait de mon refuge s'il avait pu s'y abattre avec ses oiseaux de proie. Et quand je poussais ma promenade jusqu'à la mer, que parcouraient les voiles des bateaux de pêche, j'avais le sentiment que toute cette eau grise et houleuse me reliait encore à ma Lucretia.

John me rapportait parfois des échos de la Pucelle, sur laquelle le duc de Bourgogne gardait un œil inquiet et vexé. J'appris ainsi avec beaucoup de retard qu'elle avait effectivement été chargée de liquider la sorte de principauté que l'indépendant Perrinet Gressart s'était taillée en Nivernais. La Trémouille, qui gardait une dent aiguë contre Gressart depuis que ce dernier l'avait si vilainement rançonné, avait certainement poussé à l'opération, mais le petit Etat de l'aventurier n'en avait pas moins une certaine importance stratégique. Le pont de La Charité-sur-Loire était une voie de passage tout indiqué pour prendre à revers par l'est le royaume de Bourges si une quelconque offensive anglo-bourguignonne s'était dessinée de ce côté. Et vu la mauvaise volonté des bourgeois de Compiègne à se faire pendre par le duc pour obliger le roi Charles, une reprise des hostilités était possible au sortir de la trêve.

En novembre, la Pucelle avait réussi à enlever d'assaut Saint-Pierre-le-Moûtier, défendu par un lieutenant de Gressart, et son intendant Jean d'Aulon a laissé à ce sujet un témoignage des plus intéressants, par ceci qu'il fait penser à la prise du boulevard des Tourelles après recueillement de Jeanne dans une vigne. Dans les deux cas, alors que la situation militaire se dégrade, la Pucelle prend langue avec le Ciel, et l'ardeur qu'elle y puise est si communicative que l'élan qui en résulte est irrésistible.

« A cause du grand nombre de gens d'armes qui étaient dans la ville et de la grande force et aussi de la grande résistance des assiégés, les Français furent contraints et forcés de se retirer et, à ce moment, moi qui étais blessé d'un trait au talon à ce point que je ne pouvais me soutenir ni aller sans béquilles, je vis que la Pucelle était demeurée très petitement accompagnée de ses gens ou autres et, redoutant que quelque mal ne s'ensuivît, je montai sur un cheval, allai aussitôt vers elle et lui demandai ce qu'elle faisait là presque seule et pourquoi elle ne se retirait pas comme les autres. Après qu'elle eut ôté sa salade de dessus sa tête, elle me répondit qu'elle n'était pas seule, mais qu'elle avait en sa compagnie cinquante mille de ses gens et qu'elle ne partirait point de là qu'elle n'eût pris la ville.

» A cette heure, quoi qu'elle dît, elle n'avait pas avec elle plus de quatre ou cinq hommes, et je le sais certainement, et plusieurs autres qui pareillement la virent. Ce pourquoi je lui répétai de s'en aller et de se retirer comme faisaient les autres. Alors elle me dit que je fisse apporter des fagots et des claies pour faire un pont sur les fossés de la ville afin qu'on puisse mieux approcher. Et en me disant cela, elle s'écria à haute voix : " Aux fagots et aux claies tout le monde, afin de faire le pont! ", lequel fut bientôt fait. J'en fus émerveillé, car aussitôt la ville fut prise d'assaut sans qu'on y trouvât trop grande résistance. »

D'Aulon a pris la vision de la Pucelle au sérieux, et à Saint-Pierre-le-Moûtier, cas original, un chef de guerre emporte la décision parce qu'il distingue des renforts inexistants. Il va de soi que le secret de pareilles réussites est de faire partager une grandiose illusion à ses propres soldats comme à ceux de l'ennemi. Le lieutenant de Gressart devait être impressionnable.

Mais Perrinet était d'une autre trempe et les renforts angéliques n'avaient aucune prise sur lui. En décembre, alors que la Pucelle avait mis le siège devant La Charité, une vigoureuse sortie de Gressart en personne jeta le désordre chez les assiégeants, qui perdirent leur artillerie dans l'affaire et durent se replier piteusement. Ce sanglant échec, moins glorieux que celui de Paris, mit fin à la carrière militaire officielle de Jeanne sous le patronage du roi.

Un marchand a raconté à John que la Pucelle avait échoué devant La Charité faute d'avoir été suffisamment soutenue. Allégation qui me semble très douteuse, car c'est La Trémouille qui distribuait les fonds, et il a dû faire l'impossible pour avoir la peau de Gressart – lequel ne passera d'ailleurs contrat avec le roi qu'après la disgrâce du favori.

Le fils spirituel de Gressart, élevé à son école, le célèbre routier aragonais Surienne, devait également se distinguer. Chevalier de la Jarretière, il a un jour enlevé Fougères pour son compte personnel, massacré les habitants, et le sac systématique de la ville lui aurait rapporté deux millions de livres – somme que j'estime pour ma part très exagérée. Un joli coup quand même pour un simple particulier ! Ce Surienne est aujourd'hui au service du duc de Bourgogne.

Il est curieux de penser que la Pucelle, partie pour mener une guerre nationale et dynastique – les deux notions étant étroitement confondues dans son esprit –, aura finalement échoué devant un Perrinet qui se moquait des patries comme des Princes.

Ce témoignage de Jean d'Aulon pose un autre problème digne d'intérêt : le passage, chez la Pucelle, dans ses relations avec le Ciel, des perceptions auditives aux perceptions visuelles. Devant les Tourelles, par exemple, Jeanne s'isole pour entendre des Voix, selon le mécanisme qu'elle a si bien et si honnêtement décrit à Loches devant le roi et quelques intimes. Au contraire, à Saint-Pierre-le-Moûtier, sans même quitter le champ de bataille, elle voit arriver cinquante mille hommes à la rescousse. Cette évolution tardive de l'auditif au visuel trouvera son achèvement et son paroxysme en plein procès de Rouen, mais dans les conditions très anormales que je dirai. Il s'agit bien de deux phénomènes différents, le caractère suspect des visions ne devant point porter à préjuger de la nature des Voix.

J'ai rencontré un jour chez Clamanges un grand médecin parisien qui avait une bonne expérience des inspirés. Il soutenait que les hallucinations visuelles – spécialités des ivrognes – étaient moins fréquentes que les hallucinations auditives, mais que les deux n'étaient liées que dans une minorité des cas.

Je me demande si, malgré tout, Jeanne n'avait point par instant quelque inquiétude ou problème avec telle ou telle Voix ou vision. Ce qui me le ferait croire, ce sont ses propres déclarations aux juges de Rouen à propos d'une visionnaire appelée Catherine de La Rochelle, que l'industrieux frère Richard lui avait justement jetée dans les jambes à l'époque de la malheureuse expédition contre Gressart. Mais les relations entre Jeanne et Catherine tournèrent vite au vinaigre.

Les interrogatoires d'Inquisition étant transcrits en style indirect à partir des minutes d'audience en langue vernaculaire, je conserverai ce style un peu lourd par fidélité documentaire :

« ... *Interrogée si Catherine lui a montré une dame vêtue de blanc qui, à ce qu'elle prétendait, lui apparaissait quelquefois, Jeanne répondit que non. Interrogée ce même samedi 3 mars sur ce que Catherine lui a dit, elle répondit que, selon Catherine, une dame blanche vêtue de drap d'or venait à elle, lui enjoignant d'aller par les bonnes villes avec des hérauts en trompettes pour faire crier que quiconque aurait de l'or, de l'argent ou un trésor caché, il l'apportât vite; et ceux qui ne le feraient point et voudraient conserver caché leur trésor, Catherine les repérerait et saurait bien trouver l'argent, qui servirait à payer les gens d'armes de Jeanne. Sur quoi Jeanne conseilla à ladite Catherine de retourner à son mari, de faire son ménage et de nourrir ses enfants. Et pour avoir certitude sur Catherine de La Rochelle, Jeanne en parla à sainte Catherine et à sainte Margue-*

rite, qui lui dirent que les faits et gestes de cette Catherine n'étaient que " folie et néant ". Et quand Jeanne vint en présence de son roi, elle lui dit que c'était " folie et néant " que les faits et gestes de ladite Catherine. Toutefois, le frère Richard voulait qu'on mît Catherine à l'œuvre, et le frère Richard et Catherine furent très mécontents de Jeanne.

» Interrogée si elle ne parla point à Catherine d'aller à la Charité-sur-Loire, elle répondit que Catherine lui déconseillait d'y aller parce que le temps était trop froid... Item, ce même 3 mars, Jeanne confessa avoir dit à Catherine, qui voulait aller vers Monseigneur le duc de Bourgogne pour faire la paix, qu'on n'y trouverait point de paix, si ce n'est par le bout de la lance.

» Item, Jeanne a confessé avoir demandé à ladite Catherine si cette dame blanche venait toutes les nuits et, afin de faire sa connaissance, elle coucha avec ladite Catherine; et elle veilla jusqu'à minuit et ne vit rien, et puis elle s'endormit; et, quand vint le matin, elle demanda à Catherine si la dame était venue; et Catherine répondit que la dame était venue pendant que Jeanne dormait, et qu'elle n'avait pu la réveiller. Alors Jeanne demanda à Catherine si la dame viendrait le lendemain. Sur la réponse affirmative de Catherine, Jeanne dormit durant le jour, de façon qu'elle pût veiller la nuit; et la nuit suivante, Jeanne la passa avec Catherine, et la nuit entière elle veilla, mais elle ne vit rien, bien qu'elle eût souvent demandé à ladite Catherine si la dame allait venir. Et Catherine répondait alors : « Oui, bientôt... »

Ce fut l'un des rares instants franchement réjouissants de ce pénible procès, et je revois encore, au cours de cette sixième audience, les sourires de Cauchon et des assesseurs – le vicaire de l'Inquisiteur n'était pas encore venu s'associer à l'évêque.

Catherine de La Rochelle fait montre d'une certaine jugeote. Elle fonctionne sous la couverture d'un moine, fréquente très modestement une vague dame blanche, moins compromettante que Dieu ou ses saints, et se spécialise dans la collecte des trésors cachés, activité qui ne peut qu'exciter l'intérêt et la sympathie. Mais Catherine va se faire bêtement piéger en acceptant de montrer la fameuse dame à une visionnaire concurrente.

La Pucelle se doutait pourtant que de telles expériences étaient incommunicables. Lorsque Jean d'Aulon la priait naïvement de lui présenter son « Conseil », elle lui répondait : « Vous n'êtes pas assez vertueux pour le voir ! », dérobade fort significative.

Pourquoi donc Jeanne va-t-elle perdre deux nuits à guetter la dame blanche ? Elle sait bien que le monde des Voix est clos, mais elle n'en est pas absolument sûre, et elle ne cesse d'espérer qu'il pourrait en être autrement. Comme sa tâche serait simplifiée le jour où elle parviendrait à faire partager au roi ou à quelques personnes choisies – pourquoi pas à une armée en marche ? – les impressions qu'elle reçoit de là-haut ! Si la dame blanche lui apparaît, tous les espoirs lui sont permis.

A Rouen, anxieuse de convaincre ses juges, la Pucelle soutiendra avoir fait profiter son roi et des tiers d'une vision, mensonge qui fera l'impression la plus déplorable et elle tombera ainsi dans ce même piège où le crédit de Catherine de La Rochelle avait succombé.

En attendant, l'idée de ces deux dames nues, blotties l'une contre l'autre par une nuit d'hiver, spéculant sur une apparition experte en finances, était bien d'un comique irrésistible.

Au cours de cet hiver, Jeanne demeure hostile à toute idée de trêve ou de négociation avec la Bourgogne : le « bout de la lance » doit trancher, le duc Philippe doit être défrisé et déplumé en punition de sa trahison. Incapable de réduire un Gressart, la Pucelle rêve d'aller incendier Gand ou Bruges ! Le manque de réalisme est évident.

C'est assurément l'obstination de Jeanne à contrarier sur ce point capital la sage politique du roi qui a poussé le monarque à la mettre peu à peu en disponibilité. Après l'échec de La Charité, c'est chose faite.

Le 25 décembre 1429, la Pucelle est de retour à Jargeau. En janvier 1430, le roi la reçoit dans les splendeurs de Mehun-sur-Yèvre, lui conseille plus que jamais de prendre un repos bien gagné, et lui annonce que, par lettres patentes du mois précédent contresignées aimablement par La Trémouille, ses parents et ses frères avaient été anoblis, avec transmission exceptionnelle du titre non seulement en ligne masculine mais aussi féminine – hommage gracieux et paradoxal au sexe d'une vierge stérile. Elle traîne un moment désœuvrée à Bourges, puis à Orléans. Et enfin, elle se réfugie à Sully, chez l'ami La Trémouille, où elle demeurera deux mois, pour en sortir malheureusement de sa propre initiative.

Jeanne n'était pas faite pour la vie de château. Malgré les prévenances du gros Georges et de sa femme, elle a dû s'ennuyer à mourir à Sully, regrettant l'excitation des camps, dédaignant de porter dans ses promenades les armoiries, pourtant délicatement choisies, auxquelles sa nouvelle dignité lui ouvrait droit : deux fleurs de lys d'or flanquant une épée d'argent pointée vers une couronne d'or, lesdites armes sur fond d'azur. Je pense que le roi espérait accroître la sûreté de la Pucelle par cet anoblissement : prisonnière, les Anglais la traiteraient peut-être avec moins de rigueur...

Chez les La Trémouille, Jeanne, pour tromper son ennui, a fait des pages d'écriture, a appris à signer correctement son nom, s'est initiée à la lecture, et – malheureusement – a expédié des lettres.

Bien plus tard, comme on savait que je m'intéressais à l'histoire de la Pucelle, un correspondant de Prague m'a procuré le double latin d'une lettre justement rédigée à Sully et adressée aux hérétiques hussites de Bohême. Pour cette pompeuse circonstance, Jeanne s'est effacée derrière Pasquerel, qui signe d'ailleurs le factum. Bien qu'elle soit censée s'exprimer en personne, le style est pour cette fois très différent du sien : aux répétitions sans nombre du français populaire succèdent les périodes latines de la scolastique fatiguée. Mais le fond reflète certainement sa pensée. J'imagine mal le confesseur empruntant la voix et l'autorité de la Pucelle sans son autorisation et son contrôle, et tout particulièrement, dans un domaine aussi brûlant.

« Depuis quelque temps, à moi Jeanne la Pucelle, la rumeur et la voix publiques ont rapporté que, vrais chrétiens devenus hérétiques et semblables aux sarrasins, vous avez ruiné la vraie religion et le culte et embrassé une superstition honteuse et criminelle, et voulant la préserver et la propager, il n'est honteuse chose que vous n'osiez ni crédulité où vous ne tombiez. Vous ruinez les sacrements de l'Eglise, vous déchirez les articles de la Foi, vous détruisez les églises, vous brisez et brûlez les saintes statues qui ont été érigées en monuments du souvenir, vous massacrez les chrétiens parce qu'ils gardent la vraie foi. Quelle est cette fureur? Quelle rage ou folie vous transporte? Cette Foi, que le Dieu tout-puisssant, que le Fils, que l'Esprit Saint ont révélée, instituée, fait régner et ont glorifiée de mille façons par des miracles, cette Foi, vous la persécutez, vous voulez la renverser et l'anéantir. Vous êtes aveugles, mais non point parce qu'il vous manque des yeux avec la faculté de voir. Croyez-vous que vous resterez impunis? Ignorez-vous que Dieu empêchera vos efforts criminels? Permettra-t-il que vous demeuriez dans les ténèbres de l'erreur? En sorte que, plus vous vous livrerez au crime et au sacrilège, plus il vous prépare de grandes punitions et supplices.

» Quant à moi, à vous l'avouer franchement, si je n'étais occupée aux guerres anglaises, je serais venue vous voir depuis longtemps. Mais si je n'apprends pas que vous vous êtes corrigés, je quitterai peut-être les Anglais et partirai contre vous, afin que, par le fer si je ne puis faire autrement, j'anéantisse votre folle et

obscène superstition et vous arrache votre hérésie ou votre vie. Mais si vous préférez revenir à la foi catholique et à la lumière, envoyez-moi des ambassadeurs et je leur dirai ce qu'il faut que vous fassiez. Si vous ne le voulez pas et si vous regimbez obstinément contre l'éperon, rappelez-vous quels dommages et quels crimes vous avez perpétrés et attendez-vous à ce que je vous rende la pareille avec de puissantes forces divines et humaines.

» Donné à Sully le 23 mars aux hérétiques de Bohême. »

Ainsi, fin mars 1430, un confesseur obtus et une Pucelle de bonne volonté perdaient leur temps à envoyer d'épouvantables menaces à des hérétiques hussites dont ils ignoraient à peu près tout. Jeanne n'avait plus ni crédit ni armée, mais elle essayait encore de faire peur avec des restes de réputation.

Lettre terrible si l'on considère que cette Pucelle qui menace les Hussites de leur arracher, au milieu des supplices, leur hérésie ou leur vie, sera bientôt prise au mot par l'évêque de Beauvais et l'Inquisiteur de Rouen, qui lui feront quand même un procès moins expéditif.

Lettre qui prête à sourire cependant si l'on considère la mention portée en marge pour définir brièvement l'expéditrice : « puella de Anglia », c'est-à-dire « pucelle d'Angleterre ».

L'erreur se comprend. Les gens de Bohême, hérétiques ou non, n'avaient qu'une idée très vague de la Pucelle. L'illusion menant le monde, on avait encore l'innocence d'attendre – ou de redouter – à Prague la croisade hussite de Bedford, qui avait en fait débarqué en France depuis de longs mois pour faire face à des affaires jugées plus urgentes à Londres. Et Pasquerel était un artiste en amphibologie. Des expressions comme « si je n'étais occupée aux guerres anglaises » ou « je quitterai peut-être les Anglais » semblaient calculées pour faire croire que Jeanne s'apprêtait à se croiser sous l'étendard du roi d'Angleterre. En somme, arrachant la Pucelle aux vaines querelles dynastiques, le Ciel lui accordait enfin, par une plaisante erreur de secrétariat, cette dimension catholique internationale que seule une vraie croisade pouvait lui garantir. Jeanne avait enfin une œuvre pie incontestable à verser à son dossier.

Au printemps de cette année 1430, Laurent me fit suivre de Paris un mot de Lucretia, gentiment daté de mon anniversaire du 12 janvier précédent et acheminé par le canal ordinaire de l'oncle Angelo : tout allait aussi bien que possible pour elle et pour l'enfant, les fêtes de Noël avaient été satisfaisantes et, avec l'autorisation de Mme Kastelis, elle avait fait remettre à un banquier juif dont mon oncle lui avait dit du bien de pleines poignées de ducats, qui nous porteraient intérêts. J'aurais aimé pouvoir la rassurer moi-même, lui dire pourquoi et comment ses épreuves allaient prendre fin. Mais je dus me borner à des phrases vagues et banales.

En soupirant, j'ouvris le mot que Laurent avait joint à la lettre, tentative d'écriture qui avait dû lui donner bien du mal. Je respecterai l'indigence du style, mais ne chercherai point d'équivalences aux fautes d'orthographes : mon latin en deviendrait incompréhensible.

« Tout est en ordre ici, mon cher maître. Aucun nouveau curieux de Venise ou d'ailleurs. Je vous suis toujours très reconnaissant, fidèle comme un chien. Ma femme aussi m'est reconnaissante et ne demande qu'à se dévouer. La Pucelle savait ce qu'elle faisait en m'invitant à l'épouser. J'ai autorisé ma femme, sur sa demande pressante, à servir le soir à l'auberge du coin de la rue. Elle s'ennuyait à la maison, où elle n'avait pas grand-chose à faire, et nous ne pouvons passer tout notre temps au lit comme de jeunes mariés. Elle me rapporte ainsi de l'argent et trouve fréquemment une histoire drôle à me raconter. Mes gages sont certes suffisants, mais, comme on dit, “ abondance de biens ne nuit pas ”.

» Depuis peu, j'ai permis à ma femme de monter avec des clients. L'aubergiste, d'anciennes copines à elles du temps où elle tapinait à Paris, tout le monde l'y poussait, et j'ai dit oui de guerre lasse. Si vous saviez comme ma femme est fière et heureuse quand elle me remet ce supplément d'argent, souvent imprévu avec les fantaisies! Mais je m'inquiète en pensant à vous. Bien sûr, vous êtes absent, et la chose ne peut nuire à votre réputation. Cependant, vous n'êtes peut-être pas d'accord, quoique je vous aie toujours vu de la sympathie et de la compréhension pour les putes. Ne faut-il pas les prendre comme elles sont? Si l'événement vous ennuie, écrivez-le-moi, je montrerai votre interdiction à ma femme, et elle se le tiendra pour dit. Elle est très obéissante. Quand même, je songe parfois que ma défunte épouse et mes filles – que Dieu ait leur âme! – se sont tant de fois fait posséder pour rien sur notre huche par des soldats, tandis que j'attendais enfermé dessous dans le noir la fin de leurs insolences! N'est-ce point comme une honnête revanche du sort qu'une femme me rapporte enfin quelque chose? Nous avons mis hier soir à Saint-Séverin un gros cierge long comme le bras pour la libération de votre Lucretia, qui doit mourir de froid dans son donjon de Pologne. Nous vous baisons les mains tous deux, très respectueusement. »

La femme de Laurent ne pouvait bénéficier d'aucune dispense en vertu d'une situation d'esclave irresponsable, invitée seulement à choisir son supplice. Mais en dépit de cette claire distinction, toute en faveur de ma Lucretia, et qui me permettait d'utiliser ses ducats la tête haute pour notre bien commun, je me sentais assez mal placé pour répondre par la rigueur à une inquiétude aussi touchante. Après avoir tourné ma plume dans l'encrier, je finis par écrire à mon ex-valet d'armes qu'un maître en voyage se doit d'ignorer pareilles turpitudes et que je les oublierais vite si on ne les rappelait pas. Je précisai toutefois qu'il serait préférable de prendre à l'avenir sur un argent honnête le prix des cierges destinés à ma princesse de Pologne.

Provisoirement tranquille sur le sort de Lucretia, j'acceptai l'invitation de John de séjourner chez lui quelques semaines à l'occasion des fêtes de Pâques, et nous nous embarquâmes pour Londres, que je découvris après une bonne traversée. Cette place de commerce, petite ville à côté de Paris, avait beaucoup souffert des pestes et des incendies. Du moins l'activité y était-elle fort soutenue et, alors que Paris comptait vingt ou trente mille maisons vides, on avait du mal à s'y loger. Nous étions peu avant Pâques au manoir de Stanley, belle maison forte du siècle précédent, sise dans une verte campagne, au bord de la jolie rivière Trent.

La père de John avait eu la malchance de se faire tuer à Azincourt, et son frère aîné s'était noyé trois ans auparavant entre Douvres et Calais par une tempête d'équinoxe. Mais sa mère gérait d'une main ferme des terres peuplées de moutons, dont la laine prenait le chemin des Flandres, et ses deux charmantes sœurs roses et blondes étaient en âge d'être mariées. Les Anglaises sont rarement belles, mais quand elles le sont, elles le sont bien. Les trois femmes me reçurent avec la liberté la plus aimable et nous firent manger à satiété du mouton sous toutes ses formes.

La grand-messe de Pâques du village se déroula de façon très convenable, en présence du Seigneur Stanley, des « yeomen » de l'endroit et de leur personnel, et la journée se conclut par un concours de tir à l'arc fortement arrosé de bière. A voir la dextérité des archers, la puissance et la précision des tirs, on saisissait mieux la raison de leurs perpétuelles victoires sur le continent.

Mais cette brillante médaille avait son revers, ainsi que j'avais pu moi-même m'en apercevoir devant Orléans, près de Beaugency, ou à Montépilloy, après les leçons d'un La Trémouille ou d'un Barretta. Redoutable en défense sur une position bien choisie et bien préparée, l'archer à pied ne vaut rien pour l'attaque. On débouchait ainsi sur une impasse d'ordre tactique, qui pesait lourdement dans la prolongation des guerres de France. Les « yeomen » étaient prudemment condamnés à attendre des assauts que les Français, rendus prudents par tant de désastres, n'étaient pas pressés de livrer dans des conditions défavorables. Une Pucelle elle-même ne pouvait remédier indéfiniment à cette situation sans issue.

L'arc n'est une arme offensive que s'il est aux mains de cavaliers, et c'est bien cette réunion du petit arc oriental à double courbure et d'un cheval résistant et rapide qui a fait au XIIIe siècle la force effrayante des Mongols, parvenus jusqu'en Pologne, en Hongrie et en Dalmatie après avoir ruiné Kiev et les principautés slaves de la Russie méridionale. Si Batu Khan n'avait été rappelé dans les profondeurs de l'Asie par la mort du grand Khan, jusqu'où serait-il allé ?

Le curé du village semblait assez ignorant pour être à peu près orthodoxe, mais le chapelain du manoir, un grand homme maigre au regard en-dedans, sentait véhémentement le soufre. Ancien vicaire d'une paroisse de Londres, il s'en était fait chasser à cause de ses sympathies pour Wyclif, et la mère de John avait eu la charité de le recueillir et l'incompétence de l'apprécier. Des ouvrages de l'hérésiarque ornaient sa chambre, et il s'empressa de me prêter les plus fondamentaux et les plus caractéristiques, notamment le *De Ecclesia* et le *Trialogus*, exposé complet de la doctrine que Wyclif avait rédigé dans ses dernières années, avant de mourir dans son lit.

Je savais que Wyclif avait rendu son âme au Diable en 1384, et qu'en 1415, le concile de Constance, représentant l'Eglise universelle, avait condamnée quarante-huit propositions tirées de ses œuvres et ordonné, selon l'usage exemplaire, de déterrer son cadavre pour le brûler – ce qui avait été fait en grande pompe une dizaine d'années plus tard. Mais je n'avais qu'une idée très approximative des doctrines incriminées, dont on s'était bien gardé de me parler à Padoue, et dont

Clamanges lui-même ne m'avait soufflé mot. Tandis qu'il pleuvait et que John était allé paillarder avec ses filles de ferme favorites, je me plongeai donc dans la lecture, et j'en sortis d'autant plus épouvanté que le latin était plus clair et mieux frappé.

Ce n'était rien moins que la totale destruction de la religion catholique telle qu'elle avait pu nous apparaître en toute clarté à partir de l'époque constantinienne. Onze siècles étaient anéantis d'un trait de plume, et les contradictions étaient même graves entre ces textes et la lettre des Evangiles, particulièrement en fait de confession et d'Eucharistie.

Selon Wyclif, qui nie le libre arbitre et affirme que l'homme serait intégralement soumis à la gratuite volonté de Dieu, la véritable et seule Eglise, c'est la société invisible, déjà transcendante en quelque manière, de ceux que Dieu a prédestinés au salut, et qui jouissent de ce fait d'un sacerdoce surnaturel. Et comme ces élus peuvent se rencontrer partout, l'Eglise établie n'a plus aucune raison d'être et son autorité est usurpée. Pour être chrétien, une Bible traduite en anglais doit suffire – à condition, sans doute, de la lire comme Wyclif!

Notre théologien néglige de dire à quoi on reconnaît à coup sûr ces veinards de prédestinés, sauvés d'avance sans avoir rien fait pour ça, mais, passant sur ce détail, il attaque pêle-mêle le pape, traité de « Gog » et de « Lucifer », les prêtres, les moines, qui sont sa bête noire, le culte des saints, les Indulgences et la plupart des sacrements. Il consent malgré tout à conserver l'Eucharistie – mais pourvu qu'on ait l'idée paradoxale de mastiquer désormais du symbole commémoratif – et le baptême, dont l'utilité semble cependant douteuse : si le nouveau-né est prédestiné à l'enfer par un Dieu taquin, le baptême ne le sauvera pas; et s'il est prédestiné au salut, on se demande ce que le baptême lui apporte.

Si Wyclif, suppôt d'Oxford où il avait fait de brillantes études, a pu fonctionner impunément si longtemps, c'est que les derniers Plantagenêts, Edouard III, puis

Richard II, l'avaient protégé ou toléré, et pour d'évidents motifs : les théories de Wyclif contribuaient à libérer la royauté de l'autorité du pape et de l'Eglise, qui s'était appesantie depuis Jean sans Terre.

En effet, afin de sauver sa couronne en péril, ce dernier s'était autrefois jeté dans les bras du pape Innocent III et reconnu vassal du Saint-Siège. Et chaque année, avec de plus en plus de mauvaise grâce, le roi d'Angleterre payait un tribut à Rome pour reconnaître cet engagement vassalique. Le jour où le pape d'Avignon Urbain V le Bienheureux avait eu l'effronterie de réclamer à Edouard III, vainqueur à Crécy et à Poitiers, trente-trois années d'arrérages d'un coup, Wyclif avait sauté sur l'occasion de réfuter les prétentions pontificales. De même, dans son *De officio regis*, se fait-il une joie de soutenir que la royauté de droit divin est indépendante de toute autorité religieuse. Les princes sont toujours charmés d'entendre une pareille musique.

Mais l'atmosphère avait changé avec les Lancastres, parce qu'ils étaient notoirement usurpateurs. Plus un roi est usurpateur, plus il affiche à l'égard de Rome et des prêtres des dehors de piété et d'humble soumission afin de se faire pardonner et de se concilier l'Eglise. La persécution s'était ainsi déclarée et renforcée contre les partisans du défunt Wyclif, culminant avec l'exécution de lord Cobham en 1417. Répression d'autant plus tenace que les théories de l'hérésiarque s'étaient répandues chez les « lollards », groupuscules qui mariaient de façon inextricable l'agitation religieuse et les revendications sociales, et qu'elles avaient même franchi les mers pour aller infecter la Bohême, où Jean Huss – brûlé en 1415 – s'était réclamé de Wyclif.

On comprend mieux le procès de la Pucelle à Rouen si l'on considère cet arrière-plan d'une Angleterre où la chasse aux hérétiques est active depuis une trentaine d'années – sans parler de la Bohême où les troubles soulevés par Jean Huss et ses élèves n'en finissaient plus. Quand Bedford sollicite hypocritement d'un pape hypocrite des décimes pour corriger les Hussites, ils ont tous deux l'excuse que la fidèle Angleterre s'est constituée le bras séculier de Rome dans l'extirpation de l'hérésie, que lesdits Hussites sont ces mêmes ennemis que le roi anglais s'acharne à exterminer chez lui, de crainte que la contagion ne gagne la France et n'en arrive à triompher partout. A Prague comme à Londres, il est des gens pour soutenir que l'Eglise établie est superflue, qu'une heureuse prédestination suffit à nous introduire de plain-pied dans la grâce divine et nous permet avec le Ciel des contacts inspirés et fructueux.

Aux yeux du haut clergé anglais, représenté au procès par le cardinal Henri de Beaufort, à ceux des théologiens de l'Université de Paris ou de la sainte Inquisition, la Pucelle avait un inquiétant profil à la Huss ou à la Wyclif, et elle faisait aussi penser à ces moines mendiants qu'un nominalisme radical avait amené, sous prétexte d'illumination, à battre en brèche toute hiérarchie. Son affaire n'avait pas besoin de ces soupçons pour se dessiner de la façon la plus noire.

En 1431, Rome et l'Eglise s'inquiétaient, car elles avaient fort justement distingué en Wyclif comme le couronnement intellectuel de longues générations de crise, la première construction logique et puissante destinée à mettre « in aeternam » papes et prêtres au chômage[1].

Je dis à John que s'il voulait que ses petits-enfants fussent catholiques, il convenait de faire brûler d'urgence le confesseur de sa mère avec sa bibliothèque.

1. On voit que Luther et Calvin (Calvaire et Lutin, selon le fameux lapsus d'un pasteur !) sont déjà renfermés chez Wyclif. La célébrité des deux réformateurs du XVIe siècle a injustement éclipsé l'apport fondamental du théologien d'Oxford, qui avait eu la malchance de naître en un temps où l'imprimerie n'existait pas encore. On peut dire que la Réforme est née en Angleterre au XIVe siècle, et qu'elle n'a fait qu'y retourner par la suite. Quel théologien sans préjugés – beau sujet de thèses ! – se chargera de publier une étude comparative approfondie et détaillée entre Wyclif et ses illustres successeurs ?

Faute d'instruction théologique, John crut à une boutade. Ce monstre de chapelain poussait d'ailleurs le vice jusqu'à paraître posséder toutes les vertus, et son apparence humaine en faisait un convive assez agréable quand un petit coup de vin le rendait bavard. Le Diable, bien sûr, ne va point faire prêcher sa messe par des ivrognes et des débauchés notoires : la manœuvre ne tromperait personne. Mais j'hésitai à rappeler à un garçon si hospitalier son catéchisme élémentaire. Il y a au fond deux causes principales aux hérésies : le défaut d'instruction et l'instruction. Et l'on ne sait encore quelle est la pire.

Ce fut mon hôte lui-même qui remit la conversation sur le sujet et me pressa de questions jusqu'à ce qu'il fût bien au fait. J'étais plutôt surpris de voir poindre chez John une petite bosse théologique, mais en réalité, la théologie ne l'intéressait guère.

Un soir, après que ces dames furent montées se coucher et que le chapelain lui-même eut bientôt suivi le même chemin après avoir vidé son pot de « claret », John, d'un air mystérieux, me pria de le suivre. Nous gravîmes l'escalier d'une tour assez étroite et retirée, pour nous arrêter devant la porte d'une chambre à laquelle John frappa en vain.

« C'est la chambre de notre chapelain, me dit-il. Chaque fois que ce personnage assèche un pot de " claret ", il est de belle humeur et il découche. »

John entra dans la chambre et se mit à feuilleter distraitement quelques ouvrages à la lumière de sa bougie, tandis que je regardais par l'élégante fenêtre à meneau les jardins éclairés par la lune où des matous miaulaient et crachaient de façon crispante. Mon ami semblait attendre quelque chose.

Dans toutes les vieilles maisons – et même dans des neuves ! –, les bruits, par suite de l'épaisseur des murs ou des cloisons, ne se propagent point latéralement, mais les planchers sont d'une étonnante indiscrétion. Que de brouilles en famille, que de drames engendrés par des communications verticales imprévues !

Soudain, nous parvint de la chambre supérieure un bruit rythmé de literie entrecoupé d'exclamations mâles ou femelles qui m'auraient sans doute paru obscènes si j'avais mieux su l'anglais, mais je n'osais demander à John de traduire. Après un bon moment de mise en train, les grognements extasiés de l'homme se confondirent avec les feulements orgastiques de la femme, tandis que la poussière du péché tombait sur nos têtes. Puis tout rentra dans l'ordre.

John s'épousseta, s'assit et me dit sombrement :

« J'ai surpris ce concert pour la première fois peu après la mort de mon frère aîné, un soir d'octobre que j'étais allé trouver le chapelain, histoire de lui rapporter un roman et d'en prendre un autre. Vous avez pu voir qu'il a une bibliothèque profane assez bien montée. J'avais vingt ans en ce temps-là, mon innocence égalait la vôtre, et cette pénible découverte a été pour beaucoup dans mon désir de fuir un manoir où je ne pouvais plus me supporter. A présent, quand je suis à la maison, il m'arrive de venir un instant aux écoutes dans cette chambre afin de trouver le courage d'égorger ce misérable, mais je remets de jour en jour. C'est une bien grave décision à prendre. Aussi, votre instructive conversation m'a-t-elle donné l'idée de me débarrasser du suborneur en le dénonçant pour hérésie. Qu'en pensez-vous ? Il y a bien matière !... »

L'idée me semblait des plus mauvaises.

« Mon cher John, répondis-je, faire brûler l'individu serait certes plaisant si le procès ne risquait d'éclabousser la femme qui partage ses nuits. Elle pourrait même être tenue pour complice de l'hérésie de l'accusé et ses biens seraient exposés à confiscation.

– Mais alors, que faire ? Si je n'interviens pas et que le chapelain soit dénoncé par un autre que moi, la femme en question et sa fortune courraient encore plus de risques...

– A votre place, je songerais que ce manoir est rempli d'escaliers très raides et qu'il est aisé de rater une marche. Si même le chapelain ne se casse que les deux jambes, il aura le plus évident intérêt à ne pas se plaindre, il comprendra l'avertissement et s'enfuira le plus tôt possible sur ses béquilles. »

Le visage de John s'éclaira.

« Oui, voilà la bonne solution! Nous autres chevaliers pensons toujours à tuer avec une épée, et nous en devenons bêtes. A Venise, je gage qu'on doit assassiner de la façon la plus fine et la plus adéquate. »

Je fis mine de prendre la remarque pour un compliment.

Le bruit recommençait et une poussière nouvelle tombait doucement du plafond planchéié. Je dus entraîner John, tout prêt à s'attarder afin de trouver un supplément de courage. Les Anglais sont d'un tempérament froid et ils ont besoin d'une grande excitation pour se décider à agir.

Descendant l'escalier, John, soucieux de m'épargner un faux pas, me prit amicalement par le bras et me confia :

« Quand vous nous avez raconté à Sully, à la comtesse de Tonnerre et à moi-même, votre triste histoire, j'ai été fort touché par le dévergondage de votre mère avec votre oncle et parrain. Nous sommes étrangement compagnons d'infortune. Chez vous, c'est l'oncle; chez moi, c'est le confesseur.

– Sans vouloir vous froisser, mon cher John, ne fût-ce que sur ce point, mon malheur est pire que le vôtre. Il est banal qu'une femme couche avec son confesseur; avec son beau-frère, c'est quand même plus rare.

– Ah, je crains bien que vous n'ayez raison! Quelle engeance que ces confesseurs! Ils tendent déjà leurs filets dans la sombre promiscuité de l'église et, quand ils ont réussi à s'introduire dans une maison, plus rien ne leur résiste. Tout y passe : les servantes, les filles, la mère, la cuisinière elle-même, qui leur fait alors de bons petits plats gourmands...

– Vous exagérez ! Une émotion bien compréhensible vous égare.

– Mais la mère, surtout la veuve encore plaisante qui gouverne la maison et tient les cordons de la bourse, voilà leur cible de choix, et ils ne la ratent point. Quel avantage, pour séduire une femme de quarante ans qui se sent vieillir, pour connaître ses points faibles et les exploiter, pour lui inspirer une confiance aveugle, que l'usage assidu de notre sainte confession ! Comment résister ?

– Votre mère a certes de grandes excuses. A entendre cet animal, on sent tout de suite qu'il sait y faire.

– Ah, taisez-vous ! C'est trop cruel ! »

Nous arrêtant parfois sur une marche pour converser plus à l'aise, nous étions parvenus en bas de l'escalier.

John se frappa le front tout à coup et me fit observer avec inquiétude :

« N'est-ce pas un péché que de tuer quelqu'un sans lui avoir laissé la moindre chance de se confesser ?

– Assurément. N'oubliez pas cependant que les sectateurs de Wyclif ne se confessent plus guère. Ce chapelain aura confessé votre mère juste ce qu'il fallait pour coucher avec elle, puis il l'aura dégoûtée de la confession.

– Mon Dieu ! Mais c'est effrayant ce que vous dites là !

– Je suis mal votre pensée...

– Je m'aperçois que les confesseurs sont aussi dangereux pour les femmes lorsqu'ils confessent que lorsqu'ils ne confessent plus. L'hérétique vaut l'orthodoxe !

– Rien d'anormal à la chose. Ce n'est pas le prêtre qui est dangereux, mais l'homme. Tant qu'il y aura des prêtres, et quelle que soit leur couleur, ils chercheront à coucher. Nous devons nous faire une raison.

» Cela dit, mon cher John, permettez-moi de vous rappeler un point fort important de morale chrétienne que vous pourriez oublier, faute de formation théologique. Si le chapelain se tue par hasard dans un escalier, ce n'est pas l'amant de votre mère que nous enterrerons – paix à ce péché-là, car nous en commettons nous-mêmes, hélas, bien d'autres du même genre ! –, mais c'est un hérétique qui avait abusé de son innocence pour la détourner de la vraie religion.

– L'important, dit John en riant, c'est qu'on l'enterre vite ! »

Cette absence d'intérêt pour la théologie était vraiment affligeante.

Le chapelain fut porté en terre une huitaine avant notre départ. Après l'avoir pleuré trois jours avec une grande dignité, la mère de John nous présenta un nouveau confesseur, plus jeune et plus plaisant, dont je dus reconnaître qu'il était parfaitement orthodoxe. A ma connaissance, il a réussi à survivre.

De retour dans ma ferme brugeoise en mai, j'appris que Jeanne avait quitté Sully fin mars sans l'autorisation du roi pour aller guerroyer du côté de Lagny en petite compagnie, privée de hérauts et de l'essentiel de sa maison militaire. Ce n'était plus qu'un chef de bande comme les autres, mais Charles, toujours porté à temporiser, à éviter toute décision brusque, ne fit rien pour la faire rentrer au bercail, malgré les risques encourus, aussi bien pour la Pucelle que pour lui.

Après avoir joué un grand rôle, Jeanne ne pouvait se résigner à la retraite dorée qu'on lui offrait avec insistance. Elle savait bien que son efficacité militaire serait désormais des plus réduites, mais une sorte de vertige désespéré de dévouement l'avait saisie. Elle voulait aller librement jusqu'au bout de la ligne dont ses Voix n'avaient tracé que le début. La négligence du roi à la rappeler s'explique : sans doute a-t-il craint de faire mauvais effet en retirant officiellement du combat un chef de guerre auquel une glorieuse légende s'était attachée.

J'appris encore que, près de Lagny, sur les bords de la

Marne, la Pucelle, avec les Ecossais de Hugues Kennedy et les Piémontais de Barretta, avait intercepté la compagnie du routier bourguignon Franquet d'Arras, qui s'en revenait d'une expédition de pillage sur les terres du roi Charles, et qu'avec l'aide de la garnison de Lagny, cette compagnie d'environ trois cents hommes avait été exterminée, et Franquet, fait prisonnier.

Jeanne aurait voulu échanger Franquet – un vieil ami de Perrinet Gressart – contre un conspirateur parisien qui venait malheureusement d'être pendu. Elle abandonna donc Franquet à la justice du roi, et le bailli de Senlis le fit décapiter après procès, non point pour trahison, mais pour crimes divers.

Cette exécution a vivement scandalisé toute la chevalerie de France, de Bourgogne et d'Angleterre, car les crimes sans nombre qu'on reprochait à Franquet étaient ceux de tous les soldats embauchés ou débauchés, de tous les capitaines français, bourguignons ou anglais – voire d'un Pietro Condulmer. J'avais dû moi-même fermer les yeux sur de bien pénibles excès lorsque je battais la campagne au nom de Charles VII ! Ma seule ambition avait été que mes hommes pillent, violent et brûlent un peu moins que la plupart. Si l'on se mettait à décapiter des capitaines pour des crimes de métier, en partie excusables du fait que l'intendance laissait beaucoup à désirer dans toutes les armées, il n'y avait plus sécurité pour les bandits !

Ce pourquoi, les juges de Rouen, reflétant la morale chevaleresque en dépit de leur état ecclésiastique, ont posé à Jeanne cette question stupide :

« N'est-ce point péché mortel que de recevoir un homme à rançon et de le faire mourir une fois qu'il est prisonnier ? »

Ils voulaient dire sans doute que Franquet était un personnage d'un telle valeur sociale et financière que ses péchés mortels auraient dû rester impunis. Mais en fait, le droit éminent du roi de France à rendre justice – même une fois par hasard – ne pouvait être sérieusement contesté par personne, et l'affaire de Franquet d'Arras a été abandonnée dans l'acte d'accusation contre la Pucelle.

Dès que le roi Charles aura retrouvé une autorité suffisante, il s'appliquera – je l'ai déjà signalé – à faire pendre ou noyer avec une princière ingratitude bien des routiers qui s'étaient dévoués à sa cause. L'exemplaire punition d'un Franquet n'était qu'un premier pas dans cette voie, et s'il a surpris, c'est bien parce qu'il était le premier.

L'arrestation de ce gibier de droit commun a été l'ultime succès de Jeanne, et c'est peut-être le plus sympathique. La France ne souffrait ni des Lancastres, ni des Bourguignons, ni des Valois, ni des routiers, elle souffrait du soldat, quelles que fussent son origine et sa langue, et tous ces soldats avaient largement mérité d'être pendus. Malheureusement, pour pendre des soldats, il faut en mobiliser d'autres et l'infernal cercle vicieux risque de n'en plus finir. Franquet aurait pu déclarer à Jeanne qu'elle aussi, par la force des choses, avait dû souffrir et tolérer des crimes justiciables de la corde. Elle avait pleuré sur mes prisonniers massacrés entre Jargeau et Orléans, mais elle en était restée là.

XX

Un matin de la mi-juin, John arriva au grand trot alors que je jardinais pour tuer le temps dans le potager de la ferme, et il descendit de cheval d'un air triste. Mais sa physionomie reflétait néanmoins une joie profonde, analogue à celle qui apparaissait dans les instants où il songeait à l'heureuse disparition du chapelain de sa mère, au grand cri qu'il avait poussé dans la nuit avant de se rompre le cou sans confession. Cette ombre de méchanceté satisfaite sur un visage d'ordinaire si avenant me fit saisir aussitôt qu'il n'était pas arrivé malheur à Lucretia et mon soulagement fut immense.

« La Pucelle, m'annonça John, s'est fait prendre par les Bourguignons le 23 mai devant Compiègne ! »

L'air de croque-mort hypocrite – un orteil dans la bouche, mais un bon repas dans la panse ! – s'expliquait. Comme tous les Anglais, le sire Stanley était enchanté de l'événement, mais par égard pour moi, sachant que je m'étais attaché à Jeanne malgré son caractère difficile, il avait eu la délicate attention de composer avec ma peine. Cher John !

Après avoir expédié le Bourguignon Franquet au bourreau, la Pucelle s'était rendue dans la région de Compiègne. Depuis la fin mars, la grande trêve entre le duc de Bourgogne et Charles VII était arrivée à expiration, et Philippe s'apprêtait à assiéger la ville en personne avec six mille hommes de troupes flamandes et picardes, appuyés par un contingent anglais. On voyait rarement le duc sur un champ de bataille, mais il s'était fait un point d'honneur de reprendre Compiègne, que le roi Charles lui avait promis en vain. Que le manque de parole du roi fût dû à la faiblesse ou à la fourberie, le résultat était le même pour la Bourgogne.

Chose si évidente que personne ne m'en a jamais fait la remarque, Jeanne, choyée par le couple La Trémouille, se tient tranquille deux mois à Sully, alors que les occasions de se battre contre les Anglais ne manquent point. Mais dès qu'elle apprend que la trêve avec la Bourgogne n'a pas été renouvelée, elle ne tient plus en place, s'échappe et se précipite pour livrer au bourreau un routier bourguignon et secourir Compiègne menacée par le duc.

L'amitié débordante de la Pucelle pour les gens de cette ville était bien compréhensible. Dans son esprit féodal, le traître bourguignon était sept fois plus méchant que l'Anglais, et Compiègne, plutôt que d'ouvrir ses portes au duc Philippe, avait insolemment refusé d'obéir au roi, d'où l'échec final de négociations impies. En courant sauver avec un zèle ostensible une cité que le souverain, à l'expiration de la trêve, ne s'était pas résigné à défendre sans soupirs ni regrets, Jeanne faisait reproche implicite à Charles et lui donnait une évidente leçon. A un Prince qui livrait ses sujets à des traîtres, la Pucelle et les braves bourgeois de Compiègne, plus royalistes que le roi, opposaient une éclatante et exemplaire résistance. Après maintes indisciplines et maladresses, cet ultime camouflet était bien de nature à ulcérer le monarque.

La Pucelle avait donc guerroyé autour de Compiègne contre les Bourguignons – sans résultats notables – avec Regnault de Chartres et Vendôme quelques semaines durant. Mais les capitaines français, toujours à la merci d'une intendance déplorable, s'étaient finalement refusé à s'enfermer dans Compiègne, où leurs soldats seraient morts de faim, et ils avaient pris du champ, tandis que le duc Philippe mettait le siège devant la place le 20 mai avec des forces que les troupes royales étaient incapables d'affronter. Au lieu de suivre le mouvement, Jeanne, qui n'avait plus guère avec elle que d'Aulon, son frère Pierre et les quelque deux cents hommes du « condottiere » Barretta, était entrée dans la ville investie au cours de la nuit du 22 au 23 mai, et c'est dans l'après-midi du 23 qu'elle avait été jetée à bas de sa monture par un archer picard, à la fin d'une sortie qui avait mal tourné.

La Pucelle était aux mains de ces Bourguignons qu'elle ne pouvait supporter, de ce duc qu'elle avait traité de haut, et elle avait porté malheur à ses derniers soldats qui, par une ironie du sort, étaient italiens. Je me suis toujours demandé ce qui avait pu pousser un Barretta, soldat de métier peu porté à la métaphysique, à s'associer avec une Pucelle en fin de carrière. Sans doute escomptait-il que la présence de Jeanne agirait comme un talisman et ferait rentrer de l'argent. L'Italien, bien qu'il s'en défende, est volontiers superstitieux.

J'ai entendu dire que, dans les dernières semaines de sa libre existence, la Pucelle aurait annoncé qu'elle serait bientôt trahie et vendue, mais on ne peut voir dans ces propos que l'expression de sa lassitude, car on ne découvre aucun élément de trahison dans l'histoire de sa capture. Guillaume de Flavy, capitaine de Compiègne et filleul de Regnault de Chartres, a fidèlement défendu la ville, avec ou sans Jeanne, et le soupçon qu'il aurait donné l'ordre de relever prématurément le pont-levis pour faire plaisir à son parrain ne mérite pas examen. L'archevêque de Reims avait moins d'intérêt que jamais à voir disparaître la Pucelle, et il était assez avisé pour prévoir tous les ennuis qu'un éventuel procès de la prétendue « sorcière » attirerait au roi Charles.

La position de Compiègne ressemble à celle d'Orléans : la ville, située sur la rive gauche de l'Oise, est reliée à la rive droite par un pont, dont l'entrée est protégée d'abord par un boulevard, analogue à celui des

Tourelles, et, de chaque côté du pont, une porte avec pont-levis interdit l'entrée de la place.

D'autre part, afin de faciliter ses communications entre les deux rives, Flavy avait fait jeter un pont de bateaux en aval, à peu de distance de la cité, qui n'avait pas été investie sur la rive gauche : confronté avec ses six mille hommes au même problème insoluble que celui de Suffolk et Talbot sous Orléans, le duc avait opté pour un demi-investissement, qui n'avait de sens que si son armée était de taille à emporter Compiègne d'assaut, hypothèse pourtant des plus douteuses.

La présence de ce pont de bateaux exclut en tout cas la préméditation chez Flavy : une bonne partie de la troupe de la Pucelle, pressée par les Anglo-Bourguignons, a en effet réussi à s'échapper par le pont en question et à regagner Compiègne par la rive gauche; Jeanne, avec un peu de chance, aurait donc pu en faire autant. La trahison aurait-elle été improvisée? Mais lorsque le pont-levis de la première porte défendant l'entrée du pont de pierre a été relevé, les Bourguignons avaient déjà atteint ladite porte, et la Pucelle se trouvait à une certaine distance, isolée avec quelques hommes et entourée d'ennemis. Si le pont-levis n'avait pas été relevé, les Bourguignons se seraient emparés du pont, et Jeanne n'en aurait pas moins été faite prisonnière avec son frère Pierre et d'Aulon. Voilà ce qui ressort des dépositions concordantes des témoins oculaires. Flavy n'a rien à se reprocher.

Loin d'avoir été trahie devant Compiègne par qui que ce fût, c'est la Pucelle qui s'est trahie elle-même et qui a fait exprès de se faire prendre, ainsi qu'elle le déclare très précisément à ses juges de Rouen, avec une candeur dont j'ai bien vu qu'elle les laissait perplexes.

« *Interrogée si elle fit cette sortie de Compiègne du commandement de sa Voix, elle répondit que, dans la semaine des dernières Pâques, alors qu'elle se trouvait dans les fossés de Melun, il lui fut dit par ses Voix, c'est-à-dire par les Voix des saintes Catherine et Marguerite*[1], *qu'elle serait prise avant la Saint-Jean*[2], *et qu'il fallait qu'il en fût ainsi; et qu'elle n'en fût point frappée de stupeur, mais qu'elle le prît en gré, et que Dieu l'aiderait.*

» Interrogée derechef si, depuis ce lieu de Melun, il ne lui fut point redit par les Voix en question qu'elle serait prise, elle répondit que oui, de nombreuses fois, et presque tous les jours. Et elle demandait à ses Voix que, lorsqu'elle serait prise, elle mourût vite sans long tourment de prison. Et ses Voix lui répétèrent qu'elle prît tout en gré, et qu'il fallait qu'il en fût ainsi; mais elles ne lui dirent pas l'heure. Et si elle avait su l'heure, elle n'y serait pas allée. Elle avait demandé plusieurs fois à ses Voix de savoir l'heure de sa capture, mais elles ne la lui dirent pas.

» Interrogée si, ses Voix lui ayant demandé de sortir de Compiègne en lui signifiant qu'elle serait prise, elle y serait allée, elle répondit que, si elle avait su l'heure où elle devait être prise, elle n'y serait pas allée volontiers; toutefois, elle aurait fait le commandement des Voix, quoi qu'il dût lui advenir.

» Interrogée si, quand elle sortit de Compiègne, elle avait eu Voix ou révélation de partir et de faire cette sortie, elle répondit qu'elle n'avait pas prévu sa capture ce jour-là et qu'elle n'eut pas commandement de sortir; mais il lui avait toujours été dit qu'il fallait qu'elle fût prisonnière.

» Interrogée si elle eut quelque révélation pour aller à Pont-l'Evêque, près Noyon, elle répondit que, après qu'elle eut révélation dans les fossés de Melun qu'elle serait prise, elle s'en rapporta le plus souvent aux capitaines sur le fait de la guerre, et toutefois, elle ne

1. Précision apportée après coup : l'aveu que Jeanne a eu des apparitions est tout récent et le tribunal n'est pas encore habitué au fait.

2. Le 24 juin 1430.

leur disait pas qu'elle avait révélation qu'elle serait prise. »

On saisit sur le vif l'efficace technique policière d'interrogatoire des tribunaux d'Eglise : un juge, un assesseur, revient de temps à autre sur telle ou telle question, posée de façon légèrement différente, dans le dessein d'obtenir du suspect des variations qui permettront de le confondre.

En l'occurrence, Jeanne ne demandait qu'à parler et le tribunal lui fait avouer sans peine la vérité qu'elle discerne. Ses Voix lui ayant annoncé à Pâques qu'elle serait prise avant la fin juin, elle persiste, au lieu de garder la chambre comme une jeune personne raisonnable, à courir tous les risques possibles afin que la prédiction puisse s'accomplir. Bien mieux, elle dit à la réflexion que, si elle avait su l'heure de la capture, elle se serait fait un devoir d'être au rendez-vous. Mais – admirable sagesse ! –, si elle hésite à exercer un commandement dans ces conditions extravagantes, elle cache son secret à des compagnons d'armes qui n'ont pas la même vocation du suicide. Elle aurait cependant pu prévenir le pauvre Barretta, sans parler d'Aulon et de son frère, que ces Voix étranges ne pouvaient sérieusement concerner !

Après la reprise de Rouen, en 1449, le roi Charles a dû prendre connaissance de ce passage, dont je l'aurais moi-même informé si je n'avais craint de lui infliger une sévère commotion. Ne fût-ce que par intérêt bien compris, il s'était ingénié à préserver Jeanne du pire et, sans la moindre pensée pour lui, sans la moindre considération quant aux conséquences politiques du procès en hérésie qui la guette, elle déclare que sa prison anglaise est de décret divin, et qu'elle s'y rendra coûte que coûte ! A vues humaines, un étonnant exemple d'ingratitude, de dérèglement d'esprit et d'irresponsabilité.

Mais les pères de Rouen se moquaient bien de la sensibilité de Charles VII. C'est une affaire d'hérésie qu'ils instruisaient. Et la doctrine catholique, enrichie par l'exemple de tant de martyrs, était claire : il y a péché à rechercher le martyre, solution facile à notre dégoût de vivre. Un vrai chrétien, comptable de son corps devant Dieu, manœuvre consciencieusement et modestement pour éviter cette gloire, mais la regarde en face dès qu'elle est inévitable. Il était donc impossible que des Voix divines fissent obligation morale à une chrétienne de ne pas se soustraire à un martyre qu'il lui était si aisé d'éviter.

Selon toute vraisemblance, qu'est-ce que Jeanne a entendu dans les fossés de Melun? Simplement la voix du désespoir. N'ayant pas eu la sagesse de se retirer au moment opportun, après Reims ou après Paris, la Pucelle a accumulé les déceptions. Elle sent bien que le roi lui garde rancune de son opposition à une diplomatie qu'elle juge déshonorante. D'Alençon, Rais, le Bâtard, tant d'autres l'ont quittée!... Elle n'a pas réussi à dominer un Perrinet, et quand elle s'évade de Sully en soldat perdu, c'est pour tomber sur un Franquet, dont la meilleure chevalerie lui reproche l'infamant trépas. Déceptions plus profondes, irrémédiablement : le roi idéal, la dynastie idéale, la cour idéale, l'armée idéale, le peuple idéal n'ont pas résisté à l'épreuve des faits. Elle est seule de son espèce dans une France qui lui ressemble de moins en moins.

En apparence, Jeanne regorge encore d'énergie. Au fond, elle recherche inconsciemment une mort qui la fascine et la hérisse en même temps. Alors, à Melun, la coupe est pleine, et des Voix qui ne sont que le reflet de son être et de ses désirs lui parlent complaisamment de trahison et de martyre. La Pucelle a dû se faire prendre sous Compiègne avec un mélange de soulagement et d'horreur.

Même les bonnes règles de la captivité échappaient d'ailleurs à ces Voix. Dès que Jeanne, tirée par sa coquette huque or et vermeil, est tombée dans la poussière à bas de son demi-coursier, au lieu de faire comme tout le monde, elle se débat ainsi qu'un chat sauvage en criant au bâtard de Wandonne qu'elle ne veut pas se rendre – et en effet, elle ne se rendra point ! Son idée fixe est que sa vocation lui interdit de déposer les armes. La lutte ne sera jamais terminée pour elle. A la première occasion, on peut compter qu'elle s'évadera... au risque que ses Voix la poussent sans explication vers de nouvelles captivités ! Le résultat de cette attitude superbe, mais peu pratique, est que les prisons de la Pucelle qui, de toute manière, n'auraient pas été drôles, seront encore bien plus pénibles que prévu – sans parler d'ennuis disciplinaires avec le tribunal de Rouen, auxquels je ferai allusion plus loin.

En toute autre circonstance, j'aurais passé un délicieux été dans la campagne flamande, où l'on respirait paisiblement un air léger, si différent des touffeurs estivales de Venise. Privé de Clamanges, je me réfugiai dans les livres que je pouvais faire venir de Bruges, bavardais avec John quand il avait la bonté de me rendre visite, et entretenais les plus cordiales relations avec les paysans du coin, qui pensaient que je m'étais retiré de la sorte pour rétablir une santé délabrée par de précoces excès. Mon oncle Angelo, désireux de m'encourager, me tenait ponctuellement au courant des efforts consentis afin de hâter ma libération, il ne manquait jamais de me donner de bonnes nouvelles de Lucretia et de notre fils, et John, dans sa correspondance d'affaires, glissait quelques mots rassurants à mon sujet. Quant à Laurent, il m'écrivait parfois quelques phrases pour me signaler qu'il n'y avait rien à signaler.

A partir du mois d'août, des versements commencèrent à arriver à l'hôtel Van der Burse, dont la façade est ornée des trois bourses qui singularisent les armoiries de la famille. Mais cette belle maison servait depuis longtemps de logis et de bureau aux marchands vénitiens de Bruges, et on ne la connaissait plus en Italie que sous le nom de « palais della Borsa »[1]. Il va sans dire que j'avais tout intérêt à ne pas m'y montrer!

Le 4 septembre, je reçus par le biais de Laurent ce mot de Lucretia, qui me croyait toujours en affaires à Paris :

« Ce 13 juillet, mon cher Pietro, votre oncle Angelo, qui s'apprête à partir en vacances pour la Terre Ferme avec votre mère et notre garçon, est venu m'annoncer qu'il devait cesser de me voir : informée par accident de ses assiduités à mon égard, sa maîtresse lui avait fait une scène épouvantable, dont il était encore tout tremblant. Elle lui aurait, paraît-il, passé n'importe quelle infidélité, sauf celle-là!

» Bien sûr, votre mère n'a pas voulu croire la simple vérité; ce pourquoi j'ai jugé opportun de lui faire tenir un billet par votre oncle : " Cette petite affaire semblant avoir pour vous, madame, de l'importance, je prends sur moi – Dieu me pardonne! – de vous jurer sur l'Evangile que mes relations avec le Seigneur Angelo Condulmer n'ont pas été de nature à beaucoup blesser vos sentiments : Angelo n'a perdu la tête qu'une seule fois, et son énervement ne lui a pas permis de pousser bien loin. Il m'eût laissée vierge si je l'avais été! Par la suite, ses visites épisodiques, dans la salle commune, ou même dans ma chambre, n'ont eu qu'un caractère amical. Votre beau-frère regrette vivement ce bref instant d'égarement, que vous devez excuser. J'espère que vous excuserez plus aisément encore une apparence de faute où je ne suis pour rien : si vous ne m'aviez pas réduite à la prostitution, je n'aurais pas eu à subir – en dépit de toutes les honnêtes remontrances que vous imaginez – les menues et banales privautés qui vous choquent. Considérez donc, je vous prie, vos erreurs plutôt que les miennes, et croyez-moi respectueusement vôtre. " Je doute que ces phrases aient eu un effet très apaisant,

1. Origine du mot « bourse » au sens financier du terme.

mais la fureur de votre mère eût peut-être été pire autrement. Angelo m'a dit que cette femme n'était plus elle-même, que la révélation de son infortune était venue l'accabler alors qu'elle se désespérait déjà de votre si longue absence. Mon inquiétude est extrême, pour moi et surtout pour mon petit Pietro. Mme Kastelis monte certes une garde fort vigilante et fait même tester ce que je mange et bois par un vieux maquereau désargenté à la retraite. Mais elle ne peut rien en faveur de l'enfant.

» Un ami de Mme Kastelis postera cet envoi à Milan. Quelque signe de vie de votre main me serait agréable. Je vous embrasse fidèlement de tout cœur. »

Cette communication me bouleversa. J'avais encore dans l'oreille les cris énamourés de la mère de John, qui me donnaient un aperçu de ce que pouvait être la rancune d'une femme entre deux âges lorsqu'on ose toucher à son amant.

Il y avait d'ailleurs un post-scriptum démonstratif de Lucretia :

« Ce 15 juillet, votre mère m'écrit ceci : " Je ne vous en veux nullement, mademoiselle, et n'oublie point que vous étiez déjà fille publique des plus exercées avant de passer provisoirement cameriste dans une maison trop confiante. Si vous avez détourné de leurs devoirs mon beau-frère après mon fils, c'était assurément par un penchant de votre nature, dont je me garderai de juger en considération de mes propres péchés. Je ne cesse de me dire qu'ils sont plus lourds que les vôtres à la manière dont le Ciel m'en punit : Pietro est prisonnier des Anglais depuis près d'un an à la Bastille de Paris, où il est enchaîné, en proie à des idées de suicide, dans un sombre cachot d'où je désespère de le voir sortir. Encore une ruine que je dois à votre perpétuelle innocence ! " Qu'en est-il vraiment ? Angelo m'assure qu'il s'agit d'un mensonge. Si ce mot vous parvient jamais, je vous supplie de m'éclairer. »

Je fis vœu de tuer cette mère odieuse à la première occasion. Il ne manquait pas de beaux escaliers au Palais ! Si le sort en a décidé autrement, ce n'est pas ma faute.

Mon bouleversement porté à l'extrême, je me résolus à écrire directement à Mme Kastelis, malgré la censure probable de la police vénitienne :

« Je suis heureux, ma chère et douce maman, de vous annoncer de bonnes nouvelles. En dépit de quelques faux bruits qui courent, je goûte en liberté une parfaite santé, et serai de retour cet hiver pour vous rapporter des Indes les sept petits saphirs qui feront si bel effet à votre cou gracieux. Veillez bien en attendant sur ma chaste cousine et, surtout durant les fêtes, épargnez-lui toute fréquentation dangereuse. Un faux pas est vite arrivé. Votre Pietro vous embrasse très affectueusement. »

Tandis que grossissait ma rançon, le calvaire de la Pucelle suivait un cours prévisible, qui ne laissait pas de me chagriner profondément. Dès sa prise sur la rive droite de l'Oise, qui relevait de l'évêché de Beauvais, l'évêque de la ville, l'Université de Paris et le Grand Inquisiteur de France avaient conjugué leurs efforts pour l'arracher à son propriétaire, Jean de Luxembourg.

Si les Voix de Jeanne avaient organisé sa capture et son martyre pour des motifs supérieurs que la faiblesse de notre raison nous décourage de discuter, il faut avouer qu'elles avaient magistralement arrangé les choses, et qu'une victime, déjà toute disposée à aggraver son cas en se montrant rétive, n'avait pas la moindre chance de s'en tirer.

Hasard miraculeux que cette capture, juste du bon côté de la frontière du territoire de l'évêque de Beauvais Pierre Cauchon. Prise à une portée de flèche de l'autre côté de l'Oise, Jeanne aurait eu affaire à un autre évêque sans envergure, beaucoup moins pugnace et intéressé à sa perte.

Né près de Reims vers 1370, ce Cauchon, de mœurs irréprochables, d'une probité et d'une charité reconnues, d'une intelligence aussi vaste que vive, s'était élevé par son propre mérite et aura encore la rare coquetterie de mourir pauvre en 1442, après une magnifique et exemplaire carrière de prélat aimé de ses ouailles, d'universitaire distingué, de diplomate habile et de politicien rigoureusement honnête. Vidame et chanoine de Reims, chanoine de Beauvais, archidiacre et chanoine de Châlons, archidiacre et chanoine de Chartres, prévôt de Lille, référendaire du pape – c'est-à-dire juge commissionné pour rapporter une affaire contentieuse –, maître ès Arts, licencié en droit canon, docteur en théologie, recteur par deux fois de l'Université de Paris, en 1397 (à vingt-six ou vingt-sept ans!), puis en 1403, conservateur des privilèges de ladite Université à partir de 1423, brillant animateur du concile de Constance, ambassadeur honoraire de l'Université de Paris auprès du pape et du roi d'Angleterre, rédacteur des ordonnances réformatrices de 1413 comme du traité de Troyes, ex-conseillé écouté de Jean sans Peur, ex-maître des requêtes de Charles VI, comte-évêque de Beauvais et pair de France en 1420, exécuteur testamentaire de Charles VI en 1422, membre du Grand Conseil du roi de France et d'Angleterre Henri VI, Cauchon, du haut de sa stature française et européenne était l'homme du monde le mieux fait pour juger dans les règles une paysanne inspirée et illettrée.

L'évêque de Beauvais, personnage actif et passionné, avait consacré sa vie aux réformes : réforme de l'Etat avec le parti « bourguignon », réforme de l'Eglise avec le parti conciliaire. Mais de même qu'il s'était vite démarqué des « cabochiens » les plus excités, il avait pris ses distances à l'égard des conciliaires extrémistes, et il était très en faveur à Rome depuis qu'il avait rendu au pape le plus exemplaire et le plus signalé des services : un service d'argent.

C'est lui, en effet, qui avait négocié l'ordonnance de novembre 1425, par laquelle Henri VI, moyennant octroi pontifical d'un double décime sur son clergé, abandonnait à la papauté la collation des évêchés et les trois quarts des bénéfices ecclésiastiques dans les territoires de son obédience, avec rétablissement des « annates », « réserves » et « expectatives ». Le pape pouvait se croire revenu au beau temps d'Avignon et espérer que d'autres Etats s'inspireraient du fait. Le « Dauphin » de Bourges – l'homme de la future « Pragmatique Sanction » – était bien loin d'une telle complaisance. Et non seulement Cauchon avait négocié une ordonnance si fructueuse pour les finances du pape mises à mal par le concile, mais c'est encore lui qui, faisant feu des quatre fers, avait arraché, en mars 1426, l'enregistrement de ladite ordonnance à un Parlement de Paris traditionnellement hostile à toute fiscalité romaine d'importance. Ce sont des dévouements qu'un pape n'oublie pas. Alors que Jeanne, elle, n'avait rien fait de notable pour Martin V. Ses aumônes ne lui étaient point parvenues.

L'amitié, l'estime, la vive reconnaissance que Sa Sainteté vouait à Cauchon ont joué un grand rôle dans le procès de la Pucelle à Rouen, rôle d'ordinaire mal apprécié en raison de son caractère implicite. Si le pape était le chef suprême d'évêques volontiers insubordonnés, il l'était bien mieux encore de la milice internationale des Inquisiteurs, et Cauchon n'avait le droit de mener son procès qu'en collaboration étroite avec une Inquisition qui était vraiment la chose de Rome. Les papes l'avaient fondée et définie, sans cesse protégée et enrichie de leurs décrets, ils avaient approuvé les moindres détails de la procédure, et s'ils laissaient le plus souvent courir une machine si bien huilée, ils avaient tout pouvoir d'y jeter à leur guise un grain de sable ou de sel, dans la certitude d'être obéis sur-le-champ. Bien en cour à Rome, Cauchon pouvait compter que son

« alter ego » inquisitorial ne lui causerait aucun déplaisir.

Le Colonna Martin V avait d'ailleurs, je le rappelle en passant, une naturelle sympathie pour les Anglais, qui n'avaient jamais reconnu les papes français durant le Schisme, et plus particulièrement pour les Lancastres, qui faisaient brûler avec tant d'ardeur des héritiers de Wyclif aussi intolérants qu'eux-mêmes ! Leur fumante piété, si éloignée de la fameuse licence valoise, avait tout pour lui plaire.

Cauchon était donc admirablement couvert du côté de Rome, et il bénéficiait en outre de l'appui enthousiaste de l'Université de Paris, qui s'était déjà empressée de dénoncer la Pucelle au pape comme hérétique dès novembre 1429, entre l'échec devant Paris et l'échec devant La Charité. Il allait avoir toute latitude de puiser dans ce sérail, dont il connaissait les détours, les assesseurs et conseillers qu'il voudrait, et il aurait l'avantage de mener son affaire avec de vieux amis à la compétence éprouvée.

Et le procès de la Pucelle apporterait à l'évêque de Beauvais une double satisfaction. Celle, généreusement abstraite, de défendre son Eglise et son roi contre une sorcière qu'avait sécrétée le parti valois du désordre pour lacérer l'harmonieux traité de Troyes. Celle, plus intime, véritable gâterie de la Providence pour l'un de ses bons serviteurs, de juger une accusée qui n'avait cessé de le persécuter personnellement sans même y songer.

Cauchon était à Reims, capitale de sa région natale, lors de la Fête-Dieu du 26 mai 1429, portant le Saint-Sacrement en procession, lorsque la désastreuse nouvelle avait répandu la panique que la sorcière du roi Charles avait fait lever le siège d'Orléans. Après cette procession gâchée, c'est encore à Reims que l'évêque de Beauvais, pair de France, avait été remplacé par un figurant pendant le sacre de Charles l'imposteur. Puis les partisans de la Pucelle, en août 1429, l'avaient honteusement chassé de sa ville épiscopale de Beauvais, faisant de lui un malheureux évêque errant, privé de siège, une sorte de prélat *in partibus infidelium*[1]. Pour juger Jeanne sans animosité, Cauchon allait devoir faire un bel effort.

En attendant que le procès puisse s'ouvrir dans un endroit sûr, les Voix de la catastrophe avaient fait tomber Jeanne aux griffes du bâtard de Wandonne, qui avait dû la remettre aux griffes encore plus longues de son capitaine Jean de Luxembourg.

Xaintrailles, distingué ami de la Pucelle entre autres, avait flanqué six ans plus tôt un bon coup de hache dans la figure de Wandonne, qui avait été estropié de bras et de jambe l'année suivante. Jean de Luxembourg avait perdu un œil au combat en 1420 et, en 1421, il avait dit adieu à son nez. Ces deux têtes de massacre, qui ne devaient point considérer sans quelque rancune le plaisant visage de Jeanne, étaient des geôliers de toute confiance : Wandonne, parce qu'il mangeait dans la main de son Seigneur, et Luxembourg, parce qu'il était grand vassal et grand ami du duc Philippe de Bourgogne, qui avait tenu pour céleste faveur la capture de la Pucelle par ses vaillants Picards. A Bruges, en janvier précédent, Luxembourg avait été fait chevalier de la Toison d'or et, en 1421, c'est par son épée que le jeune duc avait choisi d'être armé chevalier. De plus, Wandonne et son maître avaient le même intérêt financier à ce que Jeanne fût bien gardée.

La Pucelle soulevait en tout cas un problème d'argent original. Les Anglais n'auraient voulu la lâcher à aucun prix et eussent-ils par extraordinaire consenti à s'en séparer contre une énorme rançon que personne n'était capable ou ne se souciait de payer, que la transaction leur eût été religieusement interdite de la façon la plus formelle, du simple fait que Jeanne était réclamée

1. Un évêque *in partibus* est titulaire d'un diocèse aux mains des infidèles : il a lâché la proie pour l'ombre.

comme hérétique par un tribunal d'Eglise épiscopal et inquisitorial. Le complice d'hérésie est frappé « ipso facto » d'excommunication. La « diffamée d'hérésie » était donc officiellement et théologiquement hors commerce. Mais d'un autre côté, ladite « diffamée d'hérésie » avait été prise sur un champ de bataille, et Luxembourg, ce qui était assez naturel, ne voulait point la confier à Cauchon et au Grand Inquisiteur sans honnête compensation. Si l'on faisait abstraction de l'affaire d'hérésie, ne s'agissait-il point d'un capitaine de valeur ?

En pratique, seul Bedford avait intérêt à faire une offre pour acquérir de ses deniers ce que Luxembourg aurait dû avoir l'élégante piété de lui livrer gratis. Sous prétexte que la Pucelle n'avait pas de prix, Luxembourg en aurait volontiers exigé une somme faramineuse, mais le Régent était pressé et le duc Philippe était là pour modérer son vassal. Après d'âpres marchandages, on convint de dix mille francs, chiffre qui n'était pas dû au hasard : je rappelle que c'était à ce prix que le souverain, selon la coutume de France, avait le droit de racheter pour son compte les prisonniers admis à verser rançon. A défaut de critères indiscutables, cette cote mal taillée en valait une autre.

Mais le sire de Luxembourg, naturellement méfiant quant à la solvabilité de Bedford, ne voulait lâcher sa proie que contre versement comptant. Et le Régent, effectivement, était si désargenté que, pour réunir cette misérable somme, il dut pressurer ses bourgeois de Normandie, avec complément de dernière heure sur la cassette du roi d'Angleterre. Prise par des Bourguignons, Jeanne fut ainsi, pour l'essentiel, achetée avec de l'argent normand avant d'être jugée par des Français. Les Anglais, portés à économiser leurs faibles forces, adorent faire travailler les autres à leur place.

Comme il est extrêmement difficile d'arracher de l'argent à des Normands, ce n'est pas avant décembre que Luxembourg fut satisfait. Et encore avait-il connu entre-temps quelques émotions dramatiques.

D'abord, du fait de sa tante à héritage, Jeanne de Luxembourg, comtesse de Ligny. La vieille dame avait pris la Pucelle en sympathie, et avait même fait de vains efforts, après la charitable duchesse de Bourgogne, pour la faire renoncer à un habit d'homme qui n'avait plus d'autre utilité que de produire la pire impression sur un éventuel tribunal. L'avaricieux Luxembourg tremblait de contrarier sa tante en livrant Jeanne à Bedford pour une somme dérisoire à côté du superbe héritage prévu. Mais le roi du Ciel valois, qui avait absolument besoin du martyre de la Pucelle – peut-être en vue d'une propagande à très long terme chez des hagiographes populaires? – veillait soigneusement au grain.

Fin août, la comtesse de Ligny, rassurée sur le sort de Jeanne par les mielleuses paroles de son excellent neveu, se met tout doucement en branle pour Avignon. Elle y allait chaque année en pèlerinage sur la tombe du jeune frère qu'elle avait élevé avec prédilection, Pierre de Luxembourg. Cet enfant prodige de la sainteté était mort à dix-huit ans en 1387, après avoir été chanoine de Notre-Dame de Paris à dix ans, évêque de Metz à quatorze ans, et cardinal un peu plus tard. Le tombeau de ce prélat exemplaire attirait les foules dans l'église des Célestins.

N'est-il pas admirable qu'une Eglise assez pourrie et irresponsable pour prendre des chanoines, des évêques, des cardinaux au berceau, parvienne encore à en faire des saints? On voit bien que l'Esprit souffle de ce côté!

Arrivée épuisée en Avignon, la pieuse comtesse condamne Jeanne à mort le 10 septembre en rédigeant son testament en faveur de Jean de Luxembourg, qu'elle avait si longtemps tenu en haleine; et, dès le 18 du même mois, des anges attentifs l'emportent en Paradis, où Pierre de Luxembourg lui annonce aussitôt qu'elle vient de faire la bêtise de sa vie. Son Paradis en sera empoisonné.

Autres vives inquiétudes du fait de Jeanne elle-même, qui manifestait une persistante propension à s'évader. Tentatives d'un parfait illogisme : si les Voix de Melun avaient déclaré qu'il fallait absolument que la Pucelle fût bientôt prisonnière, ce n'était pas pour encourager des évasions. Mais la perspective de plus en plus nette d'être vendue à Bedford avait de quoi inspirer une peur panique.

De la fin mai à la mi-juillet, Jeanne fut internée sous la surveillance de Wandonne au château de Beaulieu-lès-Fontaines, dont Luxembourg s'était récemment emparé. Et il s'en fallut de bien peu qu'elle ne s'en échappât en passant à travers un plancher. De la mi-juillet au début novembre, elle séjourne dans le donjon du château de Beaurevoir, vieille propriété de famille des Luxembourg, où résidait également la comtesse de Ligny et Jeanne de Béthune, épouse de Jean de Luxembourg. C'est après une alarmante visite de Cauchon en personne, qu'elle se jette du haut de ce donjon, sans autre résultat que de s'assommer.

A son procès, Jeanne a déclaré qu'elle avait sauté pour échapper aux Anglais et aller secourir les gens de Compiègne. Mais elle a aussi reconnu que ses Voix – logiques avec elles-mêmes – lui avaient interdit cette échappatoire et commandé de s'en confesser après le fait.

Que Dieu interdise à une prisonnière menacée d'un procès partial de prendre la clef des champs n'avait rien qui pût étonner la naïve Pucelle. Il me semble qu'à défaut d'instruction religieuse, le bons sens aurait dû suffire à lui souffler qu'un « Dieu » de ce type était un dangereux plaisantin.

Les juges de Rouen ont interprété ce saut vertigineux comme une tentative de suicide, et ils avaient à moitié raison puisque Jeanne avait une chance sur deux de se tuer.

L'automne s'annonçait déjà lorsque la nouvelle –

longtemps gardée sous le boisseau – que la célèbre prisonnière s'était vainement précipitée de son donjon parvint à Bruges, et John lui-même, mis au courant par un Bourguignon bien informé, en fut apitoyé. La visite de Cauchon, signe qu'une livraison aux Anglais était envisagée, avait dû jouer un rôle d'épouvantail, et la contradiction était déchirante entre la Jeanne pieusement soumise à son destin et la Jeanne prête à tout pour y échapper. Le geste révélait une profondeur de désespoir que je n'aurais pas cru possible chez la jeune fille que j'avais connue.

« Il aurait mieux valu pour elle, me dit John qu'elle se casse le cou. Sa fin risque d'être plus pénible. »

J'avais osé le penser sans oser le dire.

Le saut de Beaurevoir infligea un choc non seulement au sire de Luxembourg et à Wandonne – lequel avait failli perdre dans l'affaire une rente de trois cents livres –, mais à tout le parti anglo-bourguignon. Morte ou vive, la Pucelle avait été, une fois de plus, à deux doigts de fausser compagnie à ses geôliers, qui n'étaient, il est vrai, malgré leur bonne volonté, que des geôliers d'occasion. On l'avait traitée avec trop de mansuétude et il était urgent de prendre des précautions plus sévères. Au château de Rouen, Jeanne vivra enchaînée en permanence, et c'en sera fini des évasions. Après de tels antécédents, on ne peut reprocher aux Anglais d'avoir gardé si étroitement une prisonnière si précieuse. Leur crime abominable – sans précédent, peut-être, dans l'histoire – est ailleurs, ainsi que je l'expliquerai preuves à l'appui.

Au sortir de Beaurevoir, la Pucelle passe quelques semaines à Arras, où le duc tient alors sa cour, puis au Crotoy, petit port de pêche sur la route de la Normandie. Elle traverse sous bonne escorte anglaise – deux « lances » et vingt-cinq archers – la baie de Somme le 20 décembre pour arriver à Rouen le 23. Durant sa captivité, elle aura rencontré deux fois Philippe le Bon : ils étaient trop prévenus et montés l'un contre l'autre pour que ces entretiens pussent modifier la situation. Personne, en tout cas, ne sait ce qu'est devenu le héraut qui avait porté au duc l'ultimatum de Reims...

L'Université de Paris, pour des motifs de prestige, eût préféré que le procès se déroulât chez elle, dans la capitale. Elle aurait ainsi attaché son nom de façon plus évidente à une œuvre de salubrité publique. Il s'ajoutait cependant à ces hautes considérations un certain sentiment de revanche.

Durant l'assaut du 8 septembre 1429 contre le Paris de la rive droite, ces messieurs de l'Université avaient eu une peur épouvantable. (Clamanges lui-même n'avait guère été rassuré !) Ce pour quoi ils avaient œuvré depuis une génération, la justice et la paix qu'ils avaient rêvé d'établir sur des bases plus saines et plus solides, les fruits de tant de dévouements – parfois de sacrifices –, tout était en péril; et dans la nuit du 8 au 9, ils s'étaient attendus à ce que les hordes maléfiques de la Pucelle franchissent à l'aube le pont improvisé par d'Alençon à Saint-Denis pour agresser le Paris latin où ils avaient leurs douillettes habitudes. Des Ecossais, des Bretons, des Italiens, des Espagnols, des Allemands, des Français mêmes, égarés par le Diable, allaient foutre le feu à leurs bibliothèques et trousser avec l'énergie qui leur manquait trop souvent les bonniches en compagnie desquelles ils forniquaient discrètement sous de grands édredons de plume. Cette nuit d'angoisse les avait marqués, et ils auraient bien aimé rassasier leurs regards d'une Pucelle entrant à Paris chargée de chaînes.

Mais Paris n'était pas à l'abri d'un mauvais coup, et Bedford avait à bon droit jugé Rouen plus sûr.

Ces journées d'automne et d'hiver me laissent un souvenir de grisaille, d'inquiétude, d'impatience, d'ennui sans bornes.

Début novembre, une courte lettre prudente de « maman » Kastelis, rédigée visiblement par Lucretia, m'apprit à mots couverts que mon message rassurant avait été bien reçu et compris, qu'on s'en réjouissait fort, et que le petit Pietro était revenu sain et sauf de Terre Ferme avec une mine réjouie. L'oncle Angelo n'avait plus osé reparaître, et c'était la petite esclave noire qui venait de loin en loin présenter l'enfant à sa mère. Pour une fille décousue, un bordel n'est pourtant pas recommandable.

Je passai les fêtes de Noël avec mes paysans flamands, dont les penchants à la bonne chère et aux beuveries étaient étonnants. Ces gens-là mangeaient à l'aube au saut du lit, puis ils faisaient un solide déjeuner aux champs, puis un déjeuner plus solide encore à la ferme; au milieu de l'après-midi, ils se découvraient une dent creuse et, à la tombée de la nuit, c'étaient encore des bols de soupe à y planter la cuiller. Pour Noël, tandis que la prostitution chômait théoriquement à Venise, j'ai vu des débauches incroyables de victuailles et de bière. Quel heureux pays, quand une croisade pontificale ne vient pas le mettre à sac!

Début janvier, John revint de son manoir familial, où il était allé pour les fêtes, en dépit des risques de tempêtes. Ses beaux espoirs financiers l'avaient incité à se fiancer avec la fille unique d'un riche bourgeois de Derby. Il aurait pu se marier dans le mouton, mais je lui avais sans doute donné le goût de l'argent liquide. En revanche, les activités nocturnes du nouveau confesseur lui arrachaient quelques soupirs. « Plus les confesseurs sont orthodoxes, me fit-il amèrement remarquer, moins ils se gênent. La crainte du bûcher n'est plus là pour les freiner. » Je lui fis jurer, par égard pour la sainte religion, de prendre son mal en patience.

Fin janvier, Stanley m'apprit qu'il y avait vingt-sept mille ducats à son compte bloqué de l'hôtel « della Borsa », et que les trois derniers mille étaient annoncés pour les environs du 15 février. Je croyais toucher au bout de mes peines. Bientôt, le notaire de la colonie vénitienne recevrait de Paris une déclaration scellée de mon sceau attestant que j'avais été relâché et, au vu de cette pièce, il remettrait la somme à qui de droit.

C'est alors qu'un courrier de Bruges m'apporta cette lettre :

« Ce n'est pas sans tristesse, Madame, que je dois vous informer d'une nouvelle qui vous brisera le cœur : votre fils, après avoir coulé d'heureux jours dans une thébaïde flamande, s'apprête à jouir avec un bel ami anglais des trente mille ducats de sa prétendue rançon. Si ces deux coquins ne s'entre-tuent pas lors du partage, votre Pietro aura de quoi boire à votre santé. »

Et ces phrases étaient suivies de l'avertissement courtois :

« Des amis qui vous veulent le plus grand bien perdraient gros à poster ce mot sans votre agrément. »

Anéanti, l'esprit vaillant, j'eus à peine la force de faire mander John d'urgence, qui n'eut pas de mal à se montrer plus lucide que moi : le chantage risquait de diminuer sa part, il risquait de me faire perdre Lucretia.

« Cette communication anonyme, me dit-il, et d'autant plus qu'elle est rédigée, à ce que vous me dites, en vénitien, sort évidemment de l'hôtel " della Borsa ". Un quelconque secrétaire, sans doute... Mais je serais surpris qu'il eût mis des amis dans la confidence. Une telle littérature vise à vous angoisser, à vous affoler, à vous faire perdre vos moyens. Reprenez-vous, car vous ne devez pas faire le jeu du maître chanteur. Il se présentera sûrement bientôt, et nous verrons à nous tirer de ce mauvais pas au meilleur marché possible. L'homme doit bien deviner qu'il perdrait tout à vouloir trop gagner. »

Le calme de John eut sur moi un effet salutaire. A force de relire la lettre, j'eus l'impression d'avoir déjà vu cette écriture, mais j'étais incapable d'en dire davantage.

La nuit venait. Je retins John à coucher, qui insista pour me tenir compagnie le lendemain et le surlendemain, alors que je me rongeais les sangs.

Enfin, dans la matinée du jeudi 1er février, par un temps exécrable de vent et de pluie, le mystère s'éclaircit soudain : mon cousin Niccolo, portant beau, bruni par la vie des camps, maintenu svelte par une débauche active, descendit de cheval devant la porte de la ferme. Il était d'excellente humeur, et ne fit que plaisanter pendant que nous montions tous trois à ma chambre.

Là, sans la moindre gêne, sans s'attarder à des circonlocutions oiseuses, il nous déclara tranquillement en assez bon français :

« Papa, qui se méfie toujours, m'a envoyé pour suivre de près la dernière phase de l'affaire, et j'ai tout compris quand j'ai vu que le sire Stanley prenait fréquemment le chemin de cette agréable ferme. Il n'y a pas deux solutions. Je ne puis attendre que Stanley ait encaissé les trente mille ducats. Vous auriez beau jeu ensuite de vous moquer de moi. Voici ce que je propose, et qui me semble raisonnable. Stanley déclare au notaire qu'ayant pris son prisonnier en grande estime et amitié, il l'a libéré avant l'heure et lui fait une remise de dix mille ducats. Le notaire remet alors vingt mille à Stanley, et tient les dix derniers mille à ma disposition. Si vous n'êtes pas d'accord, je mange le morceau. »

Après réflexion, Stanley fit observer à Niccolo :

« Le notaire va trouver fichtrement suspecte cette remise de dix mille ducats...

– Mais non! s'exclama Niccolo en riant. Pietro ne doit-il pas épouser votre sœur contrefaite ou votre mère nymphomane, que sais-je? Entre chevaliers, de tels arrangements sont courants. Chacun y trouve son compte. »

Nous avions craint que le cousin Niccolo n'exigeât la moitié ou plus de la rançon, et nous donnâmes notre accord. Le sang-froid de John était magnifique et j'avais du mal à me mettre au diapason.

« Il faut battre le fer pendant qu'il est chaud, dit gaiement Niccolo. Allons donc montrer notre rusé Pietro à cet innocent notaire... Il n'y a qu'à Venise qu'on fabrique des fripons pareils. Mais trois fripons valent mieux qu'un!... »

Avant de se décider, John regarda le ciel démonté par la fenêtre, puis me glissa un coup d'œil approbateur, dont je ne saisis pas aussitôt la signification.

En cours de route, Niccolo, qui chevauchait très détendu à mon côté, me donnait en vénitien des nouvelles de la situation militaire en Terre Ferme et me faisait part des derniers potins de Venise. Moins inconstant que moi, il n'avait pas oublié Lucretia et lui avait rendu visite à la vigile de Noël...

« Les bordels ne faisaient pas relâche?

– La mère Kastelis arrose abondamment les " Seigneur de la Nuit ", qui se paient en partie sur la bête. Il n'y a plus de vertu nulle part.

– Lucretia se portait bien?

– Les seins, à force de se faire peloter, se sont un peu allongés, mais le cul est toujours beau, et la fille m'a semblé mettre les bouchées doubles... »

Si Niccolo pratiquait le français, il ne parlait pas un mot d'anglais. De temps en temps, John, qui cheminait derrière avec vent de face, m'apostrophait dans son idiome en criant et en détachant bien les syllabes, mais comme les Anglais en mangent les deux tiers, il me fallait une grande attention pour saisir.

« Mauvais temps!

– Oui!

– Pas un chat!

– Non. »

Nous longions un des multiples canaux de la région, et l'on ne distinguait en effet que des vaches frigorifiées dans la campagne. Paysans et promeneurs étaient restés au chaud. Après un semblant d'éclaircie, la pluie venait d'ailleurs de reprendre et brouillait le paysage.

« Sait-il nager? »

Brave John! Il y songeait déjà en regardant par la fenêtre, alors que l'idée ne me souriait que depuis peu.

L'ignoble lettre de Niccolo m'avait, il est vrai, terriblement secoué, et je n'étais pas dans mon état normal.

« Oui, hurlai-je enfin, il sait nager, mais, Dieu merci, non pas dans un canal en février!

– On l'encadre à la passerelle!

– Je passerai devant! »

Niccolo me parlait de ma mère, dont le caractère s'était aigri, lorsque nous arrivâmes à cette passerelle, qui enjambait le canal pour conduire à Bruges. Beaucoup de chevaux regimbaient sur cette construction étroite et assez fragile, et il valait mieux la franchir en tenant sa monture par la bride. Je mis pied à terre le premier, Niccolo me suivit, John fermant la marche.

Vers le milieu du pont, là où l'eau est la plus profonde, John cria quelque chose comme « saint Georges! », « Saint Michel! », ou « saint Marc! », et nous fûmes sur Niccolo la dague en arrêt avant qu'il ait pu dégainer la sienne. Mais sans aller plus avant, car c'est un noyé qu'il nous fallait, un étranger qui avait eu l'imprudence d'aborder le pont en selle, et dont le cheval avait eu peur.

Une intense stupéfaction se lisait sur le visage de Niccolo...

« Tu veux tuer ton cousin pour dix mille ducats! Et c'est la deuxième fois que tu veux me tuer! Es-tu devenu fou »?

J'eus la faiblesse de lui apprendre les motifs de sa mort, de façon qu'il emporte de moi une image plus favorable.

« J'ai épousé Lucretia en juillet 1428, lui dis-je. Tu baises ma fiancée, tu baises ma femme, tu voulais voler aujourd'hui l'argent de mon héritage, dont j'ai besoin pour la libérer et vivre avec elle quelques années. Ne trouves-tu pas que tu exagères?

– Mais j'ignorais tout cela! gémit Niccolo. Si j'avais pu savoir... »

La stupéfaction le cédait à présent à l'épouvante. Le

misérable se doutait bien que je ne le laisserais point vivant après une telle révélation.

« Pietro, murmura-t-il, nous avons joué ensemble. Pour l'amour de ta mère et de ton oncle, pardonne à mon ignorance !

– Ma mère a enfermé ma femme dans un bordel, où ton père immonde a abusé de ses charmes. »

Niccolo ne trouva plus rien à dire. N'est-il pas écrit dans la Bible : « Les pères ont mangé des raisins verts, et les fils ont eu les dents agacées ? » Les dagues insistèrent contre la poitrine du condamné, le faisant reculer jusqu'à la balustrade de bois.

Je l'encourageai :

« Saute ! C'est le jugement de Dieu. Si tu es innocent, tu marcheras sur les eaux ! »

Je dus le précipiter d'un coup de pied dans le ventre, et il coula à pic.

Mon cher petit Pietro, toi qui me lis avec une filiale attention, prends bien garde à ne pas suivre mon exemple ! Il est très imprudent de bavarder avant de tuer. Des importuns, si la Providence n'y avait veillé, auraient pu survenir. Combien se sont perdus par des paroles oiseuses en de pareils instants !

Tu vois en tout cas combien j'ai aimé ta mère, combien de vies j'ai dû sacrifier à son service ou en son honneur, alors qu'elle était pourtant toute douceur et tout pardon, la charité faite femme, de toute son âme et de tout ce corps aimant qui t'a donné courageusement naissance au sein des pires tracas. Après Pasquale, Niccolo, et entre les deux, les nombreuses victimes militaires ou civiles de ma compagnie de brigands ! Et la liste, ainsi que tu verras, n'était pas close... Oui, j'aurai aimé Lucretia comme peu d'hommes peuvent se flatter d'avoir aimé.

XXI

Quelque temps plus tard, le cadavre du cousin Niccolo refit surface, tout gonflé des pestilentielles exhalaisons d'une âme putride. Il m'appartenait d'informer du malheur l'oncle Angelo, ce que je fis en m'efforçant chrétiennement de ne pas trop jouir :

« Le sire Stanley, mon bien cher oncle, a eu l'élégance de me relâcher avant versement des trois mille derniers ducats qui sont annoncés, et nous avons pris ensemble la route de Bruges : Stanley estimait préférable, pour couper court à toute discussion quant à l'authenticité de mon sceau, que je me présente en personne au notaire du palais " della Borsa " chargé de nos intérêts. Vous serez heureux de savoir et de faire savoir qu'en dépit de cette longue et rigoureuse captivité, je me porte aussi bien que possible.

» Hélas, nous étions encore à trois journées de Bruges, lorsque Niccolo, que vous aviez sans doute envoyé dans cette ville pour veiller à la régularité de l'affaire, s'est noyé dans un canal, sa monture ayant dû regimber sous une pluie battante au passage d'un étroit pont branlant. Arrivant à Bruges, j'ai eu la bonne surprise d'apprendre qu'il m'y avait précédé, et bientôt la surprise affreuse de devoir le porter en terre au cimetière de la cité. J'ai commandé une pierre tombale de marbre blanc avec cette inscription :

» “ Niccolo Condulmer. Fauché à la fleur de son âge, il n'a pu tenir toutes ses promesses. ”

» Je suis certain que vous approuverez ces termes. Trop souvent dissipé certes, Niccolo n'avait pas un mauvais fond. Le temps lui aura manqué de s'assagir et de faire ses preuves. Son attentat au Palais contre Lucretia ne fut que l'expression d'une jeunesse impatiente, et ma femme m'a assuré qu'à l'occasion des visites qu'il lui rendait à la maison de Santa Maria Formosa, il s'en fallait de peu qu'il ne lui portât le même chrétien respect que vous-même. C'est dans ses rapports avec les putes que l'on juge le mieux de la qualité d'un homme. Il y a une manière de pénétrer dans leur intimité qui leur fait sentir encore que l'on distingue en elles la vierge innocente qu'elles furent ou la mère dévouée qu'elles sont parfois. Niccolo avait ce don, Lucretia en a été touchée, et moi bien davantage.

» Je ne sais qu'ajouter pour adoucir une peine dont je sais bien qu'elle assombrira désormais le restant de vos jours. Toutes ces familiales et délicates bontés que vous avez dépensées sans compter en faveur de ma mère, de ma femme et de moi-même ne méritaient point un deuil si cruel. Demandez à la prière ce que le monde vous refuse, et croyez-moi votre neveu toujours dévoué et affectionné. »

Il n'y a pas plus difficile que les lettres de condoléances, et je crois que je ne m'étais pas trop mal tiré de celle-là.

Je me voyais déjà en train de faire élargir Lucretia avec mes quinze mille ducats augmentés de ce que j'avais pu gratter dans le sang lors des guerres de France, quand me parvint de mon oncle Gabriel, cordialement écrite en vénitien, la plus étonnante lettre du monde :

« De passage à Venise cet automne dernier de l'an de grâce 1430, mon bien cher neveu et filleul, j'ai trouvé ta mère dans un état attristant, toute maigrie, sombre, irritable, poussant à la moindre contrariété des soupirs à fendre l'âme. Tu en devines la cause. Non seulement tes juvéniles imprudences lui coûtent beaucoup de ducats – mon Dieu, quelle folie d'aller se battre sans bonne raison, alors qu'il y a tant d'occasions de faire battre les autres! –, mais elle se minait à l'idée que ta santé physique et mentale pourrait recevoir des atteintes irréversibles dans cette Bastille dont on lui avait fait l'hiver précédent un rapport tellement sinistre. Les rares nouvelles que lui donnait Angelo ne la rassuraient qu'à demi, elle lui jetait des regards noirs et impatients, presque méchants, comme si elle lui en voulait de ne pas la rassurer davantage, et mon excellent frère subissait cette mauvaise humeur avec une patience et une résignation toutes chrétiennes. Ta mère en était réduite à relire les passages de ces correspondances d'affaires où le Seigneur John Stanley affirme accessoirement que les efforts déployés pour ta libération t'ont rendu un certain équilibre, et même une notable joie de vivre. Il paraîtrait que tu t'adonnes au dessin et à la peinture du chevalet dans ta cellule, dont tu aurais aussi décoré les murs d'une suite de fresques représentant le Christ avec la pécheresse Marie-Madeleine ou avec cette femme adultère, sauvée *in extremis* de la lapidation. Mais cela semblait trop beau à mon infortunée belle-sœur pour être vrai, et elle redoutait un charitable mensonge.

» Très peiné de ton malheur, je n'avais pas attendu cette triste visite pour mettre mon crédit à ton service, et tu sais que, dès l'automne 1429 de ta capture, la poste d'Eglise était à ta disposition. Devant le spectacle affligeant que je découvrais au Palais, j'ai voulu faire beaucoup mieux encore, et si le règlement de ta rançon est en voie d'achèvement dès aujourd'hui, c'est que j'ai obtenu de banquiers pontificaux d'Avignon qu'ils avancent treize mille ducats comptants, gagés sur des biens en instance de vente, qui seront ainsi liquidés à loisir de façon beaucoup plus avantageuse. J'avais interdit qu'on te parle de cette affaire, j'ose la mentionner à présent, car j'ai moi-même un service à te demander, prière qui nécessite un minimum d'explications.

» Je t'écris de Rome, où la santé du pape inspire de vives inquiétudes. Martin V est sujet à de violentes poussées d'apoplexie qui le laissent privé de sentiment et les médecins redoutent une crise fatale. Les soucis, les remords mêmes, ne lui manquent d'ailleurs point. Il se reproche d'avoir eu la faiblesse d'accepter, il y a sept ans, la réunion de ce concile de Bâle, vers lequel les Pères sont aujourd'hui en marche de toute l'Europe. Contenir et dissiper une nouvelle fièvre conciliaire ne sera pas facile. J'ai conseillé à Sa Sainteté de venir à bout de cette assemblée en la promenant de ville en ville sous divers prétextes : il y aurait toujours des Pères mauvais coucheurs pour se refuser au mouvement, et un concile géographiquement fractionné n'est plus à craindre. Le pape m'a répondu en souriant que c'était bien là une idée de Vénitien, et que, s'il était rappelé à Dieu, ce serait peut-être à son inventeur de l'appliquer! Il a d'autre part des ennuis avec sa bande de neveux, qu'en bon Colonna, il a enrichis de dépouilles en vertu de prétendues considérations de haute politique. On aura du mal à leur faire rendre gorge...

» Souci mineur, mais aigu, car la perspective de la mort invite à mettre sa conscience en règle et à accorder une attention particulière aux affaires de justice, Sa Sainteté a le scrupule de s'intéresser au procès de Jeanne la Pucelle, qui s'ouvre à Rouen. Martin V a reçu au sujet de cette inspirée des informations directement contradictoires selon qu'elles émanaient de l'un ou l'autre parti – ce qui n'a d'ailleurs rien d'étonnant puisque ladite inspirée ne s'est paradoxalement occupée que de courir les champs de bataille! Les Pères de Poitiers ont sans doute été bien complaisants, et assurément, l'honnêteté et la compétence d'un Cauchon, la réputation sans tache de l'Université de Paris, le beau dévouement des Lancastres à Rome et à la Foi laissent-ils présager un procès qui pourrait servir d'exemple. Malgré tout, cette affaire aura par la force des choses une allure politique, et l'on sait que la politique fait bien mauvais ménage avec la justice. Or les clercs réunis à Rouen étant par définition de l'allégeance d'Henri VI, le pape n'a pour l'heure personne en Normandie pour le tenir au courant avec impartialité. Et il va de soi que le Saint-Père ne tient nullement à faire les frais d'un envoyé auprès de Cauchon, geste que ce prélat entier et susceptible interpréterait à bon droit comme une marque de défiance.

» J'ai signalé que j'avais par hasard à Paris, bientôt libre de tout engagement, un affectionné neveu et filleul, frotté de théologie et même (j'ai réussi à ne pas rougir !) de droit canon, qui se ferait un devoir de suivre officieusement le procès pour le compte du Saint-Siège, et cette suggestion a été accueillie avec faveur. Martin V ne sait que trop tout le cas que l'on doit faire d'un neveu !

» Aucune affaire urgente ne te rappelant à Venise jusqu'à nouvel ordre, je suis sûr que tu tiendras à honneur de répondre à l'appel d'une Eglise qui a tant de bontés pour toi. Et ta mère elle-même, que l'espoir de ta proche libération a ressuscitée et qui brûle de te revoir, n'en est pas moins sagement favorable à ces vacances normandes.

» J'ai averti Pierre Cauchon, le juge épiscopal, de ton arrivée probable, l'ai prié de te faire bon accueil et de t'offrir toutes facilités pour connaître de l'événement dans la limite des prescriptions en vigueur. C'est la grande réputation de cet évêque, le désir de te perfectionner sur le vif en théologie et en droit canon, qui t'auront attiré de Paris, et ta jeunesse sans prétention plaidera pour cette explication toute simple. Mais un neveu de cardinal venu de son proche chef est cependant susceptible de transmettre à Rome des échos de ce qui l'aurait frappé ou choqué. Ta discrète présence ne pourra qu'inciter Cauchon à un respect particulièrement attentif des règles établies ou souhaitables. Vous serez de toute manière beaucoup à suivre ce procès, car l'évêque, sûr de lui comme à l'habitude, veut visiblement en faire une manifestation de propagande dynastique.

» En revanche, c'est Sa Sainteté elle-même qui a fait écrire une recommandation en ta faveur au Grand Inquisiteur de France Jean Graverent, prieur dominicain du couvent des Jacobins à Paris, sans lui cacher la mission qui t'incombait, et dont le secret ne regarde que la sainte Inquisition.

» Tandis que l'on jugera la Pucelle à Rouen, procès de première importance, le Grand Inquisiteur Graverent s'abstiendra d'y officier, bien qu'il ait toute liberté de diriger en province telle ou telle procédure à la place du vice-inquisiteur régional par lui délégué. C'est ainsi qu'en 1429 il n'a pas dédaigné d'instruire à Coutances, dans le Cotentin, l'affaire d'un certain Jean le Couvreur, individu tout à fait obscur. A Rouen, c'est le prieur du couvent des dominicains de la ville, un certain Jean Le Maistre, nommé vice-inquisiteur par Graverent en 1424, qui représentera l'Inquisition au procès de Jeanne après s'être fait ostensiblement tiré l'oreille, et il y jouera volontairement un rôle très effacé.

» La sainte Inquisition tire en effet sa vertu et sa force d'une extraordinaire indépendance, fruit de son caractère international et de son rattachement direct au Saint-Siège. L'unique vocation de cette police pontificale est de pourchasser et d'exterminer l'hérétique toujours et partout, sans se soucier des frontières, car l'hérétique n'a ni race, ni couleur, ni langue, ni pays : c'est un baptisé renégat qui ne se définit que par la nature exacte de son hérésie. L'Inquisition prend bien garde, par conséquent, de ne pas compromettre sa réputation dans des querelles nationales ou politiques. C'est assez dire que le procès qui s'annonce à Rouen lui inspire de grandes réserves, et que Cauchon – ce qui est loin de lui déplaire – aura toute latitude de se placer au premier rang et d'y rester. Il sera ainsi responsable de la gloire ou de l'échec de l'affaire et, dans les deux cas, heureusement pour elle, l'Inquisition aura été peu concernée.

» Le vice-inquisiteur Le Maistre t'offrira l'hospitalité et le fait ne surprendra personne : l'Inquisition compte de nombreux amis et elle est aimée du peuple du fait qu'elle est le seul organisme capable de s'attaquer avec impartialité aux riches comme aux pauvres.

» Dans quel esprit devras-tu observer ce procès?

» Méfie-toi surtout de tes sympathies ou antipathies personnelles, de ton sens intime de la justice. Ce qui intéresse Rome, c'est de savoir si la procédure a été en tous points régulière, si l'accusée s'est, oui ou non, rendue objectivement coupable de l'une des nombreuses hérésies du catalogue, si, clairement informée de ses fautes et catéchisée en conséquence, elle les a, au moins apparemment, reconnues et regrettées, ou bien si elle a nié l'évidence pour persévérer obstinément dans son erreur, tout cela relevant de faits aisés à contrôler. Dis-toi bien que la justice des hommes est affaire de forme, car tout le monde peut s'entendre sur la forme, alors que Dieu seul sonde les reins et les cœurs. Le respect intransigeant de la forme est l'unique barrière qui garantisse les juges contre leurs emballements ou préventions. Et dans le procès de la Pucelle, cette garantie est d'autant plus importante que les passions politiques sont plus vives.

» Qui te dira ce qui est régulier ou irrégulier?

» Les antiques usages des tribunaux ordinaires d'évêché dans la répression de l'hérésie sont dépassés depuis longtemps, et la procédure inquisitoriale s'est imposée aux évêques à partir du moment où Rome a décrété qu'ils seraient tenus d'instruire les causes en accord étroit avec ses Inquisiteurs : il n'y a pas d'autre moyen pour extirper l'erreur dès qu'elle s'est répandue au-delà d'un certain point. Les évêques peuvent se montrer négligents, corrompus, tributaires d'influences ou d'intérêts locaux, juridiquement ignorants ou tentés par des procédures arbitraires. Coiffés par des Inquisiteurs qui n'ont de comptes à rendre qu'au Saint-Siège et utilisent tous les mêmes codes criminels quel que soit le pays, ils sont incités à marcher dans le droit chemin. Et la procédure de l'Inquisition a triomphé partout non seulement parce que les Inquisiteurs avaient la haute main sur les procès, mais parce qu'elle était de loin la meilleure et la plus efficace.

» En fait de manuels inquisitoriaux de procédure, l'œuvre de Guy Foucoi a vieilli; les travaux de Guillaume Raymond, Pierre Durand, Bernard de Caux, Jean de Saint-Pierre ont plus de cent ans, et la réputée compilation de Bernard Guy, plus d'un demi-siècle. Le meilleur manuel présentement disponible est celui de Nicolas Eymerich. Ce *Directorium Inquisitorum* se présente comme un guide systématique et clair, objectif et le plus souvent impersonnel, excellemment structuré et élaboré en vue de l'exercice de la fonction d'Inquisiteur. C'est un chef-d'œuvre de portée universelle, et l'on trouve en appendice un précieux et considérable recueil des lettres apostoliques et des bulles pontificales qui réglementent point par point la sainte Inquisition du règne d'Innocent III à nos jours.

» Le dominicain catalan Eymerich est devenu en 1357 Inquisiteur Général de Catalogne, Aragon, Valence et Majorque, en remplacement du dominicain Nicolas Rossel, élevé au cardinalat l'année précédente. En 1362, il est nommé Vicaire Général de son ordre pour le royaume qui lui avait donné le jour, et il présidera le chapitre général des dominicains en 1391. Chapelain du pape en Avignon à partir de 1371, il suivra Grégoire XI à Rome en 1377. Son magnifique *Directorium* a dû être terminé vers 1376.

» J'insiste sur ces faits : non seulement Eymerich était un homme d'une brillante intelligence et d'une piété avertie, non seulement il avait eu la longue opportunité de connaître tous les rouages de la sainte Inquisition, mais il était l'homme de confiance du pape français Grégoire XI, celui qui a eu l'honneur de mettre fin à la “ captivité d'Avignon ”, et c'est, pour ainsi dire, sur les genoux de ce pontife exemplaire que son manuel a vu le jour. Il reflète par conséquent la plus pure doctrine et la plus pure pratique romaines en la matière[1].

» Le défaut d'Eymerich, péché mignon fréquent chez les meilleurs Inquisiteurs, était une certaine propension à l'excès de zèle. Son idée fixe était de faire condamner, à propos de quelques passages imprudents, la mémoire du grand philosophe et théologien Raymond Lulle, lapidé, dit-on, par les barbaresques au début du siècle dernier. Ce détail est caractéristique de sa pieuse rigueur. Bien sûr, Lulle était hérétique[2] ! En grattant un peu, ne sommes-nous pas tous hérétiques par quelque côté ? Mais une sage opportunité doit commander l'ouverture des procès, et la mansuétude de Rome couvre patiemment de son manteau bien des inconséquences mineures qui ne présentent pas un danger immédiat pour la foi.

» Le Maistre a sûrement – entre autres – le guide d'Eymerich en main, et il est entendu qu'il te permettra de le consulter à ta guise, après que tu auras prêté serment de ne rien en divulguer sous peine d'excommunication. La procédure inquisitoriale ne doit être révélée que par ses effets, et les accusés, les avocats mêmes, n'ont pas accès aux textes, dont ils n'appréhendent que ce que l'Inquisiteur s'est cru consciencieusement autorisé à en laisser transparaître. Si les hérétiques savaient avec précision d'après quelles lois on les juge, quelques-uns réussiraient à passer à travers les mailles du filet.

» Les manuels d'Inquisition ne sont pas non plus

1. Le manuel fondamental d'Eymerich, après nombre d'éditions manuscrites, sera imprimé dès 1503, réédité à Rome en 1578, 1585, 1587, et à Venise, en 1595 et 1607, manifestant de la sorte une impérissable jeunesse. A partir de 1585, le texte d'Eymerich est complété par les doctes additions du canoniste espagnol Francisco Peña. Eymerich est également l'auteur d'un traité sur les deux natures du Christ, d'un commentaire de saint Jean et d'ouvrages polémiques contre Lulle et ses disciples.

2. Confirmé comme « bienheureux » au début du XVIIIe siècle par Clément XI – les héritiques peuvent difficilement espérer mieux ! – Lulle attend toujours sa canonisation.

destinés aux évêques. Il leur suffit bien de connaître les grandes lignes de la procédure et, pour le reste, ils sont appelés à collaborer en confiance avec des Inquisiteurs qui tiennent fermement le *Directorium* sous leur coude. Si la cachotterie te semble trop forte pour être croyable, ouvre donc ce manuel à l'article 53, où Grégoire XI a malicieusement toléré qu'Eymerich donne ce conseil : " ... je propose que les sommes ainsi recueillies aillent directement à l'Inquisiteur et ne tombent pas au pouvoir des évêques à la main rapace et à la bourse constipée (*tenaces manus et marsupia constipata*). " Les Inquisiteurs sont ainsi détournés de prêter la plus belle arme de leur panoplie à des évêques qui en auraient un coup de sang[1].

» Tu constateras toi-même à Rouen qu'évêque et Inquisiteur sont comme chien et chat. Les évêques séculiers n'ont jamais pardonné aux Inquisiteurs de les avoir à moitié dépossédés de leur justice répressive ordinaire au profit d'une justice pontificale et monacale.

» Tu vois, mon cher neveu, la confiance qui t'est faite, et je sais que tu t'en montreras digne. Tu ne dois certes intervenir personnellement dans ce procès à aucun titre – Le Maistre est là pour s'en charger –, et nous attendons seulement de toi par la si discrète poste romaine quelques commentaires brefs mais pertinents, à la lumière de tout ce que je viens de t'apprendre.

» Pour faire bonne mesure, j'ai aussi envoyé un mot de recommandation pour toi à Richard Beauchamp, comte de Warwick, que tu trouveras au château de Rouen avec le séraphique petit Henri VI de neuf ans, dont il est le digne précepteur. Henri marche sur les

1. Ce passage, où les évêques sont traités de voleurs et de ladres dans le principal manuel de procédure pontificale, se retrouve religieusement reporté dans les successives éditions d'Eymerich. Ou bien les évêques étaient masochistes, ou bien ils avaient un sens aigu de la plaisanterie, ou bien ils n'étaient pas au courant. Une affaire très mystérieuse sur laquelle le cardinal Condulmer apporte enfin quelque lumière.

traces d'un Pierre de Luxembourg, et l'ardente piété de Warwick l'a poussé dans sa jeunesse au pèlerinage de Jérusalem. C'est lui qui s'occupe de régler matériellement le procès et de veiller à la sûreté de Jeanne – elle ne pouvait mieux tomber! – en attendant que le cardinal Beaufort, évêque de Winchester, chancelier d'Angleterre et grand-oncle du jeune roi, vienne couvrir la procédure de son autorité morale.

» C'est sur des hommes de la trempe de Warwick qu'il faudrait que tu prisses modèle, sans te laisser impressionner par la *devotio moderna* de tant de prétendus inspirés, dévotion qui n'est pas fausse parce qu'elle est moderne, mais parce qu'elle fait bon marché de l'autorité de l'Eglise et de celle de son chef. L'Eglise est hors du temps avec le Christ Dieu; elle est ancrée dans le temps, et par le fait obligée de se transformer sans cesse, avec le Christ Homme. Et le pape est seul habilité à régler l'union des deux natures de l'Eglise comme Jésus-Christ réglait l'union de ses deux natures transcendante et immanente. Mais quand le souffle de l'orgueil ébranle le siège de Pierre, on en vient, d'aveuglement en aveuglement, à prier comme les sataniques Adamites de Bohême, qui ont osé raccourcir à leur façon le " Pater " que Jésus nous a légué, et qui courent tout nus en criant : " Notre Père qui êtes en nous, éclairez-nous! " Impiété aussi énorme que caractéristique. Notre Père commun ne siège plus au Ciel, il ne régit plus la société par les justes lois de l'Eglise : il aurait trouvé refuge au cœur de l'homme égaré, qui le fait désormais parler selon ses passions. Il est à craindre que l'odieux blasphème des Adamites ne soit également, par quelque côté, celui de la Pucelle, et qu'on ait du mal à lui en faire convenir. Oui, l'Eglise est bien malade, mais elle éclaire encore mieux ses fidèles qu'ils ne sauraient s'éclairer eux-mêmes dans leur ignorance satisfaite!

» Depuis que Martin V est à la merci d'une ultime attaque, le parti qui intrigue pour me pousser vers la tiare a fort grossi, et j'espère que cette écrasante dignité

me sera épargnée. Mettre à la raison le concile de Bâle, qui voudra, comme le concile de Constance, établir et maintenir une permanente tutelle sur la papauté, trouver dans les Etats de l'Eglise, si longtemps abandonnés au désordre, les ressources financières indispensables que le particularisme national des conciliaires a anéanties avec la complicité intéressée des rois, dissiper le venin de Wyclif et de son compère Jean Huss, réformer une Eglise encore à la dérive en dépit des beaux efforts du pape actuel, faire revenir à la vraie foi les schismatiques grecs et les pays qu'ils ont corrompus afin de sauver non seulement leur âme, mais Constantinople et ma chère Venise de l'effroyable péril turc, voilà des passe-temps dont un moine augustin amateur de salade cuite et d'eau pure se passerait volontiers! Mais je suis prêt à obéir selon mes humbles forces à l'Esprit Saint.

» Quelles que soient les tribulations de ma destinée, je te resterai attaché en raison de tes mérites et ne te gâterai point sans discernement. Ta grande qualité, mais aussi ton grand défaut, sont, il me semble, de prétendre réformer le monde avant que de réformer ta personne, seule démarche qui importe vraiment et qui nous est toujours possible. La liberté est en nous plutôt que dans les choses. Abandonne un peu de ton intransigeance, tourne donc tes nobles ambitions vers toi-même et cesse de les disperser. Le temps approche où il serait bon que tu te maries, et tu pourras une fois de plus compter sur moi en cette grande occasion. Certes, il est plus difficile de faire un bon mari que de faire un bon pape, et si les femmes n'étaient pas si enragées de se caser et de faire apprécier leurs charmes, la carrière du mariage ne devrait être ouverte qu'à une élite restreinte d'hommes capables de tout supporter. Mais il faut compter sur les grâces d'état et se dire que rien n'est impossible à Dieu. J'ai connu deux ou trois mariages réussis... les époux s'étant, il est vrai, séparés d'un commun accord pour bénéficier enfin de la paix du cloître.

» La Lucretia au sort de laquelle tu m'avais intéressé

me laisse une petite épine au cœur. C'est une belle âme, très désireuse de bien faire, et j'ai été chagriné d'apprendre que ma belle-sœur l'avait renvoyée au stupre d'où elle l'avait tirée. Mes raisonnables remontrances ont cependant mis ta mère en rage et j'ai bien vu qu'il était inutile de plaider plus avant.

» Après la première consultation que tu sais, j'ai été amené, par le biais d'un charitable sénateur ému de la détresse de la fille, à en donner une seconde, beaucoup plus brève, mais qui concernait encore le même et éternel sujet : ce qui est ou non licite pour la femme lors de copulations contraintes. Thème qui est, hélas, de la plus haute importance morale et pratique, car les femmes en mesure de gouverner librement et saintement leurs ébats sont moins nombreuses que la théorie pourrait le faire croire.

» Devant le regain de scrupules de cette Lucretia, je n'ai pu que répéter et préciser ce que j'avais déjà dit ou laisser entendre : en dehors de l'acte consommé selon les immémoriales règles bibliques et évangéliques, toutes les tricheries, toutes les fantaisies se valent théologiquement. Et une faible épouse livrée à la lubricité d'un mari brutal, à plus forte raison une esclave de lupanar, a le droit incontestable de choisir l'abus qui la blesse le moins ou qui lui est le plus avantageux. La doctrine et le bon sens sont d'accord sur ce point.

» Mais l'Eglise, dans l'intérêt de la plupart des femmes, laisse planer une pudique obscurité sur la question. Si les maris, les amants, qui s'imaginent commettre un péché de peu d'importance en se retirant à l'instant critique, apprenaient par accident que les rapports " in ore " ou " in ano " ne sont ni plus ni moins haïssables que le vulgaire retrait, les patientes seraient mises à rude épreuve.

» De retour à Venise, si tu as l'opportunité – en tout bien tout honneur ! – de revoir notre Lucretia, ne manque point de lui rappeler de ma part toutes les généreuses licences dont l'équitable justice du Ciel lui accorde le

bénéfice jusqu'à ce que son affranchissement lui ait créé de nouvelles et rigoureuses obligations.

» J'ai offert à ta mère de racheter l'esclave pour la placer au couvent des filles repenties de Sienne, dont je m'occupe avec prédilection et où l'atmosphère est excellente. C'est une joie pour les filles que de passer de la communauté du bordel à la communauté de la vertu. La femme, comme les brebis, aime à vivre en troupeau, et Jésus est le meilleur pasteur. Mais on m'a rétorqué que la maquerelle ne voulait se séparer de la jeune personne à aucun prix. Ce serait une bonne œuvre de ta part que de la convaincre.

» Avec toutes mes bénédictions, je t'embrasse, mon cher Pietro, très affectueusement. Je te souhaite une bonne santé de corps, d'âme et d'esprit, et j'aurai pour toi une pensée particulière ce 12 janvier prochain, jour anniversaire de ta naissance. Rome, le 3 janvier 1431. »

Mon premier mouvement fut de décliner, sous couleur de maladie, l'extraordinaire honneur de suivre ce fameux procès. La perspective me fendait le cœur de voir Jeanne se débattre sans espoir au milieu d'une meute de clercs acharnés à sa perte, et surtout, l'immédiate libération de Lucretia l'emportait naturellement pour moi sur toute autre considération.

Mais John, après avoir pris posément connaissance de la lettre, me dit :

« Si vous allez vous-même à Venise, votre présence risque d'être bientôt découverte. Votre mère, alarmée par l'anormale discrétion de ce retour, monterait une garde plus attentive que jamais. Et il n'est pas même exclu que son affolement la pousse à commettre alors l'irréparable. Mieux vaudrait encore vous présenter tranquillement au Palais, mais tout risque d'assassinat n'en serait pas dissipé pour autant. En séjournant à Rouen, vous détournez les soupçons...

– Allons donc ! Et quand reverrai-je Lucretia ?

– Ne suis-je point votre ami ? La brève apparition d'un prétendu commerçant anglais n'aurait rien de surprenant dans un bordel de Venise, et je pourrais même jouer à l'Ecossais sous un nom d'emprunt ! Vous me rédigez un mandat flatteur pour votre femme et la maquerelle et, un jour que le petit Pietro est en visite avec la négresse, tandis qu'on s'amuse à recoudre et redécoudre la fille pour la laisser enfin bouche cousue, je prends l'enfant sous mon bras et saute avec Lucretia dans le premier bateau pour la Terre Ferme. Nous serions bientôt à l'abri en dehors des terres vénitiennes, et si je traite apparemment votre femme comme mienne, et le jeune Pietro, comme mon fils, je ne rencontrerai de difficulté nulle part. N'avez-vous pas tout intérêt à me faire confiance, à souffrir que je fasse virer à un banquier anglais de Venise les sept mille ducats exigés ? Il aurait mission, par exemple, de les verser à Mme Kastelis huit jours après ma fuite précipitée. Décidez-vous, et je vous ramène femme et bébé à Rouen d'ici trois ou quatre mois. »

C'était la solution idéale. Je tombai en pleurant dans les bras de John. Comment la Pucelle pouvait-elle avoir l'aveuglement de prétendre chasser de France des garçons de cette valeur !

Les Anglais sont gênés par des démonstrations trop affectueuses. Stanley s'arracha à mon étreinte et me confia rêveusement :

« Avez-vous remarqué comme ce futur pape est empressé à faire sodomiser votre femme contre argent comptant ? Ces gens d'Eglise sont bizarres avec leurs théories, qu'ils s'arrangent pour rendre aussi logiques que séduisantes. On dirait parfois qu'ils n'ont pas d'entrailles, qu'ils raisonnent sur des culs abstraits, flottant dans l'espace telles d'angéliques auréoles. Est-ce bien sérieux, tout ça ? »

Le charitable acharnement de mon parrain de Sienne m'était effectivement pénible et j'en avais gros sur le

cœur. L'un de mes parrains se vautrait sur Lucretia, et l'autre... La malchance me poursuivait. Ne sachant trop que dire, je détournai la conversation.

J'allai me présenter avec John au notaire vénitien de l'hôtel « della Borsa », qui ouvrit aussitôt un compte de vingt-sept mille ducats au nom du sire Stanley, dans l'attente du complément. Un instant très émouvant. Après de si ingénieux efforts, tout était enfin en ordre, et il ne restait aucune trace visible de l'abus de confiance. C'est un délice que de tromper d'odieux personnages ! John fit expédier sept mille ducats sur Venise, puis me signa chez lui, dans une charmante maisonnette ouvrant sur un charmant petit canal, une reconnaissance de dette de huit mille : les quinze y étaient.

Après un mot de remerciement convenable à l'oncle Gabriel, je me mis en route pour Rouen, mais fis un crochet par Paris, où je désirais récupérer Laurent. Il n'était pas question d'introduire sa femme dans un couvent de dominicains.

Le couple présentait les dehors d'une honnête et modeste aisance, était habillé de neuf et faisait bonne chère. Le soir, spectacle amusant, Catherine... – oui, encore une Catherine ! elles sont si nombreuses en France que le peuple en a tiré le mot de « catin » – notre Catherine donc, dérangeait sa coiffure d'un geste alerte et quittait sa mise de sage petite bourgeoise pour revêtir une robe osée qui mettait en valeur la jambe et le buste. Puis, fuyant mon regard sévère, elle descendait faire des passes à la proche auberge, où l'on voyait parfois un archer anglais, toujours le même, qui l'avait prise en particulière affection. Bedford, malgré sa piété, n'avait jamais eu l'idée de priver ses soldats de distractions.

Mais tout apprentissage comporte des risques. Le rond et franc visage de Laurent portait encore des traces d'une violente bagarre avec un mac du quartier, qui avait élevé des prétentions sur sa Catherine sous prétexte qu'elle était protégée, un amateur à mi-temps.

Un soir que nous buvions à l'auberge où Catherine s'agitait avec des grâces aguichantes – soutenant alors mon regard avec un rien d'effronterie car, là, elle faisait son travail dans un cadre adapté à ses charmes –, Laurent me dit en soupirant :

« Mon départ pour Rouen laisse ma femme sans appui, elle n'aura plus rien à fabriquer à la maison. Son idée serait de faire tranquillement en mon absence des passes à plein temps sous la protection du mac que j'ai corrigé l'autre jour : moitié pour lui, moitié pour moi. Ce n'est pas un mauvais homme, elle lui plaît bien et il ne lui déplaît pas... Qu'en pensez-vous, mon bon maître ?

– Votre trop bon maître, lui répondis-je, pense qu'à ce train-là vous finirez par épuiser le crédit de prostitution que les viols réitérés de votre défunte femme et de vos malheureuses filles vous a peut-être valu. Vous êtes sur une mauvaise pente, mon cher Laurent. Cependant à quel titre vous condamnerais-je ? Qui sait si ma princesse de Pologne elle-même n'a pas été réduite à faire des passes avec ses geôliers pour manger à sa faim ? Mais vous n'avez pas cette excuse.

– Oui, reconnut Laurent, Catherine m'a fait prendre du poids. »

Catherine vaillamment maquée selon son goût, nous descendîmes la Seine vers Rouen, entre deux sinistres paysages d'hiver. Laurent n'était pas trop fier, mais j'avais le cœur léger : l'espoir me soutenait de retrouver enfin Lucretia et je croyais toucher au bout de mes peines. J'aurais dû méditer plutôt l'inquiétant passage où l'oncle Gabriel, qui prenait Tradenico pour un sénateur charitable, signalait avec innocence que ma mère était « sagement favorable » à de judiciaires et instructives vacances normandes. Sans doute n'était-elle pas pressée de me voir retrouver une esclave qui pourrait me parler sans fard des honteux exploits de l'oncle Angelo à travers palais et bordels. Une épreuve désagréable pour une femme si fière, que j'avais déjà insultée. Quelque goutte de fiel était un jour susceptible de faire déborder le vase. Mais qu'aurais-je pu empêcher que John n'a pu empêcher lui-même?

Le 19 février, nous débarquions à Rouen.

TROISIÈME PARTIE

LE PROCÈS

[illegible]

[illegible]

Comprenant [illegible] Guerre [illegible]
échanges [illegible]
par les soins des [illegible]
[illegible]

[illegible]

Du côté [illegible]
la bataille [illegible] espagnol [illegible]
[illegible] Armagnacs [illegible] faisant
[illegible] plus ou moins [illegible] contre [illegible]

I

Contrairement à l'Aquitaine – devenue « Guyenne » dans le langage courant au fur et à mesure qu'elle rétrécissait par les soins des rois de France –, laquelle n'était pas sortie du giron du roi d'Angleterre depuis 1152, la Normandie avait été confisquée par les Capétiens dès 1204, et cette riche région d'herbages, après une longue paix, avait été ravagée à maintes reprises près d'un siècle durant par les guerres entre Valois et Plantagenêts ou Lancastres. Il avait fallu Azincourt pour que tout le pays fît enfin retour à l'Angleterre dans les années qui avaient suivi la victoire d'Henri V en 1415.

Les guerres intestines avaient été d'autant plus sévères que la population demeurait très partagée. Quelques années après l'exécution de la Pucelle, on devait même assiter à un phénomène unique dans l'histoire des guerres de ce temps : l'Angleterre levant de simples paysans normands pour la défense du duché contre les gens de Charles VII ! Mais les militaires de profession, jaloux de la concurrence, massacrèrent traîtreusement cette milice, et bien que Bedford eût fait pendre les responsables de cette sanglante sottise, les vilains de Normandie restèrent désormais chez eux à flairer le vent.

Le sort de Rouen avait été particulièrement affreux. La néfaste et incapable coterie « armagnacque », à une époque où « Armagnacs » et « Bourguignons » faisaient encore plus ou moins cause commune contre les Anglais, ayant découragé le duc de Bourgogne Jean sans Peur de paraître à Azincourt, de nombreux Bourguignons n'y avaient figuré qu'à titre individuel, mais en 1418, c'est néanmoins Jean sans Peur qui s'était chargé de faire défendre Rouen contre Henri V par une forte troupe bourguignonne grossie d'un contingent parisien. En décembre de cette année 1418, la garnison affamée de la place avait poussé hors les murs femmes, enfants et vieillards, avec d'autant plus d'héroïsme qu'elle était étrangère à la cité – ne gardant que les plus grasses putains, réduites à manger des souris. Et ces malheureux exilés étaient morts de froid et de faim entre les retranchements anglais et français, sous les regards indifférents des armées en présence.

Rouen s'était rendu au sortir de l'hécatombe, dès janvier 1419, le capitaine bourguignon avait été pendu, et les bourgeois, taxés de 300 000 écus, qu'ils allaient mettre dix ans à régler – avec une aisance accrue cependant par la brusque diminution de leurs charges de famille. Débarrassé de ses vieux parents et grands-parents, de sa femme, de ses maîtresses, de ses servantes, de ses enfants et bâtards, un bourgeois raisonnable, passé la tristesse du premier deuil, se sent riche et respire plus à l'aise.

Malgré la relative importance de ce tribut, les habitants résiduels de la ville, par une réaction assez compréhensible, en avaient surtout voulu aux Bourguignons, aux Parisiens désinvoltes, et aux « Armagnacs », qui n'avaient rien fait pour les secourir. Par contraste avec ces alliés désastreux, un roi d'Angleterre à poigne avait des allures presque rassurantes. La bourgeoisie de Rouen, conquise dans tous les sens du terme, restera longtemps favorable aux Anglais, et Jeanne sera jugée dans un climat populaire plutôt hostile.

Sous la bruine glaciale de ce mois de février 1431, cette grande cité, étalée le long de la rive droite de la Seine, offrait un réfrigérant spectacle : femmes et enfants étaient rares, les vieillards, plus rares encore, et le procès de la Pucelle avait entraîné une manière d'état de siège, qui n'était pas fait pour égayer les lieux. Alors qu'à Paris l'Anglais se faisait oublier, Rouen était sillonné d'archers.

Le couvent Saint-Jacques des dominicains ayant été dévasté lors du siège, les frères – il est vrai peu nombreux – avaient trouvé provisoirement refuge dans une dépendance du couvent des carmes, un peu au nord de la cathédrale. Au soir du 19 février, l'Inquisiteur délégué Jean Le Maistre, dûment averti par l'Inquisiteur Général Graverent, fut par bonheur en mesure d'offrir à Laurent et à moi-même, non point la monacale cellule sans chauffage que j'avais redoutée, mais un logement avec une cheminée où pétillait un bon feu. Il ne fait pas très froid en Normandie, mais l'humidité vous pénètre et vous glace les os.

Le Maistre, qui avait tenu à me faire les honneurs en personne, me désigna un beau missel enluminé sur le montant d'un prie-Dieu, qu'accompagnait un mot cacheté de Cauchon à mon adresse :

« J'ai une très grande considération pour le cardinal Condulmer, dont la sience et la piété honorent l'Eglise, et suis heureux d'accueillir à Rouen son distingué neveu, que j'aurais logé plus au large s'il avait pensé à me demander l'hospitalité. A défaut d'appartement, je lui fournirai, dans les limites du droit, sur le procès qui excite sa légitime curiosité, toutes les informations qui pourront lui être de quelque avantage. Qu'il accepte en attendant ce missel, témoignage de ma paternelle estime et sollicitude. »

C'était aussi bref que gracieux, mais pesé et lourd de sens. Je fis poliment lire ces phrases à Le Maistre, qui toussota d'un air gêné. Dans les brouillards de Rouen, tous les Normands toussent. C'est le contexte qui dévoile le sens de la quinte.

« On dirait, dis-je plaisamment à mon interlocuteur,

que l'évêque n'est pas enchanté de me savoir aux griffes de l'Inquisition !

– Euh oui... De pauvres griffes ! Mon traitement annuel ne saurait payer un pareil missel.

– Cauchon s'imaginerait-il par hasard que mon œil à Rouen serait celui de Rome ?

– Euh... c'est bien possible. On ne fait pas une belle carrière sans être soupçonneux.

– Notre Cauchon aurait sans doute aimé me chambrer pour mieux me mettre en condition ?

– Euh... peut-être...

– Et avec ce luxueux missel – certains neveux de cardinaux dépensent plus que leur pension ! –, il me montre de quel côté la tartine est beurrée.

– Hum !... Le Révérend Père ne vous ferait pas cette injure !

– J'en suis persuadé d'avance. Mais la femme de César ne doit pas être soupçonnée – d'autant moins qu'elle était coupable ! Je prierai pour vous, mon frère, dans un missel qui s'accorde mieux à votre vertu qu'à la mienne, et quand je quitterai Rouen, je vous laisserai respectueusement le chef-d'œuvre en souvenir. Vous le confier plus tôt serait désobligeant pour l'évêque. »

L'ingrat visage de pauvre du vice-inquisiteur exprima un ravissement incrédule et, oubliant de se racler prudemment la gorge avant chaque phrase, Le Maistre bafouilla des remerciements confus. Le tenant en haleine avec mon missel, j'aurais plus de facilités à le manœuvrer en faveur de Jeanne.

Un peu remis de son émotion, il ouvrit la fenêtre de la chambre et me montra vers le nord le château du Bouvreuil, construit jadis par Philippe Auguste pour couronner la colline du même nom après sa victoire sur Jean sans Terre. Le profil de l'imposante forteresse se découpait sur le ciel assombri par la tombée de la nuit.

« C'est là, dit Le Maistre, que résident le jeune roi et son sévère précepteur Warwick. La Pucelle est, m'a-t-on dit, détenue dans une tour avec vue sur la campagne. Le château est à la limite de Rouen, et quand Jeanne nous est arrivée fin décembre, elle n'a pas eu à traverser la ville pour gagner sa prison. Le populaire, sans cesse à l'affût d'un spectacle, en était tout déçu. »

Le vice-inquisiteur m'invita à dîner dans son petit appartement encombré de livres, plus discret que le réfectoire des Pères pour une prise de contact. Malgré les efforts visiblement déployés, la chère était assez médiocre. J'en arrivai à croire que l'Inquisition de Rouen était vraiment dans la mouise.

Le Maistre était un garçon d'environ trente-cinq ans, d'un naturel timide et scrupuleux. D'humble origine, il avait trouvé dans sa charge d'Inquisiteur délégué des responsabilités considérables, mais étroitement spécialisées, qui paraissaient lui convenir à merveille. Sa conversation empruntée se colorait, se passionnait, dès qu'il parlait de son Inquisitition chérie. Par la volonté du Saint-Père, des hommes obscurs étaient ainsi amenés à traiter d'égal à égal avec des évêques brillants et prétentieux, à jeter de grands personnages dans les tortures, à disposer de la vie et des biens de nobles suspects qu'ils n'auraient osé aborder qu'en tremblant. C'était une belle promotion et revanche, et l'on comprenait pourquoi le peuple, qui méprisait d'ordinaire les évêques, respectait la sainte Inquisition, terreur des fortunés et des puissants.

Je m'ingéniai en toute simplicité à mettre Le Maistre à l'aise, et j'y parvins facilement. Il n'était pas fâché de pouvoir partager avec le neveu d'un cardinal illustre les soucis de métier imprévus que le procès sans précédent de la Pucelle lui occasionnait.

Je lui demandai où en était ce procès...

« Votre oncle de Sienne a dû vous donner une idée de la procédure ?...

– Très vaguement...

– Bien sûr, ce n'est pas à Orange qu'on a pu vous en informer, puisque ladite procédure est secrète.

– De toute façon, je n'ai jamais mis les pieds à Orange. Mon parchemin de droit canon ne vaut pas plus cher que l'argent qu'il a coûté.

– Euh... je m'en doutais un peu.

– C'est bien parce que vous vous en doutiez que je vous l'avoue sans attendre les tortures!

– Ah! Comme c'est beau l'argent! Quand je pense à toutes les peines que j'ai eues pour décrocher mon baccalauréat de théologie...

– Expliquez-moi donc de quoi il retourne comme si je ne savais rien. »

Le Maistre s'éclaircit la voix avec une goulée d'imbuvable vin de messe : afin d'épargner les frais et les risques du transport, l'Eglise d'Occident s'acharne à faire pousser la vigne pour les besoins du culte sur les terroirs les plus rebelles.

Puis il me dit doctoralement :

« Une procédure en hérésie comporte de nos jours deux phases bien distinctes, le procès préparatoire ou " d'office ", et le procès " ordinaire ", ainsi nommé parce qu'il fait intervenir de toute façon le tribunal ordinaire de l'évêque, personnage qui a été chargé de sauvegarder la foi et de poursuivre les hérétiques après que l'Eglise a pu jouir de l'appui du pouvoir civil. Longtemps persécutés, les chrétiens sont vite devenus des policiers et des juges avisés.

» Il vous amusera peut-être de savoir que la peine du feu contre l'hérétique a été appliquée pour la première fois à la fin du IIIe siècle par un empereur païen, Dioclétien, au détriment des manichéens dualistes, avant-garde des Perses sassanides dans l'Empire. Durant des siècles, une Eglise aussi triomphante qu'indulgente se bornera, par le biais de ses évêques, à tracasser, à ruiner, à emprisonner, à déporter, à exiler les hérétiques. C'est seulemnt en 1022 que le Capétien Robert le Pieux, un initiateur dont la bonne volonté dépasse la compétence, brûle avec un rien de fantaisie quelques suspects à Orléans. Par la suite, étant donné la montée des périls, la répression s'organise, se fait plus sérieuse, le pape et la sainte Inquisition prennent la chose en main – ne serait-ce que pour éviter les erreurs judiciaires sous la pression des foules et des Princes apeurés –, et les condamnations à mort deviennent la règle si l'on se heurte à des irréductibles. Nous en sommes encore là.

» Bref, le procès " d'office " est consacré à l'instruction de l'affaire, qui comporte elle-même deux degrés.

» Premièrement, le tribunal enquête et recueille sur le suspect " diffamé d'hérésie " – selon l'expression consacrée – tous témoignages et toutes informations possibles afin de voir s'il y a lieu de poursuivre. Deuxièmement, si les diffamations paraissent suffisamment graves et concordantes, le suspect est appréhendé et interrogé. Les informations préalables guident les interrogatoires, et les déclarations de l'accusé achèvent d'éclairer les juges. A ce stade, il est rarissime qu'un accusé soit provisoirement acquitté au bénéfice du doute. La plupart du temps, dès que le tribunal estime être au fait, le procureur – appelé en l'occurrence " promoteur " – rédige son acte d'accusation dans les formes.

» L'intervention du promoteur, la lecture de l'acte d'accusation au prévenu ouvrent le procès " ordinaire ". L'accusé, qui peut alors, très éventuellement, se voir offrir l'assistance d'un avocat, est invité à reconnaître la validité des charges qui ont été retenues à son encontre.

» Trois hypothèses sont à considérer.

» Ou bien – il en va par bonheur le plus souvent de la sorte – l'accusé se montre compréhensif, soumis et repentant. Le tribunal le condamne de ce fait à une pénitence appropriée, de nature et de gravité extrêmement variables. Cette ingénieuse variété permet d'accorder la pénitence non seulement à la faute, mais à la personnalité du coupable, que l'on s'efforce de corriger en le sanctionnant sur un point sensible. A quoi bon faire fouetter une femme qui aime à être battue ?

» Ou bien l'accusé se fait gloire d'être hérétique et

déclare préférer la mort au retour dans le sein maternel de l'Eglise. S'il persévère dans son erreur, le tribunal lui donne satisfaction et le livre au bras séculier. Il va sans dire que cette attitude, qui rend les tortures inutiles, n'est pas fréquente.

» Ou bien l'accusé proteste de son orthodoxie, mais refuse d'admettre le bien-fondé de tel ou tel paragraphe de l'acte d'accusation, attitude assez courante chez les fortes têtes ou chez les rusés, et qui entraîne la mort si l'impénitence persiste. Dans ces conditions, le devoir du tribunal est de ne rien ménager pour convaincre le présomptueux qu'il fait fausse route, et des tortures humainement appliquées pourront le rappeler à des sentiments chrétiens. Nous revenons ainsi tant bien que mal à la première hypothèse, celle où le condamné est justiciable d'une simple pénitence – qui sera toutefois alourdie en fonction des difficultés oiseuses qu'il aura inconsidérément soulevées. Il faut en bonne justice que tout se paie.

– Et la Pucelle, là-dedans ?

– J'y arrive ! Le procès " d'office " de Jeanne s'est officiellement ouvert le 9 janvier. Et ce matin, 19 février, Cauchon et une douzaine de collaborateurs ont décidé qu'il y avait lieu de poursuivre, vu la très mauvaise réputation de la " diffamée " et les informations préalables amassées par les enquêteurs dans la région de Domrémy et ailleurs. Les interrogatoires de la Pucelle doivent commencer après-demain 21 février. Et cet après-midi, Cauchon m'a fait venir en son hôtel – il habite chez le chanoine Jean Rubbé, curé de Saint-Nicolas-le-Paincteur – pour me sommer et requérir de procéder conjointement avec lui.

» Mais je lui ai déclaré que j'étais incompétent... »

Je crus un instant avoir mal entendu.

« Incompétent ? Cauchon se sera permis d'ouvrir sans vous le procès d'office, alors que votre délégation n'était pas en ordre ?

– C'est bien parce qu'elle est en ordre que je suis

incompétent ! Vous plairait-il de la voir ? Vous saisirez tout de suite... »

Devant ma curiosité, Le Maistre abandonna son rôti coriace et alla prendre dans un coffre soigneusement verrouillé sa lettre de vicariat, qu'il me donna à lire. Le document, rédigé dans le style caractéristique de l'Ecole, était aussi bref que limpide.

« Frère Jean Graverent, de l'ordre des Frères prêcheurs, professeur de théologie sacrée, député par l'autorité apostolique comme Inquisiteur de la perversion hérétique au royaume de France, à son cher frère en Christ Jean Le Maistre, du même ordre, salut dans l'auteur et le consommateur de la Foi Notre Seigneur Jésus-Christ !

» Le mal de l'hérésie chemine furtivement comme une tumeur et tue sournoisement les gens simples à moins que, avec un soin vigilant, le scalpel de l'Inquisition ne l'extirpe; en conséquence, confiant dans le zèle de votre foi, votre discrétion et votre probité, de par l'autorité apostolique dont nous remplissons l'office en cette partie, nous vous avons fait, créé et constitué et, par la teneur des présentes, nous vous faisons, créons et constituons notre vicaire dans la cité et le diocèse de Rouen, vous donnant et concédant dans ces cité et diocèse, contre tous hérétiques et suspects d'hérésie, leurs disciples, fauteurs, défenseurs et recéleurs, plein pouvoir d'enquêter, citer, assigner, excommunier, arrêter, détenir, corriger et autrement procéder contre eux par les moyens opportuns jusqu'à la sentence définitive inclusivement, ainsi que d'absoudre et ordonner les pénitences salutaires, et généralement de faire et pratiquer tout et chacun des actes qui relèvent dudit office d'Inquisiteur, tant en droit que selon la coutume ou un privilège spécial, et que nous ferions ou pourrions faire si nous étions présent.

» En témoignage de tout ce qui précède, nous avons

fait apposer aux présentes le sceau dont nous nous servons dans notre office.

» Donné à Rouen, l'an du Seigneur 1424, le 21 août. »

Une prose intéressante. La foi y passait avant la discrétion, la discrétion, avant la probité; l'éminente et directe autorité pontificale sur les Inquisiteurs était soulignée deux fois et, à propos de tous les énormes pouvoirs accordés, aucune allusion n'était faite à la nécessaire collaboration avec l'évêque, reléguée dans l'implicite.

Mais en quoi l'incompétence de Le Maistre dans le procès de la Pucelle découlait-elle de cette délégation parfaitement régulière ?

« Comme vous pouvez le constater, me dit le vice-inquisiteur, je suis délégué pour Rouen et son diocèse. Or Jeanne a été prise sur les terres de l'évéché de Beauvais. Pour instruire cette affaire à Rouen, Cauchon a dû obtenir du chapitre de la ville – le siège archi-épiscopal est vacant – une concession d'exterritorialité. L'évêque est de la sorte censé procéder sur le territoire de Beauvais, et je suis incompétent à Beauvais. »

Ces finesses juridiques étaient étonnantes.

Le Maistre poursuivit :

« Naturellement, Cauchon va prier Graverent de m'accorder une extension de compétence pour cette enclave fictive de Beauvais, le Grand Inquisiteur de France ne s'y refusera point, et je suivrai le procès en observateur jusqu'à ce que la régularisation de cette affaire me permette de siéger conjointement avec l'évêque.

– Pourquoi donc avoir soulevé ce lièvre ?

– Pour la bonne forme. Quand j'aurai à approuver tout ce qu'on aura fait sans moi, il sera bon que mon pouvoir soit hors de discussion.

– Ne pouviez-vous alors vous inquiéter de votre incompétence plus tôt ? Votre lettre de vicariat vous donne pleins pouvoirs afin d'instruire à votre guise de

A jusqu'à Z. Est-il normal qu'un Inquisiteur n'entre en scène qu'après le début des interrogatoires de l'accusé ?

– Certes non ! D'ordinaire, c'est l'Inquisiteur qui met une affaire en branle, et l'évêque ne fait que suivre bon gré mal gré. Mais dans cette affaire d'exception, j'ai voulu prendre mes distances. Et si, dès le 26 mai 1430, le vicaire général du Grand Inquisiteur – et non le Grand Inquisiteur lui-même ! – a réclamé Jeanne la Pucelle au duc de Bourgogne, c'est bien parce que Bedford se serait étranglé de rage autrement. »

Je me rappelai ce que l'oncle Gabriel m'avait écrit du peu d'empressement de la sainte Inquisition à participer au procès de Jeanne. Non seulement Graverent avait dédaigné de siéger lui-même – alors qu'il lui eût été bien facile de prendre à son compte la compétence pour l'enclave –, mais il avait manœuvré, avec la complicité de son pâle vicaire local, pour que l'Inquisition ne fît qu'une apparition tardive au procès.

Comme je demandais à Le Maistre les motifs exacts de ces réserves si éclatantes, il me répondit :

« Elles arrangent tout le monde. Bedford est heureux que Cauchon, son homme de confiance, ait la haute main sur l'affaire. L'évêque en est plus heureux encore si possible. Et l'Inquisition jubile.

» Sans doute est-ce une tradition chez nous que de nous méfier des procès où la politique a son mot à dire, mais celui-là est spécialement désagréable. Comprenez que la résistance du Dauphin, bientôt promu roi, a coupé en deux l'Inquisition de France. Or tous les Inquisiteurs sont frères, s'estiment et se connaissent d'autant mieux que la plupart sont dominicains, et la chasse aux hérétiques, leur vocation, passe bien avant les désastreuses querelles de Princes. Chez ces soldats du pape, l'esprit de corps est très fort. En boudant ostensiblement ce procès, Graverent et moi-même ménageons – à charge de revanche – la susceptibilité de nos confrères du sud de la Loire, qui ont bien dû rester en place pour faire leur travail : l'hérétique est partout et ne chôme jamais. Et notre bouderie est exemplaire. Elle signifie aux rois que l'extermination de l'hérésie a plus d'importance que leur couronne.

» Autre raison pour laquelle l'Inquisition ne touchera à l'affaire que du bout des doigts : le plus clair de notre efficacité tient au secret, exigé par serment de tous les participants à une affaire. Même un accusé relâché faute de preuves est tenu de ne rien révéler, sous peine d'excommunication, de ce qu'il a vu ou entendu. L'Inquisiteur se fait un prudent devoir de mener sa procédure avec un minimum de monde : deux assesseurs de son choix – religieux ou même laïques –, quelques notaires, un huissier, ce qu'il faut de geôliers et de gardes... L'évêque du lieu a naturellement le droit de suivre les interrogatoires ou de les faire suivre par un représentant. Le dossier du procès est tenu à sa disposition, et il est obligatoirement consulté sur l'opportunité des tortures ou sur la sentence. Voilà le bon usage, la règle souhaitable. Or nous en sommes très loin aujourd'hui. Ce n'est pas un procès que Cauchon organise, mais une véritable foire : plus de cent assesseurs, sans parler du chapitre, des avocats et des docteurs que l'évêque entend consulter. Au sortir de ce marathon, tous les hérétiques sauront comment on procède, et ils pourront manœuvrer en conséquence. »

Un point m'avait fait tiquer...

« Pour en revenir à la question des compétences, la Pucelle n'est restée libre que quelques heures sur le territoire de l'évêque de Beauvais, pendant lesquelles elle a eu autre chose à faire qu'à se livrer à une hérésie qualifiée...

– Je vous entends bien, Messire. La jurisprudence la plus commune part cependant du principe que l'hérétique délinque partout où il se trouve, du fait même que son ignoble respiration pollue l'air chrétien. L'endroit de l'arrestation désigne ainsi le juge sans conteste. C'est la procédure la plus pratique, qui évite d'habitude des transferts coûteux et générateurs d'évasions.

– Il n'y a donc aucune irrégularité dans la présence de Jeanne devant le tribunal ordinaire de l'évêque de Beauvais.

– Pas la moindre. »

Le Maistre ajouta en souriant :

« A Rome, on parle beaucoup de régularité. Mais au fond, le pape est bien d'avis que l'efficacité doit parfois primer sur la règle, qui n'est là qu'à titre purement indicatif.

– A ce point ?

– Les Inquisiteurs (mais non pas les évêques !) ont même l'insigne privilège de se délier mutuellement des irrégularités entraînant excomnunication qu'ils auraient pu commettre par excès de zèle !

– C'est diablement efficace, en effet.

– Saintement efficace, vous voulez dire ! »

Nous rîmes de bon cœur.

Je m'inquiétais néanmoins de savoir si l'Inquisiteur délégué appréhendait une quelconque irrégularité dans le cours du procès de Jeanne...

« Vous n'y songez pas, Messire Condulmer ! La majorité des spécialistes rassemblés par Cauchon ne sont ni des vendus ni des passionnés, et il est hors de question de leur faire avaler n'importe quoi. L'évêque, persuadé d'avance de la culpabilité de la Pucelle, est bien décidé à observer les formes. Très soucieux de sa réputation, il a d'ailleurs tout à y gagner. »

Nous en étions au dessert. Comme beaucoup de clercs, Le Maistre paraissait gourmand. J'offris de lui verser une pension plus que suffisante pour ma table, avec l'espoir de lui rendre souvent son aimable invitation, et il en fut charmé.

Se léchant les doigts, il ajouta rêveusement, en veine de confidences :

« Oui, je pense que le procès sera régulier, peut-être même exemplaire. Mais il n'y a pas que le procès... »

Il faisait le mystérieux. Je le pressai de s'expliquer, et il me montra copie, que Cauchon lui avait fait suivre, d'une lettre royale datée du 3 janvier précédent. Les Anglais y manifestaient leur intention de livrer Jeanne à l'évêque en vue de la procédure qui s'annonçait. Mais en fait, la lettre n'avait été écrite que pour exprimer les plus étranges réserves.

En effet, après la formule consacrée : « Henri, par la grâce de Dieu roi de France et d'Angleterre, à tous ceux qui ces présentes lettres verront, salut! », après les banalités et redondances habituelles en ce genre de littérature, on pouvait lire ce qui suit :

« ... Aussi bien, nous qui, pour la révérence et l'honneur du saint nom divin, la défense et l'exaltation de la foi catholique, voulons dévotement obtempérer, comme de vrais et humbles fils de la sainte Eglise, aux requêtes et instances dudit Révérend Père en Dieu, aux exhortations des docteurs et maîtres de notre fille l'Université de Paris, nous ordonnons et consentons que, toutes et quantes fois qu'il semblera bon audit Révérend Père en Dieu, cette Jeanne lui soit remise et livrée réellement et effectivement par nos gens et officiers qui l'ont en garde, pour que ledit Révérend Père en Dieu l'interroge, l'examine et lui fasse son procès, selon Dieu, la raison, les droits divins et les saints canons.

» Ainsi nous donnons mandement à nosdites gens et officiers qui ont cette Jeanne en garde qu'ils baillent et livrent réellement et effectivement, sans refuser ni du tout y contredire, ladite Jeanne audit Révérend Père en Dieu, toutes et quantes fois qu'ils en seront par lui requis.

...

» Toutefois notre intention est de ravoir et reprendre par-devers nous ladite Jeanne s'il arrivait qu'elle ne fût pas convaincue ni atteinte des accusations dessus-dites ou de l'une d'entre elles ou d'autres touchant à notre foi ou la regardant... »

« Cette lettre, me fit remarquer Le Maistre, est signée de Jean Rinel, notaire au Grand Conseil de Bedford. Ce Rinel est le mari de la nièce de Cauchon, Guillemette Bidault : on est en famille !

» Ne vous semble-t-il pas qu'au reçu d'une pareille pièce, Cauchon aurait dû honnêtement se démettre ?

– Précisez votre pensée...

– Mon " Eymerich ", puisque Rome vous autorise très exceptionnellement à le parcourir, la précisera pour moi !... »

Le Maistre m'entraîna vers un pupitre sur lequel un gros volume était enchaîné. Et, après m'avoir fait prêter serment de discrétion avec le plus beau sérieux, il me fit lire le bref chapitre du *Directorium* intitulé : « La prison inquisitoriale », où figuraient notamment ces phrases :

« L'Inquisiteur peut- il avoir sa propre prison ?

» Oui. L'Inquisiteur dispose d'une prison particulière, dans laquelle il détient les accusés qui n'ont pas encore été jugés. L'Inquisiteur peut mettre des entraves ou des fers à ses prisonniers. La prison dans laquelle les prisonniers doivent purger leur peine après procès sera commune à l'Inquisiteur et à l'évêque. Ce sera une prison terrible, car elle est conçue beaucoup plus pour le supplice des condamnés que pour leur simple détention. C'est dans cette prison que doivent avoir lieu les séances de tortures... »

Surpris, j'avais interrompu ma lecture et regardé Le Maistre.

« Quelque chose vous choquerait-il ?

– D'après les quelques échos autorisés que j'avais pu en avoir, les prisons d'Eglise n'étaient pas si terribles. »

Avec un effroi comique, le vice-inquisiteur mit un doigt sur ses lèvres...

« Chut ! Elles ne sont que trop douces. Même les

condamnés à vie, pour peu que leur conduite soit satisfaisante, y restent rarement plus de trois ans.

– Alors, pourquoi ce texte ?

– Sur ce point comme sur bien d'autres, nos manuels parlent toujours de rigueur maximale. Il y a deux avantages à cela. D'une part, en cas de nécessité, l'Inquisiteur sait précisément jusqu'où le pape lui permet d'aller sans qu'il ait de comptes à rendre à personne. D'autre part, comme une indiscrétion, en dépit de toutes les précautions prises, peut toujours affecter tel ou tel manuel, ne bruit se répand alors que notre justice est atroce, ce qui décourage l'hérésie. En pratique, bien souvent, le cœur compatissant de l'Inquisiteur – tout particulièrement en fait de tortures ou de sévices – interprète les textes avec une évangélique douceur.

» Nous comptons sur vous, n'est-ce pas, pour maintenir le mythe dans l'intérêt de la Foi ?

– Soyez tranquille ! Je ne trahirai mon serment que pour narrer des histoires à faire dresser les cheveux ! »

Prenant bonne note de ces précieuses informations, je lus les derniers paragraphes :

« L'Inquisiteur et l'évêque peuvent-ils avoir une prison commune pour la garde et pour la purgation ? Et dans l'affirmative, auquel des deux en incombe la garde ?

» Chacun peut avoir sa prison particulière, et chacun d'eux peut transformer sa prison particulière en prison commune inquisitoriale et épiscopale.

» Dans certains lieux, comme Toulouse ou Carcassonne, les Inquisiteurs disposent de prisons qu'ils appellent " murs " parce que leurs cellules longent le mur des bâtiments communs à l'Inquisiteur et à l'évêque.

» Dans d'autres endroits, les évêques disposent d'une prison dans laquelle sont détenus non seulement les suspects avant le procès, mais encore les condamnés après condamnation. La prison épiscopale est alors " ipso facto " prison inquisitoriale puisque, ainsi qu'il a été dit plus haut, l'évêque ne saurait garder les condamnés en prison sans l'accord de l'Inquisiteur.

» En ce qui concerne la garde, il a été convenu que les " emmurés " – pour reprendre le terme suggéré plus haut – seront placés sous la surveillance de deux gardiens discrets, rusés, très croyants, l'un maintenu par l'évêque, l'autre par l'Inquisiteur. Chacun d'eux aura un auxiliaire et disposera de deux clefs. Les gardiens prêteront serment devant l'évêque et devant l'Inquisiteur de remplir fidèlement leur mission, de ne laisser personne accéder à leurs prisonniers, et de s'occuper d'eux selon les instructions de l'évêque et de l'Inquisiteur. S'il s'agit d'une prison épiscopale, les gardiens prêteront également serment devant l'Inquisiteur.

» Longue et fastidieuse question que celle du gardiennage. Question simplement verbale en fin de compte, car d'où l'Inquisiteur tirera-t-il de quoi payer ses gardiens? Je n'en parlerai donc pas davantage. Le ferais-je que resterait toujours sans solution le problème du salaire des gardiens, tant est déficient celui des Inquisiteurs. »

Ce texte était d'une importance capitale pour le procès, car l'existence de Jeanne pouvait dépendre de son application, et il illustrait bien, en tout cas, la déjà vieille complicité entre évêques et Inquisiteurs, solidaires non seulement quant aux tortures et aux sentences, mais aussi quant à la purgation des peines pénitentielles[1].

« Hein, fit Le Maistre, c'est clair? Suspects, accusés,

1. L'obligatoire association entre évêques et Inquisiteurs durera autant que l'Inquisition, dont le pape était le patron attentif, c'est-à-dire près de six cents ans, du début du XIIIe jusqu'en plein XVIIIe siècle. Certains historiens distraits, dans leur idée fixe de noircir l'Inquisition, ont curieusement oublié papes et évêques, sans lesquels, pourtant, elle n'aurait pu fonctionner. Mais il faut dire aussi, en toute justice, que l'Inquisition n'est que l'aboutissement d'un long processus d'intolérance né avec le christianisme officiel du Bas Empire romain, intolérance que tous les Pères de l'Eglise, saint Augustin en tête, avaient approuvée et justifiée par d'évangéliques considérations. Le sentiment se répand aujourd'hui qu'ils n'avaient rien compris à l'Evangile.

condamnés, dès que le tribunal d'Eglise s'occupe de leur cas, doivent être détenus en prison inquisitoriale ou épiscopale, ou commune à l'évêque et à l'Inquisiteur. L'idée scandaleuse qu'une puissance laïque pourrait détenir des prisonniers qui ont affaire à l'évêque et à l'Inquisiteur ne vient même pas à Eymerich.

» Lorsque le roi – en fait le Régent – déclare qu'il compte reprendre la Pucelle si elle n'est pas condamnée pour hérésie, il est dans son droit : Jeanne est une prise de guerre qui lui a coûté assez cher. Mais quand il ose écrire que ses officiers remettront l'accusée à Cauchon " toutes et quantes fois qu'ils en seront par lui requis ", c'est bien l'aveu qu'il n'a nullement l'intention de tolérer qu'elle soit gardée en prison ecclésiastique durant son procès. Et il est permis de douter, par conséquent, que Bedford soit disposé à la remettre à l'Eglise si, comme probable, elle était condamnée à une pénitence. Un mépris encore jamais vu des privilèges ecclésiastiques les plus assurés et les plus constants. A procès d'Eglise, prison d'Eglise!

– Mais une telle situation risque d'être extrêmement préjudiciable à Jeanne, que les Anglais peuvent ainsi maltraiter, terroriser, manipuler à leur guise! Pour l'honneur du Saint-Père, de la sainte Inquisition et de l'Eglise tout entière, affreusement bafouée, ne protesterez-vous point? Et sans aller jusque-là, puisque vous reprochez à Cauchon de ne pas s'être démis, qui vous empêche de vous démettre vous-même? Le pape, qui veille si jalousement sur l'indépendance de sa chère Inquisition, vous donnerait-il tort?

– Euh... »

Le Maistre faisait une tête embarrassée, celle de l'honnête homme aux prises avec un problème de conscience qu'il n'a pas le courage de résoudre à son honneur. J'ai revu depuis maintes fois ce genre de tête dans bien des pays, et ma propre tête, à partir du moment où je me suis mêlé de politique, a parfois figuré dans la collection. Mais avec un rien d'ingéniosité, on trouve aisément des prétextes pour hurler avec les loups – fût-ce en s'abstenant d'ouvrir la bouche. Et ce sont ceux-là qui hurlent en fait le plus fort, car les crimes les plus odieux se nourrissent de leur silence.

« Comprenez-moi bien, dit enfin Le Maistre. Il y a la théorie et il y a les faits. A quoi servirait ma protestation ? Cauchon n'a aucun intérêt à ce que Jeanne soit enfermée au château du Bouvreuil. Si ça ne tenait qu'à lui, elle serait depuis son arrivée dans la prison épiscopale de Rouen, aux bons soins du chapitre. Mais tout le monde sait que Bedford ne se dessaisira jamais de sa prise. Autant enlever un os à un léopard ! Et si je me démettais, je serais vite remplacé.

» Tout à fait entre nous, poursuivit Le Maistre en baissant la voix, cette énorme irrégularité de prison laïque est le principal motif pour lequel je me bornerai à faire une consciencieuse figuration à ce procès, en plein accord avec Graverent, aussi froissé que moi-même. Mais s'il me faut fermer les yeux sur cette irrégularité externe, je ne suis pas prêt pour autant à souffrir des irrégularités dans la procédure elle-même, où ma responsabilité sera bientôt aussi engagée que celle de Cauchon. Absence de zèle ne signifie point compromission. »

J'étais heureux de le lui entendre dire ! En somme, si l'Inquisition ne se souciait pas de faire du zèle dans la cause, elle se souciait moins encore de jeter Bedford en fureur par une abstention outrageante ou des remarques pénibles. Sa réputation et sa tranquillité l'intéressaient beaucoup plus que le sort de la Pucelle, et je n'avais aucune qualité pour en faire grief à Le Maistre.

Afin d'achever de se blanchir – à mes yeux comme aux siens –, Le Maistre me fit valoir que Warwick, dont la piété était connue, surveillait de très près la Pucelle, qui n'était visible que sur autorisation expresse du comte ou de l'évêque.

En mentionnant les relations que j'avais pu entretenir avec Jeanne, je n'aurais fait qu'exciter la méfiance du vice-inquisiteur, qui partageait plus ou moins les préjugés anglo-bourguignons à son sujet. Je me contentai de lui dire que j'étais venu de Padoue pour suivre les cours du collège de Navarre. Il aurait eu besoin de les suivre lui-même, car ses connaissances sur l'Antiquité étaient à peu près nulles. Octave et Auguste étaient pour lui le père et le fils!

Déformation professionnelle, Le Maistre, tout à fait incurieux de Venise, s'intéressait au fonctionnement de notre Inquisition. Je lui révélai que la « Seigneurie » lui laissait négligemment la bride sur le cou, n'exerçant quelques pressions que pour obtenir des condamnations plus sévères à l'encontre des clercs sodomites. La chose lui parut infiniment bizarre.

Le lendemain matin, protégé de la pluie par les surplombs des maisons en colombages qui étaient plus nombreuses encore que dans la région de la Loire, je visitai la ville et fis brûler des cierges à la cathédrale et à Saint-Ouen pour le succès du voyage de John. Dans cette dernière église, comme je rajoutais un petit cierge, sans grand espoir, pour que la Pucelle se tire d'affaire au mieux, un homme en larmes attira mon attention, et je pris langue avec lui dans le dessein de le réconforter. Il me raconta qu'en décembre 1418, lors de la grande expulsion des bouches inutiles par la garnison parisienne et bourguignonne, sa mère, sa femme et ses quatre enfants étaient lentement morts de faim sous ses regards entre les murs de la ville et les positions anglaises. C'est à Saint-Ouen qu'il allait à la messe avec eux et il les y revoyait toujours. Persuadé que n'importe quoi pouvait arriver, il avait renoncé à se remarier.

Dès que nous sortons de nous-mêmes, nous nous apercevons que nos malheurs sont peu de chose à côté de ceux des autres, constatation qui finit de nous accabler ou nous console selon notre humeur.

Cauchon m'avait fait dire qu'il trouverait un moment pour me recevoir avant midi. Je vis un personnage sanguin, autoritaire, sûr de lui, habitué à traiter avec sérieux et efficacité les affaires grandes ou petites. Par égard pour mon oncle Gabriel, qui était peut-être à deux doigts de la tiare, l'évêque me reçut avec beaucoup de politesse et me confirma que je pourrais prendre connaissance au jour le jour des minutes d'un procès qu'il voulait magnifique et digne de rester dans les annales. Mais il n'était pas question que je rendisse visite à Jeanne, détenue au secret, et mes titres étaient, paraît-il, insuffisants, pour que je puisse être officiellement incorporé à la troupe des assesseurs et suivre les interrogatoires avec eux. Je sentais bien que le prélat, malgré une amabilité de surface, aurait préféré me voir ailleurs. Ma présence à Rouen, et chez Le Maistre par-dessus le marché, ne lui disait décidément rien de bon.

Avec une évidente fierté, Cauchon me fit longuement apprécier la liste imposante des assesseurs, recrutés surtout à l'Université de Paris et en Normandie, mais aussi en Angleterre et en Bourgogne. Il y avait une belle collection d'évêques et d'abbés, et même un cardinal avec l'Anglais Henri de Beaufort, cardinal prêtre au titre de saint Eusèbe, appelé couramment le « cardinal d'Angleterre ». Les représentants des ordres monastiques réguliers étaient plus de trente, dont une douzaine de bénédictins, huit dominicains et six franciscains. Les chanoines étaient trente-sept, les séculiers frisaient la cinquantaine, et l'on découvrait même cinq médecins! Les théologiens comptaient vingt-cinq docteurs et seize bacheliers. Les gradués en droit, un peu plus nombreux, étaient trente et un pour le droit canon, dix pour le droit civil, et six pour les deux droits. Figuraient en tout soixante-quatorze docteurs et dix-neuf bacheliers! C'était assurément un tribunal de haut niveau, et constitué avec un certain éclectisme. Les Italiens n'étaient que deux, dont le Milanais Zanon de Castiglione, évêque « humaniste » de Lisieux depuis 1424. N'ayant pu obtenir, malgré ses efforts, le siège de Rouen, Cauchon lui succédera en 1432. Les Anglais étaient moins d'une dizaine.

« Vous devez savoir, me dit Cauchon, que les deux juges qui sont de règle en pareille affaire, l'évêque et l'Inquisiteur, sont libres de porter d'un commun accord la sentence qu'ils estiment convenable. Les assesseurs, quel que soit leur nombre, ne sont là que pour donner des avis. Mais en l'occurrence, le poids des avis sera d'autant plus lourd que les conseillers sont plus nombreux. Dans un procès que la passion partisane risquerait autrement de vicier, c'est là, je crois, une sage précaution. Nous serons près de cent trente à nous partager les responsabilités et à veiller jalousement à la parfaite régularité de la procédure, échappant ainsi au soupçon qui entache si facilement ces procès d'Inquisition menés en petit comité. Mieux encore, je me réserve, le moment venu, d'élargir encore le débat par un supplément de consultations. »

De tels scrupules étaient trop beaux pour ne pas être dénués d'arrière-pensées. L'évêque espérait évidemment qu'une condamnation obtenue à une écrasante majorité ferait beaucoup pour la cause des Lancastres.

Avec une fausse naïveté qui ne pouvait tromper personne, je fis observer :

« Je n'ai jamais ouï dire qu'un procès en hérésie ait mobilisé tant de monde, et la passion partisane peut s'emparer d'une foule comme de quelques individus. Votre Grandeur doit avoir d'autres raisons pour avoir vu si grand. Sont-elles d'ordre politique ou religieux ? »

Cauchon me considéra d'un drôle d'air, réfléchit un instant, et finit par me répondre :

« Ce que nous nous apprêtons à condamner, c'est justement l'intrusion abusive du religieux dans le politique. Quand les faux prophètes se mêlent de prophétiser, ils sont encore supportables. Mais quand ils montent à cheval pour piétiner leur prochain, la coupe d'iniquité est pleine, et l'Eglise doit réagir avec d'autant plus de vigueur que les inspirés sont à la mode et cherchent partout des dupes et des victimes. Jeanne a passé les bornes. »

Je demandai à l'évêque s'il avait été satisfait des informations préalables prises notamment du côté de Domrémy, et il fit la moue...

« Nous avons dû enquêter à la hâte, et pour de maigres résultats, qui n'eussent guère été meilleurs si le temps n'avait pressé. Rien de surprenant à cela. Pour les gens de Domrémy et de la région, Jeanne est une célébrité locale qui les a fait exempter d'impôts ! Et après être sortie de son village, l'accusée, par la force des choses, n'a guère fréquenté que des sympathisants. La peur lie d'ailleurs partout les langues et ce n'est pas sans mal que nous avons grappillé quelques indications qui tendraient à confirmer le soupçon de sorcellerie. Mais si les témoignages à charge sont trop souvent partiaux, douteux et de seconde main, l'activité publique de la suspecte – qui n'est que trop connue ! –, ses actes, ses écrits, ses dires établissent une écrasante présomption de culpabilité. Les interrogatoires seront essentiels dans cette cause et permettront de préciser l'accusation. »

Je dis prudemment à l'évêque qu'ayant eu l'occasion de traverser les terres du roi de Bourges – de m'y attarder même quelque temps, avant de gagner Paris –, le chef de sorcellerie, d'après les échos concordants que j'avais pu enregistrer, ne me semblait guère adéquat. Mais je me gardai bien de lui suggérer un chef d'inculpation plus solide : il le découvrirait lui-même bien assez vite !

J'abordai enfin la question brûlante de l'internement de la Pucelle. N'y avait-il point là une irrégularité qui risquait d'entacher de nullité un procès si bien conduit d'autre part ?

Cauchon eut la grimace d'un homme qui vient d'avaler du fiel, et soupira...

« Les Anglais ont leurs raisons, dont je ne suis pas responsable. Il m'a été impossible de faire lâcher prise à Bedford et à Warwick, et je suis le premier à le regretter. La question se posait donc comme suit : ou bien renoncer au procès dans ces conditions, ou bien procéder en dépit de cette irrégularité externe. Vu l'importance du cas, l'impérieuse nécessité de désabuser le peuple chrétien, j'ai cru pouvoir, en conscience, passer outre – et j'ai d'ailleurs tenu la curie romaine au courant des puissants motifs de cette décision, à laquelle la sainte Inquisition elle-même s'est sagement ralliée. Dans la répression de l'hérésie, tout ne doit-il pas être subordonné au résultat ? »

Je m'inquiétai de savoir si, au château royal, la Pucelle avait été confiée à des femmes respectables, et Cauchon dut reconnaître que Jeanne vivait jour et nuit sous la garde de soldats. Je sursautai du coup et, avec un embarras visible, l'évêque m'expliqua :

« Quand la Pucelle nous est arrivée pour Noël dernier (gracieux cadeau de la Providence pour cette fête !), nous pensions avoir affaire à une sorcière traditionnelle, qui avait rôti le balai depuis belle lurette. N'avait-elle pas vécu librement avec des bandits « armagnacs » durant plus d'un an, de février 1429 au mois de mai de l'année en cours ? Irrégularité formelle mise à part, il semblait donc tout naturel de la faire garder par des soldats, dont la compagnie lui rappellerait le bon temps.

» Un doute subsistait cependant, renforcé par les confidences des gardiens déroutés par le personnage, et il convenait, de toute façon, de tirer la chose au clair pour les besoins de la cause. Début janvier, peu avant le départ de son mari, Anne de Bourgogne, duchesse de Bedford, s'est donc chargée personnellement d'examiner Jeanne, avec l'assistance de quelques matrones. Le pucelage avait certes souffert de l'équitation à califourchon, mais il en restait suffisamment pour que la patiente, à l'étonnement général, fût qualifiée de vierge.

» Pucelage d'acier, pucelage d'une très anormale qualité pour résister ainsi à un millier de lieues à cheval ! Vous avouerez que la sorcellerie pourrait ne pas être étrangère au fait. Mais vous avouerez aussi que nous avons agi avec une belle honnêteté. Nous aurions pu ergoter pour un bout de pucelage en plus ou en moins, mais nous nous sommes inclinés de bonne grâce, avec un parfait esprit « desportif ». Mue par une charitable compassion – quitte à enlever à notre « promoteur » un grief d'importance –, la duchesse de Bedford a même fait tailler un costume de femme pour la Pucelle, qui a refusé de le mettre après avoir boxé le tailleur sous prétexte d'un léger attouchement inhérent à l'essayage !

» Je vous prie de considérer, jeune homme, – et vous pourrez l'écrire à votre oncle, qu'il soit cardinal ou pape ! – que la vertu anatomique de cette forcenée qui agresse les tailleurs est mieux garantie chez le roi de France et d'Angleterre qu'elle a jamais pu l'être auparavant, et ce, pour la plus démonstrative des raisons : ce certificat de virginité que nous avons pris soin de faire établir, et qui confirme le précédent certificat dû à la méfiance du roi Charles peu avant l'examen de Poitiers. Si Jeanne, doublement certifiée, doublement pucelle, était violée dans sa cellule en cours de procès, elle ne se priverait pas de hurler aussitôt sa plainte devant la foule des assesseurs, invoquant le témoignage de la duchesse de Bedford, et le déshonneur serait d'abord pour Warwick et pour moi.

» Aussi la Pucelle a-t-elle été confiée à quelques écuyers anglais triés sur le volet de la garde personnelle du bailli, qui ont prêté les plus rigoureux serments de bonne conduite, qui surveillent la prisonnière comme ils le feraient de leur propre sœur et répondraient sur leur tête du moindre accident. Loin de vouloir attenter à la pudeur de Jeanne, les gardiens n'ont au contraire qu'une crainte : que ce diabolique pucelage ne disparaisse par maléfice comme il est venu. Ces malheureux n'en dorment plus. En revanche, il est possible qu'ils s'autorisent, de loin en loin, quelques taquineries purement verbales. La Pucelle en a entendu d'autres dans les camps, et c'est un moindre mal, vous pouvez m'en croire ! »

J'osai suggérer que le moindre mal serait peut-être de

remettre la captive à des femmes pour ce qui était de la surveillance rapprochée. Il était déjà très irrégulier que Jeanne fût gardée en prison laïque et militaire, et l'irrégularité était fort aggravée par la présence indiscrète et continuelle de geôliers masculins. Rien n'empêchait de lui donner au château une honnête compagnie féminine, au moins durant la nuit.

Cauchon me fit alors cette déclaration d'une extraordinaire logique :

« Nous savons bien que Jeanne, qui n'a pas voulu quitter l'habit viril depuis son départ de Vaucouleurs, avait coutume de coucher avec des femmes. Plus il y en avait, plus elle était contente ! Ce goût pour la compagnie nocturne des femmes peut avoir divers motifs mais, chez une accusée véhémentement soupçonnée de sorcellerie et d'hérésie, nous ne pouvons exclure un penchant libidineux. Il est possible, après tout, que le cheval n'ait pas été la seule bête à mettre à mal ce fameux pucelage, auquel l'honneur d'Henri VI, après celui du roi de Bourges, se trouve aujourd'hui paradoxalement suspendu. Vous comprendrez, Messire, que je ne suis guère enclin à autoriser la prisonnière à s'ébattre toute nue avec des femmes, dont les plus honnêtes sont susceptibles d'avoir une faiblesse. Les nuits sont longues, en cette saison, et le peu qui demeure du pucelage historique pourrait s'évanouir dans l'affaire.

» Et vous comprendrez aussi, j'espère, que la fragilité même de cet attribut me console un peu d'avoir laissé Jeanne aux bons soins de Warwick. Si, en dépit de toutes les précautions, le pucelage devait prendre bientôt la clef des champs, il vaut mieux qu'il se volatilise chez lui que chez moi. J'ai en charge la réputation de la sainte Eglise !

» Or le risque n'est pas négligeable. Une sorcière vicieuse, à l'aide d'une simple bougie, est bien capable de se dépuceler elle-même, et de crier ensuite au viol pour jeter un affreux discrédit sur toute la procédure. Mais tirons un voile pudique sur des manœuvres qui ne devraient être connues que des confesseurs et des casuistes... »

Au regard de celui qui avait pu bavarder librement, ne fût-ce qu'un quart d'heure, avec la Pucelle, les soupçons de l'évêque étaient d'une bouffonnerie sinistre, fruits d'une misogynie recuite, renforcée par une longue et déprimante expérience de la confession. Hélas, Jeanne était désormais suspecte, et tout ce qu'elle pouvait dire ou faire, objet de suspicion. L'incomparable pucelage lui-même, deux fois vérifié par les soins de rois rivaux, devenait source d'inquiétude !

De telles préventions ne se dissipent point sur-le-champ, et je me bornai à déclarer :

« Les craintes subtiles de Votre Grandeur sont peut-être exagérées. A ce que j'avais cru saisir, la Pucelle – comme l'indique ce nom de guerre qu'elle a elle-même choisi – verrait plutôt dans son pucelage un rempart et une force, et il serait pour elle comme les cheveux de Samson. Au lieu d'y attenter, elle fera tout pour le défendre.

– Le Ciel vous entende ! »

Je me rappelle que je dis encore à Cauchon :

« Comment expliquez-vous, très Révérend Père, qu'à Poitiers, examinée par des prélats qui avaient fait les mêmes études, qui avaient eu la même formation que Votre Grandeur, la Pucelle ait produit une impression favorable ?

– L'explication est toute simple. L'honneur de l'Eglise s'oppose à ce qu'on puisse soupçonner les docteurs de Poitiers d'avoir laissé courir une hérétique pour obliger un soi-disant Dauphin qui avait abusé de leur bonne foi. A Poitiers, j'aurais sans doute opiné comme mes éminents confrères. Et il ne tient qu'à eux de venir à Rouen, où ils porteraient à coup sûr un jugement bien différent de celui de Poitiers.

» En effet, lorsque Jeanne a été interrogée à Poitiers, elle sortait de son village et n'avait pas encore eu le loisir de déployer ses talents, de montrer en toute clarté quelles œuvres pies découlaient de ses Voix. Mais entre Poitiers et Compiègne, les actes sanguinaires, les déclarations, les écrits insanes et présomptueux se sont accumulés. Le Christ, avant de nous édifier par son ministère public, a vécu d'une vie cachée. Le Diable aussi patiente et se cache quelque temps avant de révéler son vrai visage. »

La déclaration était d'une diplomatie, d'une habileté irréprochables. La Pucelle aurait affaire à forte partie.

Désireux, dans l'intérêt de Jeanne, de me concilier autant que possible l'évêque, je lui offris une croix pectorale d'or massif enrichie de pierres précieuses de couleur, chef-d'œuvre d'un grand orfèvre de Rouen, qui valait bien le double du missel dont il m'avait fait cadeau. Cauchon parut très sensible à l'attention, et me dit, après avoir considéré l'objet un instant : « Il y a là de quoi nourrir de nombreux pauvres pendant des mois. Je vous remercie pour eux du fond du cœur. » J'étais tombé sur un juge intègre, qui ne pouvait être influencé que selon la pente de sa conscience. C'était encore un mauvais point pour la Pucelle. Lorsque de belles consciences se heurtent contradictoirement, il y a toujours des étincelles.

II

CE même soir, je dînai dans mon appartement avec Le Maistre, servi par un Laurent un peu essoufflé, qui ne cessait décidément de prendre du poids à mon service – même quand les écarts de sa nouvelle femme n'en étaient pas directement responsables! J'étais descendu aux cuisines de la maison pour surveiller moi-même la préparation de quelques spécialités vénitiennes, et les poissons, gibiers lacustres de carême, vins de lointaine origine, étaient de premier ordre. Le gibier joue évidemment dans l'alimentation des Français un rôle beaucoup plus grand que dans celle des Vénitiens, et les désordres de la guerre favorisaient un braconnage intensif. Non seulement les pestes, en réduisant le nombre des bouches à nourrir, avaient accru l'aisance dans les rares régions paisibles, mais le peuple s'était mis à tâter d'un gibier jusque-là réservé à la noblesse. Et l'on était devenu d'autant plus gourmand que pestes et guerres prêtaient un caractère provisoire aux jouissances.

Le vice-inquisiteur était ravi de ce petit festin et – sans parler des intérêts de Jeanne – je n'étais pas fâché de le gâter. Les Inquisiteurs de France, pour la plupart honnêtes et convaincus, ont embrassé une carrière pleine de sacrifices et ils font plutôt maigre chère, la période des vaches grasses étant close depuis longtemps.

La coutume, fort économique, veut en effet que la sainte Inquisition se nourrisse de la bête. Les condamnations étant toujours assorties de confiscations, c'est sur cet argent que l'Inquisiteur va prendre de quoi faire tourner sa modeste machine administrative, conçue pour exécuter beaucoup de travail à peu de frais. Et, la machine étant ainsi bien graissée, le reste ira enrichir rois, princes, seigneurs temporels, excités par là à se montrer coopérants, attentifs et dévôts – l'Inquisition ayant d'ailleurs juridiction d'office sur tous ceux qui prétendraient lui mettre des bâtons dans les roues. A première vue, rien de plus sage ni de mieux étudié.

Encore faut-il qu'il y ait des hérétiques, et des hérétiques fortunés ! Du temps de l'éradiction du manichéisme albigeois, un peuple nombreux, qui comptait des bourgeois à leur aise et maints seigneurs grands et petits, avait embrassé ce dualisme d'origine iranienne, vaguement déguisé en un christianisme, tantôt laxiste pour la foule, tantôt exigeant pour les « parfaits ». Mais le travail répressif avait été si bien mené que l'hérétique s'était raréfié, comme ces espèces animales victimes d'une traque abusive. Pis encore, les quelques hérétiques résiduels susceptibles de nourrir les Inquisiteurs avaient eu peu à peu une fâcheuse propension à se recruter parmi des fanatiques à la bourse plate, qui ne possédaient que la vie. De façon générale, nobles et bourgeois, lesquels ont beaucoup à perdre à des imprudences, n'embrassent une hérésie quelconque que s'il y a des bénéfices à en tirer sans risques.

Dans les années trente de ce siècle, l'Inquisition de France tirait la langue, jalouse des tribunaux d'Angleterre qui avaient au moins quelques wyclifites à se mettre sous la dent. Et le mal était sans remède immédiat. Une Inquisition impécunieuse en est réduite à faire la quête chez les évêques, chez les Princes ou chez le pape, qui se renvoient hypocritement la balle et n'accordent, pour le plus grand préjudice de la Foi, que des secours insuffisants.

Alors que nous agitions, durant le dîner, cette question

pénible, Le Maistre me dit plaisamment à propos de l'affaire en cours :

« Encore une confiscation désastreuse en perspective ! Le roi héritera du gippon et des chausses de la Pucelle, et l'Inquisition n'aura que les aiguillettes... Ce n'est pas demain la veille que j'aurai de quoi manger comme chez vous. »

Je rapportai à l'Inquisiteur délégué ma conversation avec l'évêque de Beauvais, qui ne lui apprit pas grand-chose qu'il n'ait su ou deviné. De son point de vue, Cauchon avait en tout cas deux mauvaises excuses à souffrir l'internement militaire de la Pucelle : la suspecte était une prise de guerre de première importance, et elle s'obstinait, contre toute raison, à se déguiser en homme.

Je demandai à Le Maistre s'il avait eu vent de l'enquête conduite par les gens de Cauchon à Domrémy, Vaucouleurs et autres lieux, et il me répondit :

« On m'a rapporté que les témoignages sollicités avaient été soumis par l'évêque à un groupe d'assesseurs, dont une pléiade de distingués universitaires de Paris, arrivés à Rouen vers la mi-février. Mais, ainsi que Cauchon vous l'a signalé lui-même, les délations d'usage n'ont dans l'affaire qu'un intérêt mineur, contrairement à ce qui se passe pour les procès de gens obscurs. Personne publique, Jeanne sera jugée avant tout sur son activité publique et sur ce qu'elle en dira de bon ou mauvais gré.

– De quoi se compose au juste le dossier d'un procès de ce genre ?

– On y trouve essentiellement les procès-verbaux authentifiés par notaire des interrogatoires de l'accusé, puis les actes d'accusation et de condamnation.

– Et les témoignages à charge ou à décharge ?

– On ne s'occupe des témoignages à décharge que s'ils contredisent formellement les témoignages à charge. Mais le cas est rare. Les délations sont presque toujours scrupuleusement véridiques – que le témoin atteste de ce qu'il a vu et entendu, ou qu'il fasse mention de tel ou tel on-dit, que le tribunal se chargera de vérifier. Le délateur dépose en effet sous serment et les faux témoignages sont sévèrement punis – surtout quand ils auraient pour effet d'innocenter un coupable ! Bien mieux encore : alors qu'un accusé ne peut être soumis à la torture que sur décision conjointe de l'Inquisiteur et de l'évêque, l'un ou l'autre a toute liberté de faire torturer sans façon un témoin indigne qui prétendrait se taire ou ne pas avouer tout ce qu'il sait. Grâce à ces heureuses dispositions – dont le droit civil ferait bien de s'inspirer ! –, il n'y a pratiquement pas d'erreurs judiciaires chez nous. Notre justice, du fait même que le Saint-Père l'inspire, la règle et la soutient, est une justice modèle.

– Je vous demandais à quelle place les délations figuraient au dossier. »

Le Maistre ouvrit de grands yeux...

« Mais il va sans dire que les témoignages à charge ne figurent jamais au dossier ! Personne, autrement, n'oserait plus témoigner de crainte d'une vengeance. Et avec la guerre civile qui fait rage aujourd'hui, une religieuse discrétion sur ce point est plus que jamais de rigueur. Un Inquisiteur, un évêque qui divulguerait les délations reçues commettrait une forfaiture de la plus extrême gravité.

– L'accusé est donc laissé dans l'ignorance du nom des témoins ?

– On va jusqu'à s'abstenir de lui parler de tel ou tel témoignage sans la plus absolue nécessité ! Et dans le cas où cette communication s'avérerait indispensable pour cerner la vérité de plus près, on lira seulement à l'accusé une copie dont seront supprimés tous les détails – jour, heure, circonstances, etc. – susceptibles de le mettre sur la piste du délateur. Le *Directorium* d'Eymerich, qui traite longuement de ce problème capital, n'expose pas moins de six méthodes raffinées afin de dissimuler aux accusés l'identité des témoins !

» Voyez-vous, Messire, la règle éprouvée veut que le

suspect soit maintenu jusqu'à la fin des interrogatoires dans un épais brouillard, que l'acte d'accusation viendra dissiper en partie. Dans l'attente que l'acte susdit lui apporte quelque lumière, l'accusé est soumis à un roulement de questions d'importance et de nature très diverses, dont le désordre achève de l'embrouiller. Ne sachant au juste quelles charges pèsent sur lui, il aura du mal à éviter les pièges. Pour faire jaillir toute la vérité du puits, il n'y a pas d'autre méthode. »

Je m'informai du rôle de l'avocat, hypothèse qui fit froncer les sourcils au vice-inquisiteur...

« Pendant les interrogatoires, l'accusé n'a évidemment aucun besoin d'avocat. Et il n'en a pas besoin non plus s'il est impénitent ou repentant. On propose un avocat – une grâce et non pas un droit, remarquez-le bien ! – aux inculpés jeunes et ignorants qui ergotent sur l'acte d'accusation. Cet avocat, désigné par le tribunal, prête serment de discrétion, et son rôle, bien sûr, ne saurait être de défendre un hérétique. Il est là, toujours en présence de l'Inquisiteur, pour presser l'accusé d'avouer, de regretter ses fautes, de solliciter une pénitence à la charitable discrétion des juges. Dans notre système, l'avocat collabore pleinement avec le tribunal. Là encore, nous sommes en grand progrès sur la justice civile.

– Serait-il déplacé, inconcevable, qu'un avocat élevât une protestation et fît appel à une instance supérieure en cas d'irrégularité de procédure – vraie ou supposée ?... »

Le Maistre réfléchit un bon moment avant de me dire :

« Voilà une épineuse question. En bonne justice ecclésiastique, effectivement, seuls sont tolérés les appels au pape pour irrégularité de procédure, que ce soit en cours de procès ou après condamnation – ce dernier appel étant peu fréquent. Entre le tribunal et le pape, il n'existe aucune instance d'appel. Et c'est à l'avocat – éventuellement invité pour la circonstance – de rédiger dans les formes ledit appel, s'il l'estime justifié. Mais l'évêque et l'Inquisiteur ont le privilège d'apprécier le bien-fondé de la manœuvre, de rejeter l'appel ou de l'admettre. Si leur conscience les pousse à en tenir compte, ils consulteront le siège de Rome et donneront réponse à l'accusé dans des délais convenables.

» On ne saurait cependant déranger constamment le pape pour des broutilles et l'appel ne doit point entraver l'heureux déroulement des procès. La plupart du temps, la consultation romaine n'est qu'une fiction. »

Cet appel d'un avocat inconsistant à un pape fictif montrait bien tout le souci d'efficacité de la justice romaine. Le Saint-Père n'était pas près d'être assourdi par des appels futiles.

Je fis cependant remarquer à Le Maistre :

« Il m'avait semblé entendre parler d'appels réellement portés en cour de Rome...

– Si les plaignants disposent de grands appuis, la chose est possible. Il est même arrivé au pape de faire casser une sentence ! L'espoir fait vivre.

– Pour répondre aux appels, les évêques " aux mains rapaces et à la bourse constipée " ne sont-ils pas gênés par l'absence du manuel d'Eymerich ? »

Mis en gaieté par les vins, mon hôte éclata de rire...

« Les évêques ont bien d'autre littérature dans leur cabinet ! Ils savent de la sorte quel respect ils nous doivent, en dépit de la fréquente modestie de nos origines : seul le pape a le droit de révoquer un Inquisiteur dans l'exercice de ses fonctions. Nous pouvons procéder de plein droit contre les religieux exempts et contre les prêtres. Il n'y a que deux exceptions à nos compétences : un Inquisiteur n'en juge pas un autre...

– Heureusement ! Où irait-on ?

– Et il ne juge pas le pape non plus. Le pape hérétique, selon le *Directorium* émanant du pape lui-même, doit être repris par le Concile général ou par le Consistoire des cardinaux.

– Vous êtes le sel de la terre.

– Une charge que je ne souhaiterais à personne ! La confession donne déjà au prêtre une bien triste image de l'homme. Faire la police de surcroît achèverait de rendre pessimiste si la grâce de Dieu, le sentiment aussi d'appartenir à la grande famille unie de la sainte Inquisition pontificale, n'encourageaient à surmonter toutes les épreuves... »

Le lendemain mercredi 21 février de bonne heure, Le Maistre, avec un froc tout neuf, monta au château du Bouvreuil pour participer – provisoirement dans les rangs des assesseurs – à la première séance du procès de la Pucelle. Il m'avait remis un double de la clef de sa chambre pour que je puisse consulter, si l'envie m'en prenait, le volumineux *Directorium* ou d'autres traités de procédure, et j'y passai ma matinée. Comme me l'avait écrit l'oncle Gabriel, l'effort d'Eymerich avait en effet abouti à un bel ouvrage, fait pour servir, écrit dans un latin sans élégance, mais simple et limpide.

J'étais poussé à m'instruire afin de remplir au mieux la mission dont le cardinal de Sienne m'avait chargé au nom de Martin V, et je nourrissais aussi la vague espérance de trouver quelque jour une occasion de glisser à Jeanne un bon conseil avant qu'il ne soit trop tard. Elle n'en avait jamais écouté aucun, mais le péril de mort peut rendre raisonnable.

Après son échec devant Paris, redoutant le désastre qui était survenu, j'avais pris sur moi de recommander à la Pucelle de reconnaître sans difficulté toutes les charges qu'un tribunal d'Eglise pourrait retenir contre elle, et j'étais curieux de savoir quelle était la doctrine de l'Inquisition sur ce point. Eymerich était cependant resté muet là-dessus. Mais l'exemplaire de Le Maistre était assorti de feuilles volantes où le scrupuleux Inquisiteur délégué avait couché des commentaires et réflexions de son cru à propos de tel ou tel article et, concernant la « condamnation de l'hérétique convaincu d'hérésie mais n'ayant jamais avoué », je pus lire ceci de sa plume :

« Un accusé, longtemps opiniâtre dans son erreur, est naturellement tenté d'avouer et de se repentir *in extremis* pour avoir la vie sauve, situation d'autant plus courante que le tribunal a la bonté de se satisfaire d'une abjudication purement formelle, dont l'avenir est censé démontrer la sincérité.

» Cependant, *quid* de l'innocent accusé à tort, et conduit de ce fait à une attitude foncièrement impénitente ? (Ils sont bien rares, ces innocents, mais il y en a quand même quelques-uns...) Ne vaut-il pas mieux avouer ce qu'on n'a pas commis et rester en vie, que de ne pas avouer et être brûlé ?

» La réponse me paraît toute simple. Le péché est encore plus grand de se diffamer soi-même que de diffamer autrui, le pire étant de se charger à tort du péché le plus lourd, celui d'hérésie. Par conséquent, bien qu'il soit pénible de conduire au bûcher un homme irréprochable, on condamnera très justement l'attitude de l'innocent qui avouerait pour échapper à la mort. Il appartiendra au confesseur du condamné de le consoler et de le réconforter dans sa vérité en l'accompagnant au supplice. Même au sein des flammes, lui dira-t-il, n'avoue jamais ce que tu n'as pas fait et n'oublie pas que, si tu supportes avec patience – comme le Christ lui-même – l'injustice et le feu, tu recevras la couronne du martyre[1]. »

Le Maistre poussait loin l'exigence et son impeccable logique était affectée d'un léger soupçon de désinvolture. On voyait bien qu'il ne pensait pas figurer de si tôt parmi les rarissimes martyrs de l'erreur judiciaire inquisitoriale ! Assurément, un garçon sensible préfère, en bonne

1. Le rigoureux raisonnement de Le Maistre se retrouve dans l'une des gloses dont le canoniste Peña enrichira le manuel d'Eymerich à la fin du siècle suivant. On peut donc le tenir pour classique.

morale, envoyer un innocent au bûcher que de voir survivre un menteur, mais il y a la manière de le dire...

Le commentaire du vice-inquisiteur soulevait en passant le problème de la confession et, de façon plus générale, celui de l'admission des accusés aux sacrements, problème que le *Directorium* abordait et résolvait avec bon sens : admettre des accusés d'hérésie aux sacrements eût entraîné des risques de profanation, et les sacrements ne pouvaient qu'être la récompense d'une réconciliation avec l'Eglise.

Beaucoup d'inculpés demandaient pourtant à se confesser à un juge ou à un assesseur, dans l'idée naïve que leur confession sacramentelle, qu'elle fût franche ou qu'elle fût mensongère, plaiderait pour leur innocence. Mais l'Inquisition fonctionnait au « for externe » de la justice faillible des hommes, alors que la confession relevait du « for interne » de la conscience, où Dieu seul était juge. Les deux domaines, celui de la justice criminelle et celui des sacrements, ne devaient pas être mélangés, et il était interdit aux Inquisiteurs ou aux évêques de confesser un accusé.

Pour une meilleure information des juges, le manuel romain prévoyait d'autres ressources qu'une confession aléatoire. Un des passages les plus remarquables d'Eymerich s'intitulait : « Les dix astuces des hérétiques pour répondre sans avouer », suivi des « dix astuces de l'Inquisiteur pour déjouer celles des hérétiques ». Le chiffre dix, malgré son caractère arbitraire, ayant été choisi pour combler un esprit formé à bonne école.

Je transcrirai un paragraphe emprunté aux dix astuces de l'Inquisiteur :

« Astuce n° 8. L'hérétique se maintient-il dans la négative? L'Inquisiteur lui parlera avec douceur, le traitera humainement dans le manger et dans le boire. Il introduira auprès de l'hérétique quelques bons croyants qui bavarderont avec lui de choses et d'autres fréquemment. Ces braves croyants persuaderont l'accusé de s'ouvrir à eux, de leur parler avec confiance; ils lui conseilleront d'avouer la vérité, lui promettront que l'Inquisiteur le graciera et qu'ils seront eux-mêmes ses avocats auprès de lui. A la fin, s'il le faut, l'Inquisiteur se rendra en personne avec ces braves croyants dans la cellule de l'hérétique, et il lui promettra de le gracier – et il le graciera, en effet, car tout est grâce de ce qu'on fait pour la conversion des hérétiques, et les pénitences sont grâces et remèdes! Si l'accusé demande grâce et avoue, on lui répondra qu'on fera pour lui plus qu'il ne demande. Ainsi, avec des termes aussi vagues que généreux, on obtiendra les aveux complets et la conversion de l'hérétique, et on lui fera la grâce de lui administrer le sacrement de pénitence. »

Il était émouvant que d'éternels procédés de basse police eussent été codifiés dans un traité pontifical de procédure rédigé pour l'usage de tous les Inquisiteurs d'Europe, et ce soin portait un clair témoignage de la charité de la sainte Eglise et du successeur de l'apôtre Pierre. Car si la ruse échouait, les tortures, auxquelles l'Eglise a toujours répugné, devenaient hélas nécessaires.[1] Que d'ingéniosité, que de patience faisant fi de toute pudeur pour épargner ces tourments aux ennemis de la Foi!

En tout cas, à lire un si touchant paragraphe, on saisissait mieux pourquoi la lecture du *Directorium* était vivement déconseillée aux accusés!

J'étais en train de me demander de quelles astuces on ferait profiter la Pucelle afin que les tortures épargnent

1. C'est en 1816, année du rétablissement de la Compagnie de Jésus, que Pie VII a officiellement aboli la torture dans les tribunaux d'Eglise – que la Révolution française avait d'ailleurs supprimés un peu partout. Ce décret n'avait rien de doctrinal : le pape constatait à regret que des tortures laïques pires que les siennes allaient se poursuivre pour le plus grand ennui des patients. L'idée, sans base scripturaire ni traditionnelle bien nette, que la torture pourrait être peccamineuse en soi, est une nouveauté théologique très récente, qui triomphe au dernier concile.

un corps si souvent blessé au service de Charles VII, quand Le Maistre rentra d'audience, la mine tout assombrie. « En quelques phrases, me dit-il, Jeanne a pris une sérieuse option pour le bûcher. Une sorte de génie malin de la gaffe ! Jamais vu pareil phénomène... » Je le pressai de questions, mais il repoussa l'entretien après déjeuner : la cloche du réfectoire sonnait et il devait remettre son vieux froc.

Je descendis moi-même déjeuner avec les Pères. Entre le bénédicité et les grâces, le repas frugal fut agrémenté d'une pieuse lecture, puis vint l'heure de la récréation. Toutes les têtes se tournèrent vers Le Maistre, qui nous dit que cette première audience s'était déroulée devant l'évêque et une quarantaine d'assesseurs, dans la chapelle sise au milieu de la cour du château. Cauchon avait pensé qu'un tel cadre serait propice au serment prêté par l'accusée de dire la vérité sur tous les points où elle serait interrogée – serment qui doit d'ailleurs être renouvelé à chaque audience. Bon nombre de formalités ayant retardé la comparution de la Pucelle, l'interrogatoire avait été bref.

Le vice-inquisiteur, tenu au secret, ne pouvait en révéler davantage : la plupart des dominicains présents ne figuraient pas au procès.

Laissant les frustrés à leurs commentaires, Le Maistre se retira, et j'allais le suivre, lorsqu'un dominicain récemment arrivé d'Espagne me prit à part et, bien qu'il eût perdu sa barbe, je le reconnus soudain au son de sa voix : c'était le confesseur galicien de ma compagnie débauchée à Gien !

Ma stupéfaction égalait mon ennui.

L'individu, qui s'était présenté au capitaine Tristan sous le nom de Miguel Torrès, m'avait d'abord donné les satisfactions que j'espérais. Ce grand gaillard énergique suivait les hommes de près, mangeait et buvait familièrement avec eux, et il avait perfectionné peu à peu son français par l'exercice de la confession : il possédait pour ce sacerdoce si délicat un don qui inspirait confiance.

Mais la situation s'était vite dégradée. Le père Torrès était porté sur la table et sur la boisson, ce qui n'était pas grave; il recherchait avec fièvre, sous de pieux prétextes, des entretiens particuliers avec des filles de joie, ce qui était déjà d'un goût plus douteux; mais surtout, ma méfiance ayant été éveillée, j'avais fini par m'apercevoir, après le sacre de Reims, que le permis de confesser du dénommé Torrès, signé de l'archevêque de Saint-Jacques-de-Compostelle, était un faux.

Gardant la déception pour moi, j'avais à mon tour confessé le gredin entre quatre yeux, pour découvrir qu'il n'était même pas prêtre !

Je gardais un mauvais souvenir de cette ultime conversation, où l'homme avait déployé un étonnant cynisme.

« Au fond, m'avait-il déclaré, que me reprochez-vous ? N'ai-je pas gagné mon pain ? Je suis doué pour confesser. Les hommes sont heureux. Il n'y a que la foi qui sauve ! Voyez-vous, messire, les vrais confesseurs sont bien souvent distraits et négligents. Mais un faux confesseur doit se donner du mal, essayer vraiment de comprendre ses frères afin de leur donner les meilleurs conseils. Sa réussite en dépend. Et quant au secret, pourquoi un laïc serait-il plus bavard qu'un religieux ? Ne vous ai-je pas moi-même confessé à merveille de ces petits péchés de jeune homme que j'ai déjà oubliés ? »

Par égard pour la sainte Eglise et le moral de la troupe, j'avais envoyé Torrès se faire pendre ailleurs, et il avait filé sans demander son reste.

Que pouvait-il fabriquer chez les frères prêcheurs de Rouen, et en habit de dominicain, alors qu'il avait officié dans ma compagnie sous le froc franciscain ?

La présence du faux moine était d'autant plus fâcheuse qu'il était susceptible de révéler mon amitié pour la Pucelle, indiscrétion qui aurait eu des suites fort désagréables.

Prévenant aussitôt mes craintes – mais pour en susciter d'autres –, Torrès me dit du bout des lèvres et du coin de la bouche, pli commun aux confesseurs et aux incarcérés :

« On m'a dit que vous aviez la curiosité de suivre le procès de la Pucelle sous l'égide d'un cardinal italien qui a l'oreille du pape, et vous devez être chagriné de voir une fille si vivante, dont vous parliez avec un si vif intérêt, dans l'antichambre de la mort. Je gage que vous ferez en sa faveur ce que vous pourrez, et je ne vous vendrai pas, car je travaille présentement pour la même cause...

– C'est-à-dire ?

– Le roi Charles se fait un mauvais sang de poivre au sujet de Jeanne et ambitionne de la tirer d'affaire. Je suis passé à son service, avec des faux papiers superbes : les faussaires royaux sont très habiles. On m'a ainsi expédié chez ces dominicains, car l'antre de l'Inquisition est ici. Mais je constate que vous êtes encore beaucoup mieux introduit que moi pour glaner les renseignements dont nous avons besoin si nous voulons faire évader la Pucelle. »

Torrès, cela va sans dire, ne m'inspirait pas la moindre confiance et, aurait-il joué franchement le jeu de Charles VII, que j'aurais couru les plus grands risques à m'immiscer dans un complot qui avait tout pour échouer. Ma qualité de Vénitien, mes responsabilités envers Lucretia, mon fils et mon oncle Gabriel, me commandaient la plus extrême réserve.

Après une brève réflexion, je répondis au tentateur :

« Entre nous, je suis à Rouen au service de Rome, ce qui m'impose une stricte neutralité. Nous avons donc un intérêt réciproque à nous ignorer. J'oublierai ce que vous venez de me dire comme vous avez oublié ma confession. Et vous oublierez de même que vous m'avez jamais connu. Dieu vous bénisse, mon frère ! »

Je vis que la mise au point soulageait plutôt l'espion, qui avait beaucoup plus à perdre que moi à être percé à jour. Je tenais sa vie entre mes mains. Sa malveillance aurait fait échouer ma mission sans nuire à ma sûreté.

A peu près rassuré, je montai à la chambre de Le Maistre, à qui je demandai tout de suite :

« Comment Jeanne s'y est-elle prise pour gâcher si vite son affaire ? »

Le vice-inquisiteur consultait son Eymerich, et il me désigna de l'index cet article :

« L'inquisiteur peut-il procéder contre celui qui, sommé de témoigner de sa propre foi, refuse de prêter serment ?

» Oui, car il a été établi par Alexandre III que soit tenu pour hérétique celui qui refuse de prêter serment... »

« Telle fut, Messire Condulmer, la décision de ce pape qui convoqua le troisième concile de Latran en 1179, avant même la fondation de la sainte Inquisition au début du siècle suivant. Le simple refus de prêter serment est déjà une hérésie en soi, un aveu agressif d'impénitence, qui suffit à entraîner la mort si l'accusé persévère dans son aberration.

» Vous devez bien saisir toute l'importance du serment qui est exigé des inculpés par les juges ecclésiastiques. Dans un procès criminel civil, le serment a évidemment moins d'intérêt. Pourquoi un voleur, un assassin, irait-il sans contrainte dire la vérité à son détriment ? Mais dans un procès d'Eglise, il est bon que la confiance règne, que le tribunal et l'accusé collaborent loyalement à la découverte de la vérité. En prêtant serment de bonne grâce, un " diffamé d'hérésie" manifeste qu'il n'a rien à cacher et qu'il a bien compris le sens de la procédure : rechercher, préciser, cataloguer ses erreurs afin de le réconcilier avec l'Eglise par une pénitence qui lui fera du profit. Ruses et tortures ne sont que des expédients auxquels on se résout en désespoir de cause, lorsque toute tentative de traitement amiable a échoué. Dans la pratique, hélas, l'hérétique s'empresse de jurer pour mieux tromper son monde, ce qui permettra au tribunal d'ajouter à ses crimes celui de parjure...

– Où voulez-vous en venir avec cet exorde? Vous n'allez pas me raconter, tout de même, que Jeanne se serait refusée à prêter serment?!

– Ah! ah! Elle a imaginé bien pis! Elle a osé déclarer qu'elle se réservait, selon les questions, de répondre ou de ne pas répondre...

– Elle s'est faite juge de la pertinence des questions?

– Pis encore! Elle a soutenu que c'était la volonté de Dieu qu'elle réponde ou ne réponde point à ceci ou à cela, et qu'elle suivrait en la matière les ordres de son Conseil secret.

– Le tribunal a dû se demander ce qu'il faisait là.

– Il ne se l'est pas demandé longtemps!

– Enfin, s'est-elle résignée à jurer dans les formes, oui ou non?

– Après une incroyable discussion, elle a juré avec d'évidentes réserves et restrictions mentales, et Cauchon a fait semblant de s'en contenter.

– Mais cette complaisance est très irrégulière. Normalement, quand un accusé s'obstine à ne pas jurer ou à jurer de travers, je pense que le procès s'arrête.

– Normalement, oui, bien sûr. Mais qui se soucie des normes?

» Deuxième irrégularité, et fort grave : lorsque Cauchon, selon la coutume, a interdit à la prisonnière de quitter sans sa permission le château royal, sous peine d'être convaincue du crime d'hérésie, Jeanne a répliqué qu'elle n'avait nullement renoncé à s'évader. Et là encore, l'évêque a couché les oreilles!

– Je vous entends mal...

– L'évasion du prisonnier de droit commun n'aggrave guère son cas, mais l'évasion d'un accusé d'hérésie en cours de procès – et même après! – est une marque affreuse d'ingratitude et d'impénitence. A ce point que les canons pontificaux et impériaux – le *Directorium* s'en fait naturellement l'écho – sont formels à ce sujet :

l'évadé devient un banni, un hors-la-loi, qui peut être impunément tué et dépouillé par le premier venu.

» En principe, inculpé par la justice d'Eglise, le suspect devrait demeurer volontairement en prison pour reconnaître tout le soin qu'on prend de son âme. A la limite, la prison devrait être inutile! L'interdiction de l'évêque ou de l'Inquisiteur, pour bizarre qu'elle puisse paraître au non-initié, est tout à fait justifiée : elle rappelle au " diffamé d'hérésie " qu'il est détenu pour son bien, qu'il se damnerait en s'échappant, et qu'il doit adopter au contraire une attitude de pieuse soumission.

» Bref, voilà une accusée qui se moque du tribunal, qui nie sa compétence, qui prétend tenir ses ordres non pas de l'Eglise mais du Ciel, qui prête un serment douteux et médite de s'évader. A quoi bon poursuivre les interrogatoires dans ces conditions? Qu'apporteraient-ils de plus? La cause, tant que l'inculpée n'est pas revenue à de meilleurs sentiments, est archi-entendue.

» Mais dès demain matin, les interrogatoires reprennent, et nous allons assister à un procès peu banal... »

Le sens de l'expression m'échappait, et Le Maistre éclaira ma lanterne :

« Mettez-vous à la place de Cauchon. Il organise le procès du siècle, il convoque à son de trompe l'élite des docteurs, il a prévu un beau spectacle et il en veut pour l'argent du roi. La publicité l'intéresse plus encore que la condamnation. Un inquisiteur, lequel travaille dans la discrétion et n'a pas d'écus à perdre, règle à brefs délais le sort d'un impénitent irréductible qui veut à toutes forces se faire brûler. Mais Cauchon s'est condamné d'avance à des douceurs d'apôtre. Quand une écervelée lui fiche tout son cirque par terre la première fois qu'elle ouvre la bouche, il fait mine de ne pas distinguer la portée du scandale.

» Cependant, il n'y a pas que le spectacle. La politique ordonne le débat sur un autre plan. C'est aussi par politique que l'évêque va s'acharner, avec des patiences d'ange, à sauver la vie et l'âme d'une accusée insupportable, allant jusqu'à abdiquer parfois dans cette œuvre de salut la dignité de sa fonction. Après des interrogatoires superflus, nous aurons des objurgations et des harangues larmoyantes. Bel exemple de charité à première vue, dont quelques Inquisiteurs trop expéditifs pourraient, il est vrai, s'inspirer.

» Pourtant, de quoi s'agit-il, en réalité? L'âme est la vie de Jeanne importent sans doute à Cauchon, vu que c'est un pasteur de bonne foi, mais son obsession est d'amener la Pucelle à reconnaître librement et volontairement, sous l'effet de la persuasion et de la réflexion, que ses fameuses Voix l'ont trompée et déçue, qu'elles pourraient être l'effet d'une imagination déréglée ou, beaucoup mieux encore, d'une satanique influence. Car c'est bien la seule démarche – en dehors de l'impénitence et du bûcher – qui soit susceptible de jeter sur le roi de Bourges et sur son sacre un durable discrédit.

– Cette démarche, où l'évêque mettrait d'accord ses obligations religieuses et politiques, ne serait-elle pas tout à l'avantage de Jeanne?

– A condition qu'elle aboutisse! Un prodigieux entêtement me paraît bien être la première vertu de l'accusée. Je connais du reste ce genre de personnes : on perd son temps à les raisonner; les tortures seules peuvent les briser et les ramener formellement à la foi. Mais la cause d'Henri VI, je le répète, a besoin d'aveux spontanés. Des aveux contraints feraient le jeu du roi de Bourges, qui doit prier le Ciel que des tortures efficaces dévalorisent de façon irrémédiable les hennissements de son poulain. Ainsi, je crains fort que Cauchon, négligeant ses obligations de conscience, n'en vienne à préférer le bûcher à des tortures salvatrices dès que la chrétienne douceur échoue en l'affaire. Si la Pucelle est brûlée pour impénitence hérétique, le coup porté au roi Charles n'en sera pas moins rude. C'est la solution que Warwick et les siens préféreraient de beaucoup, car ils ont à compter avec le moral de leurs soldats, qui seraient fous furieux que la soumission de Jeanne à l'Eglise lui sauvât la vie. Cette fille a déchaîné chez les « yeomen » des haines terribles.

« Oui, ce procès ne me dit vraiment rien qui vaille et je m'inquiète vivement pour l'accusée. Ah, si la sainte Inquisition avait pu avoir la haute main sur la procédure!... »

L'interprétation et les prévisions de Le Maistre étaient intéressantes, car c'étaient celles d'un expert, qui avait dû avoir quelques occasions de prendre le pouls de l'évêque et de deviner ses arrière-pensées. Il semblait évident que Jeanne présentait le cas typique où des tortures bien appliquées peuvent débloquer la situation et aboutir à une repentance au moins formelle. Etre préservé du bûcher par la grâce de tortures – même politiquement improbables – était une perspective où se discernait tout le savoir-faire des Voix de Melun. Une voyante ne saurait manquer de pareils rendez-vous!

L'avenir de la Pucelle paraissait tellement sinistre que j'avais du mal à cacher mon émotion. Qu'elle ait fait tout son possible pour en arriver là et qu'elle se donnât encore beaucoup de mal pour rendre sa position plus désespérée ne pouvait diminuer la sympathie de ceux qui l'avaient connue. C'est quand même une chose bien rare et hautement estimable que d'opposer une conscience, même mal informée, au monde entier et à son Eglise : une voie royale de salut qui n'est pas ouverte à tous!

Aux dires de Le Maistre, le premier interrogatoire avait surtout concerné l'identité de l'accusée. Jeanne croyait avoir environ dix-neuf ans. Baptisée à Domrémy par un certain Jean Minet, qui devait être encore en vie, elle avait fourni les noms de trois de ses marraines et de deux de ses parrains.

« Les inculpés rusés et exceptionnellement au courant, précisa le vice-inquisiteur, ne donnent sur leur baptême que les renseignements les plus vagues, et s'efforcent même de jeter un doute sur la réalité ou sur la validité de la cérémonie. J'ai vu des fraudeurs hurler jusqu'au bûcher qu'ils n'avaient pas été baptisés !

– Et pourquoi donc ?

– Mais parce que, contrairement à ce qu'imaginent certains ignorants difficiles à désabuser, le rôle de l'Inquisition n'est nullement de convertir des juifs, des sarrasins ou des païens. Nous nous occupons uniquement de maintenir dans la vraie foi les catholiques qui en auraient dévié. Si le suspect n'a pas reçu le baptême ou n'a pas été baptisé dans les règles, il n'est pas tributaire de notre justice. »

Le Maistre m'ôtait un regret. Si j'avais conseillé à Jeanne en temps utile de soutenir qu'elle n'avait pas été baptisée, elle n'en aurait fait qu'à sa tête une fois de plus.

Accessoirement, la Pucelle avait refusé de réciter le « Pater » si on ne l'entendait pas en confession, malentendu classique, mais qui apportait une pierre de plus à l'édifice de sa mauvaise grâce. En demandant à un accusé de prononcer telle ou telle prière, le tribunal se renseignait, en tout cas, sur son degré d'instruction.

Je dis alors au vicaire du Grand Inquisiteur :

« La déplorable attitude de Jeanne me semble – du moins en partie – découler du fait qu'elle n'a rien compris à ce que pouvait être un procès en hérésie. Elle doit croire encore être une noble prisonnière de guerre égarée chez des prêtres dont elle ne sait ce qu'ils lui veulent. Mais à qui la faute ? Si, au lieu de se retrancher derrière un rideau de mystères, l'Eglise avait vulgarisé un minimum d'informations sur sa procédure, elle aurait affaire à des accusés moins décevants. »

Cette constatation de grossier bon sens frappa Le Maistre comme s'il n'y avait jamais réfléchi, et il me répondit, après avoir médité un instant :

« Certes, je conçois que le jeu ne vous paraisse pas équitable et que, par rapport aux justices civiles, les tribunaux d'Eglise vous donnent l'impression d'abattre des cartes truquées. Les tortures pratiquées par les tribunaux du roi sont beaucoup plus pénibles que les nôtres, mais le droit qu'ils appliquent est incontestablement connu, alors que notre procédure avance voilée.

» Votre reproche me fait cependant penser que vous ne comprenez pas mieux que Jeanne ce que peut être un procès en hérésie. Quelle importance si la connaissance du droit royal qu'auront prise les criminels et leurs avocats engendre quelques forfaits de plus ? Mais l'Inquisition et les tribunaux ordinaires d'évêché ont à défendre bien autre chose que des vies et des escarcelles. La question est de savoir si l'Europe en crise demeure catholique. Et je puis déjà vous faire une prédiction : elle ne demeurera catholique que dans les pays où l'Inquisition sera restée active, et respectée. Or pour venir à bout des hérétiques, il faut les connaître, et pour les connaître, nos procédés sont les meilleurs.

» N'est-il pas justement admirable et démonstratif qu'une accusée comme la Pucelle, lors d'un premier contact, en quelques mots, en quelques phrases, ait été assez imprudente pour livrer le fond de sa pensée et de son caractère, en toute ignorance du droit qui commande son destin ? Bien pénétrée de nos manuels, nous aurait-elle opposé le droit du Ciel en termes si clairs et si brutaux ? »

L'argumentation de Le Maistre était très forte, ce qui n'avait rien d'étonnant puisque c'était celle du pape. Et la répression des hérétiques par une justice d'exception permanente avait encore pour elle ce fait que la plupart des hérétiques avaient été élevés dans le catholicisme et s'imaginaient être meilleurs catholiques que les autres : si ces gens-là l'avaient emporté quelque part, ce qui n'aurait pu arriver qu'après des désordres sanglants, leur mentalité catholique les eût entraînés à une intolérance égale. En les brûlant, on ne faisait que leur appliquer par avance le traitement qu'ils auraient infligé à leurs victimes s'ils en avaient eu les moyens, celui dont Jeanne avait menacé les Hussites. Pour tuer l'intolérance, il faudrait tuer la Foi elle-même, et le monde n'aurait plus la même saveur. La passion religieuse n'est-elle pas le plus efficace remède contre l'ennui?

Une chose ne laissait pas d'intriguer et de surprendre le vice-inquisiteur. Durant toute une année, la Pucelle avait guerroyé, au risque constant d'être prise, et il était évident qu'un procès en hérésie risquait fort de suivre la capture. Pourquoi donc Jeanne ne s'était-elle pas mieux préparée à l'éventualité d'un tel procès? Des hommes d'Eglise favorables à sa cause auraient pu lui donner de précieux conseils...

Je me gardai bien de révéler que je m'y étais essayé sans le moindre résultat, après que les Pères de Poitiers se furent même gardés d'essayer.

« Une personne, dis-je, qui tient ses conseils de Dieu n'a que faire des conseils des hommes.

– Oui, approuva tristement Le Maistre, ce doit être cela. Et pourtant, aujourd'hui, c'est sur ces prétendus conseils de Dieu que la Pucelle aura à répondre. »

J'allais me retirer pour faire la sieste, lorsque l'Inquisiteur délégué me déclara fièrement :

« Nous avons vu que Cauchon était en tout cas compétent pour Jeanne en raison du lieu de son arrestation. Notre compétence, à nous, est universelle. Tout hérétique est bon à prendre, n'importe où, vivant ou mort, en vertu d'une décision du concile de Latran, ratifiée par Alexandre IV.

» C'est ainsi, Messire, que l'épouvantable Wyclif a été déterré et brûlé. La décision du concile de Latran s'impose aux évêques comme aux Inquisiteurs, et une notable partie de notre procédure regarde les cimetières. Vous voyez que lorsqu'un concile est tenu en laisse par un pape responsable, il lui arrive de faire de l'excellent travail, et le peuple chrétien est alors tenu de respecter ses décrets. Tant vaut le pape, tant vaut le concile!

» Et c'est encore sous l'autorité du pape saint Agathon que le pape hérétique Honorius Ier, mort en 638, a été anathémisé en 680 par le concile œcuménique de Constantinople, anathème repris depuis par tous les grands conciles. [1] »

Le souci séculaire des papes était visible de n'oublier personne dans la répression : même les papes y passaient !

J'en fis la remarque à Le Maistre, et j'ajoutai :

« Cette Eglise si prévoyante a pourtant oublié de prévoir que le pape pourrait devenir cinglé. Le Grand Schisme n'a-t-il pas été déclenché par l'élection d'Urbain VI, un excité de la pire espèce qui faisait torturer, promener sur des ânes et supplicier les cardinaux désireux de le soigner ? Qui nous préservera d'un pape fou ? Et je ne parle pas des demi-fous, qui sont encore plus dangereux, peut-être !... »

Nous tombâmes d'accord sur la nécessité de faire confiance à l'Esprit Saint. Un pape fou sur 202, c'était, tout compte fait, assez rassurant. Nous étions tranquilles – en principe ? – jusqu'aux environs de 2760... Et la folie serait facile à reconnaître : le pape renoncerait à déterrer les cadavres pour en faire des feux de joie.

Laurent, qui se chauffait devant le feu de ma chambre, me dit :

« Avez-vous remarqué, Messire, ce grand dominicain d'Espagne ? A la barbe près, ne ressemble-t-il pas comme

1. Malgré son hérésie reconnue par une écrasante succession de papes et de conciles, le pape Honorius Ier n'a pas été exclu de la liste officielle des papes : il a régné treize ans, et il n'existait à l'époque aucun concurrent qui aurait pu le remplacer sur la liste, où son absence aurait fait un trou inquiétant.

Il convient de rappeler à ce propos que l'infaillibilité pontificale n'a été érigée en dogme qu'au concile du Vatican de 1870, et avec tant de précautions que la mesure a peu d'intérêt pratique. En somme, le pape n'est infaillible que s'il veut bien mettre son infaillibilité en jeu. Et depuis 1870, la chose n'est arrivée qu'une fois, en 1950, lorsque Pie XII a défini le dogme de l'Assomption – dont les premières traces dans l'iconographie occidentale remontent au IXe siècle. Il y a là une bien remarquable prudence : l'Assomption est au-delà du domaine des preuves.

En fait, l'infaillibilité pontificale ne semble pas avoir d'autre objet que de faire croire à une foule mal informée que le pape pourrait être infaillible sur des points où l'erreur commune le guette.

deux gouttes d'eau à ce confesseur franciscain de notre compagnie qui nous a subitement quitté après Reims?

– C'est bien lui, en effet, et nous avons été aussi surpris l'un que l'autre de nous retrouver ici. Cet homme change de froc comme de chemise. Il se pourrait que ce fût un espion ou un agent provocateur, et il ne me paraît pas utile de le fréquenter de trop près.

– Le père Torrès était pourtant bon confesseur. Ne m'a-t-il pas autorisé à faire argent du calice que j'avais trouvé à la bastille des Augustins?

– Et en vertu de quel principe, s'il te plaît?

– Il m'a expliqué que, lors de la Cène, Jésus-Christ avait utilisé par humilité une vaisselle ordinaire, et qu'aujourd'hui, son Sang était aussi bon, quel que soit le récipient. Pour mieux se faire comprendre, il m'a même cité un proverbe galicien : " Qu'importe la cruche pourvu qu'on ait l'ivresse! ".

– Lourde erreur, Laurent, courante dans certaines sectes hérétiques.

– Où est l'erreur?

– Lors de la Cène, Notre Seigneur a changé du vin en un Sang qui n'avait pas encore été versé pour nos péchés. Une répétition générale avant l'ouverture publique du " mistère ", en quelque sorte. Mais depuis, la consécration nous offre le Sang d'un crucifié ressuscité et monté glorieux à la droite du Père. Et pour ce Sang-là qui nous a sauvés, rien n'est trop beau.

– Alors, j'aurais dû rendre le calice à l'Eglise?

– La thèse se défend. Mais il en est une autre. Passant par-dessus l'Eglise, interroge donc Jésus directement, comme la Pucelle a pris coutume de le faire. Et il te répondra : " Tant que des hommes mourront de faim, mon précieux Sang n'aura que faire d'or et d'argent. "

– Il me répondra cela si je le fais parler!

– Mais mon cher Laurent, l'avantage d'établir un contact direct avec Dieu, c'est bien de le faire parler! Où serait le plaisir autrement?

» Allons, tu m'ennuies avec ton calice... Ce qui est fait

est fait, et tu as agi de bonne foi sur le conseil d'un prêtre. Songe plutôt à interroger Dieu au sujet de ta femme, qui te fait pousser des cornes dorées. »

Le catéchisme à l'usage du peuple n'est pas une petite affaire, et cette réflexion tendrait trop souvent à nous décourager : à quoi bon dissiper tant d'ignorances, puisqu'un ignorant qui se trompe de bonne foi n'en aura pas moins sa récompense éternelle? Mais la vérité, qui ne sauve personne là-haut, a sur cette terre une grande portée sociale. Nos actes nous conditionnent et nous suivent. Pour nous comme pour les autres, il est bon qu'ils soient justes.

Ma sieste allait bon train, quand je fus tiré de ma rêvasserie par un timide grattement à la porte : c'était un jeune dominicain d'allure naïve et sympathique, qui m'avait observé à la dérobée avec une grande curiosité durant le repas; et, après les grâces et la brève déclaration de Le Maistre, alors que Torrès, en bon espion, faisait quelques commentaires sarcastiques sur la Pucelle pour donner le change, ledit dominicain avait pris un air boudeur. Mon visiteur me dit s'appeler Pierre Bosquier et venir me voir par politesse.

Il ne me fallut pas longtemps pour saisir ses arrière-pensées : ce Bosquier était un partisan du roi de Bourges et un fervent admirateur de la Pucelle, désireux de m'influencer en sa faveur dans l'idée que je pourrais rendre service à la cause. Sa vision de la prisonnière était résolument miraculeuse et il ne se faisait pas faute d'assimiler Jeanne à la Sainte Vierge, qui n'avait pourtant pas eu besoin de s'habiller en homme pour défendre son pucelage. Les moines chastes – il y en a toujours quelques-uns durant quelque temps, jusqu'à ce que la pression fasse sauter le bouchon de la barrique – sont toujours à la recherche d'une sainte pour leur tenir compagnie : sa présence à leur chevet éloigne les mauvaises pensées et ils auraient honte de se faire voir en état de faiblesse concupiscente par une femme exemplaire. Avec ses aiguillettes ou son harnois, Jeanne ne pouvait qu'avoir une grande valeur symbolique et préservative.

Après mon pénible tête-à-tête avec Torrès, je n'avais pas besoin de cet enthousiasme compromettant et, pour me donner un bon motif de neutralité, je laissai entendre au jeune homme – à charge pour lui de me garder religieusement le secret – que j'étais en mission pour le compte du Saint-Père. J'avais sur la Pucelle un œil vénitien et un œil romain : il devait m'excuser de ne pas la considérer d'un troisième œil valois ou lancastre, que je n'avais pas en poche.

« Mais alors, me dit Bosquier, vous devez d'urgence informer Rome de ce qui se passe, avant que tout ne soit consommé. Le pape ne saurait tolérer qu'une inculpée d'hérésie soit détenue en prison laïque, à la merci de soudards qui risquent de la martyriser et d'abuser d'elle...

– Croyez bien que je me disposais à le faire de toute façon ! Les papes en ont toléré cependant bien d'autres, et je doute que nous parvenions à sauver Jeanne. Selon toutes probabilités, elle sera violée ou brûlée... peut-être même violée et brûlée ensuite, pour peu que la malchance s'en mêle. »

De grosses larmes vinrent aux yeux du moine, qu'il essuya d'un revers de manche en reniflant.

Je ne savais trop quel argument produire pour le consoler, et je suggérai enfin :

« Si la Pucelle marche ce printemps au bûcher, nous devons nous incliner sans murmure devant la volonté divine. N'est-ce point le sort des meilleurs que de périr martyrs de causes catholiques ou profanes ? N'est-ce pas justement à cette issue qu'on les reconnaît ? C'est dans la tragédie, c'est dans le sang ou les cendres que se forgent les légendes dont s'inspireront d'autres êtres d'exception – des femmes habillées en homme, des hommes habillés en femme, que sais-je ? – pour accomplir les mêmes hauts faits ou commettre les mêmes erreurs. Dieu nous procure ainsi des références, qui nourriront nos critiques, nos réflexions et nos actes. Une chose est d'ores et déjà certaine, et l'extraordinaire ampleur du procès en témoigne : le supplice de votre amie – si supplice il doit y avoir – ne sera pas oublié de si tôt et la victime entrera dans l'histoire, haïe par les uns, encensée par les autres, menant au-delà de la mort une vie nouvelle et surprenante. »

Les larmes de Bosquier redoublèrent.

« Cela sonne comme une oraison funèbre, gémit-il. Et on dirait presque que vous parlez de Jeanne comme si vous l'aviez connue.

– Il m'est arrivé, en effet – gardez, je vous prie, la confidence pour vous – de la rencontrer. Et je l'ai suffisamment connue pour vous prodiguer une dernière et terrible consolation. Dès son départ de Vaucouleurs, la Pucelle a su qu'elle allait à la mort, une mort qu'elle n'a cessé au fond d'elle-même de rechercher : deux grands pas en avant vers la catastrophe, un petit pas en arrière vers la vie. Le roi Charles, soucieux de lui sauver la mise, l'avait aimablement consignée au château de Sully, une luxueuse propriété, chez un ministre ami et sa charmante épouse, où une fille ordinaire aurait eu tout pour être heureuse. Mais Jeanne n'a pu s'y supporter, et elle s'en est échappée au bout de deux mois seulement pour courir la campagne avec une bande de mercenaires piémontais. Et à présent, lorsqu'elle prend de haut ce tribunal qui a l'audace impie de la juger, c'est sans doute sa propre image qu'elle défend, mais elle affirme aussi, une fois de plus, sa volonté de mener à son terme une existence qui n'a que trop duré et qui aurait dû l'abandonner au sortir de la cathédrale de Reims.

» La Pucelle sait d'instinct que le premier devoir des héros est de mourir jeune, en pleine gloire, afin d'éviter le naufrage des compromissions et de la décrépitude. Alors, mon frère, si vous la voyez un jour sur le bûcher, ne la plaignez pas trop : elle aura eu la récompense de ses peines et nous aura quittés avec le sentiment d'avoir réussi sa mort comme elle avait réussi sa vie. »

Bosquier me quitta un peu rasséréné. La rhétorique est une belle chose. C'est parfois en forçant la note que l'on trouve la note juste et, à force d'émouvoir, je m'étais ému moi-même.

III

SUR la fin de l'après-midi, j'allai présenter mes devoirs à Warwick, qui me reçut dans les appartements royaux du château de Rouen, tout au fond de la cour dudit château, entre le donjon, à droite, et la « Tour du Trésor » où était enfermée la Pucelle, à gauche. Immédiatement à droite de l'entrée, on voyait, en contrebas du rempart, toute une série de bâtiments, en avant desquels se détachait la chapelle Saint-Gilles. C'est dans l'un de ces bâtiments que Jeanne devait être interrogée plus à fond le lendemain matin.

Du château, on avait une belle vue sur cette cité alors dépeuplée, dont Bedford était parvenu, contre toute attente, à s'attacher la bourgeoisie, ainsi que je l'ai déjà dit. Evénement révélateur, dès l'année suivante, des partisans de Charles VII occuperaient le château par surprise, et c'est grâce à l'aide des fidèles habitants de Rouen que les Anglais parviendraient à faire échouer l'opération !

La recommandation de l'oncle Gabriel aidant, le comte de Warwick, qui parlait français avec plus d'aisance que moi, m'accueillit et me retint longuement avec beaucoup de courtoisie. C'était un homme long et sec, figure en lame de couteau, qui appartenait à un type peu courant dans la France des Valois : le grand seigneur pieux, et même fanatique, terriblement attaché à son pays et à son roi.

« Je suis d'autant plus heureux de votre visite, me confia-t-il, que je vais avoir l'occasion de vous dire de vive voix ce que nous nous sommes déjà empressés d'écrire à Rome à propos de cette maudite et si sympathique Pucelle, et je compte bien que vous aurez la bonté de répéter mes propos à votre oncle le cardinal comme vous les aurez entendus. Rien ne vaut une franche conversation entre honnêtes gens raisonnables. Le style des communications officielles est si plat, si décevant... On s'efforce toujours d'y lire entre les lignes ce qui n'y est point, et cet exercice est la source de bien des malentendus. »

Le comte avait tout naturellement usé, pour faire allusion à la Pucelle, de termes étonnamment contradictoires, et je devais vite me rendre compte que son esprit était en effet fort partagé.

D'une part, Warwick semblait hanté par une Jeanne maléfique, incarnation de Satan sortie des enfers pour la punition des péchés de la noble Angleterre. A l'en croire, cette sorcière, non contente de se vautrer dans le sang des « yeomen », avait porté malheur aux Anglais les plus distingués : Glasdale et ses preux avaient été noyés aux Tourelles; le pauvre Suffolk, qui aimait tant la France et faisait de si jolis vers français, avait été pris à Jargeau; le valeureux Talbot et le brave Scales l'avaient été à Patay; le sagace Falstaff n'avait réussi à s'enfuir que par miracle...

Mais d'autre part, le comte, fasciné par sa prisonnière, avait eu maintes occasions de converser familièrement avec elle; il connaissait beaucoup mieux que Cauchon la personnalité de Jeanne, et il savait bien que le Diable avait poussé la ruse jusqu'à choisir un instrument candide, à qui on aurait donné le bon Dieu sans confession.

Une aussi parfaite contradiction avait de quoi embrouiller le vocabulaire. D'un mot, d'une phrase à l'autre, on se demandait si Warwick allait étrangler ou caresser sa captive.

Toutefois, chez un homme qui avait de hautes responsabilités politiques, le sens de l'Etat devait fatalement l'emporter sur une sympathie accidentelle et presque honteuse, et l'Etat voulait que la Pucelle fût une sorcière bien déguisée en innocente de village.

D'ailleurs, alors que sur le continent les procès pour sorcellerie étaient très rares, les Anglais, encore sous le choc de Wyclif et des « lollards », croyaient fermement aux sorciers et les pourchassaient avec un grand sérieux. Dans une île baignée de pluies et de brumes, une telle croyance trouve évidemment un terrain favorable. La fréquence du sorcier est en relation avec la météorologie.

Il en résultait que le comte, persuadé que la Pucelle jouissait de pouvoirs surnaturels, vivait dans l'inquiétude qu'elle ne s'évade. On s'était contenté de mettre Jeanne aux fers, mais une cage avait été forgée à tout hasard, prête à servir le jour où les fers paraîtraient insuffisants. Seule la mort de la prisonnière permettrait à Warwick de dormir tranquille, ainsi qu'il me l'avoua lui-même sans détour.

« Je me demande, lui dis-je, quand Votre Seigneurie pourra dormir. La grande majorité des procès en hérésie se terminent sur une pénitence appropriée, et non point par la mort du coupable. D'ordinaire, la capacité de persuasion de l'évêque et de l'Inquisiteur – la torture aidant lorsque l'accusé fait la mauvaise tête – entraîne une soumission qui prélude à une heureuse réconciliation. Prélat consciencieux, Cauchon fera l'impossible pour aboutir à ce résultat, et le vice-inquisiteur l'assistera dans sa tâche avec une conscience égale. En dépit de débuts houleux, tout laisse prévoir qu'ils auront Jeanne à l'usure. Ils ont une telle expérience! »

Avec une apparente naïveté, j'avais résumé le procès tel qu'il aurait dû normalement se poursuivre et se conclure, guettant la réaction de Warwick, qui ne se fit pas attendre...

« Ayant fréquenté Jeanne comme moi, vous ne feriez

pas d'aussi banales prévisions. Cette sorcière toute jeunette a une trempe, une témérité indomptable, dont un troupeau de Cauchon ne viendrait pas à bout. Ah, si vous aviez pu la voir ce matin, déclarant d'entrée à ses juges ébahis que son Dieu lui avait fait des révélations qui n'étaient pas pour eux et qu'elle s'évaderait si ça lui chantait ! C'était la première fois qu'ils entendaient ce langage d'une faible femme, et ils n'en sont pas encore revenus. Je vous parie un cheval contre un œuf que cette brave enfant ne désavouera ses Voix que sur le bûcher.

– Des tortures opportunes, Messire, pourraient la faire changer d'avis et l'incliner à la raison qu'il serait encore temps.

– J'espère bien que l'évêque ne la fera pas torturer : ce serait gâcher la cause. Mais s'il lui administrait par hasard un tonneau d'eau de Seine, je vous jure bien que j'irais en personne lui tenir la main pour l'encourager à ne pas se dégonfler ! Et même sous la torture, elle ne faiblira pas. Je le sens, je le veux ! Jeanne m'inspire une totale confiance. Au printemps, quand les prairies seront en fleurs, je dormirai du sommeil du juste, ne vous en déplaise... »

Cette déclaration avait au moins le mérite de la franchise.

« Le roi d'Angleterre, dis-je, aurait-il tant à gagner à l'impénitence et au supplice de la Pucelle ? Si elle meurt hérétique, on prétendra que la politique a commandé son trépas et la cause du roi de Bourges s'en remettra vite. L'histoire nous apprend d'ailleurs qu'il est dangereux de faire des martyrs sans absolue nécessité. La brise de la renommée est capricieuse... Tandis que si Jeanne avoue d'elle-même, sans la moindre contrainte, que ses Voix l'ont trompée, c'est tout le mythe qui s'écroule. Sans doute murmurerait-on alors que c'est la peur des tortures qui lui a inspiré ce reniement, mais le palliatif serait mince. Cette démarche amiable ne serait-elle pas la plus sage ?

– Telle est en effet la politique de Cauchon, à laquelle Bedford a paru se résigner. Mais je n'ai pas caché au Régent que je n'en étais point partisan, et c'est moi qui commande en fait à Rouen, où j'ai reçu carte blanche pour agir au mieux.

» Notez bien, Messire Condulmer, que je ne sous-estime pas l'intérêt d'obtenir des aveux par la douceur. Il est toutefois de notoriété publique que les sorcières sont comme les serpents : elles peuvent mordre, jeter leur venin tant qu'il leur reste un souffle de vie, et leurs dons pour s'échapper sont incroyables. Nos soldats se moquent bien que la Pucelle avoue ou n'avoue pas d'une façon ou d'une autre. Ils n'ont que dédain pour cette cuisine de prêtres, et ne retrouveront le moral que lorsque les cendres de la possédée auront été jetées au fleuve. »

Après cette sortie brutale, le visage du comte s'adoucit...

« Pour Jeanne elle-même, Messire, la mort est la meilleure solution, de loin la plus humaine. Si par malheur il arrivait à la Pucelle, au mépris de sa plus évidente et diabolique vocation, d'être réconciliée avec l'Eglise et d'obtenir de la mansuétude du tribunal une pénitence carcérale, il s'agirait, bien entendu, d'une prison anglaise, où elle traînerait, chargée de chaînes, une mourante vie, sans même le réconfort de mon amicale conversation.

» Pensez-vous que Bedford irait confier à des geôliers d'Eglise vénaux et négligents une sorcière aussi dangereuse, qui conserve son habit d'homme pour bien montrer qu'elle ne veut pas déposer les armes, qui se glisse à travers les planchers comme une vicieuse anguille, qui se jette des donjons comme un vautour à l'affût de charognes ? Ce serait folie !

– Bedford, à ce qu'on m'a dit, a écrit à Cauchon qu'il garderait la Pucelle si elle était acquittée, mais...

– Il la gardera acquittée ou bien réconciliée et condamnée à une pénitence, je puis vous le garantir ! Si

Jeanne quitte jamais les prisons anglaises, ce sera pour mourir plus vite. »

Je laissai transparaître une pieuse réprobation, et Warwick précisa :

« Assurément, la prison anglaise porte atteinte aux privilèges ecclésiastiques. Mais c'est un moindre mal. L'atteinte ne serait-elle pas plus grave si nous devions quelque jour, à toutes fins utiles, arracher la prisonnière à une geôle d'Eglise ? C'est pour le coup que le pape crierait au scandale, et il n'aurait pas tort. Tant que Jeanne reste dans nos fers, Sa Sainteté a l'honneur de fermer les yeux plus facilement. Tel est l'avantage de la politique du fait accompli.

» Votre oncle vénéré, le cardinal de Sienne, doit bien comprendre, Messire, et faire comprendre au pape, que la Pucelle n'est pas une accusée ordinaire. Elle est certes hérétique – le superbe mépris où elle tient les cuistres du tribunal suffirait à le prouver ! –, mais elle est aussi un chef de guerre pris au combat, qui nous a coûté des pertes énormes, et dont l'évasion serait une catastrophe. Ce n'est pas nous qui avons poussé cette fille à revêtir le harnois ! Le roi Charles et ses bandits « armagnacs » étaient aux abois, Jeanne est apparue, et cette guerre affreuse a repris une telle vigueur qu'on n'en distingue plus la fin. La Pucelle expédiée, vous verrez que les choses reprendront vite leur cours normal, et les troupes de la croisade hussite pourront enfin s'acheminer vers la Bohême... »

J'assurai au comte que je ne manquerais pas d'exposer impartialement son point de vue à mon oncle.

En attendant, l'affaire se présentait pour Jeanne on ne peut plus mal. Un Bedford perplexe, nouveau Ponce Pilate, avait quitté la scène après rédaction du certificat de virginité numéro deux, laissant la prisonnière aux bons soins d'un Warwick qui ne rêvait que d'impénitence et de bûcher, tandis que Cauchon, sous l'empire de motifs religieux aussi bien que politiques, manœuvrait pour convaincre la Pucelle en douceur. Mais l'accusée ne tirerait guère profit de ces dissentiments. Elle n'échapperait à la mort que pour connaître le long martyre de la prison militaire, en compagnie de soldats dont elle avait massacré les chefs, les frères et les amis.

Faible consolation : je ne distinguais pas clairement ce que le comte aurait pu fabriquer pour conforter dans une attitude d'insoumission une captive qui n'avait déjà que trop tendance à faire bon marché de sa vie. Mais Warwick réservait des surprises. Le pèlerinage de Jérusalem qu'il avait effectué dans sa jeunesse lui avait donné un coup de soleil dont les derniers effets allaient bientôt se révéler prodigieux.

« Vous plairait-il de visiter la Pucelle ? me demanda le comte. La " Tour du Trésor ", où est enfermé cet inestimable joyau, est tout à côté. »

Le ton de Warwick était celui d'un hôte qui propose une curieuse gâterie à un amateur présumé.

Je me trouvai pris de court. Si Jeanne manifestait que nous avions été en relations suivies, son geôlier en concevrait une méfiance insurmontable à mon encontre. Mais si je déclinais une invite aussi flatteuse, il se méfierait également.

J'essayai de me défiler...

« On m'a affirmé que la prisonnière était au secret. Je ne voudrais pas commettre une irrégularité que l'évêque pourrait me reprocher.

– Une de plus, une de moins ! Ne soyons pas formalistes. C'est moi le maître ici ! »

Je me dis qu'après tout Jeanne aurait sans doute la finesse de ne point me reconnaître, et il était d'ailleurs possible que j'aie l'occasion de la mettre en alerte par un signe discret.

Je suivis donc docilement Warwick, et nous descendîmes dans la cour pour nous arrêter un instant au pied de la « Tour du Trésor ».

Là, le comte jugea bon de m'éclairer :

« Vous allez constater que Jeanne jouit d'un confort

très supérieur à celui que peuvent endurer tant d'infects hérétiques qui gémissent dans les étroites cellules des prisons d'Eglise, où ils mangent des immondices et souffrent pour leurs péchés d'une amère solitude. Elle est enchaînée, certes, et pour cause! Mais elle est nourrie comme il faut, à l'anglaise, et quand elle a fini son poisson bouilli de carême, d'honnêtes garçons ne la quittent pas de l'œil : elle trouve toujours à qui parler.

– Peut-être, justement, apprécierait-elle de temps à autre un soupçon de solitude? »

Warwick me jaugea du regard, hésita, me dit enfin en baissant la voix :

« Savez-vous que cette fille a la malice d'être encore vierge?

– L'examen dont j'ai en effet ouï dire est tout à l'honneur de l'Angleterre. Jeanne, une fois prise, on pariait dans les auberges à cent contre un sur la prompte disparition du pucelage.

– Oui, notre honneur se porte bien! Bedford m'a dit en partant : " Mon vieux, maintenant que j'ai eu la connerie de montrer ce foutu pucelage à ma femme, qui n'est que trop honnête, nous sommes coincés. Je vous laisse en garde une prisonnière, je vous laisse surtout un pucelage. Toute la réputation du procès y est attachée et le feu seul doit en triompher gaillardement. Vous me répondrez du pucelage sur votre tête! " Voilà dans quelle situation je me suis fourré. J'ai à veiller jour et nuit sur un pucelage de sorcière. Rien de plus évanescent que ces pucelages-là! Une surveillance permanente n'est-elle pas indispensable?

– Mais Jeanne doit être aussi attachée à son pucelage que vous-même?... quoique pour des motifs un peu différents.

– C'est en tout cas – les sorcières sont rusées – ce qu'elle veut faire croire. Elle semble même redouter un viol et, chaque fois qu'un soldat a une plaisanterie un peu leste, elle se raidit comme si toute l'armée anglaise allait lui passer sur le corps!

– Elle devrait pourtant saisir la valeur insigne de son pucelage aux yeux de votre roi.

– Il est à souhaiter qu'elle ne le saisisse pas trop : l'idée pourrait lui venir de le détruire nuitamment afin de nous mettre dans une position impossible. Je ne puis que la rassurer en arguant de généralités qui ne sont pas trop convaincantes. " Vous n'êtes plus ici, lui dis-je, à la cour dissolue ou chez les brigands du roi de Bourges, où votre vertu a dû courir tant de périls. Enfin, ce beau pucelage est à l'abri ! Je m'en occupe personnellement, et vous pouvez compter jusqu'à la fin sur la piété bien connue des Lancastres. " Ma présence a un effet calmant, mais qui ne dure guère.

– Pourquoi ne pas admettre tout simplement la parfaite bonne foi de Jeanne ?

– Il m'arrive de caresser l'hypothèse. Ce ne serait pas la première affaire où le Diable aurait suscité un instrument tout à fait inconscient. (Les plus redoutables !) Mais j'ai le devoir de ne courir aucun risque.

– Je constate que vous ne pouvez vous interdire d'avoir une certaine sympathie pour votre prisonnière. Si elle ne la méritait point, un homme de votre expérience et de votre valeur morale n'éprouverait pas ce sentiment. »

Le comte parut très frappé de la remarque...

« Oui, c'est vrai. Je me fais un peu l'effet d'Agamemnon s'apprêtant à sacrifier Iphigénie pour obtenir des vents favorables. La politique est un jeu cruel. Mais Jeanne elle-même a joué avec les vents devant Orléans, à ce qu'on raconte. Vous n'allez pas me soutenir qu'un pareil tour est normal ?... »

Aménagé dans une tourelle extérieure, un escalier en colimaçon donnait accès aux étages de la tour.

Warwick, qui me précédait, s'arrêta soudain sur une marche...

« Avez-vous des sorcières, à Venise ?

– Pas la moindre. Chaque fois qu'une sorcière sort de

son trou, nous lui faisons prendre le premier bateau pour Londres.

– Ah, voilà pourquoi elles commencent à grouiller en Angleterre, où elles parlent des langues que personne ne comprend! Mais Jeanne ne parle que le jargon de Domrémy.

– Encore une ruse, sans doute, et une ruse de naissance! »

Le comte ne daigna pas relever la pointe.

A partir du premier palier, un nouvel escalier de huit marches traversait le mur de la tour pour conduire à la porte de la cellule, que surveillaient deux soldats, et, à gauche de ladite porte, dans l'énorme épaisseur de la muraille, avait été pratiquée une chambre secondaire, où Warwick m'invita tout d'abord à entrer. A la lueur d'une petite lucarne qui donnait sur l'extérieur, je vis trois paillasses.

Le comte me dit que, de nuit, trois des cinq gardes couchaient là, alors que les deux autres demeuraient de faction à la porte, les hommes se relayant comme pour le quart des navires. De jour, deux soldats étaient encore à la porte, leurs camarades tenant compagnie à la prisonnière ou dormant dans la chambrette annexe pour se remettre de leur veille. Deux paillasses étaient en effet occupées.

A pas de loup, Warwick s'approcha de la cloison qui séparait la pièce de la cellule, fit doucement coulisser une planchette de bois qui découvrit un menu trou d'observation, et m'invita à lorgner.

Je vis par le judas une assez vaste chambre hexagonale, haute de plafond et carrelée, qui occupait tout l'intérieur de la tour. En face de mon observatoire, la cellule se prolongeait à travers le mur jusqu'à une fenêtre aux barreaux renforcés, laquelle distribuait une lumière assez pauvre. A droite, un étroit couloir devait conduire aux latrines surplombant la campagne. A gauche, protégée du froid par des couvertures, Jeanne était allongée sur un lit, au pied duquel était fixée une lourde barre de bois, reliée à ses chevilles par des chaînes. Et, assis près du lit sur un tabouret, un soldat bavardait avec la prisonnière. Par le trou, les sons parvenaient assez nettement pour que je pusse distinguer le sujet de l'entretien : il s'agissait d'une étude comparative sur l'élevage du mouton en Lorraine et en Angleterre. Le spectacle était très relativement rassurant.

« Le jour, me souffla Warwick, on déferre Jeanne un moment pour qu'elle puisse se dégourdir les jambes et aller faire ses besoins. Là aussi, il faut veiller de près au grain ! La nuit, mes hommes se retirent et le judas reste ouvert. Voyez-vous comment on pourrait encore améliorer la sûreté ?

– Je présume que la pièce est éclairée de nuit ?

– Bien sûr ! Mais la bougie reste hors de portée de la sorcière : ces filles-là aiment à jouer avec le feu !

– Tout ça me paraît admirablement conçu. Mais les vraies sorcières s'échappent toujours. Si Jeanne est encore là, c'est peut-être qu'elle n'est pas ce que vous croyez.

– Je donnerais gros pour savoir ce qu'elle est vraiment ! Elle ne cesse de me dérouter.

– Que peut-elle faire qui vous déroute dans une telle situation ? »

Le comte referma le judas et me murmura à l'oreille :

« Ce n'est pas ce qu'elle fait qui donne à réfléchir, mais ce qu'elle ne fait pas. Les soldats sont formels : elle ne se branle point. Pas une seule fois depuis Noël ! Le carême ne suffit pas à expliquer le phénomène. Alors, que penser au juste ? Les gardiens en sont tout rêveurs.

– N'auriez-vous pas en pension, après tout, une véritable sainte ?

– A moins que ce ne soit la froideur du Diable ? Comment savoir ? Ah, comme j'aimerais en avoir fini avec cette histoire ! Est-ce une besogne pour un gentilhomme ? Si ce n'était pour le roi et pour l'Eglise, je préférerais attacher mon nom à un “ desport ” plus agréable. »

En soupirant, le très noble Warwick me fit enfin ouvrir la porte de la cellule, et me conduisit au chevet de la Pucelle, tandis que le soldat s'empressait de quitter les lieux avec une ostensible discrétion. C'est à de petits détails de ce genre que l'on reconnaît une prison bien réglée, où peuvent se faire jour de troublants et inédits degrés de vertu.

Le comte dit aussitôt à Jeanne, d'une voix cordiale et entraînante :

« J'ai eu le privilège – vous m'avez peut-être aperçu au fond de la chapelle ? – d'assister ce matin à votre premier interrogatoire, et je tenais à vous dire personnellement combien je suis fier, et je ne suis pas le seul à l'être, de votre inaltérable ardeur. Vous avez magnifiquement tenu tête à ces rats de bibliothèque qui prétendaient en savoir plus long que vous sur le Ciel. Messire Pietro Condulmer, un ami vénitien qui était curieux de vous connaître et de vous assurer de son estime, a fait, à ce qu'on m'a dit, de la théologie et du droit canon, et il ne me contredira pas, j'espère, si un homme de mon âge vous redit encore ce conseil qu'un père attentionné pourrait donner à sa propre fille : en toutes circonstances, envers et contre tous, nous devons religieusement écouter la voix claire et forte de notre conscience. Que vous importent le pape, l'Eglise et les docteurs, qui admettent eux-mêmes être faillibles par instant, si vous avez la chance que Dieu vous parle ainsi que je vous parle !

» Assurément – je ne vous l'ai pas caché –, Cauchon et moi-même aurions tendance à penser que vous êtes dans l'erreur. Mais nous ne sommes pas près d'en faire la preuve, comme vous auriez de votre côté bien du mal à prouver que vos Voix viennent du Ciel. Il y a tant de nuages, mon enfant, entre le Ciel et nous ! Ainsi, vu le doute qui règne en cette affaire, seule votre conscience peut trancher, et Dieu ne manquera pas de vous juger là-dessus.

» Je vous répète solennellement devant témoin : si vous trahissez des Voix que vous croyez sincèrement bonnes, vous serez damnée de toute manière. Mais si vous écoutez de telles Voix sans défaillance, le Paradis vous est ouvert. Au jour du grand Jugement, dans tous ces cas épineux où la raison humaine défaille, le tri se fera selon la pureté du cœur et des actes qu'il aura produits. Dieu ne saurait nous en demander davantage. Etre fidèle à vous-même, c'est être fidèle à sa parole! »

Et Warwick de se tourner vers moi d'un air satisfait, quêtant mon approbation, tandis que Jeanne gardait le silence avec un air étrange que je ne lui connaissais point. Je retirais précipitamment de mes lèvres le doigt que j'y avais posé (je présentais le dos au judas!), et il me fallut un moment pour reprendre mes esprits tant cet extravagant discours m'avait surpris et choqué.

Je comprenais bien que le comte faisait tout son possible pour que son Iphigénie partît en fumée dans le ciel printanier, mais ce que je ne comprenais point, c'était la méthode. Comment un homme intelligent, cultivé, qui avait une longue expérience des choses et des êtres, pouvait-il donner à sa prisonnière des conseils qui devaient si précisément ressembler à ceux de ses Voix? Venant d'un Anglais dont la Pucelle savait bien qu'il désirait sa mort, n'était-ce point courir le risque de jeter la suspicion et sur les conseils célestes et sur les conseils humains? Pourtant Warwick venait de parler comme s'il avait l'absolue certitude que sa voix allait s'additionner à celles que Jeanne avait coutume d'entendre et de suivre.

Aucune explication ne surgissait en ma tête, et j'en étais d'autant plus agacé que j'avais l'impression que le comte me toisait avec un éclair de moquerie dans l'œil.

Devinant mes pensées, il me dit :

« Eh oui, Jeanne elle-même a observé qu'il m'arrivait ces temps-ci de parler de plus en plus souvent comme ses propres Voix. Ou bien notre Pucelle a acquis parmi nous une piété toute anglaise, ou bien je deviens un peu sorcier... »

Warwick, par infatuation, venait de se vendre, mais la perspicacité me fit défaut. Je ne devais pénétrer le sens de la phrase que plus tard.

Soudain, Jeanne apostropha violemment le comte :

« Oui, vous parlez à présent comme mes Voix. Mais il y a une différence : vous voulez mon corps, et elles veulent mon âme !

– Alors, dit Warwick en riant, nous nous partageons le travail ! »

L'atmosphère était devenue irrespirable. Ce n'est pas sans effort que je parvins à adresser à la Pucelle quelques phrases sensées...

« Le pape, gravement malade, s'intéresse néanmoins à votre procès, et mon oncle, le cardinal de Sienne, m'a recommandé à l'évêque de Beauvais et au comte de Warwick afin que je puisse en être instruit et compléter de la sorte ma culture théologique et judiciaire.

» Sa Seigneurie, Jeanne, à propos d'un éternel problème, vient de vous gratifier de fortes paroles qui valent d'être méditées. Certes, la voix de notre conscience est notre meilleur guide, et Dieu ne nous tiendra jamais rigueur de l'avoir écoutée. Mais il pourrait nous reprocher de n'avoir pas fait l'impossible pour éclairer cette petite voix qui sera bien balbutiante si elle manque d'instruction. Nous devons nourrir la voix de toutes les vérités possibles pour qu'elle se porte bien et nous avertisse avec justesse. Si vous persistez à penser que vos Voix sont de Dieu après avoir étudié la théologie, les deux droits, la médecine et l'histoire, après vous être entourée des avis désintéressés d'hommes instruits qui ne seraient ni français ni anglais, mais neutres – des Vénitiens, par exemple –, alors, oui, vous devrez suivre sans crainte votre conscience. Même si vous vous trompez, la paix sera avec vous.

– Oui! s'exclama Warwick avec un humour massacrant. Mettons Jeanne à l'école à Venise aux frais du Trésor anglais – nos " yeomen " paieront! –, et dans vingt ans, lorsqu'elle sera versée en théologie, elle nous écrira sur ses Voix un traité de douze tomes en beau latin, avec des aperçus de droit, de médecine et d'histoire. Et si elle se trompe encore, l'Angleterre aura la conscience tranquille! »

Jeanne gémit alors :

« Pourquoi ferais-je tant d'efforts pour éclairer ma conscience, puisque c'est ma conscience qui m'éclaire? »

Le comte fut charmé de cette trouvaille...

« Vous entendez, Condulmer? Quel bon sens! A quoi rime en effet de perdre son temps à éclairer ce qui éclaire? La Pucelle sait d'instinct que ce n'est point l'instruction qui nous fait discerner notre devoir dans les circonstances cruciales. Une prière suffit, et les anges nous apportent la réponse. Auriez-vous l'impiété de soutenir que les anges pourraient bafouiller parce qu'ils ont oublié leur latin? Si telle est votre thèse, je vous dénonce à Le Maistre et votre oncle lui-même ne vous sauvera pas! »

Enervé par la sarcastique bonne humeur de Warwick, je négligeai de réfléchir à ce qu'elle pouvait dissimuler.

Quelle que fût la sûreté de ses Voix, Jeanne sentait quand même que quelques modestes conseils – fussent-ils vénitiens! – seraient peut-être en mesure de combler d'angéliques lacunes.

Prenant acte de la proposition que j'avais exprimée, elle suggéra...

« A Sully, chez La Trémouille, pour tuer le temps, j'avais réaliser de petits progrès en lecture et en écriture. La bonne comtesse de Tonnerre, entre deux réceptions, me faisait parfois travailler sur un passage des Evangiles.

Si Messire Condulmer avait quelques instants de libre, j'aurais plaisir à étudier avec lui...

– Tout à fait inutile! répliqua vivement Warwick. J'estime pour ma part que même un début d'instruction ne pourrait que gâcher des Voix comme les vôtres. Vous n'êtes devenue que trop savante aux mains de cette vertueuse comtesse. Méfions-nous! »

Le comte voulait bien présenter sa proie à des visiteurs de marque, mais ses bontés s'arrêtaient là. Je devais perdre tout espoir d'entretenir Jeanne en particulier. A la place de Warwick, j'aurais pris d'ailleurs des précautions identiques.

La Pucelle pria qu'on la déferre un moment pour qu'elle puisse regarder la campagne par la fenêtre, et le comte – sans doute à cause de ma présence – n'osa refuser.

Nous allâmes donc tous trois à cette fenêtre, que Warwick ouvrit largement. Puis, passant derrière Jeanne, il mit les mains sur ses épaules, comme pour la retenir de s'envoler à travers les barreaux. Le saut de Beaurevoir devait le poursuivre.

En contrebas de la fenêtre était un fossé large et profond. On distinguait au-delà, vers le nord-ouest, un paysage assombri par la venue de la nuit. Dominée par de grands arbres, une végétation touffue, éclaircie par l'hiver, s'était emparée de cette zone ravagée par le siège, où des maisons avaient été laissées en ruine.

Le comte humait à pleins poumons l'air froid et mouillé...

« C'est déjà, dit-il, l'air de ma chère Angleterre. J'ai beaucoup voyagé en mon jeune temps, jusqu'au tombeau du Christ...

– Il est vide, alors que l'Eucharistie est pleine. Pourquoi aller chercher si loin ce que nous avons sous la main?

– Pour la joie du rêve, sans doute. Mais tout le monde sait que le Vénitien ne rêve que de ducats!

» Oui, j'ai beaucoup voyagé, et mes voyages m'ont

appris que l'Angleterre était vraiment une terre d'exception.

– Chacun peut en dire autant des lieux qui ont enchanté sa jeunesse. Mais ce ne sont point les lieux qui sont enchantés, c'est la jeunesse qui donne vie et couleur au souvenir. Je crains, d'ici vingt ans, de voir ma Venise en gris...

– Parce que vous êtes un mécréant! Si notre cœur reste jeune, notre vie se colore sans cesse...

– Pourquoi, demanda tout à coup la Pucelle, n'y a-t-il pas de gardes dans le fossé? »

Le comte sursauta et répondit d'une voix neutre :

« Vous vous étiez déjà plainte du bruit que faisaient les soldats à votre porte lorsqu'ils prenaient le soir quelques vulgaires distractions. J'ai donné ordre de poster plus loin les gardes affectés jusque-là au fossé pour que vous soyez en tout cas tranquille de ce côté. Vous avez besoin d'un bon sommeil pour affronter avec votre présence d'esprit habituelle ce tribunal de robins retors qui s'efforceront de vous piéger par tous les moyens. »

L'explication semblait toute naturelle et il eût fallu que je fusse bien méfiant pour y voir malice.

Nous nous assîmes un moment sur les bancs de pierre qui jouxtaient les murs de chaque côté de la fenêtre, perpendiculairement à l'ouverture, Jeanne et Warwick d'un côté, et moi en face. Tandis que progressait l'obscurité, le comte s'ingéniait à distraire sa Pucelle par des anecdotes empruntées aux campagnes où il s'était illustré, et il lui tapotait parfois la main ou la cuisse, dans l'excitation de ses brûlants souvenirs.

Puis on apporta à Jeanne un repas fort convenable, auquel elle ne fit honneur que du bout des lèvres, malgré les encouragements du comte, inquiet de son manque d'appétit.

Elle fut enfin remise aux fers, et nous lui donnâmes le bonsoir. Warwick s'étant détourné de sa personne pour sortir, elle me lança un bref regard de bête traquée, que je revois encore. Mais ce regard n'appelait point à l'aide. La Pucelle savait bien que seul le roi du Ciel valois pouvait lui apporter réconfort et, dans la mesure où ce roi se confondait avec Dieu, elle n'avait pas tort d'espérer.

Avant de me donner congé, le comte tint à me présenter à l'enfant roi dont il était précepteur. Le jeune Henri VI était à quatre pattes avec un moine, en train de construire une cathédrale au moyen de cubes, jeu un peu puéril pour un garçonnet de neuf ans. Il se releva afin de me recevoir avec toute la dignité convenable.

La présentation faite, le roi me dit en bon français :

« Vous devez venir de chez la Pucelle, n'est-ce pas? Warwick ne manque jamais de la montrer fièrement aux gens de qualité, comme si c'était lui qui l'avait prise, mais il refuse de me la faire voir, car il craint qu'elle ne me jette un mauvais sort.

– Une prudence louable, sire! Le comte, en précepteur compétent, accepte pour ses amis comme pour lui des risques qu'il n'oserait faire courir à Votre Majesté. Il est possible qu'à la fin de ce procès, Cauchon, l'Inquisiteur délégué, Warwick, moi-même et bien d'autres soyons ensorcelés. Seule Votre Majesté aura gardé sa tête pour rappeler tout le monde à la raison.

– Je suis sûr que si j'avais l'occasion de parler à Jeanne, j'en chasserais le diable aussitôt. Les rois sont plus forts que le diable.

– Les prières de Votre Majesté auront le même effet.

– Je prie chaque jour pour Jeanne. Elle est en grand danger. »

Warwick me dit en me raccompagnant :

« J'ai la lourde charge d'un futur Saint Louis. L'innocence de mon élève est d'une pureté déconcertante. Il a tout naturellement cette allure que la Pucelle sait si bien se donner. Henri n'a que de bonnes pensées. Je dois les cultiver, sans négliger pour autant de le préparer aux pièges, aux difficultés de l'existence. J'ai parfois le pénible pressentiment qu'il n'est pas fait pour ce monde et qu'un quelconque martyre le guette... »

Je me creusais la tête pour découvrir un argument susceptible d'impressionner le comte, de le libérer de cette position superstitieuse, aveugle et partisane qui s'était imposée à lui et où il s'était enfermé. L'incontestable piété du sujet semblait offrir un terrain d'approche...

A la porte du logis royal, je m'enhardis à déclarer :

« Avec une franchise qui risquerait de défriser le pape si les Lancastres n'étaient pas de ses amis, Votre Seigneurie ne m'a point caché qu'elle souhaitait vivement qu'une Pucelle impénitente fût brûlée, et je viens de constater moi-même avec une émotion compréhensible que Votre Seigneurie, ayant Jeanne sous sa garde, ne se fait pas scrupule de l'encourager avec une belle éloquence dans cette voie suicidaire du suprême sacrifice où sa sainteté, son satanisme, sa nature profonde ou son ignorance naïve la portent déjà.

» Puis-je faire observer à Votre Seigneurie que de telles manœuvres sont tout à l'opposé des vœux de l'Eglise, qui désire au contraire ardemment que les hérétiques soient réconciliés et sauvés corps et âme ?

» Que dirai-je à mon oncle le cardinal, dont vous connaissez la piété et l'austérité, pour expliquer, pour excuser une attitude en apparence indigne d'un chrétien ? »

Warwick me répliqua aussitôt, preuve qu'il n'avait pas manqué de se poser la question et de la résoudre selon les lumières de sa propre conscience :

« J'apprécie une franchise égale à la mienne, et je la supporterai de bonne grâce.

» L'Eglise a ses responsabilités, moi aussi.

» Elle se fait un devoir, en effet, d'employer tous les moyens, avec beaucoup d'esprit de suite, de patience, d'ingéniosité, pour ramener les hérétiques à la foi. Mais vous connaissez le système ? Un aveu de culpabilité inspiré par la peur ou la souffrance des tortures, une ombre ostensible de repentir, quelques promesses de bonne conduite, permettent à l'hérétique le plus endurci et le plus fourbe d'échapper au bûcher et de s'en tirer pratiquement avec quelques années de prison, en mettant les choses au pire. L'Eglise, que la sincérité des accusés n'intéresse guère lors d'un premier procès, se flatte d'arracher définitivement la mauvaise herbe en cas de récidive, presque toujours punie de mort, et son heureuse sévérité à l'encontre des " relaps " la rassure. Et je dois d'ailleurs reconnaître que la méthode s'est montrée suffisamment efficace jusqu'à présent. Les cathares, les wyclifites entre bien d'autres en ont su quelque chose ! Au prix d'un faible nombre d'exécutions, la Foi a été maintenue.

» Notre Pucelle pose en revanche un problème très particulier, pour la solution duquel la procédure ecclésiastique courante peut paraître à bon droit inadaptée. Un quelconque hérétique, maintenu en prison après des aveux inconsistants, sera la plupart du temps libéré sans grand dommage : une crainte glacée le gardera de toute récidive. Mais Jeanne est une exaltée, une convaincue qui a sans cesse regardé la mort en face. Elle n'avouera jamais que de mauvaise foi – à l'image de son serment si douteux de l'audience de ce matin ! –, et si elle retrouvait un jour la liberté par les soins d'une Eglise compatissante, rien ne la retiendrait de reprendre les armes, car cet animal hérétique est aussi (et d'abord !) un animal politique. L'Angleterre est-elle en mesure de courir un tel risque ? Venise ne le courrait point !

» Par conséquent, lorsque je travaille à allumer ce bûcher, j'ai la conscience doublement tranquille, en tant que catholique et en tant qu'Anglais. Croyez-vous que j'aurais le cœur de pousser cette fille à la mort si j'étais certain qu'elle retourne à Domrémy s'occuper de son ménage ? Et croyez aussi qu'elle le sait bien, et que sa naturelle antipathie pour moi se nuance d'une reconnaissante estime. Elle a besoin de mes services pour faire une fin digne de ses débuts. Nous sommes au fond complices contre ce gâche-métier de Cauchon qui n'a pas la fibre de la grandeur tragique. »

Il n'était pas aisé de prendre en défaut le raisonnement du comte. Si Venise avait été sous le coup d'une pareille menace, je n'en aurais pas été moi-même à dix mille bûchers près.

« En bref, dis-je à Warwick, la position de Votre Seigneurie pourrait se résumer : qu'importe la procédure dès que la raison d'Etat est en jeu!

– Pas tout à fait, Messire. En l'occurrence, j'ai plutôt le sentiment d'être plus exigeant que l'Eglise dans une affaire où j'ai le droit de l'être parce qu'elle est exceptionnelle. Je pousserai le raffinement jusqu'à étouffer la récidive avant qu'elle n'ait pris naissance! »

Redescendant vers la ville, je songeai que la pieuse rigueur de ce raffiné serait d'autant plus impitoyable qu'elle était alimentée par un vif patriotisme anglais.

J'ai dit plus haut en quoi consistait le patriotisme français, vision abstraite dès qu'elle dépassait le cadre local, qui ne savait pas se concrétiser que sur la personne d'un roi consacré par un arsenal de légendes. Le patriotisme français avait essentiellement valeur de lien avec le Prince, et la Pucelle en était la meilleure démonstration. Mais pour un Anglais, amoureux de choses palpables, l'Angleterre était beaucoup plus que le roi, qui pâlissait devant son évidente réalité. C'était un morceau d'île bien verte, encadrée d'ennemis écossais et irlandais, ou de Gallois peu sûrs; une petite terre originale, mais à la géographie, au climat assez uniformes, où les gens parlaient un idiome bizarre, assassiné par Guillaume le Conquérant et ressuscité tant bien que mal dans le creuset d'un peuple peu bavard; une vraie patrie, en somme, que l'imagination pouvait cerner, le regard, embrasser, la démarche, parcourir en peu de jours.

L'ardent patriotisme d'une Pucelle relevait de l'imagerie que la propagande valoise avait vulgarisée dans les couches populaires supérieures. Le patriotisme d'un Warwick allait beaucoup plus loin que les images. Si le salut de l'Angleterre en avait dépendu, il aurait étranglé son petit roi de ses propres mains. Jeanne n'avait pas de chance d'être tombée sur des patriotes à la vénitienne. La démonstration de patriotisme serait rude.

Je me hâtais vers mon couvent, lorsque j'eus la vive contrariété d'être accroché au détour d'une ruelle par le faux frère Torrès, rencontre qui n'était sûrement pas accidentelle : il avait dû me suivre, pour m'aborder enfin discrètement entre chien et loup...

« Que me voulez-vous encore? Si vous persistez à m'importuner, j'aurai encore moins d'ennuis à vous faire pendre qu'à souffrir vos approches!

– Vous ne me dénoncerez pas! J'ai assez confessé pour savoir que vous n'avez pas l'âme d'un délateur.

– Ne vous y fiez pas! En tout Vénitien, le délateur sommeille. Il n'attend qu'une bonne occasion.

– Mais vous avez de l'amitié pour Jeanne...

– Pour moi aussi, et pour bien d'autres personnes qui ne gagneraient rien à ce que je fusse exécuté en votre compagnie.

– Répondez seulement à quelques questions, et je ne vous importunerai plus. D'autres s'en chargeront à ma place.

– Comme c'est engageant! Vous allez sans doute m'assurer que, sous la torture, vous feriez silence sur mes réponses?

– Je ferai ce que je pourrai, et vous devez faire aussi votre possible pour donner à Jeanne une chance de vivre. N'avez-vous pas combattu avec elle? N'étiez-vous pas à Orléans, à Patay?

– J'ai même été pris devant Paris!

– Alors vous savez ce qu'est la prison. Vous êtes monté au château, certainement pour rendre visite à Warwick, et nous n'ignorons pas que le comte montre facilement la Pucelle à ses hôtes. L'avez-vous vue?

– Cela ne vous regarde point.

– Si vous ne l'aviez pas vue, vous l'auriez avoué

franchement. Vous l'avez donc vue, et vous n'oserez le nier.

– Je comprends vos succès de confesseur!

– Nous avons absolument besoin de connaître dans quelles conditions exactes Jeanne est gardée. Parlez sans crainte : je vous promets de taire la source des renseignements que vous m'allez donner. »

L'œil noir de Torrès semblait me pénétrer comme la pluie. Non sans soupirs, je finis par céder à une volonté plus forte que la mienne, avec la circonstance atténuante que la situation de la Pucelle tirait des larmes. On ne fait pas une belle carrière d'escroc sans une grande capacité de persuasion. J'aurais peut-être résisté à un vrai confesseur, un faux était trop pour moi.

Nous nous réfugiâmes sous un auvent, et je dis rapidement, mais précisément, tout ce que j'avais pu apprendre. Le métier de confesseur forme aux interrogatoires serrés.

On ne sortirait sans doute Jeanne de son château que pour la mener à la mort, au milieu d'un déploiement dissuasif de troupes. C'est du château qu'il fallait la faire évader. Et il n'y avait qu'une solution : la fenêtre, qui ouvrait sur la campagne, au-dessus d'un fossé heureusement débarrassé de ses gardes. Mais les difficultés demeuraient énormes.

Il aurait fallu, par une nuit, amener une échelle dans le fossé sans attirer l'attention de ces postes de guets qui avaient été reculés, de l'aveu même de Warwick, jusqu'aux alentours du château. C'était à la rigueur faisable. En revanche, scier les barreaux de la fenêtre et déferrer la prisonnière sans alerter les gardiens était une affaire pleine d'aléas. La porte était si épaisse que les deux soldats de faction ne pouvaient rien entendre de ce qui se passait dans la cellule. Mais en allant relever l'un de ses camarades, tel ou tel des trois autres gardiens sommeillants devait jeter un coup d'œil par le judas, ne fût-ce que pour vérifer si la bougie n'avait pas été éteinte par un courant d'air. En fait, le judas était même susceptible d'être utilisé à tout instant... Mettre hors service ce judas exigeait que les gardes fussent soûlés ou drogués un soir de fête. Mais auraient-ils été ivres morts, que le chemin de l'escalier et de la cour eût conduit à des impasses. La forteresse de Philippe Auguste, avec son donjon et ses six grosses tours, était bien close.

Après m'avoir chaleureusement remercié au nom du Ciel outragé et du roi de France dans la peine, l'espion qui risquait sa vie pour quelques sous se fondit dans la nuit, me laissant tout envahi de peur, au fur et à mesure que me prenait l'exacte conscience de mes actes. J'aurais certes donné bien des ducats pour voir la tête de Warwick devant un lit vide de sorcière, mais si le coup échouait, mon existence risquait de s'arrêter à Rouen, où mes os auraient froid. La belle générosité de la jeunesse m'avait égaré et j'avais agi en Français plutôt qu'en Vénitien. On ne fréquente pas impunément une France où abondent des tempéraments excessifs et étourdis.

Le cœur me manqua de retrouver Torrès à la table des Frères, et je préférai manger sur le pouce dans une auberge de rencontre, où des soldats anglais faisaient du chahut : ils estimaient que le procès, qui venait de commencer, n'avait que trop duré. Et des bourgeois criaient qu'il fallait jeter la Pucelle à poil hors des murs de la ville, pour que les loups la mangent. On incrimine la cruauté des juges, mais c'est un moindre mal par rapport à celle de la populace déchaînée.

Le Maistre se promenait, digérant sa pitance, dans le cloître des carmes, abrité de cette petite pluie fine qui attendrissait Warwick et ne le rendait que plus implacable du fait qu'elle lui semblait venir d'Angleterre.

Je m'empressai de le mettre au courant de ma visite au château, insistant sur les détails les plus révélateurs, et il m'écouta avec une horreur croissante, voilant parfois son visage de ses mains quand nous traversions une section de cloître trop vivement éclairée par les lumières d'un bâtiment adjacent.

Il gémit enfin :

« Quelle épouvantable irrégularité ! Voilà où conduit le mépris des règlements de l'Eglise. Je distingue à présent que ma pauvre Jeanne a bien peu de chances d'être torturée et sauvée. Cauchon et Warwick, chacun à sa manière, vont l'abandonner à ses erreurs. Elle va mourir impénitente...

» Voyez-vous, Messire Condulmer, si le pape lui-même tolère bien des irrégularités, c'est qu'elles ont été commises par excès de zèle, afin de ramener des égarés plus sûrement à la Foi. Au cours d'un procès en hérésie, la seule irrégularité vraiment grave est celle qui dissuaderait un accusé d'avouer et de se repentir. Et Warwick, spéculant sur l'indulgence de Rome, ose s'en vanter cyniquement ! Il n'y a plus de justice... »

C'était bien mon avis. Les tortures étaient un mauvais moment à passer, mais à combien d'impénitents menacés de mort n'avaient-elles pas permis de survivre en prison ?

Le vice-inquisiteur murmura plusieurs fois comme pour lui-même :

« " Si on lui fait avaler un tonneau, j'irai lui tenir la main pour l'encourager à ne pas se dégonfler ! "

» Mon Dieu ! J'aurai entendu ça ! Quelle insondable impiété ! »

Des larmes coulaient sur le visage de Le Maistre, qu'il essuya sans honte d'un vaste mouchoir tiré de sa manche. Je ne l'aurais pas cru si attaché à ses devoirs ni si sensible.

« Quel remède à une situation tellement scandaleuse ? lui dis-je. Rome ne veut pas causer la moindre peine aux Lancastres, Cauchon est tout disposé à fermer les yeux...

– Je ne manquerai pas d'informer l'évêque – sans vous mettre en cause, bien sûr – des incroyables excès de Warwick, et son tempérament autoritaire le poussera certainement à lui faire des remontrances...

– ... dont il se moquera derrière son dos !

– Je le crains, hélas. Nous sommes devant le fait du Prince.

– N'y aurait-il pas sur la place un Anglais respectueux du droit qui aurait le poids suffisant pour intervenir ?

– Je ne distingue que le cardinal Henri de Beaufort, chancelier et grand-oncle du roi. Il est humain, sage, pondéré, et la dignité cardinalice pourrait le placer au-dessus des passions profanes. Mais comme beaucoup d'Anglais, il doit être anglais avant tout. Notez qu'il est hors de question que j'aille me plaindre à lui : vous savez la réserve qui s'impose à la sainte Inquisition dans cette affaire.

– Et parmi les confrères de l'Université de Paris que Cauchon a appelés en renfort pour jouer un rôle déterminant à ses côtés, ne verriez-vous pas un honnête homme capable d'influencer suffisamment d'assesseurs pour que l'évêque prenne enfin ses responsabilités au sérieux et ne se borne point à des protestations diplomatiques ? »

Le Maistre réfléchit un instant, et procéda par élimination...

« Jacques de Touraine et Gérard Feuillet, deux frères mineurs licenciés en théologie ne sont que des utilités.

» Le théologien Beaupère, recteur de l'Université de Paris à deux reprises, a été avec Cauchon ambassadeur du duc de Bourgogne au concile de Constance, et il doit partir pour le concile de Bâle, délégué par l'Université, dès la fin du procès en cours. C'est un docteur réputé, mais des brigands « armagnacs » ont mutilé sa main droite, et son esprit risque d'en être faussé.

» Thomas de Courcelles, licencié en théologie comme Beaupère, comme lui ancien recteur de l'Université et recteur en titre cette année, est un garçon des plus remarquables, d'un caractère désintéressé, mais son tempérament le porte à la diplomatie[1].

1. Après avoir voté pour la torture au procès de Jeanne, dans l'espoir de lui sauver la vie, Courcelles passera au service de Charles VII et

» Nicolas Midi, encore un théologien, est tout dévoué à l'Université, et il attend incessamment d'Henri VI sa nomination à la dignité de chanoine de Rouen.

» Pierre Maurice, qui vient d'être reçu premier à la licence de théologie, est d'une intelligence supérieure, et l'on dit qu'il a de la droiture et du scrupule. Mais il est relativement jeune et sa carrière est à faire...

» Non, je n'en vois aucun pour se jeter à l'eau. Les universitaires, vous savez, n'aiment guère à se singulariser, et l'idée de s'en prendre à Warwick est d'ailleurs réfrigérante. Il est si tentant de ne pas bouger. »

Je ne pus me retenir de lui dire :

« Il me semble que vous ne bougez pas beaucoup non plus.

– Mais la différence saute aux yeux, Messire! En refusant de m'engager dans cette mauvaise cause – et ce, avec la pleine approbation de mes supérieurs – c'est l'indépendance de la sainte Inquisition que je défends : son rôle n'est point d'épurer avec fracas les procès de la politique qui pourrait les vicier. Tandis que les universitaires ne défendent qu'eux-mêmes. »

Je l'avais inconsidérément froissé, et je lui présentai des excuses qu'il accepta cordialement...

« Je comprends votre révolte et votre amertume, Messire. L'injustice blesse d'autant plus que l'on est jeune et souhaiterait un monde meilleur. Je suis fort blessé moi aussi. Mais ce n'est pas à un vicaire d'Inquisiteur d'excommunier un Warwick. »

Evidemment, la bonne marche de l'Inquisition réclamait la collaboration d'un pouvoir laïque protecteur et complice, intéressé au maintien de la Foi comme aux confiscations. L'Inquisition n'allait pas faire du zèle pour mordre la main qui la soutenait. Elle avait bien d'autres affaires en vue que celle de Jeanne. De toute façon, il était de la nature du glaive de l'emporter sur la toge.

prononcera l'oraison funèbre du roi. Modeste, il refusa le chapeau de cardinal.

Je montai à ma chambre pour écrire à l'oncle Gabriel une lettre bien sentie, où je forçai un peu les effets sur la fin dans le désir de l'inciter à se remuer. Mais j'étais sceptique quant au résultat.

« Arrivé à Rouen le 19 février, mon cher et excellent oncle, je vous écris d'urgence dès ce 21 au soir pour vous informer d'une situation extrêmement choquante, que je résumerai comme suit...

» Le vice-inquisiteur, intrépidement résolu à laisser à l'évêque toute la responsabilité de l'affaire, n'étant pas encore habilité, la première audience du procès a eu lieu dans la matinée sous la présidence de Cauchon. Comme on pouvait s'y attendre, l'accusée ignorante et imbue de ses Voix a aussitôt adopté une attitude qui devrait entraîner la mort si elle y persévérait.

» Visiblement, la tactique de l'évêque et de ses amis universitaires est d'obtenir de Jeanne, par une patiente mansuétude, le désaveu de ses Voix, hypothèse qui, dans l'esprit de Cauchon, doit être la plus préjudiciable à la réputation du roi de Bourges. Et si l'accusée s'entête au dernier point, on la livrera au bras séculier sans lui avoir accordé la faveur de tortures salvatrices qui jetteraient le discrédit sur ses déclarations.

» Cauchon joue ici sur le velours. Le Maistre ne m'a pas caché que les tribunaux d'Eglise, répugnant profondément aux tortures, n'appliquent pas la question au tiers des accusés qui en seraient normalement tributaires. Et l'évêque peut arguer aussi que les bourreaux sont chers et que les règles canoniques, si pleines d'humanité, leur interdisent d'être très efficaces. Les juges spéculent plus sur la peur que sur les souffrances réellement infligées. Cette position hypocrite met le prélat à l'abri de tout reproche.

» Pour ce qui est de la procédure proprement dite, il est exclu qu'un procès de cette ampleur soit entaché d'irrégularités graves qui lui feraient une publicité fâcheuse. Cauchon n'a nul besoin de sortir des sentiers battus pour remplir son programme. Au contraire, il se fera un intelligent devoir de mener en apparence une course exemplaire.

» Mais une irrégularité externe odieuse et gravissime affecte jusqu'à nouvel ordre de nullité tous les efforts de l'évêque : Jeanne n'est point gardée par des femmes en prison ecclésiastique, ainsi que le droit canon le prescrit impérativement... le *Directorium*, entre autres, est spécialement clair et précis là-dessus ! Elle gémit dans un cachot du château de Rouen, enchaînée à son lit en permanence, sous l'œil pervers et indiscret de cinq soudards, qui se relayent jour et nuit pour la tourmenter. Nourrie à l'anglaise – on sait comment mangent ces gens-là ! – elle est encore sous surveillance quand elle va faire ses pauvres besoins et, du poste de garde, un judas la guette et fait bon marché de son intimité.

» Dans l'immédiat, des viols – à moins d'un accident dû à la boisson ? – ne paraissent pas à craindre, car le fameux pucelage que Bedford a eu l'innocence de faire vérifier après Charles VII ne saurait disparaître sans que l'accusée s'en lamente en plein tribunal, mais il va sans dire que la patiente est accablée de menaces et de plaisanteries obscènes. Est-ce une position pour une vierge qui est théoriquement sous la protection de la sainte Eglise ?

» Voilà ce que j'ai vu de mes yeux, introduit par Warwick, qui a l'impudeur de présenter sa captive comme une bête de ménagerie à qui lui semble d'humeur à se réjouir du spectacle. Mais ce que j'ai entendu de la bouche du comte dépasse l'imagination. Sachez, mon cher oncle, que ce Warwick dont vous m'aviez vanté la piété tient à Jeanne des discours pour ridiculiser le tribunal qui la juge, et il la pousse à cette même insoumission que ses Voix lui prescrivent déjà ! Oui, vous avez bien lu. Si les Voix sont du Diable, le comte ne rougit pas de parler leur langage ! Si elles sont de Dieu, il n'en est que le satanique reflet ! Et qu'il ait osé me prendre à témoin de cette scène inqualifiable montre bien tout le cas qu'il fait de l'autorité romaine, toute l'impudente certitude qui est la sienne que la curie est bourrée de cardinaux complaisants aux yeux desquels l'honneur de l'Eglise doit abdiquer devant quelques considérations politiques et financières.

» Ô mon cher oncle, qui m'avez prêché tant de bons exemples avant d'avoir pour moi tant de bontés, seriez-vous un homme de cette sorte, un marchand du Temple après tant d'autres? N'allez-vous point courir auprès de ce pape qui avait eu le scrupule de s'intéresser au procès et lui redire que si Rome se moque aveuglément de ses propres lois, une autre Rome malfaisante naîtra bientôt des immondices accumulées? Courez vite, le temps presse! Je vous embrasse moi-même en courant, fier d'avance de vos œuvres. »

C'était compter sans les Voix de Melun, qui n'avaient pas raté une occasion de jeter leur brebis dans la gueule du loup. Coïncidence étonnante, le pape, ultime espoir, était mort la veille, le 20 février, quelques heures avant l'ouverture officielle du procès. Il n'y avait pas que Warwick pour veiller jalousement sur Jeanne.

IV

Après le déjeuner du lendemain 22 février, Le Maistre me prit à part pour se plaindre du désordre de la deuxième audience, qu'il venait d'essuyer.

Toujours sous la présidence de Cauchon, les assesseurs étaient passés à une cinquantaine. Durant les six séances publiques d'interrogatoires que compta le procès d'office – publiques en ce sens quelles n'étaient ouvertes, en principe, qu'aux membres du tribunal et à la masse des assesseurs – ces derniers ne furent jamais plus d'une soixantaine, mais avec une assiduité très variable. Certains passionnés ne ratèrent pas une séance, d'autres ne daignèrent pas se déranger, ayant mieux à faire ou doutant de la justice rendue, d'autres encore ne siégèrent que de temps à autre, attirés en plus grand nombre lorsque les débats promettaient d'être particulièrement intéressants. En somme, la moyenne des présents n'atteignit pas même la moitié des pressentis.

Le Maistre m'expliqua :

« Cauchon s'est refusé à requérir tous les assesseurs de figurer à chaque séance. Et il ne pouvait point en requérir une partie à son choix en vue de telle ou telle audience : cette distinction eût été outrageante pour les exclus. Il a jugé plus astucieux de n'obliger personne à siéger. Ainsi n'assisteront régulièrement au procès que les partisans les plus zélés du roi de France et d'Angleterre, et c'est ce petit groupe qui entraînera les hésitants, avec d'autant plus d'autorité qu'ils auront pris par la force des choses une meilleure connaissance de l'affaire. Avantages accessoires : l'évêque se donne la réputation d'un libéral respectueux de toutes les consciences, et à bon marché, puisque Bedford, qui fait les frais de la mise en scène, aura moins de jetons de présence à payer.

– La ruse serait-elle irrégulière ?

– Même pas ! Les procès en hérésie de cette taille étant rarissimes, la jurisprudence fait naturellement défaut. Cauchon en profite habilement pour tout régler au mieux selon ses vues et il serait futile de le lui reprocher.

» Mais au regard d'un homme habitué à de secrètes séances d'Inquisition, à une atmosphère quiète et feutrée, cette foule d'assesseurs qui vont et viennent à leur fantaisie, attirés par l'esprit de justice, par la haine ou par la simple curiosité, constitue un navrant spectacle. On se croirait sur un marché à bestiaux, à la porte de l'abattoir !

» Et ce n'est pas le seul désordre. A ce désordre fondamental s'ajoutent des désordres particuliers. Hier matin déjà, il y avait eu quelque tumulte dans la chapelle, que la sainteté du lieu avait étouffé. Nous avons siégé ce matin dans la chambre d'apparat du roi, au fond de la grande salle du château, et c'est là que nous siégerons désormais. L'évêque a fait interroger la Pucelle par Maître Jean Beaupère, l'un des docteurs récemment arrivés de l'Université de Paris, dont je vous ai parlé hier soir dans le cloître. Beaupère, agitant parfois son organe mutilé, a été plutôt hargneux, mais bien d'autres ont mis leur grain de sel. L'accusée se montrant aussi intraitable que la veille, les questions fusaient, se chevauchaient, dans cette salle sonore insuffisamment tapissée, et Jeanne était fréquemment interrompue, surtout quand elle parlait de ses Voix avec une autorité extravagante. Les notaires épiscopaux avaient du mal à suivre, et se démenaient aussi les notaires anglais, qui n'avaient en droit rien à faire là, mais que Warwick avait chargés de lui dresser un compte rendu, qu'il destine sans doute à Bedford, assorti de commentaires de son cru. Encore une irrégularité, mineure peut-être, mais certaine. Que vient fabriquer le pouvoir laïque dans une enceinte ecclésiastique ?

– Ce qu'il fabrique déjà dans les latrines de la Pucelle ! Le pouvoir ecclésiastique a honte de peu de choses. Le pouvoir laïque n'a honte de rien.

» Peut-on accorder toute confiance aux notaires épiscopaux ?

– Absolument. Les minutes françaises, dont il vous a été permis de prendre connaissance en attendant la rédaction très postérieure des minutes latines définitives, ne seront qu'un pâle reflet des interrogatoires, un résumé parfois, et dans ce style indirect que la rhétorique judiciaire impose traditionnellement. Il y manquera beaucoup de vie, mais elles seront fidèles. Après les audiences, alors que leur mémoire est encore fraîche, les notaires comparent consciencieusement leurs versions, de façon à bien se mettre d'accord sur les passages, sur les phrases, les mots les plus importants. Ils ont une grande habitude de ce genre de travail et sont très soucieux de leur réputation. Un notaire qui cesserait d'inspirer confiance n'aurait plus qu'à mourir de faim.

– Warwick a prétendu avoir assisté à la première séance...

– Sa grande carcasse est encore apparue ce matin. Il venait sans doute vérifier si Jeanne lui donnait autant de satisfaction que la veille. Mais il n'y avait pas que le comte et ses notaires à être de trop. Toutes sortes de personnes étrangères au procès – notamment des Anglais, bien sûr – avaient forcé la porte sans qu'on osât les refouler. Et quand le maître de maison est admis, le valet d'écurie se faufile. Après suspension, quand je me suis plaint à Cauchon de cette anomalie supplémentaire, il a haussé les épaules avec un air d'impuissance. Je le soupçonne cependant de n'être pas fâché de ce surcroît de publicité. »

Le décalage formel entre les minutes et les paroles réellement exprimées accroissaient mon désir d'assister aux séances. J'avais offert au vice-inquisiteur de la cannelle et du poivre, épices qui l'avaient d'autant plus touché qu'il ignorait tout l'intérêt que je portais à la cause, et j'estimai le moment venu de rentrer dans mes frais...

« Je n'ose insister, lui dis-je, auprès de Cauchon ou de Warwick pour obtenir l'autorisation de suivre les audiences : un refus m'exclurait définitivement. Mais puisque des Anglais se glissent par abus à ce procès, pourquoi pas un Vénitien neveu de cardinal? Un Vénitien vaut bien un Anglais et, devant le fait accompli, le comte comme l'évêque, s'ils s'apercevaient de ma présence, seraient mal venus à protester. »

Le Maistre n'était guère emballé par cette audace. Je ne risquais pas grand-chose, mais il craignait de toute évidence d'être soupçonné en cas d'accroc de m'avoir encouragé au mépris des règles. Les réactions imprévisibles du terrible Warwick le faisaient trembler par avance.

Une brillante idée me frappa :

« Savez-vous ce que nous allons faire? Vous me prêterez votre vieux froc et de vieilles sandales chaque fois que vous vous vêtirez de neuf pour monter faire le silencieux au château et...

– Jamais! Vous n'y pensez pas!...

– Et si je suis pris, je dirai – parole de gentilhomme! – que c'est le jeune et naïf Bosquier qui m'a remis l'habit. Il me semble avoir de l'affection pour la Pucelle et serait heureux de souffrir pour elle[1]. Qu'en dites-vous? »

1. Le jour de l'exécution de Jeanne, ce Bosquier noiera son chagrin dans le vin jusqu'à déclarer devant témoins que l'affaire avait été mal jugée. Nous avons conservé la rétractation de Bosquier et la sentence portée contre lui par Cauchon et Le Maistre, le condamnant aux arrêts de rigueur « au pain et à l'eau », selon la formule consacrée, dans son propre couvent – solution encore assez aimable – d'août 1431 à Pâques 1432. Un bien petit procès en marge de celui de la Pucelle.

Partagé entre le soulagement, le rire et la honte, Le Maistre ne disait rien. La honte l'emporta.

« Il ne sera pas nécessaire, Messire, d'attirer des ennuis à Bosquier. J'ai quand même le dos plus large. »

Et comme nous étions dans sa chambre, il ouvrit un coffre pour en retirer à mon intention un froc usagé, qu'il me fit essayer en me prodiguant des conseils d'orfèvre...

« Vous êtes accoutumé à bomber le torse sous un riche pourpoint, à redresser la tête, à marcher d'un pas vif et large. Un moine chemine à petits pas prudents, poitrine creuse et tête un peu inclinée... Oui, comme ceci ! Et veillez bien à ne pas laisser glisser votre capuchon : l'absence de tonsure révélerait aussitôt la supercherie.

– Je ne baisserai le capuchon que dans les mauvais lieux, par respect pour votre habit.

– Je ne vous en demande pas tant. Gardez-le donc et dites plutôt aux filles que vous êtes Bosquier ! »

C'était bien la première fois que je voyais le vice-inquisiteur plaisanter grivoisement, et ce devait être la dernière.

J'étais curieux de savoir comment la deuxième audience s'était déroulée au juste...

« Jeanne, me dit Le Maistre, a de nouveau choqué le tribunal par sa volonté réaffirmée de se faire juge de la pertinence des questions selon le gré de son inspiration particulière, et par son refus de répondre, pour des motifs obscurs, à un certain nombre de questions. Mais on a passé là-dessus comme précédemment – il faut bien faire durer le plaisir ! – et l'interrogatoire a suivi son cours.

– En admettant – pure hypothèse – que les Voix de la Pucelle viennent de Dieu, ne serait-il pas concevable que le Ciel lui eût enjoint de garder secrète telle ou telle révélation ?

– Au contraire ! Le catholicisme n'est point une religion ésotérique où la vérité devra être gardée sous le boisseau. Si Dieu se donne la peine de révéler quoi que ce soit à quelqu'un, c'est bien pour qu'il en fasse profiter les autres. Où avez-vous vu dans la Bible un prophète muet ? Il y aurait contradiction dans les termes.

– Si Jeanne ne consent à prêter serment que sous réserve, ne serait-ce pas alors pour garantir des secrets qui regardaient son roi ? Imaginez, par exemple, que dans un moment d'abandon, Charles VII ait confié à la Pucelle qu'il était le fils d'un marmiton d'Isabeau...

– Mais le tribunal étant justement soupçonné de faire œuvre partisane, il va de soi qu'il se garde et se gardera religieusement de toute allusion politique maladroite. C'est un procès en matière de foi, et les affaires de foi ne sauraient concerner le roi Charles. Avec la meilleure volonté du monde, on ne distingue d'ailleurs pas du tout en quoi pourraient consister de prétendus secrets politiques.

» Certains commencent à penser que Jeanne ferait des mystères pour se donner de l'importance et faire croire qu'elle serait vraiment en relation avec le Ciel. Elle ne serait pas la première inspirée dans ce cas. »

Les réticences de la Pucelle étaient étranges. Que pouvait-elle avoir derrière la tête ? Où voulait-elle en venir ? Pourquoi exaspérer le tribunal avec de pareilles cachotteries ?

Je demandai à Le Maistre sur quelles matières avait porté l'interrogatoire du jour...

« Essentiellement de la naissance à la présentation au roi de Bourges.

» Jeanne a avoué qu'elle s'était confessée plusieurs fois à des frères mendiants de passage à Domrémy (vous n'ignorez pas la concurrence jugée parfois déloyale qu'ils font au clergé séculier), mais elle a refusé de dire – après avoir juré qu'elle répondrait aux questions concernant à son avis la foi ! – si elle avait l'habitude de communier plusieurs fois l'an. Peut-être avait-elle reçu révélation de taire ce point ?

» Puis elle a déclaré avoir entendu des Voix, avec accompagnement de lumières, à partir de l'âge de treize ans – âge où les filles se forment sous nos climats. J'ai ouï dire qu'en Sicile ou en Afrique elles pouvaient avoir leurs règles plus tôt. Mais s'il faut en croire les indiscrets soldats de Warwick, Jeanne ne serait pas réglée. Chez les inspirées, les Voix viennent fréquemment avec les règles. Chez Jeanne, les Voix semblent les avoir remplacées. C'est peut-être pour cette raison que ces Voix sont si bizarres.

» Lesdites Voix auraient constamment guidé la Pucelle, de Domrémy à Chinon. En particulier, elles lui auraient permis de reconnaître non seulemnt un roi que tous les habitants de Chinon avaient vu passer et repasser, mais Baudricourt lui-même, affirmation plus incroyable encore. Quand on est reçu par un petit capitaine de ce genre, qu'a-t-on besoin de Voix pour savoir que c'est bien lui ? Un Baudricourt farceur se serait-il déguisé en palefrenier ?

» Autre particularité étonnante des Voix, Jeanne en aurait fait profiter son roi et quelques autres ! Dans tout le mystère qu'elle laisse planer sur sa présentation à Charles, cette rare performance laisse sceptique.

» En revanche, elle a porté l'émotion à son comble en soutenant qu'elle entendait encore ses Voix tous les jours, dans l'enceinte même du château !

» Je les mets au pluriel, mais je crois me rappeler qu'elle a parlé d'une Voix au singulier. On la juge entre autres sur la nature de cette Voix, et c'est la Voix qui commande ses réponses ou ses refus, quand elle répète : " Passez outre ! " à une tribu de savants trop curieux ! Vous avouerez que ce tribunal est bien patient.

– N'aurait-on pas interrogé la Pucelle sur son habit d'homme ?

– Naturellement, et elle a varié à ce sujet. Elle semble ne pas très bien savoir si le commandement de se travestir en permanence vient du Ciel ou si le fait résulte de sa volonté propre. Ce qui ne l'empêche pas de rester déguisée jusqu'à nouvel ordre.

– Le tribunal n'attacherait-il pas un intérêt excessif à cette affaire d'habit ?

– Je ne pense pas. Ce n'est point l'habit en soi qui importe, mais les motifs de le mettre ou de l'enlever. Si l'accusée en fait un symbole de rébellion, ce n'est pas la faute de la justice. »

Après réflexion, je posai au vice-inquisiteur une question qui me paraissait très importante :

« Si les juges avaient le sentiment que les Voix de Jeanne étaient le produit d'une imagination déréglée, n'échapperait-elle pas au soupçon d'accointances diaboliques ? Sa cause n'en serait-elle pas meilleure ? Il y a parmi les assesseurs des médecins connus qui pourraient peut-être porter ce diagnostic et le faire savoir... »

Le Maistre réfléchit à son tour et me dit :

« Les irresponsables sont certes en dehors de tout jugement. Mais, Voix mises à part, l'accusée jouit apparemment de tout son bon sens. Pour une ignorante soumise à un internement si éprouvant, elle répond même avec une remarquable présence d'esprit.

» Je dirai plus : Jeanne parle de ses Voix comme si elles étaient pour elle une réalité hors de toute discussion, comme si elle en avait une expérience sensible et, pour ainsi dire, physique. A ce point que l'assemblée est parfois prise de malaise. Les hallucinées qui divaguent ne donnent point ce sentiment.

» Nous avons donc affaire à des Voix qui n'ont rien de maladif, et les bouleversements militaires et politiques dus à l'action de l'inculpée sont de nature à le confirmer. On reconnaît les arbres à leurs fruits, bons ou mauvais, et en l'occurrence, la dimension des fruits plaide pour l'existence de l'arbre. Si ce sont des Voix imaginaires qui ont gagné des batailles et mené sacrer un roi, l'imagination est au pouvoir dans un monde fatigué où elle brille d'ordinaire par son absence !

» Cela dit, mon expérience m'invite à vous affirmer

que l'origine des Voix – problème aux résonances politiques – est un problème secondaire pour ce qui regarde une droite sentence.

– Vous me surprenez !

– Des hérésies mineures, plus ou moins caractérisées, apparaîtront sans doute en cours de procès – avec une ignorante, il est toujours possible d'en trouver quelques-unes... – mais Jeanne, du train où elle court, est partie pour se faire brûler du chef d'insoumission. Or, que les Voix soient diaboliques ou illusoires, l'insoumission n'est-elle pas égale ? »

J'aurais eu du mal à démontrer le contraire. La logique de l'Ecole était redoutable.

Le Maistre ajouta en soupirant :

« Allons au fond... Quelles que soient les irrégularités internes ou externes de ce procès, Jeanne sera livrée au bras séculier ou réconciliée avec l'Eglise par des gens qui connaissent le droit et sont prissonniers de ses rigueurs. L'insoumis opiniâtre ne peut en aucun cas être absout puisqu'il creuse sa tombe de ses propres mains. Le tribunal vaut ce qu'il vaut, l'évêque et moi-même représentons quand même l'Eglise universelle unie au pape, et l'Université de Paris est la première d'Europe. Une paysanne qui prétendrait nous en remontrer ne doit-elle pas être exemplairement sanctionnée ? »

Un mur se dressait devant moi. Comment sauver la vie d'une accusée qui ne voulait pas faiblir ? Que les Voix de Melun soient ou non d'accord, l'évasion apparaissait bien comme la seule ressource.

Le vice-inquisiteur me prit aimablement par le bras, m'interdit de quitter mon froc, m'entraîna vers le cloître où les frères tournaient en rond, et leur dit sans rire ce gros mensonge :

« Messire Condulmer, dont vous savez la parenté avec le pieux cardinal du même nom, moine augustin lui-même, a décidé de profiter de son séjour parmi nous pour faire retraite, et je l'ai autorisé sur sa demande à porter à sa convenance l'habit de saint Dominique durant cette période de recueillement. Si l'habit ne fait pas le moine, il peut y contribuer, et le vêtement ne saurait manquer d'inspirer à notre hôte le goût de la simplicité, de la prière, voire de la mortification. Sa première épreuve – je le vois à ces pieds nus bien propres dans nos sandales spartiates – sera d'attraper un bon rhume. »

Cher Le Maistre ! Que d'ingéniosité afin de me permettre d'aller et venir sans exciter une curiosité superflue ! Il me souffla en se retirant : « Encore une irrégularité ! Nous n'en verrons jamais la fin... » Les frères flattés m'accueillirent avec bonne humeur, et je tournai un moment avec eux, faisant des comparaisons entre Venise et Rouen.

Torrès passant à ma hauteur, je lui dis dans un murmure :

« Ne voulez-vous point, mon frère, que je vous confesse pour Pâques ? Votre âme me paraît bien noire.

– Grand merci, mon frère ! Je m'en tire tout seul. Il n'y a ainsi aucune indiscrétion à craindre. »

Oh, que j'aurais aimé voir ce type ailleurs !

Les 24 et 27 février, les 1er et 3 mars, j'assistai aux dernières grandes séances du procès d'office, consacrées aux interrogatoires, durant trois ou quatre heures chaque matin, dans cette salle d'apparat, dite « chambre de parement », où il y avait presse. Les jours d'audience, je montai, au château avec l'Inquisiteur délégué, réglant mon pas sur le sien et faisant le dos rond, et Le Maistre m'introduisait dans la place, pour me laisser dans les derniers rangs des auditeurs surnuméraires, où je m'empressais de me fondre.

J'ai conservé de ces longues heures d'épreuve plutôt de vives impressions que des souvenirs précis, et par-dessus tout, un sentiment d'énorme, absurde et tragique malentendu.

La Pucelle, pâlie et amaigrie par neuf mois de prison, minée par une promiscuité abominable, angoissée par les flammes qui venaient d'heure en heure la lécher de plus près, semblait plus que jamais enfermée en elle-même, habitée par des Voix qu'elle était seule à entendre et qui avaient arrangé son martyre avec une science de joueur d'échecs. Pion par pion, elle glissait vers le bûcher sans que rien pût la retenir.

Cauchon et la troupe compacte des assesseurs s'efforçaient de raisonner, d'avertir, de réconcilier avec l'Eglise une sorcière archi-pucelle qui n'était pas de modèle courant et qu'on ne savait trop par quel bout prendre. Jeanne, aussi simple que ses Voix dont les pires conseils la trouvaient toujours complaisante, flairait partout, à tort ou à raison, des intentions suspectes et des pièges, et se livrait, avec une énergie désespérée, à un inépuisable répertoire de tout ce qu'une inspirée doit éviter devant un tribunal d'Eglise. Les Pères en étaient remués d'étonnement, d'irritation et de pitié.

Quant aux Anglais, ils voyaient en la Pucelle un danger public qui ne devait pas survivre à leurs soins, et les doucereux ménagements de l'évêque et de ses complices les exaspéraient. De temps en temps, Warwick et quelques amis venaient tâter du procès, et de sous le capuchon baissé jusqu'à mes yeux, je pouvais lire sur le visage du comte, dont la haute stature dominait les gens restés debout au fond de la chambre éclairée par le jour triste d'hiver, les réactions que la séance lui inspirait. Quand Jeanne découvrait une insolence suicidaire de plus, un frisson de plaisir parcourait Warwick. Il admirait certes sa prisonnière, mais comme le cuisinier de John aimait l'agneau à la broche.

Quand l'atmosphère devenait trop oppressante, je me retirais un moment dans la grande salle adjacente pour respirer plus à l'aise et, faisant les cent pas, je songeais douloureusement à tout ce que Jeanne aurait pu dire ou ne pas dire si, par impossible, elle avait défendu sa cause en catholique instruite et informée des usages qui réglaient ce genre de procès. Le nombre d'assesseurs assemblés par l'évêque eût alors été une force pour une accusée capable de les impressionner favorablement.

Dès le départ, la Pucelle aurait dû demander que le deuxième certificat de virginité fût porté au dossier, et il importait peu qu'il le fût ou non : l'important était de rappeler que le pucelage est, en matière de possession diabolique, sinon une nette présomption d'innocence, du moins une qualité peu fréquente, qui incite à réflexion.

Et surtout, il fallait aussitôt faire appel pour irrégularité. Etait-il concevable qu'une vierge doublement certifiée, objet d'un procès en hérésie, fût gardée par des soldats, aux mains d'ennemis qui voulaient sa mort, et dont le geôlier en chef ne rougissait pas de la pousser à l'impénitence ? Une irrégularité si monstrueuse ne frappait-elle pas d'avance de nullité toute sentence que le tribunal pourrait décréter ? Ce beau procès n'était-il pas bâti sur le sable. L'appel eût été rejeté, mais le coup aurait ébranlé tous les assesseurs de bonne foi, et il n'en manquait point.

Et au début de chaque séance, au lieu d'ergoter vainement sur le serment, de nouvelles plaintes étaient à formuler au sujet de la prison militaire et de Warwick, sans craindre d'accumuler des détails pitoyables et odieux, de les exagérer même, ainsi que j'avais cru devoir le faire dans ma lettre à l'oncle Gabriel.

Mais Jeanne pouvait-elle se formaliser de ce que le comte se fût constitué l'écho de ses Voix ? Un des plus forts arguments en sa faveur lui échappait ainsi. Et c'est un fait que, durant le procès, ses plaintes au sujet de sa très anormale captivité ont été étonnamment tardives, exception faite de vives protestations quant aux fers dont elle était chargée, petite affaire toutefois à côté du reste. Il faudra attendre la fin pour qu'elle s'affole. On ne peut que se livrer à des conjectures sur une telle méconnaissance de la situation. L'ignorance du droit canon devait y être pour beaucoup.

En ce qui concerne les Voix, question vitale, la politique à suivre, prudente et digne, était bien claire, et aurait pu se résumer en cette déclaration, que la Pucelle était fort capable de produire dans une langue plus simple, ornée des répétitions qui lui plaisaient tant :

« Oui, mes Révérends Pères, j'ai entendu – ou cru entendre? – une Voix... (C'est à vous tous, les experts, de me fixer!), laquelle me disait d'aller secourir le roi Charles – affaire profane tout à fait en dehors de notre procès sur la foi, qui se présenterait évidemment de la même façon si j'avais secouru le roi d'Angleterre. Et ladite Voix, je lui ai fait confiance parce qu'elle me commandait d'abord d'être bonne chrétienne. Cette dernière caractéristique, après enquête sur mes mœurs irréprochables, a incité les Pères de Poitiers, dont vous connaissez la science, à juger que ma Voix pouvait venir de Dieu, et cette appréciation m'a évidemment fortifiée dans ma croyance. Soumise au jugement de Poitiers, je me soumettrai de même au vôtre, quel qu'il soit, par esprit de filiale discipline. Mon souci constant a été de prendre l'Eglise à témoin, de ne rien lui cacher, de solliciter son conseil et d'en tenir le plus grand compte. Et c'est votre conseil que je sollicite en toute confiance aujourd'hui. Je sais bien que ce n'est pas à moi de préciser d'où tombe ma Voix, mais aux tribunaux que l'Eglise a eu la sagesse de constituer à cet effet. Je serais certes embarrassée et inquiète si, après l'arrêt si favorable de Poitiers, rendu sous la présidence de l'archevêque de Reims, hiérarchiquement supérieur à l'évêque Cauchon, ce tribunal, pour lequel j'ai un égal respect, donnait un avis négatif. Que doit penser une catholique qui ne sait ni A ni B lorsque des prélats expérimentés et savants se divisent à son sujet? Quelle épreuve qui rappelle celle du Grand Schisme! Mais ne doit-elle pas se ranger toujours docilement à la décision du dernier tribunal en date? Décision dont il n'est pas exclu, d'ailleurs, vu ma scandaleuse et impie détention en prison militaire – mais chacun d'entre vous, si attaché aux privilèges de l'Eglise, en souffre sûrement plus que moi! –, qu'elle soit annulée quelque jour. Ma Voix sera ainsi provisoirement ce que vous voudrez. Je vous l'abandonne sans discussion.

» Et il est toutefois possible que, cette Voix, vous la reconnaissiez vite. Elle est analogue à celle que vous entendez vous-mêmes lorsque vous vous interrogez sur vos devoirs : c'est la Voix de notre conscience. Chez moi, en raison d'une sensibilité particulière qui m'a été donnée de naissance, la Voix a pu s'accompagner de sonorité, de lumières inhabituelles, cela ne change rien à sa nature commune et rassurante. Par conséquent, ce n'est pas tant de ma Voix qu'il est débattu ici que d'une conscience avertie par ses manifestations. Et j'admets bien volontiers que ma conscience, comme la vôtre, est susceptible d'erreurs. Je ne suis pas plus infaillible que le tribunal. Il m'a semblé, en toute bonne foi, que ma conscience était déjà éclairée, et j'ai travaillé à m'instruire pour l'éclairer davantage. Malgré de dures campagnes, n'ai-je pas appris à signer mon nom? Mais j'ai encore des progrès à faire, et je compte sur vous pour m'y aider. »

Une défense de ce type eut offert le minimum de prises à la malveillance du tribunal, et l'on ne voit point ce que le roi Charles y aurait perdu.

Accessoirement, sous peine de faire le jeu de l'accusation, Jeanne eût été bienvenue à s'habiller en femme et à prêter serment de ne pas chercher à s'échapper – mais seulement tant qu'elle demeurait sous juridiction ecclésiastique. Ce qui ne l'aurait pas empêchée de déclarer qu'elle allait, ce faisant, très au-delà de ses devoirs, puisqu'elle était abusivement traitée non pas en prisonnière d'Eglise mais en prisonnière de guerre.

Je précise que, dans le cours des procès d'office ou ordinaire, à l'appui de son refus obstiné de quitter l'habit d'homme, la Pucelle n'a jamais argué qu'il la préservait du viol. L'argument eût été ridicule. Contre cinq soldats, la visite intime pratiquée par la bonne duchesse de Bedford était une plus sûre protection.

Dans cette atmosphère de désordres chroniques et

variés déjà relevée par Le Maistre, les interrogatoires, menés d'ordinaire par Beaupère sous la direction de l'évêque, reprenaient inlassablement les mêmes thèmes, entrecoupés de digressions destinées à dérouter et à étourdir l'accusée.

Chaque séance s'ouvrait sur de nouvelles et fastidieuses discussions à propos du serment. La thèse de Jeanne était très nette. Elle voulait bien dire la vérité sur ce qui touchait au procès en matière de foi, mais elle se réservait jalousement de faire la distinction. Quant aux révélations extraordinaires dont elle aurait été gratifiée, elle en dirait ce qui lui plairait, car il était là-dedans d'augustes secrets – concernant notamment le roi Charles – qu'elle avait juré de garder, et qui n'étaient pas faits pour un quelconque tribunal d'Eglise. La thèse du tribunal était bien sûr inverse. Il avait principalement à juger des Voix. Comment en juger si l'inculpée entretenait le mystère dans ce domaine sous quelque prétexte que ce fût ? Contradiction parfaitement insoluble, mais qui était désastreuse pour la Pucelle. Son attitude, ses paroles démontraient sans cesse qu'à ses yeux, la compétence de sa Voix l'emportait sur celle des juges et des assesseurs. Un tribunal régulièrement constitué pouvait-il admettre son incompétence pour si peu ?

J'insiste sur le fait qu'il existe deux sortes d'incompétences. La première, la plus courante, tient à la qualité des juges. Un individu qui a volé un lapin dans le clapier d'un magistrat pourra s'étonner à bon droit d'être jugé par sa victime. La seconde est d'ordre théorique. L'accusé récuse, par exemple, n'importe quel tribunal, du fait qu'il estime être en droit de voler des lapins dans tous les clapiers possibles tant que ses enfants ne mangeront pas à leur faim.

Le cas d'incompétence partielle soulevé par Jeanne était de cette nature. Elle savait bien que le tribunal était prévenu contre elle, qu'une rigoureuse impartialité ne pouvait être sa première vertu. Mais elle fera bien rarement allusion à ce fait, tenu par elle pour secondaire, et qui ne la dissuadait pas de reconnaître à la juridiction ecclésiastique de Rouen une compétence limitée. Lorsqu'elle soutenait que le tribunal n'avait pas à juger de ses révélations, elle posait en revanche un principe évidemment valable pour tous les tribunaux d'Eglise présents et à venir. L'insoumission allait de soi puisqu'elle trouvait appui plus haut que les juges.

Et l'opiniâtreté dans l'insoumission était éclatante. On avait beau dire et répéter à Jeanne sur tous les tons que ce qu'elle prétendait cacher était le sujet du procès, qu'elle se condamnait elle-même à ne vouloir jurer que sous réserve, rien n'y faisait, et après un serment boiteux dont le tribunal, désireux de pousser plus loin, se contentait de guerre lasse et provisoirement, la suspecte émaillait l'interrogatoire du jour de nombreux refus de répondre, se retranchant derrière les ordres de sa Voix. A l'occasion, elle allait jusqu'à déclarer avec un toupet infernal qu'elle répondrait plus tard, après avoir demandé conseil à la Voix qui ne la quittait point!

Ces instants faisaient les délices de Warwick, et la réaction aurait dû me mettre en alerte. Mais pouvais-je imaginer l'impensable?

En un mot, Cauchon était dessaisi de la cause : la Voix qu'il avait à incriminer siégeait à sa place et gouvernait les débats à sa fantaisie!

Une telle situation était un régal pour l'évêque, heureux d'offrir un spectacle si original à tant de docteurs ahuris et scandalisés. Mais son bonheur était nuancé d'inquiétude. Comment faire rentrer dans le droit chemin par la simple persuasion une accusée qui planait à une telle altitude et ne manifestait pas le moindre signe de vouloir en descendre? De séance en séance, la nécessité de recourir aux tortures n'allait elle pas sembler de plus en plus urgente à la majorité des assesseurs?

La quatrième audience du mardi 27 février fut marquée par un événement d'une extrême importance. La Voix de Jeanne, qui inspirait jusqu'alors ses réponses ou ses réticences, prit soudain figure de sainte Catherine et de sainte Marguerite, avec bientôt le renfort de l'archange saint Michel. Ces deux saintes sont particulièrement vénérées en Lorraine, et saint Michel a été élu comme protecteur par les Valois.

Ce passage si tardif de la Voix aux apparitions était fort inattendu, et d'autant plus étrange que Jeanne a affirmé ce jour-là que ces personnages lui étaient déjà apparus à Domrémy, comme il était consigné aux minutes de Poitiers.

Or, les minutes de Poitiers étant tenues secrètes si on ne les a pas fait disparaître, il nous reste sur cet examen la longue déposition de Maître Seguin au procès en nullité à laquelle j'ai déjà fait allusion, et qui contredit implicitement la déclaration de la Pucelle. Et un implicite qu'on pourrait qualifier de catégorique : déposant à un moment où les apparitions mentionnées par la Pucelle étaient connues depuis longtemps, Maître Seguin ne parle que de la Voix ! Traité par Jeanne de bafouilleur occitan à la croyance douteuse, il est bien possible que le vieux Seguin, en dépit d'amicales apparences, ait pris un malin plaisir à la taxer de mensonge. La vengeance se mange froide.

Autre lourde présomption : lorsque le roi Charles, à Loches, ainsi que je l'ai rapporté plus haut avec texte à l'appui, interroge Jeanne très privément sur sa Voix après la levée du siège d'Orléans, là encore, elle ne fait allusion qu'à des phénomènes auditifs et anonymes. Le Bâtard, devenu comte de Dunois, qui rapporte l'entretien au cours d'une déposition longue et détaillée, toujours au procès en nullité, n'aurait pas manqué d'être frappé par l'invocation de deux saintes et d'un archange – sans parler de l'ange Gabriel ! Mais l'amitié du Bâtard pour la Pucelle donne à croire que, s'il l'a contredite, lui aussi, implicitement, c'est sans la moindre malice, et par simple souci de vérité. Pourquoi Jeanne, si désireuse d'inspirer confiance à Charles pour le pousser jusqu'à

Reims, lui aurait-elle tu les noms de ses célestes conseillers si elle les avait fréquentés à l'époque?

Et j'ajouterai qu'il n'existe, à ma connaissance, aucun témoignage antérieur au procès de Rouen sur les apparitions de la Pucelle. Jeanne, jusqu'à cette quatrième audience, avait toujours mis en avant sa Voix ou son « Conseil ». Est-ce à Cauchon qu'elle aurait révélé ce qu'elle avait dissimulé à son roi?!

La Pucelle avait-elle commis une pieuse fourberie dans le dessein aussi naïf qu'imprudent de mieux persuader un tribunal sceptique? L'hypothèse était à approfondir. Le mensonge pouvait porter sur l'existence des apparitions ou sur leur date.

Jeanne fournissait de tels détails sur ses apparitions qu'il était peu probable qu'elle les eût entièrement tirées du néant. Un fait nouveau de grand poids avait dû se produire pour que la Voix se multiplie et excite sa riche imagination. Dès lors, les Voix ayant mis des années à se nommer, réservant pour un moment crucial le soutien et le réconfort de leur présence totale et effective, il était tentant – et quasiment licite! – de faire jouer aux personnages un rôle rétrospectif, de les habiller conformément à l'iconographie courante en des circonstances passées où ils avaient eu la discrétion de se produire sans le moindre appareil.

On s'expliquait ainsi la splendide assurance de l'accusée, insoucieuse de l'imposant décor de la chambre d'apparat comme des sordides promiscuités d'une geôle infâme, prête, du haut de ses vertueuses ignorances, à croiser le regard de tous les érudits contradicteurs frileusement engoncés dans leurs robes multicolores, à opposer son droit éminent à celui d'une Eglise subalterne et de ses suppôts. Les Voix amies, miracle longtemps espéré, avaient pris corps pour le meilleur ou pour le pire, consommant et consumant avec leur chaste épouse un mariage de gloire ou de feu. Que pesaient les dérisoires agaceries d'un Warwick en face de la réalité du Ciel entrouvert?

Le célèbre saint Michel, qui avait tant à faire pour défendre le Mont de Normandie, n'était pas apparu depuis le Crotoy, mais les saintes ordonnaient jour après jour à la Pucelle d'affronter les juges avec hardiesse, de leur river leur clou sans ménagement, et lui avaient laissé espérer qu'elle serait libérée de ses ennemis en raison de sa bonne conduite! Ces incitations à l'impénitence, assorties d'une promesse d'impunité, auraient dû me mettre la puce à l'oreille, d'autant plus que Warwick paraissait aux anges de voir tout à coup ses criminelles exhortations recevoir le renfort de bataillons célestes qui dévoilaient enfin leur vrai visage. Le martyre de la Pucelle avait bien été arrêté de toute éternité par un Dieu qui ne regardait pas aux moyens pour faire parler de lui et de ses élus. Quel aveugle j'ai fait! Un Vénitien exempt de préjugés aurait dû saisir.

Jeanne avait jugé bon de prétendre – on se demande bien pourquoi! – qu'elle avait convaincu le roi Charles par un « signe » du caractère divin de sa mission, mais elle se refusait à en dire davantage. Le point passionnait pourtant le tribunal, car il soupçonnait naturellement l'accusée d'avoir envoûté le Prince par des pratiques de magie noire analogues à celles qui avaient fait le malheur de son confident Giac et, par ricochet, le bonheur conjugal de La Trémouille.

Ce thème de la sorcellerie fit l'objet de nombreuses questions, centrées sur Domrémy, où la Pucelle, selon l'enquête préparatoire, aurait fait son apprentissage de sorcière avec les accessoires d'usage : un « bois chenu », un hêtre suspect, une source inquiétante... L'Eglise avait eu beaucoup de mal, depuis l'époque reculée de l'évangélisation des campagnes, à extirper toutes sortes de coutumes païennes ou à les assimiler, et le travail était loin d'être terminé. Chaque village était nanti d'un lieu de légende, hanté par fées et sorcières, où des réunions champêtres chrétiennes avaient succédé à des réunions païennes, sans que la différence fût toujours bien nette. Mais le tribunal, dans ce domaine à première vue prometteur, ne fit qu'un maigre butin. Jeanne s'était bornée à suivre les filles de Domrémy, et l'on ne pouvait brûler toutes les pucelles de l'endroit parce qu'elles avaient dansé sur l'herbe, couronnées de fleurs des champs.

Autre thème ressassé, comme on pouvait s'y attendre, celui de l'habit d'homme. Dans la France du roi Charles, chez les Bourguignons, à Rouen même avec la duchesse de Bedford, maintes personnes de haut rang et bien intentionnées avaient en pure perte fait à la Pucelle de raisonnables remontrances à ce sujet. Pressée de questions, Jeanne déclarait vaguement qu'elle se vêtirait ainsi tant qu'il plairait à Dieu. Il était évident que l'inculpée faisait du vêtement masculin comme le symbole d'une vocation guerrière à laquelle elle ne voulait pas renoncer. L'habit d'homme avait la même signification que la volonté affichée de s'évader. Aux yeux de Jeanne, un général longtemps victorieux était momentanément arrêté dans sa carrière par une troupe de docteurs abusifs, qui se mêlaient de ce qui ne les regardaient point.

Et pour exprimer tout le cas qu'elle faisait des juges, la Pucelle, excitée par la récente et prodigieuse incarnation de ses Voix, avait le sens des formules nettes et tranchantes : « La Voix vient de par Dieu; et je crois que je ne vous dis pas parfaitement ce que je sais, et j'ai plus grande crainte de leur manquer en disant quelque chose qui déplaise à ces Voix, que je n'en ai de vous répondre... » Et toc! L'évêque régulièrement mandaté, la sainte Inquisition romaine, la ronflante Université de Paris, le glorieux roi de France et d'Angleterre étaient informés en ces termes choisis qu'ils avaient l'inconscience de juger Dieu lui-même et que leur procès était donc déplacé.

Prétendre soumettre à examen, à contrôle humain, une envoyée du Ciel était d'une audace si effrayante et si coupable que Jeanne ne se privait pas, fort logiquement, de mettre ses impies persécuteurs devant leurs responsabilités, de les avertir avec une charité hautaine que ce procès risquait fort de leur porter malheur, et que « ceux qui voudraient l'ôter de ce monde pourraient bien partir avant elle ».

De telles menaces de mort faisaient planer un sourd malaise sur tous ces messieurs entre deux âges, dont beaucoup, à force de vices secrets, avaient contracté des ennuis de santé, et paraissaient d'autant plus inquiétantes que la Pucelle, au lieu de tirer un voile prudent sur ses indéniables capacités de voyante, insistait comme à plaisir sur les preuves qu'elle en avait données et qu'elle en donnerait encore. A réfléchir sur les comptes rendus que ses notaires personnels lui rapportaient tout chauds des audiences, Warwick ne pouvait qu'être ancré dans sa conviction que les malfaisances inépuisables de l'insolente possédée ne finiraient qu'avec sa vie.

Le 1er mars, il fut question pour la première fois de l'ange Gabriel en tant que membre du Conseil particulier de la Pucelle. Saint Michel lui-même s'étant présenté en son temps tout environné d'anges servants, on avait le sentiment que l'accusée était capable de tirer de sa manche tous les anges qu'on voudrait à toutes fins utiles.

Depuis que Jeanne, en dépit de mes conseils exprès, avait eu le malheur de personnifier ses Voix et d'en fournir des descriptions, le tribunal ravi s'était jeté sur cette pâture avec appétit, accablant la suspecte de questions tendancieuses dont beaucoup dissimulaient de mortels périls. Le piège était classique et nombre d'inspirées s'y laissaient engluer. En effet, la nature des anges est d'être immatérielle, et les saints eux-mêmes ne retrouvent leur chair vivante qu'à la Résurrection générale qui prélude au Jugement dernier. Si donc, dans son désir éperdu de forcer l'adhésion, l'accusée commettait la grossière erreur théologique de donner des détails établissant le caractère matériel de ses visions, elle aurait fait *ipso facto* la preuve qu'elles n'étaient pas orthodoxes. Seul le Démon, Esprit impur amoureux de ce monde déchu, peut avoir l'impudeur de se laisser flairer ou toucher, et les experts le reconnaissent d'ailleurs à ce signe non équivoque. Chaque fois que Jeanne ouvrait la bouche sur cette affaire horriblement glissante, j'en avais des sueurs.

A titre accessoire, on parla du saut de Beaurevoir, de l'épée de Fierbois et de l'étendard, du frère Richard et de Catherine de La Rochelle. Cette dernière était alors très opportunément détenue à Paris sous le coup d'un procès en hérésie parallèle et, pour se tirer d'affaire, elle diffamait la Pucelle avec une complaisance qui devait enfin lui valoir un traitement de faveur. Le 3 septembre 1430, on avait brûlé dans la capitale une Bretonne têtue, admiratrice de Jeanne, nommée Pieronne, qui soutenait que Dieu conversait familièrement avec elle sous forme humaine. Ce précédent compromettant n'était pas fait pour rassurer sur le sort de l'accusée.

Il fut aussi traité d'une mandragore, plante odoriférante de l'Italie méridionale, dont la racine anthropomorphe passe pour attirer l'amour et l'argent. La Pucelle avait-elle utilisé une mandragore? Elle rejeta catégoriquement l'accusation. Le moins qu'on puisse dire est qu'elle n'avait recherché ni argent ni amour!

A Lagny, un enfant avait repris vie en présence de Jeanne, le temps qu'on le baptisât, miracle qui fait partie de la panoplie traditionnelle de tous les saints efficaces. Le tribunal, le cas échéant, s'intéressait aux rapports que l'inculpée avait pu entretenir avec une population profondément superstitieuse, prompte à voir partout des saints et des prodiges. Jeanne esquivait de son mieux ce genre d'accusations : elle n'était pas responsable de manifestations outrancières qu'elle n'avait jamais encouragées.

Personnellement, je suis d'avis qu'il n'y a eu aucun miracle à Lagny, pour la bonne raison que Dieu est moins bête que les hommes. Comment des innocents morts avec ou sans baptême pourraient-ils ne pas être réunis dans le même Paradis? Si l'Eglise raconte que le baptême ouvre le Paradis aux nourrissons, c'est afin de persuader les parents de les faire baptiser sans faute. Mais le baptême a cette irremplaçable vertu d'apporter aux êtres responsables des grâces qu'ils n'auraient pas eues autrement. Un bébé ne perd rien à mourir sans baptême, mais les parents négligents risquent d'être damnés. Telle est ma position, qui est parfaitement hérétique, et que je lègue à la postérité, ayant assez vu de bûchers pour avoir envie de mourir dans mon lit. Si, arrivant là-haut, je constate que les enfants morts sans baptême ne sont pas au Paradis avec les autres, je ferai un pied de nez à ce « Dieu » injuste, et j'irai retrouver le Christ qui a dit, s'adressant justement à des juifs non baptisés : « Laissez venir à moi les petits enfants », ceux du monde entier, dont les enfants juifs n'étaient qu'un précieux échantillon.

Mon cher fils Pietro, n'oublie jamais que le monde appartient aux enfants, ici-bas et là-haut, et que je t'aurai d'autant plus aimé que tu avais été pour moi une surprise !

La sommation à Bedford, envoyée à Suffolk sous Orléans, avait été épluchée dès la deuxième séance, où elle avait produit, selon Le Maistre, la plus sinistre impression. L'idée que Dieu avait condamné le parti anglais et chargé une Pucelle de lui régler son compte ne relevait assurément pas d'une théologie admissible. Mais en fait de littérature, le coup le plus pénible fut porté à la Pucelle par sa lettre si malheureusement improvisée au comte d'Armagnac, dont je fus aussi étonné qu'elle-même de constater que le tribunal l'avait en sa possession.

J'ai pu vérifier le passage sur la minute française du procès établie par les deux notaires épiscopaux :

« ... *encore sommée et requise comme auparavant de prêter serment, elle répondit : " Ce que je saurai répondre de vrai, je le dirai volontiers sur ce qui touche au procès. " Et ainsi elle jura en touchant les sacro-*

saints Evangiles. Puis elle répéta : " De ce que je saurai touchant au procès, volontiers je dirai la vérité; et je vous en dirai tout autant que j'en dirais si j'étais devant le pape de Rome. "

» Interrogée sur ses dires à propos de notre Seigneur le pape, et duquel elle croit qu'il soit le véritable pape, elle répondit en demandant s'il y en avait deux. »

J'ai encore à l'oreille la réplique narquoise de Jeanne. Comme nous oublions vite nos dires, et même nos écrits !

Beaupère sauta sur l'occasion...

« Interrogée si elle avait eu des lettres du comte d'Armagnac désireux de savoir auquel des trois Souverains Pontifes il devait obéir, elle répondit que le comte lui écrivit des lettres à ce sujet, et qu'elle lui fit dire entre autres qu'elle donnerait réponse une fois qu'elle serait en repos à Paris ou ailleurs. Et elle allait monter à cheval quand elle dicta la lettre. »

Jeanne se souvient donc fort bien du fait, dont elle donne un résumé honnête, mais peu compromettant.

Beaupère dévoile alors son jeu...

« Nous fîmes lire à l'audience la copie des lettres dudit comte d'Armagnac et de cette Jeanne. Interrogée si c'était bien sa réponse qui était ainsi reproduite, elle répondit qu'elle croyait avoir fait cette réponse en partie et non en tout.

» Interrogée si elle avait prétendu savoir par le conseil du Roi des Rois ce que ledit comte devait penser de la question, elle répondit qu'elle n'en savait rien.

» Interrogée si elle doutait à quel pape ledit comte devait obéir, elle répondit que ledit comte lui avait en effet demandé à qui Dieu voulait qu'il obéisse, et qu'elle n'avait su que lui conseiller. Mais quant à elle, Jeanne, elle tient et croit que nous devons obéir à notre

Seigneur le pape qui est à Rome. Elle dit de plus qu'elle a confié au messager du comte autre chose qui n'est pas contenu dans la copie. Et si le messager n'était pas parti sur-le-champ, il aurait été jeté à l'eau[1]*– mais non pas toutefois par ladite Jeanne! Elle répète en outre qu'elle répondit au comte d'Armagnac qu'elle ne savait pas à quel pape Dieu voulait qu'il obéisse; mais elle lui manda aussi plusieurs choses qui ne furent pas mises par écrit. Autant qu'il est en elle, elle croit en notre Seigneur le pape qui est à Rome.*

» Interrogée pourquoi elle avait écrit qu'elle donnerait réponse ailleurs puisqu'elle croyait au pape qui est à Rome, elle affirma qu'elle avait fait réponse sur une autre matière que sur la question des trois Souverains Pontifes.

» Interrogée si elle avait dit que, sur l'affaire des trois Souverains Pontifes, elle aurait conseil du Ciel, elle répondit que jamais elle n'écrivit ni fit écrire sur le fait des trois Souverains Pontifes, et elle jura par serment que jamais elle n'écrivit ou fit écrire. »

Brutalement désarçonnée par la lecture des lettres dont elle ignorait que le tribunal eût copie, Jeanne n'avait cessé de se contredire de façon lamentable, en était enfin arrivée à nier l'évidence et à se parjurer. Une vraie gageure de la part d'une inspirée qui faisait tant de manières pour prêter serment comme tout le monde! La belle assurance de la Pucelle s'était évanouie soudain et son visage défait inspirait pitié. Le coup l'avait profondément choquée.

Cet accident, qui se situe au début de l'audience du 1er mars, conforta le tribunal dans le sentiment que l'accusée n'était pas toujours véridique. Et si un appel au pape avait pu suivre son cours, mon oncle Gabriel, intronisé fin mars, aurait grincé des dents à la lecture de la lettre de Jeanne au comte d'Armagnac. Les moines les

1. Sans doute par des partisans du pape romain.

plus doux changent de caractère dès qu'ils sont papes.

Warwick, qui venait très irrégulièrement prendre la température de la salle, avait tendance à prolonger ses visites au fur et à mesure que le procès d'office allait sur sa fin, et quand la foule me permettait de distinguer son visage, il me semblait que le comte était en proie à une inquiétude, à une nervosité croissantes. Il devait se demander si Jeanne supporterait jusqu'à son terme toutes les épreuves qu'il lui souhaitait. Durant l'accrochage sur le fait des trois papes, je vis bien que Warwick souffrait avec sa Pucelle en larmes.

Le cœur serré, je sortis moi-même de la chambre pour marcher par la grande salle à peu près déserte comme j'en avais l'habitude, bientôt suivi par un Warwick solitaire qui paraissait de mauvaise humeur et se mit à déambuler de son côté en remuant de sombres pensées.

La prédiction de Le Maistre s'était vérifiée : j'avais attrapé un rhume. A force d'éternuer, de dérangeai mon capuchon et j'attirai l'attention du comte...

« Tiens, tiens ! Le Seigneur Condulmer ! Passé à saint Dominique. Peut-être même à la sainte Inquisition ? Quelle belle recrue qu'un Vénitien fortuné ! Graverent ne cesse de taper tout le monde pour faire fonctionner son affaire : vous avez dû être accueilli à bras ouverts ?... »

Mais il abandonna vite le persiflage pour me prendre à témoin de son ennui...

« Vous avez vu ce Beaupère, ce sournois, ce haineux, ce lâche, avec son affreuse main esquintée et son œil fixe de chat-huant, comme il a vilainement piégé ma petite Jeanne avec cette maudite lettre dictée à la va-vite ? Et je n'ai pu la mettre en garde : Cauchon persiste à me refuser communication du dossier, et même avec une sécheresse accrue. Oui, vous avez bien entendu ! Un homme qui doit tout à la Bourgogne et à l'Angleterre ! Je soupçonne Le Maistre de l'avoir monté contre moi... N'y seriez-vous pas pour quelque chose ? N'auriez-vous pas trahi ma confiance? C'est Rome que vous devez informer, Rome où nous avons tant de bons amis. Ne l'oubliez jamais! Si je vous prends par malheur à intriguer par ici... »

Warwick avait la main sur la poignée de son épée et son regard me transperçait.

Je lui assurai précipitamment :

« Je ne vous ai desservi en rien, Messire! La neutralité vénitienne...

– Jurez-le-moi donc sur les quatre Evangiles.

– Je vous le jure sur la tête de ma mère! Qu'elle meure dans les plus atroces souffrances à l'instant et sans confession si je vous trompe! »

Le comte, rassuré, se détendit...

« Je sais comme les mères italiennes sont aimées de leur fils, qui pourraient donner des leçons à bien des ingrats de chez nous.

» Ah, ce Beaupère! Quel vice de diminuer ainsi une accusée si courageuse et d'ordinaire si franche, de lui détruire le moral! Jeanne est sur les nerfs, savez-vous, et elle se fait une telle image d'elle-même! Encore quelques alertes de ce genre, et elle s'effondre, traîne en prison, surchargée de chaînes, une mourante vie, exposée à quels ouvrages?

– Ses saintes la consoleront.

– Ses saintes sont des gourdes, dont il ne faut pas trop attendre. Que pourraient-elles lui raconter afin de la consoler? Le distinguez-vous, hein?

– Elles lui feront valoir, sans doute, que ce n'est point péché que de mentir à des fourbes qui la jugent de travers, que c'est seulement à Dieu... et à vous, bien sûr, qui défendez ses véritables intérêts avec tant de clairvoyance et de dévouement, qu'il convient de dire toute la vérité. Même des gourdes peuvent broder là-dessus ingénument.

– Vous parlez comme un ange incarné. Puisque vous aimez à vous déguiser ainsi que la Pucelle, au prochain accroc, je vous collerai des ailes sur le dos, et vous irez tenir la main à Jeanne... sous le nom de votre oncle de Sienne, par exemple! Mais ne perdez pas de plumes à son chevet : le mieux est l'ennemi du bien.

– Les vrais anges sont neutres, Messire.

– Ah, oui, en effet! reconnut Warwick en souriant. Mais la Pucelle ne veut pas le savoir. »

Le dédain foncier des grands féodaux d'Occident pour les prêtres et les juristes – mépris double quand l'infortuné avait le malheur d'être l'un et l'autre – ne laissait pas de m'étonner. Une orgueil militaire et une permanente confusion du spirituel et du temporel en était probablement la cause. L'Eglise était au service de la noblesse, mais une servante parfois indocile, et l'on méprise aisément des serviteurs qui ne donnent pas toute satisfaction. Ce sentiment était étranger aux Vénitiens, car l'Etat n'avait chez nous aucun besoin de l'Eglise pour suivre sa route indépendante. Qu'un seigneur de la piété de Warwick traite des saintes de « gourdes » était plus étonnant encore et l'explication m'échappait.

Je redescendis vers le couvent avec un Le Maistre dont le visage offrait un mélange de tristesse et de satisfaction, complexité que j'avais déjà vue chez des chasseurs aimant d'un cœur pur le gibier tombé dans leurs filets. Je croyais que la lettre au comte d'Armagnac en était la cause, mais le vice-inquisiteur me dit :

« La lettre a moins d'importance que vous ne pensez. Les tribunaux d'Eglise tiennent grand compte des circonstances d'un délit et de l'opiniâtreté dans l'erreur. Jeanne a dicté cette lettre sans réflexion, elle se rend compte aujourd'hui de son inadvertance, et elle la regrette visiblement. Que ses serments ne soient pas sérieux, nous y sommes habitués...

» Mais Beaupère l'a fait chuter dans un autre piège, beaucoup plus dangereux, car nous avons enfin sur la planche une hérésie bien qualifiée, et sur laquelle l'accusée ne voudra pas revenir de bonne grâce. N'avez-vous point remarqué ?

– Il m'arrive de sortir prendre l'air...

– La Pucelle précisant que la voix de sainte Marguerite était douce et humble et parlait le langage de la France, Beaupère lui a demandé si la sainte lui avait parlé en anglais, et elle a répondu à la légère : " Comment parlerait-elle anglais ? Elle n'est pas du parti des Anglais. "

– Mon Dieu !

– Oui, par le biais de cette affaire apparemment subalterne de langage, c'est toute la vocation de Jeanne, toute la conception qu'elle se fait de sa mission, qui peuvent être à bon droit taxées d'hérétiques. Le trésor des mérites amassés par les saints est à la disposition des chrétiens de tous les pays. Le fidèle a le privilège de choisir son saint, mais le saint ne saurait choisir. Toutes les prières honnêtes sont également bienvenues à ses yeux. Un Anglais, par exemple, ira prier sans crainte, et avec la certitude d'être exaucé, le saint Michel de Normandie, et rien n'interdit à un Français d'invoquer saint Georges.

– Tous les théologiens sont d'accord sur ce point. Mais La Pucelle s'est fait naïvement l'écho de préjugés populaires. On n'a que trop tendance, chez les illettrés, à se forger une conception caricaturale et partisane des saints, et l'Eglise ne semble guère se soucier de les désabuser. Les pèlerinages seraient sans doute moins fructueux.

– Le fait est là. Mais Jeanne, qui fréquente Dieu, anges et saints comme je vous vois, acceptera-t-elle avec l'humilité requise une bonne leçon de catéchisme élémentaire ? »

C'était hélas peu probable.

Les grandes audiences arrivèrent à leur terme. Au milieu de bien des erreurs, la Pucelle s'était heureusement sortie de pinaillages sur l'état de grâce où elle croyait ou non se trouver. Sa réponse : « Si je n'y suis, Dieu m'y mette, et si j'y suis, Dieu m'y garde », était d'autant plus orthodoxe et habile qu'elle était inspirée des prières du prône. Jeanne était une paroissienne attentive.

V

A L'AUDIENCE du 3 mars, un bon nombre d'assesseurs, s'estimant sans doute suffisamment instruits, avaient fait défaut : en comptant Le Maistre, ils n'étaient plus qu'une quarantaine. Cauchon estima préférable de poursuivre les interrogatoires et d'approfondir quelques questions brûlantes dans un endroit plus intime et plus calme, où Warwick et ses notaires n'oseraient plus s'imposer. Les 10, 12, 13, 14, 15 et 17 mars, la Pucelle fut donc tout simplement interrogée par-devant notaire dans sa cellule, éventuellement deux fois par jour, par un petit comité de cinq à six personnes en moyenne, sous la présidence de l'évêque, assisté du dominicain Jean de la Fontaine, qui le remplaçait quand il était empêché. Le chef des gardiens de Jeanne, John Grey, ne fit acte de présence que dans l'après-midi du 17 mars, et il ne dut pas saisir grand-chose à ce qu'il entendait.

De la Fontaine, du couvent de Le Maistre, était un licencié en droit canon qui avait déjà examiné des témoins dès le début du procès d'office. Et à partir du 13 mars, son extension de délégation étant enfin parvenue – il était temps ! –, le vice-inquisiteur entra officiellement en fonctions aux côtés de Cauchon ou de la Fontaine.

Le Maistre était tout heureux du tour nouveau pris par les interrogatoires, lesquels le ramenaient en douceur aux discrets procès d'Inquisition qu'il affectionnait et, chaque jour, il me tenait fidèlement au courant.

Ce supplément d'interrogatoires n'apporta dans l'ensemble rien de bien neuf et confirma sur de nombreux points ce qu'on savait déjà. La Pucelle acceptait, par exemple, d'entendre la messe en habit de femme, mais à condition de remettre ensuite son habit d'homme – sagesse bien trop tardive –, et déclarait toujours vouloir prendre le large pour retourner guerroyer, au mépris des règles les mieux établies.

J'extrais des minutes du 17 mars une mise au point particulièrement claire et précise à propos de la soumission à l'Eglise...

« *Interrogée si elle s'en rapportera de ses dits et faits à la détermination de l'Eglise, elle répondit : " Je m'en rapporte à Dieu qui m'a envoyée, à Notre-Dame et à tous les saints et saintes du Paradis. Et il me paraît que c'est tout un de Dieu et de l'Eglise et qu'on n'en doit pas faire de difficulté. Pourquoi faites-vous difficulté de cela ? "*

» *Alors il lui fut expliqué qu'il y a l'Eglise triomphante où il y a Dieu, les saints, les anges et les âmes déjà sauvées; mais il y a aussi l'Eglise militante, dans laquelle est le pape, vicaire de Dieu sur terre, les cardinaux, les prélats de l'Eglise, le clergé et tous les bons chrétiens catholiques; et cette dernière Eglise, bien assemblée, ne peut errer et est gouvernée par le Saint-Esprit. C'est pourquoi on lui demandait si elle veut se rapporter à l'Eglise militante, à savoir celle qui est sur la terre et qui vient d'être ainsi définie.*

» *Elle répondit qu'elle était venue au roi de France de par Dieu, de par la bienheureuse Vierge Marie et tous les saints et saintes du Paradis de l'Eglise victorieuse de là-haut, et sur leur commandement; et à cette Eglise-là, elle a soumis tous ses bons faits et tout ce qu'elle a fait ou fera. Quant à savoir si elle se soumettra à l'Eglise militante, elle n'en dira pas plus pour le moment.* »

Passage du plus haut intérêt, qui résume à lui seul tout le procès. Jeanne – sa réponse finale le prouve – a fort bien compris la distinction entre les deux Eglises, qu'on vient d'ailleurs de lui rappeler avec une simplicité et une netteté parfaites. Elle n'admet point qu'une vierge élue, en relations intimes avec l'Eglise triomphante et lumineuse du Ciel, soit jugée par l'Eglise militante de cette terre obscure. Pour elle, Dieu et l'Eglise, c'est tout un, mais l'Eglise étant vue de là-haut. Et les examinateurs estiment que, malgré ses prétentions, la Pucelle fait toujours partie de l'Eglise militante et doit en reconnaître la discipline. On n'est pas près de s'entendre.

Le malentendu plane en tout cas à une hauteur qui relègue bien loin la qualité des juges et les querelles politiques, auxquelles Jeanne ne songe même pas à faire allusion : le problème est à régler dans l'absolu.

En attendant, le notaire a transcrit consciencieusement un lapsus instinctif et original de la Pucelle, dont la vocation militaire est décidément impérissable : au lieu de répéter « Eglise triomphante », expression un peu abstraite pour elle, c'est d'Eglise « victorieuse » qu'elle nous parle. On sent passer le vent d'Orléans et de Patay !

Autre passage, extrait des minutes du même jour, et qui témoigne d'une même obstination :

« *Interrogée sur cet habit de femme qu'on lui offre pour qu'elle puisse aller entendre la messe, elle répondit que, tant qu'il plaira à Dieu, elle ne le prendra point. Et s'il faut la mener dévêtue jusqu'au supplice, elle s'en rapporte aux seigneurs de l'Eglise pour qu'ils lui accordent la grâce d'avoir une chemise de femme et un couvre-chef. Elle aime mieux mourir que de révoquer ce que Dieu lui a fait faire, et elle croit fermement que Dieu ne permettra pas qu'elle soit mise si bas qu'elle n'ait bientôt secours par miracle.*

» *Interrogée : si elle dit qu'elle porte son habit par le commandement de Dieu, pourquoi demande-t-elle une chemise de femme à l'article de la mort ? " Il me suffit qu'elle soit longue ", répondit-elle.* »

Au pied du bûcher, sa carrière militaire – à moins d'un miracle – paraissant terminée, Jeanne a prévu de revenir enfin à l'habit de femme.

Après la note poignante, la note prodigieusement comique du 12 mars :

« *Interrogée si elle a eu des lettres de saint Michel ou de ses Voix, elle répondit : " Je n'ai pas la permission de vous le dire, mais d'ici huit jours, je vous en répondrai volontiers ce que je saurai. "* »

La Pucelle se méfie. Elle flaire encore un piège. Les saints comme il faut tiennent-ils une correspondance ? Dans le doute, selon son habitude, Jeanne remet prudemment la réponse à plus tard. Interrogé, saint Michel saura bien dire s'il a écrit et si la destinataire peut faire mention de son courrier.

Il y eut toutefois du nouveau sur deux affaires d'importance, concernant les saintes et le « signe » du roi.

Pressée de questions au sujet de ce « signe » mystérieux, la Pucelle finit par raconter qu'elle aurait présenté au roi Charles, peu après son arrivée à Chinon, une magnifique couronne fabriquée au Paradis, qu'un ange, accompagné d'un cortège d'anges et des saintes Catherine et Marguerite, était venu remettre aux mains de l'archevêque Regnault de Chartres, lequel en avait coiffé le roi. D'Alençon, Charles de Bourbon, La Trémouille avaient assisté à cette scène stupéfiante, au cours de laquelle l'ange avait garanti au monarque qu'il pouvait faire toute confiance à Jeanne. D'autres, sans réussir à voir les anges, avaient pu apprécier la couronne, qui avait été déposée dans le trésor du roi.

Pourquoi la Pucelle, après avoir elle-même soulevé cette malencontreuse histoire de « signe », avait-elle versé dans l'extravagance symbolique au lieu d'imaginer une version aussi plausible qu'invérifiable qui l'aurait débarrassée de cette hypothèque ? Je me perds encore en conjectures. Peut-être s'agissait-il d'un mauvais conseil de ses Voix ? Elles n'en étaient pas avares.

Dans l'après-midi du 17 mars, on parvint à arracher à Jeanne qu'elle avait eu des contacts physiques avec des êtres que la théologie la mieux assurée – sans parler du vulgaire bon sens – réputait immatériels jusqu'à la Résurrection de la chair :

« *Interrogée si elle a jamais baisé ou embrassé saintes Catherine et Marguerite, elle répondit qu'elle les avait embrassées toutes les deux.*

» *Interrogée si elles ont une bonne odeur, elle répondit qu'il est bon à savoir qu'elles ont bonne odeur !*

» *Interrogée si, en les embrassant, elle y sentait chaleur ou quelque autre chose, elle répondit qu'elle ne pouvait les embrasser sans les sentir et les toucher.*

» *Interrogée par quelle partie du corps elle les embrassait, par en haut ou par en bas, elle répondit qu'il est plus convenable de les embrasser par en bas que par en haut.* »

La preuve était ainsi administrée par A + B que les Voix n'étaient pas catholiques. En voulant trop bien faire, Jeanne s'était jetée dans un dernier piège. Quand une jeune personne embrasse innocemment par en bas une sainte de bonne odeur qui parle français parce qu'elle n'aime pas les Anglais, théologiens et bourreaux, superbement gâtés, se sentent bonne conscience.

Le soir de ce 17 mars, Le Maistre m'annonça en se frottant les mains :

« L'affaire est dans le sac. Les interrogatoires n'ont plus d'objet et nous allons passer au procès " ordinaire " : la Pucelle a baisé ses saintes, ses saintes l'ont baisée, elles se sont entre-baisées, touchées et flairées. Les docteurs seront plus impressionnés encore par cet aveu que par l'histoire, un peu théorique, de la sainte qui n'est pas du parti anglais. Nous tenons là deux hérésies du répertoire, aggravées jusqu'à nouvel ordre, par une insoumission catégorique. Le cas est clair. »

Mais c'était là l'excitation du technicien qui a réussi son coup, et elle n'allait pas sans soupirs. Les grandes audiences de la chambre du roi, suivies des séances à huis clos de la prison entre le lit et les latrines, avaient donné au vice-inquisiteur une sympathie pour Jeanne dont il avait du mal à se défendre. J'avais noté une identique évolution chez Warwick, et aussi chez beaucoup d'assesseurs qui n'avaient cependant pu prendre de contacts directs avec l'accusée. Il y avait chez la Pucelle une évidente qualité d'être qui forçait l'estime. Cauchon lui-même, depuis longtemps garanti contre les entraînements trompeurs d'une sensibilité superficielle, mettra beaucoup de sincérité dans son acharnement à sauver Jeanne de la mort.

Malheureusement, comme beaucoup de fortes personnalités, la Pucelle avait le talent de séduire ou d'indisposer à brefs intervalles, quand ce n'était pas tout à la fois. Il n'était pas rare qu'une grave maladresse ne vînt bientôt refroidir la sympathie.

Par exemple, invitée à parler de Franquet d'Arras, livré au bourreau par son entremise, Jeanne avait parlé de « traître », qualificatif auquel juges et assesseurs ne pouvaient qu'être ultra-sensibles étant donné le contexte de l'époque, et à juste raison.

Dans un système féodal, est traître celui qui trahit la foi jurée à un suzerain. Pour ce que j'en sais, Franquet, vieux serviteur de la Bourgogne, n'avait nullement trahi Charles VII – à moins d'admettre que l'assassinat de Jean sans Peur par les gens du Dauphin, futur roi de Bourges, eût été un acte de suzeraineté légitime ! Cette injure facile de « traître » ou de Français « renié » était de celles qu'on n'oublie pas.

J'ai plaisir à rappeler que le roi Charles, une fois victorieux, aura la sagesse éclairée de ne jamais donner de la « traîtrise » qu'une définition étroitement féodale, basée sur l'existence d'un contrat d'engagement personnel à son égard. Et il comptera par là, malgré des débuts si difficiles, parmi les plus grands souverains. Car la meilleure justification morale de la royauté – et peut-être la seule – est que le Prince assure le bon équilibre des corps sociaux en se plaçant délibérément et ostensiblement au-dessus de tous les partis. Jeanne était bien éloignée de cette optique supérieure, source supplémentaire de dissentiments avec son roi.

Le dimanche 24 mars, les minutes françaises des interrogatoires du procès d'office étant enfin mises au net, le texte en fut présenté et lu à Jeanne dans sa prison par le principal notaire Guillaume Manchon, en présence de la Fontaine, de Le Maistre, du « promoteur » Jean d'Estivet et de quelques témoins. Il importait de savoir si l'accusée était d'accord avec les minutes, de sorte que le promoteur, dont c'était la première apparition officielle, disposât d'une base de travail valable pour rédiger son acte d'accusation. Jeanne ayant déclaré le texte fidèle, on pouvait aller plus loin.

Ce Jean d'Estivet, surnommé « Bénédicité », ancien étudiant en droit de l'Université de Paris, chanoine de Beauvais et Bayeux, était procureur du diocèse de Beauvais. C'est à ce titre que Cauchon, qui avait apprécié ses talents dans des affaires subalternes, l'avait chargé de soutenir l'accusation contre la Pucelle dans le procès « ordinaire ». D'Estivet était travailleur, mais grossier, méchant, brouillon, peu instruit et d'une intelligence limitée. L'évêque aurait pu trouver mieux pour une cause de cette importance.

Le notaire épiscopal Manchon et son compère Guillaume Colles, dit « Boisguillaume », s'étaient vu adjoindre à l'entrée en fonction de Le Maistre un notaire inquisitorial appelé Nicolas Taquel. Le vice-inquisiteur manifestait ainsi son souci de veiller scrupuleusement à la fidélité des minutes. Mais au lieu de nommer, comme à l'habitude, un promoteur et un huissier inquisitoriaux, il avait accepté le procureur et l'huissier de l'évêque, un certain Jean Massieu, doyen de la chrétienté de Rouen, qui devait quelques années plus tard avoir des ennuis pour affaires de mœurs, tandis que « Boisguillaume » était excommunié et jeté en prison ! En s'abstenant de nommer un supplément de personnel, Le Maistre observait une fois de plus sa politique de réserve. Il tenait à bien montrer à tout le monde que c'était la cause de Cauchon plutôt que la sienne et qu'il n'était là que par devoir.

Au matin du dimanche des Rameaux, l'évêque se dérangea en personne, accompagné de Beaupère, Midi, Maurice et de Courcelles, pour porter à Jeanne du poisson frais et lui offrir de lui laisser entendre la messe et recevoir la communion si elle voulait bien renoncer à son habit d'homme. Poussant à l'absurde un libéralisme déjà très irrégulier, Cauchon pressa même l'accusée de demander à ses saintes l'autorisation de changer d'habit ! Un conseil raisonnable, même venant du Diable, n'était-il pas bon à prendre ? On ne pouvait être plus gracieux ni plus large.

Mais les Voix de la Pucelle, laquelle désirait pourtant avec une grande ardeur assister à la messe et communier, s'entêtaient à l'en priver avec une rigueur que le bon sens invitait à tenir pour dérisoire. Le roi Charles lui-même ne lui avait-il pas clairement fait comprendre qu'il n'avait plus besoin de ses services ?

Au sortir du déjeuner de ce jour, j'avisai Torrès qui se promenait par le cloître, et je lui glissai discrètement :

« En contrepartie des services rendus, j'estime avoir le droit de savoir quelle nuit votre bande a l'intention d'enlever la Pucelle – si jamais les choses en arrivent à ce point. J'aimerais en effet être absent de Rouen lors de l'événement. Si Jeanne s'échappe, je n'ai plus rien à faire en cette ville, et si vous vous faisiez cravater, je ne tarderais pas à vous suivre en prison ! »

Après hésitation, Torrès se borna à me déclarer qu'il en référerait à son chef. Je n'en avais pas fini d'être inquiet.

Le lundi 26 mars, les deux juges de Jeanne, assistés d'une douzaine de conseillers, décidèrent d'ouvrir le procès ordinaire, et je reçus ce même jour une lettre de l'oncle Angelo, écrite vers l'époque où je faisais boire à son sacripant de fils l'eau de Bruges.

« Je t'écris, mon cher Pietro, ce 12 février, et ces lignes te parviendront sans doute à Rouen, où tu dois arriver avant la fin du mois s'il faut en croire mon frère Gabriel. Les efforts qu'il a accomplis pour t'arracher prématurément à cette horrible prison de Paris, la façon brillante dont il te sert auprès du pape, méritent d'être salués avec gratitude, et ta mère qui se minait a repris quelques couleurs. N'oublie pas tout ce que tu lui coûtes en soucis et en argent. Si tu estimes indigne de toi de la remercier, tu pourrais peut-être m'envoyer un mot aimable, car je te prie de croire que je ne me suis pas ménagé non plus. T'aurais-je déçu en quoi que ce fût? Ne t'aurait-on pas fait un faux rapport sur mon compte? Les gens ont tant d'imagination pour nuire...

» Le sénat a enfin eu vent de tes aventures et mésaventures militaires, qui ont beaucoup choqué. La noblesse sans patrie d'Occident peut combattre au gré de ses intérêts particuliers ou par simple distraction; un patricien de Venise a l'obligation morale de ne verser son sang que pour la Ville. Je tâche de t'excuser en mettant cette incartade sur le compte d'une bouillante jeunesse, mais tu trouves plus de censeurs que de complaisants. Le temps arrangera les choses...

» Le petit Pietro se porte bien, mais en rentrant de Terre Ferme à l'automne dernier, j'ai reçu une lettre des plus ennuyées et des plus embarrassées de Mme Kastelis. Lucretia serait dans un état étrange qui, sans être alarmant dans l'immédiat, ne laisse pas de donner des inquiétudes : distraite, repliée sur elle-même, ne mangeant pour ainsi dire plus sans pour autant maigrir comme on aurait pu s'y attendre, et surtout affligée, mais seulement au creux des paumes, d'un inconvénient particulièrement déplacé chez une prostituée. Je cherche mes mots...

» Le premier cas connu est celui de François d'Assise, et c'est déjà une chose bien extraordinaire et bien digne de réflexions qu'il ait fallu attendre douze siècles de christianisme pour voir apparaître un phénomène qui, bien qu'il demeure assez rare, s'est curieusement multiplié depuis, comme en témoigne, entre autres, Catherine de Sienne, crucifiée par le Grand Schisme. Bref, Lucretia présente aux mains deux blessures qui ne veulent point guérir et font songer aux stigmates de la Passion.

» La maquerelle est hantée de craintes superstitieuses, se demande si ce ne serait point péché que de livrer au stupre une esclave de ce genre, et redoute que des indiscrétions n'attirent l'attention du patriarche et des autorités sur la situation irrégulière de Lucretia. Les appuis de Mme Kastelis ont des limites. Ta mère, aveuglée par l'animosité, est persuadée qu'il s'agit d'une fraude, entretenue par la fille afin de couper court au travail intermittent de la maison. J'ai déployé beaucoup d'éloquence pour convaincre ta mère de payer à Lucretia des vacances complètes, mais elle a naturellement poussé de hauts cris, me traitant de jobard et arguant que Lucretia, entre autres catastrophes, lui a déjà coûté la somme monstrueuse de trente mille ducats.

» Sans cette fille, ne serais-tu pas resté tranquillement à Venise ?

» C'est encore Lucretia qui prend l'événement avec le plus de sérénité. Elle vivrait dans un nuage et en serait quitte pour recevoir, vêtue de gants, le reliquat de clientèle qui lui est parfois assignée. Le contraste entre les mains voilées et la nudité du sujet doit hélas paraître piquant à des hommes dépravés, sans cesse à la recherche de fantaisies nouvelles. Selon l'esclave noire qui amène au bordel le jeune Pietro de temps à autre, sa mère aurait même des accès de tendre gaieté à voir la mine réjouie de l'enfant, dont elle caresse la joue d'un pudique revers de sa main finement gantée. Je n'ose plus moi-même aller lui rendre visite. Cette affaire me dépasse. Que lui dirais-je ?

» Dubitatif et troublé comme tu peux croire, j'ai eu récemment une conversation intéressante avec un peintre, élève du vieux Jacobello del Fiore. Cet artiste m'a dit que si l'on clouait un cadavre à une croix par les paumes afin d'en faire une étude anatomique plus précise en vue d'un tableau de crucifixion, les chairs se déchiraient aussitôt. Ce sont seulement les poignets qui offriraient des points de résistance suffisants. [1] Mais aucun peintre n'ose se singulariser en sortant de la convention établie, qui a encore de beaux jours devant elle.

» Ainsi, l'étrange affection dont souffre Lucretia, par un mécanisme qui nous demeure inconnu, ne serait qu'un effet de l'auto-suggestion chez une personne aux nerfs et aux humeurs particulièrement sensibles. Si Dieu était directement responsable de ces marques sanglantes, ne les placerait-il pas au bon endroit ?

» L'explication m'a soulagé. Il n'est pas rassurant de se dire qu'on a fréquenté de près un être marqué par des signes surnaturels.

» Autre source d'inquiétude, beaucoup plus grave celle-là, et dont je dois t'avertir : ta mère te soupçonne plus que jamais de vouloir libérer Lucretia avec un argent glané sur les champs de bataille, car tu n'as pas daigné participer si peu que ce fût au paiement de ta rançon. On dirait que tu veux la pousser à bout, politique dont il ne peut découler que des malheurs.

» Il est temps de te montrer raisonnable. Mais quelle preuve convaincante pourrais-tu donner que tu as renoncé à mener une vie honteuse avec Lucretia, si ce n'est un prompt mariage ? Les jolies et riches prétendantes ne manquent point qui pourraient faire ton bonheur, et qui n'auraient pas besoin de faire l'amour avec des

1. Parmi les nombreuses présomptions convergentes d'authencité du saint Suaire de Turin, la crucifixion par les poignets vient au premier rang, aucune explication frauduleuse n'étant concevable.

gants ! Si d'ailleurs, une fois marié, tu rachetais l'esclave pour agrémenter ton intérieur, le mal ne serait pas grand. Venise en a vu d'autres.

» Cette lettre – notre police n'est que trop bien faite ! – sera postée à Gênes par un ami sûr. J'espère qu'elle te trouvera en bonne santé et t'embrasse tristement. »

La communication me jeta dans un état de malaise et d'appréhension difficile à décrire. Un sentiment d'urgence me poignait. Réservant pour plus tard toute autre réflexion, je me résolus de prendre mon oncle au mot et de m'incrire sur la liste des plus distingués partis vénitiens. Le sacrifice d'amour-propre était peu de chose en regard de la sûreté de ma femme, et c'est toujours une joie que de tromper des infâmes. Rien ne m'empêchait, après tout, le certificat de mariage une fois détruit, d'épouser de nouveau Lucretia, au cours d'une cérémonie qui n'aurait qu'une valeur formelle. La question était plutôt de savoir si la manœuvre suffirait à abuser ma mère et à la détourner de tentations homicides...

« J'ai bien reçu, mon cher oncle, votre lettre du 12 février, et je vous écris ce 26 mars de Rouen, alors que vous avez déjà en main – à moins que vous ne la voyiez bientôt arriver – l'annonce que je vous fis de Bruges de la mort affreuse de notre regretté Niccolo. Aussi m'abstiendrai-je de renouveler mes condoléances, sinon pour les résumer d'une phrase : ce cher garçon avait toutes les qualités de son père, la même franchise, la même honnêteté, les mêmes délicatesses; vous étiez faits pour vieillir côte à côte et l'on se demande bien pourquoi Dieu ne l'a pas voulu.

» On trouvera mon certificat de mariage en démolissant cette belle table de toilette que vous aviez offerte à ma mère à l'occasion de ses noces. Choisissez-moi, je vous prie, une épouse qui ne puisse me rappeler Lucretia que sous le rapport de la beauté éphémère : je ne pourrais la supporter autrement.

» Je tiens absolument à informer moi-même ma femme que, sur vos sagaces conseils d'oncle et de parrain, elle ne saurait jouer chez moi qu'un rôle en apparence effacé. Ma mère ayant trouvé le certificat, sa première bonne pensée sera d'avertir Lucretia de sa disgrâce, dans l'espoir qu'un surcroît de chagrin pourrait hâter sa fin. Retenez-la sur cette pente, car si elle succombait à la tentation, je le saurais tôt au tard et je vous en tiendrais pour responsable. J'ai tué ces temps-ci tant de gens qui ne m'avaient rien fait, qu'un méchant cadavre de plus m'importe peu, et le vôtre me serait agréable. Quant à ma mère, qui est déjà morte pour moi, je ne pourrais que l'achever, et le plaisir ne serait pas si grand.

» Merci de tous vos dévouements, les connus et les ignorés, qui doivent être les plus beaux. Merci d'avoir tenté d'obtenir de ma mère que la vertu de Lucretia fût enfin épargnée. Il eût été mieux encore d'y contribuer de votre argent, mais vous n'y aurez pas pensé.

» Souffrez l'amertume de ce mot. Il n'est pas gai d'être raisonnable à mon âge pour aller tenir compagnie à des sages de votre sorte. Mais peut-être, après mon retour, n'éprouverez-vous pas grand agrément à ma conversation. Vous n'avez déjà plus rien à dire à Lucretia. Je porte au cœur d'autres stigmates qui pourraient vous décourager. »

Le mardi 27 mars au matin, dans la salle d'apparat du château, devant l'accusée, les deux juges et une quarantaine d'assesseurs, le promoteur d'Estivet annonça verbeusement qu'il était fin prêt à produire et à soutenir les chefs d'accusation. Et après en avoir délibéré, le tribunal décida que les articles seraient lus à Jeanne, qui les nierait ou approuverait sous serment selon la procédure la plus courante appelée *credit vel non credit*, et qu'on lui accorderait éventuellement des délais pour répondre sur tel ou tel point qui l'embarrasserait.

Puis Cauchon offrit des avocats à Jeanne pour la

conseiller en sa cause, ainsi qu'en témoignent les minutes du procès :

« Après que lesdits docteurs et maîtres eurent donné leur opinion et que ledit promoteur eut juré " de calumnia " (c'est-à-dire que ce n'était pas par faveur, rancœur, crainte ou haine qu'il instruisait cette affaire), Monseigneur de Beauvais dit à Jeanne que toutes les personnes présentes étaient gens d'Eglise experts en droit divin et humain, et qu'avec toute mansuétude et piété ils entendaient et voulaient en agir avec elle comme ils avaient toujours procédé, ne cherchant ni à se venger ni à la punir corporellement, mais à l'instruire et à la ramener à la voie de la vérité et du salut s'il y avait eu en elle quelque défaillance.

» Et parce qu'elle n'était pas assez savante ni instruite dans les lettres et en des matières aussi ardues au point de délibérer avec elle-même sur ce qu'elle devrait faire ou répondre, Monseigneur de Beauvais et le vicaire de l'Inquisiteur proposèrent à Jeanne de choisir un ou plusieurs, ceux qu'elle voudraient, parmi les assistants; ou bien, si elle ne savait choisir, lesdits juges lui donneraient d'office des conseillers pour l'aider à déterminer ce qu'elle devrait faire ou répondre. Etant entendu que, pour ce qui est des faits, elle aurait à dire la vérité personnellement. Et nous avons requis Jeanne de prêter serment de dire cette vérité quant aux faits.

« A quoi Jeanne répondit de cette manière :

» *Premièrement, pour ce que vous m'admonestez au sujet de mon bien et de notre foi, je vous remercie, et toute la compagnie aussi. Pour ce qui est du conseil que vous m'offrez, aussi je vous remercie. Mais je n'ai pas l'intention de me départir du conseil de Dieu. Quant au serment que vous voulez que je fasse, je suis prête à jurer de dire la vérité pour tout ce qui touche au procès.* »

On ne voit pas ce que la Pucelle aurait perdu à accepter des conseillers. Si le conseil de Dieu lui était acquis, n'était-elle pas en mesure de discerner les bons conseils des mauvais ? Mais elle craignait peut-être, en dépit de l'assistance divine, d'être convaincue par des arguments dont son ignorance ne lui aurait pas permis de distinguer le caractère captieux. Je vis bien que le tribunal était froissé de cette méfiance, rendue plus sensible encore par le renouvellement d'un serment conditionnel.

Ce 27 mars, mais aussi le mercredi 28, l'acte d'accusation, qui ne comportait pas moins de soixante-dix articles (!), fut lu à la Pucelle. Les articles accusateurs de d'Estivet étaient suivis et appuyés par des citations plus ou moins nombreuses extraites des paroles de Jeanne, telles qu'elles avaient été enregistrées dans les minutes. L'essentiel des accusations était ainsi basé sur les propres dires de l'accusée, procédure plus convaincante que si des témoignages extérieurs avaient joué un rôle fondamental.

Après lecture de chaque article, on demandait à Jeanne si elle était d'accord ou non. Jeanne niait, avec ou sans commentaires, ou bien renvoyait aux précédents interrogatoires, ou bien déclarait que l'accusation était à son avis hors procès, ou bien demandait délais pour répondre. Elle s'estimait évidemment innocente des soixante-dix accusations.

A la suite de la lecture du premier article, d'une facture banale et très classique, qui se bornait à rappeler la compétence du tribunal à l'encontre de n'importe qui, la Pucelle, animant le débat, sauta sur l'occasion de nier ladite compétence en des termes d'une netteté parfaite et déclara « qu'elle croyait bien que notre Seigneur le pape de Rome et les évêques et autres gens d'Eglise ont à garder la foi chrétienne et à punir ceux qui défaillent. Mais quant à elle, de ses faits elle ne se soumettra seulement qu'à l'Eglise du Ciel, à savoir à Dieu, à la

Vierge Marie et aux saints du Paradis. Et elle croit fermement qu'elle n'a pas défailli dans notre foi et n'y voudrait pas défaillir ».

L'accusée ayant la bonté d'admettre la compétence universelle des tribunaux d'Eglise, sauf pour son cas qui ne relevait que de Dieu, de la Vierge et, à l'extrême rigueur, des saints, on aurait pu économiser la lecture des soixante-neuf articles suivants. Mais après les bruits divers, la représentation suivit son cours : les assesseurs ne pouvaient être payés à ne rien faire.

L'économie eût été d'autant plus opportune que la prose d'Estivet était un indigeste salmigondis, qui donnait la plus basse idée du niveau mental du promoteur et de son équipe. Sans doute s'était-on dépêché, mais quand même! Le désordre régnait partout et à tous les échelons. Tantôt on trouvait pêle-mêle dans un article plusieurs accusations différentes. Tantôt la même accusation était éparpillée dans des articles divers. Les accusations fantaisistes, futiles ou idiotes, alternaient avec des griefs de poids. Et pour couronner le tout, les citations empruntées aux interrogatoires n'avaient trop souvent qu'un rapport approximatif avec les articles correspondants, quand elles ne les contredisaient pas formellement, comme si un avocat hérétique favorable à l'accusée s'était complu à saupoudrer le libelle d'extraits destinés à ridiculiser le promoteur.

Un exemple donnera une idée du travail, l'article XIX, consacré à l'affaire de l'épée de Fierbois, qui ne pouvait que paraître suspecte à des auditeurs qui n'avaient pas fréquenté une Pucelle en liberté.

« Item Jeanne, consultant les démons en usant de divination, envoya chercher une épée cachée dans l'église de Sainte-Catherine-de-Fierbois, qu'elle avait malicieusement, frauduleusement et artificieusement cachée ou fait cacher dans ladite église, afin que, séduisant Princes, nobles, clercs et peuple, elle les induisît à croire plus facilement qu'elle savait par révélation divine que cette épée se trouvait en cet endroit, et que, par là et autres moyens semblables, on accordât plus aisément une foi absolue à ce qu'elle dirait. »

On distingue le degré d'abrutissement d'Estivet, qui ne s'était pas même aperçu de l'évidente contradiction dans les termes : ou Jeanne a su par divination que l'épée était à Fierbois, ou elle l'y a cachée, une hypothèse excluant forcément l'autre.

Au fur et à mesure que les heures s'écoulaient, l'agacement ou l'accablement gagnait tout le monde. De toute évidence, un procès si original, si riche et si complexe dépassait totalement un d'Estivet. Plus on l'y laisserait patauger, moins on s'y reconnaîtrait. Cauchon avait fini par me repérer près de la porte et, lorsque nos regards se croisaient, je ne manquai jamais de lui adresser une respectueuse grimace de condoléances, qui rembrunissait encore sa mine exaspérée. La réputation de l'Université de Paris était en péril.

Quant à Le Maistre, il poussait de petits soupirs de nature à faire comprendre à tous qu'il aurait choisi un promoteur inquisitorial moins borné s'il avait daigné s'intéresser au procès de plus près.

La partie du labeur d'Estivet concernant la sorcellerie était particulièrement faible, pour ne pas dire ridicule. Le promoteur, influencé par la réputation de la Pucelle dans les milieux anglo-bourguignons, avait torturé les minutes pour en tirer le spectre d'une sorcière inconsistante qui n'aurait pas fait peur à un enfant. Les tribunaux d'Eglise, bien que la chasse aux sorciers fût languissante[1], connaissaient fort bien les caractéristiques

1. En dépit de préjugés difficilement déracinables, il convient de savoir que la grande chasse aux sorciers n'est nullement une activité du Moyen Age. C'est à la Renaissance, au XVIe et au XVIIe siècle que se produiront les hécatombes, qui feront des centaines de milliers de victimes, tout particulièrement dans les pays protestants : trente mille au moins pour la seule Angleterre ! En effet, dans les pays catholiques – malgré la Bulle imbécile *Summis desirantes* d'Innocent VII en 1484, qui donnait le

d'une véritable sorcière et tout le monde avait pu s'apercevoir que Jeanne n'était pas de la corporation. Le dimanche des Rameaux, l'évêque lui-même, en proposant à l'accusée d'ouïr la messe en habit de femme, avait reconnu implicitement le fait. Avec ces histoires de sorcières, d'Estivet s'était trompé de cible et il allait falloir rectifier le tir.

Avec des bonheurs divers dans la confusion, le promoteur faisait un sort au saut prétendu suicidaire de Beaurevoir, aux inscriptions outrecuidantes de l'étendard qui avait figuré en bonne place au sacre de Reims, à la regrettable lettre au comte d'Armagnac, à la sommation à Bedford (« aux horions, on verra qui aura meilleur droit »!), à des prophéties qui semblaient d'autant plus suspectes que certaines s'étaient vérifiées, au cafouillage mythique autour du « signe » du roi, à la fréquentation assidue d'esprits douteux, dont l'accusée, en cours même de procès, préférait le conseil à celui des Pères!

Contresens radical, l'habit d'hommes guerrier et préservatif était qualifié de « dissolu » dans l'article XIV. Il est vrai que Jeanne n'avait pas fait grand-chose pour clarifier le problème. Après lecture dudit article, un assistant lui ayant demandé si elle avait reçu révélation ou commandement de porter cet habit, elle répondit : « qu'elle savait bien qui lui avait fait prendre l'habit d'homme, mais qu'elle ne savait pas comment elle devait le révéler ». C'était vraiment entretenir du mystère à plaisir!

Noyés dans la masse, on trouvait naturellement les deux chefs d'inculpation incontestables touchant aux

branle à la chasse –, la permanence de tribunaux d'Eglise aux mains de spécialistes freinera la répression. Chez les Réformés, au contraire, ces tribunaux ayant disparu, l'hystérie collective des communautés urbaines ou villageoises ne connaissait pas de limites. A noter que l'Inquisition espagnole, étendue et rénovée à la fin du XVe siècle, préservera l'Espagne de cette mode sanglante. Ladite Inquisition n'a livré au bras séculier que quelques milliers de victimes, à l'exclusion des sorciers.

saintes réputées valoises qui se laissaient papouiller avec une diabolique complaisance. Ames glorieuses ou momies de cimetières jusqu'à nouvel ordre, les deux saintes avaient forcé leurs talents.

Sainte Catherine d'Alexandrie, martyrisée sous l'empereur Maxence vers 307, est la patronne des philosophes et de la Faculté de théologie de Paris. La coïncidence avait allure de provocation! Pourquoi la sainte, qui refusait de se montrer à l'élite des savants, aurait-elle réservé ses apparitions à une ignorante? Sainte Marguerite, dite d'Antioche, dont le culte s'était développé en Occident à la suite des croisades, demeurait à l'écart de toute approche historique. Jeanne était allée chercher ses saintes bien loin.

D'Estivet insistait d'autre part sur une vérité qui n'était que trop criante : la seule œuvre pie que la Pucelle pouvait présenter à l'appui de ses angéliques prétentions, c'était une guerre à outrance contre Bedford et le duc de Bourgogne, illustrée par un grand massacre d'Anglais. En fait de piété, on avait vu des œuvres pies moins discutables.

L'article XLVIII soulevait un lièvre nouveau :

« Item Jeanne a dit qu'elle a cru et qu'elle croit encore que les esprits qui lui apparaissaient sont des anges et archanges et saintes de Dieu aussi fermement qu'elle croit en la foi chrétienne et aux articles de cette foi, alors qu'elle ne rapporte cependant aucun signe qui puisse être suffisant pour reconnaître les êtres susdits : et elle n'a même pas consulté évêque, curé ou prélat de l'Eglise ou quelque personne ecclésiastique sur le point de savoir si elle devait ainsi ajouter foi à de tels esprits; bien plus, elle a dit que les Voix lui avaient défendu de découvrir ce qui précède à quiconque, si ce n'est seulement tout d'abord à un capitaine d'homme d'armes et au susdit Charles et à d'autres personnes purement laïques. Par quoi elle avoue croire téméairement et mal penser sur les articles de la foi et sur leur fermeté, et même avoir des révélations suspectes qu'elle a voulu cacher aux prélats et gens d'Eglise pour les découvrir plutôt aux personnes du siècle. »

La pointe était aussi dangereuse que justifiée. Il était en effet diablement surprenant que des Voix authentiques privent l'Eglise de leurs révélations et en fassent profiter un Baudricourt, un roi de Bourges ou ses courtisans. En dehors de l'amical examen de Poitiers, qui lui avait d'ailleurs été imposé, la Pucelle n'avait jamais daigné soumettre ses Voix à l'Eglise. A quoi donc servait-elle ?

Et le promoteur avait beau jeu de pleurer sur ce lamentable exemple. Si tous les inspirés se refusaient par principe à faire l'Eglise juge de leurs Voix pour en gratifier n'importe qui à leur convenance, c'était la fin de l'institution !

Prise ainsi à part, Jeanne eut cette trouvaille : « ... Quant aux signes, si ceux qui les demandent n'en sont pas dignes, je n'y peux rien. » Tout s'expliquait : l'Eglise en général, les Pères de Rouen en particulier, étaient sevrés de révélations parce qu'ils n'en étaient pas dignes ! Avec de pareilles gentillesses, on met de mauvaise humeur les gens les mieux intentionnés.

Autre accusation solide, mais très attendue, celle de l'article LX :

« Item, au mépris des commandements et des lois de l'Eglise, Jeanne a maintes fois refusé de jurer en justice de dire la vérité, se rendant par là suspecte d'avoir fait ou dit, en matière de foi et de révélations, des choses qu'elle n'ose révéler aux juges ecclésiastiques par crainte d'en recevoir la très juste punition, comme elle paraît l'avoir suffisamment avoué quand, à ce propos, elle allégua devant le tribunal ce proverbe que " Pour dire la vérité, parfois des gens sont pendus "; et elle a dit souvent : " Vous ne saurez pas tout ", et : " J'aimerais mieux avoir la tête coupée que de vous dire tout. " »

Refus de jurer sans restriction ou de répondre en cours d'interrogatoire étaient illustrés par près de six pages de citations. Les Pères recueillaient ainsi le fruit de leur inaltérable patience. Ils avaient donné de la corde, et d'Estivet tripotait son nœud coulant.

Mais c'est l'article LXI qui introduisait l'accusation capitale, suffisante à elle seule pour entraîner la mort si l'accusée persévérait dans sa mauvaise volonté, persévérance soulignée par ailleurs dans un autre article : il y avait erreur et obstination dans l'erreur.

« Item Jeanne, exhortée à soumettre tous ses dits et faits à la détermination de l'Eglise militante, alors qu'on lui avait exposé la distinction de l'Eglise militante d'avec la triomphante, a dit se soumettre à l'Eglise triomphante, refusant de se soumettre à l'Eglise militante, manifestant de la sorte qu'elle pensait mal sur l'article " Une seule sainte Eglise, etc ", et qu'elle errait à son sujet, disant qu'elle dépendait de Dieu sans intermédiaire, s'en rapportant de ses actes à Lui et aux saints, et non au jugement de l'Eglise. »

Des pages entières de citations étaient consacrées à cette accusation clef. Après lecture de cet article LXI, un grand silence se fit. L'instant était crucial. Si Jeanne acceptait de se soumettre au jugement de l'Eglise, c'était la vie sauve et la prison pénitentielle. Le bûcher dans le cas contraire.

Le regard de la Pucelle parcourut les rangées de docteurs, taches violettes, brunes, noires ou blanches, et elle déclara d'abord ne vouloir s'en rapporter qu'au Seigneur Dieu qui lui avait fait faire tout ce qu'elle avait fait. Puis, devant le murmure général de déception, elle demanda des délais jusqu'au samedi suivant pour donner réponse définitive. Un faible espoir subsistait.

Dans l'article LXI, d'Estivet rappelait qu'on avait clairement exposé à Jeanne la distinction entre Eglise triomphante et Eglise militante. Il est incontestable que l'accusée bénéficia d'explications nécessaires et suffisantes quant à la nature de ses erreurs. J'ai entendu moi-même, par exemple, avec quel soin on lut à la Pucelle mot à mot les articles XLII et XLIII, qui précisaient les deux hérésies qualifiées regardant l'apparition corporelle de saintes qui n'aimaient pas les Anglais. Jeanne n'a pas été prise en traître et le tribunal a rempli correctement son rôle pédagogique.

Au soir du mercredi 28 mars, fatigué d'avoir essuyé deux jours durant la littérature d'Estivet, j'invitai Le Maistre à dîner dans ma chambre, et il me révéla que l'évêque, fort déçu par les prestations de son promoteur, avait déjà pris la décision de faire tirer des soixante-dix articles un résumé digeste et clair, digne d'être présenté à la consultation d'experts qualifiés.

Très préoccupé par la question des stigmates, je profitai de l'occasion pour demander l'avis du vice-inquisiteur, la chose relevant au premier chef de sa spécialité. Le phénomène était-il d'ordre purement médical, comme on pouvait sans doute l'induire des constatations de quelques peintres aux prises avec des cadavres, ou bien d'ordre surnaturel ?

Le Maistre avait son idée :

« Cet argument médical, dont j'entends parler pour la première fois, est certes d'une belle subtilité, mais il est loin de me convaincre. Dans ses manifestations miraculeuses, soucieux de ne pas nous dérouter inutilement par des détails accessoires, Dieu à la prévenance de respecter nos préjugés. La foi passe pour Lui avant la vérité historique.

» Réfléchissez plutôt à ceci, qui me paraît plus solide : si la participation aux souffrances de Jésus crucifié infligeait mécaniquement des stigmates à certaines personnes d'une piété et d'une sensibilité exceptionnelles, ne verrait-on pas apparaître d'autres stigmates que ceux de la Passion, en rapport avec des passions différentes ? Par exemple, Jeanne souffre une cruciale passion pour le roi de Bourges qui a, dit-on, le nez très long : le nez de l'accusée pourrait donc s'allonger en conséquence, et de plus en plus à mesure qu'elle s'entête dans la voie de la perdition. De même, on verrait pousser des cornes aux cocus. Mais nous ne distinguons jamais rien de tel. Depuis saint François, seuls nous sont connus les stigmates du Calvaire, toujours accordés à des personnes en odeur de sainteté. Quelles que soient leurs prédispositions, il faut bien que Dieu se soit chargé de les distinguer. »

Ce diagnostic ne m'arrangeait guère. Il était même franchement inquiétant. Pour une droite sensibilité catholique, rien ne s'opposait à ce qu'une esclave stigmatisée soit enfermée dans un bordel. Des saintes avaient connu cette épreuve au temps des grandes persécutions romaines. On pouvait même penser qu'elle avait par instant adouci leur martyre. Dieu choisit nos croix avec un délicat discernement. Toutefois, ce qui passe chez une pute dévote semble déplacé chez une épouse. Peut-être, si j'arrivais un jour à faire l'amour avec Lucretia, ces fâcheux stigmates, en rapport avec l'horreur d'une situation insupportable, s'effaceraient-ils comme ils étaient venus?

Le Maistre poursuivait :

« Quant à savoir pourquoi nous avons dû attendre saint François pour voir apparaître de tels stigmates, je suis bien incapable, Messire, de satisfaire votre curiosité. Mais une religion passionnée n'a-t-elle pas progressivement remplacé la religion de raison si logiquement exposée par saint Thomas d'Aquin, au fur et à mesure que l'avenir de l'Eglise devenait de plus en plus sombre? Les stigmatisés traduisent peut-être cette grande angoisse du temps à leur façon.

– L'angoisse de se faire crucifier sous Néron n'était pas si mince!

– Angoisse toute personnelle. C'est d'abord pour l'Eglise en péril que souffrent les stigmatisés. »

A ce compte-là, je n'étais pas près d'en finir avec mon

ennui ! Je détournai une conversation si déprimante, mais le vice-inquisiteur, par association d'idées, me parla bientôt de lévitation…

« Nous vivons vraiment des temps étranges, où abondent des signes qui paraissent avant-coureurs d'immenses bouleversements. Des inspirés courent les rues et les campagnes, dont il n'est pas toujours aisé de dire si le Paradis ou l'Enfer s'exprime par leur truchement. Le cas de Jeanne ne fait pas question, mais il m'est arrivé d'hésiter avant de condamner… au maléfice du doute, si je puis dire ! Car en matière de maintien de l'ordre spirituel, le doute ne peut bénéficier à l'accusé comme en justice courante. Dieu tressera des couronnes aux quelques innocents sacrifiés pour la bonne cause, martyrs choyés là-haut entre tous les martyrs, puisque c'est leur propre Eglise qui les aura faits avec un zèle ardent. Alors que les coupables imprudemment épargnés infecteront la terre et perdront des millions d'âmes. Et aux inspirés de tout acabit, aux stigmatisés, s'ajoutent les " lévitants " pour accroître le désordre et accabler notre esprit… »

Je m'informai de cette affaire de lévitation, dont je n'avais qu'une idée très vague, et Le Maistre me confia :

« La lévitation est plus fréquente que les stigmates, et elle affecte volontiers des chrétiens aussi obscurs que modestes, qui en sont les premiers gênés et surpris. Le sujet s'élève soudain dans les airs, parfois à une assez grande hauteur, ce qui ne laisse pas de l'effaroucher et de déranger son humilité. Dans un couvent où j'étais de passage, j'ai vu ainsi un frère lai soulevé de terre durant les offices. On fermait les yeux sur l'incident, jusqu'à ce que ledit frère s'envole lors d'une procession. On a eu du mal à le faire redescendre…

– La lévitation peut-elle s'associer aux stigmates ?

– Jusqu'à présent, le cas ne s'est produit qu'une fois : lors de l'Ascension de Notre Seigneur Jésus-Christ !

– Il n'y a point de " lévitants " à Venise.

– Comment prendre l'air quand on est alourdi de ducats ? »

Le vice-inquisiteur avait fait honneur à mes vins, et je me demandais s'il parlait sérieusement. Bien que la lévitation fût des plus indécentes pour une femme, j'aurais nettement préféré pour Lucretia la lévitation aux stigmates. Quelle époque !

Le samedi 31 mars, veille de Pâques, Cauchon, Le Maistre et quelques assesseurs, en présence de John Grey, vinrent dans la cellule de Jeanne recueillir le fruit de ses ultimes réflexions. Voulait-elle ou non se soumettre ?

Je donnerai intégralement le passage des minutes qui retrace la scène car, pour la première et la dernière fois, la Pucelle développe quelque peu son point de vue sur ce problème dont dépend son existence.

« *Et d'abord il lui fut demandé si elle voulait se rapporter au jugement de l'Eglise qui est sur la terre de tout ce qu'elle a dit et fait, en bien ou en mal, et spécialement des cas, crimes et délits qui lui sont imputés et de tout ce qui touche à son procès.*

» *Elle répondit que, pour ce qu'on lui demande, elle se rapporte à l'Eglise militante, pourvu qu'elle ne lui commande rien d'impossible à faire. Et elle répute impossible de révoquer ce qu'elle a fait et dit et déclaré au procès quant aux visions et révélations qu'elle a dit avoir eues de par Dieu; et elle ne les révoquera pas pour quoi que ce soit; et ce que Dieu lui a fait faire et commandé et commandera, elle ne cessera de le soutenir devant tout homme vivant; et il lui serait impossible de révoquer visions et révélations; et au cas où l'Eglise voudrait lui faire faire autre chose de contraire au commandement qu'elle a dit lui avoir été fait de par Dieu, elle ne le ferait pas pour quoi que ce soit.*

» *Interrogée si, au cas où l'Eglise militante lui dirait que ses révélations sont des illusions ou des choses diaboliques, elle s'en rapporterait à l'Eglise, elle répon-*

dit qu'elle s'en rapportera toujours à Dieu, dont elle fera toujours les commandements; et elle sait bien que ce qui est contenu dans son procès est arrivé par le commandement de Dieu, et ce qu'elle affirme à ce procès avoir fait par le commandement de Dieu, il lui serait impossible de faire le contraire, et au cas où l'Eglise lui commanderait de faire le contraire, elle ne s'en rapporterait à homme du monde, sinon à Dieu, dont elle a toujours respecté les bons commandements.

» Interrogée si elle croit être sujette à l'Eglise de Dieu qui est sur la terre, à savoir à notre Seigneur le pape, aux cardinaux, archevêques, évêques et autres prélats de l'Eglise, elle répondit que oui, Dieu premier servi.

» Interrogée si elle a commandement de ses Voix de ne pas se soumettre à l'Eglise militante qui est sur la terre ni à son jugement, elle dit qu'elle ne répond rien qu'elle prenne dans sa tête; mais ce qu'elle répond, c'est du commandement de ses Voix; et elles ne commandent point qu'elle n'obéisse pas à l'Eglise, Dieu premier servi. »

De ces pathétiques répétitions, tant du fait des examinateurs que du fait de Jeanne, ressort l'inébranlable volonté de l'accusée de ne relever que de Dieu, lequel l'a chargée d'une mission dont l'Eglise n'a pas le droit de juger. Tout est dit.

Au procès « en nullité », on s'est, bien entendu, efforcé de tirer un voile sur l'insoumission de Jeanne, pourtant affirmée et réaffirmée avec tant de force. Cauchon était mort subitement en décembre 1442, sept ans avant la reprise de Rouen par Dunois, et on pouvait le charger de tous les péchés d'Israël.

En cette veille de Pâques, le vice-inquisiteur redescendit du château avec une mine lugubre. Sublime ou absurde, l'obstination de Jeanne lui était de moins en moins compréhensible.

« On dirait, me dit-il, que les Voix de cette illuminée

ont plus de réalité pour elle que nos propres personnes. Tous nos efforts se sont brisés contre ce mur. Cauchon est désolé. Il se rend bien compte qu'il va devoir prendre en conscience à propos des salutaires tortures une décision difficile, à laquelle il avait espéré couper.

– Que se passe-t-il si l'évêque et l'Inquisiteur ne sont pas d'accord sur l'intérêt des tortures ?

– Les manuels de procédure répugnent à envisager une situation aussi rare que scandaleuse. Ils se bornent à déclarer pudiquement que l'accord est nécessaire pour torturer – d'où l'on peut déduire qu'un dissentiment remet les tortures à plus tard.

– Par conséquent, si l'évêque s'abstient, opiner vous-même pour les tortures n'aurait d'autre résultat pratique que de vous attirer la haine de Warwick ?

– Je ne craindrais la haine de personne si mon courage pouvait être efficace. »

La formule était heureuse !

Dans les premiers jours d'avril, le fatras dû à l'incompétence d'Estivet fut mis en forme avec aisance par le zélé Nicolas Midi, qui s'était montré l'un des assesseurs les plus assidus et trouvait dans cet honneur la récompense de sa studieuse application.

Ce licencié de théologie sera Recteur de l'Université de Louvain en 1433 ; il figurera honorablement au concile de Bâle en 1434 ; et en 1436, mon oncle Gabriel devenu Eugène IV l'autorisera à résigner son canonicat de Rouen tout en conservant les revenus de la charge, car il avait contracté une lèpre galopante. Il a dû mourir dès 1440. La Pucelle lui avait peut-être jeté un sort en raison de la qualité de son travail ?

On peut toujours discuter sur tel ou tel point de détail mais, pour l'essentiel, le résumé en douze articles du futur lépreux était ordonné, clair et correct. A une phrase près, touchant discrètement à un « arbre des Fées », Midi avait laissé tomber les accusations de sorcellerie pour se concentrer sur le principal avec une objectivité à peine tendancieuse et qui n'en était que plus convaincante dans sa sobriété. Et avec un sens théologique averti, il avait terminé sur le plus fort et le plus incontestable : les errements de la Pucelle quant à la nature partisane et corporelle de ses saintes, et sa décision de mourir insoumise. Ces trois derniers articles établissaient la culpabilité pour tout théologien compétent.

Si j'avais été moi-même appelé à juger du cas, j'aurais condamné Jeanne amicalement à huit jours de prison d'Eglise avec sursis. L'acquitter eût été la négation de toute autorité ecclésiastique légitime.

Les douze articles de Midi ne furent pas lus à la Pucelle pour la bonne raison qu'on lui en avait déjà lu soixante-dix d'une qualité et d'une honnêteté très inférieures, et ils furent envoyés pour consultation à une quarantaine de docteurs de Rouen ou d'ailleurs, au chapitre et aux avocats de la ville, qui allaient donner leur avis dans le courant du mois d'avril et jusqu'au début du mois de mai. De plus, l'idée s'était imposée de consulter aussi les théologiens et canonistes de l'Université de Paris, et une délégation conduite par Jean Beaupère et Nicolas Midi partit bientôt pour la capitale avec les douze articles dans ses bagages.

Le printemps s'annonçait, et le procès connut un répit.

VI

Le dimanche de Pâques, je communiai à Saint-Ouen à côté d'un paysan dont le visage mangé de barbe ne m'était pas étranger et, comme je quittais l'église par le « portail des Marmousets », l'homme me donna une eau bénite superflue : de quel péché commis pendant la messe aurais-je eu à me purifier ?

« Vous ne reconnaissez pas, me dit-il soudain, votre noble amoureux du château de Chinon ? »

Contrairement à toute attente, j'avais le sire de Rais devant moi !

Nous allâmes tranquillement nous asseoir sur un banc de pierre moussue dans un proche jardin où jouaient quelques enfants dissipés et rieurs, et le Seigneur Gilles, louchant de temps à autre sur un gamin plaisant, me parla en ces termes :

« Charles est empoisonné par le procès de la Pucelle. Faute d'informations dignes de foi, il ne sait trop que dire, il ne sait au juste quelle issue souhaiter, quelle politique suivre, car il ne croit guère, en dépit de nos efforts, aux chances d'évasion, et il broie du noir.

» Les amis de la Pucelle font pourtant ce qu'ils peuvent.

» En décembre 1429, alors que Jeanne était si occupée avec Perrinet Gressart, La Hire avait reprit Louviers, une ville située sur la rive sud de la Seine, au-delà de Pont-de-l'Arche, et il y est récemment revenu avec le

Bâtard d'Orléans et moi-même. Des renforts y ont été concentrés à toutes fins utiles, et le roi, bien qu'il soit à court une fois de plus, a ouvert des crédits pour financer troupes et espions[1]. J'en suis également de ma poche, bien sûr ! Mais les Anglais, inquiets du péril, ont renforcé leur pression autour de Louviers, cette dangereuse épine au cœur de l'une de leurs possessions les plus chères, et il est peu probable qu'un coup de main sur Rouen soit possible. La garnison de la cité, comme vous avez pu le vérifier, a été étoffée, et la bourgeoisie est dans son ensemble défavorable à la cause valoise ou bien attentiste.

» Reste la tentative d'évasion désespérée dont vous vous êtes déjà fait, aux dires du frère Torrès, le complice intrépide et désintéressé. N'est-il pas beau que notre Pucelle inspire de pareils dévouements à de jeunes étrangers fortunés qui ont tout à perdre dans l'entreprise ? Ainsi que vous l'avez fort bien distingué, il serait préférable que vous fussiez en sûreté lors du coup de main, prévu pour une nuit sans lune de la mi-avril, si nous parvenons à détourner l'attention de John Grey et de ses hommes.

» Et vous ne sauriez être mieux qu'à Mehun-sur-Yèvre, en train de narrer en grand secret au roi Charles qui se languit tout ce que vous avez pu apprendre de cette procédure à laquelle votre qualité vous donne si aisément accès. Vous disposez de renseignements d'une irremplaçable valeur que le roi brûle de connaître et d'apprécier.

» J'ai fait établir des relais pour vous entre Rouen et Mehun, sis sur une petite rivière du Berry qui se jette dans le Cher à Vierzon et, avec de bons chevaux, il ne vous faudra que huit jours pour être rendu. On trouvera tout naturel que vous profitiez de ce temps mort du procès, où l'acte d'accusation est soumis à des experts,

1. Un reçu correspondant à une telle ouverture de crédit a pu être retrouvé.

pour prendre trois semaines de vacances. Evitant Louviers et Orléans, qui sont présentement à nous, vous passerez par Evreux et Chartres, terme avoué de votre pèlerinage. Un neveu de cardinal « papabile » a bien le droit d'aller faire ses dévotions où il lui plaît !

» Le roi Charles vous manifestera sa reconnaissance de façon tangible, mais je sais que votre naissance vous met au-dessus de telles considérations.

» Partez donc le plus tôt possible... »

J'avais mis le doigt dans l'engrenage avec une telle imprudence que la proposition de Rais me parut présenter, à la réflexion, plus de profit que d'inconvénient. De toute manière, la reconnaissance d'un roi dont l'avenir semblait moins sombre n'était pas à dédaigner.

Après avoir satisfait de mon mieux la curiosité du maréchal sur un procès qu'il n'avait fait jusqu'alors qu'entrevoir par des rapports de seconde main, je me permis de lui demander :

« Vous venez de rendre un gracieux hommage à mon dévouement, que dirai-je du vôtre ? La jeunesse, la santé, la richesse sont également votre lot, et vous risquez chaque jour la mort pour une paysanne qui ne vous est rien. Si vous vous faites pendre, n'aurez-vous pas un regret ?

– Pas le moindre, Messire ! L'amour des hommes m'a enseigné la valeur de l'amitié, la noblesse a le privilège de racheter ses vices par une mort prématurée, et j'ai besoin de Jeanne pour ne pas être abandonné à mes démons...

– Que voulez-vous dire ? »

Le sire de Rais chercha ses mots.

« Je me le demande moi-même... Si pourtant Dieu tolérait, après tant d'étonnantes faveurs, que sa bonne Pucelle fût violée ou brûlée, la chose n'aurait-elle pas une grande signification ?

– Nous donnons aux choses le sens que nous voulons bien...

– Il en est qui parlent plus haut que d'autres ! Si

Jeanne est sacrifiée, ne serait-ce pas le signe que la fréquentation des anges du Ciel est trompeuse ? Que d'autres anges pourraient donner plus de satisfactions ?

– Mon cher, le plus sûr est de ne pas fréquenter d'anges du tout ! Un bon ange gardien suffit. Pourquoi chercher plus loin ?

– Mais Jeanne a prouvé que des anges sont disponibles, qu'avec du savoir-faire, ils se mettent à notre service... »

Je coupai court à ce refrain trop connu qui ne me plaisait guère, où une périlleuse et malsaine naïveté se faisait jour, et j'allai boucler mon bagage. Il était aussi difficile de faire entendre raison à Rais qu'à la Pucelle.

Après un arrêt de deux jours à Chartres, qui me permit de visiter la cathédrale et d'apprécier ses étonnants vitraux, j'arrivai sans encombre avec Laurent au château de Mehun-sur-Yèvre le mercredi 11 avril sur la fin de matinée. Cette résidence préférée du roi Charles était d'une aérienne beauté et faisait songer aux édifices de rêve que l'on voit sur les enluminures. Quant à l'intérieur, il regorgeait des admirables collections de toutes sortes que le feu duc de Berry avait amassées à la sueur du peuple avant de laisser sa veuve à l'industrieux La Trémouille. Le résultat était prodigieux.

Ledit La Trémouille était naturellement à demeure. La compagnie du ministre qui tient les finances est, après celle du chef des gardes étrangers, la plus nécessaire à un souverain.

Je fus aussitôt conduit chez le gros Georges, plus imposant et plus à l'aise que jamais, qui me déclara :

« Content de vous revoir, après cette prison ruineuse que vous avez si courageusement soufferte pour le roi. Nous aurions naturellement contribué à votre rançon si vous ne l'aviez interdit. Quelle élégance ! Charles en a été ému aux larmes. Il faut aller aujourd'hui à Venise pour trouver des garçons tels que vous. Catherine me le disait encore cette nuit ! »

Ces politesses faites, La Trémouille en vint aux choses sérieuses...

« Le roi a bien mauvais moral. Il se reproche depuis des mois ce qu'il a pu faire ou ne pas faire pour aboutir au malheur de Jeanne. Il l'aimait bien, au fond, vous savez, malgré sa tête de mule et sa manie de se mêler en gros sabots d'une diplomatie qui ne la regardait pas. Et depuis l'accident de Compiègne, il nourrit pour elle, et en tout cas pour lui, des craintes qui me paraissent assez exagérées. Si l'évasion prévue rate comme probable, la Pucelle sera sans doute « réconciliée » d'une main ferme par un Cauchon expert, emprisonnée quelques années, et la réputation des Valois aura connu pire. N'est-ce point votre avis ? »

La complexité du problème me dissuadait de me compromettre par une réponse superficielle, et Georges m'emmena sur-le-champ dans le cabinet du roi, très pressé de me voir.

Chemin faisant, d'un geste large, La Trémouille me montrait les trésors qu'un homme de goût avait réunis...

« Vous voyez, Condulmer, ce qu'était la France d'avant Azincourt. Un heureux pays où une nuée de misérables travaillaient avec âme pour offrir de tels présents à une famille aimée, populaire, mille fois bénie par le roi du Ciel de Jeanne. En janvier 1430, la pauvrette – Dieu ait son âme d'enfant ! – a fait un bref séjour en ces lieux enchantés et elle en est restée toute saisie, muette d'étonnement. L'innocente ne savait plus si c'était le Paradis ou l'antichambre des tentations infernales. Une semaine encore, son esprit s'ouvrait, sa foi monarchique chancelait, et elle devenait aussi crapule que nous autres ! Elle avait cru que la grande salle de Chinon était ce qu'il y avait de plus beau...

» A mes yeux, toutefois, ces richesses sentent le purgatoire. En épousant la vieille duchesse de Berry, j'avais cru mettre la main sur un énorme magot, mais je me suis heurté à plus fort que moi et, ma grosse chatte enterrée, le plus beau de l'héritage m'a passé sous le nez. Le duc de Bourgogne m'a vilainement arraché Boulogne, et quant au reste, les Valois ne m'ont laissé que des miettes. Une leçon instructive... »

Sur le flanc incliné d'un meuble de bibliothèque en dos d'âne, Charles, les traits tirés, compulsait distraitement un traité d'artillerie. Nous prîmes place tous trois devant le feu, le roi renouvela les chauds remerciements de son ministre pour tout ce que j'avais fait et faisais encore; puis je donnai, une bonne heure durant, un compte rendu très détaillé du procès et de la situation, m'appliquant à bien distinguer les faits des hypothèses.

Mon silence laissa mes auditeurs tout pensifs. Une réalité plus nuancée que prévu leur était apparue au travers de mon discours.

« En somme, dit enfin le roi, la conduite de Jeanne demeure imprévisible. Son entêtement est grand, Warwick y contribue de son mieux, et il n'est pourtant pas exclu que Cauchon et Le Maistre, la peur des tortures aidant, parviennent à lui arracher le désaveu de ses Voix. Mais qu'elle meure en hérétique impénitente ou qu'elle prolonge son existence en admettant avoir été hérétique – on peut se demander quelle solution est politiquement la moins mauvaise! –, le discrédit est toujours pour moi. Je paye cher mon équipée de Reims... Ah, mon bon Georges, que ne l'avez-vous retenue dans votre charmant Sully avec une chaîne d'or! Ne vous avais-je pas répété de la bien garder des aventures?

– Pour bien garder Jeanne, sire, il n'y aurait eu que les méthodes d'un Warwick. Et je n'ai aucun talent de geôlier. »

Après une hésitation, La Trémouille ajouta rêveusement :

« C'est triste à dire, vu la grande estime et affection que nous avons tous ici pour Jeanne, mais la solution politique idéale – qui aurait aussi pour vertu de lui garantir la vie sauve – serait qu'elle en vînt à désavouer ses Voix sous la torture, et à s'en tenir sagement à cette attitude : tout le monde sait que les tortures amoindrissent grandement la valeur d'un témoignage. Malheureusement, Warwick et Cauchon le savent aussi, et ils sont au moins d'accord là-dessus. D'ailleurs, ce n'est pas le rôle du Seigneur Condulmer que d'user de son influence pour que la Pucelle ne soit point soustraite, très éventuellement, à des tortures si profitables. La neutralité vénitienne a ses exigences. »

Cette suggestion délicatement voilée était déplaisante. Je m'empressai de rappeler que mon influence ne devait pas être surestimée. Je n'avais, à la rigueur, d'action que sur Le Maistre, qui était bien décidé à n'en avoir aucune.

Désolé de cette impuissance, le roi Charles soupira :

« La conclusion de l'affaire s'annonce fort mal. En revanche, nous avons la maigre consolation d'un procès en nullité favorable dès que la reprise de Rouen nous aurait livré un dossier dont la critique pourrait impressionner un pape impartial. Et si Paris, comme il est permis de l'espérer, tombe avant la Normandie, Graverent ou un autre se fera aussitôt complaisant. Notre bonne Inquisition est toujours – à une certaine distance, il est vrai ! – derrière le pouvoir temporel. Par bonheur, les excellents motifs d'annulation ne manquent point, à commencer par cet internement d'une accusée vierge en prison militaire, dont Messire Condulmer vient de nous décrire avec une communicative émotion toute l'impudique horreur. »

J'acquiesçai sans réserve...

« Oui, sire, l'annulation, essentiellement justifiée par les abus de Warwick, sera le fruit des victoires que toute la France espère. Si le pape est ce jour-là de la famille, Votre Majesté peut compter que je servirai la cause de Jeanne comme la mienne et que le Grand Inquisiteur marchera droit. Les moindres témoins seront favorables, en rajouteront à plaisir, et Cauchon fera un excellent bouc émissaire. On découvrira des irrégularités partout, et on lui reprochera même d'avoir suivi un manuel que personne ne connaît! Mieux vaut charger un évêque éphémère qu'un gouvernement avec lequel on pourrait avoir à négocier. »

Tout revigoré par cette perspective, le roi se leva et nous entraîna vers la salle où la table avait été dressée ce jour-là.

S'arrêtant un moment devant une tapisserie qui représentait une riante scène de vendanges, Charles me dit encore :

« La politique, mon jeune ami, est comme la vigne. Il faut une longue patience pour que le vin soit prêt à être tiré. L'essentiel est que, jour après jour, le temps travaille pour soi plutôt que pour les autres. Et grâce à des serviteurs de votre qualité, je ne perdrai jamais mon temps.

» Nous allons faire silence sur le martyre de cette malheureuse Jeanne, tantôt bien, tantôt mal inspirée par des Voix contradictoires, comme si le Ciel et l'Enfer avaient pris en charge son étrange destin dans une lutte sans merci. Moins le peuple parlera de cette affaire qui déroute déjà les gens instruits, mieux cela vaudra.

» Mais dès que nous sommes à Rouen – s'il plaît à Dieu! –, nous mettons effectivement le nez dans les minutes, et nous en tirons un beau procès, où nous ne dirons point ce qu'étaient Jeanne et ses Voix (qui le pourra jamais dire?), mais où nous dirons ce qu'elle n'était pas. Après quoi, paix à ses cendres... »

Je murmurai :

« Elle n'est pas encore brûlée. Rais, La Hire, le Bâtard travaillent même à son évasion...

– Et vous aussi, oui, je sais, grand merci! Et moi-même n'y suis pas étranger. Tel est mon devoir et celui de tous les amis que la Pucelle a séduits. Je prie sincèrement pour que le complot réussisse. Jeanne libérée, je la confierai de nouveau à La Trémouille, qui la laissera s'échapper de nouveau avec de nouveaux Piémontais. Elle se fera prendre devant un nouveau Compiègne, nous aurons un nouveau procès, et ainsi de suite... N'est-il pas alarmant que, dans la position où elle se trouve, elle ne veuille à aucun prix abandonner ce fichu habit d'homme qui me fait une sinistre réputation et ne nous sert plus de rien? Bon Dieu, mais quand voudra-t-elle se reposer pour de bon?! »

La Trémouille, toujours pince-sans-rire, murmura à son tour :

« Si Condulmer a le malheur de nous la renvoyer, nous ferons un pont d'or à Warwick pour qu'il vienne la garder dans la tour des Templiers de Chinon. »

Le roi rougit légèrement, et nous passâmes à table, dans une pièce qui donnait sur une sorte de jardin des Hespérides. La comtesse de Tonnerre, resplendissante, nous y attendait, et elle m'accueillit avec une joie flatteuse :

« Notre héros vénitien, qui va nous parler de notre chère Pucelle! »

La Trémouille toussa avec embarras, et le roi me fit remarquer :

« Nous ne serons que quatre, avec un service restreint. Si le bruit de votre présence ici parvenait jamais à Warwick, qui est très mauvais coucheur, il pourrait vous faire un mauvais parti. Mangeons donc en toute intimité, et ne parlons plus de Jeanne : le sujet est trop triste. »

Mais Catherine avait une furieuse envie de tout savoir et son cœur n'était pas rongé par la lèpre de la politique. Elle avait couché avec Jeanne la première fois qu'elle l'avait vue; elle lui avait chrétiennement pardonné son œil poché et – au bénéfice du doute – la noyade de son bel Ecossais; elle avait longuement reçu l'inspirée à Sully et lui avait tenu la main sur ses pages d'écriture; elle avait aimé la Pucelle en dépit de ses irritants défauts.

Se moquant du tiers comme du quart, dès que nous fûmes assis, elle m'accabla donc de questions auxquelles la politesse m'invitait à répondre. Et quand La Trémouille ou le roi essayaient de détourner la conversation, elle y revenait comme à une idée fixe. Pour en sortir, Charles pressa le service, et nous vîmes passer un faisan à tire d'aile. Vers la fin du repas, le Prince faisait une mine glaciale, et La Trémouille était passé du rouge au bleu. On le sentait prêt à se ruer sur une Catherine inconsciente pour la rosser, mais la calme courtoisie du Prince le retenait de tout éclat. Le roi détestait le manque de maîtrise et les paroles malsonnantes. Il avait coutume, dans les moindres choses, de réfléchir et de se décider à froid.

J'avais du mal moi-même à me défendre de l'émotion et, soudain, la comtesse fondit en larmes sur un blancmanger à peine entamé.

Ces larmes étaient un vivant reproche. Et cependant, le roi et son gros Georges n'avaient rien à se reprocher quant à leurs actions. Ils avaient honnêtement fait ce qu'ils avaient pu afin de mettre avec délicatesse la Pucelle à la retraite dès que ses services n'avaient plus été souhaitables, ce n'était pas leur faute si un Picard l'avait tirée par sa jolie huque à la porte de Compiègne, et ils continuaient de s'intéresser à son sort en engageant des dépenses pour tenter de la tirer de prison. La honte qu'ils éprouvaient avait une source différente : cette impression de soulagement à la perspective d'être débarrassés – même dans les pires conditions – d'un phénomène encombrant dont ils ne savaient plus que faire, impression d'autant plus ingrate et pénible qu'ils ressentaient pour Jeanne des restes indéracinables de sympathie.

M'adressant à un oiseau exotique qui se lissait les plumes dans une cage dorée, je dis tout doucement :

« Le cœur a ses raisons que la politique ignore. Si on ne parle plus de Jeanne à la cour, on en parlera ailleurs. Et il me semble d'une bonne politique de se préoccuper de ce qu'on en dira, à Bourges et à Paris, à Gand comme à Londres. Cette affaire, qu'on le veuille ou non, n'est pas près de finir.

– Certes, dit le roi Charles en se lavant les mains, une fois que l'Eglise aura déclaré Jeanne orthodoxe, j'écouterai sans déplaisir ce qu'on en racontera... »

Il nous quitta là-dessus.

Sitôt le Prince parti, La Trémouille dit à sa femme d'une voix contenue :

« Pleurez, mais taisez-vous! Ne savez-vous point que Jeanne n'est pas pour le roi un sujet de conversation plaisant? Depuis Reims, elle ne lui attire que des ennuis et Rouen est un comble! On dirait que vous ignorez la réputation de Cauchon et de l'Université de Paris. Croyez-vous qu'il soit agréable pour Charles de devoir ses victoires et son sacre à une hérétique? Quelle réputation à travers toute l'Europe! Votre Giac était déjà infernal, mais au moins, celui-là, il n'est pas allé jusqu'au procès. Nous aimons bien la Pucelle, sans doute, mais il y a des bornes!...

– Ah, ah! dit Catherine, vous regrettez de n'avoir pas jeté à l'eau Jeanne cousue dans un sac! Ce n'est pas la reconnaissance qui vous étouffe. Vous étiez moins flambard quand Suffolk était devant Orléans et que le roi se croyait maudit.

– J'ai toute la reconnaissance qui convient. Mais quand on assure entendre des Voix précieuses, est-ce qu'on se fait prendre sottement pour embêter son monde?

– Vous n'avez pas reproché à d'Alençon de s'être fait prendre.

– Mais d'Alençon n'entend que la voix de ses chevaux, et encore, quand il est en forme!

– Jésus aussi s'est fait prendre.

– Parce qu'il l'a bien voulu! De ce point de vue, ce n'est pas un exemple à suivre... »

Laissant les deux conjoints à leur scène de ménage, je m'enfuis lâchement.

J'avais bien fait de ne pas souffler mot des Voix de Melun et de l'étonnante complaisance de la Pucelle à se faire capturer sans aucun souci des graves conséquences politiques. Les soupçons que le roi et La Trémouille nourrissaient déjà quant à la rectitude des Voix de Jeanne eussent atteint le stade de la véhémence! Comment croire un instant que le Dieu du Ciel valois, si souvent invoqué par l'inspirée, aurait pu s'ingénier à la livrer à Bedford pour placer le roi Charles dans la situation la plus amère?

Je fis un tour de jardin avec Laurent, dont le simple bon sens avait souvent sur moi un effet reposant. Son explication des malheurs de Jeanne et de la relative ingratitude qui les accompagnait était terre à terre, mais une humble vérité était peut-être à chercher par là : « Le peuple, Messire, ne doit jamais se mêler des affaires de la noblesse. Il y a plus de coups que de profits à en attendre. Et Jeanne demandait la lune. Une putain débrouillarde est encore capable de faire carrière à la cour. Mais une pucelle? Elle est perdue d'avance. Les pucelles raisonnables ne sortent pas du cloître. »

Si Jeanne ne s'était jamais souciée de « faire carrière », sa carrière n'en était pas moins un fait.

Je fus tiré brusquement de ma sieste par une Catherine larmoyante, qui, sitôt entrée, jeta ses vêtements à travers la pièce...

J'étais en train de relire quelques passages de *L'Imitation de Jésus-Christ,* traité de spiritualité récemment paru dans cette région de Hollande et de Flandre où s'était développé le mysticisme d'une *devotio moderna* qui avait débordé sur la France du Nord et sur la Rhénanie. A Bruges, l'ouvrage n'existait qu'en flamand, mais Le Maistre, dont c'était le livre de chevet, m'avait fait cadeau d'un exemplaire en français. Le succès de *L'Imitation* avait été foudroyant et cette lecture donnait beaucoup à songer. Elle témoignait certes de cette religiosité nouvelle, où le chrétien était appelé à établir avec le Christ une relation personnelle et privilégiée, mais elle démontrait aussi que la dévotion « moderne », en dépit de bien des suspicions, pouvait être parfaitement orthodoxe. Un vice-inquisiteur ausi sensible que compétent ne s'y était pas trompé.

Pourtant, une telle orthodoxie, par un fréquent appel au sentiment, risquait de pousser le chrétien sur une pente dangereuse. L'âge m'a appris la vertu de l'équilibre entre une âme qui commande, un esprit qui raisonne et un cœur qui doit être au service des deux autres facultés. Un bon équilibre est le fruit d'une juste hiérarchie. Le Maistre ne parlait pas du traité sans émotion, et moi-même, à l'époque, ne pouvais lire sans larmes ces lignes d'un ton jusqu'alors inconnu.

L'œil humide, je voyais donc comme dans un rêve la comtesse se déshabiller en gémissant et en répétant : « Regardez ! Regardez un peu ! » Et tout imprégné de *L'Imitation*, je me demandais ce que Jésus aurait fait à ma place. Mais la réponse était claire : les putes qui suivaient Jésus n'auraient jamais eu l'idée de se déshabiller sous son nez, et quand on lui amenait une femme adultère débraillée, il faisait semblant d'écrire sur le sable pour ne pas la gêner.

Je n'avais pas de sable sous la main, et je compris vite où Catherine voulait en venir : par égard pour le roi, La Trémouille avait épargné le visage, mais la chair abondante et blanche de la patiente était toute marquée de coups. Ainsi qu'on pouvait s'y attendre, la discussion si mal engagée avait dégénéré, et cette brute de gros Georges s'en était donné à cœur joie.

Le monde est plein d'épouses et d'enfants battus, qui trouvent bien rarement un amical réconfort. Pour échapper à la rossée, la femme doit donner de la valeur à son corps et se faire pute.

La comtesse, une fois l'effet produit, se glissa dans le lit où j'étais dévêtu, et elle se serra contre moi en gémissant de plus belle.

L'incident était touchant. On avait battu Catherine parce qu'elle avait pleuré sur le sort de Jeanne, alors que de leur côté, un faux prêtre licencieux comme Torrès, un bandit de grand chemin comme La Hire et un orgueilleux sodomite comme le sire de Rais risquaient fort de mourir avant l'heure pour avoir voulu lui porter secours. Flattant d'une main distraite les épaules de la pleureuse avec des mots de sympathie, je pensais à la phrase de l'Evangile : « Les prostituées vous précéderont au Royaume des Cieux. » Mon peu de vertu me donnait une chance de rendre quelques services à la Pucelle.

Catherine se calma peu à peu et s'inquiéta enfin de ma santé. Au contact de ses charmes épanouis, je n'avais pas eu, en effet, cette réaction dont l'honnête homme vertueux aime à triompher par la fuite et la prière. Je lui dis que, depuis longtemps, mes pensées et mes actions allaient vers ma Lucretia et que j'étais devenu impuissant à les en détourner. Mais la fatigue du voyage devait y être aussi pour quelque chose : mon domestique et moi n'avions pas traîné en route et le confort de nos étapes avait laissé à désirer.

Je m'endormis sur-le-champ, comme pour confirmer l'assertion, mais j'eus un sommeil agité. Un cauchemar me poursuivait : j'étais enfant, dans le lit de ma mère, qui me pressait contre son sein. Puis un autre cauchemar s'imposa : je me trouvais sans savoir pourquoi dans une grande salle nue et froide, qui rappelait vaguement celle du « Grand Logis » du château de Chinon, allant et venant au milieu d'une foule inquiète aux habits démodés et poussiéreux, et ces gens ne savaient pas non plus ce qu'ils faisaient là. Le bruit courait pourtant que l'on attendait un jugement. Je ne sais combien d'heures, d'années, de siècles peut-être, s'écoulèrent, et un homme barbu, qui ressemblait au père Torrès d'autrefois, prit enfin la parole d'un air gêné devant les braises éteintes de l'immense cheminée par où soufflait un air glacial :

« Vous êtes tous impatients de voir le procès " ordinaire ", mais votre procès d'office sera beaucoup plus long que prévu car l'instruction des causes présente d'immenses difficultés. J'avais compté sur mon fils Jésus-Christ, qui a connu toutes les tentations, pour m'éclairer sur vos affaires, mais comme Jésus n'a succombé à aucune, il n'a que trop tendance à se déclarer incompétent, et la Vierge, pour le même motif, n'est pas plus avancée. Peut-être devrai-je recourir un jour aux tortures pour en avoir le cœur net... Prenez courage! De toute façon, la justice est en marche et le temps importe peu ici. »

Des hommes, des femmes, qui avaient bonne conscience, poussaient des cris de désespoir ou se regardaient avec une stupeur indignée; d'autres paraissaient éprouver quelque soulagement à voir l'échéance retardée; les enfants baptisés interrogeaient leurs parents avec angoisse; mais dans un coin de la salle où la température était plus douce, derrière des grilles, les enfants morts sans baptême jouaient en riant avec des animaux familiers, et leur inconscience excitait l'envie générale, tandis que la Pucelle furieuse, qui marchait à grands pas dans son harnois rouillé, exigeait de signer une plainte... Cependant, il n'y avait pas de papier.

Laurent, ainsi que je l'en avais prié, me réveilla, et je revins non sans peine à la réalité, pour me rendre compte que ma position à côté de Catherine sommeillante pouvait inciter à malentendu.

Comme mon domestique ramassait *L'Imitation de Jésus-Christ,* tombée au pied du lit pendant que je dormais, je crus bon de préciser :

« Malgré les apparences, tu as devant toi, Laurent, un mari fidèle. Quelque sort étrange m'a toujours retenu d'honorer la comtesse ainsi qu'elle le méritait, et il m'a suivi jusqu'ici, venant au secours de l'humaine faiblesse.

– Oui, confirma Catherine, le Seigneur Condulmer, qui est pourtant un grand amoureux, fait l'amour avec sa tête. Le reste a du mal à suivre, et la langue elle-même ne lui sert qu'à bien parler. »

Tout commentaire eût été superflu, et Laurent se retira sur la pointe des pieds.

Je demeurai trois jours au château de Mehun-sur-Yèvre, confiné dans ma chambre la plupart du temps pour ne pas donner l'éveil. J'eus deux autres entretiens – mais en tête-à-tête – avec le roi Charles, qui achevèrent de m'instruire de ses sentiments à propos du procès de Rouen.

Le roi était sensible à cette évidence, qui avait également frappé La Trémouille et bien d'autres, que les Voix de Jeanne n'étaient pas toujours dignes de crédit car, après d'heureux débuts, elles l'avaient jetée dans les fers de Warwick. Et les propres paroles de la Pucelle invitaient à mettre en doute la constante sûreté de son inspiration.

Je me rappelle que Charles me fit très justement observer à ce sujet :

« A Chinon, puis à Poitiers, Jeanne a souvent répété : " Vous demandez des preuves que je viens de par Dieu? Ces preuves seront Orléans et Reims! " L'affirmation se retourne aujourd'hui contre elle. Si la réussite prouve la mission divine, que prouve l'échec de Compiègne? Les premières Voix entendues venaient peut-être du Ciel, mais que dire des autres? J'ai fait confiance à cette Pucelle, j'ai partagé un moment son enthousiasme, et je me retrouve bien déçu et ennuyé. »

Ces Voix qui avaient tenu une si grande place dans la brève existence de Jeanne et au procès de Rouen, le roi les prendra en grippe à ce point que, la méfiance de l'Eglise à l'égard de ces phénomènes aidant, consigne sera donnée d'éviter la question au procès en nullité : sur plus de cent trente témoins, on compte sur les doigts de la main ceux qui osent prononcer le mot en passant! Les déposants chargent Cauchon de griefs réels ou imaginaires, mentionnent complaisamment la répugnance de la sainte Inquisition à tremper dans l'affaire, s'efforcent de faire croire que les assesseurs auraient siégé dans la terreur des Anglais, insistent à qui mieux mieux sur la piété et sur la prétendue orthodoxie de Jeanne, mais les Voix se sont tues – et les allusions aux apparitions de saintes et d'anges (inconnus de toute manière, je le répète, avant le procès) sont encore plus rares et plus timides. La Pucelle devient une petite fille toute simple, qui n'aurait eu avec l'au-delà que des rapports conventionnels. Le roi ne devait pas être soupçonné de relations avec une inspirée en proie à des hallucinations suspectes. La politique avait porté les Voix au pinacle, puis les avait oubliées.

A la fin du dernier entretien, comme je demandais au roi quels conseils je devais donner à Jeanne de sa part si je parvenais par extraordinaire à la voir sans être écouté par des tiers, il me répondit après une longue hésitation :

« Si elle s'entête comme on peut s'y attendre, on lui présentera sans doute, pour l'impressionner, les instruments de torture. Ce serait le meilleur moment pour désavouer ces Voix superflues. Je serais peiné qu'elle meure impénitente et, tout compte fait, ma réputation n'y gagnerait rien.

– Dois-je la remercier pour Orléans et le reste ?

– Mais... oui. Cela va sans dire. »

Le matin de mon départ, je fus reçu par un La Trémouille en robe de chambre fleurie dans une chambre jonchée de fleurs. Pour corriger la froideur des sols, les Français de toutes conditions jonchaient autrefois leurs intérieurs, selon les saisons, de paille, de foin, de regain, de fleurs etc., coutume rustique qui s'était plus ou moins maintenue dans le peuple, mais que la noblesse et la bourgeoisie avaient peu à peu abandonnée vu les progrès de l'ameublement. Avril était cependant le mois de la cueillette des fleurs, et les châteaux eux-mêmes persistaient alors à s'en orner à profusion.

Le gros Georges me fit remettre de la part de son maître une lettre de change d'un millier de florins sur une banque de Lucques, et aussi un magnifique psautier où les cent cinquante psaumes du roi David étaient délicatement enluminés.

« C'est moi qui avance les florins, me dit-il, et le psautier provient de la bibliothèque du feu duc de Berry. Ne m'oubliez pas dans vos prières ! »

Puis, avec de gros soupirs, il me parla une dernière fois de Jeanne :

« Si vous arrivez par hasard à la revoir en dehors de la présence de Warwick ou de quelconques cafards, rappelez-moi à son bon souvenir, dites-lui que Catherine verse sur son sort des larmes à attendrir un tigre et que nous ne lui en voulons point de nous avoir si brusquement faussé compagnie pour courir avec Barretta. Elle avait pris goût, sans doute, à la guerre, la petite guerre est souvent plus distrayante que la grande, et elle s'ennuyait chez moi à mourir avec son Pasquerel.

» Dites-lui aussi de ma part que se faire brûler est désagréable, mais qu'il ne faut pas s'en faire un monde. Si elle revient à l'Eglise au pied du bûcher, le bourreau l'étranglera discrètement en récompense à l'instant de bouter le feu, ainsi que l'habitude charitable s'en est prise; et serait-elle brûlée vive, comme sa sombre détermination le fait craindre, qu'elle ne souffrirait pas longtemps. En fait, les condamnés au feu ne meurent pas brûlés, mais promptement étouffés. Dès que les fagots sont bien embrasés, l'air chaud s'élance vers le ciel, le supplicié manque d'air, et l'air chargé de fumées qu'il pourrait encore respirer ne ferait que hâter sa fin. C'est là un petit secret réconfortant que l'Eglise, toujours soucieuse de terroriser les hérétiques, leur dissimule avec soin.

» Pour faire brûler vive une femme sans risque d'étouffement prématuré, il faudrait la mettre dans une grande cocotte, la tête dépassant du couvercle à l'air libre, et elle serait plutôt cuite, mijotée, que brûlée, surtout si on faisait baigner le corps dans l'eau ou dans l'huile pour ne pas abîmer le récipient. (Il ne faut jamais chauffer une cocotte à sec!) Oui, voilà comment s'y prendrait le bras séculier si la sainte Eglise n'était là pour modérer ses ardeurs... »

Je saisissais pourquoi les sodomites que j'avais vu brûler à Venise ne criaient pas longtemps.

Des sanglots éclatèrent tout à coup dans le lit, où la chevelure de Catherine était visible.

« Pleure, pleure, ma fille, dit paternellement La Trémouille. Nous pouvons verser des larmes sur notre amie : le roi, qui n'a pas le droit de s'attendrir, n'est pas là. »

Et avec un clin d'œil, il me dit à voix basse :

« La forme ne vous est pas revenue ?

– Non, sans façon, toute cette affreuse cuisine m'a levé le cœur...

– Savez-vous que je pourrais finir par me vexer ? Vous serez le seul de mes amis qui n'aurez pas eu ma femme !

– Je reviendrai... quand elle aura cessé de pleurer. »

Je m'attardai sur la route du retour, m'informant fréquemment des nouvelles de Rouen, prêt à rebrousser chemin si j'apprenais que Jeanne s'était sauvée ou que ses sauveurs s'étaient fait prendre. Mais rien n'avait transpiré de la tentative prévue.

Rentré sain et sauf au couvent avec Laurent, je donnai aux frères un compte rendu lyrique de mes dévotions dans la cathédrale de Chartres, et la conversation glissa vers l'architecture. Un frère compétent en la matière m'apprit que l'on avait fait des essais, notamment en Aragon, de voûtes-toitures, solution analogue à celle adoptée pour les coupoles orientales, qui supprimait la nécessité d'une toiture classique surmontant des voûtes légères. Mais ces voûtes-toitures, du fait qu'elles devaient résister aux intempéries, étaient d'un tel poids qu'il fallait alors renforcer les articles conçus pour assurer la solidité des murs, soumis à d'énormes poussées latérales. Si l'on tenait absolument à des voûtes, Chartres et ses sœurs étaient encore la meilleure formule, en dépit des risques d'incendie.

Le faux frère Torrès m'expliqua brièvement que la libération de Jeanne avait dû être remise à plus tard par suite de la difficulté de distraire John Grey et ses quatre subordonnés. Les gardes veillaient sur le pucelage avec une telle attention qu'il n'était pas facile de les en détourner. Pour des soudards à la vertu plus que douteuse, c'était vraiment une mission paradoxale !

Vers la mi-avril, Jeanne s'était sentie dérangée après avoir tâté d'une carpe que lui avait aimablement envoyée l'évêque. Extrêmement inquiet à l'idée que la Pucelle pourrait périr ailleurs que sur le bûcher, Warwick s'était empressé de lui dépêcher une escouade de médecins, dont Jean Tiphaine, qui suivait la duchesse de Bedford, et un certain Guillaume de la Chambre, qui dit entre autres au procès en nullité :

« ... Le déposant sait aussi, comme il put le constater selon la science médicale, qu'elle était intacte et vierge, car il la vit presque nue en la visitant pour une maladie; il la palpa aux reins et, autant qu'il pût voir, elle était très étroite. »

Ainsi, dans le courant d'avril, un médecin épris de perfection, qui a la consciencieuse habitude de vérifier le pucelage de ses patientes atteintes d'indigestion, peut attester que la Pucelle était toujours pucelle. Certificat de valeur, car la « science médicale » corrobore le témoignage de nobles dames et de matrones dont la science était plus courte. On voit la fascination opérée par ce pucelage. Toute occasion était bonne d'en constater la présence. Il est rarissime – sans doute unique dans l'histoire – qu'une vierge ait été certifiée trois fois de suite!

Malgré les craintes aberrantes de Warwick, qui redoutait que Jeanne n'arrachât la lancette à l'homme de l'art pour s'en blesser à mort, la Pucelle fut saignée avec de bons résultats.

C'était une malchance que cette indisposition eût coïncidé avec une gracieuseté de Cauchon, et les plaintes de Jeanne déchaînèrent les sarcasmes d'Estivet, qui défendit avec fougue la qualité de la carpe épiscopale et traita l'ingrate patiente de « paillarde », ce qui était un peu fort et particulièrement inopportun! Le promoteur espérait-il un quatrième certificat pour être au fait? Warwick dut le rappeler sévèrement à la décence.

Peu à peu, dans l'esprit de l'évêque, les délirants soupçons des premiers temps s'étaient estompés, et l'épouvantable sorcière s'était transformée en une pauvre petite égarée qui faisait des pieds et des mains pour se faire brûler. Apprenant que Jeanne était en convalescence au sortir d'une maladie où sa carpe pouvait être incriminée, Cauchon sauta sur l'occasion de rendre à la prisonnière, en compagnie de Le Maistre, de Nicolas Midi et de quelques assesseurs, une amicale visite hors procédure ordinaire, et les minutes du 18 avril nous ont conservé cette émouvante exhortation, qui témoigne chez le prélat d'un ton nouveau :

« ... Nous, évêque, susdit, avons parlé à Jeanne, qui alors se disait malade, lui indiquant que les susnommés docteurs et maîtres venaient à elle familièrement et miséricordieusement la voir dans sa maladie pour la consoler et la réconforter.

» Nous lui avons rappelé ensuite comment, durant tant de jours, en présence de nombreuses et savantes personnes, elle avait été interrogée sur de grandes difficultés en matière de foi; à quoi elle avait donné des réponses variées, parmi lesquelles les personnes lettrées et pleines de science qui les avaient examinées et diligemment considérées ont noté que bien des choses confessées par elle étaient dangereuses pour la foi. Et parce qu'elle était une femme illettrée et ignorant les Ecritures, nous offrions de lui désigner des hommes doctes et instruits, honnêtes et bienveillants, qui l'instruiraient comme il se doit. Et nous exhortions les docteurs et maîtres présents, dans le respect du devoir de totale fidélité qui les assujettissait à la vraie doctrine de la foi, à donner à Jeanne un profitable conseil pour le salut de son âme et de son corps; et si Jeanne en connaissait d'autres que ceux-là, aptes à cette mission, nous lui offrions de les lui procurer pour qu'ils lui donnent conseil et instruction sur ce qu'elle aurait à faire, tenir et croire, ajoutant que nous étions hommes d'Eglise, dont c'était la vocation, la volonté et l'inclination, et que nous étions prêts à assurer le salut de son âme et de son corps par toutes les voies possibles, comme nous le ferions pour nos proches et pour nous-mêmes. Et nous serions contents de lui fournir chaque jour de tels hommes pour l'instruire comme il se devait, et généralement faire ce qu'en tel cas a coutume de faire l'Eglise qui ne ferme point son giron à qui revient à elle.

» Finalement, nous avons dit à Jeanne qu'elle considérât bien la présente admonestation salutaire et qu'elle y donnât une suite efficace. Que si elle allait à l'encontre de nos vœux, faisant fond sur son propre sens et sa tête inexperte, nous serions contraint de l'abandonner; à la suite de quoi, elle pouvait imaginer quel péril en adviendrait pour elle, péril que de toutes nos forces et de toute notre affection, nous nous efforcions de conjurer. »

Comme l'avait prévu Le Maistre dès le départ, l'évêque, dominé par des considérations aussi bien religieuses que politiques, ne négligeait aucune démarche pour éclairer et persuader la Pucelle, allant jusqu'à lui offrir – en plus d'une carpe – des cours suivis de catéchisme! Après le procès d'office, où tout était subordonné à la découverte de la vérité, la production de l'acte d'accusation permettait certes à l'Eglise de faire honneur à sa mission éducatrice. Mais de tels ménagements ne se voyaient guère dans les procès courants, où les hérétiques irréductibles étaient expédiés avec moins de fioritures. On ne pouvait proposer la prison dite « perpétuelle » de façon plus cordiale ni plus charmante.

Cependant l'élève Jeanne refusait catégoriquement de s'instruire. Un évêque apprécié de toute l'Europe, l'Université la plus prestigieuse prétendaient lui donner des leçons gratuites : elle s'en méfiait. Elle savait mieux que les Pères que ses saintes d'Alexandrie ou d'Antioche s'étaient passionnées pour la cause des Valois, que saint Michel et l'ange Gabriel lui-même avaient embrassé ardemment les intérêts du roi Charles, que le roi du Ciel en personne et la Vierge Marie avaient présidé au massacre des Anglais. Devant ces évidences, un Cauchon et ses paroles sucrées ne pesaient pas lourd.

Ce 18 avril, en désespoir de cause, et faisant preuve d'une belle imagination, l'évêque offrit à Jeanne de lui amener une pieuse inspirée qui aurait eu révélation du Ciel qu'elle était dans l'erreur. Mais elle répondit que les saintes Catherine et Marguerite lui permettraient de juger sans faute de tous les inspirés possibles ! Qu'est-ce que Cauchon pouvait inventer de plus !

Le mercredi 2 mai au matin, dans la chambre d'apparat du château, devant plus de soixante assesseurs, se déroula une longue admonition solennelle, ultime tentative de ramener Jeanne à la soumission par la douceur. Après avoir retracé la marche du procès jusqu'à ce jour, souligné la rare patience et mansuétude déployées, Cauchon donna la parole à Jean de Châtillon, professeur à la Faculté de théologie de Paris, archidiacre et chanoine d'Evreux.

Dans une homélie en six points, avec une certaine éloquence, Châtillon rappela les fautes – réelles ou supposées – de la Pucelle, insistant sur la principale, l'insoumission, qui donnait une coloration hérétique à des agissements mineurs comme la prophétie ou le travesti. Si les saintes et les anges de Jeanne venaient du Ciel, comment ne lui auraient-ils pas enjoint d'écouter la voix de l'Eglise ?

Rien de bien nouveau dans tout cela, sinon cette intéressante constatation :

« ... mensonges évidents (...) ce qu'elle disait des baisers et embrassements des saintes Catherine et Marguerite, dont elle affirmait que quotidiennement, et même plusieurs fois par jour, celles-ci venaient à elle, sans résultat particulier, sans que l'on aperçoive en rien pour quel motif il convenait que les deux saintes vinssent aussi fréquemment, ce que les saints et les saintes n'ont pas coutume de faire en leurs apparitions miraculeuses, ainsi qu'il ressort avec évidence de tous les livres où il est traité de ces questions. »

Indéniablement, la Pucelle faisait une extraordinaire débauche de Voix et d'apparitions, telle qu'aucun cas orthodoxe n'en donnait le moindre exemple. La Jeanne en liberté – qui ne soufflait mot d'apparitions – se retirait de loin en loin à l'écart pour solliciter sa « Voix » ou son « Conseil ». La Jeanne prisonnière de Warwick vivait aves ses saintes et ses anges, toute baignée de leur présence, s'entretenait avec eux pour un oui ou pour un non, ne cessait de s'inspirer de leurs ordres pour répondre à ses juges et fixer sa conduite. C'était étourdissant.

A cet instant, une sorte d'instinct me poussa à regarder la tête de Warwick, et le comte, qui se sentait observé, me glissa un coup d'œil ennuyé et soupçonneux, comme s'il avait craint une curiosité dangereuse de ma part. J'en eus froid dans le dos sous mon froc d'occasion.

Mais le comte se rasséréna bientôt. Jeanne n'avait jamais paru plus butée.

Après avoir répété – de façon tout à fait contradictoire : « Je crois bien que l'Eglise militante ne peut errer ni faillir; mais quant à mes dits et faits, je les remets et rapporte entièrement à Dieu qui m'a fait faire ce que j'ai fait », elle se refusa à tout accommodement et déclara qu'elle ne changerait point d'avis, même « si elle voyait le feu ».

Interrogée si elle voulait se soumettre au pape, elle répondit : « Menez-moi à lui, et je lui répondrai. » Elle se méfiait des écrits qui s'accumulaient autour d'elle et dont elle ne pouvait vérifier personnellement la teneur, mais elle ne doutait pas de pouvoir séduire le pontife par sa parole. Même si l'appel au pape n'avait pas été dans son cas une pure fiction, Jeanne se privait ainsi de toute possibilité d'appel.

Je souligne d'ailleurs que, pour faire annuler la sentence de l'évêque de Beauvais, le roi Charles a dû prendre Paris, Rouen et Bordeaux. L'appel au pape n'est pas à la portée de n'importe qui, et surtout pas à celle des accusés, remis à la bonne conscience des juges !

Autre appel plus fictif encore : l'appel au concile qui était péniblement en voie de réunion à Bâle. Aucun texte pontifical, bien sûr, ne fait allusion à un appel de ce genre, qui eût été un outrage à l'autorité romaine. C'est seulement par délégation pontificale expresse qu'un concile peut faire œuvre de justice.

Comme on demandait à Jeanne si, en principe, elle accepterait une décision conciliaire, un jeune et naïf dominicain, Isambard de La Pierre, se jeta sur cette proposition avec le sérieux de l'incompétence, et on eut du mal à le faire taire. Il n'avait pas dû lire les manuels. En d'autres circonstances, le malentendu aurait été comique.

Avec des sourires entendus, on offrit aussi à la Pucelle de faire venir pour la convaincre des clercs de son parti ou de recueillir les témoignages de Regnault, de Boussac, de Charles de Bourbon, de La Trémouille et de La Hire, à propos de la couronne céleste apportée par un ange à l'archevêque de Reims. On lui proposa même de s'en rapporter à un nouveau jugement des Pères de Poitiers ! Très méfiante jusque-là, elle comprit enfin que l'on n'avait d'autre dessein que de vérifier l'ampleur de sa désastreuse insoumission.

Réinterrogée sur l'habit d'homme, elle précisa : « Quand j'aurai fait ce pour quoi j'ai été envoyée de par Dieu, je prendrai l'habit de femme. » Seigneur, que voulait-elle faire encore ?

Et quand on lui parla du feu qui guettait son corps et son âme si elle persistait dans son impénitence, elle accoucha d'une menace : « Vous ne ferez certes pas ce que vous dites contre moi qu'il ne vous en arrive mal au corps et à l'âme ! »

Le dialogue de sourds était au sommet.

En dépit des affirmations de Le Maistre, j'avais du mal à admettre le caractère hautement fictif des appels au pape dans les procès en hérésie. La contradiction heurtait le bon sens. Pourquoi se préoccuper d'appel si cette procédure était vidée de tout contenu ?

Mais afin de couper court à mes doutes, le vice-inquisiteur me donna à lire l'article 33 du *Directorium*, où le pape lui-même s'explique sur un ton inimitable :

« Dans certains cas, l'accusé peut faire appel au pape. L'Inquisiteur tiendra ou ne tiendra pas compte de l'appel selon les circonstances et les motifs qui l'ont inspiré.

» L'appel est juste si l'Inquisiteur a enfreint le règlement en cours de procès (...). Dans ce cas, l'accusé n'a que ce mot à la bouche : l'appel au pape ! L'Inquisiteur, sans peur, sans le moindre trouble, fera établir par l'accusé copie du texte de l'appel. L'Inquisiteur ne se presse pas, ne se précipite pas : il dispose de deux jours francs pour accuser réception de l'appel. Puis, il dispose encore de trente jours avant d'avoir à produire le jugement apostolique. Et bien qu'il puisse – s'il est très expert en la matière – produire aussitôt tel ou tel jugement apostolique de telle ou telle teneur, il œuvrera sagement en attendant dix, quinze, vingt ou vingt-cinq jours avant de produire une réponse. L'Inquisiteur a aussi le pouvoir de proroger le délai de réponse. Pendant tout ce temps, il considérera bien les termes de l'appel. S'il en conclut qu'il est justifié, il en élimine la cause, il reprend le procès au stade où il était lorsque fut commise la faute justifiant l'appel, puis il poursuit normalement car, une fois supprimée la cause de l'appel, ce dernier est frappé de nullité. »

Ainsi, chef-d'œuvre de justice pontificale, non seulement les tribunaux d'Eglise avaient le droit d'apprécier eux-mêmes le bien-fondé des appels, mais encore, l'appel étant admis, c'était à l'Inquisiteur et à son compère évêque de sortir de leur bibliothèque, aussitôt ou à loisir, le jugement apostolique idoine. Le pape invoqué par un accusé anxieux avait déjà répondu depuis quelques siècles ou quelques générations car, à moins de dispositions expressément contraires, les décrets impériaux, conciliaires ou romains précisant la procédure à l'encontre des hérétiques demeurent perpétuellement en vigueur. Le délai de réponse prévu par Sa Sainteté n'avait au fond d'autre objet que de permettre aux juges de piocher tranquillement dans cette énorme mine jusqu'à ce qu'ils aient découvert le texte qui comblerait leurs vœux !

Mais Cauchon était pressé et n'avait nul besoin de cette comédie.

VII

A L'AUBE du vendredi 4 mai, le dénommé Torrès quitta le couvent, soi-disant pour se rendre en Flandre, et sans me laisser un mot d'explication. A la fois soulagé et inquiet, je ne pouvais que me perdre en conjectures sur un aussi brusque départ. A première vue, il ne s'était rien passé la veille de notable.

Rais m'avait signalé qu'il m'aborderait le dimanche à la grand-messe de Saint-Ouen s'il avait une communication à me faire, mais je l'attendis en vain à la sortie de la messe du dimanche 6. Que se passait-il donc ?

Le Maistre, de son côté, devenait de plus en plus nerveux au fur et à mesure que l'hypothèse des tortures se précisait.

Il y avait à Rouen non seulement des négociants en épices, mais aussi des artisans capables de sculpter l'ivoire avec finesse et, un après-midi que j'avais entraîné le vice-inquisiteur chez un ivoirier réputé pour lui faire cadeau du crucifix de son choix, il me dit soudain ce qu'il avait sur le cœur :

« Quand il s'agit de torturer une accusée afin de lui faire avouer une vérité qu'elle a l'impiété de dissimuler, aucun problème de conscience ne se pose. Mais quand le dossier est bien clair et qu'il est seulement question d'amener une accusée rétive à une attitude confiante et contrite qui lui épargnera le bûcher – ce sont de loin les tortures les plus intéressantes –, chaque cas d'espèce fait plus ou moins scrupule. Comme j'aimerais qu'il y eût dans nos manuels un portrait type de l'hérétique pour qui les tortures sont profitables, et un autre de celui pour qui elles sont à déconseiller ! Même avec de l'expérience, le risque d'erreur est encore grand.

– Je croyais que le cas de Jeanne était limpide : elle a besoin de tortures que Cauchon lui refusera pour ennuyer le roi Charles.

– C'est ce que je pensais au début du procès. Mais je suis à présent perplexe. Il existe un degré d'obstination aveugle, de détermination profonde et farouche, de volonté toute tendue vers l'erreur, à partir duquel les tortures déçoivent. En bonne doctrine, voyez-vous, mon ami, la torture qui vise au salut – au contraire de celle qui ne vise que les progrès de l'instruction – ne devrait point briser sans discernement une volonté mauvaise, mais aider plutôt ce qui reste de bonne volonté à prendre le dessus. Le supplicié doit en quelque manière aider son bourreau. La torture souhaitable se présente alors comme une grâce, un remède spirituel, qui doit paradoxalement faire appel à la liberté du sujet, et tous les médecins vous diront qu'un remède est à appliquer avec modération. Or je ne vois pas l'ombre d'un soupçon de bonne volonté chez la Pucelle, une cavité de l'âme où le levier prendrait appui pour agir. Tout est fermé chez elle.

« Malheureusement, lorsque nous voterons en petit comité pour ou contre les tortures, il y aura plus d'incompétents que de spécialistes, et l'incompétent a tendance à croire que plus une accusée est opiniâtre, plus les tortures lui feront du bien. Je crains qu'en dépit des souhaits discrètement formulés par l'évêque, un certain nombre de Pères, n'écoutant que leur devoir, une secrète sympathie, peut-être, ne votent pour livrer Jeanne aux tortures. Et si les voix se partageaient à peu près, si une majorité même se dégageait pour cette solution, Cauchon et moi – pour des motifs différents – serions dans une situation difficile. Ah, quelle responsabilité !

– D'autant plus que l'erreur de diagnostic, comme vous le disiez tout à l'heure, est facile à commettre. J'avoue que je ne sais moi-même que souhaiter... »

Tout en me faisant ces scrupuleuses confidences de métier, le vicaire s'attardait à choisir un christ chez l'ivoirier, choix qui était le reflet d'une âme et d'une sensibilité. La mode était aux christs torturés, tourmentés, exprimant l'angoisse du temps. Le contraste était frappant avec des pièces plus anciennes où le visage du supplicié était serein et apaisé. Le Maistre aurait aimé une voie moyenne. Le crucifix qui avait finalement ses préférences était d'un prix élevé, et je dus lui faire violence pour qu'il l'accepte. Son émotion était grande.

Les ivoiriers avaient ouvert leurs boutiques près du port, où arrivait parfois l'ivoire que les Vénitiens allaient chercher à Alexandrie. Alors que nous nous promenions le long du quai pour jouir des premiers souffles du printemps, je dis à mon aimable compagnon :

« Ce crucifix introduira dans votre chambre ces tortures dont vous êtes spécialiste, et il vous aidera sans doute à résoudre des cas de conscience difficiles, avec cette idée consolante que les tortures d'Eglise, à l'image de celles que Jésus a subies, doivent être un gage de Résurrection et de vie.

– Je m'étais fait déjà cette réflexion.

– En attendant, vous devez souffrir lorsqu'il vous faut faire appliquer la torture à un accusé sympathique.

– Grâce à Dieu, ils le sont rarement ! Jeanne est une exception à bien des points de vue... »

Dans la matinée du mercredi 9 mai, les deux juges et une poignée d'assesseurs s'efforcèrent d'intimider la Pucelle en lui montrant les instruments de torture dans le donjon du château. La procédure était classique et nombre d'accusés faiblissaient à cette occasion.

Le vice-inquisiteur revint déçu – mais non point surpris – de la séance. Comme on l'avait pu craindre, Jeanne était indomptable.

Pour ce jour-là, on peut lire sous la plume des notaires, dont la présence est toujours requise dans les salles de tortures :

« “ *Vraiment, si vous me deviez faire arracher les membres et partir l'âme du corps, je ne vous dirais pas autre chose; et si je parlais différemment, je dirais toujours ensuite que vous me l'avez fait dire par force.* ”

» *Item elle a dit qu'à la fête de la Sainte Croix, le 3 mai dernier, elle eut le réconfort de saint Gabriel, et elle croit que ce fut saint Gabriel, et elle l'a su par ses Voix que c'était bien saint Gabriel. Elle a dit aussi qu'elle avait demandé à ses Voix si elle devait se soumettre à l'Eglise, parce que les gens d'Eglise la pressaient fort de se soumettre; et les Voix lui dirent que, si elle veut que Dieu l'aide, elle doit se rapporter à Lui de toutes ses actions. Item elle a dit qu'elle sait bien que Dieu a toujours été le maître de tous ses faits et que le Diable n'avait jamais eu puissance sur elle.*

» *Item elle a dit qu'elle avait demandé à ses Voix si elle serait brûlée, et que lesdites Voix lui avaient répondu qu'elle fît confiance au Seigneur Dieu, qui viendrait à son aide.* »

Si les saintes étaient la pâture journalière de Jeanne, les anges les plus réputés ne se dérangeaient que pour les grandes occasions.

Et les notaires concluaient :

« *Voyant donc l'endurcissement de son âme et ses façons de répondre, nous, juges susdits, craignant que les supplices de la torture ne fussent à Jeanne que de peu de profit, avons décidé de surseoir pour l'instant à leur application, jusqu'à ce que nous ayons là-dessus plus ample conseil.* »

J'avais compulsé le manuel d'Eymerich sur le fait des tortures, et même quelques manuels plus anciens, et ils étaient tous intarissables, sous le signe d'une clémence dont la justice laïque aurait bien fait de s'inspirer, et d'autant plus que l'efficacité souhaitable n'en était guère amoindrie.

On ne devait – en principe – torturer ni les enfants, ni les vieillards, ni les femmes enceintes, ni même les nourrices, et les clercs étaient à torturer avec des ménagements particuliers.

Toutes les manières de torturer plus ou moins étaient longuement précisées et commentées et les instruments retenus ne devaient point laisser de séquelles graves.

Théoriquement, l'évêque et l'Inquisiteur avaient le droit de faire exécuter trois séries de cinq tortures différentes, à raison d'une torture journalière. Si, au bout de quinze jours, l'accusé n'avait pas avoué, la bonne règle voulait qu'on lui laissât le bénéfice de son silence s'il s'agissait de tourments infligés dans le cadre d'un interrogatoire éclairant, mais le bénéfice aussi de son attitude suicidaire s'il s'agissait de tortures appliquées pour obtenir la soumission et la réconciliation du coupable.

C'est ce que les manuels appelaient « continuer » les tortures.

Toutefois on pouvait les « recommencer ». L'expression signifiait que, si l'accusé livrait sous la torture un indice nouveau, on reprenait la question à zéro et qu'une nouvelle quinzaine pénible s'ouvrait.

De continuations en recommencements, il n'y avait aucune raison que l'expérience finisse. Le Saint-Père avait tenu à montrer par-là qu'il faisait large confiance à ses Inquisiteurs pour moduler humainement une règle où la sévère puissance romaine s'exprimait avec éclat. Tous les moyens étaient généreusement accordés aux défenseurs de la Foi, à charge pour eux de n'employer dans chaque affaire que le nécessaire et le suffisant. La fréquentation d'un Le Maistre était rassurante. Il y a des détraqués partout, mais la plupart des Inquisiteurs n'aimaient guère les tortures et, aux yeux d'un pape qui voyait les choses de haut, péchaient plutôt par défaut.

Je priai le vice-inquisiteur de rafraîchir ma mémoire sur un point. Que se passait-il lorsque, ainsi que Jeanne l'avait imaginé, l'accusé revenait sur ses aveux après torture ?

« Beaucoup d'accusés, me répondit Le Maistre, croient échapper aux tortures en proférant cette menace. Ils ignorent que des aveux extorqués par la torture n'ont aucune valeur. C'est la libre ratification du supplicié une fois reposé de l'épreuve qui donne seule valeur aux aveux. Ainsi, le refus de ratifier ne change rien à la situation et les tortures sont arrêtées ou poursuivies en vertu d'autres critères. Les manuels sont très explicites à ce sujet. »

Le 12 mai, les deux juges et une douzaine de conseillers français se réunirent en l'hôtel de l'évêque pour débattre de l'efficacité des tortures. Le Maistre me rapporta que l'échange de vues avait été animé, sous la présidence d'un Cauchon qui avait fait mine modestement de vouloir se ranger à l'avis de la majorité.

Courcelles estimait les tortures profitables, et aussi un certain Aubert Morel, avocat à la Cour de Rouen. De même le chanoine Nicolas Loiselleur.

Ce prêtre d'une quarantaine d'années, lié d'amitié avec l'évêque, s'était introduit en habit laïque auprès de la Pucelle dès le début du procès, dans l'intention de surprendre sa bonne foi et d'éclairer d'autant mieux la cause. Mais la surprise avait été pour lui, la prisonnière lui était apparue sous un jour imprévu, et il s'était démasqué, devenant bientôt le confident de Jeanne. Cauchon encourageait ces relations, car Loiselleur était le seul à pouvoir contrebalancer l'influence de Warwick, au risque de s'attirer l'animosité du comte.

J'ai entendu des ragots absurdes, accusant le chanoine d'avoir poussé la Pucelle à l'impénitence. Comment aurait-il pu tenir un langage si différent de celui de l'évêque, et quels intérêts aurait-il défendus ? Toute sa conduite dément d'ailleurs le soupçon, à commencer par le fait que, depuis la troisième audience publique, il avait siégé ostensiblement parmi les assesseurs. En réalité, Loiselleur avait l'ardent désir de sauver Jeanne, et il n'a pas ménagé ses efforts.

Ce 12 mai, les trois partisans de la torture ont eu un certain courage à affirmer leur opinion, puis à s'y tenir, devant un évêque dont ils savaient fort bien la tendance contraire, les autres assesseurs étant très divisés et l'ombre désagréable de Warwick se profilant à l'arrière-plan.

La discussion s'éternisait, lorsque Guillaume Haiton survint en hâte sans avoir été invité. Ce théologien anglais, fort bien en cour à Londres et à Paris, avait été naturellement dépêché par Warwick pour veiller sur la santé de Jeanne. Quand il déclara que le comte était très inquiet à l'idée que la captive, relevant d'une indigestion de carpe et affaiblie par sa détention, ne puisse supporter les tortures et meure de saisissement avant la date espérée, tout le monde comprit à demi-mot que le séjour de la Pucelle en prison militaire engendrerait cette irrégularité de plus que l'accusée, à tort ou à raison, n'aurait pas droit aux tortures. L'indiscret pouvoir laïque donnait encore un coup de pouce.

Le Maistre, qui s'était réservé jusqu'à cet instant, opina comme Haiton, consciencieusement fidèle à sa nouvelle vision du problème, et le projet fut abandonné de tortures dont les résultats étaient d'ailleurs difficilement prévisibles.

Warwick pourrait faire valoir à Jeanne qu'il avait veillé comme un frère à lui épargner des moments affreux, et les Voix ne manqueraient sans doute point de s'arroger également le bénéfice du répit.

Au fond, le bûcher était-il ou non préférable à des années de prison laïque sous la garde de soldats libidineux et cruels ? La Pucelle eût été ma sœur que je n'eusse pas été plus avancé pour répondre.

La nouvelle que Martin V avait été foudroyé le 20 février, bientôt suivie par l'annonce de l'intronisation de mon oncle Gabriel le 3 mars, dans l'église de Saint-Sauveur « in Lauro », sous le nom d'Eugène IV, était parvenue à Rouen, et ne fut sans doute pas étrangère à une invitation à dîner de Warwick pour le 13 mai.

Mon oncle devait avoir d'autres chats à fouetter que de s'inquiéter de Jeanne, et il héritait d'ailleurs d'une situation politique qui déconseillait vivement au Saint-Siège de faire la moindre peine aux Lancastres. Je le dis tout de suite et non sans honte : mon bon oncle, si expert à régler le sort de Lucretia, ne fera pas grand-chose pour la Pucelle. Mais il aura en revanche la joie de voir au concile de Bâle les partisans d'Henri VI défendre avec énergie la thèse de la suprématie pontificale sur les conciles. A ce point que le délégué Loiselleur, favorable à la thèse de la supériorité conciliaire, se fera fendre l'oreille par son chapitre en 1437 !

Je montai donc au château le soir du dimanche 13 mai, auréolé d'une gloire des plus accidentelles. L'assistance était brillante. Le comte avait réuni entre autres Jean de Luxembourg, l'ancien geôlier de la Pucelle; son frère Louis, évêque de Thérouanne; l'évêque de Beauvais Cauchon; l'évêque de Noyon, Jean de Mailly, dont la déposition au procès en nullité devait être un chef-d'œuvre d'inconsistance; le comte de Stafford, grand ami de la maison, et quelques chevaliers bourguignons. J'avais été placé à côté de Margaret Beauchamp, fille de Warwick, épouse esseulée de Talbot, toujours prisonnier depuis Patay.

Les vins aidant, le dîner fut gai, et d'abord sans aucun laisser-aller. La piété du comte et de sa fille, la présence de trois évêques dissuadaient de la gaudriole. Quand l'un des Bourguignons, le jeune Aimond de Macy, qui avait fréquenté Jeanne à Beaurevoir et au Crotoy, nous raconta qu'ayant noté l'horreur de la prisonnière pour les contacts masculins, il s'était amusé à lui caresser les seins avec ce résultat qu'il s'était fait griffer, l'anecdote jeta un froid.

Mon oncle avait été élu pape opportunément, car des bruits avaient filtré selon lesquels j'aurais combattu dans les armées de la Pucelle. Margaret Beauchamp n'avait pas besoin de savoir que j'avais activement participé à la capture de son mari. Je noyai le poisson de mon mieux, laissant entendre que Venise m'avait envoyé en observateur. Partant, il n'y avait pas à s'étonner de ma discrétion.

La bonne humeur de Warwick était compréhensible : la décision de ne pas torturer Jeanne avait été prise la veille, et il avait la satisfaction d'y avoir été pour quelque chose. Le dîner, en quelque sorte, fêtait cette réussite.

On parla beaucoup de la Pucelle ce soir-là, de ses saintes, de l'archange Michel et de l'ange Gabriel. Les Anglais étaient impatients que le procès se termine, que l'accusée et son cortège d'apparitions se volatilisent enfin derrière un rideau de fumées pour ne plus revenir. Cauchon était plus réservé, et il hochait la tête d'un air de doute lorsque Warwick assurait que le bûcher clôturerait bientôt la procédure.

Au dessert, Margaret Beauchamp me demanda quelle impression m'avait faite la Pucelle que j'avais dû apprécier en liberté chez le roi Charles.

Le pape dans ma manche et les vins en tête, je répondis sans hésiter :

« Une impression d'innocente, Madame. Impression qu'elle me produit encore.

– Voilà une étonnante déclaration ! Il y aurait donc aujourd'hui erreur judiciaire ?

– Une erreur énorme, en effet. »

Un grand silence était tombé, comme si les anges de Jeanne avaient traversé la salle. Pétrifiés, Cauchon et Warwick se regardaient, préoccupés à l'idée que l'opinion de mon oncle Eugène VI venait de sortir de ma bouche.

Encouragée par ce silence même, Margaret poursuivit :

« Et où serait l'erreur, selon vous ?

– Elle se démontre, Madame, en trois points, par le raisonnement élémentaire.

« Premier point, la Pucelle soutient entendre des Voix qui viennent de Dieu.

» Deuxième point, ces Voix ne lui ont commandé ni œuvres pies ni péchés.

» Troisième point, il n'est pas au pouvoir d'un tribunal humain de démontrer qu'il est interdit à Dieu de s'occuper d'affaire profanes moralement indifférentes en apparence.

» Que cela vous plaise ou non, le Dieu de l'Ancien Testament a par exemple jeté les juifs sur la Terre Promise. Qui peut l'empêcher de recommencer ailleurs avec d'autres peuples et pour d'autres raisons s'Il Lui plaît, et qui osera Le juger ?

» Ainsi, Jeanne n'est pas insoumise, puisque son insoumission porte sur un domaine où le tribunal est par nature incompétent. Et l'insoumission est assurément le seul grief sérieux. Quand l'accusée voit de trop près des saintes qui parlent trop bien français, elle ne fait que traduire le préjugé populaire, et si l'on veut la condamner pour ces broutilles, c'est le peuple entier qu'il faut condamner. Quel vacher, quel charretier, se fait une idée orthodoxe de son saint ? D'ailleurs, de nombreux saints béatifiés ou canonisés n'avaient-ils pas une petite hérésie dans leur coffre ? Même les minimes hérésies de la Pucelle ne prouvent nullement que ses Voix sont suspectes. Ignorance invincible n'est pas faute.

» Voilà pourquoi le procès de cette vierge irréprochable se trompe d'adresse. »

Warwick prit le parti d'éclater de rire, et il m'apostropha plaisamment :

» Bravo ! Excellente démonstration ! Les Voix de Jeanne n'ont pas en effet à être jugées : elles volent trop haut pour nous ! Et je partage aussi le sentiment de

Messire Condulmer : plus je fréquente ma vierge captive, plus son innocence me paraît évidente. Au fond, tout à fait entre nous, ce n'est pas pour hérésie que nous allons brûler la Pucelle, mais tout simplement parce qu'elle nous porte ombrage. Elle vaut une armée, et ce n'est pas tous les jours qu'on peut se débarrasser d'une armée avec un fagot béni par les prêtres. Honni soit qui mal y pense! »

On fit semblant de rire, à l'exception de Cauchon, qui était à la limite de l'apoplexie. L'humour du pouvoir laïque était amer.

J'ajoutai :

« Si les Voix de Jeanne sont imaginaires, alors le tribunal est encore incompétent, car une imagination n'est coupable que si elle est hérétique, et c'est justement ce qui fait question. »

L'évêque de Beauvais se leva brusquement...

« Messire Condulmer, si le vin ne vous avait égaré, je me plaindrais à votre oncle de ces propos scandaleux!

– Mais mon oncle le pape est incompétent dans l'affaire de la Pucelle puisque le comte vient d'expliquer fort honnêtement à Votre Grandeur qu'il s'agit d'une affaire de haute politique et que Jeanne doit mourir parce qu'elle n'est pas de son avis sur le traité de Troyes! »

Cauchon se retourna vers Warwick :

« Vous avez la plaisanterie bien malheureuse, Beauchamp! Vous mériteriez que j'abandonne cette cause... »

Warwick exprima hypocritement des regrets et je reconnus moi-même que j'avais eu le raisonnement trop abrupt. On ne pouvait certes autoriser tous les chrétiens à entendre des Voix divines paradoxales, qui ne se souciaient ni de Dieu ni du Diable, mais de déplacer quelques bataillons avec des bonheurs divers. La pagaille serait bientôt à son comble et Dieu ne saurait plus où donner de la tête.

L'évêque voulut bien se satisfaire de ces paroles apaisantes et il quitta la salle d'un air maussade avec ses deux confrères.

Margaret Beauchamp me souffla :

« Quelle mouche vous a piqué de soulever un tel désordre ? Cauchon ne vous pardonnera jamais cette sortie.

– En effet, dit Warwick, qui avait surpris le propos. Vous y êtes allé un peu fort avec vos trois points. Espérons que votre oncle ne rendra pas son âme à Dieu pendant votre séjour ici. Vous n'auriez plus ni pape ni cardinal pour garantir votre éloquence et vous pourriez avoir affaire à Le Maistre, que votre procès changerait heureusement de la politique. Il s'y donnerait à fond et je distingue mal pourquoi je vous épargnerais les tortures. Si encore vous étiez puceau... »

Les Bourguignons présents, Stafford, Luxembourg lui-même plaisantèrent lourdement sur les traces du comte. De l'avis général, je devais être amoureux de la Pucelle, ce qui rendait ma cause plus hérétique encore.

Agacée par ces excès de langage, Margaret Beauchamp se retira avec dignité.

Après un dîner courtois, les choses avaient subitement dégénéré, et une gêne demeurait, en dépit de la détente suscitée par les pointe avinées dont j'étais l'objet.

Désireux d'alléger l'atmosphère, le comte prit un saladier de jolies fraises précoces et nous entraîna voir la Pucelle.

Dérangée en pleine nuit à la lumière des torches, qui semblait aveuglante à côté de celle de la bougie, Jeanne, toujours enchaînée par les pieds, nous accueillit fort mal et les fraises ne parvinrent pas à l'adoucir. Elle nous dit attendre la visite de ses Voix et craignait que notre intrusion ne retardât l'instant privilégié. « Vous avez beau parler comme un ange, fit-elle observer à Warwick, je doute que vous en voyiez jamais un ! » Remarque dont le comte fit son profit avec une chrétienne humilité. Il ne suffit pas d'aller à Jérusalem pour mériter des apparitions.

La présence de Macy, qui lui avait peloté les seins en des temps meilleurs, celle de son ex-geôlier Luxembourg, n'étaient d'ailleurs pas faites pour mettre la Pucelle d'humeur accommodante.

Jean de Luxembourg, qui avait bu et offrait un horrible spectacle avec son œil et son nez en moins, eut l'idée farfelue de déclarer à Jeanne qu'il était venu la mettre à rançon si elle voulait bien promettre de ne plus s'armer contre son maître le duc Philippe et contre le roi de France et d'Angleterre. La plaisanterie était pour le moins déplacée de la part d'un homme qui avait lui-même vendu sa prisonnière à Bedford. Le ton monta, et comme Luxembourg insistait avec une obstination d'ivrogne, la Pucelle exaspérée s'écria : « Je sais bien que ces Anglais me feront mourir parce qu'ils croient, après ma mort, gagner le royaume de France. Mais seraient-ils cent mille " godons " de plus qu'ils ne sont à présent, qu'ils n'auront pas le royaume ! »

Les Anglais détestent ce sobriquet populaire de « godons », et Jeanne venait d'appuyer sur un point sensible : on la sacrifiait dans l'espérance d'un résultat magique et il était effrayant de penser qu'on allait peut-être la faire brûler pour rien. La malédiction était de poids.

Stafford, qui avait bu autant que Luxembourg, tirant à moitié sa dague et se précipitant sur la Pucelle, mit le pied dans le saladier de fraises que Warwick avait gracieusement déposé au pied du lit, et sa rage en fut accrue au point que le comte dut le saisir à bras-le-corps pour le retenir et le calmer. Il était temps de laisser l'inspirée avec ses Voix.

Au cours du désordre de la retraite, j'eus l'occasion de me pencher sur Jeanne pour lui murmurer : « J'ai vu le roi, qui prie pour vous chaque jour. » Ce charitable mensonge était ce que j'avais pu improviser de mieux, et j'en fus récompensé par un radieux sourire.

J'avais flairé dans la geôle comme une vague et surprenante odeur d'encens. Alors que nous traversions la cour d'un pas mal assuré pour aller boire le coup de l'étrier, j'interrogeai le comte sur ce détail.

« Jeanne sent horriblement mauvais, me dit-il, et nous faisons parfois brûler des herbes pour assainir les lieux. »

M'approchant de la Pucelle, j'avais en effet senti de terrassants effluves, et elle m'avait paru très sale et couverte de vermine.

Je demandai à Warwick pourquoi on la laissait dans cet état lamentable...

« Mon cher Condulmer, c'est à elle de le dire ! Vous savez peut-être que lorsque Jeanne était en liberté, elle ne se déshabillait que si elle trouvait des femmes – et encore des jeunes femmes, les vieilles ne lui plaisaient pas ! – pour coucher avec elle. Et, ici, bien sûr, elle ne veut plus se déshabiller du tout et hurle dès qu'on la touche. A peine consent-elle, quand elle n'y tient plus, à baisser ses chausses pour faire ses besoins. Nous lui avons offert une longue chemise pour la nuit, mais elle n'a rien voulu savoir. Conduite absurde ! Elle se rend parfaitement compte que sa vertu ne court aucun risque tant que sa personne est sous ma garde et que des chausses n'ont jamais préservé du viol. Que voulez-vous que je fasse avec un pareil phénomène ?

– Pour l'honneur de l'Angleterre, Votre Seigneurie doit pourtant comprendre la nécessité de brûler une Jeanne bien propre, dont les puces ne sauteraient pas sur l'évêque et sa bande. Si tous ces messieurs se grattaient comme des singes aux moments les plus pathétiques, la cérémonie sombrerait dans le ridicule. Il faut absolument admettre quelques nonnes auprès de la Pucelle, qui lui feraient sa toilette de temps à autre.

– Mais les nonnes sont encore plus sales ! Je demanderai à Margaret de régler décemment cette question. »

L'adoucissement était mince, que ma délirante argumentation avait réussi à obtenir, mais c'était mieux que rien.

Le samedi 19 mai, dans la chapelle du palais archiépiscopal de Rouen, devant les juges et une cinquantaine d'assesseurs, lecture fut faire des délibérations de l'Université de Paris, réunie au couvent des Bernardins, au clos de Saint-Nicolas-du-Chardonnet, à propos des douze articles de Nicolas Midi.

Cauchon jouait gagnant sans peine. Non seulement les douze articles établissaient formellement l'insoumission et les hérésies de l'accusée, mais encore les Pères parisiens des Facultés de théologie et de droit canon – autrement dit de « décrets » – avaient dû se faire une joie de déclarer Jeanne coupable sur tous les points. Après quoi, les Pères de Rouen n'avaient plus qu'à prendre acte du soutien de l'illustre Université. Le cœur me manqua de suivre cette fastidieuse séance sans surprise.

D'autre part, étaient peu à peu arrivées, de Rouen ou de Normandie, les autres consultations sur le sujet des douze articles, à commencer par celles des principaux assesseurs. On y retrouvait souvent cette constatation que l'accusée n'avait pu fournir aucune preuve que ses Voix venaient bien du Ciel.

L'écrasant arsenal était ainsi au complet.

Le mercredi 23 mai, dans une chambre des appartements du Régent qui jouxtait la « Tour du Trésor », Cauchon se paya le luxe d'offrir une dernière chance à Jeanne, avant le prononcé de la sentence d'abandon au bras séculier. Cette deuxième admonition « publique » fut confiée à Pierre Maurice devant une assemblée restreinte : pour assister les deux juges, ne figuraient que les évêques de Thérouanne et de Noyon, Beaupère, Midi, Châtillon et trois autres dévoués. L'évêque avait sans doute pensé qu'une réunion intime mettrait mieux en valeur l'affectueuse éloquence de Maurice. Et il avait tenu à la présence exceptionnelle des évêques de Noyon et de Thérouanne, car ces prélats, lors du dîner du 13 précédent chez Warwick, avaient pu se demander si Cauchon accomplissait vraiment tous ses efforts pour sauver Jeanne du bûcher. Cette dernière interprétation était d'autant plus vraisemblable que j'avais eu l'étonnement d'être convoqué en surnombre, pour retrouver sur les lieux Warwick et Stafford. L'évêque, ulcéré des propos tenus chez le comte, avait en tête de démontrer qu'il n'était pas aux ordres de l'Angleterre et faisait honneur à tous ses devoirs de chrétien.

L'accusée ayant été informée que l'Université de Paris l'avait décrétée coupable, Pierre Maurice, s'adressant directement à Jeanne, énuméra les erreurs en cause, mentionna longuement quelles accusations découlaient de chacun des douze articles, insista sur le douzième, c'est-à-dire sur le refus schismatique de se soumettre à l'Eglise d'ici-bas, et invita l'égarée à réfléchir.

Nommément invité par l'évêque, il me semblait que j'avais le droit d'ouvrir la bouche, et je pris alors la parole en ces termes :

« Vénitien, et neveu d'un pontife lui-même vénitien, j'attirerai votre attention, mes Révérends Pères, sur un risque d'erreur, qui m'apparaît d'autant plus clairement que mon oncle le pape travaille avec plus d'ardeur à faire revenir à la Foi ces schismatiques d'Orient, qui sont nombreux à Venise et que tous les Vénitiens connaissent bien.

» La principale accusation contre Jeanne, évidemment justifiée, est celle de schisme, puisque, aussi orthodoxe que la plupart des Français ignorants pour le reste, parfaitement pieuse de surcroît, elle récuse cependant l'autorité de l'Eglise quant à la nature de ses Voix.

» Mais depuis quand une simple accusation de schisme entraîne-t-elle la livraison au bras séculier et le bûcher ? Faisons-nous brûler à Venise nos hôtes schismatiques d'Orient, qui vaquent tranquillement à leurs affaires sous la bénédiction de notre patriarche ? Les persécutons-nous en Crète et ailleurs, où ils vivent en paix à nos côtés, avec le bienveillant agrément de Rome ? Bien plus, le catholique a le droit, en cas de force majeure, de recevoir les sacrements par le canal d'un prêtre schismatique, et réciproquement !

» Je ne doute pas que Pierre Maurice, sorti premier à la maîtrise de théologie, ne nous éclaire sur cette contradiction. Y aurait-il deux poids, deux mesures? Un schisme d'Orient tolérable, et un schisme d'Occident puni de mort? Serait-il plus grave, comme le fait Jeanne, de récuser l'autorité de l'Eglise sur un seul point, celui de ses Voix, que de la récuser en bloc, à l'exemple des schismatiques grecs ou slaves? Une raisonnable et uniforme doctrine ne doit-elle pas être suivie en cette affaire? »

Maurice, qui n'avait jamais réfléchi à la question, resta bouche bée, et son regard inquiet se porta vers Cauchon.

Ce dernier, après un silence pesant, nous expliqua avec un calme méritoire qu'il y avait schisme et schisme. Une Eglise maternelle pouvait fermer les yeux sur l'aveuglement de malheureux qui avaient été élevés dans l'erreur par des parents eux-mêmes irresponsables. Mais il en allait toute autrement de catholiques de naissance qui avaient le vice opiniâtre de mépriser l'autorité de l'Eglise. Toute la rigueur de la loi devait leur être réservée. Cela dit, l'évêque me remercia sur un ton aimable de m'intéresser si doctement à son procès modèle, et rendit la parole à Maurice de l'air d'un homme qui a bien l'intention de la lui laisser.

« Quand j'aurai quitté l'habit de garçon, dit Jeanne, après le départ des Anglais, j'irai vivre à Venise sous la protection du pape! Je vois bien que je n'ai rien à faire ici. »

Cauchon, qui n'en pouvait plus, fit explosion et ordonna aux notaires de gommer des minutes tout ce qui concernait Venise, sous prétexte que la matière était étrangère au procès. Je n'étais pas près d'être réinvité!

Tiré de ce mauvais pas, Maurice eut tout loisir de conjurer Jeanne de se soumettre, lui disant notamment avec une émouvante sincérité :

« Jeanne, amie très chère, il est temps, à la fin de votre procès, de bien peser tout ce qui a été dit. (...) C'est pourquoi, quelles qu'aient été vos apparitions, méfiez-vous-en; bien plus, repoussez absolument ces images ou croyances, et acquiescez aux dires et aux opinions de l'Université de Paris et des autres docteurs qui connaissent la loi de Dieu et la Sainte Ecriture. Ces Pères sont d'avis qu'il ne faut pas ajouter foi à des apparitions ou nouveautés suspectes, à moins qu'elles ne soient appuyées par l'autorité des textes sacrés, par un signe ou miracle suffisant. Or vous n'avez eu ni l'un ni l'autre; mais vous avez cru inconsidérément à ces apparitions nouvelles, sans recourir au conseil de quelque prélat ou savant homme d'Eglise, ce que vous auriez pourtant dû faire, étant donné votre modeste état et la simplicité de votre savoir.

« Prenons un exemple : votre roi vous confie la garde d'une forteresse, et voici que quelqu'un se présente, disant venir de par le roi, mais sans aucune lettre de créance; allez-vous lui ouvrir les portes? De même, Notre Seigneur Jésus-Christ montant au Ciel a confié le gouvernement de son Eglise au bienheureux apôtre Pierre et à ses successeurs, leur interdisant de recevoir en son nom ceux qui n'en donneraient pour preuve que leur propre parole. Vous ne deviez pas avoir foi dans des visiteurs sans mandat; et nous ne devons pas non plus avoir foi en vos dires, puisque Dieu commande le contraire. »

L'heureuse comparaison militaire plaisait à Warwick, qui hochait la tête en signe d'approbation, bien certain qu'aucune comparaison ne pouvait instruire la Pucelle. Mais Stafford, qui avait grincé des dents pendant mon intervention, me jetait des regards meurtriers.

Maurice poursuivit sa harangue par un autre exemple judicieusement emprunté à la discipline militaire :

Jeanne n'aurait-elle pas condamné l'un de ses soldats insoumis?

Puis il conclut d'une voix vibrante :

« En considération de tout cela, je vous avertis donc, vous prie et vous exhorte, au nom de vos juges Monseigneur de Beauvais et de Monseigneur le vicaire de l'Inquisiteur, par cette piété que vous portez à la Passion de votre Créateur, pour l'amour que vous avez du salut de votre âme et de votre corps, que vous vous corrigiez et amendiez et reveniez à la voie de la vérité, dans l'obéissance à l'Eglise et dans la soumission à son jugement. En agissant ainsi, vous sauverez votre âme, vous rachèterez, ainsi que je l'espère, votre corps de la mort; mais si vous vous obstinez, sachez que votre âme s'engloutira dans la damnation; quant à la destruction de votre corps, je la crains. De cette extrémité, Jésus-Christ daigne vous préserver! »

Ce discours aurait attendri une pierre. Tous les yeux étaient fixés sur la Pucelle, mais aucune hésitation ne se lisait sur ses traits, et elle répéta plusieurs fois, pressée de questions, qu'elle n'avait nulle intention de changer sa défense.

Je l'ai même entendue dire :

« *Si je voyais le feu allumé, les bois préparés, le bourreau ou son aide prêt à mettre le feu, je ne dirais pas autre chose et soutiendrais ce que j'ai dit au procès jusqu'à la mort.* »

Cauchon poussa un grand soupir et son regard circulaire prit à témoin l'assistance qu'il avait fait plus que son devoir. L'accusée tenait à mourir, et il fallait en passer par là.

L'évêque demanda enfin au promoteur et à Jeanne s'ils avaient quelque chose à ajouter. Et sur leur réponse négative, on procéda à la rédaction de la brève *conclusio in causa* d'usage, cédule où les juges déclarent clos les débats, les parties ayant renoncé à produire de nouvelles allégations. La procédure était finie. Dès le lendemain, la sentence et l'exécution seraient publiques au sens le plus large du terme.

Autant les procès en hérésie sont en principe discrets, et même secrets, autant le prononcé des sentences et les exécutions sont conçus pour réjouir les foules, les rassurer et les instruire. Le jour où les procès seraient publics et les mises à mort, secrètes, la société chrétienne serait en perdition.

Stafford rayonnait avec la cruauté d'un cœur encore jeune, mais la profonde satisfaction de Warwick n'allait pas sans un soupçon de tristesse. Malgré son assurance, il avait redouté jusqu'au dernier instant que Jeanne n'eût la faiblesse de lui être infidèle. La constance de la victime avait été admirable et il en était fier. Tout était en ordre. Le comte aurait cependant préféré que la Pucelle échoue devant Orléans et retourne à son champ la tête basse pour se faire corriger par son père.

A la porte de la chambre, Warwick me lança, faisant allusion à ma tenue civile :

« On défroque? Auriez-vous entendu des Voix profanes? Je doute qu'elles aient la qualité de celles de Jeanne et qu'elles vous invitent jamais à monter sur le bûcher en l'honneur de votre doge.

– Je doute plus encore, Messire, de trouver un Warwick pour me tenir la main en prison! »

Le comte rit de la réplique et me dit au revoir d'un geste.

Sa fille s'était en tout cas occupée de faire récurer Jeanne comme il faut. Et non seulement la prisonnière avait paru toute propre, les cheveux bien rafraîchis, mais l'habit d'homme qui montrait la corde avait été nettoyé, brossé et raccommodé. Cauchon avait mis son point d'honneur à ce que l'abandon de cet habit fût volontaire, mais il n'allait quand même pas en payer un neuf! Chez Margaret Beauchamp, dame d'apparence assez froide qui entrait dans sa seconde jeunesse, j'avais senti néanmoins quelque sympathie pour la Pucelle. Les femmes lui auront été plus compatissantes que les hommes. Peut-être admiraient-elles avec envie dans le personnage une faculté supérieure de se détacher de toutes les contraintes du sexe.

Je rattrapai Le Maistre dans la cour et rentrai en sa compagnie pour déjeuner. Au cours de cette dernière séance, il avait réussi à se faire oublier plus encore que de coutume, mais l'échec désolant subi par Cauchon le chagrinait comme s'il en eût été responsable.

« Une telle assurance, une telle obstination, me confia-t-il, ne sont pas normales.

– C'est-à-dire ?

– Jeanne, visiblement, ne tire pas son assurance de son propre fond. Elle lui est donnée de l'extérieur. Cette fille fait allusion à ses apparitions comme si elles les avaient réellement vues et entendues. Anges et saintes viennent à elle de leur propre chef ou elle requiert leur présence. Des conversations s'établissent ou se poursuivent. On demande conseil sur tel ou tel point, et on l'obtient. Contacts journaliers, j'y insiste ! Or une patiente soumise des mois durant à des hallucinations auditives et visuelles quotidiennes d'une telle force que l'évidence s'en impose d'une manière absolue serait dans un état de divagation, de folie si avancé que le diagnostic s'imposerait, et Jeanne reste tout à fait équilibrée. Cette insoluble contradiction, qui défie toute expérience, m'a beaucoup frappé, et le mystère s'épaissit encore si l'on songe que les Voix elles-mêmes tiennent des discours aussi cohérents que ceux de l'inspirée. Il y a de quoi perdre son latin.

– La preuve serait faite en tout cas que les Voix ne relèvent point aujourd'hui de l'imaginaire.

– Au stade où nous en sommes arrivés, la chose me paraît impossible.

– Pourtant les possédés en proie à l'action du Démon

offrent toujours, pour ce que j'en sais, des symptômes maladifs, qui sont absents de l'affaire.

– Effectivement.

– Et si les Voix venaient vraiment du Ciel ?

– Alors elles tiendraient un autre langage.

– En somme, une personne saine d'esprit vit au milieu d'apparitions incontestables qui ne peuvent être ni de Dieu ni du Diable !

– Vous avez fort bien résumé le problème, mais je doute qu'il soit jamais résolu. »

Ces propos de Le Maistre étaient d'un grand intérêt. A force d'interroger, de faire torturer ou brûler des gens avec sympathie, les Inquisiteurs pontificaux acquièrent une connaissance approfondie de la nature humaine, de ses comportements normaux ou aberrants. Les confesseurs eux-mêmes pourraient prendre des leçons chez eux.

Je demandai à Le Maistre s'il fallait vraiment abandonner toute espérance de voir Jeanne échapper au bûcher, et il me répondit :

« La jurisprudence ordinaire à la bonté d'admettre le retour à l'Eglise de l'accusé jusqu'à la publication de la sentence de rejet. Après, l'Eglise, en tant qu'institution, n'a plus rien à faire, puisque c'est le bras séculier de la justice laïque qui s'occupe de l'excommunié. Mais jusqu'au dernier moment, le condamné peut, bien sûr, recevoir les sacrements s'il manifeste un repentir convenable. »

Le déjeuner du couvent fut triste. Le refus d'un hérétique de faire amende honorable est toujours ressenti comme une amère défaite par une Eglise généreuse. Et Pierre Bosquier, qui avait distingué en la Pucelle une innocente héroïne, faisait une tête sinistre.

Dans l'après-midi, préoccupé par cet irritant problème des Voix et apparitions, problème central et majeur de tout le procès, je montai au château pour vérifier un certain nombre de points sur les minutes, et notamment la manière exacte dont Jeanne avait parlé de ses contacts avec le Ciel.

La première fois qu'elle aborde la question, la Pucelle mentionne la Voix entendue autrefois à Domrémy : « ... et rarement elle entend la Voix sans qu'il y ait une clarté. Cette clarté est du même côté où elle entend la Voix. Et là, il y a généralement une grande clarté. » Si Jeanne avait vu à cette époque autre chose qu'une clarté, pourquoi ne l'aurait-elle pas signalé ?

Elle déclare à la fin de la même déposition, concernant, cette fois-ci, la Voix de Rouen « qu'il n'est pas de jour qu'elle n'entende cette Voix, et qu'elle en a bien besoin. »

J'emprunte ces extraits à la déposition suivante :

« *Interrogée à quelle heure elle entendit la Voix qui venait à elle, elle répondit qu'elle l'avait entendue hier et aujourd'hui, trois fois dans la journée d'hier, une fois le matin, une fois à vêpres et la troisième fois lorsqu'on sonnait pour l'Ave Maria du soir; et bien souvent elle l'a entendue de plus nombreuses fois qu'elle ne le dit.*

» *Interrogée sur ce qu'elle faisait hier matin lorsque la Voix vint à elle, elle répondit qu'elle dormait et que la Voix la réveilla, mais sans la toucher.*

» *Interrogée si la Voix était dans sa chambre, elle répondit que non, qu'elle sache, mais qu'elle était dans le château.*

» *Interrogée si elle remercia la Voix et si elle s'agenouilla, elle répondit qu'elle la remercia après avoir demandé secours, étant assise dans son lit, les mains jointes.*

» *Interrogée sur ce que la Voix lui dit, quand elle fut éveillée, elle répondit qu'elle-même demanda conseil à la Voix sur ce qu'elle devait répondre, priant la Voix de demander là-dessus conseil à Dieu, et la Voix lui dit de répondre hardiment, et que Dieu l'aiderait.*

» *Interrogée si la Voix lui dit quelques mots avant*

qu'elle ne l'invoquât, elle répondit que la Voix lui a bien dit quelques mots, mais elle n'a pas tout compris. Cependant, après qu'elle fut tirée du sommeil, la Voix lui dit de répondre hardiment.

» Item elle nous a dit, à nous évêque susdit : " Vous prétendez que vous êtes mon juge; prenez garde à ce que vous faites, parce qu'en vérité, je suis envoyée de par Dieu et vous vous mettez vous-même en grand danger. "

» Interrogée si la Voix n'a pas quelquefois changé d'avis, elle répondit qu'elle ne l'avait jamais trouvée en deux paroles contraires. Et cette nuit encore, elle l'a entendue lui dire de répondre hardiment. »

Et au début de l'audience du 27 février, on trouve encore ces précisions :

« Interrogée si depuis samedi elle avait entendu la Voix venir à elle, elle répondit : " Oui, vraiment, je l'ai entendue à de nombreuses reprises. "

» Interrogée si samedi elle avait entendu la Voix dans cette même salle en cours d'interrogatoire, elle répondit : " Cela n'est pas votre procès! " Mais elle admit ensuite qu'elle l'avait entendue ici.

» Interrogée sur ce que la Voix lui dit ce samedi, elle répondit : " Je ne comprenais pas bien la Voix et je ne comprenais rien que je puisse vous répéter, jusqu'à ce que je fusse retournée dans ma chambre. " »

Ces aveux circonstanciés sont extrêmement typiques de la première partie du procès. Jeanne vit sous la pression constante d'une Voix anonyme, qui exprime la volonté de Dieu à son égard. La Voix familière peut parfois bourdonner à ses oreilles comme un souvenir ou un espoir, mais elle ne s'exprime clairement que lorsque la Pucelle a retrouvé l'isolement propice de sa cellule. Alors la Voix, qui n'est pas dans la chambre, mais semble venir d'ailleurs, est capable de réveiller la dormeuse pour lui dire et redire de tenir bon hardiment contre un évêque qui ne sait ce qu'il fait, non pas qu'il soit méchant ou juridiquement incompétent, mais parce que le droit divin de l'accusée l'emporte de façon écrasante sur le sien.

Et le lecteur remarquera le parfait naturel de ces rapports privilégiés. Pas un soupçon de folie douce ou furieuse là-dedans ! Jeanne parle avec sa Voix comme elle converserait avec une personne humaine, et les dangereux conseils sont d'autant mieux reçus qu'ils se répètent invariablement et flattent le penchant profond de la prisonnière.

Puis, comme je l'ai déjà signalé, c'est dans le cours de cette même audience du 27 février que la Pucelle se décide soudain à donner des noms à sa Voix : apparaissent les deux saintes, et bientôt, saint Michel, en attendant l'ange Gabriel, personnages auxquels Jeanne fera jouer, à l'occasion, un rôle rétroactif. Mais on dirait qu'elle ne les a pas vus de très près ni bien distinctement. Elle a mis du temps à les reconnaître, et les descriptions qu'on lui arrache sont vagues, partielles, conventionnelles. Interrogée de quelle manière elle reconnaît une sainte de l'autre, elle déclare que c'est « par le salut qu'elles lui font » et « parce qu'elles se nomment à elle ». Le 3 mai, « elle a su par ses Voix que c'était bien saint Gabriel ». Interrogée encore comment elle sait que l'apparition est homme ou femme, elle répond que la nature de la voix l'indique suffisamment. Dès lors, il n'y a évidemment plus de confusion possible.

A noter également :

« ... *Jeanne a parfois du mal à comprendre sainte Catherine à cause du tumulte de la prison et du bruit fait par les gardes.* (...) *Interrogée si, quand les saintes viennent la visiter, il y a une lumière avec elles, et si elle n'a pas vu de lumière la fois où elle entendit la Voix dans le château, ne sachant si ladite Voix était dans sa chambre, elle répondit qu'il n'y a pas de jour que les saintes ne viennent en ce château, et elles ne viennent pas sans lumière. Mais pour cette fois sur laquelle on l'interroge, elle ne se rappelle pas si elle a vu une lumière, ni même si elle a vu sainte Catherine...* »

L'évolution est claire : les Voix se sont incarnées de façon à rendre inébranlable la conviction de la Pucelle, persuadée que le Ciel s'intéresse à son cas au point de la faire vivre dans un miracle permanent. Mais, dignité oblige, les apparitions demeurent précautionneuses, dans une sorte de flou artistique. Les jeux de lumière, les particularités vocales demeurent essentiels. Le spectacle offert à la prisonnière dans sa geôle par un roi du Ciel valois au mieux de sa forme est tout intérieur. Un « mistère » plus fort et plus raffiné que celui qu'offrira le sire de Rais aux gens d'Orléans avant de laisser sa vie sur un autre théâtre.

Et ce mistère est d'autant plus convaincant que Jeanne était arrivée au château de Bouvreuil pour la Noël 1430 en proie depuis longtemps à ses Voix habituelles. Elle était prête à accueillir, dans une période de crise, un étonnant renfort de Voix, et des incarnations bavardes plus étonnantes encore, auxquelles sa vive imagination ajouterait une dernière touche. Mais la santé mentale de la patiente ne s'en trouverait nullement affectée, puisque ces phénomènes se seraient produits dans la droite ligne de ses pensées favorites, comme une consécration même de son épopée.

Pour garder la prisonnière de toute faiblesse, le roi du Ciel se devait cependant de donner au tableau un dernier verni, d'inspirer à une Pucelle sûre de son droit un réconfortant espoir temporel.

Menacé du châtiment divin s'il persévère dans ce procès inique, l'évêque demande à Jeanne quel malheur doit le frapper, et « elle répond que sainte Catherine lui a révélé qu'elle aurait secours; et elle ne sait si on la délivrera de prison ou s'il surviendra quelque trouble lors de l'exécution du jugement, à la faveur duquel elle pourrait être libérée. Elle croit que ce sera l'un ou l'autre. Les Voix lui ont affirmé le plus souvent qu'elle sera libérée par une grande victoire, et elles lui disent ensuite : " Prends tout en gré, ne te soucie pas de ton martyre; tu iras finalement au royaume du Paradis. " Et les Voix lui ont déclaré cela simplement et absolument, autrement dit sans faute ».

Ainsi, le bon sens soufflait à la Pucelle que son affaire – en partie par ses soins! – était mal engagée, mais ses Voix lui disaient d'autre part qu'elle s'échapperait de sa geôle ou bien qu'une émeute, voire l'arrivée triomphante de La Hire, de Rais, du Bâtard viendrait la tirer du bûcher à l'instant ultime et décisif. Et à cet instant-là, l'évêque incrédule, effondré de stupeur, connaîtrait le châtiment divin. En dépit de la charitable intercession de Jeanne, il serait écharpé, traîné dans la fange et jeté à la Seine par les dévots de sainte Catherine.

Le jour baissait dans la chambre des notaires, et le monstrueux soupçon qui m'était venu à l'esprit ne faisait que croître et prenait allure d'évidence. Toutes sortes de bizarreries, de contradictions s'expliquaient enfin. Ce procès diaboliquement truqué montrait son véritable visage.

La voix grinçante de Warwick retentit tout à coup derrière mon dos :

« Que faites-vous si tard sur ces grimoires? L'affaire n'est-elle pas réglée? »

Surmontant une peur instinctive, j'éprouvai un malin plaisir à fouetter les inquiétudes que le comte devait déjà nourrir.

« Je me demande si tout est si bien réglé

– Qu'imaginez-vous?

– Je n'ai certes pas l'imagination de Votre Seigneurie, mais il est bien connu que Jeanne a besoin de solitude pour être à tout moment au pouvoir de ses Voix et qu'elle aura entendu les meilleures sous l'étroite surveillance de John Grey. Dès qu'elle quitte sa monacale cellule, les Voix bredouillent. Dans la chambre de parement du château, elle ne percevait déjà plus grand-chose. Demain, elle va prendre l'air et, des heures durant, ses Voix la chercheront en vain à travers une ville en fête. Je vous parie cent livres tournois qu'elle criera merci avant promulgation de la sentence. »

Warwick me dévisageai d'un air méfiant. Peut-être avais-je trop poussé mon affectation d'innocence.

A tout hasard, il exprima une vague menace :

« Depuis que nous avons un nouveau pape, votre goût du risque l'emporte encore sur votre perspicacité ! Enfin, c'est de votre âge... »

Et il ajouta plus cordialement, avant de tourner les talons :

« Je tiens le pari. »

VIII

Le lancinant soupçon qui m'avait saisi au château m'avait poursuivi au cours de la soirée du 23, mais l'impossibilité de prouver quoi que ce fût, m'avait dissuadé d'en parler à Le Maistre.

Au matin du jeudi 24 mai, la Pucelle fut pour la première fois tirée du château royal et descendue au cimetière de Saint-Ouen, attenant à l'église monastique du même nom, où le maréchal de Rais m'avait abordé naguère avant de disparaître aussi mystérieusement que Torrès. Ce cimetière était l'endroit de Rouen qui pouvait renfermer le plus de monde. Cauchon et Warwick souhaitaient évidemment un maximum de publicité. Et du fait que l'endroit était clos de murs, un éventuel coup de main « armagnac » serait voué à l'échec.

Une vaste tribune avait été dressée pour les juges, les assesseurs et une foule de personnalités, dont le cardinal Henri de Beaufort, assesseur très théorique, qui était jusqu'alors resté attentif dans les coulisses du procès. J'étais moi-même assis à côté d'Aimond de Macy, très impressionné, qui ne songeait plus à chatouiller la Pucelle. En face de cette tribune, une autre de dimensions beaucoup plus restreintes avait été prévue pour mettre Jeanne en évidence, près de la grande croix de pierre qui dominait le cimetière. Tout autour de ces lieux particulièrement sinistres, comme pour accroître le sentiment de désolation, on distinguait, sous un ciel couvert, les ruines de maisons incendiées lors du siège, une dizaine d'années auparavant. La majeure partie de la garnison anglaise avait été réquisitionnée pour cette grande occasion, et un épais rideau de soldats avaient du mal à défendre les deux échafauds contre les curieux qui avaient envahi le champ funèbre et se pressaient dans les allées comme sur les tombes.

Au pied de la croix, attendait le bourreau avec ses aides et sa charrette.

De très bonne heure, Beaupère était allé supplier Jeanne de se soumettre avant que la promulgation de la sentence ne rende tout repentir inutile, et Châtillon, Maurice, Loiselleur avaient joint leurs supplications aux siennes. Mais la Pucelle était restée de marbre.

Le soleil pointait déjà haut derrière les nuages et l'on commençait de s'impatienter, lorsque Jeanne, accompagnée de l'huissier Massieu et de gardes, sortit en habit d'homme de l'église Saint-Ouen pour être conduite à son estrade, spectacle qui produisit une sensation d'autant plus forte que la plupart des assistants ne l'avaient jamais vue auparavant.

La connaissaient seulement ceux qui l'avaient combattue et ceux qui l'avaient jugée, deux bonnes façons de méconnaître, et la foule plus ou moins hostile n'avait d'elle que ces idées toutes faites qui étaient également le lot de son admirateur Pierre Bosquier. J'avais l'impression qu'un procès faussé se terminait, que le vrai procès était encore à faire, et qu'on n'était pas près d'en venir à bout...

Nous eûmes droit à un long sermon de maître Guillaume Erard, professeur de théologie à l'Université de Paris, sur le thème de circonstance : « Le sarment ne peut porter de fruits s'il ne demeure attaché à la vigne. »

Cet Erard n'avait paru au procès que le 9 mai, le jour où la Pucelle avait déclaré avoir reçu le 3 mai du même mois, fête de la Sainte Croix, les conseils impénitents de l'ange Gabriel, désigné comme tel par ses Voix. Survenu tardivement pour ne rien comprendre, Maître Erard était un pompeux gaffeur. Alors que Cauchon s'était intelligemment évertué à voiler le caractère politique du procès, prenant grand soin de n'attaquer directement ni les Pères de Poitiers ni même Charles VII, le prédicateur, après avoir stigmatisé l'orgueil insensé de la rebelle, s'écria : « Ah, pauvre France, te voilà bien abusée ! Tu as toujours été le pays " très chrétien ", et Charles, qui se prétend roi, a adhéré schismatiquement aux paroles et aux faits d'une diffamée d'hérésie pleine de déshonneur; et non seulement lui, mais tout le clergé de son obédience, par lequel elle a été examinée et non corrigée, ainsi qu'elle l'a avoué elle-même... »

Je vis Cauchon faire la grimace en coulant un regard de biais vers Warwick, lequel souriait de l'air béat du gamin qui vient de réussir une mauvaise plaisanterie. Le comte avait dû suggérer ce thème de propagande à Erard, qui s'était empressé de l'adopter sans réfléchir. Il aurait dû pourtant savoir à son âge que la solidarité ecclésiastique déconseille certaines outrances maladroites. On frémit à l'idée que c'est ce même Erard qui sera choisi en 1435 pour défendre les intérêts anglais à la conférence d'Arras. Avec l'appui inconscient d'un tel diplomate, il n'est pas étonnant que Charles VII soit parvenu à se réconcilier avec la Bourgogne !

En attendant, le prêche fut interrompu par les hurlements de Jeanne : « Le sermonneur en avait menti ! Le roi Charles était le plus noble de tous les chrétiens, celui qui aimait le mieux la foi et l'Eglise ! » Affirmation un peu excessive, mais bien intentionnée.

Ahuri par cette insolence sans précédent, Erard se tourna du côté de Cauchon et de Warwick, qui lui firent signe de poursuivre : il était plus facile de brûler Jeanne que de la faire taire.

Erard poursuivit donc sa charge contre les Valois hérétiques et leur clergé complaisant, avec d'autant plus de fougue qu'elle devait composer l'essentiel du discours, ce qui souleva de nouvelles et véhémentes protestations de Jeanne.

J'assistai alors à une scène des plus extraordinaires : notre Erard lisant son texte en bredouillant et en s'embrouillant, obligé de le modifier en catastrophe chemin faisant, car il pérorait devant une Pucelle qui guettait le moindre faux pas pour lui sauter à la gorge, tandis que Cauchon et Warwick, réunis soudain par l'accord le plus imprévu, se désintéressaient ostensiblement de son sort. De temps à autre, au lieu de commander silence à Jeanne, ils se bornaient à encourager le prédicateur d'un geste mou et impuissant, qui semblait presque une dérision. Mais Erard, tout en sueur, ne voulait pas s'avouer battu, et il s'acharnait sur son pensum en jetant des coups d'œil douloureux vers la tribune officielle. La situation le dépassait. Accouru de Paris afin d'émerveiller la foule par son éloquence, il se faisait impunément injurier par l'accusée, avec la complicité des pouvoirs civil et religieux !

Je dus reconnaître que cette dernière ruse de l'abominable Warwick était d'une suprême habileté, qui aurait fait honneur à un Vénitien. Comment retenir la Pucelle, privée de ses Voix, de faiblir à l'instant de la sentence ? Il n'y avait qu'un moyen, et Warwick l'avait trouvé. Circonvenant Erard, lui soufflant toutes sortes de bêtises agressives qui devaient faire bouillir une prisonnière qu'il connaissait mieux que personne, le comte pouvait être certain que Jeanne mettrait en lambeaux le superbe prêche si on la laissait faire; certain aussi que Cauchon, charmé des embarras de l'imbécile théologien, ne bougeait pas le petit doigt pour y mettre un terme; et si lui-même demeurait aussi passif que l'évêque, la Pucelle blessée aurait tout loisir de s'exciter à la défense de son roi au lieu de songer à sauver sa peau. Quand on vient de traiter de menteur l'homme qui vous offre la vie, il y a peu de chances qu'on aille lui manger dans la main à la fin de l'exhortation.

Pressé de sortir de ce piège insensé, d'autant plus cruel que sa nature lui échappait totalement, Erard avala les derniers paragraphes de son discours dans une atmosphère d'énervement général pour adresser à la Pucelle, sur un ton exaspéré, la question de confiance. Pour la dernière fois, voulait-elle, oui ou non, se soumettre ?

Jeanne lui répliqua vivement qu'elle avait déjà répondu jusqu'à plus soif à cette sempiternelle question, que ses paroles et ses actes ne regardaient que Dieu, qu'elle acceptait cependant que le dossier de son affaire fût soumis au tribunal de Rome.

Et elle ajouta noblement, encore piquée par les attaques dont son Prince venait de souffrir, que de ses faits et dits, bons ou mauvais, elle ne chargeait personne, ni son roi ni un autre, et que si elle avait commis quelque faute, c'était uniquement à elle qu'il fallait l'imputer.

Devant l'insistance d'Erard, la Pucelle ne fit que répéter qu'elle avait œuvré de par Dieu et qu'elle s'en remettait à Dieu et au pape. L'idée que Dieu et le pape pouvaient différer d'avis à son sujet ne l'effleurait point.

Cauchon rappela à Jeanne que le pape était loin, que les évêques et leur tribunal ordinaire étaient d'une souveraine indépendance, chacun dans son diocèse, et que le pape, afin de la mieux garantir, avait constitué les tribunaux d'Eglise juges de l'opportunité des appels à Rome en cas d'irrégularité grave.

Mais où était l'irrégularité dans ce beau procès ? L'accusée n'avait-elle pas longuement bénéficié de toutes les patiences, de tous les ménagements, de toutes les instructions et exhortations possibles ? L'avait-on torturée ? Ne venait-elle point d'interrompre grossièrement, sans que le tribunal s'en formalise outre mesure, un honorable docteur que l'Université de Paris avait dépêché à son aide? Le comte de Warwick en personne n'avait-il pas fermé les yeux sur cette énorme incongruité, dont Maître Erard lui-même, prêt à tout endurer pour la Foi, ne lui tenait certainement pas rigueur? Où aurait-elle pu trouver des juges plus généreux, plus attentifs, un pouvoir laïque plus modéré et plus soucieux de ses devoirs?

La voix posée de l'évêque eut un effet calmant sur la Pucelle, qui savait bien que Cauchon ne l'avait pas maltraitée. Sommée trois fois, selon la coutume, d'avoir à se rétracter, Jeanne sembla manifester une ombre d'hésitation. Mais son regard se dirigea vers les tours du château où les Voix avaient si bien veillé sur elle et elle secoua la tête avec un mortel entêtement.

De toute part, l'impatience croissait. Un sourd bourdonnement s'élevait de la foule, et les « yeomen » taquinaient la poignée de leur longue épée.

Résigné, l'évêque sortit deux parchemins de sa manche, la sentence de condamnation prévue, et la sentence d'absolution et de réconciliation, qu'il avait fait préparer à tout hasard. Vérification faite, la deuxième sentence réintégra la manche, et Cauchon entama tristement la lecture de la première. Un grand silence était tombé.

Le comte de Warwick, tendu à rompre, qui avait retenu sa respiration, s'affaissa légèrement sur son siège : à force d'ingéniosité, il avait emporté le morceau! Les soldats seraient contents et retrouveraient leur mordant.

Je mis les mains devant mes yeux pour maîtriser les larmes qui ne demandaient qu'à couler. Un sentiment d'injustice profonde m'étouffait.

Mais je dévoilai bientôt ma face, car le bruit d'un remue-ménage m'était parvenu de l'échafaud de la condamnée. Erard avait en main quelques lignes de soumission, qu'il lisait et commentait à la Pucelle, agitant d'une voix terrible le spectre du bûcher, sans s'inquiéter de la prose de l'évêque, qu'il n'était peut-être pas fâché d'interrompre à son tour. Et Massieu l'appuyait de son organe suppliant dans cette œuvre pie de dernière heure. Mais n'était-il pas trop tard?

Les commentaires d'Erard étant un peu abstraits, l'huissier Massieu lui-même se chargea de lire et d'expliquer à Jeanne la brève cédule d'abjuration.

Massieu, qui était encore jeune à l'époque, et passablement bien fait, souffrait déjà de cette faiblesse qui devait le faire poursuivre pour mauvaises mœurs en 1438[1]. Nommé huissier en janvier, il avait été condamné dès février à une amende pour pot-de-vin, ce qui ne l'avait pas empêché de prendre langue avec l'accusée à la faveur des allées et venues entre sa cellule et d'autres lieux, puisqu'elles étaient sous sa gouverne. Ce futur curé de Saint-Cande-le-Vieux avait ainsi eu l'occasion d'inspirer à la Pucelle une certaine confiance et sympathie. Les Voix, qui n'avaient pu songer à tout, avaient sans doute négligé de calomnier un individu assez suspect dont la parole n'était pas toujours digne de foi.

Ce que les menaçantes objurgations d'Erard n'avaient pas obtenu, le doux et séduisant Massieu l'obtint. Tout d'un coup, Jeanne prit peur pour de bon, déclara sur un ton lamentable qu'elle voulait observer tout ce que l'Eglise ordonnerait et qu'elle s'en rapportait aux juges et aux clercs quant à ses fameuses Voix. Après tout, ne valait-il pas mieux signer que d'être brûlée? Et avec un rire nerveux, elle apposa une croix au bas de la cédule dont Erard avait pris la bonne précaution de se munir, et qui n'était que le résumé de l'acte d'abjuration en forme, naturellement beaucoup plus développé. Si Erard s'était encombré de cette pièce, les explications auraient risqué de s'éterniser et Jeanne eût été brûlée avant d'en avoir

1. Et pour inconduite en 1458!

fait le tour. Les actes du prédicateur étaient plus judicieux que ses dires!

Le rire de la Pucelle était en cette dramatique circonstance des plus malencontreux et donnait aux Anglais présents une fâcheuse idée de son repentir. Jeanne n'aurait vraiment rien épargné pour se faire mal voir!

Pourquoi avait-elle signé d'une croix alors qu'elle avait appris à signer en toutes lettres, et pourquoi ce rire? Lors d'un interrogatoire, la Pucelle avait révélé qu'elle avait coutume de marquer d'une croix les lettres aux gens de son parti quand elle voulait signifier qu'il ne fallait pas en tenir compte. Qui peut dire si elle riait à ce souvenir ou si elle riait parce qu'elle ne prenait pas la révocation au sérieux?

Déconcerté par un événement auquel il avait pourtant travaillé sans relâche, l'évêque avait ralenti sa diction au fur et à mesure que progressait la scène offerte par le trio et, quand Jeanne eut signé, alors que la sentence de condamnation avait déjà été lue en majeure partie, il se tut et rentra lentement le parchemin dans sa large manche pour en extraire la sentence de pardon.

Un vent de folie souffla soudain, et ce fut une explosion de désordres. Les Anglais de la tribune s'étaient levés comme un seul homme et apostrophaient Cauchon en français ou dans leur langue maternelle. Qu'est-ce que c'était que cet évêque qui n'était pas fichu de lire une sentence jusqu'au bout et admettait à réconciliation une sorcière qui faisait de son abjuration une partie de rigolade? Les soldats criaient de leur côté en agitant leurs armes, et la foule grondait tout autour, tandis que la Pucelle effrayée répétait en hurlant qu'elle se soumettait et invoquait saint Michel.

Laurent Calot, secrétaire du roi d'Angleterre, qui était l'un des plus excités, traita Cauchon de traître. Déjà qualifié de Français « renié » par les « Armagnacs », l'évêque furieux sursauta comme un sanglier qui reçoit un coup de lance, se leva d'un bond, dit à Warwick qu'il exigeait des excuses, faute de quoi, il se laverait les mains de ce procès impossible. N'était-il pas d'abord au service de l'Eglise ?

Le majestueux cardinal de Beaufort jugea qu'il était grand temps d'intervenir. Il fit de sévères remontrances à Calot, puis déclara d'une voix forte que Cauchon avait agi conformément au droit et à l'équité. L'Eglise ne poussait jamais ses bontés trop loin et un coupable devait être admis à pénitence envers et contre tous.

L'intervention du « cardinal d'Angleterre » eut l'effet d'une douche froide sur ses compatriotes. Warwick, qui s'était dressé tout pâle, se rassit le premier, l'évêque satisfait se rassit à son tour et entreprit d'expédier, dans un calme relatif, la sentence de pardon, qui se terminait sur ces phrases :

« ... Parce que, souvent admonestée avec charité, enfin, Dieu aidant, après une si longue attente, tu es retournée au sein de notre sainte mère l'Eglise et as révoqué de ta propre bouche tes erreurs d'un cœur contrit et d'une foi non feinte (...), nous te délions par les présentes des liens de l'excommunication qui te tenaient enchaînée – si toutefois tu reviens à l'Eglise d'un cœur véritable et d'une foi sincère et si tu observes ce que nous t'avons enjoint et enjoindrons.

» Mais parce que tu as témérairement délinqué contre Dieu et la sainte Eglise, comme il vient d'être rappelé, nous te condamnons par sentence définitive à mener une salutaire pénitence en prison perpétuelle, au pain de douleur et à l'eau de tristesse, afin que tu y pleures ce que tu as commis et ne commettes plus par la suite rien qu'il faille pleurer, notre grâce et notre pouvoir de modération de peine étant toujours saufs. »

Il va sans dire que ce coup de théâtre m'avait plongé dans un soulagement inexprimable. Je n'en croyais pas mes yeux. En graciant la Pucelle alors qu'elle était déjà condamnée à mort pour les quatre cinquièmes, Cauchon avait manifesté une indépendance et une charité que je n'attendais plus. Personne ne lui eût reproché de ne pas tenir compte d'un repentir aussi tardif que douteux et ses relations avec les Anglais fussent restées au beau fixe. Mais les prétentions de Warwick à s'ingérer dans le procès, à contrarier ses efforts par des manœuvres occultes qu'il avait percées à jour ou devinées, l'avaient profondément heurté et déçu. Il avait tenu à rappeler au comte et à Bedford qu'il était capable de rendre la justice tout seul dans une affaire hors du commun qu'il avait sans doute menée à son terme pour la sauvegarde du traité de Troyes, mais où la réputation de l'Eglise et la sienne étaient en jeu. Et ce courage était beau, car l'évêque, s'il n'avait rien à y gagner, pouvait avoir à y perdre.

Et la sanction ne se fit pas attendre. Me précipitant vers Cauchon pour le complimenter, j'entendis Warwick lui dire méchamment : « Bedford va attraper un coup de sang. Il est à craindre que vous ne soyez jamais archevêque de Rouen. » C'était la grande ambition de l'évêque depuis que Beauvais, par la grâce de Jeanne, était devenu pour lui un siège *in partibus*.

J'étais si heureux de cette prison perpétuelle au pain de douleur et à l'eau de tristesse – tant qu'il y a de la vie, il y a de l'espoir, comme on dit à Venise –, qu'il me vint aux lèvres une plaisanterie déplacée :

« N'ayez crainte, dis-je à Warwick. Le Milanais Zanon est déjà évêque de Lisieux. Mon oncle de Rome a prévu que le siège de Rouen serait pour moi. La France a besoin du sang neuf des italiens. »

Mais j'ajoutai plus sérieusement à l'adresse de Cauchon :

« Le pape va se demander comment diable vous allez réussir à exercer votre “ pouvoir de modération de peine ” dans une prison militaire anglaise. Je pense que vous vouliez rire ? »

A cet instant, Jeanne, malmenée par d'Estivet, se débattait désespérément sous nos yeux pour ne pas retourner à ses fers du château, assurant qu'Erard lui avait promis une prison d'Eglise si elle voulait bien se montrer complaisante.

Le comte lui jeta du haut de sa tribune :

« Ne faites pas la mauvaise tête une fois de plus ! Nos prisons sont meilleures que celles de l'archevêque. Etes-vous seulement certaine de voir encore vos saintes et vos anges chez des prêtres ? »

La Pucelle se laissa entraîner et Cauchon rougit violemment, un éclair de haine dans l'œil à l'adresse de Warwick.

Je leur dis à tous deux avant de me détourner :

« Je rapporterai fidèlement à Rome tout ce que j'aurai vu et entendu ici, et soyez sûrs que la justice sera tôt ou tard satisfaite. Si je ne parlais pas, les pierres crieraient. »

La place se vidait lentement d'une foule frustrée, et je suivis le mouvement, dédaignant de tenir compagnie à l'évêque, à son fantôme d'Inquisiteur délégué et aux principaux docteurs, qui s'éloignaient pour remonter au château où un banquet de circonstance les attendait. Je ne perdis rien, d'ailleurs, à cette abstention : le festin dut être parcimonieux, dans la grande tradition lancastre, et les viandes bouillies spécialement lugubres après que les Pères eurent été reçus là-haut par une soldatesque anglaise déchaînée, qui les avait accablés de menaces, l'épée nue, leur reprochant d'avoir gaspillé l'argent du roi. Ils avaient peut-être mérité d'autres reproches, mais celui-là était bien injuste, car chaque assesseur avait été défrayé au modeste tarif de vingt sous par jour. Bedford n'attachait pas ses chiens avec des saucisses.

Au voisinage de l'une des portes du cimetière, dans la bousculade, je me heurtai à Rais, qui me dit avec une mine de conspirateur qu'il serait heureux de m'entretenir un instant. Le déguisement du maréchal avait pris en quelques semaines une perfection tout à fait surprenante, et c'est à sa voix que j'avais reconnu l'individu – comme Jeanne le faisait pour ses apparitions. Le faux paysan avait l'air de sortir d'une cave, une barbe mal taillée avait envahi son visage, et ses yeux rougis étaient ceux d'un insomniaque pris de boisson. Nous allâmes nous attabler devant un pot de bière dans l'arrière-salle d'une proche auberge de la place de l'église Saint-Ouen, où des soldats anglais exhalaient leur rancœur à grand bruit et pestaient contre les mauvais prêtres de France qui conduisaient l'Angleterre à sa perte.

Rais me confirma que le projet de faire évader Jeanne – comme je pouvais m'en douter – avait été abandonné au début du mois, d'où le brusque départ de Torrès. Détourner un moment les soldats de leur veille eût à la rigueur été possible, mais un mystérieux événement dissuasif était survenu.

Le maréchal hésitait à se livrer, comme s'il craignait de ne pas être cru, mais enfin il me raconta ce qui suit...

« Dans la nuit du 3 au 4 mai dernier, le soir de la fête de la Sainte-Croix, les Anglais ayant bu plus que de coutume, j'ai réussi assez aisément, avec un garçon à moi, à éviter les postes de guet éloignés et à descendre dans les fossés du château, avec le dessein d'examiner la fenêtre de la Pucelle, d'échanger éventuellement quelques mots avec elle. Une telle reconnaissance s'était avérée indispensable avant de tenter le coup décisif.

» Sans être noire, la nuit était sombre; mon garçon et moi étions descendus, au moyen d'une corde à nœuds, à l'endroit où le fossé est le plus profond et le plus obscur, c'est-à-dire au pied du donjon. Vers l'ouest, le mur d'enceinte convexe, à l'intérieur duquel sont adossés les appartements du Régent, menait à la tour de Jeanne. Tout paraissant tranquille, nous avons marché dans cette direction à travers des broussailles, Warwick ayant négligé de faire curer ses fossés depuis longtemps, et parfois, nous pataugions dans des paquets de merde royale tombée des latrines.

» Avant de dépasser le tournant au-delà duquel nous aurions vue sur la " Tour du Trésor ", nous nous sommes mis à ramper dans les broussailles, afin de dissimuler notre présence à des gardes que le comte aurait de nouveau fait poster au pied de ladite tour. Et bien nous en a pris, car nous serions tombés de saisissement !

» Le tournant franchi, une douce lumière nous est apparue du côté de la tour. Bientôt, des voix troublantes et une musique exquise nous ont charmés, comme jamais deux braves bougres n'ont l'occasion d'en ouïr dans un fossé de forteresse. Et enfin, ayant encore progressé quelque peu, nous sommes restés tapis, paralysés dans nos broussailles par la scène ineffable qui s'était soudain découverte à nos yeux émerveillés. Vous ne devinerez jamais...

– Mais si ! Vous étiez tombés sans crier gare sur l'ange Gabriel. Jeanne a raconté le 9 mai qu'il lui avait rendu visite le 3. »

Un peu déçu par ma tranquille et peu méritoire perspicacité, Rais poursuivit avec une passion contenue :

« Oui, l'ange Gabriel en personne ! Et je l'ai vu et entendu comme je vous vois et vous entends, Messire ! Je puis même préciser que, par modestie, il avait revêtu des traits et un vêtement très communs. Nous imaginons volontiers les anges avec de grandes ailes et des costumes brillants, celui-là était tout simple et vous ne l'auriez pas distingué dans la rue. Peut-être y a-t-il aujourd'hui à Rouen des tas d'anges en circulation...

– D'après ce que vous me révélez, c'est bien possible. Ils ont dû être attirés en foule par le procès.

» Comment avez-vous su qu'il s'agissait de Gabriel ?

– Mais parce que sainte Catherine et sainte Marguerite étaient là pour le présenter et lui donner la réplique! Sainte Catherine avait même un encensoir.

– Bah! Vous m'en direz tant...

– Je vous assure! Elles avaient pris toutes deux par humilité l'apparence de petites bourgeoises, comme l'ange femelle qui jouait à la harpe.

– Comment? L'ange Gabriel était mâle, et l'ange musicien, femelle? Voilà qui est contraire à toutes les règles. Normalement, un ange qui se respecte doit avoir une voix d'eunuque, comme s'il s'était coincé les roupettes entre deux nuages.

– C'était pourtant comme je viens de vous le dire. Les vrais anges se moquent bien de notre théologie. Ne leur suffit-il pas d'exister pour avoir raison? Mais quel que fût le sexe des Voix, elles étaient d'une douceur, d'une justesse, d'une sensibilité parfaite, qui faisaient songer au Paradis. Le timbre de Gabriel, en particulier, était digne de ma chorale. Un ange peut bien se déguiser, on le reconnaît toujours à sa Voix.

– Et que racontaient-elles, ces Voix? »

Le visage du jeune maréchal exprima une grande tristesse.

« L'ange Gabriel et les deux saintes répétaient à Jeanne de ne pas se soumettre à l'Eglise, que le jugement de l'évêque n'était pas celui de Dieu et qu'il lui en cuirait. Les saintes lui promettaient d'autre part une belle victoire si elle persévérait, mais Gabriel insistait plutôt sur la nécessité d'un glorieux martyre, qui avait été prévu et arrangé depuis longtemps. Mon garçon et moi avons eu l'impression que l'ange était en visite exceptionnelle, afin de préparer la Pucelle au sacrifice.

– Je vois que nous nous étions trompés : nous avions cru que l'affaire de Jeanne était politique, et il s'agit en fait d'une histoire entre elle et Dieu.

– Oui, la Pucelle, de son cachot, parlait avec ses

visiteurs ainsi que je vous parle, et ses paroles arrivaient jusqu'à moi assez nettement bien qu'elle fût retenue enchaînée à son lit, au fond de la chambre. Elle demandait des détails sur ce qui allait lui arriver, mais les Voix en étaient avares. Le martyre ne doit-il pas être une surprise ?

– Il n'en est que plus réussi.

– Vous comprenez mon amertume, le choc affreux que j'ai ressenti, et pourquoi il n'était plus question de libérer Jeanne. Nous serions allés contre les décrets du Ciel, et l'échec eût été certain.

– Vous avez pris une sage et logique décision.

– Durant des semaines, je ne suis plus sorti de ma tanière, où je broyais du noir en buvant du " claret ". Quelle crise morale épouvantable ! La Pucelle s'était décarcassée pour obéir à Dieu, et avec quel résultat ? Le Diable est moins ingrat.

– Le Diable est également amateur de martyres. Quand la terre ne lui suffit plus, il les organise chez lui.

– J'en suis arrivé à penser que les Voix de Satan pourraient être moins décevantes que les autres – provisoirement, du moins. Mais ne vivons-nous pas dans le provisoire ? L'idéal, il me semble, serait d'offrir au Démon une prise bien calculée, dont on s'échapperait à la dernière heure.

– Le jeu est dangereux. Giac y a laissé sa main et le reste. Beaucoup ont caressé le projet de faire leur Paradis ici-bas et de récidiver là-haut. Vous connaissez cependant le proverbe : " Pour manger avec le Diable, il faut une longue cuiller. " La vôtre serait-elle assez longue ?

– Je le crois et je l'espère. »

Le comble est que le maréchal avait raison ! Après une existence de délices, n'est-il pas mort contrit et absous pour aller chanter dans le chœur des anges ?

« Enfin, dis-je à cet amateur de risques calculés, vous vous êtes finalement tirés d'affaire sans encombre ?

– Heureusement ! La séance a été d'ailleurs assez courte. Des personnages de ce niveau ménagent leurs effets. Les douces lumières se sont éteintes, et ce fut comme si nous avions rêvé. Détail très curieux, et qui montre à quel point les anges endossent notre pauvre défroque humaine quand ils daignent descendre jusqu'à nous, Gabriel, l'obscurité venue, a mis le pied dans la merde, et comme il renâclait avec cet émouvant accent lorrain qu'il avait pris par pure politesse afin de faire plaisir à Jeanne et de l'honorer, sainte Catherine lui a dit gaiement : " Eh va donc, ça te portera bonheur ! " Car sachez, Messire, j'ai l'avantage de vous l'apprendre, qu'anges et saintes se tutoient quand ils sont en conversation familière.

– Les anges eux-mêmes ont besoin de chance comme tout un chacun – surtout quand ils piétinent dans le noir. »

Au sortir de sa crise morale et vineuse, Rais cultivait un sobre délire qu'il n'était pas aisé de dissiper. Sa crédulité foncière devait le livrer jusqu'à ce que mort s'en suive à tous les charlatans qui font profession d'exploiter la naïveté sans bornes de certains seigneurs fortunés.

Avec une franchise digne d'un sujet plus honnête, le maréchal me confia :

« Mon garçon et moi étions comme fous à la suite de cette épreuve. La remontée le long de la corde à nœuds nous avait échauffés, et il nous fallait une détente pour reprendre pied sur terre. Dieu me damne, j'ai possédé ce garçon dans le premier buisson venu ! On a les anges qu'on peut... »

Sur la pointe des pieds, je suggérai :

« Il est quand même étonnant que le Ciel, d'ordinaire si économe de ses anges et saintes, en fasse voir une telle quantité à un aimable bougre de votre espèce. Je me demande si...

– Mais ces anges et saintes étaient destinés à Jeanne !

Je n'ai fait que les surprendre. Mon mérite était mince.

– Je me demande, malgré tout, si la scène ainsi surprise ne serait pas le produit d'une manigance quelconque de Warwick... »

Rais ouvrit de grands yeux, et me dit en souriant : « Quelle imagination vous avez ! A qui ferez-vous croire ça ? » La question, en effet, se posait.

Nous discutâmes du sort de Jeanne en terminant notre pot de bière. Rais était métaphysiquement persuadé qu'elle reviendrait sur son abjuration de manière à bien remplir son divin contrat – ce qui était effectivement à craindre. Il avait tenu à me rencontrer de nouveau pour me remercier de ma collaboration, mais surtout pour m'adjurer de ne plus me mettre en travers des insondables desseins de Dieu. Nous nous embrassâmes cordialement. Je ne devais plus le revoir.

Ma haine contre Warwick et sa patriotique industrie était à cet instant si forte que j'en oubliais presque ma mère ! Mais que pouvais-je faire ?

Ainsi que Rais l'avait paradoxalement distingué dans sa démence, la forfaiture inouïe du comte était plus incroyable encore que les apparitions de Jeanne et, le témoignage du maréchal abusé et de son giton étant de toute manière officiellement inutilisable, je ne pouvais avancer à l'appui de ma thèse qu'une convergence de présomptions aussi troublantes que cohérentes.

Il m'a fallu attendre le procès en nullité pour que surgisse la plus lourde, pour que la preuve me fût enfin apportée que, en dépit des précautions draconiennes que Warwick avait dû prendre, des complices avaient mangé la consigne. Peut-être le merdeux Gabriel et ses saintes de raccroc, voire l'ange musicien qui avait su émouvoir un maréchal mélomane, s'étaient-ils soûlés dans un mauvais lieu ?

Et je ne fais pas allusion – encore qu'il n'y ait point de fumée sans feu ! – au témoignage ridicule de Pierre

Cusquel, humble artisan de Rouen, qui ne parle que par ouï-dire quand il « déclare avoir entendu raconter, par certains dont il ne se rappelle plus le nom, que maître Nicolas Loiselleur faisait semblant d'être sainte Catherine et incitait Jeanne à dire ce qu'il voulait. » Le pauvre Loiselleur, avec sa grosse voix, aurait eu bien du mal!

Non, il y a beaucoup plus solide, un texte dont il est même permis d'affirmer qu'il est sans réplique. Dans ce procès en nullité, conduit par le cardinal d'Estouteville et par l'Inquisiteur Jean Bréhal, on trouve entre autres vingt-sept articles présentés par le « promoteur » de la cause de réhabilitation, Guillaume Prévosteau, lesquels résument les assertions que ledit promoteur a cru pouvoir établir et soutenir à la suite d'une longue enquête.

Et nous pouvons lire de la sorte à l'article X :

« De même lesdits Anglais, désirant la mort de Jeanne, ALLAIENT DE NUIT PRÈS DE SON CACHOT ET, FEIGNANT DE PARLER EN RÉVÉLATIONS, l'exhortaient, si elle voulait échapper à la mort, à ne se soumettre en aucune manière au jugement de l'Eglise. Et il en fut ainsi, et cela est vrai. »

Une génération après le procès de Rouen, le souvenir demeure des honteux agissements de Warwick, décrits et stigmatisés avec une précision qui ne laisse rien à désirer. Si discret sur les Voix de Jeanne avant sa capture, Prévosteau ne craint pas de garantir que la Pucelle a en tout cas entendu des Voix anglaises, qui sont les premières responsables de sa mort prématurée!

Bien sûr, le Warwick de 1431 n'est pas attaqué nommément. En 1456, la guerre est finie et la famille des comtes de Warwick demeure l'une des premières d'Angleterre. Mais du fait que le comte était le geôlier de

Jeanne, dormait à peu de distance de sa cellule et réglait tout ce qui la concernait, cet article X est d'une transparence des plus injurieuses[1].

Et j'ai même quelque réconfortant motif de penser que j'en suis en partie responsable. Peu avant sa mort, mon oncle Gabriel m'a dit : « Je vois que ta dent contre ce monstrueux animal de Warwick t'agace toujours. Tu sais que l'affreuse politique du moindre mal m'a condamné dans cette affaire à une triste et regrettable inaction. Mais je veillerai à ce que la vérité ne disparaisse pas avec moi, et si le procès de Rouen est annulé un jour, comme les succès croissants de Charles VII le laissent espérer, mon successeur aura matière à ce que le promoteur traite Warwick comme il le mérite, pour peu que d'autres témoignages viennent en renfort du tien. » Neuf ans et deux papes de plus auront été nécessaires! Quand la justice n'est pas aveugle, elle est bien lente et bien partielle.

J'eus un moment l'intention de me confier au cardinal Beaufort, qui venait d'avoir au cimetière de Saint-Ouen une attitude si honnête. Mais ajouterait-il foi à mes dires, et s'il me croyait, voudrait-il intervenir, à condition encore qu'il puisse le faire efficacement? La défense des intérêts anglais risquait de le paralyser.

En revanche, Cauchon, déjà informé par Le Maistre que le comte poussait Jeanne à l'impénitence, serait plus aisément convaincu, et j'avais l'intéressante perspective de spéculer sur l'animosité que le procès lui avait visiblement inspirée contre le méprisant Warwick.

Mais s'il revenait aux oreilles de cet individu cruel et sans scrupule que je me promenais avec son secret d'Etat, c'en serait fait de moi et le pape ne ressusciterait pas son neveu.

1. On sait que la thèse des Voix anglaises de Jeanne a été soutenue avec talent par le Dr Moïse Ribowski dans le bulletin de la société savante de Cracovie, en date de mars 1867. Elle a trouvé peu d'échos en France, et moins encore en Angleterre.

Une élémentaire prudence conseillait que je m'ouvrisse à l'évêque de cette sinistre affaire sous le sceau de la confession, manœuvre qui ne laissait pas de soulever un délicat problème. En effet, le secret que ce sacrement exige ne peut couvrir que les péchés du pénitent ou des affaires qui s'y rapportent. Si par exemple une femme, comme il arrive trop souvent, profite de sa confession pour faire d'obscènes agaceries à son confesseur, elle est couverte: mais si c'est le confesseur qui abuse du rapprochement par la parole ou par le geste, il s'expose parfois à une publicité fâcheuse, voire à une déception plus grande encore lorsque le mari ou le frère vient lui donner du bâton[1]. Si de même, dans le cadre d'une confession, prêtre et pénitent échangent une recette de pâté d'anguilles, le secret semble superflu. Or la découverte du sire de Rais ne concernait mes péchés en aucune manière.

A la réflexion, j'imaginai un moyen terme assez astucieux : je m'accuserais d'avoir été moi-même rôder sous la fenêtre de Jeanne pour nouer avec elle des contacts illicites. Dès lors, la relation entre ma faute et la comédie nocturne était si étroite que la plus absolue discrétion m'était assurée. Il ne me resterait plus qu'à m'accuser vaguement – autant que possible auprès d'un autre confesseur! – d'avoir menti en confession, et le tour serait joué.

Lorsque j'arrivai au château en état de siège, Cauchon était déjà rentré chez lui. A son hôtel, on m'annonça qu'il venait de partir pour se reposer de ses émotions quelques jours à la campagne, et qu'il n'était pas ques-

1. Le confessionnal, meuble préservatif dont on attribue la paternité au sévère saint Charles Borromée, cardinal à vingt-deux ans et archevêque de Milan quatre ans plus tard, n'a commencé à se répandre qu'à l'extrême fin du XVIe siècle. L'Inquisition espagnole rénovée n'en aura pas moins le rare mérite de poursuivre bon an mal an quantité de prêtres qui avaient tenté d'abuser de leurs pénitentes ou pénitents. La vertu mieux assurée des ecclésiastiques a permis au dernier concile de laisser tomber le confessionnal dans l'oubli.

tion de l'y déranger. J'eus beau insister, offrir de l'argent contre l'adresse, je dus m'en revenir bredouille au couvent.

Laurent me dit alors qu'un domestique incorruptible se livre gratis à un camarade qui sait y faire, et il me rapporta en effet le renseignement très vite, avant même la fin de l'après-midi. Comme je lui remettais un royal pourboire, il me confia : « Je n'ai pas eu à aller ennuyer les valets de notre Cauchon : tout le monde connaît à Rouen le plaisant manoir où l'archevêque en titre passe ses vacances ! » Et il se sauva en riant avec mon argent. Une instructive leçon pour un jeune Vénitien si avisé !

Notre patriarche des lagunes sort d'ordinaire sans façon, mais en Occident, les évêques de premier rang voyagent à une allure de sénateur, avec un grand train de mules surchargées de leur luxe, et un train plus beau encore de soldats pour les protéger de leurs frères en Jésus-Christ qui auraient plaisir à les éventrer au passage. Quand je parvins au manoir sur un cheval couvert d'écume, le modeste Cauchon, que j'avais cru rattraper en route, y était depuis peu et prenait un bain de pied à la moutarde.

Un quart d'heure plus tard, en petite tenue, il daignait me recevoir sur la terrasse ombragée d'où l'on découvrait un beau panorama de Seine sous le soleil couchant. Le prélat semblait non seulement fatigué et énervé, mais inquiet, et même méfiant. Il se doutait bien que je ne l'avais pas pourchassé jusque-là pour lui annoncer des nouvelles agréables. Et quand je prétendis me confesser, inquiétudes et méfiances redoublèrent.

« Le Maistre, me demanda-t-il, ne vous suffit-il point ? Quel péché auriez-vous pu commettre qui me regardât personnellement et valût que je fusse ainsi ennuyé dans ma retraite ?

– J'ai péché contre la procédure que Votre Grandeur vient, grâce à Dieu, de mener à son terme avec l'aide opportune du " cardinal d'Angleterre ", et seule votre très Révérende Paternité peut remédier au scandale irréparable que mon imprudence risque d'entraîner.

– Il n'est que trop fréquent que des rusés tentent de se servir de la sainte confession pour entraver le cours de la justice. Je vous soupçonne à bon droit d'être irrégulièrement favorable – pour des raisons qui m'échappent ! – à la brebis égarée que je viens de ramener avec tant de peine au bercail de la pénitence, et j'ai trop vécu pour tomber dans un piège cousu de fil blanc par un adolescent qui se pousse du col depuis que son oncle lui a fait la faveur d'être pape. Je vous offre généreusement de vous confesser à mon chapelain, et si ce dernier estime que votre affaire me concerne, je vous entendrai à mon tour très volontiers. La proposition n'est-elle pas honnête ? »

On apprend très jeune à Venise à se méfier de cet adjectif, qui cache d'ordinaire une fourberie quelconque. Les honnêtes gens ne parlent jamais de leur honnêteté.

« Un péché, dis-je, ne saurait être absout deux fois. Si le chapelain m'absout, Votre Grandeur ne me pardonnera point. J'ai trop vécu pour tomber dans un piège cousu de fil blanc. Et le chapelain aura trop vécu de son côté si ma confession le terrasse. »

Depuis que j'avais entrevu ses Voix par l'organe du maréchal, Jeanne avait dû me communiquer quelque chose de sa miraculeuse assurance. Cauchon prit peur pour de vrai, protesta de sa bonne foi, et se résigna à écouter ma confession. Il s'assit sur une balustrade, tournant le dos à la Seine, et je m'agenouillai dans les graviers, le soleil déclinant me faisant face à travers les barreaux.

Je commençai par faire un sort à tous les soupçons concordants que l'on pouvait nourrir contre Warwick, puis je repris à mon compte, comme prévu, l'expérience déconcertante de Rais, ne faisant grâce d'aucun détail, et en rajoutant plutôt. Et pour emporter la conviction de l'évêque, qui était fin théologien, le Ciel m'inspira par bonheur cette trouvaille démonstrative : « Je m'accuse encore, mon père, d'avoir complaisamment regardé l'ange Gabriel en train de pisser contre le mur. C'est à cet instant-là que les écailles me sont vraiment tombées des yeux. Un ange ne peut ici pisser debout qu'au service de l'Angleterre ! »

L'évêque me croyait, il ne me croyait même que trop pour sa santé. Son teint avait viré au rouge brique et il respirait avec effort. Ce gros homme qui se faisait tant de mauvais sang devait d'ailleurs mourir alors qu'on le barbifiait.

Je poursuivis sans ménagement, chargé peut-être de la punition du Ciel annoncée par Jeanne...

« Que Votre Grandeur juge de mon embarras. Ne devais-je point l'avertir d'une machination qui jetterait le discrédit sur tout le procès comme sur sa personne et servirait la propagande du roi de Bourges si elle venait à être connue ? A un Vénitien neutre par principe, une telle éventualité ne causerait certes aucune joie. Mais ce Vénitien s'efforce aussi d'être un chrétien consciencieux, qui a soif de justice comme tout le monde. S'il informe Votre Grandeur, c'est bien dans l'espoir qu'elle fera son possible pour corriger le mal découlant de l'impiété de Warwick avant qu'il ne soit trop tard. »

Cauchon poussa un soupir alarmant, vacilla soudain, et serait tombé à la renverse si je ne l'avais embrassé. J'appelai à l'aide. On accourut. Et le prélat à moitié inconscient fut porté à sa chambre pour qu'il y prît médecine. On me regardait avec suspicion, comme si j'eusse été coupable du malaise.

J'étais en fait très ennuyé. Si l'évêque me claquait dans la main, je perdais un atout précieux, et même le seul dont je pouvais disposer pour œuvrer efficacement à la sauvegarde si compromise de Jeanne.

Au bout de deux heures qui m'en parurent six, on me fit prévenir que Cauchon allait mieux et qu'il avait demandé à me voir privément.

Je montai à l'étage pour trouver l'évêque alité en compagnie de sangsues, le front couvert d'une compresse d'eau fraîche; mais le teint était moins rouge, l'œil avait pris du revif et la voix était claire...

« Vous m'avez demandé tout à l'heure, Messire Condulmer, de corriger le mal qu'avait engendré l'impiété sacrilège de Warwick.

» Mais je vous prie d'observer que la félonie du comte n'a pas influencé sur la sentence : il voulait la mort, et Jeanne est sauve.

» Et elle n'a pas influé non plus sur la pénitence que j'ai édictée, puisque des circonstances contraignantes veulent qu'elle soit sans aucun effet pratique ici-bas. Quelle qu'eût été la pénitence, Jeanne fût demeurée en prison anglaise dans les mêmes conditions, et elle y restera pour raison d'Etat, même si je lève entièrement ladite pénitence, jusqu'à ce que Bedford en ait décrété autrement.

» Il n'y a donc rien à corriger.

– Votre Grandeur – mais le malaise qu'elle vient de subir en est peut-être la cause? – me fait un aveu des plus déconcertantes. Elle aurait organisé le procès du siècle, déployé toutes les ressources d'une longue et charitable procédure, pour aboutir de haute lutte à une sentence de réconciliation sans la moindre conséquence pratique!

– La sentence de réconciliation – vous l'oubliez un peu vite – porte en elle-même ses principales conséquences, qui sont d'ordre spirituel. Grâce au dévouement éclairé d'un tribunal, une excommunication a été levée, une chrétienne dévoyée déplore ses erreurs et participe de nouveau à la vie de la grâce. Jeanne peut nous remercier de ce résultat essentiel, qui lui est acquis tant qu'elle sera sage, et qui est tout à fait indépendant de la pénitence, affaire bien secondaire à côté.

» Ainsi, il n'y a pas eu d'erreur judiciaire et il n'y en aura point. Admettons, pour les besoins de la démonstration, que Warwick se soit montré irréprochable. Mieux encore, par un touchant excès de zèle, il fait entendre à Jeanne des Voix qui la pressent de se soumettre ! Que se serait-il passé ? Jeanne se fût soumise un peu plus tôt, et elle serait de même rentrée coucher au château. Quelle différence ? Avec ou sans Warwick, son dossier était très mauvais.

» Et j'irai plus loin : en acceptant de m'occuper de Jeanne avec zèle malgré sa détention laïque irrégulière, non seulement je lui ai procuré un bénéfice spirituel inespéré, non seulement je n'ai pas aggravé sa situation matérielle, mais j'ai empêché qu'elle ne se dégrade. »

Devant mon scepticisme, Cauchon m'expliqua posément :

« Oui, ne vous en déplaise ! A partir du moment où un magnifique procès d'Eglise était prévu, les Anglais étaient obligés de ménager leur prisonnière, de bien la nourrir, de bien la soigner, de la respecter et de bavarder avec elle de telle sorte qu'elle comparût en bon état devant ses juges et n'eût à formuler aucune plainte susceptible de choquer l'opinion. Qu'auraient fait de Jeanne ses geôliers sans cette perspective ?

– Mais que va-t-elle devenir à présent ?

– Ce qu'elle serait devenue plus tôt si je n'avais été là pour lui garantir un appréciable répit. Cependant, quelle que soit l'épreuve désormais – et il est à craindre qu'elle ne soit lourde –, Jeanne aura pour l'affronter la pure foi catholique que je lui ai rendue. »

Il était étonnant de voir un homme suivre des raisonnements aussi clairs et aussi rigoureux à l'issue d'un brutal coup de sang. Cauchon avait bien assimilé sa scolastique. Tellement bien, que j'enrageai de ne pouvoir découvrir sur-le-champ une faille dans sa défense. Il avait en somme fait rentrer dans le sein de l'Eglise une brebis en perdition, après avoir veillé – sans doute à titre provisoire, mais ce n'était pas sa faute – sur son confort et sur sa vertu !

Je sentais pourtant que derrière cette façade de tranquillité et de bonne conscience, il y avait un ver rongeur. L'évêque ne s'était pas seulement trouvé mal parce que Warwick s'était moqué de sa personne et de l'Eglise d'une incroyable façon ou parce qu'il redoutait un scandale épouvantable.

La désolante et bien simple vérité finit par m'apparaître, et je déclarai :

« Avec ou sans Warwick, quelle différence ? Je m'en vais la dire sans détour à votre Révérende Paternité !

» Il s'en est fallu d'un cheveu ce matin que Jeanne, par le jeu de Warwick, ne demeurât impénitente. Le comte avait poussé le vice jusqu'à manipuler cet imbécile d'Erard pour que son prêche de la dernière chance jetât la Pucelle dans les dispositions les plus furieuses...

– Ah, vous avez remarqué cela !

– Les Vénitiens n'ont pas les yeux dans leur poche. Le salut de la Cité dépend de notre esprit investigateur sans cesse en éveil[1].

» A présent, si Jeanne, désespérée d'avoir trahi ses Voix, revient sur son abjuration et marche au bûcher, ce seront encore les Voix de Warwick qui l'auront suppliciée; et dans cet odieux concert de Voix assassines, celle de l'évêque aura tenu sa partie en sourdine comme celle de Pilate, car Votre Grandeur sait bien, dans le for de sa conscience, qu'elle n'aurait jamais dû souffrir que l'accusée fût abandonnée durant le procès aux soins de son ennemi le plus astucieux et le plus mortel.

– Mais Jeanne avait entendu des Voix bien avant de fréquenter Warwick ! A Domrémy, déjà, le futur saint Michel du comte faisait des essais de voix. Et c'est

1. On a parfois l'impression que l'impavide perspicacité du jeune Condulmer des années trente doit quelque chose à la sagesse tranquille du patricien de 1457. Ces télescopages – de bonne ou mauvaise foi – sont fréquents dans les Mémoires. On les prend pour ce qu'ils valent, quitte à s'en féliciter lorsqu'ils ajoutent de l'intérêt au récit.

justement parce qu'elle n'en avait que trop entendu que Warwick a pu si aisément lui donner un supplément de programme, choisi et pesé selon les idées fausses précédemment reçues et cultivées avec une aveugle complaisance.

– Il y a des suppléments qui pèsent lourd quand une vie est en question !

– Bon Dieu, que voulez-vous que je fasse ? Warwick a sous ses ordres des milliers et des milliers de soldats[1] qui hurlent à la mort, et même s'il avouait à Jeanne son forfait de sa propre bouche, elle ne le croirait jamais.

– Hélas ! Et Jeanne ne le croirait pas non plus – à juste raison cette fois – s'il lui racontait qu'elle ne risque rien en prison militaire après qu'elle n'aura plus personne à qui se plaindre.

– Hélas ! »

Les dégâts occasionnés par Warwick semblaient irréparables.

Cauchon gémit :

« J'ai eu le sentiment que cette affaire tournait mal dès que la duchesse de Bedford m'eut rapporté la surprenante nouvelle que Jeanne était vierge. Nous avions des préjugés bien naturels contre cette fille – que la procédure aura dissipés en partie pour mettre en valeur des chefs d'accusation différents. Mais j'étais déjà engagé à fond. Pouvais-je me démettre parce qu'on gardait un pucelage dans une prison qui ne lui convenait point ? Pouvais-je prévoir les turpitudes d'un Warwick ? Dites au Saint-Père de ma part que je regrette amèrement mon imprudence et mon impuissance. »

Profitant de ces bonnes dispositions, je dis à l'évêque :

1. En Occident, à cette époque, les chiffres couramment cités ne sont que figures de rhétorique. La plupart des comptabilités mêmes – quand des Italiens ne les ont pas mis en ordre – sont fantaisistes et désordonnées.

« J'ai connu Jeanne mieux que vous n'aviez pu le supposer et, dès que ses Voix ne crient pas plus fort que moi, elle a confiance en ma parole. Je n'ai cessé d'ailleurs de lui faire d'affligeantes prédictions qui, étant de bon sens, n'ont pas manqué de se vérifier. Si je parvenais à la voir avant qu'il ne soit trop tard, peut-être pourrais-je la détourner de se détruire... »

Cauchon appela un secrétaire, qui parut en même temps que le chirurgien, les sangsues gorgées de sang furent retirées, et on me remit bientôt un sauf-conduit scellé de sceau épiscopal.

Quand nous fûmes de nouveau seuls, l'évêque me dispensa de prudentes recommandations...

« Je ne pense pas que Warwick ose vous interdire l'accès de la cellule. Mais s'il faisait difficulté, gardez-vous de vous énerver : vous lui laisseriez deviner le secret que nous partageons, et le comte est capable de tout quand l'intérêt de l'Angleterre commande. Je vois en lui comme un signe non équivoque et profondément horrible de ces temps démoniaques, un homme bien rassis et averti, d'une intelligence vive, d'une instruction au-dessus de l'ordinaire, d'une incontestable piété dont il avait donné maintes preuves, mord comme une vipère sa mère l'Eglise au talon dès qu'il entend les Voix de sa patrie. Oui, depuis quelque temps, un esprit national impie fait bon marché du pouvoir supérieur et régulateur de l'Eglise, la raison d'Etat se moque plus que jamais du droit et de la justice. Et au fond, notre Jeanne est bien de la même espèce que son vertueux bourreau. Ils étaient faits pour se rencontrer, se comprendre et s'exterminer. A ce train-là, l'Eglise, qui ne peut opposer que son verbe affaibli au fracas des armes et aux passions profanes, n'aura bientôt plus rien à dire nulle part, et ce sera le commencement de la fin. »

Je m'agenouillai au pied du lit pour recevoir mon absolution, et Cauchon me dit en me bénissant :

« Je vous pardonne de m'avoir menti : vous n'êtes

jamais allé traîner sous la fenêtre de la Pucelle. Mais votre confession de seconde main a achevé de me convaincre d'une vérité à laquelle j'avais peine à croire, en dépit de quelques rumeurs qui m'étaient revenues par mes espions. »

Je marchais vers la porte, lorsqu'il me dit encore :

« Soufflez la veilleuse. Vous m'avez épuisé et j'ai besoin de sommeil.

» En tout cas, je vous le répète : méfiez-vous ! Pour un Vénitien, vous mentez très mal. L'amour du détail superflu risque de vous perdre... »

M'en revenant en pleine nuit, comme je trottais sur un chemin du bord de Seine, je reçus un choc violent dans la poitrine, qui faillit me désarçonner, tandis que le reste de la volée de flèches me sifflait aux oreilles. L'excellente cotte de mailles offerte par l'oncle Angelo venait de me sauver la vie ! Je fis aussitôt virevolter mon cheval et le lançai au galop en sens inverse, à grands coups d'éperons, pour ne le laisser reposer qu'aux approches de la banlieue de Rouen.

La première émotion passée, j'avais repris par une autre route la direction de la ville. Cette tentative de meurtre avait ceci de rassurant que l'on s'était efforcé à la discrétion. On n'oserait sans doute point attenter à ma vie en plein Rouen pour peu que j'observe des précautions élémentaires.

Rentré au couvent en rasant les murs, je trouvai chez le portier ce mot du sire de Rais :

« Le Seigneur Gilles au Seigneur Pietro, ce jeudi 24 mai, septième heure du jour environ. Le garçon qui m'avait accompagné dans le fossé du château, et dont la langue était trop longue, vient de se faire prendre. C'est un petit douillet chatouilleux, et il ne faudra pas longtemps pour qu'il révèle ce qu'il sait de mes relations avec vous. J'ai échappé moi-même de très peu aux hommes de Warwick et je vous écris hors de la ville, où je ne retournerai plus. Si ce mot vous parvient à temps, jetez-vous d'urgence dans les bras du pape. Ceux de Cauchon sont tièdes. Je vous embrasse de toute mon amitié, prie pour vous et vous souhaite bonne chance. »

Le comte n'avait pas traîné pour se rappeler à mon bon souvenir! A force d'imprudences, je m'étais fourré dans une situation tragique. Allant au plus urgent, je frappai à la chambre de Le Maistre.

IX

Le vice-inquisiteur, à la lueur de la chandelle, relisait au lit une vie de saint Dominique – c'est ainsi qu'on met par accident le feu aux couvents. Les biographies du saint, évolution fatale de l'hagiographie, étaient de plus en plus fausses, et deux erreurs se donnaient libre cours chez les thuriféraires. Les uns faisaient gloire à Dominique d'avoir tenté de réduire l'hérésie cathare par le bon exemple et la persuasion. Les autres le félicitaient d'avoir fondé un ordre qui devait extirper ladite hérésie par les techniques inquisitoriales, démontrant ainsi qu'une force intelligemment appliquée peut venir à bout du plus mauvais esprit. En fait, Dominique a bien été un apôtre des méthodes douces et le développement de l'Inquisition est postérieur à sa mort. Mais il aurait applaudi à la floraison des bûchers à partir de l'instant où le prêche avait fait faillite. Nulle contradiction en cela. Douceur et force ne sont que les deux volets fraternels d'une même efficacité, et à égalité de résultats, la douceur coûte beaucoup moins cher. Etre chrétien consiste à préférer l'économique douceur à la force dispendieuse dès que la douceur suffit. Et la leçon apporte déjà un grand progrès à la folle humanité.

Cette étroite et chrétienne liaison entre le Dominique des charitables éloquences et les dominicains experts en charitables tortures se retrouve d'ailleurs dans la procédure inquisitoriale elle-même. Le lecteur a pu voir le passage progressif d'un style à l'autre dans les règles traditionnelles appliquées à une Pucelle rétive. Le gant de velours de la sainte Eglise cache une main de feu.

« Que vous arrive-t-il? me demanda Le Maistre. Vous semblez un spectre échappé du tombeau, et vous avez troué votre superbe pourpoint. »

La plus grande discrétion à son égard s'imposait. Faute de quoi, il eût été terrorisé et ne m'aurait plus servi de rien.

« Depuis ce matin, lui dis-je, je suis terriblement inquiet sur le sort de Jeanne. Lui faire purger sa pénitence aux mains de soldats anglais est un assassinat. Elle va se tuer.

– Allons donc? Que dites-vous-là? Vous ne raisonnez plus droit. Ou bien on l'assassine, ou bien elle se tue. Et je puis vous tranquilliser sur les deux points. Cauchon parti pour sa campagne, je me suis rendu au cachot de la Pucelle avec Loiselleur, de Courcelles, Isambard de la Pierre, Midi et quelques autres. Loiselleur, qui la connaît bien, partageait votre inquiétude, il me faut l'avouer. Mais nous avons tous été frappés par le calme et la docilité de Jeanne.

– Parbleu! Quand on vient d'échapper à la mort, la vie paraît toujours douce un moment.

– En tout cas, nous avons exposé selon l'usage à la pénitente, et commenté dans les règles, toute l'étendue de la grâce qui lui avait été faite. Nous l'avons invitée à persévérer sans la moindre défaillance dans ses bons sentiments, l'avertissant avec honnêteté qu'elle serait abandonnée par l'Eglise et livrée au bras séculier pour être brûlée en cas de récidive. Loiselleur a même insisté sur le fait que la rédicive s'entendait de n'importe quelle hérésie, grande ou petite. Autrement les coupables, en commettant et abjurant successivement toutes les hérésies du catalogue, passeraient leur existence à infecter le monde chrétien.

» Jeanne a parfaitement saisi, a revêtu sans résistance des habits de femme, puis on lui a rasé le crâne...

– Et pourquoi ?!

– Comme votre théologie est courte ! Une pénitente ne pouvait demeurer avec une scandaleuse coiffure masculine " à l'écuelle ". Tandis qu'une femme chauve est encore une femme. Avec le temps, la Pucelle retrouvera des cheveux conformes à son état [1]. Paris ne s'est pas fait en un jour !

– Je crains que le temps ne lui fasse défaut.

– Cette toilette était non seulement théologique, mais hygiénique. Jeanne avait des poux. Nicolas Midi s'est même plaint d'en avoir attrapé quelques-uns. C'est très malsain, les poux. Ils véhiculent toutes sortes de sales maladies. Certains prétendent même qu'ils pourraient coller la lèpre !

– Ce n'est pas la lèpre que je redoute pour la Pucelle.

– Mais nous avons aussi rassuré Jeanne, dans toute la mesure du possible, sur les conditions de son internement. Elle avait déjà constaté que le " pain de douleur " et " l'eau de tristesse " du traditionnel formulaire ne l'avaient pas empêchée de déjeuner de façon décente. Nous avons pris sur nous de lui laisser espérer que l'évêque ferait jouer en sa faveur son pouvoir de remise de peine pour peu qu'elle se montrât digne de cette nouvelle grâce...

– Une jolie grâce ! Le jour où la pénitence serait entièrement levée, l'Eglise n'aurait même plus un droit de regard de principe sur la détention de la captive. J'espère que l'évêque ne se pressera pas de faire cette fleur aux Anglais.

– Enfin, Messire Condulmer, ce n'est quand même pas la faute de l'Eglise si notre pénitente est une prisonnière de guerre !

1. Les hommes de théâtre et cinéastes soucieux de vérité historique mettront en scène une Jeanne Darc complètement chauve au-delà de l'après-midi du 24 mai. Le sacrifice sera léger pour les actrices consciencieuses.

– Eh, je ne le sais que trop!

– Jeanne s'étant plainte d'avoir été ramenée en prison militaire, nous lui avons dit que l'Eglise le déplorait, mais qu'elle devait endurer ce désagrément comme une mortification pour tous les chrétiens qu'elle avait fait tuer sous une bannière où le Christ figurait par abus.

– Elle a dû être très sensible à un argument si bien trouvé!

– A vrai dire, elle était surtout sensible aux fers que le comte lui avait fait remettre aux pieds. Devant nos humaines doléances, John Grey s'est retranché derrière des ordres formels.

– Warwick est obligé d'enchaîner sa Pucelle.

– Une contrainte qui m'a toujours paru bien inutile pourtant!

– Jeanne n'entend ses Voix que si elle est enchaînée. »

Le Maistre ouvrit des yeux ronds. La fatigue, l'émotion, m'avaient arraché cette gaffe, que je devais corriger...

J'improvisai un mensonge :

« Je le tiens du comte lui-même.

» Les Voix peuvent sortir du grand fossé sous la fenêtre. La Pucelle entendait déjà des Voix bizarres dans les fossés de Melun. Les fossés sont propices aux Voix : ça résonne bien. Et Warwick a songé qu'il était de son devoir d'épargner à Jeanne l'émotion de voir de sa fenêtre des fantômes démoniaques, de converser avec eux sans entraves, comme une Juliette parlant à Roméo présent sous le balcon au sein d'une nuit de printemps toute parfumée de délices. Dans son état, la Pucelle n'avait guère besoin d'être énervée de la sorte. L'allure des apparitions, d'ailleurs, aurait pu la surprendre, bouleverser sa théologie élémentaire, la jeter dans des erreurs nouvelles. Imaginez, par exemple, que l'ange Gabriel n'ait pas porté les plumes qu'il fallait, que sainte Marguerite ait eu les nichons sur les genoux...

» Mais le comte a prévu aussi que des apparitions

pourraient peut-être se produire dans la chambre même. Et les fers étaient alors encore plus indispensables. On frissonne à l'image d'une Pucelle bouleversée, se jetant à corps perdu sur des êtres malsains, dont elle nous a avoué qu'ils avaient gardé quelque chose de la chaleur de l'enfer. De tels contacts devaient être découragés. Le risque n'était déjà que trop grand que saint Michel ou sainte Catherine ne se livrent sur la prisonnière étendue à des attouchements suspects...

– Vous voyez la confiance que l'on peut faire à Warwick pour bien garder Jeanne. »

Plus naïf que Cauchon, l'Inquisiteur délégué mordait dans le détail superflu comme dans une pomme juteuse. Un jeune Vénitien suffisait pour lui bourrer le crâne.

Après cette laborieuse digression, je revins à l'essentiel :

« En dépit de vos optimistes propos, Jeanne est en danger de mort, vous dis-je. Si nous ne parvenons à la retenir, elle va promptement se jeter au feu.

– Et pour quelles raisons?

– J'en vois au moins trois, dont chacune serait suffisante.

» D'abord, à l'heure où nous bavardons, les Voix de Jeanne sont en train de lui reprocher sa trahison en termes cinglants. Elles ne sauraient endurer qu'une fille perdue fît pénitence salutaire. Saint Michel gronde, l'ange Gabriel sanglote à tout rompre, sainte Catherine soupire bruyamment, les effrayants tambours du Jugement dernier ont remplacé les harpes séductrices, et une infernale odeur de brûlé monte au lieu d'encens vers la cellule piégée par le Démon. Car l'habitude des Voix ne se perd pas en un jour, et même une chrétienne rendue à la grâce divine par l'assiduité d'un Cauchon peut y demeurer soumise malgré ses honnêtes révoltes.

» Ensuite, Jeanne fera très vite cette réflexion que son pucelage ne la préservait du viol que pour autant qu'elle avait deux juges intègres et une bonne centaine d'assesseurs à qui narrer son ennui en cas d'accident. Si

Bedford la fait déporter vers un brumeux donjon d'Angleterre, toute l'armée anglaise pourra lui passer dessus à loisir et il n'y aura plus que des chats de gouttière, des chouettes et des chauves-souris pour en rendre compte à une Eglise démissionnaire et irresponsable. Or la Pucelle nourrit, depuis qu'elle fréquente des soldats et qu'elle les a vus à l'œuvre, une horreur panique, quasi maladive du viol. Toutes ses précautions et réactions nous le démontrent et nous l'enseignent.

» Enfin, mon cher Le Maistre, si l'on vous faisait vivre vingt ans avec des fers aux pieds, vous trouveriez vite l'imitation de Jésus-Christ un peu lourde!

» Et j'ajouterai que ces trois bonnes raisons ne seraient rien si une quatrième ne venait les recouvrir. Depuis ses échecs devant Paris et La Charité, Jeanne est hantée obscurément par des impulsions suicidaires. Elle a trouvé tout naturel que les Voix de Melun lui annoncent sa capture. Elle a sauté de la tour de Beaurevoir avec de grands risques d'en périr. Certains ne se donnent jamais la mort. D'autres sont exposés à cette tentation, d'autant plus attirante et pressante dans le cas de la Pucelle qu'elle n'aurait qu'un mot à dire, le bras séculier se chargeant du reste. Et Jeanne sait bien que si elle veut mourir pour s'épargner des expériences insupportables, elle doit prendre sa décision sur-le-champ, alors que le cadre du procès est encore dressé, que juges et assesseurs sont encore disponibles pour en prendre acte. Le jour où Bedford l'aurait ensevelie dans l'oubli et dans le silence d'une forteresse lointaine, la condamnée devrait se tuer de ses propres mains, et sa piété n'y consentirait jamais. Pour un suicide conforme à la grandeur de sa destinée, l'ami Warwick s'impose. Et tel que je le connais, il doit y travailler avec une ingénieuse détermination.

» Voilà la vérité, et il me semble qu'elle serait de nature à tirer de son sommeil un Inquisiteur digne de ce nom. Si vous ne faites rien, vous aurez le sang de votre pénitente sur les mains. Qui pourrait lui reprocher d'avoir succombé devant une épreuve trop forte? La vocation d'une héroïne n'est pas de se faire violer à la petite semaine par les soldats qu'elle a combattus. »

Le vice-inquisiteur était ébranlé. Je lui ouvrais des horizons insoupçonnés que j'avais peuplés d'idées et d'images convaincantes...

« Je n'avais pas vu si loin, Messire. Mais en admettant qu'il n'y ait aucune exagération dans votre discours alarmiste, que voulez-vous que je fasse?

– Cauchon, aussi ému que vous, m'a posé la même question il y a quelques heures. Et il m'a remis une autorisation de voir la Pucelle. En tant que neveu du pontife, envoyé à Rouen comme observateur, j'ai le droit et le devoir de veiller à la régularité de la procédure dans l'éventualité d'une entorse gravissime, et nous y sommes! L'évêque, présentement souffrant, se débat avec des sangsues dont il espère qu'elles soulageront sa conscience; c'est à nous deux d'aller de toute urgence, dès demain matin, apporter à Jeanne les secours de la sympathie et de la raison avant que ses nerfs n'aient craqué. Votre présence est indispensable. Cauchon malade, c'est vous qui représentez l'Eglise, et même la majesté romaine plus directement que lui, étant d'abord aux ordres de mon oncle. Et Warwick fera d'autant moins de difficultés à m'admettre qu'en plus de ma qualité, je pourrais arguer de l'autorisation des deux juges. »

Le Maistre n'était pas emballé du tout. Etait-ce bien le moment de sortir de la réserve qu'il s'était imposée? Et le château du Bouvreuil était plein de soldats prêts à faire un mauvais parti à tous les prêtres qui se montraient...

De plus, un désagréable soupçon le taquinait...

« Il m'est revenu, Messire Condulmer, que vous auriez fait un étrange éclat, un soir, chez Warwick, en faveur de la Pucelle. Et je me demande – sans mettre en doute la valeur désintéressée de votre dévouement – quel motif personnel et particulier pourrait vous attacher ainsi à sa cause. »

Si je révélais au vice-inquisiteur que j'avais fait campagne avec Jeanne, d'Orléans à Paris, sa méfiance allait faire un bond fatal. Et je devais pourtant satisfaire sa curiosité.

La modeste origine de Le Maistre était bien faite pour le rendre crédule et accueillant à de mirifiques et touchantes histoires d'alcôve princière. Le peuple adore ça. Les coucheries des grands le consolent d'être si mal couché.

Bref, je me jetai à l'eau :

« Apprenez un secret qui n'est connu que de bien peu de personnes : Jeanne n'est autre que ma sœur jumelle. Mais si ! En 1407, peu avant d'être assassiné, le duc Louis d'Orléans engrossa de deux jumeaux une dame d'honneur de la reine, fille naturelle de Christine de Pisan. Jeanne et moi avons donc vu le jour en 1408, et l'événement a coûté la vie à notre mère. La Pucelle est un peu plus âgée qu'elle ne le pense. Cette jeune dame d'honneur était née secrètement en 1391, deux ans après le veuvage précoce de dame Christine, dont la vertu passait cependant pour bien assurée. Vous savez peut-être que Christine de Pisan est d'origine vénitienne, qu'elle a vécu et s'est mariée en France parce que son père était astrologue du roi Charles V. Il était donc tout naturel que je fusse adopté par une famille vénitienne distinguée. Valentine Visconti, veuve du duc Louis, a eu la bonté d'arranger la chose, tandis que ma sœur Jeanne était confiée à d'honnêtes paysans de Lorraine. Les filles ont toujours moins de chance que les garçons et Jeanne avait manifesté très tôt une sensibilité, une nervosité assez inquiétantes. On a pensé que les réalités terriennes lui apporteraient pondération et santé. Vous saisissez pourquoi le Dauphin a si bien reçu sa parente oubliée, pourquoi Christine de Pisan a écrit de si jolies choses sur la Pucelle, qui ont été comme son chant du cygne, pourquoi elle est morte, fin 1429 chez les religieuses de

Poissy, dans les bras de Marie, sœur de roi Charles[1]. Et vous saisissez aussi quelle était la nature du secret de famille que Jeanne n'avait pas à révéler à ses juges.

» Comme vous pouvez le constater, je n'ai pas à rougir de mon intérêt pour la Pucelle, nièce de Sa Sainteté comme j'en suis le neveu, intérêt d'autant plus désintéressé, en effet, qu'elle ignore encore qui je suis. »

Le Maistre était dans l'ébahissement le plus total, mais un ébahissement sympathique. Il avait toujours rêvé de se voir amicalement confier une petite histoire de ce genre, et il avait la satisfaction de se dire que les dessous de la grande histoire en étaient mieux éclairés. Bonté divine, il m'a cru !

Bien des années plus tard, j'ai appris avec une surprise atténuée par l'expérience de l'âge que les calembredaines par moi narrées au vice-inquisiteur avaient fait leur chemin dans les ragots de la douce France. C'est ainsi que se forge l'histoire pour amuser les anecdotiers et les enfants.

Le lendemain de bon matin, Le Maistre et moi montâmes au château. La volonté de bien conseiller Jeanne me soutenait sans doute, mais aussi la perspective de régler au mieux le mortel différend qui m'opposait à Warwick avant que ses hommes de main n'eussent mis un terme à mes jours. En fuyant sans demander mon reste, j'abandonnais la Pucelle à son triste sort et je courais de grands dangers; en me jetant avec une audace folle dans la gueule du léopard anglais, j'avais une chance de nouer avec le comte un rapport personnel désarmant, de lui donner l'impression en tout cas qu'un garçon de ma qualité n'avait à craindre personne, sûr d'être vengé si on lui faisait un mauvais parti.

Mais Warwick serait plus dur à manier qu'un Le Maistre. Il avait une façon de plaisanter, de se faire l'avocat du diable, de plaider le faux pour savoir le vrai, de vous

1. Marie est morte en 1438.

pousser à des imprudences de langage en vous guettant du coin de l'œil, qui donnait froid dans le dos.

Le comte, qui sortait du lit, nous reçut avec une parfaite mauvaise grâce, louchant avec un agacement déçu et incrédule sur le trou de mon pourpoint. Et tout ayant été mis en ordre dans l'après-midi de la veille, il se demandait avec un brin d'inquiétude ce que nous pouvions encore avoir à dire à Jeanne. Le Maistre argua tout simplement de la nécessité d'un réconfort spirituel, ce qui n'était guère s'avancer.

Warwick hésitait encore à nous introduire lorsque je me décidai à abattre mon jeu :

« Votre Seigneur aura intérêt à savoir que des " Armagnacs ", dont sa police semble curieusement tolérer l'existence à Rouen, font courir le bruit que les Voix et apparitions de Jeanne auraient quelque chose d'anglais. Je n'ai pas besoin de souligner à quel point ces calomnies ridicules, qui résonnent depuis quelque temps dans les débits de boissons comme dans les sacristies, sont fâcheuses pour la réputation de Votre Seigneurie et pour celle de l'Eglise. Cauchon lui-même, à qui j'ai rendu visite hier soir afin de faire le point au sortir de ce procès exemplaire, était d'autant plus agacé que ses espions en avaient déjà eu vent et leur amusement ne l'avait pas amusé du tout. Je n'oserais répéter de telles bêtises à mon oncle de Rome, mais Votre Seigneurie serait bienvenue à réfléchir sans tarder sur cette question et à faire enquête. Peut-être une mauvaise plaisanterie d'un subordonné aura donné naissance à ce mythe. Il faut si peu de chose pour que les esprits s'échauffent ! John Grey se serait-il déguisé en sainte Catherine un soir qu'il était ivre ? Serait-ce son pied odorant que la Pucelle dit avoir embrassé dans un rêve paradisiaque ? »

Le comte se tourna vers le vice-inquisiteur, qui hocha naturellement la tête d'un air désolé, comme si, lui aussi, était au courant.

Avec une remarquable impassibilité, Warwick me remercia de mon avertissement, puis il ajouta :

« On ne saurait empêcher le populaire de bavarder et les fables les plus énormes trouvent toujours crédit quelque temps, avant que d'autres ne les remplacent. Je demanderai à Grey ce qui a pu se passer. L'important est que les honnêtes gens ne se laissent pas abuser et prennent la défense de la vérité. N'est-ce pas, Messire Condulmer ?

» D'autant plus que la défense est aussi aisée que persuasive ! Lorsque mon barbier me soutient bruyamment que les fossés du château grouilleraient d'apparitions fabriquées dans les brouillards de Londres, je lui clos le bec en lui disant : " Est-ce qu'un homme de la piété et de la sagesse du comte, précepteur d'un petit roi si vertueux, irait damner son âme pour le salut de l'Angleterre ? La verte Angleterre passera, hélas, et sera un jour engloutie par les flots comme Venise; mais la belle âme d'un Warwick est éternelle. "

– C'est comme cela qu'il convient de parler pour me plaire !

– J'ai malheureusement failli me taire hier soir pour toujours. Alors que je rentrais à Rouen de chez l'évêque, des bandits " armagnacs " m'ont tiré comme un cerf et avec ces fers carrés que l'on utilise à la chasse pour faire de larges et sanglantes blessures au gros gibier. Vous voyez l'état de mon pourpoint. C'est à cette cruauté que je dois d'ailleurs la vie. Un fer pointu eût sans doute transpercé ma cotte de mailles de Brescia. Vous devriez faire nettoyer les environs de Rouen, mon cher comte. Le Saint-Père eût été inconsolable de ma perte.

– Vous n'avez vraiment pas de chance avec les " Armagnacs ". Tantôt ils vous racontent des sottises, tantôt ils vous assassinent.

– Je ne suis en sûreté, tout comme la Pucelle, que sur le sein hospitalier de Votre Seigneurie ! »

Marmonnant que le brigandage « armagnac » était endémique, le comte se résigna enfin à nous mener chez Jeanne. Il tenait, bien sûr, à assister à l'entretien.

J'espérais avoir convaincu Warwick qu'il était trop

tard pour que ma mort fût de quelque profit à Henri VI.

Ainsi que je l'avais prévu – sans le moindre mérite, assurément –, la Pucelle, toujours enchaînée, était dans un état d'abattement et d'angoisse affreux. C'était la première fois que je la voyais en habit de femme, la tête coiffée d'un bonnet, et elle serrait les jambes sous sa robe, comme pour conjurer l'inévitable.

Le vice-inquisiteur s'étant déjà mis en frais d'éloquence la veille, c'était à moi de parler, mais avec les restrictions qu'imposait la présence attentive du comte et de John Grey.

« Tous vos véritables amis, Jeanne, se réjouissent du bon sens et de la piété que vous avez montrés hier à Saint-Ouen. Vous avez la vie sauve...

– Quelle vie ?

– Pourquoi désespérer alors qu'il n'y a rien de changé pour vous ? Avant comme après ce procès, n'êtes-vous pas sous la gouverne du comte de Warwick, un homme dont vous savez la rigueur, mais aussi l'honnêteté ? Il est impensable qu'il vous arrive malheur par ses soins. Au lieu de remuer des idées noires, félicitez-vous plutôt d'avoir échappé, grâce à Dieu, à un danger mortel.

– Je ne sais trop si c'est grâce à Dieu, mais ce qui est sûr, c'est que j'ai renié mes Voix.

– Je vous en supplie, Jeanne, réfléchissez un instant ! Les Voix de Domrémy vous commandaient de délivrer Orléans et de faire sacrer le Dauphin, et vous pouviez les croire. Mais si vous entendez encore des Voix aujourd'hui, qui vous enjoindraient de vous jeter au feu pour leur faire plaisir, comment viendraient-elles de Dieu ? La volonté de Dieu, qui est Amour et Vie, est que vous viviez longtemps à son service, et que vous enduriez pour vos péchés et pour le rachat de ceux des autres toutes les épreuves qu'Il vous enverra. »

Warwick dit rêveusement entre haut et bas :

« Qui peut préjuger de la volonté de Dieu ? Les Voix

des fossés de Melun, déjà, ne laissaient-elles point présager le martyre ? »

Négligeant l'interruption, je poursuivis :

« Le martyre que vous endurez à présent, ma chère amie, doit paraître suffisant aux yeux de la Providence pour que vous n'en rajoutiez pas de votre fait. Le péché serait grand.

– Je connais le comte, dit Jeanne, et je sais bien que je ne risque rien sous sa garde. Mais s'il cessait de s'occuper de moi, que m'arriverait-il ? »

Je m'adressai à Warwick :

« Serait-il concevable qu'on fît injure à la prisonnière dans un cachot anglais sans attenter à l'honneur de Bedford et d'Henri VI ?

– A Dieu ne plaise, Messire ! Cependant, si je réponds de la sûreté de Jeanne tant qu'elle m'est confiée, je ne puis répondre à la place d'autrui. Afin de couper court à toute possibilité d'évasion, la Pucelle sera évidemment acheminée sur l'Angleterre. Là, je présume qu'on lui retirera ses fers. Pour le reste... Comment puis-je prévoir ce qui se passera dans un château de Cornouailles ? Jeanne nous a causé de grands torts et nos soldats sont très montés contre sa personne. Un accident me semble improbable, mais honnêtement, je ne puis tout à fait l'exclure.

– Vous voyez ! gémit Jeanne. John Grey m'a dit hier soir : " Dès que tu seras chez nous, en Angleterre, on te sautera dessus et tu n'auras plus de mauvais prêtres à qui te plaindre ! " »

Warwick apostropha l'écuyer furieusement :

« Comment, Messire Grey ?! Vous avez osé ? Ne distinguez-vous pas la portée d'une telle plaisanterie ? Vous mériteriez que je vous retire la garde de la Pucelle. Sortez, je ne veux plus vous voir... »

Et John Grey sortit, faisant semblant d'être très mortifié.

Le Maistre ne put retenir un douloureux soupir.

Il fallait trancher dans le vif.

« Le vice-inquisiteur et moi-même sommes bien obligés de partager l'avis du comte, affirmai-je. Il est certes fort peu probable que vous vous fassiez violer, ma chère Jeanne, mais la chose demeure possible.

– Je ne le supporterais point!

– Vous connaîtrez cependant un malheur qui n'est que trop commun. Celui de toutes les esclaves à travers les temps, celui de tant de filles de service aventurées pour leur honte dans de nobles demeures, celui de toutes ces jeunes filles mariées de force à des barbons, celui de toutes ces paysannes que vos soudards ont mises à mal de Blois à Compiègne. Elles n'en sont mortes que si la troupe a pris un plaisir supplémentaire à les tuer, et vous ne risquez rien de ce genre. Votre personne reste politiquement précieuse. Si vous perdez votre pucelage sans qu'il y ait de votre faute, votre devoir sera d'accepter chrétiennement cette honte, de pardonner à des bourreaux qui ne savent ce qu'ils font, de les édifier par votre patience et votre douceur, comme Cauchon vous a édifiée par ces mêmes qualités. Est-ce que le Christ a dit au pied de la croix : " Je ne le supporterais point. "?

– Jésus ne s'est pas fait violer! »

Le vice-inquisiteur toussota avec un pitoyable embarras.

Un soupçon de moutarde me monta au nez, et je m'écriai :

« Mais bon Dieu...

– Ne jurez pas!

– ... si toutes les filles prises de force se jetaient à l'eau par les temps qui courent, les vaches n'auraient plus de quoi boire! Un pucelage ne vaut pas une vie. Et le suicide serait d'autant plus impardonnable qu'il serait préventif. Lucrèce s'est donné la mort après l'injure, et non avant. Attendez un peu, que Diable! »

Je pris Le Maistre à témoin de cette déclaration de morale éternelle, et il assura le relais, appuyant vigoureusement mon diagnostic. Si la Pucelle revenait sur son abjuration pour se soustraire à des viols hypothétiques, il y aurait péché mortel. Et même l'exemple du poète Lucrèce n'était pas si fameux...

Cette confusion entre le poète épicurien et la femme de Tarquin Collatin arracha à Warwick un hennissement de rire sinistre, et Le Maistre, tout déconcerté, resta coi.

Reprenant son sérieux, le comte nous dit :

« J'estime pour ma part que vous êtes bien sévères tous deux et qu'une vertu comme celle de Jeanne ne saurait être mesurée à l'aune commune. N'y aurait-il pas quelque grandeur à sauter dans le feu pour éviter d'être mouillée ? En mettant les choses au pire, si tant est qu'il y ait suicide – ce dont je doute fort –, les pudiques circonstances atténuantes ne l'emporteraient-ils point sur le délit ? Quel homme, quelle femme de cœur irait condamner notre petite Pucelle de se préserver à ce prix ? »

L'Inquisiteur délégué protesta respectueusement, mais fermement contre une pareille tentation, et le comte admit bien volontiers qu'il avait manqué de mesure.

Spontanément, il se corrigea :

« Disons plutôt que, héroïque conclusion d'une carrière héroïque, Jeanne a le choix entre deux héroïsmes : surmonter la peur du bûcher, qui ne brûle qu'une fois, ou celle du viol, qui brûle plus souvent. Quelle que soit sa décision, elle emportera l'estime de ceux qui auront eu l'avantage de la connaître. »

Manifestement, la Pucelle accordait plus de crédit aux paroles de Warwick qu'aux nôtres. Le comte parlait selon le cœur de sa victime et flattait son penchant. Le Maistre et moi n'étions que des gêneurs qui se faisaient des Voix, des fers et du viol des idées fausses, empruntées à une religion théorique qui n'était pas celle de Jeanne.

Découragés, sans cesse contrariés dans nos efforts par les feintes maladresses de Warwick, nous écourtâmes notre visite. Si j'étais resté plus longtemps, j'aurais percé le comte de mon épée. Il est curieux de penser qu'un homme comme moi, calme et réfléchi d'ordinaire, de nature plutôt intellectuelle et contemplative, a eu si souvent envie de tuer, et aura finalement tué tant de monde. A commencer par ma mère, j'ai dû avoir de mauvaises fréquentations.

Avant de nous fausser compagnie devant la porte des appartements royaux, le comte eut l'indécence de me dire :

« Je vous rappelle que vous me devez cent livres tournois et qu'une dette de jeu se paye autant que possible dans la journée.

– C'est au contraire Votre Seigneurie qui me doit cent livres. Jeanne n'a-t-elle pas abjuré ?

– Elle n'a pas abjuré avant la sentence.

– Mais c'est tout comme puisqu'elle a abjuré avant la fin de la sentence.

– A ce compte-là, vous me devez encore quatre-vingt-dix livres.

– Pas un denier puisque Jeanne est en vie.

– Elle est en vie parce que l'évêque a bâclé son travail.

– C'est vous qui le dites !

– Vous jouez sur les mots.

– Sur les vôtres, pas sur les miens !

– Je ne jouerai plus avec un Vénitien.

– Je ne jouerai plus avec un Anglais ! »

Nous nous mesurions du regard, la main sur la poignée de notre épée, tandis que Le Maistre tremblait comme une feuille, sous l'œil hostile d'une bande de soldats.

Warwick se détendit brusquement, sourit et me souhaita bonne chance.

En franchissant le pont-levis, j'eus l'impression que le vice-inquisiteur allait se mettre à courir pour avoir plus vite derrière lui ces lieux terribles. L'Inquisition n'était plus ce qu'elle avait été.

Descendant avec moi vers la ville, Le Maistre, encore

sous le coup de sa peur, se plaignit de la relative décadence de l'institution...

« Nous avons eu notre heure de gloire au temps des cathares. Le danger était tel alors de voir triompher ces asociaux qui condamnaient le mariage et la génération que les pouvoirs publics et les évêques collaboraient sans réserve avec nous. Mais aujourd'hui, les hérésies semblent – à tort – plus anodines, qu'il s'agisse de prédications populaires insanes de moines errants, d'audaces de " flagellants " processionnant le long des routes ou de raffinements scolastiques qui dépassent le vulgaire. On s'est relâché. Beaucoup de Princes en sont venus à regarder de travers une juridiction ecclésiastique trop indépendante à leur goût, qui ne prend ses ordres qu'à Rome, et la crise lamentable de la papauté a achevé de nous rogner les griffes. Les évêques ont pu ainsi retrouver trop souvent dans les procès une initiative, une autorité qu'ils avaient perdues et, par le biais des évêques, ce sont les influences locales qui prédominent au détriment de la stricte justice.

» Si l'Inquisition avait eu la haute main sur la procédure qui vient de se clore, jamais elle n'eût toléré que Jeanne fût détenue en prison laïque, et l'accusée aurait abjuré plus tôt et dans de meilleures dispositions. Cette affaire laisse un mauvais goût dans la bouche.

– En un mot, l'Inquisition ne marche bien que lorsque l'hérétique pullule.

– Oui, c'est triste à dire. Mais si une grande hérésie survenait à présent, nous serions désarmés. Notre machine ne tourne plus rond. »

Ces jérémiades me touchaient peu. Je ne pouvais détourner mon esprit de Jeanne.

Comme nous arrivions au couvent, le vice-inquisiteur me fit ce doux reproche :

« Vous n'auriez pas dû, mon ami, parier sur la mort de la Pucelle.

– Mais j'ai parié sur sa vie, pour lui porter bonheur ! Je parie toujours sur ses chances. A Orléans, j'ai gagné vingt livres en pariant qu'elle réussirait à noyer Glasdale... Je n'étais là-bas, bien sûr, qu'en mission pour ainsi dire... diplomatique.

– Je crains que ses chances ne soient en baisse... et votre diplomatie également. Nous avons failli nous faire dévorer par Warwick.

– Aurais-je dû payer ce tricheur ?

– Pourquoi jouer contre un tricheur plus fort que soi ? »

Le Maistre n'avait pas tort. Jeanne allait mourir sous les coups d'un tricheur sans même savoir qu'elle avait joué avec lui. C'était affreusement triste.

Dès le lendemain samedi 26 mai, le vice-inquisiteur me rapporta la désolante nouvelle que Jeanne serait retombée dans l'hérésie et aurait repris son habit d'homme. J'avais beau m'y attendre, je ne m'y attendais quand même pas si tôt, et le coup me fut très pénible. On veut toujours espérer contre tout espoir. La consolation était mince de se dire que le bûcher était peut-être, après tout, une meilleure solution que le viol. Cette délicate question est toujours pendante.

Le dimanche 27, Cauchon alerté par Le Maistre, était revenu de sa campagne. Informé de la situation, son premier mouvement fut de dépêcher à Jeanne une délégation comprenant Beaupère et Midi afin de l'admonester et de la faire revenir, autant que possible, sur sa funeste décision. Mais les soldats énervés interdirent aux envoyés l'accès de la geôle, et il en advint de même à une deuxième délégation où figurait le notaire Manchon et André Marguerie, licencié en droit civil et Conseiller du roi d'Angleterre. Ce Marguerie faillit se faire écharper par la soldatesque en s'inquiétant des conditions dans lesquelles la reprise de l'habit d'homme avait pu avoir lieu.

Le lundi 28 mai, vexé et scandalisé que ses délégations aient trouvé porte close, l'évêque résolut courageusement de se rendre en personne auprès de Jeanne pour vérifier de ses yeux et de ses oreilles s'il y avait ou non récidive. Il était accompagné notamment du vice-inquisiteur de Courcelles, d'Isambard de la Pierre, de Nicolas Venderès et de Guillaume Haiton. Venderès, licencié en droit canon, assurait avec le chapitre l'intérim du siège archiépiscopal de Rouen depuis la mort de Louis d'Harcourt, et il avait été très assidu au procès. Il était donc – en théorie du moins – la personnalité ecclésiastique la plus considérable de la ville. Guillaume Haiton, dont j'ai déjà dit qu'il était venu tardivement donner l'avis de Warwick à la fin de la discussion sur les tortures, avait chez les Anglais une réputation qui devait permettre à cette troisième vague de docteurs de forcer les premiers barrages. Haiton avait entre autres préparé le mariage d'Henri V avec Catherine de France, sœur du roi Charles.

Grâce à l'autorité d'Haiton, Cauchon et les siens purent donc pénétrer au château et obtenir de Warwick une escorte spéciale pour garantir leur sécurité jusqu'à la cellule de la Pucelle.

J'ai assez médit du comte pour reconnaître de bonne grâce cette antique évidence : la discipline militaire a ses limites. Depuis que la Pucelle avait été absoute par Cauchon, Warwick ne tenait plus ses soldats en main. La mort de Jeanne, jugée superstitieusement bénéfique de façon générale, aurait aussi cette vertu locale de permettre au gouverneur du château de rétablir son prestige et son autorité sur des hommes exaspérés.

Cette entrevue où se décida pour de bon le sort de Jeanne se déroula, bien sûr, en présence des notaires, mais aussi de John Grey, qui rêvait de violer la prisonnière par procuration. C'était à ce tableau la dernière touche de l'artiste Warwick.

On lit dans les minutes de ce jour :

« *Item parce que nous, juges, avions entendu dire par quelques personnes que Jeanne était encore attachée aux illusions de ses prétendues révélations auxquelles elle avait auparavant renoncé, nous lui avons demandé si, depuis le jeudi précédent, elle avait entendu les Voix de saintes Catherine et Marguerite, et elle répondit que oui.*

» *Interrogée sur ce qu'elles lui dirent, elle répondit que Dieu lui fit savoir par saintes Catherine et Marguerite la grande pitié de cette insigne trahison à laquelle, elle, Jeanne, avait consenti en faisant abjuration et rétractation pour sauver sa vie, et qu'elle se damnait pour sauver sa vie.* (...) *Item elle a dit que ses Voix lui ont assuré, depuis jeudi, qu'elle avait commis un grand crime en confessant qu'elle n'avait pas bien fait ce qu'elle avait fait. Item elle a dit que, quoi qu'elle ait dit ou évoqué ce jour-là, elle l'a fait et dit seulement par peur du feu.*

» (...) *On lui fit alors remarquer qu'elle avait dit sur l'échaufaud devant nous, juges, et devant le peuple, quand elle fit abjuration, qu'elle s'était mensongèrement vantée que les Voix étaient vraiment saintes Catherine et Marguerite; ce à quoi elle répondit qu'elle n'avait pas compris ainsi faire ou dire, qu'elle n'avait pas dit ni compris qu'elle révoquât ainsi ses apparitions, à savoir que ce fussent saintes Catherine et Marguerite; et tout ce qu'elle a fait, elle l'a fait par peur du feu. Item elle a déclaré qu'elle aime mieux faire sa pénitence en une fois, c'est-à-dire en mourant, que supporter plus longtemps sa peine en prison.* (...) *Item elle a dit que si les juges le veulent, elle reprendra l'habit de femme; mais elle bornera là sa soumission.* »

De telles déclarations étaient constitutives d'un « relaps » délibéré. L'aveu « j'aime mieux faire ma pénitence en une fois » était particulièrement caractéristique.

Pour ce qui est de la reprise de l'habit d'homme, point secondaire du propre aveu de la Pucelle, les minutes portent :

« *Et parce que ladite Jeanne était revêtue d'un habit d'homme, à savoir tunique, chaperon et pourpoint avec autres vêtements à l'usage des hommes, et que toutefois elle avait naguère sur notre ordre abandonné cet habit et pris l'habit de femme, nous lui avons demandé quand et pour quelle cause elle avait repris cet habit d'homme.*

» *Et Jeanne répondit qu'elle l'avait pris de sa propre volonté sans que personne l'y contraigne, et qu'elle aimait mieux cet habit que l'habit de femme.*

» *On lui dit alors qu'elle avait promis et juré de ne point reprendre l'habit d'homme, mais elle répondit que jamais elle n'avait compris qu'elle eût fait serment de ne pas reprendre cet habit d'homme.*

» *Derechef interrogée pour quelle cause elle l'avait repris, elle répondit qu'elle l'avait fait parce qu'il était plus licite ou convenable d'avoir un habit d'homme quand elle était parmi les hommes. Item elle a dit qu'elle l'avait repris parce qu'on n'avait point observé ce qu'on lui avait promis, à savoir qu'elle irait à la messe, recevrait le Corps du Christ et qu'on la mettrait hors des entraves de fer.*

» *Interrogée si elle avait auparavant abjuré et spécialement promis de ne pas reprendre l'habit d'homme, elle répondit qu'elle aimait mieux mourir que d'être dans ces entraves de fer; mais si on lui permet d'aller à la messe, qu'on la mette hors des entraves de fer, et qu'on lui donne une prison convenable avec une femme pour gardienne, elle sera bonne et fera ce que l'Eglise voudra.* »

Que Jeanne n'eût pas compris qu'elle s'engageait en abjurant à répudier ses Voix et à reprendre l'habit de femme est bien difficile à croire. Sans doute, pour des motifs pratiques, la cédule signée d'une croix à Saint-Ouen était courte mais, sans parler de l'évidence, les explications n'avaient pas manqué par la suite. Dans l'après-midi de l'abjuration, Le Maistre et quelques autres s'étaient même dérangés spécialement pour mettre la Pucelle en garde et lui faire la leçon!

D'ailleurs le contexte est d'une parfaite clarté : Jeanne préfère mourir plutôt que de renier ses Voix et de vivre enchaînée à la merci d'hommes d'armes capables d'abuser d'elle impunément tôt ou tard. Pourtant, quel que soit le remords qu'elle éprouve à avoir renié ses Voix, « si on lui donne une prison convenable avec une gardienne », elle « fera ce que l'Eglise voudra ». La pauvrette n'en demandait pas plus pour vivre et, en dernière analyse, c'est sans doute la prison militaire qui a pesé le plus lourd dans sa décision d'en finir.

Au procès en nullité, afin de voiler le caractère délibéré du « relaps », on a sollicité divers témoignages – d'ailleurs contradictoires – selon lesquels Jeanne aurait été contrainte de reprendre l'habit d'homme, ou bien l'aurait repris de sa propre initiative pour se défendre de tentatives de viol – comme si la précaution avait pu être efficace!

Une observation de simple bon sens suffit à faire justice de ces deux assertions absurdes : la Pucelle n'avait pas la langue dans sa poche et la cérémonie d'exécution a duré trois mortelles heures, durant lesquelles la condamnée a eu tout loisir de dire ce qu'elle voulait. Si Jeanne avait été physiquement contrainte de reprendre l'habit d'homme, elle ne se serait pas privée de le hurler à toute la population. Et elle aurait hurlé plus fort encore si elle avait été violée. La publicité du spectacle interdisait aux Anglais l'un et l'autre attentat.

Et si l'on se réfère aux minutes dont je viens de citer de larges extraits, on constate que la Pucelle a repris librement son habit d'homme et que la hantise sous-jacente du viol ne regarde qu'un avenir indéterminé. C'est en signe d'insoumission, parce qu'elle n'a plus rien à perdre, que Jeanne retrouve fièrement, tel un harnois, cet habit d'homme qui a présidé à tant de victoires. Il la sauvera bien du viol, mais par le détour du bûcher.

La conscience professionnelle des notaires invite à ne pas mettre en doute ce texte si important.

Le vice-inquisiteur me raconta en outre que, sortant de la « Tour du Trésor », juges et assesseurs s'étaient retrouvés en présence de Warwick, de Stafford et de maints seigneurs anglais, qui attendaient impatiemment le résultat de la séance, et que Cauchon, très ému, avait jeté au comte en passant, avec une amère dérision : « Farewell! Farewell! Tout est en ordre. Faites bonne chère! » Mais Warwick n'était pas de ces patriotes que la honte pouvait étouffer.

Le mardi 29 mai, dans la chapelle du palais archiépiscopal de Rouen, l'évêque, l'Inquisiteur délégué et trente-six assesseurs statuèrent officiellement sur la cause de « relaps » en cours. La décision d'abandonner la Pucelle au bras séculier fut unanime. A lire les minutes, on dirait que le jugement du bénédictin Gilles de Duremort, abbé de Fécamp, a entraîné tout le monde et fait référence, mais en réalité, au point où en était l'affaire, on voit mal ce que les Pères auraient pu faire d'autre.

Votèrent la mort non seulement des assesseurs qui n'avaient aucune sympathie pour l'accusée, mais aussi des hommes qui lui avaient été plus ou moins favorables ou s'étaient en tout cas montrés impartiaux, comme Châtillon, Marguerite, Courcelles, Maurice, Isambard de la Pierre, et les médecins Tiphaine et Guillaume de la Chambre, lesquels, je le rappelle, étaient allé examiner Jeanne malade d'indigestion pour la trouver vierge. Il est rare que des médecins fassent brûler leur patiente!

Le lendemain mercredi 30 mai de bonne heure, matin de l'exécution, les juges et quelques assesseurs se rendirent une dernière fois auprès de Jeanne afin d'en obtenir quelques mots de pénitence qui faciliteraient son admission à l'Eucharistie. Assurément, il est d'usage d'accorder les sacrements aux « relaps » qui en font la demande de façon orthodoxe, mais la pieuse manœuvre dissimulait une évidente arrière-pensée profane. Si la Pucelle désavouait de nouveau ses Voix *in extremis*, le procès aurait acquis une sorte de rare perfection : le tribunal aurait à la fois la mort et le désavœu, association qui, pour être à première vue contradictoire, n'en produirait pas moins le plus heureux effet publicitaire. Prélat charitable, Cauchon n'oubliait pas pour autant ses responsabilités envers le petit roi auquel il avait juré fidélité et protection. Le vin trouble de la politique avait été tiré tant bien que mal, restait à le boire au mieux jusqu'à la lie.

Avant de monter au château, Le Maistre me dit que l'évêque, sous prétexte qu'il s'agissait d'une affaire sacramentelle, avait renoncé à s'encombrer de notaires, décision à double tranchant. Cauchon n'était pas sûr du tout que Jeanne désavouerait ses Voix pour avoir l'avantage de communier et, si elle demeurait inébranlable, l'absence des notaires permettrait de voiler ce fait décevant. Mais si la condamnée se laissait ébranler, les notaires se refuseraient sans doute à signer le texte après coup, et sa portée en serait affaiblie. La décision de l'évêque prouvait qu'il était plutôt pessimiste.

J'étais, quant à moi, plutôt optimiste, et je m'en expliquai au vice-inquisiteur sur le départ :

« Depuis que la Pucelle est relapse, je vous parie que ses Voix sont en pleine confusion et lui présentent leurs excuses pour l'avoir si mal conseillée. Elle les reniera derechef, et sincèrement cette fois-ci.

– Ce serait bien extraordinaire !

– Tout à fait logique. Ce procès a été dominé de bout en bout par une superbe logique. »

Le Maistre s'éloigna incrédule, et il avait bien tort. Pourquoi Warwick se serait-il gêné ? Un virtuose tire toujours le maximum d'un instrument.

On trouve le compte-rendu de cette ultime visite des juges et de sept assesseurs à Jeanne dans une communication en date du 7 juin – que Manchon n'avait pas voulu authentifier, et pour cause, puisqu'il n'avait pas été présent et que le procès était fini.

A savoir les dépositions concordantes de Nicolas de

Venderès, Pierre Maurice, Thomas de Courcelles, Nicolas Loiselleur, des dominicains Jean Toutmouillé et Martin Ladvenu – ce dernier du couvent de Le Maistre, et d'un certain Jacques le Camus, chanoine de Reims en fuite.

Les deux juges qualifient ces personnes de « dignes de foi », et elles le sont.

D'abord par leur qualité même. Venderès assure, je l'ai dit, l'intérim du siège; Maurice et Courcelles sont des hommes remarquables et foncièrement honnêtes; Loiselleur est un ami de Jeanne, qui va pleurer toute la journée; Ladvenu assistera la condamnée jusqu'à la fin avec beaucoup de dévouement; passe pour Toutmouillé et le Camus, dont je ne puis rien dire, sinon qu'ils ont dit comme les autres.

Ensuite parce qu'elles désopent sous serment prêté sur l'Evangile.

Enfin parce qu'elles n'ont dans l'affaire aucun intérêt qui vaille de faire un faux serment sacrilège qu'un prélat de la qualité de Cauchon ne leur aurait jamais demandé.

Et il ne faut pas oublier d'autre part que Le Maistre est présent avec l'évêque, un évêque avec lequel il ne sympathise guère. Si Cauchon avait eu l'arrière-pensée extravagante d'extorquer des témoignages de complaisance à un tel cénacle, le vice-inquisiteur est le dernier homme du monde qu'il eût invité.

Ces messieurs, certes, ne diront pas tout, mais le peu qu'ils diront sera vrai. Et que disent-ils?

Que Jeanne a avoué qu'aucun ange n'avait apporté la moindre couronne au roi Charles : l'ange n'était autre qu'elle-même, et la couronne, toute symbolique. Il était bien naturel qu'à l'article de la mort, la Pucelle revînt sur une invention à laquelle personne, d'ailleurs, n'avait ajouté foi.

Que ses apparitions ne s'étaient pas toujours présentées sous la forme d'anges ou de saintes grandeur nature, mais aussi « en grande multitude et en très petite dimension ». Car Jeanne, chez Warwick, persistait évidemment à entendre ces Voix personnelles qui étaient allées la dénicher à Domrémy et qui avaient dû prendre avec le temps des particularités aussi originales que variées.

Ces deux aveux n'ont pas, semble-t-il, grande importance.

Plus intéressante me paraît cette ultime déclaration que les Voix et apparitions n'avaient rien d'imaginaire. Les Voix, dès l'origine, avaient souvent accompagné le son des cloches, et les apparitions avaient été réellement perçues. Soupçonnée de mensonge, Jeanne s'insurge et résume ainsi son expérience : « Soit bons, soit mauvais esprits, ils me sont apparus. »

Mais surtout, la Pucelle reconnaît qu'en lui prédisant qu'elle serait libérée et en lui recommandant de répondre avec hardiesse à ses juges, ses Voix l'ont trompée, motif pour lequel elle a cessé de leur faire confiance. Ce disant, Jeanne se borne à constater un fait : ses Voix, par de fallacieux conseils, ont contribué à l'entraîner vers la mort.

Accessoirement, afin de donner plus de valeur aux derniers dires de la condamnée, la plupart des docteurs précisent qu'elle jouit évidemment d'une bonne santé mentale, ce qui était encore la vérité. Désireux de bien faire, le naïf Toutmouillé atteste même que non seulement la Pucelle est saine d'esprit, mais qu'il le tient de la Pucelle elle-même !

Jeanne ayant renié ses Voix pour de bon, Martin Ladvenu peut enfin lui accorder officieusement, sur l'autorisation expresse de l'évêque, les sacrements de pénitence et d'Eucharistie, que la condamnée reçoit avec la dévotion et le bonheur que l'on devine.

Il y a ici une preuve supplémentaire et décisive que la Pucelle a bien renié ses Voix comme les sept dépositions l'affirment, car c'est seulement à cette condition qu'elle pouvait bénéficier des sacrements. Il y aurait eu très grave sacrilège à administrer les sacrements à une impénitente notoire. Ni Cauchon, ni Le Maistre n'avaient la moindre raison de le tolérer, et le frère Martin s'y fût refusé avec horreur.

Certains se sont étonnés qu'une Jeanne morte en excellente catholique réconciliée avec l'Eglise ait été officiellement brûlée comme hérétique endurcie. La contradiction n'est qu'apparente et elle s'efface dès qu'on a pris connaissance de la procédure inquisitoriale, qui fait soigneusement la distinction, je le redis, entre le « for externe » et le « for interne ». L'hérétique récidiviste déclaré « relaps » sera de toute manière brûlé en tant que relaps par application de la sentence de « for externe ». Mais rien n'empêche le condamné qui manifeste un revirement et affiche de bonnes dispositions d'être confessé et communié au « for interne », et ce jusqu'au dernier instant. L'Eglise fait même en ce sens les plus grands et les plus louables efforts.

Ne tenant plus en place, je m'étais résolu d'aller rôder près du château pour attendre la sortie de l'Inquisiteur délégué, que je vis enfin reparaître avec Toutmouillé. Les deux hommes étaient bouleversés, et Le Maistre me dit, après m'avoir résumé ce qu'il venait d'entendre de la bouche de Jeanne :

« Ainsi, Dieu soit loué, la Pucelle est retournée à la religion ! Mais dans quel état pitoyable nous l'avons vue ! Toute son intrépide assurance l'avait quittée, et quand le frère Martin a dû lui annoncer que son heure était venue, la terreur l'a envahie et elle s'est mise à pousser des gémissements affreux, accusant l'évêque de sa mort.

» " Hélas, disait-elle, si j'avais été en la prison ecclésiastique à laquelle je m'étais soumise et que j'avais été gardée par des gens d'Eglise, non point par mes ennemis et adversaires, il ne me serait pas misérablement arrivé ce qui m'arrive ! Ah, j'en appelle à Dieu, le Juge suprême, des grands et graves torts qu'on me fait ! "

» Bien qu'il ne fût nullement responsable de la prison laïque de Jeanne, Cauchon en était tout remué. Il eût certes fait meilleure figure s'il avait refusé de se mêler de cette affaire dans de pareilles conditions, et il le savait bien. On ne doit jamais souffrir une irrégularité de ce genre, dont les conséquences sont imprévisibles. »

Mais ce que Cauchon n'avait pas prévu, Warwick l'avait fort bien vu. Et je m'expliquais mieux le calme relatif que le comte avait manifesté à Saint-Ouen. Ce n'était pas seulement de la maîtrise de soi. Warwick caressait déjà le projet de faire retomber Jeanne dans l'impénitence par le jeu de Voix appropriées entonnant le chœur du grand reproche, comme par la peur panique de mauvais traitements après qu'elle aurait été soustraite à sa garde, et lorsque les Voix qui soutenaient la Pucelle l'auraient froidement laissée choir, l'inspirée anéantie serait mûre pour un désaveu final qui serait d'excellente propagande.

Avantage annexe, qui devait réchauffer le cœur amical d'un homme pieux et accessible au scrupule, la débandade des Voix permettrait à la condamnée de mourir dans les dispositions d'une chrétienne exemplaire. En somme, par une experte modulation des Voix, le comte obtiendrait ce que les tortures n'obtiennent pas toujours : une conversion sincère.

L'illusionniste était là – par pur accident, sans doute – dans la tradition inquisitoriale et pontificale, selon laquelle tout est bon pourvu que le résultat le soit. L'éclatante conversion finale de la Pucelle faisait du travail de Warwick un chef-d'œuvre insurpassable de salutaire duplicité. Et je dois avouer humblement qu'il était le seul à pouvoir l'obtenir. N'avais-je pas perdu ma salive à essayer de faire saisir à Jeanne que Dieu n'est pas français? (S'il avait le choix, ne serait-il pas plutôt vénitien?)

Je parle de conversion éclatante, car elle figure en bonne place dans des lettres d'Henri VI à l'empereur, aux rois, ducs et autres princes de la chrétienté, mais aussi aux prélats, ducs, comtes et autres nobles et cités du royaume de France, l'Université de Paris ayant de son côté résumé l'affaire à l'intention du pape, de l'empereur et des cardinaux. Championne des Valois, la Pucelle devenait subitement internationale par son repentir.

Le roi Charles ne dut guère être satisfait de cette issue. Jeanne avait trouvé moyen de se faire brûler comme hérétique tout en désavouant ses Voix! Son Prince perdait sur les deux tableaux, et il aurait du mal à remonter la pente.

Mais en cette matinée du 30 mai, je me moquais bien de Charles VII. Complètement écœuré, j'errai un moment au hasard. Et comme chaque fois que notre sensibilité est mise à l'épreuve, la métaphysique vient nous taquiner, je me demandais malgré moi quelle signification il convenait d'attacher à ce maudit procès.

Dans la mesure où il s'agissait d'un procès politique, il n'en avait assurément aucune. La politique n'est qu'un bruit qui passe pour assourdir les fous. Mais l'affaire avait eu aussi un aspect religieux. Une fille ni plus ni moins hérétique que la foule de ses compatriotes avait été broyée par la machine répressive de l'Eglise. Et à qui la faute?

Jeanne y était certes pour beaucoup, mais on l'avait aidée. Les Pères de Poitiers avaient fermé les yeux. Cauchon les avait ouverts. Warwick avait truqué le jeu. L'Inquisition s'était endormie. Une procédure écrasante, que le pape avait créée jalousement pour l'usage d'hommes à lui, avait été en partie détournée de ses fins par un évêque trop sensible aux sirènes du pouvoir... Et tout cela pour qu'une inspirée de village change d'avis quant à ses Voix! C'était démentiel. A croire que l'Eglise était aussi folle que les gens du siècle.

Je m'aperçus tout à coup que j'approchais de la place du Vieux-Marché, déjà pleine de rumeurs, et j'eus un mouvement de recul. Un enfant plus ou moins inconscient peut se distraire à regarder brûler des sodomites ou égorger des poulets, mais assister au supplice d'une jeune personne que l'on a connue trépidante de vie et d'espoir est une autre affaire. J'avais pourtant promis à mon oncle, le futur pape, de lui rendre compte et je devais vaincre ma profonde répulsion. Ce bûcher, d'ailleurs, empruntait plus à Rome qu'à Rouen.

X

Après plus de vingt-six ans, l'émotion me gagne encore lorsque j'évoque les cruelles images de ce matin-là, et d'abord celle de Jeanne arrivant dans sa charrette place du Vieux-Marché, en robe longue, comme elle l'avait demandé, mais tête rase. Au procès en nullité, Toutmouillé déclare qu'elle s'arrachait les cheveux de désespoir, mais on s'en était chargé pour elle.

Cette place, située près de la petite église Saint-Michel, était de médiocre étendue et l'espace disponible pour la cérémonie était encore réduit par la présence d'une belle halle, consacrée aux bouchers et aux poissonniers, et de l'église Saint-Sauveur, de notable dimension. On avait entassé là deux tribunes, l'une pour les juges, assesseurs et dignitaires ecclésiastiques, l'autre pour le bailli et les personnalités militaires et civiles, plus deux estrades pour la Pucelle et le prédicateur. Le bûcher avait été dressé tout en haut d'un grand socle en plâtre, de sorte qu'on ne perdît rien du supplice. Une haie de soldats isolait tout cet appareil de la foule. Des barrages de soldats avaient également été disposés dans sept ou huit rues ou ruelles qui menaient à la place du Vieux-Marché afin de filtrer les amateurs de façon convenable et, sur le « Marché aux veaux » adjacent, des renforts stationnaient à toutes fins utiles.

En arrivant par la rue Vanterie, peu avant l'apparition de la Pucelle au débouché de la rue des Pelletiers, j'avais été arrêté un moment par un sergent, jusqu'à ce qu'un écuyer de Warwick me fît prier de rejoindre son maître dans la tribune laïque, où j'avais pris place derrière le comte. Cette prévenance signifiait peut-être qu'il avait renoncé à me faire tuer.

De mon siège, sous le soleil printanier qui avait déjà pris de la hauteur, je pouvais voir Jeanne très distinctement. Comme l'avait noté Le Maistre, sa belle assurance l'avait fuie. Trahie subitement par des Voix qu'elle avait trahies en riant, elle avait saisi un peu tard qu'il faut se défier de ces phénomènes ambigus, et sa méfiance des Voix décevantes orchestrées par Warwick avait dû discréditer aussi dans son esprit affolé par l'imminence de la mort les Voix longtemps bénifiques qui avaient illuminé son enfance paysanne. Toutes les Voix l'avaient abandonnée d'un coup et le ressort était cassé qui avait tendu la Pucelle de Vaucouleurs à Saint-Ouen. Jeanne avait atrocement peur.

Je détournais mes regards vers le poteau du bûcher, où avait été fixée une pancarte :

« Jeanne, qui s'est fait nommer la Pucelle, menteresse, pernicieuse, abuseresse de peuple, devineresse, superstitieuse, blasphémeresse de Dieu, présomptueuse, mécréante en la foi, vanteresse, idolâtre, cruelle, dissolue, invocatrice de diables, apostate, schismatique, hérétique. »

C'était du niveau de l'acte d'accusation de d'Estivet ! Le « dissolue », pour une triple vierge, était particulièrement idiot.

Tout étant en ordre, Nicolas Midi prit la parole sur le thème : « Si un membre souffre, tous les autres souffrent avec lui », tiré de la première Epître de saint Paul aux Corinthiens. Cela valait toujours mieux que les incongruités d'Erard, qui avaient failli faire rater la première abjuration.

Puis, avec une paternelle bonté, l'évêque admonesta la condamnée :

« La prédication achevée, derechef nous avons averti ladite Jeanne qu'elle pensât au salut de son âme et réfléchît sur ses méfaits dans le repentir d'une vraie contrition. Et nous l'avons exhortée à croire au conseil des clercs et notables personnes qui l'avaient enseignée et instruite quant à son salut, et en particulier au conseil de deux vénérables frères Prêcheurs qui étaient alors auprès d'elle et que nous lui avions donnés pour l'instruire sans relâche et lui prodiguer avec zèle admonitions et salutaires conseils. »

Ces deux dominicains étaient Martin Ladvenu et Isambard de la Pierre.

Après quoi, Cauchon lut la sentence définitive, qui commençait par ces phrases :

« Au nom du Seigneur, amen! Chaque fois que le poison fatal de l'hérésie se fixe avec ténacité sur un membre de l'Eglise et le transforme en un membre de Satan, il faut prendre soin avec un zèle diligent que dans les autres parties du corps mystique du Christ ne puisse se glisser cette dangereuse souillure. Aussi les principes institués par les saints Pères ont-ils arrêté qu'il valait mieux séparer les hérétiques endurcis de la société des justes, plutôt que de réchauffer ces mortelles vipères dans le sein de notre pieuse mère l'Eglise, au grave péril des autres fidèles. »

Et le morceau se terminait de la manière la plus classique :

« ... D'où il suit que, te déclarant retombée dans tes précédentes erreurs et dans les sentences d'excommunication que tu avais primitivement encourues, nous te disons relapse et hérétique, et par notre présente sentence (...), nous jugeons que, tel un membre pourri, afin que tu n'infectes pas également les autres membres, il faut te rejeter de l'unité de l'Eglise, te retrancher de son corps et t'abandonner à la puissance séculière (...), la priant de modérer son jugement envers toi en deçà de la mort et de la mutilation des membres. Et si en toi de véritables signes de repentir apparaissent, que l'on t'administre le sacrement de pénitence. »

Dans mon trouble, je n'étais guère porté à réfléchir sur les paroles de l'évêque. Avec le recul du temps, je m'aperçois aujourd'hui que la comparaison entre l'admonestation évangélique qui précède la sentence d'exclusion et les termes de ladite sentence, elle-même close sur une proposition sacramentelle, illustre clairement la différence déjà dite et redite entre le « for externe » et le « for interne ». Au for externe, l'Eglise a le chagrin de livrer au bras séculier un irrécupérable, avec des recommandations lénifiantes qui expriment l'espoir que le jour revienne où la mort ne sera plus nécessaire pour préserver la foi. Alors qu'au for interne, une Eglise toujours optimiste ne désespère pas de voir brûler un bon chrétien bien absous, qui aura peut-être là-haut une meilleure place que celle de l'évêque ou de l'Inquisiteur. La grande leçon de charité que nous donne l'Eglise, c'est qu'elle tue à regret et sans haine. A ce point qu'on se demande parfois si ces excellents sentiments ne lui porteront pas malheur. A force de se dégoûter de tuer, on y renonce, et l'hérésie prospère.

En tout cas, le projet de confesser Jeanne n'était qu'une traditionnelle formule : le frère Martin s'en était déjà fort bien occupé.

Quant aux références patristiques de l'évêque, elles étaient connues et pratiquées depuis une longue suite de siècles. Tout se résume dans la magnifique exclamation de saint Augustin, qu'il aimait à répéter en passant devant les bordels de Carthage : « Quelle liberté est plus funeste que celle de l'erreur ? » Reste à savoir où elle est, et il semble bien qu'il y en avait quelques-unes dans le procès de la Pucelle.

La sentence lue, Midi dit à Jeanne, tel un confesseur congédiant une pénitente : « Allez en paix, ma chère fille ! » Mais il ajouta douloureusement : « Votre mère l'Eglise ne peut plus vous protéger. » La confession débouchait sur le supplice.

La Pucelle fut alors coiffée d'une mitre où était inscrit comme un résumé de son affaire : « Hérétique, relapse, apostate, idolâtre », et elle s'agenouilla pour demander pardon dévotement à tout le monde : aux juges, aux assesseurs, au roi de France et d'Angleterre, au roi de France tout court et aux Princes du Sang, aux soldats anglais et français... Quelle que soit la bonne volonté, on commet toujours quelque péché à l'égard d'autrui. Et l'étendue de notre ignorance comme l'empire de nos passions nous y exposent tout particulièrement. Jeanne l'avait bien compris.

Dans la messe de saint Jean Chrysostome, on trouve cette fine et remarquable idée que nous devons aussi demander pardon à Dieu de nos péchés ignorés, ceux que nous avons commis involontairement sans savoir que c'était mal, ceux que nous avons commis volontairement en croyant bien faire.

La Pucelle, pleurant à chaudes larmes, n'en finissait plus de demander pardon. Certains pleuraient avec elle, d'autres riaient, les soldats s'impatientaient.

Je m'attendais à ce que Jeanne demandât pardon aux putains qu'elle avait bêtement pourchassées, mais je n'entendis rien de ce genre. La pudeur, sans doute, l'avait retenue. Mais elle eut encore une pensée pour son gentil Dauphin, insistant bien sur le fait qu'il était innocent de tout ce qu'on pouvait retenir contre elle. C'était sans doute plus que le roi ne méritait.

Enfin la condamnée fut amenée devant le bailli entouré de ses sergents, personnage qui devait prononcer la sentence de condamnation laïque, et elle parla un moment avec lui, tandis que la masse des juges et clercs – à l'exception de Ladvenu et d'Isambard – commençaient de se retirer pour manifester que l'affaire avait cessé de les concerner. C'était l'heure du bras séculier.

Soudain, le bailli commanda que l'on conduisît Jeanne au bûcher.

Dans le dernier étonnement, je me penchai vers Warwick et glissai dans son oreille pleine de poils gris :

« Et la sentence de condamnation laïque?

– Il n'y en aura point.

– Par exemple! Et pourquoi donc?!

– Afin de faire comprendre à tout le monde que ce n'est pas l'Angleterre qui brûle la Pucelle, mais l'Eglise de France. Foin de cette hypocrisie du bras séculier! L'Eglise devrait être fière de faire son travail toute seule. »

L'impudence du comte était extraordinaire! Mais il me fallait bien le croire : le bailli n'aurait jamais osé escamoter une sentence qui était pour lui l'obligation s'il n'en avait reçu l'ordre formel. Cette fantaisie de Warwick était une insulte délibérée à l'égard de Cauchon, qui lui avait donné tant de fil à retordre durant la procédure. L'Eglise attachait le plus grand prix à paraître innocente de la mort des « relaps ».

Je fis observer :

« Une aussi scandaleuse irrégularité peut contribuer à l'annulation du procès.

– Le procès sera annulé si le roi Charles prend Paris et Rouen. Si nous prenons Bourges, votre bon oncle romain trouvera tout cela très régulier. »

Warwick avait eu pour une fois le dernier mot.

L'évêque et ses assesseurs défilaient sous notre tribune en direction de la sortie. Cauchon pleurait, et je ne suis pas le seul à l'attester. Isambard de la Pierre le signale aussi dans sa déposition du procès en nullité. Et il y avait de quoi, car le beau procès prévu et si intelligemment clos était tout pourri de l'intérieur, comme ces pharisiens dont nous parle le Christ.

On lia Jeanne au poteau et elle invoqua saint Michel, dont le Mont normand tenait toujours contre Bedford, protégé par ses sables mouvants. Invocation parfaitement orthodoxe. Tout le monde a le droit de prier saint Michel – à condition de ne pas le voir de trop près.

C'est d'ailleurs le seul saint que la Pucelle devait invoquer. Elle aurait craint de paraître impénitente en faisant allusion à Gabriel ou à ses saintes, dont elle n'avait que trop discouru.

Je préciserai entre parenthèses que le procès en nullité vit se dérouler deux séries d'enquêtes, en 1452 et en 1456. En 52, un seul témoin, Pierre Bouchier, signale l'invocation à saint Michel. D'autres témoins y ajoutent les deux saintes en 56, mais je crains qu'ils n'aient manifesté là quelque complaisance. Deux soucis contradictoires s'étaient imposés au promoteur de ce procès : ne pas parler de Voix somme toute assez suspectes, en parler quand même un peu, juste ce qu'il fallait pour faire croire que Jeanne ne les avaient pas reniées à l'aube de sa mort, contrairement aux affirmations formelles de sept témoins dignes de foi.

Le frère Isambard était allé chercher à Saint-Sauveur la grande croix des processions pour l'élever bien haut devant les yeux de la Pucelle, qui avait déjà en son sein une petite croix improvisée avec deux bâtons, qu'un Anglais charitable lui avait fabriquée. Le frère Ladvenu priait. Le pitoyable Massieu redescendit du bûcher où il avait grimpé afin de tenir compagnie à Jeanne le plus longtemps possible.

Il était midi. Les soldats avaient faim et s'agitaient.

Sur un signe du comte, le bourreau mit le feu à l'entassement de fagots.

Je me penchai de nouveau vers Warwick, et je m'étonnai encore :

« Comment? On ne l'étrangle pas? Elle l'a pourtant bien mérité, puisqu'elle s'est confessée et a reçu l'Eucharistie.

– Mais la Pucelle est une hérétique de naissance qui n'est vraiment catholique, grâce à l'Angleterre, que depuis ce matin. Elle ne se fera jamais trop de mérite dans le peu de temps qu'il lui reste à vivre! »

Il fallait s'appeler Warwick pour avoir des inspirations pareilles. J'aurais étranglé cet individu avec joie!

Un peu honteux de cette sortie, le comte ajouta :

« Vous voyez bien que le bûcher est trop haut pour que le bourreau vous fasse ce plaisir. Il brûlerait avec la condamnée.

– Vous l'avez fait exprès!

– A vous entendre, je finirai par croire que je suis méchant!... »

Le regard horrifié de Jeanne, fixé sur la croix, était déjà voilé par les fumées. Elle s'écria : « Rouen, Rouen, j'ai grand-peur que tu n'aies à souffrir de ma mort! » Mais Dieu, pour qui le temps ne compte pas, avait déjà puni par provision toute la population lors du siège, en attendant diverses épidémies ou atrocités de complément.

Flammes et fumées enveloppèrent tout d'un coup la Pucelle, qui répéta : « Jésus! Jésus! » Puis ce furent des cris épouvantables, que les soldats et la foule saluèrent de hurlements de triomphe.

Je m'étais bouché les oreilles et j'avais fermé les yeux. Warwick me tapota l'épaule...

« C'est fini. Elle a été étouffée très vite comme une colombe. Elle ne souffre plus. Nous la retrouverons sans doute au Ciel. Il ne m'étonnerait pas que nous ayons brûlé une sainte, vous savez. Quand on est doué, quelques heures suffisent pour devenir saint, et Jeanne était très douée. Avec un bon catéchisme, elle aurait fait une excellente Anglaise. »

Effectivement, le brasier avait pris une rassurante ampleur et la suppliciée s'était tue.

Avant que le corps ne fût consumé, le bourreau repoussa les braises un instant, de sorte que l'assistance pût vérifier qu'il s'agissait bien d'une femme, qui n'avait pas réussi à s'échapper à la suite d'un dernier tour de magie noire. Et par crainte des amateurs de reliques, le comte devait ordonner de jeter les cendres à la Seine, où elles prirent tout doucement le chemin de l'Angleterre.

On se dispersa et je quittai la tribune après avoir remercié Warwick de son invitation. Le feu donne soif, et les auberges de la place étaient prises d'assaut.

J'avais besoin moi-même d'un réconfort, et je finis par trouver un tabouret près d'un dominicain déjà gris, dans lequel je reconnus Pierre Bosquier. Sa peine semblait immense, et il soupirait à fendre l'âme en pleurant dans son vin. Ma peine n'était pas mince non plus, je lui tins compagnie et nous bûmes ensemble force cruches jusqu'à perdre la notion des choses. Bosquier parlait de procès injuste, ce qui n'était pas aimable pour le vice-inquisiteur prieur de son couvent, mais bientôt, je ne fus plus en état de le rappeler à la prudence. Qu'est-ce qu'un procès juste ? Nous devons attendre d'être morts pour le savoir.

ÉPILOGUE

JE m'attardai quelque temps à Rouen pour compléter et mettre en ordre la documentation concernant le procès de Jeanne, qui servirait de base à mon rapport détaillé à Rome. Cependant, comme je me méfiais de Warwick au point d'imaginer qu'il pourrait avoir l'indiscrétion sacrilège de s'intéresser de trop près au courrier de l'Inquisition, je jugeai prudent de remettre à un lieu et à un temps plus propices l'expédition d'un pensum qui n'avait rien d'urgent puisque la Pucelle était morte.

Mais je m'attardai plus encore, bien sûr, dans l'attente de l'heureux retour de John avec Lucretia et le petit Pietro, une attente qui se faisait bien longue et bien inquiétante.

L'atmosphère de la ville était d'ailleurs pénible. Les gens d'Eglise évitaient de parler du procès, ne sachant trop ce qu'autrui pouvait en penser au fond, et les Anglais eux-mêmes, le premier feu passé, avaient la satisfaction plutôt modeste, comme s'ils se fussent doutés qu'il leur aurait fallu brûler beaucoup de Pucelles pour rétablir une situation compromise par un manque chronique d'hommes et d'argent. Courant octobre de cette année 31, ils se prendront par la main pour rentrer dans Louviers, mais ne connaîtront plus guère de succès notables par la suite.

Dans la soirée du jeudi 7 juin, au lieu de voir arriver ma femme et mon fils, je reçus une lettre de John, que je laissai en souffrance une demi-heure sur la table de ma chambre avant d'avoir le courage de la décacheter. C'est que la lettre était lourde comme le malheur. Pour m'annoncer sa réussite et son retour imminent, John n'aurait pas eu besoin de tant de pages. Mais un échec devait au contraire l'obliger à des explications, qu'il eût été embarrassé de me donner de vive voix. L'enlèvement avait-il échoué ? Ou bien le pire...

Me maudissant pour ces hésitations lâches et puériles, j'ouvris enfin la lettre, que John avait rédigée en anglais afin de s'exprimer avec plus de précision et de nuances. Ce fut pour moi une première surprise pénible. L'anglais littéraire que j'avais appris à Venise n'avait que des rapports incertains avec la langue couramment et familièrement écrite. Mais les Anglais sont d'une étonnante obstination dans la désinvolture. Même quand ils possèdent une langue étrangère, ils préfèrent tirer à la ligne dans leur idiome hermétique et trompeur.

Le déchiffrement du texte me fut toutefois plus facile que je ne l'avais craint, puisque les Anglais distingués farcissent leur saxon d'une dose particulièrement élevée de termes franco-normands, parfois travestis, mais qu'on reconnaît alors à seconde lecture.

« Nous serons, mon cher Pietro, à Rouen sous peu, remontant la Seine, et je vous écris dès à présent car votre fils retarde la marche. Il en est déjà à prendre quelques bouillies, mais le lait lui est encore nécessaire, et j'ai, depuis Venise, deux nourrices sur les bras, une grosse et une maigre, qui donne curieusement plus de lait que sa concurrente. Cet enfant tout blond est superbe et sa santé est bonne, le voyage, grâce à mes soins assidus, ne l'ayant que peu dérangé. Ce n'est pas une mince histoire que de courir les routes et les mers avec un bébé ! Mais c'est une grande consolation que de vous l'apporter florissant après les épreuves que j'ai connues.

» A mon arrivée à Venise – quelle ville, Seigneur !

Londres a l'air d'un pauvre village à côté –, les sept mille ducats avaient du retard, et ce fut pour moi un devoir et un bonheur que de combler cette attente en allant tenir respectueusement compagnie à votre femme lorsque les ombres épaisses de la nuit garantissaient la discrétion de ces visites sous le regard tutélaire de Madame Kastélis.

» J'étais tombé en pleines fêtes de Pâques, durant lesquelles notre Lucretia fut bien surmenée pour des motifs que vous devinez et sur lesquels je n'insisterai point. Mais dès qu'elle fut laissée en repos, j'eus le privilège de l'entretenir de vous avec plus de loisir. Je l'avais trouvée rêveuse, lointaine, comme détachée de ce monde de turpitudes, mais cette révélation d'âme et d'esprit ne devait point l'empêcher de me poser à votre sujet toutes les questions que vous pouvez penser, les plus affectueuses et les plus tendres, s'inquiétant tout particulièrement de savoir si vous n'aviez pas réuni les sept mille ducats par des artifices indignes de vous. J'ai fini par lui avouer honteusement que vous les aviez gagnés au jeu à la cour du duc de Bourgogne, et elle eut presque scrupule à devoir sa libération à cette source impure. Ladite incartade mise à part, il va sans dire que je lui ai brossé de vos activités depuis deux ans et demi le tableau le plus rassurant et le plus flatteur, le plus propre à lui inspirer l'idée que sa pieuse influence avait fait de vous un garçon selon ses vœux exigeants. Jusqu'à la naissance de notre amitié, mon cher Pietro, qui a été l'occasion d'un touchant récit! Le regard même de cette femme étonnante me contraignait de peindre les réalités les plus sordides d'une touche légère et de déguiser vos quelques faiblesses en vertu. Il y a des lacs si purs qu'il ne faut y jeter que des pierres précieuses. Pardonnez-moi ces mensonges, car je ne parviens pas à les regretter. J'aurai vu Lucretia heureuse du choix qu'elle avait fait en votre personne.

» Quoique vous m'en eussiez maintes fois parlé, je n'ai pu m'interdire d'être édifié et transporté par la piété charmante de l'ex-Theodora. Je n'avais jamais rencontré chez qui que ce fût plus de douceur, plus de résignation, mais aussi plus de force et de dignité, plus belle et plus tranquille assurance que tout survient par la grâce de Dieu, le bon et le mauvais, afin de nous instruire et de nous rendre meilleurs. Exquise délicatesse, Lucretia ne quittait pas ses gants, car elle aurait rougi, disait-elle, de toucher de ses mains nues des hommes pour les péchés desquels les mains de Jésus-Christ avaient été percées de clous. Et bien que mes intentions fussent celles d'un frère, j'osais à peine lui effleurer le bout des doigts.

» Le 9 avril, j'ai remis à la tenancière une avance de mille ducats, le solde étant payable lors de l'évasion de l'esclave, prévue pour le dimanche 15 avril, jour où la négresse éthiopienne du Palais devait porter le petit Pietro à sa mère. Et le jeudi 12 avril, peu avant midi, on découvrait " the persone of Lucretia estoped ", après la visite d'un certain Trivulzio, qui avait fait partie de sa clientèle et avait obtenu de monter la voir sous un prétexte, vu qu'elle était en vacances depuis les fêtes. »

Cet « estoped » que je ne connaissais point me faisait la plus affreuse impression, mais les phrases suivantes ne livraient pas la clef de l'énigme et, plutôt que de pousser plus loin sans avoir compris ce terme qui me semblait capital, j'allai tout simplement frapper à la porte de Le Maistre, qui était plus fort que moi en anglais. Il avait même des lexiques dans sa chambre, car il eût été dommage de faire torturer coûteusement un « wyclifite » de passage pour constater que la langue du patient n'était pas claire.

En attendant l'heure du dîner, le vice-inquisiteur travaillait à un traité où il avait l'ambition – peut-être excessive pour ses moyens – de distinguer à des signes utilisables en procédure inquisitoriale les mystiques orthodoxes des mystiques suspects, question dont l'intérêt pratique était indéniable, mais qui n'en demeurait pas moins obscure et glissante.

Le Maistre ignorait comme moi le sens du verbe « estope », qui devait venir du vieux français « estoper » signifiant « bourrer », « remplir ». Mais les mots changent souvent de sens en changeant de pays, avant de disparaître aussi mystérieusement qu'ils sont venus. Un premier lexique nous donna pourtant le sens français originel, avec divers exemples, dont certaines expressions populaires dérivées où « estope » voulait dire malmener, violer une fille. Il importe certes que l'Inquisiteur puisse pénétrer le vocabulaire des soldats et des marins. Mais un deuxième lexique plus détaillé et plus récent ajoutait un autre sens, à savoir « étouffer », appuyé par l'exemple « étouffer un pigeon ».

L'esprit perdu et le cœur battant à rompre, il ne me restait plus qu'à poursuivre ma lecture. Enragé des vacances de Lucretia, Trivulzio avait-il abusé d'elle avec une horrible brutalité, ou bien l'avait-il étranglée ? Les deux hypothèses semblaient absurdes – l'une, d'ailleurs, n'excluant pas l'autre.

« Vous jugez de ma peine et de mon désarroi. Toute la maison était dans l'affliction, et personne ne comprenait ce qui avait pu conduire ce Trivulzio à une telle brutalité. Il avait jusqu'alors fait figure de client tranquille, ami d'un sénateur connu, et le fait de savoir qu'il avait été un moment votre secrétaire ne m'avançait pas non plus dans la solution du mystère.

» Tout bien réfléchi, je décidai d'aller me présenter à votre oncle Angelo, dans l'espoir que ses réactions m'éclaireraient peut-être.

» L'oncle se fit désirer et, tandis que je l'attendais dans la vaste antichambre en compagnie de la jeune négresse désœuvrée, des cris de femme me parvenaient des étages, assourdis par la distance, mais encore fort nets, avec de subites recrudescences qui devaient correspondre à l'ouverture d'une porte. Ces cris m'avaient d'abord rappelé ceux de ma mère en proie à ses confesseurs, mais je compris vite qu'une souffrance aiguë en était cause, qui ne devait rien aux licences d'un amour coupable.

» Enfin votre oncle parut, le visage défait, en habit de grand deuil. Il avait reçu pour Pâques la nouvelle de la mort de son fils et, dès que je me fus nommé, il m'interrogea longuement sur la fatale noyade qui avait coûté la vie à un jeune homme si prometteur. Ne sachant trop ce que vous lui aviez raconté à ce sujet, force me fut d'être assez évasif, et il en conclut que je lui dissimulais d'indicibles vérités. Mais il ne me semble pas que le soupçon ait pu lui venir que nous aurions pieusement assisté Niccolo dans ses derniers instants.

» Quand je parlai de Lucretia à votre oncle, des confidences que vous m'aviez amicalement faites à son sujet et de l'attentat qu'elle venait de subir, ses traits se décomposèrent et il devint verdâtre sous l'empire de la peur, sentiment difficile à feindre. Et, perdant sous le coup la maîtrise de soi, il a plusieurs fois murmuré : « Me faire ça, à moi ! » J'ai fini par saisir qu'il s'agissait là d'une égoïste allusion à votre mère qui se mourait, le sein rongé par un mal implacable. L'idée était claire : l'approche de la mort avait rendu l'agonisante libre de ses actes, au mépris de la sûreté de son amant, désormais exposé à votre suspicion et à votre ressentiment.

» Aussi l'oncle Angelo n'a-t-il pas ménagé ses efforts pour me convaincre de son innocence et, m'entraînant dans la bibliothèque où nous serions à l'abri des oreilles indiscrètes, il m'a vivement supplié, n'ayant pas le cœur de vous écrire et craignant que sa correspondance ne s'égarât entre de mauvaises mains, d'écouter sa défense avec la plus grande attention, de manière à pouvoir vous la rapporter fidèlement et textuellement.

» Je lui donne donc la parole...

» “ Trivulzio avait un frère cadet, nommé Pasquale, que Pietro a tué lors de son mariage avec Lucretia.

» “ Pasquale, prêtre défroqué paresseux et besogneux,

n'était bon à rien, et il a rencontré la fin qu'il avait maintes fois méritée. Trivulzio, prêtre défroqué lui aussi, mais beaucoup plus doué que son défunt frère, est un homme prêt à tout, que notre République, qui grouille d'espions, a souvent utilisé à des missions d'une certaine importance. Une grande et naturelle affection liait ces deux individus, Trivulzio s'étant institué protecteur de Pasquale, qu'il s'efforçait de tirer des misérables histoires où il avait eu l'inadvertance de se fourrer.

» " Dès la disparition de Pasquale, affaire que je me suis évertué à étouffer, je n'ai eu qu'une crainte : que Trivulzio, à force de gratter comme un rat dans une cave, ne parvienne à identifier l'auteur du meurtre. Pietro, avec l'emportement de la jeunesse, n'avait pas pris les précautions qui convenaient. Le premier mouvement n'est pas toujours le bon; il ne l'est presque jamais en matière d'assassinat.

» " Par conséquent, parant au plus pressé avec la vague espérance que le temps adoucirait la rancune du frère survivant, j'ai fait le nécessaire pour tenir le plus souvent possible Trivulzio éloigné de Venise, où il n'avait noué que trop d'intelligences pour percer à jour le fragile rideau de fumées que j'avais tendu et remonter jusqu'à Pietro. Le risque n'était pas mince que l'affaire ne refît également surface ou que mon imprudent neveu ne fût assassiné.

» " Ainsi, ai-je fait adjoindre Trivulzio à Pietro lors de son départ pour la France. J'étais bien certain que le jeune homme ne parlerait jamais à un Vénitien – et à un Vénitien de cet acabit ! – ni du meurtre de Pasquale ni de son mariage avec Lucretia. De même ai-je saisi l'opportunité d'expédier Trivulzio à Paris. Et grâce à mon entregent, l'espion a également reçu des missions qui l'ont entraîné à Milan, à Naples, et jusque sur la Baltique ! Depuis la mort de son frère, il n'a pas séjourné trois mois à Venise.

» " Naturellement, je n'avais soufflé mot du meurtre de Pasquale à la patricienne Condulmer, pour ne pas aggraver ses inquiétudes. Et pourtant, malgré toutes mes précautions, ma belle-sœur aura eu vent de cette affaire sordide – l'or peut bien des choses dans cette ville d'argent ! –, et elle aura succombé à la tentation de mettre Trivulzio au courant, de sorte qu'il passe sa rage sur Lucretia, tout au plus complice après le fait de la mort de son ignoble frère. Mais l'affreux plaisir de désespérer Pietro a pu l'exciter aussi.

» " Le forfait de Trivulzio le condamne toutefois à un long exil, ce qu'un Vénitien n'accepte pas sans importantes compensations. Ma belle-sœur avait réuni douze mille ducats, dont je ne vois que trop, à présent, où ils ont dû aller. Gestionnaire de la fortune de mon feu frère, je ne pouvais hélas les refuser à sa veuve, dans le doute où elle m'avait laissé quant à la destination de cette somme.

» " Voilà, Seigneur Stanley, la vérité vraie, telle que je la sais ou puis la deviner – j'en fais serment sur les quatre Evangiles ! –, et toute ma conduite avisée plaide ma cause. Qu'aurais-je pu faire de mieux pour éloigner le malheur ?

» " Mais je monte interroger la patricienne Condulmer pour obtenir confirmation de la triste évidence. "

» La malade maîtrisant ses plaintes durant l'entretien, les cris me furent épargnés un moment, dont je ne savais point si je devais les entendre avec un reste de compassion ou m'en réjouir comme d'une marque de justice immanente.

» L'oncle Angelo est redescendu pour me dire :

» " Ma belle-sœur vous charge de rapporter à Pietro qu'elle lui a fait le plus beau présent qu'une mère puisse faire à son fils : elle s'est damnée pour lui. Et je suis au regret de devoir vous l'avouer, mais c'est votre présence nocturne chez Lucretia, signalée à ma belle-sœur par une certaine Fioretta, camarade de travail de Lucretia, qui a levé ses dernières hésitations. Cette fille espionnait pour son compte depuis longtemps et il ne serait pas mauvais qu'elle en fût punie. Comme la patricienne

Condulmer redoute que Trivulzio ne s'en prenne quelque jour à Pietro, elle a d'ailleurs chargé une troupe de spadassins de coller aux chausses du fugitif, qui pourra de la sorte être dépêché discrètement loin de Venise, dans le refuge qu'il aura choisi. Bianca – oui, c'est son nom innocent... – a vraiment le don de faire des cadeaux funèbres ! Elle tient de la sirène et du serpent. J'aurai mis vingt ans à distinguer le bout de sa queue, et elle me fait encore peur, hurlant à la mort dans son lit. "

» Lucretia, qui avait comme le pressentiment de sa fin prochaine, avait demandé à être enterrée dans le cimetière de Torcello – " Cette fois-ci, je n'aurai pas le mal de mer ! " m'avait-elle assuré en souriant » – ce qui a été fait dans la matinée du lundi 16 avril, de la façon la plus décente. Mme Kastelis, qui perdait six mille ducats, était en larmes. Ses filles pleuraient aussi – en particulier Fioretta, que le remords accablait et qui envisageait déjà, sans doute, de se noyer le lendemain. Mais votre oncle Angelo pleurait plus que tout le monde : son fils bien-aimé était mort, sa terrible maîtresse venait de mourir, et il n'avait pu sauver la seule personne susceptible de lui donner de bons exemples.

» J'ai eu quelque peine à engager des nourrices qui acceptaient les risques d'un long voyage, et je n'ai pu quitter Venise qu'à la fin avril. Comme j'étais sur le départ, votre oncle m'a remis le certificat de mariage que votre mère s'était abstenue de détruire. Votre petit Pietro, assurance consolante, sera donc fils légitime.

» Reste à vous faire une confidence qui vous sera infiniment douloureuse, mais il vaut mieux pour vous, je crois, apprendre la vérité d'une bouche amie.

» Votre mère, inquiète de vos dissipations, avait introduit Lucretia au palais Condulmer avec mission de vous séduire et de vous assurer les avantages d'une liaison discrète et tranquille. Mme Kastelis ignorait tout des antécédents de cette prétendue Theodora, en dehors du fait qu'elle l'avait achetée à un tenancier de Palerme. La seule chose certaine est que l'esclave avait reçu une éducation très au-dessus de sa condition, et il est probable que le grec, parlé par tant de monde en Orient, était sa langue natale. Une fille de marchands, peut-être ? Lors de son arrivée chez vous, Lucretia, en dépit de quelques signes de croix superstitieux, n'était pas plus pieuse que ses sœurs d'infortune. C'est sur ordre, afin de mieux fixer votre attention et votre estime, qu'elle s'est présentée comme une princesse de Morée arrachée à son couvent par les Turcs; et c'est encore sur ordre qu'elle a accordé ses faveurs à Niccolo dans le dessein d'exciter votre jalousie à un moment où il pouvait sembler que vous vous détachiez d'elle. Sans ces faux-semblants, votre amour serait-il né comme il l'a fait ? Vous vous poserez hélas la question sans la jamais résoudre.

» Dites-vous plutôt que la comédie imaginée par votre mère a connu un terme prématuré pour le motif le plus imprévu : à force de jouer le rôle d'une pieuse princesse, Lucretia a été frappée par la grâce et elle est devenue subitement pieuse et noble pour de bon. Telle est la femme que vous avez aimée et c'est un amour partagé qui a transformé la comédie en tragédie. L'accident nous donne une étonnante idée de la puissance de cette grâce dont les prêtres nous parlent tant et dont nous voyons si rarement les effets, mais dont vous m'avez assuré qu'elle était l'instrument de Dieu dans le monde. Dès qu'elle agit, les paroles et les conduites se font vraies.

» Voilà ce que m'a avoué l'oncle Angelo à notre dernière entrevue, en me remettant le certificat. Et les raisons de cet aveu étaient bien claires : effrondré, anxieux, il craignait que vous n'appreniez un jour les dessous de l'affaire par un autre canal que le sien et que vous n'en conceviez un surcroît de haine à son encontre, alors que, selon lui, il ne se serait fait complice de votre mère qu'à son corps défendant et avec la plus extrême mauvaise grâce. Je lui laisse la responsabilité de cette affirmation, que son manque de caractère rend probable.

» Que vous dirai-je de plus ! Dans vingt ou trente ans,

une fois versées toutes les larmes requises, les avantages – si j'ose ainsi m'exprimer – vous apparaîtront sans doute du deuil qui vous frappe, et ils vous aideront à prendre votre mal en patience. Ce jour-là, vous n'absoudrez pas encore votre mère, mais vous commencerez à la mieux comprendre. Elle vous aimait certes à la folie.

» A bientôt. Même si la vie vous pèse, vivez au moins pour l'enfant que je vous amène, remerciant le Ciel qu'on ait oublié de le tuer. La tentation a dû être forte.

» John, votre ami dévoué. »

Je demeurai prostré deux jours et, le dimanche 10 juin, m'étant traîné à la messe de Saint-Ouen, je fis une constatation qui acheva de m'abattre : non seulement j'étais devenu incapable de prier, mais je n'étais plus chrétien. L'avais-je seulement jamais été, en dépit du soin que le Ciel avait pris de me faire connaître Lucretia ? Car le « Pater » est formel : Dieu ne nous pardonne que si nous pardonnons au prochain. Or j'avais tué cent fois ma mère en pensée, sa mort me remplissait d'une joie sauvage, et j'allais m'occuper comme ils le méritaient de Trivulzio et de mon oncle, dont la lâcheté, la fourberie et l'avarice étaient en grande partie responsables de la mort de ma femme. Rien n'aurait pu m'en détourner. Et il m'importait peu que ces deux misérables méritassent leur sort. Ce qui était grave, désespérant, c'est que l'esprit de vengeance annihilait en moi tout esprit de justice. L'idée me vint, que Wyclif avait dû me souffler, qu'un enfer m'avait été prédestiné. Par conséquent, à quoi bon vivre davantage ?

Il n'est pas décent de se donner la mort dans un couvent, et je rentrai dans le repaire de Le Maistre pour faire mon bagage.

Désolé de me perdre, le vice-inquisiteur me concéda un précieux cadeau : les quarante jours d'Indulgence que l'Inquisiteur a le droit, selon Clément IV, Alexandre IV et Urbain IV de distribuer au peuple et au clergé qu'il a convoqués à ses sermons. En tant que collaborateur occasionnel de l'Inquisition, je méritais aussi une Indulgence pontificale particulière. Mais ce n'était rien à côté de l'Indulgence pleinière accordée aux Inquisiteurs durant leur vie et à l'article de la mort, par analogie avec celle garantie aux croisés!

Ainsi nanti, je me retirai, avec un Laurent assez inquiet de ma mine, à l'auberge du *Cochon doré*, l'une des meilleures de Rouen, qui donne sur la place du Vieux-Marché, et la vision, sous ma fenêtre, de l'emplacement calciné où la Pucelle avait péri acheva de me donner des idées noires.

Mais comme un garçon qui a fait sa théologie ne se donne pas la mort un dimanche, j'attendis l'aube du lundi pour me jeter sur mon épée.

Chose curieuse, mon état de dépression était si accusé à l'instant du suicide que la prédiction de Jeanne, malgré un cadre qui aurait dû me la rappeler six fois, m'était totalement sortie de l'esprit. Qu'aurais-je résolu si je m'en étais souvenu à temps? Aurais-je été poussé ou retenu? Encore aujourd'hui, je ne saurais dire.

J'avais dû m'y reprendre à plusieurs fois afin de trouver le cœur répugnant de Pasquale. Je ratai le mien d'un pouce et restai une quinzaine entre la vie et ce qui nous guette par la suite, ne devant de me rétablir qu'aux soins dévoués de John, de Laurent et des deux nourrices.

Ma lente convalescence fut pour moi l'occasion de quelques réflexions sur le suicide, menées selon la pente des études toutes nourries de logique qui m'avaient été dispensées. Et mon grand fils Pietro aura intérêt à s'en instruire, car cette mortelle maladie peut nous frapper à tout âge.

Je ne parlerai pas du suicide des athées, issue tout à fait déraisonnable, car l'évidence étant criante que personne ne peut jouir du néant, le suicide de ces gens-là consiste à remplacer peu de chose par zéro, solution logiquement et mathématiquement rétrograde.

Parlons plutôt du seul suicide intelligent, celui des croyants qui envisagent avec une sérénité réfléchie d'améliorer leur situation.

Le plus facile, bien sûr, est de quitter volontairement la vie pour goûter avant l'heure d'un enfer que l'on estime plus accueillant que ce monde. Je n'ai pas besoin de souligner à quel point cette option est dangereuse, car il y a gros à parier que l'enfer, s'il est bien géré, dépasse toute imagination. Pour ne pas nous effrayer, les prêtres, s'appuyant sur les Evangiles qui y font tant d'allusions, nous entretiennent de feu éternel. Mais ce n'est qu'une allégorie. Non, l'enfer, ce sera la solitude. Nous serons privés du prochain que nous avons méprisé. Et à la Résurrection de la chair, le damné se réveillera dans un tombeau où il restera prisonnier, poussant des cris étouffés pour se faire entendre à la ronde des cercueils vides des élus. J'ai failli finir comme ça, je l'ai échappé belle, et je ne m'en vante point.

Option idéale en revanche : se retirer d'une existence intenable avec de telles circonstances atténuantes que le Ciel reste grand ouvert. Si la théorie est excellente, la pratique est cependant difficile, car le « promoteur » du Jugement dernier met en ricanant au panier la plupart des dossiers de circonstances atténuantes. Il en a tant vu ! Aussi, la démarche la plus prudente est-elle de ne pas se donner la mort soi-même, mais d'en charger cette bonne bête d'autrui, si prompte d'ordinaire à nous rendre ce service. Dans la boucherie inattendue de Patay, j'avais raté un premier suicide de ce genre, qui aurait pu se révéler décevant. Mais en se faisant condamner à mort, Jeanne n'a pas raté le sien, car elle croyait alors de tout son cœur en ses Voix, seule bonne excuse à son geste. Se faire condamner à mort pour un motif recevable en haut lieu n'est pas à la portée de tout le monde, et l'on déconseillera cette méthode aux étourdis et aux militaires.

Tu distingues, mon cher fils, que le chemin du suicide réussi est aussi malaisé que celui du salut. Il faut être saint pour s'y risquer, et les saints eux-mêmes ne s'y risquent que par accident.

John ne me quitta pour se marier qu'à la fin juillet et, début août, j'étais assez solide pour rentrer à Venise avec l'enfant et les deux nourrices, afin de dresser tranquillement pour le Saint-Père un bilan du procès de Jeanne et diriger la chasse à Trivulzio. Je pense que ce puant animal m'aura, tout compte fait, sauvé la vie, car mes élans suicidaires furent longtemps contrariés par la passion de lui régler son compte.

Laurent s'était refusé à me suivre. Son rêve était de vivre à Paris au Quartier latin, dont l'atmosphère lui plaisait depuis qu'il savait lire et écrire. J'ai récompensé son dévouement d'une forte somme, avec laquelle je savais bien qu'il ferait l'acquisition d'une auberge de passe, où sa femme serait patronne. Mais doit-on se montrer ingrat pour si peu ?

En arrivant à Venise, j'appris que mon oncle Eugène IV, menacé par les neveux Colonna de son prédécesseur, s'était enfui pour Florence le 29 mai précédent. Un pape était mort la veille de l'ouverture du procès public de la Pucelle, un autre avait décampé la veille de son exécution ! Ce sont des détails de cette espèce qui font croire à beaucoup que les choses de ce monde sont arrangées par un malin génie. Et bientôt, je reçus la pénible nouvelle que le Souverain Pontife avait été frappé d'hémiplégie. Le Grand Schisme avait commencé avec un pape fou, et voilà que nous avions un demi-pape !

Très peiné, je me précipitai à Florence, où j'eus l'heureuse surprise de constater que les facultés cérébrales de mon oncle n'avaient nullement été atteintes. Vertu d'une constitution ascétique ou miracle d'énergie, il devait, à moitié paralysé, diriger l'Eglise durant seize ans !

Je profitai donc de la circonstance pour faire au

Saint-Père un récit du procès de Jeanne, qu'il écouta d'une oreille assez distraite, me priant plusieurs fois d'abréger. Sans doute se ressentait-il encore de la fatigue de son attaque et avait-il en tête des soucis beaucoup plus urgents, en particulier avec ce concile de Bâle dont il allait mettre tant d'années à venir à bout. Mais il y avait autre chose. A des impatiences, à des réticences, à des demi-aveux, à de pieux mensonges évidents, je finis par concevoir des soupçons qui me causèrent un grandissant malaise : Martin V s'était-il seulement intéressé à la Pucelle ? La lettre que j'avais écrite au cardinal de Sienne pour l'alerter sur l'internement irrégulier de l'accusée n'était-elle pas restée en souffrance dans un bureau de la curie ? Le premier motif de la mission dont j'avais été chargé à Rouen n'avait-il pas été de me tenir éloigné de Venise ?

Dans un couloir du palais, je me heurtai à l'oncle Angelo, qui venait aux nouvelles de son côté. Il avait eu le bon goût de se retirer du palais Condulmer avant mon retour, et nous étions en relations polies. L'idée de faire ensemble le voyage de Venise à Florence ne nous était pas venue.

Rassurant Angelo d'un mot sur l'état de son frère, je lui fis part de mes soupçons et le priai de me mettre au fait.

« Oui, m'avoua-t-il enfin de mauvaise grâce, tu as deviné juste. Et j'en suis fâché pour toi. Les illusions sont une si belle chose à ton âge ! Mon pauvre Gabriel doit être bien fatigué pour s'être ainsi découvert. Mais enfin, réfléchis un peu... Comment as-tu pu imaginer que Rome avait confié une mission sérieuse à un aimable garnement dans ton genre ? Et d'autre part, le pape Colonna et Gabriel avaient bien d'autres choses à faire que de s'occuper de cette infortunée Pucelle ! C'est ta mère, évidemment, soucieuse de te détourner le plus longtemps possible de Lucretia, qui a fait le siège du cardinal de Sienne jusqu'à ce qu'il charge l'un de ses secrétaires de t'envoyer une belle lettre – dont il aura dicté sans doute quelques passages personnels – et de préparer le terrain à Rouen pour que tu y sois bien reçu. J'espère que ce séjour t'aura été agréable... »

Dans un état de fureur et de vexation difficile à décrire, je lui lançai, avant de me détourner, un mauvais regard dont il eut encore l'innocence d'être surpris. Je m'étais passionné pour le procès de Jeanne, au point de courir des risques mortels, alors qu'en fait, un cardinal complaisant m'avais mis en vacances à Rouen pour faire plaisir à ma mère! La plaisanterie était un peu forte.

J'abrégeai mon séjour à Florence et, de retour à Venise, à tout hasard, je transmis au Conseil des Dix l'accréditif que m'avait remis Tradenico, et qui avait tellement inquiété l'oncle Angelo. Dans le mot joint à la pièce, je déclarais que, l'expérience m'étant venue avec les années, j'avais scrupule à conserver plus longtemps un document d'allure diplomatique que je n'avais jamais eu l'occasion d'utiliser, mais dont j'avais quelque motif de croire qu'il pouvait être irrégulier.

A ma vive et délicieuse surprise, Tradenico et mon oncle furent aussitôt jetés en prison sous les toits du palais dogal, accusés de faux et de lèse-majesté, alors que tombaient les premières froidures de l'automne.

Mais j'eus la surprise moins agréable de recevoir bientôt ces lignes du Secrétaire du Conseil :

« Le sénat, Monseigneur, ne vous avait chargé d'aucune mission en France et la naïveté de vos dix-huit ans vous l'avait fait croire. Il ressort des explications embarrassées des accusés, qui se chargent mutuellement, que votre oncle Angelo et votre mère avaient soudoyé le sénateur Tradenico dans l'unique dessein de vous faire quitter Venise pour des motifs d'ordre privé, et le faux accréditif ne vous avait été confié que pour vous décider au départ. Soyez plus circonspect à l'avenir, car un mauvais usage de ce faux aurait compromis votre République de la façon la plus fâcheuse. C'est une chance que votre innocence ait été reconnue.

» Celle de Trivulzio, qui aurait été abusé au même titre que vous dans l'affaire, est probable, mais il est d'autre part sous le coup, ainsi que vous devez le savoir, d'une inculpation d'assassinat pour avoir étranglé une esclave dans un lieu de débauche, et il y a peu de chances qu'il revienne jamais nous donner un supplément d'explications.

» Nous avons saisi chez Tradenico, avant qu'il n'ait pu le détruire, le rapport que vous aviez cru expédier de France au sénat. Un jeune homme ne saurait se tromper avec plus de finesse. Il est possible, après tout, que vous soyez doué pour la diplomatie. »

Ma rage ne connut plus de bornes, et les ennuis des deux misérables me causèrent les plus vives jouissances. L'Etat vénitien est terriblement jaloux de ses prérogatives.

Début décembre, sous un beau soleil inattendu, on coupa sur la « Piazzeta » la mauvaise tête d'un Tradenico qui ne mettrait plus jamais les pieds dans un bordel, et j'étais au premier rang pour encourager de petits signes amicaux le sénateur qui tremblait de froid et de peur. Mais le bourreau ne s'y reprit qu'à deux fois.

L'oncle Angelo, par égard pour Sa Sainteté, ne devait rester que sept ans en prison, pour en sortir au prix d'une énorme amende, qui le poussa à s'endetter. Je rachetai alors les créances afin de les rendre immédiatement exigibles, et Angelo, totalement ruiné, ne pouvant plus tenir son rang à Venise, se réfugia dans une modeste propriété qu'il avait réussi à conserver en Terre Ferme. Il y vécut désormais d'une petite rente que lui consentait son frère de Rome, toujours trop bon, et le sein flapi d'une esclave turque édentée lui était une piteuse consolation. Mais après le décès d'Eugène IV, la gêne devint quasi-misère. Chassé par mes soins de sa maisonnette, l'oncle Angelo est mort il y a deux ans à l'hospice des incurables de Venise, après une fin de vie si triste qu'il eût été charitable de l'abréger.

Ayant rénoncé à me marier, j'avais besoin de consolations, moi aussi, et la sympathie que j'avais éprouvée pour la si gracieuse esclave noire de ma mère se transforma en un sentiment plus fort au cours de l'hiver 31-32. Cette jeune personne, très attachée à mon petit Pietro, avait toutes les qualités requises d'intelligence et de cœur pour faire une concubine dévouée, et je devais m'en tenir là. A l'heure où j'écris, elle m'a donné quatre bâtards d'une jolie couleur ambrée, qui s'entendent bien avec mon fils légitime.

La poursuite de Trivulzio connut des hauts et des bas et s'avéra interminable. Le fugitif avait un sixième sens pour flairer le moindre danger et disparaître. Il n'avait qu'une faiblesse : se frotter à des Vénitiens pour entendre le son de sa langue natale, et je fis tendre ainsi à grands frais un filet par toute l'Europe.

Après tant de déceptions, je désespérais, lorsqu'en octobre de cette année 1457, je reçus un message de notre colonie de Salzburg m'informant que Trivulzio aux abois avait pris ses quartiers pour la mauvaise saison près du gros village de St-Gilgen, sur un lac de haute Autriche. Et séance tenante, j'envoyai ce qu'il fallait d'hommes pour expédier le renard dans un monde qui lui serait pire. En hommage à Lucretia, je m'étais refusé à les accompagner, car j'y aurais éprouvé trop de joie.

Sur ces entrefaites, les 3 novembre, nous avons enterré notre doge Francesco Foscari, alors que mon fils Pietro s'initiait aux grandes affaires minières chez des banquiers d'Augsburg.

Au bout de vingt ans d'un gouvernement guerrier et somptueux, le vieux Foscari avait été ingratement contraint de démissionner par un Conseil des Dix pressé de voir une tête nouvelle. L'émotion l'avait foudroyé, et la Seigneurie toute entière, en proie au remords, lui avait organisé des funérailles d'une grandiose magnificence, suivies pas un immense concours de peuple en larmes. Avec cet homme éminent, c'était toute une époque de

Venise qui disparaissait, et la foule en avait conscience. On ne reverrait pas de si tôt un Foscari.

Sa dépouille fut exposée sur un lit de parade dans la salle des « Seigneurs de la Nuit », là où les arcades du palais dogal sont les plus basses. Le défunt était revêtu, malgré sa démission, de tous les insignes du dogat : la robe de brocart d'or, l'épée, les éperons et le bonnet cornu. Et c'est le nouveau doge en titre, Malipiero, qui s'était honteusement habillé comme un simple sénateur, en marque d'amende honorable. Puis, selon la populaire coutume, un groupe d'ouvriers de l'Arsenal se chargèrent du cadavre, qui gagna sous un dais doré sa dernière demeure de l'église des « Frari », par la rue de la « Merceria » et le pont du Rialto.

Foscari m'avait eu en grande estime et j'étais vivement ému. Sans doute Venise n'a-t-elle pas besoin de doges de premier ordre pour se soutenir et prospérer aussi loin qu'on puisse voir, mais c'est un honneur inoubliable que d'avoir été apprécié par l'un d'entre eux. Alors qu'un pays comme la France est exposé à connaître des alternances de gloire et de catastrophes selon les qualités de ses rois et gouvernements successifs. Approchant des « Frari », je me demandai ce que donnerait l'inquiétant Dauphin Louis après la mort du vieillissant Charles VII. Louis XI allait recevoir une succession en ordre : Anglais réduits à Calais, Princes du Sang provisoirement tenus en laisse, armée et fiscalité permanentes, commerce de nouveau actif... Qu'en ferait-il? La France n'était pas près cependant de former une nation comme Venise et ce n'est pas demain que ses rois seraient portés en terre par de simples ouvriers.

On me bouscula, et je me retrouvai avec un billet dans la main, dont je pris connaissance dès que je fus sorti de la presse :

« Quand j'ai étranglé votre Lucretia, elle a fait mieux que de me pardonner : elle m'a demandé pardon, car elle savait fort bien que, pour se ménager les faveurs d'un richissisme garçon, elle avait gardé le silence sur l'assassinat d'un pauvre diable. De quoi était-il coupable? Il avait informé une mère aimante de la trahison de son fils afin de se payer une pute! Au-dessus des lois divines et humaines, vous me traquez comme un maniaque depuis des lustres, mais sachez que, si vous parvenez à m'infliger le sort qu'a connu mon frère, j'ai conservé assez d'amis dans ma détresse pour que votre prétendu fils Pietro reçoive alors ces quelques lignes :

» " Votre mère esclave, complice de meurtre, a été punie le 12 avril 1431 par un client de passage au bordel de Santa Maria Formosa, où elle était pensionnaire depuis des années sous l'autorité de la maquerelle Kastelis. Quand vous fréquenterez cette maison, jeune homme, ayez une pensée pour elle qui vous y a donné le jour de père inconnu dans une chambre de passe! "

» Malgré vos prétentions, vous ne valez pas mieux que moi, et c'est bien la pire injure dont je puisse vous accabler. »

Le coup me frappa au point que j'en éprouvai une violente douleur dans le bras gauche et dans la poitrine et que j'eus du mal à reprendre ma respiration. Il était trop tard pour rappeler mes gens, partis vers l'Autriche depuis une quinzaine de jours, et je devais subir la dernière infamie de Trivulzio. Il était même étonnant qu'il n'eût pas proféré la menace plus tôt. Mais sans doute n'avait-il été informé que tardivement de l'existence de mon fils, au hasard de l'une de ses dernières pérégrinations.

Lorsqu'on me rapporta que le criminel, vieux et perclus, avait bien été mis à mort dans sa retraite comme je l'avais si longtemps espéré, je ne sus d'abord qu'imaginer pour amortir le choc attendu. J'avais élevé mon Pietro dans le culte d'une Lucretia en grande partie imaginaire. Chaque année, le 12 avril, nous allions nous recueillir tous deux au grand mausolée de marbre blanc que j'avais fait élever au cimetière de Torcello. Je me sentais incapable d'expliquer de vive voix tout ce que j'avais caché depuis vingt-six ans. A Stanley seul, il m'était arrivé d'y faire allusion par lettre. Mais mon brave John, demeuré fidèle aux Lancastre, avait été tué par des yorkistes l'année précédente, dans l'indifférence de ses fermiers et de ses moutons, et sa veuve éplorée n'avait jamais entendu parler de Lucretia.

Tu comprends, mon cher Pietro, pourquoi je me suis enfin résolu à écrire l'authentique histoire de ta mère. Il est possible que Trivulzio se soit vanté. Dans ce cas, tu me liras quand je n'y serai plus. Mais en attendant, si un complice te remettait jamais un message de calomnies posthumes, ultimes mensonges d'une vie d'espion, j'aurais au moins ce texte à te confier afin de rétablir la vérité, toute la vérité.

Oui, ta mère fut bien telle que je l'ai décrite, la meilleure et la plus charmante des femmes, la plus douce dans ses rapports et la plus inébranlable dans sa vertu après que Dieu l'eut gratifiée de son empreinte. Privé de Lucretia, j'ai fait semblant d'exister, de combattre contre Milan avec notre « condottiere » Gattamelata dans les années 39-40, de commander des galères, de conduire des ambassades à Grenade, à Alexandrie ou ailleurs, de secourir Constantinople en 1453 – il est vrai que, là, tout le monde faisait semblant ! J'ai fait semblant d'être un sénateur estimé et d'accroître encore ma fortune. Mais Dieu m'est témoin que je n'ai jamais fait semblant de chérir et d'éduquer mon Pietro !

Et tu m'auras bien rendu tous ces soins empressés, non seulement par la délicate qualité de ton amour pour moi, ta déférente affection à l'égard de ta seconde mère, ta patience envers des demi-frères trop souvent turbulents et taquins, mais aussi par l'excellence de tes études, la ferveur d'un vrai patriotisme vénitien, les aimables dehors d'une piété naturelle et sincère, et une grande dignité de comportement... du moins tant qu'il fait jour et que le plein soleil éclaire tes vertus.

Je prie le Ciel que le goût des filles te passe avec un

prochain mariage – tu as vingt-sept ans! –, et je ne suis pas trop content, même si tu les fréquentes avec discrétion, que tu fasses figure d'habitué avec tes brillants amis « della calza » dans les plus luxueuses maisons de Venise et que la vieille maman Kastelis te consente crédit et te gâte avec attendrissement. Je ne lui en demandais pas tant! Mais que pourrais-je te reprocher? Les péchés des pères se retrouvent chez les fils, et tu rencontreras peut-être un soir, dans le grand lit où tu es né, une Lucretia qui t'aura attendri par un signe de croix sur l'oreiller...

A la fin du livre de raison que le père lègue à son fils, une moralité s'impose et je me dois de sacrifier au genre, bien que l'utilité de cet effort me paraisse douteuse. Il en va d'un écrit en dehors des conventions courantes comme de la vie elle-même : chacun en tire les enseignements qui lui plaisent au regard d'une expérience peu démonstrative ou au nom de quelconques principes que l'expérience ne saurait justifier puisque d'autres principes eussent entraîné des conséquences différentes dont il est difficile d'affirmer qu'elles auraient été pires ou meilleures. Nous ne buvons jamais deux fois l'eau du même fleuve et c'est au Paradis seulement que nous pourrons découvrir notre vrai visage dans le miroir de sources immobiles. Je me relis et, tandis que les souvenirs remontent pas vagues successives, j'ai quelque peine à dégager une leçon susceptible de faire le bonheur d'un jeune homme de bonne volonté. Ou du moins, il me semble en apercevoir plusieurs.

Pour un homme qui a vécu comme moi près d'un demi-siècle, le plus aisé est de livrer des instructions politiques. C'est dans ce domaine que les punitions et les récompenses sont le plus promptement et le plus évidemment distribuées. Je ne t'apprendrai rien, mon cher Pietro, en insistant sur le fait que notre Venise, à la suite de toutes les comparaisons que j'ai pu faire, demeure, malgré les tares inhérentes à l'argent, un modèle inégalable.

En remettant la gestion de l'Etat aux patriciens les plus riches, dont les intérêts se confondent avec ceux de la Ville, le peuple vénitien s'est doublement abrité des tyrans et des démagogues, et une continuité à nulle autre pareille dans toutes les affaires peut régner chez nous. Une évolution sans révolution, telle est la clef de notre prodigieuse et régulière prospérité.

La sagesse de nos gouvernants et gouvernés se reconnaît d'ailleurs à un signe qui ne trompe point, une piété éclairée, digne d'illuminer toutes les nations et qui pourrait se résumer en une phrase : ne point compromettre Dieu inutilement. Chaque Vénitien sait d'instinct que toute la morale publique du moindre mal repose uniquement sur des notions d'efficacité et de réciprocité, par définition étrangères au christianisme. Dieu ne peut figurer dans ce domaine que par abus, verbiage et hypocrisie. La politique est amorale du fait qu'elle renferme en elle-même les germes de sa morale particulière.

L'histoire de Jeanne la Pucelle n'a fait que me confirmer dans cette certitude. Une nation où le Prince se prétend l'élu privilégié de Dieu donne de Dieu une triste image et ne saurait survivre que par l'usage inconsidéré du miracle. Jeanne est morte d'avoir cru que son « Dieu » était né en France et les résultats étourdissants que l'illusion a provisoirement entraînés me paraissent annoncer des lendemains amers. Tôt ou tard, sans doute, le voile sera déchiré, l'impie collusion de Dieu et du Prince volera en morceaux pour ne laisser que des ruines de religion et d'Etat, d'autant plus lamentables que l'illusion aura été plus longue et plus profonde. En fait – ne l'oublie jamais, Pietro ! –, nous sommes tous élus privilégiés de Dieu, qui ne nous fait de recommandations précises que selon l'ordre qui est le sien, celui de la perfection que nous sommes appelés à atteindre dans le cours de notre vie privée. Là, tout est limpide et l'Evangile a réponse à tout.

Tes demi-frères et toi-même aurez à votre tour à maintenir notre Venise que l'on dirait indestructible. Mais déjà, le ver ne serait-il pas dans le fruit?

En dépit d'inquiétantes apparences, je doute que l'ennemi le plus redoutable soit le Turc ou l'Italien. Comme bien des puissances qui mélangent à la légère Dieu et l'Etat, les Turcs connaîtront un jour le salaire de leur confusion, et nous avons d'autre part de quoi repousser tout péril sur Terre Ferme, et par la diplomatie et par la force. Quant aux ambitions françaises en Italie, elles continueront de s'exercer par caprices désordonnés, plus préjudiciables aux agresseurs qu'aux victimes.

Toutefois, Venise étant d'abord une place marchande, un relatif déclin pourrait nous frapper si les grands courants commerciaux commençaient de se détourner de nos lagunes. Danger heureusement très lointain : il faudrait que l'art de la navigation effectue de décisifs progrès pour que des nations atlantiques aillent régulièrement chercher les richesses de l'Asie en contournant le sud de l'Afrique, ou bien découvrent une route des Indes plus directe par l'ouest. Venise a encore de beaux jours devant elle.

Il m'est moins aisé, après avoir donné tant de mauvais exemples, de léguer quelques instructions de véritable morale.

Mais les fautes elles-mêmes apportent de salutaires avertissements et il n'est que trop certain que l'ivresse de la vengeance a assombri mes jours jusqu'à présent. Enorme impiété que la mienne, dont une injurieuse et satanique méfiance est cause! Car si nous faisons justice nous-mêmes, c'est bien parce que nous doutons que Dieu, dont nous craignons la bonté, la fasse aussi rigoureusement que nous dans un monde plus lumineux.

Et pourtant que de désastres mon ivresse n'a-t-elle pas entraînés? J'avais été scandalisé que Lucretia eût pardonné à Pasquale, et c'est le meurtre de ce misérable qui a causé la mort de la seule femme que j'aie jamais aimée. Je n'ai pu m'interdire de traquer Trivulzio jusqu'à ce qu'il en crève, et si j'écris aujourd'hui cette douloureuse confession, c'est parce que la menace qui pèse sur l'innocence de mon fils m'empêche de dormir. La ruine d'Angelo m'a coûté vingt mille ducats, et mes insultes à l'égard de ma mère n'ont fait que la rendre plus implacable. Mon agneau de femme, prête à tout pardonner, avait raison contre le sens commun, et la Pucelle avait raison aussi de demander pardon à tous au pied de son bûcher. Comme les Vénitiens l'ont discerné en politique depuis des siècles, la vengeance porte malheur, et tel est bien le seul registre où la morale privée gagnerait à s'inspirer d'une morale publique intelligente.

Hélas, je crains d'être incorrigible et d'avoir à rendre là-haut des comptes sévères pour la haine tristement rassasiée qui m'étouffe encore. Pardonne à tes ennemis intimes, Pietro ! Et dis-toi que c'est le pire qui puisse leur arriver.

Je n'ai pas à te mettre en garde contre l'ambition. La seule qui soit permise à un Vénitien est d'augmenter ses revenus au service de la communauté. Or, pour une âme délicate, le patriotisme doit vite l'emporter sur l'amour du gain, car les capacités de jouissance d'un homme riche sont dérisoires par rapport à sa fortune, et d'autant plus décevantes qu'il avance en âge. Borne-toi sagement, Pietro, à être très riche, et ne perds pas ton temps à le devenir à l'extrême. Tu en aurais plus de soucis que de satisfactions.

Applique-toi plutôt à te perfectionner en vertu, de façon que tu puisses toujours être assez content de ton image.

Les faiblesses de la chair ne me semblent pas avoir l'importance que les prêtres y attachent. Elles ne sont jamais que le reflet de notre être. Il vaut mieux faire l'amour avec générosité à plusieurs femmes que de le faire à une seule avec avarice.

Méfie-toi en tout cas des passions, et surtout des bonnes, qui sont les plus trompeuses, du fait qu'on s'y laisse aller totalement, persuadé d'être dans son droit et favorisé du Ciel. Il ne suffit pas qu'une passion soit excellente par elle-même, encore faut-il que la société veuille bien l'admettre. Ma passion pour ta mère, que je ne regrette en aucune façon, a pourtant failli me tuer comme elle en a tué bien d'autres, et Venise est ainsi faite que je ne puis narrer aujourd'hui mes malheurs et mes fautes que dans l'espoir de ne pas être lu de mon vivant.

A la réflexion, tu découvriras qu'une seule passion est susceptible de nous posséder sans dommages pour nous-mêmes ni pour autrui, celle de la vérité, et j'aimerais que fût gravée cette épitaphe sur le mausolée de Torcello où je rejoindrai Lucretia : « J'ai aimé la vérité, et je n'en suis pas mort ! » Une vérité qui n'exclut donc point la prudence. La vérité ne nous fait vivre sans alarmes que si nous la taisons chaque fois qu'il n'y a pas nécessité de la dire, que si nous la pratiquons d'ordinaire dans le sein d'une tranquille retraite, afin d'en faire profiter d'abord un confesseur aimable et, à l'extrême rigueur, une concubine choisie et des domestiques discrets. Nos meilleurs amis ne la supporteront point après un instant de visite, et si elle franchit notre porte pour se répandre par la ville, elle reviendra brûler la maison. Toute vérité se cultive à huit-clos, et nous attendrons, pour périr en son honneur, que notre dignité nous y oblige.

Voilà un médiocre conseil, que tu suivras peut-être quelque jour, mon cher Pietro, après avoir reconnu que tu n'as su faire mieux que ton père. Car ce ne sont pas mes prétentions morales, mon goût de l'absolu dans un amour terrestre, mon obstination à défendre mon droit et celui d'une esclave qui ont fondé le chagrin de ma vie, mais la faiblesse où je me suis trouvé de me montrer à la hauteur des événements que j'avais moi-même provoqués. Avoir plus de principes et de courage que de clairvoyance et de capacités, vouloir réformer l'ordre du monde avec des talents incertains, tel est le sort commun à beaucoup d'entre nous, tel est aussi le privilège de la jeunesse. On en meurt à vingt ans, ou bien l'âge emprisonne les survivants dans la tour d'ivoire de leurs pensées moroses.

Admirons ces jeunes gens qui prétendent tout bouleverser avec intransigeance et apporter aux foules de hautes vérités, que leurs Voix résonnent sur un champ de bataille ou dans une cellule de bordel, qu'ils se fassent voir en harnois clos par des soudards ou dans la nudité du Jugement dernier par des vicieux. La terre a besoin de héros, dont la généreuse détermination nous réchauffera le cœur avant de faire honte à notre impuissance.

Du moins aurais-je essayé de bien faire, et cette pauvre gloire me restera en ce monde aux yeux de quelques-uns avant de me valoir peut-être l'indulgence du Dieu qui aura guidé ma progression dans les ténèbres. J'ai dû éteindre par mégarde la plupart des torches que ses anges m'avaient présentées. Mais le sentier du Paradis est si étroit qu'une petite lumière suffit à l'éclairer.

CARTES

LA GUERRE DE QUATRE CENTS ANS

La période qui s'étend de 1340 à 1453, connue sous le nom de « Guerre de Cent Ans », n'est que la phase terminale d'une rivalité qui remonte à 1066, année où le duc de Normandie Guillaume fit la conquête de l'Angleterre, durant la minorité du Capétien Philippe Ier. Situation intolérable : le roi d'Angleterre était vassal du roi de France pour ses fiefs français. Jusqu'au XIVe *on s'efforcera de résoudre le problème par la violence ou la ruse. Au* XIVe, *en désespoir de cause, les Anglais imagineront de nouvelles solutions de droit et élèveront des prétentions à la Couronne de France pour supprimer à jamais cette humiliante vassalité.*

Les cartes qui suivent, très simplifiées, n'ont d'autre ambition que d'illustrer clairement l'interminable conflit.

LA FRANCE EN **1066**

L'autorité directe du Capétien ne s'exerce que sur un domaine très restreint. Les grands vassaux français sont plus puissants que le roi, et la Bretagne ne sera réunie à la France qu'en 1532.

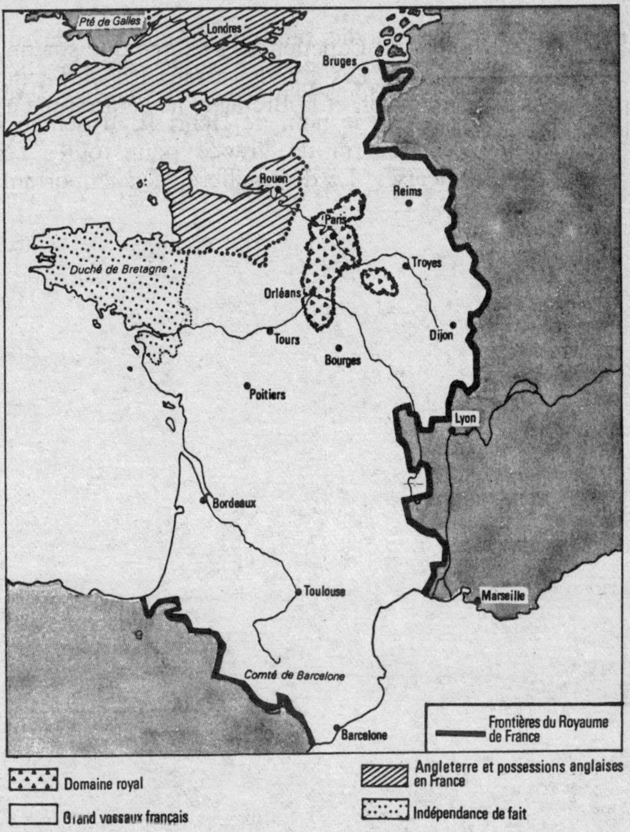

Pté de Galles
Londres
Bruges
Rouen
Reims
Paris
Troyes
Duché de Bretagne
Orléans
Tours
Dijon
Bourges
Poitiers
Lyon
Bordeaux
Toulouse
Marseille
Comté de Barcelone
Barcelone
Frontières du Royaume de France
Domaine royal
Grand vassaux français
Angleterre et possessions anglaises en France
Indépendance de fait

LA FRANCE EN **1180**

Déjà duc de Normandie, puis duc d'Aquitaine par son mariage avec Aliénor, épouse répudiée du Capétien Louis VII, l'Angevin Henri Plantagenêt devient roi d'Angleterre en 1154 sous le nom de Henri II. Il demeure cependant vassal du roi de France pour toutes ses possessions françaises. Le déséquilibre, déjà important, devient énorme.

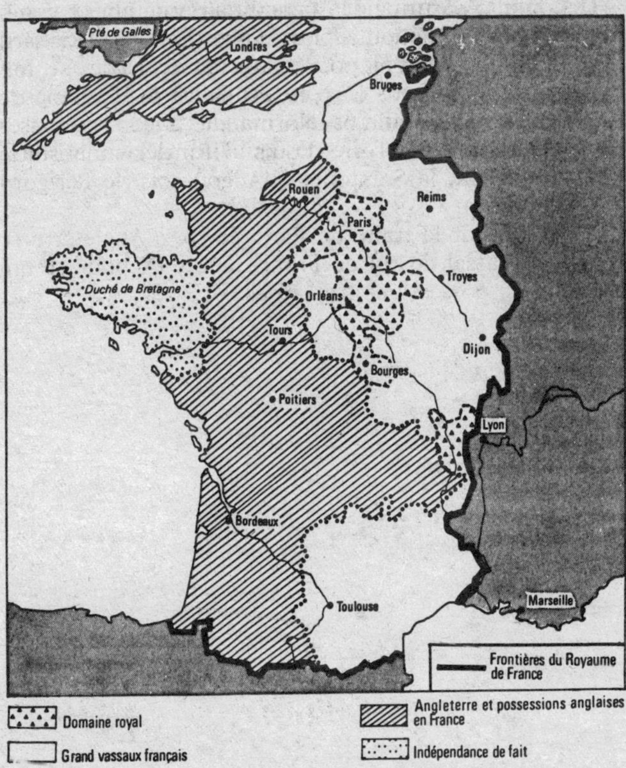
Pté de Galles
Londres
Bruges
Rouen
Reims
Paris
Duché de Bretagne
Troyes
Orléans
Tours
Dijon
Bourges
Poitiers
Lyon
Bordeaux
Toulouse
Marseille
Frontières du Royaume de France
Domaine royal
Grand vassaux français
Angleterre et possessions anglaises en France
Indépendance de fait

LA FRANCE EN **1259**

Le conflit à partir de 1194 entre dans une phase aiguë. Philippe-Auguste attaque les possessions de Richard Cœur de Lion, absent pour cause de croisade, se fait battre au retour de ce dernier, est sauvé par la mort de Richard, arrache enfin la Normandie à son incapable successeur Jean sans Terre. Louis VIII met la main sur le Poitou, l'Anjou, la Saintonge, l'Angoumois, le Périgord et le Limousin.

En 1259, par le traité de Paris, le roi d'Angleterre se reconnaît vassal du roi de France Louis IX pour ce qui lui reste de possessions françaises.

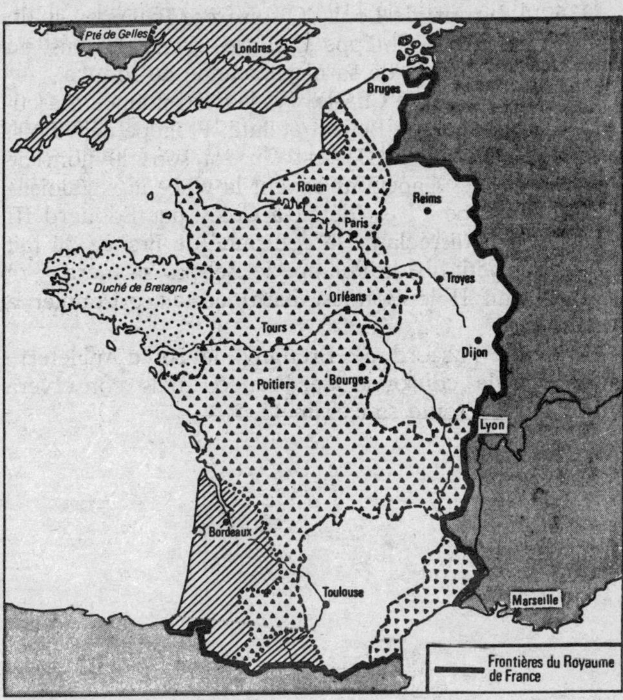

Domaine royal

Grand vassaux français

Angleterre et possessions anglaises en France

Indépendance de fait

LA FRANCE EN 1360

1316. A la mort de Louis X, son frère Philippe est élu roi sous le nom de Philippe V par les grands barons, au détriment des droits de sa nièce Jeanne de France.

1328. A la mort de Charles IV, la descendance masculine de Philippe IV le Bel est éteinte. Philippe de Valois, neveu de Philippe le Bel est élu roi sous le nom de Philippe VI. Les Capétiens cèdent la place aux Valois.

1346. Philippe VI est défait à Crécy par Edouard III d'Angleterre qui réclame la couronne de France du fait qu'il est le petit-fils de Philippe le Bel par sa mère.

1356. Jean II le Bon est battu et fait prisonnier à Poitiers.

1360. Par l'accord de Brétigny, le roi d'Angleterre renonce à la couronne de France, mais conservera l'Aquitaine en toute souveraineté.

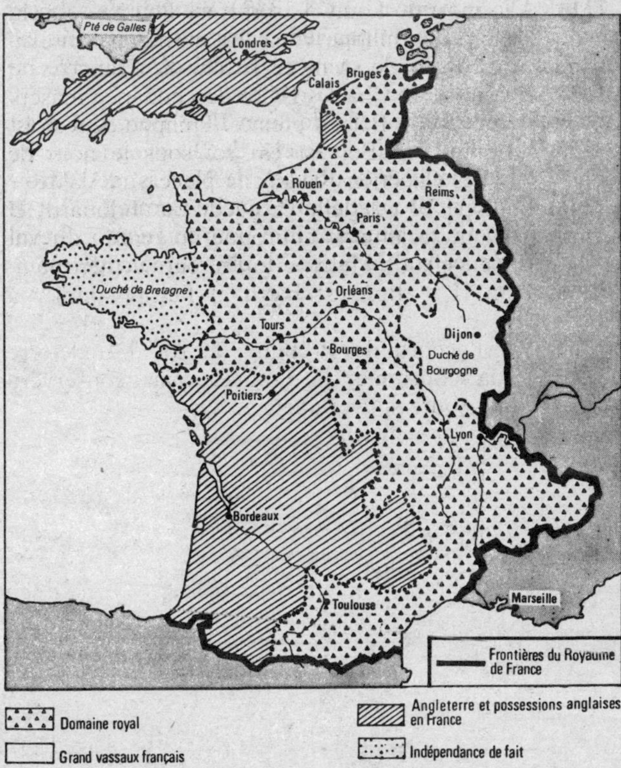
Pté de Galles
Londres
Calais
Bruges
Rouen
Reims
Paris
Duché de Bretagne
Orléans
Tours
Dijon
Bourges
Duché de Bourgogne
Poitiers
Lyon
Bordeaux
Toulouse
Marseille
Frontières du Royaume de France
Domaine royal
Grand vassaux français
Angleterre et possessions anglaises en France
Indépendance de fait

LA FRANCE EN 1384

Charles V de France – 1364-1380 – s'ingénie à saboter l'accord de Brétigny et parvient à grignoter les positions anglaises en France. A sa mort, le roi d'Angleterre ne possède plus guère que la Guyenne.

Philippe II le Hardi, fils de Jean II le Bon, qui avait reçu en 1364 l'apanage du duché de Bourgogne, hérite en 1384 de la Flandre, de Rethel, de Nevers, de l'Artois et de la comté de Bourgogne (Franche-Comté). C'est le point de départ d'un puissant Etat bourguignon, à cheval sur la France et sur le Saint-Empire romain germanique.

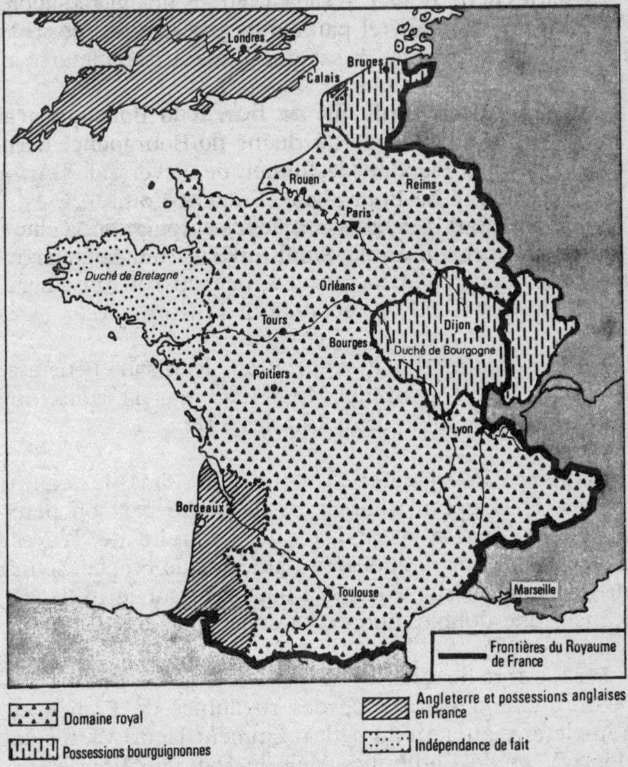
Londres
Calais
Bruges
Rouen
Reims
Paris
Duché de Bretagne
Orléans
Tours
Dijon
Bourges
Duché de Bourgogne
Poitiers
Lyon
Bordeaux
Toulouse
Marseille
Frontières du Royaume de France
Domaine royal
Possessions bourguignonnes
Angleterre et possessions anglaises en France
Indépendance de fait

LA FRANCE EN 1428

1399. Richard II, qui avait succédé à son grand-père Edouard III en 1377, est éliminé par les Lancastres. Fin des Plantagenêts.

1407. Jean sans Peur, duc de Bourgogne, en concurrence avec le duc Louis d'Orléans pour le pillage des finances publiques, le fait assassiner.

1415. Profitant des luttes intestines entre factions « armagnacque » et « bourguignonne », Henri V d'Angleterre débarque, défait à Azincourt l'armée du roi fou Charles VI et entreprend de reconquérir la Normandie.

1419. Au cours d'une négociation, Jean sans Peur est assassiné sur le pont de Montereau par la suite du Dauphin Charles – le futur Charles VII.

1420. La Bourgogne étant rejetée dans le camp anglais, le Dauphin Charles est déshérité par son père dément et par sa mère Isabeau. Le traité de Troyes prévoit que Henri V épousera Catherine de France, sœur du Dauphin, et succédera à Charles VI sur le trône de France, une double monarchie étant ainsi créée.

1422. Mort de Charles VI et de Henri V. Le duc de Bedford prend la régence des royaumes de France et d'Angleterre au nom du petit roi mineur Henri VI, fils de Henri V et de Catherine. Mais le Dauphin Charles se proclame roi de son côté et s'accroche avec ses partisans aux provinces du sud de la Loire. Bedford doit conquérir la moitié de l'héritage.

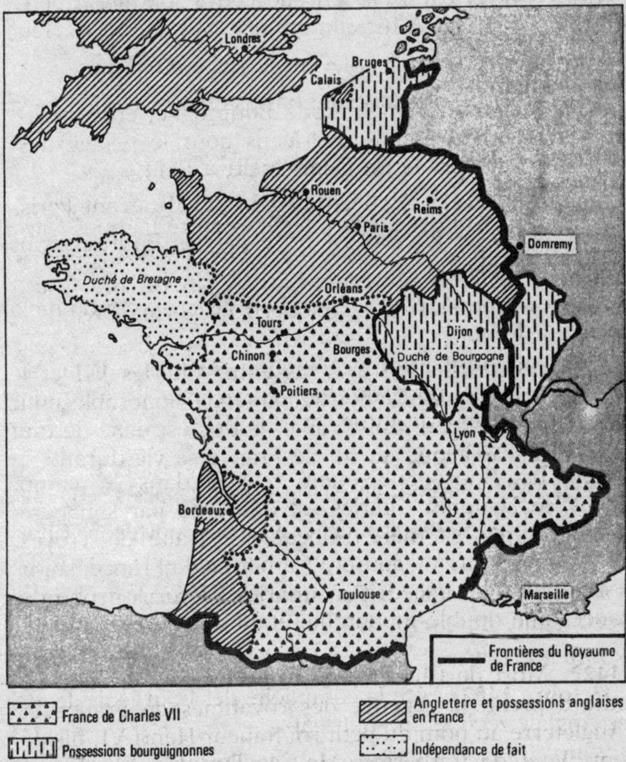
Londres
Bruges
Calais
Rouen
Reims
Paris
Domremy
Duché de Bretagne
Orléans
Tours
Dijon
Chinon
Bourges
Duché de Bourgogne
Poitiers
Lyon
Bordeaux
Toulouse
Marseille
Frontières du Royaume de France
France de Charles VII
Angleterre et possessions anglaises en France
Possessions bourguignonnes
Indépendance de fait

Mars 1429. Jeanne la Pucelle arrive à Chinon et se présente à Charles VII.

Mai 1429. Les Anglais lèvent le siège d'Orléans.

Juin 1429. Les Anglais sont battus en rase campagne à Patay.

Juillet 1429. Sacre de Charles VII à Reims.

Septembre 1429. Echec de Charles VII devant Paris.

Mai 1430. La Pucelle est prise par les Bourguignons devant Compiègne.

Janvier-mai 1431. Procès en hérésie et exécution de la Pucelle à Rouen.

1435. Réconciliation à Arras entre Charles VII et le duc de Bourgogne. Le roi fait amende honorable pour l'assassinat de Jean sans Peur et le duc est délié de tout hommage vassalique au roi de France sa vie durant.

Avril 1436. Paris ouvre ses portes à Charles VII.

Novembre 1449. Rouen ouvre ses portes à Charles VII.

Avril 1450. Défaits à Formigny, les Anglais perdent la Normandie.

Juin 1451. Charles VII entre à Bordeaux.

Octobre 1452. Avec la complicité des bourgeois déçus, les Anglais récupèrent Bordeaux.

Juillet 1453. La victoire de Castillon livre la Guyenne anglaise à Charles VII.

Octobre 1453. Rentrée de Charles VII à Bordeaux.

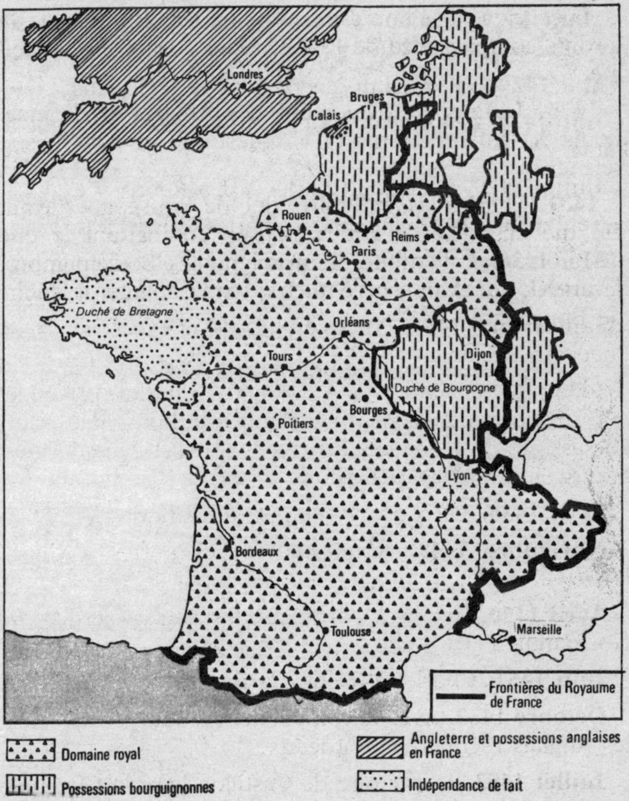

Londres
Bruges
Calais
Rouen
Reims
Paris
Duché de Bretagne
Orléans
Tours
Dijon
Duché de Bourgogne
Bourges
Poitiers
Lyon
Bordeaux
Toulouse
Marseille
Frontières du Royaume de France
Domaine royal
Possessions bourguignonnes
Angleterre et possessions anglaises en France
Indépendance de fait

1456. Après quatre ans d'enquêtes et de procédures, fin du procès « en nullité de condamnation » de Jeanne la Pucelle. Sous l'impulsion de Charles VII et avec la tardive complaisance de Rome, Jeanne Darc est réhabilitée.

1475. Ultime débarquement des Anglais en France. Louis XI invite Edouard IV à festoyer et achète son retrait.

1482. Charles le Téméraire, duc de Bourgogne, ayant été tué en 1477 devant Nancy en combattant le duc de Lorraine, l'empire bourguignon est démembré. Louis XI, qui avait espéré mieux, se fait adjuger le duché de Bourgogne.

Table

Les femmes au Livre de Poche

LE LIVRE de POCHE

Autobiographies, biographies, études...

(*Extrait du catalogue*)

Arnothy Christine
J'ai 15 ans et je ne veux pas mourir.

Badinter Elisabeth
L'Amour en plus.
Emilie, Emilie. L'ambition féminine au XVIIIe siècle (*vies de Mme du Châtelet, compagne de Voltaire, et de Mme d'Epinay, amie de Grimm*).
L'un est l'autre.

Bellemare Pierre et **Antoine** Jacques
Quand les femmes tuent, t. I et II.

Bergman Ingrid et **Burgess** Alan
Ma vie

Bodard Lucien
Anne Marie (*vie de la mère de l'auteur*).

Boissard Janine
Vous verrez... vous m'aimerez.

Boudard Alphonse
La Fermeture — 13 avril 1946 : La fin des maisons closes.

Bourin Jeanne
La Dame de Beauté (*vie d'Agnès Sorel*).
Très sage Héloïse.

Brossard-Le Grand Monique
Chienne de vie, je t'aime!
Vive l'hôpital!
A nous deux, la vie!

Buffet Annabel.
D'amour et d'eau fraîche.

Carles Emilie
Une soupe aux herbes sauvages.

Champion Jeanne
Suzanne Valadon ou la recherche de la vérité.
La Hurlevent (*vie d'Emily Brontë*).

Charles-Roux Edmonde
L'Irrégulière (*vie de Coco Chanel*).

Chase-Riboud Barbara
La Virginienne (*vie de la maîtresse de Jefferson*).

Darmon Pierre
Gabrielle Perreau, femme adultère (*la plus célèbre affaire d'adultère du siècle de Louis XIV*).

Delbée Anne
Une femme (*vie de Camille Claudel*).

Dietrich Marlène
Marlène D.

Dolto Françoise
Sexualité féminine. Libido, érotisme, frigidité.

Dormann Geneviève
Le Roman de Sophie Trébuchet (*vie de la mère de Victor Hugo*).
Amoureuse Colette.

Guitton Jean
Portrait de Marthe Robin.

Jamis Rauda
Frida Kahlo.

Keuls Yvonne
La Mère de David S.

Lacarrière Jacques
Marie d'Égypte.

Lever Maurice
Isadora (*vie d'Isadora Duncan*)

Maillet Antonine
Pélagie-la-Charrette.
La Gribouille.

Mallet Francine
George Sand.

Mansfield Irving et **Libman Block** Jean
Jackie, la souffrance et la gloire (*vie de la romancière Jacqueline Susann*).

Martin-Fugier Anne
La Place des bonnes (*la domesticité féminine en 1900*).
La Bourgeoise.

Nin Anaïs
Journal, t. 1 *(1931-1934)* et t. 2 *(1934-1939)*.

Pernoud Régine
Héloïse et Abélard.
La Femme au temps des cathédrales.
Aliénor d'Aquitaine.
La Reine Blanche (*vie de Blanche de Castille*).
Christine de Pisan.

Régine
Appelle-moi par mon prénom.

Rihoit Catherine
Brigitte Bardot, un mythe français.

Rousseau Marie
A l'ombre de Claire.

Sibony Daniel
Le Féminin et la séduction.

Simiot Bernard
Moi Zénobie, reine de Palmyre.

Stéphanie
Des cornichons au chocolat.

Suyin Han
Multiple Splendeur.
...Et la pluie pour ma soif.
S'il ne reste que l'amour.

Thurman Judith
Karen Blixen.

Ullman Liv
Devenir...

Verneil Henri
Mayrig (*vie de la mère de l'auteur*).

Vichnevskaïa Galina
Galina.

Vlady Marina
Vladimir ou le vol arrêté

Yourcenar Marguerite
Les Yeux ouverts (*entretiens avec Matthieu Galey*).

Et des œuvres de :

Charlotte et Emily Brontë, Pearl Buck, Marie Cardinal, Hélène Carrère d'Encausse, Madeleine Chapsal, Agatha Christie, Colette, Christiane Collange, Jeanne Cordelier, Régine Deforges, Daphné Du Maurier, Françoise Giroud, Juliette Gréco, Benoîte Groult, Mary Higgins Clark, Patricia Highsmith, Xaviera Hollander, P.D. James, Mme de La Fayette, Doris Lessing, Carson McCullers, Françoise Mallet-Joris, Silvia Monfort, Joyce Carol Oates, Anne Philipe, Ruth Rendell, Christine de Rivoyre, Marthe Robert, Christiane Rochefort, Françoise Sagan, George Sand, Albertine Sarrazin, Mme de Sévigné, Simone Signoret, Christiane Singer, Valérie Valère, Virginia Woolf...

Le Livre de Poche Biblio

Extrait du catalogue

Sherwood ANDERSON
Pauvre Blanc

Guillaume APOLLINAIRE
L'Hérésiarque et Cie

Miguel Angel ASTURIAS
Le Pape vert

James BALDWIN
Harlem Quartet

Adolfo BIOY CASARES
Journal de la guerre au cochon

Karen BLIXEN
Sept contes gothiques

Mikhaïl BOULGAKOV
La Garde Blanche
Le Maître et Marguerite
J'ai tué
Les Œufs fatidiques,
Diablerie et autres récits

André BRETON
Anthologie de l'humour noir

Erskine CALDWELL
Les Braves Gens du Tennessee

Italo CALVINO
Le Vicomte pourfendu

Elias CANETTI
Histoire d'une jeunesse -
La langue sauvée
Histoire d'une vie -
Le flambeau dans l'oreille
Les Voix de Marrakech
Le Témoin auriculaire

Blaise CENDRARS
Rhum

Jacques CHARDOmentales
Les Destinées-aucoup plus
L'Amour c-
que l'**RAD**
Joseph **MADOX FORD**
et **venture**

René CREVEL
La Mort difficile

Alfred DÖBLIN
Le Tigre bleu

Iouri DOMBROVSKI
La Faculté de l'inutile

Lawrence DURRELL
Cefalù

Friedrich DURRENMATT
La Panne
La Visite de la vieille dame

Jean GIONO
Mort d'un personnage
Le Serpent d'étoiles

Jean GUÉHENNO
Carnets du vieil écrivain

Lars GUSTAFSSON
La Mort d'un apiculteur

Henry JAMES
Roderick Hudson
La Coupe d'Or
Le Tour d'écrou

Ernst JÜNGER
Jardins et routes
(Journal I, 1939-1940)
Premier journal parisien
(Journal II, 1941-1943)
Second journal parisien
(Journal III, 1943-1945)
La Cabane dans la vigne
(Journal IV, 1945-1948)
Héliopolis
Abeilles de verre
Orages d'acier

Ismaïl KADARÉ
Avril brisé
Qui a ramené Doruntine ?
Le Général de l'armée morte

Franz KAFKA
Journal

Yasunari KAWABATA
Les Belles Endormies
Pays de neige
La Danseuse d'Izu
Le Lac
Kyôto
Le Grondement de la montagne
Le Maître ou le tournoi de Go

Andrzeij KUSNIEWICZ
L'État d'apesanteur

Pär LAGERKVIST
Barabbas

D.H. LAWRENCE
L'Amazone fugitive
Le Serpent à plumes

Sinclair LEWIS
Babbitt

LUXUN
Histoire d'AQ : Véridique biographie

Carson McCULLERS
Le Cœur est un chasseur solitaire
Reflets dans un œil d'or
La Ballade du café triste
L'Horloge sans aiguilles

Thomas MANN
Le Docteur Faustus

Henry MILLER
Un Diable au paradis
Le Colosse de Maroussi
Max et les phagocytes

Vladimir NABOKOV
Ada ou l'ardeur

Anaïs NIN
Journal 1 - *1931-1934*
Journal 2 - *1934-1939*
Journal 3 - *1939-1944*

Joyce Carol OATES
Le Pays des merveilles

Edna O'BRIEN
Un cœur fanatique
Une rose dans le cœur

Liam O'FLAHERTY
Famine

Mervyn PEAKE
Titus d'Enfer

Robert PENN WARREN
Les Fous du roi

Leo PERUTZ
La Neige de Saint Pierre

Luigi PIRANDELLO
La Dernière Séquence

Augusto ROA BASTOS
Moi, le Suprême

Raymond ROUSSEL
Impressions d'Afrique

Salman RUSHDIE
Les Enfants de minuit

Arthur SCHNITZLER
Vienne au crépuscule
Une jeunesse viennoise

Isaac Bashevis SINGER
Shosha
Le Blasphémateur
Le Manoir
Le Domaine

Thornton WILDER
Le Pont du roi Saint-Louis

Virginia WOOLF
Orlando
Les Vagues
Mrs. Dalloway
La Promenade au phare
La Chambre de Jacob
Années
Entre les actes
Ireh
...s de vie

IMPRIMÉ EN FRANCE PAR BRODARD ET TAUP...
Usine de La Flèche (Sarthe).
LIBRAIRIE GÉNÉRALE FRANÇAISE - 6, rue Pierre-Sarrazin - 75006 ...
30/6658/...
ISBN : 2 - 253 - 05063 - 6